# 1 MONTH OF
# FREE
# READING

at

## www.ForgottenBooks.com

By purchasing this book you are eligible for one month membership to ForgottenBooks.com, giving you unlimited access to our entire collection of over 700,000 titles via our web site and mobile apps.

To claim your free month visit:
www.forgottenbooks.com/free331640

ISBN 978-0-265-29398-0
PIBN 10331640

·

Herausgegeben

von

# Dr. Hans Glagau,

vatdozenten an der Universität Marburg.

———

**Erster Band: 1508—1521.**

**Marburg.**
. N. G. Elwert'sche Verlagsbuchhandlung.
1901.

# Stifter und Patrone

der

## Historischen Kommission für Hessen und Waldeck.

———◇◇◇———

Seine Königliche Hoheit der **Landgraf Alexander Friedrich von Hessen** als Stifter.

———

Seine Durchlaucht der **Fürst Friedrich zu Waldeck und Pyrmont** als Patron.

———

Die **Direktion der kgl. Preussischen Staatsarchive.**

———

Der **Kommunalverband für den Regierungsbezirk Kassel.**

———

Die **Provinzialstände von Oberhessen.**

## Stifter.

Herr Kammerherr **Frhr. C. X. von Scharfenberg** auf Kalkhof.
  „  Bierbrauereibesitzer **Hermann Sumpf,** Kassel.
  „  Professor Dr. **Ludwig von Sybel,** Marburg.

## Patrone.

Herr Obervorsteher und Ob.-Reg.-Rat a. D. **von Baumbach,** Kassel.
  „  **H. Graf v. Berlepsch,** Erbkämmerer in Kurhessen, Schloss Berlepsch.
  „  Landrat **Heino von Bischoffshausen,** Witzenhausen.
Der Kreis **Biedenkopf.**
Herr Bierbrauereibesitzer **Heinrich Bopp,** Marburg.
  „  Kammerherr und Obervorsteher **Hugo Frhr. v. Dörnberg,** Hausen.
  „  Museumsdirektor Dr. **Oskar Eisenmann,** Kassel.

## 979

Das **von Eschweg'sche** Fideikommiss zu Reichensachsen (Herr Ritter-
gutsbesitzer **M. von Eschwege**).

Die Stadt **Friedberg**.

Das **Domkapitel zu Fulda**.

Die Stadt **Fulda**.

Der **Fuldaer Geschichtsverein** in Fulda.

Die Stadt **Gelnhausen**.

Die Stadt **Giessen**.

Die Stadt **Hanau**.

Frau Geh. Kommerzienrat **Henschel**, Kassel.

Herr Vicebürgermeister **Heraeus**, Hanau.

„   **Heinrich Heraeus**, Hanau.

„   Dr. **Wilhelm Heraeus**, Hanau.

Die Stadt **Hersfeld**.

Das **Königliche Konsistorium** in Kassel.

Die Stadt **Kassel**.

Das **Ritterschaftliche Stift Kaufungen**.

Herr Dr. **R. Küch**, Hanau.

„   **Rudolf Küstner**, Hanau.

Fräulein **M. Lindenbauer**, Hanau.

Herr Dr. **Lucius**, Schönstadt.

Die Stadt **Marburg**.

Der **Oberhessische Geschichtsverein** in Giessen.

Herr Rittmeister a. D. **Frhr. von Pappenheim**, Marburg.

„   Archivrat Dr. **Heinrich Reimer**, Marburg.

Die **Freiherrlich Riedesel'sche Gesammtfamilie**, Lauterbach.

Herr **Adolf Schmidt**, Direktor d. Aktiengesellschaft für Trebertrocknung,
Kassel.

Se. Erlaucht **Graf Otto zu Solms-Rödelheim** auf Altenhagen b. Wolgast.

Herr Rechtsanwalt **Otto Uckermann**, Berlin.

Der **Verein der Althessischen Ritterschaft**, Kassel.

Der **Verein für Hessische Geschichte und Landeskunde**, Kassel.

Die **Fürstlich Waldeckische Landesverwaltung**.

Herr Dr. **Hermann Weigel**, Mitglied der Direktion der Landeskredit-
kasse, Kassel.

Die Firma **J. D. Weinig u. Sohn**, Hanau.

Die Stadt **Wetzlar**.

Die Stadt **Nieder-Wildungen**.

Der Kreis **Witzenhausen**.

Der Kreis **Ziegenhain**.

## Vorstand der Kommission.

Dr. **G. Frhr. von der Ropp**, Professor, Marburg, Vorsitzender.

Dr. **K. Höhlbaum**, Professor, Giessen, stellvertretender Vorsitzender.

Dr. **G. Könnecke**, Geh. Archivrat, Archivdirektor, Marburg, Schatzmeister.

Dr. **K. Wenck**, Professor, Marburg, stellvertretender Schatzmeister.

Dr. **F. Küch**, Archivar, Marburg, Schriftführer.

Dr. **J. Boehlau**, Direktorialassistent, Kassel, stellvertretender Schriftführer.

Dr. **Antoni**, Oberbürgermeister, Fulda.

**von Baumbach**, Obervorsteher und Ob.-Reg.-Rat a. D., Kassel.

Dr. **G. v. Below**, Professor, Marburg.

**Eisentraut**, Generalmajor z. D., Kassel.

Dr. **Gebeschus**, Oberbürgermeister, Hanau.

**F. von und zu Gilsa** auf Gilsa.

Dr. **Haupt**, Professor, Oberbibliothekar, Giessen.

**Heraeus**, Vicebürgermeister, Hanau.

Dr. **H. Reimer**, Archivrat, Marburg.

**Frhr. von Riedesel zu Eisenbach**, Landeshauptmann in Hessen, Kassel.

Dr. **E. Schröder**, Professor, Marburg.

Dr. **R. Suchier**, Professor, Hanau.

**Frhr. Wolff von Gudenberg**, Landesbankrat, Kassel.

**E. Zimmermann**, Akademielehrer, Hanau.

# Statuten

der

## Historischen Kommission für Hessen und Waldeck.

§ 1. Die historische Kommission für Hessen und Waldeck hat den Zweck, Quellen und Darstellungen der hessischen und waldeckischen Geschichte in einer den Forderungen der Wissenschaft entsprechenden Weise herauszugeben.

Der Sitz der Kommission ist Marburg.

§ 2. Die Kommission setzt sich zusammen aus Stiftern, Patronen und Mitgliedern.

1. Stifter sind diejenigen, welche der Kommission wenigstens eintausend Mark zuwenden.

5. Patrone sind diejenigen, welche sich verpflichten, einen Jahresbeitrag von mindestens fünfzig Mark zu zahlen. Die einmal bewilligten Beiträge werden forterhoben, so lange sie nicht abgemeldet sind; mit ihrem Wegfall hört das Patronat auf.

3. Mitglieder sind diejenigen Forscher oder Freunde der Forschung auf dem Gebiete der hessischen und waldeckischen Geschichte oder auf verwandten Gebieten, welche entweder

   a) bei der Gründung der Kommission als Mitglieder beigetreten sind, oder

   b) später auf Vorschlag des Vorstandes durch die Kommission auf ihren Hauptversammlungen ernannt werden.

§ 3. Die Stifter, Patrone und die Mitglieder des Vorstandes erhalten die Publikationen der Kommission unentgeltlich. Den übrigen Mitgliedern der Kommission wird jede einzelne Publikation für zwei Drittel des Ladenpreises zur Verfügung gestellt.

§ 4. Die für ihre Zwecke erforderlichen Mittel entnimmt die Kommission

1. den von der königlich preussischen Archivverwaltung, den grossherzoglich hessischen und fürstlich waldeckischen Staatsregierungen, dem Kommunalverbande des Regierungsbezirks Kassel und sonstigen Behörden und Körperschaften zu erbittenden Zuschüssen,

2. den Zuwendungen der Stifter,
3. den Beiträgen der Patrone und
4. sonstigen Zuwendungen.

§ 5. Die Beiträge der Stifter bilden mindestens zur Hälfte einen bleibenden Vermögensbestand, dessen Zinserträgnisse jährlich den laufenden Einnahmen überwiesen werden.

Im übrigen ist für die Vermögensverwaltung der § 39 der Vormundschaftsordnung vom 5. Juli 1875 bezw. vom 1. Januar 1900 an der § 1807 des Bürgerlichen Gesetzbuches massgebend.

§ 6. Der Vorstand der Kommission wird aus 19 Mitgliedern gebildet. Der Verein für hessische Geschichte und Landeskunde delegirt 3, der Oberhessische Geschichtsverein in Giessen und der Hanauer Geschichtsverein in Hanau je 2, der Fuldaer Geschichtsverein in Fulda 1 Vertreter. Die übrigen Mitglieder werden durch die Hauptversammlung aus den Stiftern, Patronen und Mitgliedern gewählt.

Die Vertretung der später sich anschliessenden Vereine wird durch besondern Beschluss der Hauptversammlung geregelt.

Dem Direktor der preussischen Staatsarchive, den Staatsregierungen von Hessen und Waldeck und dem Kommunalverbande des Regierungsbezirks Kassel wird vorbehalten, den Vorstand durch je ein weiteres Mitglied zu verstärken, so lange die Arbeiten der Kommission aus Mitteln der Archivverwaltung bezw. dieser Staatsregierungen und des Kommunalverbandes unterstützt werden.

Mindestens 6 Mitglieder des Vorstandes müssen in Marburg ansässig sein.

§ 7. Das Amt der gewählten Vorstandsmitglieder erlischt durch Tod, Niederlegung, Aufgabe des Patronats und Verlassen des Arbeitsgebietes.

§ 8. Der Vorstand vertritt die Kommission Behörden und Privatpersonen gegenüber mit dem Rechte der Substitution in allen Angelegenheiten einschliesslich derjenigen, welche nach den Gesetzen einer besonderen Vollmacht bedürfen.

Für einzelne Angelegenheiten oder bestimmte Geschäfte kann er seine Befugnisse einzelnen seiner Mitglieder oder aus seiner Mitte gewählten Ausschüssen übertragen.

§ 9. Der Vorstand wählt aus seiner Mitte auf je drei Jahre einen Vorsitzenden, einen Schatzmeister und einen Schriftführer und für jeden derselben einen Stellvertreter. Wird eines dieser Ämter erledigt, so wird ein Ersatzmann für den Rest der Amtszeit vom Vorstande bestellt.

§ 10. Der Vorsitzende leitet die Versammlungen des Vorstandes und der Hauptversammlungen.

Er beruft den Vorstand, so oft die Lage der Geschäfte es erfordert und auch sobald fünf Mitglieder des Vorstandes dies beantragen.

§ 11. Der Vorstand ist beschlussfähig, wenn wenigstens 7 Mitglieder anwesend sind. Er beschliesst mit einfacher Stimmenmehrheit. Bei Stimmengleichheit entscheidet die Stimme des Vorsitzenden.

Über die Verhandlungen nimmt der Schriftführer ein Protokoll auf, welches von ihm und dem Vorsitzenden vollzogen und gleich den übrigen Akten und den für Publikationen angelegten Sammlungen vom Vorsitzenden aufbewahrt wird.

§ 12. Der Schatzmeister führt und verwahrt die Kasse der Kommission. Er hat dem Vorstande jährlich Rechnung zu legen. Das Rechnungsjahr läuft vom 1. April ab.

§ 13. Jährlich findet eine Hauptversammlung der Kommission statt, in welcher jeder persönlich erscheinende Stifter, Patron oder Mitglied Stimmrecht hat. Die Städte, Korporationen oder Vereine, welche Stifter oder Patrone sind, werden vertreten durch die von ihnen Beauftragten.

Nach Bedürfnis kann der Vorstand weitere Hauptversammlungen berufen. Er muss solche, und zwar binnen sechs Wochen, berufen, wenn wenigstens 15 Stimmberechtigte es schriftlich unter Angabe der Gründe beantragen.

§ 14. Zum Geschäftskreise der Hauptversammlung gehört
1. die Entgegennahme des Berichtes, welchen der Vorstand über die Arbeiten des letzten und den Arbeitsplan des nächsten Jahres erstattet,
2. die Entlastung des Schatzmeisters wegen der Rechnung über das abgelaufene Jahr,
3. die Wahl und Ergänzung des Vorstandes (§ 6),
4. die Wahl von Mitgliedern der Kommission (§ 2 Abs. 3 b),
5. jede Änderung der Statuten,
6. die etwaige Auflösung der Kommission und die Verfügung über das bei der Auflösung etwa vorhandene Vermögen.

§ 15. Die Tagesordnung der Hauptversammlung stellt der Vorstand fest. Der Vorsitzende ladet die Stifter, Patrone und Mitglieder durch Zuschrift unter Mitteilung der Tagesordnung ein.

§ 16. Zur Beschlussfähigkeit der Hauptversammlung ist die Anwesenheit von 12 Stimmberechtigten, einschliesslich der Vorstandsmitglieder, erforderlich. Hat eine Hauptversammlung wegen Beschlussunfähigkeit vertagt werden müssen, so ist eine neue Hauptversammlung beschlussfähig ohne Rücksicht auf die Zahl der Anwesenden, sofern bei der Einberufung auf diese Folge ausdrücklich hingewiesen ist.

Die Beschlüsse werden nach einfacher Mehrheit gefasst; jedoch erfordert ein etwaiger Auflösungsbeschluss die Zweidrittel-Mehrheit der Anwesenden. Über die Form der Abstimmung entscheidet die Versammlung.

# Vorwort.

Einen verhältnismässig kurzen Zeitraum — nicht viel mehr als ein Jahrzehnt — umfasst der vorliegende erste Band der Hessischen Landtagsakten. Aber die Jahre, deren Akten hier geboten werden, bilden eine entscheidende Epoche in der hessischen Geschichte, und die Überlieferung ist besonders reich.

Die mitgeteilten Akten tragen einen zwiefachen, um nicht zu sagen zwiespältigen Charakter: sie sind politischer und verfassungs-geschichtlicher Natur. Neben Landtagsprotokollen, Ausschuss-verhandlungen, landständischen Einungen und Beschwerdeartikeln findet man Instruktionen und Berichte sächsischer und kaiserlicher Gesandten, sowie eine ganze Reihe von Korrespondenzen, die nicht nur in die Anmerkungen, sondern je nach dem Grade ihrer Bedeutung auch in den Text aufgenommen sind. Diese Verbindung zweier Elemente war durch den eigentümlichen Charakter unserer Epoche geboten. Denn unauflöslich ist in dem Kampfe zwischen der Landgräfin Anna und den hessischen Ständen von vornherein das politische Element mit dem verfassungsgeschichtlichen verquickt. Die Stände rufen die Ernestiner zu Hilfe, die Landgräfin dagegen wendet sich an Herzog Georg von Sachsen und den Kaiser. So kommt es, dass man die verfassungsgeschichtlichen Fragen nur in engem Zusammenhang mit der Entwicklung der politischen Ereignisse würdigen kann. Übrigens büsst unser Quellenmaterial durch die Verflechtung der beiden Momente keineswegs seinen einheitlichen Charakter ein. Gerade die dramatische Steigerung des Konfliktes und die beherrschende Stellung, die die Mutter Philipps des Grossmütigen als starke politische Persönlichkeit im Verlaufe des Kampfes sich erobert, geben dem rohen Stoff organische Gliederung.

Die von dem Herausgeber früher veröffentlichte Biographie der Landgräfin Anna von Hessen[1]) stellt eine namentlich über die verwickelten politischen Verhältnisse orientierende Vorarbeit dar.

In Bezug auf die äussere Einrichtung der Edition habe ich mich im wesentlichen den Grundsätzen angeschlossen, die Georg v. Below bei der Herausgabe der Landtagsakten von Jülich-Berg (Band I Düsseldorf 1895) befolgt hat.

Nach dem Vorbild dieser Ausgabe ist die Bearbeitung der Akten geteilt worden. Der vorliegende Band bringt das Material von dem Zeitpunkt ab, wo eine zusammenhängende Reihe von Landtagsakten erhalten ist. Der ältere, überaus spärliche und unzusammenhängende Quellenstoff soll in darstellender Form in einem Einleitungsband später behandelt werden.

Die im Folgenden wiedergegebenen Aktenstücke rühren zum grösseren Teil aus den Archiven zu Marburg, Dresden und Weimar her, zum kleineren Teil aus den Archiven zu Schwerin, Darmstadt und Wien. Anfragen, die ich an die Archivverwaltungen in Innsbruck, Karlsruhe, Stuttgart, Berlin, Düsseldorf und Hannover richtete, hatten kein Ergebnis.

Vielen bin ich für die freundliche Förderung, die ich im Laufe meiner Arbeit erfuhr, zu grösstem Danke verpflichtet, so vor allen Herrn Professor Georg v. Below, der mir unablässig mit seinem bewährten Rat zur Seite gestanden hat. Eine ausserordentlich dankenswerte Beihilfe erwies dem Unternehmen und mir Herr Professor Edward Schröder, der die grosse Liebenswürdigkeit hatte, den Text bei der Korrektur nach der sprachlichen Seite hin durchzusehen. Auch von den Archivvorständen wurde ich überall in bereitwilligster Weise unterstützt, namentlich von den Beamten des Marburger Staatsarchivs, Herrn Geheimen Archivrat Könnecke, Herrn Archivrat Reimer und den Herren Archivaren Dr. Theuner und Dr. Küch, die mir in unermüdlicher Freundlichkeit Rat und Auskunft erteilten und mir auch oft bei der Erläuterung der Aktenstücke behilflich waren.

---

[1]) Eine Vorkämpferin landesherrlicher Macht. Anna von Hessen, die Mutter Philipps des Grossmütigen (1485—1525), Marburg, N. G. Elwert, 1899.

Marburg, im Mai 1901.

H. Glagau.

# Inhaltsverzeichnis.

# Abkürzungen für Archivalien.

A. Mbg., O. W. S. = Preuss. Staatsarchiv zu Marburg, Oberer West-Saal.

A. Mbg., O. St. S. = Preuss. Staatsarchiv zu Marburg, Oberer Stockhaus-Saal.

A. Mbg., M. St. S. = Preuss. Staatsarchiv zu Marburg, Mittlerer Stockhaus-Saal.

A. Dr. = Sächs. Hauptstaatsarchiv zu Dresden.

A. W. = Sächs. Ernestinisches Samtarchiv zu Weimar.

---

# Berichtigungen.

S. 18 Z. 11 v. u.: Zwischen »kanzler« und »dr. Schillingen« Komma zu setzen

S. 26 Z. 11 v. o.: Für ihrer Herren ist seiner Herren zu lesen.

S. 68 Anmerk. 1: Die Verordneten Räte sind nicht mit dem ständischen Ausschuss identisch, den Waldenstein während der Krankheit Ldg. Wilhelms des Mittleren zu Rate gezogen hatte. Sie sind vielmehr die am Spies eingesetzten vier landschaftlichen Räte. Vgl. die Abrede am Spies Nr. 6 S. 29.

S. 156 Anm. 1 Z. 3: Statt Bruder l. Brüder.

S. 368 Anm. 4: Statt Philipp Weiss l. Philipp Waise von Faurbach.

S. 421 Anm. 1: Für Adam von Usingen, der Kammerschreiber und nicht Kammermeister war, muss es Rudolf von Waiblingen heissen.

S. 499 Z. 15 v. u.: Statt Grünberg l. Spangenberg.

# I.

## Der Sturz der Räte Landgraf Wilhelms des Mittleren und die Aufrichtung eines neuen Testamentes.

### 1508 Januar 29 — Mai 6 (Nr. 1 u. 2).

———

Landgraf Wilhelm der Mittlere fühlte sich im Sommer 1506 so krank, dass er am 11. August zu Kassel sein Testament errichtete.[1]) In diesem trug er vor allem für die Regelung der Regentschaftsfrage Fürsorge. Da sein Bruder Wilhelm der Ältere geisteskrank und sein Oheim, der Erzbischof Hermann von Köln, bejahrt und durch die Regierung des Erzbistums vollauf in Anspruch genommen war, so blieb dem Landgrafen nichts anderes übrig, als die vormundschaftliche Verwaltung nach seinem Tode einigen angesehenen Mitgliedern der hessischen Ritterschaft zu übertragen. An die Spitze der Regentschaft stellte er seinen Liebling, den Hofmeister Konrad von Waldenstein; an dessen Seite den Marschall Friedrich Trott, den Kammermeister Rudolf von Waiblingen, den Landvogt an der Lahn und Hofrichter Ludwig von Boyneburg und den Amtmann in Vach Konrad von Mansbach. Bereits in den letzten Jahren seiner schweren Krankheit überliess Wilhelm seinen Günstlingen die Leitung der Staatsverwaltung.

Da wurde durch das Eingreifen der Gemahlin des Landgrafen, Anna, dem Regiment Waldensteins ein jähes Ende bereitet. Die ehrgeizige junge Fürstin fühlte sich durch das Testament Wilhelms,

———

[1]) Vgl. über die näheren Umstände meine Anna von Hessen S. 3 ff. u. ferner: G. Frhr. Schenk zu Schweinsberg, Das letzte Testament Ldg. Wilhelms II. von Hessen vom Jahre 1508 und seine Folgen, Gotha 1876, S. 5 ff.

von dessen Inhalt sie wohl Kenntnis erhalten hatte, benachteiligt;
es verdross sie, dass sie an der Vormundschaft nicht den geringsten
Anteil haben, sondern vielmehr unter die Aufsicht der Räte gestellt werden sollte. Und sie scheute sich nicht, durch listige Verleumdung Waldenstein und seine Genossen aus der Gunst ihres
Herrn zu drängen und diesen zur Abänderung des Testamentes
zu vermögen (Nr. 1 u. 2). Sie selbst wurde jetzt oberster Vormund; ihre Freunde, der Erbmarschall Hermann Riedesel und Peter
von Treisbach, wurden ihr als Ratgeber beigegeben; von den ehemaligen Testamentsvollstreckern wurden nur Konrad von Mansbach und Dr. Heinrich Ruland beibehalten. Das Testament ist
vom 29. Januar 1508 datiert. Am 11. Juli 1509 starb Wilhelm
der Mittlere. Schon in diesen anderthalb Jahren scheint Anna alle
wichtigeren Regierungsgeschäfte im Verein mit ihren Vertrauten
Tyle Wolff, Konrad von Mansbach, Peter von Treisbach, Schrautenbach u. a. erledigt zu haben. Sie bedurfte nur noch des Namens
der Regentin. Aber die Stände, die von der Herrschaft einer
Frau und zumal einer so thatkräftigen Fürstin wie Anna nichts
wissen wollten, suchten ihr einen Strich durch die Rechnung zu
machen.

---

## 1. Testament Landgraf Wilhelms des Mittleren. 1508 Jan. 29.[1])

1. Rechtskräftigkeit des Testamentes. 2.—8. Bestimmungen über
den Begräbnisort, das Leichenbegängnis, die Seelenmessen u. a. 9. Einsetzung der Testamentsvollstrecker und Vormünder. 10. Im Fall eines
Krieges Hinzuziehung der Stände. 11. Einsetzung eines ständischen Aus-

---

[1]) Vgl. den Abdruck bei Schenk zu Schweinsberg a. a. O. S. 43 ff. Auf
der Vorderseite des Testaments befindet sich die Aufschrift: »Dis ist unser von
gots gnaden Wilhelms, lantgraven zu Hessen, graven zu Katzcenelnbogen, zu
Dietz, zu Cziegenhain und zu Nidde etc. testament, selgeret und lesten willens
ordenunge; dasselb sal bie unserm leben nicht geuffenet, sonder nach unserm
totlichen abgange, den der almechtig got nach sinem gotlichen willen gerat zu
befristen, zustunt der hochgebornen furstin frauen Annen geb. herzogin zu
Meckelnborg etc. lantgrafin zu Hessen etc. unser herzlichen gemaheln in biesein
unser rete zu iren handen bracht und gelibbert, darnach durch ire l. und sust
nimand anders ufgetan und gelesen werden.« — Das zu Kassel am 11. August 1506
(Dienstag nach Laurentii; das von Schenk zu Schweinsberg S. 7 und von mir
Anna von Hessen S. 5 angeführte Datum ist unrichtig!) errichtete erste Testament
ist im kassierten Original im Marburger Urkundenarchive noch vorhanden. Einen
Abdruck desselben gab U. F. Kopp, Bruchstücke zur Erläuterung der teutschen
Geschichte und Rechte I, 169 ff. Zum grössten Teil stimmt es wörtlich mit
dem zweiten Testament überein; alle wichtigeren Abweichungen, die das ältere
Testament aufweist, werden von mir entweder neben dem Haupttext zum be-
quemeren Vergleich oder in den Fussnoten oder durch Sperrdruck angegeben.

schusses, vor dem die Vormünder den jährlichen Rechenschaftsbericht abzulegen haben. 12. u. 13. Ergänzung des Ausschusses. 14. Verwahrung der
Rechnungsregister. 15. Eid der Ausschussmitglieder. 16. Das Testament
soll den Ständen nach dem Tode des Landgrafen bekannt gegeben werden.
17. Die Stände haben den Testamentsvollstreckern unweigerlichen Gehorsam zu leisten. Ernennung der Wettiner zu »Handhabern« des Testaments. 18.—20. Selbstergänzung des Vormundschaftskollegiums. 21. Regelung des landgräflichen Schuldennachlasses. 22. Besoldung der Vormünder.
23. Die rechtzeitige Vollziehung der Verlobung der Tochter des Landgrafen mit dem Sohne Hz. Georgs wird den Vormündern aufgetragen.
24.—28. Vermächtnisse des Landgrafen für Klöster, Hofgesinde und Arme.
29. Desgl. für seine Gemahlin. 30. Eid der Amtleute. 31. Reformation
der Klöster. 32. Seelenmessen für den Landgrafen. 33. Wiederherstellung
unbillig Beschwerter. 34. Fürsorge für das Hofgericht zu Marburg.
35. Zeitpunkt der Mündigmachung des jungen Landgrafen. 36. Geschenke
an die Wettiner. 37. Eid der Vormünder vor den Ständen. 38. Riedesel und
Mansbach sollen stets am Hofe sein. 39. Vorzunehmende Neuwahl im
Fall der Weigerung eines Testamentsvollstreckers, das übertragene Amt
anzunehmen. 40. Die Vormünder sollen dem Kaiser gehorsam sein. 41. Besetzung der Oberämter in Katzenelnbogen. 42. u. 43. Vermächtnis für die
Observanten zu Jerusalem und Rabe von Boyneburg. 44. Rückgabe des
Steins bei Worms an den Bischof. 45. Absetzung eines Vormundes darf
nur unter Mitwirkung Hz. Georgs und der Stände statthaben. 46. Im
Falle der Wiederverheiratung Annas soll Hz. Georg oberster Vormund
werden. 47. Im Falle des Aussterbens des hessischen Mannsstammes soll
Hessen an die Wettiner fallen. 48. Unterzeichnung des Testaments.


1. Da nichts gewisser ist als der Tod, »auch nicht ungewissers
wan die stunde und zit des tots«, hat Ldg. Wilhelm sich entschlossen, sein Testament zu machen »nach lobl. und bestetigter
gewonde und rechte, doch mit solicher protestacion und bezeugunge,
ob das nit gnugsam were odir nicht nach rechte eines testaments,
so wullen wir, das es tuge und craft haben sol nach rechte einer
schrift unsers lesten willens, daruf wir offintlich protestirn.« 2. Er
befiehlt seine Seele der Barmherzigkeit Gottes, Christi, der Jungfrau Maria, der heil. Elisabeth u. s. w. 3. Sein Leichnam soll
begraben werden, wo »unser voraltern ire graft bisher gehabt han,
nemlich in das monster S. Elizabethen, unser heubtfrauen zu Marpurg.« 4. Nach seinem Tode soll »ein begegnis mit vigilien und
selemessen gehalten werden ..., doch nicht nach gewonheiten als
furstenbegegnis mit heischung anderer fursten odir irer rete,
sonder mit geistlichen personen unsers furstentumbs und herschefte,
die man darzu bequemlich erheischen mag odir sunst ungeheischen
kommen worden ... in biewesen der hochgebornen furstin frauen
Annen ... unser herzlichen gemaheln, rete und hofgesinde.« 5. Man
soll »mit unserm hoefgesinde zustunt und ufs allerforderlichst nach
dem begegnis rechen und, was wir ine schuldig bliben sein, gutlich entrichten und ine darnach erleuben.« 6.—8. Enthält die Verfügung des Landgrafen über die Verteilung seines Harnischs und
seiner besten Kleider an Kirchen und Klöster, sowie die Anordnung von Seelenmessen. 9. »Und uf das nu diese vorigen und
andere nachfulgende artikel nach ordenunge dises unsers lesten
willens soviel dester statlicher usgericht und verfulgt werden

muge[n], so setzen und ordenen wir derselben unsers lesten willens ordenungen und selgerets zu executores und usrichtern:

<table>
<tr><td>1508</td><td>1506</td></tr>
<tr><td>die hochgeborne furstin, unser herzliebe gemahel, frau Annen geb. herzogin zu Meckelnborg, lantgrafin zu Hessen etc. ... als obirsten vormunden, alledieweil ire l. ires witwenstuls unverruckt bleibt, uf die treu, damit sie uns verpflicht ist, und beneben irer l. den erenwirdigsten in got hochgebornen fursten h. Herman, erzbischoffen zu Collen etc., curfursten, unsern freuntlichen lieben hern vettern und gefattern, und darzu unser rete, liehen andechtigen und getruen Conraten von Mansbach ritter, Herman Riteseln, dr. Henrichen Rulant und Petern von Treisbach.«</td><td>unser rete und lieben getreuen Conraten von Waldenstein, unsern hoefmeister, Friederichen Trotten, unsern marschalk, Ludewigen von Boeneborg, unsern stathalter an der Loene, Conraten von Mansbach ritter, unsern amptman zu Vache, und Rudolffen von Weybelingen, unsern camermeister; darzu ordenen wir denselbigen unsern reten auch zu unsern lieben andechtigen rait und getreuen dr. Rulanden, dechant unsers stifts S. Mertinskirchen zu Cassel als vor einen mitexecutor in geistlichen sachen dis testament beruren [!].«</td></tr>
</table>

Die oben aufgeführten Testamentsvollstreker sollen nach des Landgrafen Tode das Testament öffnen und dessen Festsetzungen vollziehen. 10. Würden Kriegshändel vorfallen, so sollen die Regenten den Kurfürsten Friedrich und den Hz. Georg von Sachsen, »unser liehen ohem, tochterman und sweher«, zu Rate ziehen, »darzu ganze unser lantschaft, grafen, ritterschaft und stet.« 11. Die Testamentsvollstrecker sollen auch Vormünder sein

<table>
<tr><td>1508</td><td>1506</td></tr>
<tr><td>»des hochgebornen fursten unsers lieben bruders ldg. Wilhelms des eltern und unser beder kinder.«</td><td>»der hochgebornen furstin frauen Annen ..., unser lieben gemahcln, auch unsers lieben bruders, seiner gemaheln frauen Annen, unserer lieben swegerin, und unser beder kinder.«</td></tr>
</table>

Sie sollen dem Lande getreulich vorstehen und nach dem Tode des Landgrafen sich »aller zinse, rente, gefelle und gerechtigkeit, alles inkomens, wie solichs namen haben mak ..., underwinden, damit unsern kindern und erben, auch dem furstentumb zu gute getreulich handeln. Auch davon alle jar rechenschaft tun vor zwelfen, vieren geistlichen us den prelaten, vieren us der ritterschaft us dem furstentumb zu Hessen geborn und vieren us den steten; nemlich sollen die vier prelaten sein die wirdigen geistlichen unser lieben andechtigen: ein abt zu Breydenawe, ein abt zu Heyne, ein commendator des huses teutschordens zu Marpurg und ein preceptor des huses S. Anthonien zu Grunberg; die viere von der ritterschaft:

| 1508 | 1506 |
|---|---|
| George von Hotzfelt, Wilhelm von Dornberg, Tyle Wulff und Jost von Baymbach; | Herman Rytesel, unser erbmarschalg, Johan von der Rabenawe, ritter, Joest von Baymbach und Peter von Treysbach; |

und die vier von steten: ein burgermeister zu Cassel, ein burgermeister zu Marpurg, ein burgermeister zu Eschwege und ein burgermeister zu Gyssen, und wo es die notdorft erfordert, so sal unserm hern vettern und gefattern von Collen solich rechenunge auch angetragen werden.« 12. Stirbt eines der vier adligen Ausschussmitglieder, so soll Graf Philipp von Waldeck oder, falls dieser nicht mehr am Leben wäre, Graf Heinrich von Waldeck einen Ersatzmann wählen, doch in der Weise, dass »allewege zwen an der Loene und zwen dersit Spiss, da Cassel gelegen ist, darzu genummen und gesetzt werden, wo die gedachten unser executores nit einmutig ander darzu erwelten odir ein mehrers machten.« 13. Auch wenn einer der vier vom Adel »ewig gebrechlich wurde«, soll an seiner statt ein anderer erwählt werden. 14. »Und wan soliche rechenschaft i[e] zu zeiten gescheen sein, so sal man dan die register wider hinder sich legen in gewarsam des slosss Spangenberg, und desgleich ob i[e] zu zeiten etwas an der jerlichen rechenunge erobert were odir wurde an gelde, darzu sal ... unser liebe gemahel einen schlussel haben und die vier rete, irer l. zu mitvormunden gesetzt, ... den andern schlusel haben und also in verwarunge behalten werden.[1]) 15. Es sollen die zwelf, vor den die rechenunge also geschicht, ... unsern gesatzten executores, vormunden und vorwesern geloben und sweren zu got und sinen heiligen einen eit, wie sich das einem iglichen geburt, zu ider zeit der rechenunge, was sie in odir von den rechenungen boren, nicht zu offinberen imands, odir auch von dem ufheben und den gefellen, anders dan wo untreulicher mangel im innemen odir usgeben odir sust gebrech in den rechenschaften in einem odir meren artikeln wurden funden, dan solichs an ... unser liebe gemahel und unsern h. vettern und gefattern h. Herman erzbischoffen zu Collen[2]), ritterschafte und lantschafte gelangen zu lassen und ires rats dagegen haben und gebrauchen.[3]) 16. Es ist auch unser meinunge, das

---

[1]) Die in Sperrdruck gestellten Sätze fehlen im Testament von 1506.

[2]) Wie Anm. 1.

[3]) Im Testament von 1506 folgen nach dem 15. Paragraphen noch einige die Regenten betreffende Verfügungen: »a) Und sollen die ... vorweser ire sitze und wonunge haben, sonderlich wilcher unter ine zu zit unsers totlichen abgangs an unserm hofmeisterampt ist, zu Cassel uf dem sloss, Fridrich Trott zu Russelsheim als ein oberamptman daselbs, Ludewig von Boeneborg uf dem slos zu Marpurg, Conrat von Mansbach ritter in der nidern grafschaft als oberamptman

dise unser ordenunge und lester wille, sobalde die nach unser totlichen hinfurt [!] eruffint wirdet, das die durch ... unser vormunden,
vorweser und usrichter sol gelesen und geoffenbert werden unsern
grafen, ritterschaft und lantschaft, einem teil am Spiss und dem
andern zu Butzbach, odir sie allesampt gein Marpurg zusamen-
bescheiden, wie das zur zeit unsers totlichen abschits sich
am bequemlichsten und besten fugen wil.[1]) 17. Und wir ...
ldg. Wilhelm heissen und gebieten, ufs allerhoechst wir das tun
sollen und mugen, itzt und dan als itzt mit craft diss briefs,
lesten willens und ordenunge alle unser grafen, ritterschaft, amptleute, lantschafte, undertan und verwanten uf die eide und pflicht,
damit uns ein ider zu diser zeit zugetan ist, so es zum falle unsers
totlichen abgangs durch schickunge des almechtigen sich wurde
begeben, den ... vormunden und vorwesern, auch iren nachkomen
an ire stat gesetzt, dieweil ire vormuntschaft weret, in hendeln
und gescheften dieser unser ordenunge, unsren erben und furstentumb zu eren, notz und gut, one weigern gehorsam und gewertig
zu sein, und sollen darnach auch dieselben unser executores, vormunden und vorweser zustunt etlich us ine verordenen, die dise
unser gesatzten ordenunge unsern hern und frunden, nemlich unserm
h. vettern und gefattern dem erzbischoffe zu Collen,

| 1508 | 1506 |
|---|---|
| h. Friderichen und h. Johansen gebrudern und auch h. Georgen, herzogen zu Sachssen, | unserm herrn und oheim h. Ja-cofen, erzbischoffen zu Trier und unserm oheim und swehir hzen. Georgen von Sachssen |

als hanthebern diss unsers lesten willens ordenung, furtragen
und eroffenen und ire l. von unserwegen ufs fleisigst bitten, solichs
anzunemen, und so ... unsern gesetzten executores und vorwesern
diss unsers lesten willens in irer vormuntschaft eincher mangel
odir anstoes ufstehin und begegen wurde, inen darinne hilf, rat
und biebestant zu tun, als ir ider in gliechem fall wolt gern getan
haben. 18. Nachdem aber ... unser executores ... gleich als ander
menschen sterblich sein und in dem fall ir einer odir meher tots-
halb auch abgehin wurde, so sollen die andern, die am leben bleiben,

---

und Rudolff von Weyblingen zu Velsberg odir wo es zum falle kommen wurde
zu Hombergk in Hessen uf dem schlos. b) Und wo Conrat von Waldenstein,
itzt unser hofmeister, in zit unsers totlichen abschits nit unser hofmeister ist,
so sal derselb seinen sitz zu Eschwege uf dem sloss haben. c) Darzu sal irer
iglichem jerlich sich seine knecht, knaben und pferde zu erhalten ein zimlich
amptsgift gegeben werden, nach gewonheit wie wir die itzt geben, es were
dan das dieselbigen ir gedingte amptspflicht gereide hetten.« In einem Zusatz
zum Testament von 1506 wird bestimmt, dass Tyle Wolff und Hermann von
Reckerode, die zur Zeit die Oberamtmannschaften in der obern und niedern
Grafschaft Katzenelnbogen inne haben, für die Abtretung derselben an Mansbach und Trott »mit andern eherlichen ampten« von den Testamentsvollstreckern
entschädigt werden sollen.

[1]) Wie Anm. 1 auf S. 5.

in des odir der verstorben stedde einen adir mehir zu vormunden us dem furstentumb zu Hessen odir ingeschlossen grafschaften geborn luts diser ordenunge macht haben zu erwelen[1]), der odir die dan auch mit eiden und gelubden dise unser ordenunge zu hanthaben und zu halten sich verpflichten sollen. 19. Und ob es geschee, das die vormunden und vorweser in der wale eins andern zweileuftig wurden, so sal der vom grossern teil erwelt stathaben, wo aber kein grosser wale were, wilchem teil dan der wolgeborn unser oheim, rat und getruer Phylips grave zu Waldeck ... odir, so derselb nicht an leben were, grafe Heinrich von Waldecke zufall tun wurde, dabie sol es bleiben, doch so underscheidenlich, die von ungnaden von uns gescheiden und bie unserm leben nicht wider zu gnaden kommen weren, sollen luts diser unser ordenunge zu vormunden, vorwesern odir anders zu nicht erwelet noch angenumen werden. 20. Ob unser liebe gemahel ... nach unserm totlichen abgange sich widerumb ehelich verandern wurde, so sal auch an irer l. stat dan ein ander zu vormunden gesatzt und erwelet werden.[2]) 21. Und ob sich hiebeneben erfunden einche ufrichtige schuldverschreibung odir zusage, damit wir zur bezalunge verhaft weren odir die wir getan hetten, sal gehalten, gegulden, ufs treulichst und forderlichst vergnugt und bezalt werden. 22.

| 1508 | 1506 |
|------|------|
| Man sal nach unserm totlichen abschit ... Conraten von Mansbache, ritter, Herman Ritesel, dr. Rulanden und Petern von Treisbache ..., dwil ire vormuntschaft weret, ein zimlichen jarsolt us der camern Cassel odir Marpurg zuordenen und geben. Daruber sollen sie sich auch anderer fursten und hern dinst- und ratgelts entschlaen und auch kein geschenke noch vererunge von den undertan und verwanten des furstentumbs zu Hessen noch auch sust von nimands ine zu gute nemen odir nemen lassen in keinen weg in sachen unser kinder und erben, das ire oder die iren odir das recht belangend, und deshalb ire eide und gelobde tun gedachter unser lieben gemaheln und ganzer unser lantschaft. | Es sollen auch die funf vormunden und vorweser von den undertan unser furstentumb und herschafte, noch nimandes anders kein geschenke noch vererunge nemen, noch ine zu gute nemen lassen in einchen wek, wie imant geverlicher wise erdenken mocht in sachen unser erben, furstentumb, lande, leute, undertan und verwanten belangende, auch sie mit keiner gewalt irenthalb beswern; und wo dieselben vormunden und vorweser odir ire nachkommen von andern fursten, graven, hern odir imands anders rat- odir dienstgelt verschriben hetten, das sollen si uf- und abschreiben, auch in mitler zeit dieser vormuntschaft nit a[n]nemen, das wir ine in ire sele, ere und eide befelhen und gehabt haben wullen. Und uf das |

---

[1]) Das Testament von 1506 enthält hier noch die Worte: »doch Herman Rytesel zuvor einem andern, wo der am leben ist.«

[2]) Dieser Paragraph fehlt natürlich im Testament von 1506.

und damit dannoch sie sich zu
erhalten und iren entpfelh lut
dieser ordenunge ine bescheen soviel trewelicher, willicher und
statlicher zu wilfuren haben, so
bescheiden wir ir idem zu und
uber ire amptspflicht 200 gulden
jerlichs us den camern der heuser
Cassel odir Marpurg zu bezalen,
damit sie sich benugen lassen und
frembdes soldes, noch geschenkes
nit notdorftig sein dorfen, auch
mitler zeit dieser vormuntschaft
frembde solde, dienstgeld odir belonunge von nimands anemen
odir in zit der vormuntschaft des
vorgedinge machen zu usgange
der vormontschaft des wartende
zu sein. Doch ob ir einer von
frembden gereit an rat- adir
dinstgelt hette, lassen wir zu, das
er das behalten, doch also wo
der furst odir die das dinstgelt
geben odir besoldung sin uffin
brief gebe, das er solichs fri stunde
zu handeln, als ob das nit zugegen
were, wes dise ordenunge betrifft.[1]

23. Wir wollen auch und begern ufs allerernstlichst als wir ummer
mogen hiemit befelhende, das unser executores ... in allen treuen
ufsehins haben und mit hochstem fleis doran sein wullen, das die
angefangen freuntschaft zuschen ... unserm ohem und sweher hz.
Georgen von Sachssen, uns und unser beder kindern ufgericht,
sobalde die ire jare und alter erreichen nach vermuge der verschreibung daruber sagende und nach ordenunge der heiligen cristlichen kirchen an einchen ufzug ufs forderlichst fullenstregt werde
und geschee, das auch solichs in keinen wek abe- odir zuruckgehe.«[2]

---

[1] Im Testament von 1506 folgt noch ein auf Rudolf von Waiblingen
bezüglicher Passus: »Und wiewol gedachter Rudolff von Weyblingen us unserm
furstentumb und lant nicht geborn ist, so haben wir ine doch als mitvormunden
und vorweser zu dieser unser ordenunge gesetzt und erwelt angesehin seinen
getreuen dienst, befelhen darumb und wollen, das er nach unserm totlichen
abgange am camermeisterampt, dwil er das usrichten kan und doran nicht arg-
wenig funden wirdet, sol behalten werden; auch wie im fordern artikel angeregt wirdet, das die vormunden alle gefelle ufheben solten, das sal also
verstanden werden, das ... Rudolff ein einiger ufheber und furter usgegeben
werde nach ordenunge wie itzt am hofe und befelh dan zur zit der mitformunden.«
[2] S Joh. Sebastian Müllers Sächsische Annalen S. 63. Am 8. März
1505 fand zu Erfurt die Eheberedung zwischen Hz. Georg von Sachsen und

24. Die Testamentsvollstrecker sollen im Namen des Landgrafen dem Barfüsserkloster zu Marburg 100 Gulden geben, wofür die Mönche Seelenmessen »unser selen zu heil und trost« lesen sollen. 25. »Wir bescheiden auch iglicher jungfern, wilche zu der zeit unsers abgangs an userm hofe unbestat funden werden, 200 gulden und der hofemeisterin auch 100 gulden.«[1] 26. Die Executoren sollen 1000 gulden »umb gots willen im furstentumb zu Hessen und in den obern und nidern grafschaften Katzenelnbogen husarmen notdurftigen leuten geben und teilen also, das der 600 g. ins furstentumb und 400 in die zwo grafschafte . . . komen.« 27. Sie sollen jeglichem reformierten Kloster 20 g. geben, wofür dieselben nach des Landgrafen Hinscheiden und alljährlich Seelenmessen halten werden. 28. Ebenso soll es mit dem S. Martinsstift zu Kassel gehalten werden. 29. Seiner »herzlieben« Gemahlin vermacht der Landgraf »unsern gulden halsbantrink mit dem torkesrobin und perlin und unser gulden halsbant mit den zacken und die zwei gulden gewerkte tucher, so wir zu Collen uf dem reichstage gekauft han, das ire l. unser dabi in freuntlichem gedenken habe.« 30. Die Vormünder sollen keine Amtleute oder Amtknechte anstellen, bevor dieselben den den Vormündern vorgeschriebenen Eid geleistet haben. 31. Alle Klöster im Fürstentum sollen zur Reformation gebracht werden.[2] 32. Die Executoren sollen »unser sele zu hilf und trost« fleissig Messen lesen lassen.[3] 33. »Wurde auch usfundig, das bie userm regiment von uns odir von userm befelh imant ubernummen were unverorsacht und wider recht, davor wirs doch nicht achten odir halten«, so befiehlt der Landgraf seiner Gemahlin und den zugeordneten Räten »in ire sele und eide, die sachen zu verhoren . . ., alsdan ufs best zu handeln und nach irem erkentnis den beswerten erstattung zu tun. 34. Wir haben auch befunden, das in fordern jaren mancherlei beswernis durch gunstige orteil us den canzlein erlangt unsern undertan begegent sein und darumb mit zeitigem rate ein hofgericht zu Marpurg verordenet, doch noch nicht dasselb so statlich mit solichen personen und sonderlich gelerten, als wir in willen geweist sein zu tun; und ist darumb unser ganzer wille,

---

Ldg. Wilhelm von Hessen statt, nach der das Heiratsgut auf 25000 Gulden, die Morgengabe auf 5000 Gulden festgesetzt wurde. Sobald die Braut Elisabeth das zwölfte Jahr erreicht, sollte der Handstreich, in ihrem fünfzehnten das Beilager geschehen. Im Falle des Kontraktbruchs hatte der Schuldige an den andern Teil 25000 Gulden zu zahlen. Als Sicherheit für die Erfüllung dieser Klausel stellte jeder der beiden. Fürsten als Bürgen 4 Grafen, 4 Ritter und 4 Städte.

[1] Im älteren Testament werden der Hofmeisterin 200 Gulden ausgesetzt.

[2] Über die Reform der hessischen Klöster vgl. Rommel, Gesch. v. Hessen, III, 171 ff.

[3] Das Testament von 1506 enthält an dieser Stelle noch folgenden Paragraphen: »Es ist auch kuntlich und offinbar, das wir in irrunge stehen mit unsern swegern hrn. Johanne von Cleve und graven Johanne von Nassau, den wir an unsern lebtagen des rechten nit weigerunge getan noch vorgegangen haben; so ist das unser hoechst wille und meinunge, das denselben uf ire anspraiche rechts nach keiserlichen rechten und des riechs ordenungen widerfare, gedie und geschee ungeweigert und unverzoglich.«

befelh und ernstlich meinunge, das durch die executores ... in dem
kein sperrunge gemacht werde, sonder mit fleis darob zu sein,
das es unverruckt fur und fur in bleiblichem wesen on einich abgehin gehalten und auch mit den geschicksten personen, die man
darzu bekommen mag, besetzt und bestalt werde, damit dasselb,
dweil das furstentumb unverteilt ist, in langwirigen zeiten unverruckt, bestentlich und statlich bleibe, dadurch das strack recht dem
armen als dem reichen nach igliches sachen wirde muge widerfaren.«¹) 35. Seinen Sohn sollen die Vollstrecker nach vollendetem
sechzehnten Lebensjahre »zu rate und handelunge zihen« und nach
dem achtzehnten ihm das Regiment übergeben »und sollen dan die
vormunden und vorweser von der vormuntschaft treten.²) .. Damit
auch wir von unsern geordneten hanthebern diser unser ordenunge,
den fursten, unsern lieben hern vettern, gefattern, ohem, tochter-
mann und sweher, in langwirigem, freuntlichem gedenken gehabt
und gehalten werden, auch das sie unser bitlichs begeren dester
gutwilliger ire hanthabunge zu volnstrecken a[n]nemen, nit die gabe,
sonder unsern gneigten guten freuntlichen willen, so wir zu ine
zuvor andern tragen, ansehen, so ordenen und bescheiden wir irer
iglichem einen unser besten silbern ubergulten schauer nach unserm
totlichen abgange zu werden und zu geben.«³) 37. Sobald die
Vollstrecker das Testament nach des Landgrafen Tode geöffnet
haben, sollen sie »zustunt und sonderlich ... unser liebe gemahel
bie iren furstlichen eren und wirden und die andern viere unser
rete, irer l. zu mitformunden ... gesetzt, unser lantschaft zusagen,
geloben zu got und seinen heiligen einen eit, wie sich geburt, mit
liblichen ufgeragten fingern sweren, dise unsir ordenunge und
selgeret ... getreulich zu halten alle und ide puncte und artikel,
auch die zu hanthaben, den nachzugehin und zu geleben sonder
alle geverde, wie menschensinne die erdenken konten adir mochten.
38. Es sollen auch Conrat von Mansbach ritter und Herman Ritesel ... stets am hofe sein bie ... unser lieben gemaheln.« 39. Sollte
einer der Vollstrecker die Annahme des Testaments verweigern,
so haben die übrigen Vormünder an seiner Stelle einen andern zu

---

¹) Über das Hofgericht vgl. Rommel III, 169 f.  Die Hofgerichtsordnung
vom 24. Aug. 1500 ist in den hessischen Landesordnungen I, 29 ff. abgedruckt.

²) Das Testament von 1506 enthält hier noch folgenden Paragraphen:
»Wir befelhen auch, unsern canzlar dr. Johan Engelender am canzlarampt und
ander unser amptheber an ampten zu behalten, dwil si doran zu bleiben ver-
mugelich, tugelich und gneigt sein, und doch auch also, das sie sich doran
halten, als ine zustehit und geburt, an wilchen enden man amptleute odir
knecht notdurftig ist und haben wil.«

³) Im Testament von 1506 folgt noch eine Einschaltung: »Damit auch ...
unser ... vormunden hievon und dieser unser ordenunge kein verdacht, arkwon
odir widerwillen mugen haben bie unsern hern und freunden, auch unsern
undertan und das die ine deste gutwilliger sein, so bezugen wir hiemit der
worheit, das dieselben unser gesetzten executores ... wir ni keinen hier zu raet
genumen, dan si vor adir naich irer versigelunge hievon auch kein wissenschaft
gehabt, sondern diese unser ordenunge und lesten willen also unwissende uf
treuen und glauben, so sie zu uns gestelt, versigelt haben.«

erwählen und zwar »us den vieren der ritterschaft, die die rechenunge mitzuhoren verordenet sein.« 40. Der Landgraf befiehlt den Vollstreckern an, »in zit irer vormundschaft der Rom. konigl. odir Kei. Mt. uf ir erfordern und begeren in sachen das heil. Rom. Reich und den cristenglauben betreffen, soviel solichs nach zimlichem anschlage unser erben und das furstentumb betreffen und beruren mag, gehorsam leisten und gewertig sein sollen, inmassen wir in zeit unsers lebens seiner kon. Mt. allewege willig, gneigt und gehorsam geweist sein.[1]) 41. Und wo nach unserm totlichen abgange die oberampte in unser obern und nidern grafschaft Katzenelnbogen solten verandert werden und mit oberamptmennern besetzt, so befelhen wir und begern ernstlich nach gelegenheit derselben, das durch unser executores ... die mit treffenlichen, tugelichen, frommen personen us dem furstentum zu Hessen geborn und darinne gesessen odir die sich in zit unsers lebens zu uns und unserm furstentumb getan han und noch tun werden, also das sie vor bleiblich dabie angesehen sein, so oft und dicke das in zeit irer vormuntschaft die notdorft erfordert, bestalt und besetzt werden sollen.« 42. Den Observanten zu Jerusalem, die das heilige Grab hüten und »ein gotlich, redelich, fromlich, reformirt leben« führen und die »gewonheit haben, das sie frembden, notdurftigen pilgerimen ... ire almusen mildiglich mitteilen,« sollen die Vollstrecker alljährlich 100 Gulden »durch bestendige und gewisse wechsel« zusenden. 43. Raben von Boyneburg, dem Sohne Reinhards von Boyneburg, »der zu Fursteneck gewonet hat und am lesten unser amptman zu Liechtenberg geweist, in unserm dienste vor Omstat verwunt und totbliben ist«, sollen die Vollstrecker einer Zusage gemäss, nach der der Landgraf Reinhards Sohn zu versorgen versprochen, Güter im Werte von 4500 Gulden ausleihen. Nach des Landgrafen Tode soll Rabe von Boyneburg im landgräflichen Dienst behalten und mit Wilhelms Sohn Philipp zusammen erzogen werden; die Vollstrecker sollen seine Vormünder sein; sobald er mündig geworden, sollen sie ihm besagte Güter als hessische Lehen ausleihen.[2]) 44. Vom Stein

---

[1]) Im Testament von 1506 (Zusatz) bestimmte Wilhelm für den Kaiser einen braunen reichgesattelten Hengst, einen goldenen mit Edelsteinen besetzten S. Georgen und Joachim den Narren und knüpfte an diese Geschenke die unterthänige Bitte, »unser dabi in gnedigem gedenken zu haben, auch unser selen guts nachzutun zu verschaffen und irer kon. Mt. unser weib, kinder, ire lande und leute, darzu ire formunden von uns befolhen sein zu lassen und des abschits zu Collen gnediglich ingedenk zu sein.«

[2]) Das Testament von 1506 enthält ausser diesem Legat noch eine Reihe von anderen, die in einem Zusatz zum Testament aufgeführt sind. Neben einer Reihe von Adligen und Beamten erhält Georg Nussbicker, Schultheiss zu Kassel, für die schriftliche Abfassung des Testamentes von 1506 und des Zusatzes 100 Gulden. Der Zusatz ist datiert: »Actum zur Carthus zum Eppenberge, fritags nach Laurencii ao. 1506« (1506 Aug. 14). Bemerkenswert ist noch der folgende Nachtrag: »Und nachdem vorige und diese unser ordenunge unsers lesten willens in der ile durch uns gesetzt und gemacht worden, das vergessen ist, an wilchem ort von menniglichem und nach notdorft des furstentumbs und lantschafte sachen am fordersten und ehersten angesucht sol werden, so wullen

bei Worms, der zur Hälfte dem Bischof von Worms, zur andern
Hälfte dem Pfalzgrafen bei Rhein gehörte, vom Landgrafen aber
in der pfalz-bairischen Fehde erobert wurde, sollen die Vormünder
dem Bischof von Worms die ihm früher gehörende Hälfte wiedergeben, »doch also und mit versorknis, das dem furstentumb zu Hessen
von gedachtem bischof, seinen nachkomen und den seinen zu dem
andern teil kein schade odir hindernis geschee.«[1]) 45. Die vom
Landgrafen gesetzten Vormünder sollen auf keinen Fall abgesetzt
werden, »es were dan sach, das unser gemalh iren witwenstul ver-
rucken und sich verandern wurde, odir das ire l. und . . . der erzbischof zu Collen die anderen iren l. zugeordenten mitexecutores . . .
on uffintlicher untreu erkennen und befinden wurden, alsdan sol
es geschen mit rat und wissen unsers oheims und swehers hz.
Georgens von Sachssen . . ., wo der am leben were, und unser
gemeinen lantschaft, das den dan nach irem verdienst belonunge
geschee. 46. Wo . . . unser liebe gemahel sich verheiraten odir
sterblich abgehin wurde, so solt an irer l. stat . . . unser obem und
sweher hz. George zu vormunden und vorweser lut diser unser
ordenunge erwelet werden.[2]) 47. Begeben sich auch die dinge
also, das wir, unser erben, unser bruder odir seins libserben sonder
manserben abgehin und totlichen verscheiden wurden . . ., so wisen
wir . . . unsere executores . . . an die hochgeborn fursten, unser obem,
die herzogen von Sachsen,

| 1508 | 1506 |
|---|---|
| lantgrafen in Doringen und marg-grafen zu Meyssen. | und sonderlich das si unsern oheim und sweher hzen. Georgen zum ehirsten zu ersuchen, als zu dem wir besondern vertruen, glauben haben und tragen. |

48. Und zu beschluss discs unsers lesten willens und ordenunge,
die wir unverbrochlich auch unwiderruflich wullen gehalten han,
so ist ufs hoechst unser befelh, beger und wille an . . . unser vormunden . . ., unser nachgelassen kinder, lande und leute, ob aber
wir kein kinder hinder uns verlissen, unsern bruder und seine
kinder in zit der vormuntschaft gutlich, einiglich und sich freuntlichs willens gegen enander zu befleissigen, zu behalten, und das ir

wir und ordenen hiemit, das die canzli an dem ort, da unser hofmeister als
durch uns geordenet seinen ansitz haben, sal auch daselbs das ansuchen gescheen
und die sachen verfertigt werden und der hofmeister die andern zu bescheiden
haben nach gelegenheit und notdorft der sachen, und wilchem unter den andern
etwas furfiele, ine das auch unverzoglich wissen zu lassen, und sonderlich sal
dis sein und gemeint in grossen schweren sachen, doran unsern landen und
leuten gelegen were.«

[1]) Vgl. Rommel III, 162 f. über die Erwerbung des Steins durch Wilhelm
in der pfalz-bairischen Fehde (1505).

[2]) Fehlt 1506.

keins dem andern zuwider handel, sondern sich einmutiglich miteinander schliessen und handeln, soviel ummer mugelich sein wil.
Des alles zu worem orkunde han wir ... ldg. Wilhelm alle
und einen iden artikel in diser unser ordenunge begriffen mit
unser eigen hande underschriben, auch unser majestatingesigel
doran wissentlich tun henken, und darzu zu gezugen bie beschliessunge
diss unsers lesten willens, doch ine unwissende des · inhalts,
gebeten unser rete und lieben getruen, den compter des teutschen
huses zu Marpurg, Dieterichen von Clee, Apeln von Grussen und
Petern von Treysbach ire ingesigel hieran auch zu hangen, des
wir ... compter, Apel von Grussen und Peter von Treysbach
umb ... unsers g. hern und fursten beger willen also getan,
bekennen, unser sigil hieran gehangen [zu] haben, doch uns, unsern
nachkomen und erben an schaden. Gescheen und beschlossen am
sonnobinde nach S. Pawels bekerunge tag ao. 1508.«[1])

A. Darmstadt, Or. Pergamentheft mit anh. Majestätss. u. Heftlöchern an den Rändern.
Die einzelnen Paragraphen eigenh. W. l. H. sst. unterzeichnet.

## 2. Landgraf Wilhelms Klageschrift gegen seine Räte. [Marburg 1508 Mai 6.][2])

Als Gründe seiner Ungnade nennt Ldg. Wilhelm den Räten: a) Die
herzlose Behandlung und mangelhafte Pflege, der ihn dieselben während
seiner Krankheit ausgesetzt haben. Eingehende Schilderung des unehr-
erbietigen rohen Benehmens der Dienerschaft gegen den Fürsten, dem

---

[1]) Das Testament von 1506 besiegeln ausser Wilhelm sämtliche Vollstrecker, eingeschlossen Dr. Ruland. (Schenk zu Schweinsberg nimmt diesen
irrtümlich aus, S. 67, Anm. 1). »Dat. Cassel, am dinstage nach Laurencii [1506
Aug. 11] und zur cartus zum Eppenberge mit unser eigen hande underschriben
am donnerstag nach Laurencii [Aug. 13] ao. 1506.«

[2]) Die Klageschrift trägt kein Datum; nach einem interessanten Briefe
Ldg. Wilhelms an Hz. Georg vom 6. Mai 1508, der über ihren Entstehungs-
anlass Auskunft giebt, scheint sie kurz vorher verfasst zu sein. Wir geben im
Folgenden diesen Brief wieder: ... »Uns zweivelt nit e. l. habe noch in frischer
gedechtnus, wie wir verweilter zeit nach schickung des Almechtigen in mirglich
swacheit und blodigkeit unsers leibs gefallen, darin auch etwalank schwerlich
und sorglich gelegen sein. Nu hetten wir uns in zeit solicher unser widerwertigkeit vil trosts und beistands zu etlichen unsern heimlichen reten und
verwanten vor andern vorsehen, aber uns ist desmals von denselbigen mirglicher unwille und verdries darfur entstanden und begegnet, derhalb dan wir
und nit unpillich inen unser ungnade zugewant, des sie sich auch vilfaltiglich
beclagt in meinung, villeicht dardurch ire mishandlunge zuverdrucken und
darauf den unverstendigen ire berumpt unschult einzubilden, dach mit demutiger
bit, sie des grunds solicher ungnade zu berichten. Darauf haben wir uns in
ermessung der gelegenheit bewegen und die ursachen angezaigter unser ungnad
in hiesein einer mirglichen anzal etlicher stende unser lantschaft inen schriftlich
ubergeben lassen, davon wir auch e. l. als unserm lieben ohemen und swehr
hiebei abschrift zuschicken, desselbigen handels allenthalben gruntlichen bericht
mit warhait daraus zu entpfahen ..., dasselbig auch bei e. l. zu behalten, ob
wir villeicht deshalb zuruck verunglimpft weren ader wurden, uns alsdan aus
disem unserm warlichen bericht des entschuldigt zu achten und zu entschuldigen,
wie wir uns dan der und aller freuntschaft zu e. l. als dem vertreuwsten freunt
trostlich versehen ... Dat. Marpurgk, sambstags nach Philippi und Jacobi ao. VIII«
(1508 Mai 6). A. Dr., Loc. 8675, Ldg. Phil. Vormundsch. betr., Or.

trotz der Bitten des Landgrafen und seiner Gemahlin von Waldenstein nicht gesteuert wurde (1.—20.). b) Die eigenmächtigen Eingriffe der Räte in seine fürstliche Obrigkeit bei der Verleihung von Lehen, Befreiungen vom Weinzoll, Begleichung von Schuldverschreibungen u. a. (21.—27.). c) Die gottlosen Reden, die Waldenstein über die Person des Fürsten geführt hat (28. u. 29.).

Seinen Räten Konrad von Waldenstein, Friedrich Trott und Rudolf von Waiblingen zeigt Ldg. Wilhelm der Mittlere auf ihren Wunsch »orsach der ungnade als wir zu euch tragen« an: 1. Als zu Kassel im Roten Löwen ein Mordgeschrei sich erhob, befahl Wilhelm dem dortigen Schultheissen, »Usenern deshalben in gefengnus zu setzen und zu verwaren, desgleichen ander der sachen verdachten bis uf weitern unsern bescheid ..., damit das ubel gestraft wurde«; aber wider des Landgrafen Geheiss unterstanden sich Waldenstein und Trott, Usener aus dem Gefängnis zu entlassen, »damit dan das recht nidergedruckt und solich ubel nit gestraft ist worden. 2. Haben wir nachfolgend nach dir Conraten von Waldenstein geschickt als desmals unserm hofmeister und mit dir die meinong geret: Conrat, wir haben manchen weg mit einander geraiset, darumb nachdem wir achten, das wir sterben werden, so wollen wir die reise bis gein Marpurg zum grabe mit einander auch tun und bitten dich, das du dan auch unser sele, weib, kinder, lant und leut, desgleichen unsern bruder und des weib und kinder in bevelh haben und das best tun wollest, als wir zu dir des zuvor andern vertruen tragen; dan du bist mitsambt sonst sieben [sic?] unsern reten von uns zu vormonden erweld und gesetzt, doch du als derer oberst, ob den allen einiger regent; und seit der zeit ist uns nie liehs begegent. 3. Haben wir dir Conrat von Waldenstein zu erkennen gegeben, das wir befinden, das aus swacheit unser krankheit uns an vernunft wurde abgeben und wir ein zeit lang unser vernonft beraubt sein worden, dich gepeten, wiltu uns nun gesunt haben, das man uns mit vielem umbtreiben, erzornen, benageln, besliessen, hinwekfuren, binden oder dergleichen, das uns bekombern mocht, nit wolt belestigen lossen, so wolten wir zu got hoffen, durch sein gotlich hilf und unser natur liderlich wider zu gesuntheit zu kommen, wiltu uns aber unvernunftig haben, so mochtest du soliche wege an uns uben und suchen und hettest dan entweder einen onsinnigen oder toden fursten an uns, das wir unser gemalhen [!] ungeverlicher massen also auch zu erkennen geben haben.« Dennoch geschah das Gegenteil von seinen Wünschen: wider den Rat der Ärzte hielten die Räte den Landgrafen auch bei gutem Wetter im Zimmer gefangen, wodurch er in übermässige Melancholie und in so grosse Betrübnis verfiel, dass »wir unser vernuft, craft und vermugen unsers leibs gar beraubt gewesen sein.« 4. In seiner Hoffnung, dass die Räte den Zustand ihres Herrn »in ein treulich, smertzlich gedenken« nehmen würden und »in ir eigen person zu dem wenigsten ir einer tag und nacht sein bei uns blieben und gewesen, unser notturft und anligen unser krankheit gesehen und das beste dorin gehandelt«, sah sich der Landgraf getäuscht. Die Räte vergassen

ihrer Treue und ordneten ihrem Herrn als Aufseher fremdes Ge-
sindel, wie einen Goldschmied aus Strassburg, einen Barbier aus
Konstanz, »die alle unser lebtage bei unsern gesunden tagen nie
ingang oder slaifens in unser kamern ie gehabt haben«; sie schoben
dagegen »ander unser diener, die uns essen und trinken zu tragen
gelobt und gesworn waren, hinweg.« 5. Aus der besonderen Stube,
die sich der Fürst in gesunden Tagen für den Fall, dass er krank
würde, hatte herrichten lassen, verdrängten ihn die Räte und wiesen
ihn ungeachtet seines Flehens in eine grosse kalte Stube, »die einen
isern ofen hat, der zerbrochen und dem rauch nit zu steuren was.«
6. Die Ärzte hatten dem Landgrafen geraten, mit gemünztem Gold
und Edelsteinen zu seinem Zeitvertreib zu spielen; aber Konrad
von Waldenstein verbot der Landgräfin, die die Schlüssel zu der
Schatzkammer hatte, dieselben ihrem Gemahl zu schicken. Als sie
es trotzdem that, zwangen die Räte den Fürsten, die Schlüssel
wieder herauszugeben, »dafur wirs nu achten: weren wir gestorben,
das sie [räte] zu Venedig feigen darumb gekauft hetten und also
das lant mit festelspeise, wo node angangen were, gespeiset.« Auch
haben die Räte den Kammerknechten die Schlüssel und Register
zu dem Guldenzoll und den Landzöllen abgenommen und dieselben
zum Bruch ihres dem Fürsten geleisteten Eides gebracht, durch
den sie sich verpflichtet hatten, »diweil wir am leben sein, nichts
aus unser kamern tragen, geben oder nemen lossen.« 7. Dazu
haben die Räte »unser vergessen und habt ir uns ganz sonder
alle arznei, rat und trost lossen ligen, aller erzte und euern sub-
stituten unser gesunt und vernonft in ire hande und verstentnus
zu handeln heimgesetzt und unsern bruder Wilhelmen von Hessen
hinweggeschickt.« 8. Trotz dem Ersuchen der Landgräfin, ihren
Gemahl aus der Beschliessung zu befreien, weil sie seinen Zorn
errege, haben die Räte die Zimmerhaft nicht aufheben wollen.
9. In seinem Gefängnis musste sich der Landgraf von den rück-
sichtslosen Dienern misshandeln lassen. »Wo, wir auch mit einem
unwillig worden, wart zugelaufen, gescheiden und ingegriffen in
unser gorgeln, in unser hor, in unser wunden hende und arme gedruckt, wider die wende, benke und disch mit uns gedrungen und
gelaufen und zu erwurgt, das das blut von unsern wunden henden
geronnen ist; waruber sich nu solch hendel begeben haben, ist davon,
das sie uns etwan unser bonnet von unserm heubt gnomen, ir einer
dem andern das aufgesetzt und uns damit zu zorn bewegt, versmehet
und verspottet, beneben uns hergegangen, mit iren fingern narn- oder
eselsorn hinder uns ufgesetzt, wie wir jemerlich gingen, unser gang
beneben uns angnomen und also hergelaufen mutwilliglichen; so
wir trunken, musten wir hechtzen, felt es uns selden, so stunden
uns einer oder zwen unter augen und hechtzeden uns zu spotte
auch also. Wan wir fragten, was seist [! = sagest] du neus, einer
sagt, er bette gebraten ruhen sehen danzen am markt, der ander,
es weren fuchse, die furdersten komen, die andern [!] noch dahinden.
Etwan so wir am bette lagen, das einer unter denselbigen uns
nit wolt ein nachtkacheln langen, dorin wir hetten mogen das

wasser abslahen, also das wir selber mit unserm verwunten un-
vermuglichem leibe aus dem bette dasselbig musten langen; uber
demselbigen als uns du einer die kacheln wolt langen, haben wir
denselbigen ins maul mit unser faust gestossen; du nam der uns
bei beiden armen, lief mit uns zu dem bette zu und unden mit
unsern beinen wider die stegen und oben wider den betstul. Es
haben auch sie etwan vor uns gestanden und iren finger uber ire
muler, als sie geoffent, gesperret, zungen herusgeslagen und uns
also damit auch verspottet. Weiter so wir mit einem knaben uneins
und oft [!] den mit zorn bewegt worden, so liessen sie solchen mit uns
umbherlaufen, bis so lange das wir ungestumlich derniderfielen
etwan uf den ruck, etwan uf das antlitz; dan huben sie uns erst
uf und stiessen den knaben fur die tur. Wan wir auch imants nit
woil liden mochten, der wart zu einer tor [!] usgestossen und alsbalde
wider zu einer ander tur zustunt ingelossen und wart die besliessung
dermas, das wir nit wusten, das unser rete usgehens beswernis
hetten, also das man uns gewonlich liess gehen bis vor die tur
und slaus [!] uns die etwan ein unendlicher vor der nasen zu.«
10. Vergeblich flehte der Landgraf die Räte an, ihn aus dem
Zimmer an die frische Luft zu lassen, da »uns die luft zu gutem
kommen were, woil zu sovil als etlicher mass die speise. Dan es
ist zu Augsburg ein jungfrau, die weder von essen noch trinken
ire [!] leben enthelt dan allein von der luft, die sie zu einem uffen
fenster in empfecht; meuse und ander, die den winter hetten tot
gelegen, die tet die sonne und loft wider erquicken, aber wir
unseliger haben nicht die gnade empfunden, das wir mochten vor
die tur komen, wie dan wol einem armen bettrisen menschen
durch seine freund und guten gonner in der zeit gescheen und an
die sonnen getragen were. Was hain wir gesundigt, das ir uns so
boslich, mutwillig und unerbarmlich wullet umb unser leben bringen?
Ist uns zu antwort worden: es sei in einem bosen zeichen, wan es
daraus kome, so wolle man uns dan helfen an die luft. Es ist
aber blieben wie vor und alles boser worden. 11. Mit essen ist
es mit uns also zugehalten worden: alles das wir nit mochten und
uns zuwider was, solten wir essen; was wir gern gehabt hetten,
mocht uns nit werden; dan alles das, darzu wir lusten hetten, das
was uns durch die erzte erleubt zu essen. Und etwan so wir
kirssen kriegen, die namen uns unser diener, worfen sich in
unserm angesiecht mit den stielen und in der grossen stuben rungen
und sprungen sie und machten also gross geruchte; was vor kurz-
weil, freud und rauwe sie uns damit in unser krankheit getain
hain, kann ein ider wol bedenken und ermessen. Nachdem wir
nimants umb uns traurig sehen dan uns allein, und dasselbe, das
uns zu essen worden ist, hain wir mussen essen wie ein unsinnig
tier, also das wir das mit unsern henden und negeln hain zerrissen
mussen, als ob wir unsinnig oder ein werwolf gewest weren.« Oft
hat man dem Fürsten die Speise unkredenzt vorgesetzt »und hain
nit credenzen wollen, darumb wir das hain steen lossen und nit
essen wollen, sein also in die fantasei gefurt, das wir in vier wochen

unsers wissens nit anders gewist hain, dan das wir unser ende in der speise oder in dem bette musten nemen aus orsachen ires grausamlichen erzeigens.« Das hat so lange gewährt, bis sich Friedrich von Boyneburg und Wilhelm von Hessen, des Landgrafen Halbbruder, auf seine inständigen Bitten seiner annahmen. Doch bemühten sich die Räte, dass niemand als ihre Kreaturen zu dem Fürsten Zulass erhielten; »und so unser herre vetter und gevatter der erzbischof zu Collen und oheim und sweher hz. George zu Sachssen, der rat doch pillich mirglich in diser sach gehabt were, ire botschaft zu uns schickten, mochten dieselbigen auch nit zu uns komen. Dan ir habt villicht besorgt, das wir denselbigen diese rede, die wir itzt eroffnen, inen villicht auch eroffent hetten. Aber wir achten es nu dafur, das sie gedacht hain, es solt mit unserm tot beslossen werden und also verdruckt bliben sein, und uns solicher trost der schickung unser freunde, die uns merglich davon entstanden were und wir deshalb gehabt haben mochten, damit abgesnitten.« 12. Statt den Landgrafen gegen die Bosheit der Dienerschaft zu schützen und dieselbe zur Duldsamkeit gegen die Launen des Kranken zu ermahnen, ergriffen die Räte die Partei der Knechte. 13. Während die Räte den Fürsten von Luft und Licht absperrten, lebten sie selbst auf Kosten ihres Herrn in Saus und Braus und luden einander zu Gaste. 14. Wenn man ihnen meldete, dass »der junge hauf, so bei uns in der kammern weren, mit ringen und springen ein gros leben hetten und tet uns unstatten«, erwiderten die Räte: »Wes nimbts du dich an, die gesellen sein jung, die zeit wirt inen lang, was sollen sie beginnen, oder wie konnen sie ummerster sitzen und schreiben, sint sie doch kein monche.« 15. Obwohl von den Räten sonst alle Worte des Kranken »vor ein fantasei« angesehen wurden, so suchten sie doch bei dem Landgrafen die Verleihung erledigter Leben nach, und »so wir dieselbigen nit han wollen leihen, ist aus stolz geredt: ich wil reiten und gut erwerben oder keinen leib han, und also hinwek geritten, und aber auch nicht destminder das, so wir euch aus gnaden gegeben haben, angenommen, wislich von uns empfangen. Dan wo gift, da was freunt, und wo wir euch des viel zugestalt hetten, wer unser weisheit dester durchleuchtiger worden.« 16. Als etliche von des Landgrafen Räten Waldenstein und Genossen anlagen, sie sollten für eine bessere Pflege des Kranken Sorge tragen und ihn mit tauglicheren Wärtern umgeben, wiesen diese den Antrag barsch zurück. 17. Die Bitte der Gemahlin Wilhelms, den Fürsten aus der Zimmerhaft zu befreien, hat Konrad von Waldenstein unter dem Vorwande abgeschlagen, die Krankheit des Landgrafen möchte in diesem Falle den Fremden ruchbar werden; als die Landgräfin darauf die Verlegung der Kanzlei aus dem Schloss zu Kassel forderte, »damit das wir mochten ruw und willen haben und ausgehen ins schloss«, entgegnete ihr Waldenstein, dass er dazu keine Macht habe, was auch nur eine leere Ausflucht war. 18. Drei- oder viermal hat der Hofmeister der Landgräfin die Bitte abgeschlagen, er möchte das Hofgesinde

nach Gottesbüren eine Wallfahrt unternehmen lassen, um die
Genesung des Landgrafen zu erflehen, und vorgewendet, die Krankheit des Fürsten möchte dadurch ruchbar werden. 19. Ebenso
hat er dem Antrag der Landgräfin, den Erzbischof von Köln um
die Sendung eines Arztes zu bitten, nicht stattgegeben, unter dem
Vorgeben, dass »unser ... vetter von Collenn und wir nit in guter
einigkeit mit einander stunden«, was nicht wahr ist. 20. Waldenstein verbot, für den Landgrafen Messe zu halten; denn »wir solten
behaft sein mit boser krankheit S. Veltinsplage und unverstendik
sein. Ist clerlich zu merken, das du alle des ein widerhalter
bist gewesen, das uns an sele, lib und gesundt hette mogen zu
gute komen und sein also sunder arzt verblieben; ir habt auch
noch keinem geschrieben, bis das uns der almechtik gott geholfen
hat, das wir selbs darnach geschrieben haben.« 21. Waldenstein
und Genossen haben dem Landgrafen wider ihre Eide und Pflichten
in seine fürstliche Obrigkeit gegriffen und sich unterstanden, »ein
eigne conspiracion und muterei« aufzurichten »an unsern [!] als euwers
lebendig fursten wissen; und ab unvernuft bei uns gewesen
were ..., nit gebeit, das uns der kopf mucht funfmal wider recht
kalt werden, und solich artikel ganz unnotturftik, da man auch kein
orsachen zu gehabt hat, solichs in rat zu stellen, unser ver-
orderunge [!] und bestellung also domit im tunkeln habt wollen ab-
sneiten [!].« 22. Bezüglich der Verleihung geistlicher und weltlicher
Leben während der Krankheit des Fürsten haben die Räte ohne
Not sich verlegen gestellt; hat doch Waldenstein vom Fürsten
Befehl gehabt, »alle herkomen alt leben zu verlihen nach laut der
briefe und das darumb niemants nit verlengerung, schade oder
verkurzunge ist ader hait konnen erwachsen, wo du des deinem [!]
empfelh hettest wollen erwarten ...; neu und verledigte leben und
irrik hetten mugen geschoben werden bis zu jarsfrist; het man
domit nichts verseumbt; geistlich leben het man mugen aufhalten
die zeit, als wir und ein iklicher wertlich patron in recht hat,
nemlich 4 monat, und darnach domit gehandelt haben, was nutz
und gut gewesen wer.« 23. Auch sonst hat der Fürst die Räte
mit ausreichender Instruktion und Vollmacht versehen. »Wer den
leuten solle rede und antworte geben, bastu bevelch gehabt von
wegen deins ampts in sunderheit in unser krankheit mitsampt
marschalke zu horen und zu fertigen, darzu zu hilf gehabt unsern
kanzler dr. Schillingen, Josten von Baumbach, den haushofmeister,
und [so] etwas uber gemein handel gewesen wer, hettestu bie dich
gehabt zu erfordern dr. Ruland, den decban, und Ludwigen von
Boynneburgk, darzu Petern von Treyspach. Aber wol steet zu
vermerken, das ir lieber euwer practiken nochgefolgt und andern [!]
leuten euch euwer solde vorverdienten, doch das obrister gewalt
in euwer hant blibe.« 24. Auch zur Bezahlung der fürstlichen
Schulden hat der Kammermeister, der Einnehmer, der Kammerschreiber und der Ausgeber Vollmacht gehabt. An Geld hat es
nicht gefehlt; sind doch jetzt noch nach der Bezahlung der Schulden
Überschüsse »in der liechtkamern zu Franckfurdt« vorhanden. Schliess-

lich hätten sich auch die Gläubiger geduldet, würden sie die Räte
vertröstet haben. 25. »Ir habt auch an unser zoller des gulden
zols[1]) geschriben, die kisten zu uffen, und das ist also gescheen
on unser wissen und damit unser zoller irer eide und pflicht nider-
fellik gemacht. 26. Du, unser cammermeister, hast auch an etlich
unser zoller des gulden zols geschriben, etlichen wein zolfrei furgehen zu lassen, das dir auch nit gezimbt noch geburt hait, dan du
waist, das wir uns solichs zu tun mit unser aigen hande unterschrieben geordent, bevolhen und allein vorbehalten haben. 27. Darob wir nit wenig misfallen und ungnad billich zu euch tragen
und haben; dan sich solich veranderung unsers regiments . . . in
rat zu setzen ane wissen unser frunde und lantschaft durch euch
lichtfertige personen . . . nit gezimbt hat; wan das swert noch nicht
zu euwern handen gewachsen was, sunder allein nach unserm tod;
und ist uns ein hoch verwundern, so der potestat der lehenleiher
bekreftigt und ausgesatzt worden were, aus wes gewalt adir aber-
kait er bett wullen leihen; dan wir den schulthessen nit kennen,
der alda zu Cassel bett konnen oder mogen solichen gewalt mitsambt den andern artikelsregenten bestedigen, es were dan sache,
ob Gerlach der narre sich hette wollen gebrauchen seiner vernuft und furstlich aberkeit bestetigen. Nachdem wir noch als
ein belehinter regierender furst, mit furstlicher aberkeit gnediglich
von Kei. Mt. versehen, am leben gewest sein und dieselbigen auch
bis daher gebruchlich, als wir zu gott hoffen, gebraucht und geubt
haben; solt es aber je die meinung gehabt han, das notturft da
gewesen were, so bette sich wol gepurt mit . . . unserm [!] hern
vettern und gefattern des [!] erzbischoffen zu Collen und unsern
ohemen von Sachssen, dabei man getruwen, fromen, erbern, nutzlichen und schuldigen raid erfunden hette und pillich davon zuvor
zu handeln und dan furter an unsern hern Keiser lassen zu gelangen
und nit solich volliteten, so es die notturft erfordert bette, durch
euwer hoiffertik, seuisch und baurisch kopf dermaissen furzunemen
zu abschnidung unser furstlich und loblich regiment, als wir hoffen
und auch mit hilf gottes des Almechtigen also bis in unser gruben
zu behalten und zu regieren unser land und untertanen zu nutz
und zu gutem.« 28. Schliesslich sind dem Fürsten allerlei gottlose
Reden Waldensteins zu Ohren gekommen. Der Hofmeister soll
zum Pater im Weissenhof zu Kassel, einer frommen gut beleumundeten
Person, wörtlich sich geäussert haben: »Ir munche habt dreierlei
geprechen: zum ersten last ir euch dunken, ir seit allein from, zu
dem anderen urteilt und verdumbt ir gar lichtlich ein andern, zu
dem dritten mail habt ir sauberlich frauwen lieb«, welchen Vorwurf
der Pater mit den Worten ablehnte: »ein itzlicher unkuscher fulet
von seinem nechsten kein rainigkait.« Auch hat Waldenstein dem
Pater abgeraten, dem Landgrafen geistlichen Trost zu spenden, da

---

[1]) Vgl. über die kaiserliche Verleihung des Gulden-Weinzolls an Wilhelm
Rommel III, 165 f.; vgl. a. O. Meinardus, Der katzenelnbogische Erbfolgestreit
(Wiesbaden 1899) I, 1, S. 37 f.

2*

dieser nicht bei Vernunft sei und nicht verstehe, was man ihm sage. Zudem verdiene der Kranke nicht, dass man für ihn das göttliche Erbarmen anflehe, denn »wie sall sich got uber ein erbarmen, der nie barmherzigkeit einigen menschen beweist hat, es ist nit muglich; und so er mein vater were und mocht ime umb sein leben bitten mit einem pater noster, ich wolt es nicht tun, wan nimant mak von ime barmherzigkeit widerfaren.« 29. Auch sonst soll einer der Räte geäussert haben: »Wir haben zwene herren, wir wolten, das wir irer keinen hetten; wan so man den zu Spangenbergk usliesse, der were weiser dan diser zu regieren.«[1] 30. Statt sich um alle möglichen Dinge, die sie nichts angingen, zu kümmern, hätten die Räte vor allem auf den »einigen artikel ein ufsehens unser person aus beschwernus und betrubnus zu bringen bedacht« nehmen sollen, »wo die treuwe were bei euch gewest«, welche Fürsorge auch die Landschaft und die Unterthanen sicherlich aus Liebe zu ihrem Fürsten gebilligt hätten. »Dan solt man mit allen furstenkindern also umbgehen, als mit uns gescheen ist, so were not, das man sie mit schlidden und wagen in die furstentumb furte ... Dan were euwer regiment ufgangen euwer anstellung nach, wo uns got nit sonderlich behut hett, so hetten wir unsers bedunkens nit vil welscher nusse meher gebissen, nachdem uns doch von der krankheit die zene wehe tun, oder uns nit vil meher leute uf die fusse getreden.«[2]

A. Mbg., O. W. S. 1. Ldg. Wilhelm II., Reinschr. der landgräfl. Kanzlei.

---

[1] Über den tendenziösen Charakter der Klageschrift vgl. Anna von Hessen S. 7 Anm. 1. u. S. 11.

[2] In einem Anhange, der der Klageschrift angefügt ist, finden sich noch folgende Weisungen des Landgrafen: Sollten nach der Verlesung der Klageschrift die Angeklagten Konrad von Waldenstein, Friedrich Trott und Rudolf von Waiblingen sich rechtfertigen wollen mit der Behauptung, dass »sie solten gehandelt haben wie from leut ..., in zuvorsicht, wir worden us irem bericht verstehen und villicht gnugen haben, unser ungnad gegen inen abzustellen«, so soll der Kanzler im Namen des Landgrafen ihnen anzeigen: »alle dasjen, das unser person allein berur, sei die warheit, wie in der warheit verlesen und sal sich nimmermehr keinen tag anders erfinden, dan wie gezeichent und in der zettel ubergeben ist. Das ander seien wir von unser gemalh bericht worden, du wir sie beteidingt hain, sie habe nichts guts in unser krankheit und gefenknus bei uns getan und hetten uns nicht versehen, das ire l. uns umb des unwillen, so wir zu irer l. in unser unvernonft gehabt, an bulf gelossen bett; also sein uns solch eroffenong von irer l. gescheen: so wir zu besserm vermogen und sontheit kommen, so wolle ire l. uns berichten, wie es irer l. in unser krankheit und ansuchung unser rete gegangen und begegent sei, so sie unserthalb und uns zu gut an dieselben rete getain habe, und solle uns nit verborgen blieben, welcher bericht wir glauben geben irer l. gleich uns selbst. Zu andern artikeln hain wir offintlich ansage ... auch gleublich und luter anzeige.«

# II.)

## Geheime Beziehungen der Stände zu den Ernestinern; Verwerfung des landgräflichen Testamentes; Aufrichtung einer Einung.[1)]

1509 Juli 6 — 29 (Nr. 3 — 8).

---

Schon vor dem Hinscheiden Wilhelms des Mittleren hatten sich die hessischen Stände eifrig geregt und Versammlungen abgehalten, die dann vom Landgrafen verboten worden waren. Aber man hatte sich nicht um die Befehle des kranken Fürsten gekümmert; vielmehr hatten die Führer der Stände sich weiter eingehend über die Massregeln beraten, die sie zur Verhinderung der weiblichen Regentschaft ergreifen wollten. Denn in der jungen Landgräfin sahen sie mit Recht die vornehmste Feindin ihrer auf eine Erweiterung der ständischen Macht abzielenden Bestrebungen. Den Sturz Waldensteins und seiner Genossen und die Abänderung des Testamentes betrachteten sie als einen Streich, den die selbstherrliche Fürstin gegen den sich verstärkenden Einfluss der Stände gerichtet hatte. Während Waldenstein bei allen wichtigen Regierungshandlungen einen Ausschuss von 24 Mitgliedern der hessischen Ritterschaft zu Rate gezogen, hatte Anna es vermieden, den Adel um seine Meinung zu befragen. Es unterliegt für uns keinem Zweifel: während die Stände ihrem Einfluss auf die Regierung eine breitere Geltung zu verschaffen wünschten, war die Landgräfin darauf bedacht, die landesherrlichen Rechte nicht durch ständische Übergriffe schmälern zu lassen. Es lag daher in der Natur der

---

[1)] Vgl. hierzu Anna von Hessen S. 16 ff. und S. 29 ff.

Sache, dass es zwischen diesen beiden feindlichen Gewalten bei
gegebener Gelegenheit zum offenen Kampfe kommen musste. Der
Tod des Landgrafen und die Einladung zur Anhörung des Testa-
ments, welche die Witwe an die Stände ergehen liess, bildeten das
Signal zur Empörung. In Ludwig von Boyneburg, dem ehemaligen
Landvogt an der Lahn und Hofrichter in Marburg, hatten die
Stände einen entschlossenen Führer gefunden. Auch er scheint auf
Annas Anstiften bald nach Waldensteins Sturz aus der Gunst des
Landgrafen verdrängt worden zu sein.[1]) Jetzt hatte er Gelegenheit,
an der jungen Fürstin Wiedervergeltung zu üben. Doch fühlte
sich Boyneburg mit den hessischen Ständen zu schwach, um die
Landgräfin, die an Hz. Georg von Sachsen einen warmen hilfs-
bereiten Freund hatte, aus der Vormundschaft zu verdrängen. Darum hatte er bereits vor dem Tode Wilhelms insgeheim mit Hz.
Georgs und Annas Widersachern, den Ernestinern, ein Einverständnis angebahnt (Nr. 3). Die beiden Linien der Wettiner folgten
mit gespanntem Interesse den Vorgängen in Hessen. Betrachteten
sie sich doch als die voraussichtlichen Erben des benachbarten
Fürstentums, da sie nach den Bestimmungen der alten hessisch-
sächsischen Erbverbrüderung im Fall des Erlöschens des hessischen
Mannesstamms die Nachfolger desselben waren. Eine Bestimmung
im Testament Wilhelms erkannte diesen Anspruch der Wettiner
ausdrücklich an. Nach dem Hingang des Landgrafen stand das
hessische Haus auf den zwei Augen eines schwächlichen Kindes.
Da die Wettiner besorgen mussten, dass sie nach dem Tode des
jungen Landgrafen nicht ohne Widerspruch, namentlich von seiten
des Kaisers, das hessische Erbe antreten würden, so lag ihnen
daran, sich dort nach Wilhelms Tode einen gewissen Einfluss
auf die vormundschaftliche Regierung zu sichern, um im Falle
des Aussterbens des hessischen Hauses sofort von dem Erbe Besitz zu ergreifen.[2]) Namentlich waren der Kurfürst Friedrich der
Weise und sein Bruder Johann darauf bedacht; mit scheelem Auge
beobachteten sie die innige Freundschaft, die ihren Vetter Georg
mit dem Landgrafenhause verband. Und während der Albertiner
sich aufs engste an die junge Witwe anschloss, gewährten die
Ernestiner bereitwillig den hilfeheischenden Ständen ihre Unter-

---

[1]) S. Anna von Hessen S. 18 f.

[2]) Vgl. a. a. O. S. 19 f., wo der Nürnberger Vertrag, den die Wettiner
über die eventuelle Teilung der hessischen Vormundschaft mit dem Erzbischof
Hermann von Köln am 24. März 1501 abschlossen, in seinen hauptsächlichen Bestimmungen wiedergegeben ist.

stützung. So suchten die beiden auf ihren Einfluss eifersüchtigen sächsischen Linien statt im besten Einvernehmen durch Beziehungen zu den entgegengesetzten hessischen Parteien an ihr Ziel, die Sicherung des hessischen Erbes, zu gelangen. Und als die Stände in Hessen sich auf den Landtagen am Spiess gegen das Testament des verstorbenen Landgrafen auflehnten, wurden sie von dem Gesandten Friedrichs des Weisen in ihrem Widerstande unterstützt, während Hz. Georgs Räte sich vergeblich bemühten, der Freundin ihres Fürsten die Vormundschaft zu verschaffen (Nr. 4, 5, 7). Zwar setzte Anna es durch, dass auch von den Ständen vorläufig noch nicht endgiltig mit dem Testament gebrochen und die Wettiner in dem Streit als Schiedsrichter zwischen den beiden Parteien angerufen wurden (Nr. 6), aber die Folge zeigte, dass sich Boyneburg und seine Anhänger bereits als Sieger betrachteten und im Hochgefühl ihres Triumphes eine feierliche Einung aufrichteten (Nr. 8).

---

**3. Hessische Stände ("prelaten, ritterschaft und stete des furstentumbs zu Hessen") an Kurfürst Friedrich und Herzog Johann von Sachsen. Homberg 1509 Juli 6.**

»Wir haben e. f. g. schriben uns jungstverschiener zit getan mit angeheftem erpieten alles inhalts underteniger meinung verstanden[1]) und wollen e. f. g. (den wir zu tienen uns schuldig und willig erkennen und erpieten) daruf bi eigner botschaft witer antwort zuschicken. Dat. Homberg, fritags nach visitationis Marie ao. 1509.«

A. W., Reg. C. p. 106 Nr. 1, Or.

**4. Friedrich Thun an die Ernestiner. Homberg 1509 Juli 20.[2])**

Hat sich am Spiess über die schnelle Ansetzung des Tages und die falsche Angabe des Versammlungsortes beschwert. Berichtet über den für Anna ungünstigen Verlauf des Landtages. Die Landgräfin wird genötigt, einen neuen Tag anzusetzen. Besprechung Thuns mit den Ständen. Pläne und Besorgnisse derselben; ihr Hilfegesuch an den Kurfürsten.

---

[1]) Das sächsische Schreiben, auf das Nr. 3 die vorsichtig gefasste kurze Antwort bildet, ist uns verloren gegangen. Zu vermuten ist, dass sich die hessischen Stände auf Ludwig von Boyneburgs Anstiften gegen die Bedrückungen ihres Landesherrn an die einmischungslustigen Ernestiner gewandt hatten und von Friedrich dem Weisen vielleicht bereits eine bedingte Zusage seines Schutzes erhalten hatten. Vgl. Anna von Hessen S. 21.

[2]) Sehr bezeichnend für die ablehnende Haltung der Ernestiner gegen die Landgräfin-Witwe und Hz. Georg ist die Instruktion, die Kurfürst Friedrich dem Rat Friedrich Thun für sein Verhalten bei der Eröffnung des Testaments

Auf der Reise nach Kassel hat Thun erfahren, dass die
niederhessischen Stände auf den 19. Juli von der Landgräfin an den
Spiess beschieden sind, wohin er sich sofort gewendet und dort
angetroffen hat »mein g. fraue von Hesen sampt den reten und
die lantschaft des nidern furstentums zu Hesen, der ist ober
500 pferde gewesen; auch graf Bote von Stolberck, Heynrich von
Sleynicz, h. Hansen v. Werter und Theubennheym.« Thuns Genossen,
Kaspar von Boyneburg und Heinz von Herda, sind ausgeblieben,
weil sie sich nach Kassel gewandt hatten. Er hat daher allein vor
der Landgräfin und ihren beiden Räten Tyle Wolff und Konrad
von Mansbach die Aufträge seiner Herren ausgerichtet und sich
über die kurze Frist und die falsche Angabe des Versammlungsortes beklagt: »konten e. f. g. [Kurfürst] von ein [den räten] nit
anders achten, dan es muste etwas nachteiliges e. f. g. darmite
gemeint sein.  Aber e. f. g. musten das und anders in gedult
stele bis zu seir [!] zit und hete des gemeiner lantschaft zu erkenen geben, als ich dane auch getan.  Das erschraken di rete
sere und h. Kurat [!] saget, woste nit, wi di botschaft were bestalt.«
Der Hofmeister entschuldigt sich damit, dass »seins hern sel. krankheit plozlingen kamen were.  Vor achtagen were sein g. uf dem
scheide zu Zapfenbergk[1]) gewest, hete er mit sein g. ein wete-
lauft gerent«, ferner wäre ein Irrtum in der Kanzlei geschehen; er
bittet ihn, es nicht an die Landschaft zu bringen, welches Ansuchen

---

Wilhelms des Mittleren erteilt (A. W. Reg. C. p. 105 No. 1, 1509 Juli 14).
Thun soll sich sofort aufmachen, um rechtzeitig am Donnerstag in Kassel ein-
zutreffen.  Neben ihm werden als Gesandte der Ernestiner Kaspar von Boyneburg und Heinz von Herda nach Kassel geschickt werden.  Thun soll dort bei
seinem Erbieten ein »aigentlich aufsehen haben, wie die rete und lantschaft
miteinander steen, damit das du im nit zu vil oder zu wenig tust oder das
erbieten gegen den reten dermassen sei, das es der landschaft zu verdriess
reiche.  Dan du weist, das die rete so vorhanden bisher nit gut unsers teils
gewest sein, das sie auch bei der landschaft kein vertrauen oder ansehen haben.
Darumb wollest dich sovil dir moglich aller gelegenheit erkunden und darnach
richten, auch diejenen von der landschaft, welche unsers teils sein, an dich
ziehen und sie auf den weg uns zum besten weisen.  Die landgrevischen rete
haben auch die schrift, so sie uns getan, nit weiter dan gein Isnach geschickt
und den tag zu ofnug [!] des testaments kurzt angesatzt..., derhalb wir ein
verdunken empfangen, als solten sie villeicht gern wollen, das wir die schickung
nit tun mochten.  [In dem Schreiben der hessischen Räte an die Ernestiner
(A. W. Reg. C. p. 105 No. 1, 1509 Juli 11, Or.) ist allerdings kein Versammlungsort angegeben.]  Dan du weist, das sie nit alle gut unsers teils sein.
Darum wollest dich eben ein gut aufmerken haben.  Ob auch unser vetter
Hz. Georg oder sein geschickten bei ofnug des testaments auch aldo sein und
an dich gelangen wulden, das wir und ir herr fur einen man in dieser sach
steen solten, das wollest nit annemen, sonder sagen, das du des kein bevelh
hettest, so were uns auch nit geschrieben, etwas aldo zu handeln, sonder offnug
des testaments zu boren.«  Thun soll der Landgräfin von seiten der Ernestiner
die Zusicherung geben, »ob sie von jemand einige anfechtung oder widerwertigkeit haben werd, darinnen wollen wir uns gegen irer l. als bruder und freund
finden lassen ...  Diese werbung wollest an ire l. allein oder in beiwesen
etlicher irer heimlichen tun ...  Dat. ilends am sambstag nach S. Margrethen
tag zu nacht umb eilf boren 1509.«
   [1]) Gemeint ist die im Reinhardswalde gelegene Sababurg, die ursprünglich den Namen Zapfenburg führte; s. Landau, Beschreibung des Fürstentums
Hessen, S. 190.

Thun abschlägt. Darauf hat der Gesandte Ludwig von Boyneburg
angesprochen, der gesagt hat: »Sicke [= Schicke] ich mich recht in
handel, so werde sich die lantschaft also hore lasen zu e. f. g. besten
und mit feil warer undericht, das zu schriben nit stat, was wander-
bar [!] pracktika [von der landgräfin vorgenommen worden seien],
das eins teils leute beten ins lant zu Hesen magen ein fus secze,
und saget, wer der lantgrafe 14 tage lebendik bliben, so wers onge-
wert gewesen; aber got het es nit wolt haben.« Thun wendet
sich dann an die Landschaft und beschwert sich über die falsche
Bezeichnung der Malstatt durch die Hofräte, wodurch seine beiden
Genossen nach Kassel statt nach dem Spiess gereist sind.   Seine
Herren seien über den unvermuteten Hingang des Landgrafen tief
betrübt.   Die Häuser Sachsen und Hessen gehörten durch nahe
Blutsverwandtschaft zusammen; die Herzöge bieten daher den Unterthanen ihres verstorbenen Freundes ihre guten Dienste an: sie sind
bereit, sie bei gleichem Recht zu schützen und zu handhaben und
sich gegen sie wie gegen ihre eigenen Unterthanen zu erzeigen.
Denn sie »wosten, das das furstentum zu Hesen us rechter naturlicher erbschaft des geblutes und also mit erbverbruderunge zu
e. f. g. und derselbigen landen und leuten gehorte und widerumb
auch e. f. g. und derselbigen lande.« Schliesslich legt Thun den
Ständen das Einladungsschreiben der Hofräte vor mit der Bemerkung,
»us was ursach sulchs kegen e. g. gebrucht, kont leichtlich zu er-
mesen sein, ab man e. f. g. gerne dorbei haben wolt ader villeicht
gerne abschube; geben e. g. ein als der fromen lantschaft zu
erkenen, zu erlernen, was gefalens si dorobe hete.«   Die Stände
sind über das Erbieten und auch über die Klage gegen die Hofräte
»froe gewest.«

Die Landgräfin sendet alsdann nach der Landschaft, »zu horen
des lantgrafen testement.   Doruf die lantschaft gesaget mit underteniger beite, einen nit zu vorargen, diweile di lantschaft des obern
furstentums zu Hesen nit bei ein weren, geboret einen aleine
nichtes zu horen an diselbigen.   Dan orer gebruch — beten
auch des fursten vorschribunge — were also, das si nit gesundert
solten werde, und so di lantschaft ale zusamenkomen, wolten sich
onverweislich halten.«   Die Landgräfin bittet Thun, sich zu diesem
Punkte zu äussern, was der Gesandte ablehnt, da er dazu keine
Vollmacht habe.   Trotz alles Drängens bleibt Thun bei seiner
Weigerung, obgleich er »morkte..., das mein g. fraue sere vor-
drislich was ober mich.«   Dagegen gaben Hz. Georgs Räte der
jungen Landgräfin den Rat, bei den Ständen nicht nachzulassen,
sondern sie zur Anhörung des Testamentes zu bringen, »mit erbeitunge
einen vorschribungen zu geben, das an orer freiheit nit abbruchlich
sein solt und mit weiter gnediger erbitunge..., das der lantgrafe
vor seim letzten abeschit also zu handeln geordent, dormit der
letzte wile nit worde geandert.«[1]) Diesen Ratschlag befolgt die

---

[1]) Im Testament hatte Ldg. Wilhelm den Vollstreckern die Wahl gelassen,
seinen letzten Willen entweder den getrennten Landschaften Ober- und Nieder-

Landgräfin. Aber »di lantschaft und stende baten wie vor, wolten sich dorvon nit wende ader feure [!] lassen und beharten druffe. Daruf diser abeschit wart geben, das die ganze lantschaft obern und nidern furstentums zu Hesen uf dinstak vormitage [Juli 24] zitlich uffem Spise bei einander sein solen, dahin di lantgrafin mit dem jungen hern kome wil, da das testement zu uffen.« Die Landgräfin fordert Thun auf, mit seinen beiden Genossen den Landtag abzuwarten, was er zusagt.

Darauf fordert die Landschaft den Gesandten auf, in ihre Mitte zu kommen, damit er ihre Antwort auf das freundliche Erbieten ihrer Herren höre. Sie lautet dahin, dass »sie sich in alen dingen nach e. f. g. halten und richten wolen, dan si wisen . . ., wan kein fursten van Hesen weren, das e. f. g. und di herzogen von Sachsen ore rechte naturlich hern weren; sie beten das auch zu gote und den heiligen gesworen und brif und sigel geben, das wolten sie halten als frome leute; das e. f. g. auch wider bei ein heilten, dan sie wolten aleine des furstentums besten [!] suchen, und was sie vornemen das ongeborlich, solten si e. f. g. alwege darvon zu weisen han, des sie sich ungewegert halten wolten.« Auch die Städte drücken ihre Freude über das Erbieten der sächsischen Fürsten aus. »Da Sitich von Perlubeschen [= Berlepsch] hat der lantschaft antwort, so mir geben wart, gehort, ist er zu den berzok Gorgischen gangen und sis bericht. Daruf widerkomen und gesaget, di rete heten von ores heren wegen auch gewerb an die lantschaft.« Ihre Bitte, sie deswegen anzuhören, lehnen die Stände vorläufig ab, weil sie »etwas under einen zu handeln« hätten, worauf die Gesandten Hz. Georgs erwidern, dass sie ihren Auftrag erst am nächsten Dienstag ausrichten werden. »Und ist also, das si ein kredenz lasen holen. . . . E. f. g. solen war wisen, das di lantschaft zusamengelobet, sie wolen der [!] lantgrafin und ere rete im regement nit leide, es werde dan ein von e. f. g. geraten, das si nit hofen, und er wolen si ale uf ein tak erworget werde, lasen sichs uflich horen. Seint bericht, hz. Gorge wole di lantgrafin darbei erhalde ader sein lant und leute daruber zusetzen.[1] Abs sei, wais ich nit. Daruf di lantschaft unheligen sagen, underste sichs sein g., wolen si eim ore pflicht ale ufschribe und eim eine slapen

<hr />

hessens zu Butzbach und am Spiess oder der vereinigten Landschaft in Marburg zu verkünden (s. § 16 des Testaments). Die Behauptung der Räte Hz. Georgs, man würde das Testament verletzen, wenn man es vor den vereinigten Ständen eröffne, war also unrichtig. Wahrscheinlich wurde sie aus Tendenz aufgestellt. Anna und die albertinischen Räte hofften durch die Trennung der Landschaft ihren Widerstand leichter zu überwinden. Vielleicht dachten sie die oberhessischen Stände allein leichter für die Anerkennung des Testaments zu gewinnen.

[1]) Die Besorgnis der Stände vor einem Überfall Hz. Georgs war nicht grundlos. Schon am 16. Juli hatte Anna an den Albertiner ein dringendes Schreiben gerichtet, hundert wohlgerüstete Reiter für den Notfall in Salza bereit zu halten, um sie nach Hessen abzuordnen, da vielleicht »etlich unser, unser kint und des furstentumbs zu Hessen misgonner [sich] entporen mochten.« Georg verspricht bereitwillig in einem Schreiben vom 20. Juli Annas Wunsch zu erfüllen. (A. Dr., Loc. 8675, Kopialbuch 1509—1510.)

han, das er und seine keint [sich] nit mer solen erholen. So geschickt wolen si dorch di hulfe des almechtigen wol sein. ... Di lantschaft bit mit hoer undertenikeit, e. f. g. wolten sich dem lant Hesen in e. f. g. forstentum ner tun, darmit si rat und trost habe konen, den si nidert suche wolen, und ich bite ganz hochlich, demutik und undertenik darumb; wan das geschit, so ist di lant- schaft getrost. Man saget, hz. Gorge geluste in seim furstentum uf und neme orsachen uber di Eysfelder, aber di Hesen wolens nit. Mein g. fraue sal sich, als ich berigt bein, habe vorneme lase, si wole beim regement bliben, kone or hz. Gorge nit helfe, so sal ir der Keiser helf und solt si sich ganz und gar an sein Mt. ergeben. ... Leudewick [v. Boyneburg] tut uf mein eit ... so trubelich an e. f. g., das ers und ale sein geslechte bilich hoch mit gnaden vorglicht werden. ... Dat. zu Homberck, das des bischofs von Kolen gewest, fritages umb 7 ure des seigers vormitage nach aler zwolf boten tage ao. IX.«

A. W., Reg. C. p. 106 Nr. 1, Or.

### 5. Heinrich von Schleinitz an Herzog Georg von Sachsen. 1509 Juli 25.

Weigerung der hessischen Stände, das Testament Wilhelms an- zuerkennen. Vermittelnde Haltung der sächsischen Räte.

Berichtet, wie das auf dem Spiess verlesene Testament des verstorbenen Landgrafen von den hessischen Ständen »in einem artikel das regiment und vormundschaft belangende bertlich an- gefochten« worden ist. Die Stände sind »gemeinlich daruf gestanden, dieweile vormals keine frau die lant regirt, auch sulch regiment kein frauenwerk sei; haben sie gebeten, das mein g. frau ires leip- guts wolle benugig sein, des regiments mussig gehen. Wu als anders vorgnomen werde, wollen sie mit leib und gut dawider sein und was sie selbs nicht vormogen, hulf, wu sie die bekomen mogen, gebrauchen, und haben sich grausamer wort, die ich itzunt nicht schreiben will, horen lassen. Sie haben e. f. g., auch e. f. g. vettern rete rat gebraucht, wiewol Friderich Thun sampt den andern vor- mals sich meiner g. f. zu raten gewegert, aus dem das sie kein andern befehel gehabt, dan allein offenung des testaments anzuhoren, hat er dach den stenden rat nicht gewegert, und was sein rat gewest, werden e. f. g. zukunftig vornemen; dan es ist zu lange davon zu schreiben. E. f. g. rete und ich haben geraten, das sie gemach tun und irer gebrechen gute mittel gebrauchen mit irbitung, das wir darzu gerne helfen und raten wolden. Sie sein aber schlecht uf irer meinunge bestanden und dach zuletzt die sach uf e. f. g. und e. g. vettern zugleich irboten und gesaget, das sie e. beider f. g. keinem einichen vortel vor dem andern gestehen wollten, nachdem sie e. f. g. zugleiche vorwant sein. Das ist uf den artikel gegangen, das im testament e. f. g. etwas vortel an der regirung,

wu̧ sich m. g. f. vorandert, gegeben ist, den auch Friderich Thun
nach vorlesung des testaments hertlich angefochten.[1]  E. f. g. ret
haben schlecht gesaget, e. f. g. begere keins vorteils anders dan
so vil e. f. g. von billichkeit und recht geboren, den kindern von
Hessen und gemeinen landen zu gut gereichen moge.  Dabei ist
es gelassen.  Und als gemarkt ist, das der haufe gestern sere ge-
raset, auch die sonne nahe undergegangen was, hat man im lesten
den stenden uf heut wider an Spis bescheiden und wirt not sein,
das e. f. g. und derselben vettern rete sich in handel schlagen, die
sach durch gute mittel zu vortragen ader in schleunigen austrag
vorfassen.  Ane das ist sich gros und merglichs schadens und beschwerung zu besorgen.  Darumb e. f. g. ret und ich heut und so
lange es not ist, beim handel bleiben, in hofnung, die ding uf ander
wege zu lenken.  Dan es ist so vil bos samens darein geworfen,
das es guts rats wol bedarf, und mein g. f. hat mit irer ungendigen [!?]
handelung vil widerwertigkeit irlanget, der bei iren gezeiten schwerlich ausgetan wirt. . . .  Am tag S. Jacobi ao. 1509.«

        A. Dr., Loc. 8675, Ldg. Phil. Vormundsch. betr. (1509—24), Or.

**6. „Abrede"[2]) zwischen den Räten der Wettiner und den
hessischen Ständen. [Am Spiess] 1509 Juli 25.**

    Sächsische Räte übernehmen im Namen ihrer Herren das Schieds-
richteramt. Einsetzung einer provisorischen Regierung. Aufgaben derselben.

    In den Gebrechen zwischen der Landgräfin-Witwe und den
hessischen Ständen »anlangende vormundeschaft und regirunge der
lande, so nach gemelter furstin achtung i. f. g. in craft eins
testaments, das die lantschaft nicht gestat, sall zugestelt sein«, haben
die Räte der Herzöge von Sachsen die Vermittlung übernommen,
und zwar im Namen Hz. Friedrichs und Hz. Johanns Friedrich
Thun, Hauptmann zu Weimar, Kaspar von Boyneburg, Ritter, und
Heinrich von Herda, Amtleute zu Eisenach und Salzungen, im
Namen Hz. Georgs Botho Graf und Herr zu Stolberg und Wernigerode, Heinrich von Schleinitz, Obermarschall, Hans von Werthern,
Ritter, und Christoph von Taubenheim, Amtleute zu Weissenfels
und Freiberg.  Sie sind bestrebt gewesen »guter treuer meinung
gegenwertige beschwerunge . . . abezuwenden« und haben deshalb
beide Partcien dazu vermocht, in ihren Gebrechen die Herzöge von
Sachsen als Schiedsrichter anzurufen.  »Und mitler zeit, bis unser
gst. u. g. hern von Sachsen bemelte sach angenommen und geendet

        [1]) Vgl. Testament S. 12 § 46.
        [2]) In der Überschrift heisst es: »Abeschied der uf dem landtage, so am
Spiess zur [!] lande zu Hessen gehalten, gemacht ist, wie meins g. h. hz. Georgen
rete, so bei solicher handelunge gewest, am sonnabent nach Jacobi (1509 Juli 28)
desselbigen abeschiedes eine copien gein Saltza einbracht haben.«  Um einen
Landtagsabschied handelt es sich hier aber nicht, da die Stände die Abrede
nicht unterzeichnen und sich aus diesem Grunde, wie ihr späteres Vorgehen
zeigt, auch nicht an dieselbe gebunden halten.

haben, sollen h. Dietterich von Clee, comptur zu Martburgk, h. Heinrich Rulandt, doctor, dechant zu Cassel, Herman Rietesell, erbmarschalh zu Hessen, h. Conradt von Manspach, ritter, George von Hotzfelt, Sittich von Berlebsch der elter und Jobst von Bambach als ... h. Wilhelms, landgraven zu Hessen, ... nachgelassene rete aller seiner f. g. gelassene lant, doch itzlichen ... parten unschedelich an irem vormeinten rechten regiren, darzu sie des hochgelerten h. Johansen Engelender doctor als canzlers auch sollen gebrauchen und in irer handelunge sich semptlich nicht anders dan ... unsers g. herrn von Hessen nachgelassene rete nennen und schreiben. Dieselben rete sollen auch von aller barschaft, cleinoten und andern beweklichen gutern, wue die unser g. herre von Hessen hinder sich gelassen, ordentlich inventarium machen, das mit unser g. frauen von Hessen und iren petzschiren zeichen lassen, dieselbige barschaft und alles anders, was in solichem inventario begriffen, bis zu ende ires regiments in vorwarunge halden, dovon nicht vorwenden, den[n] so vil zu notturft unser g. frauen, i. f. g. kinder, des hoflichen wesens und gemeiner regirunge, auch zu volziehunge unsers g. herrn von Hessen letzten willen, seiner f. g. sele seligkeit belangende not sein wirt. Dieselben rete sollen auch alle frembde leute, so itzund zu bewarunge der lande in etzliche stete erfordert sein, wider daraus vor[t]schaffen und ane rat gemeiner lande nicht mehr frembder leute gebrauchen. So aber zufelliger widerwertigkeit zu widerstehen ader sunst sachen, daran viel gelegen, vorfallen, sollen sie ... die vorordenten des landes darzu erfordern, derselben rate gebrauchen[1]). Diese berednus sall unser g. frauen an irer g. vormeinten gerechtigkeit des testaments vormuntschaft und regirung, auch beiden landschaften an iren vormeinten gerechtigkeiten keinen abbruch ader vorminnerunge geberen.« Sollten die Herzöge von Sachsen das Schiedsrichteramt nicht übernehmen oder sollten ihre Bemühungen fruchtlos sein, so sollen alle Dinge »in dem wesen und rechten stehen, wie es in und vor zeit dieser berednus ge-standen ist«, und der Räte »gewalt und vorordente regirunge damit abgeschnitten sein. ... Geschehen am tage S. Jacobi ap. ao. 1509.«

A. Dr., Loc. 8675, Kopialbuch 1509—1510. Kop.


## 7. Friedrich Thun an Kurfürst Friedrich von Sachsen. 1509 Juli 28.

Verlesung des Testamentes am Spiess. Stände wollen die Land-gräfin auf keinen Fall zur Regentschaft lassen. Die Wettiner werden als Schiedsrichter angerufen. Stände ersuchen den Kurfürsten, ihnen gegen Anna und Hz. Georg beizustehen.

---

[1]) Es scheint ein ständischer Ausschuss (»die verordneten des landes«, wie er oben genannt wird) gebildet worden zu sein, an dessen Zustimmung die provisorischen Räte bei der Entscheidung wichtiger Angelegenheiten gebunden waren.

Als das Testament am letzten Dienstag[1]) eröffnet worden war, haben die ernestinischen Gesandten um eine Abschrift desselben gebeten, welches Ersuchen ihnen abgeschlagen worden ist; die Gründe dafür kann Thun aus Mangel an Zeit jetzt nicht anführen. Als die Gesandten nach der Verlesung des Testamentes von dannen ziehen wollten, forderten sie die Stände auf, zu bleiben und »ore natdorft uf vermeint testment zu beren [!].« Auch die Landgräfin bat sie zu verweilen, um ihr mit ihrem Rat beizustehen. Darauf haben die Gesandten es »beden teiln zu bleiben bewilliget, aber zu raten abgesaget.« [Es folgt eine gedrängte Aufzählung der hauptsächlichen Bestimmungen in Ldg. Wilhelms Testament.] »Di lantschaft hat darzu geret ... und in suma zum beslis [gesagt], si wolen or f. g. eim regement nit haben«; aus welchen Ursachen, wird Thun dem Kurfürsten noch berichten. Von den vier ·verordneten Räten haben die Stände nur Hermann Riedesel als Regenten »vor gut gerumt«, doch nur in dem Falle, dass er von der Landschaft eingesetzt wäre; »aber di andern drei wer[en] durch si zu Hesen als regenten nit zu leiden ... und sunder Dreysbach. ... Und di lantschaft gesaget, si wolen er sich zu erworgen geben ader des regements uberik sein, und also sich erboten uf e. f. g., mein g. hern hz. Gorge und s. f. g. bruder hz. Heynrich; was e. f. g. ale darine erkenten und weisten, dem wolten si gehorsam sein. Und uns daruf angerufen, auch hz. Gorgen rete zu ferfugen, das mein g. f. wolt sich nichtes underwinden, ader si woltens nach orem hochsten vormogen weren. Meiner g. frau von Hesen gefil[en] di hendel nit und Theyl Wolf meuste ufhoren mit sein uslendischen worten und rete [= redete] der kanzeler. Aber ale sus nach seuer wort holfen nit; si wolten di furstin nit ins regement lasen und wart uf nachfolgende mitewach von meins g. hern hz. Georgen reten und uns uf bite meiner g. frauen und zulasen der stende hirbeileigende meinunge[2]) uf e. f. g. abegeret.« Hätte Ldg. Wilhelm noch 3 oder 4 Wochen länger gelebt, so hätte »einer ein fus ins furstentum zu Hesen gesazt, das e. f. g. nit eben were gewesen.«[3]) Würde aber der Kurfürst jetzt bald nach Hessen kommen, so stünden die Sachen für ihn so günstig, dass »e. f. g. zu richten haben zu e. f. g. besten, dach an hz. Gorgen nit, aber mit eim weiten fortel zu e. f. g. besten.« Jedenfalls sollen der Kurfürst und Hz. Johann nach Hessen kommen; »dan di lantschaft sagen, e. f. g. sei einen zu weit und beten e. f. g. gerne naen bei on; sagen hz. Gorg sei ein naen, wer in gerne nach ner komen, aber got het es vorhut. Hoben gesaget, Lodewick v. Beuneborck sal zu e. f. g. gesant werden und darbei: werden ore sachen nit balde angenomen und geferde[r]t, so mousen si hanthabunge suchen, wo si konen; dan si wolen mein g. f. di lantgrafin im regement nit lasen, aber tun e. f. g. darzu und halt, woln sei e. f. g. erkentenis und wisunge leiden.«

---

[1]) D. h. d. 24. Juli 1509.
[2]) D. h. die Abrede S. 28 Nr. 6.
[3]) Angespielt wird hier von Thun auf Hz. Georg.

Thun meldet, dass er »das junge herchen den lantgraf« gesehen hat;
es »mein feil menschen, er werde nit lebendik bliben, das er zu
jaren kome.... Kriget di lantschaft nit balde trost und e. f. g.
dises landes, so werden si den lantgrafen zu Spangenberck[1]) herus-
nemen; dan si gingen, als wir davon schiden, darmit umb. Wir
baten darvon; nit weis ich, abs wil helfen.... Dat. sonabendes
nach S. Jackopf ao. IX.«

A. W., Reg. C. p. 105 Nr. 1, Or.

## 8. Einung der hessischen Stände. [Am Spiess] 1509 Juli 29.

A. Einleitung: Beschwerden der Stände über das Regiment des
verstorbenen Landgrafen: 1. Ueber seinen Plan, Friesland zu kaufen; 2.
über sein unumschränktes Regiment; 3. über die Trennung der oberhessischen von den niederhessischen Ständen; 4. über unbillige Rechts-
pflege. Deshalb Aufrichtung der Einung. B. Artikel derselben: 1. die
Einungsgenossen sagen einander gegenseitigen Schutz zu gegen ungerechte
Bedrückung von seiten der hessischen Fürsten; 2. gegen die Ungnade
des Landesherrn; 3. gegen die Uebergriffe fremder Fürsten und Herren;
4. gegen andere Einungsverwandte; 5. Festsetzung der Einleitung des
Verfahrens; 6. Einschränkung der Verbindlichkeit der Einung; 7. Beschwörung und Unterzeichnung derselben.

Prälaten, Grafen, Ritterschaft und Städte »mitsambt ingeleibten
und zugewanten grafeschaften des lobl. furstentumbs zu Hessen
bekennen einhelliglich und unverteilt ..., das wir zu herzen genomen und betracht, wie auch unser altern und forfordern erlich
und nutzlich getan haben, das durch einigkeit, fride und hanthabung
der gerechtigkeit der almechtig got hochlich geert, gelobt, auch
lant, leut, stete, commun ... zu gemeinem nutz, ufnemen und
wolfart erhocht und gebessert werden, aber durch uneinigkeit,
zweitracht und verdruckung fridens und rechtens landen, leuten,
steten und communen zu abnemen, verderben, erstorung und unuber-
wintlichen schaden komen«, wie sie das bei Lebzeiten ihres jüngst
verstorbenen Herrn, des Ldg. Wilhelm, erfahren haben. Denn
während seiner dreijährigen Krankheit und Schwachheit haben
»etlich misgonner und verhinderer der wolfart und gemeines nutzs
des furstentumbs zu Hessen« den Fürsten dazu gereizt, Friesland
und »merklich ander lantschaften umb unerswinglich gelt« zu kaufen
und deshalb Land und Leute zu verpfänden, was allen Einwohnern
und Ständen des Fürstentums zu ewigem Verderben gereicht hätte,
falls der Kauf vor sich gegangen wäre.[2]) Auch hat man Krieg

---

[1]) D. h. den blödsinnigen Bruder des verstorbenen Landgrafen, Wilhelm
den Älteren.

[2]) Hz. Georg und Anna leugneten den hessischen Ständen gegenüber
das friesische Kaufprojekt ab. Dass dasselbe dennoch bestanden hat, ersieht
man aus dem Protokoll einer Beratung, die am 3. September 1509 zwischen
den Räten der beiden sächsischen Linien über die hessischen Angelegenheiten
gepflogen worden ist (A. Dr. Loc. 8675, Kopialb. 1509—1510 Protokoll über
den Tag zu Wangenheim). Da werfen die ernestinischen Räte denen Hz. Georgs
vor, ihr Herr habe mit Ldg. Wilhelm Frieslands halben in Verhandlung ge-

und Fehden angefangen und neue Münze aufgerichtet »an gemeiner
stent des furstentumbs zu Hessen rat und verwilligung« wider das
Herkommen des Landes, ebenso sich unterstanden, gemeine Landschaft von einander zu trennen, ausserdem während des Landgrafen
Krankheit »niemant oder gar wenig ... untertanen irer sachen und
hendel zu recht oder geburlicher verhor« kommen lassen. Aus
diesen und anderen Ursachen haben sich die Stände veranlasst
gesehen, »Got dem Almechtigen, Marien, seiner gebenedeiten mutter,
der heiligen unser heubtfrauen S. Eltzabethen zu eren und loben«,
auch den Fürsten zu Hessen und gemeiner Landschaft zum Besten
sich brüderlich und freundlich untereinander zu vereinigen und eidlich zu verpflichten und eine »gotliche, erliche, rechtmessige, lobl.
vereinigung und freuntschaft fur uns, unser nachkomen, erben und
erbnemen« aufzurichten »mit dem bedingen und offenbarlicher be-
zeuknus, das wir solch verbruderung oder einigung mit nichte und
in keinen weg witer unser g. fursten von Hessen, irer g. erben
oder nachkomen zu schmelerung oder abbruch irer f. g. furstlichen
oberkeiten, herlichkeiten, gerechtigkeiten, regalien, zinsen, renten,
rechten oder zu einigem irer f. g. zustant ... nit wollen gemacht,
sonder uns und unser nachkomen, wie auch unser voraltern vor
uns getan, zu fridelichem wesen, stant, ruw und einigkeit ufgericht
haben, inmassen und form wie hernachfolgt«:

    1. Würden hessische Fürsten sich untereinander oder die
hessischen Stände »und gemein inwoner des furstentumbs zu Hessen«
befehden und vergewaltigen wider ihre Privilegien und altes Herkommen, so sollen und wollen die Stände, falls sich der Geschädigte
auf sie zu Recht erbietet, für diesen Fürbitte thun, dass die ihm
zugefügte Beschwerung abgestellt werde. Würde aber »alsdan solh
bit und ersuchung kein gnad oder stat haben, sollen wir darnach
zu den beschwerten ... das recht bieten. Wo aber dasselb auch
nicht wolt angenommen werden, alsdan sollen und wullen wir demselbigen (wer der zu jeglicher zeit sein wirdet), mit leib, gut und
allem vermogen hilf, beistant, verteidigung, schutz und schirm tun,
den auch in keinen weg verlassen, damit menniglich bei recht und
pillicheit gehanthabt werde und pleiben moge, alles uf costen und
schaden gemeiner lantschaft, wie solichs von alter herkomen und
gescheen ist.« 2. Würden in Zukunft die Fürsten von Hessen ein
Mitglied der Stände »mit ungnaden ansehen« und sein Rechtserbieten
nicht annehmen, so sollen und wollen sich die Stände ins Mittel
schlagen und den Landesherrn darum bitten, den Beschwerten zu
gnädigem Verhör und Recht kommen zu lassen. »Und wo das nit
geschee, das wir in keinen weg verhoffen, so sollen und wullen

---

standen, wobei er etliche hessische Grafschaften, Städte und Schlösser als Unterpfand beansprucht habe, was seinen Vettern nachteilig gewesen wäre. Georgs
Räte geben zu, dass Unterhandlungen mit Wilhelm dem Mittleren über den
Verkauf von Friesland gepflogen worden sind, behaupten aber, dass dieselben
noch nicht soweit gediehen gewesen seien, um Unterpfänder zu verabreden.
Doch wäre der Handel zustande gekommen, so sollten die Ernestiner denselben
»mehr fruchtbarlich denn schedelich dem hause zu Sachsen« befunden haben.

wir alsdan unsere freunde nit vergweltigen [lassen], sunder dieselbigen nach unserm besten vermogen bei irem rechtlichen erpieten ... hanthaben, schutzen und schirmen.« 3. Ebenso wollen
die Stände die Einungsverwandten gegen die Übergriffe fremder
Fürsten und Herren schützen. 4. Auch unter sich wollen die
Mitglieder der Einung auf Ordnung sehen und es nicht dulden,
dass ein Einungsgenosse den andern mutwillig schädigt. 5. Den
unbilliger Weise Beschwerten wird folgender Austrag ihrer Klage
vorgeschlagen: sie haben sich mit ihrem Anliegen an drei Personen
ihrer Landschaft zu wenden, »nemlich einen aus den prelaten, einen
aus der ritterschaft und einen aus den steten.« Diese werden alsdann sofort, »soferre sie der handel so treffenlich ansicht [!], uf gemeiner lantschaft costen und schaden« die Stände an den Spiess
beschreiben, die den Geschädigten getreulich mit Rat und That
zur Seite stehen werden. 6. Die Einung soll jedem »an seinen
eiden, pflichten, gnaden und freiheiten, ob die von romischen
keisern, kunigen, fursten oder jemants andern gegeben weren,
anschedlich sonder nachteil sein und bleiben.« 7. Da die Einung
»gotlich, loblich, erlich und rechtmessig, auch unsern g. fursten und
herren zu irer g. gerechtigkeit und furstlicher oberkeit nit abbruchlich oder nachteilig, sunder landen, leuten, uns und allen stenden ...
gut, nutzlich und erlich ist«, so haben die Unterzeichneten kein
Bedenken getragen, dieselbe anzunehmen und in allen ihren Artikeln
feierlich zu beschwören »in unser und ander der prelaten, grafen,
ritterschaft und stete namen, auch bevelh und mandat derselbigen
und aller inwoner des furstentumbs zu Hessen. ... Und des alles
zu warem urkunt und sicherheit aller vorgeschriben dingen [!] haben
wir Dieterich von Cleen, landcomptor der balei zu Marpurg und
Johan, abt zu Breidenauwe, fur uns und ander prelaten, wir Philips
der elter, grafe zu Waldeckh, stathelter der graveschaft Raffenns-
bergh, und Wilhelm von Sein, grafe zu Wittigensteyn, herre zu
Homburgh, fur uns und von wegen der andern grafen[1]), Herman
Schennckh, ritter, Ludewigh von Boineburgh, Sittich von Berlewbschenn
der elter, erbkammerer zu Hessen, Jost von Baumbach, Philips von
Frannckensteyn, Johan von Reiffenbergh, Casper von Breidenbach,

---

[1]) In einer Vollmacht, die er am 25. November 1509 seinem Rat Johann
von Schönborn, Amtmann zu Weilburg, ausstellt, erklärt Graf Ludwig zu Nassau
und Saarbrücken seinen Beitritt zur Einung der hessischen Stände (A. Mbg.,
O. W. S. 3, Or.). Auch Graf Adolf zu Nassau-Wiesbaden hätte sich gern der
Einung angeschlossen, wie man einem Schreiben desselben an den Grafen Eberhard von Königstein vom 11. Oktober 1509 (A. Mbg., O. W. S. 3, Kop.) entnimmt,
da er ein Beisasse Hessens ist und sich gern der hessischen Ritterschaft freund-
nachbarlich erzeigte. Aber seine Eigenschaft als kaiserlicher Kammerrichter
scheint ihm den Beitritt zu verbieten. Denn die Landgräfin-Witwe könnte sich
das Testament ihres Gemahls vom Kammergericht vielleicht bestätigen lassen
wollen; würde er nun als Kammerrichter zu der Einung gehören, so möchte er
von vornherein als parteiisch angesehen werden oder, wenn er das Testament
bestätigte, widerspruchsvoll erscheinen. Er erbittet in dieser Angelegenheit
Graf Eberhards Rat. Dieser sandte das Schreiben des Nassauers an Boyneburg
mit der Anfrage, was für eine Antwort er seinem Freunde geben solle. Über
den weiteren Verlauf der Angelegenheit liess sich nichts ausfindig machen.

Wilhelm von Doringenbergh, Philips Meisenbugh aus der ritterschaft und von wegen gemeiner ritterschaft fur uns, unser nachkomen, erben und erbnemen, und wir die burgermeister und rete
der stete Cassel, Martpurgh, Hombergh, Eschwegh, Treysse und
Wetter fur uns und unser nachkomen, auch gemeiner [!] lantschaft
und inwonern [!] des furstentumbs zu Hessenn unser ingesiegeln an
disen brief gehangen. Der geben ist uf sonntag nach Jacobi ao.
funfzehenhundert und im neunten jare.«[1]

A. Mbg., Urk. Landtagsabschiede, Or. — Abdrücke: 1. Lünig, Teutsches Reichsarchiv
Bd. IX, 769 ff. 2. Lünig, Collectio nova, worin der mittelbaren Ritterschaft in Teutschland
Gerechtsame und Freiheiten enthalten sind, Bd. II, 799 ff. 3. Zeitschr. f. hess. Gesch. Bd. 8,
S. 251 ff. nach einer Original-Ausfertigung im Stadtarchiv zu Kassel.

---

[1]) Der Obermarschall Hz. Georgs, Heinrich von Schleinitz, scheint am
Spiesse die Zulässigkeit der Aufrichtung der Einung angefochten zu haben.
Als die hessischen Stände davon vernommen, stellten sie ihn in einem interessanten Schreiben (1509 Sept. 16, A. Mbg., O. St. S. 7862, Kop.) zur Rede: . . .
»Als wir in euwer und andirer unsir gst. und g. herrn der herzogen von
Sachsen rete gegenwertigkeit am Spiss gewesen und daselbst unsers g. jungen
landsfursten, auch gemeiner lantschaft ere, nutz und notturft mit risem rate bedacht, auch uns nach lobl. altem herkommen niemants zuwider zusamen verpflicht, damit das furstentumb gedachtem unserm g. jungen hern und den erben
desselbigen in eintrechtigkeit, fride und wolfart leben mocht, solt ire, als wir
verstehen, in handlung beschehener pflicht gefragt haben, mit den ader derglichen worten: was will da werden? Soll zu antwort gefallen sin: Seht ire
das nit? die leute wollen bieinander pliben. Daruf ire geredt: Je, das ist nit
zu liden, darzu solten alle fursten tun, solichs nit zu dulden. Nu achten wirs
darfur nit, das ein fromme lantschaft dies furstentumbs zu Hessen je furgenommen ader gehandelt hab, das einicher furst ader jemants anders dardurch
als ob ire missedate scheinbare am tag were, dargegen furzunemen geursacht
moecht werden, haben uns auch des mit gnaden des almechtigen mit eren und
werhaftiger bant bisher erhalten und wollens nit darfur ansehen, das ire angezeigt unzitig rede getan hapt. Woe die abir durch euch beschehen, hetten
wir der nit unpillich befrembdens. Darumb unser gutlich begirde ist, das ire
uns zu erkennen wolt geben, ob an den vurgetanen worten etwas ader was
darin geschehen si, uns ferner darnach unser eren notturft haben zu halten.
Dat. Homberg, sontags nach exalt. crucis ao. 1509.« Schleinitz leugnete es in
einem Schreiben vom 29. Sept. 1509 (A. Mbg., O. St. S. 7862, Or.) ab, den Aus-
spruch gethan zu haben.

# III.

# Die Aufrichtung eines ständischen Regiments in Hessen.

## 1509 Juli 28 — Mitte Oktober (Nr. 9—15).

Bald nach dem Landtage am Spiess ordneten sowohl die junge Landgräfin wie die hessischen Stände an die Wettiner Gesandte ab, um dieselben zur Übernahme des Schiedsrichteramtes aufzufordern (Nr. 9 u. 10). Obwohl beide Parteien um unverzügliche Ansetzung des Schiedstages ersuchten, liessen die sächsischen Fürsten Woche auf Woche verstreichen, ohne zur Schlichtung des Regentschaftsstreites in Hessen zu schreiten. Die Ursache dieser Verzögerung bildete der Zwiespalt, der über den hessischen Handel sich zwischen Herzog Georg und den Ernestinern erhob: während jener Annas Partei ergriff, hielt es Friedrich der Weise und sein Bruder Johann mit Ludwig von Boyneburg und den Ständen. Über die Frage, ob der Bruder Georgs, Herzog Heinrich, mit den übrigen Wettinern das Schiedsrichteramt ausüben sollte, wie das die hessische Landschaft wünschte, oder ob er dem ganzen Handel fern bleiben sollte, wie Herzog Georg und Anna wollten, entbrannte unter den Wettinern ein heftiger Streit. Und als der Albertiner und die Landgräfin sich zum Nachgeben entschlossen hatten, war es zu spät: die hessischen Stände hatten das Zaudern der sächsischen Fürsten geschickt als Vorwand zu benutzen verstanden, um im Widerspruch zu der Abrede am Spiess auf eigene Faust ein Regiment aufzurichten, an dessen Spitze Ludwig von Boyneburg als Landhofmeister trat (Nr. 11—14). Auf diese Nachricht hin setzten die Wettiner endlich den Schiedstag auf den 14. November 1509 an (Nr. 15).[1]

---

[1] Vgl. hierzu Anna von Hessen S. 29 ff.

---

### 9. Landgräfin Anna an den Kurfürsten Friedrich und die Herzöge Johann und Georg von Sachsen, Instruktion der Gesandten Annas. [1509 Juli 28.][1]

Anna berichtet über die Vorgänge am Spiess und ersucht die Wettiner um unverzügliche Ansetzung des Schiedstages und um Ueberlassung gelehrter Räte.

Instruktion: 1. Gesandte überreichen eine Abschrift des Testaments Wilhelms. 2. Wider dasselbe haben sich die hessischen Stände, »ausgescheiden die grafen, auch etliche sundere personen vom adel«, auf dem Landtage am Spiess erhoben »und gebeten, uns solicher vormundeschaft zu entschlahen und auf unsern widum zu ziehen, das wir aber aus redelichen gegrunten ursachen und auch in rat der unsern zu tun nicht schuldig zu sein befunden.« 3. Mitteilung des Abschiedes vom Landtage am Spiess. 4. Dringende Bitte an den Kurfürsten, »unvorlengert tagsatzung ... anzusetzen und so vil moglich auf das erst die sach gutlich ader rechtlich zu entscheiden, da uns, unsern kindern und gemeiner landschaft ane vorzuk und lengerung der sachen vil und merglichs gelegen were.« 5. Sie bittet, dass »ir aller g. ir ider in sunderheit iren g. einen vortrauten gelarten rate leibe ..., der ein zeit lang bei iren g. vorharre und in iren g. merglichen obligenden sachen getreulich geraten und beholfen sein [!].« 6. Die sächsischen Fürsten sollen verfügen, dass das Testament, »sovil es meins g. hern sele seligkeit belange, von stunt an entricht sall werden«, der Abrede gemäss, die zwischen der Landschaft und den sächsischen Räten getroffen worden ist. 7. »Die von der lantschaft, so dem testament und meiner g. frauen entkegen gefallen sein«, verlangen jetzt von ihr, dass der Ldgfin. Anna von Braunschweig zu ihrem Gemahl Wilhelm dem Älteren auf Spangenberg freier Zutritt gewährt wird. Anna von Mecklenburg fragt an, was sie in diesem Fall »zu tun oder zu lassen« hat.[2][3]

A. W., Reg. C. p. 105 Nr. 1, Or.

---

[1]) Die Namen der Gesandten erfahren wir aus ihrem Beglaubigungsschreiben, das aus Kassel vom 28. Juli 1509 datiert ist (A. Dr., Loc. 8675, Ldg. Phil. Vorm. [1509—24], Or.): es sind Dr. Sebastian Schilling und Burkhard von Kramm, Amtmann zu Trendelburg. Nach einem Vermerk des Kopialbuches (A. Dr., Loc. 8675, Sächs. u. hess. Händel 1509—10) trafen sie am 2. August 1509 in Leipzig bei Hz. Georg ein.

[2]) In einer gleichzeitigen Niederschrift (A. W. a. a. O.) ist die Antwort verzeichnet, die die Ernestiner Annas Gesandten geben. Sie ist sehr allgemein und absichtlich unverbindlich gehalten: »ir f. g. wusten meiner g. frauen itzmals auf das antragen nit beslieslich antwurt zu geben, ir f. g. wolten aber di sach, nachdem si gross und vil daran gelegen were, in weiter bedenken nemen.«

[3]) Auch den Hz. Ulrich von Württemberg ersuchte Anna in einem Schreiben vom 7. Aug. 1509 (A. Mbg., O. St. S. 7862, Kop.) um Überlassung zweier gelehrter Räte »als unsern und unser kinder sondern frunt.«

## 10. Gesandte der hessischen Stände bei Herzog Georg von Sachsen, Werbung und Unterredung. [1509 August 10.][1])

Gesandte bitten um schnelle Ansetzung des Schiedstages. Hz. Georg ist dazu geneigt, ersucht aber die Gesandten, seinen Bruder Heinrich nicht zum hessischen Handel hinzuzuziehen, welches Ansinnen diese ablehnen.

Gesandte: Die hessischen Stände bitten die sächsischen Fürsten, die Irrungen, die sich zwischen der Landgräfin-Witwe und der Landschaft erhoben haben, sobald als möglich abzustellen, da »in solicher zweispeldigkeit das lant in grossen schaden, wue der nicht vorkommen werde, mochte gefurt werden; denn vil nakpar darumb gesessen, die dem lande abegunstig« sind. Obermarschall Heinrich von Schleinitz erwidert im Namen Hz. Georgs, dass sein Herr von diesen Irrungen nicht gerne gehört habe, dass er aber trotzdem sich bemühen werde, dass dieselben »allen teilen zu gut ufs bequemste und forderlichste beigeleget« werden; »darinnen wolten seine f. g. gar nichts sparen. Denn seine f. g. hetten ldg. Wilhelmen als seinen lieben frunt bei seinem leben gelicbt, weliche liebe bei seinen f. g. noch nicht vorluschen und darumb seine f. g. vor seiner g. person ganz gneigt sei, den handel nach vormogen zue fordern, das der uffs erste und bequemste geendet werde.« Aus dieser Rücksicht rät er den Gesandten, seinen Bruder Heinrich nicht in die Sache zu ziehen, denn es »mochte mehr zu hinderunge denn forderung der sachen gereichen.« Gesandte weigern sich, diesem Rat zu folgen; denn »es hetten . . . die stende sich in irem erbieten auf alle fursten von Sachsen horen lassen und were auch der lantschaft meinung, das alle fursten von Sachsen solten zu der sachen gezogen werden und hetten derhalben des von iren freunden befelh, des musten sie sich halden und hz. Heinrichen besuchen.« Im übrigen aber nehmen sie die »gnedige erbietunge« Hz. Georgs dankend an und versichern, dass die Stände sich darüber freuen werden.[2])

A. Dr., Loc. 8675, Kopialb. 1509—10, Kop.

## 11. Landgräfin Anna an die Wettiner. Beschwerdeschrift über die hessischen Stände. [1509 September 7.][3])

Anna führt bei den Wettinern darüber Klage, dass die hessischen Stände die Abrede am Spiess verletzt haben: sie haben eine Einung auf-

---

[1]) Die Überschrift des Aktenstückes lautet: »Am freitage Laurenti haben di stende und landschaft des furstentumbs Hessen ire geschikten bei meinem g. h. hz. Georgen gehabt und auf eine credenz an seine g. nachfolgende meinunge werbende antragen lassen.« Die Kredenz trägt als Datum den 28. Juli 1509 und ist für Ludwig von Boyneburg, Wilhelm von Dörnberg und Joppe Schrindeisen, Bürgermeister zu Kassel, »unser gute frund« von den hessischen Ständen ausgestellt (A. Dr., Loc. 8675, Kopialb. 1509—10).

[2]) Hz. Georg war über die Hinzuziehung seines Bruders Heinrich sehr aufgebracht und suchte dieselbe zu hintertreiben. Über die Gründe dieses Verhaltens und die daraus entspringende Verschleppung des hessischen Handels s. Anna von Hessen S. 35 f.

[3]) Die Beschwerdeschrift wurde von Anna an Hz. Georg (A. Dr., Loc. 8675, Kopialb. 1509—10) und an die Ernestiner mit einem gleichlautenden Begleit-

gerichtet (1) und der Landgräfin den Einlass in die Hauptstadt gewaltsam
wehren wollen (2 u. 3); haben das Gemach ihres verstorbenen Gemahls
versiegeln (4) und die Einung beschwören lassen (5); haben dem Grafen
Waldeck Hilfe verweigert (6), widerrechtlich Inventarien aufgenommen (7),
den Beichtvater der Landgräfin (8) und Peter von Treisbach abgesetzt (9),
Schwerzel nach Marburg, Bischofferode nach Spangenberg geordnet (10),
Annas Hofgesinde vereidigt (11), die Gemahlin Wilhelms des Älteren
nach Spangenberg geschafft (12). Sie kümmern sich nicht um die Meinung
von Annas Räten (13), haben das Hofgericht eigenmächtig besetzt (14),
verursachen dem Landgrafen unnötige Kosten (15), haben nach ihrem
Gefallen den Amtmann in Homberg abgesetzt und einen ihrer Anhänger
ernannt (16), Annas Hofgesinde für ihre Zwecke missbraucht (17), das
Leichenbegängnis für den Landgrafen nicht vorgenommen (18). Anna
ersucht die Wettiner, den Ständen zu befehlen, dass sie die Veränderungen
in den Ämtern wieder rückgängig machen (19).

Im Widerspruch mit der Abrede am Spiess haben die hessischen Stände sich 1. noch auf dem letzten Landtage am Spiess
vereinigt und verbunden.[1] 2. »Darnach als wir nach dem genommen abeschiede von e. l. und den andern reten uns gein Cassel
fugen wollen, haben sich etzliche aus unsern widerwertigen dohin
zuvor gemacht, uns mit unserm sone nicht einlassen wollen und
unser diener ob zweien stunden vor der pforten halten lassen.
3. Uber das ist Jopen Schrindeysen die sache so ernst gewest,
das er ein pferdt zu tod gerant und die burgere albir allenthalben
in harnasch bewegt hat, die also in der ordenung vor das schloss
gezogen seint unde ingeforder [!], aber die unsern, so desmals darinnen gewest sein, haben sie nicht einlassen wollen. Aber domit
sein sie nicht gesettiget gewest, sunder haben auch ein fuessvolck
heraus uf den Weinberg geschickt, den garten zum sloss gehorig
zu vorwaren, domit wir durch denselbigen nicht ins schloss kommen
mochten.[2] 4. Die vorordenten der lantschaft haben Rudolfen von
Weyblingen desselbigen abendes, als sie ins schlos kommen sein,
bei sich in alle ire ratschlege und handelunge gezogen, den uf
unser gemahels seligen gemach gefurt und daraufe eine thore vor-
pitzschiren lassen. 5. Balt darnach haben die burgermeister und

----

schreiben (A. W., Reg. C. p. 105, Or.) gesandt. In diesem Schreiben, das aus
Kassel d. 7. Sept. 1509 datiert ist, drückt Anna den Wunsch aus, die sächsischen
Fürsten möchten den Schiedstag sobald als möglich ansetzen und auf demselben
persönlich erscheinen: »dan wir tragen das vormuten, wo e. l. personlich zum
tag nicht kommen, das wenig fruchtbars gehandelt moge werden.« Sie übersendet ein Verzeichnis der Handlungen, durch die die hessischen Stände die
Abrede am Spiess (s. o. Nr. 6) verletzt haben. Schliesslich meldet sie, dass ihre
»widerwertigen von der lantschaft abermals einen landtag uf dem Spiess ausgeschrieben« haben, unter dem Vorwande, dass die hessischen Stände die Antwort, welche ihre Gesandten von den Wettinern zurückgebracht hätten, vernehmen und »in der sache ferner handelunge und ratschlag« halten müssten.

[1] Vgl. die Einung der Stände oben Nr. 8.
[2] In einem Brief (d. d. 1509 Juli 26, A. Dr., Loc. 8675, Ldg. Phil. Vorm.
[1509—24]) klagt Anna, dass »etliche von der ritterschaft mit andern von der
lantschaft vor das schlos Cassel kommen, ingefordert und des willens gewest, uns
nit inzulassen, und ist ein greis [grois?] rumor in der stadt worden, den burgirn
gelut. Aber do wir komen, war der handel gestilt, was grunt odir orsach das
uf sich gehabt hoit, konnen wir nit wissen.«

geschickten von den steten, so uf dem Spiess gewest sein, inen die burger zu sterkunge der angezugten vorbuntnus derselbigen nach-zukommen und zu geleben geloben und schweren lassen. 6. Unser lieber neve und getrauer, Heinrich grave zu Waldeck[1]), hat uns angesucht und zu erkennen gegeben, wie etliche aus dieser lant-schaft an inen vorwarung getan; dieweil denn unser herre und gemahel sel. vormals etzlichen steten bevolhen, ime gegen die-selbigen behulflich und schutzbar zu sein und er numals sein recht uf uns erboten hette, bete er uns auch dergleichen bei denselbigen steten zu vorfugen, inen und die seinen zu beschirmen, welichs wir an die verordenten rete gelangen lassen und gleichermassen zu vorschaffen begert haben. Der lantschaft geordenten [haben] uns abeschlegliche antwort gegeben, also inen sei nichts geschrieben, darumb wissen sie auch nichts zu schreiben. Aber nachdem wir in betrachtung voriges unsers hern und gemahels sel. befelhs und des keniglichen lantfriedens in unserm namen den vorberurten steten geschrieben, dem grafen zu helfen, haben die vorordenten hinwider bevolhen, sich unsers bescheides nicht zu irren. 7. Es sein auch schreiber und ander fur unser gemach kommen und unser bette, darauf unser hofjungfrauen ligen, ufzeichen wollen, dorab wir nicht kleinen misfallens gehabt und befraget, were inen das bevolhen?, haben sie gesaget: die rete.« 8. Die Stände haben Annas Beicht-vater abberufen lassen, »dieweil er villeicht gesaget, das nicht allermeniglichen gefallen«; 9. den Landvogt an der Lahn, Peter von Treisbach, abgesetzt; 10. wider Annas Willen »Swirtzeln gein Martburgk und Georgen von Bischoverode geordent gein Spangen-burg«; 11. Annas Hofgesinde und einem ihrer Schreiber Eid und Gelübde abgenommen. 12. »Weiter haben sich etliche von der lantschaft gein Spangenberg ufs schloss gemacht und unsers schwagers ldg. Wilhelms des eltern gemahel zu ime gelassen, unser unerfraget und die unsern, so wir daroben gehabt, herabgeschafft.[2]) 13. Der landschaft geordenten handeln in vielen wegen neben der ... abred her, und was die drei im testament uns ingesetzten rete nicht mit inen tun wollen, das schaffen sie alleine und alle ding noch irem gefallen. 14. Das hofegericht ist hier zu Hessen durch dieselbigen mit den personen und sonderlich Georg von Haitzfelt an Peters von Treyspachs des vorigen hoferichters stat verandert worden ane unser und der unser wissen und willen. 15. Und wan sie etwas furhaben, so vorboten sie ire anhenger zu sich here gein Cassel und machen mergliche coste uf unsern sone ldgen. Philipssen. 16. Es ist auch Lieps Meisenbug, als wir in schriften bericht sein, gein Homburgk in die stadt und fur das schloss geschickt worden, die einzunemen, wiewol doch vor einer, nemlich Bastian von Weythers, darauf und daselbst was und bevelh bette; den unser herre und gemahel sel. ein zeitlong [l] fur seinem

---

[1]) Es handelt sich hier um den Grafen Heinrich von Waldeck (1465—1513), den Neffen Philipps II. Vgl. über seinen Streit mit denen von Urff Varnhagen, Gesch. von Waldeck II, 45 f.
[2]) Vgl. hierzu Anna von Hessen S. 31 ff.

abeschiet und wir darnach dargesatzt.   17. Sie haben darzu etzliche
unser hofegesindes zu sich gefordert und sie in das gleite zu reiten
bescheiden, weliche sich des geweigert und ane unsern willen nicht
tun wollen; haben sie inen gesaget, so worde man inen auch futter
und mal zu hofe vorpieten.   18. ... So ... wirt unsers ... gemahels sel. ... letzter will im testament begriffen noch zur zeit
nicht ausgericht, desgleichen das begenknus nicht angesatzt noch
vorgenommen.«   19. Anna bittet die Wettiner, den hessischen
Landständen zu gebieten, »das diejenigen, so sie uf die schlosse wie
gemelt geschickt, widerumb abegefordert und die unsern, so sie
herabegeschafft, hinauf gesetzt werden, desgleichen das hofgericht
und alle andere ding inhalt der aberede in dem vorigen wesen
stehen und bleiben mogen.«[1])

A. Mbg., O. W. S. 3, glz. Ndschr.


## 12. Die hessischen Stände an die Wettiner.   Homberg 1509 September 16.

Beklagen sich über die Verzögerung des sächsischen Schiedsspruchs
und deuten ihre Absicht, demnächst ein Regiment aufzurichten, an.

Beschweren sich über die Verzögerung, die die Schlichtung
des Regentschaftsstreites durch die Frage erlitten hat, ob Hz.
Heinrich zu dem Handel hinzuzuziehen sei oder nicht.   »Wie uns
lengerunge der sachen mit nichten zu gedulden sei, so ist uns auch
mitler zeit diese handelunge mit geschwindem furnemen under
augen dermassen begegent, das uns itzo weniger dan je zuvor
gemelter vorzuk zu leiden steht.«   Sie deuten auf die beabsichtigte
Einsetzung eines ständischen Regiments hin mit der Bitte, »solichs
anders nicht dan in gnaden zu vormerken. ... Dat. Hoemburg,
sonntags nach des heiligen creutztage exaltationis ao. 1509.«

A. Dr., Loc. 8675, Kopialb. 1509—10, Kop.


## 13. Landhofmeister und Regenten von Hessen an die Wettiner.   Kassel 1509 Oktober 8.

Begründen die eigenmächtige Aufrichtung des Regiments mit der
langen Verzögerung des Schiedstages und bitten, die Stände nicht ungehört
auf die Beschwerden der Landgräfin hin zu verurteilen.

»Uns zweifelt nicht, e. f. g. sein durch derselben rete
hievor gnugsamlich bericht der handelung und aberede, so auf

---

[1]) Die Antwort der Stände auf Annas Beschwerden ist an die Wettiner
gerichtet, die an Boyneburg und seine Anhänger eine Abschrift der Klagen der
Landgräfin sandten.   Sie findet sich im Concept im Marb. Archiv (O. W. S. 3)
ohne Datum; da Boyneburg und Genossen sich schon als Regenten des Fürstentums Hessen unterzeichnen, so stammt das Antwortschreiben frühestens aus dem
Anfang Oktober 1509.   Wir sehen von einer Wiedergabe seines Inhaltes ab, da
die Rechtfertigungsgründe, die die Regenten gegenüber Annas Beschwerden
vorzubringen haben, im wesentlichen auf dem Schiedstage zu Mühlhausen von
der Landschaft wiederholt werden und sich also in dem ausführlichen Protokoll,
das wir von den Mühlhäuser Verhandlungen geben, wiederfinden [s. Nr. 16].

erstgehaltem tage am Spiess ... gemacht, auch wie gemein lantschaft des furstentumbs zu Hessen zu e. f. g. ire werbende botschaft
gesant und under anderm underteniglich und mit vleis gebeten,
die mishellunge und irrung zwuschen unser g. frauen von Hessen
... und gemeiner lantschaft, die keine lengerunge erleiden mocht,
zu hinlegung gnediglich fordern, indem aber gedacht unser g.
fraue ... h. Heinrichen, herzog zu Sachsen, bei der handelung
nicht hat wollen leiden, die sich unser g. herschaft und gemeinem
furstentumb zu untreglichem nachteil und schaden vorlengert und
etlich zeit aufgehalten hat, des wir uns gar wenig vorsehen hetten.
Dieweil aber uns mitler zeit die hendel und sachen so geschwinde
und unleidlich begegent sint, auch aus nebenursachen, ist ein gemein landschaft schade, nachteil und anders, so ausserhalb eins
regiments mocht begegent sein, dem allen mit zeitigem rate fur-
zukommen beweget worden und nicht unbillichen ein vorwaltung,
ordenunge und regiment des furstentumbs zu Hessen aufzurichten
und demselben unabbruchlich e. f. g. zu undertenigem gefallen bewilliget, fur e. f. g. gegen unser g. frauen zu gutlicher handelung
und tagen zu kommen. Werden wir daruber bericht, wie sich ire
f. g. understehen soll, bei e. f. g. und andern uns etlichermassen zu
ungnaden, als ob wir ungeburlichs vorgenommen hetten, darwider
ire f. g., als wir verstehen, mit worten und werken gestrebet anzutragen. Nachdem wir aber deshalben alles wandels frei sein,
uns auch von wegen unser g. herschaft und gemeiner lantschaft
mit fuegen und eren zu vorantworten wissen, ist an e. f. g. unser
undertenig, vleissig bitte, wo wir durch ... unser g. fraue angezeigter sachen halben ader imants anders e. f. g. angetragen
wern ader wurden, das e. f. g. solichem antragen keinen glauben
geben, sunder unser antwort, die wir zu gelegener zeit e. f. g.
selbest geben wollen, gnediglich erwarten, ungezweifelter zuvorsicht,
uns dermassen zu vorantworten, das e. f. g. daran gnedigs gefallens
haben und tragen werden.... Dat. Cassel, montags nach Francisci
ao. 1509.«[1]

A. Dr., Loc. 8675, Ldg. Phil. Vorm. betr. (1509—24), Or.

---

[1] Kurfürst Friedrich von Sachsen und sein Bruder Johann beantworteten
das Schreiben der Regenten am 15. Oktober 1509 (Montag nach Kalixtus) aus
Torgau (A. Dr., Loc. 8675, Kopialb. 1509—10) sehr gnädig: »... Als sollet ir
keinen zweifel haben, wo etwas an uns gelanget, das wir uns gegen euch
ungehort euer antwort nicht wollen bewegen lassen und wollen nicht underlassen, uns mit unsern vettern zu bevleissigen, des vorbeschiedes zu voreinigen,
domit der unser muhmen und schwestern, auch euch zum furderlichsten zukommen
moge.« Hz. Georg dagegen dachte daran, gegen die Einsetzung des Regiments
Einspruch zu erheben, da es, wie er seinen Vettern schrieb, »hinder e. l. und
unsern wissen und willen als der von recht naturlich [!] vormundern, woe das
testament unsers ohmen und schwebers vor nicht sull angesehen werden, nimant
zusteht«, ein solches einzusetzen (Hz. Georg an die Ernestiner d. 17. Okt. 1509,
A. Dr., Loc. 8675, Kopialb. 1509—10). Als ihm aber Hz. Johann die zustimmende
Antwort der Ernestiner am 20. Okt. (A. Dr. a. a. O.) zusandte, verzichtete er
für jetzt auf Widerspruch und antwortete am 24. Okt. (A. Dr. a. a. O.) den
hessischen Regenten ähnlich wie seine Vettern.

**14. Der sächsische Rat Hermann von Pack an Herzog Georg von Sachsen. Bericht über die Aufrichtung eines Regiments in Hessen. [1509 Oktober 9.][1])**

Pack und die Räte der Ernestiner treffen am 1. Oktober in Kassel ein und verhandeln mit der Landgräfin über die Zulassung Hz. Heinrichs zum hessischen Handel. Anna willigt in dieselbe und bittet die sächsischen Gesandten, sich sofort an den Spiess, wo ein Landtag stattfinden soll, zu begehen. Gesandte treffen dort am folgenden Morgen ein, geben den Ständen von dem Entschluss der Landgräfin bezüglich Hz. Heinrichs Kenntnis und müssen von Ludwig von Boyneburg bittere Klagen über den Verzug des Schiedstages vernehmen. Boyneburg kündigt ihnen an, dass die Stände auf eigene Faust ein Regiment aufrichten wollen. Auf Bitten der Gesandten steht die Landschaft von diesem Vorhaben ab, unter der Bedingung, dass der Schiedstag von den Wettinern unverzüglich angesetzt werde. Nachdem die sächsischen Räte der Landgräfin über das Ergebnis ihrer Verhandlungen mit den Ständen Bericht erstattet haben, treten sie die Heimreise an. Doch werden sie bald von einem Boten Annas eingeholt, der ihnen meldet, dass die Hessen ungeachtet ihres Versprechens dennoch ein Regiment aufgerichtet und die Namen der Mitglieder desselben der Landgräfin durch eine besondere Botschaft haben anzeigen lassen. Auf Bitten der Fürstin kehren die Räte nochmals nach Kassel zurück und suchen dort die Abgesandten der hessischen Landschaft bei der früheren Abrede zu halten. Aber vergeblich; die Stände leugnen, dass sie am Spiess von dem Plane, ein Regiment aufzurichten, Abstand genommen hätten, und weigern sich entschieden, ihren Genossen den Wunsch der sächsischen Räte und der Landgräfin noch einmal zur Erwägung zu übermitteln. In der Nachschrift folgen die Namen der Mitglieder des hessischen Regiments.

Auf Befehl des Kurfürsten Friedrich und der Herzöge Johann und Georg von Sachsen sind Friedrich Thun, Hauptmann zu Weimar, Kaspar von Boyneburg, Ritter und Amtmann auf der Wartburg, und Hermann von Pack, Amtmann zu Sachsenburg, am Sonntag nach Michaelis [Sept. 30] 1509 von Eisenach aufgebrochen und am folgenden Montag [Okt. 1] um drei Uhr nachmittags in Kassel angekommen. Sie haben bei der Landgräfin um Gehör gebeten und sind bald vorgelassen worden. Bei ihr sind an Räten gewesen: Graf Philipp von Waldeck der Jüngere, Wilhelm von Hessen, Tyle und Georg Wolff, Dr. Ruland, Dr. Schilling, Balthasar Schrautenbach, Georg Nussbicker, der Kammermeister und ein Schreiber. Abgesandte: die Herzöge von Sachsen wünschen, Anna möchte sich über die Frage der Hinzuziehung Hz. Heinrichs mit der Landschaft vertragen. Anna: will den Hz. Heinrich gern zulassen. Die Wettiner möchten schleunig den Schiedstag ansetzen und auf demselben persönlich erscheinen. Denn »die landschaft wurden morgen dinstags [Okt. 2] am Spisse bei einander sien, als ir bericht werde, der meinung, etliche furneme[n?] zu suchen, das iren g. und irem

---

[1]) Der Bericht selbst trägt kein Datum, wohl aber ein Begleitschreiben Packs vom 9. Okt. Der Bericht scheint von den sächsischen Gesandten gemeinschaftlich abgefasst worden zu sein; das Exemplar Packs ist von Friedrich Thun gegengezeichnet, wie wahrscheinlich der Bericht der ernestinischen Räte, den wir nicht auffinden konnten, von dem Rat Hz. Georgs unterschrieben sein wird.

jungen sone unleidlich und wider die abrede, so die rete am Spisse
getan.« Sie hofft auf Rat und Hilfe von den sächsischen Herzögen
und bittet die Gesandten, sie möchten sich »bei die landschaft auf
morgen an seumen fugen und vorkomen, das van ienen wider den
abschit van den reten am Spisse furgenomen nicht gehandelt wurt.«
Gesandte: wollen noch in derselben Nacht nach dem Spiesse
reisen. Gesandte brechen nun in der Nacht auf und treffen 10 Uhr
morgens bei der Landschaft am Spiess ein, die in der Zahl von
ungefähr 400 versammelt ist; melden dann den Ständen, dass sich
Anna dazu entschlossen habe, die Zulassung Hz. Heinrichs zu dulden.
Im Namen der Landschaft erwidert Ludwig von Boyneburg: klagt
über den Verzug der Tagsatzung; die Stände hätten »bis in die
eilften wochen keinen vorbeschit ader tagesatzung erlangt, weren
mitler zeit partikel, morterei und anders zu ubel, daraus morterei
komen sein mocht, unter inen furgenomen und zugericht, van weme
und wie zugericht, wolten sie unsern gst. und g. hern zu irer zeit
nicht bergen, das aber die landschaft durch die hulfe des almechtigen
vorkomen. Man stunde auch kegen inen nach in techlicher erbeit,
sie in uneinigkeit und zweitracht zu bringen, wurde auch getrauet
mit fremden leuten im furstentum zu ubirfallen und wurde also
gehandelt. Auch an das mergliche sachen zugefallen, das irer g.
herschaft, auch dem furstentom, landen und leuden vil unguts daraus
komen mochte, das zu vorhuten hetten sie vorgenomen ein ortenung [!]
und regement nach alt hergebrachte [!] ubung und gewonheit des
furstetoms zu Hessen aufzurichten und zu beslishen [!], dem ubel
darmit zuvorkomen, irer g. herschaft, auch landen und leuten zu
nutze, ere und gute, das in van niemants mocht vorweislich aufgelegt werden zu erhalten, das sie unsern gst. und g. hern wolten
vortragen und zu erkennen geben, der vorhoffenung, ire f. g.
wurden sie darinnen hanthaben, dan sie iren trost und vorhoffen
zu iren f. g. stellen, und wosten derhalben nicht stiller zu stehen
ader der abrede am Spisse zu vorfolgen aus erzelten ursachen.«
Sächsische Gesandte: bitten die Landstände, vorläufig gegen
die Abrede am Spisse nichts vorzunehmen, sondern die Tagsatzung
geduldig zu erwarten. Darauf die Stände »ein langes bedenken
genomen und zu uns [den gesandten] gegangen und gesagt, es be-
gende [!] sich dem abent zu neben, so hetten wir die nacht gewandert
und were des ort kalt handel[!], beten uns in Hoymberg zu ziben,
darhin wolten sie sich den abent auch fuegen und auf morgen uns
mit guter antwort nach gelegenheit der hendel abfertigen. Dem
wir also getan. Folgende mitwochen frue haben sich die landschaft
erboten, zu uns in die herberiche zu komen, aber am libsten, wo
es uns nicht vortrislich, auf ihre bete aufs haus zu komen, do wir
raum hete[n]. Das wir also getan. Hat Ludewig van Boyneburg
in beiwesen gemeiner landschaft, die den vorichen abent am Spisse
waren, . . . repetirt unser weiter erinnerung und guttunken, dadurch
sie solten irs furnemens stiller stehen. . . . Darauf die landschaft
ime zu sagen bevholen, . . . sie wolten . . . uns nicht bergen, sie
hetten ir vorhaben beschlossen, ordenung und regeme[n]t gesatzt

und gemacht irer gnedige[n] herschaft landen und leuten durch die hulfe des almechtigen zu gute, des sie nicht zu endern wosten . . ., aber auf unsern rat und guttunkung wollen sie darmit ein kleine zeit stiller halten, tagesatzung van unsern gst. und g. hern darunter gewertig sei[n], also das die tagsat[z]ung nicht lange vorzogen und das ire f. g. die sache in eigener person zu vorhoren und handelung nemen wolten. Sie wolten aber numehr in die abrede van reten am Spisse geschcen nicht gebunden sein, suste unsern gst. und g. hern gutlicher handelung mit wissen leiden und warten. . . . Wue aber mit der tagsatzung darinne lenger vorzug geschce, wolten sie mit irem vornemen nicht vorzihen, sundern darmit volgen.«   Auf die Frage der Gesandten, ob die »vorortenden [!] rete mitler zeit bis zum tag auch sollen ungeirt bleiben« antwortet Ludwig von Boyneburg, dass sie »sollen geliden werden, wiewol mit grosser beswerte, aber gebeten zu vorhelfen, den tag nicht lange zu vorzihen, die malstat, woe unser gst. und g. hern die sache in eigener person horen wolten, wue es iren f. g. nicht ungefellig, kegen Molhausen, wue aber ir f. g. die rete vorordent hinein ins furste[n]tum kegen Hessen schicken. Sie haben auch uns ferner befolen, das wir wolten ein einsehung tun, das in nicht fremde leute uber den hals gezogen ader ander unfugliche handelung kegen in gebrauchen [!], wurde aber nicht unterlassen, hetten sie sich darnach gericht, sich des zu schutzen und wosten es durch die hulfe des almechtigen wol zu tone, mit erbitung, das sie uns wolten ir regement berichten.« Gesandte: wollen die Namen nicht hören und das Regiment »nicht loben, auch nicht schelten.«   Brechen sofort auf und langen noch an demselben Tage [Okt. 3] spät abends in Kassel an.   Am Donnerstag Morgen [Okt. 4] werden sie zu der Landgräfin beschieden und erstatten ihr über den Verlauf ihrer Sendung Bericht. Landgräfin: ist mit dem Ergebnis derselben zufrieden; sie beschwert sich bitter über die Landstände und bittet noch einmal, die sächsischen Herzöge möchten persönlich auf dem Tage erscheinen. Wie die Stände schlägt sie Mühlhausen als Versammlungsort vor und fordert, dass man sie vierzehn Tage vorher von dem Termin verständige.   Gesandte: sind am Donnerstag von Kassel bis Spiesskappel gereist. »Dieselbige nacht hat unser g. frau ein reitenden boten kegen Cappeln zu uns gesant und folgenden briefe sampt eingelegter zeteln mit ubirgeschickt, der sich anfehet:

     . . . Diesen obent haben unser kegenteil van der landschaft etliche zu uns geschickt und uns zu erkennen gegeben [!] lassen, wie sie ein regement mit 9 personen van prelaten, ritterschaften und steten gesatzt und geordent hetten, welche das regement alsbalde annemen wurden und solten. Das geben sie uns also zu erkennen, des gewissens zu haben, mit bitt, inen darinne keine wegerunge zu tone und dieselbigen gewerden [!] zu lassen, als sie dan das mit viln weitern worten vorbracht habe[n]. Nachdem ir nu wissent, wes ir uns auf unser frage, das euch durch Ludewig van Boyneburg zugesagt sein solt, zu vorsten geben habe[t], tragen wir ob solchem irem fornemen nicht kleine befrembdens und beger[en] derhalb

an euch mit vleis gutlich, ir wollet euch uns zu besundern tank-
nemigem gefallen, auch unserm freuntlichem [!] lieben ohmen, bruder,
swager und schwer van Sachsen zu eren alsbald widerumbe erheben
und euch alher kegen Cassel fugen, dieselbigen unser widerteil zu
unterrichten und zu unterweisen, die sache auf ander wege laut
der abrede zu stellen und van irem vornemen abzutreten ...
Datum mit eile dornstags zu ahent nach Michaelis [4. Okt.] anno etc. 9.
Ingelegt zetel: Auch so seint Ludewig von Boyneburg und ander
ir erwelten regenten alhi in meinung unsers vormutens das regiment
alsbalde anzunemen, wo solchs itzunt durch euch nicht vorkomen
wirt.« Gesandte haben sich sogleich »auf freitag frue [Okt. 5] auf
trospferden erhaben und kegen Cassel gefuget zeitlich darin komen,
seit [!] alsbalde van unser g. frau gefordert. Darauf wir erschienen,
hat ir g. uns durch Thylen Wolffen, der alwege geret, in beiwesen
irer vorbenanten rete auch h. Conrats van Manspachs ritter und
zweien [!] doctores, die vam herzogen van Buhmern [= Pommern] iren
g. zugeschikt, zu erkennen geben und sagen lassen, das die landschaft gestern, als wir hinwek komen weren, Titterichen van
Schachtten, Eyttell van Lebenstein, Otte Hundt, dr. Englender und
ander geschickt hetten und dr. Engelender geret, das die prelaten,
ritterschaft und stete als stende des furstetoms zu Hessen inen
befolen, iren f. g. anzuz[e]igen und zu sagen, das sie hetten ein
ordenung und regiment irem g. jungen hern, auch dem furstetom
und allen stenden zu eren, nutz und gedeien aufgericht und gemacht,
regenten des zu gewalten gesatzt und den darmit und wie zu handeln
bevhel gegeben. Des sie also irer f. g. zu erkennen geben, des
wissenschaft zu haben, und were darauf ire dinstlich bite, ire f. g.
wolten die vororten [= verordneten] in irem regiment nicht iren,
sundern geweren lassen.« Auf die Bitte der Landgräfin versprechen
die sächsischen Gesandten, die Landstände zu ersuchen, bei der
letzten Abrede zu Homberg zu bleiben. Sie rufen die Abordnung, die
der Landgräfin im Namen der Stände von der Einsetzung des Regiments Mitteilung gemacht, zu sich. Dieselbe besteht aus dem Landkomtur zu Marburg, Kaspar von Berlepsch, Ludwig von Boyneburg,
Jost von Baumbach, Heinrich von Bodenhausen, Eitel von Löwenstein,
Sittich von Berlepsch dem Älteren und Dr. Engelender. Diese werden
von den Gesandten an die Abmachungen von Homberg erinnert. Nach
langem Bedenken antworten die Vertreter der Stände: »unser
g. frau habe uns [sächsische gesandte] recht bericht, gemeine landschaft habe auch darauf beschlossen, das sie darhin geschickt und
geordent, das regiment anzunemen, dan sie konten sich nicht
erinnern, das sie uns zugesagt hetten, darmit stille zu stehen, gemeine landschaft wolt auch ir regiment und ordenung unser [!] gst.
und g. hern furderlich zuschicken, ire g. umb hanthabung irer alten
hergebrachten ubung und gebrauche in solchem [!] fellen des
furstums zu Hessen darbei gnedigliche schutzen und hanthaben
zu bitten, wolten sich vortrosten, wir wurden sie irs vorhabens
nicht vordenke [!], wosten auch nicht darvon abzustehen. Wir
haben sie weiter bericht, wes sie uns zugesagt und wie wirs vor-

standen, auch in sunderheit, das die rete solten gelitten werden bis zur tagesatzung. Des haben sie uns gestanden, aber susten stiller zu stehen mit dem regement haben sie nicht wollen zugesagt haben. Wol wusten sie, das wir das angeregt, aber die landschaft bette es nicht wollen willigen. Wir mochtens vorstanden haben in ander wege, abir das wer beschlossen, das wosten sie gar nicht umbezuwenden.« Ungeachtet der eindringlichen Vorstellungen der Gesandten, beharren die Stände auf ihrem Vornehmen; sie versprechen nur die alten Räte noch bis zur Tagsatzung im Amte lassen zu wollen, vorausgesetzt »das sie auch bei inen bleiben und einmutig beschlossen.« Die Gesandten fordern die Stände auf, sich bis zum folgenden Tage [Sonnabend d. 6. Okt.] eines andern zu bedenken. Sie bleiben bei ihrem Beschlusse »mit entschuldigung, das inen nichtes anders leidelich sein wolte, in itzts zu bewilligen, dan wie gehort durch gemeine landschaft beschlossen wer, sie wolten dan erstochen werden ader [inen] die kopfe abbauen lassen.« Auch lehnen die ständischen Vertreter den Vorschlag der Gesandten ab, im Namen der Wettiner die hessische Landschaft dazu aufzufordern, »mit irem regement bis zur tagesatzung ader zum wenigsten 4 wochen stille zu halten und, was bei der landschaft erlanget, unsern gst. und g. hern in 8 tagen zu· adir abschriben [!] . . .; dan ir keiner so durstig sein dorfte, sulchs zu anderung vorzutragen, das van inen allen beschlossen.« Die Gesandten erstatten der Landgräfin über den Bescheid der Stände Bericht; sie ist darüber »hochbeswert«; sie weigert sich, ihre Räte mit den neuen Regenten der Landschaft zusammenwirken zu lassen, denn es »mocht vam widerteil darvor geacht werden, als hete ire f. g. in ir vornemen gewilliget.« Sollte sie nach dem Testamente nicht die Vormundschaft erhalten, so steht dieselbe keinem andern als den Herzögen von Sachsen zu auf Grund der Blutsverwandtschaft und der Erbverbrüderung. Nachschrift: »Die vorortenden zum regemente, als wir bericht, sein: der landkometyr zu Martburg, h. Herman Schencke, h. Caspar van Berlyps, beide ritter, Ludewigk van Boyneburg, Gorge van Hotzfelt, Heinrichen [!] van Bodenhausen, Jobst van Baumbach, zwen burgermeister van Cassel und Martburg.[1]

A. Dr., Loc. 8675, Kopialb. 1509–10, Or.[2]

---

[1] Später werden die beiden Bürgermeister aus dem Regiment entlassen; an ihre Stelle tritt Eitel von Löwenstein. Über die Gründe dieses Wechsels sind wir auf Vermutungen angewiesen; vielleicht suchte die Ritterschaft durch die Aufnahme zweier städtischer Vertreter die hessische Bürgerschaft an dem Kampfe gegen Anna stärker zu interessieren und gestaltete, als sie das Spiel gewonnen hatte, das Regiment in der oben geschilderten Weise um.

[2] Das Originalschreiben Packs ist in das Kopialbuch hineingeheftet.

**15. Wettiner an Landgräfin Anna. Ausschreiben zum Tage von Mühlhausen. [1509 Mitte Oktober.]¹)**

Laden die Landgräfin auf den 14. November zum Schiedstage nach Mühlhausen und stellen ihr persönliches Erscheinen in Aussicht.

»Nachdem sich zwuschen e. l. und den stenden der lantschaft zu Hessen irrung begeben, darinnen zu handeln uns bewilliget, und wir nu van e. l. und der lantschaft umb furderliche tagesatzung gebeten, welichs wir e. l. zu fruntschaft und der lantschaft zu gnaden zu tun gneigt, und ist demnach unser fruntlich bitt, e. l. wolle auf mitwoch nach S. Mertinstage²) schirstkunftig zu Molhausen einkommen unde erscheinen, dahin wir alsdan mit gots hulfe in aigen personen den sachen zu gute auch zu kommen gedenken und uns der mit vleissiger vorwendung underfahen und an uns nichts erwinden lassen wollen, ob die wir [!] vortragen ader beilegen mochten und haben der lantschaft dergleichen auch geschrieben.«³)

A. Dr., Loc. 8675, Kopialb. 1509—10, Kop.

---

¹) Der Bericht, den ihre Räte über die Lage in Hessen heimbrachten, bestimmte die Häupter der beiden sächsischen Linien endlich zu schleunigem Handeln. Von beiden Seiten wurde in zwei Schreiben, die beide vom 16. Okt. 1509 datiert sind und sich kreuzten (A. Dr., Loc. 8675 Kopialb. 1509—10), bereitwillig anerkannt, dass der Verzug nichts Gutes gebracht habe und weiterer Aufschub für das Interesse des sächsischen Hauses bedenklich sei. Die Ernestiner übersandten zugleich an Georg eine Abschrift des oben wiedergegebenen Ausschreibens, dem Hz. Heinrich bereits zugestimmt hatte. Eines der Originalausschreiben besitzen wir leider nicht. Die oben abgedruckte Vorlage ist an die Landgräfin gerichtet. In einem Schreiben an seine Vettern vom 17. Okt. (A. Dr. a. a. O.) stimmte Hz. Georg dem Ausschreiben ohne weiteres zu.

²) 1509 Nov. 14.

³) Beide Parteien beantworteten das Ausschreiben der sächsischen Fürsten zustimmend, Anna aus Marburg (1509 Okt. 27, A. Dr. a. a. O.); sie wird den Tag »in eigener person sampt unsern hern und freunden besuchen«; Hofmeister und Regenten aus Kassel (1509 Okt. 30, A. Dr. a. a. O.).

# IV.

## Der Schiedstag zu Mühlhausen.

1509 November 15 — Dezember 1 (Nr. 16 u. 17).

---

Auf dem Schiedstage, der auf den 14. November 1509 in der Reichsstadt Mühlhausen anberaumt war, erschienen sowohl die Wettiner wie die Landgräfin-Witwe persönlich, von der hessischen Landschaft indes ausser den Regenten nur eine geringe Anzahl. Über den Verlauf der Verhandlungen giebt das folgende Protokoll ausführliche Auskunft.[1]) Bemerken wir nur, dass Anna ungeachtet der treuen Unterstützung, die sie bei Herzog Georg fand, ihren Gegnern unterlag; doch knüpfte sie ihren Verzicht auf die Vormundschaft an die Erfüllung gewisser Bedingungen; Hauptsache war ihr vor allem, dass sie den Sohn in ihrer Obhut behalten durfte; aber diesen Wunsch wollten ihr Boyneburg und seine Anhänger um keinen Preis gewähren. Da sich die beiden Parteien über diesen Punkt wie über einige andere nicht einigen konnten, setzten die Wettiner einen neuen Schiedstag an, der Mitte Januar in Kassel abgehalten werden sollte. Aber wenn Anna sich auch in einem feierlichen Protest die Geltendmachung ihrer Ansprüche auf die Regentschaft vorbehielt und nur unter der Bedingung in den Mühlhausener Abschied willigte, dass man sich mit ihr später einige, so hatte sie in Wirklichkeit das Spiel bereits verloren. Denn die sächsischen Fürsten erkannten zu Mühlhausen das Regiment Boyneburgs an und betrachteten sich selbst schon als die legitimen Vormünder des jungen Landgrafen.

---

[1]) Vgl. Anna von Hessen S. 46 ff., wo ein Überblick über den Verlauf der Tagung gegeben wird.

**16. Protokoll des Schiedstages zu Mühlhausen.** [Mühlhausen 1509 November 15 — Dezember 1.][1])

**Erster Teil: Die Reden der Sachwalter der beiden streitenden Parteien** (S. 51—S. 69).

A) Erste Rede des Sachwalters der Landgräfin (S. 51—S. 56): I. Verteidigung des Testamentes Wilhelms des Mittleren: in demselben ist auf das Wohl des Landes in jeder Beziehung Rücksicht genommen worden, der Landgräfin dagegen erwächst daraus kein sonderlicher Nutzen, sondern nur Mühe und Sorge; auch sind ihr durch die Beiordnung der Räte, des Ausschusses und der Stände Schranken gezogen. II. Schilderung des Verhaltens der Stände auf den Landtagen am Spiess: sie zwingen die Landgräfin, die nur die Niederhessen an den Spiess beschieden hat, zur Berufung der ganzen Landschaft und verwerfen das Testament. Beschwerde über Kanzler Engelenders Abfall von der Landgräfin. III. Widerlegung der Einwände, die die Stände gegen die Regentschaft Annas geltend gemacht haben: zur Führung der Regentschaft bedarf es nicht der Handhabung der Waffen; die Landgräfin ist die rechtmässige Vormünderin ihres Sohnes; die Stände haben keinen Rechtstitel, das Testament ihres Landesherren anzufechten. IV. Verteidigung der vier der Landgräfin im Testament beigeordneten Räte. V. Ueber das Abkommen, das von den sächsischen Räten auf dem Landtage am Spiess zwischen den beiden streitenden Parteien getroffen wurde. VI. Verletzung dieses Abkommens durch die Stände: 1. durch Aufrichtung einer Einung, 2. durch Anstiftung eines Aufruhrs in Kassel, 3. u. 4. durch Entfernung von Anhängern der Landgräfin aus ihren Aemtern, 5. durch überflüssige Ausgaben auf Kosten des jungen Landgrafen, 6. durch Verleumdung und Schmähung der Landgräfin, 7. durch willkürliche Aenderung des Titels der provisorischen Regierung, 8. durch eigenmächtige Aufrichtung eines Regiments, 9. durch Vereidigung der Amtleute, 10. durch Entlassung der Räte und Diener der Landgräfin, 11. durch Vergewaltigung Dr. Schillings, 12. durch Entziehung des Lohnes und der Kost für das Gefolge der Landgräfin, 13. durch Versagung des Schutzes an den Grafen von Waldeck, 14. durch Ablehnung des Wunsches Annas, ihren Sohn nach Mühlhausen mitzunehmen. VII. Redner fordert die Anerkennung des Testamentes.

B) Erste Erwiderungsrede des Sachwalters der Landschaft (S. 56—S. 60): I. Einwände gegen die Form und den Inhalt des Testamentes. Dasselbe ist nicht rechtskräftig: 1. weil der Landgraf bei der Abfassung desselben schwerkrank und der Vernunft beraubt war. 2. u. 3. Spuren davon im Testament. 4. u. 5. Formfehler, die gegen das gemeine Recht verstossen. 6. Frauen zur Landesregierung oder Vormundschaft zu lassen, verstösst gegen das Herkommen in Hessen. 7. Verstösse, die bei der Versiegelung und Oeffnung des Testamentes begangen worden sind. II. Einwände gegen die vier im Testament verordneten Räte, insbesondere gegen Peter von Treisbach. III. Regierung ist kein Frauenwerk. IV. Entgegnung auf A VI., 1—14. V. Redner beantragt, dass die Wettiner die Landgräfin auf ihr Wittum weisen und der Landschaft die Regierung überlassen. VI. Auch soll Anna die fürstlichen Kleinodien den Ständen herausgeben. VII. Beschwerden der Stände über die Räte der Landgräfin: 1. wegen der Förderung des friesischen Kaufs, 2. wegen Vernachlässigung der Stände bei der Eröffnung des Testamentes, 3. u. 4. wegen einiger ähnlicher Verstösse. 5. Rechtfertigungsversuch Engelenders. 6. Aussage Dieterichs von Cleen. 7. Rechtfertigung Waldensteins und Trotts.

---

[1]) Die Überschrift des Protokolls lautet: »Das muntlich vortragen ufm tage zu Molhausen von wegen der landgrevin und der landschaft des furstentums zu Hessen vor allen fursten von Sachsen geschehn uf dornstag nach Martini ao. decimo [sic!].«

C) Zweite Rede des Sachwalters der Landgräfin (S. 61 — S. 63):
I. Beschwerde über Engelenders Abfall. II. Redner bestreitet den Ständen
das Recht, das landesherrliche Testament anzufechten oder die Vormundschaft
zu führen. III. Widerlegung der in B I. von den Ständen vorgebrachten
Einwände gegen die Rechtsgiltigkeit des Testamentes. IV. Widerlegung
der Einwände, die die Landschaft gegen die vier im Testament verordneten Räte erhoben hat (vgl. B II.). V. Duplik zu B IV. VI. Replik auf
B VI. VII. Replik auf B VII. VIII. Zu Engelenders Abfall.

D) Zweite Erwiderungsrede des Sachwalters der Land-
schaft (S. 63 — S. 67): I. Replik auf C II. II. Das Testament ist nicht
ordnungsmässig geöffnet worden. III. Der Landkomtur ist als Ordens-
ritter eher als Dr. Roland zu weltlichen Geschäften geeignet. IV. Die
Stände wollen nicht auf die Hilfe fremder Fürsten bauen. V. Recht der
Stände, sich zu Einungen zusammenzuschliessen. VI. Intriguen der Anhänger der Landgräfin. VII. Den Ständen steht während der Minderjährigkeit des Landesherrn die Verwaltung des Fürstentums zu. VIII. Replik
auf C VII. IX. Replik auf C VIII. X. Stände bitten die Wettiner, sie
bei ihrem alten Herkommen zu lassen.

E) Schlussrede des Sachwalters der Landgräfin (S. 67):
I. Der Landgraf als regierender Fürst brauchte bei der Aufrichtung des
Testamentes nicht bestimmte juristische Formen zu beachten. II. Replik
auf D VII. III. Ueber den Regentschaftsstreit während der Minderjährig-
keit Ludwigs I. IV. Anna und die Bürger von Kassel. V. Rechtfertigung
Treisbachs. VI. Forderung, das Testament anzuerkennen.

F) Schlussrede des Sachwalters der Landschaft (S. 68):
I. Replik zu E I. II. Beschwerde über Heinrich von Waldeck. III. Anklagen gegen Schrautenbach und Nussbicker. IV. Replik auf E V.

**Zweiter Teil: Vergleichsverhandlungen (S. 69 — S. 79):**

A) Beratung der Wettiner (S. 69): Kurf. Friedrich spricht sich
für die Umgehung, Hz. Georg für die Erfüllung des Testamentes aus.
Vermittelnder Vorschlag der Räte Georgs. Wird abgelehnt von den
andern sächsischen Räten. Beide Parteien können sich nicht einigen. Die
albertinischen Räte treten vorläufig zurück und überlassen es den Räten
der Ernestiner, ihre Vorschläge an die Landgräfin und die Stände zu bringen.

B) Antworten der Landgräfin und der Stände (S. 71): Anna
lehnt das Ansinnen der Ernestiner, das Testament aufzugeben, rundweg
ab. Ebenso weisen die Stände die meisten Vorschläge des Kurfürsten zurück. Sie wollen weder Annas Leibgedinge erhöhen, noch die Landgräfin
zu den Rechnungen und den grossen Sachen des Fürstentums ziehen, noch
ihr die Erziehung des Sohnes überlassen. Auf erneute Vorstellungen der
ernestinischen Räte hin setzt Anna auseinander, welche grundsätzlichen
Erwägungen sie veranlassen, gegenüber den Ständen auf die Vollziehung
des Testamentes zu dringen.

C) Neue Beratung der sächsischen Räte und Verhandlungen mit der Landgräfin (S. 73): Räte Georgs können sich auch
diesmal mit den Räten der Ernestiner und Hz. Heinrichs nicht verständigen,
da beide Parteien mit Entschiedenheit auf ihrem früheren Standpunkte
bezüglich der Anerkennung bezw. Verwerfung des Testamentes verharren.
Erst als Anna Hz. Georg seines Versprechens, das Testament auf alle
Fälle zu verfechten, entbindet, vereinigen sich die albertinischen Räte mit
der Gegenpartei.

D) Verhandlungen über die Abfindung der Landgräfin
(S. 74): I. Auf die Vergleichsvorschläge der Wettiner will sich Anna erst
dann einlassen, wenn sie erfährt, wer an ihrer Stelle in Hessen die Vormundschaft verwalten wird. II. Wie vorher weisen die Stände die Vorschläge der sächsischen Fürsten fast ausnahmslos zurück; sie wollen der
Landgräfin für den Verzicht auf die Regentschaft kein irgendwie wesent-
liches Zugeständnis machen; nur zu der Rechenlegung und den grossen
Sachen des Fürstentums darf sie einige ihrer Vertrauensmänner senden.

III. Die Stände überreichen den Wettinern eine Bittschrift, in der sie unter dem Hinweis auf die hessisch-sächsische Erbverbrüderung bei ihrem Herkommen gegenüber der Landgräfin geschützt zu werden verlangen. IV. Anna verzichtet darauf, dass die Regentschaftsfrage zuerst erledigt wird, und macht auf die Vergleichsvorschläge der Wettiner Gegenvorschläge, die in vielen Punkten weit über jene hinausgehen; sie verlangt z. B. einen lebenslänglichen jährlichen Zuschuss von 3500 Gulden und die Erziehung des Sohnes bis zum 14. Lebensjahre. V. Die Wettiner sagen den Ständen die Erhaltung des von ihnen gewählten Regiments und ihren Schutz zu und setzen zur endgiltigen Ordnung der Differenzen zwischen Anna und der Landschaft einen neuen Tag nach Kassel an. VI. Die Stände sind mit der Antwort der Wettiner sehr zufrieden. Sie zeigen jetzt ein grösseres Entgegenkommen gegenüber den Vorschlägen, die die Wettiner zur Entschädigung der Landgräfin für den Verzicht auf die Regentschaft vorlegen; die Anträge auf Besserung des Leibgedinges und Ueberlassung des jungen Landgrafen an die Mutter weisen sie indes nach wie vor energisch zurück. VII. Die Räte der Wettiner stellen nunmehr neue Vorschläge auf, die im wesentlichen mit den Wünschen der Landschaft übereinstimmen und Anna nachteilig sind. VIII. Die Landgräfin macht noch einmal ihre Gegenvorschläge; vor allem fordert sie den Sohn für sich und eine jährliche Zulage von 2000 Gulden. Ihre Auskunft über die Kleinodien. IX. Die Frage, ob die Landgräfin oder die Landschaft den jungen Landgrafen erhalten soll, wird vorläufig, da man sich nicht darüber einigen kann, vertagt.

**Erster Teil:**

**Die Reden der Sachwalter der beiden streitenden Parteien.**

A) Erste Rede des Sachwalters der Landgräfin:[1])

»Durchlauchten, hochgeborn fursten, e. f. g. haben uf heute tagesatzunge ... meiner g. frauen der lantgrefin an einem und etzlichen der stende des furstentumbs zu Hessen ader von der lantschaft — wie ich die nennen sall, will ich hir getan haben — am andern teile uf heute alher ernant und angesatzt; dieselbige e. f. g. furstliche tagesatzunge bitt ... meine g. fraue zu vorlesen lassen. [Geschieht] ... Uf solche tagesatzunge erscheinet meine g. fraue die lantgrefin euren f. g. zu eren durch fruntschaft und gefallen und der sachen zu gute aus kraft und nach vormoge derselbigen tagesatzunge fur euern f. g. als schiedesfursten und hat mir befolhen darauf vorzutragen«:

I. Redner verteidigt das Testament Wilhelms des Mittleren: es verordnet keine Besserung des Wittums der Landgräfin. »Derhalben mag geacht werden, das solchs lant und leuten nicht zu nachteil, wiewol er des umb beweiste treue in seiner g. schwerer krangheit gute macht gehabt.« Wenn auch Ldg. Wilhelm seine Gemahlin zur obersten Vormünderin und »gewalterin« gemacht hat, so hat er sie doch mit Schranken umgeben: er hat ihr vier Räte zugeordnet »und dennoch auch mit underscheit, das sie und

---

[1]) Wer im Namen der Landgräfin als Redner zu Mühlhausen auftritt, ist nicht überliefert. Wie aus dem Anfang seiner zweiten Rede hervorgeht, ist der Sachwalter der Landgräfin zu seinem Bedauern kein Rechtsgelehrter wie der Vertreter der Landschaft Dr. Engelender.

die landgrefin vor den zwelfen, wie die im testament begriffen sein,
sollen rechenunge tun; sie sollen auch in treffenlichen sachen nicht
alleine zu verwalten haben, sundern die andern zu sich ziben.«
Auch für den Fall des Abganges eines der Vormünder oder der
Landgräfin hat Wilhelm Sorge getragen. »Meiner g. frauen der lantgrefin volget auch aus disem testament kein sunde[r]licher nutz und
nicht mehr dan alleine muhe und sorge und ein schwerer last, der sie
sich doch nach dem willen ires herren zu tragen irem sone zu nutze
nicht wegern noch beschwern lassen will.« Auch auf die Regierung
des Landes hat Wilhelm Bedacht genommen, »also das nimants
unparteiisch anderst reden mak, dan das dasselbige testament erlich,
cristlich, loblich, nutzlich und bestendiglich nach allem rechten und
gar nicht moge angefochten werden.« II. Redner gedenkt des Verhaltens der Landschaft bei der Eröffnung des Testaments. Im
Testament wird bestimmt, dass entweder ein Teil der Stände an
den Spiess, der andere nach Butzbach oder beide zusammen nach
Marburg zu berufen seien. »Demeselbigen zu volgen hat sich
meine g. fraue die lantgrefin understanden und das der lantschaft ufm
Spyese wollen offenbaren, euer aller f. g. ersucht als hanthaber des
testaments gebeten, euer f. g. rete darzu zu schicken, wie dan
bescheen. Uf denselbigen tag ist meine g. fraue die lantgrefin mit
iren reten in eigener persone an Spyes kommen, in massen die
lantschaft auch verbettet, durch den canzler dr. Johann Engelender
der iren g. im testament retig und beistendig gewest, der lantschaft vorgehalten, das ire f. g. ine wolte offenen ader vorlesen
lassen und das das testament an zweien ortern in beiwesen der
rete solte geoffenet werden. Aber die lantschaft am Spyese haben
das testament zu offen gewegert, aus dem das der ander teil der
lantschaft an der Lohene auch darbei were und sein solte. Volgende
hat mein g. fraue ... die andere lantschaft an der Lohne auch
gefordert, do hat man das testament beiden lantschaften verlesen,
welchs zuvorn gebrochen gewest, dan es zugelassen der furstin und
den reten, solchs erstlich zu besichtigen. Darauf sich etzliche von
der lantschaft haben boren lassen, was des lantgrafen sele b[e]rure,
lassen sie gescheen, ader [= aber] die vormundeschaft widersprochen.« Der Kanzler Dr. Engelender, der damals das Testament
gegen die Angriffe der Stände verteidigte, ist zu diesen übergetreten, was ihm gewiss nicht »wol anstehe als einem canzler,
der die meisten geheime in ires beren rate gewust, den letzten
willen seins herren, dem er in zeit seins lebens mit eiden und
pflicht vorhaft gewest, zu widerfechten.« III. Auf die Einrede der
Stände, dass die Landgräfin im Regiment nicht zu dulden sei, einmal
da »solchs mit wehre und schwertern gescheen solte«, zum andern
weil Frauenherrschaft in Hessen nicht herkömmlich sei, erwidert
Redner, »die lantschaft hette keinen titel ader gewalt das abezutun
ader zu strafen; dan es eigent den undertanen nicht, den herren
zu strafen und selbest regement zu setzen, und ane ruhm weis ir
g., das ir nicht mag ursache gegeben werden, warumb sie nicht
zu mitvormundin gelassen; dan ir g. hab einen gebornen fursten

und son, der ein erbe zum lande ist. Es ist auch unvortreglich zu
sagen, das zu furstlicher regirunge wehre und schwert gehoren;
dan wiewol es sein mag, das regement ofte mit dem schwerte
gescheen mussen, so mak doch das mit der vornunft vorkommen
werden, und ap ir g. irer persone zur wehre nicht geschickt, so
konde ir g. mit iren brudern, den herzogen von Meckelburgk und
gefreunten, von denen sie hulfe und trost, mehr dan die lantschaft
ir selber tun, mochte erlangen. Es ist auch der lantschaft darumb
nicht benomen. So volget auch mehr gehorsam von den undertanen in ansehunge irer g. hochen stammes. Es geburt auch der
lantschaft nicht, das zu widerfechten; dan die lantgrefin nach
gemeinen rechten ires sones billicher vormunde ist, und ap das
auch nicht, dennoch bette solchs der lantschaft nicht geburt, dan
sust were die oberhant als Kei. Mt. umb gebunge der vormunden
angesucht.« IV. Die Stände haben das Testament nicht nur der
Landgräfin wegen angefochten, »sundern auch der andern viere im
testament begriffen, als ap der ein teil in nicht leidlich und untuchtig
sein sollen . . ., als nemlich wie h. Conradt von Manspach ausserhalb dem furstentumb zu Hessen geboren und in das furstentumb
erblich nicht gehorik, aber Herman Reytesel, so sie solten vormunden setzen, mochten sie in auch leiden, dr. Rohlandt sei geistlich,
gehore in die kirchen, des virden Caspar [!] Dresbachs handelunge
und regirunge haben sie keinen gefallen.« Auf diese Einwände
der Landschaft ist zu entgegnen, dass Wilhelm der Mittlere die
vier gewählt hat, nicht weil es an tauglichen Männern in Hessen
sonst fehlt, sondern aus persönlicher Neigung. Ist auch Mansbach
im Fürstentum nicht geboren, »so hat er doch darinne lehen und
ist erblich darzu vorschriben und zu Hessen in grossen ampten
herkommen . . . Dr. Rolandt ist ein alder redelicher gelerter man
aus dem furstentumb geborn, bei dem lantgrafen vil angesehen
und vil bei des furstentumbs bendeln vor andern gewest. Die
andern zwene die sint vom adel und einem jedern gleichmesik. . . .
V. Darumb das meine g. frau . . . solch eigenwillik und trutzlich
vornemen von der lantschaft, do sie am Spyes gewest, gehort,
haben euer aller f. g. rete sich, wiewol ane befehel, weile es
unvorsehelich gewest, das solchs vorfallen solte, mit den von der
lantschaft durch gute mittel sie dovon zu weisen gehandelt, des
aber nicht statt haben mogen. Die stende sein uf irem vornemen
beharret und in der [!] verwaltunge nicht willigen wollen, also haben
die rete uf das mittel geteidinget, das noch viere aus den stenden
solten gegeben werden, welchs die lantgrefin beschwert, aus dem
testament ires herren zu gehn, aber dennoch mit protestation in den
abeschiet gewilliget, der sich dohin erstreckt, das die lantschaft erboten, sich [von] euer aller g. des mit einem worte weisen zu lassen.«
[Verlesung des Abschiedes.] Die Landgräfin hat in denselben wenn
auch mit schwerem Herzen gewilligt, in der Erwartung, dass die
Stände den Festsetzungen Folge leisten würden. VI. Aber in
dieser Erwartung sah sie sich bald getäuscht; denn noch »desselbigen tages als der reces ausgangen, haben die lantschaft

etliche reisige am widerwege von Homburg kegen Kassel der landgrafin furgeschickt, durch welche zu Kassel ein ufrure gemacht,
und wie dasselbige geschen, hat meine g. fraue sampt andern
beschwerunge, die ir von der lantschaft aufgeleget, aufzeichen
lassen und in ein geschrift brengen, bittet das solchs vorlesen
werde.«[1] 1. Haben die Stände sich untereinander zu einem Bündnis
verschworen »und darnach auch die burgere und einwoner der
stete und flecken angehalten zu schweren bei gemeiner lantschaft
zu bleiben« unter andern auch die Einwohner Grünbergs, des
Witwensitzes der Landgräfin. 2. Haben die Stände, »als mein g.
fraue iren abeschiet im felde vor Homberg genomen hat«, etliche
nach Kassel vorausgeschickt »und doselbest vorfuget, das man die
tore zugeschlagen und ire g. sampt irem sone nicht einlassen
wollen, auch etliche zu fusse heraus in die graben uf den weinberg
geschickt zu vorhuten, das ire g. mit dem jungen fursten nicht
durch den garten ins schlos kommen mochte, darzu die burger der
stadt in harnasch und aufrur beweget, mit denselbigen frevelich
vor das schlos gezogen und eingefordert, aber sie seint von denjenigen, so darinnen gewest, nicht eingelassen wurden.« 3. Obwohl
in dem Abschied festgesetzt wurde, dass die acht Räte alle Handlungen gemeinschaftlich ordnen sollten, »so haben doch die vier
voordenten von der vormeinten lantschaft sampt dr. Engellender;
ane willen der ander dreien rete im testament begriffen, dem lant-
vogte an der Loyne Petern von Trespach vorwaltunge seins ampts
vorboten und der stadt Martburg befolhen, sich seins bescheides
forder nicht mehr zu halden, darzu auch das hofegerichte mit
hofrichter, beisitzern und andern personen geandert und ires gefallens besetzt.« 4. Haben sie »die schlos und stete mit personen
inen gefellik bestellet und diejenigen, so vor und nach abegangen
meins g. herren von Hessen sel. darauf gewest sint, herabgeschafft,
wider willen und wissen der obgemelten dreier, nemlichen Schwertzel
gein Martburg, Lypsen Meisebock gein Hoenburgk in Hessen,
Casparn von Breyttenbach gein Blanckensteyn.« 5. Haben sie
ohne Wissen und Willen der drei Räte etliche vom Adel und den
Städten zu sich nach Kassel gefordert und mit ihnen Verhandlungen
gepflogen »und alse merkliche kostunge uf meinen g. jungen herren
gemacht.« 6. Hat man der Landgräfin glaubhaft berichtet, dass
der »conmendator sampt andern zu Martburg fur zunften und
gemeinden gesaget haben solt, ire g. bette meinem g. herrn sel.
geraten, Fryslandt zu kaufen, auch ursach gehen und angereget,
das er seine arme leute geschatzt gehabt hette«, dazu gesagt, dass
das untaugliche Testament, das nach dem Gefallen der Landgräfin
gemacht, niemand zu halten schuldig sei.[2] 7. Haben die vier

---

[1] Im Protokoll ist das Folgende überschrieben: »Beschwerunge der lantgrefin zu Hessen, so irer g. von der lantschaft begegent.« Vgl. auch hierzu
Annas Beschwerdeschrift vom 7. Sept. 1509 Nr. 11, S. 37 ff.

[2] Anna hatte sich in einem Schreiben vom 17. September 1509 an den
Deutschordensmeister über Cleens Haltung bitter beschwert; vgl. den Abdruck
in dem Histor. diplom. Unterricht von der Ballei Hessen Nr. 104.

Räte »von der vormeinten lantschaft sampt dr. Engellender«, statt sich, wie ausgemacht »die nachgelassen meins g. herren sel. rete« zu nennen, »denselbigen titel ofte geendert und sich . . . die vorordenten rete des furstentumbs zu Hessen geschriben.« 8. Hat die Landschaft entgegen der Abrede am Spiess ein Regiment eingesetzt, was »inen als den undertan keinerlei weise zustehn kann«, ganz davon zu schweigen, dass sie sich zum mindesten an den Kaiser hätten wenden müssen. 9. Haben die vermeintlichen Regenten den Amtleuten des Fürstentums durch ein Ausschreiben geboten, keinem andern als ihnen zu gehorchen und sie in diesem Sinne vereidigt. 10. Die Regenten haben Hofräte und andere Diener der Landgräfin wider die Abrede am Spiess eigenmächtig entlassen mit dem Bemerken, »sie wusten nichts, darzu ire g. derzeit rete bedorfen were, ire g. solte ires frauenzimmers warten und des jungen fursten, so lange sie den bei ir bette.« Als die Landgräfin für ihre Diener nunmehr auf eigene Kosten in Marburg Zehrung bestellte, haben die Regenten sie auch daran gehindert, mit der Begründung, dass solches »inen von wegen gemeiner lantschaft nicht zu erleiden« wäre. 11. Die Regenten haben Dr. Schilling »etlicher irrunge halben, so er mit dr. Engellender hat, zu einer gelobde ufm schlos Martburg gedrungen, vor inen zu rechte zu stehn« trotz des Einspruchs der Landgräfin. 12. Die Regenten haben die Landgräfin Mangel leiden lassen, obwohl ihr nach der Abrede am Spiess »alle nottorft zu irem hofelichem wesen und sust zugelassen werden« sollte, »dan sie hat den kammerschreiber zu vil malen ansuchen lassen, die Bommerischen, Luneburgischen und andere rete, so bei iren g. gewest weren, darzu botenlohn und anders zu queiten und auszurichten; aber er hat gesaget, es sei ihm vorboten. Desgleichen haben irer g. rete und diener derselbigen uf ire kosten bis anher nachreiten mussen.« 13. Die Verordneten der Landschaft bedrängen die Räte und Diener der Landgräfin, insbesondere den Grafen Heinrich von Waldeck. Als dieser Anna um Hilfe gegen seine Feinde bat, forderte sie die acht Räte auf, einige Städte mit dem Schutz des Grafen zu beauftragen, ein Wunsch, dem sich die vier von der Landschaft auf das entschiedenste widersetzten. »Daruber so seint dem . . . grafen seine arme leute ane alle vebde und vorwarnung in grunt vorbrant, vorterbet und jemmerlich ermort, auch etliche derselbigen frauen unerlich gehandelt worden.« 14. Die Räte von der Landschaft haben sich der Mitführung des jungen Philipp nach Mühlhausen widersetzt; unter dem Vorgeben, es »were itzunt unlustig wetter, auch nie mehr gesehen noch gehort, das man furstenkinder und zuvor die, der man nicht mehr dan einen bette, in frembde lant und luft fuhren [tete]. Solte dan diser furste aus Cassel gefurt werden und ime etwas widerwertiges dodurch entstehn, das

---

Kurfürst Friedrich der Weise hatte dagegen Cleen bei seinem Vorgesetzten gegen Annas Angriffe warm in Schutz genommen in einem Schreiben vom 1. Mai 1510; Abdruck desselben a. a. O. Nr. 110. Vgl. Rommel III, Anm. S. 143.

wurde inen zu vorgess und unschickligkeit zugemessen.« Obwohl
die Landgräfin verspricht, »die tagereise deste kurzer nemen und
ime [Philipp] ufs allerfleissigste, so sie vermochte, warten und
pflegen lassen« zu wollen, beharren die Räte auf ihrer Weigerung,
weil »die lantschaft sunderlich von steten« die Reise des jungen
Landgrafen nicht dulden würden. VII. Redner fordert, dass die
Neuerungen, welche die Stände vorgenommen haben, abgestellt
und das »redelich ufrichtig« Testament in allen Stücken vollstreckt
werde. Er behält sich die »nachrede uf des kegenteils vorbringen« vor.[1])

B) Erste Erwiderungsrede des Sachwalters der Landschaft Dr. Engelender:

I. Das Testament Wilhelms des Mittleren ist nicht rechtskräftig, 1. weil der Landgraf mehr denn ein Jahr vor Aufrichtung
desselben schwer krank und der Vernunft beraubt gewesen ist;
2. weil sich in dem Testament ein offenbarer Widerspruch findet:
denn einerseits wurde festgesetzt, die Landgräfin allein dürfe es
öffnen, andererseits in einem der folgenden Artikel gefordert,
die vier Mitregenten sollten bei der Eröffnung zugegen sein, »welche
artikel ie inen selbest widerwartik und geachtet mussen werden,
als das solch testament gemacht von einem menschen, das do
volkomende vernunft nicht gehabt.« 3. In einem andern Artikel
des Testaments verbietet Wilhelm, die Personen, die bei ihm in
Ungnade gefallen, bei der Regierung des Fürstentums zu verwenden. Wäre der Landgraf bei Verstande gewesen, so hätte er
zum Heile seiner Seele wie jeglicher Christ im Angesicht des Todes
seinen Feinden verziehen. 4. Auch gegen das gemeine Recht
verstösst das Testament: Zu einem rechtskräftigen Testament
müssen 7 Zeugen und als achter ein Notar hinzugezogen werden,
fromme ehrbare Leute, die es unterschreiben, versiegeln, »sie alle
ader einer vor sie alle, welcher zugehorende solemniteten und
zirligkeit ... albie keine gehalten.« 5. Muss in einem ordentlichen
Testament ein Erbe eingesetzt werden; hier aber ist kein Erbe
genannt, weder der junge Philipp noch seine Schwester; nach
gemeinem Recht ist ein solches Testament »nicht alleine untuchtik
und kraftlos, bsundern auch gar nichtig. 6. Und ap das alles
nicht were, so ist bei dem furstentumb zu Hessen der gebrauch,
die gewonheit und das loblich herkommen, das frauenbilde solch
tapfer und weit furstentumb ... nicht konnen ader sollen regirn
ader vorwalten«, zumal in diesem Falle, wo die Landgräfin zur
Zeit der Abfassung des Testamentes das 25. Jahr noch nicht erreicht

---

[1]) Der Sachwalter der Stände, der Kanzler Dr. Engelender, bittet um
Vertagung der weiteren Verhandlungen auf den folgenden Tag (d. 16. Nov.),
»weile sich ... die nacht nahet und das nachtmal sall gehalden werden.«
Diesem Ersuchen wurde von den sächsischen Fürsten stattgegeben; das Protokoll
vermerkt das nicht ausdrücklich; die folgende Erwiderung Engelenders trägt
indes als Datum den 16. Nov. 1509.

hatte; nach dem Recht darf »solch frauenbilde . . . die vormundeschaft nicht haben, vil weniger solch furstentumb regirn.« Redner
beklagt sich, dass die Landgräfin den einen Teil der Landschaft
an den Spiess, den andern nach Marburg beschieden hat »in was
gemute ader meinunge ist der landschaft vorborgen; aber die am
Spyes haben sich ane beiwesen der andern, nachdem es ein unverteilt furstentumb ist, nicht wollen begeben, deshalben ein ander
tak angesatzt.« 7. Ist das Testament »nicht nach forme und vormoge der rechten geoffent« worden, auch haben sich die Siegel
nicht in der richtigen Ordnung befunden. II. Konrad von Mansbach haben die Stände als einen »auslendischen« nicht im Regiment
dulden können. »Dan so ein man in seinem hause einen vormunden
setzt« und »ie meher sorge, fursichtigkeit, notterftiger vormanunge
ist zu haben in einem furstentumb«, um so mehr ist Fleiss darauf
zu verwenden, dass der zur Regierung erwählt wird, »den der
gemeine man leiden mak . . . Dan wer weis mehr gelegenheit
herkommen dan die, so mit einem furstentumb ire leib und leben
mussen darstrecken, als die fromen stende getan und nichts gespart
noch underlassen.« Dr. Roland ist als Priester nicht zur Regierung
eines Fürstentums geeignet. Hermann Riedesel ist »ein from edelman; aber Peter von Drespach ist wislich gemeiner lantschaft, das
er ein jar ader zwen oder lenger also regirt, das gemeiner lantschaft missefellig gewest. Nachdem er sich des nicht widerredt,
haben sie macht gehabt, ine des ampts und hofegerichts zu entsetzen.« III. Weder kraft des Testamentes noch kraft des Herkommens hat die Landgräfin die Vormundschaft zu führen; ausserdem »begeben sich manche bendele, mit gerichten, blutvorgiessen
und dergleichen, darbei frauen nicht sein, bsundern aus wiplicher
zucht fliehen sollen; dieweile aber ire f. g. zum krige beratschlagen nicht geschickt noch geburt hat, volget daraus, das sie
nicht regirerin ader vorwalterin sein mak, dan es nicht einer frauen
werk . . . und ist wider gemeine gewonheit. Dan wir wissen durch
den glauben, das die mutter gottes die heiligste gewest, doch deme
nach hat unser herre gott die kirchen den aposteln und nicht ir
befolhen, und darumb so haben gemeine lantschaft . . . in das
testament, darinne unsere g. fraue zu vormunden und regirerin
gesatzt, nicht wollen geheiden.« Übrigens würde ein anderer
Artikel genügt haben, um das Testament hinfällig zu machen;
nämlich die Verfügung, dass im Falle der Wiederverheiratung
Annas oder ihres Todes Hz. Georg die Vormundschaft führen,
während nach den Bestimmungen der Erbverbrüderung alle Fürsten
von Sachsen Vormünder sein sollen. IV. Auf die Beschwerden
der Landgräfin lassen die Stände entgegnen: Zu 1. Bei Lebzeiten
Wilhelms des Mittleren sind allen Ständen vielfältige Missbräuche
und unbillige Drangsal begegnet; deswegen haben sie sich mit
vielen andern Grafen am Spiesse zusammengefunden und »sich,
wie vormals im lande zu Hessen gebraucht, zusampne vorpflicht.«
Auf demselben Tage wurden von Prälaten und Ritterschaft an
Wilhelm Gesandte abgeschickt, um ihm die Mängel und Gebrechen

im Fürstentum anzuzeigen. Mittlerweile war aber Wilhelm verstorben. »Dieweile aber die lantschaft sein licitum collegium und
samelunge in rechte zugelassen, so haben sie recht, fug und macht
gehabt zu machen, das es ine, irer lantschaft zu nutz und recht [!].«
Zu 2. Am Spiess war mit den sächsischen Räten vereinbart ,worden,
dass die verordneten Räte sich nach Kassel begeben und das Inventar
aufnehmen sollten; deswegen »hat in geburt, solchs mit der eile
zu tun, das nichts vorruckt.« Aber die Landgräfin hatte sich, wie
man erfahren, »etwas gar fruhe« mit dem jungen Fürsten auf den
Weg nach Kassel gemacht »und bei den hundert gewapnten gehabt. . . . Aber wie sich die von der lantschaft bedunkt, das sie
geeilet und ein pfert in der eile tot bliben«, da haben sie die Thore
von Kassel »zugelassen, sie [Anna] aber darvor nicht aufgehalten.«
Zu 4. Allerdings hat die Landschaft etliche ihrer Ämter entsetzt,
weil sie nicht Gehorsam haben leisten wollen, wie z. B. einen
Amtmann, der die Gemahlin Ldg. Wilhelms des Älteren nicht
durch seinen Flecken hat fahren lassen, als sie an den Spiess reisen
wollte.[1]) Zu 3. Wegen der Entsetzung Peters von Treisbach hat
sich die Landschaft schon vorher verantwortet. Zu 5. Die Verordneten der Landschaft haben der Abrede gemäss, die mit den
sächsischen Räten am Spiesse getroffen wurde, bei wichtigern
Angelegenheiten einmal oder zweimal etliche von der Ritterschaft
zu sich beschieden und sie beköstigt. Im übrigen werden die
Rechnungen den Herzögen von Sachsen zeigen, ob die Landschaft
oder die Landgräfin mehr Unkosten verursacht hat. Zu 6. Soll bis
zum Ende des Handels aufgespart werden. Zu 7. Gemeine Landschaft weiss von einer gefährlichen Veränderung des Titels der
Räte nichts. Oft haben die Räte der Landschaft sich mit denen
der Landgräfin nicht einigen können und deshalb allein handeln
müssen. Die Stände aber scheuen es nicht, »das alle handelunge
herfur queme, domit man sehe, wer do am besten gehandelt.«
Zu 8. Die Stände haben den sächsischen Herzögen durch eine
Gesandtschaft melden lassen, dass die Ordnung der Regentschafts-
angelegenheit in Hessen keinen Aufschub dulde »und darumb gebeten, schleunige tage anzusetzen«, was auch zugesagt wurde. Die
Frage der Hinzuziehung Hz. Heinrichs hat die Bestimmung des
Tages sehr verzögert und überhaupt zweifelhaft gemacht. Ein so
grosses Fürstentum wie Hessen konnte aber ohne Regierung nicht
länger bestehen, »und das imant zuflucht hette, do er recht bekommen mochte, ist die lantschaft verursacht, ein regiment, wesen
und ordenunge zu machen. Die andere ursache zur satzunge des
regements ist die«, dass die Räte, die zur Partei der Landgräfin

---

[1]) Die Gemahlin Wilhelms des Älteren Anna geb. Herzogin von Braunschweig wollte sich auf dem Landtage am Spiess über die schlechte Behandlung,
die ihrem geisteskranken Gemahl und ihr seit einer ganzen Reihe von Jahren
widerfahren war, bei den Ständen beschweren. Um sie daran zu hindern,
hat Anna von Mecklenburg vielleicht einem ihrer Anhänger, dem oben erwähnten
Amtmann, den Befehl gegeben, die alte Landgräfin auf der Reise nach dem
Spiess aufzuhalten.

sich hielten, »irrunge, zweitracht und meiterei nicht alleine im
furstentumb, sundern daraus« angezettelt hätten, wenn dem die
Stände nicht zuvorgekommen wären. Denn die drei Anhänger der
Landgräfin hätten sich mit den vier Räten der Stände fast über
keinen einzigen Punkt einigen wollen, so dass infolgedessen
»nimants hat rechts bekommen ader abefertigunge erlangen mogen;
sie haben sich allewege horen lassen, das sie aus dem vormeinten
testament nicht gehn wolten.« Ferner: Wilhelm hat viele aus-
ländische und inländische Gläubiger unbefriedigt zurückgelassen.
Diese haben sich eine Zeitlang vertrösten lassen »bis zu einem
bestendigen regement, alsdenn wurde in bestendige antwort nicht
verhalten.« Schliesslich haben sie sich nicht länger hinhalten lassen
wollen, »daraus zu besorgen gewest, das sie das lant mit fehden
mochten antasten.« Endlich weiss die Landschaft, »das es gebrauch
und herkomen ist, das man aus inen sall kiesen regirer. ... Dan
wiewol das furstentumb zu Hessen leben, so gibt dach gemein
recht zu, das sie, ehr mein g. junger herre zu seinen jarn kommen,
ordenunge und regement zu machen haben.« Zu 9. Als Regenten
sind sie befugt, von den Amtleuten Gehorsam zu fordern. Zu 10.
Nach dem Begängnis Wilhelms haben die Regenten Anna aufgefordert, nach Kassel überzusiedeln; denn es sei zu Marburg nicht
»gemeine hofehaltunge.« Als die Landgräfin sich weigerte, haben
die Regenten ihren Hofhalt, der aus hundert Pferden bestand, auf-
gelöst, um »parteiligkeit vorzukommen«, und ihr Kassel als Aufenthalt angewiesen; einen einfachen Hofhalt hätten sie der Landgräfin gerne gestattet. Zu 11. Dr. Engelender trug Dr. Schilling
eine Stelle beim Hofgericht im Namen der Stände an; »hat er
[Schilling] uns gesaget, er wolde unser g. frauen darumb befragen,
haben wir ihm gesagt, solchs were meiner g. frauen nicht wider,
hat er sich kegen mir [Engelender] entbort und mit ungeburlichen
worten belestiget, darumb haben in die regenten vorstrickt, derhalben
geburlichen abtrak zu tun.« Zu 12. »Es sei nicht weniges, merklich botelon und unkost, ufgangen, also das die regenten befolhen
dem camerschreiber, ane iren bevehel nimandes gelt zu geben«;
von einer grundsätzlichen Verweigerung des Geldes aber kann
nicht die Rede sein, sondern nur von einer Aufsicht über die Ausgaben der Landgräfin; »daran die vorordenten nicht unbillich getan:
dan wo vil zu einem secklein gehn und daraus zeren ader nemen,
pfleget nicht gute rechenschaft zu fallen.« Zu 13. Graf Heinrich
von Waldeck hat sich an Anna um Hilfe gewendet; nach der
Abrede am Spiess kam es der Landgräfin nicht zu, »sich einicher
regirunge zu understehn«; ihre Aufforderung an die Städte konnte
daher keine Wirkung haben. Da der Graf sich an die verordneten
Räte gar nicht gewandt hatte, schuldeten sie ihm auch keine Antwort, zumal sich die Ritterschaft über ihn zu beschweren hatte,
weil er sie der Jagdgerechtigkeit beraubt hatte. · Zu 14. Die Landschaft hat nur ihre Pflicht erfüllt, als sie die Reise des jungen
Landgrafen untersagte; »dan er zuvor in hiz und kelde gnugsam
umbgefurt und dovon nicht wenik beschwerunge und fahr seines

leibes entpfangen.« V. Redner bittet die sächsischen Herzöge,
Anna »fruntlich und gutlich« zu »weisen, das ire g. ... wie die
andern von Hessen getan, wolle uf ir widumb ziben, und sie, die
lantschaft, das furstentumb regirn lassen, wie ir vorfarn getan.«
VI. Desgleichen soll sie etliche Kleinodien und Silbergeschirr, das
dem jungen Herrn zusteht, herausgeben und inventarisieren lassen.
VII. Landschaft beschwert sich über die Räte der Landgräfin,
Wilhelm von der Landesburg, Tyle Wolff, Dr. Schilling, Peter
von Treisbach, Balthasar Schrautenbach und den Kammermeister.
1. Wegen der heimlichen Förderung des Kaufs von Friesland,
»wiewol sie gewust, das solcher kauf unserm g. herren unmogelich
gewest und aus der cammer nicht hette zu bezalen gehabt, das
auch dadurch dem furstentumb zu Hessen vorterblicher schaden hette
entstehn mogen.« 2. Sind sie bei der Eröffnung des Testamentes
und der Kästen, in denen die Barschaft sich befand, wohl zugegen
gewesen, haben aber wider ihr besseres Wissen die Landgräfin
nicht zur Hinzuziehung von Vertretern der Landschaft aufgefordert.
3. »Haben sie in schwacheit und krangkeit unsers g. herren geraten,
einen freien herren zu machen und den [!] slos und gerichte geben
wollen, dem furstentumb nicht zu geringem schaden. Ir etliche
haben sich auch wider einander geferdert, in leben zu leihen ausbracht.« 4. Haben sie Wilhelm dazu überredet, »einen grossen
trost des furstentumbs von im zu geben«, nämlich 209 Tonnen
Salpeter und 100 Tonnen Pulver nach Frankfurt zu schicken;
»desgleichen hat h. Wolff als ein hofmeister ane einichen bevehel
gehandelt, ane willen und wissen gemeiner lantschaft in seinem
ampt und sie darumb, als zimlich gewest, nicht befraget.« 5. Die
Person des Redners ist von der Gegenpartei beschimpft worden.
Es ist nicht wahr, dass er von der Landgräfin abgefallen und sich
zu ihren Feinden geschlagen habe. Hat er doch der Fürstin gegenüber keine Verpflichtung eingegangen. Als er am Spiess für das
Testament eintrat, hat er Wolffen »als einem gewalter mussen
nachreden, was mir der vorgesaget und bevolhen.« 6. Der Landkomtur Dietrich von Cleen zu Marburg gieht zu, dass er das
Testament öffentlich für ungiltig erklärt hat; »das die gesetzten
im testament zu regirn untuglich, habe er auch geret und das ret
auch gemeine lantschaft.« 7. Waldenstein und Trott haben zu
wiederholten Malen vergeblich versucht, Ldg. Wilhelm, in dessen
Ungnade sie gefallen, von ihrer Unschuld zu überzeugen. Selbst
die Fürsprache Hz. Ulrichs von Württemberg hat ihnen nicht zur
Rechtfertigung verhelfen können. »Dieweile aber uf gestern im
testament verlesen, das man sie nicht zu regirern kisen solle,
darumb sind sie hie und bereit, einem jederman uf seine zuspruche [!]
zu antworten. Gemeine lantschaft habe sie auch allewege unschuldik gehalten; sie haben auch bei aller irer handelunge bei
24 rete von gemeiner lantschaft gehabt, die gehort und gesehen,
was und wie sie gehandelt.«

C) Zweite Rede des Sachwalters der Landgräfin:[1])

I. Redner beschwert sich über Dr. Engelenders Abfall: ehedem hat derselbe das Testament vor versammelter Landschaft am Spiess als Anhänger der Landgräfin aus allen Kräften verteidigt, »wie er als ein rechtgelerter bes dan ich zu tun gewust hat, ... aber itzunt so er von meiner g. frauen abe und zum kegenteil getreten sei, so understehe er sich, dasselbige uf das hochste anzufechten.« Es macht wenig aus, ob er damals der Landgräfin verpflichtet gewesen ist oder nicht, sicherlich »hat ire f. g. ime dasmals vortrauet in ire rete und geheim bei ir sitzen lassen.« II. Die Landstände als Unterthanen ihres Fürsten sind nicht berechtigt, dessen letzten Willen anzufechten. Denn nach gemeinem Recht hatte Wilhelm Macht, »under den seinen constitution, statut, satzunge, ordenunge, testament und letzten willen zu machen, dieselbigen ... von sein undertan vor ein gesetze ader gleich einem gesetze sollen gehalden werden.« Auch steht es den Ständen als den Unterthanen des jungen Landgrafen nicht zu, dass sie seine Vormünder sein wollen. Würde die Landgräfin sich bei der Einsetzung der Vormundschaft nachlässig zeigen, so gehürte den nächsten Agnaten, in diesem Falle den Herzögen von Sachsen, die Sorge für die Vormundschaft; nach diesen dann dem Kaiser. »Daraus erscheinet offenbar, das ire f. g. eine einiche warhaftige vormunderin und tutorin ires sones ist, und das ir dieselbige vor allen andern ... zusteht; deme volget nach administration und regirunge, lande und leute.« III. Redner widerlegt die Einwände, die die Stände gegen die Rechtskraft des Testamentes geltend gemacht haben. Zu 1. Ldg. Wilhelm ist bei Abfassung des Testamentes geistig gesund gewesen; »wol moge sein das ie zu zeiten seine f. g. aus schmerzen der krangkeit zu einer zeit vor die andern entschickt und unleidlich gewesen sei, wie auch under den gesunden geschee.« Zu 2. Redner gieht den Widerspruch zwischen der Aufschrift des Testamentes und seinem Inhalt nicht zu. Zu 3. Wilhelm hat auf dem Sterbebett allen seinen Feinden verziehen. »Es habe auch mein g. fraue am Spies dasselbige vor einer gemeinen lantschaft eroffent, das diser artikel mit ausslissunge der empter der dreier nimants zu nahe ... gesatzt sei.« Zu 4. Es bedarf nicht zur Rechtskraft eines fürstlichen Testaments eines Notars und sieben Zeugen. Zu 5. In dem Testament hat Wilhelm Erben ernannt, nämlich erstens seinen Sohn Philipp, in zweiter Linie die männlichen Erben seines Bruders, in dritter die Herzöge von Sachsen. Zu 6. Es ist nicht nötig, dass die Landgräfin zur Zeit der Abfassung des Testaments das 25. Jahr vollendete, »dan das testament ... sei dozumale nicht in seine kraft gangen und habe seine wirkunge nicht gehabt, dan es sei noch wandelbar gewesen, bsunder aller erst nach tode ... ires gemahels ... sei das testament angenommen;

---

[1]) Im Protokoll heisst es: »Einrede der lantgrefin von Hessen uf getane antwort und schutzwere der lantschaft, sonabents nach Martini [1509 Nov. 17] furbracht.«

zur selben zeit sei ir f. g. gnugsams alders gewesen[1]); darzu so
balde eine mutter kinder uberkomme, so wirt sie geacht, alt gnuk
sei[n].« Redner will auch nicht zugeben, dass im Fürstentum
Hessen die Herrschaft einer Frau wider das Herkommen verstösst. Und wenn auch bisher keine hessische Fürstin die Vormundschaft ǵeführt hat, »so volget doch daraus nicht, das es itzunt
nicht gescheen moge, dieweile doch die recht das offenbarlich also
zulassen.« Zu 7. Die Landgräfin hat das Testament zu Kassel im
Beisein von ungefähr 12 Räten und Dr. Engelenders geöffnet; um
das thun zu können, hat sie die Siegel abschneiden müssen. Als
Zeugen für die Echtheit des Testamentes ruft sie den Landkomtur
zu Marburg an, der das Testament eine Zeit lang verwahrt hat.
Übrigens hat die Landgräfin »nicht aus hoen lust ader dorstigen
gemute ... sich darvor ires sons nach ausweisunge des testaments
angenomen, bsunder aus libe und gehorsam ires gemahels und libe
ires sones, darzu zu gute lande und leuten des furstentumbs, hette
sich auch vormutet, das bei allen stenden solte ir f. g. zu hocher
dankbarkeit und nicht vordris komen sein.« IV. Betreffend die
vier Mitvormünder erwidert der Redner: Konrad von Mansbach
ist zwar Ausländer, aber kein Gesetz verordnet, dass ḥur Ein-
geborene zur Vormundschaft zuzulassen sind. Ebensowenig hindert
den Priester Roland irgend ein Gesetz an der Übernahme der Vormundschaft, »ap es gleich in einem pas wider das geistlich recht
were.« Aber in Deutschland, besonders in Baiern und Württemberg
ist es gemeinem Brauch nicht zuwider. Ausserdem hat ja auch
die Gegenpartei den Komtur zu Marburg als Regenten eingesetzt,
»der in dem falle mehr geistlich zu achten ist dan dr. Rulandt.«
Peter von Treisbach ist geneigt, sich »als ein from biderman zu
vorantworten« bezüglich der Anschuldigung, »als solte er in seinem
ampte den armen das recht gestopft, etzliche vorzogen, etlichen
das recht zu unrecht gemacht« haben. Die Landgräfin beschwert
sich darüber, dass er von den Ständen »dermassen unuberwunden
des rechten, auch unvorhert [!] seines erenstandes entsatzt« worden
ist. Die Landschaft hat behauptet, der am Spiess abgefasste Abschied hat für sie keine Verbindlichkeit, da die Stände ihn nicht
schriftlich angenommen haben; sie haben sich ausdrücklich geweigert,
ihn anzuerkennen; wenn die sächsischen Räte ihn dennoch aufgezeichnet haben, so haben sie das »nicht anders ... wollen tun,
dan ine selbest zu gedechtnis.« Anna lässt darauf erwidern: wenn
die Stände den Abschied auch nicht schriftlich angenommen haben,
so ist er doch für sie rechtsverbindlich geworden; denn sie »haben
denselbigen in wirkende kraft lassen komen« und »nach inhalt desselbigen angefangen zu regirn und verwalten mit denjenen im
selben recess bestimpt, auch in kraft des recess zu euer aller f. g.
geschickt und tagesatzunge gebeten.« V. Ungeachtet der Replik
der Stände hält die Landgräfin ihre Beschwerden aufrecht. Zu

---

[1]) Diese Behauptung trifft nicht zu; Anna vollendete erst im folgenden
Jahre (1510) das 25. Lebensjahr.

1. bemerkt sie, dass es den Ständen nicht geziemt, bei Lebzeiten ihres Landesherrn ohne sein Wissen sich zu verpflichten oder zu verbinden, »ap ine doch gleichwol ungnade ader gewalt geschee. ... Dan es ist nicht allein wider geschriben recht, sundern dazu wider allen gebrauch aller regirenden herren. Es bette es auch nimandes zu erleiden, wan dodurch wirde von dem gehorsam gegangen.« Die Verbindung verstösst wider den geschuldeten Gehorsam, darum ist sie nicht »licitum collegium«, sondern »conventicula« zu nennen, »die sein in allem rechten nicht zuzulassen, vorboten und reprobirt; dan wo das sein solte, so mochte kein herre die gehorsam am volke bei seinen undertanen behalten und brecht ein ... abfall der undertanen kegen der herschaft, das ganz unleidlich were.« Zu 7. So oft die Räte der Landschaft dem Testament oder dem Recess zuwiderhandelten, haben sich die drei Räte von der Partei der Landgräfin von ihnen getrennt. Zu 8. Gegen die Hinzuziehung Hz. Heinrichs ist die Landgräfin gewesen, weil sein Name in dem Abschiede am Spiess nicht erwähnt wird, »darumb das sein f. g. seine rete dazumal dobei nicht gehabt hat.« Zu 10. Die Land-gräfin behauptet, dass sie höchstens 50 Reiter bei sich gehabt hat. Zu 12. Da die Landgräfin die Regenten nicht anerkannte, brauchte sie dieselben nicht um Kostenbewilligung anzugeben. »Auch so sei ir. f. g. nicht schuldik diser zeit von iren widum zu zern, dan sie, die vormeinten regenten, zern auch nicht von irem gelde, sundern aus des jungen herren beutel.« VI. Bezüglich der Klein-odien und des Silbergeschirrs entgegnet Anna, sie wisse »von keinerlei cleinot noch silbern geschirre, darumb sie dieser zeit den vormeinten regenten antwort zu geben schuldig sei.« VII. Auch die Beschwerden der Stände gegen ire Räte weist die Landgräfin ausnahmslos zurück. Zu 3. »bekennet Balthasar Schrautenbach, ime sei ein leben ... gelihen; der hab 28 jar den fursten von Hessen gedint, vormeint es sei domit nicht ubermesik belohent.« Ferner bekennt auch Georg Nussbicker, dass ihm für langjährige Dienste ein Leben gegeben ist. Zu 4. Die Pulversendung hat Wilhelm ohne seine Räte mit zwei kaiserlichen Gesandten verein-bart. VIII. Bezüglich des Abfalls Dr. Engelenders erzählt Anna, dass er ihr allerdings durch Verpflichtungen nicht verbunden ist; »aber nichts desteminder ... hab er sich ein zeit lank bei iren g. und irs teils ... gehalten, in ir g. rate zu oftermal gesessen ... sunderlich in diser sache, die vormundeschaft ... betreffende, ge-hort und ingenomen.« Erst nach der Verteidigung des Testamentes auf dem Landtage am Spiess ist er auf die Seite ihrer Gegner getreten.

D) Zweite Erwiderungsrede des Sachwalters der Landschaft:[1]

I. Wie ein Kind das Testament seiner Eltern, ein Freund den letzten Willen seines Freundes anfechten kann, so ist auch die

---

[1] Die Überschrift im Protokoll lautet: »Kegenrede der lantschaft gescheen am montage Elisabeth« (1509 Nov. 19).

Landschaft berechtigt, das Testament ihres Landesherrn anzugreifen. Denn »warum solte dan gemeine lantschaft, die do das groste interesse in disem handel haben, wie sie und wer sie regirn sall, ein kraftlos testament nicht sollen anfechten. Dan gemein sprich-wort ist, das der nimants unrecht tue, der sich seins rechten ge-braucht.[1]) Das ... solch anfechtunge von keinem rechten zuge-lassen were, das gestehe ich dem widerteil gar nicht; dan das widerspil ist ein lauter unvorrucktes recht, darauf gemeine lant-schaft sich zeuhet.« Wenn auch Ldg. Wilhelm »merum et mixtum imperium« d. h. hohen und niedern Gerichtszwang gehabt habe, so sei er doch deshalb nicht befugt, willkürlich seinen Unterthanen Statut und Ordnung aufzurichten, »die do sollen erst wirglich sein nach seinem tode«, zumal wenn solche Satzung den Unterthanen »zu merglichen nachteil, abbruch und schaden reicht und kempt.« Redner sucht durch Belegstellen aus dem römischen Recht den Nachweis zu führen, dass das Testament nichtig sei, weil kein Erbe dort eingesetzt ist »mit den worten, die darzu geboren von rechte.« Denn es ist »mehr ..., in einem testament ein erben nichtiglich zu instituirn, dan gar kein erben zu instituirn. ... Es sall auch der testator, so er schreiben kan, als unser g. herr ... kont hat, des erben namen mit seiner eigen hant in das testament setzen.« Die Stände schenken der Behauptung Annas, sie habe jetzt das 25. Jahr vollendet, keinen Glauben: »es ist noch nicht volkomelich zwen jar, das dis vormeint testament gemacht ist, als sich aus seinem datum befindet; so nun unsere g. fraue derselbigen zeit ... under iren jarn gewest, vormut sich eine lantschaft, das ire g. noch darunder sei.« Nimmermehr wird der Landgräfin der Beweis gelingen, dass in Hessen in den letzten 300 Jahren und noch früher »eine junk frauenbilt als unser g. fraue regirt sall haben. ... Vor zeit und jarn« hat die Mutter Ldg. Ludwig des Altern, eine ge-borne Burggräfin von Nürnberg, auch ihren Sohn bevormunden wollen. Da hat sich auch die Ritterschaft und Landschaft »und sunderlich h. Eckart von Rurenfelt«[2]) ins Mittel gelegt und den jungen Fürsten der Mutter genommen »und die ader dergleichen wort geredt: Gnedige fraue, diser ist unser rechter, naturlicher landsfurst, gehort uns zu, den wollen wir auch erzihen, bis der kompt zu seinen mundigen jarn, das also, wiewol mit unwillen der furstin gescheen und ist erzogen bei einem ritter gnant Fridrich Wolff von Wolffhausen,[3]) und dermassen ine zu furstlichen wesen

---

[1]) Da sich in den Repliken und Dupliken der beiden Parteien natur-gemäss viele Wiederholungen finden, hebe ich nur das hervor, was neu oder irgendwie charakteristisch ist.

[2]) Vgl. zur Erläuterung bezw. Berichtigung dieser Vorgänge Anna von Hessen S. 47 u. Rommel II, Anm. S. 189 f. Das Haupt der aufsässigen Ritter-schaft war 1413 der Marschall Eckhard von Röhrenfurt, dessen Name oben verstümmelt wiedergegeben ist. 1418 wurde ihm und seinem Bruder von Ldg. Ludwig die Anwartschaft auf das Erbmarschallamt übertragen. Vgl. Kuchen-becker, Abhandlung von den Erbhofämtern der Landgrafschaft Hessen, Marburg 1744, Urkundl. Beilagen S. 41 f.

[3]) Gemeint ist der Hofmeister Wolf von Wolfershausen. S. Rommel II, Anm. S. 190.

und handeln gezogen mit merglicher aufstehunge des furstentumbs,
wie dan wissentlich ist, das es fast hoch und gros gemert ist. . . .
Dan ein itzlicher, der vorstant hat, mak abenemen, das nicht ein
frauenwerk ist, ein solch mechtig furstentumb zu regirn, so es zu
zeiten hochvornunftigen und weisen fursten zu schaffen gibt.«
Redner kommt noch einmal auf Anna, die Erbtochter des Grafen
von Katzenellenbogen zurück. Obwohl sie zum Fürstentum »25 ge-
maurter flecke, schlos und stete« gebracht hatte, und wohl einen
Anspruch auf die Regentschaft erheben konnte, that sie es nicht.
»Dan ap gleichwol etliche konigin und furstin mochten wohl geregirt
haben, so sint sie dach darzu von gemeinen lantschaften gebeten
und erfurdert wurden. Aber hie in diesem falle, so will solchs
mit einem tritt und gewalt gehabt sein, das ie die meinunge nicht
ist, und darumb foriger zeit geredt: wer vogel will fahen, sall mit
brugeln nicht in die baume werfen.« II. Die Landstände beharren
auf ihrer Behauptung, dass das Testament nicht »nach ordenunge
der rechte« geöffnet worden ist. »Dan so man ein testament will
eroffenen, so geburt sich, die, so vorsigelt haben dasselbige, zu
erfordern und darzu zu halten, das sie ir insigel erkennen.« Redner
[Engelender] hat die Siegel nicht vom Testament geschnitten; wer
das gethan hat, weiss er nicht, obgleich er bei der Eröffnung des
Testamentes am Todestage Wilhelms des Mittleren zugegen war.
III. Der Landkomtur zu Marburg ist nicht sowohl Priester als
ein »rittersbruder und in einem ritterlichen orden und mak ubers
blut sitzen und selbest sitzen, auch einen bei seim hals henken, das
dr. Rulandt nit gezimpt.« Wie der Hochmeister und die Gebietiger
hat er den Blutbann.« Ausserdem ist er ein Freischöffe. IV. Auf
den Hinweis Annas, dass sie in Kriegsläuften, wäre sie selbst
auch zum Waffenhandwerk nicht geschickt, auf die Hülfe befreun-
deter Fürsten bauen dürfe, erwidern die Stände: »es ist ein arm
dink, wo ein regirer eins furstentumbs . . . nichts mak ausrichten
durch sich selbest, sundern mus auslendischer hulfe sich vortrosten.«
Ausserdem ist es sehr schädlich, sich zur Ordnung der inneren
Angelegenheiten, fremder Hilfe zu bedienen. V. Die Stände haben
die Einung nicht bei Lebzeiten Wilhelms geschlossen; »das aber
in unbillicher beschwerung die landschaft nicht sich zusamen solte
tun, iren g. landsfursten underteniglich zu bitten, solch beschwerung
abzutun, ist weder im rechten ader der vornunft vorboten, angesehen
das als gewonlich geschieht die fursten in eingang irer regirung
den undertanen ire freiheit und brivilegia zu bestetigen, sie auch
darbei gnediglich zu hanthaben, zu schutzen und pleiben zu lassen;
darumb des widerteils anbringen diss artikels halben kein grunt
ader fuge hat, zudem das in diesem falle unser g. herre . . . ein
schwacher furst gewesen, der armer undertanen anligen und nodturft nicht hat wollen ader mogen horen, sunder denen, so bei
dem gegenteil stehen, bevolhen ader ires lustes willens mit armen
leuten . . . durch frevelich ungestume und hochmutige handelung
sein umbgangen. . . . Ist auch nie im furstentumb zu Hessen gehort,
das die lantschaft und undertan desselben sich gegen iren lands-

fursten ungehorsamlich erzeigt ader bewisen haben.« Die Landschaft wundert sich darüber, dass die Landgräfin ihre Einung als
»conventiculum« bezeichnet und nicht als »licitum collegium« gelten
lassen will, »dieweil offenwars rechtens ist, das ein dorf ader
da drei ader vier gebauern, bei einander wonen, ein zimlich
collegium ader versamelung mogen machen under inen, auch
ordenung, satzung und geschick mogen machen.« VI. Die Stände
werfen den Anhängern der Landgräfin vor, dass sie »in bier-
heusern, weinkellern und wirtschaften, auch sust in- und ausserhalb
des landes mit vleis sich bei sundern personen, die man, so not
were, benennen mocht, irrunge, spene und parteilichkeit im furstentum zu machen mit hochstem vleiss bearbeit haben, dardurch
zuruttunge, schaden, nachteil und ewig vorderben, wue das nicht
mit zeitigem rate vorkomen were, hette mogen entstehn.« VII. Redner
behauptet ferner, dass »ein gemeine vorsamlung ditz furstentums
gerichtszwang und iurisdiction itzund in actu inhaben . . ., wiewol
sundere personen der lantschaft keine iurisdiction haben.« Da nun
kein Land ohne Rechtsprechung bestehen kann und die Jurisdiktion
»von den undertanen, die solch gewalt vorgehapt haben, an die
oberkeit komen ist und itzund nimants wirt erfunden, des person
in craft der oberkeit anders dan gemeine lantschaft tragen moge,
so steht bei denselbigen und nimant anders diser zeit die iurisdiction
und vorwaltung gemeins furstentums, nachdem unser g. frau des gar
nit vehig ist zu haben.« Dagegen steht der Landgräfin als einem
»frauenbilde« keinerlei Jurisdiktion über irgend jemanden zu.
VIII. Die Stände halten ihre Beschwerden gegen die Räte Wilhelms
aufrecht. Bezüglich des Kaufes von Friesland haben sie »das, so
gemeiner landschaft zu vorwilligen geburt, allein wollen enden«,
obwohl sie wussten, dass der Landgraf die Kaufsumme nicht in
barem Gelde erlegen konnte und »darum billich solchen beschwerlichen und unleidlichen handel« der Landschaft unterbreitet hätte,
»die forder unsern g. herrn solchen kouf nicht zu tun ungezweivelt
gebeten und gemeines furstentums schaden furkomen hetten.« Die
Räte hätten die Eröffnung des Testaments widerraten sollen, »eher
dan unser g. herre aus seinen sterblichen tuchern komen.« Sie
hätten zur Landgräfin sagen sollen: »Gnedige frau, es . . . geburt
sich nicht angezeigter mas zu eilen, sundern das man vor allen
dingen unsern g. herren zu seiner g. begrebnis schicke . . . und
nachfolgendes mit rate handel.« Bezüglich des Freiherrn behaupten die Stände, dass »Wilhelm von Hessen, Schrautenbach
und ire gesellen . . . das mit unserm g. herren und under inen
selbst gepracticirt« haben. Die Räte haben ihren Vorteil gesucht
und gefunden; Schrautenbach ist nicht 28 Jahre, sondern 8 im
Dienste des Landgrafen gewesen. Dr. Schilling wirft die Landschaft
vor, dass er während der Verhandlungen am Spiess mit Graf Philipp
dem Jüngeren von Waldeck nach Kassel gekommen ist und die
Bürgerschaft auf die Seite der Landgräfin hat bringen wollen.
Die Bürger haben ihm aber geantwortet, »ire freunde wern bei
gemeiner lantschaft am Spiess, was doselbist durch die lantschaft

und stende des furstentumbs beschlossen worde, dem wolten sie
geleben, uf welichs dr. Schilling mit unwarheit geredt, was sie
anders tun wolten dan die von Martburg, die sich an unser g.
frau begeben und geschlagen hetten, und also mit sparung der warheit die von Cassel wollen bereden, sich von gemeiner lantschaft
[zu] ziehen und parteisch zu machen.« IX. Dr. Engelender wirft
der Landgräfin vor, »er wolt auch gerne wissen, in welichem
geheime ime die furstin getrauet bette, anders dan brief zu schreiben
an die Kei. Mt. und reuter in das lant zu bringen.« X. Im Namen
der Stände fordert Redner die Herzöge von Sachsen auf, sie möchten
die hessische Landschaft »bei iren alten herkommen und gerechtigkeit ... lassen ... und sie von irer alten gerechtigkeit nicht
dringen lassen ..., darumb so wollen sie sich auch unvorweislich
und geburlich halten.[1])

## E) Schlussrede des Sachwalters der Landgräfin:[2])

I. Anna behauptet, dass ihr Gemahl »als in seinem furstentum der hochst furst« bei der Aufrichtung seines letzten Willens
»solicher zirlickeit und solemnitet«, wie sie die Stände fordern,
nicht unterworfen ist, ebensowenig wie der Kaiser, »quia in terri-
torio suo tenebat locum principis etc.« II. Wie die Stände sucht
sie auch im weiteren Verlauf ihre vorigen Ausführungen durch

---

[1]) Es folgt im Protokoll eine Verantwortung Hz. Georgs »vor gemeiner
vorsamlung ufm rathaus zu Molhausen, offentlich vorlesen am montag Elisabet.«
Bereits am Sonnabend hatte der Albertiner diese Verantwortung durch seinen
Rat Cäsar Pflug ankündigen lassen, hatte sie indessen verschoben, um
Anna, »sein fruntliche und libe schwegerin«, in ihrem Vortrage nicht zu hindern.
Nunmehr beschwerte sich Georg darüber, dass er am Freitag von Dr. Engelender
im Namen der Landschaft »in dreien artikeln beswerlich berurt« worden sei:
1) Durch die Erklärung der Landschaft, dass sie das Testament, wenn sie
auch wolle, gar nicht anerkennen könne, weil darin im Widerspruch mit der
Erbverbrüderung Hz. Georg zum Schaden seiner Vettern zum Obervormund
eingesetzt werde im Falle des Ablebens oder der Wiederverheiratung der jungen
Landgräfin. Hz. Georg fühlt sich durch den Argwohn verletzt, als könne er in
etwas willigen, das der Wohlfahrt seiner Vettern zuwiderlaufe. 2) Die Stände
behaupten, dass sie zur Aufrichtung eines Regiments noch vor dem Tage von
Mühlhausen durch den Umstand gezwungen worden sind, dass Hz. Georg und
sein Bruder sie ohne Antwort auf ihre Einladung gelassen haben. Darauf erwidert ihnen Hz. Georg, dass er und sein Bruder ihnen kurz vorher die Zusage
gegeben hätten, sie wollten sich des hessischen Handels mit allem Fleisse annehmen. 3) Die Verhandlungen über den Kauf von Friesland sind von Ldg.
Wilhelm angeregt worden. Hz. Georg protestirt, dass es sich bei diesem Plane
um dem Fürstentum Hessen schädliche Massnahmen gehandelt habe. Schliesslich beteuert er, dass er nicht gegen die Hinzuziehung seines Bruders Heinrich
zu dem hessischen Handel gewesen sei, wer das behaupte, sei ein Lügner.
Nach der Verlesung dieses Protestes bitten die Stände durch Dr. Engelender
um Abschrift: »sie wollen sich vorantworten als fromme leute.«

[2]) Im Protokoll wird hier vorher vermerkt: »Hirnach volgen fordere
nachrede der lantschaft von Hessen und der lantgrefin, die sie in s c h r i f t e n
eingeleget haben, nachdem forder keine offentliche verhore gescheen, bsundern
die herren haben angefangen, die parten gutlichen zu vortragen.« Aus dieser
Notiz ergiebt sich also, dass die Wettiner schon am Dienstag d. 20. Dezember
mit den Vergleichsverhandlungen begonnen haben.

Belegstellen aus dem römischen Recht zu bekräftigen, wie z. B.
dass sie auch als Frau regierungsfähig ist »von wegen irer wirde
des furstlichen standes ader hoher ubertreffelicher geburt.« III. Die
Landgräfin bestreitet, dass die Stände den Regentschaftsstreit
während der Minderjährigkeit Ludwigs I. richtig dargestellt haben.
Wie sie von etlichen ihrer Räte höre, wurde der junge Fürst seiner
Mutter, der geborenen Burggräfin von Nürnberg, von Eckart von
Röhrenfurt nicht gewaltsam genommen, sondern Eckart war von
Ldg. Hermann zum Mitvormund und Mitregenten eingesetzt worden,
ferner dass »derselbige junge furst in das consilium zu Basell
gezogen und doselbst von Kei. Mt. veniam actatis impetrirt habe.«
IV. Anna giebt zu, dass sie dem Grafen von Waldeck und einigen
Räten »zwuschen den zweien erstgehalten tagen am Spiss« aufgetragen hat, die Bürgerschaft von Kassel aufzufordern, »das sie
iren g. in craft des testaments ... wolten anhengig ... sein.«
V. Rechtfertigung Peters von Treisbach: Auf einem Landtage am
Spiess hat ihn Friedrich Trott der Verleumdung beschuldigt; er
sollte Wilhelm dem Mittleren angezeigt haben, Trott wolle Hessen
an die Herzöge von Würtemberg und Braunschweig verraten. Auf
diese Anschuldigung hin hat sich Treisbach vor den Ständen zu Recht
erboten, unter der Beteuerung, dass er solche Worte nicht gesagt
habe, »darauf er durch die stende auf den nesten landtag geweist.«
Mittlerweile haben ihn die verordneten Räte,[1] und nicht die Landschaft vor sich zur Verantwortung beschieden. Auf den Rat seiner
Freunde erschien er aber nicht vor den Räten, die ihn widerrechtlich seines Amtes beraubt hatten, sondern entschuldigte sich
schriftlich, mit der Versicherung, dass er auf einem Tage, den ihm
die Landstände ansetzen würden, erscheinen würde. Die Stände
haben das indessen nicht gethan, und er hat sich infolgedessen
von der Beschuldigung nicht reinigen können. VI. Anna fordert
die Anerkennung und Ausführung des Testamentes und bittet »die
vormeinten von der lantschaft entlich und wie sichs geburt dohin
weisen ...«, damit sie von ... irem unbillichen, vormessen vornemen
abetreten.

### F) Schlussrede des Sachwalters der Landschaft:

I. Auf Annas Behauptung, dass das Testament nicht der
»solemnitet« bedarf, da Wilhelm der höchste Gebieter in seinem
Fürstentum war, entgegnen die Stände, dass Ldg. Wilhelm ein
Glied des römischen Reiches und als solches dem Kaiser Gehorsam
schuldig gewesen, von dem er seine fürstlichen Regalien empfangen
hat. II. Gegen Graf Heinrich von Waldeck führen die Stände an, dass
er »den von Lawenstein, Meysenpauch, den von Urff, Friderich von
Herdingshausen, den [l. dem] apt von Hoyne und ander sein umbsassen

---

[1] Mit den verordneten Räten ist wohl der landständische Ausschuss
gemeint, den Waldenstein und seine Amtsgenossen während der Krankheit
Wilhelms des Mittleren bei allen wichtigen Regierungsgeschäften zu Rate zogen.
S. Anna von Hessen S. 14 Anm. 1.

von der ritterschaft das ire wider recht zu nemen understanden
habe, derhalben in von etlichen der benanten clagschrift zugeschickt
sind.« III. Bezüglich der Belehnung Schrautenbachs und Nus-
bickers äussern die Stände, dass mancher fromme Ritter treue
Dienste geleistet hat »und dennoch mit solchen leben und gaben
nicht begiftigt sind worden als die zwene, die von einem geringen
herkomen und wesen durch gnade des fursten zu guten heiraten,
ampten und nutzungen sind komen, aber in dem und dergleichen
fellen durch ir vorstentnis und puntnis untereinander einer dem
andern den pal zugeworfen und einander in zeit unsers g. herren
swacheit geholfen.« IV. Peter von Treisbach hat die Landschaft
einen Termin zur Verantwortung anberaumt; er habe sich aber
geweigert zu kommen und die Angelegenheit auf den Tag von
Mühlhausen verschoben. Betreffend Treisbachs Amtsführung wiederholt die Landschaft ihre Anklage, dass sich Peter »gegen armen,
reichen, . . . steten, auch andern gemeinen leuten mit gericht, recht,
billicheit und nemung der gaben anders dan sein pflicht ingehalten . . .
und bewisen hat.«[1]

### Zweiter Teil:
### Vergleichsverhandlungen.[2]

#### A) Beratung der Wettiner:

Kurfürst Friedrich: Die sächsischen Fürsten sollen sich
bei der Landgräfin erkundigen, »ab ire g. uf wege und mittel
gedacht, wie die gebrechen zwuschen irer g. und der landschaft
irer g. leidlich solten zu vortragen sein, . . . und so ir g. solichs
weigern wurde, so hetten hz. Friederich und hz. Johanns bedacht,
das es gut were, das der wek, so von meins g. hern hz. Georgen
rete[n] zu Wurtzen[3] vorgeschlagen, solte vorgenomen werden.«

---

[1]) Im Protokoll folgt an dieser Stelle eine wichtige Erklärung Hz. Georgs;
es heisst da: »Als das testament vorlesen worden, hat mein g. herre hz. George
seinen vettern und bruder alleine ane beiwesen irer rete zu erkennen
gegeben, sie hetten ungezweifelt aus dem testament vorstanden, wie ein artikel
darinne vorleibt, wo die landgrefin sich anderweit vorehelichen oder todes halben
abgeben wurde, das alsdenn hz. Georg an irer stat oberster vormunde sein solte.
Darauf villeicht seine vettern gedenken mochten, als solte mein g. herre hz.
Georg des vor inen einen vorteil haben wollen, des doch sein g. seinen vettern
und bruder zu nachteil nicht begert.    Denn seiner g. gemut were alleine, das
testament zu wirden zu erhalten helfen, und wo ire l. desselbigen mit meinem
g. hern einig sein wolten, were seinen g. nicht entkegen, so sich der falle mit
der landgrefin, wie oben vormeldet, begebe, alsdenn mit seinen vettern und
bruder die vormundeschaft und regirung gleichmessig anzunemen, mit beger
seinen g. des ir gemute zu eroffen.    Darauf ire g. gesaget, meinem g. hern
antwort zu geben, die doch meinem g. hern bishere gemangelt.«
[2]) Nach einer Notiz des Protokolls begannen die Vergleichsverhandlungen
am Dienstag nach Elisabeth (1509 Nov 20) auf dem Rathaus zu Mühlhausen.
[3]) In einer Beratung, die Anfang August 1509 zu Wurzen zwischen den
Räten der beiden sächsischen Linien stattgehabt hatte, war von Hz. Georgs
Seite der Vorschlag ausgegangen, die Wettiner sollten nach der Erwerbung

**Hz. Georg:** Ist entschlossen, das Testament zu verteidigen in
Rücksicht darauf, dass er Wilhelm den Mittleren »in zeit seines
lebens geliebt, dieselbige liebe wolte sein g. ime nach seinem tode
auch gerne erzeigen.« Die sächsischen Räte sollen darüber gemeinsam beraten, wie man das Testament in Kraft erhält. **Sächsische
Räte:** Können sich über den Hauptpunkt nicht einigen. Während
Georgs Räte dafür eintreten, das Testament »sovil moglich in
wirden zu erhalden«, widersprechen die andern diesem Vorschlag
und fordern, dass »man des testaments, desgleichen der regirung
nicht solte gedenken, dan es die lantschaft in keinen wek leiden
konte.« **Georgs Räte:** Schlagen einen Mittelweg vor: »die landgrefin solte uf iren widomb ziehen, doch also, das ir zu underhaldung
irer kinder und standes etlicher mas ein besserung geschehe, und
ob grosse dapfere hendel vorfielen, die in die furstlich oberkeit
gehorten, darzu solte die landgrafin mit sampt uns allen herzogen
zu Sachsen semptlich und in gleichmessiger oberster vormundeschaft auch gebraucht unde gezogen und solichs mit irem wissen
und willen gehandelt, auch ire g. neben uns zu vorhorunge der
rechnung des landes zu Hessen einkommens zugleich gefordert
werden. Mit solicher weise wurde das testament etlicher massen
becreftiget und der zank der regirung aufgehaben.« Die Landstände aber sollen auf das Regiment verzichten und den sächsischen
Fürsten die Bestellung der Regierung anheimstellen, die aus Konrad
von Mansbach, Hermann Riedesel und etlichen andern bestehen
soll. **Räte der Ernestiner und Hz. Heinrichs:** Entgegnen,
dass »iren herrn in keinem wege leidelich, des testaments ader
regirung zu gedenken nach dorvon zu handeln.« **Georgs Räte:**
Weigern sich, den Vorschlägen des Kurfürsten zuzustimmen, weil
darin die eine Partei vor der andern begünstigt wird. »Aber
domit ie unsers teils nicht mangel erscheinen dorfe, haben wir
bewilliget neben unsern vettern darbei zu schicken, den parten
soliche mittel furzuhalten, doch nicht der gestalt, als ob soliche
mittel von uns dargegeben ader vorgeschlagen wern, sundern allein
der part willen zu vornemen.« **Vorschlag der Ernestiner an
die Landgräfin:** Sie soll auf die Regierung verzichten und sich
auf ihren Witwensitz verfügen. Für dieses Opfer wollen ihr die
sächsischen Fürsten »ein zimliche besserunge ... zu irem vorigem
widomb« erwirken. Die Fürstin soll auch »zu grossen hendeln, so
die furfallen« und »jerlich zu den rechnungen« hinzugezogen werden,
»domit ir g. sehe, wie mit irer g. jungen sone gut umbgangen ...
wurde.« **Vorschlag der Ernestiner an die Landschaft:** Sie
sollen Konrad von Mansbach und Hermann Riedesel im Regiment
dulden und in die der Landgräfin gemachten Vorschläge willigen.

---

der hessischen Vormundschaft trachten und der Landgräfin-Witwe, die die
Stände auf keinen Fall in der Regentschaft dulden wollten, den Rat geben, sich
mit einer Aufbesserung ihres Leibgedinges zu begnügen. Hz. Georg hatte
jedoch diesen Standpunkt bald aufgegeben und war für die Aufrechterhaltung
des Testamentes seines Freundes Wilhelm mit Entschiedenheit eingetreten.
Vgl. Anna von Hessen S. 33 f.

Hinzugefügt wird noch die Bitte, der Landgräfin »das junge berricben und das junge fraulein ein zeit lank doch noch ermessung« der sächsischen Fürsten zur Erziehung zu überlassen.

B) Antworten der Landgräfin und der Stände:

Landgräfin: Erwidert, »das irer l. soliche mittel dermassen anzunemen in keinem wek leidelich«, da sie wider das Testament verstossen. Antwort der Stände: 1. Konrad von Mansbach wollen sie nicht im Regiment dulden, da er »kein eingeborn man ader lantsess« ist, auch nicht Hermann Riedesel, »darumb das er bei der landgrafin und nicht bei der lantschaft gestanden. Doch so einer von den, die itzund ins regiment gestelt, vorfiel, alsdenn mochten sie leiden, das er an desselbigen stat gebraucht wurde. 2. Der landgrefin zu irem widomb besserunge zu tun, were inen beschwerlich und in keinen wek leidelich; denn dodurch wurde ein-gefurt, weliche fraue von Hessen besserunge ires widombs haben wolte, das die ein solichen zank wie diese fraue mit gemeiner lant-schaft furneme. 3. Das die lantgrefin zu grossen hendeln und der rechnunge solte gefordert werden, were inen auch nicht leidelich; denn sie hette leichtfertige leute bei ir, die sie zu solichen hendeln schicken und gebrauchen wolte, den nicht gut were heimlichkeit des lantgraftumbs zu Hessen zu eroffen. Aber des wern sie un-beschwert, uns allen als fursten von Sachsen jerlich rechnung fur-zulegen. 5. Das der jung herr bei der frauen bleiben solte, konten ader mochten sie nicht erleiden, dan sie befunden gereit, das er dazu gezogen und gehalden wurde, sich gegen inen ungnediglich zu erzeigen. Denn es hette sich neulich begeben, das die land-grafin mit gemeltem irem sone in einem closter gewest; do bette sie das kint fur sich auf einen tisch ader bank gehabt, do hette das kint gesaget: O frau muter, das ich also gross were! hette sie gesaget, warumb er gerne also gross were. Do solte das kint gesprochen haben: Ich wollte den allen die haupte abbauen, die itzund wider euch sein. Aus diesem konte man abnemen, wiewol das ein nerrisch und kindisch rede were, wurzu er gezogen wurde; das inen nicht leidlich. Darumb wolten sie ine nemen, an ein ort stellen, do er zu ehrlichen furstlichen tugenden gezogen wurde. Das freulein wolten sie bei der frauen lassen, bis so lange sie mit unserm sone zu ehelichem stande keme.« Ernestinische Räte: Dringen noch einmal in die Landgräfin, ihre Ansprüche auf die Vormundschaft aufzugeben. Landgräfin: »Ir were des vorigen tages ein vorschlak geschehen, in welichem sie iren vortel und besserung wol erkennen kente [!], wo sie in dieser sachen iren eigen nutz suchen wolte, des sie sich gegen uns als den, der es un-gezweifelt irs teils treulich gemeint, hochlich bedankt.« Sie kann aber in die Vorschläge nicht willigen, weil sie durch einen solchen Rückzug die Behauptung der Gegenpartei bestätigen würde, »als bette ir herre sel. ein untuchtig ... testament gemacht und also ane ein testament vorscheiden, welichs irem herrn zu keinen eren,

sundern mehr zu unglimpf ergehen wurde.«[1]) Würde sie ihren
Widerstand aufgeben, so würde »bei dem gemeinen man dafur
geachtet, als ob sie das gefleissiget, dorvon sie hernachmals nach
verhorter sach geweist were.« Ferner »were dis vornemen des
kegenteils nicht allein wider sie als ein arme witwe . . ., sundern
wider alle furstliche oberkeit. Denn solte das kegenteil seinen
willen erlangen, was einfurung hiraus manch unbedechtig man
nemen wolte, so bei ime bedacht, was wider seinen oberhern zu
tun, das er bei leben seines herren nicht vorbringen mochte, am
tode dermassen zu vorfuren understunde. . . . Es wurde auch durch
zuruttunge dis testaments ir sone in den jaren, do ime das testame[nt]
die regirunge gibt, schwerlich ader nimmermer zu regirung
zugelassen, und ip [!] er zugelassen zum regiment, so wurde es doch
mit solicher mas geschehen, das zu besorgen stunde, [das] er und alle
seine nachkommen nimer gut statlich regiment haben konten.«
Sie verlangt die Absetzung der ständischen Regentschaft; »denn
offentlich am tage were, wo ein regiment gestelt solt werden, das
solichs durch niemant denn durch uns fursten von Sachsen . . . als
obersten vormunden beschen solte.« Ernestinische Räte: Geben
der Landgräfin zu bedenken, welche Beschwerden und Unkosten
ihr und ihrem Sohne aus der Verschleppung des Handels erwachsen
würden. Landgräfin: »Es were war, der vorzuk hette ir wenik
fromen getan, domit sie aber den abeschnide, so konte sie erleiden,
das durch uns fursten alle auf furgebrachten handel rechtlich gesprochen wurde. Zu der uncost ires sones wolte sie auch nicht
gerne ursach sein, und das es ware, so were sie ein junges weibe,
der ein gut trunk wol schmeckt, moch[t] auch wol Reinischen wein
trinken, aber es were leider also gestelt, das sie iren pfenning
zeren muste. Das kegenteil zeret und prasset uf ires sones peutel
wie vor augen. Doch so wolte sie, auf das irs sones kostung und
beschwerung aufgehaben wurde und sie alleine recht bekommen
mochte, dis willigen, sie wolte dise sache auf ir cost zu recht ausfuren. Doch das es der widerteil auch tete und mitler zeit ein
ieder auf seinen peutel zeret, mit bitt, sie bei dem testament zu
hanthaben, bis so lange es ir mit rechte aberkant. Was sie mit
rechte vorlore, wuste sie sich gegen gote und der werlt in irem
gewissen entschuldigt.« Danach »ist sie gegangen in eines itzlichen

---

[1]) Ein ähnlicher Gedankengang findet sich in einem eigenhändigen Brief
Annas an Hz. Georg, der ohne Datum vermutlich in jenen Tagen zu Mühlhausen abgefasst worden ist. Er lautet: »Houchgebarner furst, fruntliger leiber
omme und sueir, mein fruntlage bit ist alse einer armen [witwen] an e. l., das e. l.
wil ansein den grousen und hougen vortruven, den mein h. f. l. a. lehester beirre,
dem got gneidig si, zu e. l. hat gehat, zu farnne eim anderen und e. l. wil s. l.
leitzten willen nicht so gemmerlig lasen vordrukken, wewol mir disser farslag
nicht fast scheidelig worde sein vor mein parssounen, aber ich wordde meiner
trugge gar vorgessen, de ich alle weigge zu s. l. selige gehat habe, wen ich
dissen anschlag vorde anneimen, den ich sogte meinen eigenutz und nicht
meines armen kindes; dis alles wil e. l. zu hartzzen neimen alse ein lopliger
frummer furst, hir mit habbe e. l. eine fruntlige guode nacht. Gescribben mit
einem ellenden bedropden hartzzen. (A. Dr., Loc. 8675, Ldg. Phil. Vorm. betr.
1509—24, Or.)

fursten herbrige, dieselbige ir bitt und antwort erneuet, das testament
vorgelegt, gebeten, sie darbei zu hanthaben ader mit rechte dorvon
zu weisen, mit erbietung, welcher under uns allen einicherlei beschwerunge hette, das sie betreffe im testament, das uns zu nachteil reichen mocht, man wolte ir das zu erkennen geben. Sie
wolte sich [von] uns zimlich darinne weise[n] lassen. Darauf wir
itzlicher in sunderheit ein bedenken genommen, unser rete zusammen-
zuschicken, sich einer antwort zu voreinigen.«

C) Neue Beratung der sächsischen Räte und Verhandlungen mit der Landgräfin:

Räte der Ernestiner und Hz. Heinrichs: Drücken überein-
stimmend die Ansicht aus, dass »iren hern nicht leidlich sei, in
dis testament zu ... willigen in einichem stucke aus ursachen, das
die vormundeschaft und regirung nimandem billicher zustehe dan
den fursten von Sachsen. So gebure unser schwieger keine vormundeschaft des eltern hern zu Spangenberg, und haben sich unsers
brudern rete sunderlich horen lassen, das unserm bruder das testament darumbe nicht leidelich, das seiner an keinem ort darinne
gedacht; und an unsern reten gesonnen, das wir mit inen einik
sein wolten, das testament anzufechten.« Georgs Räte: Erklären,
dass sie das Versprechen, das Testament zu verteidigen, der Landgräfin nicht brechen können. Sie nehmen sich der Sache Annas
mit grosser Wärme an und beantragen die Absetzung des ständischen Regiments: »denn sie hetten sich der regirung der lant
understanden sunder wissen und willen und wider ire zusage. ...
Darauf unsere vettern und bruder nach manchfeldigen underreden
uf irer meinung beruhet und wir auf der unsern.« Landgräfin:
Bittet die Räte Georgs zu sich in ihre Herberge und fordert ihren
Rat. Räte Georgs: Ermahnen sie, »wo ir zimlich mittel, die sachen
hinzulegen furgeschlagen, sich gutlich zu richten lassen, denn un-
entscheiden an ende hiedannen zu ziehen«, worauf sie sich verab-
schieden. Kurf. Friedrich und Herzöge Johann und Heinrich:
Fordern Hz. Georg noch einmal auf, sich mit ihnen zur Bekämpfung
des Testaments zu vereinigen. Georg: Lehnt das ab. Den Ständen
soll nicht nachgegeben werden; »denn so wenig inen leidlich, das
das testament in creften bleiben solte, so wenig were uns die vor-
genommene regirung der lantschaft nicht [!] leidelichen. Denn so wir
als fursten von Sachsen regirung und vormundeschaft bestellen
solten, so wern uns sunderlich etliche personen, so in dem regiment
gestelt, zu gedulden nicht leidelich.« Ernestiner und Hz. Heinrich: Beschliessen nunmehr allein auf eigene Faust vorzugehen.
Landgräfin: Sendet Konrad von Mansbach und Tyle Wolff zu
Hz. Georg mit der Anzeige, dass sie ihn seines Versprechens, das
Testament zu verteidigen, entbindet. Sie fürchtet, dass er bei
einer Entzweiung mit seinem Bruder und seinen Vettern überhaupt
»aus dem handel geschoben« werden möchte, in welchem Falle sie
»keinen trost mehr zu einichem menschen, der ir ire sachen auch
zum besten furdert«, hätte. Sie gestattet daher Hz. Georg ausdrücklich, mit seinen Verwandten das Testament anzufechten.

D) Verhandlungen über die Abfindung der Landgräfin:

I. Sächsische Räte: Ihre Herren sind nicht geneigt, das
Testament anzuerkennen und bitten sie, die vorigen Vorschläge
anzunehmen. Anna: Bittet, ihr die Gründe anzugeben, aus denen
das Testament verworfen wird. Räte: Wenn Anna auf der Vormundschaft bestünde, »wolten andere landgrefin von Hessen sich
dermass auch understehn; solhs wurde ein schedliche einfuhrung
bringen, die zu nachteil kome.« Den vorigen Vorschlägen fügen
sie hinzu, dass Annas »leipgut mit 1500 gulden jerlicher nutzung
gebessert« werden soll, »die sie brauchen mocht ir leben lang, sie
vorandert sich ader blib bei den kindern; auch das sie den sone
bei sich behielt, bis so lang er acht jar alt wurde. ... Zu teglicher
underhaldung der kinder solt man ir jerlich 500 gulden geben, die
cleinot und tucher, so ir bescheiden, solten ir bleiben, den junk-
frauen und hofmeisterin das ir auch zu geben.« Die Anhänger
der Landgräfin »solten des keine fahre bei der lantschaft stehen.
Domitte solte aller vordries und widerwillen zwuschen den parten
ergangen aufgehaben sein.« Anna: Bevor sie diesen Vergleich
billigt, muss sie wissen, wer künftig die Vormundschaft und Regierung in Hessen führen wird. Räte: Wollen diese Frage erst
dann beantworten, wenn Anna in die Vorschläge gewilligt hat.
Räte Hz. Georgs: Finden das Verlangen der Landgräfin berechtigt.
Denn da der Zwist über die Regentschaft »die hauptpunct aller
irrung zwuschen der landgrafin und der lantschaft wern, so were
es von noten an denselben artikeln anzufahen.«[1] II. Stände:
Fordern zunächst die Aufnahme von drei Artikeln, die sie in den
Vorschlägen der sächsischen Fürsten vermisst haben: »nemlich das
das testament tot und abe sein solte; ir geordent regiment in wirden
und wesen bleiben, und das die lantgrafin mit demselbigen regiment
und vormundeschaft nicht solte zu tun haben. ... Und zu den
vorgeschlagenen mittel[n] diese volgende antwort gegeben: das die
landgrafin zu grossen sachen, auch zu der rechnung solte gezogen
werden, hetten sie sich vormals horen lassen, das solichs unsern
vettern, bruder und uns als obersten vormunden zustunde. Wo
wir uns aber domit nicht zu beladen gedechten und ... die lantgrafin domit solte zu tun haben, das sie alsdan drei ader vier aus
der lantschaft erwelte, die der sachen unvordechtig, die bei solichen
grossen sachen und rechnungen von iren wegen wern, solichs anzuhoren und sunderlich darzu voreidet, das dieselbigen sachen, so

---

[1] In einem Schreiben vom 27. November 1509 (A. Dr., Loc. 8675, Ldg.
Phil. Vorm. betr. 1509—24, Or.) bittet Anna Hz. Georg, dahin zu wirken, dass
bei der Ordnung des Regiments »diejene, so uns bisanher uberlestig gewest
seint, uberschritten und zu keiner gewalt erhaben werden. Dan so sie uns
vormals ane bevehl und fug unmeslich bedrangt hahn, was wolten sie dan tun,
wan sie gewaltig und erhohet wurden. Am andern das diejene, so hinfurter
zu regiren verordent, ]sich nicht anders dan verordenten oder stathelter der
furmunder·... |unsers]soens nennen und schreiben lassen. Dinstags nach
Catharina 1509.«

inen geoffenwaret, in geheim vorblieben, die dan solichs der landgrefin ferner solten zu vormelden haben, die doch nicht mehr dan
solichs zu wissen und nicht darwider zu reden solte zu tun haben,
und das der landgrafin rete zu den oder andern handelungen nicht
solten gezogen werden.« Von der Aufbesserung des Leibgedinges
wollen die Stände nichts wissen, »angesehen das die landgrafin
mehr und statlicher denn vor andere landgrefin, die doch mehr
denn sie, vorsehen were. Den son in irer vorwaltung zu lassen,
were inen in keinen wek leidelich. Die tochter zu underhalden,
wolten sie ir ein zimlichs, was wir erkenten, nicht weigern. Cleinot
und tucher, so ir noch laut des testaments bescheiden, auch wos
den jungfrauen und hofemeisterin werden solte, das were inen nicht
entkegen, so wir fursten von Sachsen als oberste vormunden das
bewilligten und hiessen, ausserhalb des testaments volgen zu lassen,
wolten das in unser ermessung gestelt haben. Umb die, so bei
irer liebe itzund gestanden, solte es nicht mangel haben, sundern
wolten sich gegen idermann an gleich und recht begenugen lassen.«
III. Am Montag nach Katharina (1509 Nov. 26) überreichen die
Stände den Fürsten eine Supplikation: Sie können den Anspruch
der Landgräfin auf die Vormundschaft als eine unerhörte Neuerung
nicht anerkennen, deshalb sie »sich uf euer aller f. g. nach gewonheit und herkommen des furstentumbs zu Hessen zu gutlicher
vorhore erboten. Darauf auch e. f. g. tagesatzung nach gehorsamlich albir irscheinen, nu bei den zwelf tagen mit schweren costen
irer g. herschaft vor e. f. g. gehandelt und doch noch zur zeit zu
keiner entschaft komen seint.« Sie bitten die Fürsten, die hessische
Landschaft »bei irem altem herekommen, freiheiten und guten gewonheiten zu schutzen«, wie sie das bei der Erbhuldigung zugesagt
haben. »Wo aber euer aller f. g. befunden, das gemeine lantschaft
etwas . . . vorgenomen hetten, darinnen e. f. g. nicht gefallens trugen,
in dem wolten sie sich [von] nimants lieber denn [von] euer aller f. g.
in undertenigkeit gerne gnediglich underrichten lassen.« Sollte »unser
g. fraue gemeine lantschaft mit der date oder gewalt« bedrängen,
so möchten die Fürsten ihnen laut der Erbverbrüderung beistehen.
Sie bitten zum Abschied um gnädige Antwort, »domit die gesanten
von gemeiner lantschaft solichs iren herrn und freunden, prelaten,
ritterschaft und steten zu der heimkunft widerumb anbringen mogen.«
IV. Landgräfin: Verzichtet darauf, dass die Regentschaftsfrage
zuerst erledigt wird, und lässt es zu, dass man vorher über die
vorgeschlagenen Mittel verhandelt, »doch mit der protestation,
so dieselbigen nicht gutlich vortragen oder hingelegt, das ire l.
von dem testament, vormundeschaft und regirung nicht gedecht
abezustehen.« Darauf übergiebt sie den Räten ihre Artikel [in
schriftlicher Aufzeichnung: 1. Giessen und Grünberg sollen ihr
laut der Wittumsverschreibung[1]) als ständiger Witwensitz an-

---

[1]) Wilhelm der Mittlere stellte seiner Gemahlin Anna drei Wittums-
verschreibungen aus; in der ersten, die uns ebenso wie die zweite verloren ist,
wies er ihr Schloss, Stadt und Gericht Rotenburg als Witwensitz an, in der
zweiten stiess er zu Gunsten Annas den Inhalt der ersten um, veranlasst durch

gewiesen werden; »und das dieselben flecken von den pension,
mangelt und anders, so daraus vorschrieben, geledigt werden.
2. Das auch meiner g. frauen alle grosse handelunge angetragen
und mit irer g. wissen gehandelt werden.« 3. Dass sie zur jährlichen Rechnung gezogen wird. 4. Dass sie einen Zuschuss von
3500 Gulden jährlich ihr Leben lang und Nidda oder Butzbach als
Unterpfand erhält, »bis so lange das Rotenburg gelost wurde.«[1])
5. Steht ihr noch eine Morgengabe aus »nach laut des beirats-
brive.«[2]) 6. Der Sohn soll bis zum vollendeten vierzehnten Jahr, die
Tochter bis zur Verheiratung bei ihr bleiben. 7. Sie wünscht mit
Hausrat versehen zu werden; 8. mit 1200 Gulden jährlichen
Mündelgeldern; 9. mit Kleidern und Kleinodien für die Kinder;
10. dass sie »mit den kindern zu Martburg ader anders wohe iren
sitze und die dinst doselbst zur holzfuhre und anderm zu gebrauchen
habe. Doch sall und will ire g. die kinder aus dem lande nicht
furen.« 11. Dass ihr 40 Fuder Wein aus den Ämtern Eppstein
und Darmstadt nach Giessen oder Grünberg geliefert werden.
12. Dass ihr »gegont wurde, zu ir g. lust zur zeiten zu jagen ader
zu beissen in ... des jungen herrn weldern, alle dieweil ir g. die
kinder hat.« 13. Dass ihr »des jars ein zimlich wiltpret ader der
jaget ein zugeleget wurde.« 14. Dass »das testament sunst in
allem und was mein g. herre in seinem totbette bescheiden hat,
gehalden werde, alleine ausgescheiden, was die vormundeschaft
und das regiment ausserhalb irer g. widdumbs und flecken an-

---

die Betrachtung, »das ire l. damit, wi einer furstin von Hessen wol gezimpt, ...
nicht gnugsam vorsorget.« Er wies ihr daher als Witwensitz Giessen und
Grünberg an. Am 12. Dezember 1502 gab Wilhelm seiner Gemahlin eine dritte
Verschreibung (A. Mbg., O. W. S. 1, Personalakten der Landgräfin Anna geb.
Herzogin von Mecklenburg, Kop.), in der er die beiden ersten Wittumsbriefe
ausdrücklich aufhob. Nun vermachte er Anna 40 000 Gulden', »nemlich 20 000
ires zugebrachten gutes und 20 000 gulden unserer widerlege uf unser schlossen,
stedten und gerichten mit iren anhengen Rodemberg [!] schlos, stat und gericht,
Velschberg schlos, stat und gerichte und Wyldeck dem schlosse mit seiner zugehorung in allermassen form und gestalt, wi die hochgeporn furstin frau
Mechthhilt geporn von Wurtemberg ... unser mutter sel. ... die ingehapt und
gebraucht hat.« (Vgl. Rommel III, Anm. S. 26). — Wenn also oben Giessen
und Grünberg von der Landgräfin als ständiger Witwensitz in Anspruch genommen werden, so bezieht sie sich auf die zweite durch die dritte aufgehobene
Verschreibung Wilhelms, was natürlich einen ungesetzlichen Anspruch ein-
schloss, den die Stände nicht anerkennen wollten.

[1]) Rotenburg befand sich zur Zeit in der Pfandschaft des Herzogs Anton
von Lothringen, dessen Tante Jolantha als erste Gemahlin Wilhelms des Mittleren
ein Heiratsgut von 32 000 Gulden mitgebracht hatte; da sie keine Kinder hinter-
liess, musste dasselbe nach dem Heiratsvertrage an die Neffen zurückgezahlt
werden. Nach vielfältigem Drängen des Lothringers zahlten die hessischen
Regenten im Dezember 1510 die Schuldsumme ab. Vgl. Rommel III, Anm. S. 65.

[2]) Annas Heiratsbrief findet sich in sehr brüchigem Zustande im Original
im hessischen Samtarchiv (Schublade 85, Nr. 93); er ist am 5. August 1500
(Mitwoch nach ad vincula Petri) von Annas Vater, dem Herzoge Magnus von
Mecklenburg, und dem Landgrafen Wilhelm ausgestellt. Magnus verspricht,
seiner Tochter ein Heiratsgut von 20 000 Gulden mitzugeben, Wilhelm der Gemahlin im Fall seines Todes Schloss, Stadt und Gericht Rotenburg als Witwensitz anzuweisen. Der Morgengabe aber geschieht nicht Erwähnung.

treffe.« 15. Dass aller Unwille und alle Ungnade zwischen den
beiden Parteien abgethan werden soll. 16. Dass in dem Vertrage
auch des Schadens und der Beschwerden der Grafen Heinrich von
Waldeck und Georg von Königstein gedacht wird. 17. Dass den
Räten Wilhelms ihre Verschreibung gehalten und ihre Guthaben
bezahlt werden. 18. Dass die Landgräfin die Ritterlehen in ihrem
Wittum zu verleihen hat. 19. »So grosse weltliche leben verledigt
werden, das dieselbigen mit irer g. wissen und willen wider vor-
lieben werden.« 20. Dass sie alle geistlichen Lehen zu verleihen
hat. V. Antwort der sächsischen Herzöge an die Landschaft: »Ir f. g. sehen vor gut an, das man das regiment,
wo das ordenlich, formlich, nutzlich und wol bestalt, bleiben lasse
und dasselbig, auch die personen darinnen gesatzt, nicht leichtfertig
noch anders dan aus grossen, beweglichen, klaren und hellen ursachen vorenderte. Ir f. g. seint auch gneigt, solich regiment als
vormunden gnediglich zu schutzen und hanthaben, auch dasselbige
und gemeine lantschaft mite gnedigem rate nit zu vorlassen und
sich zu voreinigen einer zeit, darauf ir f. g. treffenliche rete gein
Cassel schicken, gestalt des regiments und aller gelegenheit, auch
des inventari und alles andern noturftiglich besichtigen und erfaren
lassen, wo dan einsehunge ader etwas in furgenomem regiment
zu besserunge not were . . ., dasselbe aufs beste mit irem wissen
zu vorordnen, wie das irer f. g. jungen ohmen am besten und
nutzlichsten were.«[1]) Im übrigen versprechen sie ihre Räte auf
Montag d. 14. Januar 1510 zur endgiltigen Ordnung der Differenzen
zwischen der Landgräfin und den Ständen nach Kassel abzuordnen.
VI. Stände: Sind mit der Antwort der sächsischen Fürsten auf
ihre Supplication sehr zufrieden und verheissen, dass sie sich »als
gehorsame der fursten von Sachsen erzeigen und halten wolten.«
Zu den von den sächsischen Herzögen vorgeschlagenen Mitteln,
die am Mittwoch nach Katharina [Nov. 28] übergeben worden
waren, äussern sich die Stände am Tage Andreae [Nov. 30][2]):
Zu 4. Sie lehnen die Besserung des Wittums ab, weil sie dazu
keine Macht haben. Übrigens sind sie der Meinung, dass »ir f. g.
furstlich und etwas hocher, dan sich wohl geboret hette, vorsehen«
ist. Ihr Vater Hz. Magnus von Mecklenburg ist damit zufrieden
gewesen. Sie bitten gemeiner Landschaft Notdurft zu bedenken
und zu erwägen, dass, »wo unser g. frau einiche zulegunge ader
besserunge . . . geschehen solt, . . . solichs iren f. g., auch gemeiner
lantschaft in kunftigen zeiten zu minnerung und beschwerung langen

---

[1]) Im Protokoll folgt hier die Notiz: In dieser Zeit ist auch eine Beschwerdeschrift von Anna von Braunschweig, der Gemahlin Wilhelms des Älteren,
aus Spangenberg den Fürsten von Sachsen zugekommen, »darinnen sich ir l.
irs herrn krankheit und schwacheit beclaget, auch das ire l. mit irem widdomb
nicht wol vorsorget, dergleichen ire kinder in grosser unschicklicheit bishere
enthalden.« Die Fürsten empfelen ihren Vetter und seine Gemahlin der Fürsorge der Landstände.
[2]) Der folgenden Antwort scheinen die Vorschläge der Landgräfin (vgl.
D IV) zu Grunde gelegt zu sein, aber wohl in einer von den sächsischen
Fürsten modificierten Form.

mocht.« Auch die Gemahlin Wilhelms des Ältern, Anna von
Braunschweig, erhält nur 900 Gulden jährlich, obwohl sie dem
Fürstentum 18000 Gulden zugebracht hat. Zu 2. und 3. geben
die Stände ihre Zustimmung; ebenso zu 5. und 7. Zu 6. Es ist
»gemeiner landschaft, in sunderheit der von den steten meinung,
das sie den jungen fursten bei unser g. frauen aus vil beweglichen
ursachen lenger nicht wissen konnen ader mogen.« Zu 8. und 9.
Sie bewilligen nur 200 Gulden Mündelgelder für das Fräulein,
wollen es »auch darneben mit kleidern und kleinoten notturftiglich
vorsehen.« Zu 12. und 13. und 1. Vorläufig soll sich die Landgräfin mit der »furstlichen behausung« zu Giessen und der Jagd am
Ulrichstein und bei Schotten begnügen, bis Rotenburg vom Herzog
von Lothringen eingelöst ist; »wan aber Rotenberg erlediget
wirdet, so hat ire f. g. einen erlichen und furstlichen sesse, auch
fischerei, wiltpan und anders. Art. 15—17 stimmen die Stände
zu. Über Art. 10, 11, 14 schweigen sie sich aus und auf Art.
18—20 geben sie eine ausweichende, dunkle Antwort: »das lassen
die vorordenten bei dem vorschlage, wie unser gst. und g. hern
den angezeigt haben, bleiben[?].« Schliesslich ermahnen sie die
Landgräfin, ihnen die fürstlichen Kleinodien, die ihr nicht zustehen,
auszuliefern. VII. »Uf soliche handelunge mit der lantschaft gehabt, haben sich unser allerseits rete abermals neuer artikel, der
landgrefin vorzutragen, voreinigt und die irer l. schriftlich uberantwort.« Diese neuen Vorschläge stimmen mit den Wünschen
der Landschaft in allen wesentlichen Punkten überein. Nachzutragen
ist: Zu Art. 1 die Zusicherung, dass der Landgräfin, falls die
Nutzungen von Giessen und Grünberg nicht 4000 Gulden ein-
bringen, der Fehlbetrag erstattet wird, aber nicht in Gestalt einer
Aufbesserung ires Wittums, sondern »zu ergetzung irer g. vleis
und fruntschaft, so ire g. irer f. g. gemahel in seiner krankheit
erzeigt habe.« Falls sich Anna wiederverheiratet, soll ihr die
Zulage nicht weiter gezahlt, sondern nach dem Wortlaut der
Wittumsverschreibung verfahren werden. Zu Art. 6: Für das
Fräulein soll die Landgräfin jährlich 350 Gulden und 5 Fuder
Weins »zu Darmstedt zu hoelen« erhalten. Betreffend den jungen
Landgrafen versprechen die sächsischen Fürsten sich noch einmal
auf dem Tage zu Kassel bei den Ständen zu Gunsten der Mutter
zu verwenden; sie wollen auszuwirken suchen, dass er bis zu seinem
achten Lebensjahre in der Obhut der Mutter bleibt. VIII. Landgräfin: Bittet die sächsischen Fürsten, sie sollten sie »ires herzfruntlichen lieben sones dermassen wider alle recht und billicheit
gewaldiglich nicht berauben lassen.« Ferner beansprucht sie eine
jährliche Zulage von 2000 Gulden ihr Leben lang, 1000 Gulden
Morgengabe, eine Erhöhung des Mündelgeldes für die Tochter, zu
den »wiltpanen« zu Ulrichstein und Schotten noch die Jagd im
Amt Nidda. Schliesslich gieht sie einen kurzen Bericht über die
Kleinodien, die sich in ihrem Besitze befinden. Das wertvollste Stück
scheint ein mit Diamanten geschmückter Ritter S. Georg zu sein, den
ihr Wilhelm als Unterpfand für zwölf Spangen, die er von ihr ent-

lehnte, gegeben hat. Sie ist bereit, das Schmuckstück von ihrem Sohne wieder einlösen zu lassen. Das Silbergeschirr und sechzehn silberne Becher hat ihr Wilhelm zu lebenslänglichem Gebrauche übergeben. Vier goldene Armringe hat ihr Gemahl ihr in Gegenwart ihrer Schwester von Mecklenburg während seiner Krankheit gegeben; diese hat sie versetzt und für Seelenmessen vergeben. Nachdem sie »eine mergliche zerunge und uncost in diesem handel bishere ausgelegt«, bittet sie um Wiedererstattung der Summe »alles zu guter rechnung.« IX. Nachdem man sich über alle [?] Artikel »ausgeschlossen des jungen hern halben« geeinigt, haben die Räte über diesen letzten Punkt noch einmal mit den Ständen verhandelt. Sie machen schliesslich aus, dass der junge Landgraf bis Invocavit auf dem Schloss zu Kassel gelassen wird und mittlerzeit Wege gesucht werden, die Landgräfin mit der Landschaft über diese Frage gütlich oder auf rechtlichem Wege zu vertragen. Bezüglich des Unterhalts der Landgräfin wird festgesetzt, dass Giessen und Grünberg Annas Witwensitz bleibt, »bissolange ir f. g. iren witwenstul vorandern.« Sie soll mit der Zulage eine Einnahme von 4000 Gulden haben. Wenn sie sich wiederverheiratet, wird man sich an ihre »widdombs vorschreibung« halten »und das ir g. der zulegung uf Neyde [Nidda] vorweist . . . werde; darzu iren g. die jaget sall gelassen werden.« Wegen der Morgengabe und der Zehrung wird die Landgräfin an die Stände gewiesen.

A. Dr., Loc. 8675, Kopialb. 1509—10, Reinschr. der Kanzlei Hz. Georgs von Sachsen.

### 17. Wettiner an Landgräfin Anna und die hessischen Stände: Abschied. Mühlhausen 1509 Dezember 1.[1])

Die Wettiner treffen zwischen den streitenden Parteien folgende Abmachungen: 1. Der Landgräfin bleibt die Tochter; sie erhält für dieselbe eine jährliche Erziehungsbeihilfe von 350 Gulden. 2. Ob der Mutter der Sohn zur Erziehung überlassen werden wird oder nicht, soll auf dem nächsten Schiedstage zu Kassel von den sächsischen Räten ausgetragen werden. 3. Ebenso die Frage, ob Giessen oder Rotenburg Annas ständiger Witwensitz werden soll. 4. Benutzung der Jagd zu Nidda. 5. Verleihung von Lehen durch die Landgräfin. 6. Morgengabe Annas. 7. In wichtigen Regierungsangelegenheiten soll der Rat der Landgräfin eingeholt werden. 8. Ihr soll die jährliche Rechnung des Fürstentums vorgelegt werden. 9.—11. Einige Bestimmungen in dem Testament Wilhelms, die vollführt werden sollen. 12. Die Kosten des Mühlhäuser Schiedstages sollen der Landgräfin zurückerstattet werden.

---

[1]) Bemerkenswert sind die einleitenden Worte im Protokoll: »Auf soliche handelunge . . . ist ein recess und aberede mit beider part wissen und willen wie volget aufgericht. Und dieweil die parteien ire gebrechen nicht entlich vortragen, sundern uf ferner handelung und austrak abgeredt, hat die landgrafin ire vorige protestation vernauet, das ire l. solichen recess in keiner andern gestalt wolte annemen, denn wo sie irer gebrechen entlichen nicht vertragen ader zufriede[n] gestelt, das sie von dem testament nicht wolt abgestanden, auch in die vormundeschaft und regirung nicht gewilliget haben.« Die Überschrift lautet: »Recess zwuschen der lantgrefin witwe und der lantschaft zu Hessen am sonnabende nach Andree ap. ao. etc. IX. [1509 Dezember 1] durch meine gst. und g. herrn von Sachsen zu Molhaussen ufgericht.«

»Von gots gnaden wir Friederich ... curfurst, Johannis, George
und Heinrich ... gebrudere und vettern, alle herzogen zu Sachsen
... bekennen: Als sich nach abgange weilent ... Wilhelms, landgrafen zu Hessen ... irrung und gebrechen zwuschen der hochgebornen furstin, unser lieben muhmen, swester und swieger frauen
Anna geb. herzogin von Meckelburg ... an einem und gemeiner
lantschaft des furstentumbs zu Hessen andern teils von wegen der
vormundeschaft, regirung und anders begeben und gehalten, das
wir dieselbigen mit der parteien wissen und willen als die nehesten
frunt und vormunder wie volget abegeredt und besprochen haben:
1. ... unser lieben muhmen kinder halben, das derselbigen ...
tochter bei irer l., bissolange die zu ehelichem stande ausgestat
und heimgefurt wirdet, bleibe; es were dan, das sich ire l. anderweit vorehelichen worde, und irer l. sollen zu tegelicher erhaltunge
solicher irer tochter 350 gulden und darzu funf fuder weins zu
Darmstat jerlichs zugestelt und gereicht werden, also das die regenten gedachte ire tochter mit kleider und kleinoten, wie sich
das nach irem stande gezimpt, vorsehen und vorsorgen sollen.
2. Es sall auch ... unser liebe muhme hiedan wider in das sloss
Cassel gelassen werden, doselbist mit einer anzal personen zwuschen
hier und invocavit schirsten uf iren costen doselbst bei unserm
jungen ohmen zu bleiben haben. Und das unser lieber oheim, irer
l. sone, auf sein eigen gut von den regenten underhalten werde;
was dan auf zukunftigen tak Felicis in pincis schirsten zu Cassel
durch unsere rete, so wir dohin vororden wollen, vor mittel in der
gute ader zu rechtlicher orterunge vorfast, befunden und bewilliget,
wie es mit unserm jungen ohmen bleiben, sall dem also nachgegangen werden. 3. Irer l. widdems halben sollen unsere rete,
so wir schirst gein Cassel schicken, handelung vorsuchen, ap Gissen
und Grunberg irer l. bestendiger widdem bleiben mocht; wo aber
solichs nicht sein kont, so sollen dieselbigen, bissolange Rotem-
burg gelest [!], vor irer l. widdemb zugestelt sein, also das irer l.
darzu so vil jerlicher gewisser nutzunge und einkommens, gleichmessig wie in irer l. widdemsvorschreibunge geacht, anzuschlahen
zugelegt werde, das es allenthalben 4000 Gulden erreicht. So
aber ire l. iren witwenstul voranderte, so sall es bei irer widdembs-
vorschreibung bleiben. 4. Weil sie auch Gyssen und Gruneberg
innen hat, ist irer l. vorgunst [!] und zugelassen, der wiltpanen gein
Nyde gehorent zu gebrauchen. 5. Wo irer l. auch in gemelter
widdembsvorschreibunge geistlich ader werntlich lehen zu leihen
vorschrieben wern, sall irer l. nach vormoge derselbigen zu vorleihen haben. 6. Was auch irer l. der morgengabe halben vorschrieben ader zugesaget und nicht ausgericht, sall irer l. nachmals zugestelt. Dergleichen sall es auch mit dem hausrate gehalden auf erkundung derhalben gelegenheit unser rete, die wir,
wie obsteht, gein Cassel vororden werden. 7. Wo auch schwere
handel vorfiehlen, das alsdan auf unsere und der regenten ermessen
irer l. rat darzu gebraucht und gehort. 8. Irer l. sollen auch die
jerliche rechnunge vorgetragen, domit, dieweil ire l. iren witwenstul

nicht vorendert, sie vorstendigt [!], wie unsers jungen ohmen guter gewaldiget und gehandelt worden. Doch das solichs in geheime enthalden bleibe. 9. Es sollen auch die hofemeisterin und jung-frauen nach anzaig unsers ohmen sel. entricht werden. 10. Des-gleichen auch was unser muhmen an halsbendern und tebten [?] vorordent, sall irer l. doch alles ausserhalb des testaments volgen. 11. Darzu unsers oheims ... dienern ire beweisliche schult auf genanten tak zu Cassel anzuzeigen zu entrichten. 12. Item was • zerung unser l. muhme alhir zu Molhausen getan, sall irer l. von den regenten entricht werden. Was sunst mehr artikel an uns bracht und in uns gestellet, sollen durch unser rete, die wir ... gein Cassel schicken, gemittelt und hingelegt werden. — Zu ur-kunde ist diese abrede mit unserm hz. Friederichs curfursten und unserm hz. Georgen aufgedruckten secret vor uns und unser lieben brudere und vettern hz. Johannsen und hz. Heinrichen, alle als neheste frunde u n d v o r m u n d e n besiegelt, der wir hz. Johanns und hz. Heynrich mitgebrauchen und idem teil eine gleichs lauts gegeben. Dat. Molhausen, sonnabents nach Andree ap. ao. IX.‹

A. Dr., Loc. 8675, Kopialb. 1509—10, Kop.

# V.

## Der Schiedstag zu Kassel.

### 1510 Januar 6 — Februar 3 (Nr. 18—23).

Auf dem Tage zu Kassel erschien die Landgräfin wiederum selbst, während die Wettiner sich durch ihre Räte vertreten liessen. Von vorneherein war auf das Zustandekommen eines gütlichen Vergeichs wenig Aussicht, da Anna beharrlich und offenbar in sehr kampffertiger Stimmung ihre Forderungen geltend machte. Zur obersten Bedingung ihres Verzichtes auf die Regentschaft machte sie die Überlassung des Sohnes in ihrer Obhut. Und da sich die Regenten durchaus nicht geneigt zeigten, ihr diesen Wunsch zu erfüllen, obwohl sich die sächsischen Räte sehr angelegentlich für sie bei Boyneburg verwendeten, brach sie die Verhandlungen plötzlich ab. Auch lehnte sie den rechtlichen Austrag der Frage vor den Wettinern ab. Sie erneuerte ihren Protest, dass sie sich durch die Tagungen zu Mühlhausen und Kassel ihres Anspruchs auf die Vormundschaft nicht begeben haben wolle, und verliess Kassel, mit der Absicht, durch die Vermittlung des Kaisers die Stände zur Nachgiebigkeit gegenüber ihren Forderungen zu zwingen (Nr. 18—23).[1]

### 18. Instruktion Herzog Georgs von Sachsen an seinen Rat Cäsar Pflug. [Leipzig 1510 Januar 6.][2]

Pflug soll 1. der Landgräfin Giessen und Grünberg als ständigen Witwensitz erwirken. 2. Ihr Sohn soll in Kassel erzogen werden; der Mutter steht jederzeit der Zutritt zu ihm frei. 3. Die Stände sollen Anna eine Morgengabe von 10 000 Gulden geben. 4. Pflug soll die Regenten

---

[1] Vgl. Anna von Hessen S. 55 ff.
[2] Das Datum der Instruktion lässt sich aus der Vollmacht erschliessen, die Hz. Georg Pflug zu »Leiptzk am sontage trium regum ao. X« ausstellt. In dieser Vollmacht wird dem Rate anheimgegeben, in den Verhandlungen zu Kassel zu thun oder zu lassen, was ihm gut scheint. Was er beschliessen wird, »das sall unser wille unde meinung sein, dem wir auch also nachgehen und volge tun wollen.«

bestätigen. 5. Treueid derselben. 6. Modus bei etwaigen Neuwahlen von Regenten. 7. Ihr Amtstitel. 8. Ihr Sold. 9. Vier Regenten sollen stets am Hofe sein. 10. Keiner der Regenten soll von einem andern Fürsten ein Jahrgeld annehmen 11. oder über 5 Pferde halten. 12. Sie dürfen kein Lehen ohne die Zustimmung der Wettiner vergeben. 13. Die Huldigungsfrage. 14. Absetzung Engelenders. 15. Sorge für Ldg. Wilhelm den Älteren und seine Gemahlin und Töchter. 16. Prüfung der hessischen Kanzleiordnung [?]. 17. Vergleich mit Eberhard von Königstein und den Schenken von Erbach. 18. Der Guldenzoll.

Pflug soll die beiden Parteien auf Grund des Mühlhäuser Abschiedes wenn irgend möglich gütlich vertragen. 1. Er soll dahin wirken, dass die Landgräfin Giessen und Grünberg als ständigen Witwensitz erhält, »also das sie mit stanthaftiger nutzung 4000 gulden reichlich vorsehen werde, darein sal nicht gezogen sein gerichtsbussen, frone, so die leute mit personen ader pferden zu tun schuldig sein, auch kein fischerei ader wiltpan.« 2. Der junge Landgraf soll zu Kassel bleiben und dort erzogen werden; die Mutter kann, wenn sie sich auf eigene Kosten unterhält, so lange und so oft sie will, zu ihm kommen. Gehen die Regenten auf diese Bedingung nicht ein, so darf die Landschaft der Landgräfin nur im Wege des Rechtes den Sohn entziehen; »denn wir wosten es wider gegen got, der werlt, noch dem jungen hern zu vorantworten, das wir sein muter . . . wider recht beweldigen solten und von seinen undertanen irer l. unrecht geschehn lassen.« 3. Die Stände sollen der Landgräfin eine Morgengabe von 10000 Gulden geben für die geduldige treue Pflege des verstorbenen Fürsten. Kann Pflug diese Summe nicht erwirken, so soll er höchstens 5000 Gulden nachlassen. Würde es zur Förderung der Landgräfin dienen, so soll Pflug den Ständen vorschlagen, Anna auf die 10000 Gulden anzuweisen, die Hz. Georg noch Wilhelm dem Mittleren schuldet. Pflug soll die Räte bestätigen, die vordem das Regiment angenommen hatten und ihnen befehlen, »das sie das lant regiren sollen in unser aller namen als der vormunden. 5. Darzu sollen sie schweren mit aufgereckten fingern, . . . dieweil die vormundeschaft weret, getreu, gehorsam und gewertig zu sein«, alles zu verhüten, was dem Landgrafen und dem Lande nachteilig ist, und dafür keine Gabe als den festgesetzten Sold zu beziehen. 6. »Wo einer ader mer von den regenten abgehn wurden, so sollen die andern siben benennen, uns allen vorzeichent zuschicken, aus den sollen wir zu verordnen haben, wer uns geliebt. . . . 7. Sie sollen sich schreiben verordente rete der fursten von Sachsen als vormunden der landgraven zu Hessen. . . . 8. Ir solt sal sein futter und male, wenn sie zu hofe sein, nagel und eisen sampt hofgewant, aller notturft auf ir pfert . . . und darzu itzlichem 150 gulden und dem canzler 100 mitsampt den zugengen der canzlei. . . . 9. Es sollen ufs wenigst vier rete stets am hofe sein, und so die andern, die nicht am hofe, sondern in der fursten gescheft sein, denselben sal man vor schaden stehn und sie mit zimlicher zerung vorsehen. . . . 10. Es sal der regenten keiner bei seinen pflichten kein jargelt von keinem fursten haben, sundern allein des, so ime von dem

6*

landgraven verordent, gewertig sein. ... 11. Es sal keiner der
rete uber funf pferde, drei knecht und ein knaben haben noch
derhalben hocher versorgt werden. 12. Es sollen auch die regenten
keinen anfall, desgleichen kein tapfer geistlich lehen ane unser als
der obersten vormunden wissen und willen zusagen ader vorleihen.«
13. Pflug soll sich mit den Räten der sächsischen Vettern und den
Regenten über einen Tag einigen, an dem von allen Ständen den
sächsischen Fürsten die »huldung zur vormundeschaft« geleistet
und die Erbeinung erneut wird. 14. Pflug soll auf die Absetzung
des Kanzlers Dr. Engelender wegen seiner zweideutigen Haltung
bei der Verteidigung des Testamentes dringen. Die Regenten
sollen einen andern wählen, auf welchen »mer vortrauen zu setzen
were denn auf disen man; dan was er kegen der landgrevin
getan, were sich zu vormuten, er wurd es umb seins nutzes willen
kegen inen auch nicht lassen.« 15. Die Regenten sollen mit
möglichem Fleiss für Ldg. Wilhelm den Älteren sorgen. »Doch
wo er von Spangenberg solte gefurt werden, das solchs mit loube
Kei. Mt. geschehe, der ine dohin verordent.« Seiner Gemahlin
sollte der »widembsbrief« gehalten und ihre Töchter »nach gewonheit des hauses zu Hessen« versorgt werden. 16. Pflug soll einsehen
»der Hessen ordnung« und, was er gut findet, loben, was er für
schädlich ansieht, abschaffen.[1] 17. Die Regenten sollen sich mit
dem Grafen Eberhard von Königstein und den Schenken von
Erbach wenn möglich vergleichen. Sind aber die Anforderungen
des Gegenparts unbillig, so soll man an den Kaiser gehen und es
bei seinem Spruch bewenden lassen. Die Schenken sollen Schönberg von Hessen zu Leben nehmen und Bickenbach dem Landgrafen überlassen gegen eine Geldsumme.[2] 18. Mit dem »gulden
zoll« soll man es halten, »wie bisher geschehn.«

A. Dr., Loc. 8673, Kopialb. 1509—10, Kop.

19. Protokoll des Schiedstages zu Kassel. 1510 Januar 15—22.[3]

Sächsische Räte: Schlagen vor, die Verhandlungen zunächst auf
drei Punkte zu beschränken, nämlich 1. ob der junge Landgraf in der

[1] Was unter »der Hessen ordnung« hier verstanden wird, ist unklar.
Die hessischen Landesordnungen enthalten eine Gerichtsordnung von Wilhelm
dem Jüngeren vom Jahre 1497 (I, 15—28), eine Hofgerichtsordnung Wilhelms
des Mittleren vom 24. August 1500 (I, 29—32) und eine „Reformationsordnung,
wie es in geist- und weltlichen, Civil- und Criminal-, Justiz-, auch Polizey-
Sachen solle gehalten werden." Diese ist auch von Wilhelm dem Mittleren erlassen und trägt kein Datum (I, 33—36). Ob Pflug diese Ordnungen begut-
achten oder eine Hof- oder Kanzleiordnung, die wir nicht besitzen, durchsehen
sollte, ist nach dem Wortlaut der Instruktion zweifelhaft. Vielleicht handelte es
sich gar nicht um eine schriftlich fixierte Ordnung, sondern um die durch
Herkommen überlieferte Handhabung der Geschäfte in Hessen.
[2] Über die Ursachen der Streitigkeiten, in denen Hessen mit Eberhard
von Königstein lag s. Rommel III, 149 f.; über die Ansprüche der Schenken
von Erbach s. ebenda III, 163 f.
[3] Die Überschrift lautet: »Handelung zu Cassel, gehalten dinstages und
etliche volgende tage nach Felicis in pincis ao. 1510.« Der Endtermin ist aus
dem Schluss des Protokolls ersichtlich.

Mutter Obhut verbleiben soll, 2. ob Grünberg und Giessen Annas ständiger Witwensitz werden soll, 3. welche Morgengabe sie erhalten soll. L a n d - g r ä f i n : Fügt noch einige „Beiartikel" hinzu, die indes vorläufig unberück-sichtigt bleiben. R e g e n t e n  u n d  S t ä n d e : Verhalten sich in allen drei Artikeln ablehnend. Sie geben vor, dass insbesondere die Städte gegen die Überlassung des jungen Landgrafen an die Mutter sind; Grünberg und Giessen wollen sie der Landgräfin nur bis zur Auslösung Rotenburgs überweisen; das Städtchen Niedenstein, mit dem Ldg. Wilhelms Mutter und seine erste Gemahlin als Morgengabe ausgestattet wurden, soll auch der Landgräfin genug sein. R ä t e : Verwenden sich für Anna bei den Ständen und suchen sie insbesondere zur Überlassung Philipps an die Mutter zu bewegen. R e g e n t e n  u n d  S t ä n d e : Bestehen auf ihrer Weigerung. Insgeheim melden sie den sächsischen Räten, dass Anna dem Rat von Mühlhausen zwei Kasten zur Aufbewahrung übergeben habe, die sie mit Beschlag belegen wollen, da in denselben vermutlich Wertstücke ent-halten seien, die dem Fürstentum Hessen gehörten. R ä t e : Schlagen, da sich die Parteien nicht gütlich einigen können, den rechtlichen Austrag der Frage vor, ob Philipp in den Händen der Mutter oder der Stände verbleiben soll. Sie fordern für Anna noch einmal Giessen und Grünberg. R e g e n t e n  u n d  S t ä n d e : Sind für den rechtlichen Austrag der Frage, lehnen jedoch die Überlassung Giessens ab. L a n d g r ä f i n : Will auf keinen Fall den Sohn hergeben; sie besteht auf Giessen und Grünberg und verlangt eine ansehnlichere Morgengabe. R ä t e : Schlagen vor, dass beide Parteien wegen des jungen Landgrafen den Schiedsspruch der Wettiner anrufen und sich demselben ohne weitere Appellation unter-werfen. Bis zur Abgabe des Schiedsspruchs soll Philipp in der Obhut beider Parteien bleiben. L a n d g r ä f i n : Will den Sohn bis zum Austrag des Prozesses allein ohne Mitwirkung der Stände bewahren. R ä t e : Beschwören Anna, von dieser Forderung abzustehen, da die Stände in keinem Fall darauf eingehen wollen. L a n d g r ä f i n : Weigert sich dessen und beschwert sich über die Beschlagnahme ihrer Kasten in Mühlhausen und die Misshandlung ihrer Anhänger durch die Regenten. R e g e n t e n : Weisen Annas Beschwerden zurück und sind nicht dazu zu bewegen, der Landgräfin den Sohn zu überlassen. L a n d g r ä f i n : Bricht die Verhand-lungen ab und erneuert ihre Protestation, nach der sie nur im Falle güt-licher Einigung über die strittigen Punkte auf die Vormundschaft ver-zichten wollte. Sie fordert als vorläufigen Witwensitz Giessen und Grün-berg und erklärt sich bereit, die beiden Kasten in Mühlhausen auf ihren Inhalt untersuchen zu lassen. R ä t e : Setzen einen Abschied auf, den Anna ablehnt.

S ä c h s i s c h e  R ä t e : Fragen bei der Landgräfin an, ob sie die Verhandlungen im Sinne des Mühlhäuser Abschiedes führen dürfen. L a n d g r ä f i n : Bejaht das: wenn die Räte in den Differenzen, die zwischen ihr und den Ständen schweben, »wege di zimlich und der billikait gemes furslagen wurden, wolte sich ir g.·der gebure nach horen lassen.« Doch erneuert sie ihre Protestation: »wo es aber nit vortragen wurde, das es irn g. an irer gerechtikait unschedlich sein solle.« R ä t e : Schlagen vor, auf drei Punkte die Verhand-lungen zu beschränken, nämlich 1. über Ldg. Philipp, »wem der-selb in seinen kintlichen jarn in verwarung bleiben solt; 2. irs widems halben, zu versuchen, ob Grunenberg und Giesem ir zu einem bestendigen widomb erlangt werden mocht; 3. der morgen-gab halb.« L a n d g r ä f i n : Behauptet, dass noch andere Artikel als die drei »unvertragen stunden.« R ä t e : Bitten um Aufzählung der-selben. L a n d g r ä f i n : Nennt als »beiartikel«: 1. dass Wilhelms »selegeret« ausgerichtet wird; 2. dass sie fürstlichen Hausrat er-

hält; 3. die Jagd zu Ulrichstein und Schotten im Amt Nidda, zu
der sie wie ihr verstorbener Gemahl die Dienste der Unterthanen
beanspruchen darf; 4. dass die Guthaben von Wilhelms Dienern
und Räten beglichen und »derselben verschreibung gehalten werden«;
5. dass aller Unwille zwischen den beiden Parteien abgelegt wird.
Räte: Haben »diese handlung sambt den ubergeben artikeln . . .
den regenten furgehalten.« Regenten: »Haben darauf geantwurt,
das si nach dem tag zu Mulhausen zustunt etliche aus der lantschaft zu inen erfordert gehabt, bei den si sovil vermerkt, das ir
meinung gar nit, den jungen hern der lantgrefin in verwaltung zu
lassen; dan dieweil der her zu inen und die lantschaft widerumb
zu seinen g. gehorten, wer er bei nimant billicher dan bei der
lantschaft. So wern si auch nit gemaint, irn g. irer suchung nach
das unterpfant des widembs, nemlich uf Gruneberg und Giesem zu
einem bestendigen widemb zu verweisen. So wusten si auch, das
ir g. mit der stadt Nydenstayn bemorgengabt, mit derselben stadt
hievor zwu lantgrefin des furstentums bemorgengabt gewest; darin
geschee irn g. kein einhalt. Si wolten aber dis fur kein antwurt
gegeben haben; dan si hetten etliche aus der lantschaft zu disem
tag beschaiden; mit den wolten si sich unterreden und darnach
weiter vornemen lassen. Volgent sein die regenten sambt denen
von der lantschaft fur di rete kumen und ungeverlich volgende
meinung erzelt«: 1. Die Stände beklagen sich, dass »sint der zeit,
als des lantgrafen sel. testament am Spies eroffent und verlesen
worden, hette inen ir junger her ni zu sehen werden mugen, und
ob sich etliche den gemachen, darin er in wesung, genahet, wern
di tuer vor in zugeslagen, gleich als ob si sein nit wirdig. Das
wer in unleidlich; es were auch im furstentum zu Hessen nit also
herkumen. . . . Darumb den prelaten und ritterschaften in keinen
wek zu dulden, den jungen hern in unser g. frauen verwarung zu
lassen. So wolten auch di von den steten vil weniger darein gehel[l]en; dan sie sich horen liessen, wo prelaten und ritterschaft darein
willigten, das si abweichen und sich an . . . di obersten vormunden
halten wolten.« 2. Auch von einer Veränderung des Wittums
wollen die Stände nichts wissen; »dan ir g. were mit einem widemb
fur ein furstin zimlich versehen.« Sie sind erbötig, eine Abschrift
der Wittumsverschreibung vorzulegen. »Darzu wern Grunberg und
Giesen an orden gelegen, wo dieselben nit in guter vorwaltung
des furstentums und in frembde hende raichten, das sich mer
schaden dan nutzes dem furstentum daraus zu befarn. Aber die
lantschaft bette jungst zu Mulhausen auf unser gst. und g. herrn
als oberster vormunden begern di besserung und zulegung bis zur
zeit, das Rotenburg geledigt wurde, bewilligt, darbei si es bleiben
liessen. 3. Umb di morgengab wissen di von der lantschaft, das
unser g. frau mit der stadt Nydenstayn bemorgengabt, an solcher
morgengab hievor zwei furstin, nemlich unsers g. hern ldg. Wilhelms
sel. mutter und volgent seiner f. g. erster gemahel, welche der
geburt ein herzogin aus Lotring gewest und 32000 gulden heirat-
guts mitbracht, benugig gestanden«; Anna kann sich damit auch

begnügen.[1]) R ä t e: Erwidern zu 1.: Ein Sohn wird nirgends besser
als bei seiner Mutter erzogen: darum bitten sie die Stände, den
jungen Landgrafen bei der Mutter zu lassen, »also das di von
der lantschaft etliche aus inen verordenten zu hofmaister und anderm,
welche sie frum, treu und vorstendig wusten, di anstat der lantschaft neben unser g. frauen di verwaltung uber den jungen hern
zugleich hetten, und ob ichtes aus notturft furfallen wurde, das si
es an di lantschaft zu gelangen hetten, uf das si volgent geburlich einsehung haben mochten; desgleichen etliche knaben von der
lantschaft dem jungen hern zuzustellen, di bei seiner pflegnus und
bei im erwüchsen. Doch das der jung her mit den zugeordenten
von des furstentums einkumen unterhalten wurde.« Denn sollte dem
jungen Landgrafen unter der Obhut der Stände irgend ein Unfall
zustossen, so würde seine Mutter geltend machen, dass sie ihren
Sohn, den man ihr gewaltsam entrissen, davor bewahrt hätte. Aus
solchem Vorwurf könnte sowohl auf die Landschaft, als auf die
Fürsten von Sachsen übler Argwohn fallen. Zu 2. fordern die
Räte Giessen und Grünberg für die Landgräfin. Zu 3. Den Vorschlag bezüglich Niedensteins wollen sie ihren Herrn vorlegen.
R e g e n t e n und L a n d s c h a f t: Versichern, dass sie viele Ursachen
haben, aus denen sie ihren jungen Herrn bei der Mutter nicht
lassen wollen; sie müssen aber davon schweigen »umb vermeidung
willen der disputation.« Sie bitten ihre Weigerung nicht missfällig
aufzunehmen; »dan si kennten unser g. frau und ire sitten, desgleichen ir g. zum tail di aus der lantschaft, das si wusten, wo di
verwaltung dergestalt zugleich unterhalten werden solte, wurde
nichts gutes daraus. Darumb am bequemsten, das sich unser g.
frau des jungen hern eusserte und irs widombs hielte. ... Und
wiewol unser g. und gst. hern oberste vormunden, so hetten doch
ir. f. g. si des nit zu weisen. Dan ob gleich ein fal geschee und
das furstentum in irer f. g. handen raichte, wusten si, was si gelobt hetten. Aber ir f. g. musten sich dannoch ehmals bewilligen,
di lantschaft bei irem altherkumen und gerechtikaiten bleiben zu
lassen. »So wer dise suchung des jungen hern halb nit also herkumen, sundern wider den gebrauch des furstentums. Darumb gedechten si es auch nit einzugehen.« Bezüglich der üblen Gerüchte
bei einem etwaigen Unfall des jungen Landgrafen entgegnen die
Stände: das »hab bei in di sorg nit; dan kundig, mit was unterteni-
kaiten, treu und furderung di lantschaft ire landsfursten mit rat,
taten und erzeigungen gemaint hetten und alweg zunemung und
gedeihen des furste[n]tums zu sehen begirig gewest wern, wolten
si in disem nit weniger irn untertenigen, schuldigen, treuen fleis
spuren lassen. Ob aber nach gottes schickung der fal geschee
und imant di lantschaft deshalb bereden wurde, wolten si sich mit
worten verantwurten, wurde aber imant mit henden zugreifen,

---

[1]) Annas Beiartikel werden nicht berücksichtigt; im Protokoll wird vermerkt: »Aber der beiartikel halb ... ist dismals nichts zu handeln furgenumen,
untz dise drei uf mas gericht werden mochten.«

wolten sie sich weren.« Zu 2. Giessen und Grünberg kann die
Landschaft Anna nicht zum dauernden Witwensitz anweisen, denn
Ldg. Wilhelm der Ältere hat sich den »anfal an der Lone« vorbehalten; »darein Grunberg und Gisem gehorten.« Regenten und
Stände: zeigen den sächsischen Räten insgeheim an, dass die Landgräfin bei ihrer Abreise aus Mühlhausen dem dortigen Rate zwei
grosse Kasten zur Aufbewahrung ausgeantwortet hat, mit der
Weisung, sie niemandem auszuliefern als ihr selbst. Darauf haben
die Stände Bernhard Keudel an den Rat von Mühlhausen abgeordnet
mit dem Befehl, niemanden ohne Wissen der Regenten und der
Obervormünder zu den Kasten zu lassen, auch die Landgräfin nicht,
»dieweil dan vermutlich, das guter darin sein mochten, di dem
furstentum zu Hessen gebureten.« Der Rat erwiderte, die Landgräfin habe ihnen ausdrücklich beteuert, »si dorften in disem kein
befahrung haben, dan in denselben zwaien kasten wer nichts anders
dan irer g. aigen guter.« Darum sind sie nicht gesonnen, der Verschreibung, die sie Anna ausgehändigt, entgegen zu handeln. Darauf
haben die Regenten eine neue Abordnung an den Rat gesendet,
»mit begere ... dieweil kuntlich, das die kasten von Cassel gein
Mulhausen kumen, dieselben bei inen verwart zu enthalten und zu
verpetschirn gestaten. ... Wurden aber di kasten von inen an
wissen ... der regenten imant uberantwurt ader zu offen gestatet
und ichts daraus entwant, wolte di lantschaft den schaden bei der
stadt Mulhausen wissen. ... Solchs ist in ruhe gestelt, an unser
g. frau zu bringen, damit dise sach nit zurutung der andern artikel
einfuren tet.« Räte: Fragen an, ob den Ständen »leidlich, einer
rechtlichen verfassung einzugehen.« Denn der Mühlhäuser Recess
schreibt diesen Ausweg vor, falls sich die beiden Parteien über
die Verwaltung des jungen Landgrafen nicht gütlich einigen können.
Sie fordern für die Landgräfin abermals Giessen und Grünberg.
Um Ldg. Wilhelm den Älteren nicht zu schädigen, kann man die
Klausel hinzufügen, dass Giessen und Grünberg ihm zufällt, sobald
er wieder zu Verstande oder zu männlichen Erben kommt; ferner
die Einschränkung, dass die beiden Städte an Philipp fallen, wenn
er mündig geworden ihre Verleihung an die Mutter nicht billigt.
Regenten und Landschaft: Wollen der Landgräfin bezüglich
der Erziehung ihres Sohnes »geburlichs rechtens nit vor sein.«
Nicht Giessen und Grünberg, sondern Rotenburg soll der Witwensitz Annas werden; bis zu seiner Erledigung darf sie auf ihre
Kosten in Kassel bei ihrem Sohne bleiben. Landgräfin: Erbietet
sich »auf den abschit zu Mulhausen ergangen zum rechten.« Wenn
ihr aber dennoch der Sohn entrissen würde, »must si es got und
aller welt clagen und bei irn hern und freunden weg suchen, damit
ir g. nit rechtlos bleiben durfe.« Sie besteht auf Giessen und
Grünberg. In Kassel will sie sich nicht länger aufhalten, weil es
zu kostspielig ist. Niedenstein weist sie zurück: »das kein furstin
damit zu bemorgengaben; dan es ertrag jerlich nit ob 20 gulden
nutzung, di dannoch ungewis sein. Aber man wisse den gebrauch,
wie es im furstentum mit den morgengaben gehalten. Dan di

lantgrefin an der Lone, welche der geburt ein pfalzgrefin bei Reyn gewest, were mit 10000 gulden, auch 900 gulden nutzung bemorgengabt gewest. Nu were dieselb dem furstentum an erben abgangen; aber dise unser g. frau bette dem furstentum einen jungen hern zu welt bracht, an dem sich di lantschaft nicht wenig trostes zu versehen hetten. So hette sich auch ir g. bei irm hern sel. in zeit seiner krankheit also freuntlich, furstlich und erbarlich erzeigt; darumb ir g. verhofte, das si es billich genissen und nichts weniger dan di lantgrefin an der Lone sel. bemorgengabt werden solt.« Räte: ·Machen den beiden Parteien einen »furslag zum austrag auf den artikel den jungen hern belangent, ... nemlich das itzlich tail, warumb im berurter unser g. her zu unterhalten geburen solle, von dato in vier wochen schriftlich seine gerechtikait gezwifacht und verpetschirt bei dr. Roland einlegen sollen, der dan zwu schrift bei sich behalten und di andern zwu schrift den parteien, nemlich der lantgrefin schrift den regenten und widerumb der regenten der lantgrefin zu uberantworten, die dan wider dieselben eingebrachte schriften abermals in vier wochen setzen mugen und wievor gezwifacht bei gemeltem doctor einlegen, der wie oben angezeigt ein schrift bei sich behalten und di andere den parteien uberantwurten [sal]. Also sal es zum dritten mal den parteien in berurter zeit zu setzen und einzulegen, so es in geliebet, zugelassen und also beslossen haben, und bestimbter doctor sal solche gesetze in kegenwertikeit beider parteien ordenlich vermachen und verpetschirn, unsern gst. und g. hern von Sachsen gein Weymar schicken, di sich des rechten darauf verainigen sollen. Und was sich ir g. darauf verainigt und entslossen, haiden parteien eroffen und publicirn; und was also in recht durch ir f. g. erkant und gesprochen wirdet, sollen baide part bewilligen und annemen und ungewegert sunder alle appellation und andere rechtliche anfechtung ..., di sich baide part hirmit verzeihen und begeben. ... Es sal auch bis zu erofnung desselben rechtlichen spruchs ... unser g. her albie zu Cassel bleiben und in haider parteien verwarung gehalten werden, also das unser g. frau ... irn sun mit weibspersonen und di regenten mit mannespersonen zu seiner g. verwarung und versorgung versehn sollen, zu welchem jungen hern unser g. frau irn freien zugank desgleichen di regenten haben sollen.« Landgräfin: Macht folgende Gegenvorschläge: 1. Bis zum Austrag des Prozesses soll der junge Landgraf bei ihr sein. Sie will sich mit ihm in Kassel, Marburg oder ihrem Witwensitz, wo es ihr beliebt, aufhalten, und fordert von den Ständen das zu ihrem Hofhalt erforderliche Holz, sowie Hafer und Korn. Dafür wolle sie ihren Sohn mit hessischer Dienerschaft umgeben und jedem Unterthan zu ihm freien Zugang gestatten. 2. Giessen und Grünberg will sie so lange behalten, bis Rotenburg, Felsberg und Wildeck wieder eingelöst worden sind. 3. »Der 2000 gulden besserung halb, wolt ir g., das ir di laut des abschiets auch gleichermas und nit anders, dan als di widdumbsverschreibung ausdruckt, angeslagen, verwiesen und versichert wurde[n].« 4. Sie fordert eine angemessene Morgengabe, 5. »zimlichen hausrat.« 6. Die Bezahlung der Guthaben der Diener

und Räte ihres Gemahls, 7. »das alle obgeschriebene artikel sembtlich mit einander und keiner an den andern zuginge.« Räte: Beschwören die Landgräfin bezüglich des Artikel 1 nachzugeben;
denn die Stände sind nicht gesonnen, ihr den jungen Herrn ganz
zu überlassen. »Die lantschaft wer auch darauf hiedan abgeschiden,
dieweil es dan nit anders zu erlangen.« Sie bitten sie, ihre Vorschläge anzunehmen. Landgräfin: Beharrt auf ihren Gegen-
vorschlägen. Sie beschwert sich 1. über die Beschlagnahme der
beiden Kasten, die sie dem Rate von Mühlhausen zur Verwahrung gegeben hat; »den regenten bette bas geburet, ir g. ehmals darumb angesprochen [zu] haben, dan di von Mulhausen zu ersuchen.« 2. Würden
ihre Diener von den Regenten angefeindet. »Peter von Drebsbach [!]
were jungst von etlichen der regenten knechten mit gespannen
armbrusten uberriten. ... Darzu dorften irer g. diner nit frei in
di stadt gehen; si wurden verspottet und veracht.« 3. Ist Konrad
von Mansbach seines Amtes entsetzt worden, weil er bei ihr
»wider di lantschaft gestanden hette. Nu were erbermlich zu vernemen, das dergestalt scheuhe in di lantschaft zu furen unterstanden,
das nimant irn g. in irn obligen beistendig sein solt.« Regenten:
Die Landgräfin hat sich die Mitführung ihres Sohnes auf den Tag
zu Mühlhausen verbieten lassen. Wo sie an dem jungen Fürsten
»gewehr ader posses gehabt, so hette sich ir g. derselben gewehr
und posses an zweifel nit entsetzen lassen. So were auch im abschiet zu Mulhausen bestimbt, das sich ir g. vom tag gein Cassel
zu irem sune in sein furstlich behausung fugen und sich bei im
bis zu dem suntag Invocavit enthalten mocht, das gebe ic nit anzeigung ainicher gewehr. Dan ob di lantschaft gewolt, wer in
irem gefallen gestanden, irn g. nit zu vergonnen, widerumb hieher
zu zihen. Deshalb wusten di regenten nit weiter dan unsern g.
jungen hern in irer verwarung zu behalten. Und wiewol unser
gst. und g. hern di vormundschaft angenumen und si verordent
wern, das furstentum zu regirn, so erstreckt sich doch dasselb
regiment bei inen allein nit uber irn hern, dan di lantschaft wolt
mit wissen [?!], als auch billich.« Sie erklären sich dagegen bereit,
die Vermittlungsvorschläge der Räte anzunehmen. Auch Grünberg
und Giessen wollen sie der Landgräfin als vorläufigen Witwensitz
einräumen und Hausrat beschaffen, falls es an solchem fehlen sollte.
Bei ihrer Behauptung aber, die Landgräfin sei mit Niedenstein
bemorgengabt, bleiben die Regenten. »Zu merer unterricht« geben
sie an, »das di morgengab in beiwesen unsers gsten. hern, h.
Johannsen, herzog zu Sachsen, darzu unser g. frauen vater, in beiwesen dreier irer g. bruder, marggraf Friderichs von Brandenburg
und hz. Heinrichs von Brunswig des eltern bescheen. Deshalb di
regenten irn g. di morgengab nit zu verandern wusten. Es stunde
auch in irem vermugen nit.« Bezüglich der Beschlagnahme der
Kasten entschuldigen sich die Regenten damit, dass es ihre Pflicht
ist nachzuforschen, »ob ichtes ... darin sein mocht, welchs dem
furstentum zustendig, das an demselben nit entwendung geschee.
So were es auch nit also im furstentum herkumen, das ainiche

furstin ichtes heimlich an andere orter aus dem furstentum in ein
reichsstadt gewandt hette.« Über den Inhalt der Kasten muss ein
Inventar aufgenommen werden. Zu 2. Peter von Treisbach ist
ohne Wissen der Regenten angefeindet worden. Zu 3. Konrad
von Mansbach hat ein Hauptamt, das er in der Grafschaft Katzenelnbogen inne hatte, unbestellt gelassen, »welchs den regenten unleidlich gewest.« Als sie ihn deshalb einmal zur Rede stellten, hat
er gebeten, mit ihm bis zum Andreastag Geduld zu haben, »dan
er gedechte das ambt furder nit zu behalten.« Am Andreastag
haben sie ihm dann das Amt genommen, ungeachtet seiner Bitte,
es ihm bis zum Peterstag zu lassen. Landgräfin: Erklärt, dass
der Anspruch der Regenten auf die Verwaltung des jungen Landgrafen ihr »zusambt der furgeslagen verfassung nit leidlich« ist.
Sie will sich auf ihren Witwensitz zurückziehen und »muss es got
bevelhen und sich des gewalts und unrechts an enden, do es
geburlich, mit rat irer hern und freunden wie recht beclagen, in
verhoffen sovil zu erlangen, das irn g. was geburlich widerfarn
sal.« Sie bittet die sächsischen Räte, »solche handlung und ir erbieten« ihren Herren mitzuteilen und sie um Beistand und Rat zu
ersuchen. Darauf erneuert sie ihre Protestation in Gegenwart des
Notars Johann Feige, »das ir f. g. ir recht und gerechtikeit voriger
und diser handlung halb nit begeben haben wolle.« Sie bittet den
Notar, »ein ader mer instrument hiruber zu machen.« Notar:
Ruft die sächsischen Räte als Zeugen an. Räte: Ihre Herren werden
es sehr bedauern, dass die beiden Parteien sich nicht geeinigt
haben. Landgräfin: Fordert die Räte auf, die Regenten anzuweisen, dass sie Grünberg und Giessen von aller Pfandschaft und
Pension entledigen, ihr Wagen zur Fortschaffung ihres Gerätes
leihen und acht Pferde, »wie si di ins furstentum bracht, fur irn
furstlichen wagen volgen . . . lassen, inmassen si di bei lehen irs
hern sel. gehabt hette.« Ferner bleibt sie dabei, dass Niedenstein
keine fürstliche Morgengabe ist. Sie erklärt sich bereit, die Kasten
in Beisein eines Notarius, des ganzen Rats von Mühlhausen und
anderer glaubwürdiger Personen öffnen und »inventirn« zu lassen.
Räte: Schlagen folgenden Abschied den beiden Parteien vor: 1. Da
es den Räten nicht gelungen ist, eine Einigung zu erzielen, wollen
sie den Verlauf der Verhandlungen den sächsischen Fürsten vortragen, die »ungezweifelt weiter in di sach sehen werden.« 2. Die
Regenten sollen Giessen und Grünberg, das der Landgräfin bis zur
Einlösung von Rotenburg als Witwensitz dienen wird, von aller Ver-
pfändung und Pension entledigen; 3. der Landgräfin Fuhrwerk und
sechs gute Pferde bei ihrem Abzug zur Verfügung stellen; 4. ihr
das junge Fräulein überlassen; 5. ihr ziemlichen Hausrat überweisen,
der aber bei ihrem Umzug nach Rotenburg in Giessen und Grünberg verbleiben soll. 6. »Dieweil unser g. frau furwendet, ir g. sei
nicht bemorgengabt und di regenten anzeigen, ir g. sei mit Nyden-
stain bemorgengabt und den regenten nit geburen wolle, ir g.
weiter zu bemorgengaben, solchs wollen wir auch an unser gsten.
und g. hern gelangen lassen.« 7. Die beiden Kasten zu Mühlhausen

sollen in Gegenwart der Regenten geöffnet werden. Landgräfin: Sendet am Dienstag nach Sebastiani und Fabiani (1510 Jan. 22.) ihre Räte zu den sächsischen Räten, mit der Mitteilung, dass der Abschied ihr »nit gefellig« noch annehmbar ist. »So sei auch im abschiet begriffen, das unser g. frauen sechs pferd fur irn wagen geantwurt werden solte[n]. Nu bette ir g. acht hubsche junge pferd hicher bracht; darumb ir g. begert, das man irn g. auch widerumb acht gute pferd volgen lassen solt.«

A. Dr., Loc. 8675, Kopialb. 1509—10, Reinschr. der Kanzlei Hz. Georgs von Sachsen.

**20. Landgräfin Anna an ihre Brüder Herzog Heinrich und Herzog Albrecht von Mecklenburg. 1510 Januar 22.**

Aus welchem Grunde sie die Verhandlungen zu Kassel abgebrochen hat.

Dankt für die Sendung der mecklenburgischen Räte zur Kasseler Tagung, »wiewol wir dannocht euer hz. Heinrichs l. in eigener person bei uns lieber gesehen hetten.« Meldet das Scheitern der Verhandlungen zu Kassel, da ihre Gegner »uns unsern einigen herzfreuntlichen lieben soen wider die natur, billicheit, recht, ehre und gott gewaltiglich und uber unser uberflussig rechtlich erpieten abgedrungen. Dweil uns dan desselben unsers soens trutzliche beraubung mehr dan kein ding uf erdrich zu herzen gebet und lidenhaftiglich ist, so haben wir die uns begegenten furschlege keins wegs annemen konnen und demnach alle gutliche handlung dismals abschneiten lassen.« Sie bittet um Rat und fernere Hilfe. »Dat. dinstags nach Sebastiani ao. X.«

A. Schwerin, Hassiaca, Or.

**21. Protokoll einer Beratung sächsischer Räte mit den Regenten über hessische Regierungsangelegenheiten. [Kassel 1510 Ende Januar.][1]**

1. Graf Johann von Nassau-Dillenburg wünscht die Förderung des Prozesses, den er wegen seiner Ansprüche auf Katzenelnbogen beim Kammergericht gegen Hessen eingeleitet hat. Bescheid der sächsischen Räte. 2. Eberhard von Königstein fordert die Hälfte des Eppensteins zurück. 3. und 4. Gesuche einiger Ritter. 5. Ratschlag in Sachen Wilhelms des Aelteren. 6. Beschwerde der Ritterschaft über Bedrückung ihrer Hintersassen. 7. Befreiungen vom Weinzoll. 8. Heiratsaussichten einer Tochter Wilhelms des Aelteren. 9. Reformation des Hofgerichts. 10. und 11. Lehenverleihungen. 12. Siegel des hessischen Regiments.

1. Nassau: Graf Johann von Nassau-Dillenburg bittet durch seinen Hofmeister in Kassel um schleunige Förderung des Prozesses, der zwischen Nassau und Hessen wegen des Besitzes der Graf-

---

[1] Das obige Protokoll weist kein Datum auf; es folgt in den Dresdener Akten unmittelbar auf das Protokoll der Verhandlungen mit Anna zu Kassel und ist, wie auch der Inhalt ergiebt, in jenen Tagen oder unmittelbar danach entstanden.

schaft Katzenelnbogen schwebt.[1]) Die sächsischen Räte oder die
Regenten sollen sich mit seinen Gesandten vor die kaiserlichen
Prokuratoren des Kammergerichts verfügen. Die sächsischen Räte
weisen den Nassauer an ihre Herren, denen sie raten, den Grafen
Johann zum gütlichen Austrag der Sache im Wege des Vergleichs
und zur Einstellung des Verfahrens beim Kammergericht zu bewegen. 2. Königstein: Graf Eberhard von Königstein fordert
durch seine Gesandten die Hälfte des Schlosses Eppenstein zurück,
die ihm gewaltsam entrissen.[2]) Die Räte und die Regenten raten den
Herzögen von Sachsen, dieser Forderung stattzugeben. 3. Philipp
von Kronenberg verlangt die Belehnung mit einem Gut, das ihm
der Pfalzgraf ehedem versprochen, das sich jetzt aber in hessischem
Besitz befindet. Die Räte und Regenten stimmen für die Bewilligung des Gesuchs. 4. Eine Reihe von Rittern stellt Geld-
forderungen, die zum Teil bewilligt, zum Teil abgewiesen werden
sollen. So erhält Friedrich von Boyneburg 600 Gulden zur Belohnung dafür, dass er dem verstorbenen Landgrafen »bei 18 jarn
gedint, uf seinen leib gewartet und in der krankheit grosse gefer-
likait seins leibs gestanden.« Dietrich von Schachten bekommt
400 Gulden; ebenso Melchior von Bodenhausen; Sigmund von
Boyneburg, Johann von Hundelshausen und Kaspar Meysenbug je
100 Gulden, »dieweil si lang gedint und uf unsers g. hern lantgrafen sel. person gewartet. 5. Ratslag in sachen ldg. Wilhelmen zu Spangenberg und seiner g. gemahel belangend«:
Etliche verständige Leibärzte sollen den Gesundheitszustand des
Landgrafen zu bessern suchen. Die Regenten wollen sich mit den
sächsischen Fürsten über eine etwaige Verbesserung des Wittums
der alten Landgräfin verständigen. 6. »Beswerung der ritterschaft«: Unter Wilhelm dem Mittleren ist die Ritterschaft unbilligerweise bedrückt worden »mit schatzung irer untersassen
und sunst.« Die Räte sind der Meinung, »das di ritterschaft solcher
unbillicher beswerung absolvirt und entledigt wurden und das unser
gst. und. g. hern darauf als di obervormunder den regenten …
einen schriftlichen schein[3]) zuschicken solten, damit in kunftigen
zeiten nit gesagt wurde, das si, di regenten, inen selbst zu gut
solche beswerung abgeschaffen hetten.« 7. »Guldenzoll«: Die
sächsischen Räte bewilligen, dass Prälaten und Ritter den Wein,
den sie zum eigenen Bedarf verbrauchen, zollfrei geniessen. Sie
sollen das Mass, dessen sie »zu notturftiger haushaltung« benötigen,
dem Zöllner des Orts unter ihrem Siegel angeben. Treibt einer
aber dabei Unterschleif, »so sal derselbig durch zeit seins lebens
obgemelter freihait beraubt und seinen wein zu ider zeit gleich

---

[1]) Vgl. Meinardus, Der Katzenelnbogische Erbfolgestreit I, 1, S. 20 f.
Im Jahre 1507 war von der nassauischen Partei die Klage gegen den Landgrafen von Hessen beim Kammergericht anhängig gemacht worden, wo sie dann
über ein Jahrzehnt geruht hat.
[2]) Vgl. hierzu Rommel III, 124 f., 149 f.
[3]) Ob dieser Schein der Ritterschaft von den Wettinern ausgestellt wurde,
wissen wir nicht; jedenfalls ist er nicht auf uns gekommen.

einem andern zu verzolln pflichtig sein.« Die Regenten bitten um
die schriftliche Bestätigung dieses Privilegiums durch die sächsischen
Fürsten.[1]) 8. »Mit dem heirat, den Reyngrafen, der des
eldesten freuleins von Hessen begert, belangent, ist der
geschickten, auch der regenten meinung, wiewol das vermugen
der Reingrafen etwas hoher muge sein, dan hz. Philipsen von
Brunswig, der desselben freuleins auch beger, und sich auch dieselbigen graven hochlich erboten haben, sich mit irer grafschaft
zum furstentum Hessen zu tun, das di doch in ansehung herkumens
und des furstlichen standes, auch das unser g. frau von Hessen di
elter, des gemelten freuleins frau mutter, mehr neigung hat, si gedachtem hz. Philipsen uf sein ansuchen und nit dem Reingraven
sal gelassen werden, und achtens di regenten dafur, das . . . hz.
Philips zu demselben freulein nicht vil mehr ader weniger dan
10 000 gulden ziehsteuer mitzugeben sein.«[2]) 9. Hofgericht: Es
soll erhalten werden, »angesehen das es nutz und gut wer, auch
den untertanen bequemlich«, aber neu besetzt und neugeordnet
werden, vielleicht nach dem Muster der sächsischen Hofgerichtsordnung. 10. »Gaistlich lehen: Haben di geschickten fur gut angesehen, das dieselben di regenten frumen und verstendigen, di
gelert und guts lebens sint, leihen sollen. 11. Gnadenlehen:
Di sollen unser gst. u. g. hern mit wissen der regenten denen aus
dem furstentum zu Hessen geborn zu verleihen haben. 12. Siegel:
Ist von den geschickten und regenten geordent, nemlich das helm-
zaichen des furstentums mit der umbschrift: sigillum regiminis
Hassie a tutoribus ordinatum.«[3])

A. Dr., Loc. 8675, Kopialb. 1509—10, Reinschr. der Kanzlei Hz. Georgs von Sachsen.

## 22. Landgräfin Anna an ihren Bruder Herzog Heinrich von Mecklenburg. [1510 Ende Januar.]

Begründet eingehend, warum sie die Vergleichsverhandlungen zu
Kassel abgebrochen hat. Sie will sich persönlich zum Kaiser begeben, um
ihr Recht zu suchen und bittet um Entsendung ihres Bruders Hz. Albrecht
als Beistand auf dem Reichstag.

»Hartzfruntliger leber brouder, ich bedankke mig gans fruntlig
kegen e. l. der schikking der reide und ach e. l. goutbedunkken,

---

[1]) Wie oben S. 93 Anm. 3.
[2]) Es handelt sich hier wahrscheinlich um eine jüngere Tochter Ldg.
Wilhelms des Älteren — die älteste, Mechtild, war seit 1493 Nonne zu Weissen-
stein (Vgl. Rommel III, Anm. S. 151) — um Katharina, die auf Anstiften ihrer
Mutter Anna geb. Herzogin von Braunschweig sich 1511 dem Grafen Adam von
Beichlingen, dem kaiserlichen Kammerrichter zu Speyer, vermählte. Im Juli
1510 leitete er in Maximilians Auftrag den Schiedstag von Marburg. Die
Wettiner sowie die Regenten und Stände waren über diese Missheirat, die ohne
ihre Zustimmung geschlossen wurde, sehr aufgebracht und verweigerten die
Zahlung der Heimsteuer; wir kommen unten darauf des näheren zurück.
[3]) Einige dieser Festsetzungen werden auf einem Tage zu Naumburg am
25. Februar 1510, zu welchem jeder der vier Vettern einen Rat abgeordnet hat,

das e. l. mir hat lasen ofnen dor desulben und auch dorg e. l.
erste scrift; und ich weir gans willig geweisen, e. l. darinne zu
vorfolgen, wo mir de besueiring nicht daranne vorhinderden, ve [l]
ich e. l. kortzlig erzueillen wil. Zu dem ersten solt ich das haben
angenummen, das ich nour de zufaring solt haben zu meinem san,
so wist e. l., we einen unsinnigen has se zu mig und zu den meinen
haben. Hetten se den willen dorg eir ungetrug meinem san etwes
zuzofougen, alse ich mig wol besorge, so worden se es an zueibel
duon, wen ich mit den meinen dar weir, in der gestalt alse hetten
es de meinen gedan. Dem [nach?l] e. l. hat wol zu ermessen,
hetten se mir was guotes zugetruget, se hetten mir meinen suan wol
gelasen. Zu dem anderen so kan ich es mit got und eiren und
mit unbesweirtz meiner konsigenssigen [consciencien] und gewissens
meiner gereichtigheit nicht apstein und sunderlig des testamentes us
disser orsag, das ich schuldig bin meines gemales lesten willen zu
wolfouren und ach dem bougen und grousen vortruen na, den
s. l. seiliger zu mir gehat hat an seinem leihen und nu in seinem
duot, und ach der gehorsam willen und grousen trug, den ich mig
alle weig keigen seiner l. geflissen hab in seinem leihen. Den
wo ich nu abtreide sunder reichtlige erkantnis, das ich den nicht
duon mag, und wen ich es scboun deit, so heit es dog kein kraft,
so muacht es ein eider ermessen und sunderlig mein misgunner,
de mir geirn ein schellen anhingen: ich wer s. l. getrug und gehorsam geweisen, dewil es s. l. heit gesein, dewil nu sein l. dot
weir, so heit ich s. l. gar vorgessen, das den, ist got wil, nummer
an mir sal erfunden warden bes in mein grap. Den ich wil mig
mit der hulfe gottes halden alse ein getruges frummes weip keigen
erren man schuldig is, wewol er es nicht sut. Dog wil ig mein
trugge nicht breiggen, und solt ich daruber zuleitz ein ein kloster
gein, und ich will allen frummen wiben ein gout exsempel geiben,
und kein sal sig uf mig behelfen und sal eir trug worgessen.
Ach wen ich es deit, so opperde ich de alle uf de fleiskbank, de mir
nog ei sint anhemgeig [anheigig] geweisen, heimlig edder offentlig,
das mir den nicht fo[r]stlig und eirlig anstuode. Den es hat meinen
anhengeren wol so fil wederweirtig begeint, sunt ich bin wan
Muolhusen gekummen. Wen den das gescheige, so worde es bas
kamen. Ach besueirt mig das hartzlig, solt ich den hartzzugen di
formundeschof ufgeiben, so haben se sulbest gesproggen, se mousen
leise faren, se kunnen se nirne zubringgen. Ach sut es e. l. darbi
wol, das se se dar nicht zu vormugen, das se mir meinen suan

modificiert. Zu 1. Der Vergleichsweg soll nicht beschritten, sondern am
prozessualen Verfahren vor dem Kammergericht festgehalten werden, wenn
nicht der Graf von Nassau selbst einen gütlichen Vergleich vorschlägt. Zu 10.
Die Regenten dürfen nur diejenigen geistlichen Lehen verleihen, die unter
zwanzig Gulden jährliches Einkommen haben; die Vergebung der höher be-
werteten behalten sich die Herzöge von Sachsen vor, die umschichtig über die
einzelnen Lehen zu bestimmen haben. Zu 12. Das Siegel soll die Umschrift
tragen: »Sigillum regiminis Hassie a ducibus Saxonie tutoribus ordinatum«, in
abgekürzter Form. Man blieb schliesslich doch bei der auf dem Kasseler Tage
vorgeschlagenen kürzeren Fassung.

lasen. Das ist dog reicht und billig; we wolden se don ummer-
meir meinges sanes gerechtigheit behalden, wen se se nicht zu
heissen haben. Nu wist e. l., das ich bin schuldig alse de mutter
meines kindes schaden zu underkamen; wen ich den das deit, so
fogede ich meinem kint eirst schaden zu, das kan e. l. wol ap-
neime[n], was mir das limppes wolt geiben, wan mein san zu einem
minsken wort, alse ich hoffe. Darum, kan mir nicht gehulfen
warden, so sal es dog mein schult nicht sein. Nu ist mein fruntlige bit an e. l. alse meinen fruntligen leiben brouder, das e. l. dis
meines farneimens keinen misfallen wil draugen; den ich kan nicht
anders, ach wolt ich e. l. leitzten scrift geirn gans naggein; so wil
ich e. l. de oursaggen erzuellen, worus ich nicht gans kan eir
nauggein. Schikke ich eimans zu K. Mt., so dorf eir nit wedder
in dis lant; ach mus eir warstein seines libes und guodes; ach
habe ich nuor zuein, de offentlig dorfen bi mir sein; schikke ich
de wan mir, so habe ich nimans bi mir. Darumme wil ich duon
alse Hester deit und wil um meines folkes willen mein leiben
wagen und den K[aiser] parsonlig ersougen; das ist an dem huogesten
anzusein, ach hat s. g. mich gefordert. Nu ist mei[n] fruntlige bit
an e. l., das e. l. dis meines farneimens keinen misfallen wil dragen,
nagdem ich e. l. rait nicht eirst hirinne habe gehat edder ersogge;
das is dise orsagge, das es mir zu lank wirt, eir ig e. l. scribe
und eir e. l. antwart widerkumt. Den mein kunstszaf halt, das
s. g. nicht lange wirt darwor halden s. g. geleigheit nach, ach besorge ich mig, mein wedderpart mucht eir kamen den ich; darum ist
mein f[runtlig] bit, e. l. wil meines dondes kenen misfallen druagen,
sunder sig keigen mig halden we der fruntliger getruger brouder,
we e. l. scriben meldet und ich mig auch gans zu e. l. vorsei und
vorsein wil, und wo mig got hilft, das mein sagge guot worde
edder zu gelukke truoge uf disen weig edder uf einen anderen,
so sal e. l. eine getruge sueister an mir han und an mir finden.
Ach ist mein fruntlige bit uf das alderfruntligeste, so ein sweister
einen brouder gebidden mag, das e. l. uf das allerbeldeste, so es
gesein mag, eiger l. ein uf den rigesdag sig fogen, mir gereidig
und bigestendig wil sein; ich begeirt e. l., aber ich dorf es e. l.
nicht anmuoten, dewil e. l. mir szueimal ist ussen bleiben; den ich
furt, es ist kein nutzze; aber wo es e. l. io nicht don kan, das
e. l. mir dog meinen broder hz. Albreit wil schikken; den s. l.
kan wol uf klapperen darriten, das es seiner l. nicht fil steit;
den s. l. hat ain guode orsagge meinenthalben. Hirinne wil
sig e. l. brouderlig beweisen, alse ich meinen unvorzueibligen
wortruggen zu e. l. drage, e. l. lassig dog erbarmen, das so ubel
wedder got und alle bilgheit wart mit mir gehandelt, das ich gotlop wes, das ich dis duon um das alderminste kint ni·wordeint
habe. Darum duo e. l. alse der getruge brouder und e. l. las mig
nicht. Hirmit duon ich e. l. got befeilen, und ich befeil mig e. l.
alse meinem fruntligen und leiben brouder. Dat. Kassel mit elendem
hartzen.                      A. l. z. H. w.«

A. Schwerin, Hassiaca, Or. eigenhändig.

**23. Bericht des Rates Cäsar Pflug an Herzog Georg über den Tag zu Kassel. 1510 Februar 3.**

Die Stände haben der Landgräfin den Sohn um keinen Preis lassen wollen. Als nun die sächsischen Räte vorschlugen, den jungen Landgrafen in der Obhut beider Parteien zu lassen, haben die Regenten diesem Vergleich zugestimmt, nicht aber Anna, die die Verhandlungen abgebrochen und Kassel verlassen hat. Krankheit des jungen Landgrafen. Besuch der sächsischen Räte bei Wilhelm dem Aelteren in Spangenberg. Fügsamkeit der Regenten gegenüber den Wettinern. Schilling und Mansbach sind geneigt in sächsische Dienste zu treten. Die Stände erklären sich bereit, den Wettinern die Erbhuldigung zu leisten. Entlassung Engelenders. Frage der Besoldung der Regenten. Die Inventarien.

Am Montag, d. 14. Januar langt Pflug in Kassel an mit Friedrich Thun, Kaspar von Boyneburg und Günther von Bünau. Am folgenden Dienstag hat er der Landgräfin einen Brief Georgs übergeben und dann mit den Regenten und der Landschaft im Verein mit den obengenannten Räten »ufs vleissigiste gearbeit, das der junge landgrafe bis in das achte jare bei der muter erzogen . . ., des eins teils der regenten wol hetten erleiden mogen, aber der gemeine man und sunderlich die stete haben es in keinen wek gestatten ader vorwilligen wollen. Dardurch wir zu andern mitteln, die parteien zu vortragen, geursacht. Und anfanges gesucht, ab inen leidelich sein wolt, das der junge landgrafe in ir beiderseit vorwaltung bliebe, also das die lantgrefin inen mit weibesbildern und die regenten mit mannespersonen vorsorgen und das ein itlich teil einen freien zugank zu demselbten . . . gehaben mocht, und sunderlichen der landgrefin solt zugelassen werden, tag und nacht bei ime zu sein, mit ime zu essen, mit ime zu trinken und mit ime schlafen zu gehen.« Die Landgräfin hat sich entschieden gegen diesen Vorschlag erklärt; denn sie hat den Regenten nicht »einik vorwaltung an irem sone gestatten wollen.« Die Regenten dagegen haben den Vorschlag angenommen. Weil die Landgräfin sich über diesen Punkt mit den Ständen nicht einigen konnte, haben die sächsischen Räte »ane frucht . . . abescheiden mussen.« Auch die Landgräfin hat Kassel verlassen und sich nach Grünberg und Giessen begeben, mit Hinterlassung ihres Sohnes bei den Ständen. »Aus welichem gemute ire g. sich diser vorschlege aller gewidert und irs sons geeussert, kann ich nicht ermessen. Dan solichs alles ist iren reten, auch den botschaften, so iren g. von irem bruder hz. Heinrich von Meckelburg zugeschickt, ganz entkegen gewest, die gerne gesehen, das ir g. die gutliche mittel ader die vorfassung des rechten angenomen. Sie haben aber ire g. darzu in keinen wek vormogen konnen. Es ist auch dermassen vermarkt, das ire g. sich der 2000 gulden der zulegung und besserunge irs widdembs gedenkt zu vorzeihen. Ich bin auch warlichen bericht, das der junge landgraf mit so grosser swerer krancheit befallen, das seines lanklebens nicht zu hoffen; ab sulichs die landgrefin zu angezeigtem vornemen vorursacht, ist zu bedenken.«

Auf dem Rückweg haben die sächsischen Räte in Spangenberg
vorgesprochen. Da hat die »alde landgrefin« Anna von Braunschweig »einen prister zu sich gebracht, der der kunst, den teufel
zu bannen, solt erfaren sein und solichs in unser kegenwertigkeit
geubet. Wir haben aber nicht erkennen mogen, das der landgraf
mit dem besen geiste beladen, und wiewol solichs nicht zu besorgen,
dennoch so hat die alte landgrafin uns rete angezogen, e. f. g.
fruntlich zu bitten, den monch nachmals, darzu leiberzte ufs furderlichste zuzuschicken, zu vorsuchen und zu besichtigen, ab ime zu
helfen were. . . . Ich habe auch ein vleissig ufsehen und erforschung
gehabt, ab ire g. schwanger sei. Ich befinde aber, das es nichts
daran ist. So ist es auch nicht zu besorgen, dan ire g. mit einem
redelichen alder beladen ist. Es seint ane das vil grosser sachen
zu Cassel vorkommen, die sich die regenten ane e. f. g. bewust
nicht haben understehen wollen, sunder an e. f. g. allerseits als
oberste vormunde geschoben und uns die anzutragen gebeten und
sie widerumb, wes sie sich in demselbten hendeln halten sollen,
zu vorstendigen.« Hz. Georg soll mit seinen .Vettern in diesen
Sachen einen einmütigen Beschluss fassen und denselben den Regenten
zusenden, »uf das sie sich darnach haben zu richten. Dan ich
nicht anders befinde, das sich die regenten in aller undertenigkeit
gegen euer aller g. gedenken zu halden.« Dr. Schilling ist geneigt,
dem Hz. Georg als Kanzler in Friesland zu dienen. Pflug hört »denselbten . . . von menniglich loben, auch von seinen widerwertigen.«
Auch Konrad von Mansbach bietet dem Herzog seine Dienste
an. »Dat. am sontage post purificacionis Marie virginis glorio-
sissime ao. 1510.«

Nachschrift: Zur Erbhuldigung haben sich die hessischen
Stände gutwillig erboten »und sich ferner lassen horen, und ab das
landgraftum zu falle kommen wurde und e. f. g. keine erbhuldung
bette, dennoch so wolten sie sich e. f. g. wie e. g. vettern undertenik halten, als sie sich sulch am Spiess hetten boren lassen.«
Dr. Engelender werden sie entlassen, sobald die anderthalb Jahre,
»die ime vorschrieben«, abgelaufen sind.[1]) Die Regelung ihrer
Besoldung stellen die Regenten ganz dem Ermessen der Obervormünder anheim. Pflug unterredet sich indessen darüber mit
Ludwig von Boyneburg, »dem gefiel, das h. Herman Schencke, h.
Caspar von Berlebs und George von Hotzfeldt 200 gulden und den
andern dreien 150 sampt cost, cleidung, futter und mal gegeben wurde.
So habe ich auch mit Jobst von Boymbach dovon rede gehabt; dem
gefiel, das die vier ampte, als nemlich die oberhauptmanschaft[2]) in
der grafschaft von Katzenelnpogen, Cassel, Marthburg, Hoemberg,
die itzund all erledig[t] seint, iren viern aus den regenten eingetan

---

[1]) Engelenders Nachfolger im Kanzleramt wurde Herting Schenk.

[2]) Für Oberhauptmannschaft, welche Bezeichnung hier nach Analogie
der sächsischen Verwaltungseinteilung von dem Gesandten auf hessische Verhältnisse übertragen worden ist, muss es Oberamtmannschaft heissen.

und die andern, so stetlich am hofe sein solten, mit gelde underhalten wurden. . . . Den eit zu vorfuren und wie sich die regenten schreiben sollen, stellen sie in euer aller f. g. bedenken. . . . Die inventarien seint nicht fertig; dan sie zu Martburg durch vorhinderunge der landgrefin nicht haben inventiren mogen und seint erbotig, solich inventarium ufs erst zu fertigen und e. f. g. zu ubersenden.«

A. Dr., Loc. 8675, Kopialb. 1509—10, Kop.

# VI.

## Der Schiedstag zu Marburg.

1510 März 22 — August 29 (Nr. 24—32).

————

Als Anna sich an den Kaiser um Hilfe wandte, wusste sie
wohl, wie gespannt das Verhältnis zwischen Maximilian und ihrem
Gegner Friedrich dem Weisen seit langem durch ihren Gegensatz
in der Reichspolitik war, wie begründet also ihre Hoffnung war,
dass der Kaiser sie bereitwillig den Ernestinern gegenüber in Schutz
nehmen würde.[1] Schon im Oktober 1509 hatte sie an Maximilian
ein längeres Schreiben gerichtet, in dem sie sich über den Aufruhr
der hessischen Stände und die ungesetzliche Aufrichtung eines
Regiments beklagte und um Schutz gegen ihre Feinde bat.[2] Der

————

[1] Vgl. hierzu wie zu dem Folgenden überhaupt Anna von Hessen S. 60 ff.

[2] Ich möchte den interessanten Brief Annas an Maximilian (A. Wien,
Maximiliana, 1509 Oktober 14) hier wiedergeben: ›E. Kai. Mt. hab ich verflossener
zeit mit schmerzlichem betrubnus den totlichen abgang weilent ... meins herzlieben hern und gemahels ... zu erkennen gegeben, und nachdem E. Kai. Mt.
er nicht alleine in .seinem leben undertenig gehorsam dinst, willen und gevallen
alzeit zu erzeugen sich beflissen, sonder derselbigen auch in seinem testament
und letsten abscheit nicht vergessen het, als dan das und anders E. Kai. Mt.
durch werbende meine furderliche botschaft weiter vernemen wurde, demutiglich gebeten, mich, meine kinder und ir furstentumb in gnedigem entpheel,
schutz und schirm zu haben. Dweil nu der bot noch unterwegen ist, das ich
nicht wissen mag, ob soliche meine schrift an E. Kai. Mt. kommen sei oder nit,
bin ich geursacht, ir dieselbigen widerumb zu erneuern, und ich dan auch zu
E. Kei Mt. die berurte botschaft zu fertigen, us mirglichen anligenden meinen
noten und ehaftigen ursachen verhindert worden bin und sonderlich nachdem
... mein her und gemahel sel. in angezeugtem seinem cristlichen und loblichen
testament mich als oberste sampt andern mir zugeordenten zu furmunden unser
beider kinder, irer lant und leute gesatzt hat und sich dawider etliche von
prelaten, ritterschaften und steten diser lantschaft zu Hessen hertiglich geleinet,
auch mich mit meinen zugebenen zu solicher furmuntschaft, pflege und verwaltung nicht kommen lassen wullen, sonder haben ires gevallens us eigenem
bewegnus, geschwinden furnemen und mit gewalt (unangeseen und wider das
vorberurt unsers herzfreuntlichen hern und gemahels sel. ufgerichte testament,

Kaiser hatte sehr gnädig geantwortet und auch dem Herzog Georg, der sich für Anna bei ihm verwendete, die Zusicherung gegeben, er wolle die Witwe seines getreuen Wilhelm von Hessen bei dem Testament schützen. Doch sah er wohl auf dem Reichstage zu Augsburg, dass es ihm ohne die grössten Anstrengungen und Opfer nicht möglich sein würde, der Landgräfin im Gegensatz zu ihren mächtigen Gegnern, Friedrich dem Weisen und den hessischen Ständen, die Regentschaft in Hessen zu verschaffen. Annas Anspruch auf die Reichstagssession (Nr. 24) erkannte er daher nicht an. Indes war er eifrig bestrebt, der Landgräfin eine möglichst hohe Abfindung für den Verzicht auf die Ausführung des Testamentes zu erwirken (Nr. 25 u. 26). Zu diesem Zwecke setzte er für Mitte Juli einen Schiedstag in Marburg an (Nr. 27), auf dem die kaiserlichen Kommissare mit Entschiedenheit für Annas Interessen eintraten (Nr. 28); allein sie erreichten von den trotzigen Ständen nicht viel: in der Hauptfrage, in wessen Verwaltung der junge Landgraf gegeben werden sollte, unterlag die Landgräfin; sie musste ihren Sohn in den Händen ihrer Gegner lassen (Nr. 29). In dem Streit über den Besitz der hessischen Kleinodien, der sich bereits auf dem Schiedstage zu Mühlhausen zwischen ihr und Boyneburg entsponnen hatte, gelang es ihr, von dem parteiischen kaiserlichen Kommissar eine günstige Entscheidung zu erhalten, doch auch diese wurde bald rückgängig gemacht (Nr. 31 u. 32).

---

darzu das gemeine keiserlich beschrieben recht, wilchs mich als mutter meiner kinder furmunderin zu sein zuvor allen andern zulesset) ein eigen besondern regiment dises furstentumbs mit neun personen und sich selbst dorinne zu regenten verordent; derhalb ich dan noch mit denselbigen in irrung und handlungen stee. So wil ich, gefristet mich gott, alsbald mir ummer muglich ist, zu E. Kai. Mt. die angeregten botschaft schigken und des und anders weiter berichten lassen, dieselbe E. Kei. Mt. itzt abermals ufs demutigst bittend, sie wulle als oberster Iherarch [!], vogt und furmunder der ganzen cristenheit, auch hochster beschirmer witwen und weisen und mein allergnedigster herr (in gnediger bedechtnus vilgemelts meins gemahels sel. trostlichen vertrauens und letster begir) mich sampt meinen unerzogenen verlassenen kindern und irem furstentumb in gnedigen bevehel, schutz, schirm und hanthabung haben und behalten, und ob E. Kei. Mt. von meinen misgonnern ichts angetragen were oder wurde, in gestalt und schein als ob das derselbigen jungen fursten, meinem freuntlichen lieben sone ldg. Philipsen zu gut, nutz und ehre erschiessen solt, dem keinen glauben gehen, auch daruf meiner unerfordert, unverhort oder in rugke nichts beschwerlichs gegen mich als die furmunderin ausgeen lassen. Dan E. Kai. Mt. mein, auch meiner unmundigen, nachgelassener kinder rechter und naturlicher erbher meiner und derselbigen zu recht und aller billicheit mechtig ist und sein sal. Der und aller gnad wil zu E. Kai. Mt. ich mich genzlich vertrosten und fur dieselb den richsten beloner aller woltanen mit fleis andechtiglich bitten, auch E. Kei. Mt. jungen unmundigen fursten, itzt genenten meinen soen ldg. Philipsen mit der zeit darzu in allewege ziben, weisen und halten, das umb dieselb E. Kei. Mt. und ir reich zu seinen vernunftigen jaren in ganzer getreuer, gehorsamer und aller undertenigkeit zu vordinen. Dat. Margpurg am sontag nach Dionisi ao. IX.‹

### 24. Landgräfin Anna an Kaiser Maximilian I. Augsburg 1510 März 22.

Sie beansprucht das Recht der Reichstagssession als Vormünderin ihres Sohnes für ihre Person und spricht den Wettinern und den hessischen Ständen jeden Rechtstitel auf den Besitz oder die Besetzung der hessischen Vormundschaft ab.

Sie hat nicht erwartet, dass der Kurfürst von Sachsen ihr das Recht der Session auf dem Reichstag[1]) streitig machen würde, wo er sehr wohl weiss, dass »ich bin ein vorordente, rechte und ehafte furmunderin meins sons, auch desselben lande und leute aus craft meines herrn und gemahels sel. nachgelassen veterlichen ordenunge ader letzten willens und des gemeinen geschrieben rechtens, darzu das E. Kai. Mt. mich neben andern des heiligen reichs stenden zu diesem reichstage erfordert hat. ... Ich gestehe auch seiner l. nach derselben bruder ader vettern keinerlei furmundeschaft an meinem son. Dan sie mogen aus dem, das sie erbwarten des furstentumbs sein, in diesem vall zu derselben keine gerechtigkeit haben ader schopfen. Darzu so haben die von der lantschaft als undertan irem landesfursten gar keine furmunden zu bitten und nach vil weniger sich selbs wider ires hern gescheft, die bewilligte aberede und ir eigen zusage aus eigenem gewalt zu regirern ufzuwerfen.« Würde sie die Vormundschaft nicht haben annehmen wollen, so hätte niemand billiger als sie ihrem Sohne einen Vormund zu ernennen. »Aus dem und andern ursachen so konnen ire l. dieser angemasten furmundeschaft in keinem rechtmessigen besess ader gewehr sein. Ferner gestehe ich in keinen wek, das ire l. in den gebrechen zwuschen mir und der lantschaft schwebende als vormunden gehandelt, sonder sie haben als bewilligte underteidinger zwuschen uns beiden teiln uf unser ansuchen in einer irrung die vormundeschaft betreffende tage angesatzt, auch etliche handelung gehabt und sich solicher vormundeschaft noch in annemunge der aberede irer tagesatzung, noch auch in andern iren schriften und handelung gegen mir offentlich nie angemast, bis so lange das wir von beiden parten unser sache zu Molhausen nach

---

[1]) Schon in einem Schreiben vom 11. März 1510 an den Kaiser (A. W., Reg. C p. 107 Nr. 4, Kop.) nimmt Anna als Vormünderin ihres Sohnes das Recht für sich in Anspruch, auf dem Reichstage die hessische Stimme zu führen, und bittet Maximilian, sie gegenüber dem Kurfürsten Friedrich, der es ihr bestreitet, in Schutz zu nehmen. Friedrich der Weise weist Annas Forderung in einem Schreiben vom 16. März 1510 (A. W. a. a. O.) an den Kaiser zurück, da ihr doch bewust sein müsse, dass die Wettiner »als erbwarten des furstentumbs zu Hessen« sich »der vormundschaft auf ersuchen, bit und begern der landschaft angenomen« hätten. Auch Landhofmeister und Regenten, die erst am 27. März in Augsburg eingetroffen sind, treten in einem Schreiben an Hz. Georg vom 28. März 1510 (A. Dr., Loc. 8675, Phil. Vorm. betr. 1509—24, Or.) der Ansicht des Kurfürsten bei. Ob Maximilian Annas Anspruch zurückgewiesen hat oder nicht, wissen wir nicht. In der Instruktion, die er seinen Räten zum Tage in Marburg mitgiebt (S. u. Nr. 26 S. 105), wird das Recht der Session nicht Anna, sondern einem unparteiischen Mitglied der hessischen Landschaft vorläufig übertragen.

der lenge vorbracht und beschlossen, ich auch uf demselben furtrag das entlich ungeweigert recht uf ire l. erboten habe. Dornoch haben sie mir erst zu vorstehen geben lassen, das sie von der lantschaft umb die furmundeschaft anzunemen ersucht worden weren, darumb erkenten sie sich fur vormunden, aber ich habe solichs widersprochen und dargegen offentlich und zu vil malen protestirt.... Dan E. Kai. Mt. kan wol ermessen, wo ich gewust haben solt, das ire l. selbs hetten vormunden sein wollen, das mir fur inen umb solich vormundeschaft zu tagleisten ungemes gewesen were. ... Dat. freitags nach Judica ao. X.«

A. Dr., Loc. 8659, Alte sächs. u. hess. Händel 1510—19, Kop.

## 25. Landgräfin Anna an Kaiser Maximilian I. [Augsburg 1510 Mitte Mai].[1])

Als Abfindung für den Verzicht auf die Vormundschaft beansprucht Anna 1. die Erziehung des Sohnes bis zum zehnten Jahr, 2. die Besserung des Wittums, 3. eine Morgengabe, 4. die Teilnahme an den wichtigeren Regierungsgeschäften, 5.—8. etliche Zugeständnisse von minderem Belang.

»Unbegeben meiner gerechtigkait der vormundschaft aus craft gemeines rechten und des testaments wil ich nachfolgent artik[e]l Kai. Mt. meinem allergnedigsten hern zu eren und gfallen leiden und zulassen«: 1. Will sie ihren Sohn in ihrer mütterlichen Verwahrung zu Kassel oder Marburg behalten, »bis das er ufs wenigist das zehent jar seins alters erraich«; sie will ihn »mit frauen- und manspersonen besetzen nach rat der vormunder und der von der landschaft, und das mir daselbst das frauenzimer, kuchen und keller eingeb[e]n werd[e]n mitsambt der behulzung an der end ainem; daselbst wil ich [mich uf] mein costen von meinem widomb erhalten oder das ich mit ainer anzal personen in meins sons kosten ader er mit ainer anzal in meinen kost[e]n sei. 2. Auf besserung des widombs bin ich gewilt, den furslag E. Kai. Mt. nemlich 5000 g. anzunemen.« 3. Als Morgengabe beansprucht sie 10 000 Gulden wie die Gemahlin Wilhelms des Jüngeren, die Pfalzgräfin Elisabeth, »angesehn das ich mit hilf des almechtigen dem land ainen erb[e]n bracht und mein herr und gemahel sel. das land ganz ingehabt hat.« 4. Sie will »mitvormunderin« sein und »in des lands Hessen hendel und rat gehn ader ainen darein schicken.« 5. Von den Kleinodien beansprucht sie diejenigen, die ihr zustehen; ferner zu lebenslänglichem Gebrauch diejenigen, die der verstorbene Gemahl ihr dazu überwiesen hat; »aber di gelihen perlen, so meinem swager

---

[1]) Das Datum und die Ortsangabe fehlen und sind kaum ungefähr zu bestimmen; jedenfalls gehen Annas Vorschläge zeitlich den kaiserlichen (vgl. Nr. 26) vorauf, die, wie ein Brief Annas an Herzog Georg ausweist (S. S. 104 Anm. 1), am 20. Mai unter der Zustimmung der Landgräfin fertiggestellt waren. Annas Schreiben sind übrigens schon Vorschläge von seiten Maximilians vorausgegangen, wie aus Punkt 2 des Aktenstückes hervorgeht; sie sind uns nicht erhalten; auf diese bildet Annas Schreiben die Antwort.

von Hessen zustehn sall[e]n, bin ich willig, seinen kinden widerzugeben.« 6. Es sollen ihr »etlich essesilber und becher« wie bisher
zu lebenslänglichem Gebrauch bleiben, obgleich sie den Regenten
hat versprechen müssen, dieselben ihnen am nächsten Johannestag
zurückzustellen. 7. Fordert sie »ain gulden stuk zu messgewanden
von 20 ellen«, das ihr von Wilhelm dem Mittleren zugesagt worden
ist, und einen »zimlichen hausrat.« 8. Sie bittet den Kaiser, sie
samt ihren Dienern gegenüber den Regenten und der Landschaft
in seinen kaiserlichen »verspruch« zu nehmen. »Welcher der obgemelten artik[e]l geschlossen wirdet, den wil ich annemen, welcher
aber nit volgen, den wil ich stehn lassen bis zu E. Kai. Mt. ferner
handlung; doch das in alweg der meins sons halben seinen furgang hab.«

A. W., Reg. C p. 106 Nr. 2b, Kop.


**26. Kaiser Maximilian an die hessischen Stände. Ver-
gleichsvorschläge zu Gunsten der Landgräfin-Witwe. [Augsburg
1510 Mai 20].[1]**

Maximilian fordert für Anna eine jährliche Pension, die Erziehung
des jungen Landgrafen, die Teilnahme an den wichtigeren Regierungsgeschäften und trifft in der Kleinodienfrage eine vorläufige Entscheidung.

Maximilian fordert von den hessischen Ständen für die Landgräfin-Witwe folgende Zugeständnisse: 1. »Bedunkt sein Kai. Mt.
zimlich, das der lantgrefin uber und zusampt den 2000 gulden,

---

[1] Die kaiserlichen Vergleichsvorschläge sind einem Schreiben Annas
an Hz. Georg von Sachsen vom 20. Mai 1510 beigelegt [»us Augspurg am
Pfingstmantag ao. X.«], dessen Datum ich der Beilage gegeben habe. In ihrem
Briefe meldet Anna dem Freunde, dass der Kaiser »uns zu besondern
gnaden etliche gutliche mittel und wege furgeschlagen . . ., des gemuts und
willens euer aller von Sachsen l. mitsampt der gemeinen hessischen lantschaft uf nehstkomenden S. Margarethentag (1510 Juli 13) ghein Margpurg
zusammenzuzufordern und dahin ire treffentliche keiserliche botschaft zu fertigen
mit sonderlicher instruction und bevehl von seiner Kei. Mt. wegen zwischen
allen teilen gutliche handlung zu pflegen, ob diese sach inhalt solicher inligender furschleg hingelegt werden mocht.« Sie bittet ihn, den Tag in eigner
Person zu besuchen. (A. Dr., Loc. 8675, Ldg. Phil. Vorm. betr. 1509—24, Or.)
— Auf einem beigelegten Zettel macht Anna eine wichtige Mitteilung: »Unser
ohem hz. Fridrich curfurst hat uns in dieser sach vast vil widerstands getan,
wie e. l. villeicht wissen mag, und ist darin also bis uf heutigen tag vorharret.«
— Und auf einem anderen Zettel schreibt Anna eigenhändig an Georg: »Fruntliger leiber sueir, mein fruntlige bit ist an e. l. alse an den frunt, das e. l.
mich nicht wil lassen, sunder e. l. wil parsonlig uf den dach kamen; den[n]
e. l. hat noch wil guoter parttigen under den Hessen, darumb ich bofette, das
e. l. mein suagge [sache] suolt maggen, wan e. l. parsonlig dar weir.«
— Am 20. Mai 1510 befiehlt Maximilian den Regenten in einem Schreiben, der
Landgräfin das Esssilber und die Becher, die sie ihr vorenthalten, bis zur
Beendigung des Regentschaftsstreites zum Gebrauch zu lassen (A. W., Reg.
C p. 105 Nr. 2a Bd. 1, Or.).

darumb sie vor versichert ist, noch 3000 gulden, das in sum 5000 gulden werden verordent und zugestelt«; diese Summe soll ihr lebenslänglich zustehen. 2. »Mit dem wiedumb und morgengab sall es gehalten werden, wie wiedumbs- und morgengabrecht und geprauch ist.« 3. Der junge Landgraf soll zu Kassel bleiben; die Landgräfin soll ihn »personlich und mit weibsbilden« versehen. Sie und die Regenten sollen in Gegenwart der kaiserlichen Räte den Landgrafen »mit etlichen personen us der lantschaft besetzen, bis das er in das zehnd jar alt wirt, alsdan mag man ime, wie sich gepurt, vor sein stat machen, und das nemlich dergstalt bestelt oder vergleicht werd, das entweders die lantgrefin den jungen hern mit seinem gesint umb ein gepurlich zimlich gelt in irem kosten oder aber die lantgrefin mit irem stat umb ein zimlich gelt von der lantschaft bei dem sone in der lieferong und notturft gehalten werd. 4. Das die lantgrefin, dweil sie iren witwenstul behelt, selbst in dem rate des landes zu Hessen sein oder einen an ire stat verorden muge mitsampt den herzogen zu Sachsen als obersten furmunden und der lantschaft helfen zu raten. 5. Das die session uf diesem reichstag mit einem us der lantschaft, so hergeschikt seint, von wegen der gemeinen regirong besetzt werd, und nit bestimpt von keiner partei wegen sonder der gemeinen regirong, jedes gerechtigkeit ane nachteil und schaden. 6. Der kleinot halben soll es also gehalten werden: was ire eigen kleinot, die sie dem lantgrafen zuprncht oder selbs erkauft hett oder ir geschenkt weren, die sollen ir eigen volgen und pleiben; was aber kleinoter des lantgraven gewest weren oder der lantgrafschaft zugehorten, das dieselben beschrieben und vorsichert werden zu des jungen [herrn] handen, bis das er zu seinen jaren kompt, dem sie alsdan volgen sollen. Was kleinot aber des lantgrafen bruder zugehorten, die sollen in des regiments handen steen, beschrieben und vorsichert werden zu desselben lantgraven tochter handen, bis sie vorheirat wirdet, alsdan sollen sie derselben volgen. Auch ist Kei. Mt. begeren an curfursten, fursten und stend des reichs, ir Mt. zu raten, wo die partien diese artikel nit annemen wurden, was irer Mt. dornach in der sach zu handeln gepure.«

A. Dr., Loc. 8675, Ldg. Phil. Vorm. betr. 1509—24, Reinschr. der Kanzlei Hz. Georgs

**27. Kaiser Maximilian I. an die Regenten von Hessen. Augsburg 1510 Juni 5.**

Einladung zum Marburger Schiedstage.

Nachdem es dem Kaiser nicht gelungen ist, auf dem Reichstage zu Augsburg die zwischen Anna von Mecklenburg und den Regenten schwebenden Differenzen zu vertragen, besonders deshalb weil die Regenten »zu der sachen keinen gewalt ghabt«, bescheidet er sie auf S. Margarethentag [13. Juli] nach Marburg, wohin er

auch seine Räte schicken wird, damit sie »der instruction gemes,
die durch uns mit rat curfursten, fursten und stenden des reichs
hie versamlet gewest begriffen«, die Parteien vertragen. »Dat.
Augspurg am funften Juni ao. X.«[1])

A. W., Reg. C p. 105 Nr. 2a Bd. 1, Kop.

## 28. Protokoll des Schiedstages zu Marburg. 1510 Juli 16—24.[2])

Juli 16: Die kaiserlichen Räte verlesen und übergeben den Parteien die Artikel der kaiserlichen Instruktion S. 106f. Juli 17: Beratschlagung der sächsischen Räte unter Vorsitz Hz. Georgs über die
kaiserlichen Artikel: sie nehmen dieselben mit einigen Aenderungen an
S. 107f. Antwort der hessischen Stände auf die Artikel: sie lehnen dieselben fast sämtlich ab; vor allem wollen sie von der Besserung des
Wittums und der Ueberlassung des jungen Landgrafen an die Mutter nichts
wissen S. 108f. Juli 18: Rede der kaiserlichen Räte, in der sie sich
bitter über die Haltung der Stände beschweren. Sie verlangen, dass die
Wettiner als Vormünder ohne Rücksicht auf die hessische Landschaft
kraft ihres Amtes der Landgräfin die kaiserlichen Artikel bewilligen, deren
Billigkeit sie eingehend begründen S. 109ff. Die Stände bitten die Wettiner
ihnen beizustehen, worauf ihnen Hz. Georg seinen Schutz zusagt S. 112f.
Juli 19—24: Die Stände beharren auf der Ablehnung der kaiserlichen
Artikel S. 112f. Hz. Georg bemüht sich vergeblich, sie umzustimmen,
worauf er der Landschaft seinen Schutz gegenüber den kaiserlichen Gesandten nochmals zusagt S. 113f.

»Am dinstag nach divisionis apostulorum ao. decimo [1510
Juli 16] ist auf Rom. Kei. Mt. furbeschiet in gebrechen, so sich
zwischen der landgravin an einem und gemeiner landschaft zu
Hessen anderteils irrig halten, nachfolgende handlung zu Martpurg
geschehn«: Erschienen sind: die kaiserlichen Räte Graf Adam
von Beichlingen, Erasmus Doppler, Propst zu Nürnberg, Johann
Storch, Herzog Georg von Sachsen, als Gesandte Kur-
fürst Friedrichs und Herzog Johanns Friedrich Thun und
Dr. Wilhelm von Beschwitz[3]), als Gesandte Herzog Heinrichs
Heinrich Loeser, Erbmarschall zu Sachsen, und Günther von
Bünau zu Breitenhain, Landgräfin Anna und »gemeine land-
schaft« des Fürstentums Hessen. Kaiserliche Räte: Geben die
Ursachen an, aus denen der Tag vom Kaiser anberaumt wurde,
danken den Anwesenden für ihr Erscheinen, weisen ihr Beglaubigungs-

[1]) Ähnliche Aufforderungen ergehen an Kurfürst Friedrich (A. W. a. a.
O., Or.) und an Hz. Georg (A. Dr., Ldg. Phil. Vorm. betr. 1509—24, Or.).
[2]) Über den Marburger Schiedstag unterrichten uns zwei Protokolle, die
allerdings beide fragmentarisch sind, einander jedoch glücklich ergänzen; das
eine findet sich im Dresdener Archiv (Loc. 8675 Handlung bel. die Irrungen
zwischen Frau Annen und den Regenten und der Landschaft zu Hessen 1510—20,
Ndschr. der Kanzlei Hz. Georgs); auf dem Rücken findet sich der Vermerk:
»Diser handel ist nicht registrirt, dan er nicht ganz vorzeichent worden.« Das
zweite Protokoll ist im Weimarer Archiv (Reg. C p. 105 Nr. 2a Bd. 1, Ndschr.
der Kanzlei Kurfürst Friedrichs); wo es ergänzend eintritt, ist in den Anmerkungen angedeutet.
[3]) Im Weimarer Protokoll wird als Gesandter der Ernestiner noch Graf
Philipp zu Solms, Herr zu Münzenberg, Pfleger zu Coburg aufgeführt.

schreiben vor, entschuldigen nach Verlesung desselben[1]) das »aussenbleiben beider graven von Nassau und Kirchberg ... aus schwacheit
irs leihs« und verlesen ihre Instruktion[2]) mit der Bitte »von wegen
Kei. Mt., das alle mein gst. u. g. herren treulich wolten furdern
helfen, [das] solche artikel von den parteien beslieslich angenomen
wurden.« Nach der Verlesung bitten alle Teile um Abschrift der
Artikel, »ir notturftigs bedenken darauf zu haben.«

Am Mittwoch [1510 Juli 17] findet eine Beratschlagung
über die kaiserlichen Artikel unter den sächsischen Räten
und Hz. Georg statt. Sie kommen »under vil reden hin und
wider ergangen« zu einem einmütigen Beschluss. Friedrich
Thun: Bemerkt zu Artikel 1, dass es besser sei, »die landgrevin
bei irem vorigen widem bleiben zu lassen«, weil »solchs vormals
mit irem wissen und willen geschehen. Es wer auch ir vater auf dasmal daran gesettigt gewest.« Hz. Georg: Bittet »disem artikel
Kei. Mt. zu gehorsam volge zu tun« mit Rücksicht auf den Verzicht
der Landgräfin auf die Vormundschaft; denn »wo das testament
solte kreftig erkant werden, das alsdan ir die vormundeschaft vil
mehr denn die angezeigte besserung zutragen mochte; darumb es
gut sein solte, domit man die frau solcher vormundeschaft halben
stillen mochte, ir solche zulage zu irem widemb volgen zu lassen. ...
Und wiewol vil rede hin und wider darunder ergangen, so ist doch
derselbig erst artikel dermassen beslieslich abgeredt, das man es
dohin arbeiten solte, das der landgrevin ir voriger widem noch
mit 2000 gulden gebessert und also die ganze suma uf 4000 gulden
gestellt wurde, doch in der gestalt, das ir solche besserung und
zulage nicht lenger denn bis zu des jungen landgraven mundigen
jaren gereicht wurde. Wo alsdenn der junge furst ... der mutter
solche besserung lenger wolte volgen lassen, stunde in seinem
willen.« Dafür allerdings soll die Landgräfin im Artikel 2 nachgehen; will sie sich trotzdem nicht zufrieden geben, so soll man
zu den 4000 Gulden noch 800 oder 1000 zulegen. Über Artikel 3
hat man vereinbart, dass Philipp noch drei Jahre bei der Mutter
bleiben wird, »angesehen, das die kinder nirgent besser denn bei
den mutern sein und von inen am besten erzogen werden.« Doch
soll er zu Kassel gehalten und den Regenten jeder Zeit freier Zutritt zu ihm gestattet werden. Gemäss dem Artikel 4 soll die
Landgräfin jährlich zur Rechnunglegung der Regenten gezogen
werden, sowie zu »grossen, wichtigen und dapfern sachen.« Über

---

[1]) Die Kredenz, die im Dresdener Protokoll fehlt, ist im Weimarer
Protokoll eingezeichnet (Dat. Augsburg 1510 Juni 5). Es wird dort bemerkt,
dass sie in sieben Exemplaren überreicht wurde: je eins erhielten die vier
Herzöge von Sachsen oder ihre Vertreter, die Landgräfin Anna, die Stände,
die Regenten. Graf Adolf III. von Nassau, Herr zu Wiesbaden und Idstein,
und Graf Philipp zu Kirchberg, Kammerrichter, sind in der Kredenz als Schieds-
leute aufgeführt.
[2]) Die Instruktion fehlt im Weimarer und im Dresdener Protokoll, deckt
sich aber, wie aus den folgenden Verhandlungen hervorgeht, mit den kaiserlichen Vergleichsvorschlägen (s. o. Nr. 26), die Anna unter dem 20. Mai 1510
an Hz. Georg sandte.

Artikel 5 ist kein Beschluss gefasst worden. Bezüglich des
Artikel 6 hat man nach dem kaiserlichen Antrage beschlossen.
Die Landgräfin soll ein Verzeichnis von denjenigen Kleinodien auf-
stellen, auf die sie mit gutem Recht Anspruch macht. Nach
dieser Beratung wollen Herzog Georg und die sächsischen Räte
zunächst hören, was die hessischen Stände zu den kaiserlichen
Artikeln sagen.

Antwort der Regenten und gemeiner Landschaft auf
die kaiserlichen Artikel. Zu Artikel 1: Sie wollen von einer
Aufbesserung des Wittums nichts wissen, weil es eine unerhörte
Neuerung wäre; »denn dodurch wurde eingefurt, welche frau von
Hessen zukunftiglich besserung ires widems haben wolte, die wurde
auch ein solchen zank einfuren, wie denn dise frau itzund furneme.
Wie das auch itzund vor augen; dan des alden landgraven zu
Spangenberg gemahel ... bette ire rete zu der landschaft geschickt
mit ansinnen, wo man der landgrevin iren widem bessern wolte,
solte man ir auch zu irem widem zulage tun. Und dieweil denn
dise frau, die landgrevin, mit widem mehr und stattlicher denn vor
andere landgrevin, die doch wol sovil als dise einbracht, vorsehen,
were ir bedenken, das sie auch billich daran begnugig sein solte.
So stunde es auch in der landschaft gewalt noch macht nicht, irem
jungen hern in seinen unmundigen jaren mehr zu vorgeben, denn
sein herr und vater ... in zeit seins lebens selbs vermacht hette.
Wo aber mein gst. und g. herrn solche besserung zu tun auf sich
nemen und die landschaft des zukunftiglich gegen dem Jungen landgraven vortreten und vorantworten wolten, liessen sie wol geschehn.
Allein das sie des entschuldigt wurden.« Zu Artikel 3[1]): In keinem
Fall wollen die Stände den jungen Landgrafen in der Obhut der
Mutter lassen, »aus vil ursachen, die sie nicht alle erzelen, sundern
wolten derselbigen eins teil anzeigen und gesagt, das die gewonheit des lands zu Meckelburg sich mit der gewonheit des lands zu
Hessen nicht vorgleicht. So were es auch von alders also herkomen, das allewege die verlassen jungen fursten in der vorwaltung
der lantschaft bliben. Es were auch zimlich, das der herr bei den
knechten und die knechte bei dem herren bliben, das einer des
andern gewonet.« Sie beteuern, dass »inen in keinem wege leidlich
sei, den jungen fursten von inen zu lassen, und ob sie gleich dasselbige willigen wolten, so wern sie doch von den von Cassel
angesucht worden, das sie in keinem wek gestatten wolten, den
jungen fursten aus irer vorwarung in der mutter handen komen zu
lassen, und ob es gleich wolte furgenomen werden, so gedechten
sie doch dasselbig zu weren und in keinem wege zuzulassen. Desgleichen hetten die von Martpurk auch an sie gelangen lassen,
nicht zu gestatten, den jungen fursten in seiner mutter vorwaltung
zu stellen.« Zu Artikel 6: Sie stimmen dem Beschluss der
sächsischen Räte bei. Zu Artikel 4: hat die Landschaft »dise

---

[1]) Artikel 2 wird von den Ständen nicht berührt.

underricht gegeben«:[1]) Die Stände geben zu bedenken, dass »es
an vordries und widerwertigkeit nit ergehn mochte. Dan es wer
wissentlich, was inen von irn g. begegent were. Solt nu ir g. personlich ader ein an ir stat sitzen, mocht ichtes von den regenten aus
erbarm bedacht beratslagt werden, welchs dem beisitzer nit gefellig
und unser g. frauen zu verdries raich[e]n [!], darab di irrung kunftig
abermals furfallen, welchs dan unlust gebern werd. ... Aber damit an der lantschaft in disem auch kein wegerung, wollen si [zu-
lassen], sofern es unser gst. und g. hern als vormunden bewilligen,
so di haubtrechnung jerlich gehalten wirdet, das einer aus der lantschaft anstat irer g. auch nidergesetzt und sunderlich veraidet
werde, solchs bei im zu behalten und an nimant gelangen zu lassen.«[2])

Am Donnerstag [1510 Juli 18] nachmittag bringen die kaiserlichen Gesandten, nachdem ihnen durch Hz. Georg und die
sächsischen Räte die Antwort der Stände mitgeteilt ist, vier Beschwerden gegen gemeine Landschaft vor, deren »zwu die landgrevin und zwu sie selbst als Kei. Mt. bevelhhaber anlangeten.«
1. Die Landgräfin beklagt sich darüber, dass sie das Testament
aufgeben soll; 2. darüber, dass »ire diener und vorwanten ...
hertiglich bedrauet und durch solche bedrauung irer l. abgestrickt«
werden; dass auch »etliche beschwerliche rede ausgeschossen«
würde, »als solte man einmal von etlichen das fleisch in luften
sehen, wie denn dieselbigen wort vorlautet.«[3]) 3. Die kaiserlichen
Gesandten beschweren sich darüber, dass Herzog Georg und die
sächsischen Räte zwischen den Parteien vermitteln wollen, wo sie
doch mit den hessischen Ständen, von denen die Wettiner als Vormünder gekoren wurden, eine Partei bilden, »darumb si numals
part und nit hendler sein mochten und stunde in irm vermugen,
Kai. Mt. begere ausserhalb der lantschaft ader der so in regirung
des furstentums gunst zu willigen. Dan billich, das sich di, so
bevormunt werden solten, unter der vormundschaft und irs bevelhs
hielten, wo es aber nit sein solt, und di von der lantschaft ader
in der regirung irs gefallens zu leben haben solten, so were keiner
vormunden von noten, si wurden auch billich nit fur vormunden
zu achten noch zu halten sein. Dan das antragen were an vormund und lantschaft als fur einen stant zugleich gescheen, hetten
auch nit gemaint, das sich di angenumen vormunder in disem
mitteler geachtet haben solten. Dan kundig, das si als Kai. Mt.
verordente rete auf den bevelh und instruction und nimant anders
unterhendler wern, auch keiner mittler notturftig, dan si hetten
ein instruction, der si sich hielten. 4. So sei auch Kei. Mt. reten
wissen, das di tagsatzungsbrief an iden fursten und part sunderlich zu Augsburg besigelt ausgangen und hieher geschickt, deren
ein sunderlich an gemaine lantschaft gehalten, wie dan di

---

[1]) An dieser Stelle bricht das Dresdener Protokoll ab; die folgenden
Sätze finden sich im Weimarer Protokoll.
[2]) An dieser Stelle bricht auch das Weimarer Protokoll ab.
[3]) Nach einigen weiteren Sätzen bricht hier das Dresdener Protokoll
ganz ab; das Folgende ist dem Weimarer Protokoll entnommen.

credenzbrief auch darauf gelautet; wo aber derselb tagsatzungsbrief
hinkumen, ob er uberantwurt ader vorhalten, wusten si nit, hetten
aber ein wane, als ob damit Kai. Mt. willens nit gefarn sein solt.
Des hetten si ursach aus dem, das di ganz lantschaft nit sembtlich,
sundern allein etliche, di villeicht derjenen so in der regirung
gefallens lebten, erschinen. Dan wo di ganz lantschaft bei einander,
mocht an zweifel mancher frumer man erfunden werden, der zu
unser g. frauen der furstin auch naigung hette.« — Mit der Antwort, die ihnen die sächsischen Räte im Namen der Landschaft
auf die Forderungen der kaiserlichen Instruktion gegeben haben,
sind die Gesandten sehr unzufrieden, »dan aldo wurde irer Mt.
begern nach gar nichts gewilligt.« Zu Artikel 1: Nur 2000
Gulden zur Aufbesserung des Wittums der Landgräfin seien bewilligt, und die habe man ihr ohnedies schon auf dem Tage zu
Mühlhausen versprochen. Wiewohl auf dem Reichstage zu Augsburg Ludwig von Boyneburg und der Kurfürst Friedrich von Sachsen
»in kein handlung hette willigen wollen . . ., so hett dach Kei. Mt.
an bit der lantgrefin di merung nach inhalt des artik[e]ls in der instruction mit rat [der] curfursten und fursten bewegen, das di merung
der dreitausent gulden an beswerung des furstentums zu unterhaltung fried und ainikeit . . . raichen solten. Dan das stund in
der vormunden macht, hetten es auch, unangesehen ob es der
lantschaft entkegen, aus craft der vormundschaft, dieweil si vormunden sein wolten, gegen got und der welt erlich zu verantwurten.
Dan nachdem di recht solchs zuliessen, wer zu bedenken, das noch
ein merers, dieweil es Kei. Mt. als der oberst vormund, von dem
alle vormundschaft flussen, begert, ernstlich geschaft und bevolhen
bette, damit wurd einikait erhalten, di rechtfertigung und orterung,
ob das gescheft und letzter wille ldg. Wilhelms sel., welchs noch
uf zweifel stunde, bei macht ader uncreften sein solt, abgeschniten.
Dan das Kai. Mt. ein oberster vormund uber alle furstentum were,
bewerten di recht; dan alle furstentum und regalien musten von
Kai. Mt. empfangen werden.« Der Vorwand der Stände, sie müssten
auch das Wittum der Landgräfin Anna geb. Herzogin von Braunschweig aufbessern, wenn sie das bei der Landgräfin-Witwe zuliessen, ist unzutreffend. Denn den kaiserlichen Räten ist ein Brief
von Ldg. Wilhelm dem Alteren zugekommen, »darin sich sein g.
mit aigner hant unterschriben und begert, das man seinen g. am
furstentum nicht zu nachteil handeln solt, dan sein g. wer also geschickt, das er selbst widerumb zu regirn . . . gedechte. Und umb
merer sicherhait willen hetten si zu unser g. eltern frauen reten geschickt, weiter ab in zu vernemen, di sich boren lissen, wie si des
merungs [!] halb keinen bevelh hetten, dan allein zu bitten, das dem
furstentum nit zu nachteil gehandelt wurd, und ob di merung
gescheen solt, das nichts an nutzung uf irs hern teil geslagen.«
Die Stände müssten der Landgräfin-Witwe die Aufbesserung des
Wittums aus Dankbarkeit gewähren in Rücksicht auf »di lieb und
treue, so unser g. frau bei irm hern und sunderlich in der krankheit gehabt, darin si sich nit allein als ein treue gemahel, sundern

mit dinstbarkeit also erzaigt, das es von einer magt gnug gewesen. Darzu hett ir g. das lant nit wenig erfreuet, das ir g. inen zu trost einen hern in di welt bracht bette.« Zu Artikel 2: Auch die Morgengabe der Landgräfin-Witwe ist keineswegs fürstlich bemessen; denn sie habe einen jährlichen Nutzungswert von nur 16 Gulden. »Ob solch morgengab furstlich und den rechten gemes, wer auch leichtlich zu bedenken. Dan hievor ein furstin dis lands, aus dem furstenstam Bayrn der geburt, an erben abgangen, welcher aber dannoch 10 000 gulden in der morgengab vermacht, auch derselben widumb mit 1600 gulden gebessert.[1] . . . Nu bette unser g. frau dem lant einen trost geborn und wer ie seltzam zu vernemen, das ir magttum nit hoher dan fur 16 gulden gelds solt geachtet worden sein.« Zu Artikel 3: Dass Ldg. Philipp »noch zur zeit der jugent halb von nimant billicher dan von der mutter erzogen« wird, ist billig und »auch den rechten nit ungemes. Darumb Kai. Mt. sambt curfursten und fursten disen artikel sunderlich betrachtet hetten und bewegen, das der jung furst zu Cassel bis in das zehent jar enthalten, von der mutter mit weibs- und von der lantschaft mit mannespersonen versehen werden solt, auch das di mutter mit etlichen personen umb ein zimlichs in des sunes kost gehalten wurde. Nu befunden di verordenten rete ausse der gegeben antwurt, das des jungen hern halb ein rechtgebot furgewendet worden, also wo unser g. frau ie vermaint, das ir der sun billich volgen solte, wolte di lantschaft di andern artikeln neben disem stehen lassen und irn g. an geburlichen enden umb alle artikel ordenlichs rechten nit vorsein. Daraus hetten si als Kai. Mt. verordente rete zu vermerken, das wo dem artikel nit einreumung, als Kei. Mt. begern, zugewendet, das der handel in zurutung gefurt, welchs sich Kei. Mt. in keinen wek versehen. Dan obwol di gegeben antwurt ein entschuldigung meldet, das di lantschaft zu dem hern gehorten und derselb ir herr am bequemsten nach den sitten des landes erzogen werden solte, solchen behelf achten Kai. Mt. rete mer unser g. frauen zu unglimpf und verclainung dan aus des landes notdurft von der lantschaft vermaint, aus ursachen das sich ir g. bei leben irs hern alweg nach seinem gefallen und des landes sitten gehalten und wurde solche vorunglimpfung und der wane, als ob ir g. den sun anders dan zu tugenden ader des landes sitten zu zihen naigung haben solte, billich vormiden.« Zu Artikel 4: Auch dieser Artikel wird den Bedenken der Landstände gegenüber aufrecht erhalten. Zu Artikel 5: Auf diesen ist von seiten der Stände gar keine Antwort gefallen. »Aber Kei. Mt. rete[n] were angelangt, wie sich etliche aus der lantschaft hetten sollen vernemen lassen, das solcher artikel zu Augsburg nit dergestalt begriffen und erlogen sein solt. Das wer inen als Kei. Mt. gesanten

---

[1] Hier liegt zweifellos eine ungenaue irrige Behauptung der kaiserlichen Räte vor; eine bairische Prinzessin findet sich unter den hessischen Landgräfinnen überhaupt nicht. Welche Fürstin die Räte im Auge haben können, ist aus den obigen Angaben, deren Richtigkeit mir auch sonst sehr zweifelhaft erscheint, nicht zu ermitteln.

nit ein cleine verachtung, verhonung und schmehe, hetten auch
des billich vortrak, musten es aber dismals wenden lassen und
wern trostlichs hoffens, das es in mit keiner warheit zugemessen
werden mochte.   Dan di artikel wern aus der instruction gelesen,
di mit Kai. Mt. hant gezaich[e]nt, mit irer Mt. sigel besigelt.«   Zu
Artikel 6: »Der cleinot halben ... befunden Kai. Mt. rete, das
es mit denselben kainen mangel haben wurde.«  Zum Schluss
sprechen die Gesandten die Hoffnung aus, dass die Herzöge von
Sachsen als Vormünder dahin trachten würden, dass der kaiserlichen Instruktion »an wegerung nachgegangen« werde.   »Wiewol
si sunderlichen bevelh hetten, wo in der gute nit volg erlangt
werden mocht, di sach zu einem rechtlichen austrag zu handeln,
des wern si willig, wolten sich aber versehen, man wurde Kai. Mt.
gnediger naigung und begern nach mit annemung der gutlichen
furgeslagen artikel nit mangel erscheinen lassen.«  Stände: Haben
nach dem Vorhalten der kaiserlichen Räte ein Bedenken genommen
und »haben einen ausschus unter inen gemacht, di sich zu unserm
g. herrn hz. Jorgen sambt unser gst. und g. hern gesanten gefugt
und gebeten, nachdem di sach swer furfalle, gemainer lantschaft
retig und beistendig zu sein.«[1])  Stände: Beharren auf ihrem ablehnenden Standpunkt gegenüber den kaiserlichen Forderungen.
Im wesentlichen wiederholen sie ihre frühere Begründung.  Sie bemerken zu Artikel 2: »Ir g. frau und furstin sei von irm hern
und gemahel ... noch gewonheit und gebrauch ditzs furstentumbs
in vil fursten, ritter und knecht kegenwertigkeit bemorgengabt mit
dem stetel Neydestein, welichs in forigen zeiten vier furstin auch
zu morgengabe gegeben ..., aus dem zu ermessen were, das in
als undertan nicht zime noch gebure derhalben anderung oder
besserung zu tun und also in dem stuck neuigkait einzufuren, dem
furstentumb und irer herschaft zu nachtail und schaden. ... Das
darbei eingefurt, wie in vorigen zeiten der furstin von Beiern
10 000 gulden durch irn hern und gemahel zur morgengab gegeben
und der widdumb mit 1600 gulden gebessert, mog wol sein.  Es
hab aber ir herre bei seinem leben getan, derwegen es disem falle
nicht zutreglich.  Hett ir herr bei seinen leben ir g. andergestalt
mit widdumb und morgengab auch versorget, das hetten si wol
gescheen lassen; den es bette seinen g. zugestanden, dieweil aber
nicht, stunde es in nicht zu.«  Zu Artikel 4: »Handlung und notturft der parteien zu horen, sei nicht weiplich arbait, sunder stehe
mannesbilden zu; darumb irs bedenkens nicht not nach fuglich, ire
g. furstin und fraue personlichen zur handelung des landes zu lassen.
So sei auch unbequeme, imands anders von irer g. wegen das zu
gestatten, angesehen das daraus gezenk und widerwille wurde erwachsen.  Es were auch der aufgerichten ordenung der regenten

---

[1]) Hier weist das Weimarer Protokoll eine Lücke auf; doch kann man
dieselbe leicht aus einem Bruchstück des Dresdener Protokolls ergänzen.  Nach
diesem sagt Hz. Georg den hessischen Ständen auf ihre Bitte bereitwillig seinen
Schutz zu: in allem, »des die lantschaft guten fug und recht hetten«, wird er
sich nicht von der Landschaft trennen lassen.

entkegen, di nicht an ursach in ungleiche zal der personen gesetzt und sunderlichen, ab sich ein falh begebe, das dieselben in reten auf zweien teilen vorgleicheitten [!], das alsdan der neuhende dem einen teil zufalh geben mochte, also in entlichen beschlos zu komen, das hiedurch abgewendet. Sie weren auch des vortrauens, das sie also handeln wolten, das si kegen got und der welt wissen zu vorantwurten. Dennoch ab felle furfallen wurden, darinne imant sich besweret wurd finden, der bette ir gst. u. g. hern von Sachsen allenthalben zu besuchen, wolten sie sich [von] ir[en] f. g. weisen lassen; und doch disen artikel in irer f. g. gefallen gestellet.« Zu Artikel 5: Bezüglich dieses Artikels ist ihr Bedenken »nu zu mabel voruber. ... Was in Kai. Mt. hofreten ader aber durch curfursten und fursten davon geratschlakt, were in unbekant; das were aber dem lanthofmeister und dem canzler kunt, das dem hofmeister von wegen gemeiner lantschaft die session an alle underscheit und anbang gegeben. So auch darneben eingefurt, das von etlichen solt geredt sein worden, das diser artikel erticht, davon hette gemaine landschaft kein wissen, wer derwegen nicht unbillich gewest, das die lantschaft darmitte vorschonet. ... Ditz ir bedenken wollen sie im besten m. g. herrn hz. Georgen und den andern unser gst. u. g. hern von Sachsen reten, doch auf sein f. g. und der andern vorbessern, eroffnet haben, weren bedacht den kaiserlichen gesanten das zu antwurt zu geben, bitten doch, das sein f. g. und die andern hern in wollen retig sein, si auch bei irem alten herkomen, gewonbeiten und freiheiten gnediglichen und gunstlichen hanthaben, schutzen und schirmen; Kai. Mt. wolten sie gern in allen zimlich[e]n und billichen sachen wilfaren und undertenigen gehorsam leisten, aber in disem handel, der in irer gewalt nicht steht, wusten sie es nicht zu tuen.«

Herzog Georg und die sächsischen Räte: Haben sich hierauf »mancherlei und vil fast ein ganzen tag mit der lantschaft underredt, in alle beschwerung, die bei in haben mogen bedacht werden, die aus disem handel, wo er unentschieden bliebe, sich erfolgen mochten, erzelet, sunderlichen krieg, aufruer, widerwille, vil muhe, erbeit und darlegen, und wen dem landgraven etwas widerfure, es wer an seinem gesunt ader leben, was vordacht oder argwan daraus fliessen und den regenten und lantschaft mocht zugemessen werden, darumb sein f. g. und der rete bedenken, es solt nutz und gut sein, das mit vorsorgung des jungen hern der dritt artikel der instruction angenomen und die andern artikel dermasse, als sie vormals von sein f. g. und den andern reten furgeschlagen, vor gleich und gut angesehen, gewilligt werden.« Stände: Haben darauf »mit gemeiner stime antwurt geben lassen, das sie sein f. g. und der andern rat und wolmeinen gehort, das treulichen vormerket, haben sich des auch underteniglichen bedanket, sie weren im zu folgen genaigt, wen es in mit ichte tuelich. Aber sein f. g. und die andern hetten vormals gehort, was sie vor grosse beswernis darinne haben. Darumb sie sich abermals kegen sein f. g. und den andern hern entschuldigt mit dem erbiten, das

sie recht aller artikel halben leiden wolten, gebeten, sie davon
nicht zu dringen, sunder in beistendig und retig zu sein, sie auch
zur billikeit zu hanthaben und schutzen.« Herzog Georg: Ant·
wortet nach einer Unterredung mit den sächsischen Räten der
Landschaft: »Weil si ursachen hetten, warumb sie die vorgeschlagen
artikel nicht kunden willigen nach annemen und recht leiden wolten,
were sein g. und der andern hern gemute nicht, sie davon zu
dringen, sunder wolten in retig, beistendig und hulflich sein, mit
in vor einen man stehn, sie auch in allen billichen sachen mit schutz
und schirm nicht verlassen. Und sein g. und der andern bedenken
were, das den kaiserischen antwurt gegeben wurde, wie oben er·
zalt, doch das sie mit spitzigen worten Kai. Mt. zu eren und under·
tenigkait als vil moglich und es sein mochte vorschonet wurde,
und das die rechtgebot gestellet wurden lauts der vorbruderung
auf die lantschaften Sachsen, Meyssen, Dhuringen und noch ver·
moge der erbeinung auf das haus zu Brandenburgk mit dem anhang,
ab di furstin von Hessen daran nicht besettigt sein wolte, das sie
dan der curfursten und fursten, als auf dem negsten reichstag bei·
samen sein wurden, erkentnis leiden wolten, ab solich erbieten
gleich billich und gnug ader nicht. Ditz also ergangen und ge·
scheen und darauf manicherlei rede gefallen, dodurch der handel
zu einem vortrak gereichet, als hernochfolget.«

A. Dr., Loc. 8675, Handl. bei. die Irrungen u. s. w. 1510—20, glz. Ndschr. der Kanzlei
Hz. Georgs.   A. W., Reg. C p. 105 Nr. 2a Bd. 1, glz. Ndschr. der Kanzlei Kurf. Friedrichs.

**29. Kaiserlicher Vertrag zwischen der Landgräfin Anna
und den hessischen Ständen. Marburg 1510 Juli 24.**

Die kaiserlichen Gesandten richten einen Vertrag auf, in den die
hessischen Stände nur unter der Bedingung willigen, dass die Wettiner
als· Vormünder die Verantwortung übernehmen. Der Landgräfin wird
1. eine Besserung ihres Wittums zugestanden. 2. Ihre Morgengabe wird
nicht erhöht. 3. Der Sohn bleibt in der Obhut der Regenten. 4. In
dem Kleinodienstreit wird ein Tag anberaumt; bei etwaigen Irrungen
haben die Wettiner als Schiedsrichter zu entscheiden.

Adam Graf und Herr zu Beichlingen, Dr. Erasmus Doppler,
Probst zu S. Sebaldus zu Nürnberg, und Johann Storch bekunden
als kaiserliche Räte und Kommissarien, dass sie »nach viel gehabter
vorhorung, handlung, underrichtung und underrede« mit Rat und
Willen der Herzöge von Sachsen bezw. ihrer Vertreter und der
Landgräfin Anna, »in beiwesen« der Regenten· und der hessischen
Stände, »so in guter anzale zugegen gewest und angezeigt, das ine
ane sondere bewilligung . . . irer gst. und g. herren von Sachsen als
obristen vormunden in nachfolgende handlung zu gehellen nit
geburt, inen darumb solichs heimgestelt und sie deshalb gegen ldgen.
Philipsen, so der zu seinen mundigen jaren kommen wurde, zu ent·
schuldigen begert, das si inen zu tun zugesagt«[1]) — zu Marburg

_____

[1]) Ein Schadlosbrief wegen des Vertrags von Marburg wurde den hessischen
Ständen am 9. Dezember 1510 von den Wettinern ausgestellt. Die Herzöge
von Sachsen verpflichten sich als die obersten Vormünder Landhofmeister,

folgenden Vertrag »gutlich betedingt« haben: 1. Ausser den 2000 Gulden, die der Landgräfin nach ihrem Wittumsbrief zustehen, »sollen ire noch 2500 gulden in golde oder an [!] munze der curfursten am Reine werung ... jerlich gereicht ... werden, bis solang ldg. Philips ... 15 jare seins alters volkumenlich erreicht, alsdan sol zu seinem willen und gefallen steen, die ... 2000 gulden lenger zu geben oder abzustellen. ... Doch sollen soliche 2000 gulden, wan und zu welicher zeit die ablosung egedachts widdombs verfallen und mit den bestimbten 20 000 gulden geschehen wurde, damit auch abgelost und furter nicht mer gegeben, auch der widdombsbrieve sonst in andern artikeln kreftig sein, aber die uberigen 500 gulden sollen der ... landgrafin ire lebenlang in allewege ane meniglichs irrung und widersprechen bezalt werden.« Die 2500 Gulden sollen aus der Rentkammer des Fürstentums Hessen zu Marburg bezahlt werden, solange sie ihren Witwensitz zu Giessen hat. aus der Rentkammer zu Kassel jedoch, sobald sie Rotenburg eingenommen hat, und zwar in vier Zielen, »nemlich zu einer ieglichen quatember oder fronfasten 625 gulden ... uf ire zimlich quittung an alle verhindrung, weigerung, ausflucht, auch an allen iren costen und schaden.« Bürgermeister, Rat und ganze Gemeinde der Städte Marburg und Kassel sollen sich der Landgräfin als Bürgen verpflichten »und ire daruber besigelt urkunde und verschreibung, damit si der hebig sei in monatsfrist ... zu iren sichern handen uberantwurten.«[1]) Da Giessen und Grünberg keinen Wildbann haben, soll Anna bis zur Übersiedelung nach Rotenburg die Jagd zu Nidda »so oft ire gefellig sein wurde und mit den dinsten in einem ieden manat einen tag gebrauchen.« Ihre Tochter soll bei der Landgräfin bis zu ihrer Verheiratung bleiben; zum Unterhalt derselben sollen ihr jährlich 350 Gulden und 5 Fuder Wein zu Darmstadt gereicht werden; auch sollen die Vormünder und Regenten das Fräulein mit Kleidern und Kleinodien versehen, »wie sich das irem stant nach gezimpt.« 2. Der Landgräfin soll das Städtchen Niedenstein, »wie ire dasselb fur ire morgengab angezeigt ist, mit allen obrikeiten, gulten und zugehorungen unverzugelich zugestellt und eingeantwurt werden.« 3. Solange Ldg. Philipp in der Verwaltung der sächsischen

---

Regenten und gemeine Landschaft des Marburger Vertrags halben gegen Ldg. Philipp, wenn er mündig geworden ist, zu entschuldigen und schadlos zu halten, namentlich weil in dem Vertrage der Landgräfin - Witwe eine Aufbesserung ihres Wittums zugesichert ist, die über die Verschreibung ihres verstorbenen Gemahls Wilhelms des Mittleren hinausgeht, »darein gemelte regenten und geschickte der landschaft nit haben bewilligen und gehel[l]en wollen, sondern solchs uns obgenanten hz. Georgen und andern aldo gehabten reten als obersten vormunden unsers jungen ohmen ldg. Phillippsen hingestellt und sich des gein seiner l., so er zu seinen mundigen jaren komen wurde, zu entschuldigen gebeten, welchs inen lauts desselben schieds zugesagt. ... Dat. Cassel am montag nach conceptionis Marie virginis ao. X.« (A. W., Reg. C p. 106 Nr. 2b, Kop.)

   [1]) Eine gleichzeitige Abschrift der Verschreibung, in der sich die Gemeinden von Kassel und Marburg der Landgräfin für die richtige Bezahlung ihrer Pension verbürgen, findet sich im Kopialbuch E 1 (Vormundschaftliche Regierung 1510—1513; A. Mbg., O. W. S. Gefach 1542). Sie trägt das Datum: Marburg, Dienstag nach S. Laurentius 1510. Das Original war nicht aufzufinden.

Fürsten und Regenten ist, soll der Landgräfin vergönnt werden,
»in etliche zeit im jare zu besuechen und etliche tag, doch an
ubermessigen costen, bei ime zu beleihen und ergetzlicheit mit ime
zu haben.« Die Wettiner und die Regenten sollen den Landgrafen
»mit teuglichen verstendigen mans- und weibspersonen aus dem
land zu Hessen geborn nach notturft versorgen.« 4. Hermann
Riedesel soll auf Befehl und Geheiss der sächsischen Fürsten »in
grossen sachen und zu den rech[n]ungen doch uf sonderliche pflicht,
die er wie andere deshalb tun sol, zugelassen werden und die geheim oder was ime fur bericht zustet niemants dan der ... landgrafin, dieweil si in unverrucktem witwenstuel sitzt, ereffnen.« 5. Bezüglich der Kleinodien wird bestimmt, dass Graf Adam von Beichlingen als kaiserlicher Gesandter in Gegenwart der beiden Parteien
am Freitag Abend nach Maria Himmelfahrt [1510 August 16] zu
Mühlhausen die Kleinodien besichtigen und aufzeichnen lassen wird.
Es soll damit nach dem Wortlaut der kaiserlichen Instruktion
[s. S. 105] verfahren werden. Sollten dennoch darüber Irrungen
entstehen, so hätten die Herzöge von Sachsen dieselben durch
Schiedsspruch zu schlichten. — In Zukunft sollen durch diesen Vertrag alle Ansprüche der Landgräfin, sowie aller Widerwille und
alle Unlust zwischen den Parteien und ihren Anhängern auf ewige
Zeit abgethan sein. »Des zu warem urkunt« hängen Graf Adam
von Beichlingen und Erasmus Doppler für sich und Storch ihr
Siegel an den Vertrag, desgleichen Herzog Georg, Thun und Loeser
für sich und ihre Mitbevollmächtigten, Landgräfin Anna für sich,
die Regenten für sich und die Landschaft. »Der gegeben ist zu
Martpurg, am 24. tag des monats Juli ao. 1510.«[1])

A. Darmstadt, Or. mit fünf anhängenden Siegeln.


### 30: Beratung sächsischer Räte mit den Regenten über die Ordnung der hessischen Verwaltung. Marburg 1510 Juli 26.

Sitz der Oberamtmannschaften. Absetzung zweier Amtleute, Be-
lassung der übrigen. Gehalt der Regenten und des Kanzlers.

Nach der Aufstellung des Marburger Vertrages beraten sich
die sächsischen Räte am Freitag nach Jakobi mit den Regenten
über die Einrichtung der Regierung in Hessen. Auf die Frage
der Räte, ob die Regenten sich alle an einem Ort oder an verschiedenen Orten aufhalten werden, antworten die Regenten, es sei
Brauch und Herkommen, dass man, wenn das Regiment zu Kassel
seinen Sitz habe, in Marburg und in der Niedergrafschaft Katzenelnbogen je einen Oberamtmann gehalten habe, »bei dene sich die
andern umbligenden amptleute in furfallen der sachen [rats] zu erholen

---

[1]) Das grosse Siegel, mit dem die Regenten den Marburger Vertrag
siegelten, trägt die Umschrift: »Sigillum regiminis Hassie a tutoribus ordinatum.«
Vgl. Schenk zu Schweinsberg, Das letzte Testament Ldg. Wilhelms II. S. 67 ff.,
wo ein Auszug aus der Vertragsurkunde gegeben wird.

gehabt«; sei dagegen der Sitz des Regiments in Marburg gewesen, so sei nur zu Kassel ein Oberamtmann gewesen.

Die Regenten haben nur zwei Amtleute abgesetzt und zwar die zu Schmalkalden und Homberg in Hessen; die übrigen Amtleute, versichern sie, seien fromme Leute; es liege daher kein Grund vor, sie zu verändern; die meisten Ämter seien lebenslänglich verschrieben.

Bezüglich des Gehalts der Regenten wird festgesetzt, dass der Landhofmeister 400 Gulden, die übrigen Regenten mit Ausnahme des Ordenskomturs Dietrich von Cleen je 200 Gulden jährlich erhalten, ausserdem für ihre Person und für ihre Knechte Kleidung und Erstattung der Pferdeschäden.

Der Kanzler von Hessen Dr. Engelender verlangt die Erhöhung seiner Besoldung, die bisher 400 Gulden betragen hat, von denen er 200 aus der fürstlichen Kammer und 200 aus der Kanzlei bezogen hat. Ferner behauptet er, dass er von den hessischen Ständen zum Mitregenten ernannt sei, was ihm die Regenten entschieden bestreiten: Engelender sei »zu keinem regenten bewilliget, sunder zu einem canzler zugelassen, dan er were nicht einer aus der lantschaft. Man hett auch h. Cunradten von Manspach deshalben nicht leiden wollen.«[1]

A. Dr., Loc. 8659, Alte sächs. Händel 1510—19, Kop.

## 31. Georg von Hopfgarten an Herzog Georg von Sachsen. [1510 August 20.][2]

Berichtet über die Besichtigung und Aufzeichnung der Kleinodien zu Mühlhausen und die Entscheidung des kaiserlichen Kommissars.

Am Sonnabend nach Mariä Himmelfahrt morgens zwischen 6 und 7 Uhr hat Graf Adam von Beichlingen als kaiserlicher Gesandter wegen der Kleinodien mit dem Rat zu Mühlhausen auf dem Rathaus verhandelt, »auch etliche mandat von wegen Kei. Mt. übergeben.« Um 8 Uhr ist Landgräfin Anna mit ihren Räten Kurt von Mansbach, Dr. Schilling und Schrautenbach auf dem Rathaus erschienen, ferner im Auftrag der Regenten Jost von Baumbach und Rudolf von Waiblingen und im Auftrag der Wettiner Kaspar von Boyneburg, Heinrich von Bünau und Hopfgarten; in aller Gegenwart sind die Kleinodien besichtigt und verzeichnet worden, was bis 11 Uhr gedauert hat. Darauf hat »sich der von Beich-

---

[1] Engelender trat bald in kurmainzische Dienste; sein Nachfolger wurde Herting Schenk. Da die Amtsverschreibung Schenks fehlt, kennen wir den Zeitpunkt der Veränderung nicht. Jedenfalls ist Schenk bereits Anfang April 1511 einige Zeit im Amte, wie aus einem Schreiben ersichtlich ist, das Hz. Georg an seinen Obermarschall Heinrich von Schleinitz richtete (A. Dr., Loc. 8675, Etliche Artikel u. Klagepunkte 1511, Or., Dresden, Freitag nach Lätare 1511).

[2] Das Datum geht aus den Zeitangaben im Bericht hervor. Rückenvermerk: »h. Georg von Hopfgarten ritter schreibt, was er von wegen der kleinot, so der landgrevin und dem landgrafen zustendig sein und zu Molhausen ligen, doselbst gehandelt habe.«

lingen ... handelunge understanden also, dieweil mein g. frau die
cleinot alle vor das ire bilde und die geschickten ir das auch in
der sum nicht wolten gestendik sei[n], das die geschickten hetten
anzeigunge getan, was sie vormeinten der cleinot anzusprechen.
Das hat der von Beichlingen bei in mit swerer muhe, das sich bis
auf sontak nachmittage vorzogen, erlanget. ... Daruf dan mein
g. frau bis nach dem nachtessen bedenken genomen und auf dieselbige irer vorzeichung eine bericht mit einer bedingten protestacion tun lassen und getan, wie dieselbigen cleinot an sie komen
und sunderlich das gros gute halsbant, das ir das ir herre sel. ir
lebenlang zu gebrauchen gegeben. ... Daruf die geschickten den
montak fru als gestern sich haben boren lassen, irer g. des bis
zu erleuterunge keins weges gestendik, sundern iren beslis daruf gewendet, Kei. Mt. vorordenten gebeten zu vorfugen, das die cleinot
so in ansprach da zu Molhausen enthalden werden, bissolange die
leuterung von euer aller g., wie im spruch zu Martporgk usgedruckt,
gescheen sei. Wiewol Kei. Mt. geschickter fleissiglich darnach
gehandelt, bie meiner g. frauen solchs zu erlangen, er hat es aber
nicht getun konnen ader mugen, sundern von meiner g. frauen
auch als kei. commissarium angerufen, sie in schutz und schirm zu
haben und daruf folgenden abschiet gegeben, das sich sein befelhe
dahin erstreck, meiner g. frauen von Hessen die cleinot zu vor-
sperren nicht fuk habe, sundern dieselbigen sollen iren g. folgen,
des auch die von Molhausen mandat von Kei. Mt. haben. ... Darkegen haben die geschickten vom regement den kei. commissarium
gebeten ..., in anse[h]unge des vortrages, dorch ine und andere zu
Martporgk ufgericht, iren g. nicht zu gestaten, die cleinot von
Molhausen enwek zu furen, bissolange das unser gste. und g. hern
von Sachsen ... erclerunge uber gemelt cleinot getan haben,
wollen auch anders nicht darzu willigen ader gehellen, darbei auch
einen erbarn rat zu Molhausen gebeten, vielgemelt cleinot us irer
stat nicht komen zu lassen ..., und weis nicht anders, dan das
mein g. frau heut dato von Molhausen kein Kreuzborgk zu min
g. herrn hz. Johansen gefarn und ire cleinot mitgenomen.«[1])

A. Dr., Loc. 8675, Ldg. Phil. Vorm. betr. 1509—24, Or.

## 32. Regenten von Hessen an Herzog Georg von Sachsen. Marburg 1510 August 29.

Berichten über das Ergebnis der Besichtigung der hessischen Kleinodien zu Mühlhausen.

----

[1]) Dem Briefe beigegeben ist ein von Hopfgarten aufgenommenes
Kleinodienverzeichnis; wir bringen dasselbe hier in den Landtagsakten ebensowenig zum Abdruck wie die anderen ausführlicheren Kleinodienverzeichnisse,
die sich an anderen Orten in den Dresdener, Marburger und Weimarer Akten
vorfinden, da auch die genaue Kenntnis der einzelnen Kleinodien unser Urteil
über die Berechtigung der Ansprüche der einzelnen Parteien nicht vertieft.
Die Entscheidung der Wettiner fiel erst am 19. Januar 1514 auf dem Naumburger Tage. Wir geben das Urteil der sächsischen Fürsten unten wieder.
Über die Beweggründe, welche Beichlingens parteiische Haltung veranlassten,
vgl. Anna von Hessen S. 70.

Die junge Landgräfin hat kein einziges Kleinod zu Mühlhausen als Eigentum der hessischen Fürsten anerkennen wollen, sondern alle als Geschenk ihres Gemahls ausgegeben, »welicher antwort wir und unser gesanten sich nach vormoge aufgerichts vortrags ganz nit vormutet, auch iren g. angezeigter meinunge und vorhalts nit bekentlich ader zustendig[!] sint, solichen schlechten worten ader [!] keinen glauben ader zustant geben.« Die Landgräfin hat die hinter-legten Kasten mit allen Kleinodien mit sich genommen; gegen dieses eigenmächtige Vornehmen erbitten die Regenten den Ein-spruch der sächsischen Fürsten. »Dat. Martburg am tage decoll. Johannis baptiste ao. X.«

A. Dr., Loc. 8659, Alte kurfürstl. sächs. Händel 1510—19, Kop.

# VII.

## Umsturzversuche der Gemahlin Landgraf Wilhelms des Älteren, Anna von Braunschweig, und ihrer Anhänger. Widerstand einiger Städte gegen die Einnahme der Erbhuldigung. Einmischung des Kaisers.

### 1510 Oktober 14 — 1513 Februar 24 (Nr. 33—60).

Dass Hessen auch nach der Schlichtung des Regentschafts-streites zwischen Anna von Mecklenburg und den Ständen noch nicht zur Ruhe kam, daran trugen die Regenten und namentlich ihr Haupt, der Landhofmeister Ludwig von Boyneburg, selbst Schuld. Denn inmitten ihres Kampfes gegen die junge Landgräfin waren sie auf den Gedanken gekommen, den blödsinnigen Land-grafen Wilhelm den Älteren für gesund auszugeben und als Prä-tendenten für die Regentschaft gegen Anna von Mecklenburg aus-zuspielen.[1]) Dabei hatte Boyneburg in Wilhelms Gemahlin die ausschweifendsten Hoffnungen erweckt, und so war es nicht zu verwundern, dass die alte Landgräfin wiederholt Boyneburg an seine Versprechungen erinnerte und sich von ihm nicht mit leeren Worten abspeisen lassen wollte. Als Anna von Braunschweig aber mit steigender Erbitterung bemerkte, dass sie von den Regenten in der Güte nichts erlangen würde, fasste sie in Gemeinschaft mit einer kleinen Schaar unzufriedener Adliger den verwegenen Plan, das neue Regiment umzustürzen und sich selbst und ihren An-hängern die Herrschaft zu verschaffen. Sie beschrieb im Herbst

---

[1]) Vergl. Anna von Hessen S. 31 ff., S. 72 f. Die Begebenheiten, die den folgenden Abschnitt ausfüllen, sind im 6. Kapitel der obigen Schrift S. 72—87 etwas eingehender, als es in der folgenden Einleitung geschehen kann, dargestellt.

1510 Landtage und gab hier an, der Gesundheitszustand des geisteskranken Gemahls habe in letzter Zeit sich soweit gebessert, dass
Wilhelm der Ältere regierungsfähig sei; aus diesem Grunde forderte
sie die Aufrichtung eines neuen Regiments. Die Stände waren
besonnen genug, auf ihre Wünsche nicht einzugehen, sondern sie
an die Wettiner zu verweisen (Nr. 33 u. 34). Statt nun nach ergebnislosen Verhandlungen mit der Landgräfin, in denen sie sich
sehr entgegenkommend gezeigt hatten (Nr. 35, 36, 38, 39), mit
Entschiedenheit gegen Anna von Braunschweig und ihre Parteigänger einzuschreiten, liessen die Wettiner die Unruhestifter ruhig
gewähren. Wie unpolitisch diese Milde war, sollten sie bald erfahren. Bei einem Besuch in Kassel im Dezember 1510 hatten die
sächsischen Fürsten, um sich das hessische Erbe zu sichern, die
Anordnung getroffen, dass die Amtleute und Städte und alle Lehen-
empfänger ihnen für den Fall des Abgangs des hessischen Hauses
die Erbhuldigung leisteten. Obgleich in der Eidesformel ausdrücklich sowohl dem jungen Landgrafen und seinen Erben, wie Wilhelm
dem Älteren das Erbrecht vorbehalten wurde und klar und deutlich
gesagt war, dass erst im Fall des Aussterbens aller männlichen
Mitglieder im hessischen Hause die Wettiner die Erbfolge haben
sollten, erregte die Hast, mit der die sächsischen Fürsten ver-
fuhren, Verdacht. Bedenklich stimmte insbesondere der Umstand,
dass es nicht dem hessischen Herkommen entsprach, einem un-
mündigen Knaben wie dem Landgrafen Philipp zu huldigen. Diese
den Wettinern abholde Stimmung wussten die Parteigänger der
Anna von Braunschweig für ihre Zwecke auszubeuten. Ihre Send-
linge erschienen in den Städten neben den Regenten und den
sächsischen Räten, um die Bürger vor den angeblich usurpatorischen
Absichten der Wettiner zu warnen und öffentlich zur Verweigerung
des Huldigungseides aufzuhetzen. Endlich riss auch den lang-
mütigen Regenten die Geduld: in Marburg liessen sie zwei Anhänger der alten Landgräfin ergreifen und gefangen setzen (Nr. 37,
40—42, 44, 45, 54). Da jedoch die Wettiner den Mittelpunkt, von
dem die Zettelungen gegen ihre Herrschaft ausgingen, das Schloss
Spangenberg, unbehelligt liessen, konnte Anna von Braunschweig
von hieraus immer von neuem durch ihre Anhänger den Aufruhr
gegen das sächsische Regiment im Lande predigen lassen. Auf
ihr Geheiss weigerten sich Homberg und Treysa, nachdem alle
hessischen Städte gehuldigt hatten, hartnäckig, den Eid zu leisten.
Nur durch das Aufgebot einer stattlichen Heeresmacht konnten
die Regenten denselben erzwingen (Nr. 47, 50, 52).

Inzwischen hatte Anna von Braunschweig dem Kampfe gegen
die Regenten und die Wettiner eine neue Wendung gegeben: sie
hatte sich an den Kaiser gewendet und ihn zum Eingreifen in die
hessischen Verhältnisse bewogen. Im April 1511 erschienen die
streitenden Parteien in Strassburg vor Maximilian; doch fällte dieser
wider Annas Erwarten einen ihr ungünstigen Spruch: sie wurde
mit ihren Ansprüchen abgewiesen und zur Rückkehr nach Hessen
aufgefordert (Nr. 46, 48, 49). Nur Anna von Mecklenburg, die
sich über die Nichterfüllung des Marburger Vertrages beim Kaiser
beschwert hatte, erzielte einen verhältnismässig günstigen Bescheid
(Nr. 43, 51). Nach dem kaiserlichen Abschied, den die Wettiner
zu Offenburg erhalten hatten, wären die wilhelminischen Händel
abgeschnitten worden, wenn die sächsischen Fürsten sich nicht geweigert hätten, durch die Regenten die Schulden bezahlen zu lassen,
die Anna von Braunschweig während ihrer Abwesenheit von der
Heimat gemacht hatte. Leider waren sie kurzsichtig genug, sich
mit der alten Landgräfin über die Schuldentilgungsfrage zwecklos
herumzuzanken und abermals dem Kaiser zur Einmischung in ihre
Angelegenheiten Anlass zu verschaffen. Im September 1512 ver-
urteilte Maximilian auf dem Reichstage zu Köln die Wettiner zur
Bezahlung von Wilhelms Schulden. Über die Ausführung des
kölnischen Spruches entstanden aufs neue Irrungen, als die Regenten
von Hessen die Rechtsverbindlichkeit der Schuldscheine, die im
Namen Wilhelms des Älteren ausgestellt worden waren, abermals
anfochten. Erst als Boyneburg sich am 31. Mai 1513 den kaiserlichen Kommissaren gegenüber zur Zahlung von 6000 Gulden verpflichtete, kehrte Wilhelm der Ältere mit seiner Gemahlin nach
Hessen zurück, wo dann in Marburg unter der Leitung kaiserlicher
Räte Verhandlungen über die Vollziehung des kölnischen Spruches
stattfanden (Nr. 53, 57—60). Der wilhelminische Handel hatte dem
Lande grosse Kosten verursacht und das Ansehen der sächsischen
Vormünder in Hessen stark erschüttert. — Die hessischen Stände
waren in den Jahren 1511—1513 wenig hervorgetreten. Die
Wettiner wünschten den Einfluss, den die Stände in den vorher-
gehenden Jahren während des Regentschaftsstreites gewonnen hatten,
möglichst einzuschränken.[1]) Sie suchten daher von der Berufung
von Landtagen zunächst abzusehen und behandelten die Regenten
nicht als Vertreter der hessischen Landschaft, sondern wie reine

---

[1]) S. Anna von Hessen S. 91 f.

Beamte[1]), die keine wesentliche Massnahme ohne die Zustimmung der Vormünder vornehmen durften. Nur einmal, und zwar auf den Antrieb der Regenten, wendete sich eine Anzahl Mitglieder der Stände an die Wettiner; nämlich als sie besorgten, dass Anna von Braunschweig wie ihre Tochter Katharina so auch die jüngere Tochter Elisabeth unebenbürtig vermählen wollte (Nr. 55 u. 56).

### 33. Landgräfin-Witwe Anna an die hessischen Stände. [Am Spiess 1510 Oktober 14].[2])

Beschwerde über die Nichterfüllung des Marburger Vertrages durch die Regenten.

---

[1]) Dass die Wettiner bestrebt waren, die Rechnungen der Regenten sorgsam zu prüfen, auch wenn sie die hessischen Stände nicht hinzuzogen, ersieht man aus einem Protokoll sächsischer Räte (A. W., Reg. C p. 106 Nr. 2b, glz. Ndschr.: »Handlung zu Cassel, dinstags und etliche volgende tag nach concept. Marie ao. XI«). Hier heisst es: »Mitwochen nach conceptionis Marie ao. XI haben di rete mit den regenten des camerschreibers rechnung angefangen und in ubersehung derselben befunden, das solche rechnung, wo di nach notturft ausgeubet werden solte, vil zeit bedurfen, und doch dieweil den reten di ambt, landart, haushaltung in Hessen unbekant, si auch des rechens wenig geubt, irs bedenkens wenig frucht bringen wurde. Darumb si sich nachvolgender meinung mit den regenten beret' und vereinigt und also, das di regenten . . ., welche umb das ausgeben und einnemen des camerschreibers wissen tragen, aufs furderlichst vom camerschreiber aller jar, di von im unberechnet, mit fleis rechnung nemen, quitancien und anders, das er derhalben unter im hat, besichtigen und von solcher rechnung auszug machen, di unsern gst. u. g. hern an seumen ubersenden mit unterricht, wie solche rechnung bei in geachtet und angesehen, und wenn ir f. g. von den regenten hegern und si des verstendigt, das der camerschreiber mit seinen rechenbuchern und auch den recesbuchern von ambten ir f. g. besuchen, di ir f. g. besichtigen lassen und obs not, in notturftigen bericht zu tun. Das sollen si mit im verschaffen.

Wiewol auch di rete di inventaria gefordert, so haben di regenten slieslich vermeldet, das si bisanher nit hetten gefertigt werden mugen, si wolten si aber zu fertigen verschaffen, das si auf negstkunftige rechnung uberantwurt wurden. Aber di reces aus den ambten haben si ubergeben, di sein hirbei« (fehlen !). — Und wie scharf die Herzöge von Sachsen den Regenten durch ihre Räte auf die Finger sehen liessen, sieht man aus folgenden Bemerkungen eines Protokolls der sächsischen Räte (A. W., Reg. C p. 105 Nr. 2a Bd. 3, glz. Ndschr. »Act. Weimar, mitwochen nach dem suntag Judica ao. 1512«): »Der rechnung halben haben di rete bewogen, weil den regenten am jungsten zu Cassel bevolhen, di rechnung vom camerschreiber zu nemen und daraus auszuge zu machen und di unsern gst. und g. hern sambt den inventarien zu ubersenden, irn g. auch anzuzeigen, wie di rechnung bei in geachtet, welchem aber bisher nit volg gescheen, darumb solt nochmals von in zu begeren sein, solchs ufs furderlichst zu tun. . . . Nachdem auch u. gst. u. g. hern aus den ubergeben verzaichnus vermarkt, das vil personen mit pferden, costen und cleidungen erhalten wurden, welchs unser gst. und g. hern, in ansehung das noch zur zeit di notdurft nit erhaisch, ldg. Philipsen so grossen stant zu erhalten, unbequem bedunkt, das di regenten dasselb mesigen wolten, dergestalt damit es' kunftig unser gst. und g. hern, auch di regenten zu verantwurten wissen, wie si es auch orden werden, sollen si unsern gst. und g. hern verzaichent uberschicken, irer g. gefallen weiter darin zu vernemen.«

[2]) Die Beschwerdeschrift selbst trägt kein Datum; dasselbe lässt sich jedoch leicht aus der Überschrift erschliessen, die lautet: »Unser von gots

Obwohl ihr durch den Marburger Vertrag grosser Schaden
zugefügt wurde und sie Mittel und Wege gewusst hätte, zu billigem
Rechte zu gelangen, so hat sie von der weiteren Verfolgung ihres
Nutzens Abstand genommen, erstens weil sie ihrem Sohne und
seinem Lande nicht noch höhere Kosten verursachen, zum andern
weil sie mit den Unterthanen ihres Sohnes nicht länger in Zwie-
tracht zu leben wünschte.  »Aber unangeseen, das wir umb frides
und einigkeit willen us alle unser gehalten gerechtigkeit treten und
uns von unserm sone, blut und fleisch sondern lassen musten, so
ist uns doch der itztverlesen vertrag bis uf diesen heutigen tag
noch in keinem artikel gehalten.«  Die Regenten haben ihr die
Verschreibungen der Städte Kassel und Marburg, worin sie sich
für die jährliche Entrichtung der ihr zugesicherten 2500 Gulden
verpflichten sollen, trotz aller Mahnungen nicht zugestellt.  Auch
haben die Regenten ihr die Jagd im Amte Nidda bisher nicht geöffnet, die 300 Gulden und fünf Fuder Wein für ihre Tochter nicht
entrichtet, Hermann Riedesel nicht zu den Rechnungen des Fürstentums gezogen, ihre Anhänger verfolgt, das Quatembergeld nicht
ausgezahlt.  Schliesslich haben sie vor der Erledigung von Felsberg
und Rotenburg aus der Pfandschaft des Herzogs von Lothringen
die Landgräfin aus Giessen und Grünberg austreiben wollen.[*])

gnaden Annen geb. herzogin von Megkelnnburgk, lantgrefin zu Hessen witwen
meinong an uch die prelaten, ritterschaft und stet dieses furstentumbs itzo alhie
versamlet.‹  Dass die Schrift auf dem ersten Landtag, den Anna von Braunschweig am 14. Oktober 1510 am Spiess abhielt, verlesen wurde, geht mit
Sicherheit aus einem Schreiben hervor, das die junge Landgräfin am 20. November
1510 an die hessischen Stände, ›itzo zu Spangenberg versammelt‹, (vgl. Anna
von Hessen S. 75) von Grünberg aus richtete.  Da heisst es: ›Verrukter zeit
haben wir in eigener person an uch, desmals uf dem Spiss versammlet, etlich
mirgliche uns anligend und zugefugte beschwerung zu erkennen gegeben und
in schriften behendigen lassen, aber bisdaher noch keine antwort, wie wir uns
dan zu gescheen wol versehen gehabt hetten, entpfangen.  Derhalb begeren
wir vast gutlich, ir wollent uch uf dismal einer antwort entschliessen und uns
die schriftlich bei gegenwurtigem unverzuglich zufertigen.  Dat. Grunberg,
mitwochens nach unserer heuptfrauen S. Elizabethen tag ao. 1510.‹  (A. W.,
Reg. C p. 105 Nr. 2a Bd. 4, Kop.).

[*]) Vgl. Anna von Hessen S. 89.  Wir können nicht den umfangreichen
Schriftwechsel, der zwischen Anna und den Regenten über die Räumung Giessens
und Grünbergs vom September 1510 an gepflogen wurde, in den Landtagsakten
auch nur im Auszuge wiedergeben.  Die hierauf bezüglichen Schriftstücke finden
sich: A. Dr., Loc. 8675, Ldg. Phil. Vorm. betr. 1509—24, Kop.  In einem
Schreiben vom 12. Sept. droht Anna den Regenten: ›Gedechtet ir aber daruber
uns irrung ader anfechtung nit zu verlassen, so wollen wir uch fur unserm
allergnedigsten herren dem Rom. Keiser, allen und iglichen stenden des heilichen
reichs semptlich und sonderlich oder aber einer gemeinen versamelung van ritterschaft und steten der ganzen landschaft zu Hessen gerecht werden‹, worauf
die Regenten am 17. Sept. den Behörden in Giessen den Befehl erteilen, der
Landgräfin ›kein rente, zinse oder einige hantreichung‹ zu leisten. — In einem
Schreiben vom 11. Sept. 1510 an Hz. Georg (A. Dr., Loc. 8675, Ldg. Phil. Vorm,
betr. 1509—24, Or.; vgl. a. das gleichlautende Schreiben an die Ernestiner:
A. W., Reg. C p. 105 Nr. 2a Bd. 2, Or.) klagt Anna, dass ihr die Regenten
ihren Rat Peter von Treisbach des Landes verwiesen haben, ›desgleichen understanden, etliche der armen burger zu Martpurg, die villeicht unsers hern und
gemahels sel. testament und uns gunstig gewest seint, zu greifen oder des lands

Sie bittet die Stände, sie in ihren Nöten zu beraten und ihr bei-zustehen im Angedenken daran, dass »wir mit der hilf gots uch einen jungen fursten zu Hessen zur welt bracht haben.«

A. W., Reg. C p. 105 Nr. 2a Bd. 4, Kop.


### 34. Regenten von Hessen an Herzog Georg von Sachsen. Rotenburg 1510 Oktober 15.

Berichten über den Verlauf eines Landtages, den die alte Land-gräfin Anna geb. Herzogin von Braunschweig im Namen ihres blöden Gemahls, Wilhelms des Aelteren, ohne Wissen und Willen der Regenten an den Spiess beschrieben hat.

Während ein Teil der Regenten »nicht inwendig landes, sunder am Reyne in der obern graveschaft Catzenelbogen. etlicher an-ligender gescheft halben« gewesen sind, hat Anna von Braunschweig einen gemeinen Landtag »ane unsern wissen ader zutun ausschreiben lassen[1]) welcher uf gestern [14. Okt.] gehalten« und von Wilhelm dem Älteren, seiner Gemahlin und der Landgräfin-Witwe Anna besucht wurde. »Aber aus uns ist keiner darzu erfordert, das wir solch ausschreiben eilend bescheen und von der zeit, dae wir es innen wurden, e. f. g. nicht haben konnen vor dem tage vormelden. Aber wir haben nichts destoweniger ungeseumet eine schrift an die gemeine lantschaft an Spiess vorfertiget, damit denselben er-offnet ..., ob ichtes wider ... unsere g. fursten, das gemeine furstentumb ader das regiment furgewant wolt werden, das sie nichts in dem beschloessen, sunder zuvor unser antwurt vornemen

---

zu verjagen. Darzu hat Ludwig von Boyneburg am nehstvergangen sonnabet zu Martpurg in beiwesen etlicher vil des regiments und anderer zu unserm rate und amptman Baltazarn Schrautenbach gesprochen, unser obem der cur-furst hz. Fridrich wolle ine umb einer schrift willen, die wir an die Kei. Mt. getan haben sollen, henken lassen und hett unser rete h. Conraten von Manns-pach ritter und dr. Schilling gleich als lieb als ine.« Ferner haben ihr die Regenten das Silbergeschirr entzogen, so dass sie jetzt »us holzernen oder zinnen schusseln, bissolang es besser wirdet, essen« müsse. Auch wollen die Regenten sie zur Räumung Giessens veranlassen, bevor sie dem Herzog von Lothringen die Pfandsumme bezahlt hätten und die Einwohner von Rotenburg und Felsberg ihrer Gelübde ledig seien. »Dat. Giessen, mitwochen nach unser lieben frauen tag der gepurt ao. 1510.«

[1]) Eine Abschrift des Landtagsausschreibens fügten die Regenten ihrem Berichte bei; sie lautet: »Anna von gots gnaden geb. herzogin zu Brunswig und Lunenburg, lantgrefin zu Hessen. — Unsern gunst zuvor, lieber getreuer. Wir geben dir zu vernemen, wie dem hochgebornen fursten h. Wilhelm, lant-grafen zu Hessen, Grafen zu Katzenelbogen, unserm freuntlichen lieben hern und gemahel, uns und unsern kindern etlich merglich anligend sachen zu-gefallen sein, deshalb wir gemain lantschaft, ritterschaft, prelaten und stete des. furstentums zu Hessen am Spies bei Capeln uf negstkumenden montag nach Dionisy [1510 Okt. 14] zu fruer tagzeit umb di neunden stunde zu erscheinen beschriben haben. Ist unser gutlich begere an dich, du wollest uf genant zeit doselbst unser anbringen zu horen gutwillig erscheinen und nicht aussenbleiben. Des wollen wir uns genzlich von dir zu gescheen vorsehen und in gnaden er-kennen. Dat. Spangenberg, montags nach Michaelis ao. 1510 [1510 Sept. 30].«

wolten.« Anna von Braunschweig hat auf dem Landtage »vor gemeiner lantschaft, die dennoch in grosser anzal erschienen, einen besiegelten brief, missivenweise von Rom. Kei. Mt. ... ausgangen und als wir bericht seiner Mt. eignen hant underschrieben, offentlich lesen lassen, darin seine Kei. Mt. gepieten solle, ... unsern g. hern den Eltern aus seiner vorwarung komen, mit angehefter clauseln, woe seine g. zur regirung tugelich sei, inen damit gewerden zu lassen.« Und an das kaiserliche Mandat hat die alte Landgräfin die Aufforderung geknüpft, ihren Gemahl »vor einen regirenden fursten diser zeit zu halten, ime auch mit diensten, renten, allem inkomen und sonst nimants anders gewertig zu sein, ob auch einicher fel ader gebrechen under gemeiner lantschaft samptlich ader in sunderheit weren, seine f. g. darin zu besuchen, davon einem idern nach gepurde gnediger bescheit, rait und beistant gedeihen und denselben, wen solchs betreffe, in irem ansuchen futter und mal mitgeteilt solt werden. Wue abir in deme allen mangel erfunden wurde, so solt ein ander regiment ufgericht, darein aus beiden furstentumben, dem obern und niedern, von itzlichem zwene von prelaten, zwene von der ritterschaft und zwene von den steten gezogen werden, die neben unser g. frauen der eltern reten alle sachen vorfertigen und handelung haben solten. Abir die ... von der lantschaft, prelaten, ritterschaft und steten haben apschrift von dem vorlesen Kei. Mt. brive und dem furtragen gepeten, die dan inen vorsagt ist wurden, und darnach sich gar gepurlich mit irer antwurt und nicht weiter vornemen lassen: Nachdem hievor ein gemein regiment von gemeiner lantschaft vorordnet und nachfolgend durch e. f. g. und derselben vettern und bruder zugelassen und bestedigt sei, so wolle inen nicht fugen, hinder dem regiment ichts uf dise furgeschlagen meinong zu vorantwurten, sonder sie wolten dises antragen und vormoegen ires g. hern ... an das regiment bringen und dan sich aller zimlichkeit beweisen.« Regenten wissen nicht, worauf sich die Ränke Annas von Braunschweig gründen. Sie bitten um den Rat der Obervormünder.[1] »Dat. Rotenbergk an der Fulde, dinstags noch Dionisy ao. X.«

Nachschrift: Ferner hat Anna von Braunschweig befohlen, den Regenten den Gehorsam aufzukündigen und ihr zu gehorchen und zu zinsen. Als der Amtmann und Burggraf zu Spangenberg, der den sächsischen Fürsten den Treueid geleistet, diesen zu brechen und Wilhelm dem Ältern zu huldigen sich weigerte, hat

[1] Dass die Wettiner wenigstens die Absicht fassten, den wilhelminischen Irrungen energisch zu steuern, ersicht man aus zwei Beschlüssen, die am Freitag nach Leonhardi 1510 (Nov. 8) von ihren Räten auf einer Zusammenkunft zu Zeitz gefasst wurden. Da heisst es: »Es ist vor gut angesehen, so e. f. g. gein Hessen kommen, das der alde lantgraf wider in vorwarung genomen, dergleichen sein gemahel in ir widumb gestelt, in massen sulichs bei dem nesten lantgraven sel. gestanden. Item es ist vor gut angesehen, so die erbhuldung von den landen zu Hessen genomen, das keine vorsamplunge am Spies hinfort an e. f. g. willen ader ufs wenigste der regenten willen beschege.« A. Dr., Loc. 8659, Alte kurf. sächs. Händel 1510—1519, Kop.

sie ihm die Schlüssel abgenommen und den Befehl gegeben, »nimands von disem regiment ader desselben bevel ins sloss zu lassen.«[1])

A. Dr., Loc. 8675, Ldg. Phil. Vorm. betr. 1509—24, Or.

## 35. Wettiner an die Regenten von Hessen. [1510 Mitte Oktober.][2])

Anmeldung ihres Besuches in Kassel.

»Nachdem ir uns der cleinoter, auch ob euch sachen furfallen wurden, di not an uns zu gelangen, wo ir derhalb zu Doringen bei uns ansuchen solt und ander gebrechen und mengel halben, so euch in regirung furfallen als den obersten vormunden unser lieben ohemen der landgraven geschriben, wie ir dan das wist, als haben wir daruf bewogen, das solichs durch hin- und widerschreiben nit statlich mog ausgericht werden, das auch ander sachen halben di notturft erforder, uns personlich bei euch zu fugen und di ding allenthalben sambt euch statlich furzunemen und zu handeln.« Sie werden S. Katharinentag [1510 Nov. 25] persönlich »mit klainer zal der unsern zu Cassel« einkommen, um »alda, was not sein wirdet, unsern ohemen den landgraven und gemeiner landschaft zu nutz und gutem sambt euch zu handeln. ... Ob auch imants als di von Hanau und ander spruch und vordrung an das furstentume zu haben vermeinen, di wollet alsdan auch zu Cassel zu sein beschaiden, mit denen von solchen vordrungen zu handeln.«

A. Dr., Loc. 9853, Etliche Kopeien der Handlungen zu Mühlhausen 1500—1513, Kop.

---

[1]) Nachdem auch ein zweiter Landtag, den Anna von Braunschweig auf den 14. November 1510 nach Spangenberg anberaumt hatte, für die Parteigänger Wilhelms des Älteren ergebnislos verlaufen war (vgl. Anna von Hessen S. 75), wendete sich die alte Landgräfin am 19. November in einem erbitterten Schreiben an die Stadt Kassel. Es bildet die Antwort auf eine uns verloren gegangene Schrift, in der die Regenten ihr Verhalten in der Sache Wilhelms des Älteren vor dem Lande zu rechtfertigen suchten. Anna beschuldigt die Regenten, dass sie ihren Gemahl wider Recht und Billigkeit der Herrschaft beraubt, sich selbst die Regierung angemasst »begirlicher furstlicher wirde und stants und eren« und »uber das alles uns, unsern erben, landen und leuten zu nachteil die ... fursten und hern von Sachsen« ins Land gerufen hätten, um »unser undertanen wider uns und unser erben zu ungehorsam [zu] sterken.« Über dieses Unrecht will die Landgräfin bei iren Herren und Freunden sich beklagen und Hilfe suchen. Sie fordert die Bürger von Kassel »bei vorliesunge eurer freiheiten und privilegien« auf, keinem anderen als ihrem Gemahl zu gehorchen. »Dat. Spangenburg, am freitage nach Katherine ao. X.« (A. Dr., Loc. 8675, Phil. Vorm. betr. 1509—24, Kop.).

[2]) Das Schreiben trägt kein Datum; die zustimmende Antwort der Regenten trägt das Datum Freitag nach Galli 1510 (Okt. 18). A. W., Reg. C p. 165 Nr. 2a Bd. 2, Kop.

**36. Protokoll einer Beratung der Wettiner mit den Regenten und hessischen Ständen. Kassel 1510 November 26—29.**

Regenten beschweren sich vor den Wettinern über die junge Landgräfin und über Anna von Braunschweig. Wegen der wilhelminischen Irrung ziehen die Wettiner die hessischen Stände zu Rate; es wird beschlossen, eine Botschaft nach dem Schloss Spangenberg abzuordnen. Misserfolg derselben.

Am Dienstag nach Katherina [26. November 1510] haben die Regenten vor den Wettinern zu Kassel »ein lange meinung furgetragen und dasselbig furtragen uf zwene furnemlich artikel gegrundet«: Im ersten Artikel beschuldigen sie die junge Landgräfin, sie habe auf dem Tag zu Mühlhausen bei der Besichtigung der Kleinodien den Marburger Vertrag verletzt. Ferner habe sie sich »auf die handlung, so die regenten mit dem herzogen zu Lottringen der ablosung halben irs widumbs Rotenburg gehabt, geweigert, sich uf denselben iren widom zu begeben, sie hette denn zuvor des herzogen zu Lottringen quitanz gesehen; sust wolte sie ir underpfant nicht reumen. Derhalben ir die 600 gulden, so ir zu irer besserung gemacht, durch die regenten furenthalden wern.«[1]) Auf den von Anna von Braunschweig ausgeschriebenen Landtagen am Spiess und zu Spangenberg haben beide Landgräfinnen »dem verstorben landgraven nach seinem tode in seiner gruben schmehlich nachgeredt, als solte er seinen bruder unbruderlich gehalten haben.« Auch hätten sich »beide landgrevin voreinigt, uf wege zu trachten und zu furdern helfen, das dem jungen landgrafen und gemeiner landschaft des furstentumbs zu Hessen zu grossem nachteil raichen solte.« Im zweiten Artikel beschweren sich die Regenten über das Unterfangen Ldg. Wilhelms des Älteren, zwei Landtage am Spiess und zu Spangenberg abzuhalten, dort Huldigung und Regierung von den Ständen zu begehren und zwei von den Prälaten und sechs von der Ritterschaft zu wählen, auf dass sie mit seinen Räten das Regiment führen sollten. Aber die Stände haben

---

[1]) Erst nach der Abreise aus Kassel übersandten die Wettiner den Abgesandten der jungen Landgräfin, Dr. Schilling und Schrautenbach, sowie den Regenten aus Eisenach Mittwoch nach Mariä Empfängnis (d. 11. Dezember 1510) einen Abschied, nach dem die Streitigkeiten zwischen Anna und dem Regiment geschlichtet werden sollten. Er enthält folgende Anordnungen: 1. Die Regenten sollen der Landgräfin das Quatembergeld für sich und ihre Tochter »uf purificationis negst« (1511 Februar 2) entrichten. 2. Der Landgräfin soll »uf mitwoch nach der heiligen drei konig tag [1511 Januar 8] ir widomb zu Rotenburg ganz gefreiet und erlediget, lauts der widombsverschreibung eingereumbt werden. Auf die zeit wolln wir auch unser rete darzu verordnen. Zu dem mal sol auch von den fruchten, so ... unsere muhm uf irem underpfand zu Grunberg und Giessen eingenomen, auch vom mangelt, reuterzerung und anderm gehandelt werden. 3. Der irrigen clainoter halben, dieweil di regenten zwo verzaichnus ubergeben, welcher clainot si irer l. nit gestendig, sol ir l. zwischen hie und purificationis Marie, das irer l. solch clainot inhalt des vertrags zu Martburg aufgericht zustehen, gnuglich anzaigung tun, unser erclerung daruf gewarten und der an wegerung zu geleben. 4. Der essesilber und etlicher silbren kop halben sol ir l. auch in obberurter zeit gnuglich anzaigung tun, das unser ohem ldg. Wilhelm sel. die irer l. ir leben lang zugestelt habe.« (A. W., Reg. C p. 106 Nr. 2b, glz. Ndschr.)

Wilhelms Forderungen rundweg abgelehnt. Hz. Georg ist der Ansicht, dass die junge Landgräfin nach Kassel beschieden wird, um sich den Anschuldigungen der Regenten gegenüber persönlich zu verantworten. Der Behauptung der Regenten, die junge Landgräfin babe ihrem verstorbenen Gemahl übel nachgeredet, wird von den Wettinern nicht Glauben geschenkt, und auf Befragen müssen die Regenten zugeben, dass nur die alte Landgräfin das Gebahren Wilhelms des Mittleren unbrüderlich gescholten hat. Die sächsischen Fürsten halten es für das beste, wenn »ir aller cf. und f. g. disen handel in beiwesen der regenten, der landschaft, so dem regiment zu sterke zugegeben und was sust von der landschaft auf dasmal entkegen were, solten erzelen und furhalten lassen, ir bedenken und rat darinne zu boren.«

Darauf richtet Friedrich Thun im Namen aller Herzöge von Sachsen an die Stände eine Ansprache. Er weist zunächst auf den legitimen Ursprung der sächsischen Vormundschaft hin, den er aus der Einladung der hessischen Stände, aus der Blutsverwandtschaft zwischen den Häusern Hessen und Wettin und aus der Erbverbrüderung herleitet. Sodann wird der von Wilhelm dem Älteren im Lande verursachte Aufruhr berührt. Die Herzöge versichern, dass sie dem alten Landgrafen die Vormundschaft nicht streitig machen würden, wenn er sich zur Regierung tauglich erwiese. Aber sie werden »warlichen bericht, das sein g. zu solicher regirunge nicht schicklich, als ire f. g., wie es darumb gelegen, weiter erkundunge zu haben willens seint, etzliche aus iren reten, etzliche aus den regenten, auch aus euch selbst von der landschaften zu seinen g. zu vorfertigen gedenken.« Mit Rat und Hilfe der Stände wollen die sächsischen Fürsten gegen die Urheber des Aufruhrs einschreiten. Stände sind mit dem Vorschlage der Herzöge einverstanden: »Aus solchem furtragen hat sich erfolgt, das in rat eintrechtiglich beslossen, meiner gsten. und g. herrn rete und etliche von den regenten zu dem alden lantgraven gein Spangenberg zu schicken und das die von der landschaft vorhin reiten solten, den wege zu solcher handlung erstlich zu bereiten. Und darauf sein etliche von wegen aller meiner gst. und g. herrn von Sachsen, auch etliche von dem regiment mit einer instruction abgefertigt.[1]) Als dieselbigen rete fur Spangenberg komen, hat man die nicht wollen einlassen, aber die von der landschaft vorhin geritten gewest, dieselbigen hat man eingelassen.«[2])

A. Dr., Loc. 8675, Ldg. Phil. Vorm. betr. 1509—24, Cpt.

---

[1]) Nach der Instruktion sollen die Gesandten dem alten Landgrafen das Missfallen der sächsischen Herzöge über sein eigenmächtiges Vorgehen ausdrücken, »fruntlichen bittende, davon abezustehen, uf das wir darwider zu trachten nicht vorursacht.« Würde der Landgraf behaupten, er sei zur Regierung geschickt, so sollen sie ihn freundlich ersuchen, dass er persönlich über seine Wünsche mit den sächsischen Fürsten sich unterrede. Auf der Instruktion ist die Bemerkung eingetragen, dass die Gesandten sich am Freitag nach Katharina (29. Nov. 1510) von Kassel aufmachten und, als sie in Spangenberg keinen Einlass fanden, noch an demselben Tage zurückkehrten.

[2]) Am 3. Dezember (Dienstag nach Andreas) liessen die Wettiner »an etlich erbar manschaft und ritterschaft, so sich zu Spangenberg enthalten« eine

### 37. Huldigungseid der Regenten von Hessen. Kassel 1510 Dezember 7.

»Auf heut sonnabends vigilia conceptionis Marie haben hofmeister und regenten unsern gst. und g. hern allenthalben von
Sachsen geschworen als vormunden zum regiment.« Es schwören
Ludwig von Boyneburg, Hermann Schenk, Kaspar von Berlepsch,
Georg von Hatzfeld, Heinrich von Bodenhausen, Eitel von Löwenstein, Jost von Baumbach auf folgende Formel: »Wir gereden und
geloben, nachdem wir durch die stende und gemeine lantschaft des
furstentums zu Hessen zu regenten sint erwelt und von den . . .
herzogen zu Sachsen . . . als den vormunden unserer g. hern derer
lantgrafen zu Hessen iren landen und leuten vorzustehen und zu
regiren bestetigt sein, das wir wollen denselben fursten von Sachsen
von wegen unser regirung getrau und gehorsam sein, iren schaden
zu warnen und bestes zu werben, den . . . g. herrn von Hessen,
iren landen und leuten ufs treulichst vorstehn, nicht ansehen frund-
schaft, liebe, gifte, gabe noch neide, sondern allain der gerechtigkait und billigkait nachgehn und handeln, als mir got helf und alle
heiligen.«[1])

A. W., Reg. C p. 105 Nr. 22a Bd. 2, Reinschr. der Kanzlei Kurf. Friedrichs.

---

Schrift ausgehen, in der die Ritter bei Verlust ihrer Lehen aufgefordert werden,
ohne Säumen Spangenberg zu verlassen. — Am 4. Dezember sandten die Wettiner
eine neue Botschaft nach Spangenberg. Das Protokoll vermerkt: »Dise vorordenten von der landschaft sein uf S. Barbaren abent nach Spangenberg geritten.« Die Abordnung bestand aus den Rittern Eitel von Löwenstein, Marschall,
Konrad von Waldenstein, Landvogt an der Werra, Friedrich Trott, Philipp
Meysenbug, Amtmann zu Homberg, Gebhard von Löwenstein, Jost von Eschwege,
Friedrich Diede, Heinz von Eschwege, Kraft von Bodenhausen, Ewald von
Baumbach und Dr. Hermann Ortleub. In ihrer Werbung hatten sie im Namen
der Wettiner Wilhelm dem Älteren die Bitte auszusprechen, »sich sambt seiner
l. gemahel ufs furderlichst alber gegen Cassel zu uns zu bemuhn und . . . mit
uns von berurten gebrechen freuntlichen zu unterreden und wege helfen zu
suchen, dieselben gutlicher weise zu stillen.« Während das Dresdener Protokoll
den Vermerk trägt: »Was auf solche werbung und antragen die geschickten
zu antwort erlangt, ist nicht vorzeichent worden«, geben die Weimarer Akten
bessere Auskunft (A. W., Reg. C p. 105 Nr. 22a Bd. 2). Hier heisst es: »Den
geschikten ist in beiwesen des landgraven antwurt gegeben, das ir g. herr zu
unsern gst. und g. herrn gein Cassel zu komen wol geneigt, er were aber
dermassen geschikt, das er wie andere fursten nit raisen mag, er wolle aber
seiner g. gemahel dahin gein Casl zu irn f. g. schiken.«

[1]) Bei der Eidesleistung fehlt der Deutschordenskomtur Dietrich von
Cleen. — Einen ähnlichen Eid wie die Regenten schwören die Amtleute. Am
5. Dezember (Donnerstag nach Barbara) hatten Bürgermeister, Rat und Gemeinde der Stadt Kassel den Herzögen von Sachsen gehuldigt, worauf diese
die Freiheiten und Privilegien Kassels bestätigt hatten. In der Eidesformel
heisst es: Ihr sollt »ldg. Philipssen als euerm rechten naturlichen landsfursten
und herren und seinen leibslehenserben und in gebrech derselbigen ldg. Wilhelmen und seinen leibslehenserben und ap der keiner mehr were, alsdan und nicht ehr den . . . herren von Sachsen und iren leibslehenserben gereden und geloben, getrau, hold und gewertig zu sein.« (A. W.
a. a. O.)

### 38. Ausschreiben der Wettiner an die hessische Ritterschaft. Kassel 1510 Dezember 11.

Wettiner weisen auf ihre erfolglosen Bemühungen hin, Wilhelm den Aelteren durch Vermittlung der hessischen Stände auf gütlichem Wege zur Pflicht zurückzurufen. Verbot, Landtage zu besuchen, die im Namen Wilhelms ausgeschrieben werden.

Die Wettiner weisen auf den Versuch der Parteigänger Wilhelms des Älteren hin, die bestehende Regierung zu stürzen und ein neues Regiment aufzurichten, »unangesehen das hievor von dir und andern der lantschaft eins vorordent und bei uns vor bequeme vormerkt.« Um weiterem Unheil vorzubeugen, haben die sächsischen Fürsten etliche ihrer Räte und der Regenten und »in guter anzal von prelaten, ritterschaft und steten« nach Spangenberg geschickt, Wilhelm zu bitten, mit seiner Gemahlin nach Kassel zu kommen. Die Räte aber und die Mitglieder des Regiments sind in Spangenberg gar nicht eingelassen worden, »sunder mit ungestumigkeit abgeweiset und wiewol die zugegeben von der lantschaft unserm befelh gefolget und in dem unserm ohmen unser fruntlich erbieten und gemut zu Spangenberg eroffent, so ist es doch dasmal abgeschlagen. ... Wir wollen aber das alles nicht unserm ohmen ldg. Wilhelm zumessen, sundern denjenigen, die des ursacher sein.« Schliesslich ermahnen sie die Ritterschaft, ihren Treueid dem jungen Ldg. Philipp zu halten und verbieten ihnen, in Zukunft Landtage und Versammlungen zu besuchen, die im Namen Wilhelms ausgeschrieben werden. »Dat. Cassel, mitwoch nach conceptionis Marie ao. 1510.«[1]

A. Dr., Loc. 8675, Ldg. Phil. Vorm. betr. 1509–24, Kop.

---

[1] Aus einer Aufzeichnung, die die Wettiner bei ihrer Abreise aus Kassel am 9. Dezember den Regenten hinterliessen, ersieht man, dass sie umfassende Vorkehrungen treffen wollten, um der wilhelminischen Partei energisch entgegenzutreten. Sie versprechen den Regenten, ein Hilfskorps von 200 Reitern und 2000 Fusssoldaten nach Hessen zu senden. Boyneburg soll den Amtleuten und Bürgermeistern ernstlich befehlen, »die sloss und stete in guter vorwarung zu halten und zwar wissen, willen und befelh unser gst. u. g. hern und regenten nimanden einzulassen.« Auch die Regenten sollen »200 pferde, auch 2000 zu fusse aufs forderlichste in gereitschaft bringen, ab sie die mit der eilen bedurfen wurden, das sie der gewiss sein mogen.« Doch an den Kaiser gedenken sich die Wettiner trotz des Vorschlags der Regenten in der Angelegenheit Wilhelms des Älteren noch nicht zu wenden, wahrscheinlich weil sie von Maximilians Einmischung in die hessischen Unruhen für das sächsische Haus nichts Gutes erwarteten (vgl. Anna von Hessen S. 61). Auch wird den Regenten von den sächsischen Fürsten Sparsamkeit zur Pflicht gemacht. Sie sollen »alle personen und pferde, die alhir zu Cassel, wenn der hof gar bei einander ist, underhalden und gespeist werden, was ein wochen darauf gebet, ordentlich aufzeichen, darbei sie auch schriftlich sollen vormelden, was daran irs bedenken solt zu vormindern sein und solichs unsern gst. und g. herrn vorzeichnus zuschicken, darauf sich alsdan ire f. g. ires gemutes auch wollen vornemen lassen.« (A. Dr., Loc. 8675, Ldg. Phil. Vorm 1509–24, glz. Ndschr.)

**39. Die Regenten von Hessen an die Wettiner. Kassel 1510 Dezember 16.[1])**

Regenten berichten über die Verhandlungen, die in Landwehrhagen von ihnen mit Abgesandten Wilhelms des Aelteren unter dem Vorsitz Hz. Heinrichs des Aelteren von Braunschweig geführt worden sind. Beilage 1: Vorschläge der alten Landgräfin. Beilage 2: Vorschläge Hz. Heinrichs von Braunschweig. Beilage 3: Vorläufige Abrede zwischen den Regenten und Hz. Heinrich von Braunschweig.

Am letzten Freitag [d. 13. Dezember] sind sie mit dem sächsischen Rat Günther von Bünau bei Hz. Heinrich dem Älteren von Braunschweig »zum Landgrefenhagen«[2]) gewesen, dem sie die Ansicht der Wettiner bezüglich der wilhelminischen Irrungen »nach der leng« eröffnet haben. Obwohl Hz. Heinrich die Vorschläge der sächsischen Fürsten billigte, weigerten sich die Räte Wilhelms des Älteren, die auch in Landwehrhagen sich eingefunden hatten, dieselben anzunehmen und machten Gegenvorschläge [Beilage I], auf welche die Regenten nicht eingehen konnten. Am Abend desselben Tages hat sich Hz. Heinrich nach Melsungen begeben, wohin er seinen Schwager und seine Schwester beschieden hatte. Am Sonnabend Abend [d. 14. Dezember] hat er sich mit seines Schwagers Räten nach Kassel begeben, wo er am Sonntag im Beisein der sächsischen Räte Kaspar von Boyneburg, Hans Metzsch und Günther von Bünau den Regenten seine Vermittlungsvorschläge [Beilage II] übergeben und »zum letzten eine abrede [Beilage III] furgehalten« hat, »die wir auf ein hinterpringen an e. f. g. zutun anzunemen seiner f. g. mit fugen nit haben wissen abzuschlagen und e. f. g. hierin auch zuschicken. ... Dat. Cassel, montags nach Lucie virginis ao. X.«

Beilage I: Vorschläge der alten Landgräfin: 1. Wilhelm dem Älteren sollen von den Wettinern und Regenten folgende Ämter eingeräumt werden: Spangenberg, Homberg, Ziegenhain, Treysa, Neukirchen, Schwarzenborn mit dem Gericht Kirchdorf und »umb aines furstlichen sesses willen« Marburg »mit aller oberkait und gerechtigkait.« 2. Wilhelm will alle geistlichen und weltlichen Leben in Hessen »als der eldest furst« zu verleihen haben.

---

[1]) Der Bruder der Anna von Braunschweig, Hz. Heinrich der Ältere von Braunschweig-Wolfenbüttel, bot auf Bitten seiner Schwester den Wettinern in dem wilhelminischen Handel seine Vermittlung an. Sein Brief an die Herzöge von Sachsen ist aus Münden, Montag nach Maria Empfängnis (9. Dezember 1510) datiert; er traf die Wettiner »im aufbruch zu Casl.« Diese antworteten Heinrich dem Älteren in einem Schreiben vom 10. Dezember aus Eschwege freundlich, sie würden ihn gern selbst begrüsst haben, wenn sie nicht heimkehren müssten. Sein Anerbieten nehmen sie dankbar an und versprechen etliche ihrer Räte und der hessischen Regenten an einen gelegenen Ort zur Unterredung mit ihm abzuordnen (A. W., Reg. C p. 106 Nr. 2b, Kop.).

[2]) »Zum Landgrefenhagen« ist das heutige Landwehrhagen im Landkreis Kassel an der braunschweigischen Grenze, s. Arnold, Ansiedelungen und Wanderungen S. 470.

3. »Wo mein g. herr im furstentum zu Hessen sambt seiner g. rete und diner inkomen wurden, zu welcher zeit oder wo das geschee, ... solle seinen g. ausrichtung gescheen.« 4. Die Hälfte der fürstlichen Kleinodien soll Wilhelm ausgeliefert werden. 5. Seiner Gemahlin sollen zu ihrem Wittum Melsungen noch die Ämter Reichenbach und Lichtenau gegeben werden, »desgleichen jerlich 2000 gulden ..., doch das iren f. g. 5000 gulden par unverzuk zu entledigung irer g. schuld gegeben wurden.« 6. Anna verlangt für ihre Töchter eine jährliche Beihilfe von 400 Gulden und 10 Fuder Wein und 7. den Neubau ihres Hauses in Melsungen.

Beilage II: Vorschläge Hz. Heinrichs von Braunschweig: 1. Er fordert, dass die Töchter seiner Schwester »als furstin zu Hessen gezimbt, mit kleidern, klainoten und anderm versehen« werden; 2. »das auch den freulen alle irs vaters klainot oder anders, was in billich eigent, zugestelt werden«; 3. dass seiner Schwester »zu irem widumb zu Milsungen ain furstlich gebeu und gemach aufgericht werd, als da iren g. zu mermaln zugesagt ist worden«; 4. »das ldg. Wilhelm, seiner gemahel und den freulen zu irem furstlichen stand silbern essen, drinken und ander geschirre ain anzal zugestelt« werden. 5. »Ob auch beide fursten von Hessen ... an mansleiberben totshalben abgingen, das alsdan den freulen oder irn erben dasjenig aus dem furstentumb zu Hessen volge, was sich zu recht oder sonst nach gelegenhait und gewonhait der furstlichen hausungen Sachsen und Hessen geburt. 6. So auch ... meinem g. herrn dem eldern manlich erben gegeben wurden, das sein g. und derselben erben dis alles an iren erbgefellen, landen und leuten und aller ander gerechtigkait unschedlich sei.«

Beilage III: Vorläufige Abrede zwischen den Regenten und Herzog Heinrich von Braunschweig: 1. Wilhelm der Ältere, seine Gemahlin und seine Kinder sollen jährlich 5500 Gulden erhalten, »also das die aufhebung der beiden amte Spangenberg und Melsungen daran abgerechnet und das ander zu irm besten alle jar zugestalt werden, ausgeschiden federvihe, fischerei und broche, das die unabgezogen bleiben; 2. das sich auch sein f. g. der wildpan derselben beder amte zu jagen und zu seiner f. g. lust und ergetzligkait zu gebrauchen haben mog; 3. das auch meiner g. frauen ... ir widumb mit 500 gulden gebessert werd.« 4. Auch die übrigen in Beilage II erwähnten Vorschläge Hz. Heinrichs sollen an die Herzöge von Sachsen gebracht werden.[1]

A. Dr., Loc. 8675, Ldg. Phil. Vorm. betr. 1509—24, Kop.

---

[1] In einem Brief an die Regenten vom 13. Januar 1511 (Montag nach Erhardi) erklären die Wettiner sich bereit, die Forderungen Hz. Heinrichs von Braunschweig zu erfüllen (A. W., Reg. C p. 106 Nr. 2b). Da jedoch die Parteigänger Wilhelms des Älteren weiteren Aufruhr schürten, konnten die Vergleichsverhandlungen nicht fortgesetzt werden.

### 40. Sächsische Räte an die Wettiner. [1510 Mitte Dezember.][1])

Berichten über die Weigerung der Huldigung in Homberg: Während der Rat zur Leistung der Huldigung bereit war, sträubte sich die Bürgerschaft dagegen und bat um Aufschub. Durch die Vorstellungen der Regenten waren der Rat und die angesehensten Bürger schliesslich für die Vornahme der Huldigung gewonnen. Da erschienen Abgesandte Wilhelms des Aelteren und forderten für ihren Herrn den Huldigungseid. Dieses Ersuchen lehnten die Homberger ab. Wie die Gesandten des alten Landgrafen müssen auch die sächsischen Räte und Regenten unverrichteter Dinge abziehen.

Mittwoch nach Lucie [1510 Dezember 18] sind die sächsischen Räte mit den Regenten Hermann Schenk, Kaspar von Berlepsch, Georg von Hatzfeld und Jost von Baumbach in Homberg angekommen. »Haben die gesanten vom regiment . . . rat und gemein holdung zu tun versameln lassen und bei dem rat nit anders vermerkt, denn gehorsamlich zu geleben willig, aber von der gemein hinderung furgefallen, ursach, sie stunden mit den von Martpurg und andern steten an der Lone in diesem falh, zugleich gebeten, sie des dieser zeit zu erlassen. Was die andern stete tun wurden, wolten sie sich auch gehorsamlich halten, mit anzeigung, sie hetten ldg. Wilhelm . . . und seiner g. leibslehenserben gelobt und geschworen, damit erkenten sie sich in des jungen fursten pflichten stunden [!], wolten sich als frome leut halten. Das ist von den gesanten herrn des regiments fleissig angefochten und folgenden dornstag [1510 Dec. 19] durch vil gehabte handlung bei rat und furnemesten der gemein bewilligung erlanget, freitags fru die huldung zu tun; wo sich des etlich darunter wegern wurden, bette man dan zu sehen, wer die weren und verner darein zu raten. Auf berurten freitag [1510 Dec. 20] vor tage sind des alten fursten geschickten, Hanns von Falckenbergk, Conrad von Dornbach und Wilhelm von Wern [?] fur die pforte komen, ingefordert und angeben, sie hetten credenz und werbende potschaft an rat und ganze gemein. Als solchs an die gemein gelanget, sind sie mit unschickligkeit im harnasch mit irer gewer versamelt worden, der . . . furst wer selber do, mit ungestumigkeit gesagt, wolten in einlassen oder die seinen. Haben die herrn vom regiment sambt dem rat sie mit gutigkeit gestillet, doch die geschickten des alten herrn mussen inlassen; nichts desterweniger rat und gemein ermanet, ehr dan die eingelassen wurden, huldung zu tun, wie des fordern tags bewilligt. Aber bei der gemein nicht erlangen, sonder auf vorberurter meinung bestanden und zugesagt, wollen sich den pflichten nach, damit si dem jungen fursten verwant, halten als die fromen leute; sonst keinen andern herrn hulden, sein dan der forigen pflicht entledigt und verweiset. Nachfolgend die geschickten des alten herrn rat und gemein ein credenzschrift furbracht, meldende, es were von Honberg aus an sein g. gelanget, die verordneten unser gst. und g. herrn von Sachsen und etliche vom regiment, die weren

---

[1]) Das fehlende Datum lässt sich ungefähr aus den Angaben im Bericht erschliessen. Vgl. zu dem folgenden Bericht die Schilderung, die sich bei Wigand Lauze I S. 4 f. (Zeitschr. f. hess. Gesch. Suppl. II) findet.

huldung zu nemen, des sie sich enthalten, welchs sein g. zu sonderm
dank und gefallen entpfangen mit erbietung, in gnaden und allem
guten gegen sie zu vergleichen nit zu vergessen, mit beger, derselbigen ferner anbrengen stat und glauben zu geben. Darauf
erzalt worden: nachdem der halbe teil der stat seiner g. zugefallen,
mit beger, seiner g. huldung zu tun. Dawider rat und gemein
furbracht, sie weren in des jungen fursten pflichten und wolte
inen nicht gepuren, jemands anders zu huldigen, sie weren der dan
zuerst erlediget und verweiset. Furter haben die geschickten des
alten herrn bei dem rat gesonnen, ein landtag auszuschreiben von
seiner g. notturftigen sachen zu beratschlagen, welchs der rat
abgeschlagen, inen zu tun nit gepuren wolle. Zum letzten gebeten,
weil sie sich des alles wegern, irem herrn beraten zu sein, wie
seiner g. gerechtigkeit zu bekomen und davor zu sein, das nicht
frembd fursten ins land gezogen wurden. Darzu der rat gesagt,
weren des zu wenig und unverstendig, seinen g. zu raten, sondern
sein g. hetten herrn und freunde, die sein g. wol zu raten wisten.
Solchs alles der rat an die verordenten unser gst. und g. herrn
von Sachsen und die geschickten vom regiment getragen, welchs
dieselbigen die zeit nit ferner brengen wollen und dabei mussen
lassen, doch den rat erinnert vorigen pflichten und zusagen nach
bis zu furder zeit als frome leute zu halten; und haben die regenten
dem rat bevolhen, ob der alte herr darkomen wurde, sein g. nit
sterker dan mit zweinzig pferden einzulassen und ir pforten, tor
und stat in guter acht und verwarung zu haben, das der rat zugesagt sich zu halten.«

A. Dr., Loc. 8675, Etliche Artikel u. Klagepunkte 1511, Kop.

### 41. Sächsische Räte an die Wettiner. [1511 Anfang Januar].[1])

Wegen der Huldigung weist der Rat der Stadt Marburg die sächsischen Räte und die Regenten an die Gemeinde. Werbung der Abgesandten
Wilhelms des Aelteren. Aufschub der Huldigung von seiten der sächsischen
Räte auf Bitten der angesehensten Bürger Marburgs. Als Wilhelms Abgesandte die Bürgerschaft gegen die Regenten und die Wettiner auf-
zuwiegeln suchen, lassen die Regenten Treisbach und Knaut verhaften.
Verhör Knauts und Treisbachs. — Am 1. Januar 1511 schlagen 26 Städte
es den Regenten ab, vorläufig die Huldigung zu leisten und erlangen einen
neuen Aufschub bis Ende Januar.

Am Montag nach S. Thomastage 1510 [Dezember 23] haben
die Regenten Hermann Schenk, Kaspar von Berlepsch, Dietrich
von Cleen und Georg von Hatzfeld mit dem Rat der Stadt Marburg

---

[1]) Das Datum am Ende des Berichtes (3. Januar 1511) bezieht sich nur
auf den Abschied, den die städtischen Abgesandten von den sächsischen Räten
und den Regenten erhalten, aber nicht auf die Abfassungszeit des Berichtes,
die nicht angegeben ist. Indes findet sich folgender Vermerk aus der Kanzlei
Hz. Georgs am Kopfe des Berichtes: »Dise handlung ist meinem g. herrn zukomen am dinstag nach S. Epiphanie ao. XI.« — Die Räte, die die Wettiner
mit der Einnahme der Huldigung in Hessen beauftragten, waren Kaspar von
Boyneburg, Hans Metzsch, Hermann von Pack, Günther von Bünau. Ihre Vollmacht trägt das Datum: Eschwege, Mittwoch nach conceptionis Mariä ao. X
(A. W., Reg. C p. 106 Nr. 2b, Kop.).

über die Leistung der Huldigung verhandelt und den Rat darin
»nichts anders dan gutwillig vormarkt«; indes habe er die Regenten
gebeten, dass sie sich an die Gemeinde wenden wollten, »das die
regenten zu tun gewilliget.« Später meldete der Bürgermeister
den Regenten, dass Hans Knaut, Peter von Treisbach, Kurt von
Dernbach und Hans von Falkenberg als Abgesandte Wilhelms des
Älteren »mit credenz und werbung an rat und ganze gemeine«
gekommen wären und um Gehör gebeten hätten. »Haben der rat
die regenten bitten lassen, ine retig zu sein, wie sie sich dorin
halten sulten, ist ine vorgunst, dieselbigen zu boren, doch hintir
inen kein antwort zu geben. Auch haben die regenten vormelt,
wie sich Peter von Treispach bevor und itzt mit seinem anhange
befliessiget, meuterei und nichts guts zu machen, desglichen sich
h. Hans Knauthe auch unterstehin sulte, [das] dem jungen fursten,
auch allen unsern gst. und g. hern, landen und leuten zu nachteil
gedigen mucht, weren sie willens, h. Hansen Knauthen und Peter
von Treispach anzunemen lassen.« Auch haben die sächsischen
Räte in Übereinstimmung mit den Regenten es für gut angesehen,
dass die Wettiner sich vom Kaiser die Vormundschaft über Wilhelm
den Älteren übertragen lassen, um im Fall von Ldg. Philipps Tode
den Irrungen der Parteigänger des alten Landgrafen um so wirk-
samer begegnen zu können. Was die Regenten mit dem Rat zu
Marburg wegen der Huldigung gehandelt haben, billigen die sächsischen Räte. Doch sehen sie für gut an, wenn, »eher der antrag
der holdung in die [!] ganzen gemein geschege, etliche der vor-
nemesten us der gemein, bei den sich guts zu vormuten, dis handels
gruntlich« unterrichtet würden, da sonst zu besorgen wäre, dass
»die andern unvorstendigen armen leute ... ane vorwort stutzig
werden mochten, wie zu Hoembergk geschen« [vgl. Nr. 40].
Danach haben die Regenten sich mit dem Rat und »etlichen us
den gilden der hantwerke und gemeine« über die Huldigung unterredet. »Hat der rat sampt den andern angeben, so die von
Homberg und ander stete die holdung an sie vorschoben, wulten
inen not sein, mit denselben zu bereden, frist gebeten bis ufs
nuwen jars tag, indes wulten sie die andern stete bei sich bescheiden, dorvon zu handeln und antwort geben, sich halten als
frome leute.« Das haben die Regenten und die sächsischen Gesandten ihnen zugestanden.

Am Christabend hat der Rat zu Marburg die Gemeinde auf
Begehren der Gesandten Wilhelms des Älteren »wie gewonlich
heischen lassen.« Da hat dann Knaut geäussert, »es were wol zu
sehin, die gemeine nicht alle do, were wol zu achten, der rat
sich lessig dorin hilde, dan sie hetten credenz und bevel an rat und
ganze gemein, arm und rich, herten und schefer. Hat der burgermeister gesagt, die gemein nach irer gewonheit geheischt sei, auch
were der meher teil und die wegersten[1]) vorhanden, hetten sie

---

[1]) »wegerste« ist Superlativ zu einem in Positivbedeutung erstarrten Kom-
parativ »weger« (vorteilhaft, nützlich, tüchtig) und bedeutet hier die „angesehensten" Bürger. Vgl. Schiller und Lübben, Mittelniederdeutsches Wörterbuch
V, 652.

was anzubrengen, wultens gerne horen.« Darauf hat Knaut das
Beglaubigungsschreiben übergeben und im Namen Wilhelms des
Älteren von den Marburgern Huldigung gefordert. Rat und Gemeinde haben aber diese Forderung vorläufig abgelehnt und auf
die Versammlung der oberhessischen Städte hingewiesen, die wegen
der Huldigungsfrage am Neujahrstag 1511 in Marburg stattfinden
würde. Die Abgesandten Wilhelms des Älteren sind mit diesem
Bescheid unzufrieden gewesen und haben die Bürger aufgefordert,
sich nicht erst lange zu bedenken: »dan ir herre suche nichts,
dan das sie sein g. zu seiner g. anteil pflichtig; sie begern wider
heller noch pfennig, das seinem jungen vettern zustunde, und wo
sie sein g. die holdung teten, als sie schullig weren, wulten sich
sein g. alspald darfugen, bei inen hof zu halten, sie schutzen und
schermen, fride und einigkeit zu halten, auch zugriffe uf den strassen,
wie itzt in eime [!] jare gescheen, nach allem vormogen vorkommen
und ire brivilegia, alt herkommen und freiheiten, und ab ine doran
in neulichen jarn etwas entzogen, widergeben und bestetigen, auch
alle beswerliche nuwerung abzutun, sunderlichen das hofgerichte
und den zoll; dorneben angezeigt, wie geringlich und erbermlich
ir herre, seiner g. gemal und freulein mit spise und anderm
gehalten werden und wie sich unser gst. ond g. herrn [von
Sachsen] us eigem furnemen und gewalt in die vormuntschaft sulten
gedrungen, desglichen die regenten auch von sich selbst des regements untirstanden, in solichs alles ir herre nie gewilliget, auch
nummermeher dorin willigen wullen, auch were irem herren von
den fursten von Sachsen vorgeslagen, sich gein Cassell adir Martpurg, wo der hof gehalten wurde, zu wenden, es were abir zu
besorgen, wo sein g. dar queme, in vorsperrung mocht gehalten
werden, wie etwan bescheen.« Der Rat hat wiederum um Bedenkzeit gebeten, »abir bei des alten herren geschicketen nicht lenger
dan uf S. Johannestag ap. erlangt.« Am Johannestag [27. Dezember]
haben die Regenten Hansen Knaut und Peter von Treisbach auf
dem Wege von der Kirche nach ihrer Herberge »gefenglich annemen und ufs slos brengen lassen, h. Hansen in ein stuben mit
gelubden vorstrickt und Treispach in stogk gesetzt, auch zwo
zedeln bei h. Hansen funden, der abschrift unsern gst. und g. herrn
zugeschickt wurden.« Kurt von Dernbach und Hans von Falkenberg sind ins Dominikanerkloster entwichen und nachher aus der
Stadt weggeritten.
    Am Sonntag »nach der kinder tage« [1510 Dezember 29] ist
Hans Knaut in Gegenwart des Komturs und der sächsischen Räte
ermahnt worden, »wie eime fromen rittere geburt, die warheit zu
sagen, ab er die . . . zedeln selbst geticht adir geschrihen. Doruf
h. Hans bericht, der ein zedel were sein hantschrift, hett er die
artikel, wie ime von seinem herren anzutragen bevolen, zu gedechtnis gemacht, und gesagt, das er die zedeln von sich geworfen,
sei der ursach gescheen, als er gefangen worden, sei ime die ketten
alspald vom halse gezogen, so habe er etlich stucke goldes in
eime segklein im veser gehabt, rausgeruckt, seime knechte zu-

geworfen, die zedeln also mitergriffen. Umb den andern zedeln,
der sich zu ufrure bezuget, [hat Knaut] den bericht geben, es sei
einer an S. Steffenstag untir der messe zu ime in die kirchen
kommen, den zedel ime geben, er wisse nicht, wer der sei, und
ob er inen sege, kente er ine werlich nicht, habe das alspald
Hanszen von Falckenberg gesagt, ab er wisse, wo die herkomen,
habe Falckenberg geantwort, vorsehe sich, Treispach sal dorvon
wissen; do habe er Treispachen auch dorumb gefraget und ime
die gewist, het Treispach die gelesen und gesaget, kente die hantschrift, das er die bei sich behilde, dorum mocht man ... Treispachen fragen, der wuste die warheit dorvon zu berichten. Doruf
haben obgmelte herren Peter von Treispach gefraget, der hat bericht, den zedel hab ein borger in der stat geschriben, heisse
Wigandt Hapell; derselbige ist sidder fluchtig worden.« Am Freitag
nach dem Neujahrstage [1511 Januar 4] haben die Regenten Hansen
Knaut nach Kassel in die Herberge zum Schwan mit Knechten und
Pferden gebracht.

    Am Neujahrstage 1511 haben die Abgesandten der Städte
des Fürstentums an der Lahn den Regenten auf ihr Begehren bezüglich der Huldigung Antwort erteilt: sie versprechen, den
Wettinern als Obervormündern und den Regenten »und sonst
nimants gehorsam und gewertig« zu sein, lehnen es aber ab, die
geforderte Huldigung zu leisten, »bissolange das an den enden und
orten, das sich das geboiren wolt, usfundig gemacht und erkant
wurde, wie es ferner damit gehalten solt werden, unterteniglich
bittende, sie daruber weiter nicht ze dringen oder zu noitigen, inen
auch ir alt privilegia zu erneuen und zu bestetigen.« Mit dieser
Antwort sind die sächsischen Räte und die Regenten nicht zufrieden gewesen und haben den Städten am folgenden Tage »allerlei meinong ufs eusserst vorgehalten, in zuversicht, sie nachmals
zu der erbholdung zu bewegen, abir dieselben ... haben entlich
uf der meinong beruht, dwil etlich ir mitgeschickten, mit derer
wissen und rat sie die ... antwort gegeben, iren abscheit von inen
genomen und sich anheimisch hetten gefugt, so muchten sie mit
fugen hinder denselbigen solich antwort nicht verandern, zudem
das dieselbig antwort ... ldg. Wilhelms des eldern botschaft auch
angezeigt were worden. Solich meinong ist durch die sächsischen
geschickten und auch die regenten weiter angefochten mit anzeig,
das sie derselbigen nit benugig seien; darumb mochten ... die
von den steten inen ein zeit furnemen und zu derselbigen mit
gutem bedacht antwort geben, wie sie sich mit der holdung gedechten ze halten.« Die Räte und Regenten geben den Abgesandten
der Städte auf, am Tage conversionis Pauli [1511 Januar 25] »zu
fruer tagzit widerumb alhie zu Marpurgk« zu erscheinen, um »uf
die begert erbholdung ire entlich antwort ze geben.« Folgende
Städte haben diesem Befehle zu folgen: Marburg, Homberg in
Niederhessen, Giessen, Grünberg, Wetter, Treysa, Frankenberg,
Biedenkopf, Alsfeld, Ziegenhain, Kirchhain, Ulrichstein, Rauschenberg, Gemünden an der Wohra, Neukirchen, Nidda, Battenberg,

Driedorf, Rosenthal, Schwarzenborn, Staufenberg, Allendorf a. d.
Lumde, Frankenau, Homberg a. d. Ohm, Schotten und Kirchdorf.
»Actum Marpurgk am donnerstag nach dem heilgen nuwen jars-
tak ao. XI.«

A. Dr., Loc. 8675, Ldg. Phil. Vorm. betr. 1509—24, Kop.

**42. Regenten von Hessen an die Wettiner. Protokoll über
ein Verhör Peters von Treisbach. 1511 Januar 10.[1])**

  Treisbach entdeckt die Anschläge, die zu Spangenberg von Anna
von Braunschweig und ihrem Anhange gegen die Wettiner und die Regenten ausgeheckt wurden. Danach sollte sich Wilhelm der Aeltere
Hombergs, Treysas, Ziegenhains, Kirchhains und Marburgs allmählich bemächtigen und schliesslich den Kaiser um Beistand anrufen.

  Peter von Treisbach hat auf die ihm vorgehaltenen Frage-
stücke folgende Auskunft gegeben: 1. Zu Spangenberg hat man
im Rat unter dem Vorsitz der alten Landgräfin und unter der
Teilnahme von Dr. Egra, Hans Knaut, Johann von Löwenstein,
Kaspar Meisenbug, Hans von Falkenberg, Konrad von Dernbach,
Johann von Löwenstein gen. Schweinsberg, Gilbrecht von Bodenhausen, »den klein Johann Schencken« und Treisbach selbst beschlossen, dass Wilhelm der Altere »solt nach Hoemberg zihen und
doselbst inforddern. So hat sich Hanns von Falkennberg, als er
itzt am letzten widerumb von Homberg gein Spangenberg komen,
als man der huldigung halben doselbst gewest [vgl. Nr. 40], sich
lassen. horen, er hab etlich lehenman und kunde zu Homberg in
der gemeine, mit den er geredt, das si wolten das beste tun, also
das er sich vorsehe, das mein g. her der elter solt eingelassen
werden zu seiner gerechtigkait.« Auch habe man zu Spangenberg
beschlossen, den Erzbischof von Mainz und den Grafen Wilhelm
von Henneberg um Beistand zu ersuchen. 2. »Wo dan Homberg
eingenomen were, so solt h. Peter zu Treyse reiten und meins
hern des eltern doselbst warten, als er auch drei nacht do gelegen
sei. Wan sein g. furder von Homberg fur Treyse komen, wurde
sein g. ungezweivelt auch eingelassen. . . . Es sei auch zu Spangenberg im rat gehandelt, wo man es kunt zu wegen bringen, zu
Zeygenhayn auch einzufordern und einzunemen. 3. So sei geratslagt und beslossen, das darnach mein g. her der elder solt furder
zihen zum Kirchhain und denselben flecken einnemen und Gilbrecht
von Bodenhausen zwo stunt vorhin reiten, mit den von Kirchhain
zu reden; so mein her der elder dahin komen werde, vorsicht man
sich, er werde von gemeinem mann eingelassen, und wo es inen
aber an dem ort felt, hab der klein Johann Schenck gesagt, er
wolt den alten lantgraven zu Sweinsperg einlassen und solt alsdan

---

[1]) Am Freitag nach Epiphanias 1511 übersendeten die Regenten den
Wettinern das Protokoll mit einem kurzen Begleitschreiben.

sein g. die edelleute hieumb lang beschreiben, eins teils gein
Kirchaym, Treyse, Sweinsperg und anders, mit seinen g. ein-
zureiten, in dem vortrawen, es solt destermer ansehen und seinen
g. zugeslagen werden. ... 4. Sei im rat beslossen, Curt von Dernbach solt als ein burkman zu Marpurg von Kirchaym aus zwo
stunt vorhin gain Marpurg geritten sein und einfordern. ... Auch
so hab sich Dernbach im rat offentlich lassen horen, er sei kurzlich zu Marpurg gewest, und sovil von etlichen vernomen, er vorsehe sich, der gemain man zu Marpurg werden mein hern den
eldern einlassen. ... 5. Es ist auch weiter geratslagt, das mein
g. frau darnach hiedannen zu Kei. Mt. solt ziben und di sach mit
recht austragen.«

A. Dr., Loc. 8675, Etliche Artikel u. Klagepunkte 1511, Reinschr. der Kanzlei Hz. Georgs.


**43. Sächsische Räte an die Wettiner. [1511 Mitte Januar].[1]**

Berichten über den Streit, der zwischen den Regenten von Hessen
und den Räten der jungen Landgräfin über das Dorf Rengshausen ausgebrochen ist.

Sächsische Räte sind mit den Regenten Jost von Baumbach
und Eitel von Löwenstein am Dienstag nach den heiligen drei
Königen [1511 Januar 7] des Abends zu Rotenburg eingetroffen
und haben am folgenden Tage mit den Räten der jungen Landgräfin, Dr. Schilling und Schrautenbach, über die Einräumung ihres
Witwensitzes verhandelt. Zwischen den Regenten und Annas Räten
ist über die Zugehörigkeit des Dorfes Rengshausen ein Streit ausgebrochen, indem diese es für die Landgräfin beanspruchten,
während die Regenten behaupteten, es wäre nicht »ein erblich adir
weslich zugehorunge gegen Rotenberg, sundern vor etlichen jaren
gein Spangenberg gehort und dorvon vorpfendt wurden.« Da sie
sich weigern, Rengshausen Anna einzuräumen, wollen die Räte der
Landgräfin bis zum Austrag der Streitfrage den Witwensitz Rotenburg nicht übernehmen. Auch über die Auszahlung von Mann-
geldern und Pensionen und die Wiedererstattung von Feldfrüchten,
die Anna zu Giessen und Grünberg über das ihr nach der Wittumsverschreibung zustehende Mass genossen haben soll, können sich
Schrautenbach und Schilling nicht mit den Regenten einigen. Da
die sächsischen Räte den Streit nicht schlichten können, wird den
Parteien anheimgegeben, sich an die Wettiner zu wenden.[2]

A. Dr., Loc. 8675, Ldg. Phil. Vorm. betr. 1509—24, Kop.

---

[1]) Der Bericht trägt kein Datum; nach dem in demselben erwähnten
Termin kann man ungefähr seine Abfassungszeit bestimmen.
[2]) Sowohl die junge Landgräfin (A. Dr., Loc. 8675, Etliche Artikel u.
Klagepunkte u. s. w. 1511, Or. Schreiben Annas an die Wettiner, d. 25. Januar
1511) als die Regenten (A. W., Reg. C p. 106 Nr. 2b, Kop. 1511 Januar 19)
wendeten sich beschwerdeführend an die sächsischen Fürsten. Boyneburg beklagte sich bitter über Annas Händelsucht: »So lassen wir uns bedunken, das

**44. Landgräfin Anna geb. Herzogin von Braunschweig an Herzog Georg von Sachsen. Spangenberg 1511 Januar 18.**

Sie beansprucht für ihren Gemahl die Hälfte des Fürstentums Hessen. Beschwerde über die Forderung der Huldigung von seiten der sächsischen Räte und der Regenten in Homberg und Marburg. Klage über die Gefangennahme Knauts und Treisbachs. Bitte um Freilassung derselben.

»Uns zwifelt nicht, e. l. haben woil vornomen, wie sich unsers herzfreuntlichen lieben hern und gemahln sache der blodikeit s. l. vornunft gebessert und sich auch noch von tage zu tage, got almechtiger sei gelobt, woil erzeugt, also das s. l. mit uns zu kirchen und zu clusern woil geriden und gewandern kan, sich auch ehrlich und furstlich zu bette und zu tische, wie das einem fromen cristlichen fursten gezimbt, bie uns als seiner ehlichen gemahln und unsern armen kindern heldet. Uns zwifelt auch nicht, e. l. haben auch guten bericht, wie und wilcher maissen unser ... gemahel als der stam und rechter geborner lantfurst zu Hessen s. l. lant und leut, so ime zur helft und s. l. teil von got und rechte und sonderlich das obirn furstentumb zu Hessen ausser sterben bie dem seinen gutlich und freuntlich erfordert, auch solchs bie dieselbigen als ein demutiger furst rechtlich odir freuntlich darobir zu erkennen gestelt, so uns doch durch Ludwigen von Beumelburgk von wegen gemeiner lantschaft zu Hessen uf etlichen gemeinen lanttagen am Spis gleublich zugesagt, wie die lantschaft vor pillich ansehen und auch doran sein wollen, das unser lieber herr und gemal, wir und unser armen kinder furstlich und eherlich gehalten werden, auch zu alle demjenigen kommen, damit wir des furstentumbs zu Hessen berechtigt seint. Aber solchs ist uns bis noch vorhalten.[1] ... Noch vorhandelung und e. l. abscheiden zu Cassel und des hochgebornen unsers freuntlichen lieben bruders, h. Heinrichs des eltern, herzogen zu Brunswigk, ankunft haben die regenten unsers jungen oheimen und schwagers zu Hessen und e. l. vorlossen rete demselbigen unserm freuntlichen lieben bruder etliche wege vorgeschlagen, wie hoech und furstlich unser ... gemahl, wir und unser armen kinder solten gehalten werden [s. o. Nr. 39], und so uns dasselbig ankomen, haben wir uns mit unserm freuntlichen lieben hern und gemahln, unsern reten und dienern eine kleine zit beratschlagen und bedenken wollen und vorhofft, es solt in solcher kleinen kurzen zit gegen ... uns ... nichts vorgenomen werden. Aber gemelte regenten und e. l. rete haben sich gleichwoil erhaben und noch Hoembergk gezogen (das noch unserm ... gemahln an allen mittel zur helfte zuerstorben ist)[2] daselbst holdigung dasmoel entschlagen und sich uf Marpurgk als die heubststait begrunt, was dieselbig

_____

ir g. wegerung und gegenwer auf bosem grund stehe und allain aus widerwertigem gmut auf anreizung etlicher, die in dem mer iren eigennutz dan unsers jungen herrn wolfart suchen, geschee.«

[1]) Vgl. hierzu Anna von Hessen, S. 31 f. u. S. 72 f.
[2]) Anna von Braunschweig behauptete, dass nach dem Tode Ldg. Wilhelms des Jüngeren und Ldg. Hermanns, Erzbischofs von Köln, die eine Hälfte des Fürstentums Hessen ihrem Gemahl zustehe, die andere dagegen Ldg. Philipp.

tu, darnach wullen sie sich auch halten.     Daruf dan gdachte
regenten und e. l. rete derselben unser haubtstait Marpurgk zuge-
eilt, auch von derselbigen holdigung zu entpfahen, und als unser . . .
gemahl, auch wir das erfaren, haben wir unser rete und lieben
getreuwen mit namen h. Hansen Knauten, ritter, Petern von Treispachen, Hansen von Falkenbergk und Curdtt von Dernbachen gein
Marpurg mit credenz und montlicher werbung in guten treuwen
und glauben gefertigt, sich mit denselbigen unsers . . . gemaln gerechtikeit halber zu unterreden, ob holdigung gescheen solt, das
doch dieselbig unschedlich . . . unserm . . . gemaln und s. l. erben
geschege, und so das die gemelten regenten mitsambt e. l. reten
inne worden, haben sie uf dieselbigen unser rete an vorgangen S.
Joannistak aposteln und evangelisten [1510 Dec. 27] in den heiligen
tagen zu Marpurgk in einer frihen stait, die so lange von den
fursten von Hessen unbefleckt, frei und reine bis daher ghalten
und herbracht, gewegelegt und, als sie us der kirchen noch irer
herberg gehen wolten, mortlich, unadelich, sunder alle fehde und
vorwarung mortlich vorwunt, bis uf den toit griffen und gefenklich
zu torne und stocke, den scharfrichter obir etzliche gefurt und
gehen laissen, als ob unser . . . gemal, wir und unser armen kinder
solchs groblich vorschult und vordienet hetten.[1]) Sie haben uns
auch unsern armen geschwornen boten zu Zeigenhayn im fleken
geweldiglichen obirlaufen, ime seine brief, so er von unser wegen
trik [!], besichtigen und ine greiffen und zu thorne legen wollen, das
doch durch dieselbigen von Zeigenhayn vorkomen, und seint uns
unser briefe damit gleichwoil vorhindert, so doch, als e. l. woil
weis, in allen fehden und kriegshendeln boten frie hin und wider
zu ziben zugelassen worden. Sie bedrawen auch teglich die unsern,
so noch bie . . . uns . . . sein, sie von uns zu ertrennen.« Sie beschwert sich ferner, dass die Regenten ihr nicht einmal den Lebens-
unterhalt gewähren und bittet um die Freigebung ihrer gefangenen
Räte.   »Dat. Spangenberg, sambtak noch Antonii im iar 1511.«

A. Dr., Loc. 8675, Etliche Artikel u. Klagepunkte 1511, Or.

**45. Landgräfin Anna geb. Herzogin von Braunschweig an
die zu Marburg versammelten Vertreter einer Anzahl hessischer
Städte.[2]) Spangenberg 1511 Januar 23.**

Sie behauptet, dass ihr Gemahl gesund und zur Regierung tauglich
sei, und fordert die Städte auf, sich von der Wahrheit dieser Behauptung
in Spangenberg durch den Augenschein zu überzeugen. Verdächtigung
der Absichten Boyneburgs.

[1]) In zwei Schreiben vom 30. Dezember 1510 und 5. Januar 1511 an die
Regenten (A. Dr., Loc. 8675, Ldg. Phil. Vorm. 1509—24, Kop.) hatten Wilhelm
der Ältere und seine Gemahlin Anna die Freilassung Knauts und Treisbachs
gefordert, da sie »us anders nimandes dan us unserm angeben« in Marburg erschienen und gesprochen hätten.
[2]) Annas Schreiben ist an die Städteversammlung gerichtet, welche die
Regenten und die sächsischen Räte auf den 25. Januar nach Marburg zur Entgegennahme der Erbhuldigung anberaumt hatten. S. o. Nr. 41 S. 138. Die
Namen der Städte sind in dem bezüglichen Aktenstücke S. 138 f. aufgeführt.

Sie bestreitet die Richtigkeit der Behauptung der Regenten, dass ihr Gemahl zur Regierung ungeschickt sei: aus gehässigem Neid werde dieselbe aufgestellt. Um die Städte von seinem vortrefflichen Gesundheitszustand durch den Augenschein zu überzeugen, ist Wilhelm der Ältere wohl geneigt, bei ihnen persönlich in Marburg zu erscheinen; doch ist ja bekannt, wie frevelhaft die Regenten mit seinen Räten nnd Dienern umgegangen sind, »derhalb sein l. forchte halben verorsacht, dismals sich des usritens zu enthalden.« Die Städter möchten daher, um sich von der Tauglichkeit des Landgrafen zur Regierung selbst zu überzeugen, zwei aus dem Rat und zwei aus der Gemeinde nach Spangenberg schicken. Auch aus der Ritterschaft sollen sie zu diesem Zweck eine Anzahl mit sich nehmen. »Dat. donnerstag nach Fabian und Sebastian zu Spangenberg ao. 1511.«

Nachschrift: Ludwig von Boyneburg hat die Wettiner ins Land gezogen, um selbst Herr und Landgraf zu sein; diesen will er schliesslich Land und Leute zuwenden, »dan er uns selbst auch in eigener person gesagt, wei unser junger ohm und swoger nicht lange leben soll.«[1]

A. W., Reg. C p. 151 Nr. 31 Bd. 4, Kop.

---

[1] Auch im Namen Wilhelms des Ältern liess Anna von Braunschweig unter demselben Datum ein Schreiben an die Stadt Marburg und die übrigen Teilnehmer der Städteversammlung ausgehen (A. W. a. a. O., Kop.); der Inhalt desselben ist in mancher Hinsicht interessant: Boyneburg habe dem Landgrafen und seiner Gemahlin auf dem Landtage am Spiess versprochen, dass sie und ihre Kinder fürstlich gehalten werden sollten, eine Zusage, die nicht erfüllt worden sei, obgleich der Landhofmeister der alten Landgräfin »an die hant gelobt, er wulle keinem andern fursten ader herren dienen wans [!] uns [Wilhelm], unserer gemalin und kindern, und wo er uns betriege, so sollen wir keinem erbern fromen manen numermeher glauben geben.« Trotzdem sei Boyneburg ohne Wilhelms Wissen nach Augsburg zum Kaiser geritten und habe sich das Regiment bestätigen lassen. Zum Marburger Schiedstage habe Wilhelm an gemeine Landschaft seine Räte mit Briefen und mündlicher Werbung gefertigt; ausdrücklich habe er hier verkündigen lassen, dass »wir, wo etwas uns, unsern erben, land und leuten zu nachteil vorgenomen wurt, darinne nicht wolten gewilligt noch gehelet haben. Doruf unsern reten abermals durch Ludewigen von Boineburgen von wegen des regiments in beisein einer gemeinen lantschaft in guter zahl zur antwurt worden, sie wullen sich darinne halten, wie fromen leuten gezimbt, damit wir furstlich und erlichen gehalten und uns kein abbruch an unserer erblichen gerechtigkeit gescheen soll.« Trotz dieser Zusage sei Boyneburg mit einigen sächsischen Räten und einem Teil der Regenten nach Spangenberg gekommen und habe befohlen, »uns in allermassen zu verwaren, wie wir dan von unserm bruder sel. gehalten worden sein.« Infolge dieses Wortbruchs habe Wilhelm Landtage ausgeschrieben. Denn keinem andern als ihm gehöre das oberhessische Land mit Treysa, Homberg und Marburg nach dem Tode Hermanns von Köln und Wilhelms des Jüngeren. Auch sei es widerrechtlich, wenn die Wettiner und die Regenten schon jetzt für Ldg. Philipp die Huldigung forderten; das widerspreche dem »ewigen vertrag und erblichen vereinungsbrief ldg. Ludewigs und ldg. Heinrichs«, der anzeige, dass keinem Fürsten von Hessen vor seinem vierzehnten Lebensjahre Huldigung geschehen solle. (Vgl. hierzu Rommel III, 41 f. u. die Urkunde über die Einung im Samt-Archiv zu Marburg, Schublade 76 Nr. 28, d. d. Spiesskappel 1469 Juni 23.). — Die Regenten suchten durch eine Entgegnung vom 13. Februar 1511 (Kassel, Donnerstag nach Appollonia, A. W. a. a. O., Kop.) die gegen sie erhobenen Beschuldigungen zu entkräften.

### 46. Kaiser Maximilian I. an die hessischen Stände. Freiburg im Breisgau 1511 Februar 12.

Bescheidet die Stände zu einem Verhörstag in Sachen Wilhelms des Aelteren und verbietet ihnen, gegen den Landgrafen und seine Anhänger einzuschreiten; seine Räte, die sie gefangen halten, sollen sie sofort freilassen.

»Edeln, ersamen, andechtigen und lieben getreuwen, als sich zwuschen dem hoichgepornen Wilhelm, landgraven zu Hessen ... und seiner gemahel an einem und euch andersteils von wegen des furstentumbs Hessen und desselben landen, leuten und zugehoerungen, darzu etlicher libzucht und ander sachen halben ... ldg. Wilhelms gemahel berurent irrung und zweitrecht halten und uns als Rom. Keiser, euwer beider rechten naturlichen hern, darein ze sehen geport ..., demnach so entphelen wir euch ernstlich, das ir uf montak nach dem sontage Oculi [1511 März 24] schirstkonftig, woe wir alsdan sein werden, erscheinet, dem ... ldg. Wilhelm und seiner gemahel uf ir clage zu antworten, so wollen wir euch zu beiden teilen nach noitturft verhoeren und alsdan weiter der pillicheit nach handeln, was sich geport. Darzu so gepieten wir euch bei vermidung unser sweren ungenade und straf, auch den penen in unserm landfriden begriffen, von Rom. keiserlichen macht ernstlich und wollen, das ir mitler zeit gegen ... ldg. Wilhelm zu Hessen, seinen reten, dienern, verwanten und zugehoerungen mit gewaltiger date noch in unguten nichts furnemet oder handelt, noch des imants von euertwegen zu tun gestaitet oder bevelhet, sonder also genzlichen stillestehit und unser handelong erwartet und nit anders handelt, dan wir solichs dem ... ldg. Wilhelm gegen euch und euern verwanten glicherweis gepoten haben, desgl. alle des ... ldg. Wilhelm ret, diener und verwanten, so ir gefangen und noch in gefenknus haben und halten [!], ane entgeltnus solcher fenknus ledig zelet und dieselben zu des erwurdigen unsers und des reichs fursten, rat und lieben andechtigen Hartman, abt des gothus Fulde[1]), als zu unsern henden stellet, und hierinnen nit verziehet noch ungehorsamlich erscheinet, damit nit noit werde mit obgemelten strafen und buissen gegen euch furzunemen und ze handeln.[2]) ... Geben in unser stat Fryburg in Brissgau am 12. tage Februari ao. XI.«

A. Dr., Loc. 8675, Etliche Artikel u. Klagepunkte 1511, Kop.

---

[1]) Über den Abt von Fulda, Graf Hartmann von Kirchberg, vgl. Rommel III, Anm. S. 124.

[2]) Ein gleichlautendes Mandat richtete der Kaiser an die Regenten (A. Mbg., O. W. S. 1, Kop.). Diese lehnten die Einladung ab, da sie den Tag nicht besuchen dürften, ohne die Herzöge von Sachsen als Obervormünder vorher um Rat gefragt zu haben. Da die Frist zu kurz angesetzt sei, bitten sie Maximilian um Aufschub. Kassel, Sonnabend nach Mathias 1511 (März 1) (A. Mbg., O. W. S. 1, Cpt.).

**47. Die Regenten von Hessen an die Wettiner. Kassel 1511 Februar 13.**

Berichten, dass Wilhelm der Aeltere mit seinen Anhängern in Homberg Einlass gefunden hat. Sie fürchten, dass er sich von den Bürgern huldigen lassen will. Ihre Vorkehrungen, um das zu verhüten.

Sie melden, dass »uns disen morgen zu sechs uren, durch unsers jungen g. herrn von Hessen ambtman zu Homburgk Philipsen Meysenboge botschaft gescheen und angezeigt ist, das unser elter g. her von Hessen zu Spangenbergk und seiner g. gemahel mit ime gestern gein dem abende umb vier ure mit einem reisigen folke ungeverlich uf 50 stark gein Homburgk gefugt haben, auch daselbst ingelassen worden; was abir das furnemen sei, hat er uns nochmals nichts wissen zu berichten. So wirs abir davor ansehen, es sei die meinong, von den von Hombergk huldung zu erlangen und, woe dem zugesehn wurde, forter nach der Lonischen landschaft zu trachten. Darumb und uf vorsorge hain wir zustunt, burgermeister, rate und gemein zu Homburgk geschrieben, uns ze wissen lassen, ob sie unsern jungen g. herrn, uns und die seinen bei sich inlassen wollen, davon sein wir noch antwort warten. Abir nicht desteminder hain wir etliche reisigen bei den handel geschickt, in meinong zu erkunden, wie sich der handel anlege, davon wir auch noch kein widerbotschaft hain. Und damit unsern halber hierinnen kein seumen geschee, hain wir diejenen, die uns zu erlangen moiglich, uf stunt ufs sterkst ufgefordert, in meinong uns morgen zum fruhesten zu erheben und bei den handel ze tun, ob wir befunden, [das] ichts furgenomen werden wolt, unserm jungen g. hern zu nachteil reichende, alles vermogens darzu ze tun, inmassen e. f. [g.] des bevehel bei uns verlassen haben.« Sie hoffen, dass die sächsischen Fürsten ihren Herrn nicht in Stich lassen werden, wenn er ihres Beistandes bedürfen sollte. »Dat. Cassel am donnerstak S. Valentins abent ao. 1511.«

A. Dr., Loc. 8675, Etliche Artikel u. Klagepunkte 1511, Or.

**48. Der Landhofmeister Ludwig von Boyneburg an den sächsischen Rat Friedrich Thun. 1511 März 12.**

Abreise Wilhelms des Aelteren zum Kaiser. Klage über die Säumigkeit der Wettiner. Die meisten Städte in Hessen haben den Huldigungseid geleistet.

Ldg. Wilhelm der Ältere hat sich gestern am Dienstag mit 60 Pferden von Spangenberg aufgemacht und sich dem Mainzer Stift genähert, wo er mit Geleit angenommen und zu dem vom Kaiser angesetzten Tag geführt worden ist. »Mich will eben bedunken, es si ein handel, als da einer uber tisch gesessen und das essen verschlafen hat. Dan min gst. und g. hern von Sachsen tun lanksam zur sachen und machen inen damit ein muhe und arbeit,

die im anfank woil mit einem geringen zufurkommen were gewest.«
Er meldet ihm das im Vertrauen. Er weiss sonst nichts Neues,
ausser »dan das der merer teil der stete, die sich der huldigung
ein zit lank . . . ufgehalten, numehe gehuldigt haben. Sunst
stoend der handel von gots gnaden allenthalben noch woil, wan
allein mit der folg nachgedruckt wurde.[1] . . . Dat. mitwochs nach
Invocavit ao. XI.«

A. Mbg., O. W. S. 1, Cpt.

### 49. Protokoll der Verhandlungen, die vor dem Kaiser in der Sache Wilhelms des Älteren gepflogen wurden. Strassburg, Offenburg und Gengenbach 1511 April 4—9.

A) Rede des Anwalts Wilhelms: Er ersucht den Kaiser um Absetzung der hessischen Regenten, da sie sich die Regierung mit Hilfe der
Wettiner angemasst hätten. Beschwerde über die Gefangensetzung Knauts
und Treisbachs. Für Wilhelm beansprucht er die Hälfte von Hessen.
Beschwerde über die Regenten, die Wilhelm an der Einnahme der Huldigung in Homberg gehindert haben, ferner über die schlechte Verpflegung
des Landgrafen. Er fordert die Erhöhung der Leibzucht der Gemahlin
Wilhelms. — B) Replik des Anwalts der Wettiner: Er entschuldigt
das Ausbleiben der hessischen Stände. Rechtstitel der Wettiner als Vormünder in Hessen. Gründe für die Gefangennahme Knauts und Treisbachs. Zurückweisung der Ansprüche Wilhelms auf Hessen. Wilhelm
der Aeltere ist bei seinem Gesundheitszustande regierungsunfähig. C) Abschied: Der Kaiser giebt Wilhelm in die Obhut der Wettiner. Dem
Landgrafen wird die Heimkehr nach Hessen anbefohlen. Abordnung
kaiserlicher Kommissare nach Hessen.

A) Dr. Egra zeigt als Anwalt Ldg. Wilhelms an[2]), wie sich nach
dem Tode Wilhelms des Mittleren »etlich, di sich nenten regenten
des furstentumbs Hessen, aufgeworfen« haben »mit furschub der
herzogen von Sachsen, die sich ins furstentumb und vormundschaft
eingedrungen, des si doch kainen fug, noch recht hetten.« Er
bittet den Kaiser, solche Vormundschaft und solches Regiment aufzuheben. Er beschwert sich über die Gefangensetzung von Wilhelms Räten Hans Knaut und Peter von Treisbach und behauptet,
dass durch den Tod Wilhelms des Mittleren Wilhelm dem Älteren
die Hälfte des oberen Fürstentums Hessen und der Grafschaft
Katzenelnbogen zugefallen sei. Dieses Erbteil ist ihm bisher gewaltsam vorenthalten worden; Kai. Mt. soll ihm dazu verhelfen.
Nach dem Tode des Bischofs Hermann von Köln ist die Herrschaft
Homberg an Wilhelm den Mittleren gefallen. Auch davon gebührt Wilhelm dem Älteren die Hälfte. Als er sich »in aigner
person dahin gefuget, sein gerechtigkait und huldung daselbs ein-

---

[1]) Vgl. Anna von Hessen S. 82 f. An demselben Tage meldet Boyneburg
den Wettinern in einem amtlichen Schreiben das Entweichen Wilhelms und
seiner Familie aus Hessen (A. Mbg., O. W. S. 1, Cpt.).
[2]) Wie das Protokoll vermerkt, spricht Egra in Strassburg am Freitag
nach Laetare (1511 April 4).

zunemen, hetten ine di vermeinten regenten mit grosser macht daselbst belagert und mit gewalt daran verhindert.« Egra klagt über die schlechte Pflege des alten Landgrafen: fünfzehn Jahre ist er nicht gewaschen worden; er hat kein Leinen und keine Kleidung bekommen und ist schmählich und unfürstlich gehalten worden; aus zinnernen und hölzernen Schüsseln habe er essen müssen, während die Regenten aus Silbergeschirr essen und sich hoch auf-tragen lassen. Auch an der Leibzucht seiner Gemahlin sei ein merklicher Mangel, »und diéweil auch der verstorben lantgraf seiner gemahel uber ir verordente leibzucht etlich tausent gulden zugelegt, so bete seins hern gemahel, das man ir zu irer leibzucht auch sovil zulegen wolt, dan si wer in irem stand nit weniger dan di landgrefin-witwe. So het si auch dem furstentumb Hessen ain schlos und gericht Sichelstain zubracht, davon dem furstentumb vil nutz und guts zuging.[1]) So geb man auch derselben witwe auf das jung freulen jargelt und wein, hoffte, es soll ir auf ire zwo tachter jerlichs auch sovil zugelegt [werden].«

B) Hermann Pack als Anwalt der Wettiner: Entschuldigt das Ausbleiben der Regenten und der hessischen Landschaft »aus der ursach, das inen der vorbeschid zu kurz zukomen.«[2]) Er weist darauf hin, dass sich die Herzöge von Sachsen nicht in die Vor-mundschaft gedrängt haben, sondern dass ihnen dieselbe von der Landschaft angetragen worden ist in Ansehung der Erbverbrüderung. »So were auch der gebrauch von ircr f. g. voreldern im fursten-tumb zu Hessen, den jungen unmundigen fursten, als von den land-graven in Doringen, marggraven zu Meyssen und volgent von den herzogen von Sachsen oftmals gebraucht.« Bezüglich der Vorgänge in Marburg berichtet er, dass Knaut und Treisbach zur Verhinderung der Huldigung in Marburg »meutrei, zwitracht und uneinigkait zwischen dem rat und burgern zu erwecken« suchten und deswegen von den Regenten in Gewahrsam gebracht wurden. Wilhelms An-sprüche auf Oberhessen und Katzenelnbogen werden zurückgewiesen: Wilhelm der Mittlere hat ganz Hessen nebst den zugehörigen Grafschaften unbestritten besessen, folglich auch sein Sohn Philipp, den auch die Landschaft als ihren Herrn anerkannt hat. Ldg. Wilhelm der Ältere ist auch bei seinem Gesundheitszustande un-fähig, Leben zu vergeben und Land und Leute zu regieren.

---

[1]) Rommel III, Anm. S. 46 giebt an, dass der Brautschatz der Anna von Braunschweig auf Sichelstein, Hedemünden und den braunschweigischen Anteil am Kaufunger Walde angewiesen wurde (1482). Am 30. Mai 1500 bestätigt Wilhelm der Mittlere in einer Urkunde, dass ihm seine Schwägerin Landgräfin Anna Schloss und Gericht Sichelstein übergeben habe (A. Mbg., Repertorium über die Verträge mit Braunschweig S. 54.). Später löste Hz. Erich von Braun-schweig den Sichelstein wieder ein, wie aus einer Urkunde vom 10. Jan. 1536 hervorgeht (A. Mbg., a. a. O. S. 65), die wegen einer Grenzregulierung von Ldg. Philipp und Hz. Erich ausgestellt wurde.

[2]) Pack spricht nach dem Protokoll in Offenburg am Sonntag Judica (1511 April 6).

C) Abschied (zwischen Offenburg und Gengenbach)[1]):
Den Vorschlag des Kaisers, nach welchem zur Untersuchung
der Sache Wilhelms des Älteren kaiserliche Kommissare nach
Hessen abgeordnet werden sollen, lehnt Kurfürst Friedrich
von Sachsen ab, »besondern der ursach, das bereits parteien im
land weren, wo es dermas solt furgenomen werden, darzu mer
parteische widerwertigkeit, dem jungen fursten ... daraus nachteil
erfolgen wolte.« Denn von keinem andern als von seiner eigen-
nützigen Umgebung ist der alte Landgraf zu den Irrungen angestiftet worden. Der Kurfürst bittet den Kaiser, Wilhelm den
Älteren in seine Obhut und Versorgung zu geben; er verspricht,
den Landgrafen und seine Gemahlin fürstlich und ehrlich zu halten,
mit welchem Erbieten auch Hz. Heinrich von Braunschweig wohl
zufrieden gewesen sei. Maximilian ist mit diesem Vorschlage
einverstanden; er wird Wilhelm dem Älteren und seiner Gemahlin
befehlen, nach Hessen zurückzukehren. Doch wird er den Bischof
von Würzburg, Graf Michael von Wertheim, und einen seiner
Hofräte zu den Verhandlungen abordnen, die zwischen den sächsischen Räten und den Regenten einerseits und Ldg. Wilhelm und
seiner Gemahlin andererseits in Hessen stattfinden, »dasselb mit
zu boren und handeln. Wurd aber der landgraf oder sein gemahel
etwas unbillichs darin suchen und sich der billigkeit nit wollen
weisen lassen und Ir. Mt. daruber weiter ansuchen, gedecht sich
S. Mt. sein zu entschlaen, auch der sachen zu eussern.« Kf. Friedrich
nimmt diesen Abschied auch im Namen seines Bruders und seiner
Vettern an.

A. Dr., Loc. 8675, Etliche Artikel u. Klagepunkte 1511, glz. Ndschr.


50. Die Regenten von Hessen an die Wettiner. Kassel
1511 April 10.

Treysa und Homberg weigern fortgesetzt den Huldigungseid. Absicht der Regenten, die widerspenstigen Städte mit fremden Truppen zu
züchtigen. Bitte um ein sächsisches Hilfskorps.

Alle Städte Hessens haben die Huldigung geleistet mit Ausnahme von Grünberg, das um Aufschub gebeten hat, und Treysa
und Homberg. Diese »han soliche huldung aus mutwillen und frevel
gewegert, auch vil verwenter wort in grosser verachtung darob
gehabt, daraus wir besorgen, wo solichs ungestraft hinginge, das
davon kunftiglich mere verachtung, ungehorsams und unrats im
furstentumb zu beschwerlichem ausgange entsteen mocht.« Um
die Huldigung zu erzwingen, haben sie sich »umb ein anzal reis[ig]er
und fussfolks auswerts in geheime beworben«, da »solichs mit den
andern steten im lande noch zur zeit nicht wol statlich zu tun ist.«

---

[1]) Der Abschied wird nach dem Protokoll Mittwoch nach Judica (9. April
1511) aufgesetzt.

Sie bitten die sächsischen Fürsten um ein Hilfskorps von 100 ge-
wappneten Reitern und 200 Fussknechten »mit langen spiessen,
buchssen und helinbarten« und bitten, dafür zu sorgen, dass »die
fussknecht auf freitag nach dem sontage misericordia [1511 Mai 9]
schirst zeitlich gein dem abende zu Fridewalt inkommen.[1]) ...
Dat. Cassel, donnerstags nach Judica ao. XI.«

A. W., Reg. C p. 108 Nr. 5, Or.

## 51. Kaiserlicher Abschied für die Landgräfin Anna und die Regenten von Hessen. Gengenbach 1511 April 10.

Aufführung der Beschwerden Annas über die Regenten beim Kaiser.
Zur Beilegung der Irrungen ordnet Maximilian an, dass die Regenten der
Landgräfin Rengshausen übergeben und ihr auch in den übrigen Streit-
punkten nach einem Schiedsspruch Genugthuung verschaffen sollen, den
die Wettiner als Vormünder zu fällen haben werden.

Anna hat sich beim Kaiser darüber beschwert, dass die Regenten 1. den Marburger Vertrag nicht vollziehen[2]); 2. dass sie
ihr das Gericht Rengshausen vorenthalten; 3. desgl. »etlich mangelt
und pension«; 4. desgl. Vorrat und Früchte zu Giessen und Grünberg; 5. dass ihr zwei Knechte, die aus ihrem Dienst zu den
Regenten gegangen sind, noch Rechenschaft schuldig geblieben
sind. Im Einvernehmen mit dem Kurfürsten Friedrich von Sachsen
und Hermann Pack, dem Rat Hz. Georgs, hat der Kaiser den Streit
dahin geschlichtet, dass 1. beide Parteien sich zur Beobachtung
des Marburger Vertrages abermals verpflichten; 2. dass Anna
»Rotenberg und Velsperg lauts der verschreibung gegen abtretung
Giessen und Grunberg eingegeben werd und ir Ringershausen, uns
zu untertenigkeit, auch eingeantwurt werden soll. 3. Des mangelts
und pension halb, was unser muhm ... ausgeben, soll ir von den
regenten erstat werden; was auch noch unbezalt auf Grunberg

---

[1]) Wir haben nur die Zusage Hz. Georgs an die Regenten: »Als ir uns
auch umb hundert zu rosse und 300 [!] zu fues, damit di von Homburg und Treyse
zu huldung und straf irs ungehorsams halb bracht werden schriftlich angesucht,
der solt ir uf ernante zeit von uns gewertig sein.« (A. Dr., Loc. 8675, Etliche
Artikel und Klagepunkte 1511, Cpt. ohne Datum.)

[2]) Schon früher hatte sich Anna in einem Schreiben beim Kaiser über
die Verletzung des Marburger Vertrages durch die Regenten beschwert. Sie
klagte, dass ihr »uber mangfeltig mein angesinnen und fordern bis uf heutigen
tag von den regenten kain pfenning bezalt, meine tochter nit geclaidet, di zwo
verschreibung von den steten Cassel und Martpurgk nit ubergeben, Herman
Ritesel zu kainem rat, wiewol di regenten doch von wegen meins sons etliche
fleken und slos hingehen, auch andere wichtige und grosse sachen verhandelt
haben, gefordert, di jagt nit zugestelt, di meinen nach dem vertrag in vilerlai
weis fast bedrangt und in der some solicher vertrag bis uf dise stund in kainem
artikel volnzogen ader gehalten worden ist.« Der Kaiser soll den Regenten
»hei ainer pen« gebieten, die Bestimmungen des Vertrages zu Marburg zu vollziehen. — Das Schreiben ist ohne Datum; es stammt wahrscheinlich aus dem
Oktober 1510, wo Anna den Ständen ähnliche Beschwerden vortrug (vgl. o.
Nr. 33). Eine Abschrift findet sich im Weimarer Archiv, Reg. C p. 105
Nr. 2a Bd. 1.

und Giessen stunde, sollen die regenten auch entrichten, und doch
also, das die obberurten unser l. oheim curfursten und fursten
zwischen dato dits briefs und S. Johans tag sonwenden schirstkunftig
die gemelten landgrevin, hofmeister und regenten auf einen tag
fur sie bescheiden und gedachts gerichts Ringershausen, mangelt
und pension, frucht und anders halben, wie vorgemelt ist, gegeneinander ... verhoren und sie darauf gutlich ... entscheiden; und
so befunden, das solh mangelt und pension ... unser muhmen ...
nit geburen oder zustehn soll, das ir dan solchs widerumb an irem
jargelt, so ir die regenten nach laut des vertrags zu Martpurg
aufgericht reichen, abziehen und innen behalten mogen.«    4. Die
»frucht und vorrat sollen gegeneinander vergleicht werden und
damit bleiben, wie das die verschreibung vermogen. 5. Der knecht
halben, das denselben das ire widerumb gegeben werd; und soll
unser muhm ..., was sie mit recht an sie zu fordern hat, von den
regenten gestat werden, die auch rechnung tun sollen.«   Es »soll
das einnemen des wiedumbs Rotenberg und Velsperg laut der
verschreibung und abtretung Giessen und Grunberg darzu erlegung
des mangelts und pension zwischen hie und unsers herrn auffartstag
[Mai 29] bescheen[1]), und das unser oheim, curfursten und fursten
von Sachsen, ob sie diese sachen in eigen personen zu handeln verhindert, die durch ire verordent rete handeln mugen, und das erstlich die gute furgenomen und, so die nit verfangen werden mocht,
durch erkenntnus ... vertrag und entschied gemacht werden, und das
auch darauf laut des ... vertrag zu Martburg aller unwill, irrung
und zwitrecht, so sich vor demselben auch sindher nach solchem
vertrag zwischen obgemelten parteien, iren dienern, anhengern und
verwanten begeben haben mochten, ganz tod und ab sein und kein
teil derhalb gegen dem andern in ungutem und ausserhalb rechtens
nichts furnemen oder handeln, sonder ein jeder dem andern bei
recht und billigkeit bleiben lassen soll.   Des zu urkund sind dieser
abschied zwen in gleichem laut gemacht und jedem einer gegeben.
Geben zu Gengenbach am zehenten tag Aprilis ao. XI.«

A. Dr., Loc. 8675, Etliche Artikel u. Klagepunkte 1511, Kop.

---

[1]) Dass die Auswechselung von Giessen und Rotenburg auch in dieser
Frist nicht vollzogen wurde, geht aus einer Instruktion hervor (A. Dr., Loc.
8675, Etliche Artikel u. Klagepunkte u. s. w. 1511, Kop. ohne Datum), die die
Wettiner an ihre Räte richten. Diese sollen »uf S. Sixtustag« (6. August 1511)
in Rotenberg sein und darauf dringen, dass die Landgräfin »den widdumb ein-
neme und das underpfant ane vorziehen abetrete. Wurde aber unser g. fraue
uf der rete handelung die abetretunge wegern, alsdan sollen die rete unser g.
frauen anzeigen, das sie bevelh hetten, mit den regenten zu vorschaffen, iren
g. die jerliche pension, so iren g. uf Martburg und Cassel vorschrieben, nicht
zu volgen lassen, wolt aber ire g. domit nicht beweget werden, das alsdan den
regenten bevolhen werd, dem also nachzugehen. Item so hiran nicht genuk,
sollen die rete diejenigen, so von der landschaft den regenten zugeordent, beschreiben und inen vorhalten, warumb unser gst. und g. hern die weigerunge
unser g. frauen an einnemunge Rodennbergks unbillich bedunken, welichs dan
dem jungen fursten zu Hessen zu schaden und nachteil raiche und von inen
sinnen, sich zu unser g. frauen zu fugen, ire f. g. mit geburlicher bitt anzusuchen, das ire f. g. nachmals furgenomene[r] weigerung abestehen [!], laut Kai.
Mt. abeschiet den widdumb einnehme[n] und des underpfandes abetreten wolle.«

## 52. Die Regenten von Hessen an die Wettiner. [Kassel 1511 Anfang Juni.][1]

Berichten über die Züchtigung, die sie den widerspenstigen Städten Homberg und Treysa erteilt haben.

Mittwoch nach Jubilate [1511 Mai 14] haben Bürgermeister, Rat und Gemeinde von Homberg, »ausgescheiden die fluchtig sein wurden«, folgende Artikel beschworen: 1. Leistung der Huldigung; 2. »das sie hinfur meins g. hern ldg. Philipses amptleute odir schultissen mit den thoren und schlussel aller festenong der stadt Hoemberg gewerden lassen und one sie odir iren bevel der stadt thoer odir pforten keine uf- oder zuschliessen sollen; 3. das die amptleute, schultissen und knechte zu Hoemberg einen idern zu Hoemberg odir im gerichte daselbst umb seine oberfarong zur strafe annemen, greifen und verwaren mugen one verhinderong und widerfechten aller inwoner von Hoemberg odir zutun irer hulf«; 4. dass sie die Ordnung, die ihnen vom Regiment übersandt werden wird, fest und unverbrüchlich halten wollen[2]); 5. dass sie von den flüchtig gewordenen Unruhestiftern keinen in ihre Stadt lassen, »noch ire gueter, haus odir hoef one willen und wiessen des re-

---

[1]) Das Datum fehlt; die dem Bericht beigegebene Beilage (vgl. die folgende Anmerkung) ist vom 2. Juni datiert. Es ist nicht wahrscheinlich, dass der Bericht, der vermutlich bereits Mitte Mai abgefasst wurde, vor Anfang Juni an die Wettiner abgesendet wurde.

[2]) Der Entwurf der Stadtordnung, die die Regenten der Gemeinde von Homberg aufzwangen, ist obigem Bericht beigefügt; ich gebe im Folgenden seinen Wortlaut wieder: »Ordnong und statuta lanthoifmeisters und regenten des furstentumbs zu Hessen, der stadt Hoemberg in Hessen, der sie sich bienforter halten sollen, aufgericht: 1. Das von neuem personen in raet zu Hoemberg an der apgegangen und aptrunnigen staet verordnet und uns dieselben personen, ouch darunter eine obermasse, daraus man zu welen habe, angezeigt werden . . .; 2. das von stund an das statgericht widerumb furgenomen und gehalten werde, damit ein ider nach furiger unsers hern sel. ldg. Wilhelms jungst verstorben . . . gerichtsordnong recht bekommen muge; 3. das nu und alwege ein amptman oder schultis zu Hoemberg von unsers g. hern wegen den angrief an denjenigen, die strafwirdig sein, tun mag und eime burgermeister ze sagen habe, der staedt knechte darzu ze halten, solchen angrief mit ime zu volnbringen one wiessen oder vergonstigen des raets, damit alwege das ubel und wes streflich ist, nicht ungestraft pleibe. 4. Sall hienforter ein itzlicher amptman, schultheis und raet umb alle sachen . . . ze handeln haben one widersagen der gemeine oder ire widersprechen, doch so sall der raet von allem irem einnemen, ausgeben und handelungen jerlich fur eime amptman oder schultissen in beiwesen vierer von der gemeine, die ides jars darzu erwelt werden, eine ufrichtige und gnugsame rechnong tun. 5. Ides jars, wan ein neuer burgermeister ufgeet, sollen ime die slussel zu der staedt thoern, thermen, pforten und festenongen durch einen itzlichen amptman oder schultissen unsers g. hern geliebert und ime daruf vermittelst seinem eit bevolen werden, das jar heraus und dieweil sein ampt wehert, die thoer und stadt festenongen unserm g. hern zu gut zu verwaren, bis das er abgeet, und welcher also vom burgermeisterampt gesatzt wirt, der soll solche slussel dem amptman oder schultissen widerumb zu uberantworten verbunden sein.« Landhofmeister und Regenten behalten sich vor, an dieser Ordnung nach ihrem Befinden Änderungen oder Zusätze zu machen. »Dat. montag nach exaudi ao. 1511 [Juni 2].« (A. W., a. a. O.)

giments einzereumen und zu gebrauchen gestaten wollen bei verlust irs leibs und guets«; 6. dass sie ihre Privilegien überliefern.
7. »Die gueter der aptrunigen sollen . . . zu meins g. h. ldg.
Philipses gewalt genomen werden.« 8. Zahlung einer Busse von
1500 Gulden. Auch die von Treysa haben die oben aufgeführten
Artikel Dienstag nach Jubilate [Mai 13] beschworen »ausgescheiden
die aptrunigen«, haben aber eine Geldbusse von nur tausend
Gulden zu geben.

A. W., Reg. C p. 151°Nr. 31 ¹ Bd. 2, Or.

## 53. Die Wettiner an ihre Räte Degenhard Pfeffinger und Dr. Johann Lupfdich. Instruktion für eine Werbung an den Kaiser. [Naumburg 1511 Juli 6.]¹)

Die Räte sollen sich im Namen der Wettiner beim Kaiser darüber
beschweren, dass Wilhelm der Aeltere auf Anstiften seiner Umgebung
den kaiserlichen Abschied zu Offenburg bisher nicht gehalten hat. Der
Kaiser soll den Landgrafen zur Befolgung des Abschiedes und zur Heimkehr nach Hessen veranlassen.

Obwohl die Wettiner den kaiserlichen Abschied zwischen
Offenburg und Gengenbach²) »Kei. Mt. zu undertenigem gefallen
angenommen, auch demselbigen zu folgen bewilliget und landhofmeister und regenten zu Hessen dem zu geleben bevelh getan, so
hat doch der landgrafe solichem abeschiet bis auf disen tak nicht
gefolget, dan sein l. leben, als wir bericht, entpfangen und gesucht
zu entpfahen, weliche lehen aus vormoge des keiserlichen spruchs
zu Collen von weilant . . . h. Wilhelmen . . . sel. . . . von Kai. Mt.
genomen, dem auch forder, wan die zu falle kemen, folge beschehen
sall.«³) Ferner hat Wilhelm der Ältere »ein ausschreiben an die
lantschaft und stende zu Hessen . . . getan und forder ein gedicht
drucken und ausgeben lassen, darinne sein l. dem vorstorben landgrafen, seinem bruder . . ., uns und den regenten zu Hessen, unsern
reten, auch andern merkliche schmehe und injurien understanden
zuzemessen.⁴) Sein l. entheldet sich auch nach auf disen tak zu

---

¹) Die Instruktion selbst trägt kein Datum, aber der Brief, durch den die
Wettiner Pfeffinger und Lupfdich mit der Überreichung der Instruktion beauftragen: »Dat. Numburg, sontags nach unser lieben frauen tage visitationis ao. XI.«
²) Vgl. o. Nr. 51 S. 149 f.
³) Der kaiserliche Spruch zu Köln, auf den oben angespielt wird, ist
wahrscheinlich die »Confirmatio Konigl. Mt. uber meins g. hern von Hessen
leben und regalien am jungsten zu Collenn ufgericht«, die Maximilian Wilhelm
dem Mittleren am 31. Juli 1505 zu Köln erteilte. (A. Mbg., Urk. Hess. Passiv-
lehen, Kaiser Nr. 1.)
⁴) Angespielt wird hier auf eines der zahlreichen Pamphlete, welche die
wilhelminische Partei in den Jahren 1511—1513 gegen die Regenten ausgehen
liess; das oben angeführte Ausschreiben ist mir nicht bekannt; da aber alle im
Inhalt und im Ton sehr ähnlich sind, verweise ich hier auf zwei andere Pamphlete;
das eine vom 13. November 1511 ist bei Senckenberg, Selecta iuris V, 639 ff.
abgedruckt, das andere aus dem Jahre 1513 (30. März) von O. Gerland in den
Mitteil. des Vereins für bess. Gesch. Jahrg. 1884 S. 121 ff. veröffentlicht.

Opennheym; zu dem so ist seiner l. tochter die eldste ane unsern
wissen und willen, der gemelten regenten und stende des furstentumbs zu Hessen in geringern stant vorheirat, unangesehen das
solichs hievor bei furstenstemmen in handelung gestanden, auch
Kai. Mt. von eines Reyngrafen wegen ansinnung getan[1]); dabei nu
teglich suchunge geschiet, aufrur und widerwertigkeit zu erwecken,
alles zu nachteil und schaden unsers jungen ohmen zu Hessen, zu
beschwerungen landen und leuten.« Das alles aber wird nicht von
dem irrsinnigen Landgrafen, sondern von seiner Umgebung zur
Befriedigung ihres Eigennutzes angestiftet. Die sächsischen Herzöge
bitten den Kaiser, Ldg. Wilhelm und seine Umgebung zur Befolgung des Offenburger Abschiedes anzuhalten und ihn zur Rückkehr in die Heimat zu zwingen. Maximilian soll an die Stände
des Reiches ein Mandat erlassen, worin sie aufgefordert werden,
den Landgrafen auszuweisen und ihm weder Unterhalt noch Vorschub zu leisten.

A. Dr., Loc. 8675, Etliche Artikel u. Klagepunkte 1511, Kop.

### 54. Protokoll über Verhandlungen der Regenten mit etlichen Mitgliedern der niederhessischen Ritterschaft betreffend die Lehenshuldigung. Kassel 1511 Dezember 20—21.[2])

Eine Anzahl niederhessischer Ritter behauptet, dass die von den
Regenten geforderte Lehenshuldigung dem alten Herkommen zuwider sei,
nach welchem erst dem mündigen Landesfürsten der Lehenseid geleistet
würde. Regenten verweisen auf den Befehl der Wettiner und auf den
Umstand, dass die meisten diesem Befehl bereits gehorcht haben. Die
Bitte der Ritter, eine Versammlung der Ritterschaft zur Beratung der
schwebenden Frage anzuberaumen, lehnen die Regenten ab, doch sind sie
bereit, den Rittern eine weitere Bedenkzeit zu gewähren. — Am folgenden
Tage (21. Dezember) stellen sich die Ritter wiederum bei den Regenten
ein; bedenklich erscheint ihnen vor allem der Umstand, dass sie nach Ldg.
Philipps Tode den Wettinern und nicht Ldg. Wilhelm dem Aelteren
huldigen sollen. Regenten klären sie über ihren Irrtum auf und bewilligen
ihnen eine Aufschubfrist, unter der Bedingung, dass sie dann zur Huldigung
sich bereit finden lassen.

Vor den Regenten zu Kassel erscheinen am 20. Dezember
1511 [»sabbato vigilia Thome«] folgende Mitglieder der niederhessischen Ritterschaft: Heimbrot, Simon, Jost, Kurt, Heinrich von
Boyneburg; Hans Keudel; Heimbrot, Burkhard, Philipp von Hundelshausen; Kaspar Meysenbug; Theodor Riedesel; Georg Diede; Heinz
von Eschwege; Reinhard von Baumbach; Oswald von Buttlar;
Kurt Treusch; Philipp von Urf; Ciriax von Hebel, Georg von
Bischofferode. Diese haben durch Theodor Riedesel »furbrengen
lassen, inen sie geschriben, fur winachten zu erscheinen, ir lehen
zu entpfahen, damit sie sich beswert bedunken und bitten dafur,

---

[1]) Über die Missheirat der Landgräfin Katharina mit dem Grafen Adam
von Beichlingen s. Anna von Hessen S. 70.
[2]) Das Protokoll trägt die Überschrift: »Handelung mit etlichen der
ritterschaft der lehenentpfenknis halben.«

bis ir herr zu seinen regirenden jarn komme, alsdan wullen sie
tun, wi ine gebure, angesehen das bi irn eldern solchs nie anders
gehalten ader herkomen sie.«¹) Die Regenten, welche alle zugegen
sind, lassen durch Boyneburg erwidern, dass sie »us befelh unser
gst. u. g. herrn von Sachsen als der formunder« das Ausschreiben
gethan haben; »haltens dafur, nachdem unser g. herr in seiner
unmontbarn zeit nicht muge erlassen bleiben, sein lehen durch das
regiment zu entpahen lassen, so mugen sie bedenken, ab sein g.
nicht billich seinen lehnen nachzusuchen habe; hirumb wer das
also tu, das hab seinen wek, wer des aber nicht tu, der muge es
lassen zu seiner ebenture; dan es haben bereit vil us den graveschaften und furstentumen entpfangen, auch etliche uf ursachen
lenger frist gebeten, di sie inen auch geben haben. Di ritterschaft
han weiter durch Ryteseln reden lassen, sie seien nit aller[!]
sondern der minder teil, sie bitten, das di regenten di andern
auch beschreiben wullen, das sie irer meinung eins wurden und sie
den andern keinen ingank machen, was sie dan einig wurden, darnach wulden sie sich halten, wie inen gebore.« Regenten: »Si seien
bereit beschriben und erfordert, ire lehen zu entpfahen, in zuversicht,
sie werden sich des halten und uber gescheenen unterrichtung
keine wegerung suchen; dan sie aller[!] zusamenzuverboten, sei
nit not, wer aber redelich ursach habe und umb ferner indult bitt,
dem wullen sie das nicht versagen. Han sie [Ritter] sich bedacht
und gebeten, inen frist zu geben; zwischen Ostern wullen sie
kommen und sich halten, wi inen gebure. Solch frist ist inen
also zugelassen und gegeben und damit der apschid gewest.«

Am Sonntag Thomae [1511 Dezember 21] nachmittags sind
dieselben von der Ritterschaft vor die Regenten gekommen und
haben durch Friedrich Trott reden lassen: »Si haben ein anbrengen und gewerb getan, daruf inen auch antwort worden sie,
davon sie sich us allerlei bedenkens noch nicht gruntlich zu halten
wissen, und nachdem sie sich zum regiment sonderlich guts versehen, di sie auch darzu erkorn haben, bitten sie inen darinnen
iren rat mitzuteilen.« Regenten: »Ist inen wider gesagt, wi
gestern, das ldg. Philips seine lehen entphahen musse, darus sie
zu versteen haben, das inen dergleich auch geboren wulle, und ob
das forher nicht mer gescheen, so wern auch itzt ursach darzu
furhanden, di for auch nit gewest, di darzu beweknis geben, so
hetten alle stete und gemein lantschaft huldung getan und mochten
bi inen nicht finden, das der [!] ritterschaft des mochten [!] beswert
sein. . . . Darumb raten sie guter meinung, das sie in solcher lehenentpfenknis keine wegerung suchen; dan sie achten es billich,
wullens auch selbst tun.« Ritterschaft: »Aller zweifel enstee
us dem, das inen zum teil furkomme, di lehenpflicht erstreck sich
dahin, so ldg. Philips one erben abginge, das man dan zustunt soll
den fursten zu Sachsen anwertig sein, das wer irer meinung nicht,
dan ldg. Wilhelm noch lebt, der dan aller ritterschaft geschriben

---

¹) Vgl. Anna von Hessen S. 78, Anm. 2.

habe, mit der entpfenknis bis zum ustrage still zu steen.«[1]) Regenten: »Di pflicht erstrecke sich uf ldg. Philipse und seine lebens-
erben und, ob di nicht wern, dan uf ldg. Wilhelm und seine lebens-
erben. Dan ir gemute sei nicht, als auch uf dem Spisse davon
rede gewesen, vom geblut zu Hessen zu treten, diwil das von der
swertseiten funden werde. Wan des dan nicht mer am leben ist,
alsdan wisen di pflicht dsr erbverbruderung der huser Sachsen,
Doringen, Hessen und Meissen, wes man sich dan halten sull, das
haben irer aller foreldern und sie darnach auch getan.« Ritterschaft: Bittet, ihr die Frist bis Ostern wie im gestrigen Abschiede
zu gewähren, »bis des wullen sie sich bedenken und rats pflegen.«
Regenten: Wer zusagen würde, alsdann seine Leben zu empfangen,
dem solle die Frist gegeben werden, wer aber das nicht thue,
dem wollen sie keine Frist zugesagt haben, wollen das auch nicht
thun ohne den Befehl der Vormünder. »Hirneben ist Johann Weyse
von seiner und etlicher geslechte wegen in der Wederau ... fur-
treden und gesagt, wi di von der ritterschaft zu Hessen in bedenken und meinung gewesen, derselben meinung sie er von inen
auch hergeschickt, di wull er der erbern meinung, durch den lanthofmeister erzalt, berichtung geben.« Er bittet um Frist bis
Fastnacht, »welcher dan bis des kom und halt gehorsam, der ge-
niss des, wer des nicht tu, der entgeld des und stee sein ebenture.
Das ist inen also zugelassen.«

A. W., Reg. C p. 130 Nr. 25, Reinschr. der Kanzlei der hess. Regenten.

## 55. Die hessischen Stände[2]) an die Wettiner. [Kassel] 1512 März 3.

Bitten die Wettiner zu verhüten, dass Elisabeth, die Tochter Ldg.
Wilhelms des Aelteren, unter ihrem Stande vermählt werde.

Sie erinnern daran, dass die Landgräfin Anna geb. Herzogin
von Braunschweig und ihre Räte »ganz one rate und wissen ...
der formunder, auch gemeiner lantschaft« ihre Tochter Katharina
»einem unvermogelichen graven nemlich graven Adam von Beichlingen vertreut und damit in elende und gross armut, das einer
furstinnen von Hessen geborn erbarmlich, auch gemeiner lantschaft
honlich und hochbeswerlich ist.... Nue kumpt uns itzund fur, das
... damit umbgangen werde, die andern dochter freulin Elisabeth
auch gleichmesiger unvermuglicher orte zu vermahln, das uns abermals ferner zu herzen geet, hoch bewegt und bekommert. Dan
solchs also nicht herkommen, sondern forher die furstin und dochter

---

[1]) S. das Ausschreiben Ldg. Wilhelms des Älteren vom Donnerstag nach
Martini 1511 bei Senckenberg, Selecta iuris V, 639 ff.
[2]) Das Schreiben geht nicht eigentlich von den Ständen, sondern von
einem ständischen Ausschuss aus; es trägt den Kanzleivermerk: »Von etlichen
us den prelaten, ritterschaft und steten von wegen gemeiner lantschaft des
furstentumbs zu Hessen an die herzoge von Sachsen.«

us dem huse zu Hessen geborn mit rate gemeiner landschaft und
an ort, da die fursten zu Hessen trost und fruntschaft bekommen,
verheirat sein, alsdan sich auch gemeine lantschaft mit steure darzu
willig erzeigt und nochmals gern tun woln.« Sie bitten die Herzöge
von Sachsen eine neue Missheirat zu verbüten. »Dan wir sein one
zweifel, gemelt unser g. freulein sol durch gotliche versehung und
fruntliche verwaltung euer cf. und f. g. woil vermehlung uberkommen,
die irn f. g. bass ansteen, auch dem furstentumb zu Hessen an
fruntschaft trostlicher erschiessen werde.[1] ... Geben mit unser abt
Johanses zu Breydenau, Fridrich Trotten, Fridrich Dyten, Heinrichs
von Eschwe und der stat Cassel secreten, insiegeln und bitzeften
· besiegelt mitwochs nach Invocavit ao. 1512.«

A. W., Reg. C p. 151 Nr. 31 [1] Bd. 13, Or.


## 56. Die Wettiner an die hessischen Stände. Zeitz 1512 März 9.

Sie versprechen, dafür Sorge tragen zu wollen, dass Elisabeth von
Hessen nicht ohne den Rat der Wettiner und der Stände verheiratet werde.

Sie haben das Schreiben der hessischen Stände [s. o. Nr. 55]
»gnediger und guter meinung vermarkt, hetten auch wol leiden
mogen, das die erst vermohlung zwischen ... unser muhmen
und graf Adam vermiden bliben were, weil es aber hinder uns,
auch gemeiner landschaft wissen und willen ergangen, mussen wirs
got bevelhen.« Aber dem Wunsche der Stände entsprechend,
haben die Herzöge an die alte Landgräfin geschrieben und ihr geboten, »das ander jung freulein ... an unser und gemeiner landschaft rat, wissen und willen nit zu vermeheln.[2] ... Dat. Zeitz
dinstag nach Reminiscere ao. XII.«

A. W., Reg. C p. 151 Nr. 31 [1] Bd. 13, Cpt.

---

[1] Ähnliche Schreiben wie an die Wettiner richten die Stände an die
alte Landgräfin und an die Herzöge Erich und Heinrich von Braunschweig,
Annas Bruder, alle unter demselben Datum wie das obige Schreiben. — Die
Beschwerde der Stände wurde auf den Antrieb der Regenten abgefasst. In
einem Schreiben (Cpt. ohne Datum, A. W., a. a. O.) an die Landschaft verweisen
sie auf die unebenbürtige Verheiratung Katharinas mit Beichlingen und drücken
die Befürchtung aus, dass Fräulein Elisabeth ähnlich vergeben werden solle:
das aber »wurd geachtet und angesehen als nicht ane euern rat und mittun
ergangen, ... bitten hivon, ir wullet disen handel bas betrachten und darob
sein, das ... freulin Elisabet solchermassen nicht verhinlicht, sondern darmit
nach rat der ... vormunder und gemeiner lantschaft als billich gefarn werde.«

[2] Das Schreiben der Wettiner an Anna von Braunschweig trägt dasselbe
Datum wie das oben wiedergegebene (Cpt.). Bemerkenswert ist die Drohung
der sächsischen Fürsten, die hessischen Stände hätten im Fall einer Missheirat,
»nit unbillich ursach, sich zu wegern, haimsteuer und andere hilf darzu zu
geben, des sie doch ane das unsers versehens zu tun willig weren.«

## 57. Kaiser Maximilian I. an die Regenten und Landstände von Hessen. Trier 1512 April 7.

Ist über das Ausbleiben der Regenten auf dem Reichstag verwundert. Befiehlt ihnen, Ldg. Wilhelm 2000 Gulden zu zahlen und ihre Gesandten nach Trier abzuordnen.

Er giebt seiner Verwunderung darüber Ausdruck, dass die Regenten auf dem Reichstag zu Trier trotz seiner Aufforderung nicht erschienen sind, um über die endliche Beilegung der Irrungen zwischen der Landschaft und Ldg. Wilhelm dem Älteren zu verhandeln.[1]) Er befiehlt ihnen, dem Ldg. Wilhelm 2000 Gulden innerhalb 14 Tagen nach der Überantwortung des Briefes auszuzahlen zur Tilgung seiner Schulden[2]); ferner auf Montag nach dem Sonntag Misericordia [1512 April 25] ihre Gesandten mit Vollmacht zu dem Reichstag in Trier abzuordnen. Dat. zu Trier d. 7. April 1512..

A. W., Reg. C p. 151 Nr. 31 ¹ Bd. 5, Kop.

## 58. Die Regenten von Hessen an Kaiser Maximilian I. Instruktion der hessischen Abgeordneten zum Reichstag von Trier.[3]) Kassel 1512 April 17.

Beschwerde der Regenten über die Händelsucht Ldg. Wilhelms des Aelteren und seiner Anhänger. Sie bitten den Kaiser, dass er den Landgrafen zur Erfüllung des Offenburger Abschiedes anhalte.

Die Regenten klagen darüber, dass sich »etliche understanden, umb irs eigennutzs willen« den blöden Landgrafen und seine Gemahlin dem Fürstentum Hessen zu schwerem Nachteil in fremde Lande zu führen. Sie schildern, wie die Wettiner sich vergeblich angestrengt haben, die Wünsche des alten Landgrafen zu befriedigen.

---

[1]) Schon einmal hatte Maximilian den Regenten sein Missfallen über ihre Saumseligkeit in dem wilhelminischen Handel ausdrücken lassen, nämlich Ende August 1511 durch den Beisitzer am Kammergericht Dietrich Reysacher: »Wiewol wir hievor zum dickermal durch unser potschaften und schriften auf ldg. Wilhelms ... und seiner gemahel anruefen von wegen der irrung, so sich zwischen inen halte, an sie begeren und handeln lassen ..., so hetten sie doch bisher demselben keine volzihung noch gehorsam getan, das uns dan und nit unpillich von inen befrembt.« (A. W., Reg. C p. 151 Nr. 31 ¹ Bd. 3, Or. 1511 August 22.)
[2]) Bereits in einem Schreiben vom 21. Februar 1512 an den Kurf. Friedrich von Sachsen (A. W., Reg. C p. 106 Nr. 2 b, Kop.) hatte Maximilian gefordert, dass die Regenten Ldg. Wilhelms Schulden bezahlten, »nachdem derselbe sich mit seiner gemahel ein zeit lang ausser dem furstentumb Hessen enthalten und nit wol darein zu bringen ist, er hat dan zuvor die schulden, so er gemacht hat, bezalt.«
[3]) Die Regenten entsandten den Mitregenten Hermann Schenk zu Schweinsberg, den Oberamtmann der Niedergrafschaft Katzenelnbogen Hermann von Reckerode, den Kammermeister Rudolf von Waiblingen und den Sekretarius Hassiae Johann Riedesel.

Die Botschaft der sächsischen Fürsten, die durch eine Abordnung
der Stände nach Spangenberg überbracht wurde und worin der
Landgraf aufgefordert wurde, nach Kassel oder Marburg zu kommen,
um seine Wünsche den Herzögen vorzutragen [s. o. Nr. 36 S. 129],
ist ebenso schnöde abgewiesen worden wie die Vermittelungsvor-
schläge Hz. Heinrichs des Älteren von Braunschweig, des Bruders
der alten Landgräfin [s. o. Nr. 39 S. 133]. Die Regenten bitten
daher, der Kaiser möge »dem boesen furnemen von ldg. Wilhelms
anweisern nicht staet geben, sondern als ein fliessender bronne aller
gerechtigkeit solchs abschneiden« und dem kaiserlichen Abschied
zu Offenburg bei der Gegenpartei Geltung verschaffen. Die
Regenten befehlen den Abgeordneten, »ob daruber einicherlei angesinnen gescheen wirde, sich in handlung zu geben, dovon sol
man nichts annemen«, mit der Begründung, dass man von den
Erbvormündern dazu keinen Auftrag erhalten habe. Dat. Kassel
Sonnabend nach dem heiligen Ostertage ao. 1512.

A. W., Reg. C p. 151 Nr. 31 ¹ Bd. 5, Cpt.

**59. Kaiserlicher Schiedsspruch in den Irrungen zwischen
Landgraf Wilhelm dem Älteren und seiner Gemahlin Anna
geb. Herzogin von Braunschweig einerseits und den Regenten
und Ständen des Fürstentums Hessen andererseits. Köln 1512
September 15.**

Maximilian bestimmt: 1. Die in Hessen nach dem Tode Wilhelms
des Mittleren geleisteten Huldigungseide sollen den Rechten und Ansprüchen Ldg. Wilhelms des Aelteren und seiner Erben unschädlich sein.
Erklärungen des Kaisers und der hessischen Stände über diesen Artikel.
2. Während seiner Krankheit werden Wilhelm dem Aelteren die Wettiner
zu Vormündern bestellt. 3. Künftiger Wohnsitz Wilhelms des Aelteren
und seiner Familie. 4. Sie sollen bei dem Kölner Vertrage geschützt
werden. 5. Ernennung eines Hofmeisters für Wilhelm. 6.—8. Zusammensetzung des Hofstaates des Landgrafen, seiner Gemahlin und Tochter.
9. Ausstattung Wilhelms und seiner Familie durch die Regenten. 10. Jagdnutzung. 11. Herstellung Melsungens. 12. Regelung der Schuldverhältnisse Wilhelms durch die Regenten unter Mitwirkung kaiserlicher Kommissare. 13. Verwendung der Einnahmen von Spangenberg und Melsungen
zum Unterhalte des Landgrafen und seiner Familie. 14. Wilhelms Gemahlin soll nach dem Tode des Landgrafen Melsungen als Witwensitz in
gutem Zustande erhalten. 15. Aussteuer für Wilhelms Tochter Elisabeth.
16. Versorgung der übrigen Töchter. 17. Der Kaiser will die Schuldverschreibungen des Landgrafen prüfen und über ihre Verbindlichkeit
entscheiden lassen. 18. Ueber Wittum und Morgengabe von Wilhelms
Gemahlin sollen von kaiserlichen Kommissaren mit den Regenten Verhandlungen gepflogen werden. 19. Bedingungsweise Teilnahme des Landgrafen an der Regierung. 20. Entschädigungssumme für die Landgräfin.
21. Auszahlung der Heimsteuer für die Gräfin von Beichlingen durch die
Regenten. 22. Versorgung der Landgräfin Elisabeth. 23. Versorgung des
Landgrafen und seiner Gemahlin mit Silbergeschirr. 24. Zur Vollziehung
des kölnischen Spruchs wird der Kaiser Kommissare abordnen. 25. Beilegung etwaiger Irrungen. 26. Amnestie für Ldg. Wilhelms Anhänger.

Maximilian schlichtet die Irrungen, die sich zwischen Ldg.
Wilhelm dem Alteren und seiner Gemahlin Anna geb. Herzogin

von Braunschweig einerseits und dem Landhofmeister und den Regenten des Fürstentums Hessen andererseits erhoben haben, durch folgenden Vertrag: 1. »Als nach abgange weilend ldg. Wilhelms von Hessen des Mitlern die lantschaft des furstentumbs Hessen erbhuldung, leben und ander phlicht getan, in der gestalt das ain lantschaft ldg. Philipsen . . . und seinen leibslehenserben, und ob derselb an leibslehenserben abgienge alsdan ldg. Wilhelmen, ob der in leben were oder seinen erblichen leibslehenserben, wo er der auch verlassen bette, gehorsam und gewertig zu sein, bei denselben erbhuldigungen, leben und andern phlichten sol es beleiben, auch furter dermassen und nit anders gehalten werden. Doch sollen dieselben erbhuldigungen, leben und ander phlicht, so beschehen sein und hinfur beschehen werden, hierinnen sonderlich declariert sein, das solbe ldg. Wilhelm und seinen leibslehenserben vor und nach in alweg zu allen iren gerechtigkaiten mit begreifen und tailhaftig machen und sein sollen, dergestalt wo der allmechtig got ldg. Wilhelm sein gesonthait widerumb verleihen, also das er zu regierung vermuglichen und geschikt sein und, wie sich geburt, restituirt oder das im von got eelich mandlich leibslehenserben verlihen wurde[n], so sollen die gemelten erbhuldigungen, leben und ander phlicht . . . dem . . . ldg. Wilhelmen unabbruchig sein, sonder ime und seinen eelichen mandlichen leibslehenserben . . . alles das volgen und werden, darzu si gerechtigkait haben, unangesehen ob ldg. Philips derselben zeit in leben sein oder leibslehenserben haben wurde oder nit.[1]) Wir wollen auch als Rom. Kaiser uber solben artikl ain gnugsam declaracion disem artikl gleichmessig tun.[2]) Desgleichen sollen sich die gegenwurtigen und kunftigen regenten in namen der stend der lantschaft des furstentumbs Hessen auf gnugsam mandat und bevelh, so dieselben stend bemelten regenten deshalben geben sollen, gnugsamlich verschreiben, verphlichten und in namen der lantschaft schweren, das angezaigter artikl dermassen

---

[1]) Anna von Braunschweig war mit der Fassung dieses Artikels nicht zufrieden; sie behauptete nach wie vor, dass ihr geisteskranker Gemahl regierungsfähig sei. In einem Schreiben an Maximilian (d. 1512 August 9, A. Wien, Maximiliana) behauptete sie: »So ist sein l. auch nit so krang, das er mit rate verstendiger frommer leute nit regieren konne, sunder er ist gott sei lob in zimblicher gesuntheit und mak mit warheit kein ungeschigklicheit zu ime bracht werden, die sovil uf ir trage, das ime huldigung der seinen, auch leibung der leben zu seinem teil mit einichem rechten moge entzogen werden. Item er horet alle tag mess mit guter andacht, beicht zu gepurlicher zeit, empfecht das heilig wirdige sacrament, tuet niemants kein leit, ist fromen redelichen leuten, die ime zu furstlichem wesen, ehr und nutz seines furstentumbs raten, gefolgig, warumb soll ime dan das sein verhalten werden? Aber mit der treue als hofmeister und regenten ine mainen und bisher gemeint haben, ist wol zu gedenken, wan er als weise were, als kunig Salomon gewest, so muste er doch inen nit geschickt sein, damit sie dester lenger herren bliben.«

[2]) Diese Deklaration legte Maximilian in einer Urkunde vom 18. Sept. 1512 zu Köln nieder (A. W., Reg. C p. 151 Nr. 33, Or.). Die den Wettinern im Falle des Aussterbens des hessischen Hauses geleistete Erbhuldigung wird wie im Kölner Vertrage so auch hier ignoriert.

und nit anderst gehalten werden sol.[1]) Wir wollen uns auch fur
uns und unser nachkomen verschreiben, gedachten ldg. Wilhelmen
bei dem hie obangezaigten entschaid zu hanthaben, zu schutzen und
zu schirmen. Darzu so ldg. Philips zu seinen mundigen jaren
komet und die regierung selbs annemen wirdet, das alsdan die
regenten ime des regiments, sovil si des zu seiner gerechtigkait
vorsein nit abtreten, er hab sich dan zuvor gnugsamlich verschriben
und vorphlicht, obangezaigten artikeln zu leben und nachzukomen.«
2. Da Ldg. Wilhelm »diser zeit villeicht mit plodigkait seines leibs
beladen« ist, bestellt der Kaiser zu seinen Vormündern die Herzöge
von Sachsen.[2]) Sie sollen darauf achten, dass das Regiment, »so
si mitsambt der lantschaft in dem furstentumb Hessen verordent
haben«, die nachfolgenden Bestimmungen vollzieht.  3. Ldg. Wilhelm soll mit seiner Gemahlin und seinen Kindern sich nach Hessen
begeben und zu Kassel oder Marburg wohnen »oder wo zu jeder
zeit sterbender oder ander leuf halben haider fursten hof und das
regiment . . . gehalten wirdet.«  Dort sollen sie ordentlich und
fürstlich unterhalten »und auch mit erlichen zimern in den slossen
versehen werden.  Wolte aber der fursten ainer aus seiner notdurft
oder lust besonder essen und zu zeiten im gejaid oder lustheusern
sein, sol inen nicht abgeslagen, sonder nach der zeit und gelegenhait zimlichen gestat werden.«  4. Es soll dem Landgrafen und
seiner Gemahlin »kainerlei gewalt oder ichts anders unbillichs zugezogen oder widerfaren«, sondern sie sollen bei diesem Vertrage

---

[1]) Die hessischen Stände bestätigten den Kölner Vertrag am 11. November 1512 durch folgende Urkunde: »Wir die prelaten, ritterschaft und stete des
furstentumbs zu Hessen bekennen und tun kunt hierane sametlich und sonderlich
vor uns, unser erben und nachkomen gein allermenniglichen: Dweil die Rom.
Kei. Mt. unser allergnedigster herre die irrunge und zweiheltigkeit zwuschen
den durchleuchtigen hochgebornen fursten und furstin h. Wilhelmen lantgraven
zu Hessen und seiner f. g. gemahel unser g. hern und frauen eins, den gestrengen und ernvesten lanthofmeister und andern regenten des furstentumbs
an stat und von wegen des durchleuchtigen hochgebornen fursten auch unsers
g. hern ldg. Phylipss zu Hessen andernteils vertragen laut eins schriftlichen
scheins, so ire Kei. Mt. und mit irem sigil versigelt daruber ufgericht und
darinne verliebt hat, das die regenten unser als der lantschaft zu Hessen volmacht haben, damit solichem vertrage gelebt werde und von unserwegen geloben und schweren sollen, das wir demnach und daruf also hiemit sametlich
und sonderlich den angezeigten regenten unser vollenkommen befelh, macht
und gewalt geben und in der allerbesten forme und gestalt, wie das in rechte
allervollenkomlichst und creftigst gescheen kan, sol odir mag, gegeben haben
wollen, solichen angeregten keiserlichen vertrag, so viel uns als die lantschaft
der anruret und darinne angezeigt zu fullenzihen, den zu halten zu geloben
und zu schweren ane alle geverde.  Des in orkunde sein unser Johan abts zu
Cappel und Johan abts zu Breydenaue siegel vor uns und die andern prelaten,
Adolff Ruen zu Holtzhausen, Caspar von Breydenbachs, Friederich Dieden und
Gysen Hundes vor uns und gemeine ritterschaft und der stat Cassel, Marpurg,
Eschwege und Wetter vor uns und aller stet der lantschaft wegen des furstentumbs zu Hessen an diesen brief gehangen. Der gegeben ist an S. Mertins des
bischofs tage ao. dm. millesimo quingentesimo duodecimo.«  (A. W., Reg. C p.
151 Nr. 35, Or.)

[2]) Die Urkunde, in der Maximilian die Wettiner dem Ldg. Wilhelm dem
Älteren »als seiner 1. nechst gesipt freund und verwanten« als Vormünder verordnet, ist vom 4. Oktober 1512 datiert. (A. W., Reg. C p. 151 Nr. 34, Or.)

geschützt werden. 5. Der Kaiser wird sofort »ain tapfere und verstendige person vom adl und aus dem furstentumb Hessen geboren ldg. Wilhalmen als ainen hofmaister zuordnen, die sein person in gueter acht [hab] und, sovil imer muglich sei, auf sein person embsiklichen und vleissiklichen wart.« Auch die Regenten sollen das thun und, sobald es Not thut, den Landgrafen mit Ärzten versehen. 6. Der Hofstaat Wilhelms des Älteren soll aus folgenden Personen bestehen: einem Hofmeister, einem Schenken, zwei Truchsessen, einem Vorschneider, zwei Edelleuten, vier Edelknaben, einem Arzt, einem Feldtrompeter und der entsprechenden Dienerschaft. Der Landgraf soll acht Reitpferde und einen Wagen zur Verfügung haben; »derselb wagen sol auch auf die lantgrefin warten zu irer notdurft, wan si ausfaren will. Es sol auch noch ain wagen gehalten werden, und so man den gebrauchen will, sollen das regiment die wagenpfert darzu verordnen, item sechs officierpersonen; darinne sol gerechent sein: camerknecht, caplan und ander notdurftig officier, doch nicht uber die anzal der sechs personen, sechs gemaine pherd fur dieselben officier, item fur des lantgraven phert und der sechs officier phert sollen notdurftig marstaller gehalten und bestelt werden.« 7. Der Hofstaat der Landgräfin und ihrer Tochter soll bestehen aus: »hofmaister ..., hofmaisterin, sechs edljunkfrauen, zwo camermaid, camerfrau, caplan, zwen edelknaben, turhueter ..., furschneider ..., schenk ..., schneider, muntkoch, camerknecht, truchsass« und der entsprechenden Dienerschaft. 8. »Die obangezaigten personen was vom adel ist oder grossofficier sollen aus dem furstentumb zu Hessen geborn sein, ausgeslossen zwen vom adel, die mugen aus andern landen sein, desgleichen die gemainen dienstknecht, und ob ldg. Wilhelm aus obgemelten personen ainer oder mer misfallen hette oder die nit taugenlich wern, sollen ander an ir stat mit wissen des verordenten hofmaisters aufgenumen und bestelt werden.« 9. Die Regenten sollen Ldg. Wilhelm, seine Familie und das Hofgesinde »mit claidung, sold und aller ander notturft nichts ausgenumen erlichen versehen, auch inen auf ain jede fronvasten 200 gulden rh. zu opfergelt raichen. 10. Es sol auch ldg. Wilhelm sambt seiner gemahel gejaid, waidwerk und ander furstlich lust zu irer ergetzlichait zimlichen zu gebrauchen gestatt ... werden. 11. Antreffend den pau zu Mellsungen wollen wir, das die regenten daselbst furderlichen sovil pauen und zurichten, das die lantgrefin darin erlichen sein muge. 12. Antreffend die schulden und das, so ldg. Wilhelm seider der zeit, als er aus dem lande zu Hessen komen ist, verschriben und verzert hat, erkennen wir, das uns lauter und klar anzaigen beschehen sol des ... ldg. Wilhalm und seiner gemahel zerung. So soll solhe zerung durch das regiment zu Hessen an ... ldg. Wilhalm und seiner gemahel nachtail oder schaden entricht und bezalt werden, und, damit in bezalung solber zerung zimblichait und mass gebraucht werde, wollen wir alsdan etliche commissarien, die uns vorphlicht sein, verorden, die sich derselben zerung erkunden und darin zimlich mass und mittel furnemen. 13. Antreffend slos und stat

Spanngenberg, auch slos und stat Mellsungen, dieselben sollen mit
allen renten und zugehorungen auf . . . des lantgraven, seiner gemahel und kinder underhaltung wie ander des furstentumbs slos
und stat gebraucht, eingenumen und gehalten werden.« 14. Sollte
Ldg. Wilhelm vor seiner Gemahlin sterben, so soll ihr laut ihrer
Verschreibung Melsungen eingeantwortet »und das slos Mellsungen
als iren ansas in zimlichen pau« gehalten werden. 15. Ldg. Wilhelms »eeliche weltliche tochter, so noch nicht verheirat ist«[1]), soll
mit fürstlicher Aussteuer versehen werden. 16. »Der gaistlichen
tochter halben wollen wir unsern reten, so wir der zerung halben
verordnen, bevelhen, das si sich aigentlichen erkunden, ob das gelt,
so in die closter gegeben wirdet, iren personen zu guet oder zu-
statten kom oder nit. 17. Dan der verschreibung halb erkennen
wir, das ldg. Wilhalm von Hessen uns in ainem monat dem nechsten
lauter und klar anzaigung tun sol, was er seider der zeit, als er
aus dem furstentumb Hessen komen ist, vorschriben hab, wer auch
dieselben person sein. So wir dan dasselb aigentlich wissen, wollen
wir durch unser commissari daruber erkennen, was ainem jeden,
so solh verschreibung haben, von billichait und rechts wegen gegeben oder wie dieselben verschreibungen gehalten werden sollen.
18. Antreffend den widom und morgengab gemelts lantgraven gemahel, auch iren widombsitz genannt Mellsung, derhalben si merglich mengel und gebrechen anzaigt und darin wendung begert, ist
unser mainung, das wir dem bischove [!] zu Wirtzburg und grave
Micheln von Wertheim zu commissarien verordnen, die sollen bemelte lantgrefin in iren beschwerungen, desgleichen hofmaister und
regenten zu Hessen notdurftiklichen boren und, wo not sein wurde,
in der guetlichen oder zu entlicher handlung die irtumben besichtigen und auf den augenschein komen und alsdan allen vleis
ankeren, si der guetlichen zu vertragen. Wo aber solhs nit sein
mocht, so sollen dieselben commissarien uns auf dem kunftigen
reichstag zu Wormbs solb ir handlung mitsambt irem rat und guet-
bedunken anzaigen oder zuschiken, so wollen wir alsdan deshalben
entlichen beschaid und erkantnus daruber geben. 19. Das auch
ldg. Wilhelm zu seinen gelegen zeiten in reten sein mueg und doch
kain procurei annemen, sein mainung gehort, und was in rat fur
guet funden, sol furgenumen werden.« 20. Zum Entgelt dafür,
dass die Landgräfin ihre Tochter bisher erzogen und unterhalten
hat, sollen ihr die Regenten 800 Gulden zahlen, wofür Kleinodien
gekauft werden sollen, die »dem jungen freulein zu irem beislaf
durch die muetter gegeben« werden sollen. 21. »Der von Peuch-
lingen halben erkennen wir, das derselben ir heiratguet und abfertigung[2]) laut der verschreibung und vertregen deshalben durch

---

[1]) Zwei Töchter Ldg. Wilhelms waren seit 1493 Nonnenklöstern übergeben, Anna nach Ahnaberg, Mechtild nach Weissenstein (vgl. Rommel III,
104, J. Hoffmeister, Genealogie von Hessen S. 24). Katharina hatte 1511 den
Grafen Adam von Beichlingen geheiratet. So war 1512 nur Elisabeth (geb. 1503)
bei den Eltern.
[2]) Die Regenten und die Stände von Hessen scheinen sich bisher geweigert zu haben, der Gemahlin des Grafen von Beichlingen, Katharina von

die fursten zu Hessen aufgericht durch die regenten ... geraicht
werden sollen. 22. Die unverheirat tochter [Elisabeth] sol mitler
zeit, bissolang si verheirat wirdet, mit klaidern, clainaten und andern
notdurft nach irem stat versehen werden durch die regenten.
23. Und so ldg. Wilhalm und sein gemahel je zu zeiten an das
waidwerk oder nach irem lust sunst ausreiten wurden, sol der hofmaister und regenten inen zu solhem ldg. Philipsen hofgesind oder
ander, wie si nach gelegenhait ainer jeden zeit und sachen guet
bedunket und die notdurft erfordert, zugeben und verordnen. Dem
... ldg. Wilhelm und seiner gemahel sol auch durch die regenten
... silbergeschier fur iren munt auf ain tafel ungeverlichen, wie
sich dan ainem fursten und furstin gezimbt, bestellt und geantwurt
werden, und, so ... ldg. Wilhalm mit tod abgeen und ine sein
gemahel uberleben wurde, dasselb silbergeschirr ... seiner gemahel
ir lebenlang zu irem gebrauch gelassen und nach irem abgang
widerumb zu dem furstentumb Hessen genumen werden. 24. Und
damit sich aber in einsetzung und volziehung ... unsers spruchs
kain irrungen oder widerwillen begebe, so wollen wir ... unsern
commissarien, so wir der schuld halben ... verorden, bevelhen,
das si berurten einsetz tun und solhen unsern spruch volziehen.
25. Ob sich auch zwischen beder fursten ldg. Philipsen, Wilhalmen
oder derselben regenten hofgesind oder jemands andern ainicherlai
widerwillen, irrung oder ramor begeben, so wollen wir, das solh
irrungen und widerwillen durch beder fursten hofmaister hingelegt
und ain jeder durch seinen hofmaister nach gestalt seiner handlung
und verprechens gestraft werden, wo aber das nicht beschehe und
durch den hofmaister ... die verbrecher nicht gestraft, so sollen
alsdan solh irrung durch die regenten zu Hessen, wie sich geburt,
hingelegt oder gestraft werden. 26. Und auf solhs alles sollen all
ungnad, widerwillen und irrungen, so sich zwischen allen tailen,
auch ir jedes verwandten vom adel und andern begeben und vor-
loffen hat, tod und absein, ... und alle gefangen, so si zu haiden
tailen diser sachen halben in fenknus und verhaft haben, auf ain
zimbliche alte urfehd ledig gelassen und ain jeder zu dem seinen,
so er vor solher fenknus gehabt und ime eingenomen worden were,
an alle ferrer auszug und waigerung komen und ime das eingeantwurt werden und disem vertrag gestraks leben und volziechen.«
Sollten sich über die Auslegung des Vertrages Irrungen erheben,
die durch die Vormünder nicht gütlich vertragen werden, so soll
man sich an den Kaiser wenden. »Mit urkunt dis briefs besigelt

---

Hessen, eine Heimsteuer zu bewilligen, weil die Ehe hinter ihrem Rücken geschlossen war und für unebenbürtig angesehen wurde. (Vgl. o. Nr. 55 S. 155f.)
Die Wettiner und Boyneburg aber vollzogen diesen Artikel des Kölner Vertrages nicht. Erst nach dem Sturz der Regenten und der Abschüttelung der
sächsischen Vormundschaft (Ende September 1514) erhielt Graf Adam von
Beichlingen von der Regentin Anna und den verordneten Räten eine Heimsteuer
von 11 000 Gulden für seine Gemahlin, wahrscheinlich als Belohnung für die
Hilfe, die er der jungen Landgräfin bei Boyneburgs Fall geleistet hatte. S. die
Akten A. Mbg., O. W. S. 1, Ldg. Wilhelms I. Töchter.

mit unserm anhangenden insigel, geben in unser und des heiligen
Reichs stat Colen am funfzehenden tag dits monats septembris
nach Cristi geburt 1512.«

A. W., Reg. C p. 151 Nr. 32, Or.

## 6o. Kaiser Maximilian an die Regenten von Hessen. Landau 1513 Februar 24.

Ist mit der Abreise der hessischen Gesandten aus Worms unzufrieden
und befiehlt den Regenten, Bevollmächtigte mit einer Geldsumme zur
Auslösung Ldg. Wilhelms abzuordnen.

Er spricht ihnen seine Unzufriedenheit darüber aus, dass ihre
Abgesandten ungeachtet des kaiserlichen Verbots aus Worms aus-
gerückt und ohne Wissen seiner Räte nach Hessen gezogen sind,
»darab wir dan und nit unbillichen befrembdet, angesehen das wir
dardurch abnemen muessen, das solhes zu verzug und verhindrung
berurts spruchs [zu Cöln] ... beschehe.«[1]) Er befiehlt ihnen, »on
alles verziehen die euern mit volmechtigem gewalt« und 7000 Gul-

---

[1]) Über die Irrungen, die sich an die Ausführung des Kölner Vertrages
knüpften und ziemlich ein Jahr dauerten, können wir in den Landtagsakten
nicht durch eingehende Wiedergabe der ziemlich umfangreichen Akten Auskunft geben, die sich im Marburger (O. W. S. 1, Personal-Akten Ldg. Wilhelms
des Älteren; vgl. insbesondere den Bericht der hess. Gesandten: »Wes in sachen
ldg. Wilhelme zu Hessen bel. zu Coln und ferner sidder dem kais. usspruch gehandelt worden«; Cpt. ohne Datum) und Weimarer Archiv (Reg. C p. 151 Nr.
31[1] Bd. 6—8) finden. Über die Bezahlung der Schulden, die Wilhelm der
Ältere und seine Gemahlin während ihrer Abwesenheit aus Hessen im Auslande
gemacht hatten (vgl. Art. 12 u. 17 des Kölner Vertrages), entbrannte zwischen
den Regenten und der wilhelminischen Partei ein erbitterter Streit. Jene wollten erst nach der Heimkehr des Landgrafen seine Schulden begleichen, während
Anna von Braunschweig forderte, dass die Abgesandten des Regiments, die
ihren Gemahl aus Worms abholen sollten, zunächst dort die Schulden bezahlten. (Vgl. ein Schreiben Wilhelms des Älteren an Maximilian vom 22. Oktober
1512 A. W., a. a. O. Bd. 6, Kop.) Wie man aus dem oben wiedergegebenen
Schreiben ersieht, schloss der Kaiser sich den Wünschen Annas von Braunschweig an. Schon in einem Schreiben vom 18. Januar 1513 (A. W., a. a. O.
Bd. 7, Kop.) hatte der Regent Georg von Hatzfeld, der zur Heimführung Wilhelms des Älteren vom Regiment mit anderen nach Worms abgeordnet war, von
dort seinen Kollegen gemeldet, dass Maximilian seinen Kommissaren befohlen habe,
die hessischen Gesandten nicht aus der Stadt zu lassen, bevor sie nicht zum mindesten
7000 Gulden zur Schuldentilgung hinterlegt hätten. Die Regenten aber hatten in
einem Schreiben vom 22. Januar 1513 (A. W., a. a. O., Cpt.) Hatzfeld und die
anderen Gesandten im Namen der Wettiner angewiesen, dem kaiserlichen Befehle
nicht Folge zu gehen; vielmehr sollten sie es sich ja nicht anmerken lassen, dass
sie 6000 Gulden bei sich hätten: »dan ir kent die leut und das an deme ende
hun[g]rige wolfe sein, forchten ouch, das es unsern gst. u. g. hern nicht gefallen
wurde.« Und wie aus der Beschwerde des Kaisers oben hervorgeht, entwichen die
hessischen Gesandten ungeachtet des kaiserlichen Verbotes aus Worms. Vgl.
auch das von Gerland in den Mitteil. d. Vereins f. hess. Gesch. (Jahrg. 1884
S. 125 ff.) veröffentlichte Ausschreiben Wilhelms vom Mittwoch nach Ostern u.
Anna von Hessen S. 85 f.

den zur Auslösung Ldg. Wilhelms abzuordnen und »darzu noch etlich mer tausend guldin, nachdem bisher aus eurm verzug vorberurter sachen ... unserm lieben oheim und fursten auf sein zerung ... mer als vor aufgeloffen ist.[1] ... Geben zu Lanndau am 24. tag Februarii ao. XIII.«

A. W., Reg. C p. 151 Nr. 31[1] Bd. 7, Or.

---

[1] Infolge des kaiserlichen Schreibens vom 24. Februar befahlen die Wettiner den Regenten auf ihre Anfrage hin am 26. März 1513 (A. W., a. a. O., Cpt.), dass sie aufs neue Abgeordnete nach Worms zur Verhandlung mit den kaiserlichen Kommissaren abordneten. Am 16. April 1513 wurden die Verhandlungen von den kaiserlichen Hofräten wieder eröffnet. Die Regenten hatten Friedrich Trott, Kaspar von Berlepsch und den Kanzler Herting Schenk bevollmächtigt. Diese fochten die Rechtsverbindlichkeit der Schulden an, die Ldg. Wilhelm ausserhalb Hessens gemacht habe: sei es ihm doch wegen seiner Unmündigkeit nicht gestattet, ein Siegel zu führen; daher sei alles ungiltig, was unter diesem Siegel ausgestellt worden sei. Schliesslich bringen die kaiserlichen Kommissare unter dem Vorsitz des Bischofs Wilhelm von Strassburg am 31. Mai 1513 zu Worms einen Abschied zustande, nach welchem die Regenten versprechen, bis zum 29. September 1513 6000 Gulden zur Bezahlung der Schulden Wilhelms des Älteren zu hinterlegen. Darauf wurde der alte Landgraf nach Hessen gebracht, wo in Marburg im Juni unter dem Vorsitz kaiserlicher Kommissare über die Ausführung der einzelnen Artikel des Kölner Vertrages verhandelt wurde. Da entstanden aufs neue Differenzen zwischen den Regenten und Anna von Braunschweig; sie knüpften sich an die Wahl der Personen, aus denen der Hofstaat Wilhelms gebildet werden sollte: während die Landgräfin ihre Anhänger in die Hofstellen zu bringen suchte, widerstrebte Boyneburg diesem Vorhaben, da er die Anstifter der wilhelminischen Irrungen für ihre Umtriebe nicht belohnt wissen wollte. Vor allem wollte Anna den Anhänger der Regenten, Friedrich Trott, nicht als Hofmeister dulden und setzte es auch mit Hilfe Maximilians durch, dass an seiner Stelle Kaspar von Berlepsch dieses Amt übertragen wurde. Am 9.—10. Juli 1513 wurde von den kaiserlichen Kommissaren unter dem Vorsitz des Grafen Johann Ludwig zu Nassau zu Marburg ein Abschied aufgerichtet, der die endgiltige Zusammensetzung des Hofstaates Wilhelms des Älteren und seiner Gemahlin regelte und die einzelnen Artikel des Kölner Vertrages bestätigte. Auch Kurf. Friedrich von Sachsen wohnte den Verhandlungen bei. (A. W., Reg. C p. 151 Nr. 31[1] Bd. 8.)

# VIII.

# Erhebung der hessischen Stände gegen die Regenten auf Anstiften der Landgräfin Anna. Die Landtage zu Felsberg und zu Treysa. Aufrichtung einer neuen Einung.

### 1513 August 2 — 1514 Anfang März (Nr. 61—109).[1]

Das politische Ungeschick, das die Regenten in dem wilhelminischen Handel an den Tag gelegt hatten, war ihrem Ansehen
natürlich wenig förderlich gewesen: Die Züchtigung Hombergs
und Treysas, die grossen Kosten, die die Flucht Wilhelms des
Älteren und sein langer Aufenthalt ausserhalb des Landes verursacht, sowie die lange Fortdauer der Unruhen und der Gährung
im Inneren, alle diese Momente hatten die herrschende Unzufriedenheit vermehrt. Hinzu kam, dass im Lager der Regenten selbst
Zwiespalt herrschte, dass der Landhofmeister Ludwig von Boyneburg wegen seines eigenmächtigen Betragens von einigen einfluss-
reichen Kollegen auf das heftigste angefeindet wurde (Nr. 61—63).
Zwischen diesen und der jungen Landgräfin, die ihren alten Widersacher glühend hasste und ihn aus dem Regiment zu verdrängen
wünschte, kam es zu einem engen Bündnis, das auf den Sturz
Boyneburgs und seines Anhangs zielte. Es fiel der Landgräfin
und ihren Freunden nicht schwer, in kurzer Zeit zahlreiche Bundesgenossen um sich zu sammeln. Hatten doch Boyneburg und seine
Genossen die Gunst der hessischen Stände verscherzt. Diese hatten

---

[1] Vgl. für diesen Abschnitt Anna von Hessen S. 88—115.

sich im Juli 1509 gegen Anna erhoben, um an die Stelle ihres selbstherrlichen Regiments eine Regierung zu setzen, in der der ständischen Mitwirkung von vorneherein ein breiter Raum gesichert war. Aus ihrer Mitte hatten sie mit Unterstützung der Ernestiner die Regenten erwählt, die hinfort in engster Gemeinschaft mit ihnen die Geschicke des Fürstentums lenken sollten. Boyneburg aber hatte ihre Hoffnungen arg getäuscht. Im Einvernehmen mit den Wettinern hatte er im Widerspruch mit dem ständischen Interesse und seiner früheren Haltung die Stände vernachlässigt und auch bei wichtigen Angelegenheiten ihren Rat nicht eingeholt: weder bei der Erhebung einer Schatzung noch bei der jährlichen Rechnunglegung wurden von ihm die Stände oder der ständische Ausschuss hinzugezogen. Unter solchen Umständen gelang es der jungen Landgräfin leicht, zahlreiche angesehene Mitglieder der Ritterschaft insgeheim zu einer förmlichen Verschwörung zu vereinigen. Wenige Tage vor Weihnachten 1513 trat Anna an der Spitze ihrer Anhänger öffentlich hervor. Am 22. Dezember erliess sie mit über fünfzig Gesinnungsgenossen ein Einladungsschreiben zu einem Landtage, der auf ihrem Witwensitz Felsberg Anfang Januar 1514 stattfinden sollte (Nr. 64). Anna selbst eröffnete am 10. Januar die Tagung mit einer längeren Ansprache (Nr. 65) und liess dann eine Schrift verlesen, in die sie geschickt ihre eigenen Beschwerden mit denen ihrer Bundesgenossen gebracht hatte (Nr. 66 u. 67). Der Felsberger Landtag fasste zwei wichtige Beschlüsse: einmal beraumten die Stände auf den 6. Februar einen neuen Landtag nach Treysa an, auf dem sich Boyneburg und seine Anhänger gegenüber den Anklagen, die gegen sie erhoben worden waren, rechtfertigen sollten (Nr. 66); zum andern ordneten sie an die Wettiner eine Gesandtschaft ab, die ihnen als den Vormündern des jungen Landgrafen die Beschwerden gegen das Regiment zu übermitteln und um Abstellung der Missbräuche zu bitten hatte (Nr. 69). Kurfürst Friedrich von Sachsen hörte in Naumburg die Gesandten wohlwollend an und versprach ihnen schnelle und gründliche Untersuchung ihrer Anliegen; zu diesem Zwecke beraumte er einen Landtag in Kassel für Anfang März an, verbot aber zugleich den hessischen Ständen, den in Felsberg angesetzten Landtag in Treysa zu besuchen (Nr. 70 u. 71). Doch Anna und ihre Anhänger kehrten sich an das Verbot der Wettiner nicht, sondern hielten unter zahlreicher Teilnahme vom 6. bis zum 11. Februar den Treysaer Landtag ab. Hier verband man sich durch Aufrichtung einer neuen Einung, in der mit Bewilligung der Landgräfin den

Ansprüchen der Stände auf Mitwirkung an der Landesregierung
in weitgehender Weise Rechnung getragen wurde, zu Schutz und
Trutz gegen die verhassten Regenten (Nr. 72, 73, 76, 77, 80, 88, 89).
Indes wagten die Anhänger der Landgräfin noch nicht, zur Absetzung Boyneburgs zu schreiten, obwohl der Landhofmeister ungeachtet ihrer Aufforderung dem Treysaer Tage ferngeblieben
war, sondern beschlossen, den von den Wettinern ausgeschriebenen
Landtag zu Kassel abzuwarten, um dort seine Verteidigung anzuhören. Bis zu diesem Zeitpunkt waren sie nun aufs eifrigste bemüht, für ihre Sache im Lande Anhänger zu werben und diese
auf die neue Einung zu verpflichten (Nr. 81—83, 85, 86, 91, 92,
95, 101, 107, 108), wogegen die Regenten die Herzöge von Sachsen zu
thatkräftigem Einschreiten anspornten und die Landgenossen vor dem
Anschluss an Annas Parteigänger nachdrücklich warnten (Nr. 84,
90, 94, 98—100, 102, 104, 105, 109). Vergeblich suchten diese, den
jungen Landgrafen in ihre Hände zu bringen; der Anschlag misslang,
weil die Bürgerschaft Kassels treu zu Boyneburg hielt (Nr. 74, 75,
79, 87, 93). Da die Einungsgenossen einen Überfall mit fremdem
Kriegsvolk auf Boyneburgs Anstiften besorgten, brachten sie mit
ihrem Allarmgeschrei und ihren Hilfsaufgeboten das ganze Land in
Aufruhr und machten es den Regenten schwer, die in Unruhe ge-
ratene Bevölkerung zu beschwichtigen (Nr, 96, 97, 103, 106).

---

### 61. Die Regenten Dietrich von Cleen und Eitel von Löwen-
### stein an Kurfürst Friedrich von Sachsen. 1513 August 2.

Beschweren sich über die eigenmächtige Regierungsweise des Landhofmeisters, der nach seinem Belieben, ohne seine Amtsgenossen zu Rate
zu ziehen, schaltet und waltet.

Sie beschweren sich darüber, dass der Landhofmeister Ludwig
von Boyneburg 1. »unsers g. hern und der lantschaft nodturft und
sachen gehandelt hat ... und uns nichts darzu genomen, sunder
scheuung vor uns gehabt, aus was ursachen, ist uns verborgen,
und doch di brive in namen lanthofmeister und anderer regenten [hat]
ausgehen [lassen]; 2. setzt er alle ambtleute und entsetzt si, si sein
gross oder klein, hohe ader nider; 3. er nimbt ein und gibt aus an
unser wissen, und wie es mit den rechnungen stet ..., wissen wir
auch nit; 4. er vorleit alle lehen, geistlich und werntlich, und fragt
uns nichts darumb; 5. so furen si unsern g. jungen hern hin und
her und fragen ader sagen uns nichts davon. ... 6. Wir lassen uns
auch bedunken, das billich sein solt, das alle jar rechnung geschee

und quitanz gegeben und genomen wurden und das zu demselbigen
allem, wes inventirt und also da were zusambt dem grossen sigil,
ufs wenigst zwen oder drei slussel und zu gemeiner bant hinderlegt wurden. 7. Wir halten auch dafur, wo man uf diese zeit
zu Zygenhaym[!], als der ausschus von der lantschaft dohin beschriben waren, den gemelten von der lantschaft und unsern gutdunken gesogt het, (dan unser mainung was, das man zu der zeit,
wie davon geredt, zu dem alten fursten ... und seiner g. gemahel
von der lantschaft, wen ire g. beide am besten leiden mugen,
schicken solt und mit iren g. handeln zu lassen), ungezweivelt, wo
solchs gescheen, es were zu solchen schweren kosten und handeln
numermehr komen.[1] ... Dat. dinstag nach vincula Petri ao. XIII.«

A. W., Reg. C p. 109 Nr. 9 Bd. 1, Kop.

**62. Die sächsischen Räte Wilhelm von Beschwitz, Hans
Metzsch, Hans von Werthern und Georg von Harras an die
Wettiner. Marburg 1513 September 29.**

Weder die Regenten noch die sächsischen Räte sind der Meinung,
dass die von den Wettinern beabsichtigte Erneuerung der Erbverbrüderung
in Hessen, so lange der Landesfürst noch nicht mündig, vorzunehmen sei.

Die Wettiner lassen ihre Räte bei den Regenten anfragen,
ob es nicht rätlich sei, die Erbhuldigung erneuern zu lassen; seit
der letzten Huldigung sei eine lange Zeit verflossen, und »es mochte
durch verlengerung der zeit in vorgess und nachfolgent zu wider-
wertigkait erwachsen.« Die Regenten aber sind der Ansicht, dass
den hessischen und sächsischen Ständen die vor 22 Jahren geleistete Erbhuldigung[2] noch in lebhafter Erinnerung sei; »zudem
sei im zehenden jar vergangen holdung auf die curation und auch
den fall, ob der an fursten von Hessen geschee, von ambtleuten
und steten durch das ganz furstentum zu Hessen und auch in
graveschaften genomen. ... So were ine auch bevolhen, in tuung
der lehen solche glubde und pflicht von graven und den vom adel
zu nemen, dem si also nachgangen. Darumb in irem bedenken
nit stunde, das not, nutz ader zutreglich, solch holdung itzt zur
zeit weiter zu vernauen. Si forchten, es solte eher schedlich dan
zutreglich sein, di undertanen mit so manchfeldigen pflichten zu
beladen. Si hielten es auch genzlichen dafur, das solche erbholdung in diesen zeiten und weil kein regirender furst zu Hessen

---

[1]) In einem summarischen Überblick über die Einnahmen und Ausgaben
des Fürstentums Hessen während des Regiments von Boyneburg und Genossen
(A. W., Reg. C p. 116 Nr. 18, glz. Ndschr.) sind die Kosten, die der wilhelminische Handel im Jahre 1513 verursachte, auf nahezu 19000 Gulden veranschlagt.
Vgl. Anna von Hessen S. 86.

[2]) Nicht 22 sondern mehr als 26 Jahre waren seit der Erneuerung der
sächsich-hessischen Erbverbrüderung zu Nürnberg (1487) verflossen. Vgl.
Rommel III, 92 f.

vorhanden an versamblung der ganzen lantschaft an Spiess nit zu
erlangen sein wurde, welch teil der lantschaft versamelt, wurde
hinder den andern nichts tun wollen. Was aus solcher versamblung
in diesen leuften komen mochte, were wol in betrachtung zu nemen,
zudem das e. f. g. allenthalben di versamblung zu Cassell verboten.«
Auch die sächsischen Räte haben die Überzeugung gewonnen, dass
»zu vermeiden weiter aufrur bequemer sein solt zu warten, bis so
lange ldg. Philips mundig wurde ader der fall geschee nach dem
willen gotes. Erlangte er seine mundige jar, so wurde es nicht
gebrechen haben, wo aber nit, so hetten e. cf. u. f. g. di ambtleute, stete und di gehorsamen und fromen von grafen und dem [!]
von adel, der [!], als di regenten mainen, am maisten durch di und
und e. f. g. selbs zutun di ungehorsamen, welcher der regenten
anzeigung nach wenig sein sollen, an beschwerung zu gehorsam
bringen mochten, und ob e. f. g. auf uns geschen bevelh je beharren wolten, so dunket uns, das es gnug were, von den graven
und den von der ritterschaft di erbholdung zu fordern, aber under
vier wochen traun di regenten si an Spies schwerlich zu bringen,
das wir doch mit den regenten besser sein solle zu underlassen.…
Dat. ganz eilend zu Martpurg an S. Michelstage ao. XIII.«

A. W., Reg. C p. 109 Nr. 8, Or.

### 63. Die sächsischen Räte Wilhelm von Beschwitz und Günther von Bünau an die Wettiner. [Kassel 1513 Dezember 7 ff.][1]

Die Regenten haben den sächsischen Räten berichtet, dass eine Verschwörung gegen das Regiment im Gange ist. Heimliche Zusammenkünfte
und Werbungen der Teilnehmer. Auch die junge und die alte Landgräfin sind Mitverschworene. Unterredung zwischen beiden in Kassel.
Regenten und sächsische Räte halten es für angezeigt, dass sobald als
möglich einer der sächsischen Fürsten zur Stillung des Aufruhrs nach
Kassel eilt.

Die Regenten berichten den sächsischen Räten, dass »di
meuterei, davon di rete, als negst zu Hessen gewest, in irm auf-
zaichen und am ende derselben meldung getan, nicht aufhoren.[2]« …

---

[1]) Der obige Bericht ist eine Art Protokoll über die Verhandlungen, die
die sächsischen Räte zu Kassel »nach S. Nikolai 1513« mit den Regenten gepflogen haben.

[2]) In einer Aufzeichnung sächsischer Räte (»Handlung zu Martpurch nach
S. Michelstage ao. XIII«, A. W., Reg. C p. 109 Nr. 8 glz. Ndschr.) vom 30.
September 1513 heisst es: »Diese zeit uber, als di rete zu Hessen gewest,
haben si vermerkt und befunden, das di regenten under sich selbst in widerwillen stehen und zwu ader drei parteien under inen sei [!], daraus volgt, das
iglicher an sich zeucht, di im dinstlich, wirt dadurch zwischen den lantsassen
widerwill. Diese widerwertigkeit fleust unsers ermessens aus dem, das der hofmaister sein weib selbsechst am hove hat. Es clagen auch etliche regenten,
das der hofmeister zu zeiten allein, underweilen auch mit etlichen, di im gefallen, allerlei sachen handeln, geistliche und weltliche lehn vorlihe, ambtleut
und ambtknecht setze und entsetze, di andern, ob si auch entgegen, nit darumb
frage, das nit geringen widerwillen gepirt. Es reit auch ein ider wek und

Dan di meutmecher nit feiern und in teglicher arbeit stehn, nach allem irm vermugen edel und unedel an sich zu zihen und alle handlung der regenten zum hosen zu wenden und auszulegen. Si haben sich auch kurz zusamenzukomen vereinigt und einen tak ... gein Velsperg auf sonnabend ader montag nach Lucie [Dec. 17 od. 19] angesatzt, als der negste tag, do si bei einander gewest, auch do gehalden, haben etlichen, di vor bei inen nit gewest, zu inen verbotet, halden di ubung, ein ider vor sich zaigt an seinen oheimen, schwegern, freunden und guten gesellen, das etwas verhanden sei, davon neu zeitung zu Hessen erfarn solle; welcher solche zeitung zu wissen begeret, derselb musse ... schweren, das er bei inen stehen und diese dinge nit melden wolle bis in sein grube. In dieser handlung sall sein unser g. fraue di witwe, und di alde furstin sal auch davon wissen tragen. Es sollen auch bede furstin im frauenzimmer zu Cassel bei einander gesessen sein, itzund als di rete aldo zu Cassel gewest. Hat di junge angefangen, si befinde wol, alles dasjenige, so man ine beden gehen solle, das sei den regenten wider und beschwerlich, was man aber den hern von Sachsen geben solle, das sei nichts zuvil, und sein doch nit geborn noch gekorn vormunden, sunder haben sich darin gedrungen. Darauf solle di alde geantwurt haben: „Das gesegen in tausent teufel." Man sall bald neue mehr erfarn von den angezaigten dingen, haben di rete von viln enzeln personen hin- und widerrede gehort, di alle zu schreiben zu lank aus diesen und andern ursachen. Haben diselben regenten den reten angezeigt, das si forchten, durch ir erscheinen zur Numburg[1], ob si alle dohin komen wurden,

kumbt wider nach seinem gefallen, sagt den andern selden davon; ir eins teils sein zu Cassell, di andern zu Marpurgk, daraus volgt, das di hendel nit wol gefurdert, und wan si bei einander sein, komen si zu ungleicher stunde in rat, gehn auch also daraus, welchs unbequem. Wiewol di rete etwas gern darinne gehandelt, haben si doch das aus ursachen nachgelassen, bedacht, es an unser gst. und g. hern gelangen zu lassen.‹ — Auch der Rat Hz. Georgs Hans von Werthern berichtete seinem Herrn in einem Schreiben vom 26. Oktober 1513 (A. Dr., Loc. 9853, Etliche Kopeien der Handl. zu Mühlhausen 1500—1513, Or.): ›Die regenten seint selber nit einik, und ist eine grosse widerwertigkeit im furstentumb. Sall dieselbe gestillet werden, besorge ich, e. g. musse das regiment etwas anderen.‹

[1]) Die Wettiner hatten den Regenten durch ihre Räte folgende Weisungen erteilt (A. Dr., Loc. 8675, Etliche Artikel u. Klagepunkte 1511: Instruktion der Räte, so gegen Hessen geschickt werden sollen; ohne Dat. glz. Ndschr.): ›Nachdem uns von etlicher irrung, die sich zu Hessen unserm oheimen zu schaden ereuget, [berichtet worden], ist unser beger, den regenten anzuzeigen, das sie uf montag nach Felicis in pincis [1514 Januar 16] zur Numburg einkomen wolten, von wegen zu handeln, wie solichs zuvorkomen, und das das regiment in fridlichem wesen mocht gestellt werden, und das si auch zu der zeit geschikt sein, ire jarrechnung zu tun. Nachdem etliche von dem regiment [d. h. Cleen u. Loewenstein] umb erleubnis gebeten, ist denselben zu sagen, das sie bis uf die zeit wolten gedult tragen, alsdan soll weiter mit in davon gehandelt werden. — Ist den regenten anzuzaigen, uf denselben tag des spruchs zwischen der lantgrefin und inen zu gewarten.‹ Angespielt wird mit der letzten Bemerkung auf den Schiedsspruch der Wettiner in dem noch immer schwebenden Streite um die Kleinodien; vgl. Anna von Hessen S. 70 u. s. unten die Akten über den Naumburger Tag.

mug man diesen dingen nit gnug rat finden. Es sei auch etwas
lank. Wo unser gst. u. g. hern willens und gemaint, dise meuterei
zuverkomen und abzuwenden, sei irs bedenkens ufs hochste not
und zeit, und das kunde nit bas gescheen dan durch etliche ader
je einen aus iren f. g. und zu Hessen durch versamlung etlicher
von stenden, und wer besser den fursten von Hessen etwas kleins
zu vorzeren, dan disen unlust, der villeicht nit balde ausgelescht,
auch mit grossem darlegen nit mocht herwiderbracht werden, furgang zu nemen lassen.« Auch die sächsischen Räte schlagen vor,
»das zum wenigsten einer aus unsern gst. u. g. hern mit zuschickung
der andern rete sich gein Hessen zum furderlichsten und an allen
verzug fugen; der wirt durch di hulfe gots und mit rat etlicher
derselben vom regiment diesem ubel bequemlich und wol vorkomen,
aber irs bedenken ist es not und grosse zeit.«

A. W., Reg. C p. 151 Nr. 31 ¹ Bd. 8, glz. Ndschr. der ernestinischen Kanzlei.

### 64. Landtagsausschreiben der Landgräfin-Witwe Anna und ihrer Anhänger. Rotenburg 1513 Dezember 22.[1])

Sie bescheiden die Stände auf den 9. Januar 1514 nach Felsberg und
gemahnen sie an die auf dem Spiess im Juli 1509 aufgerichtete Einung.

»Anna von gots gnaden geborne herzogin zu Meckelburgk,
landgrafin zu Hessenn wittib und wir diese hirunden geschrieben:
Unser gnad und freuntlich dinst zuvor, lieber getreuer, ge-
strenger und ernvester vetter, oheim, swager und besunder guter
freunt; uns sint etliche daphere und gros sachen und handlung furgestanden, daran dem hochgebornen fursten, unserm herzfreuntlichen
lieben sone und g. hern ldg. Philipssen und gemeiner landschaft
zu Hessenn merklich und vil gelegen, deshalben wir bewegt und
verursacht worden, ein gemein landtag auszuschreiben, ist darumb
an euch unser gnedig begere und freuntlich bit, ir wollet uf montag
nach der heiligen drei kunig tag [1514 Januar 9] zeitlich zu

---

[1]) Das obige Landtagsausschreiben ist Beilage zu einem Schreiben der
Regenten von Hessen an die Wettiner vom 29. Dezember 1513 (Donnerstag
nach dem heil Christtage, A. Dr., Loc. 8675, Ldg. Phil. Vorm. betr. 1509—24,
Kop.). Es heisst da: »E. cf. und f. g. finden hierein gelegt ein schrift, darin
wirt ein landtak usgeschrieben, dergleichen brive an etliche von uns, viel von
den prelaten, ritterschaft und, als wir uns vermuten, alle stete auch gelangt
sein; dan die von Cassel haben iren brief und ich, Herman Schenck, disen
meinen brief heut entpfangen. Nachdem nu e. cf. und f. g. uns hievor bevolen,
keinen landtak oder dergleichen versammelinge sunder e. cf. und f. g. bevelh
und wissen zu gestaten, so zeigen wirs e. cf. und f. g. undertenniglich an, die
als curatores und tutores unser g. hern und des furstentumbs zu Hessen den
dingen woil werden nachgedenken, wes darauf bequeme und gut getan sei.« —
Auf einem Zettel meldeten die Regenten den Wettinern, dass die Ausschreiben
nicht nur an die Stadträte ergangen sind, »sunder es werden in den steten alle
zonste itzliche in sonderheit gefordert.«

rechter tagzeit schirstkoment zu Veilschberg[1]) erscheinen, die gebrechen, sachen und handlung horen, und mitsambt allen stenden
gemeiner landschaft, so dazumal versamelt werden, darin gemeltem
unserm lieben sone und g. hern auch gemeiner landschaft zu gut
zum besten helfen raten und handeln, das wollen wir von der
ritterschaft uns in vermog gescheener pflicht uf dem Spies, die
wir euch und ir uns getan, der wir euch hiemit ermanen und erfordern, zu euch genzlich verlassen, und gegen euch mit sondern
gnaden wider erkennen und freuntlich verdienen. Dat. Rotenberg
dornstags nach Dome ao. XIII.[2])

---

[1]) Auf einem Zettel wird die Wahl Felsbergs als Malstatt für den Landtag entschuldigt: »Auch betten wir diesen tag uf die rechte gewonliche malstat an Spies geschrieben, so haben es dieser zeit die kurzheit der wintertage,
harte kelte und ungewitter, der wir zufellig zu werden besorgen, verhindert, das wir euch auch gnediger meinung und im besten hiemit nicht
verhalten wollen.«

[2]) In diesen Tagen richtete Anna auch an ihre Brüder, die Herzöge
Heinrich und Albrecht von Mecklenburg, ein eigenhändiges Schreiben, in dem
sie deren Hilfe in Anspruch nimmt (A. Schwerin, Hassiaca, ohne Dat.): »Hartz-
alderleibbesten brouder, wo es e. l. gelukseilig und wol zustund, weir mir ein
grous froud zu huoren. Hartzleibben brouder, e. l. leibben geib ich fruntlig
zu erkennen, das meinem suane virt fuargestanden, das er schir kumt umb leip
und umb gout, das ich dan als de mutter haub sueirlich zu hartzen gezagen
und darzu de ritterschuof in Hessen auch, als wir dan schuldig sint wan allen
dellen, und haben uns des voreiniget, se mit mir und ich mit enen, das wir
huaben einen gemenen lantdach usgeschriben, neimlig den manttag nach der
h. drei kuning dag. Nu erman ich e. l. aller brouderligen trug und darzu e.
l. fruntligen zusuag und sunderlig e. l., hz. Albreicht, der vorheissing, so e. l.
mir buat in de hant vorheissen, das e. l. wil lip und guot bi mich zuzeiten;
nachdem diser handel nit allen luden wirt leip sein und auch ich vorstei, das
hz. H[einrich] van Brunsuig der elter fuillicht suolt sich buah lassen wider
mich und ein ritterschuof aber beweigen, das e. l. wollen ein ufgebuot duon,
vo hz. H. wolt den ritten han, das e. l. en und de seinen understund beim
zu behalden, ader wo mir und meinem suan nout deide, das e. l. uns kunden
zu hilf kummen, auch wos e. l. ducht geraden sein, das e. l. wan stun[t] an
mit hz. Heirrig [!] hat las handelen; we e. l. fuarkeim, ers vord understanden,
mit em zu handelen wider e. l. sueister und dewider de ritterschof in Hessen,
vo dem so weir, weir e. l. fruntlige bit, sich in keinen weig zu beweigen lassen;
den e. l. sueister und ein frum ritterschuof worden nichtz farneimen, den vas
e. l. fetter und gemeiner lans mucht zu nutz und guod kummen, we se wan
allen delen schuldig sint, und wilt ansein, das em meins sans fuater uft us
groussen nouten buat gehulfen; vos alles nit helfen wold, das dan e. l. mit
eirnst volt reden und darzu duon, also das ich es und de anderen meinem suan
zu guot mucht befuinden. Das wolt wir mitsamt meinem suan nit worgessen,
sunder fruntlig beschulden und vordeinen. Ach, harzleiber brouder, so
wil ich e. l. uf ditzmual nit muogen mit e. l. reid zuschikken, sunder mein
fruntlige bit ist an e. l., das e. l. mir wil so fruntlig sein und e. l. willen
einen ritten [!] buoten zu uns ken Fueilsborg uf den dach, we aben steit,
schikken mit einer schrift, de trostlig ist, we e. l. wol wissen zu maggen,
und das auch das darin steit, das e. l. uber alle lant buat ufgebuoten und mit
erbeiten, wo se e. l. wissen zu gebruggen e. l. sueister und fueitteren und den
frummen graben, ritteren und borgeren und kneichten, so e. l. sueister anheingig sint, e. l. gungen f[ueitter] zu guod und gemener lansschof, sullen se
e. l. nit sparen, sunder e. l. wilen helfen und raden mit lib und guod; ditz
wirt e. l. und e. l. kinden zu nutz und guod erscheissen, und se warden e. l.
wider helfen und raden. E. l. mag es guot, es wirt wol helfen; den de suagge
steit gans wol. Got heilfe bas. Hirmit schikke ich e. l. de namen vorscheignet,
wei se heissen, de mit mir schriben; der anderen ist noch fuil meir, de mir

Herman Rietesel von Eyssenbach, erbmarschal zu Hessenn,
Caspar von Boyneburg, ritter, Caspar der elter und Philips Meis-
senburgk, Craft und Hans von Bodenhausen, Wilhelm und Ludwig
von Dornbergk, Johann und Eberhart Schenckenn zu Sweinsbergk,
Heinbret und Heinrich von Boyneburg genant vom Hoenstein,
Heinrich, Caspar und Diethmar vom Hoenstein, Heintz, Johann
und Urban von Eschwege, Jobst vom Ratzembergk, Hans und
Gunther von Berlipschen, Jobst von Drachstorff, Friderich von
Hertingshausenn, Heintz von Dernn, Curt von Dernbach, Johan von
Lehenstein gnant von Sweinsburgk, Caspar und Heinrich von Leben-
stein, Johann und Cristoff von Bappenheym, Bernhart, Reinhart,
Johann, Heinrich und Caspar von Dalwig, Johan von Hundels-
hausenn, Symon von Boyneburg, Ruprecht, Heinrich und Craft
Ruben von Holtzhaussenn, Philips Brune von Nordeckenn, Eberhart
Milcheling genant Schutzsper, Symon von Meyla, Johann Weys
von Fuerbach, Gotfurt von Grubach, Heinrich von Schwalbach,
Helwig von Lauerbach, Eberhart von Gudenbergk,' Herman von
Ruckershausenn, Johan und Urban von Roue, Jorg von Urpp, Cri-
stiann von Witershausenn, Wernher Ruster von Busseck.«

A. Dr., Loc. 8675, Ldg. Phil. Vorm. betr. 1509—1524, Kop.

### 65. Rede der Landgräfin-Witwe Anna auf dem Landtage zu Felsberg. [1514 Januar 9.][1]

Im Eingang erinnert Anna die Stände an die Vorgänge nach dem
Tode ihres Gemahls, an die Anfechtung seines Testaments, die Aufrichtung
eines Regiments und die Wegnahme ihres Sohnes. Nachteilige Folgen
dieser Massnahmen für das Fürstentum. Sie bittet die Stände durch recht-
zeitiges Eingreifen der Missregierung in Hessen ein Ende zu machen.
Ihre uneigennützigen Beweggründe. Vor allem wünscht sie, dass die
Stände ihren Sohn aus Boyneburgs Händen befreien. Klage über die
Züchtigung Hombergs und Treysas. Boyneburg hat ohne Zustimmung
der Stände eine Steuer ausgeschrieben. Die Regenten wissen das Land
nicht gegen die Uebergriffe eines Raubritters zu schützen.

»Lieben prelaten, ritterschaft und stete, wollet bedenken und
zu herzen fassen, das ir die seit, die unsers liben hern und gemaheln sel. testament angefochten und vorworfen und ein nau und
eigen regiment ufgericht, auch mir mein herzfruntlichen liben son
wider gotlich, menschlich und naturlich recht genomen hat, in

---

anheingig sint, de nit mit schriben und noch 2 us dem reigment [Cleen und
Löwenstein] sint auch mit mir; e. l. haltz in geheim bes zu dem dage. Ditz
als wil ich mich fruntlig zu e. l. wortrosten, de ich alhir mit got duon befuellen,
und ich befueil mich e. l., und e. l. suag e. l. gemalen und kinden fuil leibes.
Dat. Rotenborg. A. l. z. h. w.«

[1] Die Rede trägt kein Datum; da der Landtag offenbar durch dieselbe
eröffnet wurde, so wird sie aller Wahrscheinlichkeit nach am 9. Januar gehalten
worden sein, auf welchen Tag das Ausschreiben (vgl. Nr. 64) die Teilnehmer
eingeladen hatte. — Die Überschrift über dem Aktenstück lautet: »Dis ist die
rede, die unser g. frau die landgrefin in eigener person gemeiner lantschaft zu
Hessen muntlich getan hat.«

meinunge und willen, dasselb zu verbessern, wie aber dasselbige
verbessert und bisher regirt ist, tragt ir gut gewissen, und dermassen, das es unsers [!] liben son und seinen landen und leuten
zu merglichem vorterben, nachteil und schaden reicht; und wiewol
ir es villeicht gut gemeint, so ist es doch anders geraten und gehalten. Bitten und hegern dorumb gnediglich und gutlich, das ir
die sachen und handelung zu herzen wollet fassen und dorein sehen,
das es vorbessert und anders dan bisher gehalten und unserm liben
sone und gemeiner lantschaft zu eren, nutz und gute geregirt moge
werden. Dan wu solchs nicht geschiet, so protestirn und gezeugen
[wir] ubir euch, eur erben und nochkumen, das mein liber son, ich
und unser beider fruntschaft uns solchs an euch, euren liben kindern und gutern zu ewigen tagen erholen wollen. Wu ir das aber
zum besten tut und wol regirt, so wollen wir doran sein und bei
unserm liben sone anregen und furdern, das er euch alle zeit ein
g. herre sei, und, das ir ime seins vaters testament vorworfen,
numermer gedenken sal, da wil ich in mutterlich und treulich anweisen. Ir solt auch nicht gedenken adir darfur halten, das ich
dis mein vleissiges ansuchen umb keinicherlei ursach willen tun,
dan das aus mutterlicher treu und libe und das meins liben sone [!]
und lande und lehnherrn zu gute wol regirt und sein libe in gesuntheit zu einem regirnden fursten erzogen moge werden. Ich
beger auch ganz keins regiments ader keinicherlei nutzs ader guts,
das mir doraus ader dorvon zu gut entstehen mag in kein weise,
das solt ir mir in warheit gleuben. Dan allein ich forchte meins
liben sons; das kint ist mein und gehet mir zu herzen, und ist
nicht minners, denselbigen meinen liben son, so es gsein mochte,
so bette ich in von herzen gerne, wuhe aber das nicht, das ir in
aus der vorwarnus, dorin er itzunt ist, nemet und zum besten vor-
waret und bestelt als eurs gefallens, als ich mich vortrauen und
ganz kein zweifel zu euch setzen, wen ich in nich[t] gerne bei
Ludwigen von Boyneborg wissen, nach in seinem gewalt mit meiner
vorwillung nicht leiden, noch in keinen wek wissen wollen [!], und
bitten und hegern abermals gar gnediglich und gutlich, denselben
meinen liben son zu vorwarn, das ir ein hern und ich ein kint an
ime haben, das wil ich gar gnediglich kegen euch beschulden und
erkennen. Und so ir das tut, solt ir nicht alleine ein g. frau,
sonder auch ein mutter an mir haben. Wu ir aber das nicht tun
und die sache anders dan recht zugeben wurde, das der almechtige
gnediglich vorhute, so bette ich mich des ewiglich von euch zu
beclagen. Dan ir seits im schuldik und vermane euch im selben
eur treu, domit ir im verwant seit, und wu irs nicht tut und aus
solcher not helft, so kont ader mocht irs kegen got, ime und die
welt mit er nummer verantworten, und so im auch dorobir etwas
geschege, so weret ir an im schuldik, als ob ir in mit der hant
ertotet bett. Dan ir sebet, wie stolzlich, brechtig und gewaltiglich
sich Ludewig von Boyneburgk aller handelunge und meinem liben
sone auch seiner lant, leute und guts allein underzeuht und nicht
anders regirt, dan ob er selber ein furst were, und das er in

einem grossen gewalt ist und im merglicher nutz zustehet, und so
er davon entsatzt sal werden, das es ime und den, die an im
hangen, wehe tun wirt. Dorumb bedenkt und halt in hefehel euren
hern, mein libes kint. Wullet auch zu herzen fassen und ingedenke
sein, was gros gewalts und ungerechtikeit an meins liben sons
undertan zu Hoenbergk und Treyssa begangen und geclagt ist an
alle rechtlich vorbeischen und betedigunge wider eur einunge
an eur und gemeiner lantschaft vorgehalten rate, und wie si so
jemmerlich ubirfallen, gefangen, geschlagen, verjagt und geschatzt
sein, und vorfugen, das die armen undertanen allenthalben im lande
verschutzt und geschirmet und bei recht gelassen werden. Ir sebet
auch und wisset, wie derselbige Ludewigk an gemeiner lantschaft,
meiner als der mutter und aller, die es billich wissen haben sollen,
bewillignis ein lantschatzunge ins furstentumb und alle anhangende
grafeschaft seins gefallens gsatzt und die zum teil ufgehaben und
nimant dovon rechnung getan; wie hoch sich die erstrecke ader
wie si ausgeben werden sal, habt ir zu ermessen, das es billich zuvil were. Ir habt auch wissen, wie mein liber son und seine arme
undertan ein einigen fint haben, Philipsen Wese genant,[1] der
merglichen schaden zufuget landen und leuten mit morden, name
und brant, die armen leute ersucht, gefenklich hinwekgefurt, vor-
brennet und schatzt, und die kegenwere geschicht nicht, die billich
gescheen solt, ist auch nimants, der recht in die sache sihet, begeren und bitten dorumb, in die sache zu sehen, das der grosse
schade und schande vormiden bleiben, und so dem Wesen unrecht
geschee, zu vorschaffen, das diejenigen, so Wesen unrecht teten,
doran gehalten wurden, das si im recht teten, wu er aber meinem
sone ader imants unrecht tete, sich anders in die kegenwere zu
schicken, domit die armen mer schirms und trost gehaben konnen,
wan bisher gescheen ist. Solchs alles meins liben sons gelegenheit, die wollet wie gemelt bedenken und zu herzen fassen; das
wil ich hinwider gar gnediglich gegen euch erkennen und meinem
liben sone, so er zu seinen mundigen jarn kumet, ufs fleissigst rumen.«

A. Mbg., O. W. S. 3, Reinschrift der Kanzlei der Landgräfin-Witwe.


## 66. Beschwerden der Landgräfin-Witwe Anna gegen die Regenten von Hessen. [Felsberg 1514 Januar 9.][2]

Ihre Beschwerden richten sich nur gegen die Regenten und nicht
gegen die Landschaft, der sie verzeiht. Sie bringt folgende Beschwerden

[1] Der Raubritter hiess Philipp Waise von Feuerbach, vgl. Rommel III, 222.
[2] Die Beschwerdeschrift trägt kein Datum; dasselbe lässt sich in derselben Weise wie für das vorige Aktenstücke (Nr. 65 s. S. 174 Anm. 1) erschliessen. — Die Überschrift des Aktenstückes lautet: »Dise nachgeschriben
sein unser Anna von gots gnaden geb. herzogin zu Meckelburg, lantgrefin zu
Hessen, grefin zu Katzenelbogen witwen beschwerunge, so wir aus merglichen,
tapfern, grossen und ehaftigen ursachen bewegt worden an alle stende gemeiner
lantschaft des furstentumbs zu Hessen zu bringen und gelangen zu lassen.«

vor: 1. Schlechte Fürsorge der Regenten für die Gesundheit ihres Sohnes. Anna bittet die Stände, den jungen Landgrafen ihrer Obhut anzuvertrauen. 2. Die kaiserlichen Verträge sind von den Regenten gebrochen worden. Denn a) Hermann Riedesel ist weder zu den Rechnungen noch überhaupt zu den grossen Sachen des Fürstentums jemals zugezogen worden. Willkürherrschaft Boyneburgs. b) Ohne die Landgräfin oder die Landschaft zu befragen, haben die Regenten Schlösser und Flecken veräussert. c) Veräusserung Schönbergs und d) des Sichelsteins. e) Vernachlässigung der Stände bei dem wilhelminischen Handel. f) Misshandlung der Diener der Landgräfin durch die Regenten. g) Dagegen haben sie zwei ungetreue Knechte gegen Anna verteidigt. 3. Die Entfremdung des Stiftes Hersfeld durch den Abt von Fulda wird der mangelnden Fürsorge der Regenten Schuld gegeben.

Sie wird im Folgenden den Ständen anzeigen, wie ihr die kaiserlichen Verträge von den Regenten nicht gehalten worden sind, versichert aber, dass sich ihre Beschwerden nicht im mindesten gegen die Landschaft richten: »dan was sich vor dem vertrage [zu Marburg] begeben und uns bekegent hait, das ist mit unwarlichem bericht und furbringen mit euch gemacht, und seit durch etliche verfuret, die euch kegen uns bewegt und vil zugesagt haben, der euch darnach nihe keins gehalten; und wir wissen wol, das alles ir vor gut angesehen und gmacht habt, das derselbigen keins durch dieselbigen volnzogen ist. Darumb wullen wir dasselbige kegen euch alle semptlich und sonderlich nummermehir gedenken und euch allezeit ein g. frau sein, wan wir sein mit euch genzlich und gutlich vertragen.« Gegen die Regenten bringt sie folgende Beschwerden vor: 1. Im verflossenen Jahre hat sie insgeheim erfahren, dass ihr Sohn im Dezember »von seiner zugeordenten diener einem so geschwintlich und hart wider ein bank gestossen, das er schaden gnomen und verwarloist were, das er teglich grossen schmerzen verdulden musse.« Darum hat sich die Landgräfin »uf mitwochen in der oisterwochen« nach Kassel begeben und ihren Sohn besichtigt. »Ist Ludwigs von Boyneburgs hausfraue darbei gwest, und als sie unsern ernst vermirkt ... geridt: Ja, g. frau, es ist leider ware, das uns ein schrecken erweckt, damit unser herz erzittert, und furthain gesucht, und wie uns furkomen, was gefunden, davon uns alle unser gmut und sinnen entsunken.« Darauf sendet die Landgräfin zu den Regenten und lässt ihr Missfallen darüber aussprechen, dass man sie nicht von dem Unfall sofort in Kenntnis gesetzt habe, und fordert, die Regenten sollten sich an den Herzog von Württemberg wenden; dessen Marschall habe »ein gewiss's bewert recept, damit er vilen menschen, jung und alt, geholfen het.« Die Regenten erwidern, dass sie ohne die Erlaubnis der Herzöge von Sachsen sich nicht an den Hz. Ulrich wenden könnten; würden diese den Vorschlag der Landgräfin billigen, so solle demselben Folge geschehen. Sie entschuldigen sich, dass sie die Mutter von dem Unfall des jungen Landgrafen noch nicht benachrichtigt haben: »das were darumb gescheen, das ire fursatz were, denselbigen geprechen ufs allerheimlichst und verborgenst zu halten, damit ire widerwertigen des nit erfreuet und irem hern nit geschrei und nachteil darus erwachsen mocht.«

Die Landgräfin ist über den Aufschub höchst ungehalten, den die
Botschaft an den Herzog von Württemberg durch die Hinzuziehung
der Herzöge von Sachsen erfährt. Sie schilt die Regenten, erreicht aber nichts, »und irer einer geridt, ire herre were inen, den
regenten, und nit uns bevolhen.« Die Landgräfin wendet sich
trotzdem an den Herzog von Württemberg, der sich bereit erklärt,
einen erfahrenen Arzt zu senden. Die Regenten indessen hintertreiben das, indem sie dem Herzog melden, der junge Landgraf
bedürfe keines Arztes, da er gesund sei. Die Landgräfin hält
diese Angabe für unwahr und bittet die Stände, ihren Sohn aus
der Obhut der Regenten, die ihn so schlecht verwahrt, zu nehmen.
Wenn sie damit zufrieden sind, will sie ihn in ihrem Hause auf
ihre Kosten unterhalten und erziehen, oder sie will auf eigene
Kosten bei ihm leben und ihn mit dem Rat der Stände verwahren,
»bis das er wider zu ganzer gesuntheit kumet und ein wenig herter
und elder wirdet.« 2. Sind der Landgräfin die kaiserlichen Verträge »in wenig und schir ganz keinem stuck« gehalten worden.[1]
a) Entgegen der Bestimmung des Marburger Vertrages ist Hermann
Riedesel weder zu den grossen Sachen noch zu den Rechnungen
durch die Regenten gezogen worden, so dass die Landgräfin seit
dem Tode ihres Gemahls von den Geschäften der Regierung des
Fürstentums Hessen keine Kenntnis hat.[2] »Wir konnen auch nit
erfaren, ob ir von gemeiner lantschaft bei alle handelung und rechnung gnomen und gezogen werdet, ader ob ir von eur aller wegen
darzu verordent habt ader nit. Wol kumpt uns zu vil maln fur,
das die regenten und sonderlich Ludwig von Boyneburgk ires gefallens mit unsers lieben sons und des furstentumbs lant und leuten,
sachen und gut umbgehin und derselb Ludwig von Boyneburgk
alle ampte setze und entsetze, alle geistlich und weltliche lehen
verlihe und bestelle und das alles mit personen ime dinstlich, unan-

---

[1] Ausgelassen ist hier ein Abschnitt, der im Concept mit dem Vermerk:
»herusser zu lassen« versehen ist.   Er betrifft: a) Beschwerden Annas über
unregelmässige Auszahlung des Quatembergeldes durch die Regenten; auch die
beiden Bürgen, die Städte Kassel und Marburg (vgl. den Marburger Vertrag
S. 115), kommen ihren Verpflichtungen nicht nach.   Schuld daran ist aber nicht
die Gemeinde und die Mehrheit im Rate der beiden Städte, sondern »etliche
personen zu Cassel und Marpurgk im rate, die die leidehemel beider stete sein
und Ludwig von Boyneburgk anhangen und sich wider ire briefe und siegel
heissen laissen und sich seins gefallens halten.«   b) Die Beschwerde über die
unregelmässige Auszahlung des Kostgeldes für ihre Tochter Elisabeth.   c) Ihre
Tochter wird nicht mit Kleidern und Kleinodien ausgestattet, »wie sich das irem
stant nach gezimbt. ... Ire I., die nun ire jare erreichen wirt, ist so ganz
bloiss von kleidern und kleinoten, das vil leute mitleiden mit ire haben; wir
konnen ... sie geprechen kleider halben nit zu leuten furen; wan man sint
eins regenten tochter, die besser und meher kleider und kleinote hot wan dieselbig unser tochter.«

[2] Im Dezember 1511 forderte Anna von den Regenten in Gegenwart
sächsischer Räte zu Kassel die Zuziehung Hermann Riedesels zur jährlichen
Rechnunglegung.   Boyneburg wies die Landgräfin an die Wettiner: denn diese
hätten nach dem Wortlaute des Marburger Vertrages den Erbmarschall zu berufen. (A. W., Reg. C p. 106 Nr. 2 b, glz. Ndschr.: »Handlung zu Cassel, dinstags und etliche volgende tag nach conceptionis Marie, ao. XI«).

gesehen unsers lieben sons, des furstentumbs und gemeiner lantschaft gelegenheit, auch bescheit seins gefallens gebe, und dasselbig
nit alle zeit mit rat aller regenten, sonder allein sein selbs ader
die ime anhengig und mit ime in verstentnis sein, und was ime
nit gefellet, von andern gmacht, kere er wider umb; so sollen
auch derselbigen regenten eins teils so blode sein, das sie ime in
sein handelung und sachen nit riden dorfen.« b) Land und Leute,
Schlösser und Flecken sind von den Regenten hinweggegeben
worden, ohne Hermann Riedesels und der Landgräfin Vorwissen.
»Wir wullen uns auch genzlich zu euch von gemeiner lantschaft
als unsers sons getreuen glitmaissen und undertanen nit versehen,
das eur bewilligung ader wissenschaft dabei gwest sei. Wan lant
und leut, schloss und vlecken noch ichts anders, das sich unver-
genglich erhalten mag, gepurt sich regirern oder furstendern eins
jungen vaterlosen weisen, als unser lieber son ist, nit zu vergeben
ader zu verussern. Wol wire nachzulassen, wan dieselben ein
korp oder zwene vol ephel oder birn, die sich uber jare nit erhalten ader fule wullen werden, verschenkt ader vergeben hetten;
lande, leute, schloss und stete ist zu vil, die solten pilch bei dem
furstentumb pleiben bis zu unsers lieben sons volkomen jaren und
seiner selbsregirung.«[1] c) Ebenso ist das Schloss und Amt Schönberg von den Regenten ohne die Hinzuziehung Riedesels oder der
Stände vergeben worden, obgleich es »jerlich ein mirgliche und
furstliche nutzunge an wein und andern gefellen gehabt und durch
unsern hern sel. in einem kaiserlichen uffen gerechten kriege mit
schwerer kost, muhe und arbeit sein selbs leibe, auch hilf seiner
fromen undertain mit blutvergissen derselbigen erobert und keiserlich confirmation und bestetigung dasselb erblich und ewiglich zu
besitzen daruber erlangt.«[2] d) Auch wie es um Bickenbach und
Seeheim bestellt ist, weiss die Landgräfin nicht. Sie klagt über
den Verkauf des Schlosses Sichelstein durch Ludwig von Boyneburg. e) Auch über den Handel der Regenten mit Ldg. Wilhelm

---

[1] Im Concept steht ein Artikel, der in der Reinschrift unterdrückt worden
ist; ich führe denselben hier auf, weil er für den Umfang der Kompetenzen
der damaligen hessischen Stände von Belang ist: »Wir haben auch verstanden,
das fur uf gehalten Spysstagen der von Konstein [Koenigstein] euch von gemeiner lantschaft angesucht und gepeten habe, ime die schlosse, ampt und
flecken Epstein und Burgschwalbach, wilch Burgschwalbach lehin und unserm
lieben hern sel. von ime ufgeschrieben was, widerzugeben, und ir ime die antwurt geben haben sollet, ir wullet ine uf ein andern tag furbescheiden, die
sache im grunde eigentlich verhoren, und so ir finden wurdet, das ime unrecht
gescheen were, alsdan daran sein, das ime dieselbigen wider werden mochten.
Nun verstehin wir von keinem tag, der vor euch gemeiner lantschaft deshalbir
gehalten ader erfindung, die gescheen sei, und der von Konstein hait doch dieselbigen schloss und flecken, lantschaft und leute wider und darzu, wiewol
sich grosse irrung zuschen unserm hern ... und dem von Konstein gehalten,
so sollen doch dieselbigen noch unvertragen und unverfuret bangen und gleube
nit, das dasselbig mit eur der von gemeiner lantschaft rate sei gescheen.«

[2] Über die Erwerbung Schönbergs durch Ldg. Wilhelm den Mittleren
in der pfalz-bairischen Fehde vgl. Rommel III, 163; u. Ph. A. F. Walther, Das
Grossherzogtum Hessen (Darmstadt 1854) S. 299.

dem Älteren, der dem Lande viel Kosten und Schaden verursacht
hat, ist der Landgräfin niemals Bericht erstattet worden. »Hetten
uns wol versehen, es solt durch euch die lantschaft vorlangst darin
gesehen sein, und wohe der kost so gross gwest, den nit haben
ergehin laissen. ... Dan wir hievor vor langer zeit verstanden,
das Philips Meyssenbuck und Adolff Ruhe, bede ambtmenner, irem
hern, gemeiner lantschaft und dem furstentumb zu gut vil vleis zu
Wormbs angekeret und ... unsern lieben schwager, seiner l. ge-
mabeln und kindere mit einer geringen somme ungeverlich 6000
gulden von Wormbs und ins lant zu Hessen pracht hetten, so hab
man ine doch des nit wullen vorfolgen. ... Solt aber daruber ein
solche grosse somme, als das gerucht gehit, daruf getragen sein
und das alles allein darumb gescheen, das Ludwig von Boyneburgks
und seins anhangs bracht, stolz, wil, gwalt und furnemen desto
mehir gesehen und volnzogen werde, so were unserm sone und
der lantschaft vil besser und notzer, das er nihe zu keinem lanthofmeister gmacht were.« Denn die gemeine Landschaft, die
Ludwig von Boyneburg eingesetzt hat, ist infolgedessen verpflichtet, die schweren Kosten zu tragen, die der Handel Wilhelms
verursacht hat. f) Obgleich nach den Verträgen zu Marburg und
Gengenbach ausdrücklich »aller unwillen und ungnade zuschen
den partien ... ganz toit und absein und kein teil kegen dem
andern in ungutem und usserhalb rechten nichts furnemen« soll,
haben die Regenten den Dienern der Landgräfin dennoch ihre
Ämter und Güter genommen. g) Wider den Vertrag zu Gengenbach haben die Regenten zwei Knechte, Hans Bender und Hans
Morn, die gegen die Landgräfin treulos und meineidig geworden
und aus ihrem Amte zu Grünberg unter Mitnahme von Renten,
Zinsen und Schlüsseln »unbeurleubigt, unberechent und unbezalt«
entlaufen waren, in Schutz genommen und ihre Auslieferung an
die frühere Herrin verweigert. 3. Der Abt von Fulda sucht das
Stift Hersfeld von Hessen loszureissen und seinem Gebiete ein-
zuverleiben; bis auf die Stadt Hersfeld, die sich um Hilfeleistung
an die Landgräfin gewendet, hat er auch das ganze Stift schon
eingenommen, ohne dass die Regenten ihn daran verhindert haben.
Die Landgräfin ermahnt die Stände, durch ihr Eingreifen zu verhüten, dass dem Fürstentum ein so wichtiger Gebietsteil ent-
fremdet werde.[1])

A. Mbg., O. W. S. 3, Reinschr. der Kanzlei der Landgräfin-Witwe.

---

[1]) S. Rommel III, 235 ff.; Anna von Hessen S. 125. Annas Darstellung
ist sehr parteiisch; auch die Wettiner und die Regenten hatten schon gegen
das Vorgehen des Abtes von Fulda Einspruch erhoben und Schritte gethan, um
die Einverleibung der Abtei Hersfeld zu verhindern. S. A. W., Reg. C p. 151
Nr. 31¹ Bd. 8, den Bericht der sächsischen Räte Günther von Bünau und Beschwitz über ihre Verhandlungen in Hersfeld am Montag nach S. Nicolai (12. Dezember)
im Beisein einiger Regenten; allerdings gingen diese sehr langsam und lau in
der Sache vor.

## 67. Beschwerden der hessischen Stände. [Felsberg 1514 Januar 9.][1])

Stände beschweren sich 1. über die Verletzung der Einung am Spiess; 2. über das Landtagsverbot; 3. über Besteuerung ohne Zustimmung der Landschaft; 4. über Niederwerfung eines Aufruhrs und Veränderung der Münze ohne Zustimmung der Landschaft. 5. Die Regenten legen der Landschaft nicht Rechenschaft ab. 6. Auch bei wichtigen Angelegenheiten ziehen sie die Stände nicht zu Rate. 7. Sie sind unter sich uneinig. Forderung der Absetzung Boyneburgs.

Die Stände beschweren sich 1. darüber, dass »der ordenunge und aberede uf dem Spis nicht gelebt werde, do sie das regement gesatzet haben«; 2. über das Verbot, dass »kein lanttak ersuchet werden sal; das ist wider alt herkomen und gebrucht [!] des furstentumbs«; 3. dass Steuern erhoben werden ohne »zimlichen rat gemeiner lantschaft. 4. Es sol kein krik ader aufrur im furstentumb angefangen werden, es gesche dan mit zimlichem rate gemeiner lantschaft, desgleichen die muntze nicht vorendert ader gesatzet, es gesche dan auch mit rate gemeiner landschaft. 5. Es ist vorlasen auf dem Spis, das die regenten alle jar unsers g. hern gefelle, ausgeben und innen [! innemen?] berechen sollen in beiwesen itzlicher von der ritterschaft und von steden. 6. Die regenten sollen keine wichtige ader dapfer sachen handeln sonder wissen ader willen gemeiner landschaft. 7. Gemeine lantschaft beschwert sich, das unser hern vom regment nicht eintrechtlichen handeln, wie sie dan von gemeiner lantschaft gesatzet sein.« Wie die Landgräfin-Witwe können auch sie »Ludewig von Boyneburgk als ein lanthofemeister ader im regment nicht erleiden.«

A. Mbg., O. W. S. 3, Reinschr. der Kanzlei der Landgräfin-Witwe.

## 68. Die hessischen Stände an den Regenten Hermann Schenk zu Schweinsberg. Felsberg 1514 Januar 11.

Einladung zum Landtage zu Treysa.

»Wir haben uf jungst gehaltem landtage zu Velsperg uns eins andern landtags, der kunftig uf nehst montag nach purificationis Marie [1514 Februar 6] zu rechter tagzeit zu Treyss sein sal, eintrechtig vereinigt und beschlossen, denselbigen einen iden von der lantschaft, der dazumale zu Velsperg nit erschienen sei, auch zu erkennen zu geben und bei getanen eiden, pflichten, hievor uf dem Spies von uns allen, so in unser einung geboren, gescheen, zu vorkunden und zu erfordern, vorkunden uch darumb usgesatzten tag und erfordern uch hie mit diesem brief bei gemelten pflichten,

---

[1]) Die Überschrift des Aktenstückes lautet: »Beschwerunge gemeiner lantschaft.« Das fehlende Datum lässt sich wie bei Nr. 65 und Nr. 66 erschliessen.

auch mit freuntlicher und gutlicher bitt und beger, das ir alsdan
bei gemelter lantschaft erscheinet. Das wullen wir uns in ansehung
derselben pflicht zu uch genzlich verlassen und wieder freuntlich
und gerne vordienen. Dat. Velsperg am donrstag nach trium
regum ao. XIV.‹

A. W., Reg. C p. 110 Nr. 9 Bd. 1, Or.

## 69. Werbung der Abgeordneten der hessischen Stände an die Wettiner. [Naumburg 1514 Januar 22.][1]

Erstatten den Wettinern im Auftrag der hessischen Stände über das
Zustandekommen des Felsberger Landtages Bericht und übergeben ihnen
die auf demselben verfassten Beschwerdeschriften. Auf Befragen der
Wettiner, was man zu Felsberg beschlossen habe, erklären die Gesandten,
dass man vor allem den Regenten Gelegenheit zur Verantwortung habe
geben wollen und zu diesem Behuf einen Landtag angesetzt habe.

›H. Johan, abt zu Bredenau, Curadten [!] von Waldenstein,
Herman Retesel, Wilhelm von Doringenberg, Philips Breytruck
und Johan Conradi, burgermeister zu Martpurck, die neben andern
aus dem furstentumb Hessen uf montag noch Felicis in pincis ao.
1514 [Januar 16] auf erfordern unser gst. und g. hern curfursten
und fursten von Sachsen zur Naumburg einkumen, haben ein credenz
von etlichen als aus der lantschaft des furstentumbs Hessen, auf
montag noch der heiligen drei konig tak jungst verschinen zu
Velsbergk in versamlung gewest, iren cf. und f. g. ubirgeben[2]) und
angezeigt, das in dieselben an ire cf. und f. g. befolen zu tragen,
das sie von der hochgebornen furstin frau Anna geb. herzogin zu
Meckelburgk, landgrefin zu Hessen, und etlichen einwonern des
furstentumbs Hessen kegen Velsbergk erfordert, irer eide, als si
am Spisse mit andern getan, erinnert, denselben nach si nicht
hetten aussen zu bleiben wissen; do het ir f. g. in ein lange vorzeichnis[3]) ubirantwort, dorbei muntlich geredt[4]), wie das schriftliche
etlich artikel begriffen, in welchen si mancherlei beschwerunge
wider das regiment, Ludewigen von Boyneburg landhofmeister und
andere, so im anhengig, vorgewendt; es hetten auch dieselben, als
vorsamelt gewest, dozumal beschwernis furbracht, welche auch in
vorzeichnis gestelt[5]), und were gebeten worden, als in solchen

---

[1]) Der Bericht über die Werbung der hessischen Abgeordneten ist offenbar in der sächsischen Kanzlei verfasst und zwar gleichzeitig mit dem folgenden
Abschied. Eine Aufzeichnung der Werbung von hessischer Seite war nicht
aufzufinden.

[2]) Das Original der Kredenz (›Datum Velschberg donnerstags nach trium
regum ao. 1514‹) ist im Weimarer Archiv (Reg. C p. 110 Nr. 9 Bd. 1). Unterzeichnet ist die Kredenz von ›prelaten, ritterschaft und steten der ufgerichten
einung uf dem Spies des furstentumbs zu Hessen, so intzt zu Felschberg uf dem
lantak versamelet gwest sein.‹

[3]) S. o. Nr. 66.

[4]) S. o. Nr. 65.

[5]) S. o. Nr. 67.

allen vorzeichnussen begriffen. Weil dan derjenigen, als zusam-
kumen, gemute noch meinung gewest, etwas wider unser gst. und
g. hern als curatorn und vormunden ir g. [herren] von Hessen ader
das furstentumb zu handeln, hetten si in in befehel gegeben,
solche beschwerung als allenthalben fur in furbracht unsern gst.
und g. hern furzutragen, dovon wissen zu haben, mit underteniger
bete, ob ir cf. und f. g. von den dingen anders bericht wurden,
dan[1]) nicht glouben zu geben. Solche vorzeichnis unser gst. und
g. hern angenomen und haben lesen lassen, wan aber daraus nicht
vormerkt, was diejenigen, als vorsamelt gewest, auf solche furbrengen gehandelt, derhalben ir f. g. des von den geschickten bericht gefordert, haben si doruf im cf. und f. g. zu erkennen geben,
das si bei inen bedacht, das lanthofemeister und regenten billich
gehort wurden, demnach si sich eins andern lanttags voreiniget,
zu welchen si lanthofemeister und regenten zu beschreiben, ir antwort zu boren, rechnung zu entpfahen und anders zu handeln willens.«

A. Mbg., O. W. S. 3, Reinschr. der kurf. sächs. Kanzlei..

## 70. Abschied der Wettiner an die Abgeordneten der hessischen Stände. Naumburg 1514 Januar 22.[2])

Wettiner missbilligen es, dass die Stände einen Landtag versammelt
hatten, statt zunächst ihre Beschwerden an die Vormünder zu bringen.
Ihre Bereitwilligkeit, die Regenten zur Rechenschaft zu ziehen. Sie versprechen einen Landtag zu berufen. Das Erbieten der Regenten, sich
sogleich zu verantworten, lehnen die Abgeordneten ab. Dennoch gestatten
die Wettiner jenen, dass sie sich wegen des Artikels betr. die Gesundheit
des jungen Landgrafen rechtfertigen.

Die Wettiner erinnern an ihre treuliche Verwaltung der Vormundschaft über Ldg. Philipp: sie hätten daher billig erwarten
dürfen, dass man etwaige Mängel im Lande oder an der Gesundheit des jungen Landgrafen zunächst an sie gebracht hätte, »ehe
dan solches durch grosse vorsamlunk in ein weitleuftige gerucht,
dovon nachteil und beschwerunge komen mocht, und in also vil
personen furgewant.« Im übrigen sind sie bereit, diejenigen — »es
seihe lanthofemeister ader regenten ader wer es wolde« —, welche
dem jungen Landgrafen, seinen Landen und Leuten Schaden zu-
fügen, ernstlich zur Rechenschaft zu ziehen. Landhofmeister und
Regenten sollen sich bezüglich der von den Gesandten überreichten
Klageartikel sogleich verantworten; ferner wollen die Fürsten zur

---

[1]) In der Reinschrift, die sich im Weimarer Archiv (Reg. C p. 110 Nr. 9
Bd. 1) findet, heisst es für »dan« logischer »dem.«
[2]) Die Antwort der Wettiner auf die vorhergehende Werbung (s. Nr. 69)
ist auf Bitte der hessischen Abgeordneten, wie ausdrücklich bemerkt wird, in
die feierliche Form des schriftlichen Abschiedes gekleidet; er trägt die Überschrift: »Abschiet durch unser gst. und g. hern von Sachsen den geschickten
aus der landschaft des furstentumbs Hessen auf ir werbung geben. Actum zur
Naumburg, am suntag S. Vincenti ao. 1514.«

breiteren Erörterung und Beratschlagung über die Beschwerden
einen Landtag ansetzen, »darzu von allen stenden des furstentumbs
zu Hessen ein tapfer und redelich anzal personen erfordern, doselbest lanthofemeister und regenten, wes man sie anzusprechen
habe, gewertik und mit antwort dorzu geschickt sollen sein. Welcher
under in bfunden, der ungeborlich gehandelt, gegen dem wollen
sich ir cf. und f. g. wie geborlich erzeigen. Wu auch bfunden,
das landhofemeister und regenten von imandes mit dem angeben
ungeborlich beschwert, dorinnen wollen sich ir g. auch bweisen,
das vormarkt, das dasselb auch billich solt underlassen sein.«
Sollten inskünftig Gründe zu Beschwerden vorhanden sein, so soll
man dieselben »an weiterunge und vorsamlunk« an die Herzöge
von Sachsen gelangen lassen. Auf ihre Bitte erhalten die Abgeordneten der hessischen Stände diese Antwort schriftlich, »domit
ir doran nicht irret.« Das Erbieten der Regenten, sich sogleich
gegen die Klageartikel der Stände zu verantworten, lehnen die
Abgeordneten ab, weil sie zum Verhöre oder zur Erwiderung keine
Vollmacht erhalten haben. Doch gestatten die sächsischen Fürsten
den Regenten »auf ir vleissigs und ambsigs anhalten«, dass sie sich
auf den Artikel betr. die Gesundheit des jungen Landgrafen verantworten, »daraus vermarkt, wie ir f. g. gotlob hievor auch
wissens gehabt, das solche belestigung dem frumen jungen fursten,
ir cf. und f. g. freuntlichen lieben ohemen, zu unschulden aufgelegt
wirdet. So es dan itzo, wie angezeigt, der regenten volkome antwort zu horen nit fug noch stat gehabt und die notturft erfordert,
sich gebur und gezimen wil, das ir cf. und f. g. als angeborne,
ordentliche, bewilligte und zugelassne curatores und vormunden
irer f. g. freuntlichen lieben ohemen, der fursten von Hessen, diser
ding in warhaftige kunt kumen, auch eins iden teil fug und unfug
warhaftigen bericht empfahen mugen, haben ir cf. und f. g. furgenumen auf dornstag nach dem suntag Invocavit [1514 März 9]
gein Cassel ein tak anzusetzen, doselbst diese ding in aigen personen oder durch ir trefflich rete zu verhorn.«[1]

A. Mbg., O. St. S. 7862, Reinschr. der kurf. sächs. Kanzlei.

[1] Auf dem Naumburger Tage kam auch der Kleinodienstreit zwischen
der Landgräfin-Witwe und den Regenten zu einem vorläufigen Abschluss.
Nach einer Bestimmung des Marburger Vertrags (s. Nr. 29 S. 116) hatten die
Wettiner als Vormünder vom Kaiser das Schiedsrichteramt erhalten; diese veranlassten beide Parteien, ihre Ansprüche schriftlich zu verfechten. Fast drei
und ein halbes Jahr verstrich, bis die Regenten und die Landgräfin die üblichen
Schriftsätze ausgewechselt hatten. Die Regenten reichten »fur den ersten satz«
ein »Cleinotregister« ein, das der Kammermeister »Wilhelm von Reckenrode
under handen gehabt und meinem g. herrn sel. widerumb verrechnet hat.« Es
enthielt ein genaues Verzeichnis des hessischen Hausschatzes. In der Entgegnung leugnete Landgräfin Anna, dass sich in ihren Händen »einich cleinot
oder anders«, das dem Fürstentum Hessen gehöre, befinde, »ausgescheiden das
clein krautfeslein unsers sons und das alt gestick unsers schwagers«; sie sei
bereit, diese beiden Stücke zurückzugeben. Allerdings habe ihr Wilhelm das
eine und das andere Kleinod geschenkt: »des hat sein l. gut fug, recht und
macht, ir auch nimands dorzu zu sagen gehabt. Dan obgleich sein l. solich
kleinoter von irm vater, vettern oder andern ererbt, so het sie doch damit

## 71. Ausschreiben der Wettiner an die hessischen Stände. Naumburg 1514 Januar 22.

Anberaumung eines Landtags nach Kassel, auf dem jeder erscheinen mag, der sich über die Regenten beschweren will. Verbot, den Treysaer Landtag zu besuchen.

»Wir werden bericht, wie sich etliche des furstentumbs zu Hessen understanden, einen tak, nemlich montak nach der heiligen drei konik tak nehst vorscheinen, gein Velsbergk auszuschreiben, zu solchem tage sich etlich aus euch bewegen lassen und eins teils

schaffen, tun und lassen und die nach irem gevallen einem frembden, den sein l. nie gesehen und der ir nie kein dienst oder liebs getan het, zuwenden mogen. Warumb wolt oder solt sie nicht die irem gemahel zu geben gewalt haben, die wir derselben seiner l. in zeit irs lebens und zuvoran in irer merklicher schwerer swacheit, an rum zu reden, stetiglich in grosser geferlicheit unsers liebs und lebens, nicht umb unsern nutz, sunder aus rechter ehelicher treu und guetem herzen wol sovil freuntlicher und getreuer dienst, wie das vilen leuten unverporgen ist, erzaigt haben, nach unserm weiplichen vermugen, das wir genzlich dafur halten, ob sein l. solichen unsern getreuen guten willen erkant, das sein l. das nicht ane ursach und sunderlichen fueg getan helten und sunderlich dweil doch die gaben nicht ubermessig oder also gros gewest weren, das sein l. deshalb lant oder leut het verkaufen mussen.« Sie habe sich die Geschenke nicht von ihrem Gatten feierlich verbriefen lassen, da es solcher »solemnitet« zwischen Eheleuten nicht bedürfe. Anna beschwert sich über die Regenten. Man entnehme aus dem Streit um die Kleinodien der Regenten böse Absichten gegen die Mutter ihres Herrn, »das sie nicht gesetigt sein wullen, das sie in die undertan dieses furstentumbs ... inzupilden understanden haben, wie wir unserm einigen son sein barschaft, cleinoter und anders unrechtlich entwent und gen Mulhausen gefurt betten, das sich aber in der besichtigung zu mer-malen bescheen daselbst anders befunden hat, sunder das sie auch noch heutiges tags fur und fur in stetem willen und ufsatz sein, wege und mittel zu suchen, dadurch sie uns an unsern eren und glimpfen vercleinen muchten. Es sol aber weder inen oder iemants anders mit dem rechten und der warheit nimer ge-deihen und mochten wol sagen, das sint S. Elisabeth zeiten her keiner furstin im reich, die ire tage an eigen lop zu sagen als wir erlich herpracht bett, nie sovil unmutterlicher tat, unglaubens, schmehe und mehr ufgemessen und zugefugt wurden sein als uns allein und sonderlich von irer kinder undertanen. Solten sie aber iren fursatz, da got fur sei, erlangen, so hetten sie warlich irem hern und dem furstentumb zu Hessen ein klein ehr erworben. Aber wir mussen dieser zeit geduldig sein und inen so lang zum zil sitzen, bis das es besser wirt. Alsdan wollen wir dieser und ander schmee, die uns nach dem vertrage und unpillich gescheen sein, nicht vergessen, noch von denselben durch keine nachvolgende handlung abgewichen sein. Das wollen wir hiemit auch unbegeben bezeugt haben.«

Auf den Inhalt der übrigen Prozessschriften können wir nicht eingehen. Die Landgräfin liess es sich angelegen sein, den Gang des Prozesses durch Forderung von Aufschubfristen möglichst zu verzögern. Endlich fällten die Wettiner auf dem Naumburger Tage am 19. Januar 1514 eine »Sentenz«, die zu Annas Ungunsten ausfiel: »Auf bescheene furtrege« der Regenten und der Landgräfin Anna der strittigen Kleinodien halber erkennen der Kurfürst und die Herzöge von Sachsen: 1. dass die Landgräfin schuldig ist, den Regenten »soliche beigesetzte cleinot, wes der angesprochen, ... craft der vermutunge gemeiner recht« zuzustellen, »ir l. kont und wolt dan ... beweisen, das solche cleinot ir gegeben adir das dieselben durch ein kreftig gewonheit oder be-stendigen lezsten willen ir zustunden und geburten oder aber sunst durch ein ander ankunft und starkere vermutinge der recht ir wern. Zu solicher be-weisung kumpt ir l. billich, als wir sie auch hiemit darzu lassen und ir l.

gewegert haben sollen[1]), und nachdeme diejenen, die zu Velsbergk
erscheinen, einen ausschus aus inen mit einer credenz zu uns gefertigt und haben vorwenden lassen, wes sich ... die landgravein-
witwe als wol uber lanthofemeister und regenten des furstentumbs Hessen beclaget, haben wir als angeborne, erwelte und be-
stetigte curatores und erbvormunden unser lieben ohemen von
Hessen ... einen tak nemlich dornstages nach deme suntage Invocavit ... angesatzet, auch etliche aus den stenden des furstentumbs zu Hessen bescheiden[2]), dohin ... wir auch zu erscheinen
gedenken, ... und ein idern, der sich beschwert zu sein vormeint
ader zu clagen hat gegen lanthofemeister und regenten semptlich
und sonderlich und sust meniglich, nottorftlich vorhort und nach
erforderunge eins idern fug ader unfug das vorfugen, das unserm
lieben ohmen, dem landgrafen zu Hessen, zu gut, nutz und ruhm,
auch gemeiner landschaft zu gnediger underholdunge, fride, einik-
keit und gedeiem [!] komen und reichen sol.« Schliesslich verbieten
die sächsischen Herzöge den Ständen, den Tag, der von etlichen
nach Treysa ausgeschrieben ist, zu besuchen, »nach andere dergleichen tak und vorsamlung, ab die furder anzusetzen ader auszuschreiben understanden wurden ausserhalb unser als angeborner,

---

beweise solichs ader nicht, wollen wir daruf weiter sprechen, was recht ist.
2. Der cleinoter halben, so nicht vorhanden und unser muhm stellung in irer
l. gewissen gescheen ist, sprechen wir, so gnante lanthofmeister und regenten
erst den eit des geferdes getan haben, als inen das zu tun geburt, das alsdan
ir l. auch schuldik sei, solichen eit, wie der ir l. heimgestalt zu volnziehen
und zu schweren. 3. Die essilber, becher, giesbecken belangent erkennen wir,
diweil ... unser liebe muhme sich hat horen lassen und angemast, als solten
soliche essilber, becher, giesbecken von etwan dem hochgebornen fursten h.
Wilhelm, irer l. gemahel, der zu irer l. leben zu gebrauchen gegeben sein, zu
beweisen, wirdet ir l. zum selben billich gelassen, und sie beweise solichs adir
nicht, geschicht darauf auch forder, was recht ist, von rechts wegen. Dis urteil ist auf bitten der regenten eins Herman Reyteseln als anwalden hochgedachter unser g. frauen von Hessen witwe andersteils aus bevelich hochgedachter unser gst. und g. hern von Sachsen durch irer cf. und f. g. rete ...
eroffnet und gelesen. Gescheen zu Naumburk, donnerstags nach Felicis in pincis ao. XIV.« A. Dr., Loc. 8675, Handlung bel. die Irrungen zwischen Frau
Anna von Hessen und den Regenten (1510—1520), Reinschr. der sächs. Kanzlei
Hz. Georgs.

  [1]) Im Weimarer Archiv findet sich auf einem Zettel (Reg. C p. 110 Nr.
9 Bd. 1) folgende Nachricht: »Die stete, so beschlossen han, den vermeinten
lanttag zu Velsperg nicht zu besuchen: Cassell, Hoemberg in Hessen, Aldendorff an der Werrhe, Wolfhain, Grebenstein, Gudesperg, Witzenhausen, Ziren-
berg, Inmenhausen, Lichtennaw, Schmalkalden.«

  [2]) Am Montag nach S. Vincentius (Januar 23) ergingen die Einladungen
der Wettiner zum Kasseler Landtage. Nur an einzelne Mitglieder der hessischen
Stände wurden solche Einladungen gerichtet; es waren, wie ein Verzeichnis
ausweist (A. Mbg., O. W. S. 3, glz. Ndschr.): der Abt zu Haina, der Abt von
Breitenau, Graf Philipp »der Alde« von Waldeck, Graf Wilhelm von Wittgen-
stein, Friedrich Trott, Hermann Riedesel, Ewald von Baumbach, Kaspar von
Breidenbach, Dietrich von Schachten, Erhard von der Malsburg, Friedrich Diede,
Adolf Rau, Volrad von Schwalbach, Johann von Weitershausen, Asmus von
Baumbach, Reinhard von Boyneburg, Amtmann zu Schmalkalden, Heinz von
Dietz, Konrad von Waldenstein, Wilhelm von Dörnberg, Otto Hund, Amtmann
zu Schönstein, und die Städte: Kassel, Homberg in Hessen, Marburg, Alsfeld.

geordenter und zugelassener erbvormunden und curatorn wissen und willen. ... Gehen zu Naumburg mit unsers Hz. Fryderichs und Hz. Johanss vor uns und obgmelte unsere vettern hiruf gedruckten secreten besigelt, am suntage S. Vintzentztak ao. 1514.«

A Mbg., O. W. S. 3, Kop.

## 72. Beschwerden der hessischen Ritterschaft. [1514 Anfang Februar.][1])

Ritterschaft beschwert sich 1. über die Züchtigung Hombergs und Treysas; 2. über unrechtmässige Steuererhebung; 3. über Lehenverleihungen ohne ihre Mitwirkung; 4. über unleidliche Neuerungen; 5. u. 6. über das willkürliche Schalten einiger Regenten; 7. über die Verhinderung der alten Landgräfin am Besuche des Felsberger Landtages. 8. Die Regenten weisen die Mitglieder der Landschaft mit ihren Anliegen an die Wettiner. 9. Boyneburg leugnet, dass er von den Ständen gekoren sei. 10. Unkosten des wilhelminischen Handels.

Die Ritterschaft beschwert sich darüber, 1. dass »die regenten etliche frempte leute ins lant gefurt und etliche stete unverhorter dinge, auch an wissen und willen der ritterschaft und gemeiner lantschaft, gestraft haben. 2. Das die regenten itzo dem lant ein konigsgelt anheischen ... an wissen der, den solchs gepurt und wider den abscheit uf dem Spies verlaisen, auch uber das sunst kein stant mehir im reich das tue ader furneme, sei auch in keinem reichsabscheide dermais verlaissen. ... 3. Das die regenten geistlich und weltlich leben geluhen haben und leihen an wissen gemeiner lantschaft und ritterschaft, alles unzimlich. 4. Das vil clag von der ritterschaft und lantschaft sein, das sie durch rentmeister und lantknecht mit neuerung vast beschwert werden, und
• [so] solchs an die regenten in clagweise gelangt, moge niemants antwurt ader bescheit von ine bekomen, sondern pleiben die sachen also in irrung stehen und werden dardurch ritterschaft und lantschaft von iren freiheiten, altem herkomen und guten gewonheiten unleitlicher weis getrungen. 5. Das zwene ader drei regenten ... die ambt im furstentumb nach irem willen und wolgefallen setzen und entsetzen. ... 6. Das sie in namen aller regenten viel brif und schriften in grossen und kleinen sachen usgehin laissen an wissen und willen anderer regenten. ... 7. Das die alte lantgrafin den irstgehalten landtag zu Velschperg us ridelichen ursachen und anligende hab wullen besuchen, und als die ufgesessen gwest, sei ire die pfort vor der nasen zugeschlagen. ... 8. So die ritterschaft und lantschaft etwas fur dem regiment zu tunde hab, wohe es dan den regenten nit gefellig ader annemiglich, weise man sie zu den

---

[1]) Das Datum fehlt. Dass diese Beschwerden auf dem Tage von Treysa vorgebracht werden sollten, geht aus dem Inhalt des Schriftstückes hervor; vgl. Artikel 7. Die Überschrift lautet: »Clage der ritterschaft des furstentumbs zu Hessen.«

hern von Sachsen, fure sie also umb die wege, also das kein usrichtung ader keine entschaft, ordenung ader mais da sei, kunde
in der gestalt nit irlitten werden. 9. Das der hofmeister sich hab
horen laissen, er sei nit von der ritterschaft und lantschaft gekorn,
neme ime also ein eigen wesen fur, das niemant wissen mog, us
was grunde ader meinung. ... 10. Das Philips Meysenbuch und
Adolff Ruhe den alten lantgrafen mit 6000 gulden wider anheim
zu ziehen abgeredt, hetten solchs die regenten nit angenomen und
inen darnach mit 18000 gulden nit konnen hinweg pringen. ...
Ob nun dieselb obermais von des furstentumbs renten gnomen ader
uf die lantschaft geschlagen sol werden, ader aber von denjenigen
erstattet, die solchs us eigner hoffart wider der lantschaft willen
darzu haben komen laissen. Solchs alles stehit in diser versamelung
zu bedenken. Dem allem nach und us vil andern beweglichen und
ridlichen ursachen, so nach wol zu erzelen, so were von hochen
noten von den obgmelten und andern geprechen, obligen und beschwerungen des furstentumbs, auch von andern satzungen, ordnungen und versehungen des regiments trefflich und notturftiglich
zu handeln und zu ratschlagen, damit des furstentumbs zu Hessen,
seiner verwanten und untertain sachen und hendele nit also geringe-
schetzig, liderlich und unordentlich, sonder statlicher, erlicher und
ridlicher betracht, furgnomen, usgericht, geordent und gehalten und
ungnade, krieg, ufrure, neuerung, unrait und beschwerung, so us
widerwertigem handel unzweifel volgen und gedeien, vorkomen
und abgeschnitten, des furstentumbs ere, nutz und wolfart mehir,
statlicher und notturftiglicher, dan bisher bescheen, betracht, auch
gemein ritterschaft und lantschaft bei irem alten herkomen, freiheiten und gerechtigkeiten gehanthapt, behalten und dawider nit
beschwert ader betrangt werden, wie dan das die erbarkeit, pillichkeit, auch merglich notturft erfordert und erheischet.«

A. Mbg., O. St. S. 7862, glz. Ndschr. der Kanzlei der Landgräfin-Witwe.

**73. Die Regenten Hermann Schenk zu Schweinsberg und
Georg von Hatzfeld an den Landhofmeister Ludwig von Boyne-
burg und den Regenten Kaspar von Berlepsch. Marburg 1514
Februar 2.**

Haben die Bürger von Marburg nicht vom Besuche des Treysaer
Landtags abbringen können.

»Wir haben mit denen von Marpurg des lanttags halben gehandelt und nach vilgehabten reden hin und wider, sie weiter nit
bewegen konnen, dan das sie denselbigen lanttag durch etliche
aus inen gedenken zu besuchen und daruf die botschaften, so sie
kurzverschiener zeit und an ... die herzogen zu Sachsen abgever-
tigt gehabt, mitsambt der antwurt, die inen und andern deshalben
von iren ef. u. f. g. widerumb entstanden were, werben und ansagen ze lassen, haben uns auch ferner zugesagt, das sie weiter

nichts, das unsern g. herrn von Hessen und dem regiment zu schaden oder nachteil reichen moecht, handeln wullen. Uf die und kein ander wege han wirs auf dismal mit inen brengen mugen. . . . Dat. Marpurg, am tage purificationis Marie virginis ao. XIV.«

A. W., Reg. C p. 110 Nr. 9 Bd. 1, Or.

**74. Kassel und siebzehn andere hessische Städte an die Besucher des Treysaer Landtages.[1]) Kassel 1514 Februar 3.**

Infolge des Verbots der Wettiner sind sie entschlossen, den Treysaer Tag nicht zu besuchen. Sie beteuern ihre Anhänglichkeit an die Einung am Spiess.

»Wir sein durch uch gein Treyse uf nehisten montag beschrieben, bei unsern eiden und pflichten am Spis gescheen gefordert. Unser einteils auch abgeschiden, alsdan da zu erscheinen.« Inzwischen aber ist das Ausschreiben der Herzöge von Sachsen zum Tag in Kassel in ihre Hände gelangt, worin die Abstellung aller Gebrechen verheissen und der Besuch des Tages von Treysa verboten wird. »So steet zu ermessen, das uns das also zu halten und nach gelegen dingen nit anders zu tun fugen will us redelichen gegrunten bewegungen, nachdem wir iren cf. u. f. g. anstat unser g. herrn zu Hessen zur vormuntschaft mit eiden und pflichten verwant, doch in allewege protestirende, wes uns unser eide und pflicht am Spiss tun binden inhalt ufgerichter vereinigunge, das wir uns des als from leut, wo etwas us craft derselbigen vor augen komen und wir also erfordert wurden, dan halten, bewisen und erzeigen wullen, damit der erbarkeit, ab got wil, und mit hilf seiner almechtigkeit an uns mit warheit kein mangel sol gespurt werden. . . . Dat. am freitage nach purificationis Marie virginis ao. XIV unter der von Cassel sigil, darumb wir andern unden gemelten stet gebeten und hieran des mit zu gebruchen han.

Burgermeister, rete und gemeinde der stet Cassel, Homberg, Alsfelt, Wolffhagen, Nuenkirchen, Spangenberg, Smalkalden, Vache, Cziegenhain, Melsungen, Borcken, Gudensberg, Grebinstein, Hoffegeysmar, Witzenhusen, Zcirenberg, Ymenhusen und Tryndenbergk [Trendelburg].«

A. W., Reg. C p. 110 Nr. 9 Bd. 1, Kop.

**75. Bürgermeister und Rat der Stadt Kassel an die Wettiner. Kassel 1514 Februar 7.**

Sie besuchen den Treysaer Tag nicht und haben auch andere Städte von demselben fernzuhalten gesucht, Marburg leider vergeblich. Sie beteuern ihre Anhänglichkeit an die Wettiner und bitten dieselben, persönlich auf dem Kasseler Landtage zu erscheinen.

---

[1]) Das Schreiben ist gerichtet an die Mitglieder der hessischen Stände, »so den tag zu Treise montags nach Blasy besuchen werden.« Vgl. unten Nr. 75.

Sie danken für die Ansetzung des Landtages zu Kassel und sind darüber hocherfreut, dass die sächsischen Fürsten denselben in eigener Person besuchen wollen. »Wir haben uns e. cf. u. f. g. befelhs gehalten und den tag zu Treisa, als wir an das in willen woren, unbesucht gelassen, und denjenen, die denselbigen tag besuchen, geschriben [vgl. Nr. 74]. ... Wiewol wir auch unser botschaft mit montlicher werbung zu den von Marpurg gefertigt[1]), so sein sie doch uf irem willen bestanden, den tag zu Treise zu besuchen. ... Und steet die sach ... im furstentumb Hessen worlich seltsam, wo nit statlich mit ernst darin gesehen, so wirt es je lenger je meher zu witerm [!] widerwertigkeit und unsern g. hern und fursten zu Hessen zu nit cleinem schaden reichen. Aber, gst. u. g. herren, e. cf. u. f. g. sollen uns mit unserm anhange und wen wir meher zu uns bewegen mugen in undertenigem gehorsam, wes uns geburt, gneigt und willig spuren, als auch ungezweifelt viel von fromen prelaten, ritterschaften etc. meher tun werden.« Sie bitten dringend, dass sich die Herzöge von Sachsen durch nichts am persönlichen Besuche des Kasseler Tages hindern lassen. »Dan wo des nicht geschee, so besorgen wir in worheit, das nicht frochtbors, wie die notdorft erfordert, gehandelt werde. ... Dat. am dinstage nach Dorothee ao. XIV.«

A. W., Reg. C p. 110 Nr. 9 Bd. 1, Or.

### 76. Johann Riedesel, »Secretarius Hassiae«, an den Kurfürsten von Sachsen. Kassel 1514 Februar 7.

Anfeindungen, denen die Nichtbesucher der Landtage zu Felsberg und Treysa von den Anhängern der Landgräfin-Witwe ausgesetzt sind. Der Kurfürst soll die Meuterer bestrafen und den Gehorsamen beistehen.

---

[1]) Die Instruktion, welche die Kasseler Abgesandten in Marburg zu verlesen hatten, ist dem obigen Schreiben an die Wettiner beigelegt; sie trägt kein Datum. Die Stadt Kassel kündigt hier der Stadt Marburg den Entschluss an, dass sie infolge des Ausschreibens eines Landtages in Kassel von seiten der Wettiner den Tag von Treysa nicht besuchen würden. Obwohl die Kasseler von vorneherein überzeugt sind, dass die Marburger das Gleiche thun werden, »so haben dannach die von Cassel us treulicher guter wolmeinung bedacht ...«, das nit notz nach gut sei, das sich die stete und sonderlich zuvor die von Marpurg und Cassel, wie itzt gescheen, von einander trennen lassen; und darumb ire botschaft zu den von Marpurg fertigen und an den verhoren lassen wullen, wes in dem ire will, meinunge und gemut sei. Wan die von Cassell bei den von Marpurg und andern steten als iren frunden, die zusamen in einen stant des furstentumbs zu Hessen geboren, zu bleiben und, wes inen geburt, ir leib und guter bie sie zu setzen gemeint und willig sein. Wan soll es anders gehalten und zertrennunge zuschen den steten gemacht werden, was unrats und nachteils darus entsteen wirdet den fursten und furstentumb zu Hessen, das steet lideclich abzunemen. So aber die stet eintrechtig bie einander bleiben, steen und halten als from leut und die in einen stant des furstentumbs zu Hessen geboren und, wie sich wol geburt, so werden sie angesehen bleiben und vielen unrat verkomen konnen, wie dan die von Marpurg das wieslichen und basser wissen zu bedenken.« Die Artikel, die zu Felsberg vorgebracht worden sind, betreffen die Einung am Spiess nicht. Dieser Erinnerung sollen die Marburger Bürger eingedenk sein und sich nicht von der Seite der Stadt Kassel führen lassen. Beide Städte sollen gegen jeden Angriff fest zusammenstehen und mit Rat und That einander helfen.

... »E. cf. g. sehen und merken vor ougen, was unrats allen
tag im furstentumb Hessen furgenommen wirt und je lenger je
mehir. Dan es werden die frommen leut, die jungst und itzo die
vermeinten lanttage zu Velsperg und Treisa nicht ersucht, bedrauet,
man wolle inen ire kappen zurecht ziehen, fleust alles aus deme,
das die gesellen, so itzo und hievor vil unrats gestieft, daran und
dabei gewest sein, nicht gestraft werden. Das reizt manchen
biderman, den ebenteuerern ouch zuzefallen. Dan sie wollen wenen,
dieweil die vorgenger ungestraft pleiben, das sie ouch nit ubel
tuen, wue sie inen anhangen; abir gewislich, wue nicht mehir dan
drei odir vier mit ungnaden angesehen, die andern wurden sich
daran stossen, und ongezweivelt e. cf. g. werden im furstentumb
Hessen alwege hundert und mehir frommer edeln und unedeln
gegen einen boesen menschen finden, die ouch gerne ir leib und
gut darstreckten, e. cf. g. gegen die muterer ze helfen. Dan sol
inen ir wille lenger verbengt werden, so folgt nichts guets daraus.«
Er bittet den Kurfürsten dringend, die Rechtschaffenen in ihrem
Gehorsam nicht zu verlassen. »Dan itzo ists zeit und nihe mehir,
wollen anders e. cf. g. derhalben keinen schimpf entphaben.« Milde
wäre jetzt übel angebracht; strenge Bestrafung der Anstifter thut
Not: »dan wir Hessen wollen nicht alwege mit so hocher vernoft
und weisheit regirt sein; wir mussen zu zeiten ein ungeraden
haben. Ich wolts abir nicht gerne reden, das der boese hauf hoerte.
So habe ich den undertenigen und demutigen vertrauen zu e. cf. g.,
sie werden mich in solchem nicht melden lassen. ... Dat. Cassell,
dinstags nach Agate virginis ao. XIV.«

A. W., Reg. C p. 110 Nr. 9 Bd. 1, Or.


## 77. Die hessischen Stände an die Wettiner. Treysa 1514 Februar 10.

Beschweren sich über das Landtagsverbot; sie werden den Kasseler
Landtag besuchen, beklagen sich aber über die Ungelegenheit der Malstatt.

Sie haben die Antwort empfangen, die der Kurfürst ihren
Abgesandten auf dem Tage zu Naumburg gegeben hat. »Wiewoil
seither zu verhinderunge eines gemeinen lanttags, so hieher gein
Treysa angesetzt gewesen, etlich schrieft zu verhinderunge desselben und unsers lobl. alten herkomens, recht und gewonheit usgangen, (wan wir solich lanttag und versamelunge zu unsern sachen
bei allen forigen und itzigen fursten zu Hessen lenger dan menschen
gedechtnus uszusetzen und zu machen herbracht haben), so wollen
wir doch e. cf. und f. g. zu undertenigem gefallen mit gemeiner
lantschaft den dag, durch e. cf. und f. g. nehst donerstag nach
Invocavit gein Cassel angesatzt, daselbst besuchen, und [ob] sich
alsdan imants uf die vorgebrachten und vor ubergebenen clagstuck
und die nach furbracht werden mogen, woil entschuldigen kan,
wollen wir gern horen und geschehen lassen und vormelden hiemit

e. aller f. g. so die ungelegenheit derselben malstat dismals us nachfolgen ursachen: 1. wan sich daselbst ein sterben der pestelenz, als man gleublich sagt, erhalten und allenthalben unter dem folk sein sall; 2. so ist dieselb malstat nit allen landen des furstentumbs und anhangenden grafschaften[1]) uf einem ort gelegen und gemeiner lantschaft und anhangenden grafschaften schwerlich zu erreichen, und were unser gutdunken us angezeigten ursachen und e. f. g. und e. g. reten personlich inkomens halber gemelten tag bequemlicher dismals zu Marpurg, Treysa, Homburg ader uf dem Spys gewesen dan zu Cassell. Doch wollen wir solichs alles zu e. cf. und f. g. gefallen gestalt, und wo e. f. g. nit gewilligt, solich bestimpte malstat zu verandern, seint e. f. g. zu gefallen wir doch willig, solichen tag an gemelter malstat zu besuchen, und bitten, soliche sachen in kein verlengerunge zihen lassen, dan die nottorft des handels das erfordert. ... Geben zu Treysa, freitags nach Appolonie virginis ao. XIV.«[2])

A. Mbg., O. W. S. 3, Cpt.

## 78. Einung der Landgräfin Anna und der hessischen Stände. Treysa 1514 Februar 10.

Landgräfin Anna und die hessischen Stände verpflichten sich durch die Aufrichtung der Einung, die sie nicht zu Abbruch der obrigkeitlichen Rechte ihrer Landesfürsten gemacht haben wollen, zur Beobachtung folgender Artikel: 1. Würden hessische Fürsten sich untereinander entzweien und befehden, so wollen sich die Einungsgenossen ins Mittel schlagen und Frieden stiften. 2.—4. = Artikel 2—4 der Einung von 1509 (s. o. S. 32f.). 5. Einsetzung eines Ausschusses, an dessen Mitglieder sich die in ihrem Recht gekränkten Einungsgenossen mit ihren Anliegen zu wenden haben; jedes einzelne Mitglied des Ausschusses ist in dringenden Fällen zur Berufung einer Landtagsversammlung befugt. 6.—8. Ohne ausdrückliche Bewilligung der Stände soll hinfort keine Steuer erhoben, kein Krieg vorgenommen und keine Münzänderung getroffen werden. 9. Während der Minderjährigkeit des Landesfürsten haben seine Vormünder jährlich einem ständischen Ausschuss die Rechnungen vorzulegen und von demselben sich entlasten zu lassen. Verwahrung der jährlichen Ueberschüsse. 10. Wichtige Angelegenheiten sollen von den Regenten mit Rat der Landschaft erledigt werden. 11. Alljährlich oder zum mindesten alle zwei Jahre hat ein Landtag stattzufinden, auf dem jeder Einungsgenosse zu erscheinen hat. 12. Hier soll allen, die sich irgendwie gekränkt fühlen, von der Landschaft Rat werden. 13. Kein Regierungsbeamter darf von amtswegen ein Geschenk annehmen. 14. Aufhebung der Einung von 1509. 15. Unterzeichnung und Besiegelung der Einung.

---

[1]) Das folgende Wort ist verlöscht.
[2]) Dieses Schreiben ist von den Ständen nicht abgesendet worden, sondern ein kürzeres, in dem sie weder über das Landtagsverbot noch über die Wahl des Versammlungsortes sich beschweren und den von den Wettinern angesetzten Tag in Kassel zu besuchen versprechen; dafür weisen sie jedoch in der Unterschrift auf den Abschluss der neuen Einung hin: »Anna von gots gnaden geb. herzogin zu Meckelnburg, lantgrafin zu Hessen ... witwe, grafen, prelaten, ritterschaft, stete und gemein lantschaften des furstentumbs zu Hessen und derselben einung angehengig und vorpflicht.« Datiert ist das Schreiben vom 10. Februar (Freitag nach Dorothea). A. W., Reg. C p. 110 Nr. 9, Bd. 2, Or.

»Wir Anna von gotts gnaden geporne herzogin zu Meckelnburg, lantgrafin zu Hessen, grafin zu Catzenelnpogen, zu Dietz, zu
Zigenhain und Nidda, witwe und wir grafen, praelaten, ritterschaft,
stete des lobl. furstentumbs zu Hessen und alle eingeleibten und
zugewanten grafschaften desselbigen furstentumbs und alle andere,
so dieser einigunge anhengig und vorpflicht sein, bekennen ein-
hellichlichen und unvorteilt und tuen kunt mit diesem briefe allermenniglich, das wir zu herzen genomen und betracht haben, wie
auch unsere altern und vorfarn ehrlich und nutzlich geton, das
durch einigkeit, friheit und hanthabunge der gerechtigkeit der almechtige got hochlich geehrt, gelobt, auch lant, leute, stete und
communen geistlichs und weltlichs standes in gemeinem nutz, ufnemen und wolfart erhocht und gebessert und alle erbarkeit hohes
und niedrigs standes erhalten werden und darumb gott dem almechtigen, Marien seiner gebenedeiten mutter, der heiligen unser
heubtfrauen S. Elizabett zu lob und ehren, auch dem durchleuchtigen
hochgeporn fursten, unserm swager, herzfreuntlichen lieben son und
g. herrn den fursten zue Hessen, graven zu Catzenelnpogen, uns
der lantgrevin, graven, prelaten, ritterschaft, steten und gemeinen
lantschaften zu ehren, nutz, aufnehmen und gedeien in allem gutem
undereinander vorbunden und bruderlich und freuntlich voreinigt,
auch bei unsern gelubden und eiden zusamenvorpflichtiget und ein
gotlich, ehrlich, rechtmessige, lobliche voreinigung und freuntschaft
vor uns, gnante lantgrefin, unsere rete, diener und untertonen und
unsere andere nachkomene, erben und erbnemen gemacht und aufgericht, mit dem gedinge und uffenbarlicher gezeugunge, das wir
solcher bruderunge und voreinigunge mit nicht und keinem wek
wider die gedachten unser lieben swager, sone, g. fursten und
hern von Hessen, irer l. und f. g. erben oder nachkommen zu
smelerunge oder abbruch irer l. und f. g. furstlich oberkeit, herlig-
keiten, regalien, zinsen, renten, rechten oder zueigenden irer l. und
f. g. zustant, wie die geheissen mochten werden, nicht wollen gemacht, sonder uns und unsere nachkommen, wie auch unsere voraltern vor uns getan, zu friedlichem wesen, stant, vortrag und
einigkeit ufgericht haben und aufrichten, voreinigen, vorbinden uns
hiemit in macht und kraft dieses briefs in massen und form, wie
hernach folget: 1. Ob sichs begebe uber kurz oder lank, das mer
dan einer regirender fursten zu Hessen weren und derselbig einer
oder mer den oder die andern mit unwillen oder widerwertigkeiten
ansehen oder vornemen wolten, und der oder die, so angefochten und
besweren [!beswert weren?] und sich rechtens auf uns erboten und wir
irer zu recht mechtig sein worden, alsdan sollen und wollen wir Anna
lantgrefin zu Hessen witwen obgenannte unsere erben, erbnemen
und nachkommen, so das bei unsern zeiten sich begeben worde,
kegen unserm herzfreuntlichen lieben son oder wer der von solchem
furstentumb were, [ufs] allermutterlichste, getreulichste und fleissigiste
vorbieten und recht vor dem oder die bieten, und wir andern von
der lantschaft mit leib und gut und allem vormogen hulf, beistant
tuen, damit der unwille hingelegt und abgestellet, menniglich bei

recht und billigkeit gehanthabet werd und plieben moge, alles auf
kosten und schaden gemeiner lantschaft, wie solchs von alters herkommen und geschehen ist.«   2.—4. = Artikel 2—4 der Einung von
1509 (vgl. o. Nr. 8 S. 32 f.).   5. »Wurde auch iemants in dieser freuntlichen einigung und vorbruderunge inner oder ausser landes begriffen
und also unbillicher weise angefochten, damit dan derselbige sein
anligen und beswerunge zu einem austrage furen und bringen moge,
so soll und mag er solich seine beswerunge und anligen vorbringen,
nemblich den erwirdigen, ernvesten und ersamen Dieterich von
Cleen, lantcompter der balei Marpurg deutschordens, Herman
Reidtesel, erbmarschalk zue Hessen, Crafften von Bodenhusen, Wilhelm von Dornbergk, den burgermeistern der stadt Marpurgk und
der stadt Eschwege und, so derselbigen einer oder mer mit tot
abgingen oder sonst, wie das keme, abgesatzt wurden, sollen alsdan
an des oder der stat durch gemeine lantschaft auf dem Spys ein
ander oder mer erwelt werden, derselbigen personen oder stete
eine, welche einem jeden gelegen sein wort; dieselbige person oder
stadt, ... die also ersucht worde, die soll von irer aller wegen
alsobalt und unverhalten, so fern sie den handel so trefflichen ansicht, uf gemeiner lantschaft kosten und schaden die grafen, praelaten, ritterschaft, stete und lantschaft an den Spys oder nach
gelegenheit der zeit an andern gelegen enden und malstat wie
herkommen auf einen namhaftigen tag beschrieben und gemeine
lantschaft auf denselbigen tag den beswerten furter nach einhalt
dieser voreinigunge geraten sein und vorhelfen und einem jeden,
der beschreben wort, er sei, wes standes oder wesens er wolle,
der soll one alle weigerunge den ausgeschrieben landtag bei und
nach gemelten pflichten und eiden auf den Spys getan, und jetzt
albie zu Dreisa vorneuert, besuchen; ... und dan auf denselbigen
usbeschriebenen tag sollen und wollen wir von allen stenden gemeiner lantschaft, die dozumal vorsamelt werden, nach vorhorter
sache des vorbrengs, ob die notturft des ausschreibens erfurdert
hab oder nicht, und des kostens halber, so auf das ausschreiben
gangen ist, nach aller billigkeit zu erkennen haben.   6. Es ist auch
beredet, das keine schatzunge, lantsteur oder beschwerunge genomen oder ausgesatzt werden soll, es geschehe dan mit zeitlichem
rat und vorwilligung gemeiner lantschaft.   7. Desgleichen soll auch
kein kreig, vhede oder aufrur im furstentumb oder anhangenden
grafschaften vorgenomen werden, es geschehe dan mit einem zeit-
lichen vorgehabtem rat ganzer gemeiner lantschaft und nach dem
gemeinen nutz.   8. Und nachdem gemeinen nutz merglich und viel
an voranderunge der monz gelegen ist, so soll hinfurter kein ander
munz, den unser g. herren und lantsfursten als itzund mit den
Reinischen curfursten und fursten in einigunge aufgerichtet[1]), ge-
monzt oder gemacht, nicht vorendert, hoher oder nider gesatzt,
valuirt werden, es geschehe dan mit rate, wissen und vorwilligunge
gemeiner lantschaft; was aber von frembder auslendischer monz

---

[1]) Der Beitritt Hessens zu dem Münzverein der rheinischen Kurfürsten
erfolgte am 1. Oktober 1509. Vgl. Rommel III, Anm. S. 112.

ingebrochen were oder in zeiten inbrechen worde, so sollen und mogen die regirende obrigkeit mit wissen und zeitlichem rate der zweier stete Marpurg und Eschwige nach dem allerbesten und bequemlichsten dieser lande orden und setzen. 9. Wan auch hinfurter junge unmundige und nit selbest regirende lantsfursten weren, wie itzunt vorhanden, so sollen diejenigen, die gemeiner regirunge des oder derselbigen vorstender sein oder weren, von derselbigen unser sons, swager, oheim und g. herren lantsfursten gefellen, innemen und ausgeben iglich jar gnugsame und vollenkomne rechnunge in beisein etzlicher von den praelaten, ritterschaft, steten darzue verordenet tuen und zu tuen schuldich sein, auch von denselbigen regirenden und vormunden oder, wer dessen bevelich haben wurde, quitanz, recess und briefliche urkunde nemen, damit gemeine lantschaft wissen haben moge, wie mit iren f. g. sachen und guet zu einer jeder zeit umbgangen werde, und was von solcher rechenschaft jedes jars von gelde oder sonst dergleichen uberlif, sall in einen kasten zusampt aller getanen lantrechnunge register und dem maiestatsiegel und zu solchem kasten zum weinigsten drei schlussel gemacht, der ein den regirenden, den andern der ritterschaft, den dritten den steten, auf das keiner allein on die andern darzue kommen moge, uberantwort, und soll solcher kasten gehen Marpurgk auf das schlos in das gewelb oder sonst, wo es denen zum kasten voorordenten oder bevhelich haben[den] am bequemlichsten bedunket, gesetzt und vorwart werden. 10. Es soll auch von denjenigen, so zu zeit unsers sons und andere[r] unser g. hern und unmundigen fursten in regirunge weren, kein wichtige oder grosse sachen on gemeiner lantschaft wissen und willen gehandelt werden, und wo etwas mangelhaftiges in denselbigen regirunge[n] [funden] wirt, soll zu einer jeder rechenschaft geendert und mit wissen und willen gemeiner lantschaft gebessert werden. 11. Es ist auch zwuschen uns und gemeiner lantschaft beschlossen und eintreglich abgeredt, das man nun hinfurter alle jar oder, so ehaftige mirchliche vorhinderunge vorhanden weren, uber das ander jar nest darnach folgend gewisslich allwege auf dinstag unsers hern leichnamstak oder ungeverlich achte tage darnach durch die obgemelten sechs oder je einem von irer aller wegen wie gemelt ein gemeiner lantstag uf dem Spys ausgeschrieben, benent und gehalten werden soll, auf welchem tag ein jeder bei getaner pflicht auf den Spys und itzt albie zue Dreisa erneuert personlich zu erscheinen schuldich und one ehaftige reideliche entschuldigunge nicht aussen plieben soll.[1] 12. Es sollen auch zur selbigen zeit die armen und alle andern, so von amptleuten und amptknechten wider billigkeit be-

---

[1] Von dieser Verpflichtung liessen sich die Eichsfelder entbinden. Auf dem Landtage zu Kassel wurde ihnen von den Ständen am 20. März 1510 ein besonderer Vorbehalt ausgestellt, in dem es u. a. heisst: »Und ob solche malstat am Spis den Eicsfeldern h. Christian von Hanstein rittern und allen den von Hanstein, h. Hansen Knutten rittern, Rudolffen von Beltzungsleben den eltern und Otten von Kerstingerode und so dieser einigunge und vorbrudunge [!] dieses orts anhengig sein oder nach wurden, etwas weit gelegen, haben dieselbigen inwoner von der ritterschaft und lantschaft vorbracht, das inen solcher

schwert, gehort und den oder denselben alsdan von gemeiner vorsamelunge rat und hulf des rechten mitgeteilt werden. 13. Es soll
auch keinem amptman, rentmeistern, kellern, zolner, schulten oder
andern knechten nit gestatt werden, in irs ampts bevelich icht
geschenk, vorehrunge nach liebnisse [anzunemen] oder von iren
wegen nemen zu lassen, sonder dieselbigen von den regirenden mit
ernst daran gehalten werden, das sie die ampt, pflicht und eide [nicht]
des geschenkes halber tuen, wie die zubevor durch unsern gemal und
g. herrn ldg. Wilhelm sel. und lobl. gedechtnus zu tuen voorordenet
ist,[1]) und sich allein irer besoldunge begnugen lassen, und so ir
einer derselben uberfarunge zu haben befunden worde, denselbigen
darumb zu strafen und fernerm in keinem ampts bevelich zu leiden,
und in allen wegen ein vleiss[ig] einsehen zu haben, damit das gemein armut uber die billigkeit nicht beschwert werde. 14. Und
nachdem die eide und pflicht der einigunge auf den Spys hiebevor
geschehen vorneuert und aufgericht und alle artikel, die dasmal
ernant seint, der zeit weinig gehalten und in dieselbige einigungsbrief, so dozumal beschlossen, nicht so vollenkomlichen und not-
turftiglichen von puncten zu puncten eingefurt, begriffen und gestalt
worden, auch vor gemeiner lantschaft nit gelesen wie abgeredt,
darumb itzunt der und andere beweglicher mirglicher ursachen
solch vorgetan einigunge zu declariren in schriften begriffen und
gemeine vorsamelunge horen lassen, die alle semptlich und besonder
darein gefellet und zuegelassen, auch auf stunt die mit siegelunge
zu vorfertigen gebeten. Derhalb hinfurter dieser unser gegen-
wartigen vorbruderunge, einigunge und declaration genzlich gelebt
werden und der vorgerurte, vormeinte, vorsiegelte und aufgerichte
einigungsbrief, so zu Cassel ligen, hiemit tot, kraftlos bei und abgeben soll alles ungeverlich. 15. Wir wollen auch, das diese
einigunge, vorbruderunge und freuntschaft einem jeden, von was
wesen oder standes der ist, niemants ausgenomen, an andern seinen
eiden, pflichten, gnaden und freiheiten, ob die van Romischen Bapst,

---

tag allen gemeinlich in eigner person alle jar [zu besuchen] beschwerlich, mit
unterteniger und dienstlicher bitte, wo nicht mirgliche sachen vorhanden, inen
zu vorgonnen und zuzulassen, solchen tag durch einen oder zweine us inen mit
volmechtiger gewalt dahin zu schicken, welchs inen auf ir fleissigs bitten van
uns obgemelt gemeinen stenden und lantschaft vorgonst und zugelassen, vorgonnen und lassen inen auch das zu in und mit kraft dieses briefs, doch mit
solchen underscheit und vorbehalt, so mirgliche sachen vorfielen, dazu man irer
gemeinlich bedorft und sie dan gemeinlich erfurdert wurden, solten sie bei iren
getanen pflichten erscheinen und nicht aussenplieben. Des zu warem urkunt haben
wir obgemelte stende gemeiner lantschaft zu Hessen inen diesen erkantnusbrief
gegeben mit h. Dieterichs von Cleen lantcompter der bali Marpurg, Herman Reidesel erbmarschalk zu Hessen, der stadt Marpurgk aufgedruckten ingesiegeln besiegelt, welche vorsiegelunge wir itzgenanten aus bevelich obberurter stende gemeiner lantschaft vorsiegelt haben bekennen. Dat. zu Cassel auf montag nach dem
sontag Oculi ao. 1514.« A. Mbg., M. St. S. 8277, Kop. Den gleichen Vorbehalt
scheinen sich auch die Einwohner der oberen Grafschaft Katzenelnbogen aus-
gewirkt zu haben. Denn in der Überschrift heisst es: »Der obern grafschaft Catzenelnbogen und der Eichsfelter erlangter vorbehalt«; die Urkunde
hat sich aber weder im Original noch in einer Abschrift vorgefunden.

[1]) Vgl. hierzu das Testament Ldg. Wilhelms Nr. 1 S. 7 Art. 22.

Kaisern, koningen, fursten oder jemants andern gegeben weren, unschedlich und unnachteilich sein und plieben, alles on geverde. Und dieweil wir also auch vor uns und unsere altern und furfaren bei uns selbest zu zeitigem vorgehabtem rate und gutem gewissen erkant haben und hiemit erkennen, das diese einigunge gotlich und loblich, erlich und rechtmessig, auch unserm g. hern zu irer g. gerechtigkeit und furstlicher oberkeit nit abbruchlich oder nachteilich, sonder landen, leuten, uns, unsern erben, nachkommen und allen stenden gedachts furstentumbs guet, nutzlich und ehrlich ist und in kunftiger zeit wurdet, so haben wir sampt und besondern in unser und andern der graven, praelaten, ritterschaft und stete namen auch bevelich und mandat derselben und aller einwoner des furstentumb zu Hessen, eingeliebter und vorwanter grafschaften und dieser einigung anhengig, unser Anna lantgrefin vor uns selbest und unsern andern nachkommen, erben und erbnemen solch gemelt einigunge und freuntschaft und bevestigunge unser voraltern und zulassunge gemeins rechtens befestigt, ratificirt, bewilligt und angenomen, die also hinfurter unvorbruchlich und one alle hinderunge zu ewigen zeiten sampt und besondern zu halten. Darauf wir Anna lantgrefin bei unsern treuen gelobt und [mit] waren worten zugesagt und wir andern hiebevor auf dem Spys und itzt zu Dreisa in gutem treuen und glauben bant in hant auch zugesagt, gelobt, zu gott [und] den heiligen geschworn haben, diese einigunge in allen iren puncten, inhaltungen und artikeln getreulich zu halten und darvon nicht zu weichen, in keine weise, one alle geverde und argelist. Und des alles zu urkunde und sicherheit aller vorgeschrieben dingen, so haben wir Anna lantgrefin obgenante und wir Philips der mitler graf und her zu Waldeck und wir Graf Gorgen zu Koinstein [Königstein] und Dietz, her in Eygstein [Eppstein] und Myntzebergk vor uns und andere grafen und wir Dieterich von Cleen, lantkompter der bali zu Marpurgk deutschordens und pater zu der Carthausen vor uns andere praelaten und wir Herman Reydesel zu Eisenbach erbmarschalk zu Hessen, Caspar von Baumelbergk ritter, amptman zu Wartpurgk, Curtt von Waldenstein, lantvoigt an der Werra, Johan von Lebenstein, hoifmeister, Johan Schenck zu Schweinspergk, Crafft von Bodenhausen, Philips von Franckenstein, Hans von Walbrun zu Ernsthoffen, Eberhart von Husenstein, Wilhelm von Dorenberg, Adolff Ruwe von Holtzhusen, Caspar Meisenbuch der elter, Sittich von Berlipsen, amptman zu Saltza, Herman Hundt, Heimbert von Boimelbergk, Friderich Dide, Heints von Escheweye, Conratt von Dornbach, Wilhelm Weise von Furbach aus der ritterschaft und von wegen gemeiner ritterschaft und die, so mit uns in dieser einigunge und pflicht stehen aber oder nach darein kommen werden, vor uns, unser und ir erben und nachkommen und erbnemen, und wir burgermeister, rat und ganze gemeine der stete Marpurg, Escheweye, Gysen, Aldendorff an der Werra, Wetter, Spangenberg, Grunberg, Grevenstein, Dreisa und Witzenhausen vor uns und unser aller nachkommen, auch gemeiner lantschaft und inwoner des furstentumbs zu Hessen unser ingesiegel an diesen brief gehangen. Der gegeben ist zu Treisa uf freitag S. Apollonien der heiligen jungfrauen tag nach Christi geburt tausent funfhundert und vierzehen jar.[1]

A. Mbg., M. St. S. 8277, Kop. — Abdrücke: 1. Entdeckter Ungrund derjenigen Einwendungen u. s. w. (Schrift der Deutschordens-Ballei Hessen) Frankfurt a. M. 1753 Beilage Nr. 80. 2. Zeitschr. f. hess. Gesch. Bd. 8 S. 256 ff.

---

[1] Im Marburger Archiv (O. W. S. 3) findet sich als Reinschrift aus der Kanzlei der Landgräfin Anna ein »vorzeichnus der furstin, grafen, prelaten, ritterschaft und stete, so auf gemeinen gehaltenen lanttagen zu Velspergk und Dreisa die einigunge und was daselbst gehandelt worden ist, zu halten zugesagt und zugeschrieben haben, nemlich: Die durchleuchtige hochgeporne furstin und frau, frau Anna geporn herzogin zu Meckelnborch, lantgrafin zu Hessen, witwe, unsere g. fraue.« Von Grafen: »graf Ebert von Konigstein, graf Jeorgen von Konigstein, graf Bernhart von Solms, graf Philips der elter, mitler, junger, alle von Waldecken.« Von Prälaten: die Äbte zu Breitenau, Hasungen, Spiesskappel, Haina, der Pater zur Karthause, der Präceptor von Grünberg. Von der Ritterschaft: »Ditterich von Clee lantkomter, Herman Reidesel erbmarschalk, h. Jaspar von Boymelbergk ritter, h. Bastian von Hanstein ritter, h. Curt von Manspach ritter, h. Hans Knuth ritter, Itel von Lehenstein lantmarschalk, Curt von Waldenstein lantvoigt, Rudolf von Beltzungleben heubtman der elter, Crafft von Bodenhausen, Caspar der elter Meisenbuch, Philips Meysenbuch, Johan Meysenbuch, Joist von Draxtorff, Ebert von Bischofferode, Sittich von Berlipsen amptman, Gobert von Treisspach, Peter von Treisspach, Ebert Schencke von Schweinssbergk, Johan Scbenck von Schweinssbergk, Henrich Mosbach von Lindenfelsch, Hans von Walbron, Ernst Womoltt, Balthasar Schelbem, Philips von Franckenstein, Hans von Franckenstein, Ebert von Husenstein, Hans von Rodenstein, Adolff Ruwe, Johan von Lehenstein hoifmeister, Henrich von Lehenstein, Caspar von Lehenstein, Johan von Lehenstein gnant Sweinssbergk, Gobert von Lebenstein gnant Sweinssbergk; Henrich der elter, Tile, Werner der elter, Ditmar, Werner, Caspar, Jorgen von Hanstein; Hemi Lesch von Mholen, Dithart Lesch von Mholen, Hans von Bodenhausen, Ebert von Gudenbergk; Jorgen, Johan, Friderich, Herholt, Cristian von Pappenheim; Henrich von Baumbach und Reinhart von Baumbach, Otto Hundt, Herman Hundt, Hans von Falckenberge; Wilhelm, Hans, Luduwig von Dornberg; Ebert, Friderich, Wilhelm Milcheling gnant Schutspern; Curdt von Derenbach; Wolff, Caspar, Heintz von Breidenbach; Johan der jünger, Ciliacus, Bernhardt, Dieterich von Linsingen; Johan von der Rabenaw, Dam von Hartenbach, Luduwig von Linsingen; Joist, Heintz, Johan, Urban, Reinhart, Johan von Eschwigke; Gilbrecht, Ebert von Radenhusen; Caspar der junger, Henrich Meisenbuch; Philips, Johan, Henrich, Caspar, Herman, Burckhart von Hundelsshausen; Cune von Radenhausen; Henrich, Jurgen von Lutzelwig; Friderich Schnabel; Vulpart, Adolff, Melchar von Schwalbach; Ebert, Johan Monnich von Bussech; Hans, Ditmar, Herman von Lidderbach; Andreas Finck; Wigandt, Johan, Gunthrum, Eckart, Henrich von Gilssen; Bernhardt, Johan, Reinhart, Caspar von Dalwig; Friderich, Johan von Hertingsshausen; George, Erbwein von Rene; Vallentin, George, Ebert von Bischofferode; Philips von Hertingesshausen; Cuntzman, Ebert von Rulsshausen; Wolff, Friderich von Kalenberge; Engelbrecht von Belnchusen, Jost Ratzenbergk, Balthasar Schrautenbach; Philips, George von Urff; Cune, Henrich Reidesell von Bellerssheim; Simon von Mirlaw; Johan, Albrecht, Krengel, Ernst, George, Friderich Diden; Helwig, Christian von Lawerbach; Herman von Ruckersshausen, Johan Reydesel zue Eisenbach, Dam von Ludder; Caspar Reitesell, Gerhart Voyt; Gobert, Otto von Brubach, Philips van Nordecken gnant Brune; Crafft, Ruprecht, Henrich Ruwe von Holtzhausen; Eckart, Luduwig, Hartman von Honfelss; Friderich Ganss, Helffrich Stommel, Philips Monnch; Werner, Henrich Russern von Busseck; Otto, Tolde, Johan, Herman, Wilhelm Wesen von Fuerbach; Johan Wesse von Echtze; Helwig, Rudolff, Philips von Drahe; Curtt, Crafft von Elckersshausen; Luduwig Holtzappel von Voytzberg; Johan, Gerhart, Christian von Wyterssshausen; Johan von Buchsseck; Heintz, Sittig von Eringss-

## 79. Hessische Stände an Landhofmeister und Regenten von Hessen. [Treysa] 1514 Februar 10.

Fordern die Auslieferung des jungen Landgrafen an die Mutter desselben und einen ständischen Ausschuss.

»Die durchlauchte hochgeborne furstin, unser g. frau von Hessen witwe hait hiebevor etlich beswerliche artikel und under anderm einen den durchlauchten hochgepornen fursten irer f. g. hochfruntlichen und einigen son, unsern g. jungen hern ·ldg. Philipssen betreffen, uf gehaltnen lanttage zu Velsberg gegen euch Ludwigen von Boyneburgk und andern euern anhengern clagende vorbringen, auch an unser gst. und g. herrn, di curfursten und fursten zu Sachsen nechst zu Neunburgk gelangen lassen, welche der und andrer sachen halb einen tak als nemlich dunerstags nach Invocavit gein Cassel zu erscheinen angesatzt, und itzt hie zu Treyse ire f. g. abermals meldung davon getan, deshalben wir aus redlichen beweglichen ursachen beratslagt, vor gut angesehen und eintrechtiglich beslossen, denselben unsern g. jungen hern zuschen hie und demselben angesatzten tage bei ... unser g. frauen und in irer f. g. muterlichen und diser geinwertigen unser mitgeschickten frunden iren f. g. deshalb von uns zugeordent und sust nimants anders verwarunge wissen wollen, also das sie bei seinen f. g. zu Cassel bleiben und den bis zum tage daselbst vorwarn. Wan aber di sterbende lauft der pestelenz, als wir glauplich bericht, vor augen[!], so solten sie mit s. f. g. gein Marpurk oder in andre des furstentums flecken zihen und s. f. g. daselbst notorftiklich vorsehen. Davon unser ernstlich meinung und beger, ir wult ... unser g. frauen sampt disen kegenwertigen geschickten zu solcher nottorftigen vorsehunge komen laissen und zu geschen vorschaffen.

---

hausen; Ludowig Guntzerode; Hans, Gunther von Berlipsen; Johan Cluppel von Elckersshausen; Wilhelm, Rabe von Reckerode; Werner von Wallenstein; Caspar, Johan Schlune von Linden; Wilhelm, Hans von Bischusen; Burchart von Cram; Dieterich, Henrich von Schachten; Heintz, Volpart von Dersen; Ludowig, Balthasar Diden; Eckbrecht, Engelbrecht, Bernhardt, Reinhart, Gerhart, Herman von der Malsspurgk; Dieterich Hune von Ellersshausen, Curtt Nodung, Bernhardt von Hebell, Curtt Gropp von Bellerssheim, Melchior von der Dan, Herman Rumppe, Herman Trott, Otto van Kerstlingerode, Walther Fischeborn, Arendt von Uffeln; Johan, Henrich Clued; Ulrich Katzenbis, Heinrich von Holtzheim; Curtt, Wedekint von Uttersshausen; Caspar Schufuss, Wilhelm von Werm; Johan, Joist, Philips von Willingen; Ciliacus von Hebell, Wolff von Herbstadt; Curt, Herman Dreisch; Ebert, Herman von Wutthausen; Hans elter, Hans junger vom Berge; Heimbrot, Curtt, Simon von Beimelbergk; Philips von Schonkorne, Johan von Bredenbach, Arnolts seligen sone, Gerlach von Breidenbach, Gerlachs seligen son.« Von Städten: »Marpurg, Escheweye, Grebenstein, Alndorff auf der Werra, Witzenhausen, Wetter, Treissa, Franckenberg, Bydencapp, Rosenthall, Franckenaw, Zigenhain, Battenberg, Kirchhain, Gronnebergk, Gemunden auf der Ware, Rauschenberg, Burcken, Swartzenborn, Spangenberg, Lichtenaw, Sontra, Rottynberg, Velssberg, Nidenstein, Melsungen, Alendorff auf der Lumb, Gemeine von Hombergk, Gyssen, Inmenhusen, Zirenberch, Hoffgeissmar, Trengelborch, Liebenaw, Homberg vor der hoc, Darmstadt, Zwingenberg, Reinheim, Geraw, Umbstatt.«

Wue aber das von euch geweigert und verhalten, des wir uns zu
euch doch ganz nicht vorsehen und als dan di sachen anders dan
recht mit s. f. g. zu fuhern, es wer mit krankeit oder allem anderm
unrate zufallen, wurden wir verursacht, uns desselbgen unsers
hochsten fleisses und vermogens an euch und dem euern bestehen [!] zu erholen. Des wullen euch wissen zu richten. Geben
fritags nach Appolonie ao. 1514.

Grafen, prelaten, ritterschaft und stete des furstentums zu
Hessen izt ufm lanttage zu Treyse vorsamlet.«[1]

A. Dr., Loc. 8675, Ldg. Phil. Vorm. betr. 1509—24, Kop.

## 80. Landkomtur Dietrich von Cleen an die Wettiner.
Treysa 1514 Februar 11.

Meldet, dass er sein Amt als Mitregent auf dem Landtage zu Treysa
niedergelegt hat.

Die Wettiner »tragen gut wissen, wie ich hiebevor dieselben
zu meher malen schriftlich und personlich ersucht und die grossen
beswerung, so mir in vil wege im mitregentenampt zu Hessen begegent und zugestanden, nach der lenge angetragen und notturftiglich zu erkennen geben, der undertenigen zuversicht und hoffnung,
desselben lasts und geverlichait erlassen zu werden, das sich dan
bishere verweilet. Wan aber ich hiebevor durch ein gemaine lantschaft des furstentumbs zu Hessen zu solchem ampt erwelt und
gesatzt und auf negstgehaltem tag zur Neumburg e. cf. u. f. g.
abermals mit dartun viler ursach lenger in dem bevelh und be-
swerungen nit zu stehen und das ich sunst e. cf. u. f. g. mit aiden
und pflichten nichts verwant sei, verstendigt und vermelt und mir
auch ferner nit gelegen sein will, noch in kainem wege gemaint
bin, lenger in solcher . . . beswerung und mitregentenampt . . . zu
stehen, so hab ich itzt auf gehaltem landtage hie zu Treysa allen
stenden gemainer lantschaft solchs auch mit unterrichtung der ursachen zu erkennen geben und des urlaub gepeten, und so ich dan

[1]) Unter demselben Datum richteten die Stände an den Bürgermeister,
Rat, Zünfte und Gilden von Kassel ein fast gleichlautendes Schreiben (A. W.,
Reg. C p. 110 Nr. 9 Bd. 1, Or.). Hinzugefügt wird die Mahnung, die Bürger-
schaft von Kassel solle in Boyneburg dringen, dass der junge Landgraf der
Obhut der Mutter anvertraut werde. Alsdann kommen die Stände auf das
Fernbleiben der Stadt Kassel von dem Felsberger und Treysaer Landtage
zurück: »Hetten uns auch zu euch ganz nit vorsehen, das ir uber sulche manchfeltige forderung und ermanen euer eide und pflicht ufm Spis hiebevor zu uns
getan zu Velsberg und itzt alhie zu Treyse aussen blieben sein solten. . . .
Doch konnen oder wissen wir es dem gemeinen man und burgern zu Cassel
das nit so ganz und vil zuzumessen als euerm burgermeister Jop Schrendeyssen
und Jorge Nosbickeln, di euch also in dise und vil andere unrichtige wege
geleit haben und noch teglich mit iren anhengern zu leiten understehen. Das
wulten wir euch im besten nit vorhalten, von solchem euern unsinne abzustehen,
euch und euern kindern eins bessern zu bedenken. Dat. Treysa fritags noch
Appolonie ao. 1514.«

e. cf. u. f. g. des gemelten mitregentenampts ichts verpflicht ader
verwant were oder sein sollt, dieselb pflicht und verwantnus will
e. cf. u. f. g. ich hiemit und in craft dits briefs auch auf- und
abegeschrieben ... haben. Dat. Treysa, sampstags nach S. Appolonien ... tag ao. XIV.«[1])

A. W., Reg C p. 110 Nr. 9 Bd. 1, Or.

### 81. Der Ausschuss der hessischen Stände an die Grafen von Isenburg. Treysa 1514 Februar 11.

Verbietet ihnen im Namen der Stände, hessische Einwohner zu be-
fehden oder zu überfallen.

»Die gemein lantschaft des furstentumbs zu Hessen, so itzt
uf gemeinem landtag zu Treysa versamelt gwesen, haben uns
mitsampt andern zugeordenten bevolhen, allenthalben im furstentumb bis zu dem nechstkunftigen landtag ein vleissig ufsehen zu
haben, und so imants einig angriff ader unpilliche widerwertigkeit,
wie die zugehin mocht, zugefugt wurde, alsdan allenthalben glucken-
klank zu machen und mit zutun gemeiner lantschaft, auch allen anhangenden graveschaften und anhengern unser einigung mit dem
ernst darzu zu tun.˙ Nun ist itzt einer gemein lantschaft und versamelung furkomen, wie e. g. im furstentumb strefen, umbreiten
und etlich inwoner ires gefallens strafen und uberfallen laissen
sollen, das man nit lenger zu gedulden gedenkt. Dan wohe e. g.
kegen imant anspruche zu haben vermeinen, denselbigen mit gepurlichem rechten und nit dermaissen zu suchen. Das haben wir
e. g., sich mit iren reutern darnach zu richten, nit verhalten wullen.
Dat. Treisa, sambstags nach Dorothee ao. XIV.

Crafft von Bodenhusen, Heintz von Eschwege, Philips Meysenbuch, Wilhelm von Dorinbergk, Philips Brune, Curt von Dermbach etc.«

A. Mbg., O. W. S. 3, Cpt.

### 82. Landgräfin Anna und die hessischen Stände an Johann, Grafen zu Holstein und zu Schaumburg, Sigmund, Edelherrn zur Lippe, Johann, Grafen zu Rittberg. [Treysa 1514 Februar 11.][2])

Bitte um Beistand wider Boyneburg.

---

[1]) In einem fast gleichlautenden Schreiben (A. W., a. a. O., Or.) giebt
Eitel von Löwenstein unter demselben Datum wie Cleen seine Entlassung »meiner
grossen beschwerung halben, die mir in vil wege im lantmarschalg- und mitregentenampt zu Hessen begegen.«

[2]) Datum fehlt; wahrscheinlich ist das Schreiben noch auf dem Landtage
von Treysa abgefasst worden. Ein Schreiben ähnlichen Inhalts richteten die
Anhänger der jungen Landgräfin am 11. Februar (»Dat. Treisa, sonabent nach
Dorothee ao. XIV«) an die Städte der Grafschaft Waldeck und einzelne Ritter
(A. W., Reg. C p. 110 Nr. 9 Bd. 1, Kop.). — Die Unterschrift lautet: »Graven,
prelaten, ritterschaft und stete des furstentumbs zu Hessen und derselben einung
anhengig, so itzt uf gehaltem landtage zu Treisa versamelt gewest sein.«

Bitten die Grafen, ihnen ihre wohlwollende Gesinnung zu bewahren und nichts auf die Verunglimpfungen Boyneburgs und
seiner Anhänger zu geben, sintemalen sie, die Grafen, und ihre
Ahnen »alwege von alters here alzeit mit den fursten und furstentumb zu Hessen in untertenikeit und gunstiger und guter freuntschaft, nachbarschaft und einikeit« gelebt haben.

Nachschrift: »Auch lieber neve . . ., so begern und bitten
wir, das ir in gereitschaft sitzet, welche zeit wir uch wieder
schreiben, ervordern und bitten, das ir uns zuzichet.«

A. Mbg., O. W. S. 3, Cpt.


**83. Landgräfin Anna und die hessischen Stände an Graf
Philipp IV. von Waldeck. [Treysa 1514 Februar 11.][1]**

Erinnern ihn an die treue Freundschaft seines verstorbenen Vaters
mit der Landgräfin und bitten ihn, seinem Beispiel zu folgen und die Partei
Annas und der Stände zu ergreifen.

»Liber neve, euer vater grave Heinrich von Waldeck sel. . . .
ist in zeit seins lebens unser sonderlicher freunt gewest und hat
unsern herrn und gemahel sel. in seinem leben und tode liep gehabt und uns in unsern gerechten sachen und siner l. sel. testament
getreulich bigestanden und rate und hilf nach seinem besten vermogen geleistet und des grossen schaden empfangen gehabt, das
uns getrulich leit gewesen und dazumale durch uns nit zu wenden
gewest ist.[2] Aber wir sein derselben treu und guttate ingedenk
und wollen der gegen seinen erben und stam, so es zu schulden
kompt, unserm herzfreuntlichen lieben sone, auch andern unsern herrn
und freunden zu rumen . . . numermeher vergessen. Bitten darumb
freuntlich, ir wollet desselben eures vaters fuesstapfen in der gerechtikeit nachvolgen und uch von uns und gemeiner lantschaft in
unsern gerechten sachen und furnemen, die ob gott will uch und
allen und landen und luten zu gute komen sollen, nit abwenden
lassen, sonder bi unserm herzfreuntlichen, lieben sone, uns und gemeiner lantschaft bleiben und uf den angezeigten tagen zu Velsberg
und Cassel bi uns in eigener person erschienen und hilf, rate und bistant
tun. . . . Wir versehen uns auch, der wolgeborne unser lieber neve
grave Philips von Waldeck der mitteler[3] werd, wohe ime ummer
seins vaters halber muglich ist, komen und nit ussen blieben; wan

---

[1] Dat. fehlt; vermutlich ist das Schreiben an demselben Tage abgefasst
d. h. am 11. Februar wie ein Schreiben, das die Stände unter diesem Datum
an die Städte von Waldeck richteten (s. o. S. 201 Anm. 2).

[2] Graf Philipp IV. von Waldeck (1493—1574) war ein Sohn des Stammvaters der älteren Wildunger Linie, Graf Heinrichs VIII. (1465—1513), der in
dem Regentschaftsstreit auf Annas Seite gestanden hatte (s. o. S. 39). Über
seine Fehde mit denen von Urff vgl. L. Varnhagen, Gesch. von Waldeck
Bd. II, 45 f.

[3] Gemeint ist hier der Vetter Graf Heinrichs, Graf Philipp III. (1486—1539),
der Sohn Philipps II., des Stammvaters der älteren Eisenberger Linie.

er uns in unser hant geredt und zugesagt hat, bi unserm lieben
sone, uns und gemeiner lantschaft zu bleiben und libe und gut
darbi zu setzen.«

A. Mbg., O. W. S. 3, Cpt.

## 84. Der Landhofmeister Ludwig von Boyneburg an sächsische Räte.[1]) [Kassel] 1514 Februar 12.

Bittet um Abfertigung zweier sächsischer Räte nach Kassel. Auch
soll der Kaiser von dem hessischen Aufruhr schleunigst benachrichtigt
werden.

»Wan die von Kassell trost wissen, auch etlich stet und der [!]
vom adel, so werden sei hart halten, woe sei aber kein trost befinden,
so wirt schimpf und schaiden vor der tore sein. Wer Kassell und
das slos Martpurgk hait, der hait das ganz lant. Darumb daucht
mich geraiten sein, das mein g. herr hz. Hans zwen seiner ret
und diner mit der il alher gein Cassell hett abgefertiget, das dieselbigen sehen, das sei nicht von iren g. vorlassen wolten werden.
Dan wire werden die furstin zu Kassell nicht zulassen, wire haben
dan ein beschit von mein g. u. gst. hern.« Auch beim Kaiser soll
eilends gehandelt werden, »dieweil die sach alle oberkeit angebet,
daraus Kai. Mt. und allen fursten mit solcher untrau schaiden und
nachteil mocht erwachsen. Das mit mandaten und aicht darin
worde nachgefolgt, wie ire das witer zu bedenken haipt, dan ich
mit solcher il habe tun mogen. . . . Am sontag [nach] Dorate [!] 1514.«

A. W., Reg. C p. 110 Nr. 9 Bd. 1, Or. eigenh.

## 85. Landgräfin Anna und die hessischen Stände an die Stadt Kassel. [Treysa 1514 Mitte Februar.]

Vorwürfe wegen des Ausbleibens der Stadt Kassel auf den Landtagen zu Felsberg und zu Treysa. Stände machen Kassel für die Gesundheit des jungen Landgrafen verantwortlich.

»Wir haben uch hiebevor mcher wan zu einem male zu uns
uf gemeinem landtage gein Velsperg und itzt hier gein Treysa bi
euern eiden und pflichten, so ir uf dem Spies zu uns und wir zu
uch getan, beschrieben, etlich sachen, daran unserm g. herrn ldg.
Philipsen, gemeiner lantschaft und landen und luden merklich und
vil gelegen, helfen zum besten handeln und beratschlagen; aber ir
seit unangesehen eurer eher, eide und pflicht ungehorsamlich ussenblieben. Diewil aber unter andern vor gemeiner lantschaft ein
artikel furgehalten ist . . . unsers g. herrn libs gesuntheit betreffen [!]

---

[1]) Die Namen der Räte sind nicht zu entziffern, da von der Briefaufschrift
nur ein kleines Bruchstück erhalten ist.

und uns die handelung dermassen von uch und andern, die uch
leiden und umbfuren, so wiederspennig ansehen, das sich seiner f. g.
person halber wahrer unrate inzuvallen zu versehen und zu besorgen stehet, darumb ob unrate einfallen wurde — es were in
welcherlei gestalt das wol, es geschee durch zufallende krankheit
ader hinwekfuherung desselben — so wollen wir von gemeiner
lantschaft denselben unsern g. lieben herrn und angebornen landsfursten bi uch von der gemein wiessen und wollen wir uns desselben und alles schadens an uch, euer libe, habe und gutern erholen.
Darnach habt uch zu riechten.«[1])

A. Mbg., M. St. S. 8277, Cpt. von Schrautenbachs Hand.

## 86. Landgräfin Anna und der ständische Ausschuss an die Anhänger der Treysaer Einung. [Felsberg 1514 Mitte[2]) Februar.]

**Mahnen sie zur Wachsamkeit.** Sobald ihnen etwas zustösst, sollen
sie sich an den ständischen Ausschuss zu Felsberg wenden.

»Nachdem uns, die vom usschusse gemeiner lantschaft, fur
gut und retlich angesiecht, das sich in diesen swinden lauften, die
sich itzt allenthalben halten, ein ieder in einung begriefen und
ghorig wol fursehe und die stet, slos und flecken, so in derselben
gemeiner lantschaft einung gehorn, in gute acht gnomen, auch
behutet und verwaret werden, ob ichts gegen iemants furgnomen
wurt oder werden wolt, damit er dan nit uberilet und das man
dan dem oder denselben dester statlicher zu hilf und rettung komen
mogt, so ist unser gnedig und fruntlich beger und bit, das ir den
hochgebornen fursten unserm swager und herzfreuntlichen lieben
sone und g. herrn den fursten zu Hessen, euch selber und uns
allen zu gut ... eur pforten und tore verwaret, in rustung stelt
und eurer sach eigentlich acht nemen, auch niemants frembdes
inlassen und durch niemants erschrecken lassen wollet, und ob uch
ichts anfechten ader sonst furstehen wurd, darin uch gemeiner
lantschaft hilf, rats adir bistants not wurd, es were in welcherlei
gestalt ader sach das wolt, das mogt ir uns hier gein Velsberg
zu erkennen geben, da wir und etlich andere noch vom adel und
steten diese fastnacht und bis zum tage gein Cassell bi einander
blieben und sein und uf eins iglichen ansuchen [uns] gnediglich
und freuntlich erzeigen und getrulich helfen und raten wullen, wie
wir dan unser einung und pflicht nach und deshalb der abeschied
zu Treisa gewesen ist schuldig sein.«

A. Mbg., M. St. S. 8277, Cpt. von Schrautenbachs Hand.

---

[1]) Auch an andere Mitglieder der Landschaft, die die Tage von Felsberg
und Treysa ohne Entschuldigung versäumt hatten, scheint man einen dem obigen
ähnlichen Warnungsbrief gerichtet zu haben, in dem man sie »abermals zum
dritten male und zum uberflusse« an die auf dem Spiess geleisteten Eide mahnt.
Im Marburger Archiv findet sich a. a. O. nur ein Concept, auf dem die Namen
der Adressaten nicht angegeben sind.

[2]) Dat. fehlt; vermutlich ist das Schreiben bald nach dem Landtage zu
Treysa abgefasst worden.

## 87. Bürgermeister, Rat, Zünfte und Gemeinde der Stadt Kassel an die hessischen Stände. [Kassel 1514 Mitte Februar.]¹)

Weisen das Ersuchen der hessischen Stände zurück, den Landgrafen der Obhut der Mutter auszuliefern.

Der junge Landgraf ist nicht dem Schutz der Kasseler Gemeinde empfohlen; folglich steht es auch nicht in ihrer Macht, »den hin odir her zu tun; wie solten odir konten wir dan auch siner f. g. halben rede odir antwort geben? Aber dannoch ... han wir mit dem regiment, die hie sein, darvon geret; die geben uns antwort²) ..., das sie den fursten noch zur zeit nit von sich zu lassen gedenken.« Sie versprechen, sich treu zu halten der am Spiess aufgerichteten Einung gemäss, »der ungezwifelten zuversicht, ir werdet des auch also gesetigt sein und uns weiter nit belestigen.«

A. W., Reg. C p. 110 Nr. 9 Bd. 1, Kop.

## 88. Sittich von Berlepsch, Amtmann zu Salza, an Herzog Georg von Sachsen. [Treysa] 1514 Februar 15.

Berichtet über die Vorgänge auf dem Landtage zu Treysa. Stände haben beschlossen, den Landtag zu Kassel zu besuchen, um Boyneburgs Verantwortung zu hören. Anfechtung einiger Artikel, die von den Regenten in die Einung von 1509 gebracht worden sind. Schreiben der Stände an das Regiment und die Stadt Kassel. Antwort der Stände auf ein Schreiben des Abtes von Fulda.

»Gnediger furst und herr, e. f. g. bevel nach bin ich uf gehaltenem landtage zu Treysa, der funf tage gewert, gwest, di handelung allenthalben angehort, und ist allerlei materia, di bisher vorborgen gwest, vorkomen, doch dobin beslossen, das der tak, so von e. f. g. vettern und bruder, auch e. f. g. reten uf dornstag nach dem sontage Invocavit gein Cassel zu besuchen angesatzt, wi der lantschaft gesanten zu Neumburg abschiet entpfangen, mein g. frau und gmeine lantschaft hsuchen wollen. Wo sich alsdan Ludewig von Boyneburg sampt seim anhange vorgetragener clage gnugsam zu vorantworten wissen, werden mein g. frau und di lantschaft anhoren und gerne geschen lassen, wu aber nit, ist man vorhoffens,

¹) Das Datum fehlt; es lässt sich ungefähr erschliessen aus dem in der folgenden Fussnote mitgeteilten Schreiben der Regenten an die Stadt Kassel, das vom 14. Februar 1514 datiert ist.
²) Das Antwortschreiben der Regenten legten die Kasseler ihrem Schreiben an die hessischen Stände bei. Die Regenten führen dort aus, dass sie den jungen Landgrafen ohne das Geheiss der Wettiner nicht ausliefern könnten. Sie behaupten, dass sie der Landgräfin den Vertrag zu Marburg gehalten haben und dieselbe nach diesem Vertrag »zu ider zeit ... on alle hinderung« zu ihrem Sohne gelassen, »ouch iren f. g. geburend zucht und ere bewiesen« haben. Die Landgräfin soll sich bis zum Tage von Kassel gedulden, wo die Herzöge von Sachsen darüber entscheiden werden, ob ihrem Ersuchen stattgegeben werden kann oder nicht. »Dat. Cassel, dinstags nach Appolonie virg. ao. XIV.«

ire f. g. allenthalp werden dermas in handel sehen, das meim g. jungen
hern von Hessen kein schade ader nachteil und gmeiner lantschaft
nit kunftige beswerung ader ungnade dovone erwachse, diweil in
disem durch si kein guts nach eigener nutz, sunder alleine des
fursten nutz, wolfart und gmeiner lantschaft ere iren trauen und
pflichten nach gesucht wirdet, wi dan di ordenung, so ufgericht
wirdet, mit sich bringet. Es sint in der einung, so di regenten
der abrede nach am Spis geschen aufgericht, zwen artikel under
anderm vormelt lauts einer copein do vorlesen, der gmeine lantschaft nicht gestendig nach darin gehellen wollen in keine weise.
Sunderlich spricht der erste: das bei zeit unsers g. herrn ldg.
Wilhelms des letztvorstorben . . . keinem ni vorhor nach rechtens
widerfaren mogen. Denselbigen artikel hat Conrat von Walde[n]-
stein vor gemeiner lantschaft mit vleis widerfochten und gesaget,
ab wol sein 'f. g. im ungnedig gwest, moge dach mit warheit
nimants sagen, das sein f. g. imants rechtlos gelassen het. Der
ander artikel sagt, das hochgedachter furst . . . in seiner drijerigen
lagerhaftigen krangheit von etlichen des furstentumps abgunstigen
dobin gereizt sei worden, Frieslande umb grosswichtige mergliche
sume gold dem furstentum Hessen zu merglichem nachteil und
schaden zu keufen. Denselben artikel hab ich als e. f. g. diner,
meins vorsehens nicht unbilch, vor gmeiner lantschaft uffentlich
vorfochten und gesaget, abwol e. f. g. zu disem nicht namhaft angezeigt werde, sei dach gut abezunemen, das e. f. g. damit moge
gmeint werden, diweil von vilen vor diser zeit geret sei, als ab
e. f. g. hochgedachtem m. g. h. . . . dahin, di Frieslanden zu keufen,
solten haben bewegen lassen. . . . Es ist auch dem regiment und
stadt Cassel lauts beiligenden copeien von gmeiner lantschaft geschriben, di ich e. f. g. sampt den andern artikeln aus undertenikeit nit hab vorhalten wollen.[1]) Der apt von Fulda hat an
gmeine lantschaft auf dem landtage zu Treyse geschriben, wes er
sich zu inen des stifts Hersfelde halben vorsehen solte. Daruf ist antwort gehen, wu unserm g. jungen herrn von Hessen der stift
Hersfellt durch ine wi von alters her unentzogen blibe, wern si
seinen g. willig zu sein gelibt, wu aber das nit, wusten si im
keinerlei gutes zu erzeigen, durft sich auch guten[!] zu inen nit vorsehen; und eher im dise antwort zukomen, hat er zwene tage zu-

---

[1]) Die beiden Schreiben der hessischen Stände an die Regenten und die
Stadt Kassel sind oben unter Nr. 79 und Nr. 85 wiedergegeben. Zu den Ab-
schriften fügte Berlepsch noch folgende Bemerkungen: »Aufm gehaltenem lantage sind gewest graf Jorg von Kunigstein mit volmacht seins brudern graf
Eberhartes und grafen Bernharten von Solms. Di drei grafen von Waldeck
haben sich merglicher zugefallener ursach halben irs ausenbliebens schriftlich
und muntlich entschuldigen laissen, mit erbietunge, was von gemeiner lantschaft
daselbst unserm g. j[ungen] hern zu gut und gemeiner lantschaft zu ern beslossen wirde, woln sie mit leibe und gut helfen hanthaben. Es sint dagewest etlich prelaten, bei 200 von der ritterschaft und 40 stet, haben daselbst
gehabt bei 600 pferden und ein ider uf sein eigen kosten. Den von Cassel ist
etliche mal geschr[ieben] worden. Es sint ine aber di schrift und sunderlich
der gemeinde nit vorkomen, sundern durchs regment und den burgermeister
undergeslagen worden.«

vor Friderich von Gortz, seinen vitztum zur Eyche und Aula, des reichs fenlein aufsteken lassen, was dovon lustiges ader guts entstehen will, stet zu bedenken.[1] ... Geschriben eilend mitwochs nach Valentini ao. 1514.«

Nachschrift: »Ich hett vil mit e. f. g. von disen sachen zu reden, das sich uber lant nit will schreiben lassen; aber will got, gedenk ich mich ufs ilendst vor dem angesatzten tage zu e. f. g. obermarschalk zu fugen, ime dovon unterricht zu tun.«

A. Dr., Loc. 8675, Ldg. Phil. Vorm. betr. 1509—24, Or.

## 89. Die Regenten von Hessen an die Wettiner. Kassel 1514 Februar 15.

Die Bürger von Kassel werden ohne Geheiss der Wettiner vor dem Landtagstermin die Landgräfin-Witwe und ihre Anhänger nicht in die Stadt lassen. Machenschaften von Annas Parteigängern: sie suchen den gemeinen Mann gegen das Regiment aufzuhetzen. Ihr Verfahren in Homberg. Die früheren Mitregenten Cleen und Löwenstein halten es jetzt offen mit den Aufrührern.

Die Anhänger der Landgräfin-Witwe haben an Zünfte und Gemeinde von Kassel, den Rat ausgenommen, ein Schreiben[2] gerichtet, »darus gefolgt, das eine grosse ufrur alhie zu Cassel entstanden, wue nicht mit vleis und sonderlicher fursehunge ... solchs abgewant were. Aber die von Cassel, rat, zunfte und die ganze gemeine bis uf den allergeringsten sein bei einander gewest und hain sich ˙eindrechtig vereinigt, unser g. fraue, die witwe von Hessen, oder nimants wider e. cf. u. f. g. ... oder uns anstat e. cf. u. f. g. vor dem tage, den e. cf. u. f. g. alher gezielt, einzelassen, sonder bei e. cf. u. f. g., unser g. hern, die fursten zu Hessen, und uns ire leib und gut zu setzen, inmassen sie uns heut zugesagt. Aber wir betten uns genzlich begeben, wir musten im slos des schimpfs warten, bis das e. cf. u. f. g. uns gerettet hetten, hoffen aber nue, es sol kein not haben. Dan viel vom adel und steten, die zu Treise erschienen, haben in ire anslege nicht willigen wullen. Aber wir wissen und befinden, das die furstin mit irem anhange keins underlassen, darin nichts angesehen, wilchs zu ufrur und widerwertigkeit dienet, anzeregen. ... Dat. Cassel, mitwochs nach Valentini ao. XIV.«

Nachschrift: »Und damit e. cf. u. f. g. spoeren, das alle die wege, die zu uneinigkeit dienen, gebraucht werden, so ist der brief an zunfte und gemeine heimlich ankomen, also das vor aller handelunge ein gemeine versamelunge von den zunften gehalten und darnach uns dem regiment und dem rat zu Cassel fast gleich der gemeine brief geschrieben, alles der meinonge, erst den ge-

---

[1] S. Rommel III, 237.
[2] Gemeint ist das Schreiben vom 10. Februar 1514, das oben S. 200 Anm. 1 teilweise wiedergegeben ist.

meinen haufen an sich zu ziehen, ob nicht eben vom rat zu Cassel
und uns in ire furgeben gegangen, das sie die gemeine bei inen
betten. . . . In diser stunde hat uns angelangt und ist die warheit,
wiewol die von Hombergk in Hessen rat und gemeine eindrechtig
mit den von Cassel und andern steten beslossen, das sie den gehalten tak zu Treise nicht besuchen wulten, so sein doch etlich
huben, die hievor auch viel unrats in Hombergk zu wege bracht,
dahin gein Treise wider willen des rats gelaufen und mit andern
den eit getan. Nach endunge des tags sein Philips Meisenbogk,
Wilhelm von Dornbergk und Crafft von Bodenhusen gein Hoembergk
zum raete kommen und sich angeben, das sie ire g. frau, die witwe
von Hessen, dahin geschickt habe, inen zu bevelen, das sie gegen
die gemeine und so den tak zu Treise besucht, in ungute nichts
furnemen; dan sie betten mit inen gesworn, und wue sie es daruber
teten, wulten sie und die andern inen anhengig dagegen trachten
und das nicht leiden. Ist aber e. cf. u. f. g. treglich, das die oder
andere in unser g. hern stete oder flecken ziehen und gebot an-
legen, werden e. cf. u. f. g. woil wissen zu bedenken. — E. cf. u.
f. g. wullen wir ferner nicht verhalten, das der comptur zu Marpurgk und Lewenstein der marschalk sich nue ganz von uns getan,
sein nicht mcher bei uns, sonder hangen den haufen an mit vleis,
und was sie wissen, das zu der uneinigkeit tregt, wirt durch sie
angeben und gefordert.«

A. W., Reg. C p. 110 Nr. 9 Bd. 2, Or.


**90. Herzog Johann von Sachsen an die Regenten von Hessen.
Weimar 1514 Februar 15.**

Wird morgen zwei seiner Räte zu den Regenten abfertigen
und gebietet ihnen, keinem der Anhänger der Einung von Treysa
in Kassel Einlass zu gewähren. Dat. Weimar am Mittwoch nach
S. Valentinstag 1514.

A. W., Reg. C p. 110 Nr. 9 Bd. 2, Or.


**91. Ludwig Ort, Rentmeister zu Marburg, an die Regenten
von Hessen. [Marburg] 1514 Februar 15.**

Berichtet, wie er zur Beschwörung der Treysaer Einung gezwungen
worden ist.

Am Dienstag ist er aufs Rathaus gerufen worden, wo er in
grosser Menge den Rat, die Zünfte und die Gemeinde versammelt
fand; auch der »comtur, Philips Brun, Wilhelm von Dornberg und
Cunrat von Dernbach« waren erschienen. »Demnach der comtur
zu mir geredt, der merer teil von den prelaten, graven, ritterschaft
und steten im furstentum Hessen haben eine ainigung und verbruderung aufgericht; dieselbige haben auch di von Marpurg und

andere mehr des merern teils gelobt. Darumb so sei von irer aller wegen di begerung, das ich als ein burger zu Marpurg solche ainigung auch geloben und schweren wolle.« Ort bittet sich Bedenkzeit aus, was ihm abgeschlagen wird. Als er sich dann weigert, der Einung beizutreten, droht man ihm mit dem Verluste seines Bürgerrechts: »dieweil ich ein burger zu Marpurg gesessen were, und nicht tun wolt, als ander burger getan betten, so sagten si mir di burgerschaft auf.« Schliesslich giebt Ort dem Drucke nach und beschwört die Einung. »Dat. mitwoch nach Valentini ao. XIV.«

A. W., Reg. C p. 110 Nr. 9 Bd. 2, Kop.

**92. Landgräfin Anna an die Zünfte und Gemeinde zu Kassel. Rotenburg 1514 Februar 16.**

Wirft ihnen vor, dass sie allein sich von der Landschaft, durch die Regenten dazu verleitet, absondern. Sollte das nur aus Furcht vor der Rache der Regenten geschehen, so bietet Anna den Zünften den thatkräftigen Beistand der Genossen der Treysaer Einung an.

»Lieben getreun, wir werden glaublich bericht, wie ir durch Ludwigen von Boyneburg und etliche der regenten zusambt iren anhengern in vil weg, ains mals mit lieb und gut, das ander mal mit trau [Drohung] angehalten und geraizt werdet, das ir euch von unsers herzfruntlichen lieben sans [!] und gemeiner landschaft sachen und bandlung, di aus erhaischender notturft, seiner l., gemeiner landschaft und euch allen zu eren, nutz, wolfart und aufkomen und aus kainer andern ursach, wie euch villeicht mit der unwarhait furgesagt wird, furgenommen sein, ainer gemeinen landschaft zuwider und euch selbst zu verachtung allain absondern und inen anhengig machen sollet, und wo ir euch irs bevelhs und gefallens nit halten wurdet, das ir hart und ungnedig gestraft und mit frombdem volk uberfurt sollet werden. Nachdem wir nu, als ir wisset, unsers... sons ldg. Philipsen eurs hern muter sein und ungern sehn wolten, das euch oder imants anders seiner l. undertanen ainiche straf ader sonst lait von imants begegen ..., so wellen wir uns gegen euch erboten haben, wo es euch gfallen wil, uns zu erheben und mit ainer geringen anzal volks oder treffentlich, wie euch am besten geliebt, zu euch zu komen und unser leib und gut zu euch setzen, und ob not tet, wellen wir di graven, ritterschaft, stete und ganze gemein landschaft, so sich zu uns und wir zu inen widerumb getan und verpunden haben, vermogen, das sie desgleichen auch ire leib und gut zu euch setzen und euch in allen eurn anfechten getreulich geraten, beholfen und beistendig sein sallen, domit ir vor aller straf und ander last unbeschwert bleiben moget. Darumb wellet euch zu unserm herzfruntlichen lieben son, eurm herren und gemeiner landschaft halten und in kainen weg davon bewegen ader abtrennen lassen.« Sie sollen ihren Entschluss der Landgräfin »bei gegenwertigem brifszaiger furderlich zu verstehn geben. ... Dat. Rotenberg, dornstags nach Valentini ao. XIV.«

A. W., Reg. C p. 110 Nr. 9 Bd. 2, Or.

**93. Georg Nussbicker, Schultheiss zu Kassel, an den Kurfürsten Friedrich von Sachsen. [Kassel] 1514 Februar 16.**

Die Stadt Kassel hat den Treysaer Tag nicht besucht. Die Anhänger der Landgräfin haben Nussbicker deshalb bei den Zünften verdächtigt; er hat sich jedoch zu rechtfertigen gewusst.

Bürgermeister, Rat, Zünfte und Gemeinde von Kassel haben den Tag von Treysa entsprechend dem Befehl der Herzöge von Sachsen nicht besucht. Viele Leute wundern sich darüber, dass Räte und Diener der sächsischen Fürsten »in dem handel zu Velsberg und Treise mit und auch des ersten tags usschreiber geweist sein; dannoch so wirdet e. aller cf. u. f. g. in dem entschuldigt, das e. aller cf. u. f. g. das [!] kein wissens noch gefallens han.« Ein schnelles und scharfes Eingreifen der sächsischen Fürsten ist hoch von Nöten. »Ich werde angeben von den, die zu Treise geweist sein, als solt ich di von Cassel leiten und furen, das sie zu dem tage nit komen weren; sie han solichs an zunfte und gemeinde zu Cassel geschriben,[1] alles der meinuge, mir widerwillen und ungluck zu machen. Aber got hab lob, du der brief uffintlich in biesein aller der ganzen stat inwoner, rats und ganzer gemeinde gelesen wart, du tet ich mein rede daruf, zuch mich des an sie alle: ine wer wissend, wes ich getan und gehandelt bett. Daruf han sie mich entschuldigt, sagten, sie wolten mich unusgezugen haben und ir lichen und guter bie mich setzen. Also sucht man gezenk und unwillen zu machen. Aber ich hoff und bin ungezwifelt, die von Cassel han als from leute getan und sollen mit eren besteen, wan es vor den tag und zu verhorunge kempt.« Er bittet die Herzöge von Sachsen, persönlich auf dem Tage zu erscheinen[2] »und wer noch besser, das e. aller g. gereide hir weren. ... Dat. ilend donnerstags nach Valentini ao. 1514.«

A. W., Reg. C p. 110 Nr. 9 Bd. 2, Or.

**94. Kurfürst Friedrich von Sachsen an seine Räte. Torgau 1514 Februar 16.**

Pfeffinger soll dem Kaiser über die Empörung in Hessen Anzeige machen und um Mandate ersuchen.

Er befiehlt den Räten, von Leipzig aus dem Rat Pfeffinger, der gerade beim Kaiser ist, den Befehl zu erteilen, »das er Kai. Mt. die entborung, so itzt zu Hessen aus verhetzung der landgrefin

---

[1] S. o. S. 200 Anm. 1.
[2] Auch die Regenten ersuchten in einem Schreiben (Kassel, Montag nach Valentini 1514) den Kurf. Friedrich, den Landtag zu Kassel persönlich mit seinem Bruder und seinen Vettern zu besuchen. »Dan es ist eben an dem tage vil gelegen, und e. cf. g. sol keinen zweivel tragen, so e. cf. g. selbst kombt, die sache wirt recht tun und kein noit han.« A. W., a. a. O. Bd. 1., Or.

vorhanden, underteniglich anzeigen und sunderlich dabei vermelden
tot, Kai. Mt. wuste sich sonder zweivel gnediglich zu erinnern,
das unser bruder, vetern und wir hievor als erbvormunder und
curatorn unser ohemen, der landgrafen zu Hessen, darzu ir Kai.
Mt. uns auch gnediglich zugelassen, verordent und bestetigt.«
Trotzdem unterstehe sich jetzt die Landgräfin, den kaiserlichen
Verträgen zuwider Empörung im Lande hervorzurufen. »Und das
Pfeffinger darauf bei Kai. Mt. mandata und was hirzu not er-
langete. ... Dat. Torgau, dornstag Juliane virginis ao. 1514.«

A. W., Reg. C p. 110 Nr. 9 Bd. 2, Or.

**95. Die Regenten von Hessen an die Amtleute Otto Hund,
Burkhard von Cramm, Georg von Pappenheim, Heinrich von
Baumbach. Kassel 1514 Februar 18.**

Befehlen ihnen, die Treysaer Einung aufzukündigen.

Haben gehört, dass sie sich der Treysaer Einung angeschlossen
haben, und befehlen ihnen an, dieselbe aufzuschreiben, da ihr Inhalt
den Eiden und Gelübden zuwiderläuft, die sie den Herzögen von
Sachsen als Vormündern der Landgrafen von Hessen geleistet
haben. »Dat. Cassel, sambstag post Valentini ao. XIV.«

A. W., Reg. C p. 110 Nr. 9 Bd. 2, Cpt.

**96. Philipp Meysenbug an Bürgermeister und Rat der Stadt
Marburg. Felsberg 1514 Februar 18.**

Warnt vor einem Ueberfall durch Boyneburg und bittet um Verbreitung der Nachricht. Massregeln zur Abwehr des Ueberfalls.

»Mich langt glaublich an, wie Ludwig von Boyneburg
und sein anhenger furhaben, frembde lude ins lande zu bringen
und das furstentumb zu uberfallen, das ich dan hie im niedern
furstentumbe minen mitgesellen und freunden vom usschusse vom
adel und steten zu erkennen geben. Ist darumb min gutlich gesinnen und freuntlich bitt, ir wollet solchs von stund an der ritterschaft und steten zu erkennen geben und ine schreiben, das sie
sich rusten und in gereitschaft setzen; welche zeit der glocken-
glanke angeben, das jederman ufs sterkst zuzihe und, so der glocken-
glank bi uch angebet, so wollen wir uch mit macht zuziehen, desgleichen, so er hie bi uns angehet, tut wieder, und nembt allenthalben der sach gut acht; wan ein volk uf den ban sein soll, das
in kurzen tagen komen werde, uf das wir einem ungerechten gewalt und mutwillen zeitlich und vor schaden begegen mugen. Und
bewaret vor allen dingen die stat Marpurg und habt der gut acht.
Wir wollen uf dieser seiten recht zusehen und mit der hilf gotts

uch und uns guten vleis tun. Ich hab auch solchs min mitgesellen an der Loyne, die von gemeiner samlung darzu zum usschusse verordent sein, auch zu erkennen geben, nemlich Wilhelmen von Dhoringberg, Philips Brun und Connradt von Dernnbach, und gebeten, solchs an die ritterschaft und stete zu schrieben und inen solchs zu verkunden und sonderlich auch ine bevolhen, ein vlissig ufsehen uf uch die stet Marpurg zu haben, da unsern g. hern und gemeiner lantschaft gross und vil an gelegen ist. Wollet solchs der stat von Giessen auch zu verstehen geben und ine anzeigen, wie sie sich halten sollen. Das wil ich mich unser bruderlichen einung nach verlassen.[1] ... Dat. Velsberg, am sonabent nach Valentini ao. 1514.«

A. Mbg., O. W. S. 3, Cpt.


**97. Der Ausschuss der hessischen Stände an Hans von Berlepsch den Älteren. Felsberg 1514 Februar 19.**

Soll sofort in Felsberg erscheinen, um hier die Küchenmeisterbestellung zu übernehmen.

»Nachdem wir jungst uf dem tag zu Treysa von gemeiner lantschaft zu usschusse bis zum nechsten landtage verordent und gesatzt sein, so langen uns itzt merkliche beswerung an«, die sie »uber felt« nicht mitteilen können. Sie fordern ihn daher auf, bei seinem Eide sobald als tunlich in Felsberg zu erscheinen. »gerust im harnasch, wie stark dir solchs wol gelehen [!] ist.« Er soll auf keinen Fall ausbleiben, »wan unser g. fraue und wir fur gut angesehen haben, das die kuchenmeisterbestellung und sonst andere usriechtung vor andern uf dich als des sonderlich erfarn und verstendig gestelt ist. ... Dat. Velsperg, am sontag nach Valentini ao. XIV.

Crafft von Bodenhusen, Heintz von Eschwegen und Philips Meysenbuch von der ritterschaft und die stete Eschwegen und Greffensteyn.«

A. Mbg., O. W. S., Allg. polit. Abteil., Or.

---

[1] An demselben Tage richtete Meysenbug an den westfälischen Ritter Friedrich von Brenken .ein Schreiben, in dem er über angebliche Truppenansammlungen bei Höxter Aufschluss erbat. Es lautet: »Ich werde gleublich bericht, wie ein grosse gwerb und versamelung reissigs volks vorhanden sein, die hier ins furstentumb zu kome furhaben und sonderlich von Hugster aus dem ort herkomen sollen. Nachdem nun dasselb unsern g. herrn und gemeiner lantschaft hoch entkegen und uns, unser le[i]b und gut betreffen, so ist ... mein freuntlich bit, ir wullet euch allenthalben solchs warhaftiglich zu erfaren mit gutem vleis, der euch imer moglich bearbeiten, und wohe ir solchs also ader sunst etwas dergleichen waberung, das hier ins furstentumb gelten solt, befinden oder erfahren wurdet, das wullet mir uf mein kosten ilent zuschreiben und mit anzeuge aller gelegenheit, so tag so nacht furderlich zu erkennen geben, damit wir solch furnemen mit notturftiger kegenwere furkomen mogen. ... Dat. Ve[l]schperg, sambstags nach Valentini ao. XIV.« A. Mbg., O. W. S. 3, Cpt.

**98. Regenten von Hessen an die Wettiner. Kassel 1514 Februar 20.**

Berichten über die Vorgänge auf dem Landtage zu Treysa. Anzahl und Verhalten der Teilnehmer. Böses Beispiel, das einzelne Amtleute der Wettiner gegeben haben. Ansetzung eines neuen Landtages zur Vollziehung der Treysaer Einung. Regenten ermahnen die Wettiner zu energischem Vorgehen gegen die Anstifter des Aufruhrs. Hoffen, dass die meisten Mitglieder der Ritterschaft zum Gehorsam zurückgeführt werden können. Bitten um das persönliche Erscheinen der Herzöge von Sachsen.

Sie haben noch nicht in Erfahrung bringen können, wieviele und welche Personen auf dem Tage zu Treysa gewesen sind. »Aber wir werden bericht, das die zal der personen etwas grosser gewest sein soll dan auf dem . . . tag zu Velssperg, doch also viel vom adel sein dahin komen, nicht mit ine zu beschliessen, sonder zu horen, was der handel sei. Etliche haben auch mit beschlossen, sein doch nachmals davon abgestanden. Graf Georg von Konigstein, der unser g. furstin zu Hessen der witwen allezeit anhengig gewest, sonst kein graf ist do erschinen; einer aus den prelaten, nemlich der abt von Heyne ist da erschinen im anfang. Ernachmals ist der von Cappel bedrauet und bezwungen worden, auch dahin zu komen. Der ambtman von Wartburg[1]) ist im anfang do gewest, sich entschuldigt, er sei mit gescheften beladen, darumb er nicht harren konne, solle aber, als wir warhaftig bericht, sich haben horen lassen, was sie handeln werden, solle sein wille nit sein. Der ambtman von Saltza ist auch da gewest und, als offentlicben gesagt wirt, der vleissigisten einer sich im handel erzeigt, dergleichen ist da gewest Heintz von Eschwe. Durch erscheinen genannter dreier personen sollen ir vil bewegt sein, sich in handel zu begeben, die es one das nicht getan; dan diejenigen, die dieser dingen furer sein, wo sie jemand gespurt, der sich schwer gemacht und e. cf. und f. g. furgezogen, mit angebung, das diese handlung e. f. g. zu missfallen reichen wurde, haben sich dagegen horen lassen: wan e. f. g. dieser handel entgegen, betten sie zu bedenken, das e. cf. u. f. g. ambtleut und belehenten sich darin nicht begeben betten. Der tag hat gewert vom montag nach purificationis frue bis auf sonabend darnach [6.—11. Februar], und warauf der besliess ergangen, haben wir allererst am vergangen freitag abschrift zuwegen bracht, welche e. cf. und f. g. wir hierin verwart[2]) underteniklich tun ubersenden, mit vermeldung, das der handel, wie die copei sagt, noch nit verzogen [!] und besigelt, sonder das derhalb ein ander tag angesetzt auf mitwoch nach Invocavit [8. März] gegen Velsberg, zudemmal . . . solle die versigelung gescheen,

---

[1]) Gemeint ist Kaspar von Boyneburg, der wie der gleich unten erwähnte Amtmann von Salza, Sittich von Berlepsch, zugleich hessischer und sächsischer Lehensmann war; wie aus dem folgenden hervorgeht, scheint auch Heinz von Eschwege sächsischer und hessischer Vasall gewesen zu sein.

[2]) Die Beilage fehlt.

weiter gehandelt und beslossen werden, durch wen oder welcher
gestalt von den aus der landschaft der tag, von e. cf. und f. g.
gegen Cassel angesetzt, solle besucht werden, daraus sonder zweifel
e. cf. u. f. g. aus hoher vernuft vermerken . . ., wohin der sachen
furer gemut gerichtet, und ob es unser g. furstin als der muter
unsers g. jungen herrn und den von der ritterschaft als undertanen
unser g. herrn von Hessen und sonderlich one wissen und zulassen
e. cf. u. f. g. als derselben curatoren und vormunder gezimet oder
nicht, und auch ob es denselben e. f. g. leidlich. Auch haben e. f. g.
dabei zu beherzigen, wan dieser ungrundiger, giftiger und be-
trieglicher handel also furgang nemen und desselben furer ungestraft bleiben solten, ob nicht allen curfursten, fursten und oberkeiten daraus kunftiger ungehorsam, schade und nachteil zu forchten,
und wiewol der handel numals erschollen und sich etwas geweitert,
liderlicher und mit weniger muhe vorhin dan jetzund abgelent bett
werden mogen, so wissen wir doch e. cf. u. f. g. nit zu bergen,
das mer personen des adels in der zal, auch nit geringer im ansehen
im furstentum Hessen noch sein, denen dieser handel treulichen
leid und ufs hochst wider, auch der merer teil von denjenigen,
welche die angesatzten tag besucht, wol abzuwenden sein durch
manicherlei weg, davon zu schreiben unschicklich.‹ Wie der ganze
Handel auf dem Tage zu Kassel auf andere Bahn zu richten ist,
wollen sie den sächsischen Fürsten noch mitteilen: Insbesondere
sind die Teilnehmer am Tage zu Treysa daran zu erinnern, dass
die neue Einung den Eiden zuwiderläuft, die sie den Herzögen von
Sachsen geleistet haben, durch welche Ermahnung allein »irer vile
sich abwenden lassen‹ werden. Die Regenten leben der Hoffnung,
dass der ganze Handel noch zu gutem Ende gebracht werden wird.
Sie bitten um das persönliche Erscheinen der sächsischen Fürsten
auf dem Tage zu Kassel, »den gehorsamen von der landschaft zu
Hessen und uns als den personen des regiments, die sich nach
irem vermogen e. cf. und f. g. willens befleissen . . ., zu gnaden. . . .
Mochte es auch sein, bitten wir mit untertenigkeit, e. cf. u. f. g.
wollen zu Cassel nach Invocavit montags oder dinstags und also
vor dem tag zu Cassel und Velsberg einkomen, wolten wir, ob
es e. f. g. gefellig, alle ambtleut und etliche von steten, als auf
den tagen gewest, bescheiden, mochten e. f. g. mit ine handeln
lassen, sie von besuchung des tags zu Velsberg abzuwenden. . . .
Dat. Cassel, montags nach Valentini ao. XIV.‹

A. W., Reg. C p. 110 Nr. 9 Bd. 2, Or.

**99. Der Landhofmeister Ludwig von Boyneburg an die
Ernestiner. [Kassel] 1514 Februar 21.**

Absichten der jungen Landgräfin und ihrer Anhänger. Treue
Haltung der Bürger von Kassel. Schwächung der landesherrlichen Macht
durch die Bestimmungen der Treysaer Einung. B. beantragt die Ein-
ladung brandenburgischer Räte zum Kasseler Tage. Vorübergehende
Wirkung eines Schreibens der Landgräfin und ihrer Parteigänger an die
Zünfte von Kassel.

Auf dem Tage zu Treysa hat Landgräfin Anna »denen von der
lanschaft gelopt und wider gelob[d]e von ine genomen, das es
ein hirt und ein schafstal sein sall, villeicht die meinunk, e. cf. u.
f. g. aus der formundeschaft zu dringen und meinen g. jungen
hern zu der furstin hant zu brengen. Nue habe iren cf. g. u. f. g.
ich am jungsten geschreben,[1] das mich bedunken will, das die
eide, die so leichtlich vorgenomen, wider alle oberkeit sein und
mochten kanftig dem Keiser und allen fursten zu merglichem
nachteil und schaiden wachsen, darin mich bedunk[t], die nottorft
erfordert, in der zeit darkegen zu gedenken. Dan die von Cassell
die halten hart und hoffen uf e. cf. u. f. g. zukanft [!] und gedenken
auch bei iren cf. u. f. g. zu bleiben, woe sei gehanthaipt werden;
dan man bait ine hart zugesatzt, sei haben sich aber nichten wollen
iren lassen. ... Die furstin hait irem son ... ein guten dinst
getan, woe es anders dorch ire cf. u. f. g. nicht vorkomen wirt,
nemlich so haben die furstin sampt den von der lanschaft zu-
samengeaworn und das vorbrift und vorsigelt, das hinfurter von
den fursten, von steten ader gerichten kein steure mere gehaben
sall werde, es willige dan gemeine lanschaft; darzu sall der furst
nicht sein munz aufzurichten habe an ire der gemeinen lanschaft
vorwilligung und sollen alle jare einmal ein lantak ausschreibe
und ruge inbrenge, wie man an den bauregerichten zu tun pfleget
mit andern artigeln, die mir noch vorborgen sein.[2] Damit will
die furstin den gemeinen man an sich cien, iren son ... dadorch
zu erlangen und euer g. los zu werden; ab das kunftig dem furstentum zu hoem und merglichem schaiden kompt, das wirt gare nicht
angesehen, und ist zu besorgen, es mocht kanftig daraus wachsen,
das ein ider frei woll sein wie bei den Eitgenossen. Daucht
mich ..., es solt gut sei[n]«, die Räte der Fürsten von Brandenburg zum Kasseler Tage einzuladen, da sie mit Hessen in Erbeinung stehen und gegen solchen Handel trachten möchten. »Mein
bant mit ganzer il, am dinstag nache Veltinstag ao. 1514.«

Nachschrift: »Als ich disen brif gemacht, so ist ein schrift
von etlicher[!] von der lanschaft unter drei sigeln ausgangen an
zunft und gemein[3] ... und hait der rait und die zunft mit der
gemein gross erbeit gehaipt; dan der handel ist dorch die furstin
und ire anhenger auch dorchstochen, das wire uns ein weil ganz
vorschen, wire musten e. cf. u. f. g. mit unsern g. herrn im sloss
zu Kassell erwart haben. Aber die fromen leut zu Kassell haben
sich so fromlich und erlich gehalten, das sei billich von e. cf. u.
f. g. auch zu mundigen jarn meins g. jungen hern mit gnaden
nimermeher vorgessen. Dan sei wollen e. cf. u. f. g. zukanft erwarten und woln ire leib und guter mitteler zeit bei mein jungen

---

[1] S. das vorhergehende Schreiben der Regenten an die Wettiner
Nr. 98, S. 213 f.
[2] Vgl. die Treysaer Einung Nr. 78 Artikel 6—8, 11.
[3] Gemeint ist wahrscheinlich das drohende Schreiben (s. o. Nr. 85), das
die Landgräfin und die hessischen Stände Mitte Februar (Dat fehlt) an die
Stadt Kassel richteten.

fursten und das regement setzen und sich sust nichts iren lassen,
und stet deshalben der meist glaub izt in disem lande uf den von
Kassell.«

A. W., Reg. C p. 110 Nr. 9 Bd. 2, Or. eigenhändig.

### 100. Die Regenten von Hessen an Rat und Gemeinde von Homberg. Kassel 1514 Februar 21.

Warnen sie, sich der Treysaer Einung anzuschliessen. Kritik der
Einung; sie ist nichtig und ihre Anhänger strafbar. Ermahnung zum
Gehorsam und zur Treue gegen die Landgrafen von Hessen und ihre
Vormünder, die Herzöge von Sachsen.

»Wilcher gestalt ire und andere tage zu Velsperg und Treysa,
von der ... gepornen furstinnen von Meckelnburg lantgrafin zu
Hessen ... und etzlichen in dem furstentumb zu Hessen angesatzt,
zu besuchen bewegt und dahin letzlichen vermocht, das zu Treyse
ein schrift gestelt in schein einer vereinigong, die ire neben anderen
zu besigeln furhaben sollet, sein wir bericht wurden. Wan aber
us derselben gestelten vermeinten voreinigonge, als die gnant wirt,
offintlich und am tage erscheinet, das undertan sich understehin,
ie wider iren naturlichen landsfursten und erbhern gesetz, statut,
recht, vorbuntnus oder wie solchs genant werden mag, zu ordenen
und machen, das den undertan nicht alleine ire pflicht und gelubde,
damit sie iren hern vorwant und zugetan, sonder auch alle geistliche und keiserliche rechte hertlichen und bei sweren strafen und
penen vorbieten und ein jeder vorstendiger woil weis, und ob ers
nicht wuste, von den vorstendigen bericht mak werden, das ordenong
der monz dem fursten us craft der regalien in seinem furstentumb
zustehit, im rechten clair versehen, wan und in wilchen fellen die
undertan iren landsfursten und hern steur, hulf und subsidien zu
reichen und geben verpflicht, das dem landsfursten zueigenet und
geboret, seine landsessen und undertan von allen unpillichen beschwerungen und unrechten zu beschirmen und beschutzen, und
sonderlich das im rechten verboten ist, verbuntnus, conventicula,
coniuration und conspiration wider die obirhant ufzurichten; ob die
ufgerichtet, sein sie nichtig und unbundig; diejenen, als sich darin
begeben, fallen in die strafen, als in etlichen fallen im rechten
fundig und usgedruckt. In sonderheit sein alle handelung nichtig
und unbundig, wilche wider fursten, hern oder andere, die nicht
volkomener vornunft, sonder in verwaltung, oder auch die nicht
volkomener jare und noch in kintheit sein, furgenomen und understanden, sonderlichen wo darzu derselben unvolkommener vernunft
und jare curator, vorsorger und vormunden verwilligung nicht
folget oder erlangt wirdet. Weil dan unleugbar, das alle die vom
furstentumb zu Hessen lehen haben, dergleichen alle ambtleute,
stete im furstentumb Hessen, den fursten zu Hessen zugehorende,
weilent ldg. Wilhelm sel. und lobl. gedechtnus, nehst in got verscheiden und seinen leibslehenserben erbhuldigung getan und ge-

sworn, und der hoichgeporn furste unser g. herre ldg. Philips seiner f. g. soene und leibslehinserbe als des furstentumbs zu Hessen naturlicher und rechter landsfurste und erbherr ist, sein seinen f. g. alle diejenen, die seiner f. g. vater und seinen erben eide und pflicht getan, mit denselben pflichten und eiden noch seins vater absterben verpflichtet blieben. Zudeme ist als helle als die sonne scheint kuntlich und wissen, das alle diejenigen, die lebin entpfangen, darzu alle ambtleute und stete, seinen f. g. zugehorig, seinen f. g. als irem naturlichen landsfursten und unsern gst. und g. hern, den curfursten und fursten zu Sachsen, als unsers g. alten hern curatorn und unsers g. jungen hern formunden sonderliche eide und pflichte getan, wilche sie verstricken, seiner f. g. bests ze suchen und schaden ze warnen und unsern gst. und g. hern von Sachsen gehorsam zu leisten. Ob nuh denselben, die solche gelubde, eide und pflicht getan, zustehit rumelich oder geborlich ubir ire getane pflicht wider vorbot und ordenung der rechte verbuntnus, ordenonge, gesetze und statut, die unsern g. hern· von Hessen als iren naturlichen erbhern und landsfursten, wan [sie] gehalten werden solten, ganz schedelich und nachteilig, ine ire furstliche macht und hocheit thern, geringern, swechen und abbrechen, als das bei einem iglichen manne, wan er sich zu seinem gewissen entsinnen will, wol ze finden und bedrachten, sonderlichen in unvolkomener vernunft und in unmundigen jaren zu machen, ufzurichten und in einen schein, als quemen die zu grossem nutze, das doch im grunde der warheit sich anders heldet. Das haben wir bei uns als dienern, undertan und landsessen unser g. hern von Hessen nicht verstehen mugen und auch von keinem verstendigen bericht konnen werden, gleuben auch nicht, das jemant mit warheit das angeben oder berichten mag, wilchs wir auch von unser g. herrn von Hessen und unser ambt halben tun ermanen, das ire die obingeschrieben ursachen, der vil mehir mochten angezeigt werden, wult bedrachten, euir pflicht, damit ire unsern g. hern und irer f. g. curatorn und formunden verwant, beherzigen, durch unverstant oder ander furgeben euch nicht reissen noch bewegen laissen, in die furgenomen hendel und vermeinte einonge, als sie genant wirt, zu verwillen, sondern bei unsern g. herren von Hessen und irer f. g. curatoren und formunden als treu undertanen veste halten, als ir ane zweifel ze tun werdet geneigt sein.... Dat. Cassel, dinstags nach Juliane virg. ao. XIV.«[1])

A. Mbg., O. W. S. 3, Or. — Abdruck: Beurk. Nachr. von der Kommende Schiffenberg I, Nr. 48.

**101. Der ständische Ausschuss von Oberhessen an Johann von Sanct Nabor, Rentmeister zu Blankenstein. 1514 Februar 21.**

Befiehlt ihm, die Amtsverwandten und Untersassen des Gerichtes Gladenbach zu versammeln.

---

[1]) Landgräfin Anna und »die vom usschusse« suchten die Wirkung des obigen Schreibens der Regenten abzuschwächen durch einen Brief vom Ende

»Guter gunner, von wegen und anstat gemeiner lantschaft des furstentumbs Hessen ist unser ernstliche befele und begere, du wollest morgen mitwochens zu einer uhern noch mittage alle dein amptsverwanten und undersassen des gerichts Gladenbach zu Gladenbach haben, etwas mit dir und denselbigen dein ampts- verwanten guter meinunge zu ridden und zu handeln. Des wollestu dich unsumelich birin beweisen, wollen wir von wegen gemeiner lantschaft genzlich zu dir verlassen. Dat. dinstags nach Valentini ao. XIV.«[1]

A. W., Reg. C p. 110 Nr. 9 Bd. 2, Or.

## 102. Licentiat Heinrich Weitershausen an die Regenten. 1514 Februar 23.

Berichtet, wie die Aehte von Haina und Spiesskappel ihm erzählt haben, dass sie nur gezwungen dem Tage von Treysa angewohnt haben. Drohungen der Landgräfin. Die Aebte sind entschlossen, die Treysaer Einung nicht zu beschwören.

»Nechstvergangen dinstags [Febr. 21] bin ich gein Cappel komen und hab da bi ein[ander] funden beide epte von Heyne und Cappel.«[2] Auf seine Werbung haben sie ihm gesagt, dass »sie eben der sachen halb da bi einander sien, willens, des folgenden mitwochs zu Carthusen[3] zu riten. Da werden die epte von Hasungen und Breidenau und der pater zur Carthus ouch sein und sie mit einander davon reden und handeln, wie und wes sie sich in disem handel halten wullen oder sollen. ... Darnach erzelt, wie sie gezwungenlich zu dem tage und handlung zu Treisa komen sien, durch vil betrauung und schrifte, so an sie gescheen sien, und das sie beide zu Treisa fur beslus der sachen haben wullen ab- ziehen. Da sien die thor fur ine beslossen und ine durch unser g. frau gesagt worden, das sie gedenken und des beslos erwarten ader aber ine sol etwas argers begegen. So si der abt von Heyne

Februar (Dat. fehlt), den sie ihrerseits an die Stadt Homberg richteten (A. Mbg., O. W. S. 3, Cpt.). Hier behaupteten sie, es sei nicht nur nichts wider die hessi- schen Fürsten zu Treysa vorgenommen, sondern geradezu in ihrem Interesse dort gehandelt worden, »wie ir diejenen, so zu Treisa uf dem tag gewest, bort und uf kunftigem landtag, der nechst mitwochens [März 1] hie zu Velsberg sein wirt ..., ferner vernemen sollet.« Sie bitten die Homberger, der Ver- gewaltigung eingedenk zu sein, die die Regenten im Widerspruch mit der Einung am Spiess an ihnen geübt haben.
[1]) Unterzeichnet ist das Schreiben: »Verordente von wegen gemeiner lantschaft, usschoss des oberfurstentumbs Hessen.« Derselbe Ausschuss erliess gleichlautende Schreiben an die Schultheissen zu Lohra und Ebsdorf und wahr- scheinlich noch an eine Reihe anderer Beamten in der Nähe von Marburg. Vermutlich wollten die Ausschussmitglieder die Beamten auf die Treysaer Einung verpflichten.
[2]) Gemeint ist Spiesskappel bei Frielendorf.
[3]) Die im Osten von Felsberg gelegene Karthause Eppenberg hat bis 1527 als solche bestanden. S. Landau, Beschreibung von Hessen, S. 275. — Der Licentiat hatte wohl in seiner Werbung im Auftrage der Regenten und der Wettiner die Äbte von der Treysaer Einung abzumahnen.

zum usschus gewelt und ufgezeichent worden. Er hab aber dasselbig nit annemen wullen, sonder abgeslagen. Ire keiner hab ouch bisnoch oid oder glubd getain, wiewoil Philips Meysenbug und andere nechst zu Cappel gewest und desselbigen vom apte daselbs gesonnen hab; und dahin geslossen, das sie sich zur Carthusen mit den andern prelaten unterreden« wollten. Am folgenden Morgen fordert der Abt von Haina den Licentiaten auf, dass er »ine doch ein schrift begreifen und stellen wulle, wie sie mochten disen handel mit den besten fugen abschreiben, sich davon ziehen und des wider entslagen.« Der Licentiat erfüllt diesen Wunsch. Die Prälaten entschuldigen sich nach dem Rat Weitershausens, dass sie die Treysaer Einung nicht beschwören könnten, da der Inhalt derselben nach der Meinung der Regenten und der Herzöge von Sachsen dem Wohle des Landesfürsten zuwiderlaufe; »zudem das sie geistlich person sien, den mehir gebur, gots dienst anzuhangen, dan sich in die bendel zu stossen, darus unwill, ufrur und allerl[e]i unrait erwachsen mocht. ... Dat. dornstags am ahint Mathie ao. XIV.«

A. W., Reg. C p. 110 Nr. 9 Bd. 2, Or.

**103. Der Regent Hermann Schenk zu Schweinsberg an den Landhofmeister Ludwig von Boyneburg. Marburg 1514 Februar 23.**

Berichtet über die Besorgnis der Marburger und Giessener vor einem feindlichen Ueberfall. Es gelingt ihm mit vieler Mühe die Bürger zu beruhigen.

Wilhelm von Dörnberg, Konrad von Dernbach, Philipp Breitruck, Johann von St. Nabor gen. Dörnburg, Johann Conradi und zwei von Giessen sind zu Schenk vors Marburger Schloss gekommen und häben gemeldet, dass »inen eine warnunge uber die ander zukomme, der meinunge, es solt ein grosser zeuk furhanden sein, das sie sich darumb wol fursehen wolten.[1]) Dieweil sie aber nue nicht wusten, wohin sich solcher gezeuk, ob er uf den beinen were, keren wolt, und sie sich uberfals besorgten, dieweil di von Martpurgk die einigung neben andern gelobt ..., so bitten sie inen sicherunge des uberfals halben zuzesagen, herwiderumb wolten sie sich auch verpflichten, als hoche ich von inen haben wolt, das sie gein dem slos, desgleichen dem regiment und den iren nichts mit der tat furnemen wullen.« Schenk sucht sie wegen ihrer Besorgnis zu beruhigen mit der Versicherung, ihm sei von einem solchen geplanten Überfall nichts bekannt. Mit diesem Bescheide

---

[1]) In einem Schreiben vom 24. Februar (Freitag Matthie) meldete Hans von Eschwege den Regenten aus Ziegenhain, dass Anna und der ständische Ausschuss in die Städte jener Gegend Schriften ausgehen liessen, in denen sie anzeigten, dass Marburg in nächster Zeit überfallen werden sollte. Auf Grund der zu Treysa beschworenen Einung forderten Annas Parteigänger von Treysa und Ziegenhain rasche Hilfeleistung, worauf die von Treysa 100 Mann, die von Ziegenhain 12 oder 14 Mann nach Marburg gesandt hätten. A. W., Reg. C p. 110 Nr. 9 Bd. 2, Or.

begeben sich die Abgeordneten zur Gemeinde, kehren aber bald
wieder mit der Meldung, »inen habe itzo abermals ein reitender
bot warnunge bracht, das 600 umb Hotzfelt herkommen sollen.«
Schenk bleibt bei seiner früheren Versicherung. Trotzdem kommen
die Ritter und der Bürgermeister am Donnerstag morgen wieder
zu ihm und bitten nochmals »umb vertrostunge.« Schliesslich weiss
Schenk sie zufrieden zu stellen, worauf sie »darauf die von Wetter,
Giessen und ander vam lantvolk, des sie dan ein merkliche mennige
bereit bei einander hatten, auch mehr warten waren, domit sie
sich allein fur uberfall, des sie sich besorgten, ufhalten mochten,
widerumb heimziehen lassen.[1] . . . Dat. Martpurgk, am donrstag
nach Petri ad cathedra ao. XIV.«

A. W., Reg. C p. 110 Nr. 9 Bd. 2, Or.


**104. Die Regenten von Hessen an den Präceptor der Antoniter
zu Grünberg.   Kassel 1514 Februar 25.**

Melden ihm als einem, der sich nicht dazu hat verleiten
lassen, die Tage von Felsberg und Treysa zu besuchen, dass »die
prelaten, so villeicht hievor die gemelten tage besoicht odir beschickt, beschlossen han, den konftigen tag zu Velsperg nicht zu
ersoichen, sich ouch der handelong, so uf allen tagen furgenommen,
genzlich zu entschlagen.[2] . . . Dat. Cassell, sonnabent nach kathedra
Petri ao. XIV.«

A. W., Reg. C p. 110 Nr. 9 Bd. 2, Cpt.


**105. Die Regenten von Hessen an die Gemeinde von Hom-
berg.[3]   Kassel 1514 Februar 26.**

Ermahnung zum Gehorsam gegen den Landesherrn und den Rat
der Stadt Homberg. Warnung vor den Artikeln der Treysaer Einung.
Regenten haben nicht vor, die Bürger zu überfallen.

»Wir gehen euch als undertanen unser g. hern von Hessen
guter meinong zu erkennen, das wirs davor halten, wiewoil ir von

---

[1] Am 23. Februar richteten die Regenten an Bürgermeister, Rat und
Gemeinde von Marburg ein Schreiben, in dem sie die Bürger ermahnten, sich
nicht durch Übelwollende verhetzen zu lassen. An dem Gerüchte, dass die
Herzöge von Sachsen oder die Regenten sie mit Gewalt zu überziehen gedäch-
ten, ist kein Wort wahr. »Dan wir haben des keinen bevel, seins ouch vor
uns selbst nicht geneigt; dan es were uns vor manchen redlichen, erlichen und
frommen biderman under euch leit. . . . Dat. Cassel, donnerstags nach cathedra
Petri ao. XIV.«  A. W., a. a. O., Cpt.
[2] Über diesen Beschluss der Prälaten vgl. das Schreiben des Licentiaten
Weitershausen an die Regenten vom 23. Februar Nr. 102 S. 218f.
[3] Nach einem Concept im Weimarer Archiv (Reg. C p. 110 Nr. 9 Bd. 2)
geht am Tage vorher, Samstag nach Matthie, ein gleichlautendes Schreiben an
die Stadt Grünberg ab.

der gemeine zu Treyse neben andern aus der ritterschaft und steten gewest, alda etliche artikel abgeret sein sollen, williche villicht ir mit andern vorhaben solt zu beschliessen und besiegeln, das gleichwoil und ungeachtet derselben artikeln euer und aller ader ieder mehrenteils derjenigen, die uf solchem tag erschienen, wille, gemut, noch meinong nicht gewest, noch sei, in etwas euch zu verbunden [!], das unsern g. hern von Hessen als unsern und euern naturlichen landsfursten zu schaden oder nochteil reichet, sonderlich euch von dem gehorsam irer f. g. zu ziehen und wenden. Demnach wondert uns sehir hoichlich, das ire dasjenige, als zu Treysa gehandelt, euch nit setigen laist, sonder euch dahin bewegen, wider euirn rait zu handeln. Ob abir das alles euch der gemein und andern als den undertanen unser g. hern zustehin kan oder mag, were pillich weiter bedacht. Dan wo die artikel, zu Trese beredt, bestehen und volnzogen werden solten, so musten ir euch dannoch als getreue undertane gegen unser g. hern halten. Derhalben von wegen unser g. hern zu Hessen, derselben curator[en] und formunden wir begern, das ir von der gemeine dise dinge alle weiter und bass dan bisher gescheen in bedenken nemen wullet, nicht understehen, das ze tun oder vorzunemen, das unsern g. hern nochteilig, beswerlich und unleidlich, euch auch als undertanen unrumlich. Und wo man euch vorbildet, das wir vorhaben sollen, euch zu uberfallen, des gleubt nicht. Dan wir haben des von unsern gst. und g. hern curfursten und fursten zu Sachsen ... kein bevelh, so sein wirs auch vor unser persoen nach zur zeit nicht geneigt. Hoffen, es werde nicht noit sein, sondern wartet euir narunge ane furcht, haltet euch als treue undertanen und besuchet den angesatzten tag zu Cassell. ... Dat. Cassell, am sontage Estomihi ao. XIV.‹

A. Mbg., O. W. S. 3, Or.

## 106. Die Amtsverwandten[1]) zu Giessen an die Regenten. Giessen 1514 Februar 27.

Klage über die aufrührerische Haltung des Rates von Giessen. Bedrohung des Schlosses.

Beschweren sich über das aufrührerische Verhalten von Bürgermeister und Rat zu Giessen, die das Gerücht ins Volk sprengen, dass auf dem Tage zu Treysa das alte Regiment abgesetzt und ein neues erwählt sei, dass die Herzöge von Sachsen im Fürstentum zu Hessen nichts zu suchen noch zu schaffen hätten. ›Man sal ir regenten auch nicht achten ader ire geboit und vorboit, besundern in irer lantschaft bliben; dan die lantschaft habe

---

[1]) Unterzeichnet ist das Schreiben: ›Jost Bylstein, schultheis, Johann Hornigk, kelner, Sywert Nuverait [?], lantknecht, Hubenhen, waltforster, alle zu Gyssen des ampts verwanten.‹

die hern von Heissen zu vorwaren, regenten und amptknecht zu
satzen und zu entsatzen und alsbalde uffentlichen in der stait Gyssen
mit geboit und vorboit das volk in ganze rustunge zusamen ver-
rufen laissen und geigen Marpurgk wider unser hern von Saschen [!]
zu zihen, und sageiten [!], unser hern von Saschssen kemen mit einem
grossen volke, wulten die von Marpurgk strofen, daten mit unge-
stomigen, smelichen, leisterlichen worten und werken nicht anders,
dan als wulten sie unser gst. u. g. hern von Sachssen sampt dem
ganzen regement usser dem lande tringen und vertriben. ... Und
sunderlicher uf nest vorgangen sontag nach cathedra Petri [Februar 26]
haben burgermeister und rait der stait Gyssen junker Conrait Elker-
bussen als ein haubtman ufgeworfen und das lantfolk mit ime geigen
Gyssen von wegen unsrer g. hern verboit und mit ganzer macht
in aller rustunge mit schlangen und andere boissen, auch alle ire
geverde us der stait hinder das schloisse ins felt uf einen platze
gezogen, als ob sie das schlosse wulten stormen und schischen.«
Sie haben auch die Drohung ausgestossen, dass sie das Schloss
demnächst einnehmen wollen, so dass die Besatzung ihres Lebens
nicht sicher ist. »Dat. Gyssen, montags nach cathedra Petri,
a. 1514.«

A. W., Reg. C p. 110 Nr. 9 Bd. 2, Or.

### 107. Landgräfin Anna und der ständische Ausschuss an die hessischen Stände. [Felsberg 1514 März 1.][1]

Einladung zum Landtage zu Felsberg.

»Uns haben etlich beswerlich sachen angelangt, daran landen
und luden merklich gelegen, deshalb wir uns hier gein Velsberg
zu einander beschrieben, da wir diese vastennacht [28. Februar]
und bis zu kunftigem landtag zu ble[i]ben gedenken, und aber dieselben zugefallen sachen gross und teglichs noch grosser zufallen
und eins witern rats noturftig sin, so ervordern wir uch hiemit bi
den eiden und pflichten zu gemeiner lantschaft getan mit gnediger
und freuntlicher beger und bitt, ir wollet uch angesicht dis brieves

---

[1] Das Schreiben ist ohne Datum. Dasselbe ist höchst wahrscheinlich
gleichzeitig mit dem folgenden wichtigen Briefe ausgegangen, den Anna an den
Erbmarschall Hermann Riedesel am 1. März 1514 richtete. Sie fordert ihn auf,
am nächsten Montag Abend [März 6] »hie zu Velschpergk bei uns und andern
von gemeiner lantschaft zum usschus verordent, die wir allenthalben zusampt
etlichen von den stenden den trefflichsten auch uf gemelte zeit inzukomen beschrieben haben, erscheinen und unser und gemeiner lantschaft sachen, wie die
hinfurter uf den volgenden tagen zu Velschperg und Cassel allenthalben verhandelt und volnzogen sollen werden, und sunst alles, was die notturft erfurdert, zum besten helfen beratschlagen und in ansehung der gelegenheit alsdan nit lenger uspleiben. Dan die sachen weitern verzug nit leiden mogen.
Das wullen wir uns dem abscheide och zu Treisa gegeben zu euch genzlich
versehen. ... Dat. Velschpergk, quarta post Estomihi.« A. Mbg., O. W.
S. 3, Cpt.

und ufs furderlichst erheben und zu uns hier gein Velsperg fugen und gemeiner lantschaft sachen und noturft zum besten helfen beratschlagen und handeln, wan wir etliche andere vom adel und steten auch darzu beschrieben haben.«[1])

A. Mbg., M. St. S. 8277, Cpt. von Schrautenbachs Hand.

### 108. Der ständische Ausschuss an die Grafen Eberhard von Königstein und Bernhard von Solms. [Felsberg 1514 März 1.][2])

Einladung zum Landtage zu Felsberg.

»Ir seit ungezwivelt von eurer geschickten potschaft, so ir jungst uf gehaltem landtage zu Treyse gehabt, gnugsam bericht, das daselbst der abescheide gewest und eintrechtiglich verlassen sei, das ein anderer landtage albie zu Velsperg uf mitwoch nach Invocavit [März 8] schirstkomend gehalten und von demselben der tag zu Cassell, von den curfursten und fursten von Sachsen usgesatzt, besucht sall werden. Demnach und zu guter erinnerung bitten wir uch freuntlich und unterteniglich, ir wollet zu . . . angezeiger zeit und malstat bi uns und gemeiner lantschaft zu Velsperg und Cassel in eigner person erscheinen und in gemeiner lantschaft obliegenden sachen unserm herzfreuntlichen lieben soene und g. herrn, uch und ganzer gemeiner lantschaft zu gut, uns und derselben lantschaft bistendig geraten und beholfen sein und uns diese unser gutliche und untertenige bete nit abeschlagen, noch ussen blieben.«

A. Mbg., O. W. S. 3, Cpt.

### 109. Ratschlag der Regenten an die Wettiner, wie auf dem Landtag zu Kassel die Verhandlungen zu leiten sind. [Kassel 1514 Anfang März.][3])

Regenten wollen sich gegenüber den Beschwerden verantworten, die die Landgräfin und die Stände gegen sie erhoben haben. Dann sollen die Wettiner die Anstifter des Aufruhrs zur Verantwortung ziehen, insbesondere die Amtleute, und sie zum Verzicht auf die Treysaer Einung bewegen. Denn diese Einung thue dem Interesse der hessischen Fürsten Abbruch 1. durch die Bestimmung, dass der Landesherr keine Steuern erheben, 2. keine Münzveränderung vornehmen, 3. keinen Krieg anfangen

---

[1]) Unterzeichnet ist das Schreiben: »[Der] lantschaft verordente: lantcomptur, Hermann Riettesell, Waldenstein, Wilhelm von Dhoringenberg, Marpurg.«
[2]) Das Datum fehlt; wahrscheinlich ist das Schreiben wie das vorige (Nr. 107) am 1. März ausgegangen. Eine ähnliche Aufforderung richteten die Stände an die Grafen zu Wittgenstein und den Grafen von der Lippe »mit ermanung der pflichten und eide, so ir zu gemeiner lantschaft und dieselb wieder zu uch getan.« Am Mittwoch sollen sie zu Felsberg erscheinen, um Donnerstag mit den Ständen nach Kassel zu ziehen. (A. Mbg., a. a. O., Cpt, ohne Dat.)
[3]) Das Schriftstück trägt kein Datum; wahrscheinlich ist es in den ersten Tagen des März kurze Zeit vor dem Beginn der Kasseler Tagung von den Regenten entworfen worden. Vgl. Anna von Hessen S. 163 f.

dürfe ohne Zustimmung der Stände. 4. Auch haben die Unterthanen dem
Landesherrn bezüglich seiner Beamten keine Vorschrift zu machen. 5. Es
ist für den Landesherrn unthunlich, vor vielen Personen Rechnung zu
legen. 6. Bedenken gegen alljährliche Ständeversammlungen und den Anspruch der Landschaft, ihren Mitgliedern selbst zur Erlangung des Rechts
zu verhelfen. Aus allen diesen Gründen sehen sich die Wettiner als Vormünder zur Aufhebung der Treysaer Einung veranlasst. Würden die auf
dem Kasseler Tage anwesenden Mitglieder der Stände sich nicht gutwillig
darein finden, so sollen die Wettiner die ganze Landschaft zu einer Tagung
an den Spiess bescheiden.

Regenten wünschen, sich bezüglich der Beschwerden, welche
die Landgräfin-Witwe und die Stände gegen sie zu Felsberg und
Naumburg vorgebracht haben, vor den sächsischen Fürsten und
im Beisein der gemeinen Landschaft zu verantworten. •Hiernach
mochten e. cf. u. f. g. dem ausschreiben nach, als zu Naumburg von
e. f. g. ausgangen, fragen lassen, ob jemant aus den prelaten,
grafen, ritterschaft, steten, burgern ader bauern uns samptlich
ader sunderlich zu beschulden bette, das des ader der[en] clagen
dan gehort und unser antwurt dorauf vornomen ... wurde. Bedechten aber e. cf. u. f. g., das bequemer und schicklicher sein
sulte, dise clagen bis nach endunge der hendel, als hiernach
volgen, daran unsern g. herrn von Hessen, dem gemeinen furstentuem und auch e. cf. u. f. g. vil und gros und warlichen unsers
bedenken steigen ader fallen des furstentuems gelegen, aufzuhalten und vorziehen, das mochten e. f. g. auch tuen.« Zunächst
sollen die sächsischen Fürsten die Anstifter des letzten Aufruhrs
zur Verantwortung ziehen und sie »mit guete und gnediklichen«
fragen, »was alle diser vorgenomen hendel die ursachen und bewegnus gewesen weren und sunderlichen von den amptleuten zu
boren, wie in suliche handelunge geziemet und bette geburen
mogen.« Würde dann auf die Klagen der jungen Landgräfin und
vieler Einwohner des Fürstentums wider die Regenten hingewiesen
werden und behauptet, »derhalben weren suliche tage vorgenomen
und sunderlichen nach vormogen der einunge am Spies aufgerichtet«,
so wäre darauf zu erwidern, dass man sich zunächst an die Obervormünder hätte wenden und sie um Abstellung der Gebrechen
bitten müssen: »demnach an not gewest, suliche vorsamplunge furzunemen und sunderlichen nach vormoge der einunge am Spies...,
weliche, woe sie recht und gnug angesehen wirt, sich zu disen
fellen nicht erstrecket. ... Und ob felle vorhanden gewest, die ich
auf die voreinunge am Spiesse teiten erstrecken, bette ine gleisch-
wol nicht geziemet, sich in artikel zu begeben, die unsern g. her n
von Hessen als unsern naturlichen landesfursten schedelich, na⊥ch-
teilig und unleidelich, als derer vil und vast alle in der angeben
einunge [von Treysa], wan die wol und recht besehen ..., befunden
werden. Weil aber dem vortrauen nach, als e. cf. u. f. g. zu in
allen und einem jeden trugen, e. f. g. es davor halten ..., das irer
keins als der trauen undertan unser g. herrn von Hessen wille,
meinunge ader gemuete nicht were, das irer einer ader meher
wolten ader gern erfuren, das unsern g. herrn von Hessen ichts

sulte entzogen ader durch ein ader meher aus ine ichts zuwider ader entkeigen gehandelt werden, als den im anfange der
gedachten einunge ein artikel das claer saget, sulte von in zu
begeren sein, das sie von sulicher voreinunge ... abestehen wolten,
alle beschwernis, die sie zu haben vormeinten, e. cf. u. f. g. als
curatorn ... und denjenigen, als bei e. f. g. aus der lantschaft
weren, furbringen, wolten e. cf. u. f. g. mit den aus der lantschaft als vil mogelich und e. cf. u. f. g. als curatoren und vormunden tuclich, den dingen einsehunge tuen, das unbilliche beschwerunge in nicht sulten aufgelegt, sundern von in gewendet
werden und wurden also keiner voreinigunge bedorfen.« Hierauf
würde jedenfalls von seiten der Landschaft die Beteurung abgegeben
werden, dass sie nicht daran dächten, etwas vorzunehmen, das der
Wohlfahrt ihres Landesfürsten nachteilig wäre; sie hofften nicht,
dass die Treysaer Einung ihren Herren beschwerlich sein könnte;
»wan sie aber das bericht wurden, wolten sie sich als treue undertan darinne balten.« Darauf wäre ihnen vorzuhalten, in welchen
Punkten die Einung dem Interesse der hessischen Fürsten Abbruch
thue: 1. »Im rechten sein vil felle angesatzt und vorordenet, in
welichen die undertan dem landesfursten steuer zu geben und hulfe
zu tuen schuldig; wan sie ausserhalben derselben felle gefordert
und gesucht, das es den mit der lantschaft wissen geschee, were
leidelich, aber die aufgerichte einunge lest keine steuer nach hulfe
zu, es sei den mit wissen und vorwillen gemeiner lantschaft,
derwegen sie wider recht, schedelich und nachteilig. 2. Munze
zu haben und halten geboret der Kei. Mt.; alleine was kurfursten
und fursten daran haben, ist inen zugelassen aus der gulden bullen
und durch gabe und begnadunge des Keisers Karoli. Demnach
geburete dem landesfursten die munze also zu ordenen, das sie
dem Rom. Reich leidelich und den undertan nuzlich, und ob es
anders darmitte gehalten wurde, mogen die undertan die landesfursten bittende ansuchen, nicht alleine iren nuz darinne zu suchen,
sundern auch der undertan. Aus dem [habe] ein jeder zu vormerken, das der undertan seinem landesfursten kein gesetze darinne
machen kan nach sall, und wan etwas von den undertan darwider
gemacht, das stehet in nicht zu, ist unbundig und schmelert
dem landesfursten seine macht und gewalt. 3. Krieg anzufahen
ist niemants schedelicher den dem landesfursten; darumbe ein
itlicher furste schuldig, sich selbst und seine undertan vor schaden
und ferlikeit zu bewaren. Das statlich zu tuen, pflegen die
landesfursten in sulichen fellen bei etlichen iren undertan rat zu
suchen, den sie ine mitzuteilen schuldig, aber in irer gewalt stehet
nicht, dem landesfursten darinne gesetze zu machen, als in der
einunge befunden wirt. 4. Dergleichen stehet nicht zue den undertan, das sie irem landesfursten sullen ordenunge machen, wie ers
mit sein amptleuten ader amptknechten halten sall, welicher gestalt
er von ine amptspflichte entpfaen sulle ader nicht, den dis gereicht alles in seine furstliche hocheit und obrikeit. 5. Einkomen,
nutzunge und macht der landesfursten, grafen, hern ader comun,

wie die nahemen haben, gepflegt man wenig personen und als
wenig als umber mogelichen zu vortrauen; den woe es von den
widerwertiken der fursten vormerket, haben sie sich in iren bendeln
darnach zu richten und bringet also schaden, beschwerunge und
nachteil bei denselben, gibt auch zu vil maheln den undertanen
ursachen, sich keigen iren hern aufzulehnen und widerwertig zu
erzaigen; demnach sich geboret, sulichs alles in treuen geheim zu
halten und an wenig personen zu gelangen lassen. Aus dem sie
zu vorstehen, das unsern g. herrn von Hessen unleidelich, schedelich
und nachteilig, rechenunge irs einkomens vil personen zu boren
lassen, sunderlichen gemeine leute und die darzu nicht in sunder-
beit mit pflichten vorstrickt. Demnach in nicht geboret, iren
hern, sunderlichen in der vornunft und jaren, als sie sein, ordenunge
mit der rechenunge, als durch sie vorgnomen, zu machen. 6. Vorsamplunge und vorbuntnis zu machen, ist in allen rechten vorboten,
angesehen das doraus entporunge, aufrur, gezenk und ungehorsam
zu folgen pflegt. Sulten nuhen jerlich die lantschaft am Spies zu-
sampnekomen, [so sei zu bedenken,] wie hochlich in das beschwerlich, wie vil zerunge und unkosten allen stenden und derselben
personen das gestehen wurde, wie hochlich zu besorgen, das von
denjenigen, die zu ungehorsam, krieg, hader und gezenke geneigt,
dohin geerbeit und gehandelt werden mochte, die undertan wider
unser g. herrn zu ungehorsam zu reizen. Zuschen in selbst
wurde uneinikeit, widerwille und gezenke erwachsen aus dem grunde:
welicher wurde clagen und ime wurde nicht gehulfen nach seinem
willen, der wurde des sich gegen sein freunden und gesellen beclagen und die wider die andern, die nicht nach seinem gefallen
betten ime helfen wollen, zu widerwillen und uneinikeit zu reizen
vleis haben. Wan dan unmogelichen ist, einem jedem hulfe und
rat mittezuteilen nach seinem gefallen, hochbeschwerlich sechs, acht
ader zehen, die van einer sachen ratschlahen, auf eine meinunge
zu bewegen und bringen, vil beschwerlicher wurde furfallen, wurde
wol unmogelichen sein, hundert miner ader meher personen in einem
willen zu furen. Daraus zu forchten, ab sie eins wurden, dem
beschwerten zu helfen, sie wurden sich nicht voreinigen mogen
der weise und form der hulfe, vil weniger und aufs allerwenigste
wurden sie sich voreinigen des darlegens; wan niemant geneigt
ist, gelt vor einen andern auszugeben, als auch das zu tuen niemant
schuldig. Den die undertan zu vortedingen und schutzen, stehet
zu dem landesfursten; darumbe dienen ine die vom adel, burger
und bauern geben in rente und zinse, volgen in mit leib und
guete. Dis ampt der fursten wurde dem fursten, der es schuldig
und darumbe rente und einkomen hat, entzogen und der lantschaft,
der es nicht zustehet, die auch nichts darzu hat, aufgelegt. Wan
die undertan von iren landesfursten ader anderen beschweret und
vorunrecht werden, wie den gehulfen werden sall, weisen
aus die gemeinen beschrieben recht. Vil furstentuem haben daruber bestendige freiheit und gewonheit; zudem weist es aus Kei.
Mt. und des heil. reichs ordenunge und reformacion zu Worms

aufgerichtet.[1]) Dis alles wirt obergangen und von den undertan der fursten von Hessen ein eigen gesetze wider iren hern auf- gerichtet, wie es gehalten werden sulle, wen die undertan unserer g. herrn von Hessen wider ire f. g. beschwerunge sich beclagen, und wirt dasselbe gesetze als ferne erstrecket, das die undertan denjenigen, der sich beschwert, beclagt, wider unser g. herrn und landesfursten beschutzen und vortedingen sullen, das in doch vorboten und hierdurch der gehorsam, den sie iren landesfursten schuldig, zustoeret und zubrochen wurde. Weil dan den fursten zu irer rechnunge nichts dienstlicher den gehorsam, den ein- woenern der furstentuem nichts fruchtbarers den fride, recht und einikeit under einander zu halten und haben und nichts die fursten eher und schneller in vorterbunge furet den der undertan un- gehorsam, den undertan nicht nachteiligers den wider iren herrn zu streben, gezenke, unwillen und uneinikeit under sich zu haben, welichs ein jeder vorstendiger bei sich selbst wol vorstehen und vornemen kan . . ., dem allen nach haben sie wol zu bedenken, das ir furhaben mit der aufgerichten einunge iren landesfursten schedelich, nachteilig, unleidelich und tete in an irer furstlichen macht, hocheit, auch fruchten und nutzunge merklichen schaden zufugen, wurde auch die undertan in unnutze mube, scheden, zerunge, unkost und entlichen in ungehorsam, uneinikeit, gezenke und widerwillen leiten und furen, welicher in menschengedechtnis, ob sie gern wolten, nicht auszulesehen und auszutilgen sein mochte.« Aus allen diesen Gründen ist die Einung von den Vormündern aufzuheben, weil sie dem Interesse der hessischen Fürsten stracks zuwiderläuft. »Und ob selle im rechten weren — als sie nicht sein — in welichen den undertan zugelassen, etwas iren landes- fursten und hern zu ordenen, dieselben mochten hier nicht stat haben, angesehen das unser g. alter herr in seiner vornunft also geschicket, das er durch Kai. Mt. vorordenunge in e. ef. u. f. g. . . . curacion ist« und Ldg. Philipp überhaupt unmündig ist; »demnach iren beiden f. g. nichts zu nachteil ader schaden mochte geordenet . . . werden, das ire f. g. zu halten schuldig, vil weniger ire nach- kommen.« Würden die Stände für alle diese Vorstellungen unzu- gänglich sein und bei ihrem Vorhaben beharren, so sollen die sächsischen Fürsten aus Kraft ihrer Vormundschaft die Einung für ungiltig erklären und zugleich bereit sein, wegen dieses Schrittes »geburlich erkentnus zu dolden.« Würde bei solchem Rechtserbieten darauf erkannt, dass es den Unterthanen zustehe, eine Einung wie die zu Treysa aufzurichten, so sollte dieselbe in Kraft treten; im andern Falle muss sie abgethan werden. Sollten indessen die Rädelsführer die Annahme des Rechtserbietens der Herzöge von Sachsen bei der Landschaft verhindern, so müssten die Vormünder zum letzten Auskunftsmittel greifen und einen Tag an den Spiess ausschreiben und dort die ganze Landschaft versammeln, um ihr

---

[1]) Über die Wormser Reformation von 1498 vgl. R. Schröders Lehrbuch der deutschen Rechtsgeschichte, 2. Aufl. S. 853.

den Handel vorzutragen und ihre Antwort zu fordern. Die Regenten hoffen zuversichtlich, dass »der meher teil der einwocner des furstentuems und aus allen stenden ... sich als getreue undertan erzaigen und beweisen« und sich von den sächsischen Fürsten als den Vormündern weisen lassen werden. Denn »wan vormerket, das e. cf. u. f. g. wille und neigunge sei, die gehorsamen in gnedigem schutz und schirm zu halten, bei rechte sie bleiben zu lassen und die unrechten und ungehorsamen geburlicher weise zu strafen, sein wir an forcht, so werden e. f. g. dordurch furder entporunge und aufruer vorhueten und fride, recht und gehorsam im furstentuem machen und erhalten.«

A. W., Reg. C p. 110 Nr. 9 Bd. 2, Cpt.

# IX.

## Der grosse Landtag zu Kassel. Offener Bruch zwischen den Wettinern und den hessischen Ständen. Boyneburgs Sturz. Aufrichtung eines neuen Regiments auf dem Homberger Landtage.[1]

### 1514 Anfang März—Mai 8 (Nr. 110—132).

Wie unversöhnlich die beiden Parteien, die Anhänger der Landgräfin-Witwe und Boyneburg und seine Freunde, sich gegenüberstanden, ersieht man aus den Verhandlungen, die der Eröffnung des Kasseler Landtages vorausgingen (Nr. 111—113). Nach dem Ausschreiben der Wettiner sollte die Tagung am 9. März ihren Anfang nehmen. Doch auf die Kunde von Boyneburgs militärischen Rüstungen zögerten die Parteigänger der Landgräfin, dem Rufe der sächsischen Fürsten Folge zu leisten; besorgten sie doch, der Landhofmeister würde an ihnen Rache üben oder sie vergewaltigen lassen. Erst als die Landgräfin Anna in persönlichen Unterhandlungen mit den sächsischen Fürsten für die Sicherheit ihrer Freunde Bürgschaft erlangt hatte, wagten sie es, die Hauptstadt zu betreten. Am Montag, den 13. März nachmittags konnte der Tag von den Herzögen Johann und Heinrich von Sachsen eröffnet werden vor einer stattlichen Versammlung, der auch mecklenburgische, württembergische und brandenburgische Räte im Auftrage ihrer Herren beiwohnten. Den Verhandlungen zu Grunde gelegt wurden die Beschwerdeartikel der Landgräfin-Witwe und der hessischen Stände, von denen der bei weitem grössere Teil auf seiten der Opposition stand. Nur ein kleines Häuflein Getreuer harrte bei den schwer beschuldigten Regenten aus, deren Amtsführung der Landhofmeister als die eigentliche Seele des Regiments selbst zu rechtfertigen und zu ver-

[1] Vgl. Anna von Hessen S. 116—145.

teidigen suchte. So sorgfältig und verfassungsgeschichtlich
wertvoll unser Protokoll (Nr. 114) ist, so hat es doch seine
unleugbaren Mängel. Abgesehen von mancher unklaren und
dunklen Stelle und nicht unbeträchtlichen Lücken, ist es sehr un-
gleichmässig gearbeitet; im Verlaufe der langen und stürmischen
Verhandlungen ist die Energie der sächsischen Räte bei der Aufzeichnung des Thatbestandes sichtlich erlahmt: Nebensächliches
wird breit ausgeführt, Wichtiges dagegen flüchtig übergangen. Zu
berücksichtigen ist natürlich, dass die Schreiber bei dem Mangel
einer Kurzschrift erregten Debatten mit der langsamen Feder nicht
folgen konnten.   Dennoch sind wir über die hauptsächlichsten Argumente, welche die streitenden Parteien zur Unterstützung ihrer
Anklagen oder ihrer Verteidigung vorbrachten, ziemlich gut unterrichtet.   Der Eindruck auf die Zuhörer musste schliesslich ein dem
Landhofmeister ungünstiger sein, ungeachtet seiner würdigen und
sicheren Haltung.   Namentlich verstand es der redegewandte und
zungenfertige Sachwalter der Landgräfin, Schrautenbach, auf den
inneren Widerspruch nachdrücklich hinzuweisen, in den Boyneburg
seit seiner Wahl im Oktober 1509 sich verwickelt hatte. Er, der
seine Stellung doch lediglich den Ständen verdankte, der einst
im ausgesprochenen Gegensatz zu der unumschränkten landesherrlichen Macht den Anspruch des Adels und der Stände auf Mitwirkung an der Regierung zur Geltung gebracht hatte, war dann
im Einverständnis mit den Wettinern für die Zurückdrängung des
ständischen Einflusses während seines Regiments thätig gewesen.
Mit Recht durften ihm seine Feinde den Bruch der Einung vom
Jahre 1509 vorwerfen.   Ausserdem lag Boyneburgs Schuld am
Ursprunge des wilhelminischen Handels klar am Tage nach den Ent-
hüllungen, die die alte Landgräfin durch ihren Schwiegersohn, den
Grafen von Beichlingen, hatte machen lassen.   Auch in der Hers-
felder Sache hatte er, obwohl für das Fürstentum ein wichtiger
Gebietsteil auf dem Spiele stand, sich nicht energisch genug den
Ränken des Fuldaer Abtes entgegengestellt.   Zu alledem kam noch,
dass er durch sein eigenmächtiges Gebahren den Verdruss einiger
Amtsgenossen und die Missgunst seiner Standesgenossen sich zu-
gezogen und dadurch Zwiespalt in das Regiment gebracht hatte.
So unterlag es für den Einsichtigen keinem Zweifel: Boyneburgs
Stellung war unhaltbar geworden.   Merkwürdig war die Lage der
beiden sächsischen Fürsten, die als Schiedsrichter den Vorsitz führten.
Ein grosser Teil der Beschwerden, die die Stände vorgebracht
hatten, richtete sich mittelbar gegen die hochgebornen Vormünder

des jungen Landgrafen. Die Hessen wussten sehr wohl, dass die Regenten auf den Wunsch der Wettiner die Stände von der Teilnahme an der Regierung ausgeschlossen und die Bestimmungen der Einung von 1509 vernachlässigt hatten. Wie misstrauisch und erbittert man in breiten Schichten der Bevölkerung gegen das fremde sächsische Regiment war, das hatten die Wettiner aus den Berichten der Regenten nach dem Treysaer Landtage und der erregten Stimmung, die die Furcht vor einem sächsischen Überfall hervorgerufen hatte, entnehmen können. Wollten daher die Fürsten ihre Stellung nicht ernstlich gefährden, so mussten sie gegenüber der mächtigen Bewegung einlenken und den Wünschen der Gegner Boyneburgs sich geneigt zeigen. Dass die Regenten nicht am Ruder bleiben durften und die Opposition vielfach gerechten Grund zur Beschwerde über den umständlichen und langsamen Gang der Geschäftsführung hatte, diese Überzeugung drängte sich auch den sächsischen Herzögen auf (Nr. 116). Aber trotzdem mochten sie sich, ohne die Meinung des Kurfürsten Friedrich gehört zu haben, nicht dazu entschliessen, der Landgräfin und ihren Anhängern die beiden hauptsächlichen Forderungen zu erfüllen. Sie wollten vorläufig weder der Mutter den Sohn ausliefern, noch in die Absetzung des Regiments einwilligen, sondern behielten sich die endgiltige Entscheidung bis zu einem neuen Landtage vor, der im Juni in Schmalkalden abgehalten werden sollte. Diesen Abschied lehnten die Landgräfin und ihre Anhänger entrüstet ab, wobei sie von den Räten Hz. Georgs unterstützt wurden. Der vorsichtige Albertiner, der ehedem mit der Umstossung des Testamentes seines Freundes Wilhelm sehr unzufrieden gewesen war, leistete jetzt im Widerspruch mit seinem Bruder und den Ernestinern der neuen Bewegung Vorschub (Nr. 110), einmal aus Eifersucht gegen seine Vettern, die bei der Verwaltung der hessischen Vormundschaft seinen Einfluss zurückgedrängt hatten, dann in der Besorgnis, die hessische Empörung könnte den Bestand der Erbverbrüderung in Frage stellen, wenn man mit den Anstiftern derselben sich nicht gütlich zu einigen wusste. Über die unpolitische Haltung der beiden Herzöge war niemand froher als die junge Landgräfin. Hatte sie doch dadurch Gelegenheit erhalten, nicht allein ihren Todfeind Boyneburg zu stürzen, sondern ein höheres Ziel zu verfolgen. Jetzt hatte für sie die Stunde geschlagen, wo sie sich für die ihr im Jahre 1509 von den Ernestinern angethane Schmach rächen, wo sie die sächsischen Fürsten aus der Vormundschaft verdrängen und selbst an die Spitze des neuen Regiments in Hessen

treten konnte. Nach der Ablehnung des Abschiedes zog Anna mit
ihren Anhängern von Cassel nach Felsberg. Von hier aus sagten
die hessischen Stände noch am Tage ihrer Ankunft, am 25. März,
in einem kurzen Schreiben dem Kurfürsten Friedrich und den
Herzögen Johann und Heinrich den Gehorsam auf (Nr. 118). Herzog
Georg betrachteten sie mit Recht als heimlichen Bundesgenossen.
In den nächsten Tagen bemächtigte sich die Landgräfin mit leichter
Mühe des ganzen Landes bis auf die Hauptstadt Kassel. Aber
auch in dieser brach aus einem geringfügigen Anlass ein Aufstand
aus. Infolge dieses Ereignisses sahen die sächsischen Fürsten ein,
für die Rettung ihrer Herrschaft leider zu spät, dass sie den
Wünschen der übermächtigen Stände nachgehen mussten. Sie veranlassten die Regenten zur sofortigen Abdankung und überliessen
die Landgrafen Philipp und Wilhelm den Älteren der Obhut der
Stände (Nr. 115, 117, 119, 121 — 123, 126 — 128). Hastig entwichen sie darauf mit den früheren Regenten aus der aufgeregten
Hauptstadt, ohne den Bescheid ihrer Räte abzuwarten, die sie mit
Aufträgen an die Landgräfin in Marburg abgeordnet hatten. Anna
hatte mit Frohlocken gesehen, dass sie über ihre Gegner einen
vollständigen Triumph erlangt hatte, und war nicht gesonnen, die
sächsische Vormundschaft über ihren Sohn länger anzuerkennen.
Sie liess daher die sächsischen Räte in Marburg von sich, ohne
ihre Herren einer irgendwie bestimmten Antwort zu würdigen
(Nr, 120, 124, 125). Ende April versammelte sie in Homberg einen
glänzenden Landtag, auf dem ohne Rücksicht auf die Wettiner in
Anlehnung an das Testament Wilhelms des Mittleren vom Jahre 1508
ein Regiment erwählt wurde, an dessen Spitze Anna selbst trat
(Nr. 130, 131). Freilich hatte die Landgräfin dem ständischen Einfluss auf die Regierung gemäss der Treysaer Einung weitgehende
Zugeständnisse machen müssen, aber mit dem geheimen Vorbehalt,
sich von diesen Fesseln ungeachtet ihrer feierlichen Versprechungen
allmählich zu befreien und die landesherrliche Gewalt in ihrer
früheren Machtfülle wiederherzustellen. Für die nächste Zeit bedurfte sie noch der Hilfe ihrer Bundesgenossen. War es doch
nicht ausgeschlossen, dass die Wettiner mit gewaffneter Hand die
Anerkennung ihrer Vormundschaft zu erzwingen suchen würden.
Für diesen Fall hatte die Landgräfin ein Schutz- und Trutzbündnis
mit dem Herzoge Erich von Braunschweig geschlossen, das auch
die hessischen Stände besiegelten (Nr. 132). An den Kaiser hatte sie
sich in einem Privatbrief gewandt, in dem sie für die neue Ordnung
in Hessen sein Wohlwollen erbat (Nr. 129).

**110. Herzog Georg von Sachsen an seine Räte Graf Botho von Stolberg und Christoph von Taubenheim. Instruktion zum Tage von Kassel. [1514 Anfang März.][1])**

1. Räte sollen die Treysaer Einung nicht anfechten. 2. Änderung des Regiments. 3. Der junge Landgraf soll der Mutter übergeben werden. 4. Die Anhänger der Einung sollen nicht verfolgt werden. 5. Räte sollen sich nicht gegen die hessischen Stände aufbringen lassen.

1. »Nachdem zu beforchten ist, das die landschaft von sulchem vorbuntnis widar durch gute ader recht abstehen wirdet, so ist auch unser gst. und g. herrn sachen dermas nicht gelegen, sie mit gewald darvon zu dringen; darumb solt gut sein, der landschaft ir vorbuntnis nicht anzufechten, dasselb auch als vil ummer moglich nicht zu disputiren, widar zu schelden adar zu loben und sich dergestalt stellen, als ob unser gst. und g. herrn von keinem vorbuntnis wusten. So es aber von der landschaft erregt und von irem vorbuntnis selbst anzeigung tuen wurden, das man alsdan gutlicher wais mit in handelen, das sie von sulchem vorbuntnis abstehen wolten bis zu mundigen jarn ires herrn; so sie aber des zu tunde beswert, das mit keiner gewalt nicht in sie gedrungen, nachdem es nicht helfen wurde und unsern gst. und g. herrn abtreglich sein mocht, darzu merklicher schimp erwachsen. 2. Das Ludewige von Boymelborg gutlicher wais untersagt wurde, sich von seinem dinst zu begeben, mit der vortrostung, das er in seinen rechten sachen diser ufrur halben solt gehandhabt und nicht vorlasen werden, und das ein neu regiment gestelt wurde, das jene [!?] zur zeit noch gelegenheit aller handelung mit wissen der landschaft bescheen. 3. Das der landgrafin ir son nicht vorenthalden wurde; damit wurde die landgrefin, auch gemeine landschaft gestilt, auch ein grosser argwon unser gst. und g. herrn halb damit abgelehnt, und wi derselb junge landgraf itzo hinfort solt unterhalden werden, bi der mutter in irem hof adar die mutter bi dem son zu Cassel adar Martpurg, das bedarf einer unterrede . . . . 4. Hirauf ist acht zu haben, das nimandes zu dem vorbuntnis gedrungen und auch die sich itzunder darein begeben von den regenten nicht vorfolget und eins bi dem andern in fridlichem wesen geduldet werde. 5. Die rete sollen sich in keine unstume handelung wider die landschaft bewegen lassen, und, so das ander teil derwegen in sie dringen wolt, mochten sie sich des handels entslahen.«

A. Dr., Loc. 8676, Beschwerden der Landgräfin, Cpt. von Cäsar Pflugs Hand.

---

[1]) Dat. fehlt; es lässt sich nur ungefähr bestimmen. Das Schriftstück trägt den Rückenvermerk: »Ratslag uf das vorbuntnis, so die landgrefin mit der landschaft zu Hessen eingegangen.« Es liegt uns hier wohl nicht die endgiltige Fassung der Instruktion vor, sondern nur ein Entwurf, in dem die Hauptgedanken skizziert sind.

**111. Beschwerden der hessischen Stände über den Land-
hofmeister Ludwig von Boyneburg und die Regenten von Hessen.
[Felsberg 1514 März 9.][1])**

1. Boyneburg stiftet „Parteilichkeit" zwischen Adel und Städten.
2. Er hat Geld ohne Kontrolle sich angeeignet. 3. Eigenmächtige Hinzuziehung Schenks zum Regiment. 4. Mangelhafte Leitung der Geschäfte
durch die Regenten. 5. Grosser Kostenaufwand Boyneburgs für sich und
seine Familie. 6. und 7. Unnützer Kostenaufwand durch Unterhaltung von
Reitern und Fussvolk wider die Stände. 8. Boyneburg soll zur Wiedererstattung der überflüssigen Kosten angehalten werden.

1. »Gedenk, das Ludwig von Boneburg allenthalben partilicheit
macht zuschen dem adel und steten. 2. Gedenk, das er sich selbs
bezalt hat, nemlich 200 g. von minem hern sel. berrurn und 300
vom bischove von Colln. 3. Das sie [Regenten] h. Herman Schencken zu
einem regenten zu sich gezogen haben, der nihe dazu von gemeiner
lantschaft am Spies erwelet sei. 4. Clagen die lantschaft, wie sie
hochlich durch die bevelhhaber allenthalben im furstentumb,
auch der anhangenden graveschaften beschwert, inen das ire entweret und gnomen, so sie deshalbir dem regiment clage furpringen,
werden sie an die hern von Sachsen gewiesen, so sie dan dahin
komen, haben ire f. g. keine bericht und also wider an das regiment hin- und hergewiesen und nimants zu entlichen bescheit oder
ustrak komen mak. 5. Clagen die lantschaift, wie Ludwigk
von Baumelburg sampt sinem weib, kindern und vil onnotzen gesinne
sich in mins g. hern von Hessen costen getane, darin man sie
poben alle belonung so braichtlich mit profiande und andere
verschung haben und halten muss glich unsern fursten und furstin
von Hessen. (Und betraicht nit die gelegenheit oder den nozen
unserer fursten, sunder allein sin stolz und braicht hinuszuforen.
Es mangel an wem es wal, und doch als sagen, es gehe vil uf
und si nit gelt vorhanden, wan man unsern g. fursten und frauwen
entrichten sol; dieselben mussen des nu in mangel stene und mit
onrait bezalung nemen, aber bi im sal und wirt kein mangel erfunden.)[2]) 6. Clagen die lantschaift, das unsern g. fursten von
Hessen durch dise entborung und zweitraicht, des Ludwigk von
Baumelburg on mittel orsacher ist, ein merklicher onnozer cost
und schaide ufgehe mit dem folk, so er onbillicher wise in Cassel
itzund zu ross und fuss gemeiner lantschaift zue druze und smehe
gelegt und dieselbige lantschaift also mit burgern, buern und wer-
haiftiger bant in friher geleidsamer dagleistung bestalt, als ob sie
fremde Dorcken und kein glaub uf sie zu setzen weren, uber das
im die fursten von Sachsen ein ieder mit nottorftigem geleide fri

---

[1]) Die Beschwerdeschrift ist ohne Datum und wahrscheinlich Entwurf
geblieben. Ihr Inhalt berechtigt zu der Annahme, dass sie auf dem zweiten
Landtage zu Felsberg abgefasst wurde, wo Landgräfin Anna und ihre Anhänger
vor dem Aufbruch nach Kassel noch einmal über die Taktik sich berieten,
die sie auf der Tagung gegen Boyneburg und das Regiment einhalten wollten.
[2]) Der eingeklammerte Passus ist im Entwurf nachträglich gestrichen
worden.

versehen halten, dąwider gemeine lantschaift gar ongern denken, noch vil weniger dawider handeln. 7. Desglichen clagen die lant-schaift, das ... Ludwigk vor sich siner fruntschaift ein merklich zal folks hie in Cassel hab, im zu siner ongeschikten handlung bistendig, hilflich und beraitlich zuo sin gebeten hab, welch auch alle in unsers hern von Hessen costen erhalten, das zu befremden, bitten der billicheit unserm fursten zu gude gnedig insehens zue haben. 8. Clagen gemein lantschaift, nachdem gehort, Ludwigk von Baimelburg ein merklichen überflussigen costen durch unsern alten hern und sin verorsachen, auch durch dise enborung dem furstentumb zuo Hessen vorfugt und zugewant, dazu vor dasjene, so sich in mangel des inventariums, denen lantrechnungen und anderer siner verhandelungen erfunden und erfinden wirt, [das Boyneburg] nottorftige und gnugsame versicherungen tue, damit dem furstentum und verwanten erstattung bescheen.«

A. Mbg., O. St. S. 7862, Cpt.

**112. Landgräfin Anna und die hessischen Stände an die Wettiner. Felsberg 1514 März 9.[1])**

Sind verhindert, den Kasseler Landtag zu besuchen: 1. Weil Boyne-burg und die Regenten die Tage zu Felsberg und Treysa ungeachtet aller Aufforderungen nicht nur nicht besucht, sondern wider das Herkommen verboten haben. 2. Wegen einer Schmähschrift, die die Regenten wider die Stände haben ausgehen lassen. 3. Weil sie der Mutter und den Ständen den Zutritt zu ihrem Landesherrn verwehrt haben. 4. Weil sie die Stände feindlich behandelt haben. 5. Wegen der Rüstungen in Kassel wider die Landschaft. 6. Weil die Regenten den am Spiess geleisteten Eid gebrochen haben. 7., 8. und 9. Weil sie die Stände auf Kosten des Landesherrn be-fehden wollen und zu diesem Zweck umfangreiche Rüstungen vorgenommen haben. Vorschläge der Stände, um den Landtag trotz der feindlichen Haltung der Regenten zustande zu bringen.

Wiewol die Landgräfin-Witwe und die hessischen Stände den von den Wettinern »uf dornstag heut zu Cassel« angesetzten Tag »zu erschinen zugeschriben betten und zu besuchen hoch und wol geneigt«, so wären ihnen mittlerzeit von Ludwig von Boyneburg und seinen Anhängern mancherlei Handlungen begegnet, »derhalben gemeiner lantschaift disen angesatzten dag in Cassel zu besuchen beswerlich und zu erschinen ganz nit dienlich.« 1. Ungeachtet der Pflichten und Eide, die sie auf dem Spiess zu gemeiner Landschaft gethan, haben Boyneburg und seine Anhänger trotz dreimaliger Aufforderung die Landtage zu Felsberg und zu Treysa nicht be-sucht und sind »nit allein uspliehen, sonder auch gemeiner lant-schaft dieselben zu besuchen verpoten, auch ir ef. und f. g. dieselben landtage wider ire freiheit und alt herkomen zu verbieten bewegt,

---

[1]) Die Überschrift lautet: »Instruction und werbung, so die durchleuchte hochgeporne furstin und frau frau Anna geb. herzogin zu Mecklenburg, land-grafin zu Hessen, witwe und die zugeordneten von gemeiner lantschaft intzt zu Velschpergk versamelt von ir f. g. und gemeiner lantschaft wegen an mein gst. und g. hern die curfursten und fursten von Sachsen intzt zu Cassel tragen und werben sollen.«

wilcher versamelung und landtege, hiebevor uf dem Spies gehalten, sie angeber und platzmeister gwest.« 2. Haben sie nach dem Tage von Treysa eine »schmeheschrift und famos libell erdicht« und wider die Landgräfin und die zu Felsberg und zu Treysa versammelten Stände an etliche Städte und andere ausgehen lassen.[1]) Am wenigsten steht es Boyneburg und seinem Anhange zu, solche Beleidigungen auszusprechen; denn sie haben »gar wenig am Spies daran gedacht und gemeine lantschaft gewarnet, da sie meins g. herrn sel. testament und letzten willen, darin sie ire[r] pflicht und eide ermanet wurden, umbstiessen und ein gemeine lantschaft in die einung am Spies ires gefallens bewegt haben, da doch mein g. junger herre vil junger und unmundiger wan diser zeit was.« 3. Haben sie den Ständen und der Landgräfin den Zugang zu ihrem Erbherrn und Landesfürsten verwehrt und niemand zugelassen als ihre Parteigänger, gerade als »were Ludwig von Boyneburg seinen f. g. von geplut und sipschaft neher wan ir f. g. sein leiblich mutter und gemeine lantschaft.« 4. Haben sie keinen von den Boten der Landgräfin und gemeiner Landschaft in die Stadt Kassel einlassen wollen, sondern dieselben »bei tag und nacht wieder herusgetrieben und sich kegen mein g. frauen, gemeiner lantschaft und den iren nit anders dan kegen den feienden gehalten«. 5. Haben sie »das schlos zu Cassell verbulwerkt und verhutet, desgleichen die turne und muren mit geschos und geschotz bestelt, locher in die muren geprochen, als ob sie der Turcken warten wern, und von meiner g. frauen und der lantschaft wegen niemants ingelassen.« 6. Sind Ludwig von Boyneburg und seine Anhänger wie der Rat der Stadt Kassel die »platzmeister und anheber uf vorgehalten tagen uf dem Spies gewesen«, jetzt aber trotz dreimaliger Aufforderung ausgeblieben und »dieselben eide und pflicht in verges gestelt.« 7. Haben sie sich unterstanden, »gemeine lantschaft zu trennen und ine eigen anhang zu machen und mit gwalt iren stolz und bracht uszufuren, meinem g. hern und gemeiner lantschaft zu grossem nachteil und schaden und im selben meiner g. herrn von Hessen cost, gut ader gelt mit verheissen und geben nit gespart.« 8. Bekriegen sie die Landgräfin und die Stände auf Kosten des landesherrlichen Gutes. 9. Haben sie »alle ambtleute, knechte und stete, auch das lantvolk und andere frempte mit einer grossen anzale volks im harnisch gein Cassel beschrieben und gefurdert, auch buchsen und pulver dargefurt und sich zum ernst geschickt, das darfur zu achten und anzusehen ist, wohe Ludwig von Boyneburg und sein anhang nichts anders furhetten, dan sich zu verantwurten, es solt der note ganz nit haben.« Aber damit die Herzöge von Sachsen sehen, dass die Landgräfin und die Stände den angesetzten Tag zustande kommen lassen wollen, »wohe sie an geverlicheit ein sichern und gleichen malstait und zugang haben mochten«, schlagen sie drei Wege vor, »damit der angesatzt tag sein furgang haben werde und moge«: 1. Sollen die Herzöge von Sachsen eine Malstatt im freien Felde

---

[1]) Gemeint ist hier das Schreiben der Regenten an die Stadt Homberg vom 21. Februar 1514 (s. o. Nr. 100 S. 216 f).

zwischen Kassel und Felsberg anzeigen, wo beide Teile, Boyneburg
und die Landgräfin »ir ides mit 200 ader 300 personen«, erscheinen
können und »daselbs die clagen, auch daruf die entschuldigung . . .
und einrede ader nachrede gehort wurden und darnach ider teil
wieder in sein gwarsam zuge.« 2. Oder die Herzöge von Sachsen
sollen beiden Teilen einen gleichen unparteiischen Platz anzeigen,
»da man intzt von stund an us Velschperg und Cassel, aber in
gleicher zale hingeritten, und daselbs dasgene verhandelt wurde,
das zu Cassel verhandelt und gescheen wurden sein solt.« 3. Oder
aber »dweil sich Ludwig von Boyneburg, sein anhenger und der
rait zu Cassell also zum ernst und als gegen den feienden gerust,
beworben und geschickt betten, das ir cf. und f. g. meiner g. frauen
und gemeiner lantschaft vergonnen und erleuben wullen, sich mit iren
freunden und anhengern auch zu bewerben und mit versamlung gemeiner
lantschaft zu komen, und das ir g. vier tag zu Cassell gedult tragen und
verziehen, so wullen sie alsdan komen . . ., das sie verhoffen,
Ludwig von Boyneburgs und seiner anhenger gwalt und hoemuts
sicher zu sein und, so sie ingelassen werden, gern ir abenteure
vor Ludwig von Boyneburg und seinen anhengern stehin und in
alleweg sich kegen iren cf. und f. g. freuntlich, underteniglich, gehorsamlich erzeugen.« Das alles stellen sie in das Belieben der
Herzöge von Sachsen, »mit underteniger bitt, solch[s] us notturftiger
und ehafter und keiner andern meinung zu verstehin.« Sie gedenken
die Antwort auf ihr Schreiben in Felsberg zu erwarten. »Dat.
Velschperg, am dornstag nach Invocavit ao. XIV.«

A. Mbg., O. W. S. 1, Cpt.


**113. Protokoll der Verhandlungen, die zwischen der Land-
gräfin-Witwe Anna und den Herzögen von Sachsen vor der
Eröffnung des Kasseler Landtages über die Geleitfrage gepflogen
worden sind. [Kassel 1514 März 9—11.][1])**

Auf Annas Anfrage versprechen die Wettiner der Landgräfin und
ihren Anhängern sicheres Geleit mit Ausnahme Dr. Egras. Ankunft der
Landgräfin in Kassel. Verhandlungen auf dem Rathaus zwischen Anna
und den Wettinern. Schrautenbach führt über Boyneburgs Rüstungen
Beschwerde und überreicht die Klageschrift der Landgräfin und der Stände
(s. o. Nr. 112). Entgegnung der Wettiner darauf: 1. Ueber die Rüstungen
mag sich die Landschaft beruhigen; sie sind nicht gegen sie gerichtet,
sondern zur Aufrechterhaltung der Ordnung in dem aufgeregten Lande
vorgenommen. 2. Auf freiem Felde ausserhalb Kassels den Landtag abzuhalten, ist ihnen nicht genehm. 3. Von der angeblichen Schmähschrift

---

[1]) Im Schweriner Archiv (Hassiaca) finden sich unter den Akten über
die Landgräfin Anna protokollarische Aufzeichnungen (Reinschr.) über die Verhandlungen zu Kassel, sowie über die dem eigentlichen Landtage voraufgehenden
Unterhandlungen; sie rühren von mecklenburgischen Räten her, die zur Unterstützung der Schwester von den Herzögen von Mecklenburg abgeordnet waren.
Es handelt sich nicht um ein sorgfältig geführtes Protokoll, sondern um zu-
sammenhanglose Notizen, aus denen wir zur Ergänzung des oben wiedergegebenen weimarischen Protokolls einiges im folgenden anführen möchten: Am
Donnerstag »sint de . . . hartige Hans und Hinrick gefeddern mit 300 perden

wissen sie nichts; die Stände sollen sie vorlegen. 4. Aus Rücksicht auf
die Stände sind auch Boyneburgs Ankläger von ihnen zu dem Landtag beschrieben. Wettiner sehen keinen Grund, warum der Landtag in Kassel
nicht stattfinden sollte, und fordern die Landgräfin auf, ihre Anhänger
schriftlich nach Kassel zu bescheiden. Die Abschrift dieser Entgegnung
wird der Landgräfin von den Wettinern verweigert. Anna bittet, dass
die Fürsten sowohl wie die Stadt Kassel ihren Anhängern freies Geleit
zusichern. Diese Bitte gewähren die Wettiner; sie sind aber nicht gemeint
abzurüsten. Beschwerde der Wettiner gegen Dr. Egra wegen seiner be-
leidigenden Haltung bei den Verhandlungen zu Strassburg.

Am Donnerstag nach Invocavit [9. März] schickt die Landgräfin-Witwe zwei ihrer Diener zu den Herzögen von Sachsen und
lässt anzeigen, »wie ir g. ufm wege were und gebeten, si zu ver-

namiddage to dren uren ingereden mit velen graven, rittern und knechten.« An
demselben Tage hat Landgräfin Anna durch ihren Hofmeister Ratzenberg lassen
»harberge bestellen up 800 perde und kam bis gehen Zcwern [Zwehren liegt
südlich von Kassel auf der Strasse nach Felsberg], dar sat se abe und alse de
porten den avent gesloten weren, kam se mit 43 perden.« Am selben Tage kam
auch der Marschall Eitel von Löwenstein »sampt siner trossen, aver he moste
weder den sulvigen avent ut der stat, den sulvigen avent nacht zum rechten
dor berut und sin junchern mosten darut bliven. Up den sulven donersdach
deden de fursten eine scrift kegen Velsberch mit einem licentiaten, het Forster,
wi dat unser g. h[erren] van Sassen wollen de unkost birup lopen wissen bi
denjenen, de sulch upror gemaket han. Up fritach vormiddage weren wir mit
dem rade up dem rathuse und besproken uns und gingen par und par up dat
danzhus, woren darup eine stunde; do schick[t]en de fursten na uns, to komen
in de saelstuben im slos, also redt van der forstine weigen Frederich Toene
[Thun]: de forstine befell und beslut [!], de stede sich enthalden haben unser g.
h[erren] to vordenen mit belonunge [!?] Up den fridach sint mit scriften ermant
alle stede, so sich enthalden to Velsberch bi oren eden und plichten, unserm
g. h[errn] geschen to Cassel. Up den fridach nachmiddage waren de fursten
up dem rathuse to Cassel, quam unser g. fruwe och darup und weren ume
trent [ungefähr] 4 stunde daruppe. Up den fridach avent sint de van Cassel
sampt den steden Smalkalt, Alsfelt, Neukercken, Wulffhagen, Fach und Gudens-
berch gefordert in de saelstuben; dar hat Frederich Thoenau [!] den graven,
prelaten, ritterschaft und steden to kennen geben, wat de forsten mit unser g.
frauen besproken haben.« Die Fürsten teilen ihnen den Inhalt der Beschwerdeschrift
der Landgräfin und ihrer Anhänger und ihre Antwort darauf mit. »Und ist besloten,
sick to bedenken van prelaten und ritterschaft, ob man unser g. frauen mit
oren frunden solle geleiden oder nicht, und solten uns in de saelstuben vullenfro
to 7 ure schicken tor antwort daruf. ... Sonahent fro sin wir up dem
rathuse gewest und geratslaget und besloten also, man solle unser g. frauen
mit oren frunden geleiden to komen to Cassel, up dat se nicht uteblive[n] geor-
zaket werde. Man solle oren g. und oren geleide geven vor gewalt und
nicht vor recht, und wu se ok vor recht geleide begerden, solde mit wetten
[wissen] der forsten gegeven werden. Darna sint wir in dat slot gegangen in
de saelstuben und mit der ritterschaft besloten, se solten or meinunge erst to
erkennen geven, darna wir enen ok endecken unsern beslus vam geleide geschen.
Dat haben der van Waldegge noch mit vier graven sampt mit der ritterschaft
besproken, mit uns einmudich den forsten antworde geben, doch solten unser g.
h[erren] van Sassen or meinunge erst entdecken, ist so erscheen. Darup ist
unse g. frauwe up dat rathus to komende geheischet, ist geschen, haben des-
geliken de forsten ok gestalt to komen, sint [Hier fehlt in dem Protocoll eine
Zahl] ut de ritterschaft, graven und prelaten und 6 ut den steden geordent up dat
rathus, darselbest dorch Frederich Toenen erer g. und den oren gehn Cassel to
komen sicher geleide togesaget ab und zu.« Im Folgenden wird dann die Frage
erörtert, ob Dr. Egra zu den Verhandlungen als Wortführer der Landgräfin zuzulassen sei oder nicht: »wu de lantschaft erkenet, denselbigen totolaten to reden,

stendigen, ob ir f. g. und di aus der lantschaft sicherheit zum tag
und wider davon haben mochten. Das haben ir f. g. und di gesanten [hz. Georgs Räte] meiner g. frauen sicherheit vertrostet, doch
mit dem anhang, ir f. g. wern in erfarung kumen, wie dr. Egerer
bei denen, di sich von der lantschaft nennten, sein solt, wo dem
also, were irn f. g. beswerlich, in bei solchem handel zu wissen.
Als ist mein g. frau ungeferlich mit 40 pferden zu Cassel einkomen.«
Am Freitag [10. März] kommen die sächsischen Fürsten und die
Landgräfin-Witwe mit ihrem Gefolge, unter dem sich Gesandte
des Kurfürsten von Brandenburg und der Herzöge von Mecklenburg
und etliche aus der Landschaft befinden, auf dem Rathaus zusammen.
Balthasar Schrautenbach zeigt an, »wie ir g. und der merer teil aus
der lantschaft diser buntnus itzt zu Velsberg versamblung gehabt
und solchen tak sembtlich besuchen wollen, wern aber in erfarung kumen,
das Ludwig von Boyneburgk zu Cassel hette bolberg machen lassen
und sich mit geschutz und anderm zum ernst gericht, hette auch
vil wepner in Cassel gelegt, derhalb si besorgten, weil man sich
so veintlich stellt, ob es inen zu ungut gedacht worden.« Darauf
überreicht Schrautenbach das schriftliche Ansuchen der Stände
[s. o. Nr. 112]. »Nacb vorlesung der schrift hat Schrautenbach
weiter geret: Man bette nu di ursach und ehaft, dadurch gemeine
lantschaft zu erscheinen verhindert, vernumen. Es weren auch
vom tag zur Numburg etliche von ritterschaft und steten zu disem
tag beschrieben, welche zu der verhore gezogen werden solten, di
auch neben gemeiner lantschaft und sich zu Velsberg enthielten,
di achten es dahin, das inen nit fugen wolle, cleger und richter zu
sein, und gebeten, si dismals entschuldigt zu haben, auch dis alles

---

up dat ken entschuldige [!] geschen mocht, wolten er g. ok also vergunen und staten
totolaten.« Am Sonntag Reminiscere verwenden sich die brandenburgischen Räte
im Namen ihrer Herren für die Zulassung Egras, worauf die hessischen Stände es
zu erlauben beschliessen, doch mit der Klausel, »so dr. Egra unser g. frauen das
wort getan habe, solle er darnach das lant to Hessen rumen an uphalt.« —
  Keinen geringeren als Dr. Engelender, den ehemaligen hessischen Kanzler,
hatten Annas Parteigänger ursprünglich als Sachwalter ihrem Feinde Boyneburg
gegenüberstellen wollen. Das ersieht man aus einem Schreiben, das Cleen,
Löwenstein und Meysenbug an Engelender richteten, der nach seinem Bruch mit
Boyneburg Kanzler des Erzbischofs von Mainz geworden war. (A. Mbg., O. W.
S. 3, Cpt., Dat. fehlt.) In diesem meldeten die drei hessischen Ritter ihm, dass
sie sowohl wie die Landgräfin-Witwe und gemeine Landschaft den Erzbischof
ersucht hätten, ihnen seinen Kanzler als Beistand auf den Kasseler Tage zu
leihen, »uns beistendig und getrulich geraten und beholfen zu sein, auch ob es
not tun wirt, zu reden. . . . Bitten daruber uch ufs freundlichst, mit ermanung
eurer trostlichen und freundlichen vertrostung und zusage uns hiebevor getan,
das ir fur euer person im selben willig sein und in keinem wege ussenblieben
wollet. Wan wir versehen uns, es werde ein seher grosser tag, da vil fursten
und potschaften, auch ein ganze lantschaft hinkomen, und verhoffen mit gotlicher und eurer hilf, das euerm und unserm missgonner, dem stolzen man,
den ihr kennet, durch unsere herrn und freunde, auch uns und andere ein rechte
kapp, der er gnug haben werde, geschnitten soll werden.« Engelender scheint
sich ungeachtet seiner früheren Zusage die Sache anders überlegt zu haben: .
Er konnte auch unmöglich, nachdem er früher von der Landgräfin abgefallen
und zu Boyneburgs Anhängern übergetreten war, zum zweitenmale die Partei
wechseln.

von meiner g. frauen und gemainer lantschaft zu entschuldigung
anzunemen mit erbietung. Darauf haben mein g. hern di fursten
und gesanten rete anzeigen lassen, wie ir g. meiner g. frauen
und di sich aus der lantschaft nennen furwenden und ubergebne
schrift uf vier punct vermerkt: 1. Das sich Ludwigk von Boyneburgk ... verbolwergt, zum ernst geschickt und vil volks in di
stadt bracht haben solte. Sehen di fursten und gesanten kein
bolwerk, das gebauet were, so were auch das volk, das alhie lege,
nimant zu ungutem gemaint, sundern aus dem bescheen, weil di
sachen im lande also zwispeldig stunden, betten mein gst. und g.
hern als curator[en] und vormunden meiner g. hern von Hessen
lanthofmeister und regenten bevolhen, di slos und flecken wol zu
bestellen, damit dem furstentumb nichts ungutes zugefugt werden
mocht. Solchs hette irn cf. und f. g. irer ambter halben geburt, und
mochten sich di, welche sich von gemeiner lantschaft nennen, mit
fugen darauf nit behelfen. Dan ir cf. u. f. g. also herkumen und ni
anders erfunden worden, wo ir g. imant beschaiden hetten, das
denselben kein belaidigung gescheen, und solte sich zu disem mal
auch nit anders erfinden. 2. Sei in der schrift angezeigt und gebeten, das mein g. hern und di gesanten den, di sich aus der
lantschaft nennen, einen platz zwischen Cassel und Velsberg zur
handlung ernennen solten. Solchs ansuchens betten ir g. befrembden.
Dan es wer hievor mit wissen etlicher aus der lantschaft dieser
tak hieher gein Cassel für gut angesehen, den auch ir g. mit
grossen uncosten besucht, und wo meinen gst. herrn dem curfursten
nit merkliche gescheft furgefallen, auch mein g. herr hz. Georg
mit so grossen obligen wie dan wissentlich beladen were, hetten
sich ungezweifelt ir cf. u. f. g. auch in aignen personen hieher
gefugt, und wer irn g. nit gelegen di malstat zu endern oder im
feld zu tagleisten. 3. Hetten ir g. in der verlesen schrift einen
artikel vermerkt, als ob lanthofmeister und regenten uber mein g.
frau und di, so sich aus der lantschaft nennten, schmehschrift solten
haben ausgehn lassen, mit furgewanter protestacion, si darumb zu
rechtfertigen. Solch protestacion liessen ir f. g. und di gesanten
in irm wert, betten auch solche[r] schmeheschrift kein wissen, wo
auch di an not ergangen wern, raichte irn f. g. zu keinem gefallen. Darumb mochten si solch schrift furlegen, wolten sich ir
g. darauf unverweislich und der gebur erzaigen. 4. Were ein
furwendung gescheen, derhalb di zum tag erfordert und inen nit
fugen wolte, cleger und richter zu sein. Das liessen ir g. dabei
wenden. Das aber dieselben zur verhore beschrieben, wer gemeiner
lantschaft zu gnaden bescheen, uf das auch etliche aus inen nidergesetzt und des lanthofmeisters und regenten entschuldigung auf
furgewante clag anhorten, wie dan der abschiet zur Numburg
gewesen. Weil dan mein g. herrn, di fursten und gesanten, aus
erzaltem furwenden nit gnugsam ursach vermerken mochten, das
dadurch der furgenumen tak zertrennet werden solte, wollen [sie] der
sachen zugut den sunabent und, wo es not, den suntag alhie verzihen. Darumb ir g. gebeten und begert, das mein g. frau mit

den zugeordenten der, di sich aus der lantschaft nennen, den zu
Velsberg schrieben, sich hieber zu fugen, uf das di sach gehort
wurde, wo dan ir f. g. und di gesanten Ludwigen von Boyneburg
und di andern regenten streflich befinden, wolten sich ir g. mit
ernstlicher straf erzaigen und ir darinnen nichts verschonen, wo si
aber unstrafbar befunden, so wer billich, das sie irer unschult genissen solten.« Die Landgräfin bittet um eine Abschrift der Antwort
der sächsischen Fürsten, um dieselbe nach Felsberg zu senden.
Alsdann wird sie die Erwiderung der dort versammelten Landschaft
den Fürsten übermitteln. Diese weigern sich, die Antwort »in
schriften zu geben: si were also scharf nit gewest; man mochte
si wol behalten oder den zu Velsberg davon unterricht tun.«
Landgräfin: »Si betten sich nit versehen, das inen di antwort in
schriften zu geben solt gewegert werden. Dan si, di lantgrefin,
wuste nit, was der zu Velsberg gemute und meinung; ir g. were
auch bei dem begreif der instruction nit gewest, sundern dieselb
instruction were irn g. zugeschickt. Weil aber mein g. hern irn
g. und gemeiner lantschaft di bit abgeslagen, wo nu ir g., auch
di stadt Cassel den zu Velsberg frei, sicher glait zu und ab geben
wolten, das wolt in ir g. zuschicken, inen auch darneben schreiben,
ob ir g. si bewegen mochte, hieber zu kumen, doch also, das zuvor
di frembden leut aus der stadt getan. Dan Cassel wer also geschickt, das si bei 2000 man vermochte. So were der zu Velsberg
nit ein widerteil sovil, darumb wol abzunemen, das si sich gegen
einer solchen macht nichts unterstehn wurden. Dis haben di fursten
und gesanten di nacht uber in bedenken genumen.« Am Sonnabend
[11. März] werden die Verhandlungen auf dem Rathaus fortgesetzt.
Die Fürsten bewilligen der Landgräfin und ihren Anhängern »notturftig glait«, damit es nicht den Anschein gewinne, »als ob di zer-
storung diser handlung von iren g. herfliesse. . . . Das aber ir g.
solten bewilligen, das di von Cassel in disem fall mit gelaiten,
befunden ir g. bei in selbst auch in rat nit, so hielten es auch ir
f. g. nit darfur, das es di notturft were, dan solch gelait geburet
irn g. als den curatorn, damit wolten ir g. allein di unnotturft
angezeigt haben. Das aber di leut, di hirher bracht, hinausgefurt
werden solten, dan di zu Velsberg mechten sunst aussen bleiben,
were gestern gehort, aus was ursachen mein gst. u. g. hern mit
lanthofmeister und regenten verfugt hetten, slos und stadt in guter
verwarung zu haben, das were irn g. billich nit zu verweisen
sundern es hab di notturft erfordert und sei nit der gestalt ergangen, dijenigen, di hereinkumen, zu belaidigen. Darumb wolle
irn g. nit gelegen sein, demselben anderung zu tun.« Die Fürsten
beschweren sich über die Zuziehung Dr. Egras zu den Verhandlungen durch die Landgräfin-Witwe. Denn sie hätten gute Ursache,
»das der vor irn g. zu reden zuzelassen nit wol leidlich.« Bei den
Verhandlungen vor dem Kaiser, die in Strassburg in der Sache
Wilhelms des Älteren stattgefunden haben, »sei derselb Egerer
furgetreten und hab alle herzogen zu Sachsen benent, di mit worten
hochlich geschmehet und iniurirt, wie dan aufgezeichen[t] worden;

nachfolgent sei er in reden an ldg. Wilhelm sel., meiner g. frauen
gemahel, kumen, den auch mit worten angetast, wie ubel mein g.
her, der alt lantgraf, bei 16 jarn in seiner swacheit und blodigkeit ... gehalten were.  Dan sein g. den merer[n] teil derselben zeit
allein gelegen oder mit losen, unnutzen knechten versehen gewest, auch mangel an essen und trinken also gehabt, das sich
nit ein ackerknecht damit des hungers hette erwern mugen.  Der
landgraf sel. bette auch so tyrannisch gegen seinem bruder geubt,
das im zu seinem leib hembd gemangelt, auch sein haubt nit gewaschen worden, dodurch er gewurmb uberkumen, di in an seinem
leib geengst, das hette got der almechtig nit lenger zusehen wollen,
in gestraft und von der welt genumen.... Ob nu mein g. frau
und di von der landschaft dr. Egerer daruber im handel leiden
wollen, stellen mein g. hern und di gesanten in ir gefallen.»  Schliesslich ist der Landgräfin-Witwe und ihrem Anhang das Geleit im
Namen der Vormünder gegeben worden, »auch daneben angezeigt,
das den von Cassel in solchem falle zu glaiten nit gebure.«

A. W., Reg. C p. 110 Nr. 9 Bd. 3, Reinschr. der Kanzlei Kurf. Friedrichs von Sachsen.

## 114. Protokoll des Landtages zu Kassel.  Kassel 1514 März 13—24.[1])

   **Erster Teil: Beschwerdeartikel der Landgräfin - Witwe**
(S. 247 — S. 283).

   A) **Einleitung** (S. 247): Landgräfin giebt einen Überblick über
die Vorgeschichte des Kasseler Tages; sie spricht die Hoffnung aus, dass
die Stände ihren Beschwerden abhelfen werden. — Egra verwahrt sich
dagegen, dass er persönlich für die von ihm vertretene Sache haftbar gemacht wird. Er protestiert gegen Thuns Versuch, den Anhängern der
Landgräfin den Charakter der hessischen Ständevertretung abzusprechen.
Auch gegen eine unrichtige Deutung der Absichten der Landgräfin von
seiten Thuns legt er Verwahrung ein. Wegen seiner früheren Haltung
auf den Tagen zu Strassburg und Köln als Sachwalter Wilhelms des
Ältern, die ihm von Boyneburg zum Vorwurf gemacht wird, sucht er
sich zu rechtfertigen. Thun verzichtet vorläufig auf eine Erwiderung.
Weitershausen nimmt die Bezeichnung »gemeine Landschaft« für seine
Partei in Anspruch und spricht den Gegnern der Regenten den ständischen
Charakter ab. Er und seine Gesinnungsgenossen wissen über die Regenten
nicht zu klagen.
   B) **Erster Artikel** (S. 251): Betrifft die schlechte Fürsorge der
Regenten für Ldg. Philipp. — Boyneburg bestreitet, dass der junge Land-

---

   [1]) Ausser den Aufzeichnungen der mecklenburgischen Räte, deren
dürftigen Inhalt ich oben (S. 237 Anm. 1) bereits gekennzeichnet habe, besitzen
wir über die Kasseler Verhandlungen ein ziemlich ausführliches Protokoll, das
offenbar von sächsischen Räten während der Tagung aufgezeichnet worden
ist. Die Kladde ist verloren gegangen. Wir sind im Besitz von drei Rein-
schriften; die erste befindet sich im Weimarer Archiv (Reg. C p. 110 Nr. 9
Bd. 3), die zweite im Dresdener Archiv (Loc. 8676 Beschwerden der Landgräfin zu Hessen 1514), die dritte im Marburger Archiv (O. W. S. 1). Dem
obigen Abdruck zu Grunde gelegt wurde die Marburger Reinschrift. Einzelne
Versehen des Abschreibers wurden durch einen Vergleich mit der Weimarer
und der Dresdener Reinschrift richtig gestellt. Da dieselben unerheblich waren,
habe ich darauf verzichtet, auf sie in den Anmerkungen hinzuweisen.

graf unter der Obhut der Regenten irgend welchen Schaden genommen hat, und fordert zum Erweis der Wahrheit seiner Behauptung die Besichtigung des Landgrafen. Egra legt einen Brief der Regenten an die Landgräfin vor, aus dem hervorgehe, dass der Landgraf krank gewesen sei. Landgräfin berichtet, wie ihr Sohn sich einen Schaden zugezogen habe. Trotts Einspruch. Boyneburg führt für die Richtigkeit seiner Behauptung das Zeugnis einer Reihe von Ärzten an. Egra bleibt dabei, dass der junge Fürst nicht gesund sei, sondern sich durch die Nachlässigkeit der Regenten einen Schaden zugezogen habe. Boyneburg führt andere Zeugenaussagen an. Es folgt ein kurzes heftiges Wortgefecht, in dessen Verlauf die Landgräfin Boyneburg der Lüge zeiht und dafür von den Fürsten einen Verweis empfängt.

C) Zweiter Artikel (S. 255): Betrifft die Verletzung der kaiserlichen Verträge durch die Regenten. — Egra führt aus, wodurch die Regenten die kaiserlichen Verträge verletzt hätten. Vernachlässigung Riedesels. Willkürliche Entsetzung von Amtleuten und willkürliche Verleihung von Lehen. Boyneburg entgegnet, dass er nur mit Zustimmung der Wettiner Lehen ausgeliehen habe. Er rechtfertigt die Entsetzung einzelner Amtleute. Riedesel hätten die Vormünder, nicht aber die Regenten in den Rat berufen müssen. Beschwerden über Löwensteins Saumseligkeit. Die Regenten sind gern bereit, die Rechnungen vorzulegen. Schrautenbach setzt noch einmal auseinander, warum seine Partei ein besseres Anrecht auf den Titel Gemeine Landschaft habe als die Gegenpartei. Egra giebt im Namen der Landgräfin über angebliche Ausschreitungen ihrer Anhänger ihr Missfallen zu erkennen. Klage über die Verletzung der kaiserlichen Verträge von seiten der Regenten. Boyneburg macht für den Ausschluss Riedesels von den Regierungsgeschäften die Wettiner verantwortlich. Wortgefecht zwischen beiden Parteien über die Frage, welcher der Titel Landschaft zukomme.

D) Dritter Artikel (S. 259): Betrifft die Veräusserung Schönbergs durch die Regenten. — Boyneburg giebt über die Veräusserung Schönbergs Auskunft. Einwürfe Schrautenbachs und Waldensteins.

E) Vierter Artikel (S. 260): Betrifft die Verhältnisse einiger hessischen Ortschaften. — Boyneburg giebt über Bickenbach, Seeheim, Sichelstein und Schmalkalden Auskunft, ebenso über die Ablösung Rotenburgs und Felsbergs. Widerspruch Schrautenbachs und Egras.

F) Fünfter Artikel (S. 261): Betrifft den wilhelminischen Handel. Boyneburg schildert die Umtriebe der wilhelminischen Partei. Schrautenbach schreibt Boyneburg die Schuld an dem Entweichen des alten Landgrafen zu und giebt eine Erzählung von den politischen Umtrieben Boyneburgs vor seiner Wahl zum Landhofmeister. Er bittet, das Zeugnis der alten Landgräfin zu vernehmen, welcher Bitte die sächsischen Fürsten zu willfahren versprechen. Persönliche Bemerkung Thuns.

G) Sechster Artikel (S. 265): Betrifft die Misshandlung einiger Diener der Landgräfin. — Egra beschwert sich über die Verfolgung Schrautenbachs durch die Regenten im Widerspruch mit den kaiserlichen Verträgen. Verteidigung Boyneburgs. Auf Wunsch der Landgräfin führt Schrautenbach seine Sache selbst. Weil er Anhänger der Landgräfin sei, hätten ihn die Regenten seines Amtes entsetzt und schikaniert. Entgegnung Boyneburgs.

H) Siebenter Artikel (S. 268): Betrifft die Verteidigung zweier ungetreuen Knechte der Landgräfin seitens der Regenten. — Boyneburg erbietet sich dieses Artikels wegen der Landgräfin zu Recht. Schrautenbach behauptet, die Regenten hätten die treulosen Knechte gegenüber der Landgräfin in Schutz genommen.

I) Achter Artikel (S. 269): Betrifft die unregelmässige Auszahlung der Pension u. a. — Boyneburg entschuldigt die unregelmässige Auszahlung des Quatembergeldes an die Landgräfin. Schrautenbach: Der Landgräfin stehen noch 975 Gulden ihrer Pension aus. Ihre Tochter wird nicht mit Kleidern, wie es sich gebührt, von den Regenten versehen. Boyneburgs Entschuldigung. Zwischenbemerkung Schrautenbachs über einen Vorgang im Schloss zu Kassel.

16*

**K) Neunter Artikel (S. 270):** Betrifft die Entfremdung des Stiftes Hersfeld. — Schrautenbach weist auf die Bedeutung des hessischen Schirmrechts über das Stift Hersfeld hin. Machenschaften des Fuldaer Abtes. Saumseligkeit Boyneburgs. Einmischung der Landgräfin und ihrer Freunde zu Gunsten der bedrängten Hersfelder. Boyneburg giebt zu seiner Verteidigung einen Überblick über den Ursprung und Verlauf der Hersfelder Irrungen und behauptet, dass die Regenten ihre Schuldigkeit gethan haben. Schilderung seiner Wirksamkeit in Hersfeld: auf keinen Fall sei es wahr, dass er den Hersfeldern geraten habe, sich zum Stift Fulda zu thun. Thun schildert das Verhalten der sächsischen Fürsten in der Hersfelder Sache. Ihre Bereitwilligkeit, Leib und Gut für die Erhaltung Hersfelds bei Hessen einzusetzen. Schrautenbach beurteilt Boyneburgs Haltung in der Hersfelder Sache abfällig; der Hofmeister hätte den Fuldaer Abt mit Gewalt aus Hersfeld vertreiben müssen. Thun: Erbieten der Wettiner. Boyneburg besteht auf seiner früheren Meinung. Zwist der Regenten mit Cleen. Cleen beschwert sich über Boyneburgs willkürliches Gebahren. Löwenstein: Die Regenten haben seinen Rat in der Hersfelder Sache nicht hören wollen.

**L) Zehnter Artikel (S. 275):** Betrifft die Züchtigung Hombergs und Treysas. — Schrautenbach führt über die grausame Behandlung Hombergs und Treysas durch Boyneburg Klage. Löwenstein und Cleen beteuern, dass das ohne ihr Vorwissen geschehen sei. Boyneburg berichtet über die Verweigerung der Huldigung in Homberg und Treysa und über die Bestrafung der Städte. Die Regenten hätten nicht anders handeln können. Sie berufen sich auf die Wettiner.

**Einschaltung: Nachträgliche Äusserung zu Artikel 9** (S. 277): Bürger von Hersfeld bezeugen, dass Boyneburg ihnen auf ihr Ansuchen ungeachtet einer bindenden Zusage gegen den Abt von Fulda nicht Hilfe geleistet habe. Sie haben sich daher an die Landgräfin-Witwe und die Wettiner gewendet und bitten, sie bei ihrem Herkommen zu schützen.

Schrautenbach wendet sich gegen die Darstellung, die Boyneburg von der Weigerung der Huldigung von seiten der Städte Treysa und Homberg gegeben hat. Nach seiner Meinung sind die Städte unschuldig gewesen; und hätten sie Strafe verdient, hätte die Züchtigung mit Hilfe gemeiner Landschaft, nicht aber mit fremdem Kriegsvolk vollzogen werden müssen. Meysenbug behauptet, dass Boyneburg die Genugthuung der Homberger nicht hat annehmen, sondern sie durchaus bestrafen wollen. Botschaft Wilhelms des Aelteren an die Homberger. Schrautenbach: Homberg und Treysa bitten um Schadenersatz. Boyneburg bleibt bei seiner Darstellung des Handels. Strafwürdigkeit Hombergs und Treysas. Schrautenbach vermisst die Mitwirkung der Stände. Boyneburg ruft die Wettiner an.

**M) Elfter Artikel (S. 279):** Betrifft eine unrechtmässige Steuererhebung. — Schrautenbach beschuldigt Boyneburg, eine Schatzung ohne Wissen der Stände erhoben zu haben. Boyneburg berichtet, wie er die Städte berufen und sie um Bewilligung von drei Steuern angegangen habe. Schrautenbach bestreitet, dass Boyneburg dem Herkommen und seinen Versprechungen am Spiess gemäss gehandelt habe.

**N) Zwölfter Artikel (S. 290):** Betrifft die mangelnde Fürsorge für die Sicherheit des Fürstentums. — Schrautenbach beschuldigt die Regenten, dass sie nicht genugsam Sorge tragen für die Sicherheit der Einwohner des Fürstentums. Boyneburg sucht das Verhalten des Regiments zu rechtfertigen. Rau wirft den Regenten Saumseligkeit vor. Beichlingen kündigt einen Bericht der alten Landgräfin an, betreffend die Frage, wer die Kosten des wilhelminischen Handels verschuldet habe. Egra behauptet, dass die Regenten keinen Artikel genügend verantwortet hätten, und fordert im Namen der Landgräfin und ihrer Anhänger die Aufrichtung eines besseren Regiments. Boyneburg verwahrt sich dagegen. Schrautenbach: Die Landgräfin will ihren Sohn nicht mehr in der Obhut der Regenten wissen.

**Zweiter Teil: Beschwerdeartikel der Stände** (S. 283 — S. 293).

A) **Erster Artikel** (S. 283): Betrifft den angeblichen Schmähbrief, den die Regenten an die Stadt Homberg gerichtet haben. Egras ausführliche Rechtfertigung gegen die Angriffe der Regenten im Namen der Anhänger der Treysaer Einung. Schrautenbach erklärt, aus welchen Gründen die Stände die Einung am Spiess haben aufheben müssen. Unterdrückung eines Artikels durch die Regenten. Entgegnung Boyneburgs. Replik Schrautenbachs.

B) **Zweiter Artikel** (S. 286): Betrifft die Vernachlässigung des ständischen Ausschusses durch Boyneburg und das Landtagsverbot. Boyneburg beruft sich wegen des Landtagsverbotes auf die Wettiner. Schrautenbach weist auf die Einung am Spiess und frühere Vorgänge hin. Nach einem längeren Wortgefecht zwischen Boyneburg und Schrautenbach stellt Thun im Namen der sächsischen Fürsten die Aufhebung des Verbotes in Aussicht.

C) **Dritter Artikel** (S. 288): Betrifft den Eingang der Einung am Spiess, von dem Schrautenbach behauptet, er sei nicht mit Wissen und Willen der Stände abgefasst worden. Boyneburg bestreitet das und weist auf die Siegelung der Einung durch die Stadt Marburg, Meysenbug und andere hin.

D) **Vierter, fünfter und sechster Artikel** (S. 289): Betreffen die Veränderung der Münze, die Erhebung von Steuern und die Teilnahme an Kriegshändeln von seiten der Regenten ohne Zustimmung der Stände. Wortgefecht zwischen Boyneburg und Schrautenbach.

E) **Siebenter und achter Artikel** (S. 289): Betreffen die Vernachlässigung der Stände bei der Rechenlegung und anderen wichtigen Regierungsgeschäften. Kurzes Wortgefecht zwischen Boyneburg und Schrautenbach.

F) **Neunter Artikel** (S. 289): Betrifft eine Geldsumme, die Boyneburg sich angeblich widerrechtlich aus dem fürstlichen Schatze angeeignet haben soll. Boyneburg bestreitet das unter Berufung auf die Wettiner. Einwürfe Schrautenbachs. — Weitershausen erneuert im Namen seiner Partei den Protest, in dem der regentisch gesinnte Teil der hessischen Stände sich verwahrt gegen den Anspruch der Anhänger der Landgräfin als komme ihnen der Titel Gemeine Landschaft zu. Landgräfin beschwert sich über den Abfall des Grafen von Waldeck von ihrer Sache.

G) **Zehnter, elfter und zwölfter Artikel** (S. 292): Betreffen die Hinzuziehung Hermann Schenks zum Regiment ohne Wissen der Stände, die Klage der Stände über die umständliche Geschäftsführung der Regenten und über unnötigen Kostenaufwand von seiten Boyneburgs. Boyneburgs Rechtfertigung. Entgegnung Schrautenbachs.

H) **Dreizehnter Artikel** (S. 293): Betrifft die Rüstungen Boyneburgs zum Kasseler Tage. — Schrautenbach bittet um Anhörung der alten Landgräfin.

**Dritter Teil: Schlussreden der beiden Parteien** (S. 294 — S. 312).

Schrautenbach wiederholt in einem Überblick die hauptsächlichen Beschwerden der Landgräfin und der Stände und weist auf den mangelhaften Rechtfertigungsversuch der Regenten hin. Er fordert die Auslieferung der beiden Landgrafen an die Stände, die Absetzung der Regenten und die Anhaltung derselben zur Ablegung eines Rechenschaftsberichtes vor den Ständen. Schadenersatzpflicht der Regenten. Boyneburg will erst am folgenden Tage auf Schrautenbachs Rede entgegnen, was ihm bewilligt wird. Einschaltung: Verlesung eines Berichtes der alten Landgräfin Anna geb. Herzogin von Braunschweig (S. 296):

Beichlingen bittet im Namen der alten Landgräfin um Gehör und liest, als ihm das gewährt wird, den Bericht vor, den die alte Landgräfin über die Irrungen zwischen den Regenten und ihrem Gemahl hat abfassen lassen: Lockende Anträge Boyneburgs und Trotts an Anna von Braunschweig nach dem Tode Wilhelms des Mittleren. Vereinigung der alten Landgräfin mit ihrem Gemahl. Klagen über Trotts und Boyneburgs ungetreues Verhalten: als sie zu Macht und Einfluss gelangt waren, wollten sie sich ihrer früheren Versprechen nicht mehr erinnern. Schlechte Behandlung Wilhelms des Aelteren. Schrindeisens Ratschlag. Berufung zweier Landtage durch Wilhelm den Aelteren. Gefangensetzung Knauts und Treisbachs durch die Regenten. Wilhelm der Aeltere in der Abnahme des Huldigungseides in Homberg von den Regenten gestört. Schlechte Verpflegung des Landgrafen. Appell an den Kaiser. Abreise Wilhelms und seiner Gemahlin, nachdem von den Regenten kein Vergleich zu erlangen war. Ausbleiben der Regenten auf dem kaiserlichen Schiedstage. Meysenbug und Rau erfüllen nicht ihre Zusage, die Schulden des Landgrafen zu tilgen, auf Anstiften der Regenten. Diesen ist auch das weitere Anwachsen der Schuldsumme zuzuschreiben, da sie sich fortdauernd gesträubt haben, den kaiserlichen Verträgen nachzuleben. — Aus diesem Bericht der alten Landgräfin gehe hervor, dass Boyneburg und seine Anhänger die Urheber der wilhelminischen Irrungen gewesen seien. Replik Boyneburgs und Trotts. Schrautenbach verlangt, dass die Regenten die Kosten des wilhelminischen Handels tragen. Beichlingen weigert sich, den Regenten eine Abschrift von dem Bericht der alten Landgräfin zu geben. Boyneburg wiederholt diese Bitte. Beichlingen lehnt sie abermals ab.

Weitershausen (S. 304): Rechtfertigung des Schreibens der Regenten an die Stadt Homberg: es sei ihre Pflicht gewesen, vor der Treysaer Einung zu warnen, da sie dem Landesherrn nachteilige Bestimmungen enthalte. Eine beleidigende Absicht liegt dem Schreiben nicht zu Grunde. Kritik der Treysaer Einung.

Egra (S. 307): Die Landgräfin und die Stände finden die Entschuldigung der Regenten wegen des Schmähbriefs nicht befriedigend. Weitershausen wiederholt seine Entschuldigung und geht dann zur Replik auf Schrautenbachs Schlussrede über: er behauptet, dass die Regenten alle gegen sie vorgebrachten Klagen genugsam verantwortet und ihre Unschuld allen dargethan haben. Appell an das unparteiische Urteil der Wettiner als der Vormünder. Beschwerde über die unrechtmässigen Forderungen der Landgräfin und ihrer Anhänger. Unbilliger Anspruch der Stände, nach ihrem Belieben das Regiment zu wählen oder zu entsetzen. Dieses Recht steht nur den Vormündern zu; nicht den Ständen, sondern den Wettinern sind die Regenten durch ihren Amtseid verpflichtet. Anklagen gegen die Landgräfin und ihre Parteigänger.

### Vierter Teil: Vergleichsvorschläge (S. 312 — S. 315).

A) Sächsische Fürsten lehnen die Forderung der Stände, die Regenten abzusetzen, vorläufig ab. Bereitwilligkeit der Regenten, die Rechnungen etlichen Mitgliedern der Stände vorzulegen. Die Unkosten des wilhelminischen Handels sollen den Regenten nicht aufgebürdet werden Wie es mit den unerledigten Klageartikeln gehalten werden soll. Landgräfin und Stände sind mit dem Bescheide der sächsischen Fürsten durchaus unzufrieden. Sie fordern abermals die Auslieferung der beiden Landgrafen an die Stände, die Absetzung der Regenten und den Rechenschaftsbericht derselben über ihre Amtsführung. Für die Unkosten des wilhelminischen Handels und die dem Fürstentum entwandten Besitzungen sollen die Regenten zunächst bis zum Verhandlungstage Bürgschaft leisten.

B) Sächsische Fürsten legen den Ständen neue Vorschläge vor. Sie sind bereit, das Regiment zu ändern, aber nicht auf der Stelle, sondern auf einem in nächster Zeit anzuberaumenden Landtage. Inzwischen sollen die Regenten ihren Rechenschaftsbericht fertigstellen und in Gemeinschaft mit Hermann Riedesel die Regierungsgeschäfte erledigen. Landgräfin und Stände lehnen auch diesen Antrag ab und beharren auf ihren früheren Forderungen.

### Fünfter Teil: Abschied (S. 315 — S. 320).

Sächsische Fürsten beschweren sich über die ablehnende Haltung, in der die Landgräfin und die Stände auf dem Tage zu Kassel ihren Vorschlägen gegenüber verharrt haben. Wettiner wünschen, dass die Parteigänger Annas bis zur Mündigmachung des Landesherrn die Treysaer Einung in Ruhe stellen und in Schmalkalden am Montag nach Trinitatis im Einvernehmen mit den sächsischen Fürsten oder ihren Räten das Regiment mit hessischen Einwohnern aufs neue bestellen. Auf diesem Tage sollen die Regenten vor einem ständischen Ausschuss über ihre Amtsführung Rechenschaft ablegen und je nach dem Befinden der Vormünder und der Ausschussmitglieder zum Schadenersatz angehalten oder entlastet werden. Die neuen Regenten sollen wie die früheren vereidigt werden. Abstellung aller Beschwerden auf dem Tage zu Schmalkalden. Ermahnung an Boyneburg und seine Amtsgenossen. Rechtserbieten der Wettiner, falls sich die Landgräfin und ihre Anhänger durch den Abschied beschwert fühlen sollten.

Taubenheim erhebt im Namen Hz. Georgs gegen den Abschied Einspruch. Landgräfin drückt ihr Befremden über den Abschied aus und lehnt denselben ab. Sie hofft, dass Hz. Georg mit dem Verhalten seiner Verwandten nicht einverstanden ist und es missbilligt, dass ihr der Sohn länger vorenthalten wird. Taubenheim versichert die Landgräfin der wohlwollenden Gesinnung seines Herrn, der ihr gerne den Sohn gegeben und nicht in den Abschied gewilligt hätte. Landgräfin bittet, dem Herzog Georg ihren und der Stände Dank zu übermitteln. Räte Hz. Johanns und Hz. Heinrichs beteuern, dass ihre Herren bei der Abfassung des Abschiedes nur das Wohl Hessens im Auge gehabt haben. Schrautenbach bittet um eine Abschrift des Abschiedes und erhebt gegen denselben Protest. Sächsische Räte bewilligen die Abschrift.

### Erster Teil:

## Verhandlungen über die Beschwerdeartikel der Landgräfin-Witwe.

### A) Einleitung:

Landgräfin[1][2][3]): Gicht einen gedrängten Überblick über die Ursachen, aus denen der Kasseler Tag berufen worden ist, wie sie mit etlichen Mitgliedern der Ritterschaft sich »betaget«, »nachdeme

---

[1]) Die das Protokoll einleitenden Worte lauten: »Volgende meinunge ist auf heute deinstaks nach Reminiscere ao. decimo quarto auf gehaltenem tage zu Cassel in biewesen hz. Johansen und hz. Heinrichen von Sachssen sampt hz. Georgen geschickten rete als graf Bothe von Stolbergk und Christoff von Thaubenheim als vorhorer von wegen der lantgrafin und der lantschaft vorgetragen und von munde aufgezeichnet wurden.« — In dem oben [S. 237 Anm. 1] angeführten Protokoll der mecklenburgischen Räte finde ich eine wertvolle Ergänzung und Berichtigung unsers Protokolls. Nach jenem haben die Verbandlungen bereits am Montag Nachmittag ihren Anfang genommen. Die Rede der Landgräfin und Egras sind nicht am Dienstag, sondern am Montag gehalten worden. Vor beiden haben Friedrich Thun und Boyneburg gesprochen. Ich lasse den auf diese Vorgänge bezüglichen Passus des mecklenburgischen Proto-

ırer f. g. gross beschwer und anligen, so dei fursten von Hessen
tragen, kunt wurden ist«, wie sie zu Felsberg diese Beschwerden
vor die Stände und auf deren Wunsch vor die Wettiner zu Naumburg gebracht hat, worauf dann diese sich zur Anberaumung der
Kasseler Tagung veranlasst gesehen haben.   Die Landgräfin hat

---

kolls hier folgen: »Up mandach na Reminiscere: de forstine mit orem anbange hat
mandach fro srift gesant an de ritterschaft und stede, avermals gefordert bi oren
plichten, so up dem Spies geschen, to ten uren den dach to Zwern to oren g. to komen
und mit oren g. to Cassel intoriden. Darup haben wir mit den graven, prelaten,
ritterschaft und steden besloten, oren g. en widerantwort sriftlich to geven,
de dan gemacht, wart oren g. togeschiket. Aver or g. quam, er wir de scrift
usgeschicket hatten.  Doch wart or de scrift in der stat.  To 12 uren den dach
quam unser g. fraue mit 400 perden minus 19 perden in de stat Cassel gereden,
unde darunder weren 46 stede. — Nachmiddage sint de stede beschicket worden,
in dat slot do komen, ist also geschen, haben wir mit den forsten und oren g.
reden sampt den graven, prelaten, ridderschaft und stede mit einer langen
procession up de friheit und up dat danzhus gegangen ... Sobalde de forstine
mit orem anhange ok up dat danzhus kemen, haben sich de forsten van Sassen
mit unser g. frauen nidergesatz, de sache to vorderen. Hat Frederich Thoene
sobalde angehaven van der forsten weigen to reden und allen bisessern und
umbestendern de zake torkenen geven, von dem anfange tom ende mit einer
langen breden rede de gruntsache erzelet, wie und in wat gestalt unser g.
h[erren] to solker vormundeschaft komen sint, ok mit bestetunge und tolatunge
des Keisers mit velen anhangenden worden, ok wie unser g. fraue mit orer g.
anhange itlike dage to leisten angesast habe und darin itlike schulde begriffen,
wie der landhofmeister mitsamt den regenten untemelich [unzimlich] gehandelt
sollen haben,  ist alles upgezikent [!] und tor Numborch unsern g. h[erren] van
Sassen anbrocht, dorch oren g. erkant, mit der antwort to ruwen bis up itzt
angesatzten landesdach to Cassell, darsulvest scholle sich de landehovemester
vorantworden. Solicher[!] und vel mer ist van Frederiche Thoenen geredet worden,
und beslossen morne fro dinsdach sick der vorantworden to seven uren. — Darup hat der lantho[f]meister Lodewich van Beuneborch up das kortest also vor
forsten geantwort, sulke beclagede schulde up one und sine middegesellen der
regenten gedan, doch in besundern mer on bedreffen dan einen andern, aver
wolle god to hulpe nomen [!] und sich der zake erlich, fromelich und na aller
notorft vorantworden, und wu he an einem stucke unrecht vunden worde, wolle
[he] mit sinem libe und gude nach erkentnisse unser gst. und g. h[erren] von
Sassen vorboten [verbüssen], und hope ok, or g. solle kegen dat wederdels glich
rechten pleigen [pflegen] mit noch vel mer biworden.«  Die Rede der Landgräfin ist in diesem Protokoll ausgelassen ; es folgen sogleich Egras Ausführungen.
    ³) Im Marburger Archiv (M. St. S. 8277, Reinschr. der Kanzlei der Land-
gräfin-Witwe) finden sich die folgenden interessanten Notizen eines Anhängers der
Landgräfin Anna: »Am montag nach Reminiscere [März 13] anfenglich ao. XIV
meine g. hern die zweine fursten von Sachsen hz. Hans, hz. Henrich und graf
Bott von Stolberg und Friderich [! muss heissen Christoph] von Dubenheim anstatt
hz. Jeorgen seint zu vorhorunge gehen Cassel kommen in diesen obligenden
mit 300 pferden gerust und sunst bei 50.  Diese alle seint vom regiment gequitet aller vorzerunge und atzunge. Aber meine g. frau und gemeine lantschaft haben nichts zu guet in solchen fellen genossen, auf iren eignen kosten
gelegen. Es worden aber, so man zum handel griffen und clage vorbrengen
solt, vom regiment zu allen tagen etzliche uber hundert gewapneter man aufs
haus zu gehen vorordenet. — Item auf itzigen gehalten tagen Velsperg und
Cassell sein von der lantschaft getreten: die graven von Waldeck, dergleichen
abtreten: die praelaten Bredenaw, Hasingen, Cappel, Heine, beistender der regenten, item bei 60 personen vom adel, stete: Cassel, Wolffhagen, Elsfeldt,
Gudesberg, Neustadt, Schmalkalde und Fach halbe teile; dise seint vom regiment
gequitet aller vorzerunge.«
    ⁴) In der Weimarer Reinschrift steht nn der Spitze der Rede der Land-
gräfin der Vermerk: »Der landgrefin vorrede von wegen der landschaft in
gemein.«

bis heute »aus gnedigem willen, so sei zur lantschaft treigt«, ihre
Beschwerden noch nicht an den Kaiser gebracht, »wiewol sei ursache
gehabt, Kei. Mt. darinnen zu besuchen, auf das aber nicht darfur
geacht wurde, das ir f. g. gemeint, das furstentumb in einichen
schaden zu furen.« Darum »hette sei den tak zu besuchen angenomen, zuvorsichtig, dei stende wurden sich uf solchem tage dermassen halten und einsehunge haben, domit iren f. g. selbst schaden
vorhut und sei zu weiterem clagen nicht vorursact wurden«; ohne
Zweifel wird ihr Sohn, sobald er »sein recht alder erlangt«, es ihnen
dankbar vergelten.

　　Egra:[1]) Legt in Annas Namen folgenden Protest ein: 1. Dass
die Landgräfin »die injurien, so iren g. und irem herzfreuntlichem
leiben sobene, dem jungen lantgrafen, von Ludewigen von Boneburgk geschehen und zugemessen seint, das ir g. der hirmit nicht
wil begeben haben. 2. Ist protestirt, was ungeschick[t]s von dem
pharner in diser handelunge von ime vorgetragen, das er des befehel [habe], und [das im das] nicht anderst dan zu nottroft des
handels zugemessen werden solle. 3. Ob auch den stenden allenthalben, so durch inen in der handelunge benent, und [!] irer aller
geborliche titel nicht gegeben wurde, das solchs nimandes zu
schmelerunge seiner eren unterlassen, sunder umb kurz willen vormeiden werde. 4. Das er diser handelunge halben hernacher
nimands antwurt geben ader vorpfliecht sein wolte umb das alles,
so von ime protestirt wurden ist, dan sei belangeten sein person
nicht, wult auch nimands darumb zu rechte stehen. 5. Es were
auch gestern durch Friderichen Thune gemeine lantschaft, die albie
entgegenstunt, in reden „die sich gemeine lantschaft nenten" fur-
wendunge geschehen, des hett gemeine lantschaft beschwerung,
were inen nicht zu dulden, der ursache, das bei inen der meherer
teil were, auch so belanget es die wolfart, nutz und gedeien gemeiner lande, das sei alleine furderten, darumb wurden sei billich
die gemeine lantschaft erkant, wiewol etliche von prelaten und
grafen villeichte aus forcht sich enthalten, itztmals bie inen zu
stehen, so sei aber wurden horen, was nutzlichs gehandelt, werden
sei ungetrennet sunder zweifel bei inen bleiben. Solt inen nu das
wort zu schmelerunge gedeut, solchs wire iren g. und der lantschaft
nicht leidelichen, des vorsehens, das das durch Friderichen von Dhune
ane bephelh geredt sei, mit bit, das mein g. h[erren] von Sachssen
Friderich Dhunen wolten dohin weisen, sich des furt zu enthalten.
6. Es ist auch durch den pfarer vormelt wurden, das er Ludewigk
von Boneburgk und das regiment nicht lanthofemeister, sonder
Ludewigk von Boneburgk und seinen anhang nennen solt, wo es
ime aber anderst bevohelen were, wult er sich des auch gehalten
haben. 7. Der lantgrafin sei auch durch Friderichen Thun unrecht
gedeut, ire clage zu minnern und zu meren mit weiter repetirunge,

---

[1]) Egra wird im Protokoll öfter »pfarrer zum Nawenmarkt« tituliert; welches
Neumarkt gemeint ist, lässt sich bei der Häufigkeit des Namens und dem Mangel
eines näheren Anhalts über die Herkunft Egras nicht mit Sicherheit ausmachen.
Vielleicht darf man aus dem Namen Egra oder Egerer (d. i. aus Eger in Böhmen)
auf Neumarkt im Kreise Eger schliessen.

als solt ir furstlich und wol anstehen, was zur sache nicht deinstlichen, dasselbige furzubrengen zu enthalden etc., und sei gotlob das
haus zu Megkelburgk nie bezichtigt mogen werden [!], das imands
von iren f. g. unrecht ader beschwerunge aufgelegt worden, und
ab etwas in iren vorgebrachten clagen vorsehen were, [so sei das]
von dem schreiber durch unvorsichtigkeit zu kurz geschreiben,
darumb bete sei, dasselbige zu andern, abezunemen, zuzusetzen, wie
ir dan das durch Dhunen von der fursten weigen mit claren worten
zugesaget, wiewol sei solche vorgebrachte clage dreihermal meher
darzulegen und zu beweisen hette, das alles wahrhaftik. 8. Der
pfarrer auch angegeben hat, das ine Ludewigk von Boneburgk
uber das gegeben furstlich geleite mit worten geschwinde und
unschuldik angetast, wiewol er nicht seiner sachen halben die auszurichten albir sei, so komme er dach darzu, wie der base in
pfeffer. Es erforderte aber seine nottroft, seine person zu entschuldigen, auch vorsehe er sich, die fursten von Sachssen wern sein
gst. und g. h[erren]; Kai. Mt. bette ime auch zugesagt der handelunge halben, so zu Strasburgk und Collen den alten lantgrafen
und seiner g. gehemahel betreffen ergangen, die fursten von Sachssen
zu gnedigen herrn zu machen und mit iren f. g. zu voreinigen,
und wiewol durch einen keiserlichen spruch claer angezeigt, das
aller unwille, der sich der obenangezeigeten handelunge halben
zuschen allen partien ergeben, sal genzlich aufgehaben und abe-
geleget sein, so wire dach derselbige spruch durch Ludewigk von
Boneburgk zu trennen understanden, indeme das itzt abermals er,
der pfarrer von Nawenmarckt, mit solchen begebenen unwillen
wurde angezogen; er bette auf solchen gehaltenen tagen nichts
anders geredt, dan was ime befolen und in einer zetteln vorzeichent
gewest und gehabt, die er offentlich gelesen.«

    Friedrich Thun:[1]) »Nachdeme gestern durch den pfarrern
geredt, als solt er Fridrich Thun in seinem furbringen, das er von
weigen der fursten allenthalben getan, etwas weiters und ane
bevehel furgetragen haben, das wult ime seines teils zu vorantwurten geburen; domit aber der handel nicht zustossen, wult er
das bis zu bequemer zeit in ruhe stellen, und alsdan, was der fursten,
auch sein nottraft [!] erfordert, solt im unvorhalten bleiben.«

    Licentiat Weitershausen:[2]) »Hat vorbracht, das sei gestern
vom pfarner vorstanden hetten, wie sich jener teil eine gemeine
lantschaft nennen, und itzt aber geschege aus vormeinten und un-

---

    [1]) »Freidrich Dhun [hat] von wegen der fursten gesaget« heisst es im
Protokoll. Thuns Rede leitet, wie sein »gestern« zeigt, den zweiten Verhand-
lungstag, Dienstag nach Reminiscere ein; vgl. oben S. 247 Anm. 1. Die Rede,
die Thun am Montag gehalten hat und gegen die sich Egra wendet, ist im
Protokoll nicht verzeichnet. Nur die mecklenburgischen Räte geben von demselben einen knappen und, wie der Vergleich mit den Entgegnungen lehrt,
sehr ungenauen Auszug. S. o. S. 247 Anm. 1.
    [2]) Weitershausen ist der Wortführer der regentisch gesinnten Landschaft,
»von wegen der lantschaft auf disen teil«, wie es im Protokoll heisst. Er ist
uns schon einmal begegnet (s. No. 102 S. 218), als er im Auftrage der Regenten
die Prälaten vor der Treysaer Einung warnte.

gegrunten ursachen, das sei also dem handel zu furderunge betten
furgehen lassen, das von inen villeichte ungeferlich, ·wiewol sei des
eine beschwerunge getragen, gescheen wire, dan sei wirn billicher
eine gemeine lantschaft dan jener teil genant, sei wirn auch nicht
die geringsten von der lantschaft, aus deme das alhir 4 grafen,
der mehre teil von den prelaten, uber 60 von der ritterschaft, von
den steten Cassel als ein heubtstadt des lands mit etlichen andern
anhangenden steten vorhanden sein; darumb wurden sei billich
eine gemeine lantschaft genant. Es wire auch ir teil grossers und
hochers stands, auch die eldisten und merer teil von der lantschaft;
so hetten sei die einunge und vorpfleichtunge am Spiess, nach abe-
sterben ldg. Wilhelms sel. beschehen, bisher als frome grafen, ritter
und stende gehalten, darumb mochten sei wol erleiden, das sei sich
nicht eine gemeine lantschaft nenten, domit nicht geacht ader dofur
gehalten, das [sie] inen beistendik ader iren clagen anhengik wern,
wollen itzt dovon bezeugt haben, das sei in iren hendeln nicht
gehe[l]len und das jener teil nicht die lantschaft sei. Zum andern
ist protestirt, sie wissen von lanthofmeister und regenten nichts zu
clagen, darumb wollen sei es dorbie bleiben lassen, wenn sei aber
zu clagen betten, wusten sei das vor den fursten von Sachssen als
vormunder und curatern [!] wol zu tun und wulten sich in deme,
als fromen leuten zustehet, halten, hetten sich auch irs vorhoffens
nie anderst gehalten.«

## B) Erster Artikel:[1])

Boyneburg: »Dieser erster artikel, der itzt nach der lenge in
die feder gebracht und offentlichen vorlesen ist, betreffende meinen
g. jungen herrn ldg. Phillipssen, wie sein f. g. durch einen seiner
deiner wider eine bank gestossen und dorvon schadelos [l. schade-
haft] wurden, und dobin gericht ist, sam solt das aus des regements
vorseumenis gescheen sein, wo deme also, were nicht gut gewest;
es ist aber zwuschen worten und werken grosser underschiet, dan
von unsern gst. und g. herren prelaten, grafen und andern stenden
des furstentumbs ist den regenten bevelh gescheen, sein f. g. recht
und zu allen tugenden zu zihen und von allem posen abezuwenden,
welchs sei nach irem vormogen und, wie in geburt, getraulichen
getan, und mogen sagen auf ire eide, so sei derhalben getan, das
sei von deme worte, das er solt gestossen sein, wie gehort were, auch

---

[1]) Der ganzen Verhandlung zu Grunde gelegt werden Annas Beschwerdeartikel, die sie auf dem ersten Landtage zu Felsberg den Ständen unterbreitet
hatte und die dann von einer ständischen Abordnung den Wettinern auf dem
Tage zu Naumburg vorgelegt wurden. [Vgl. o. Nr. 66 S. 176 ff.] Daher heisst
es im Protokoll: »Nachfolgende ist angefangen der erste artikel [Er betrifft die
schlechte Fürsorge der Regenten für die Gesundheit des jungen Landgrafen]
meiner g. frauen der lantgrafin clage, zur Naumburgk uberantwurt, offentlich
vorlesen worden, darauf ist des lanthofmeisters antwort gehort wurden, wie
volget.« Doch ist zu beachten, dass die Beschwerdeschrift, die den Kasseler
Verhandlungen zu Grunde gelegt wurde, um einige Artikel erweitert worden
ist, die in Nr. 66 nicht enthalten sind. Die Zusatzartikel finden sich in der
Rede, die die Landgräfin auf dem Landtage zu Felsberg (s. o. Nr. 65) gehalten hat.

es [von] iren f. g. angezeigt, habe seinen willen geredt, wissen mit
der warheit zu sagen, das unser g. herr gotlob ein gesunder furst
ist, dan solten sei gewust, das sein g. am leibe schadehaftik wurden,
deme hulfe zu tun bei menschen stunde, und das von inen geweigert, wern sei nicht wert des namens regenten zu Hessen, dan sei
wider ere gehandelt, darumb solten sei in deme billich vorschonet
werden. Were auch besser, das unser g. junger herre mit solchem un-
ausgebreit bleibe mit anhan[gen]der bete, das ir aller f. g. als rechte
formunder wulten vorfugen, das ir junger herre mochte besichtiget
werden; und befunde man dan mangel ader gebrechen, das an ir
zutun wire, kunten sei nicht davor, dan iderman totlich, sein vater
were vor ime hir gewest, er muste auch hinwek; und ab gleich
ein fall an ime geschege, das dach got gnediglich wult vorhuten,
das sei alsdan gots willen nicht andern kunten, so wirn sie dach
des billichen entschuldiget; darumb stunds auf besichtigunge, und
wurde befunden, das sei einen gesunden fursten hetten. Dan do
sovil von disem handel geredt, betten sei etliche vom adel und bie
dreissik person aus der stadt Cassel iren jungen herrn besehen
lassen, die in nicht dermas, wie angezeiget, sundern wie ein gesunden
fursten funden hetten, darumb stunden sei des ausbreitens billig
mussik.«

Egra: »Auf die vormeinte antwurt Ludewigk von Bone-
bergks und seins anhangs ist not, repetirunge furzuwenden; darauf
die lantgrafin befolen, ein breif, der iren g. von den regenten zu-
geschreiben, lesen zu lassen.[1]) Darauf geredt, weil nu menniglich
hort, das die regenten in irem schreiben gestehn, das sich der
schade gebessert, erscheine daraus, das der schade do gewest sei,
das der lanthofemeister dergestalt vorantwurt, das sei des schadens
bei inen geschehen nicht gestehen, und, abs wahr, muste er den
mit auf die welt brocht haben. Auf das seint aber zwue schreifte,
von meiner g. frau und dem regement hin und wider bescheen,
gelesen wurden, meldende von hz. Ulrichs von Wertthenbergs zukunft, und vom pharner angezeigt wurden, weil aus allen disen
schreiften wurt vormarkt, das der schade von den regenten bekant, truge derhalb die lantgrefin der regenten vorigen antragens
und vornemens nicht unbillich beschwerunge.«

Landgräfin: Hat hierauf »volgend meinunge in eigener person
geredt, also das iren g. hievor zwene ires sohens deiner angezeiget
hetten, das solcher schade vorhandene wire, darauf bette sei sich
zu irem sone gefuget, alleine neben dr. Schilling mit ime in eine
camer gegangen, inen besehen und solchen schaden also, wie ir
die zwene gesaget, befunden, und denselben ihren soen darauf
mit vleis befragt, wo ime der schade herkommen, het er erstlichen
lange vorhalten und dach zum letzten gesaget, das er auf eine zeit
mit seinen knaben geschimpft, bette inen Friderich Trothen soben
unvorsetzlich an allen willen, domit er den knaben alsbalde entschuldigt, wider eine bank gestossen, das hette ime grossen schaden
bracht, und wire domit nach beladen.«

---

[1]) Der Brief ist nicht überliefert.

Friedrich Trott: Sagt, dass »sein soen auf die zeit, von
meiner g. frauen angezeigt, nicht zu hofe und bie dem jungen
fursten noch nit gewest sei, darumb [sei er] des vortragens von
wegen seins sohens gar nit gestendik.«

Boyneburg: »Was er hievor gesaget, sall sich nicht anderst
befinden.... Es haben auch die regenten und er nie anderst
gehort, dan das sei ein gesunden jungen herrn haben, und [ldg.
Philipp habe] bie inen keinen schaden entpfangen, und da die curfursten und fursten von Sachssen in andern sachen alhir gewesen
sein, do habe er der lanthofemeister unserm gst. herrn dem curfursten
in einer geheim gesagt, das der junge herre ein ansehen, als ab
er ein mangel hab, und wu er einen mangel hette, musste er denselben in die welt bracht haben. Als hat hochgedachter unser gst.
herre den jungen lantgrafen durch dr. Pistoren, der dan dozumal
alhir zu Cassel gewest, besichtigen lassen, der gesagt, es wire
kein bruch, doch verstunde er sich nicht sunderlich darauf, man
solt nach meister Jorgen, dem arzt albir, senden und in solchs besehen lassen, ist gescheen, und inen zuvor zu got und den heiligen
schweren lassen, solchs in einer geheim zu halten. Der habe gesagt und seider auch sunst noch einer, der sich des handels vorstanden und den jungen fursten auch besehen hette, das es kein
bruch ader schedelich gebrech were. [Ldg. Philipp] ist auch in einer
geheim fur solchen gebrechen, obs der sein soll, geschmert wurden,
und hat darauf gebeten, inen nachmals zu besichtigen lassen, und
hoffen, es solde der lantgrefin eine sunder freude zu erfaren sein,
das ir junger herr ein gesunt, ungebrechenhaftik furste, darumb
sei unnot, dise disputacion zu halten.«

Egra „von weigen der landgrefin": »Alle umbstender
haben gehort, das der lanthofmeister geleukent des artikels und
das sei [Regenten] bie iren eiden erhalten wolten, der junge furste
hette keinen schaden, und bekente[n] dach alsbalde vor gemeiner
lantschaft, er were gebrechlichen, und wollens domit schmucken, er
hette es auf ertreich bracht, das dan nit sei. Sei [Landgräfin]
hette einen gesunden fursten auf ertreich bracht, der were auch
also gesunt dem regement uberantwurt, darumb rufet sie [die]
ganzen vorsamelunge, prelaten, grafen, ritterschaft an, bie ir zu
tune als getraue undertanen und iren son aus vorwaltunge des
regiments helfen [zu] brengen.«

Boyneburg: »Saget nach wie vor, was er geredt, sei die warheit, das sei nie dorvor gehalten und nach auf disen tak darfur
halten, das der junge furste gebrechlich sei. Er der lanthofemeister
habe es auch dem curfursten angezeigt, saget auch, er ziehe sich
uf Hanssen von Boneberg und meins jungen herrn zeuchtmeister,
die betten gesagt, sie betten von ldg. Wilhelm sel., des jungen
fursten vater, hievor gehort, das er gesaget, wan sein son an dem
ort nit also geschickt als er were, so muste er sein sohen nit
sein[1]), es sei auch Friderich Trotten sohen zu deme mael, als der

---

[1]) In dem Protokoll der mecklenburgischen Räte lautet der Passus etwas
anders. Da behauptet Boyneburg, »or g. [Landgräfin] habe gut wetten [wissen],

junge lantgraf gestossen solt sein, nicht bie im gewest, sunder hernachmals zu ime in deinst komen.    Schrautenbach solle auch zum
jungen lantgrafen gesaget haben, es solle ime nit zu helfen sein,
er wurde dan geschnitten, das der junge furst dem lanthofemeister
also gesagt habe.    Schrautenbach hat aber nein darzu gesaget.«[1]

Thun: »Hat angezeigt von wegen meiner gst. und g. h[erren]
von Sachssen, das irer f. g. meinunge und bit were, nachdem dise
rede schimpf und nachteil brechten, das sei des artikels furder
schweigen und sunst, was der sachen deinstlich wire, furbrengen
wolten, dan ir f. g. wolten besichtigunge derhalben tun lassen
und nach besichtigung sich darinnen als die furmunder erzeigen
und beweisen.«

Boyneburg: »Hat gebeten, wo die besichtigung beschehe,
das die geschickten rete der curfursten und fursten von Brandenburgk, Meckelburgk und Weirthenbergk solchs auch mogen sehen.«

Egra: »Mein g. frau und gemeine lantschaft hern gerne, das
ldg. Phillips gesunt sei, es sei aber aus deme, das er gebunden
und geschmiret, zu vormerken, das der schade vorhanden gewest.«

Boyneburg: »Saget, er sei des nit gestendik und erbeut
sich sampt seinen mitregenten, ihre pflicht zu tun, inmassen sie
sich des vormals derhalben auch erboten betten, das sei es nie
dofur gehalten und noch nicht, das ime solch schade widerfaren,
sunder must den mit auf ertreich bracht haben.«

Landgräfin: »Es ist erlogen.«[2]

Thun: »Hat von weigen der fursten vormeldet, ir f. g. vormerken, das sei von beiden teilen gegen einander beweget, es wiren
auch worter gefallen, dei dem widerteil nicht leideclichen wern,
und darauf gebeten, das sich die lantgrefin dieser und anderer
handelunge, die zur sachen nit deinstlichen, wolle enthalten und es
bei deme zu der rede vorordent bleiben lassen, dan dise hendel
machten die sache nit gut.«

Landgräfin: »Hat muntlich gesagt, wu ir nit schmelich ader
schimpflichen geredt, wolle sei es auch wol underlassen.«

---

wie unser g. h[err] zeliger gedechtnisse mutwillich geredt habe, wu sin g. den
gebrechen nicht hette mit den geilen (hoden), so wer er sin g. son nicht.«

[1]) Wie der Widerspruch zwischen den Aussagen Boyneburgs und der
jungen Landgräfin über Philipps Gesundheitszustand vermutlich entstehen konnte,
habe ich an anderer Stelle (Anna von Hessen S. 121 f.) eingehender erörtert.
Hier sei nur noch einmal erwähnt, dass es sich bei den Anspielungen auf ein
Gebrechen, das dem Landgrafen seit der Geburt anhaftete, wahrscheinlich um
eine Abnormität des Hodensackes handelte.

[2]) Im Protokoll der mecklenburgischen Räte ist dieser Vorgang etwas
anders dargestellt: »Och redet de forstine, wie se orem sone habe das ingeweide
... mit oren fingern in sin lif gedruckt. Daruf redet der lanthofmeister also:
Wan das war si, so solle der deiphenger komen und ome sinen kop alsobalde
afhauen. Darup antwordet de forstine, se sta in der warheit und der hove-
meister in der logen.«

## C) Zweiter Artikel:[1])

E g r a : Wirft den Regenten vor, dass sie den kaiserlichen Vertrag, der von Maximilians Kommissaren zu Marburg aufgerichtet worden sei, verletzt hätten. Nach diesem Vertrage hatte Hermann Riedesel »bie allen handelungen neben dem regement zu sein«, damit er, »wu dan etwas unbillichs von [den] regenten vorgenomen oder befunden wurde«, das der Landgräfin meldete. So haben die Regenten »Curt von Manspach, deme dach lant und leute befolen gewest, seines ambts, desgleichen Eberhart von Bischovenrode, Jobst von Draxstorf und Hansen van Berlebsch irer amter entsatzt. Es habe sich auch der lanthofemeister understanden, geistliche und wert-liche lehen seins gefallens person[en] ime gefellik und nicht darzu deinstlich, derselbigen unschicklickeit unangesehen, zu vorleihen, desgleichen sei[en] inen auch drei lantknechte enturlaubet, welchs alles ime nit, sonder dem curfursten und fursten von Sachssen als vormund[en] des jungen fursten geburt hette, das auch anĕ wissen der lantgrefin und h. Reithessels als von Kei. Mt. von iren weigen darzu verordenten beschehen were; ob nu solchs den kei[serlichen] . . . vortregen nach gemess gehandelt, stellet sei [Landgräfin] in menniglichs bedenken.«

B o y n e b u r g : »Darauf saget er nein, wirt sich nimer erfinden; dan mit den lehen zu vorleihen, betten ir f. g. eine vorclerunge gemacht, wie die solten vorleien werden, dem er also nachge-gangen, und wirt sich nicht befinden, so lehen vorfallen, das die ane wissen der fursten von Sachssen vorleihen wern. So seint die geistlichen lehen fromen, erbarn personen, die eins guten wesens gewest, vorleihen, und nit durch mich alleine, sunder mit der andern regenten wissen. Sei betten auch den wenigsten acker anĕ befel irer cf. und f. g. nicht vorleihen, als auch in irem gewalt nit gestanden, und sal sich mit warheit dermassen und nicht anderst befinden. Eberharts von Bischoffenrode entsetzunge belangende, hat dise gestalt: er habe das schloss und amt Auerpergk[2]) amtsweise innen-gehabt, auf welch schloss hat nimands sollen gelassen werden anĕ sunderlichen hefehel ader glaubliche anzeigung, wie es aber durch inen domit gehalden wurden, sei ime woel bewust; auch bette er unsern g. h[erren] von Hessen seiner g. angehorigen sechs burger von Fulda abegefangen, geschatzt und ein zeitlank in dem ampt enthalten. H. Caspar von Berleibschen und Georgen von Hotzfelt wern zur selbigen zeit fur das schloss kommen, doselbst eingefurdert, aber man hat sei einzulassen geweigert; darauf sich die zwene haben horen und vernemen [lassen], wolt man sei nicht einlassen, wurden sei geursacht, [zu] understehen, wege vorzunemen, domit sei dorein quemen. Darauf seint sei erst eingelassen; darumb und

---

[1]) Vgl. o. Nr. 66 S. 177 die Beschwerdeschrift der Landgräfin. Im Protokoll heisst es: »Der ander artikel meiner g. frauen der landgrevin ist offentlich gelesen und nachfolgend von iren wegen weiter erclerunge bescheen.«

[2]) Schloss Auerberg mit dem Dorfe Auerbach liegt im Starkenburger Kreise bei Bensheim an der Bergstrasse.

aus andern ursachen hetten sie ine des ampts entsatzt. Curt von
Mansbach sei seins ambts aus ursachen, das er wider die lantschaft
am Spiss gestanden, entsetzt. Lebenstein betreffende saget der
lanthofemeister, es sei wahr, das er seins ambts entsetzt, were er
gegenwertik, wolten sei darzu antwurt geben, so er aber nit da
sei, wolten sei es underlassen. Drachstorffs halben sei er in einer
irrunge mit deme von Konnigestein gestanden, wie er wisse, und
sei ime sust ein ampt eingetan und 3000 gulden darauf vorschreiben, dorneben sei ime ein ander ambt befolen wurden,
welchs vor ein ander innegehabt; als er nu solch ambt ein jare vor-
waldet, sei das wider von ime genomen und demjenigen, so es vorschreiben, wider eingetan; dan die regenten liessen sich bedunken,
es sei ime gnade gnuk gescheen, das ime zuvorn 3000 gulden auf
einem andern ampt vorschreiben sein. Hanns von Berlebsch sei ein
haushofemeister alhir zu Cassel gewest, hette vil mangels an ime
gehabt, ime die auch vilmal angezeigt, er hette die aber nit abe-
gestellet, darumb sei vorursacht, inen solchs ambts zu entsetzen und
Schwertzel an seine stat aufgenomen. Sider deme sei Schwertzel
abegesatzt und einer, Kewdel genant, an seine stat kommen, dan
sei wern ie schuldik, irem hern, weils nit ein vorerbet dink wire,
das beste zu trachten. Herman Reithesseln halben belangende ist
der artikel aus dem keiserlichen vortrage gezogen vorlesen wurden.
Darauf der lanthofmeister gesagt, das bie iderman zu ermessen,
das daruber in irem gewalt nicht anderst vorzunemen west sei, und
trugen keine beschwerung, wan mein g. herren von Sachssen die
curatores und vormunden Herman Reithesseln ader andere dorbei
wolten haben, zogen sich uf ir f. g., ab sei Herman Reithesseln
daran vorhindert betten. Dan der comptur zu Marckpurgk und Eytel
von Lobenstein wern auch mitregenten gewest; wo allezeit, wan
sachen alhir zu handeln furgefallen, gewort solt wurden sein, das
der compter hieher beschreiben, wern dieselben, wie abezunemen,
aufgehalten und vorzogen. Lobenstein hat aber ein gut ambt gehabt, getan, was er gewolt, wan es inen gelustet, abe und zuge-
ritten, wan es im gefallen. Es sei auch sunsten ane iren wissen
und willen nichts gehandelt. Der rechnunge halben haben sie angezeiget, hetten sei keine schaue vor allen hohen und nidern
stenden, die furzulegen, daraus wol befunden, das lanthofemeister
und regenten nicht vor selbst gehandelt, betten auch die vor dem
comptor und marschalh zu tun nie vorborgen, wu sei einheimisch
gewest, auch nicht schaue gehabt, dan in der einnome und ausgabe worde sich befinden, das sei nichts gehandelt, davon dem
jungen landgrafen schade ader nachteil geberen mocht. Es haben
auch die regenten die fursten von Sachssen als furmunder ire rete
darbei zu schicken erfordert und mogen sei nach horen lassen, wie
des jungen lantgrafen sachen stehen; dan ldg. Wilhelm sel. habe
eine ordnung gehabt, nicht vil leute bei der rechenunge zu haben,
und alles, was sei gehandelt hetten, were aufgezeichent, wurde
befunden durch ire cf. und f. g., das sei anders dan recht gehandelt, musten sei phantmessik darumb stehen.«

Schrautenbach: »Hat angezeigt, wie durch Friderichen Thun die bewegunge, wie die lantschaft seins teils titulirt ist, welchs diser teil nicht gestendig und sunderlich vom licenciaten Weythers-hausen furgetragen und ursache angezeigt wurden ist, das auf solchem teil von den stenden der lantschaft die hochsten und eldisten wern, solchs abezulenen, sei ime durch die lantgrefin und lant-schaft zu sagen bepholen wurden, das sei ein gemeine lantschaft sein, versehen sich auch, sei sollen billich dorvor gehalten werden, dan der meherer teil stehe bei inen, nemlichen 4 grafen, 46 stete und vil von der ritterschaft. Es haben auch der graf von Wal-decke der mitler, desgleichen 4 von prelaten der lantgrafin zu-gesagt; so sein die von der ritterschaft vil elders herkommens, auch grossers stands. Es wern etliche von der lantschaft und pre-laten uf dem tage zu Velspergk und Dress mit gewest, die handel-longe willigen schlissen und die vortrege zu besigeln helfen zuge-sagt und nun widerumb abegefallen. Es betten sich auch die von der lantschaft, [die] den tak am Spiss gehalten, zusamengeschlagen; aldo wern sei eine gemeine lantschaft genent wurden; weil dan nun der mehrer teil derselbigen itzt bie inen stunde und doselbst am Spisse durch der curfursten von Sachssen statliche botschaft inen vortrustung beschehen wire, sei bie iren alten herkommen zu hanthaben, vorsehen sei sich nochmals, sei wurden billicher wan jener teil eine gemeine lantschaft genennet und geheissen.«

Egra: Von der Gegenpartei ist darüber Klage geführt worden, »als solten sich etliche von der lantschaft, so auf irer seiten wern, auch von denselben knechten mit ungeschickten worten, die sich zu widerwertigkeit zogen, gegen iren wirten gehalden und haben vor-nemen lassen; hat die landgrevin durch gedachten pfarner anzeigung getan, das sei hivor solche widerwertigkeit emsiglich betracht, auch allen stenden der lantschaft uf iren teil im felde ernstlichen under-sagen lassen, das sei sich allenthalben stetlichen halden, wu aber solchs von inen nicht geschege, bette sei des nicht unbillich ein mis-fallen. Darauf vormute sei sich, es sei also geschehen, wu aber nicht, were es ir schwerlich und wurde es von iemande ubertreten, wult sei vorfugen, domit man vormerken mochte, das ir kein gefallen daran geschehe und solchs hinfurder vermeiden bleibe. Solt aber durch eine geringeschetzige rede von einlitzen personen aufruer ader zweitracht erwachsen, das hette sei, weil es an ir zutun, be-schwerunge. Es sei auch durch die gesanten rete mein g. herren angetragen, als solt die lantgrafin einen burgermeister alhir zu Cassel etwas schwinde und ernst angeredt haben, darzu sei ge-antwurt: als sei [Landgräfin] heute zu kirchen gegangen und messe hette horen wollen, wire einer von den burgern vor sei uberge-gangen, den sei als ires sons undertanen und bekanten gnediger meinunge angesprochen, was aber das gewest, lies sei in seinem wert und solt nicht dermassen ernstlicher meinunge gescheen sein, was auch vom lanthofmeister und seinem anhange geredt, sei nit. Die lantgrevin mak mit warheit anzeigen, das der schiet, so durch keiserliche comisarien zu Martpurgk aufgericht, das ir dasselbige[l] nicht gehalden. Weil das nicht geschehen und sei beschwerungen befunden, sei sic vorursacht wurden, derhalben Kei. Mt. zu besuchen, als habe Kei. Mt. uber solchen ufgerichten vortrak zu Gengenbach ein confirmacion gegeben,[1]) wie dan solchs der artikel, in solcher confirmacion begriffen, gelesen wurden ist.[2]) Darauf furder geredt ist wurden, dorbei solle wol abezunemen sein, das Herman Reithesel bei aller handelunge von der lantgrefin weigen das furstentumb Hessen betreffende soll erfordert werden; darumb sei dem lanthofmeister und seinen anhengern nicht zustendik lauts angezeigets vortrags und keiserlicher confirmacion gedachten Reithessel unerfordert zu lassen. Wiewol sei das oftmals geclagt, so sei sie dach gedrungen wurden, Kei. Mt. am Schwartzfelt[3]) und in Elsas zu ersuchen, aldo sei solchs geclagt mit vormeldunge, das sie von ires sons sachen nicht wissen habe, sei durch Kei. Mt. declaracion bescheen, das der vortrak zu Martpurgk solt gehalden werden; sie sei auch gedrungen vom unterpfant zu G[i]essenn, darumb sei der regenten entschuldigunge gar nichts.«

B o y n e b u r g : »Saget, das der vortrak, durch keiserliche commissarien aufgericht, weiset clerlich, das solchs nicht anderst dan aus befel der fursten von Sachssen gescheen solle, darumb sei ·es in des regements macht nicht gestanden; so sie aber des von iren cf. und f. g. befel betten entpfangen, solt an inen in deme, Herman Reithesseln ader andere darbei zu furdern, keine beschwerunge sein gewest; dan sei nach leiden mogen, alle sachen mit in- und ausgeben an tag zu brengen.«

S c h r a u t e n b a c h : »Entsetzunge der amptleute, vorleihunge der leben und rechnunge belangende, solle alles darumbe· nichts sein und nicht stat haben, das Herman Reithessel nicht darzu gefurdert sei worden.«

W e i t e r s h a u s e n : Hat »von weigen der ander lantschaft einen antrak und beschwerunge vorwenden wollen, aus was ursachen einen nicht leidelich, das sich der lantgrefin teil eine gemeine lantschaft zu sein angegeben. Das ist ime durch S c h r a u t h e n b a c h nicht gestat, und haben sich dardurch mancherlei hin- und widerrede von beiden teilen, sunderlich von meiner g. frauen begeben, die den mitlern grafen von Waldecke angezogen, als solt er ir zusage getan haben, bei iren g. zu stehen, das der grave nit gestanden, wollt derhalben hirzu weiter underricht tun.«

E g r a : »Der comptur und der von Lobenstein trugen beschwerungen, das der lanthofemeister in etlichen seinen reden angezeigt, sam solten die obengemelten handelungen zum teil mit der regenten wissen geschehen sein, das dach nicht. Dan sei in

---

[1]) S. o. Nr. 51 S. 149 f.

[2]) Im Protokoll folgt hier die Bemerkung: »Alhie hat Wittershausen von weigen der, so auf seiner seiten gestanden, reden wollen, were auch also zugelassen, aber die lantgrafin ist aufgestanden, gesagt, wolle man sei nicht horen, wolle sei zu haus gehen, ist aber durch die geschickten rete irer seiten aufgehalten, und ist darauf ir weiter antragen gehort wurden.«

[3]) »Swartzwald« muss es nach dem Weimarer Protokoll heissen.

handelungen allewege ausgeschlossen; dergleichen so wern auch viel breife in der regenten namen ausgegangen, davon sei auch keinen wissen trugen, darauf wol ire nottroft erfordert, itzt alsbalde darzu zu antwurten, wolten aber der landgrafin und der lantschaft sachen lassen vorgehen und alsdan zu bequemer zeit ire gebrechen, wes sei der wider den lanthofemeister hetten, auch furbringen.«

### D) Dritter Artikel:[1])

Boyneburg: »Schonbergk belangent, sei di warheit, im pfaltzgrafischen kriege bette sich Schengk Ebharth **on sein wissen und willen** in eim vhedesbrief kegen dem lantgrafen setzen lassen und, **wiewol er solchs hab beibringen wollen, das er on sein wissen darein gesetzt, so sei[en] im doch durch ldg. Wilhelm sel. seine guter eingenomen.**[2]) Was sie mit dem Schonstein [l. Schönberg] gehandelt, sei aus befehel Rom. Kei. Mt. gescheen, wi derselbe hefehel curfursten und fursten zu Sachssen wol wislich sei. Doch sei Schonbergk nit ledig wek gegeben, sunder die Schencken von Erbpach mussen den von den fursten von Hessen zu rechten manleben entpfahen; darzu betten di fursten zu Hessen darine ewige offnunge furbehalten und die nutzung des gulden weinzals [!] mit zolsteten in den zugehorigen dorfern, und sei also die sache mit zeitigem rate gehandelt, darzu wurden curfursten und fursten zu Sachszen zu erheischung der zeit wol antwort wissen geben.«

Schrautenbach: »Sagt zu unterricht, das Schonbergk und ander derselben guter eine merkliche nutzung tragen, wie sich dan des am cammermeister zu erkunden; es sei auch Schonbergk von Kei. Mt. dem furstentumb zu Hessen geeigent, confirmirt und bestetigt; darumb wu die curfursten und fursten zu Sachssen sulchs einkomens und nutz gewust, betten sich iren f. g. sulchs zu vorgehen enthalten, wie dan Conrad von Waldenstein darvon weis underricht zu tun.«

Konrad von Waldenstein: »Sagt disen bericht, dahe mein g. herre von Hessen sel. mit dem here vor Pickenpach ubergezogen sei, habe Schenck Ebhart ldg. Wilhelmen sel. durch ine Curdten gebeten, ime seiner grafschaft zu vorschonen, er wille sich vom pfalzgrafen tun und demselben nit meher anhengik sein; habe der lantgraf geantwurt, er wolle ime nichts tun, wo er wider Kei. Mt. nit tete. Es habe auch Schengk Ebhart den von Konigsteyn und Cunradt von Walldensteyn gebeten, bei ldg. Wilhelm helfen fordern, das der Schengk Ebharth seinen teil am schlos Schonbergk wider mochte bekomen, des inen antwurt worden, er wolle ime nichts widergeben. Soviel sei Cunradt von Waldenstein wislich, und sei nit, das der lantgraf gsagt, er wolts ime widergeben.«

---

[1]) Vgl. o. Nr. 66 S. 179 die Beschwerdeschrift der Landgräfin.
[2]) Die gesperrten Worte sind nach dem Weimarer Protokoll eingefügt. — Über den Vergleich, den die Regenten mit den Schenken von Erbach im Jahre 1510 über Schönberg und Bickenbach abschlossen, vgl. H. B. Wencks Hess. Landesgesch. I, 630 f.; G. Simon, Gesch. der Dynasten und Grafen zu Erbach S. 172.

## E) Vierter Artikel:

Boyneburg: Sagt »Pickenbach und Sehe[i]m belangend . . .,
ldg. Philips habe die noch bede in seinen handen, und wisse nit
anders, es stehe recht darumb, wisse aber imant anders, der moge
es anzeigen, darzu wolten sie die vom regement geburlich antwurt
geben. Sichelnsteyn und Schmalkalden belangent, hab es die gestalt,
ldg. Wilhelm sel. habe bei seinem leben zweien stichgnossen den
Sichelnstein verpfendet umb eine summa gelts, der er desmal notdurftig gewest. Volgents betten seine freunde vom regement in
seim abwesen ane sein wissen Hennig Rauschplaten di losung vor-
kundet, da aber die bezalung hette sullen geschen, were das gelt
nit vorhanden geweist, sunder in ander wege, so zugefallen weren,
verussert wurden, nemlich dem von Eltz und andern ir gelt, so
man ime [l. ine] schuldig gewest, darumb sie ire burgen grafen
und andern, so darfur verhaft gewest, in leistung gefordert, [geben]
mussen. Das nun der losverkundung volge [gescheen][1]) und ldg.
Philipssen und dem regement kein schade und schimpf begegent,
so hette er der lanthofmeister volgents sein gelt dargelegent und
vom regement Rauschenplaths vorschreibung entpfangen, so lange
bis ime sein gelt wider wurd.[2]) Schmalkalden die 2000 gulden
heubtgelts daran belangent, habe es di gestalt: die von Buchenau
wern mit dem stift Fulda in einer handelung gestanden, das sie
gelts notdurftig gewest und betten darumb Schwertzel zu ime dem
lanthofmeister geschickt, ine zu bitten, 2000 gulden furzustrecken,
darfur wolten sie ime ire nutzung an Schmalkalden eintun. Das
hette er uf die zit abgeschlagen, dan er hette das gelt bei ime nit
gehat. Nachfolgents sei Schwertzel und einer von Buchenau wider
zu ime komen und mit hohem fleis gebeten, nachdem ine an solcher
handlung vil gelegen, ine zu helfen, sulch gelt ufzupringen; das
habe er ine zu gute also ufgebracht und di verschreibung von ine
daruber entpfangen, erpeut sich, wen ime sein gelt wider werde,
wolde er di verschreibung dargegen wider uberantworten.[3]) Ablosung des widumbs Rottenburgk und Velszbergk belangent, habe
der herzoge von Lottringen seine rete gein Marpurgk geschickt
und di aldahe an die regenten werben lassen mit beger, ime Roten-
burgk und Velszpergk einzugehen, oder aber die ablosung mit 32 000
gulden zu tun, darus erwachsen, das durch die regenten der handel

---

[1]) Die beiden eingeklammerten Worte sind nach dem Weimarer und
Dresdener Protokoll an Stellen eingefügt, an denen die Marburger Reinschrift
schadhaft geworden ist.

[2]) Am 11. Juli 1512 (Sonntag nach septem fratrum) bekennt Heinrich
Ruscheplaiten, dass er den Herzögen von Sachsen als Erbvormündern Ldg.
Philipps und dem Landhofmeister Ludwig von Boyneburg und anderen Regenten
zu Hessen 6000 Gulden auf den Sichelstein geliehen hatte und am obigen Tage
zurückerhalten hat. (A. Mbg., Quittungen.) — Von Herrn Ulrich zu Eltz hatte
Ldg. Wilhelm sich am 1. Okt. 1492 3700 Gulden geliehen. (S. A. Mbg., Repertorium über Schuld- und Pfandverschreibungen Bd. 1, S. 210, 210a.) Am 21. Dezember 1500 Freitag S. Thomastag bekennt Ulrich von Eltz, dass ihm sein Guthaben wiederbezahlt worden sei. (A. Mbg., Quittungen.)

[3]) Über den Geldhandel Boyneburgs mit denen von Buchenau und Schwerzel
liess sich nichts ausfindig machen.

uf den bischof zu Tryer gestellet, sei aber von denselben geschickten
reten nicht angnomen, das sich also verzogen bis uf den tag zu
Augspurgk. Da hat der herzog von Lottringen nithaltung klagen
wullen, das durch den herzogen von Wirtenburgk unterkomen und
sich in handel geschlagen. Ist nachvolgent darus geflossen, das
dieselben 32000 gulden zu Tryer bezalt und der vorpfant widem
ist abgelost wurden, doch mit erhaltung zweier jar schadengelts,
so uf dieselben 32000 gulden solten verlaufen sein.«[1])

Schrautenbach: »Sagt und bericht, das Sehem sei hinwek-
komen, wi ader wilcher gestalt, wisse sie die lantgrefin nit, es
gebure auch keinem tutor, guter zu im zu kaufen an wissen und
willen der lantschaft.«

Egra: »Es ist auch durch den pfarner gesagt, es sei gestern
angezeigt wurden, Atzen[2]) belangent, als solt ldg. Wilhelm dasselb
Ludwig von Lehenstein die helfte zugestellet und die ander helfte
dem Schencken von Erbach gegeben haben, das doch 6000 gulden
wirdig.«

## F) Fünfter Artikel:[3])

Boyneburg: »Sagt des artikels halben were wol zu lachen,
wems were lecherlich, die handlung w[ere][4]) aber widerwertig
furbracht, das sich also nit finden wurde. Die curfursten und
fursten zu Sachssen a[ls] vormunder und curatores betten wissen,
wi[e sich] die handlung begeben, wo er aber sulchs also geta[n],
wie er angezogen were, het er ubel gehandelt. Der pfarner het
ein ander meinung am Spiss und zu Straszburgk geredt; wie auch
die handlung mit ldg. Wilhelm furgnomen, sei wissentlich. Auch
wie man habe anfenklich zu Spangenbergk kosten zugericht, wie
man auch den lanthofmeister in pfeffer kont pringen, tet man gern.
Es habe ldg. Wilhelm ein eigen regement aufgericht wullen werden,
sei aber keins gehort wurden.[5]) Indes sei[en] di curfursten und
fursten zu Sachssen alle vir in andern sachen alher komen, sei es
gleich daruf gestanden, im land widerwertikheit zu erheben, haben
ir cf. und f. g. etlich ir[er] ret gein Spangenbergk geschickt mit
einer credenz und an ldg. Wilhelm werbung tun lassen, wo got
seiner blodekeit besserung zugefugt hett, das er sich allher wolt
fugen, wo dem also, als di rede gingen, were er billich und neber

---

[1]) Der Herzog von Lothringen forderte das Heiratsgut seiner verstorbenen
Schwester Iolantha, der ersten Gemahlin Wilhelms des Mittleren, zurück. S. o.
S. 76 Anm. 1.
[2]) Eine Ortschaft Atzen konnte ich nicht ausfindig machen; in der
Weimarer und Dresdener Niederschrift lautet der Name ebenso. Vielleicht
handelt es sich um das bei Trebur gelegene Astheim, das zur katzenelnbogischen
Erbschaft gehörte.
[3]) Am Schluss des vierten Artikels steht im mecklenburgischen Protokoll
die Bemerkung: »Das nafolget wart up middeweken [März 15] beschuldiget.«
Der 5. Artikel betrifft den wilhelminischen Handel (vgl. Annas Beschwerdeschrift
oben Nr. 66 S. 179 f.).
[4]) Die Marburger Niederschrift ist an einzelnen Randstellen brüchig; die
eingeklammerten Buchstaben sind nach dem Weimarer Protokoll ergänzt.
[5]) Vgl. hierzu oben Nr. 34 S. 125 f.

ein besser vormunder dan die curfursten und fursten zu Sachssen.[1])
Der pfarner hette aber etlich von der ritterschaft aus dem furstentumb gein Spangenburgk erfordert, ldg. Wilhelm sigl lassen machen
und ine also us dem furstentumb gefurt, was solchs nutz getragen,
sei wissentlich. Und do der landgraf wider gein Wormbs und
Oppenheim komen, sein wege gesucht, domit man ine wider ins
furstentumb bringen mocht. Es haben aber, dieweil der lantgraf
ausserhalb des furstentumbs gewest, vil verschreibung erlangt als
Gotzman und ander; es het auch der pfarner auch eine, desgleichen
sein bruder auch eine erlangt; ob sulchs des furstentumbs nutz, sei
zu achten, und wer auch diser artikel wol dahinden pliben. Es
haben sich auch Adolff Ru und Meisenbug in pesten angeben, da
ldg. Wilhelm zu Oppenheim gewest, handlung furzunemen, ldg.
Wilhelm wider ins land zu bringen, das inen nachgegeben, und
were den regenten von ine zu erkennen gegeben, das man bette
6000 gulden kein Oppenheim schicken, wulten sie den landgrafen
gein Marpurg bringen und aldahe handelunge haben, ob es dabie
bleiben mochte, doch mit burgeschaft, wo die handelunge entstunde,
alsdan den lantgrafen wider gein Oppenheim zu stellen, wie dan
das ein verzeichnis anders vermocht und desmals gelesen ist.«[2])

Adolf Rau: Hat darauf »eine lange erzelung sein und Meisen-
bugs handelung des alden landgrafen halben getan, die sich auch
uf die vorgelesen verzeichung erstreckt.«

Boyneburg: Hat »auch eine gemeine kegenrede und ent-
schuldung dargetan, mit beschliess, er habe zur auswendung ldg.
Wilhelms nichts geraten, wuste auch nit zu raten, das der mit
solcher gestalt, wie Adolff Rau furgegeben, widerumb ins lant gebracht wurde.«

Schrautenbach: »Sie ein artikel gelesen wurden, wie hinder
der wittibe und Herman Rittesel wider Kei. Mt. verordenten [l.
verordnungen] gehandelt worden sei, erstlich, das der landhofmeister
und sein anhank, wie gehort, die 6000 gulden, damit der alde
landgraf widerumb in[s] furstentumb bracht werden mogen, nit
haben gehen wollen, und sie nuhemals wol über 50 000 gulden
uncosten und schaden darauf gelaufen; darzu wollen auch diejenen,
so von dem alten l[andgrafen] gelt verschriben, die verschriebung
ghalten haben. Der landhofmeister sie auch ursach, das der alde
l[andgraf] ausm furstetumb komen; sie zu Spangenberg gewest
und, wie er aldohe hat sollen ghalten werden, sei durch Kei. Mt.
befolen. Als aber der l[andgraf] sel. gedechtnis mit tode abgangen,
habe sich die landgrefin wittib gein Spangenburg geschickt, uf
meinung, den alten fursten mit noddurftiger bestellung zu versehen
und iren soen ldg. Philips zu sich zu nemen, habe ir aber nit widerfaren mogen. Nachvolgent betten sich uf Spiss disputation erhalten, etzlich haben furgewendet, landgrafin bholt billich iren soen
in irer verwaltung, etzliche nicht und were billich, das der junge

---

[1]) Vgl. hierzu oben Nr. 36 S. 128 ff.
[2]) Das Verzeichnis fehlt.

furst bei seiner mutter bleibe. Aber der landhofmeister habe gsagt
wider eine gmeine versamelung, wolt sie je den jungen fursten
haben, so betten si noch einen fursten, der guter vernunft und
lange gefangen ghalten were, den wolten sie haben; und habe der
landhofmeister allermenniglichen ein schrift angezeigt, darneben
gesagt: Sebet ist das ein narre? unser sache schickt sich baes,
den wir selbst gemeinten, darus gefolgt, das ldg. Wilhelm wider
aus gefengnus gelassen.[1]) Summarum sie zu Mollhusen uf dem
tage furgeslagen, das die landgrafin iren soen verlassen solt, wilchs
sie erstlich gewegert, aber entlich hette sie es tun mussen, daruf
sie ein protestacion gein got und menniglich gtan und daselbst
abe in iren widumb gezogen. Da nu das regement den jungen
herrn in verwaltung erfolgt, betten sie furgewent vor noddurftig,
den alten wider in gefengnis zu bringen. Item die alte landgrafin
habe auch alher gein Cassel umb profand gschickt geschrieben,
aber nit widerfahren mogen, und sie ir vom regement wider geantwort, sie solt ie die, so bie ir zu Spangenburgk wern, von ir tun,
alsdan wusten si sich darinne wol zu halten. Aus dem were sie
geursacht und gemussigt wurden, mit irem gmahel und kindern in
auswendigen landen zu ziben und solchen grossen kosten zu ver-
zeren. Darauf gebeten, die alt landgrefin kegenwertig zu lassen,
iren bericht des unkosten halben zu horen.«

Boyneburg: »Sagt, das er diser dinge kein herolt gewest,
und were ein schimpf, wo das durch ine allein gescheen, das solchs
sovil redelicher leute gestat hetten, dan darbie gewest etzlich von
prelaten, ritter und steten, die iren willen darzu gegeben, darumb
wer es domit nit getroffen, und sunderlich, das die verwarung ldg.
Wilhelms ein gefe[n]gnis gnant wurden.«

Schrautenbach: »Gemeine landschaft bit nachmals umb die
alde landgrefin, die [h]erauszulassen, witern bericht des handels
zu tun.«

Friedrich Thun: »Ir g. hetten der landschaft furgewante
bitt, mein g. alte frau betreffent, das die [h]erausgelassen und ghort
werde, verstanden und wollens im bedenken nemen und danoch
die billichkeit vorfugen.«

Landgräfin-Witwe: »Des unangesehen hat die junge landgrefin auch einen bedenken gebeten und ehr das ein gross geschrei furwenden lassen, der meinung, wer zur landschaft ghorik,
die sollen zum ersten, zum andern und dritten mahel zu m. g. frau
und irem teil von der landschaft treten und die notdurft diser
sachen helfen handeln.«

Sächsische Fürsten: Haben das »abgewendet mit diser
mainung, das iren g. untreglich, jemant mit solchen laudparn worten
und geschrei uf einich teil binden zu lassen; dan weil diser tag zu

---

[1]) Zu der vermutlich im Protokoll sehr gekürzten und zum Teil ver-
stümmelten Rede Schrautenbachs vergleiche man die Darstellung, die ich in
der Anna von Hessen (S. 31 f., S. 72 f.) von dem Ursprung der wilhelminischen
Irrungen und den Umtrieben Boyneburgs gegeben habe.

gmeiner handelung aller irrigen gebrechen angesetzt und menniglich verhor gegeben ist, steht in eins iedern gefallen, auf wilchen teil er wolle zustehen ader bliben.«[1])

Sächsische Fürsten: »Es ist auch dornstags nach Reminiscere [16. März] vormittag von den fursten furwendung gscheen, das irer g. bedenkens von unnoten were, die alte landgrefin des unkosten halben zu horen, weil es in foriger handelung claer furgetragen ist; weils aber so emsig gebeten, wollen ir g. des auch nit hinderung tun und ir antragen auch horen, mit bet, das die partien hinfur nichts uberigs, allein was der sachen dinstlich furzubringen, auch kein teil dem andern in sine rede zu fallen, dadurch iglicher sins furtragens claer gebort und des andern antwort auch dermass vernomen werden. Sie wusten auch als lobliche fursten keinem teil sine sachen abe oder zufal zu geben, darumb solten sie die umbstender in ir gemute nit fassen, als weren sie einem teil mehr gneigt den dem andern.«

Friedrich Thun: »Hat auch angezeigt, als solt er siner person halben in eim wahen angezogen, das er witer geret, den ime were befolen gewest; darzu sagt, er het allewege, sovil seins besten bedenkens zur sache dinstlich und ime befolen gewest, geredt, darumb wolt er mit vliss gebeten haben, ine deshalben als ein armen gsellen unverdechtig zu halten, dan keiner vom regement

---

[1]) Im Protokoll der mecklenburgischen Räte ist der Vorgang etwas anders dargestellt: »Darnach wart en grosser rumor, das der hofmeister und Scrutenbach mit viel worten der 6000 gulden halben reden, und Schrutenbach fordert der forstinnen von Brunswick to sick, wol man up dat mael nicht staden; darup meint Scrutenbach, alle dejene, de bie gemein von der lantschaft treden wollen, sollen nachfolgen, und maent sie tom ersten mael, tom andern mael, tom dridden mael und gingen enwech, wart en groter upror.« Es folgen auch einige wichtige Ergänzungen: »De forsten gingen up dat slot und ratslageden, und wart also besloten, man solde ut uns 10 man darto und ut one 10 man [wählen], de solden sich underthien, de sache to vorhoren und sollen 20 man us on clagen und 20 man ut uns antworden; dat scholdeme unser g. frauen vorholden. It geschach, aber se enwolde nicht annemen und mosten up donersdach weder up dat rathus gen, schuldigen und antworden wedder.

Up donersdach vormiddage wir bleven lange tit bet to middage im slote, und de forsten de waren dewile to rade und bestalten de regenten stede und slosse und leten breve utgan und schickeden edellude de to bewaren. Darnach bevol man deme burgermester, he scholde alle zunfte und gemen to sick eschen [heischen] und up dat slot komen. Ist also geschen. Do komen de fursten, und der alde unse g. here quam tom ersten und redet mit einer groben sterne: de Kei. Mt. wunschet euer itlichem en selich neu jar. Darnach komen de forsten van Sassen und brochten mit sick den jungen forsten ldg. Philipps und leten one up einen disch 'stan und en ritter van Sassen heilt on und Frederich Thoene stunt ok up dem dische, und de fursten stunden in der dor. Do hof Frederich Thone an und saget eine lange rede van weigen der veier fursten, und erboten sich mit alle orem vermogen bi dat lant to Hessen to treden, ganz vlis ankeren to einer fruntlichen sone und begert van den van Cassell, ift se ok stanthaftich willen bliven, alse men one togetruwet, solten se alle or vinger ufrecken to meren sickernheit. Ist also geschein. Darnach gink einer nach dem andern und gaven minen g. heren de hant und gelobden dat stive und veste to holden. Alsobalde gingen de fursten van Sassen mit den graven, prelaten, ritterschaft und steden uppe dat rathus; do was unse g. fraue, rede daruppe.«

sei ime verwand, und obs also were, wolt er dannoch nimands
zu lieb ader leit seinen pflichten zuwider handeln.«

Schrautenbach: »Gestern hette di landgrefin sampt der
landschaft di fursten angesucht, auch an die geschickten rete gelangen lassen und gebeten, das ir f. g. zu becreftigung des grossen
artikels ldg. Wilhelms unkost und betreffen, das ir g. die alte landgrefin mocht gehoret werden, dan solchs der landschaft notdorft
erfordert, weil nimand mehr dan sie umb den grund davon bericht
zu tun wust.«

Sächsische Fürsten: »Hetten ir oftmals anregen ghort
und ir g. hetten derhalben ire geschickten bie derselben alten landgrefin, der antwort ir g. durfen warten. Was iren g. einkompt,
solt der landschaft unverborgen blieben, dan der verzug bisher im
besten gescheen, und were irer g. gsinnen, damit dem handel nit
lengerung zugefugt, mit den andern artikeln zu verfaren und mit
dem andern bis auf morgen zu verzihen, wolten sich alsdan ir g.
darinne unverweislich erzeigen und allen vorzug abschniden, das
also von der landschaft nachgelassen.«

## G) Sechster Artikel:[1])

Egra: »Auf disen sechsten artikel hat die landgrefin durch
den pfarner zum Nauenmarckt witer clerung tun lassen, also das
ime befolen, dasselbe mitlidlich und cleglich furzutragen, wiewol
im keiserlichen spruch zu Marthpurgk aufgericht, der er nachmals
durch die rete zu Gengenbach gewilligt, loblich versehen, auch durch
dieselbe rete zu Rottenberg furstlich betracht, das aller unwille und
widerwertigkeit hingelegt, tot und absein, auch kein teil gein dem
andern in argen gedenken ader furnemen sall, das doch von L[udwig]
von Be[uneburg] und sinem anhange nit ghalten, alles wider die obgemelten vertrege, gericht und recht, auch wider furstlich lehenbrief, indem das Balthazaren Schrautenbach sein lehen gnomen,
auch die fruchte, daruf gewachsen, wider alle billichkeit wekgefurt,
und wiewol L[udwig] von B[oyneburg] villicht bedacht, das ab-
zulenen, wolle er doch des vor underrichtung tun, und ob er sagen
wolt, das Balth[asar] Schrau[tenbach] mit ime zum rechten verfast, so
sagt er, es sie ein feler, und die landgrefin wolle es nit liden, dan
es sie im rechten versehen, das der, so spoliirt wirt, zuvorn wider
ingesetzt werden solle, aber Schrautenbach sie nit wider ingesatzt
und solle dannoch rechten. Zu der anderen beswerung ist gsagt,
wiewol von den fursten zu Sachssen eine verfassung gmacht, wie
Schrautenbach in denselben sachen rechtlich solt prociren und
damit sine lehne bekomen, so ist er doch bis ins dritte jar mit der
antworten von den regenten ufgehalten, das der landgrefin, der
diner er ist, nit zu liden, hat derhalben die landschaft angeruft,
darin zu sehen, das Schrautenbach siner lehen inhalt furstlicher
brief wider eingesezt, mit erstattung aller erliden scheden ..., das
die von der landschaft zu tun also schuldig wern, also zu verfugen,

[1]) Vgl. zu diesem Artikel Annas Beschwerdeschrift oben Nr. 66 S. 180.

auch sie ime sein bestellung uf drie pferde wider kei[serliche] furtrege und furstlich verschribung, auch uber das landhofmeister
und h. Caspar von Berlipschen zu Eschwege befehel gescheen,
gedrungen und sins ampts entsetzt, unangeschen das er sich erblich zum huse zu Hessen getan, auch 32 jar gedienet und grosse
tapfer sachen usgericht habe, und wiewol er auch lange jar nicht
mehr dan uf ein pferd bestellet gewest, so [habe] er doch der im
besten 4 bei ime enthalten der woltat, der er vil bette wollen erzelen, wo es die zeit geliden.   Er sei auch uber kei[serliche], cur-
f[urstliche] und f[urstliche] vortrege wider sein erblichen borgfride
von [Ludwig] von Beu[neburg] und seim anhange gefenglich angenomen mit reisigen und zu fussen, seiner husfrauen und kindern
gross schrecken zugefugt, des sich die landgrefin uffintlich hoch
und gross beclagt, wer es aber L[udwig] von Beu[neburg] und sein
anhang in abreden, wolle sie das in fusstappen bewisen.«

Boyneburg: »Sagt daruf, das er und das regement nit
gestehen, im etwas genomen ader entsetzt haben, solle sich auch
nit finden.   War ist, das sich Schrautenbach eins guts understanden,
als solt ime das von ldg. Wilhelm sel. geluhen [sin], sie hetten aber
im bericht funden, das sulch nicht sie, wie das durch ir f. g. reten
zum rechten verfast, das auch der verfassung irenthalben nit volge
gescheen, gestehen [sie auch] nit; dan so etwas verseumpt, seie
durch ine und nit durch sie bescheen.   Di gnomen fruchte belangent, gestehen sie auch nit, dan wo die Schrautenbach hetten
zugestanden, wolten sie ime ungern schaden doran haben zugefugt.
Die gefengnis belangent, sagt landhofmeister, das Schrautenbach
ein gebrotten [d. i. in seinem Brote stehend] knecht bie ime gehabt,
derselbe habe meines g. herrn ldg. Philips diner zum Gissen, Melcher
von Schwalpach gnant, an vhede und verwarung wider alle billichkeit
geslagen und gefangen; weil nun derselbe, Schrautenbachs diner,
sulchs in und aus seim hause getan, hetten sie Schrautenbach gefenglich lassen annemen, wie das den reten zur Naumburg angezeigt
und der hescheit daruf gangen sie, wie [sie] sich darinne solten halten.
Getrauen darumb Schrautenbach nichts schuldig zu sein, moge er
aber sie rechts darumb nicht erlassen, wern ire cf. und f. g. ir zu
rechte mechtig.   Der bestellung halben betten die fursten von
Sachssen und die rete wissen, wie es darumb gestalt, dan Schrautenbach habe sich ein bestellung angemast uf vier pferde, der ist man
ime nicht gestendig und stellen sulchs in irer cf. und f. g. willen,
was [sie] darinne tun sollen ader nicht.«[1])

---

[1]) Im Weimarer Archiv (Reg. C p. 129 Nr. 24) befindet sich eine Abschrift der Ergänzung, die Ldg. Wilhelm Schrautenbach zu seiner Amtsverschreibung Mittwoch S. Lucientag 1508 ausgestellt hatte.   In derselben verspricht Wilhelm der Mittlere Schrautenbach »noch zwei pfert zu dem einen zu
halten«, wofür dieser als Entschädigung eine järliche »amtsgieft« erhält. Die Ergänzung ist auf einem Zettel ausgestellt, der auseinandergeschnitten wurde,
nachdem die Verschreibung des Landgrafen zweimal aufgeschrieben war. Beide
Teile hatte dann Georg Nussbicker unterschrieben.   Diesem Zettel gemäss
hatte Schrautenbach die Amtsgift zwei Jahre zu Wilhelms Lebzeiten und
dann noch zwei Jahre nach seinem Tode bekommen, bis es den Regenten

Landgräfin: Hat hierauf »personlich gebeten, das die fursten Schrautenbach erleuben wolten, von disem artikel selbst zu reden, dan der pfarrer habe des nit gar innen, [welchs][1]) von den fursten nachgegeben ist.«

Schrautenbach: »Sagt erstlich, ldg. Wilhelm sel. habe ime aus besundern gnaden mit etzlichen leben versehen laut des lehenbriefs, und als ine sein f. g. belehent, habe ine sein g. als[bald][2]) eingesetzt, er sei auch der leben in gewehr gewesen, so lange bis mein herr mit tode verscheiden, do sei er zum regiment gangen, sie gebeten vor gwalt; sie hetten ime auch zugesagt, kein gewalt zu tun und ghalten bis uf dise zit; darnach weren alle lehen an in gefallen durch todesfall, die hette ime das regiment mit gwalt und ane recht genomen, darus er geursacht, solchs zu clagen, die fursten zu Sachssen darumb ersucht; ire f. g. hetten ire rete hierauf geschickt, sich der dinge erkunden und zwuschen beden teiln handeln lassen, si betten aber kein mittel zwuschen ine finden mogen; darumb bette er das recht mussen annemen, wan er anders der leben nicht gar bette ent-pern wollen, dergstalt, das ietlicher teil drie setze tun solle und dar-noch di fursten zu Sachsen entlich erkennen. Er habe sie aber nie darzu konnen bringen bis uf das itzige urteil, das ime die regenten juramentum calumnie tun solten, darzu er sie nit hat bringen mogen, bis uf das itzt ergangen urteil, darinne sie das zu tun er-kant wurden. Ime sie aber mancherlei disputation furgefallen, das ime das bisher nit habe bescheen mogen, und wiewol er drie jar derselben guter in besitz gewest, so sie er doch der von inen spoliirt; domit aber ir f. g. grunt diser lehenguter in erkundung komen, ist geboten, denselben lehenbrief zu verlesen.[3]) Sagt witer,

---

einfiel, die Berechtigung der Forderung anzuzweifeln. Tyle Wolff von Guden-berg gab dann auf Schrautenbachs Bitte die Versicherung ab, Ldg. Wilhelm babe Schrautenbach in der That zugesagt, er wolle ihm auf dem Amt Giessen drei Pferde halten, und zwar sei es geschehen, »da er [Schrautenbach] ist komen von Kei. Mt. und h. Wilhelm von der Landspurg seine brieve bracht, darin er freiherre worden ist.« Tyle Wolffs Zeugnis ist vom Mittwoch nach S. Lucien 1511 datiert (Kop.). In einem Schreiben vom 20. März 1512 (»dat. us Roddennberg, am sonnabet noch Oculi 1512«) verwendete sich Landgräfin Anna für ihren Diener Schrautenbach und bat das vom Ldg. Wilhelm gegebene Ver-sprechen auf Haltung dreier Pferde zu erfüllen (Or.). Die Wettiner antworteten in einem Schreiben vom 24. Mai 1512 (Montag nach Exaudi), worin sie sich zustimmend äusserten, falls die Regenten damit einverstanden seien. Bei ihrer Feindschaft gegen Schrautenbach bewilligten diese jedoch dessen Forderung nicht.
[1]) Einfügung aus dem Weimarer Protokoll; das Marburger Protokoll ist an dieser Stelle beschädigt.
[2]) Wie Anmerkung 1.
[3]) Es handelt sich um Leben, die früher Walther Isenberg und Balthasar von Eschbach gehörten. Das geht aus Verhandlungen hervor, die im Dezember 1511 zu Kassel zwischen Schrautenbach und den Regenten in Gegenwart sächsischer Räte gepflogen wurden. (A. W., Reg. C p. 106 Nr. 2b, Reinschr. der ernestinischen Kanzlei: »Handlung zu Cassel, dinstags und etliche volgende tag nach concept. Marie ao. XI.«) Auch der Lehenbrief ist noch erhalten, in dem Ldg. Wilhelm der Mittlere Schrautenbach mit den heimgefallenen Gütern Isenbergs und Esch-bachs belehnt, in Anbetracht der »getruen, fruchtbarlichen und annemigen dienst, so uns unser rait und lieber getruer Balthazar Schrautennbach zu mehirmalen willigliche und unverdrossen getain hat. . . . Gehen zu Marpurgk am frietage nach Lucie virginis ao. 1507« (A. Mbg., Hess. Lehenreverse, Schrautenbach Nr. 1, Or.).

des ampts halben der rentmeisterei zu Gissen sei er vom lantgrafen angenomen und bestellet wurden lauts brief und sigel, er sie aber vom regement des widerumb entsetzt, welchs aus keiner andern ursach bescheen, dan das er uf der landgrefin seiten und wider die regenten gestanden, zudem er die landgrefin des underpfands ires widumbs hat sollen abeziehn; sei die landgrefin versichert, das sie, noch die iren keins gwalts vor dem regement besorgen solle; es habe auch hz. Georg selbst mit Casparn von Berlipschen geredt, ine [Schrautenbach] an dem ampt blieben zu lassen, und sein die vorschriebung, so er deshalben hat, verlesen worden, und sei also nun ein jar lenk nachgeritten zu Marpurg, von der fursten rete[n] vorhort wurden, darkegen landhofmeister gesagt, die verschriebung wollen si ime gerne halten, der zettel nit; er hat auch der gefangnus, so aus verursachung sines knechts hergeflossen, anzeigung getan, wie dan das hievor von den regenten unserm gst. u. g. hern auch durch die landgrafin bericht ist bescheen, das dan von ime mit vil umbstenden angetragen, das alles aus verhinderung, das er zu behend geredt, in die federn nit wol hat mogen bracht werden.«

Boyneburg: »Sagt, wie er for auf den ersten artikel, der fruchte halben und entsetzung der guter belangent, antwort gegeben, daruf bestehe er noch, und werde sich nicht finden, das ime etwas gnomen worden, und hab die gestalt, Baltzer von Eschbach hab solch gut von ldg. [Wilhelm] sel. [negstverstorben][1]) zu leben gehabt[2]), naich abgang gmelts Eschbachs bette das regement solichs vor ein verfallen lehen gehabt und dem rentmeister zu Nidda daruf befel getan, dasselb inzunemen, darnach hab Balthasar Schrautenbach angesucht und sich zu den gutern getan, daruf gefolget, das die verfassung also geschee. Der amptsentsetzung halber betten die fursten von Sachssen dem regement ein befel getan, dem weren sie also nachgangen und hetten ine des nicht, inmassen er anzeigt, entsatzt. Der gefengnis halber hab es die gstalt, als er der landhofmeister am Rine gwest, habe er den andern sinen frunden vom regement geschriben, Schrautenbach anzunemen und nicht ledig zu geben, bis der burkmann zum Gissen auch ledig werde, sunst sollten sie darinne weiter nichts handeln.«

Schrautenbach: »Sagt, das regement hett ine mit gewalt en[t]satzt, dan ldg. Philips konnt solich lehen mit recht nit innegehaben, ursach, sein vater staende im lehenbriefe vor sich und sein erben.«

## H) Siebenter Artikel:[3])

Boyneburg: Sagt, »das sie der lantgrafin umb disen artikel rechts nie gewegert und allewege erputig gewest, die knechte zu recht zu stellen, uberdas sein die knechte gein Rottweill furgenomen.

---

[1]) Wie Anmerk. 1 S. 267.
[2]) S. die Belehnungsurkunde für Balthasar von Eschbach und Walther Isenberg A. Mbg., Hess. Lehenreverse, Schrautenbach Nr. 1 Nidda 1501 Februar 9.
[3]) Vgl. zu diesem Artikel Annas Beschwerdeschrift oben Nr. 66, S. 180.

Zur selben zeit sei h. Caspar von Berlebschen und er zu Collen gewest, von Kei. Mt. ein inhibition an das gericht zu Rotweil ausbracht, darinne die knechte apgefordert, hofft, sie haben doran nicht unrecht getan und sein nach willig, der lantgrefin die knechte nach ordenung des reichs zu recht zu halten.«

Schrautenbach: »Sagt nein, die lantgravin habe zwene knechte gehabt, die weren ir ungehorsamen gewest, sich mit einer merglichen summa gelts unberechent zum regement getan. Daruf ire f. g. dem regement geschriben, wilchs aber unfruchtbar gewest, und sei daruf gein Grunbergk deshalben [den knechten ein tak][1]) ernant, hetten sie daselbst handels vorgewant und die knechte also beschirmet, die treulos worden weren. Aus dem die lantgrafin geursacht, die guter zu sequestrieren und Kei. Mt. zu ersuchen, daselbst sei ein mandat gein Franckfurt haltende ausbracht, daselbst deshalben mit dem regement rechts zu pflegen; des sich die regenten beschwert, ausserhalb lands zu rechten, und ein ander mandat bei Kei. Mt. ausbracht, uf meinung die sache zu remittiren ins lant zu Hessen, das ist fur das regiment, sein for partien gewest, dan beider partien vertrege wern dawider. Und also unpillicher wiese hat das regement mein g. frauen an irem rechten verhindert und noch ire f. g. wust wol, wan sie es an Kei. Mt. gelangen liess, es wurde apgestalt, wo sies aber understoende, wurden sich die regenten aber an keiserlichen hof fugen und dagegen etwas anders ufbringen; wem aber der kosten heimginge, het meniglich zu ermessen.«

Boyneburg: »Sagt wie for, das sie den keiserlichen vertregen volge getan, darzu weren curfursten und fursten zu Sachssen vor dem gericht zu Rottweil gefreiet; darumb irn g. sei das recht nach des reichs ordenung ader am hofgericht zu Marpurgk nie ge[weigert][2]) worden, sein noch urputig, ir die knechte zu recht zu halten.«

### I) Achter Artikel:[3])

Schrautenbach: »Hat auf disen artikel etwas weiter erclerung getan, ist nicht ufgezeichnet.«

Boyneburg: »Sagt des quatembergelts halben und cleidung des jungen freulins, es muge sein, das mein g. frau nicht zu ider zeit des quatembergelts alsbalde bezalt sein wurden, sunderlich aus der ursachen, das nicht allezeit curfurstliche munz am Rhein furhanden gewest, damit sie inhalt keiserlicher vertrege soll bezalt werden, und hat ire g. sunst nicht allewege ganghaftige munz nemen wullen. Der cleidung halben, das der regenten dochter wol

---

[1]) Einfügung aus dem Weimarer Protokoll. Im Marburger Protokoll ist die bezügliche Stelle schadhaft.
[2]) Wie Anm. 1 S. 267.
[3]) Vgl. o. Nr. 66, S. 178 Anm. 1. Dieser Artikel, der, wie die Randbemerkung lehrt, aus der Reinschrift der Beschwerdeartikel fortgelassen werden sollte, scheint nachträglich wieder von der Landgräfin aufgenommen zu sein.

gecleit sollen sein, wisse er nicht und keiner under inen allen, und
ob sie schon wol gecleit, were ine nimant darzu behulflich gewest.«

Schrautenbach: »Sie [landgräfin] sei sider dem keiserlichen
vertrage nie mit willen bezalt, und sonderlich am ersten nach apsterben ires gemahels ein jar ufgehalten, dadurch sie auch geursacht, Kei. Mt. deshalben zu ersuchen und sei [am][1]) lesten mit
purgerhellern bezalt und [stunden] iren g. nach 975 gulden aussen.
So hetten auch dem jungen freulin sider ldg. Wilhelms sel. tode
keine notdurftige cleider werden mogen, d[an in] disem jare ein
damasken und zwen sametrecke, wiewol ire f. g. erwachsen [und]
ern halben des wol notdurftig were, dan mein g. frau bette sie
deshalben nicht [fur] ire freunde dorfen gehen lassen.«

Boyneburg: »Sagt, es sei mit der cleidung bisher nicht
grosse not gewest, aber nue gehe die [zeit here], wullen sie alles
tun, das inen gebure, und wie sie deshalben von den curatorn und
formunden befel empfahen.«

Schrautenbach: »Sagt, mein g. frau und gemeine lantschaft
weren bericht, wie gestern etlich burger von Cassel ins schlos gefordert, an beder fursten hende zu grifen, bei iren f. g. zu bleiben[2]),
als solt mein g. frau und gemein lantschaft dafur geacht werden,
wider gemelte bede fursten zu sein. Darzu sagte gemeine lantschaft, sie und ir eltern hetten herbracht, das sie allezeit getrue
undertenikeit zum furstentumb Hessen gehabt und des gemuts noch
wern, das gespurt, durch sie getan sol werden, wes sie phlichtig
sein; das man auch bede fursten darstelle, wullen sie sich mit
lehenentpfengknis und anderm halten, wie ine geburt.«

Friedrich Thun: »Sagt, man solt mit dem andern handel
furtfaren, die fursten wulten zu seiner zeit antwert geben, worumb
solchs geschen sei und was sie darzu bewogen habe.«

## K) Neunter Artikel:[3])

Schrautenbach: »Sagt zu erleuterung dis artikels, das der
steift Hersfelt in des furstentumbs Hessen erbschirm gewest und
nach, an welchem steift auch den fursten und dem furstentumb
Hessen merglich und hoch geleigen, dan er sei dem mit deinst
verwant und ein iglicher abt schuldik gewest, ze deinen mit reisigen
und die stat mit fussfulke, als in nehestem kreige[4]) weren 300 zu
fuess gewest, auch bie 1800 gulden dargestrackt; der steift sei
auch im furstentumb Hessen gelegen inhalt der bullen Keiser Karlls,
auch ein offenunge an der stadt. Nue habe der abt von Fulda

---

[1]) Die in Klammern geschlossenen Worte sind aus dem Weimarer Protokoll
ergänzend eingefügt an Stellen, wo die Marburger Niederschrift schadhaft geworden ist.
[2]) Diese Bemerkung bezieht sich auf den Vorgang, der von den mecklenburgischen Räten geschildert worden ist: s. o. S. 264 Anm. 1.
[3]) Vgl. zu diesem Artikel Annas Beschwerdeschrift oben Nr. 66 S. 180.
Nach dem Protokoll der mecklenburgischen Räte sind die folgenden Verhandlungen »up fridach Gerdrudis« [1514 März 17] geführt worden.
[4]) Gemeint ist der pfalzbairische Erbfolgekrieg 1504.

in ein prackticen geschickt, den steift Hirsfelt seinem steift
Fulde ewik zu incorporirn understanden, auch ime alle undertan
des steifts lassen geloben und sweren, den steift eingenomen sambt
drien slossen Eichenn, Landeck und . . . .[1]) Zur selben zeit betten die
von Hersfelt den hofemeister angelaufen, umb hulfe gebeten, aber
in sei kein troest begegent, und als sich mein g. frau und gemeine
lantschaft des lange haben dunken lassen, betten sich etliche aus der
ritterschaft, Conradt von Waldenstein und Wilhelm von Dhoringen-
bergk, tageleistens angenomen, also, das sei den undertanen mit
listen gesagt, dem abt nicht gehorsam zu sein; were es sache, das
sei der abt von Fulde beweldigen, wulten sie bie sie setzen leibe
und guter, und wu der abt zu einer phorten hineinz[i]ehe, wulten
sei zur andern hinein und ine zu hulfe kommen. Die Fuldischen
betten zu Eichenn geleigen und noch uber die stadt geschossen,
das schloss befestigen lassen ane widerstant des regements. Des
landhofemeisters tochterman were ein amptman dahe. Die undertanen betten mein g. frau angelaufen, davon ire f. g. geursacht
und die fursten von Sachssen ersucht, von denselbigen gnediger
troest ersprossen. Aber Ludiwigk von Boneburgk habe allen vleis
underlassen. Als die clage der von Herschfelt durch mein g.
frau an der curfursten und fursten zu Sachssen rete gelangt, betten
sich dieselbigen gein Hersfelt gfuget und allen vleis, dem zu widerkommen furgehalten und am letzten den abscheit gegeben, das sich
die undertanen und die herrn ime steift solten an das lant zu
Hessen halten, wie von alters herkommen. Des sie sich bisher
also gehalten, wiewol mit beschwerunge; uber solchs die Fuldischen
deglich geschossen, fenlein ausgesteckt, den undertanen gedrauet,
ire felde nicht zu bauen, und treiben sei mit geschutz dorvon;
zum andern gebore dem furstentumb Hessen gross aufsehen darauf
zu haben, indeme das solcher steift bie 300 edelmann under sich
hat. Solt dan der steift zum steift Fulda kommen, bette menniglich zu ermessen, was schadens dovon entstehen mocht. Der abt
von Fulda habe auch uber den furstlichen beschiet drei probestien
ingenomen, und kan ein abt zu Hirsfelt seinen stant als ein grosser
prelate im furstentumb wol gehaben, der steift habe grosser uber-
keit und herlickeit, das alles unangesehen habe das regement den
abt von Fulda gewerden lassen bis uf heutigen tak.«

Boyneburg: »Saget auf den artikel Hersfelt belangende,
wulle er einen korzen bericht tun, sei wahr, wiewol von vil
leuten dovon gesaget, so habe Conradt von Waldenstein mit ime,
dem lanthofemeister, dovon geredt, es sei aber solcher handel bie
dem regement nicht angefangen, und werde sich finden, das der
handel bie ldg. Wilhelme sel. vorgewest. Dan do derselbige ldg.
Wilhelm ein reformacion vorgenomen, da haben der abt vor vorbittert angesehen und davon die ebtie dem steift Fulda anzuhengen
understanden.[2]) Da nue der handel bie bebestlicher heilickeit durch

---

[1]) Der Name des dritten Schlosses fehlt in den drei Protokollen.
[2]) Vgl. hierzu Rommel III, 178, 235 ff.

furderung Kei. Mt. erlangt, do habe mein g. herr von Fulde deme
regement durch seine geschickten anzeigen lassen die meinunge,
er habe erlangt, das der steift Hersfelt seinem steift Fulda in-
corporirt, mit deme anhange, was dem furstentumb Hessen vorhin
dovon geschcen, wulle er auch nicht abbrechen. Hetten sei denselbigen geschickten darauf geantwurt, sie leissen das ein werbung
sein, wulten sich des bie curfursten und fursten zu Sachssen erlernen, sie solten aber nichts weiters in deme vornemen. In deme
betten die fursten von Sachssen ire rete gein Marckburgk geschickt,
daselbst geratschlagt, wie dem handel bie bebestlicher heilikeit
wider gedacht werden mocht, sich darnach gein Hirsfelt gefuget,
dem rat doselbst angezeiget, sich nichts zu irren lassen, sei wolten
dem handel zugegen arweiten, als die ritterschaft eins teils, sunderlich Conradt von Waldenstein, des ungezweifelt wissen truge. Sieder
betten sie sich eins abts zu Fulde nicht geirret, sie betten auch
deshalben geordent meinen herrn von Biechelingen als phleigern
zu Homburgk, den ambtman zu Vache und den voit zu Fridewaldt,
den von Hersfelt angezeigt, wu sei etwas anfechten wurde, dieselbigen umb hulfe anzusuchen, die sollen nach aller nottroft dargegen handeln. Us dem zu vormerken, das sichs nicht erhalte als
Schrautenbach angetragen und wirn des antragens billicher erlaessen.
Man wurde auch hirnach finden, was man deshalb bie Kei. Mt.
gehandelt. Das aber mit der tat nit als gleich dogegen gehandelt,
sei bisher ane ursache nicht underlassen, werde aber vor not und
gut funden, si dem handel balde mit gegenwere nachzutrachten,
wollen es die curatoren und furmunder haben. Man konne in
zweien monden beide steift Hersfelt und auch Fulda wol einbrengen.
Das er auch in Hirsfelt gewest, als der steift eingenomen wurden,
sei die warheit, das er aber darzu gehandelt, sol sich mit warheit
nimmermehr finden. Das er darin vordacht sei, habe die gestalt,
er sei beiden steiften eids phlichtik, betten ine beide teil, steift
und stadt gebeten, zwuschen inen zu handeln und ire irrungen abezulenen, sei er hingeritten, zwuschen inen gehandelt, aber nichts
geschafft, habe er einen andern tak angesatzt, neben dem ambtman
zu Vache wider dohin kommen, vormittage zwuschen inen gehandelt,
aber im mittage sie der abt gein Eichenn geritten und ein geruchte
kommen, das der abt von Fulda den steift Hirsfelt eingenomen,
den von Hirsfelt geschreiben, das der steift Hirsfelt seinem steift
incorporiret, mit anzeigunge, ine ire freiheit zu bessern, wo sei
sich recht bilden. Solche schreifte betten sie ine den lanthofemeister lesen lassen und darneben seinen rat gebeten, aber er
hette inen das alsbalde widerraten und von regements wegen vorboten, sich an den abt zu Fulde nichts zu keren und ire toer zu
bestellen und zu bewachen, er wulde das an die fursten von Sachssen
gelangen lassen. Das es waher sei, zeihe er sich auf den ganzen
rat und etzlichen aus der gemeine zu Hersfelt, in zuvorsicht, sei
wurden ime das nummermehr in abreden sein, werde sich nicht
finden, das er wider rat ader furderunge darzu gegeben, zeuch
sich auch des an curfursten und fursten zu Sachssen, dergleichen
uf alle seine frunde vom regement. Das seiner dochter man zu

Eichen sei, das gebe ime nichts zu schaffen. Es sei eine fruntschaft zwuschen ime und seiner tochter, als sei nach in der weigen
geleigen, abgeredt, er habe sei aber nach bie ime. Abs aber
schon also wire, das er seine dochter hinwek bette und er der lanthofmeister solt dardurch furderunge und das ime nicht gebort,
getan, were [l. wer] ime solchs zumesse, der tu seinen willen.
Friderich von Schlitz habe alle seine narunge vom steift Fulda,
wan er an seiner stat wire und sein herre begerts an ime, er
wuste auch nicht zu weigern, bit darauf, ine der billikeit nach in
deme gnugsam entschuldigt zu halten.«

Friedrich Thun: »Ime wire bevolen zu sagen, wo ir f. g.
befunden, das das regement unbillich gehandelt, wollen sich ire
f. g. dermassen erzeigen, das ir f. g. misfal gespuret, was auch
ire f. g. darzu getan, sall angezeigt werden. Es weren mandat
von Kei. Mt. ausgangen, dorinen geboten, den abt von Fulde bie
Hersfelt zu hanthaben. Darauf hetten ire f. g. Kei. Mt. wider
geschreiben, sonst alles zu tune, das irer Mt. gefellik were, aber
in deme wult in als curatorn und furmunden nicht geboren, etwas
zu vorbengen. Darumb wo in rat bfunden wurde, das man mit
der tat dagegen handeln solt, wulten ire f. g. derselbigen lande
und leute bie das furstentumb Hessen setzen.«

Schrautenbach: »Es wire eine antwurt von Ludewige von
Boneburg uf die beschene clagen gehort. Erstlich sei er gestend[i]g, das er, als der stift Hersfelt eingenomen, doselbst zu
Hersfelt gewest. ... Es sei wahr, das der fleis, inmassen durch
Friderich Thun erzalt, bescheen sei, aber nicht deste weiniger habe
der abt van Fulde seins willens gelebt und mit der tat furder vorfaren, darumb entschuldigt di antwurt Ludewigken von Boneburg
gar nichts; dan ime habe von amts wegen gar nicht gebort, das
er gehandelt; dan die fursten von Hessen mit Hersfelt in sunderlichen vortregen seint, das ein abt hinder den fursten zu Hessen
nichts vorgeben ader voraussern sall; uber dasselbige sei solchs
alls bescheen, als er auch selbst bekenne, er sei zu Hirsfelt gewest. So habe er gewost, das die vorschreibung, breife und sigel
dagewest, bette im wol gezemet, zu meinem g. herrn von Fulda
zu reiten und anzuzeigen, das ime solchs nicht geboret und wurde
nicht geleiden [!]. Das hette ime wol geburt, ine mit der tat daraus
zu seitzen; dan wer spoliirt und wider spoliirt wirt, der wirt nit
entsatzt; das aber angehangen, das der abt van Fulda erbotik, an
deme, das dem furstentumb zustehet, keinen eintrak zu tune, solt
der abt solchs billich bie den fursten zu Sachssen oder den regenten
gesucht haben; wurde auch solchs deme furstentumb von itzigem
abt gehalten, so stunde es nach an dem, der ernach kome, ab ers
auch tun wult, und betten etzliche des regements, sunderlich der
marschal[1]) gar nichts dovon gwust, sei auch kein sonderlich rat
nie dovon gehalten.«

Friedrich Thun: »Das anrufen und bit wire vorstanden,
und wulten sich die fursten darin geborlich erzeigen, es solt

---

[1]) Eitel von Löwenstein.

ein ratschlak gemacht werden, domit den dingen furkommen
wurde.«

Schrautenbach: »Sagt, gemeine lantschaft nemen ire[r] cf.
und f. g. [erbieten] zu undertenigem dank an.«

Boyneburg: »Es were in der nachrede furbracht, das seine
vorantwertunge keine stat haben sall, mit anheftung, das er sich
billich anders gehalten; sagt er, wan er in abrede stunde, das er
nit zu Hersfelt gewest, worden ine das die leute besagen, das er
aber unrecht gehandelt, das gestehe er nit, und stelle das an curfursten und fursten von Sachssen, ob ime etwas mehrer zu tune
geburt bette, woran am meisten gelegen, habe er getraulich inne
gehandelt. Und sich furder gezagen uf burgermeister und rat und
gemeine zu Hersfelt, das er inen gesagt, wie ine aufs hochste
mein g. furst von Hessen zu gebiten habe, sich an den abt zu
Fulde nicht zu halten. Sie mochten auch alle sechs steen und bie
iren phlichten sagen, das sei nicht gewost, was in der vorschreibunge
gestanden, die auch nicht gesehen. Das aber der compter und
Lobenstein nicht bie dem handel gwest, saget er, sei hiltens darfur,
was ine ambts halben gebore, haben sei getan; aber daran am
meisten gelegen, das ist die stadt Hirsfelt, habe er getan; des zihe
er sich auf rat und gemeine zu Hersfelt. Es sei auch wahr, das
der compter nit mit gebraucht, und habe die gestalt: da er der
lanthofmeister und h. Caspar von Berlubschen wider von Coln
kommen gein Marcpurgk, betten sei ine in rat gefordert, were er
kommen und ein zorn vorgenomen, gesagt, sei betten hinder ime
ane sein wissen gehandelt, also henwek gangen und seider bei
keine handelunge gewult, darumb bett er des kein wissen gehabt.«

Dietrich von Cleen: »Sagt, es habe die gestalt, der lanthofmeister und etliche, die er zu ime gezogen, betten die kopfe
alleine zusammen gestossen von vier jarn her und sei zwene stehen
lassen, ine auch nichts dovon gesagt. Sei er in die canzelei
kommen, gesagt; sie wurden nicht darzu gefurdert, und darumb,
weil sie nit zu allen hendeln zugelassen, sei er abgetreten, nicht
das er urlaub genomen. Dan so ir etliche nicht irem willen allewege nach gehandelt, wern sei vor di kopfe gestossen. Er were
auch einmal mit Heinriche von Bodenhausen und Jobsten von Baumbach eins wurden, den hofemeister und die andern, so er zu ime
gezogen, darumb zu bereden.«

Eitel von Löwenstein: »Saget, er habe des handels Hersfelt belangende kein wissen gehabt; da auch der handel furgewest,
hettens ime die von Hersfelt in sunderheit angezeigt und seinen
rat darinne gebeten; soviel er aber bie den regenten darinnen ge-
roten, betten seine wort nit wollen gehort werden.«

Schrautenbach: »Sagt, als der lanthofmeister furgewant,
er habe nicht von den vortregen gewust, wo er nue Conrathen
von Waldenstein, ine und andere darumb gfragt, were er des wol
bericht worden. Meine g. frau habe understanden, die von Hersfelt mit einem edelman, Ratzenburgk genant, so derselben von
Hersfelt veint gewest, zu vortragen; solchs habe der lanthofemeister

vorboten, dadurch der edelman geursacht, us dem lande zu zihene und veint zu bleiben bis uf dise zeit.«

Boyneburg: »Saget darauf, er wolt gerne wissen, wie er die frage bette tun mogen, so er zu Martpurgk nicht gewest. Und sagen [Regenten] bie iren eiden, das sei nicht gewust, was in den vorschreibungen gestanden. Des forbescheids halben Ratzenburgk belangende, sagt er, Ratzenburgk habe den von Hersfelt uf unsern g. herren von Hessen strasse ein burger abgefangen, den im ambt Rothenburgk enthalden uf dem alden schlosse und furder gfurt, als sei wissen, wie dan Friderich Trothe und Ehewalt von Baumbach in irer werbunge bericht getan.«

Schrautenbach: »Sagt auf des lanthofemeisters frage, wie er sich gehalten sall haben, ldg. Wilhelm sel. habe 24 rete im lande gehabt und keine grosse sache an derselben rat furgenomen, aber der lanthofemeister habe solche sache allein gehandelt.«

Boyneburg: »Er wulle solchs alles zu irer aller f. g. gestalt haben, ob er deshalben recht oder unrecht gehandelt habe, darumb auch steen und halten.«

### L) Zehnter Artikel:[1])

Schrautenbach: »Sagt auf den artikel, lanthofmeister und regenten, die des zu tun, betten dei beide stete Hombergk und Treise mit einem fremden folke uberfort, ire privileigen genomen, geschlagen, gfangen, und wiewol ine mit mit dem sacrament und process entkeigen gegangen, betten sei ane alle rechtliche forderunge uber die einigonge ufim Spiss, darin bede stete gewest, furtgefaren. Es sei auch umb keiner andern dan umb der ursachen willen gescheen, das sei bie irem landesfursten haben pleiben wollen.«

Eitel von Löwenstein: »Sagt, der comptur und er hetten von disem handel kein wissen gehabt, weren auch in keinem rate deshalben mit gewest, wult sich deshalben gegen gemeiner lantschaft entschuldigt halten.«

Dietrich von Cleen: »Desgleichen hat sich der comptur auch dermasse entschuldigt in eigener person.«

Boyneburg: »Sagt, die sechs des regements wurden angezogen, als solten sie den zweien steten zu merglichem schaden und nachteil gehandelt [haben]; darauf sagt er, was sie gegen den steten furgenomen, des wern sie gemussigt, und inen treulich leit gewest, aber das des mehr, sagt er, das irer aller cf. und f. g. in eigener person zu Cassel gewest und sichs also wunderlich ereugt, hetten irer aller f. g. in rat beschlossen, das die nottroft erfordern wulle, phlicht zu nemen, an Cassel angefangen, die sich gehalten als

---

[1]) Dieser Artikel ist in Annas Beschwerdeschrift (Nr. 66) nicht mehr enthalten, wohl aber in der Rede (Nr. 65), in der sich die Landgräfin der von Boyneburg in Strafe genommenen Städte Homberg und Treysa mit grosser Wärme annimmt.

frome leute, und aus irer f. g. bephel hetten sie, die rete und
regenten, huldigong allenthalben im furstentumb nemen wollen.
Da sie kein Homburgk kommen und die huldunk begert, were der
rat willik gewest und ine den morgen ein stunde benant, darneben
gesagt, ze tun als fromme leute; aber des morgens wern sie mit
wehrhaftiger hant kommen, das die geschickten vorechtiklich und
mit schimpf wider betten abtreten mussen; wern die nacht da
bleiben, und als sie des morgens us der stadt geritten, wern etliche
ins thoer getreten, die weiber zu den fenstern ausgerufen, sie in
aller teufel namen reiten heissen.[1]) Wern fortan nach Martpurgk
gereist, die hetten sich erst gesperret, aber doch gehuldet; weren
eben der von den zweien steten Homburgk und Trysa geschickten
zu Marpurgk geweist, gesagt: was die von Martpurgk teten, wulten
sie auch tun. Als nue dieselben von Martpurgk ire handelunge
getan, hetten die stete und regenten solchs den von Treise angezeigt, und das sei kommen und die huldigung auch von inen
nemen wolten. Als sie nue folgends tags zum thoer hinein geritten, bett sie der rat zu Treise gfragt, was sie machen wulten,
weren sie ufs rathaus gangen, und wiewol zu iglicher zeit gewan-
heit da gewest, wan mein g. herrn von Hessen geschickten dar-
kommen, das man denselben wissbrot und wein aufgetragen, bett
man si doch schimpflich bleiben sitzen lassen und nimands hinauf
kommen. Sie betten nach ine geschickt, zuletzt weren sie hinauf-
gangen, were ine der von Martpurgk gehorsame angezeiget wurden,
mit beger, das sei auch dergleichen tun wulten, sie bettens aber
geweigert, gesagt, sie werens nicht bedacht; wan der lantgraven
einer selbst da were, wulten sie antwurt geben. Etlich betten
sich vernemen lassen, den regenten exte in die rucke zu schlahn,
entlich hetten sie mit grossem schimpf wider abzihen [mussen].
Darnach hette Rabe von Herde mit inen deshalben gehandelt,
were aber alles unfruchtbar gewest, davon das regement geursacht,
solchs den fursten von Sachssen anzuzeigen.[2]) Hetten inen ir f. g.
etliche reisige und zu fusse geschickt. So hett sich das regement
iglicher bie seiner fruntschaft auch umb hulfe beworben. Da die
von Treise solchs gesehen, betten sie sich gehorsam gehalten und
hetten sie nicht geschlagen, dan vil not gewest, auch irer zwene,
die sonderlich vorwenet gewest, gein Zigenhain gefenklichen gesetzt, die auch abtrak tun mussen haben; das sei also verrechent,
und sol sich nicht finden, das es in iren nutz, sonder dem furstentumb zu gute geschen, und haben glauben, das sie nicht anderst
gehandelt, dan inen gebort habe, welchs sie in der fursten von
Sachssen ermessen wullen gestelt haben.«

Schrautenbach: »Sagt, das mein g. frau heut sambt gemeiner lantschaft etzliche gebrechen Hersfelt belangent furgewendet,
darauf bett der landhofmeister geantwurt; nu weren zwene von

---

[1]) Vgl. o. S. 134 Nr. 40 den Bericht der sächsischen Räte an die Wettiner
über die Verweigerung der Huldigung in Homberg.

[2]) Vgl. o. Nr. 50 S. 148.

Hersfelt[1]), der burgermeister und sunst einer gegenwertik, were die bitt, dieselben zu vorhoren.«

Bürger von Hersfeld: »Der lanthofmeister sei zu Hersfelt gewest, den abt und dei stadt irer gebrechen halben [zu vertragen]; do sei der abt gegenwertik gewest. Indes sie der dechant von Fulda kommen, die schlossel vom dechant zu Hersfelde gefordert, die auch entphangen, also der abt an schlussel hinwek kommen. Die von Hersfelt betten solchs dem lanthofmeister angezeigt. Als sie nue den tak zu barfussern hetten halten wullen, wire ein geruchte erschollen, das vil reuter zu Eichenn einkommen, darauf sie ein burger usgeschickt und lassen die warheit erfarn. Solchs betten sie dem lanthofmeister wider angezeigt, der inen darauf gsagt, sie dorften keins harnisch, sie solten die pforten wol verwaren. Darnach weren sei aufs rathaus gegangen, were vom abt von Fulda ein schrift kommen an die stadt Hersfelt des inhalts, das er sie bie iren alten herkomen und freiheiten wult bleiben lassen; het der lanthofmeister zu inen gesagt, das sei ire phorten vorwarten, in solt in acht tagen weiter bescheit werden. Es were aber nicht gescheen. Hetten danach die von Hersfelt solchs an mein g. frau, desgleichen an die fursten von Sachssen gelangen lassen, sie betten einen erblichen spruch im lant zu Hessen, den wollen sie gerne halten. Aber der abt von Fulde hette sie an das cammergerichte citiret, dieselbigen citacion sie dem lanthofemeister zugeschickt, darauf sei ine angezeigt, sich daran nicht zu keren, bitten, das man sie bei irem alten herkommen wulle hanthaben und bleiben lassen.«

Friedrich Thun: »Sagt und weiter angezeigt, nachdeme etwas vil rede, welche zu hinleigunge der sachen undinstlichen, ergangen, mit beger, die sache zu furdern und nicht vorzok dorinne zu suchen.«

Schrautenbach: »Sagt, heute het der lanthofmeister angezeigt, das die von Treyse und Homburgk solten vorwirket und irer strafe ursache gegeben haben, des weren dieselben zwoe stete nicht gestendik. Die von Dreise sageten, ine were angemut, eine erbhuldunge ze tun, habe der alt lantgraf dobin geschreiben und inen solchs ze tun vorboten, dermass, das sei dem jungen fursten, sovil ime eigent, sich vorbinden solten; hetten auch gesagt, wan ldg. Phillips entkegen were, wulten sie gerne tun, was ine geboret. Es were auch disesmals die rede gegangen, das ldg. Phillips solt tot ader mit grosser schwacheit beladen sein. Da hat der lanthofemeister gesagt, wiel sie sich erboten, solten sie den handel bis zu weiter tagen ruhen lassen, und betten sich die von Treise solchem abeschide nachzukommen versehen, aber inen weren daruber ire pforten ausgehoben, sie hetten auch guten beschiet geben. Das sie auch den hern nicht geschenkt, sie deshalben verbleiben, das sie, die herrn, alsbalde wider wekgangen wirn. Von der axt

---

[1]) Aus dem mecklenburgischen Protokoll erfahren wir die Namen der zwei Hersfelder; sie beissen Otto Sassen und Smert Wulff.

geben sie den bericht, das es ein unsinnik manne gewest sei.
Homburgk belangende balde sich auch nicht also, wie der lanthofmeister furgetragen, sonder also, do er der lanthofmeister doselbst
gegenwertik, weren des alten lantgrafen geschickten auch do
gewest, begert seiner g. gerechtigkeit auch vorzubehalten. Die
von Homburgk betten sich erboten zu tun wie die von Martpurgk,
das die regenten zufriden gewest, und hetten sich darauf versehen, ir sache solt wol mit dem regement stehen, und solten des
gewalts billik uberik gestanden sein. Des lanthofemeisters anbrengen tut zu diser sachen nichts; betten die stete einige uber-
forung getan, mochten die regenten sie derhalben mit rechte vorgenomen haben, das betten sei leiden mussen und sich vorsehen,
wo die fursten von Sachssen diser sache recht betten bericht, sei
betten dem regement kein volk geschickt. Hetten auch die zwohe
stete ie sollen gestraft werden, das were billicher gescheen mit
hulfe gemeiner lantschaft denn mit fromden volken, aus deme
meniglich zu vormerken, das sich das regement solcher straefe
billicher enthalten bette.«

  Philipp Meysenbug: »Sagt, auf die zeit habe ldg. Phillips
mit dem hofehalt gein Martpurgk wollen rucken, habe er ime
wollen entkegen zihen, were ime der lanthofemeister uf sonnabent
nebst, ehe solche strafe gescheen[1]), begegent, bett er und der
rentmeister zu Humburgk ine gebeten, das sei sich kein Homburgk
fugen, wulten sich die in der stadt halten, wie ine geburt, und
wo iemant under inen, der strafwirdik wire, denselben zu strafen.
Were ime beschiet wurden, die von Homburgk wern strafwirdik,
solt ine auch widerfaren; so sie nu solchs schon vordeint hetten,
solten sie liber 2000 gulden vorlisen, den solche straf geleiden.
Die von Homburgk betten sich auch des beschlossen, die huldung
zu tun; indeme were schreift von dem alten lantgrafen kommen,
domit stille zu stehen, dem jungen fursten zu tune, was ime eigent,
und ime, dem alten fursten, zu tune, was ime eigent. Den von
Homburgk were auch desmals gepoten, die turmhe und mauren
zu bewaren, were[n] sie also mit der wehre und nicht den reten
zuwider aufs haus komen.«

  Schrautenbach: »Der zweier stete bit wer durch gots willen
an die fursten von Sachssen und gemeine lantschaft, das ine ire
schaden mochten erstat werden; es wire ein arm man dohe, dem
alleine 1000 gulden wert were genohemen wurden, geñant Ulfex.«

  Boyneburg: »Sagt uf dis, was er heut gesagt, sei wahr
· und solle sich nummermehr anders befinden, und hetten desmals zu
Dreysa nihe kein wort darvon gebort, das ldg. Phillips tot ader
schwach sein solt; und sei derselbe Ulfex sonderlich einer der geschickten gein Martpurgk gewest, betten gesehen, das die von
Martpurgk holdunge getan, aber dach betten die von Dreysa sulchs
geweigert. Das man sich auch solle habe vornemen lassen, dem
handel ruhe zu geben bis zu weiter tagen, das solle sich nimmer-

---

[1]) D. h. vermutlich am 10. Mai 1511; vgl. Anna von Hessen S. 81.

mehr erfinden; in sei aber angezeigt, wollen sei ldg. Phillips selbst huldunge tun, solten sie sich mit gein Cassell fugen und dasselbe tun. Ulfex hette auch zu ime, dem lanthofmeister, gesagt, er solt sich des enthalten, es wurde nimmer nichts guts daraus. Zu Homburgk were er nicht gewest, aber sunst der regenten viere, auch der fursten von Sachssenn rete; die werden sagen, das es die warheit, wie—der handel erzelt sei; irer weren ob 200 mit gewere dohe gewest. Es sei wahr, wie Phillips [Meysenbug] dor-von geredt, das sie [l. sich] der rat entschuldigt, das hetten sie ein rede sein lassen, betten auch gesaget, sei sehen gerne, das sich die von Homburgk anders in den handel schickten, es habe eine solche meinunge, das er schier nimant wuste zu entschuldigen. Phillips wisse auch wol, das die baurn uber h. Casparn von Berlupsch und ine Phillipsen mit buxsen und armbrosten gelaufen, unangesehen, das h. Caspar ein regente und er ein ambtman ge-west, und sei wahr, das dieselben bauern gestraft, si bettens ader hochlich vorwirkt; Phillips bett es auch also beteidingt. Das sich auch die stete erboten, den fursten beiden, alt und junk, zu halten darauf saget er, ine bette nit anders zu tune geburen wullen, dan sie den fusstappen funden in den breifen, darinnen gestanden, ldg. Wilhelm und seinen leibeslehenserben etc., und wollen ldg. Wilhelm dem eldern nicht abezihen.«

Schrautenbach: »Saget, gemeine lantschaft halts darfur, das dem regement sulchs aus craft der einunge nit gepurt, sunder betten billich die stedte vor den fursten zu Sachssenn und gemeiner lantschaft beclaget und rechts gegen sei gephlogen.«

Boyneburg: »Saget, wu der einunge durch sie zuwider ge-handelt, weren die curfursten und fursten zu Sachssenn irer zu rechte und aller billikeit mechtik.«

## M) Elfter Artikel:[1])

Schrautenbach: »Sagt, diser artikel vormoge, das der lant-hofmeister eine gemeine schatzunge ane wissen der lantgrefin und gemeiner lantschaft der einung am Spiss zuwider eins teils haben [!] aufgehaben, nicht angezeiget, was mit der schatzung solt gehandelt ader vorgenomen werden.«

Boyneburg: »Sagt er glaube, wan einer an der stat, do ir einer were, und hett die gnade des heiligen geists, er kunt ane anfechtung nit bleiben; nu wulten si das zu guter gdult stellen; und saget zu bericht, das er eine schatzunge solt aufgehaben [haben] ane wissen der lantgrafin und des auschos, sei wahr, das die schatzunge aufgesetzt und zum teil ufgehaben; das er aber die vor sich auf-gehaben, sei nicht wahr; wer das saget, der rede seinen willen, und habe die gestalt: Kei. Mt. habe zwo steurn aufs furstentumb aufegesatzt, die habe ldg. Phillips an guten golde mussen ausgeben;

---

[1]) Vgl. zu diesem Artikel Annas Rede auf dem Felsberger Tage oben Nr. 65 und die Beschwerdeschrift der Stände oben Nr. 67 Artikel 3 S. 181.

die erste stuer habe der curfurst ldg. Phillipssen dargeligen, sei
auch wider bezalt lauts keiserlichen quitancien, und betten also die
alten ban gegangen. Do man die steur hette ausrichten sollen,
weren alle stete beruft und in also angezeigt, erst keiserliche
steur, die ander ldg. Wilhelms kosten betreffent, die dritte hindelich-
gelt[1]) unsers g. frauelins. Hetten die stedte gesagt, ire sachen
stunden also, das sei des beschwerunge trugen, vil gelts auszugeben, und sich zum letzten begeben, die keiserliche steur, dweil
andere die auch geben musten, auszurichten; ldg. Wilhelms kosten
halben betten sie zu geben ganz geweigert, gesaget, wer den gemacht bette, solt den auch bezalen; das heiratgelt belangent des
artikels halben, wolten sei ein bedenken nemen und darauf wider
antwurt geben. Wo er nun der lanthofmeister daruber von imande
angezogen wurde, das er solichs in seinen heutel gestossen, wolle
er einem iglichem darumb zu rechte stehen, und setzen solchs in
der fursten erkentenis, ab sei daran missehandelt hetten ader nicht.«

Schrautenbach: »Sagt auf des lanthofmeister vortragen
von wegen der lantgrafin und gemeiner lantschaft, das es die
meinunge gar nicht habe, wie er vorgebe, das er den fussstapfen
nachfolge. Denn ldg. Wilhelm sel. habe den steten in solchem fall
angezeigt, wievil und wuzu die steur solle, und stehe nicht bie
dem lanthofmeister seines gfallens schatzunge aufzuleigen. Der
hofemeister habe auch aufm Spiss selbst gesagt, das keine schatzunge
solle gegeben werden, es geschehe dan mit wissen und mit zeitigem
rate gemeiner lantschaft. Es habe auch ldg. Wilhelm gotseliger
seinen steten zusagen lassen, keine schatzung von inen zu nemen,
es were dan gefenkenis halben ader vorleirunge ein feltschaft [!] ader
wenn ein frauelein von Hessen hingegeben wurde. Kei. Mt. habe
auch ldg. Wilhelm den gulden weinzoll darumb gegeben, weil dis
ein arm lant sei, das das gemeine volk und undertanen nicht solten
geschatzt werden.«[2])

Boyneburg: »Sagt, in irer nachrede wurde gehort, als ab
ine zugesagt solt sein, nimmer schatzunge zu nemen, weil sein g.
lebt, aber die ordenunge zu halten, wie sie die bfunden, betten
sei ires bdunkens solchs tun mussen, dan solchs sie ein keisergelt,
den steten auch also angezeigt, und nicht ein schatzunge genant,
sei auch in ldg. Wilhelms sel. krangheit darvon gehandelt; das
regement hette sich auch vor erboten, ein quitanze vorzuleigen.«

Schrautenbach: »Summarum, sie woltens nit gehabt haben,
das der lanthofemeister solle schatzunge ane wissen gemeiner lantschaft ufheben.«

### N) Zwölfter Artikel:[3])

Schrautenbach: »Sagt, den armen leuten am Reynn begegen vil beschwerungen mit brande, namen und andere be-

---

[1]) Es handelt sich um die Heiratsteuer, die für die Gräfin Katharina von
Beichlingen, die Tochter Ldg. Wilhelms des Älteren, erhoben werden sollte.
[2]) Bezüglich des Versprechens Ldg. Wilhelms vgl. Rommel III, 166.
[3]) Vgl. Annas Rede Nr. 65 S. 176.

schedigungen von Phillips Weysen, sunderlich als der Rein am nehsten bestanden gewest, und wiewol die ambtleute derselbigen keigenheit oftmals dem widerstant zu tune angesucht, hette solchs dach bisher nicht helfen wullen, auch darein nit so statlich gesehen, als die nottroft gfurdert hette, beten darumb zu vorfugen, das di armen leute nicht also beschedigt werden und pleiben mogen.«

Boyneburg: »Weysenn belangent, das derselb merglichen schaden tu und das regiment ine zur fhede vorursacht, wie dan der artikel gemeldet ist, das auch ambtleute abe- und zugesetzt, wult der lanthofemeister gerne wissen, wer die ambtleute werin, die besserunge an iren ambten getan, es were meinem g. herrn ldg. Phillipssen gut und ine lobelich nachzusagen; und sagt weiter, Phillips Weyse sei ungeferlich 3 jar sint gewest und meinen g. hern umb keinen phennik nie gemant, sie ime auch nit schuldik wurden; und ehr derselb den vhedesbreif ubersandt, were er die nacht zuvorn in deme dorfe gewest, sich fruntlich erzeigt und alsbalde in der nacht ins dorf gefallen, die pharre und kirchen geplundert, etzliche menner hinwekgfurt. Darnach sei derselb Weyse durch Kei. Mt. offentlich in die acht declariret, und stunde das regiment des anzihens billich uberik. Nachfolgends habe der phalzgrafe deme regiment geschreiben, ime keigen Weysen eins tags zu vorfolgen, welchs sei also getan; uf demselbigen tage der phalzgraf bfunden, das Weyse seins vornemens kein fuge ader billikeit gehabt und darauf dem regiment zugesagt, Weysen nit zu beherbergen ader einiche vorschube zu tun. Uber das sei Weyse nicht dasterweiniger in der Phaltz desgleichen zu Mensch [d. i. Mainz] aus- und eingeritten, das aber das regiment nichts darzu getan, das werde sich in der rechenunge wol finden. Derselb Weyse sie auch zu Meintz einmael nidergeworfen und von meins g. herrn deiner einem doselbst angsucht und angerufen, rechts keigen Weysenn zu gestaten, aber der vitztumb doselbst habe in laufen lassen. Es weren auch beure im winter etliche meins g. herrn armen leute im geleite gein Meintz gfarn, werin etliche derselben von Weisen gestochen und wekgfurt, und darnach hette Batth Hornnigk und Adolff Rawe alher geschreiben, etliche knechte hinaus zu schicken, indes eine warnunge kommen, das Weyse ins dorf, das belegt was, gfallen, dasselbe angestackt und aber etliche baurn wekgfurt. Wu nue in rat bfunden wurde, das man Weysen geilt zum schaden geben solde, wollen sie uf bephel der fursten als vormunder und curatorn auch tun.«

Adolf Rau: »Sagt, es sei also gescheen neben Batt Horneck, weil es vor augen was, das der Reyn beschehen[1]) wult, das die regenten einen zeug ennaus wulten schicken, und wiren ein phert ader 100 hinausgeschickt, es solt meinem g. herrn ldg. Phillipssen nit schade gewest sein, und wil domit die ambtleute daraussen entschuldiget haben, das dieselbigen keinen vleis gespart und der mangel nit an ehn gewest.«

---

[1]) Für »beschehen« heisst es im Weimarer und Dresdener Protokoll »bestehen«, was nach Grimms Wörterbuch (I, 1666) gefrieren bedeutet.

Graf Adam von Beichlingen: »Auf den artikel, den kosten
des alten lantgrafen betreffend sagt der von Beichlingen, wie
nachvolget: Das mein g. frau die elter bette itzt gehort, das den
fursten ein vortragen gescheen, belangt iren gemahl ldg. Wilhelm
den eldern, welchs sich dohin wie sein g. sunderlich berurt, wie
er zu Spangenburgk gehalten sie, zum andern, wie er auch, durch
wen er geursacht wurde, sich aus dem furstentum zu wenden,
darauf ein merglich darleigen gegangen; weil sie dan solchs vormerkt, das solche wege ausfundik werden sollen, und wer solch
vornemen geursacht, so were offentlich am tage, das ir f. g. sich
mit ime auslendik gemacht, es mochte auch schwerlich ansein, iren
f. g. schwermutige vordacht nach ldg. Wilhelms geleigenheit zugemessen werden, hiraus ir f. g. vorursacht, solchs fur e. f. g. vorzu-
wenden, sunderlich aus deme, das die lantgrafin-witewe, gemeine lantschaft gebeten, ine beistendik zu sein, und das ir f. g. vorgeben mocht
gehort werden, e. aller f. g. fruntlich anzusuchen und zu bitten,
das sie wollen unbeschwert irer g. nottroft in disen angezeigeten
stucken und punkten fruntlicher weise annemen, wie wol das sie
itzt zu ir f. g. das anzuhoren, wirt die nottroft berichten, sobald
nit gescheen mak, ist irer f. g. ansuchen und bit, ir ein bedenkcn
zu lassen, alsdan wil sie sich mit furderlichsten vornemen lassen,
das wil sie freuntlich vordeinen.«

Egra: »Wollen die vier protestacion von weigen irer f. g.
im eingank getan, erholt und repetirt haben.[1]) Anfenglich menniglich gehort irer f. g. schwer anligen, in was gestalt ir son ldg.
Phillips an seinem leibe und gesunt, desgleichen an habe und gutern
beletzigt und das kein artikel von inen, den regenten, aufgelosen
were. Ludewigk von Beyneburgk und sein anhank betten Wilhelm[s]
sel. testament umbgestossen, der lantgrafin iren son genomen, darzu die lantschaft beistant getan hat, das ein besser regement solt
aufgericht werden; weil aber das widerspiel vor au[g]en, so bette
menniglich zu bedenken, was beschwerunge daraus entstehen mocht;
nicht das ire f. g. sich einichs gewalts, regements ader oberkeit
underwunden, sunder wolle sich desselbigen itzt und allewegen
begeben haben, alleine das landen und leuten bass vorgestanden
werde, auf das sie nit geursacht, sich vor dem ganzen reich zu
beclagen. Dan es sie in keiserlichen rechten wol vorsehen, welche
im regement sein und nit wol handeln, das sie den schaden abe-
zulegen schuldik, das wolle mein g. frau also erinnert habe[n], dovon sie offentlich protestirt und bezeugt.«

Boyneburg: »Sagt, wie der pharner itzt vorgetragen und
vornauet, wie sie, die regenten, den jungen fursten an seinem leibe
beschedigt und vorsumet mit protestacion vor gemeiner lantschaft,
des gestehen sie nit, hoffen auch, mein g. frau werde ein freude
dorvon haben, das ir son gsunt sei, und bitten nach wie sei vor
gebeten, sein f. g. zu besichtigen, darauf sei bestehen. Wu dan
bfunden, das der mangel an inen sie, wollen sei gnade bitten,

---

[1]) Vgl. oben S. 249.

funde sichs aber anderst, bitten sie auch insehunge zu haben, das
solch ausreufunge geschweigt werde. Zum andern, das sie keinen
artikel sollen [verantwortet] haben, darzu saget er also, befunden
ir f. g. nit gnugsam antwort, wollen sie nachmals antwurten, und
hoffen, sie haben gehandelt, wie fromen leuten geburt.«

Schrautenbach: »Sagt, mein g. frau wolle iren son in vorwaltunge des regements nicht mehr wissen, dan der lanthofmeister
habe in schreiften gestanden, das der gebrech vorhanden gwest.«[1])

### Zweiter Teil:

### Beschwerdeartikel der Stände.[2])

Egra: »Gemeine lantschaft des furstentumbs betten hivor
den fursten ir merglich anligen und gebrech, so sie wider das
regement betten, furwenden lassen, aus welchin der lantschaft furtragen zum teil entschichtigt, und wiewol gemeine lantschaft derhalben
auch mergliche gebrechen, wie menniglich zu ermessen, furzutragen
hetten, inen auch wol gepuren wult, aber zu kurze des handels,
und domit die fursten nit aufgehalten, wollen sich gemeine lantschaft ire artikel dismals anzutragen enthalten, ausgeschlossen
etzlich artikel, so wider an die fursten getragen, vormelt wurden.
Darauf sein die artikel vorlesen wurden.«

### A) Erster Artikel:

»Auf disen schrecklichen artikel sei ime von der lantschaft
zu reden bepholen, das nach abschide der gesanten der lantschaft
zu den fursten zur Naumburgk bescheen, hetten sich dieselben geschickten wider anheim getan, und volgends uf dem tage zu Dreyss
mit den uberantwurten schreiften [den] abescheide, ine von gemelten
fursten behendigt, doselbst zu Dreyss vorlesen, und sunderlich uber
das, das die furstlich beger und gsinne, das gemeine lantschaft
donrstagk nach Invocavit als die undertanen bie iren f. g. ader
derselbigen rete in angezeigeten gebrechen erscheinen solten, auch
sunderlich uber das, so sich gemeine lantschaft zu Dreyss einmutik
entschlossen, als die gehorsamen albie zur stelle zu erscheinen.
Jedach habe das regement in angezeigter cf. und f. g. tagesatzunge, welche von gemeinen stenden iren f. g. zugeschriben, nit

---

[1]) »Actum fritags post Reminiscere« heisst es im Marburger Protokoll
hinter Schrautenbachs Worten. Nach dem mecklenburgischen Protokoll wurden
die Verhandlungen am folgenden Tage, Sonnabend vor Oculi (März 18), fortgesetzt. Die mecklenburgischen Räte schalten hier bezüglich Egras eine interessante Bemerkung ein: »Se beten one doctor Snabel und hadden spot mit ome,
den ich nicht nenne, aber Scrutenbach redet dat merer del von weigen unser
g. frauen.«
[2]) Die Artikel sind uns nicht überliefert. Um was es sich handelt, gebt
deutlich aus dem Folgenden hervor. Zunächst beschweren sich die Stände über
das Schreiben, das die Regenten an die Homberger als Warnung vor der
Treysaer Einung hatten ausgeben lassen; vgl. oben Nr. 100 S. 216 ff.

stille gestanden, sonder den von Homburgk in Hessen und andern,
einen grausamen und schrecklichen schmehebreif, welcher im rechten
ein famos libell genant, ausgeben lassen. Erstlichen dorinne vormelt, als solt mein g. frau, die grafen, prelaten, ritterschaft, knechte
und stete, so uf den zweien lantagen erscheinen, zukeigen irem
naturlichen lantfursten und erbhern ir gsetzt, statut, recht und
vorbintenis iren gelobeden und eiden zuwider aufgericht haben.
Darkeigen mein g. frau als diejenige, so in beiden landtagen mit
angezogen, angetast wirt. Nu ist es unvorborgen, als wiet es
remische reich umbfangen, [und] wissent, das mein g. frau vom
stame von Megkelburgk geborn, welche alle ire tage nie keiner untogent ader befleckunge bezeuchtigt, desgleichen alle grafen, prelaten, ritterschaft und stende des furstentumbs nie keiner untogent
ritterlicher tat bezichtigt wurden, derhalben erschrecklich, von
Ludewigen von Beyneburgk und denjenigen, die sich zu solchen
schmehebreifen bekennen, so vil stende des furstentumbs solten
wider iren naturlichen landsfursten gehandelt, ire treue und phlichte
vorbrochen haben. Dan die fursten betten wol beherzigt und
funden, was mein g. frau und gemeine lantschaft zu vorsamelunge
beider landtage vorursacht hat, und nichts anderst, dan des jungen
hern, dordurch mein g. frau aus mutterlicher traue die vor-
vorsamelunge erfordert, ʻhinfurder bass zuzusehen, auch nichts
anderst in solcher vorsamelunge betracht ader vorgenomen, dan
aufruer und zertrennunge zuvorkomen, mit mort raub und brant,
wie bisher gescheen, und mehr zu fride und eintrechtigkeit im
furstentumb zu machen, als sie auch aus phlichten zu tun vorursacht. Wie mochte nu Ludewigk von Beineburgk und sein anhank so vorkarten willens sein, solche grosse wolfart und woltat,
ire landesfursten, lant und leute belangende, aus irem selbst vor-
kartem willen an alle ursache mein g. frau und die stende darzu
gesatzt und gekorn so vorgesselich uber ire entphangene ere und
woltat zu vorcleinunge aufleigen. Zum andern sie im schmehe-
breife eingeleibt, als solten mein g. frau und gemeine lantschaft
die regalia wollen unzimlicher weise zu schwerung furstlichs
gewalts der munze und lantschatzunge underzogen, betten die
fursten gestern gnugsam bericht entphangen der schatzunge
halben, aber die munz belan[gen]de, betten die stende des furstentumbs einen artikel, welchermas domit gehandelt, dobie wolt ers
bleiben lassen, mit dem anhange, das es kein mass bie inen nie
gehabt ader nach hegern munze zu schlahen, ader sich der
regalien zu underzihen, sunder zu erhaltung gemeins nutzes, das
die curfursten am Reynn munze statlich gehalten, landen und
leuten zu wolfart, bie den fursten von Hessenn zu aufnemen und
gedeigen vorgenomen. Zum dritten, so wurde mein g. frau und
gemeine lantschaft geachtet, als solten conventicula, coniurationes,
conspirationes wider ire lehenphlicht gemacht und vorgenomen
werden. Darauf sagt mein g. frau und gemeine lantschaft aus
warem bericht, das sich dise drei wort wider zu eren ader zu
togenden zihen mogen, sonder die Romer, ufbrenger latinischer
zungen, die alleweige zu untogent und aller leichtfertiger tat ge-

braucht haben, auch von keinem anders ausgeleigt ader gedeut
werden mogen, welche schmee und lesterunge der togentsamen
furstin und gemeiner lantschaft unvorschult wil zugemessen werden;
desgleichen andere iniurien, so im schmeebreife bfunden, kurz halben
nit wil begeben, sonder auch repetirt wissen, derhalben mein g.
frau gegen Ludewige von Boneburgk und sein anhange abtrak
und wandel gefurdert, desgleichen allen stenden, so solche lanttege
bsucht, ir f. g. teten ansuchen, itzt und ane lengerunge einem
iglichen nach seinem stant geborlicher ergetzlichkeit seiner eren
zu machen, us diser ursachen, das mein g. frau und gemeine lantschaft itzt in fusstapfen e. f. g. dasselb famos libel und schmeebreife, unvorletzt mit iren des regements secret besigelt, durch
iren secretarien vorzeichent furtragen werden. Weil dan in rechten
vorsehen und die warheit ist, das in offen sachen nit anderst dan
ein entlich erkentenis und hulfe bescheen solt, so werden e. f. g.
ungezweifelt als leiphaber aller eren in solcher schrecklicher vor-
geslickeit die billikeit keineswegs weigern, und haben solch famos
libel vorlesen lassen.«

Schrautenbach: »Sagt weiter, das die fursten hetten gehort einen schmehebrief lesen, und dieweil der pharner diser
handelunge nit eigentlich bericht, sei ime von gemeiner lantschaft
anzutragen bepholen, das keine einunge ufgericht, sunder wie durch
Ludewigenn von Boneburgk aufm Spiss angegeben und beschlossen,
mogen nit anderst biebracht werden. Aber das die artikele in ein
vorschreibunge gestelt, sei darumb gescheen, Ludewigk von Boneburgk habe ein einunge aufgericht und ein punct darinnen ausgelassen, welchs sie nicht konnen erleiden, desgleichen auch das
nicht vorteidingen, denn er hette die einunge sollen begreifen und
die der lantschaft vortragen. Darumb sein sei beweget, denselben
breif abezutun, und konnen es nit leiden, und hette gemeine lantschaft uf den tak nichts anders gehandelt, dan was die mergliche
nottroft gewest. Das sei auch conventicula, coniurationes ader
conspirationes solten gemacht, sein sei nit gestend[i]g und solle
sich nimmermehr finden; dan was sei getan, sei zu nutz gescheen;
solts aber dieselbige meinunge haben, hette sie Ludewigk von
Beneburgk billich ufm Spiss gewarnet, mit bit, zu ermessen, das
sich Ludewigk von Boneburgk des billich enthalten hette.«

Boyneburg: »Sagt, es werde vorgetragen, wie ein schrieft
vom regement ausgangen, darinne mein g. frau und gemeine lantschaft etwas angegriffen, ire ere und geleimpf berurent; darinnen
wollen sie, die regenten, ungern funden werden. Dan got lop sei
betten den vorstant, das sei, die regenten, wusten, wie sie sich
halten sollen, und sunderlich, das sei nicht gerne geneigt wolten
sein, ire frunde zu schmehen, aber er merkte wol, sie sochten die
weige, sie zu schmehen. Nachdeme aber dis ein langer handel
wire, [sei] ir bit, inen solcher clage ein abschreift werden zu lassen,
daruf wolten sie geborliche antwurt geben; aber das Schrauthen-
bach anzeige, das er, der lanthofmeister, ein einunge aufm Spiss
begriffen und die darnach geendert habe, solle sich nimmer finden;

sunder es sei ein einunge begreifen [l. begriffen] und zu Martpurgk durch grafen, prelaten und die vom ausschos beschlossen und besigelt wurden; dovon werde man nach hantschrifte und gnugsam anzeigung finden, und habe er eine anderunge darinnen getan, woll er darumb stille stehen.«

Schrautenbach: »Sagt, der lanthofmeister habe itzt vorbracht, das er des, so ich geredt, nit gestendik; nun habs die gestalt, am Spiss wern artikel abgeredt; das die in die einunge kommen, sein sie nit gestendik, sunder es were am Spiss abgeredt, das artikel begriffen und vorlesen, das nach dem tage zu Molhausen wider ein tak solt gesetzt und ander bgrief gelesen werden, sei aber nit gescheen, und moge wahr sein, das die einunge zu Martpurgk gelesen, aber nit in aller biewesen zum auschos gehorigk. Es sei auch nit alles da inne begriffen, das darein gehore, darumb werden sei solcher einunge gar nit gestehen. Das auch der lanthofmeister geredt, er wult, das einem iglichen an der stern stunde etc., wuste er nu imands unter dem haufen, den sollt er anzeigen; bit auch, [das] dem lanthofmeister nit weiter bedacht gegeben werde, dan es were vor nie gescheen.«

Boyneburg: »Bit wie vor der clage ein abschrift, wolts aber je geweigert werden, stellet ers zu rechtlich erkentenis; der einunge halben sagt er wie vor, das die ufm Spiss im ringe vorlesen, ob sie gleich darauf nit bgriffen wurden, und habe einen solchen begreif desmals der stadtschreiber zu Cassel gemacht.«

Weitershausen: »Saget, ime wire bepholen zu sagen, das sein teil angetast, als solt[en sie] der einunge, am Spiss aufgericht, iren eiden und phlichten zuwider getan [haben]. Nun weren sei itzt nit alle hie oben, wan sie aber [h]eraufkomen, walten sie sich als frome leute vorantwurten, vorhoffen auch, [das sie] nit anders gehandelt hetten.«

### B) Zweiter Artikel:

Schrautenbach: »Sagt das, das der abrede aufm Spiss nihe gelebt, sunderlich vom regement. Der hofemeister habe des ausschos nie gepraucht, zum andern wern die lanttege vorboten wider alt kerkommen.«[1])

Boyneburg: »Sagt auf den pun[c]t, das die lanttege vorboten wurden, wern sie nit gestendik; sie betten auch des bephel gehabt, [von] den curatorn und furmunden; den es sei bfunden, das nichts guts daraus komme; hoffen darumb, wen sei das aus bephel, sei haben nit unrecht daran getan.«

Schrautenbach: »Sagt, der lanthofemeister habe vorantwurtweise vorbracht, das sie bephel hetten von den fursten von Sachssen gehabt, lanttage zu vorbiten. Es sei aber die abrede wie fur am Spiss gewest, in allen nottroftigen sachen lanttege zu halten, und das die fursten solchs getan, haben sie dorvon keinen rechten be-

---

[1]) Vgl. hierzu Nr. 67 Artikel 1 u. 2 S. 181.

richt entphangen, und wu sie es gewust. hetten ir f. g. ungezweifelt solchen bephel nit getan, sunder das alte herkommen gehanthabt. Den regenten wire auch wol bewost, das der lantgraf sel. drei seiner rete uf den lanttak gfertigt und den vorbiten lassen; denselbigen wire zu antwurt begegent, si wolten ine ir alt herkomen nit vorbiten lassen. Es wern auch vormals vil lanttege gehalten wurden; darumb sie in solchs vom regement unbillich vorboten, sie [Regenten] betten auch die fursten von Sachssen dohin beweigt, solichen bephel ausgeben zu lassen.«

Boyneburg: »Sagt, man sals nit darfur haben, das alles, was das regement gewust, das gut sein solt, zu vorhindern, sunder getreulich zu foerdern, solchs hette sich auch bis auf disen tak bfunden. Mein herre hette auf den lanttak drei seiner rete geschickt, und were die antwurt anderst gewest, wie George von Hatzfelt anzeigen werde; die wort betten die geschickten geworben: ir g. herr bette inen bepholen, zu sagen den, so den lanttak gemacht, wenn ime got aufhulfe, sie darumb zu fragen; den es wire nit herkommen, lanttage hinder ime zu machen. George von Hotzfelt het desmals den geschickten ufm Spiss von wegen der lantschaft antwurt geben, sie wolten keinen lanttak ausschreiben, die alde furstin habe sie dobin gebeten; wo man die drei geschickten fragen, wirt sichs anders finden. Sei es nu nutze und gut und sal billich sein, wollen sei es furder auch mehr tun.«

Schrautenbach: »Der lanthofmeister habe vorgehen, wie eine gemeine ritterschaft nicht solle macht haben, lantege auszuschreiben, und sagt, das ein alt herkommen si, der ursache, das mehr lanttege durch die ritterschaft etwan ausgeschreiben, meher dan durch die fursten; es seint auch etzliche lanttege und bie dreien ausgeschreiben und bsucht, und doselbst durch die ritterschaft nicht ungeborlichs gehandelt wurden, wo auch die abrede am Spiss beschlossen. Wern indes vil lanttage unangesehen des lanthofemeisters anzeigunge gehalten wurden, und seint nicht unpillich aus disen vorgemelten handelungen vorursacht, dise und andere lanttege auszuschreiben und zu ersuchen.«

Boyneburg: »Sagt, das wort, das gesagt werde, das die fursten auf sein antrak die lanttege vorboten, ist er nit gestendik, und werde des ungezweifelt durch die fursten entschuldigt; er habe auch vor gesagt, alles, das dem furstumb zu gut kommen mocht, wolten sie nit hindern. Vom lanttage zu Homburgk wuste er wol die zeit der irrunge meins g. herrn sel. hz. Erigss von Braunschweigk und des lantgrafen an der Leubne, und were desmahels bedacht und mit beider fursten bewilligunge ein lanttak gemacht, sie widerumb zufreiden zu brengen.[1]) Den alden sei

---

[1]) Über den Landtag zu Homberg, den Boyneburg erwähnt, ist uns nichts überliefert. Wahrscheinlich hat er im Jahre 1498 stattgefunden, als Erzbischof Hermann von Köln mit Hilfe der Stände die Fehde beizulegen suchte, die zwischen Ldg. Wilhelm dem Jüngeren, den Herzögen Heinrich und Erich von Braunschweig auf der einen Seite und Ldg. Wilhelm dem Mittleren auf der andern Seite ausgebrochen war. Vgl. Rommel III, 117.

auch wol wissent, ab die tege also herkommen; sall es gut sein,
wollen sie es gerne darzu furdern.«

Schrautenbach: »Sagt, es sei jungst zur Naumburgk dorvon geredt, betten die fursten beschiet gegeben, wo es ein alt
herkommen were, wolten sie sei nit doran hindern, were es aber
anders, wolten ire f. g. dorein nit gewilligt haben; nun wire es
also herkommen, das betten sie gnugsam ursache angezeigt.«

Friedrich Thun: »Diser artikel der lanttege halben were
gnugsam hin und wider gewant, und were irer f. g. gemute
nicht, das sie es gerne hindern wolten; wo es nu von allen teilen
gewilligt, wollten ire f. g. zu anderer zeit darinnen weisunge tun,
iren f. g. unvorweislich.«

## C) Dritter Artikel:

Schrautenbach: »Bitt der einunge ingank vorhoer zu
geben (ist vorlesen); darauf weiter gesagt, sie gestehen der einunge
aufm Spiss nicht, sie ine auch aufm Spiss nie vorlesen. Ldg.
Wilhelm sel. sei ein frommer furst gewest, sein lant in besserunge
bracht, seine strassen rein gehalten, gemein lantschaft wolten leiber
tot sein, [dan] das sie solchs willigen und auf ire kinder erben
solten, wustens auch keigen keinen menschen zu vorantwurten.
Ldg. Wilhelm sel. bette auch leiber ein furstentumb zu deme gekauft, wenn eins zu vorsetzen oder zu beschweren.«[1])

Boyneburg: »Sagt, itzt wern zwene artikel gelesen, belangende die einunge aufm Spiss, auch sunderlich, das sie wollen
bfunden werden, den kauf mit Frislant, es sei romelicher eins zu
kaufen, dan zu vorkaufen mit weiterem erholen; nun wolten sie ie
auch gar ungern bfunden werden, das sie etwas vornemen, das
ldg. Wilhelm sel. zu nachteil oder bosem geruchte kommen solt,
wusten auch, das er furstlich und wol rigirt bette, aber das der
kauf dem furstentumb nicht schedelich gewest, habe er von keinem
manne nie gehort, das nutz darvon komme, denn er were nicht
mogelich gewest zu bezalen. Das auch etzliche unter irem haufen
stehen, die sich beclagt, das sie nicht konnen zu verhor kommen,
sagt er, in letzten jare betten sich etzliche beschwert, das sie nit
mochten vorhort werden. Der einunge halben, das es wahr, das
die aufgericht sei, betten der lantcompter und die stadt zu Martpurgk, Phillips Meyssenbuch etc. dieselbe gesigelt; hette sie nun
nicht getucht, solten sie die billich nit gesigelt haben.«

Schrautenbach: »Bitt, die einung der vorsigelung halben
zu vorlesen, wer besigelt habe, ein teil hettens in vortrauen getan,
bitten einen iglichen darumb zu boren.«

Thun: »Zu seiner Zeit, wens darzu queme, wolten ire f. g.
eigentlich bericht darvon entphahen und darinnen tun, wes sich
geburt.«

---

[1]) Über die Wiederherstellung des Andenkens Wilhelms des Mittleren
auf dem Landtage zu Treysa vgl. Anna von Hessen S. 105; vgl. auch oben
den Bericht Sittichs von Berlepsch an Hz. Georg von Sachsen Nr. 88 S. 205 ff.

## D) Vierter, fünfter und sechster Artikel:[1])

Boyneburg: »Mit der munze, kreig und schatzunge repetirn si der schatzunge halben, wie gestern gehort, das ein steur zum keisergelt gesetzt und der curfurst ldg. Phillipssen 6000 gulden dargeligen.[2]) Der munz halben habe der lantgraf sel. sich mit den curfursten am Rhein voreinigen wollen, auf dasselbige korn zu munzen, er sei aber vorstorben, das sulchs nachbleiben [!]; nu betten sie das sider zu wege bracht[3]); so sei auch der auslendischen munze halben durch ldg. Wilhelm sel. ein satzung gemacht, der sei auch nit geandert hetten. Den kreik berurent hoffen sie nit, das sie ursach darzu gegeben; ob sei auch die krige gfurdert ader gerne darfur gewest, zihen sie sich uf gemeine lantschaft.«

Schrautenbach: »Der lanthofmeister habe bericht getan uf die drei artikel; zur schatzung sagen sei, wiewol er furgebe, es were aus bephel der fursten gescheen, so bette er dach wider die einunge aufm Spiss gehandelt, er hette auch solchs nit an den ausschoss gelangen lassen, auch die summa nit angezeigt. So beclage sich auch der adel in der obern grafschaft, das regiment [habe] understanden, schatzunge auf ire bauern zu setzen, welchs nit also herkommen. Der munz halben sagen gemeine lantschaft, es habe den regenten nicht geburt, es sall gescheen mit gemeiner lantschaft wissen nach geleigenheit einer iglichen stadt. Den krik belang[en]t geben die zwo stete Homburgk und Dreyss gezeukenis, es sie hz. Erichge von Braunschwigk ein fusfolk zugeschickt zu schaden dem lande, das ime nicht geburt.«

## E) Siebenter und achter Artikel:[4])

Boyneburg: »Hievor were gehort, das sei nimant bie die hendel und rechnunge gelassen; darauf saget er, alles, was sie gehandelt, sie mit der fursten rat, wissen und willen gescheen, und zogen sich des auf irer aller f. g.«

Schrautenbach: »Uf itzik des lanthofemeisters antragen sagt eine gemeine lantschaft, dem regiment hab nicht geburt, in grossen und cleinen sachen ane wissen gemeiner lantschaft zu handeln, und glau[b]en nit, das die fursten von Sachssen uf sich nemen werden, was alles hie gehandelt.«

Boyneburg: »Sagt, [was] im f. g. als curatorn und furmunden gebore, das werden sie uf sich nemen, was aber das regiment vor sich selbst gehandelt, darumb wollen sie antwurt geben.«

## F) Neunter Artikel:[5])

Schrautenbach: »Sagt, wiewol zuschen ldg. Wilhelm sel. und dem lanthofemeister etzlich hundert gulden halben, so er von

---

[1]) Vgl. o. S. 181 Nr. 67 Artikel 3 u. 4.
[2]) Vgl. o. S. 279 Artikel 11.
[3]) S. Rommel III, 214f.; vgl. auch die Münz-Edikte der Regenten vom 2. Juni 1511 und 6. Januar 1513 in den Hess. Landesordnungen I, 37f.
[4]) Vgl. o. S. 181 Nr. 67 Artikel 5 u. 6.
[5]) Vgl. o. S. 234 Nr. 111 Artikel 2.

seiner g. gfurdert, ein irrung gewest sei, so habe doch der lanthofmeister sich numals selbst bezalt.«

Boyneburg: »Sagt, es solle sich nummer waer finden, aber
hievor habe er den reten, als sie im ersten jare des regements
irer rechnunge gehort, ein register vorgetragen, bei leben meins
g. herrn vorrechent und Rudolf von Weiblingen camermeisters
hantschrift unterschreiben, auch ein schreift dem bischofe von
Collen, wer [l?] etliche schult sagende anziegt, darneben gebeten,
ime des bezalunge zu schaffen; darauf were ime ein beschiet wurden,
des bett er sich gehalden.«

Eitel von Löwenstein: »Er und der comptur gestunden
nit, das sie dabie gewest, wusten auch gar nichts von der schult
und bezalung; darauf lanthofmeister gesagt, das Lobenstein
dabie gewest, solch beschiet auch geben horen.«

Boyneburg: »Der marschalh [Loewenstein] habe 100 gulden
gfordert, aber kein anzeigung nihe davon tun konnen. Darauf
sagte der marschalh einen langen bericht, der seins schnellen
redens wegen nicht kunt aufgezeichent werden.«

Schrautenbach: »Sagt, das sich lanthofemeister seiner
schult selbst bezalt mit bewilligung der rete, sei die meinunge gar
nicht, habe es auch unbillich getan, das er auch ein alt rechenbuch
gewist und daraus seine schult hat bestetigen wollen, lassen sie in
irem wert; er muste einen gnedigen camermeister gehabt haben;
dan sich solt geburt haben, weil er ldg. Wilhelms sel. seines weibs
und kinder halben, die er tegelichen in costen gehabt, in schaden
gfurt, an bemelter seiner schult abezuzihen, das nicht gescheen
und also stehen bliben, und wu die rete des wissen gehabt, wurden
sie die bezalunge nit nachgegeben haben. Die 300 gulden betreffende vom bischofe von Collen herrorende, sei man ime nit
gestendik, das er sich mit desselbigen gute bezalt hab. Der lanthofemeister sei des von Coln ambtman gewest; nach desselben
von Colln absterben hab ldg. Wilhelm sel. Homburgk als sein
erbstadt eingenommen[1]), darnach auch gute zeit gelebt, hab der
lanthofemeister solcher schult stille geschweigen, aber nach absterben ldg. Wilhelm[s] habe sich der lanthofmeister, als er in den
gewalt kommen, selbst bezalt.«

Boyneburg: »Sagt wie vor, das die handelunge vor den
reten gescheen, der bezalunge halben hefehel getan ist, zeucht sich
des auf Nussbecker, der ime bie ldg. Wilhelm sel. leben geschreiben,
das ime sein g. der schult halben bezalunge tun lassen, und wisse
von keiner einrede, bit auch denselbigen Nussbickern zu vorhorn.
Ime sei auch zugesagt, die Collennische schult zu bezalen, das der
rentmeister zu Homburgk uf sein phleicht gefragt worden; denn
mein her von Collen hat etlich frucht und gelt, ime zustendik gewest, doselbst zu Homburgk vorlassen.«

Weitershausen: »Hetten gehort, wie sich mein g. frau
und die von der lantschaft vornemen lassen; dis den andern uf

---

[1]) Erzbischof Hermann von Köln war am 27. Sept. 1508 gestorben.

seiner seiten zu beschwerunge reicht. Besher ir nottroft nicht vorbracht umb furderunge des handels. Anfenglich bett er von wegen der lantschaft seins orts protestirt, das sich jener teil ausserhalb der ein gemein lantschaft nennen, habe Baltazar Schrauthenbauch drei ursachen angezeigt, der mehr teil von der lantschaft were auf irer seiten, wie sie dan vormals auch angezeigt, diselb hirmit repetirt haben wullen. Daruf wire ime bepholen, wes er hievor von wegen seins teils vorbracht, das sie ane seinen teil eine gemeine lantschaft nicht solten genant werden; dan sie wirn in einem lant anheim, betten zwene landesfursten uf beiden teilen auch die fursten zu Sachssen, und hetten die einunge am Spisse eintrechtik gehalden. So erscheine auf seinen teil, das uf seinem teil [leute] vil hochers stands wern, dan uf dem andern teil; denn es wirn vier grafen dar, so habe mein herre von Plosse [l. Plesse], der in kurzen tagen alhir gwest, uf diser seiten auch zu bleiben und der handelunge uf jenem teil mussik zu stehen zugesagt, so wirn auch von der ritterschaft uf seinem teil 50 ader 60 person, item Casselle, Schmalkalden, Alsfelt, Neunkirchen, Fache etc., die nicht hir sein, ungezweifelt, das die alle bie disem teil bleiben. Die prelaten belangende, der tage beschlissunge halben sagen sie, sie sein mit gewest und sich sider bedacht, des keigenteils mussik zu stehen, und meiner g. frau in schreiften gnugsam ursache angezeigt, daruf zogen sie sich; das sie auch uf jenem teil nutz sucheten, das mochten sei wol getuen, und wen sie es vorstunden, gerne darzu helfen, ob aber ir vornemen in nutz erspreisse, das kunten sie bie inen nit finden, wollen es auch zu ermessen gestelt haben. Ob sie auch gleich gemeinen nutz suchten, so volget nicht daraus, das sie eine gemeine lantschaft solten geheissen, sondern es stet an den personen. Mein herr von Waldegk sagt, er habe sich gegen meiner g. frau erboten, zu tun alls, was ime wol anstehe und nicht weiter, ist das auch nicht gestendik; er geste auch nit, das er gesagt, wider das regement zu stehen; und bit[1] deshalben von den fursten ein bekentnus, mit vornaurung der protestacion, und wo mein herrn von Sachssen daruber zu erkennen beschwerung betten, wolten sie der protestacion feste anhangen und repetirt haben. Das auch mein g. frau gemeine stende erinnert hat irer phlicht, darauf sagen sie, erkennen mein g. frau vor des jungen herrn mutter; was sie ir zu tune schuldik, betten sie getan, wolten es auch hinfurder tun; sie betten ir aber kein phlicht getan; dan die fursten von Sachssen betten sich bisher als getraue furmunder gehalten; ir f. g. werden sich ane zweifel auch darinnen, wu mangel befunden, wol halten zu [l. zu halten] wissen. Schrauthenbachs

---

[1] Nicht der Graf von Waldeck, sondern Weitershausen spricht im Namen der regentisch gesinnten Landschaft die folgende Bitte aus. — Zu Kassel waren drei Grafen von Waldeck erschienen: Graf Philipp II. oder der Ältere, sein Sohn Philipp III. oder der Mittlere und Philipp IV. oder der Jüngere, des 1513 verstorbenen Grafen Heinrich Sohn. Von der Landgräfin-Witwe wurde Graf Philipp der Ältere auf der Tagung hart angelassen, weil er es mit Boyneburg hielt und seinem Versprechen, dass er Anna Beistand leisten wollte, nicht nachkam. Vgl. Varnhagens Waldeckische Landesgesch. Bd. II, 105 f.

ausschreiben zum ersten, andern und dritten mal, es sie e i n e lantschaft und der darzu gehorik, solle bie ir teil treten, das sei ire
meinunge nicht. Sie wern auch von den fursten von Sachssen nit darzu beschriben, alleine, es solten gebrechen vorgefallen, dieselbigen
helfen zu vortragen; was sie also darzu tun kunten, wolten sei keinen
vleis sparen; und solten sie zu jenem teil treten und wider die
regenten stehen, wolle inen aus angezeigeten ursachen nicht ge-
zeimen, weil sie auch sunderlich wider sie nit zu clagen hetten.
Sie wollen auch domit nicht gemeint ader zu vorstehen geben, das
sie sich sundern ader von einander trennen wolten; dan wu es die
nottroft erfordert, wolten sei dem handel am Spiss gemes mit inen
gerne semptlich stehen und tun. Sie wirn auch nicht hir wider
sie, sunder auf schreift der fursten von Sachssen, und was sie zu
einikeit zu raten wusten, wolten sie furdern. Ir gemut sei auch
nicht dohin gericht, ciniche unlust anzurichten, dan sei der mehre
teil bruder, schwegere und frunde weren. Es muste ein boser
samen unter sei geworfen sein, der diser zurtrenunge ursache
gehen; sie wusten aber noch nicht, wan der herkommen, hofften
aber, die fursten wurden in dise sache sehen und alle teil dermassen schlichten, daraus widerwille und aufrur vorkommen und
fride, einigkeit, auch nutz und gedigen geschafft und vorgenomen
werde.«
    Landgräfin: »Hat angezeigt, das sie heivor nach deme von
Walthecke, zu ir zu kommen, geschickt; das were gescheen; het
sie inen gefragt, wes sie sich zu ime vorsehen solt; darnach were
ir seine hantschrift worden, und volgend bett er wider sie gsagt,
ime wire ir anligen getraulich leit, er wolle bie ir und gemeiner
lantschaft bleiben, bett sie wider in gesagt, ir seine hant darauf
zu geben, das were gescheen; sie bette es auch gemeiner lantschaft von seinentwegen zusagen sollen, das sei dan getan mit
weitern worten.«

### G) Zehnter, elfter und zwölfter Artikel:

    Schrautenbach: »Ferner in handel zu greifen, solle ein
artikel gelesen werden, das h. Herman Schencke ane wissen gemeiner lantschaft zum regement gezogen sei.[1] — Gemene lantschaft beclageten sich in gemein, das lanthofemeister und regenten
die, so ie zu zeiten bie inen ansuchen tun, zu den fursten von
Sachssen weisen, so werden sie widerumb an das regement geweist, welchs den undertanen merglichen schaden brechte.[2] — Der
lanthofemeister zihe seine hausfrauen und gesinde in unsers g. herrn
von Hessen costen.«[3]
    Boyneburg: »Uf solchen artikel, das er sein weib bie ime
gehabt, sei gescheen mit vorwilligunge der fursten von Sachssen.
Dan es wirt sich finden, weil er am ambt, das er in seinem haus

---

[1] Vgl. o. Nr. 111 S. 234, die Beschwerden der hessischen Stände Punkt 3.
[2] Vgl. o. Nr. 111 S. 234 Punkt 4.
[3] Vgl. a. a. O. S. 234 Punkt 5.

uber 5 nacht nicht gewest, vormeint darumb der lantschaft nichts phlichtik zu seine, wult auch des deinsts leiber nicht haben und keinen tak alhir sein, wenn er sein weib bie ime nicht solt haben. Mit den costen zeucht er sich auf alls hofegesinde; was man seiner hausfrauen sampt irem gsinde zu jeder zeit gegeben, das hat sie genomen und daruber nichts gfurdert.«

Schrautenbach: »Sagt, hievor wern vil hofemeister gwest, die betten ire hausfrauen an andern ortern gehalden und nicht ime schlosse; was sie auch schaffen, das musse getan werden; das ers aber tun solt, sei er zu clein zu; dan wo ime etwas kleiners bepholen wurden, wolt er sich gehalten haben, wie er breife und sigel habe.«

Boyneburg: »Sein weib gebite oder vorbite nichts; solle sich auch finden, als er ldg. Wilhelm sel. gedeint, habe er sein weib alzeit bie ime in seiner g. behausungen gehabt. H. Herman Schencke befihlt, ime auf das antragen inen belangende diese meinunge: er [Schenk] sagt nein, das er sich in das regement gedrungen; dan er sei zu Homburgk[1]) erwelt, auch aufm Spiss vor einen marschalh angegeben. Er habe auch zu der zeit dorfur gebeten, inen des allenthalben zu erlassen; bett man ime es zu der zeit gesagt, er het sich wol vorantwurten wollen; es solde sich im grunde nit anderst finden.«

Schrautenbach: »Sagt, das die, so zu Homburgk zu regenten erwelt, eins teils aufm Spiss wider abgeschafft wern worden, sunderlich Hermann Schencke aus ursachen, das er vor bie meinem g. herrn von Nassau amptman gewest, auch das der von Nassau gegen ldg. Wilhelm eine furderunge gehabt.«[2])

Boyneburg: »Sagt, Rabe von Herda[3]) habe dem furstentumb Hessen lange zeit gedeint und sei ein lehenman dis furstentumbs, das Curdt von Manspach nicht sei.«

## H) Dreizehnter Artikel:

Schrautenbach: »Ist ein artikel gelesen, das der lanthofmeister solle unnutze volk gegen Kassell gelegt, welchs doselbst enthalden wire.[4]) — [Schrautenbach] bit, so vil mogelichen, das die alte furstin uf den artikel, den costen ldg. Wilhelm belangende, vorhort werde.«

Friedrich Thun: »Es wire vormals bewilligt und zugelassen, es solt morgen gescheen.«

---

¹) Es handelt sich um den Homberger Landtag Anfang Oktober 1509; vgl. den Bericht Hermann Packs oben S. 46.

²) Angespielt wird hier von Schrautenbach zweifellos auf den katzenelnbogischen Erbfolgestreit. — Dass nach dem Homberger Landtage das Regiment noch teilweise geändert wurde, haben wir schon oben bemerkt, s. S. 46 Anm. 1; wir wissen jedoch nicht, aus welchen Gründen und wann die Umgestaltung vorgenommen wurde. Nach Schrautenbachs obiger Äusserung ist es auf einem Landtage geschehen, der am Spiess abgehalten wurde, wahrscheinlich vor der Beschickung der Mühlhäuser Tagung.

³) Hier ist wohl bei dem unvermittelten Übergang Boyneburgs eine Lücke im Protokoll anzunehmen.

⁴) Vgl. o. Nr. 111 S. 234 f. Artikel 6.

### Dritter Teil:

### Schlussreden der beiden Parteien.

Schrautenbach (Schlussrede): »Unbegeben des, das die alte furstin nach solle vorhort werden, habe er in bephel, auf solche clagestucke zu beschlissen, und saget: Die fursten hetten gehort die grossen, topfern [!] und wichtigen clagen, so mein g. frau, ldg. Philips mutter, in vil wege gegen [!?] seinen herrn und gemeiner lantschaft vorbracht und getan hot, erstlich iren son, desselbigen gesuntheit betreffende, desgleichen ldg. Wilhelm ˙ den alten des merglichen uncosten halben, so auf inen gangen, auch andere mengel und gebrechen, so iren f. g. landen und leuten mit grosser beschwerunge wider billicheit vom lanthofmeister, regenten zugestanden sein, auch wie iren f. g. die keiserlichen und furstlichen vortrege bisher nicht gehalten, und wie Ludewigk von Beneburgk und sein anhank sich aller handelunge mit setzen und entsetzen, mit vorleihunge geistlicher und werntlicher lehen [unterzogen], unberechent alles einnemens, unvorstendigt aller hendel, hinder der gemeinen lantschaft und des ausschoss, auch irer f. g. und Herman Reithessels, sunderlich von Kei. Mt. darzu voorordent. Die fursten betten auch vorstanden die kleine und blede vorantwertunge, durch welche solche gross, wichtige und tapfere artikel wider ganz nach zum teil abgelent sein, desgleichen die manchfeldige protestacion, so ir f. g. in vil wege getan und gemeine lantschaft ermanet, nachdeme sie ldg. Wilhelms sel. testament umbestossen, darzu ir iren son ldg. Phillipssen genomen betten, der meinunge, als ab sei desselbigen allenthalben zu vorandern ader zu vorbessern vormeinten, das dan nit alles gescheen, sunder der keigenworf von lanthofmeister und regenten gehandelt, und wu gemeine lantschaft solchs nicht vorbesserten und wandelten, das ir f. g. vorursacht sie und werde, dasselbe vor allermenniglich von der hochsten oberkeit bis zu der nidersten zu clagen, darzu ldg. Phillipssen iren sohen in kunftige zeit daran zu weisen, sich solcher handelunge, nachteils, schadens und aller unzimlicheit, durch lanthofemeister und regenten an ime begangen, an ine, iren leiben, haben und gutern und erben zu erholen, das ein gemeine lantschaft uf gehorte artikel und vormeinte vorantwertunge zu herzen gfast und inen schwerlich eingefallen ist, wu nicht durch sie darauf zimliche einsehunge gehabt wurde, das sie in kunftigen zeiten grosse strafe vor sich und ire erben zu entflihen nit wusten, zusampt dem, das sie alles dasjenige, so hiebevor zu unrat gehandelt und hinfurder durch die regenten gehandelt und vorseumet mochte werden, zu erstaten und zu bezalen schuldik wern und sein wurden. Und darumb, g. fursten und herrn, dasselbige alles angesehn, wie alle umbstende zu ermessen haben, so erfordern gemeine lantschaft von lanthofmeister und regenten, beide ire g. fursten und herrn, ldg. Wilhelm dene eltern und ldg. Phillipssen, und bitten bie dem regement zu vorschaffen, den von der lantschaft dieselbigen volgen zu lassen, so wollen sie mit allem vleis dieselbigen ire f. g. mit mannes-

und frauenperson, wie inen geburt, mit zuraten der fursten zum fleissigesten und besten, wie iren stenden nach eigent, understehen zu bestellen und vorsehen, wollen auch nit bergen, das sie lanthofmeister und regenten aus ursachen, in clagenstucken vorgewant, in keiner regirunge wissen wollen und bitten dieselbigen daran zu halten, gemeiner lantschaft inventaria aller funden guter zu obergeben, rechnung [abzulegen] von den entphangen gutern, wie sie dan lauts irs abscheids am Spiss vorlangst schuldik gewest und nach sein. Bitten auch ferner, mit lanthofmeister und regenten zu vorfugen, sich furder ires gewalts zu enthalden, und dieweil dan die clagestucke viel antreffen, uber etliche tausent gulden, dieselbigen regenten und lanthofmeister gnugsame vorsicherunge und bestant tun [zu] lassen, domit ire landesfursten und sie, auch alle einwoner der rechenschaft, inventarii, costen und scheden in- und ausserhalb rechts rede und antwurt volkommelichen an inen bekomen mogen, das alles mit geleiden, costen und schaden uf dise handelunge ergangen, wollen aufs undertenigeste gebeten haben, auch was deme furstentumb an schlossen, flecken und gutern entwant; bitten vor solcher geschicht ire guter sie nicht entwenden zu lassen, wollen auch injurien und schmehewort hirmit unbegeben, sunder vorbehalten haben.«

Boyneburg: »Bit auf dis itzt getan lank erzelen ein bedenken, ire nottroft morgen ader wan es den fursten geleigen ist, darkeigen vorzubrengen.«

Schrautenbach: »Gemeine lantschaft hette ire clagestucke in einer gemein auch beschlossen, bitten darauf die fursten, inen irer f. g. gemute deisen ahent zu erzelen.«

Friedrich Thun: »Es were angeregt, gemeiner lantschaft der fursten gemut zu eroffen, darauf vormelt, das lanthofemeister und regenten uf etliche artikel bedenken gebeten, darkeigen vorgewant, es solle ungewonlich sein und nicht gebrauchlich. Nun werde es nicht vor unzeimlichen geachtet, das morgen diselbige underricht gehort; so das geschicht, wollen sich die fursten vornemen lassen, das es zu gutem gedigen reichen solle, das auch die nottroft erfordert.«

Schrautenbach: »Mein g. fraue und gemeine lantschaft wollen zulassen und willigen, das das regement uf die artikel, die nicht beschlossen, nach slissen mogen, welche aber beslossen wern, das die also bleiben.«[1])

---

[1]) Aus dem Protokoll der mecklenburgischen Räte geht hervor, dass am Sonnabend Abend (18. März) die Verhandlungen von den sächsischen Fürsten vertagt und den Regenten zur Abfassung ihrer Schlussrede Bedenkzeit gewährt wurde. Am Montag d. 20. März trug Beichlingen den unten wiedergegebenen Bericht vor; am Dienstag d. 21. März hielt nach einer Notiz des Dresdener Protokolls Weitershausen im Namen der Regenten und der denselben anhängenden Stände die Schlussrede. Auch sonst wurde am Montag und Dienstag nach dem mecklenburgischen Protokoll versucht, »de sake to slichten und up en gud ende to bringen«; was bei den scharfen Gegensätzen zwischen den Parteien nicht gelang.

Graf Adam von Beichlingen (im Namen der alten Landgräfin): »Sagt, die alte lantgrafin und furstin bett angehort, wie
angezeigt, das nun ein schlosrede gehalten, der itzt auch gedacht were; nu sie ime bepholen, vor iren f. g. nachvolgende
meinunge vorzutragen. Vorscheines fritags [März 17] sei under
anderem vorgetragen belangent den alten fursten seine auswendung
zu Kei. Mt., sei auch gewenet des darlegens und costens, so seinet-
halben erwachsen, so weit das mein g. frau die witewe gebeten,
das die alte furstin deshalben mocht vorhort werden, des also zulassung erlangt. Nu bett sich die alte furstin mit· der eile ent-
sonnen, in eine vorzeichnis brengen lassen, mit bit, soliche artikel
ires bedachts unbeschwert anzunemen.«

Friedrich Thun: »Die fursten wern geneigt, die artikel
lesen zu lassen.«[1])

### Bericht der Landgräfin Anna geb. Herzogin von Braunschweig:

»Erstlich zeigen wir frau Anna geb. herzogin zu Brunschweick
und Lunnenburgk landgrefin zu Hessen an, das unser fruntliche
ohmen von Sachsen nicht wollen dorvor halten, das, sider sich ire
l. der vormunderschaft unterwunden, wir die wege vorgnumen,
als die iren hern und gmahel als billig treulich liebt, zu untersteen,
sein l. iren l. zuwider us den beschwerden oder bewarungen,
dorinnen sein l. zu Spangenbergk gewest, und zu dem sein l. fueg
und gottlicb recht unserm vermogen furderlich zu derscheinen,
sunder wir haben die weg vorgnumen bei zeiten und leben unsers
schwagers [Wilhelm] auch von Hessen, des Mittlern sel. gedechtnus,
seiner l. bruder, und bei seinen regirunge etlich landtage derhalben
durch furdrunge Friderich Trottenn und dr. Schrindyssen. Sich
haben auch die beiden, Ludwig von Bemelburgk und Friderich Trotte,
folgender anzeigunge nach gegen uns der zeit gehalten und erboten und zu geschenem vornemen alles erganges [!] handels mit
unserm hern und gemahel vorgnumen anfenger und ursacher. Und
so ldg. Wilhelm der Mittlern [!] unser fruntlicher schwager sel. gedechtnus tots halber abgangen, hat Friderich Drotte sonabents[2])
Ludwigen von Bemelburgk mit zu uns gegen Sessennstein bracht;

---

[1]) Im Marburger wie im Dresdener und Weimarer Protokoll fehlen die
Artikel Beichlingens. Im Marburger Archiv (O. W. S. 1) findet sich unter den
Personalakten der Landgräfin Anna geb. Herzogin von Braunschweig eine Reinschrift der Artikel. Ich darf dieselbe wohl unbedenklich in das obige Protokoll
einfügen, insbesondere da ihr Inhalt für die Vorgeschichte der wilhelminischen
Irrungen von hoher Wichtigkeit ist. (Vgl. Anna von Hessen S. 32 f.) Aus der
Überschrift geht hervor, dass Beichlingen die Beschwerden seiner Schwieger-
mutter am Montag den 20. März vortrug. Die Überschrift lautet: »Berichtung
unser frauen Anna geb. herzogin zu Brunschweick und Lunnenburgk, landgrefin
zu Hessen, so wir vor unsern ohmen, den fursten von Sachssen, iren geschickten
und vor gmeiner landschaft des furstentumbs Hessen, so uf gehaltem landtag
zu Cassell erschinen von uns begert, uf montag noch dem santag Occuli in
der fasten ao. XIV geton haben.«
[2]) Gemeint ist wohl der Sonnabend nach dem Todestage Wilhelms des
Mittleren, also der 14. Juli 1509.

da haben wir in, Ludwigen, gebeten, nun unsers hern und lieben
gmahels, auch unser kinder bestes zu ton. Das hat er uns an
unser hant gelobt, das wirs uns trostlich zu ime versehen sollen,
nach hochstem vleis dienstlich zu derscheinen, in hoffnung, uns zu
dienen, das wir im danken sollen. Do man von dem ersten landtag nach tode weilant ldg. Wilhelms des Mittlern, so uf dem
Spiess gehalten, gegen Homburg gezogen, hat sich Ludwig von
Bemelburgk von gemeiner lantschaft wegen erboten, sich bei unsern
freunden von Sachsen zu bevleissigen, mit iren [l] l. willen uns
wider zu unsern hern und gemahel zu brengen, und obs iren l.
gleich zuwider ober [l] endgegen, so solts doch gescheen, und unser
herr und gmahel solt zu aller seiner gerechtigkeit komen und wir
ein gewaltige furstin im lant wer[d]en und solt uns nicht meher in
die hent, als bisher gescheen, schneiden lassen; wir solten uns
selbst zu geben haben, das wir eim andern auch zu geben betten,
und weiter geredt, wir bettens so gmacht, das uns meniglich liebt
im lande, aber die ander[1]) hets gmacht, das ir iderman zuwider
were. Druf haben wir geantwurt und uns vernemen lassen: Wir
nemen sulche zusagung von gmeiner lantschaft und ime zu sunderm
gnedigem gefallen und dank an, mit erbietung, sulchs unserm lieben
hern und gmahel in Rom [l?] anzuzeigen und mit gnaden niemer-
mer vergessen; und das er sage, [wir betten] es so gmacht, [das]
menglich gefallen trage, horten wir gern, und wo wirs nicht geton, wer uns getreulichen leit; und furder vernemen lassen, im
wer, wie im wolt, hets unser wase dermass gehalten, wie er darvon geredt, gunsten wir ire l. nit, und wer uns getreulich leit,
und des mit unserm troest also abgescheiden, welchs alles gescheen
in gegenwert unsers fruntlichen bruders hz. Hennrichs reten und
etlichen von der lantschaft. Als wir wider von Homburgk gwult,
haben wir Friderich Drottenn, der bei solcher handlung nicht gwest,
angezeigt und gerumet, wes uns vortrostunge von der lantschaft
durch Ludwig von Bemelburgk begegnet. Da hat Friderich Drotte
uns angezeigt: Was durfen wir der fursten von Sachsen? Darzu:
Ich het gern gesehen, das u[nser] g. gleich uf Spanngenbergk gefurt. Des ist volgender zeit Friderich Trotte mit andern komen
und us endphel von den vorordenten der landschaft uns gegen
Spanngenbergk zu unserm hern und gmahel geholt und uns angezeigt, das wir anderst niemant dan Johann von Lebenstein und
Johan von Falckennbergk als die lantsessen mit uns gegen
Spangenbergk zu nemen. Desmals dr. Schrindyssenn uns gebeten,
wollen wir in nit vor ein doctor mitnemen, das wir in doch an
eins schreibers stat mitnemen und nicht von uns lassen wollen,
dan er sich von unserm hern und gmahel und von uns nimer mit
willen scheiden woll, das dan Friderich Trotte also zugelassen.
Folgents sonntags[2]), als wir gegen · Spangenbergk komen, ist

[1]) Die Landgräfin-Witwe Anna.
[2]) Es scheint sich um den Sonntag zu handeln, der zwischen den beiden
Landtagen liegt, die nach Wilhelms Ableben am Spiess abgehalten wurden,
also um den 22. Juli 1509. Doch ist die Chronologie in dem Schriftstück offenbar so unsicher, dass die Zeitangaben nicht unser Vertrauen verdienen.

Friderich Trott wider zu uns komen mit einer uberantwurten credenz
von den geordenten der lantschaft, daruf deuten, seins antragens
glauben zu geben. Ist sein werb gewest: beide, unsern [!] lieben
hern und gmahel und wir, sollten nicht meher dan ein hofmeister
haben, Johan von Lehenstein, Johann von Falckennbergk und dr.
Schrindyssen von uns zu lassen und alsbald Bernnhart Keudell,
sein schwager, angezeigt, hofmeister und kuchenmeister zu sein,
darinnen wir nicht unbillig ein grosse beschwerung gehabt und in [!]
angezeigt, ob das der zusag und trostunge gmes, die uns Ludwig
von Bemelburg von wegen der lantschaft gegeben hab, und daruf
furder angezeigt, da wir in dem kleinen vermogen langwe[i]lige zeit
gewest, nie so verlassen, ein edelman, zwen oder drei bei uns
gehalten, sollten uns nun so schmeglich sambt unserm hern und
gmahel leiden, des wulten wir nicht ingeen, und solten wir not
darumb leiden, wolten uns auch keins wegs versehen uf gescheene
trostunge, [das das] der lantschaft meinung und will wer, und uns
des gegen in unbeklagt nicht lassen, auch die unsern an der landschaft wissen nit van uns gwult. Do das Friderich Trott gehort,
hat er umbgeschlagen und uns darnach angezeigt, wir sambt den
unsern soltens so beschwert nicht versteen, dan es wer nicht als
schwermutig gemeint worden, wir sollten die unsern bei uns behalten. Volgend von dem landtag ist Friderich Trott wider kegen
Spanngenbergk komen und do sambt dr. Schreindyssen unserm
hern und gmahel den brief angeben, den er auch mit seiner hant
geschriben, der uf dem Spiess gelesen, den Ludwig von Bemelburgk
also beruembt, do dan Schrauttenbach auch von gesagt.[1]) Es ist
auch Ludwig von Bemelburgk vor solchem landtag zu uns gegen
Spangennbergk komen, und do haben wir in [!] uf sein manigfaltig
vortrostung zusagung geton, bussem seinem wissen furder nichts
zu handeln. Do sich aber der landtag geendigt und die vom regiment gesetzt, da ist Friderich Trott wider gegen Spanngenbergk
zu uns komen und us vil vorgebenden ursachen uns geraten, sulten
nun ufs forderligst zum regiment schicken und unsers hern und
gmahels lant und leut sambt kleinotern und anderm seiner l. von
got und recht zustendig fordern lassen, eher die fursten von
Sachssen ins spil kemen, aber us vil bewegen derhalben disputacion
gehalten, dardurch wir des beschwert gwest und ussen Friderichs
wissen zu Ludwig von Bemelburgk geschickt und im den vorschlag
Friderich Trotten anzeigen lassen, der uns geraten, frei mit solcher
fordrung zu volfarn, dem wir auch desmals also nachgangen. Es
hat auch Friderich der zeit unsern hern und gmahel zum ersten
us Spangenberg sider gescheener verwarung zum heiligen creuz
gefurt und gesagt, wo die regenten und die von der lantschaft
nicht wulten, so wollen wir sein g. usfuren und Heintzen und
Kuntzen vom pflug nemen, zu seiner gerechtigkeit zu helfen. Aber
wie Friderich Trotte der seiner angebung und grosser erbietung
unserm hern und gmahel, uns und unsern kindern trostlich gwest,

---

[1]) S. o. S. 263.

is us dem zu merken: Negst so er zu Wormbs[1]) mit den vom regiment gewest, do wir in dan geschener seiner trostung etwas erinnert, da hat er uns geantwurt, er hab zu den vom regiment geschworn, da muss er auch bei bleiwen. Wie aber sein geschene handlung mag gmerkt, stellen wir in unser l. der fursten von Sachsen und iren geschickten und unser fruntlichen wasen, auch gmeiner lantschaft und aller umbstender ermessen, auch woerin wir mit durch in anfangs gefurt, soll schliesslichen vorgetragen werden.

Ludwig von Bemelburgk betreffen: Ludwig von Bemelburgk ist auch uf unser frauen liechtmesstag[2]), hernach als er zu lanthof- meister erwelt, zu uns gegen Spangenbergk komen. Da haben wir us voriger guter zuversicht in abermals gebeten, das best bei unserm hern und gmahel, uns und unsern kindern zu ton, als wir im trauen und glauben, und begert, sich nicht von uns abwenden lassen. Druf er uns geantwurt: Gnedige frau, meint ir, das ich mich bewegen lass als das roer uf dem wasser? betrieg ich e. g., so trau oder glaub e. g. keinem fromen man meher. Wie er aber seiner verheissung gefolgt, das werden u[nser] l. unser ohmen von Sachssenn und geschickten auch meniglich in folgendem vortragen zu versten haben. Volgend haben wir sambt Ludwig von Bomel- burgk dem von der Molsburgk ein kint us der tauf gehabt, da wir vor angezeigter guter zuversicht noch in weiter gebeten, unsern hern und gmahel, auch uns und unsern kinder bestes zu furdern. Da hat uns Ludwig geantwurt, unsers hern und gmahels sachen stunden uf zweien wegen, vor den einen, ob im der almechtig us seiner blodigkeit hulf, der ander, ob im der almechtig ein mend- lichen erben bescheret. Da hat sich einer unser rete mit im etwas in disputacion geben, darunder geredt, das wer nicht gut, das sein g. allein us der ursachen seiner schwacheit seiner gerechtigkeit solt beraubt sein. Da hat Ludwig von Bemelburgk gesagt: Euer herr hat rechts genug; wer furt es im aber us?; welche sein als lanthofmeisters unser zutrauung nach anzeigung beschwert und zu gmut gelaufen. Auch folgend Ludwig von Bemelburgk mit andern komen und angezeigt, das man unsern hern und gmahel in aller verwarung und in massen, wie er bei unserm fruntlichen schwager sel. gehalten, folgend also auch gehalten solle werden. Welche beide anzeigungen Ludwige vor sich selbst wie berurt geredt, unser herr und gmahel het rechts genug, wer es im aber usfurt, und daruf mit andern dises vorhalten zu verschaffen, wie unser lieber herr und gmahel wie vor zu halten, uns, als meniglich denken mag — sunderlich dem bekannt, wie sein l. gehalten wurd — gros schwermutig zu herzen gangen.

Volgend ist es dohin gediehen, das unser lieber herr und gmahel vorgnumen, kegen der Heide[3]) zu walfarten. Da ist Job Schrinndyssenn uf unsern derfordern zu uns komen, den wir befragt,

---

[1]) Friedrich Trott hatte im Auftrage der Regenten Anfang 1513 Wilhelm den Älteren aus Worms nach Hessen zu geleiten.
[2]) Am 2. Februar 1510.
[3]) Gemeint ist die Wallfahrtskirche bei dem Kloster zur Heide (Haidau bei Altmorschen).

wie im sein l. gefall, ob er in nicht vor ein hern leiden kunt, da hat
er gesagt: Ja, er ist uns hern [l. herr] genug, und wir solten denken,
wider ein landtag berufen, da wurt mancher reden, der itzt schwig,
und die zu seiner g. gerechtigkeit zu furdern anrufen; welchs wir
auch also verfolgt und ein tapfere anzal uf den Spies komen, da
wir auch mit unserm hern und gmahel erschinen und dieselben da
befunden, zu unsers hern und gmahels gerechtigkeit furderlich zu
erscheinen angerufen. Des haben die, so von stenden do gwest,
iren bedacht mit andern, so nicht da, zu unterreden gebeten, aber
bis uf dise stund noch kein antwurt gefallen. Wir haben nicht
unterlassen, volgend gegen Spangenbergk ein andern landtag berufen, da dan abermals vil us den stenden erschinen, do unser
lieber herr und gmahel eigner person aber zu furdrunge seiner
gerechtigkeit und unschedlich deme, das seiner l. jungen vettern
ldg. Philipssen zustehen mocht, gebeten, hoch ermant und angerufen.
Da hat Friderich Trotte von wegen der landschaft da gewest antwurt geben, es stund in irer macht gar nichts, sunder wolten sein
l. des wes [l?] suchen aber derlangen, must bei Kei. Mt. und den
fursten von Sachsen gescheen und erlangt werden.[1]) Es ist auch
unserm hern und gmahel vorkomen, das unser junger vetter ldg.
Philipss die huldigung vor sich allein zu Marpurgk wult nemen
lassen. Des haben wir hingeschickt us unsern reten h. Hanns
Knauten ritter und Peter von Trespach und ander, mit bevelhe,
die huldigung unserm lieben hern und gmahel zu seiner gerechtigkeit auch zu fordern, als sie auch geton; aber indem so sich rat
und gmein bedacht, so haben die vom regiment unversehen die
beiden geschickten geschlagen, zum teil verwundt und gefangen
und also langwerige zeit gefenklich gehalten, auch den einen mit
dem nachrichter uberfurt und bedrauet, welche mit kleiner anzal
schlecht iren knechten und pferden da gwest, die si sunst in ander weg
wol weg zu weisen gehabt, alles unserm hern und gmahel zu schmahe
und nachteil.[2]) Weiters das mag gmerkt [sein, wie] in furdern
wegen unserm hern und gmahel endgegen und zu nachteil handlungen gefleissigt wurden, so doch in der bevelhnus, so Rom. Kei.
Mt. unsern hern und gmahel in seiner blodigkeit unserm schwager
seinem bruder sel. bevolhen hat[3]), klar usgedruckt, [das sie] seiner
l. an seiner gerechtigkeit, auch kunftigen angefellen ane nachteil
sein sulle, welchs auch die bruderlicbe handlunge in uflassung des
regiments und endscheits klar also gleichs valls zu gwarten usgedruckt befonden worden.[4]) So Homburgk von unserm hern und

[1]) S. o. den Bericht der Regenten an die Wettiner Nr. 34 S. 125 f.
[2]) S. o. den Bericht der sächsischen Räte an die Wettiner Nr. 41 S. 135 ff.
[3]) Angespielt wird hier auf die Urkunde, in der Kaiser Maximilian
dem Landgrafen Wilhelm dem Mittleren die Vormundschalt über seinen blödsinnigen Bruder Wilhelm den Älteren überträgt. (Dat. Augsburg 1496 Juni 1,
A. Mbg., Samtarchiv, Schublade 16 Nr. 39, Or.) Die Voraussetzung für den
Antritt etwaiger Erbschaften durch Wilhelm den Älteren bildet jedoch, wie der
Kaiser ausdrücklich in der Urkunde hervorhob, die geistige Gesundung des
Landgrafen.
[4]) Hier spielt Anna von Braunschweig auf die Abdankungsurkunde und
die Reverse an, die von Wilhelm dem Älteren und von Wilhelm dem Mittleren

freunt, dem bischoff zu Colnn sel., dem furstentumb Hessen wider-ingeleibt, [wurde] vorgnumen, die verwanten mit iren pflichten unserm hern und gmahel mit gwalt zu entziehen, aber die fromen leute in Homburgk seind urbutig gwest, ein jeden fursten zu seiner gerechtigkeit zu ton, aber mit gwalt darvon zu dringen unter-standen, als auch zulets gescheen, dardurch sie in den eroffnenten schaden gedrungen. Do dan unser lieber herr und gmahel bedacht, sich eigner person in Homburgk gefugt, zu seiner gerechtigkeit huldigung erfordert, da seind die vom regiment uf gwest und so sterkst sie mit der ile haben werden mogen, darzu Homburgk un-versehen vintlicher weis uberzogen und auch sovil schliesslichen vorgnumen, das unser lieber herr und gmahel mit gwalt sich in der stat irer schutzen mussen, und also die huldigung gestort, zu unsers hern und gmahels gerechtigkeit nich[t] haben komen mogen. Es war unserm lieben hern und gmahel auch vertrostung wurden vom regiment, notturft seiner. l. und uns kegen Spangenbergk zu schaffen, wart uns die mit solchem komer gereicht, was wir uf zwu malzeit brauchen solten, was weiln zu einer nicht gnug, villeicht der meinung, dardurch die unsern von uns zu dringen, welcher doch unser herr und gmahel, als seiner l. endgegen getracht, wie zum teil gehort, leibs bewarung halber bei sich zu behalten hoch-notturf[t]ig. Us den ursachen seind wir bedacht, zuflucht zu Rom. Kei. Mt. zu haben und unsern komer und gelegenheit unsers hern und gmahels an ir Mt. brengen zu lassen. Daruf hat Kei. Mt. unsern hern und gmahel erfordert lauts irer Mt. schreiben, der-gleichen die vom regiment auch erfordert, bitten sulch irer Mt. schreiben und copien irer derfordrung anzuhoren.[1]) Es hat auch Kei. Mt. den vom regiment geschrieben, unsern hern und gmahel zu sulcher reise schliesslichen mit zerung und anderm darzu dienst-lich abzuvertigen, aber gar nichts vorgestreckt und alles in der verechtlichen kamer gelassen. Da auch solche kei[serliche] schrift komen, haben wir unsern reten zugelassen, mit den vom regiment zu betagen, die des vornemens, wan si bei si kamen, zu vleissigen, solche wege zu suchen, die unserm hern und gmahel icht leidlich, dardurch solche vorhabende reis zum Keiser und uslendig mocht gewendt. Des haben sie den vom regiment geschriben und ge-beten, zu in gegen Breittenau zu komen, aber der vom regiment ist keiner komen, sunder etlich geschickt, die kein weitern bevelhe gehabt, dan anzuhoren, was ir meinung, die wider zuruckzubringen; da haben sie denselbten dannoch an[ge]zeigt, copien kei[serlichen] schreibens und forder mit den nichts statlichs zu handeln wissen, dardurch solche reis wendig het werden mogen. Da haben wir nicht weiter zu gedulden wissen, sonder uf Kei. Mt. hegern mit unserm hern und gmahel, ire Mt. und den angesatzten tag zu be-suchen, die reise vorgnumen. Da wir aber bei Kei. Mt. komen, sind die vom regiment als die ungehorsamen usbliwen, welchs uns

---

unter dem 3. Juni 1493 ausgestellt wurden. (A. Mbg., Hess. Samtarchiv, Schublade 16 Nr. 39, Or.) — Der oben im Text wiedergegebene Satz ist offenbar korrumpiert.
[1]) Beilage fehlt.

on zweifel liderlich glauben zu geben nicht kleinmutig bekomerlich
gewest, nachdem wir mit einem leichten beutel uns ufgemacht und
forder also langwerig zeit in hohem komer bei Kei. Mt. angehalten,
bis uf ir Mt. uns abermals ein vorbescheid vor etliche ire commissarien gegeben. Mit dem so kam Lieps von Meyssenbugk und
Adolff Rauh, unsers hern und gmahels auch ldg. Philipssen furstentumbs vorwante und lantsessen, mit manigfaltiger anzeigung, wie
sie die irrungen, die unsern hern und gmahel verursachten, ussen
seiner l. furstentumb zu enthalten, nicht gern wusten, und sovil
gefleissigt, unsern hern und gmahel und uns vermucht, dem vorbescheid Kei. Mt. derzeit ufschub geben, auch endeckung geton,
mit was summa unser herr und gmahel sambt aller entrichtung
het mogen von meniglich, dem man verpflicht wurden, gequit
werden, welch summa sich dach der zeit uber 6000 gulden nicht
erstreckt; aber die beiden, Lieps Meysenbugk und Adolff Raub,
haben unsern hern und gmahel und uns spottlich bisher der schliesslichen antwurt warten lassen, und hetten wir ientzt ire endschuldi-
gung, so si negst uf dem haus offentlich gefurt, nicht erfarn, betten
si villeicht unser tag verdeichtlich gehalten. Haben also forder
mussen mit viler muhe nachreisen und komer gedulden, da wir den
angesatzten tag uf ire ansuchen bei Kei. Mt. verschoben, eher wirs
wider zum vorbescheid bracht mit vilem darlegen, geben sonderlich
hiemit an uber alles verursachen, das uns sambt unserm hern und
gmahel usjagt, das bevort alles, das hieruber ufgangen, durch die
vom regiment verechtlich, mutwillig verursacht und also ufgezogen,
bis Kei. Mt. spruch [zu Köln] usgangen und volgendem spruch,
welchen die vom regiment im fustapfen angenomen, uber die drei
virtal jars deme zu g[e]leben ufgezogen und sonderlich abermals
mutwilliglich und vorechtisch solche uswendige zerung die zeit verursacht. Uber alle dise anzeigung wissen wir euch auch nit zu
verhalten, uns zur zeit, als die keiserlichen commissarien in sachen
unser fruntlichen wasen belangen zu Marpurgk waren[1]), haben unser
rete an dieselbten commissarien geschickt und unsers hern und
gmahels gerechtigkeit halben antragen lassen, auch die keiserlichen
comissarien iren bedacht uf solchen vortrag genomen, aber die
vom regiment haben den unsern geschickten sovil trostung, solten
mit unsers hern und gemahels sachen der zeit zufriden steen, si
wolten doch hinter uns hie nicht schliessen, aber folgend unser
geschickten sitzen lassen, und da die unsern bei dem regiment
erholung haben wollen, wie es im handel stund, da hat inen Ludwig
von Bemelburgk bericht geben, si vom regiment wusten nichts bei
der sachen unsern hern und gmahel betreffen zu tun, man must
unsers hern und gmahels sachen bei Kei. Mt. suchen. Us vorigen
ursachen und disen weisungen gut zu dermessen, woenach uns hat
gehurn wullen zu trachten, anderst dan zum obersten haubt als
Kei. Mt. zuflucht zu haben.«[2])

---

[1]) Juli 1510 vgl. o. Nr. 28 S. 106 ff.

[2]) Den langatmigen und schwulstigen Schlusspassus, in dem der Inhalt der
Beschwerdeschrift noch einmal zusammengefasst wird, habe ich nicht abgedruckt.

Boyneburg: »Er gestehe des ersten artikels, das er des ein anfenger sei gewest, gar nicht.«

Graf Beichlingen: »Aus disem vorbrengen habe ungezweifelt menniglich zu vermerken, das sich ldg. Wilhelm nit aus mutwillen, sunder aus merglicher nottroft aus dem furstentumb gewant, der zuvorsicht, auch nicht wol anderst moge angezogen werden; daraus leich[t]lich zu vormerken, ob die angezeigeten nicht ursacher ader anfenger gewest. Wo es aber angefuchten werde, wolt sie deshalben weiter bericht tun und will hirinnen mein g. frau die junger und die lantschaft allewege mit eingezogen haben.«

Boyneburg: »Am nest vorgangen freitage[1]) sei die handelunge ldg. Wilhelms angezogen, das er und seine frunt vom regement ursacher des costens solten gewest sein, derhalben die alte furstin solt ires berichts gehort werden; nu funden sie nicht alleine ein bericht, sunder eine clage wider keiserlichen schiet; ob es aber billich were, stelten sie zu den fursten und beten solcher clage abeschrift, sich darauf zu bedenken und antwurt zu geben, sovil sich gebort. Des ersten tags halben zu Frissczeler[2]) sagt der lanthofmeister, er sei darauf nicht, darzu auch im lande nicht gewest, und must durch ein weint gescheen sein, des er angezogen wirt, aber auf deme andern tage nach absterben ldg. Wilhelms hett inen die alte furstin zu ir zu kommen beschreiben, das er getan, wes er mit ir gehandelt, wuste sie ungezweifelt nach wol.«

Friedrich Trott: »Er vorstee, wie er in seinem abwesen itzt solle angezogen sein, desselbigen bete er copien; wult er darzu antwurten, des menniglich befinden sult, das er sein leben lank nie anders gehandelt, dan einen rittermanne wol anstehet.«

Schrautenbach: »Gemeine lantschaft betten den bericht der alten furstin gehort auf den artikel betreffende die uncosten, solichen bericht nehemen sie an und bephelen ime, weiter zu sagen, das durch furige handelunge und itzigen bericht gnugsam biebracht, das solcher unkost durch lanthofmeister und regenten geursacht, und wern des vorhoffens, das regement solle daran gehalten werden, solche costen gemeiner lantschaft zu erstaten und zu bezalen. Der begerten copien halben, dieweil der artikel gnugsam angefochten, und darauf gsagt, das die nottraft nicht sei, inen die zu geben und gnugsam darbracht, das solcher cost durch sie geursacht. Die fursten hetten auch meiner g. frau der jungen ein bescheit geben lassen, deme regement eine copien der schmeheschreift und clage zu geben, aber sie wirn mit der kegencopien Wittershausens antragens bis nach aufgehalten, bitten, das inen die nach werden mocht.«

Beichlingen: »Lanthofmeister und sein anhank hetten sich horen lassen, das nest fritags vorlassen were meiner g. frau der eltern bericht zu horen, nu funden sie eine clag, welchs dem keiserlichen spruch zuwider were, mit weiter repetirung. Darauf

---

[1]) Am 17. März.
[2]) Von einer Tagung zu Fritzlar wissen wir nichts; auch worauf Boyneburg anspielt, erscheint dunkel.

gesagt, die anzeigung, so die alte furstin gegeben, wurde billich
nit anderst dan eine underricht vormarkt; dan bette sie ir angeben
in eine clage wollen stellen, wult sie anderst darzu getan, und
wire nicht gemeint, dem keiserlichen spruch zuwider zu handeln,
were darumb des anzogs billich vortragen gewest, hette sei bericht
sollen tun, muste gescheen, aus was ursachen wo es hergeflossen.
Wurde darumb unbillich vom regiment vor eine clage angezogen.
Des lanthofmeister abwesens ufm tage belangende, darauf were
ime befolen zu sagene, es weren mehr handelunge ldg. Wilhelms
vorgenomen den uf den lantak allein. Copie, so begert wurden
ist, belangende, sagt er, man bette auf itzlichen artikel vorlesung
derselben gezeigt, ob das regiment antwurt darauf tun wult, und
wern nach erbotik, die artikel widerumb zu lesen und gewertik
zu sein, ap das regiment darauf antwurten wolle, desgleichen
Freiderichen Trotten auch angezeigt ist.«

　　Boyneburg: »Die fursten betten zu vormerken, das solchs
nicht gleich sein mak, dan sie wirn drie tage uber dem libell gesessen; wan es rechtlich were, hofften sie, es solt inen nicht un-
erkant bleiben. Desgleichen hoffen sie in der gute auch gescheen
solle und bitten dr. Schryndeyssen und Hans von Falckenbergk uf
ire eide zu fragen, was er mit inen gehandelt habe, und getrau,
sie werden also from sein und sagen, was sie von ime gehort und
wissen betten, nachmals der artikele abschrift bittende, wolten sie
sich darauf nottroftiglichen vornemen lassen.«

　　Friedrich Trott: »Sagt, alsobalde die artikel inen betreffende gelesen werden, wult er zu stunt darauf antwurt geben.«

　　Beichlingen »von wegen der alten lantgrefin: Sie hett gebort, das die fursten vor zimlich angesehen, dem regiment copien
zu geben, lengerunge darinne zu vormeiden, wire ime bepholen
zu sagen, das es den fursten nicht zuwider gesucht, das durch sie
domit aufgehalten, sunder betten den handel also funden, und were
die bit, sie bie der ordenung bleiben zu lassen; dan ire f. g. wolle
die artikel, als oft man das begert, lesen lassen.«

―――――

　　Boyneburg: »Am nehesten sei ein schlossrede gescheen
von weigen meiner g. frau der wittewen und denen, die sich eine
gemeine lantschaft nennen, welche sie gehort und darauf eine
meinunge gfast, und von dem licenciaten Weittershausen wider
vortragen lassen.«

　　Weitershausen: »Am nehesten sonnabende vorgangen[1])
haben mein g. frau die wittewe, desgleichen die von der lantschaft
uf irer seiten gegen dem lanthofmeister und regenten furbrengen
lassen, dieselbige geschopft und gefast aus schreiften, so das regement an die von Homburgk und andere haben ausgehen lassen,
darauf lanthofemeister und regenten dismals begert copien und
bedacht, der inen von e. f. g. gnediglich zugelassen. Nu haben

――――――――

[1]) Am 18. März, s. o. S. 283 ff.

sich das regement auf dieselbige schmeschreift und clage inmassen
vorgetragen bedacht, und wiewol der lanthofemeister geschickt
antwurt zu tun wust, dan er idach, dieweil etliche latinische wort
in der clage eingfurt, habe der lanthofemeister derhalben be-
schweronge gehabt und darumb ime bepholen, solchs zu tun, und
dise meinunge vorgetragen. Es sei vorgangenen tagen dem regement vorkommen, wie auf dem gehaltenen tage zu Dressa vorgenomen, ein naue einunge und buntenis zu machen, lauts eins
begreifs und notel, die inen dovon gezeichent und vorbracht ist;
in derselben sie bfunden, das etwan vil artikel darein gestellet sein,
die ires vorstands, wo di dermassen sollen vorfertiget werden, den
fursten zu Hessen zu nachteil irer macht, hocheit und oberkeit
reichen und gelangen wurden, und hetten bedacht, das sie die sein,
die schuldik irer phleicht und ambts halben meiner g. herren von
Hessen, sovil inen mogelich, schaden und nachteil zu vorkommen,
darumb sei dieselbige schreift an die von Homburgk und andere
ausgeben lassen, nicht in gestalt, imant domit zu schmehn, sunder
zu vorkommen schaden an der obrikeit, sunderlich denjenigen, so
solche schreifte bescheen, fruntlicher erinnerunge und warnunge
irer selbst und iren selbst phlichten gnug zu tune, betten gehofft,
wol und recht daran getan gehabt, darumb sie auch vil mehr gelobt, dan beclagt solten werden; dieweil sei aber ehe darumb beclagt wern, als in auch alle ire handelunge zum ungewegsten wolle
ausgelegt werden, were ime bepholen, dise antwurt zu geben,
sagen, das sie derselbigen schreift gestendik, von inen ausgegangen
sei, das sie aber domit die lantgrafin, diejenigen, so dise schreift
ausgangen, ader auch imant anders injurirt ader geschmet, sein sie
gar nicht gestendik, ist auch ir gemute, meinunge und wille nicht
gewest, das sich auch dieselbige schreift dobin nicht auslegen lasse;
dan so dieselb schreift durchaus anfangs, mittels und endes angesehen, wurde bfunden, das meiner g. frau nichts schmelichs zugezogen. Es wurde auch darinnen nicht gemeldet, das diejenigen,
an die solche schrift ausgangen, wider ehre ader ire phleicht gehandelt haben, das zeucht sich das regement uf dieselbigen schreifte
und den buchstaben derselben. Das auch mein g. frau, desgleichen
meine gunstigen herrn von der lantschaft iren g. anhengik, dieselbige
schreifte vor das erste auslegen wollen, als ab darinnen iren f. g.
und der lantschaft solt zugemessen sein, das sie wider die fursten
von Hessenn als ire landsfursten statut, ordenunge, gesetze und
beuntenis ufgericht haben, das sie auch sich munze, lantsteur, die
den regalien anhangen, underzogen, darzu sage das regement, sie
musten gedulden, das mein g. frau und die lantschaft iren g. bie-
stendik solche schreifte also deuten und auslegeten, zweifeln aber
nicht, so die schreift angesehen, es werde der buchstaben nicht
geben. Dan wiewol wahr, das under anderem dise wort gemelt,
aus welcher gestalt dise begriffen einunge erscheinet, das sich die
undertanen understehen, statuit, gesetze und buntnis zu machen,
das aber solchs nicht allein ire pflicht, sunder die recht bei schweren
penen verbieten, das sei der buchstabe vom regiment, von den si

ausgangen, auch gedeut werden sollen, so sagen si, das si es dafur
verstanden, als si es noch dafur haben, wo solch artikel dermassen
solt verfertiget werden,. das dasselbige were wider mein g. herren
von Hessen, dodurch iren f. g. schmalerung und abbruch geschehe
an der obirkeit, macht und hocheit; domit aber haben si nicht geschmehet an den, so dieselbige schrift ausgangen, sonder iren
pflichten nach ire bedenken zu verstehen gegeben; solten dermassen
die artikel verfertiget, solt wider der undertanen pflicht sein, haben
nimant geschmehet, sunder ir bedenken angezeigt, und si des zu
erinnern, als si das irer pflicht halben zu tun schuldig gewest.
Domit aber e. f. g. mogen vermerken, das es dennoch lanthofemeister und regenten nicht unbillichen dafur angesehen, auch noch
nicht vor unbillich ansehen, so haben sie vor handen die notel und
copien, bitten die verlesen zu lassen. (Ist geschehen.)

    Weiter e. f. g. und menniglich aus dieser vorlesen notel vor-
nomen, das vil artikel begriffen sein, dofur es das regiment geacht,
wo die also solten verfertiget, das es den fursten von Hessen an
irer obirkeit schmelerunge und abbruch tet; dan masse zu geben,
wie es mit munze gehalden, ambtknecht gestraft und wan landsteure sollen erfordert werden, das sein je ires verstandes stucke,
die furstlichen gewalt anhangen, derhalben inen als undertanen ires
bedenkens nicht geburet, masse zu machen. Dieweil sie es dafur
gehalten und derselbe begreif inen dermasse vorbracht ist, haben
si solche schrift ausgehen lassen zu erinnerunge derjenigen, an die
es beschehen sall, ires bedunkens nicht unbillich, und nimant domit
schmehen wollen. Das aber von meiner g. frau und der lantschaft
solche schrift dohin gedeut werden wil, als solt das regiment ir$^u$
f. g. und inen zugemessen haben, das ir f. g. und si conventicula,
conjurationes et conspirationes ufgericht haben, saget das regiment,
sie mussen irn f. g. und inen abermals desselben auslegens vergonnen, aber der buchstabe der ausgegangen schrift helt das nicht
innen; es wurde dorinne nicht funden gemelt, das mein g. frau
und die lantschaft, auch diejenigen, an die solche schrift ausgangen,
conventicula, conjurationes et conspirationes ufgericht haben; wol
sei das in der schrift vermelt, das in derselben schrift conventicula
wider die oberhant ufzurichten verboten, das sei die warheit und
domit nimants geschmehet. Dan die schrift spricht nicht, das si
es getan, wissen aber, das es also im rechten versehen an diejenigen, so geschrieben worden, zu erinnern angezeigt, dasselbe
wissen zu haben. Des regiments gemut ist auch gewest, die schrift
dergestalt ausgehen zu lassen und nimants domit zu schmehen,
dodurch e. f. g. vormerken, das das regiment dise ausgegangene
schrift nicht haben ausgeben lassen, imant domit zu schmehen,
sonder allein diejenigen, doran si gescheen, freuntlicher meinunge
gewarnet. So erscheinet aus demselben brief, do die wort lauten:
„Das geben wir euch unsern pflichten nach und als den wir guts
gonnen zu erkennen." Doraus were ir gemut, nimants zu schmehen
verstanden. Dasselbige erscheine auch ferner aus den worten:
„Wir ermanen euch, das ir aus obgemelten ursachen wolt be-

trachten", und weiter, „Das haben wir euch guter meinunge, als
den wir guts gonnen, unsern pflichten nach nicht unangezeigt wollen
lassen." Ist nun solchs so ein grausam erschrecklich schmehebrief,
ist solchs ein fomus [l. famos] libel und schmehe, so meiner g. frau und
der lantschaft zugemessen sei? Das geben si e. f. g. zu ermessen.
Dieweil nu aus diesem bericht erscheinet, das lanthofemeister und
regenten durch solche beschene schrift nimant geschmehet wider
mein g. frau, die lantschaft ader die, so dise schrift ausgangen
sein, und auch dasselbige ire gemute nicht gewest, die geschehne
schrift sich auch dobin nicht auslegen lassen, als des regiments
entschuldigung selbst mitbrengt, so sei das regiment meiner g.
frauen und nimants dorumb pflichtig, weren auch derselbigen clage
und gebrauchter wort, grausam, erschreckliche schmebrif, famos
libel etc. billich verhaben bliben. Das es war sei, zihen si sich uf
e. f. g. ermessen und bedenken und wollen es also zu derselbigen
erkentnis gestelt haben.«

Schrautenbach: »Nachdem dis ein merglich gross sache,
ere und gelimpf betreffend, sei, bitten si, domit zu verharen bis uf
zukunft meiner g. frauen witwe.«

Egra[1]): »Auf die antwort und vermeinte where die injurien
belangende, di lanthofmeister und regenten meiner g. frauen und
der gemein lantschaft unschuldig ufgewendet, nemen si anfenglichen
an des regiments entschuldigunge, so vil die uf ir habe, dorinnen
si bekennen, das si mein g. fraue und gemeine lantschaft durch
den vermeinten schmehebrif wollen angezogen haben, dorwider ir
f. g. und gemeine lantschaft, das es augenlich clar, wie die sonne
war, das dises leuken dem schmehebrif widerwertig. Derhalben
wollen mein g. frau und gemeine lantschaft diser entschuldigunge
nicht settigung tragen, sie auch domit nicht gnugsam verantwort
wissen, sonder wollen fur und fur alle ir notdurft sembtlich und
sonderlich vorbehalten haben in- und ausserhalbs recht, dovon si
offentlich protestirn und bezeugen, dise injurien neben andern obligen vor den fursten, allen prelaten, grafen und umbstenden, wie
sichs geburt, zu gemut gezogen haben. Dieweil aber die vermeint
injurien meiner g. frauen, auch gemeiner lantschaft ir leib, sele,
gut und ere belangende[!], erfordert die notdurft, irer hern und
freunde hulf und beistant zu ersuchen, desgleichen wollen die lantschaft auch gebrauchen. — Am sambstage nest verschinen[2]) sei
durch den licenciaten Wittersshausen ein lange rede vorgetragen,
und wiewol dieselbige ane not zu verantworten, idoch habe er
disen hefehel, gemeine lantschaft mochte wol leiden, das jener teil
zu im trete, weil si aber das nicht tun, wo zwei teil von einer
gemein, wo gleich der dritte teil nicht aldo, sollen zu beschlissen
haben. ... (Der pfarrer sagt, es were ane not, dise rede ufzu-
zeichen, wolt auch nicht langsam reden).«

---

[1]) Nach einer Notiz im Dresdener Protokoll spricht Egra am Mittwoch
nach Oculi (März 22).
[2]) Am 18. März vgl. o. S. 290 ff.

Weitershausen: »Lanthofemeister und regenten betten gehort, wes mein g. frau und die lantschaft iren f. g. beistendig durch
den pfarner wider des regiments entschuldigung und verantwortung
uf die vermeinte schmeheclage geschehn vortragen lassen haben,
und sonderlich, das mein g. frau und die lantschaft annemen, wes
er und regenten im anfange irer verantwortunge bekent haben,
das si dieselbige gar nicht vor gnugsam achten und si dieselbige
schrift ein schmeheschrift nennen, betreffe ine die ere und gut,
mit weiter repetirung des pfarners furbrengen. Uf das were im
befolen zu sagen, das si alles dasjenige wollen erholet und repetirt
haben, das sie in irer antwort und entschuldigung furbrengen haben
lassen, ungezweifelt die fursten, desgleichen prelaten, grafen, ritterschaft und stet, so hirzu entkegen und unparteisch sein, dorzu alle
umbstenden haben aus derselbigen verantwortung verstanden, was
mass si die schrift haben ausgeben lassen, sonderlich schaden und
nochteil domit zu vorkummen, iren eiden und pflichten gnug zu
tun und denjenigen, an die solche schrift ausgangen, zu getrauer
warnung, wie sich dasselbige in derselbigen schrift erfinde, und
das ir wille und meinung nicht gewest, wider si noch die, so die
schrift ausgangen, zu schmehen. Dieweil dan solchs war ist und
sich aus derselbigen schrift also erfinde, so gestehen sie wider
meiner g. frauen noch nimants dorumbe schuldig zu sein; den wan
einer imants solle umb schmehe schuldig werden, so gehort dorzu,
das dobei sei gemut, wille und meinung zu schmehen; des zihen
sich lanthofmeister und regenten zum rechten; das es war sei,
findet man vil felle im rechten. Wan gleich etwas, das sich zu
einer schmehe ziben solt, geredt ader geschrieben ist, das dennoch
dasselbige kein schmehe sei, dan es ist der wille und gemute nicht
dorbei. Es wirt auch nicht vor ein schmehe gehalten, sonder
alleine ein kegenwere gebraucht. Dieweil dan das regiment solche
schrift hat ausgehen lassen aus notdurft, und den willen, imanden
zu schmehen, aussen gelassen, so stellen si solchs zu erkentnis der
fursten, aber das si ire notdurft vorbehalten, lasse das regiment
geschchen, und wollen widerumb ire notdurft auch furbehalden und
hirmit uf disen artikel beschlossen haben. Weiter sei amb sambstag
von der lantschaft meiner g. frauen beistendig durch Schrautenbach ein beschlossrede[1]) geschehn, dorin erstlichen vormeldet mit
weiter repetirung, doruf bett das regiment ein bedacht genommen,
sich einer meinung entschlossen und die wollen am nesten vorlesen
lassen, dieweil es aber vom kegenteil nicht hat wollen zugelassen
werden, so sei ime befolen, dieselbige muntlich vorzutragen. Zuvor der schlossrede sei im befolen, zu sagen, das iderman verstehe
aus disem geschwinden peinlichen vorbringen und hegern, das das
regiment dodurch merglich beschwert, das es ine betreffe ir leib,
leben und ere und was inen von got verlihn; nu stunden alhir vil
vom adel uf jenem teil, die ire bruder, vettern, ohmen und gute
freunde weren, desgleichen vil erbare stete, umb die alle sie ein

_____

[1]) Vgl. o. S. 294 f.

solchs ie nicht vordinet, das si dermassen solten angetast werden, wo es also irer aller wille und bephel, das wire erschrecklich, es ginge auch idermanne tief zu herzen, das solche frome ritterleute, die alle ire tage erlich herbracht, dordurch sie zu erlichen ambten und furstlichen hendeln, auch disem itzigem regement vor andern erwelt sein, das dieselbigen uber alle gnugsame und uber das sie umb nichts uberwunden sein, das sei dermassen solten geschmehet sein, inhalt der schlossrede und von den, die ire gnussen, ohemen, schweger und frunde sein, und durch die sei zum regement ge- korn; wollen darumb die gute hoffenung haben, das solch peinlich begern, durch Baltazarn Schrautenbach vorgewant, ie nicht irer aller bephel, gemute und meinunge gewest sei, und begerten, dar- umb solchs von inen zu vorstehen.«[1])

Schrautenbach: »Sagt uf solch hegern des licenciaten, ge- meine lantschaft wern nicht alle bei einander, nach essens wolten sie darzu antwurt geben.«

Weitershausen (Schlussrede): »Uf die beschehene schloss- rede sei ime von der lantschaft bepholen, also zu sagen, es sei nicht an [!?] mein g. frau und die lantschaft iren g. beistendik haben etwo vil grosser, schwerer und wichtigen [!] clage wider sie vor- brengen lassen und vorbracht, dieselben ufs hochste aufgemutzt, mit gutem bedenken in schreifte gestelt, dobie nicht gelassen, sunder darbei ufs scherfte anstreichen lassen, und alles, das zum neusuchen gehort, nicht underwegen gelassen, als auch unbestendig- keit halben derselben clage nicht gar an not gewest, aber darkegen hetten die fursten und alle umbstende gesehen und gehort, das das regement dieselbigen clagen, alle, wie hoch sie aufgemotzet, doch alle mael im fusstapfen mit blosser erzelunge der geschicht an ir selbst vorantwurt, sich nicht vil ausstreichens gebrauchent, sunder ires wissens und unschult getrost, darauf ir f. g. und alle umbstende aus aller handelunge sovil vormerkt haben, das die clagen von meiner g. frauen und der lantschaft nit aus nottroft ader gemeins nutzs, als es will gedeut werden, sunder aus vil einem andern grunde bescheen sei. E. f. g. haben auch vorstanden, das das regement solch clagen semptlich und sünderlich mit grunde der warheit vorantwurt haben, das daraus erscheinet ir unschult, und das sie beider fursten von Hessen gesuntheit, nutz, ere und wolfart, gemeiner landschaft gedigen und aufkommen und alles, das inen zu tune geburt, getan haben, und an allen demjenigen, das sich dobin ziehen mak, sovil inen nach irem hochste[n] vorstande ge- wesen, nichts erwinden lassen und also gehalden, wie inen iren phlichten nach als fromen rittermessigen leuten zugestanden hat. Darumb so lassen sich die regenten nicht irren, das in der schlos- rede etliche vil clagen wider ernauet und erholet werden und dobie angezeigt, als solten sie die wider gar nach zum teil vorantwurten;

---

[1]) Im Protokoll der mecklenburgischen Räte steht hinter dem Auszuge aus der obigen Rede Weitershausens der wichtige Vermerk: »Darup haet sich gemeine lantschaft eintrechtlich gesaget, das se das also bevolen haben.«

denn sie haben dieselbigen alle mit warheit gnugsam vorantwurt,
und ob sie irs korzen bedachts ader vorgess halben etwas vorgangen ader etwas nicht nach der lenge und nottroft vorantwurt,
so haben sie sich vormals erboten, inmassen sie abermals tun, das
sie uf gsinnen e. f. g. zum selben alle mahel, es sei vil ader weinik,
ire antwurt und bericht der wahrheit tun und geben, daraus ire
unschult bei menniglich sall vorstanden werden, und das sie nit
anderst, den itzt gehort, gehandelt haben. Lassen sich auch darumb nicht irren meiner g. frauen protestacion; dan wiel ir f. g.
uber dasselbige, das sie nit anderst, denn inen geburt, gehandelt,
clagen, das mussen sie iren f. g. macht geben; sie zweifeln aber
nicht, sie haben iren f. g. darzu kein ursache geben, wollen auch
hinfurder nicht tun. Es ist auch der lantschaft nicht not, sich irer
handelunge halben etwas zu besorgen, dan was das regement bisher gehandelt, haben sie gnugsam vorantwurt, wollen das forthin
gegen got und menniglichen zu vorantwurten wissen, achten auch
nicht schuldik zu seine, der lantschaft irer vorhandelunge halben
antwurt zu geben, wollen dasselb vorantwurten. Solt aber imant
darumb antwort gegeben werden, wern sie den curatorn und formundern schuldik, die sich Kei. Mt. bei furstlichem gelauben vorschreiben haben. Deshalben getrauen lanthofmeister und regenten,
das sie zu diser handelunge keine ursache gegeben, sunder mein
g. frau und gemeine lantschaft das ane not, dorumb billich von
inen, und nicht wie gebeten, solche costen zu entrichten schuldik.
Uf solichs bitten lanthofemeister und regenten underteniklich, e. f. g.
wollen nit, wie vom keigenteil beschieht, entgelden lassen, das sie
als getraue deiner irer herrn nicht allemahel in irem regement
einem iden seins willens gelebet, itzt mit ausrichtung angeforderten
solts, des man inen zu geben nicht schuldik gewest, dan mit zu-
sehung der hendel, so mein g. herren von Hessen zuwider haben
wollen vorgenomen werden, dan mit ausrichtunge geforderter schult,
dorvon kein schein angezeigt, dan mit leihung des, so aus gnaden
zu lehen begert, dan mit voranderunge der ambt, die sie aus guten
beweklichen ursachen und meinem g. herrn zu gute getan, und
dan mit vil andern sachen ane not zu erzelen, die sei irer phlicht
halben haben tun mussen, sunder sie desselbigen alles und irer
traue, der sie sich keigen iren herrn gflissen, gneissen lassen, der
schwinden bit und beger vom gegenteil bescheen wider billicheit,
rechte, vornunft und alle ordenunge rechts und inen zu merklicher
schmehe kein stat geben, sunder sie bic recht, des sie sich uf
e. f. g. mein herrn, die rete und alle grafen, prelaten, ritterschaft
und stete, so zu entkeigen und unpartigisch sein, erbiten und erboten haben wollen, das sei e. f. g. dobie gnediglich wolle hanthaben, schutzen und schirmen, als sie zu e. f. g. als leiphaber der gerechtigkeit des keinen zweifel setzen; dobie auch und ab e. f. g. [und]
gunst mochten achten ader erkennen, das sie sich domit nit gnugsam erboten, wollen sie dasselbige stellen zu erkennen e. f. g. als
der vormunder, von gemeiner lantschaft erbeten; wes die erkennen,
das sei weiter zu tune schuldik, das sie das tun und getan haben

wollen. Darbie zeigen lanthofmeister und regenten an e. f. g., das
sie diser beschlossrede vom gegenteil bescheen und des schwinden
und peinlichen hegern wider billicheit, alle ordenunge rechts und
inen zu merglicher schmehe als nit unbillich grosse beschwerunge
und darzu bfremdunge haben, das also stumpf angezeigt wirt, man
wolde sie forder in keiner rigerunge wissen, darbie b[e]gert, beide
fursten von inen zu tun, auch inventaria, caucion und stillestant
von sich tun, uber das sie alle clagen gnugsam vorantwurt, und
das sie nach zur zeit umb nichts erwonnen sein, als ob die von
der lantschaft also irs gfallens zu entsetzen macht haben, als ob
sie mochten selbst cleger und richter sein, als ob die vom regiment
die leute wern, die ein solichs vordeinet betten, das sich dach
bisher nicht bfunden und ires vorhoffens nicht bfinden solle, zudeme
das dieselben von der lantschaft nit sein eine gemeine lantschaft;
dan auf jener seiten stehen etwan vil grafen, prelaten, ritterschaft
und stete dises furstentumbs Hessenn, die dasselbige offentlichen
widersprochen und sich boren lassen, das sie irenthalben das
reigement umb nichts zu beclagen wissen, auch das angesehen,
das dannoch die von der lantschaft das regement ires gefallens zu
setzen und zu entsetzen haben, obgleich ursache vorhanden, das
nicht ist, des zu tun nicht macht haben. Dan solchs stehe den
fursten von Sachssenn als den vormunden zu, die dan durch eine
gemeine ganze lantschaft zu vormunder[n] erbeten und von Kei. Mt.
bestetigt, darauf auch ire cf. und f. g. etliche jar in gebrauch desselbigen gewest, darauf auch lanthofmeister und regenten iren f. g.
als den vormunden regements halben und nit der lantschaft mit
eiden und phlichten bestrickt, deshalben, ob man ie nit hette wollen
lanthofemeister und regenten vorschonen, so solt dach billich irer
f. g. als der vormunden vorschonet worden sein, solten solchs also
nicht vornemen, hinder iren f. g. irs gfallens ein regement zu entsetzen und also in irer f. g. vormundeschaft und hocheit zu greifen.
Idach, sovil das alles das regement berurt, wollen sie diser zeit in
gedult stellen, sovil aber ir f. g. als vormunder, die er erst solt
genant haben, berurt, wollen sie iren f. g. zu bedenken beim-
gestellet haben. Und diewiel die fursten aus diesem seiner hern[1])
von der lantschaft geschehenem beschloss vormerken, was unnott-
troftiger handelunge dorinnen gsucht, domit dan e. f. g. auch etlicher
massen bericht werden, was unnottroftige handelunge mein g. frau
und etliche von der lantschaft ausserhalben des aus dem be-
schehenen beschlos vormerkt hinder e. f. g. als den vormunden
vorgenomen haben, itzt mit underzihunge der vorwarunge des
jungen fursten, dan mit gebiten und vorbiten, mit drauschriften
und anderem, so wollen sie etliche schreifte und vorzeichnis lesen
lassen, daraus e. f. g. dasselbige horen und vornemen sollen.«[2])

---

[1]) Die Stelle ist im Marburger Protokoll verderbt; da heisst es statt
„aus diesem seiner hern" (Weimarer Protokoll) „aus disen ferner born".

[2]) An dieser Stelle bricht das mecklenburgische Protokoll ab,

Schrautenbach: »Hat solchs angefochten, mit vorwendunge, es wern naue clagen und deme abescheide ungemess; und sein nicht vorlesen worden.«[1])

## Vierter Teil:
### Vergleichsvorschläge.

A) Sächsische Fürsten: »Nach vorhorunge clage und ant- wurt haben mein g. herrn die fursten und gesanten rete meins g. herrn hz. Georgen meiner g. frau und der lantschaft anzeigen lassen: nachdeme di sache wichtik und groes ist, an sei begert, auf wege zu gedenken, wie si vormeinten, das beide fursten von Hessenn vorsorget werden solten, dasselbe zu vormelden und die personen anzuzeigen. Und wiewol mein g. herren die fursten und gesanten rete sich erinnerten und durch die rechtvorstendigen be- richt worden, das durch die vormunden bestellung ldg. Phillips als pupillen geschehen solt, so het auch Kei. Mt. mein gst. und g. herren ldg. Wilhelmen zu curatorn vorordent und ir cf. und f. g. darzu bestetigt, aber desselben unangesehen wulten mein g. herren und die gesanten ir als der lantschaft bedenken anhoren und sich darauf mit gnediger und geborlicher antwurt vornemen lassen. Voranderunge des regements halben, wusten mein g. herren und die gesanten nach zur zeit nicht gnugsam ursach zu finden, sie in diser eil zu entsetzen, dan sie erbiten sich umb die anspruch zu recht. Ir g. wulten aber der sachen nachgedenken und als vor- munden, das inen dan zustunde, mit der zeit das regement in be- queme wege zu vorordenen und sich in deme unvorweislichen zu haldene und erzeigen. Die rechnunge belangende haben ir cf. und f. g. als curatoren und vormunden horen lassen, und die regenten scint erbotik, etlichen aus der lantschaft dieselbige rechnunge fur- zulegen, domit sie auch irer herrn einkommen in kunde kommen, werden ungezweifelt derselben zufreide sein. Die unkosten ldg. Wilhelm und entwante schlos und flecken betreffent, darumb sie caucion forderten, hilten es mein gst. und g. herrn die fursten dafur, das die regenten billichen derhalben nit so hoch angezogen werden sollten; dan sie weren gesessen und erboten sich zu rechte, sie wusten auch mein g. herren als curatoren und vormunder, welcher gestalt ir g. sich gegen Kei. Mt. in solcher curacion und vormundeschaft vorschreiben und vorphlicht hetten, daraus wult iren g. fugen, in solchem einsehunge zu haben, wie dan nit under- lassen werden· solt, als diejenigen, die ldg. Wilhelm [l. Philipp] in zukunftiger zeit darumb antwurt geben musten. Der schmehe- schreift halben were von beiden teilen gnug geredt, und begerten meine g. herren und die gesanten, es darbei bleiben zu lassen. Ob

---

[1]) Hier bricht auch das Weim. Prot. ab. — Zur Chronologie bemerke ich, dass die Schlussverhandlungen vermutlich vom Mittwoch d. 22. März an gepflogen wurden. Vgl. o. S. 295 Anm. 1.

auch imant von sundern personen weiter zu clagen hette, liessen in mein g. herren gefallen, das solchs in schreiften ubergeben wurde. Obs aber imands gefellicher wire, solchs muntlich zu horen, wollen ir g. etliche rete und zwene schreibere auf das rathaus vororden, dasselbige aufzeichen zu lassen und darauf einem iden zimlichen beschiet geben, aber iren g. und den gesanten were am gefelligsten, das es supplicacionweise furbracht wurde.«

Landgräfin und Stände: »Haben das furhalden gehort und vor bie inen beschlossen, das ungezweifelt die grosse clage sampt den protestacion solten angesehen werden. Dan offenbar, wie meiner g. frau ir son genomen, den [die] lantschaft Ludewigen von Boneburgk in trauen und gelauben zugestellet, und schaden erlieden. Wo sie nun nit einsehen gehabt, mochte weiter schade ergan sein. Das sie aber auf mittel gedenken solten, wusten sie keine anzuzeigen; wo inen aber einiche mittel angezeigt werden, wolten sie sich mit geborlicher antwurt vornemen lassen. Das auch mein g. frau iren son aus mutterlicher leibe sampt der lantschaft gfordert betten, wire naturlichen, gleich und billich, wollen auch ire anfurderunge, das sie uf ir bit bis anher domit greifent gegen Ludewigk von Boneburgk und seinen anhank vorbehalden haben, bitten aber nach, inen ire herrn zu leifern, wollen sie die also bestellen, das mein gst. und g. herren ires vorsehens daran billich keinen misfaln haben sollen. Voranderunge des regements halben betten sich gemeine lantschaft irs gemuts bievor vornemen lassen und wie vor gebeten. Dan dise regenten weren inen aus angezeigeten ursachen nicht lenger leidelichen, wolten es also orden, das scheinlichen bfunden, es solt vorbessert werden, wulten es ires vorsehens auch also ordenen, das mein gst. und g. herrn daran billichen kein ungefallen haben solten. Der rechnunge und inventarien halben vorsehen sie sich, dieselbigen sollen billichen itzt zu stunt geschehen, wissen dovon auch nit abezustellen [!]. Die coste uf ldg. Wilhelm gangen und die entwanten schloss und flecke betreffende, wollen sie meinen g. herrn, den fursten und gsanten zu gfallen willigen uf einem andern tak, darinnen irer bit nach zu handeln, doch in solchem itzt alhier caucion und vorsicherunge von inen zu nemen. Uf die schmeheschrift wollen sie ire nottroft ferner vorbrengen. Ob auch meine g. herrn die fursten und gesanten die clagen furderer person in schriften ader supplicacionweise ufnemen wollen, stellen gemeine lantschaft in irer g. und gunsten gfallen. (Daruf sein die clagschriften aufm rathause in biewesen etlicher rete uberantwurt und angenomen worden.)«

B) Sächsische Fürsten: »Wiewol curfursten und fursten zu Sachssenn aus craft der curacion, vormundeschaft und bestetigunge daruber von Kei. Mt. daruber ausgangen geburet, ldg. Wilhelm in vorsorgunge zu nemen, wie ir g. schuldik scint, auch der keiserliche vortrak zu Martpurgk aufgericht zuleisse, das die vormunden mit den regenten ldg. Phillips in vorsorgung zu haben [!], so wolten dach ire g. und die gsanten der lantschaft zu gnaden zulassen, das demselben mit bestellunge der fursten aus der lantschaft ein zusatz

gemacht, und wie der gescheen solt, wer ir f. g. und der gesanten
begere und bit, sich mit den andern aus der lantschaft, die mein
gst. und g. herrn hieher erfordert, des zu voreinigen und dieselbigen
personen meinen g. herrn und den gesanten anzuzeigen, wulten
sich ire g. mit gnediger antwurt vornemen lassen. Des regements
halben achten es mein g. herrn und die gesanten dafur, das solche
voranderunge itzt nicht zu tun sei; dan die sachen weren wichtik,
derhalb die regenten beschuldigt worden, weil dan mein g. herrn
hz. Friderichen, auch mein g. herrn hz. Georgenn diese sache mit
belangt und guts bedenkens nottroftik, wolle[n] ire g. und die geschickten itzt einen tak ansetzen, die regenten auch etliche aus
der lantschaft zu bescheiden, rechnunge und inventarien und mitteler-
zeit alle andere sachen in bedenken zu nemen und am selben tage
darin vleissik einsehen und ordentlichen bescheit furzuwenden, domit sich nimands ichts unbillichs zu beclagen haben, auch dozumal
das regement zu vorandern; dach das es mitlerzeit in deme stande
bleibe. Dach solt dem regement Herman Reithessel zugelassen
werden, mit deme solten sie alle sachen intrechtiglichen handeln.
So hetten auch die regenten uber gegeben antwurt in allen sachen
rechtlich erbieten getan.

Dise mittel hetten die regenten angenomen, aber von der
lantschaft ganz abegeschlagen[1]), wiewol vil darinnen gearweit, aber
vom widerteil ganz abeschlahen und allein darauf bestanden, inen
ire herrn zu ubergeben und das regement zu entsetzen, auch von
keinem andern mittel horen wollen.

---

[1]) Im Weimarer Archiv (Reg. C p. 110 Nr. 9 Bd. 5, Reinschr. der ernestin.
Kanzlei) findet sich ein Fragment, in dem die Stände ihren ablehnenden Standpunkt gegenüber den Vorschlägen der sächsischen Fürsten noch einmal eingehend
begründen. Da heisst es: »Si [Stände] achten von unnoten, das einicher unterred
oder besliess mit meinen gst. und g. hern in disen sachen von noten. Dan ungezweifelt mein g. hern und die gesanten in disem falle [kein !] gewalt betten, und
wusten aus wichtikeit und gros der sachen mein g. baide fursten in diser bestellung nit zu lassen oder Ludwigen von Boyneburg und sein anhank lenger in der
regirung zu sehen; dan solten si lenger regirn, mochte der schad grosser werden.
Darumb nochmals ir bit, solcher ebaft stat zu geben und in ire hern zuzestellen,
wolten si dieselben also versorgen und das regiment in di wege ordnen, das irs
versehens mein gst. und g. hern daran keinen ungefallen haben wurden. Das di
recht zeigten an, wie di pupillen versorgt werden solten, das liessen si in seinem
wert. So were auch im furstentum herkumen, das gemeine lantschaft regenten
zu setzen und entsetzen bette. Das aber furwendung geschee, als ob di veranderung inen und irn erben unerlich oder verweislich sein wurde, das achten si
nit dafur, dan es wer ir erbschaft oder aigentum nit, darumb mochten si es fur
kein schmehe anzihen. Dan ir ider, der ein ambt verwaltet, must der entsetzung
gewertig sein. In disem falle wer es auch also. So betten di regenten di
ursach der veranderung vor guter zeit und sunderlich zur Numburg wissen
entpfangen. Darumb were in an not der rechnung halben weiter aufzuhalten,
aber auf begern meiner g. hern wolten si willigen, das mein g. hern und di
gesanten der lantschaft der rechnung, des grossen uncosten und anders halben,
das durch di regenten dem furstentum zu nachteil gehandelt zwischen ostern
und pfingsten tag furgenumen und aldo gescheener bit nach verfarn, doch
das zu solchem itzt alhie caucion und versicherung wie gebeten genumen wurde.
Das wer ir beslus, stunden auch darauf, mit bit, den regenten in ir heuser zu
erlauben und si, wie angezeigt, an bestellung des regiments nit zu hindern,
wie dan im lande herkumen were.«

Nachfolgent haben der curfursten und fursten botschaft uf
wege gehandelt, nemlich das die naue einigunge, die sie in der
furmundeschaft aufgericht, solt in ruhge stehen bis zu ldg. Phillips
mundigen jarn, und das beide fursten zu irer bestellunge zwene
aus der lantschaft, die mit der lantgrafin kommen sein, und zwene
aus der lantschaft, die mein gst. und g. herrn [als] curatoren und
vormunden hirher kein Cassell erfordert, von beiden fursten bis zu
der vorhore zugestelt werden solte, dieselben auch zwene aller
fursten von Sachssenn rete solten bis zum tage neben den regenten sein. Das ist auch abegeschlagen und in keins willigen
wollen, darauf der abeschiet hirbei g[e]volgt.«

## Fünfter Teil:

### Abschied.

»Dieweil alle handelunge, mittel und vorschlege, so mein g.
hern die fursten zu Sachsen, auch die geschickten meins g. herrn
hz. Georgen auf vorgetragene clage angezeigter beschwerunge und
bit, so mein g. frau die lantgrefin-witwe samt etlichen aus der
lantschaft des furstentumbs Hessen wider Ludewigen von Boneburgk und sein anhenger angestalt, dorgegen den ir antwort und
entschuldigung und erbieten gehort, bei dem clagenden teil ganz
abgeschlagen, haben hochgedachte fursten und geschickte meiner
g. frauen von Hessen sambt den aus der lantschaft nachfolgenden
abeschiet geben lassen:
Also sunder zweifel, mein g. frau, desgleichen die aus der
lantschaft betten im eingang dieser vorhor aus unterricht, so mein
g. herren die fursten, auch die geschickten meins g. hern hz.
Georgen haben furwenden lassen, gnuglich vormarkt, was gestalt
ir f. g. sambt meinem gst. hern dem curfursten, auch den stat-
heldern[1]) meins g. hern hz. Georgen diesen gehalten tak anzusetzen
vorursacht wurden, auch wes sich ir f. g. und die geschickten bei
der sachen zu tun fruntlich, gnediglich, dinstlich und willig erboten,
dorumb es diser zeit zu vernauen ader repetiren ganz von unnoten,
sondern welcher gestalt solchs geschen, sal hirmit erholt und
vorneuet sein. Wan nun der clagende teil in irer schliessrede die
bitt uf nochfolgende meinunge gegrundet: Zum ersten, das inen
beide fursten ldg. Wilhelm und ldg. Philipps zu iren henden und
ire vorwarung zugestelt solten werden, auch die regenten ane alles
vorzihen abezusetzen, und das inen gestattet werde, das regiment
noch irem willen und gefallen zu bestellen, doch also, das dorbei
lanthofemeister und regenten aufrichtige, redeliche rechnung, auch
bescheit und underricht irer handelunge, schloss und flecken, die
vom furstentumb Hessen entwant sein sollen, zu tun, dorzu gnugliche

---

[1]) Hz. Georg weilte seit Januar 1514 in Ost-Friesland und hatte die Regierungsgeschäfte einigen Räten übertragen, die den Titel Statthalter führten.
S. Anna von Hessen S. 119 f.

caution und furstant umb alle scheden und uncosten, so von inen
vorursacht, zu erstatten, zu bestellen, dorauf den die regenten den
artikel, die vorsorgung der fursten person, auch voranderunge irer
ampter, wu inen zuvor geraume zeit ire rechnunge zu tun gestattet,
und alle andere ursachen zu mein g. herren mechtiglich, auch den ge·
santen meins g. herrn hz. Georgen, ire erkentnis und weisung
dorinne zu gedulden sich erboten, oder aber, wo das vom gegen·
teil nicht wolt angesehen werden, sich zum rechten erbieten. Wiewol nu von mein g. herren und den geschickten manchfeltige mittel
und wege gesucht, dodurch dise gebrechen gutlich hetten sollen
und mogen beigelegt werden, hat doch vom clagenden teil der
aller keins wollen vorfolget und angesehen werden, sondern auf
den artikeln, in irer bitt verleibet, davon obin gemelt, sonderlich
die ubirantwortung der fursten und entsetzunge der regenten,
stracks beharret. Weil den mein gst. und g. hern curfursten und
fursten zu Sachsen von gemeiner lantschaft zu ldg. Phillips vormundeschaft gebeten und erfordert, ir f. g. auch sie die vormundschaft als neheste schwertmagen, wie auch hie vor zeiten zwuschen
den lantgrafen in Doringen und Hessen in ubung gehalten, angenommen und von Kei. Mt. dorzu gelassen und confirmirt und
durch Kei. Mt. commissarien einen schiet zu Martburg aufgericht,
in welchem under anderm ein sonderlicher artikel meldet: Zum
vierden, weil ldg. Philipps in der vorgemelten curfursten und fursten
von Sachsen als vormunde und der regirer vorwaltung und vorsehung ist und sein sall, so sal der lantgrefin gestat werden etc.¹),
auch Kei. Mt. die gedachten fursten mein gst. und g. hern von
Sachsen ldg. Wilhelm dem alten zu curatorn gesatzt und verordent,
iren g. befolen, desselben ldg. Wilhelms leib und gut in vorwaltunge
und vorsorgnus zu haben, wie solchs Kei. Mt. bestetigunge mit
claren worten ausdruckt, dorgegen sich den ire f. g. gegen Kai. Mt.
demselbigen treulichen vorzustehen vorpflicht und vorschrieben
haben, aus dem allen meinen g. hern den fursten, auch den geschickten meins g. hern hz. Georgen diese hertickeit, so von dem
gegenteil gesucht und doruf beharret, sich auch durch keinen wek
ader mittel dovon haben wollen wenden lassen, nicht geringe beschwerlichen gewest, so aber ire f. g., auch die geschickten meins
g. hern hz. Georgen je geneigt und noch sint, aufrur, beschwerunge,
schaden und nachteil, so dem fursten und furstentumb Hessen zu
besorgen erwachsen mocht, sovil moglich zuvorkummen, haben ir
f. g. und gunsten durch die curfurstlichen und furstlichen botschaften
von Brandenburgk dem clagenden teil nochfolgende meinunge anzeigen lassen.

    Nochdeme als si ein verbuntnus und einunge in zeit irer g.
vormundeschaft, auch ldg. Philippisen unmundigen jaren aufzurichten

---

¹) Dieser Passus ist ein allerdings nicht wortgetreues Citat aus dem
Marburger Vertrag. Vgl. o. Nr. 29, S. 115 f. Artikel 3. Der bezügliche Artikel
fängt an: »Zum dritten dieweil ldg. Philips in der vorgemelten curfursten und
fursten von Sachsen als vormunder und der regirer verwaltung und versehung
ist und sein soll, so sell der landgrafin gestattet und vergonnet werden, in etliche zeit im jare zu besuechen etc.«

understanden, die dan etlicher mass den fursten und furstlicher
obirkeit zu Hessen, als ir g. bericht worden, zu nachteil sein solt,
dorein den etliche grafen, prelaten, ritterschaft und von steten
nicht hetten gehel[l]en noch vorwilligen wollen, daraus erfolget, das
zwuschen den stenden des furstentumbs Hessen ein zwiespeldikeit
erwachsen, also das sie nicht semptlich bei einander als ein gemeine lantschaft stunden, dorumb ire[r] g. begeren und der geschickten gesinnen gewest, das si mit solcher buntnis bis zu ldg.
Philippisen mundigen jarn stille halten solten, wolten ire g. und
di geschickten in den sachen sovil befleissigen, das die stende
zusammen als ein lantschaft di zusammengetan in eintrechtikeit
gefurt und beieinander stunden; wo solchs geschege, alsdan wolten
sich ire f. g. und die geschickten mit inen, wi es mit der be-
stelluuge der fursten person berurent, auch nochdeme die regenten,
sie irs dinstes zu erlassen, gebeten, das auch bei iren g. und den
gesanten inen nach beschehener rechnunge von iren amten zu erleuben nicht vor unbequemlich angesehen, mit in das regiment
widerumb aus einwonern des furstentumbs Hessen und auf ire anzeigen solt bestellet werden, wol voreinigen und gnediglich erzeigen.

Wiewol nu solchs auch gewegert und abgeschlagen, so ist
doch nochmals meiner g. hern und der geschickten begern und
bitt, mit der vorbuntnis bis zu ldg. Philipssen mundigen jaren stille
zu stehen, domit die lantschaft, wie obgmelt, in einmutikeit moge
gefurt werden und sich des regiments halben wider zu bestellen
der personen, so darzu geschickt und tuglichen aus dem furstentumb Hessen, voreinigen, wollen mein gst. und g. herrn curfursten
und fursten von Sachsen, ader, welche des zu tun vorhindert, durch
ire geschickte botschaft auf montak noch Trinitatis [Juni 12] schirsten
zu Schmalckalde einkummen, dobin die regenten mit irer rechnung
geschickt zu sein erfordert und solche rechnunge von inen in beiwesen Herman Rietesels, auch einen aus den grafen, einen prelaten,
vier von der ritterschaft, zwene aus den steten Cassel und Martburgk, die alle sonderlichen darzu sollen voreidt werden, horten.
Wo dan in solcher rechnunge beschiet und underricht der regenten
befunden, das si etwas den fursten von Hessen und irn leiben,
gutern, landen ader leuten zu schaden ader nachteil gehandelt,
dorinnen wollen sich ir f. g. irem manchfeltigem erbieten nach mit
rat der zugeordenten aus der lantschaft dem missfallen gleich
oder gemess erzeigen, wurden si aber unbeweislichen befunden,
das si alsdan auch dorbei gelassen und mit rezessen, quitanzen,
wie sichs geburt, von solchen ambtern erlassen und abegefertiget.
Alsdan und zu stunt wollen ire cf. und f. g. auf anzeige und underricht doraus der lantschaft, die auch in merglicher anzal dorbei
erscheinen sollen, mit den personen aus dem furstentumb Hessen,
welche dorzu erwelet, an das regiment kummen lassen, doch das si
di eide und pflicht, wie dise regenten vorhaft seint, auch schweren
und tun sollen. Nachdeme auch etlicher vil beihendel, die sachen
auch an ire selbist gros, tapfer und wichtig, wollen mein gst. hern
mitteler zeit die alle mit vleis ubirsehen und besichtigen lassen,

solchs itzlichs nach seiner gelegenheit bewegen und ermessen, dardurch ire g. geschickt werden, auf den angesatzten tak zu Schmalkalden die billikeit zu verfugen und furzuwenden, solchermass und
gestalt, das sich nimants derhalben mit gutem grund a er fugen
keiner unbillickeit weiter zu beclagen. Doruf meine g. dhern die
fursten auch alle und itzliche als einwoner und gelider des furstentumbs Hessen bei den pflichten und eiden, domit ir den fursten
zu Hessen, auch iren cf. und f. g. als curatorn und vormunden
vorpflicht und vorwandt, ermanen und gebieten, des ir bis zu disem
tage und volendung desselbigen stille stehen, kein aufrur ader entborung wider die regenten im furstentum zu Hessen wollet er-
regen, euch auch keinerlei, das in des regiments vorwaltunge
gehort, annemen ader underwinden, sondern alle sachen in dem
wesen und stande, wie bis zu diser entborunge gehalten, stehen
und bleiben lassen, dem regiment in allen billichen und getreulichen
sachen ire ampter angehorig anstat und von wegen der fursten zu
Hessen iren cf. und f. g. als vormunder und curatores gehorsam
leisten, domit unguts, schaden und beschwerungen, so den fursten,
furstentumb und allen einwonern des landes, wo es anders gehalten,
dannen zu besorgen, vormiden bleib, des wollen sich mein g. herrn,
die fursten und die geschickten zu euch allen semptlichen und
jeden in sunderheit genzlichen verlassen. Ir f. g. und die gesandten
wollen auch mit den regenten ernstlichen vorfugen und bestellen,
sich der zeit ubir gegen allen einwonern dis furstentumbs und diejenigen, so dorzu gehorig, keiner beschwerlichen handelung ane
vorursachen zu gebrauchen, sundern einen itzlichen, was standes
und wesens der ader die seint, bei billikeit, gleich und recht zu
bleiben lassen. Und ob imants ab solchem abschiet beschweret,
des sich doch meine g. hern die fursten und geschickten nicht
vorsehen wollen, so seint die hochgedachten mein g. herren auch
von wegen meins gst. hern des curfursten erbotik, vor Kei. Mt.
weisung und erkentnis zu gedulden, zu geleben. Es mogen und
wollen auch ire aller f. g. diser sachen halben fur die curfursten
und fursten von Brandeburgk, die mit iren g. und dem furstentumb
Hessen in erbeinung, zu vorhore und erkentenis kommen, und was
ire g. durch si geweist ader erkant wirt, dem wollen ire cf. und
f. g. ungewegert geleben und nochkumen, und die geschickten
meins g. hern hz. Georgen vorsehen sich, solich erbieten werde
irem g. hern auch nicht entkegen sein.«

»Nach vorlesunge des abschiedes hat Taubenheym gesaget:
Gnedige frau, wie weit der von Stolburgk und ich von wegen
unsers g. herrn in disen abschiet gewilligt, haben e. f. g. aus diser
vorlesunge vernomen.

Doruf die lantgrefin mit der curfurstlichen und furstlichen
botschaften, auch denjenigen, so aus der freuntschaft[1]) dozumal bei

---

[1]) Im Dresdener Protokoll heisst es für „freuntschaft" „lantschaft".

ir gewest, ein bedenken genommen und nachfolgende meinung vorwenden lassen: Ir g. frau und gemeine lantschaft hetten den abschiet gehort und mochten doraus nicht anders vormerken, dan das solcher abschiet Ludwigen von Boyneburg und seinem anhange zu gut und mer, dan si begert haben, gestelt, nachdem si selbst umb entledigunge irer ambter gebeten, dorob mein g. frau und gemeine lantschaft nicht clein befrembdunge und beschwerunge trugen, betten sich auch der nicht vorsehen, in betrachtunge, welcher gestalt Ludewigk von Boyneburg und sein anhang zu schaden, beschwerung und nachteil ldg. Phillips gehandelt, welchs doch so ufinbar, das ers nicht vorneinen ader widersprechen mochte. So wir[1]) auch gnuglich vorbracht und bezeugt, welcher gestalt Ludewig von Boyneburg dem furstentumb Hessen, landen und leuten mit ldg. Wilhelm zu schaden und nachteil gehandelt, dorumb es auch keiner weitern beweisunge bedorft. Aus dem allen hetten sich mein g. frau und gemeine lantschaft, sonderlich dem abschide, vortrostunge und zusage nach zu Naumburg jungsten geschehen[2]), genzlich vorhofft, diser handel solt in keinen weitern vorzok ge- stelt worden sein, ader ie zum wenigsten gemeiner lantschaft ir herre ldg. Phillips, den si Ludewigen von Boyneburg uf guten vor- trauen befolen und zugestelt, der in bishir gewaldiglich vorgehalten, wider zu iren handen geantwort worden sein. Dieweil aber solchs nicht gescheen mocht, musten si es got befelen und konten disen abschiet nicht annemen und den hinder gemeiner lantschaft, di nicht gegenwertig, gewilligen. Es ist auch forder angezeigt, das sich mein g. frau nicht wolt vorsehen, das mein g. herr hz. George seiner f. g. reten dise meinunge zu handeln befolen het, sonderlich, das irn g. ir kint solt furenthalten werden, dieweil doch ldg. Wilhelm, irer f. g. gemahel sel. und lobl. gedechtnis, meinem g. hern hz Georgen in seiner f. g. testament iren g. seinen einigen son, des- selben lant und leute befolen und vortraut hette.

Doruf Taubenheym gesaget, was dem von Stolberg und ime von wegen meins g. herrn hz. Georgen befolen were, trugen si gut gewissen, und was wir in dem irn f. g. bericht getan betten, were iren f. g. auch wol in wissenheit, und welcher gestalt si in disen abschide gewilligt, bett ir g. und die von der lantschaft ge- hort. So betten si von wegen irs g. herrn wol geschehen lassen, das iren g. und der lantschaft ir son und herre were gegeben worden. Sein g. herr werde sich auch kegen irn g. fruntlich und gegen der lantschaft gnediglich erzeigen und wurde des seiner g. halben kein mangel sein. Si betten auch in das vorbiten und er- biten nicht gewilligt.

Doruf die lantgrefin selbst geredt, si hette solchs wol ge- hort und vornomen und sich des bei hz. Georgen fruntlich vorsehen, bedankt sich auch des irenthalben freuntlich und die lantschaft

---

[1]) Statt »so wir etc.« heisst es im Dresdener Protokoll ausführlicher »so dan mein g. frau und die von der lantschaft etc.«

[2]) S. o. Nr. 70 S. 183 f.

underteniglich, sie wolten solchs umb sein l. und g. fruntlich und
underteniglich in allen irem vormogen, leibs und guts, sambt allen
iren freuntschaften, zugetanen und vorwanten willig und gerne
vordinen. Si hette wol vil schweger, si funde aber wenik freuntlicher erzeigunge.

So haben die von meinen g. herren den fursten geschickt gewest zu diser rede und obingemelt gesaget, in were
nicht befolen, sich in disputation zu begeben, wolten es aber genzlich darfur halten, wo der vorlesen abeschiet wol vornommen, so
wurde doraus nichts anders vormerkt, den was meiner g. herren
der fursten, auch meines g. herrn hz. Georgen rete dorin fur-
gewendt, das solchs den fursten und furstentumb Hessen, auch
allen andern desselbigen furstentumbs einwonern zu gut, nutz und
gedeien beschehn. Wo es auch die zeit gehaben mochte, das mein
g. frau, auch die von der lantschaft des abharren mochten, wolden
si dise zurede meinen g. herren den fursten zu erkennen geben,
sonder zweifel, ir f. g. werden sich doruf irer g. notdurft nach
mit geburlicher antwort dermassen vornemen lassen, doraus befunden, das iren g. nichts ungelimpfs mochte zugemessen werden.

Dorkegen Schrautenbach gesagt, mochte in dieses abschides
ein copien werden, wolden si geschen lassen, doch nichts desteweniger gegenwertiglich und uffentlich mit der curfurstlichen und
furstlichen botschaften, auch sust menniglichen protestirt und bezeugt haben, das si dorin nicht wollen haben vorwilligt.

Also ist in zugesagt, wen sie des abschiedes ein copien haben
wolden, mochten si umb eine ader zwu nochmittage in die canzelei
bestellen, wurde in doran kein mangel erscheinen, und die geschickten lissen die gescheen protestation in iren wirden bleiben.‹

A. Mbg., O. W. S. 3, Reinschr. der Kanzlei der Landgräfin-Witwe.


**115. Landgräfin Anna und die hessischen Stände an die
Herzöge Heinrich und Albrecht von Mecklenburg. Kassel 1514
März 16.**

Bittet die Brüder um Waffenhilfe.

Bittet um die in Aussicht gestellte Zusendung 50 »geruster
pferde«, die »zum allerfurderlichsten und ilends so imer moglich
gein Rottenberg« gefertigt werden sollen, da zu besorgen ist, dass,
wo sie sich gegen ihre Widersacher nicht ernstlich zur Wehr setzen,
dem jungen Fürsten und seinem Lande viel Schaden und Unrat entstehen möchte. »Dat. Cassel, dornstags nach Reminiscere ao. XIV.‹
Nachschrift 1: »Auch freuntlicher lieber bruder hz. Albrecht,
so hetten wir uns unserm schreiben und begern noch[1]) nit versehen
zu e. l., das sie nit zu uns komen sein und uns in unsern noten
beistendig gwest sein solten. Doch wie dem allem, so ist nachmals

---

[1]) Angespielt wird auf das eigenhändige Schreiben, das Anna im
Dezember 1513 an die Brüder gerichtet hatte. Vgl. o. S. 173 Anm. 2.

unser freuntlich bit, sie wullen itzt mit den reutern zu uns komen und nit usplieben.«

Nachschrift 2: »Auch ist unser freuntlich und undertenig bitt, e. l. und f. g. wullen uns die 50 geruste pferde uf stund an alle seumnis zukomen laissen, dan die sachen kein verzug leiden mogen.«[1])

A. Schwerin, Hassiaca, Or.


**116. Weisungen der Wettiner, wie in Zukunft das Regiment in Hessen zu bestellen ist. [Kassel 1514 März 24.][2])**

1. u. 2. Jährliche Rechnunglegung von seiten der Regenten vor sächsischen Räten, Mitgliedern der hessischen Stände und eines Vertreters der Landgräfin-Witwe. 3. Aufenthalt ständiger Räte der Wettiner beim Regiment in Hessen. 4. Einträchtige Erledigung der Regierungsgeschäfte durch die Regenten. 5. Sie sollen die Einwohner gütlich hören und unverzüglich abfertigen. 6. Schlichtung etwaiger Händel unter den Regenten. 7. Der Landgräfin sollen hinfort die kaiserlichen Verträge gehalten werden. 8. Abstellung ihrer Beschwerde über den „Schmähbrief". 9. Behandlung der Treysaer Einung. 10. Die Parteien sollen vorläufig Frieden halten.

1. Die hessischen Regenten sollen in Zukunft ihre Rechnung abschliessen und von den Herzögen zu Sachsen oder ihren Räten »in beiwesen der personen aus den stenden des furstentuems Hessen, die zu der rechenunge des itzigen regiments gelassen werden«, entlastet werden. 2. Zu solchen Rechnungen soll Hermann Riedesel

---

[1]) Ein Schreiben der Landgräfin an die Räte der Grafen von Königstein vom 21. März zeigt uns, wie energisch Anna damals ihre Anhänger beisammen zu halten suchte, um einem etwaigen Angriff von seiten der Gegner wohlgerüstet entgegentreten zu können. Das Schreiben lautet: »Hochgelirten lieben, bsonder und guten freunde, uns hait unser lieber getreuer ... Curt von Bellersheim genant Gropp bericht .«., wie ir ime us bevelh der grafen von Konigstein kegen Hansen von Karsbach etlicher geprechen halben, die sie kegen einander haben, ein gutlichen verhoretag, nemlich uf montag nach Letare [März 27] ... ernant und bede teil zu hinlegung der sachen fur euch gefurdert haben sollet, den er auch also zu besuchen ganz willig und geneigt were. Weil aber intzt diser zeit hie im furstentumb zu Hessen mirglich und gros sachen und handelung ... furhanden, deshalber wir itzt hie zu Cassel in grosser versamelung bei einander sein und entlichs ustrags der sachen erwarten mussen, ... so ist unser ... bitt an euch, ir wullet den genanten Groppen seins uspleibens dismals in kein weg anders dan wie obangezeugt verwenen und ime den angesetzten tag vierzehen tag lang ader aber bis in die nechste wochen noch oistern erstrecken. Dan wir seiner als des furstentumbs undertan und unser einung anhengig itztmals nit entraten mogen. Dat. Cassell, dinstags nach Oculi.« (A. Mbg., O. W. S. 3, Cpt.) — Ähnliche Gesuche um Waffenhilfe wie an ihre Brüder richtete die Landgräfin in diesen Tagen an eine Reihe hessischer Vasallen, so aus Marburg am Montag nach Lätare [März 27] an den Grafen Johann von Wittgenstein und den Grafen Eberhard von Königstein. (A. Mbg., O. W. S. 376, Cpt.)

[2]) Datum fehlt; wie aus dem Hinweis auf den Kasseler Abschied (s. Punkt 8) hervorgeht, wurde das Schriftstück wahrscheinlich bald darauf, vielleicht noch an demselben Tage, aufgesetzt. Ich habe darum nicht Anstand genommen, die Abfassungszeit des Abschiedes auch für die obigen Weisungen der Wettiner anzunehmen.

oder ein anderer Abgeordneter der Landgräfin-Witwe nach dem
Marburger Vertrage zugezogen werden. 3. Um den Einwohnern
Hessens den Weg zu den Fürsten von Sachsen zu sparen und diese
mit den unwichtigeren Sachen zu verschonen, sollen hinfort in der
Nähe der Regenten ständige Ratgeber im Auftrage der Vormünder
sein, die den Landgrafen von Hessen »auch geburliche ratspflichte«
leisten. 4. Die Regenten sollen künftig »in gemeinen hendeln des
morgens und nach gehaltener malzeit zu einer itlichen stunde, wie
sie sich nach gelegenheit der hendel voreinigen, an vorziehen erscheinen und in iren ratschlegen einer den andern gutwillig horen,
und was von in allen ader durch den mehern teil beschlossen, dem
fall nachgegangen werden, doedurch mit vleisse und einung gehandelt. 5. Es sullen auch von ine die einwoener des furstentuems gutwillig und mit vleisse gehort und an vorzug als vil
mogelich gefertigt werden.« 6. Sollte sich unter den Regenten
Zwist erheben, so sollen die ständigen Räte den Streit zu schlichten
suchen. 7. Das Quatembergeld und die noch ausstehenden Schulden
sollen der Landgräfin-Witwe »itztmahels und hinforder an vor-
minerunge und unbillich vorzuk bezalet und entricht und die vortrege, zu Martburg, Rodenburg und an andern enden aufgerichtet,
irer f. g. durch das itzige und nachfolgent regiment gehalten
werden. 8. Weil von unser g. frau und den aus der lantschaft
iren f. g. beistendig ein sunderer artikel etlicher iniurien und
schriefte halben furbracht, sullen derselben halben unser g. u. gst.
herren auf den obernanten tag[1]) auch darinne weisunge und erkentnis tuen.« 9. Beide Teile der hessischen Stände sollen fünf
oder sieben aus ihnen abordnen, um über die Artikel zu beraten,
die die Treysaer Einung enthält; sie sollen diejenigen anerkennen,
die den Fürsten von Hessen nicht nachteilig und den Unterthanen
nützlich und zuträglich sind, die andern aber sollen »abgetan und
vormieden« werden. 10. »Alle clagende und beclagte parteien
sulten bis zu dem ernanten tage in ruhe, fride und einikeit stehen,
kein teil wider den andern mit worten ader werken ... nichts uben.«

A. W., Reg. C p. 110 Nr. 9 Bd. 4, Cpt.

## 117. Die Herzöge Johann und Heinrich von Sachsen an Herzog Georg von Sachsen. Kassel 1514 März 24.

Berichten über den unbefriedigenden Ausgang des Kasseler Tages,
über die Zurückweisung des Abschiedes von seiten der Landgräfin und
der Stände und die Haltung der Räte Hz. Georgs. Sie beteuern, dass es
nicht in ihrer Absicht liegt, die Regenten gegenüber den hessischen Ständen
unbilligerweise zu begünstigen, und bitten Hz. Georg, ihnen seine Ansicht über die hessischen Wirren schriftlich mitzuteilen.

---

[1]) Angespielt wird damit auf den Landtag, der in dem Abschied zu
Kassel (s. o. S. 317) für den Montag nach Trinitatis (d. 12. Juni) in Schmalkalden anberaumt wurde.

Sie erinnern Hz. Georg an die Vorgänge auf dem Naumburger Tage und an die Vorgeschichte des Landtages zu Kassel. »Nachdem wir den hochgebornen fursten, unsern lieben oheimen ldg. Phillips und ldg. Wilhelm zu freuntschaft und gemeiner landschaft zu gnaden uns personlichen gegen Cassel gefugt, die gebrechen neben und mit e. l. gesanten reten zu verhor genomen und vil unschickligkeit in solcher verhor sich begeben, haben wir dorch die uns nit bewegen lassen. Und so wir nach verhor der handlung mittel ... den parteien durch e. l. und unsere, auch der curfursten und fursten von Branndenburg rete haben furhalten lassen, sein doch die durch die hochgeborne furstin, unser freuntliche liebe swester und swegerin, frau Anna, landgrefin zu Hessen witwe mit den aus der landschaft als irer l. beistendig und anhengig abgeschlagen, dadurch wir geursacht, mit e. l. reten uns eins abschieds zu entschliessen, auch demselben teil also verlesen und eroffnet, aber nicht angenomen. Es hat aber e. l. ambtman zu Freiberg und gesanter Cristoff von Taubenheym nach verlesung solchs abschieds in gegenwertigkeit der angezeigten parteien sich horen lassen, als e. l. das mitsambt dem abschied aus hiebei verwarten copien ferner zu vernemen.[1]) Weil dan unser lieber bruder, vedter, e. l. und wir zugleich in der curacion und vormundschaft genanter unser oheimen von Hessen bisher gestanden, auch noch steen und sein und aus dem, das durch unser schwester und schwegerin mit den aus der landschaft ir anhengig ein neue vereinung[2]), welche unsers verstants, so die volstreckt und gehalten werden solte, unsern oheimen von Hessen und volgenden regierenden fursten nicht zu kleinem nachteil wurde reichen, aufzurichten furgenomen, darein der merer teil der graven und prelaten und ein grosser teil der ritterschaft, auch etlich stete nit haben willigen wollen, derhalb die gemeine landschaft in zwei teil sich gesundert, dadurch aufrur und entporung zu besorgen, und mochte daraus unsern oheimen von Hessen, unserm lieben bruder und vetter, e. l. und uns schade folgen, den unser bruder und vetter, e. l. und wir zu verhuten schuldig, auch unsers brudders, vedtern und unser wille, gemut noch meinung nit ist, landhofmeister und regenten in dem, das sie nit gut recht noch fug haben, zu schutzen aber in einichen zufal zu geben oder aber sie an iren ambten gemeiner landschaft zuwider zu erhalten oder auch andere bestellung unser oheimen von Hessen, wan die von gemeiner landschaft mit unsers brudern, vedtern, e. l. und userm rat furgenomen, zu verhindern, allein das die mas gehalten, das unser bruder und vetter, e. l. noch wir, uns aus der curacion und vormundschaft, darinne wir alle bisher zugleich gestanden, gedrungen, landhofmeister und regenten vor irer rechnu[n]g und unverteilet [!?] an iren eren nicht geschmehet, noch unbillicherweis nicht verdrucket, als wir uns zu userm bruder, vettern und e. l. vertrosten, das es seiner und e. l. also auch gefellig; wan sie aber berechent und von beiden e. l. auf dieselbige rechnu[n]g und

---
[1]) Die Beilagen fehlen. Vgl. o. S. 315 ff.; S. 318 ff.
[2]) Vgl. o. Nr. 78 S. 192 ff.

                                                                21*

andere artikel, die wider sie furbracht, entschlossen und befunden
wirt, das sie ungeburlichen gehandelt, das sie darumb iren wert
nemen und das regiment allenthalben oder zum teil, auch die bestellung unser oheimen von Hessen geandert werde, das ist uns
nit entgegen, wie das e. l. rete und alle andere, die beim handel
gewest, nie von uns anders vermerkt. Demnach wir e. l. freuntlich
bitten, das e. l. der furgebrachten hendel, die, als wir uns vertrosten, derselben in schriften uberschickt, sich erkunden, uns e. l.
gemute in dem in schriftlich [!] vermelden, auch iren stathaltern
furderlichen bevelhen wollen, mit unserm bruder, vedtern und uns
sich zu betagen, von den hendeln allenthalben ferner zu ratschlagen
und beschliessen, und den handel auf die weg und ban zu richten,
das unser bruder und vetter, e. l. und wir nicht verachtet, aufrur
und entporung im furstentum Hessen vermiden, unser oheimen von
Hessen schade und nachteil verhut, die regenten uber ir rechtmesig
erbieten wider billigkeit nicht verletzt noch beswert werden.
Das wollen wir umb e. l. freuntlich zu verdienen geneigt sein und
bitten des e. l. antwurt.[1]) Dat. zu Cassel, freitag nach dem sontag
Oculi ao 1514.«

A. Dr., Loc. 8675, Ldg. Phil. Vorm. betr. 1509—24, Or.

## 118. Die hessischen Stände an den Kurfürsten Friedrich und die Herzöge Johann und Heinrich von Sachsen. Felsberg 1514 März 25.

Beklagen sich über den Kasseler Landtagsabschied und kündigen
den Ernestinern und Hz. Heinrich den Gehorsam auf.

Beschweren sich darüber, dass auf dem Tage zu Kassel von
den sächsischen Fürsten »allein Ludwig von Boyneburgs und seiner
anhenger unbillich furnemen angesehen und gedachter unser g.
herrn, unser und land und leut ehaftige notturft, beswerung und
anligende nit bedacht noch geacht, und ein ungnediger abschied
unangesehen alles unsers untertenigen bittens, furbringens und ersuchens anzeigen und furhalten lassen, der uns nit anzunemen gewest ist, und im selben uns unser eide und pflicht aufs hochst
ermanet und in craft der vormundschaft und curation dabei erfordert, das wir lenger unser g. fursten und herrn bei Ludwigen
von Boyneburg und sein anhengern [lassen], des orts, da inen vormals beschedigung und nachteil an iren leiben und gutern, landen
und leuten zugestanden was, und sie zu regenten wissen und inen gehorsam und gewertig zu sein und ire erbot und verbot halten solten,
das uns dan nit wol moglich, auch unser treu und pflicht halben,
damit wir unsern erbherrn und landsfursten zugetan und verwant,
noch unsern halben ganz nit leidlich, unser fursten und herrn also in

---

[1]) In welcher Weise Hz. Georg dies obige Schreiben beantwortet hat,
wissen wir leider nicht.

gefare zu stellen und solchen grossen merklichen schaden und nachteil lenger zu gedulden und nimer wider gnade oder billigkeit
gegen demselben Ludwigen und seinen anhengern zu bekomen.
Damit wir aber solchs statlich und unverhindert unsers vermogens,
wie uns aigent und geburt, vorkomen und unser g. landsfursten
und erbherrn, land, leute und gemeines nutz, irer und aller menik-
lichs grossen notturft gehandeln mogen, so schreiben wir e. cf. und
f. g. unser eid und pflicht, so wir denselben zur vormundschaft
und curacion getan oder damit wir solcher vormundschaft und
curacion halber verpflicht sein mochten, in kraft dits briefs auf
und ab. . . . Dat. Velsperg, sambstags nach Oculi ao. XIV.‹

A. W., Reg. A 202, Kop.

### 119. Landgräfin Anna und die hessischen Stände an Graf Georg von Königstein. Felsberg 1514 März 25.[1])

›Wir bitten gar gnediglich und underteniglich, ir wullet euch
zum furderlichsten, so imer moglich sein kan ader mag, erhieben
und unseumlich gein Marpurg zu uns und gemeiner lantschaft
fugen, sachen halber, daran mirglich gelegen und uber felt nit zu
schreiben sein, anzuhoren und euch im selben nichts verhinderen
laissen. . . . Dat. Velschperg, sambstags nach Oculi ao. XIV.‹

A. Mbg., O. W. S. 3, Cpt.

### 120. Werbung sächsischer Räte bei der Landgräfin Anna und den hessischen Ständen. [Kassel 1514 März 27.][2])

Sie zeigen die Abdankung der Regenten an. Rechnunglegung derselben auf dem künftigen Tage zu Schmalkalden. Abreise der sächsischen

---

[1]) An demselben Tage lieferte Hans von Eschwege der Landgräfin Anna
und gemeiner Landschaft des Fürstentums Hessen das Schloss Ziegenhain aus,
unter der Bedingung, dass die Landgräfin und die Stände, ›so ine [Eschwege]
deshalber etwas in ungutem zugemessen ader ufgesagt wult werden, sie des
nach irer ehern notturft gnediglich und freuntlich zu verantwurten helfen, und
so in kunftig zeit durch unparteische richtere erkant mocht werden, das die
berurt zustellung und ingebung nicht pilch gescheen were, inen alsdan solch
schlos, wie sie intzt hervn getreden, wider inzustellen an geverde. Des zu
meherer sicherheit, so haben wir nachbenanten Herman Reithesell, erbmarschalk zu Hessen, Adolff Ruhe, ambtman zu Girnsheim, Helwig von Lauerbach, Philips zu Franckstein, Johan von Weithershusen, Joist von Eschwege,
ambtman zu Umbstait, Joist von Ratzenberg, hofmeister, und Curt von Boyneburg us dem furstentumb zu Hessen gmelten Hansen von Eschwege als heupt-
man und andern bei hantgebenen treuen zugesagt, sie zu notturftiger zeit
obangezeigter maissen auch zu verantwurten helfen, und des zu urkunde sein
zwene usgeschnitten zittele gleichs lauts gmacht und ider partei einer ubergeben. Dat. exactum uf sonnabint nach Oculi ao. 1514.‹ (A. Mbg., O. St. S.
7862, Or.)
[2]) Das Schriftstück trägt den Rückenvermerk: ›Werbung der sachsischen
rete.‹ Über den Anlass desselben gicht der Bericht des Grafen Botho von
Stolberg vom 30. März (s. u. Nr. 123) eingehende Auskunft. Vgl. auch Anna

Fürsten aus Kassel. Anna und die Stände werden aufgefordert, die beiden
Fürsten von Hessen in ihre Obhut zu nehmen und bis zur Aufrichtung
eines Regiments vorläufig die Regierung zu führen. Ermahnung zum
Gehorsam gegen die Wettiner. Die früheren Regenten sollen bis zum
Tage von Schmalkalden ungehindert bleiben.

Räte melden im Namen der Herzöge Johann und Heinrich
von Sachsen die Abdankung der Regenten. Nachdem die Verhandlungen zu Kassel »unfruchtbar gewesen und sich on vertrag
abgeschniten, haben ir f. g. aus bewegenden ursachen mit den regenten uf ir getanes erbieten verfugt, von dem regiment und verwaltung beder fursten von Hessen abzusteen, welchs si uf sunabent
nach Oculi [März 25] negstverschinen getan und daruf, wiewol si
im furstentumb hochlich besessen, iren f. g. gelobt . . ., ir rechnung
und unterricht ires entpfangens und getaner handlung fur iren
f. g. oder ir f. g. verordenten reten, auch gemeiner lantschaft oder
wen si darzu verorden uf montag nach trinitatis [Juni 12] schierst
in Schmalkalden zu tun und, was befunden, das si furter in recht
zu tun schuldig sein, dasselb sonder ausflucht zu pflegen. Dieweil
dan unser g. herren und die geschickten aus merklichen grossen
anligenden gescheften zu Cassel nit lenger haben beharren mugen
und e. f. g. und ir von der lantschaft dazumal nit daselbs gewest,
haben ir f. g. die versorgung der fursten, auch das regiment in
gemeiner lantschaft hant gestelt und solichs alles den graven, riterschaft, so uf die zeit verbanden, sampt den von Cassel bis zu
ganzer gemeiner lantschaft zukunft zu verwaren und in versehung
zu haben bevolhen, so dan ir f. g., auch der geschickten gemut
und meinung nit anders ist, dan dasjenig zu handeln, daraus den
fursten und furstentumb zu Hessen gedeien und nutz solt erspriessen,
dardurch auch enporung, schaden und beschwerung vermiten, fride
und einigkeit zwischen den inwonern mochten erhalten werden.
Hieruf so mochten si etlich us in gein Cassel abfertigen, die versorgung der fursten und des regiments mit den, so daselbs sein,
sich zu unterwinden, und das bis zu der zeit, so ein ordenlich regiment gestelt, in versehung haben, auch das Kei. Mt. ufgerichten
vertregen und getanen bevelhen nachgangen und unsern gst. und
g. hern von Sachsen geburliche pflicht, wie billich und ir euch selbs
erboten, wie vor bescheen, von denselben getan werde. Und damit die . . ., so vor regenten gewest, solche ir rechnung . . . nach
notturft machen . . . mogen, sollen si zwischen hie und obbestimptem
tage frei, sicher und unbeschwert im lant und ampten hin und
wider wandern, auch den amptspersonen und andern, von den si
unterrichtung zu notturft irer rechnung bedurfen, mit denselben
zu handeln, bericht zu entpfahen, auch sonst keiner notturft zu der
rechnung dinstlich verhindert werden, uf das si nit ursach haben,

von Hessen S. 134 f. Das Datum fehlt, doch lässt es sich leicht aus dem angeführten Berichte Stolbergs erschliessen, in dem auch die Namen der sächsischen
Räte aufgeführt sind. Diese haben dann selbst einen ausführlichen Bericht
über den Verlauf und Erfolg ihrer Sendung verfasst, der unten (Nr. 124) wiedergegeben ist.

verzug bemelter rechnung und genugsams berichts furzuwenden.
Und ob unter den inwonern des furstentumbs Hessen einiche zwitracht, unwillen oder verdries furgefallen were, das derselbig soll
ufgehaben, tod und ab sein und niemants unter in derhalb beschwert
werden, sunder in fride und einigkeit als die, so zusamen geboren,
leben. Uf solchen obgemelten tag wollen ir cf. und f. g. auch uf
die furgebrachten artikel und clagstuck, was billich darumb gescheen soll, irer f. g. gemut vernemen lassen.«

A. Mbg., O. St. S. 7862, Reinschr. der sächsischen Kanzlei.

**121. Proklamation der Landgräfin Anna und der hessischen
Stände an die Einwohnerschaft Hessens.   Marburg 1514 März 28.**

Sie wollen Boyneburg und seine Anhänger nicht länger im Regiment
dulden und fordern die Hessen auf, die Gebote derselben nicht mehr zu
befolgen, sondern bis zur Einsetzung eines neuen Regiments den Ständen
Gehorsam zu leisten. Niedersetzung eines ständischen Ausschusses in
Marburg. Ermahnung zur Wachsamkeit gegenüber den Regenten.

»Anna von gots gnaden geb. herzogin zu Mecklenburg, lantgrefin zu Hessen witwe und wir undergeschrieben: Nachdem wir
intzt uf gehaltem lantag zu Cassel mit Ludwigen von Boyneburg
und seinen anhengern im regiment etwevil tag mit schweren
kosten, muhe und arbeit gehandelt, an ende gescheiden und dieselbigen durch uns irer unzimlichen und unpillicher verhandelung
halber, die unserm freuntlichen lieben schwager, sone und g. hern,
den fursten zu Hessen, landen und leuten zu mirglichem schaden
und nachteil in vile weg an irer l. wolfart und gutern gereicht,
entsatzt, damit wir nun hinfurter denselben grossen mirglichen
nachteil und schaden, so bisher ... unsern ... g. herren, auch
landen und leuten zugestanden, vorkomen und ire l. und f. g. us
der grossen geverlicheit, darin sie bisher gesatzt gwest und noch
sein, wider von Ludwigen von Boyneburg und seinen anhengern
bekomen mogen, so haben wir uns entschlossen, gedachten Ludwigen
von Boyneburg und sein anhenger von iren ampten und regerungen
abgesatzt, und konnen ader mogen sie im regiment und in dem
bevelh ... nit lenger gedulden.   Begeren darumb von derselben
unsers lieben schwagers, sons und g. hern wegen an euch ernstlich,
ir wullet euch hinfurter derselbigen Ludwigen von Boyneburgs und
seiner anhenger des vermeinten regiments nicht meher irren, iren
gepoten und verpoten nit gehorsam sein, ine kein rente, zinse ader
nichts anders reichen ader volgen laissen, noch sie fur regenten
achten ... ader inen einïgen gehorsam ferner leisten in kein weise,
sonder uf uns und gemein lantschaft ein ufschens haben, gehorsam
und gewertig zu sein, bissolang wir unser ... g. hern wider von
Ludwigen von Boyneburg und sein anhengern bekomen und ein
ander und besser ordnung iren lieben f. g. landen und leuten zu
eren, notz und gut durch ein gemeine versamelung der lantschaft
statlich verordenen mogen.   Und was euch mitler zeit anfechten

wurde, das mogt ir zu Marpurg ansuchen und an uns obgmelte
lantgrefin und etliche us uns, nemlich Thietterichen von Cleen,
landcomptor, Curten von Waldenstein, lantvogt an der Werra,
Herman Reithesel zu Eysenbach, erbmarschall zu Hessen, Iteln von
Lebenstein lant[marschall][1]), Crafften von Bodenhausen und andern
[von] uns, sonderlich dazu verordnet, gelangen [lassen]. Da sal
euch zu einer iden zeit gnedig und gutlich gehore und bescheit
gegeben und in allen eurn sachen und anligen nach pillichkeit
gnediglich und getreulich geraten und beholfen werden. ... Dat.
Marpurg, dinstags nach Letare ao. XIV.

Von den stenden gemeiner lantschaft des<br>
furstentumbs zu Hessen.«

Nachschrift: »Wullet auch eur stait und pforten so tag so
nacht wol verwaren und niemants frempts, auch die vermeinten
regenten nit, in- ader durchlaissen und von stunt an ufgepieten
und in bereitschaft sitzen, wilche zeit ein gemein lantschaft ader
imants von derselben ichts anfechten wurde, das ir mit macht zu-
ziehet. Desgleichen sal euch wieder, so es not tun wil, gescheen.«

A. Mbg., O. W. S. 3, Kop.

**122. Landgräfin Anna und die hessischen Stände an Adolf
Rau, Wilhelm von Dörnberg, Jost von Draxdorff und Eberhard
von Heusenstamm. [Marburg 1514 März 30.][2])**

Melden ihnen die Aufnahme aller hessischen Städte in die Treysaer
Einung und die Abreise der sächsischen Fürsten und der Regenten aus
Kassel. Stände wollen sofort dorthin ziehen, um den jungen Landgrafen
nach Marburg zu geleiten. Nach der Einnahme Katzenelnbogens sollen
Rau und seine Genossen unverzüglich nach Marburg zurückkehren.

Sie melden ihnen, dass »alle sachen hie im furstentumb zu
Hessen gotlob wol stehen und das wir nun alle stete im furstentumb keine ausgnomen, daran gelegen sein mocht, uf ire vlelich
und undertenig gesinnen in unser einung und die pflicht von inen
gleich andern gnomen, und sonderlich so haben uns die von Cassel,
die in einer ridlichen daphern zal bei uns erschienen, angezeigt[3]),
·vie diejenigen, so im regiment gewesen, alle mit den hern von
Sachsen von Cassel hinwekgeritten und niemants bei unsern herzfreuntlichen lieben sone und g. herrn gelassen sei dan Hans von
Eschwege, Ott Hundt, Hans von Boyneburg, 2 aus dem rade
und 2 aus der gemein zu Cassel, die ine also in verwarung haben,
und uns mit vlehe gepeten, [sie] solcher grossen sorge und laist,

---

[1]) An dieser Stelle ist die Handschrift beschädigt und unleserlich.
[2]) Im Concept fehlen sowohl die Namen der Adressaten wie das Datum.
Beide Lücken sind leicht zu ergänzen. An wen das Schreiben gerichtet ist,
ergiebt sich aus der unten wiedergegebenen Antwort Nr. 127. Im Schreiben
selbst deutet Anna an, dass sie im Begriff ist, nach Kassel aufzubrechen, was
am 30. März geschehen ist.
[3]) Vgl. u. Nr. 125.

darin sie itzt stehen . . ., zu entheben. . . . Demnoch haben wir uns
heut ufgemacht und zu Cassel zugefugt, in meinung, unsern freuntlichen lieben . . . sone . . . doselbs zu entfahen und gein Marpurgk
zu furen. Hirumb ist unser g. und freuntlich bitt an euch, ir
wullet die schloss und vlecken allenthalben in der graveschaft
innemen und mit den knechten daselbs bestellen, euch auch nit
seumen, damit ir balde wider bei die hant komen mogt. . . . So
wullet auch die reuter umb vermeidung willen weiter unnotturftigs
kostens verreiten lassen.«

A. Mbg., O. W. S. 3, Cpt.

**123. Graf Botho zu Stolberg und Wernigerode an die Statt-
halter Herzog Georgs von Sachsen.[1]) Salza 1514 März 30.**

Er berichtet über die Verhandlungen zwischen der Landgräfin und
den sächsischen Fürsten, die der Eröffnung des Landtages zu Kassel vorauf-
gingen und dieselbe verzögerten. Lange Dauer der Verhandlungen. Ablehnung der Vergleichsvorschläge und des Abschiedes von seiten Annas
und der Stände. Diese nehmen in wenig Tagen fast ganz Hessen ein.
Unruhen in Kassel. Ausbruch eines Aufruhrs. Um denselben zu stillen,
müssen die sächsischen Fürsten zu Anna und den hessischen Ständen nach
Marburg eine Gesandtschaft abordnen. Zusammensetzung derselben. Die
sächsischen Fürsten liefern die beiden Landgrafen aus. Die Regenten
legen ihre Aemter nieder und schwören, auf dem Tage zu Schmalkalden
Rechenschaft abzulegen. Abreise der sächsischen Fürsten. Verdächtigung
der Gesandten Hz. Georgs wegen ihrer der Landgräfin günstigen Haltung.

»Nachdem ir Cristoff von Taubenheym, hauptman zu Frey-
berg, und uns vorordente von wegen unsers g. herrn hz. Georgen
uf den tag gein Cassel zu reiten, also seint wir mit beiden unsern
g. herrn hz. Johansen und hz. Heinrichen nach dornstag nach Invocavit [März 9] zu Cassel einkomen. Desgleichen so ist unser g.
frau die landgrefin spat in der nacht desselbigen tages auch eingeritten und volgenden freitags [März 10] unser g. hern ansuchen
lassen und gebeten, das ire f. g. irer g. ein stunde zu vorhore
wolten anzeigen, ire gemut zu vernemen, das dan also geschehen[2]).
Darauf hat ir f. g. underricht getan, wie das sie die gmeine lantschaft zu Velspergk hette, die dan zu solichem tag ane sicherunge
und gleite zu kommen beschwert, mit bitt, dieselbig lantschaft mit
genugsamer sicherunge und schriftlichem gleite zu vorsehen. Uf
solich vortragen haben sich diejenigen uf dieser seiten beswert, als
etliche von grafen, auch von prelaten, ritterschaft und steten angezeigt und underricht getan, das sie nicht gestendik, das diejenigen,
so zu Velsperg leigen, eine gemeine lantschaft sei, sunder hielten
es dafur, das man sie billich vor eine gemeine lantschaft nenten,
angesehen, das der mehrer teil von den grafen, auch die hochsten
prelaten und etliche von den eldsten der ritterschaft darunder

---

[1]) Rückenvermerk: »Botos, grafen zu Stolberg und Wernigerode bericht
uber den tag von Cassel an hz. Georgs stathalter zu Leipzig.«
[2]) Vgl. hierzu oben Nr. 113 und 114, S. 237 ff. u. S. 242 ff.

wern; doraus man zu bedenken, das sie billich derhalben dafur
angesehen und gehalten werden. Aus solicher handelunge, auch
das gleit zu geben, desgleichen das man den licentiaten, Egra genant, nicht hat wollen zulassen, gein Cassel zu kommen, hat sich
das tun vorweilet, das die von der lantschaft, die bei unser g.
frauen von Hessen gestanden, erst uf montag nach Reminiscere
[März 13] einkommen, dergestalt das unser g. fraue zu inen hinaus
gezogen und widerumb mit inen eingeritten, und haben ungeverlichen bei 400 pferden als und als gehabt, und ist also der handel
zu vorhore uf montag spat angefangen; als hat sich die vorhore
hin und wider vil tage verzogen. Dan der clagen seint etwas vil
gewest, und das die vorhore, clage und antwort erst uf mitwoch
nach Oculi [März 22] des abends ire entschaft erlanget. Also
haben unser g. hern hin und wider mittel vorgeschlagen, aber dieselbigen von unser g. frauen und von der lantschaft nicht haben
angenomen werden, so haben unser g. herrn und wir uf freitag
darnach [März 24] unser g. frauen der landgrefin sampt der lantschaft irer seiten dise wege vorgeschlagen, wie ir aus hirbei-
geschickter vorzeichnus[1]) vornemen werdet. Aber dasselbig ist von
irer g. und der lantschaft abgeschlagen, und von stunt wider gein
Velsperg geritten, und hat ir g. sampt der lantschaft darnach die
schloss, nemlich Spangenberg, Ziegenhayn und das schlos Martburgk eingenomen und sich also darnach geschickt, das sie die
schloss, stete und flecke alles zu irer g. und der lantschaft handen
gebracht, ausgeschlossen Cassel und sunst funf ader sechs stetlin
ungeverlichen.[2]) Als hat sich weiter begeben, das die von Cassel
haben uf den sontag Letare [März 26] etliche aus dem rate zu
unsern g. hern geschickt und irn f. g. anzeigen lassen, das si befinden, das ein ufrur und beschwerungen in dem gemeinen furstentum
[sich] begeben, derhalben sint sie des gmuts, fride zu haben, darauf
underteniglich gebeten, das ir f. g. darein wolten sehen, das fride
gemacht werde, auch lanthofmeister und andern regenten in ire
behausung zu erlauben, dodurch irenhalben keine beswerunge vorgenomen werden mocht. Weil dan unser g. hern solichs der von
Cassel antragen vermarkt, auch also vorhin ire handel gespurt,
das zu vormuten gewest, das sie nicht haben wolten halten, ist
den von Cassel ein gnedig antwort darauf gegeben. Darnach uf
montag nach Letare [März 27] haben etliche aus der lantschaft,
die uf unser g. frauen seiten, etliche[n] von Cassel, so im closter
zur Heyde[3]) zum aplas gewesen, ire guter und gelt genomen. Als

---

[1]) Das Verzeichnis fehlt; gemeint ist wohl damit der Abschied zu
Kassel, s. o. S. 315 ff.
[2]) Über den Abzug der Landgräfin aus Kassel und die Eroberung
Spangenbergs berichtet uns ein Augenzeuge aus dem Gefolge Annas folgender-
massen: »Am freitag [März 24] vigilia annunciationis gloriosissimae virginis
Mariae von Cassel gen Velsperg mit meiner g. frauen der furstin gereiset, und
ist solcher tag on ende geschciden. Am tag annunciationis [März 25] ist das
schloss Spangenberch von Ebert von Bischofferoda erstiegen worden und meinem
herrn ldg. Philipsen zue gut eingenomen.« (A. Mbg., M. St. S. 8277, glz. Ndschr.
der Kanzlei der Landgräfin-Witwe.)
[3]) D. i. Haidau bei Altmorschen; vgl. o. S. 299 Anm. 3.

ist ein frau uf den markt zu Cassel gegangen, die das ire auch vorloren, und offentlichen geschriren und ausgerufen, das sie das ire vorloren und mit andern unstumigen worten, daraus erwachsen, das der gemeine poffel einen auflauft in der stat gemacht, der gestalt in das schloss zu laufen und iren mutwillen aldo zu uben. Desgleichen, wo ir etliche aus dem rat, als nemlichen zwene sampt dem stadtschreiber nicht in das schlos wern entronnen, so wern sie zu tode geschlagen. Und wart also lange doch hin und wider gehandelt, das es gestillt, also das man den, so das ire genomen von stunt, das sich uf 200 und etlich gulden erstrackt, hat bezalen mussen, desgleichen das unser g. hern von stunt ire rete mit den von Cassel zu unser g. frauen und der lantschaft gein Martburg mist [!] schicken, dadurch friede gemacht worde. Und sint die geschickten h. Wolff von Weyspach, der hauptman Cristoff von Taubenheym, h. Rudolff, hofmeister, und h. Gunther von Bunau gebrudere. Und ist darauf diser handel beschlieslichen gemacht, das unser g. hern die zwene fursten, die langrafen, etlichen von der lantschaft, desgleichen den von der ritterschaft und stat Cassel befolhen, sie traulichen zu vorsehen, bissolange das unser g. fraue und die andere lantschaft kommen, so worden sie sich wol mit einander voreinigen, wie die fursten bestelt und vorsorget, desgleichen semptlich durch die lantschaft, wie das regiment bestelt und vorsehen solt werden. Zum andern haben lanthofmeister und regenten das regiment ufgegeben und die sigel und secret in beiwesen der grafen und den von der ritterschaft, auch dem rate sampt den zunften von Cassel, von stunt unsern g. hern zu Sachsen uberantwort, die dan so halt zuschlagen [!] und dem rate gegeben, der gestalt, wan die lantschaft zusamenkomen, dieselben zu handen stellen. Und sint also unser g. herrn uf dinstag nach Letare [März 28] abegeschieden, wiewol darauf stunde, 'das die von Cassel unser g. hern von sich aus der stat nicht lassen wolten, bis das die rete wern widerkommen. Auch so ist lanthofmeister und andere regenten mit unsern g. hern hiraus geritten, ein ieder in sein haus gezogen und also gar iren abeschiet genommen. Doch so hat lanthofmeister und die andern regenten offentlichen vor den grafen und der ritterschaft, desgleichen den von Cassel als dern rat und zunftmeistern, unsern g. hern von Sachsen bei iren pflichten zusagung getan, ire rechnung zu machen und dieselbige auf angesatzten tag nach Trinitatis zu tun und darneben allenthalben, was man sie schuldiget, underricht zu geben, und wo sie dan befunden werden, in irer rechnunge ader sunst, das sie unbillichen gehandelt und das getan, das fromen leuten nicht zustunde, so wolten sie solichs mit irem leib und gut vorbussen und also stille stehen und keine ausflucht ader weigerunge suchen; dan unser g. herren die fursten von Sachsen allenthalben solten ir zu gleich und recht mechtig sein, darauf gebeten, sie gnediglich zum rechten darbei zu hanthaben. Soliche handelung und abeschiet geben wir euch also eilende zu erkennen. Wiewol sunst allenthalb vil handelunge gescheen, wie ir dan aus der vorzeichnung, so der schreiber bei sich hat[1]), auch weiter durch underrichtung des hauptmans Cristoff von Taubenheyms, empfahen wirdet, und wissen euch nichts mehr so eilendes uf dismal zu schreiben; dan wir ganz parteisch gehalden und angesehen worden seint, also das wirs von wegen unsers g. hern mit unser g. frauen der landgrafin und der lantschaft gehalten haben, und an eins teils ortern nicht vil danks vordinet, und betten wol leiden mogen, das ein ander von unser wegen diser tanz getan hette.[2]) Dan euch gunstigen gefallen zu erzeigen, seint wir allewege geneigt. Geben zu Saltza, dornstags nach Letare ao. 1514.«

A. Dr., Loc. 8675 Ldg. Phil. Vorm. betr. 1509—24, Or.

**124. Die sächsischen Räte Wolf von Weissbach, Christoph von Taubenheim, Günther und Rudolf von Bünau an die Wettiner. [1514 Anfang April.][3])**

Sie berichten über den Verlauf ihrer Sendung zu der Landgräfin-Witwe. Anna hat sie um Aufzeichnung des Inhalts ihrer Werbung gebeten und ihnen darauf ungeachtet ihrer Vorstellungen keine Antwort erteilt, unter dem Vorgeben, dass erst die nächste Versammlung der hessischen Stände sich über die Anträge der sächsischen Fürsten schlüssig machen würde.

»Auf mitwoch nach Letare ao. XIV [März 29] seint h. Wolff von Weispach und Gunther von Bunau, beide ritter, aus bevelh unsers g. herrn hz. Johansen, Cristoff von Taubenheym von wegen hz. Georgen, Rudolff von Bunau ritter und hofmeister von wegen hz. Heinrichs zu Martburg einkomen und sich unser g. frauen von Hessen witwen und den aus der lantschaft des furstentumbs Hessen angeben, das sie etlichen bevelh und gewerb[4]) an ire f. g. und denen aus der lantschaft von wegen irer g. herren, der fursten zu Sachsen, anzutragen hetten. Darauf ist ir f. g., die von der lant-

---

[1]) Gemeint ist wahrscheinlich das Protokoll über die Landtagsverhand-lungen zu Kassel, s. o. Nr. 114.
[2]) Im Marburger Archiv (M. St. S. 8277, glz. Ndschr. der Kanzlei der Landgräfin-Witwe) findet sich ein sehr summarischer Bericht über den Aufstand in Kassel und seine Folgen: »Auf montag nach annunciationis Mariae [März 27] ... seint die gemeine der stadt Cassel zusamenkommen mit under-redunge dieser vorhandelunge, das der rat und etzliche einzel personen solten viel in diesen sachen mit den regenten gehandelt haben, on ir wissen und begunstigung; entlich in rat funden, nicht lenger zu dulden, und dem rat die schlussel genomen und allenthalben die stadtthorn und muren bestellet und in gewarsam genomen, und irer fursten alt und jung begert, nachfolgenden meiner g. frauen und gemeiner lantschaft eilende geschrieben zu kommen, sie wollen inen den zugank zu Cassel gestatten, ist geschehen. So haben mein g. frau und die lantschaft zu Cassel die stadt und schloss mitsampt den fursten on alle vorhinderunge ingenomen. Hiruber seint Ludowig von Bomelburgk und etzliche seine mitgesellen, auch personen vom rate zu Cassel mit den fursten von Sachsen enweg kommen, die andern flucht genomen und so allenthalben vorstrauet.«
[3]) Datum fehlt; es lässt sich aus den im Bericht angeführten Daten un-gefähr erschliessen.
[4]) Vgl. o. Nr. 120 S. 325 ff.

schaft desselbigen tages umb vier horen nachmittage vom schloss herab in die canzlei gangen und uns die geschickten rete dahin beschieden, daselbst wir unsern bevelh ... muntlichen angetragen. Darauf ir g. und die von der lantschaft uns haben lassen entweichen, hat Schrauttenpach von wegen irer g. und gunst den antrag wollen repetiren, doch denselben dermassen wie beschehen nit repetirt, derhalben wir ime eingeredt und unsern antrak widerumb vornauet mit ferner erstreckung, darzu er uns ursach gegeben, das wir sunst fursetziglich in die widerrede vorbehalten betten. Darauf ir g. und die von der lantschaft durch Schrauttenpach uns haben lassen anzeigen, das sie unsern antrag anfenglich, wie der itz[t] widerumb vornauet, dermassen nicht vorstanden betten; darumb und damit nicht geirret wurde, were ir g., der von der lantschaft gnedigs begern und vleissiges ansuchen und bitten, das wir unsern antrak in schrift stellen wolten und dasselbige irer g. und gunst uberantworten. Darauf wir ir g. und den von der lantschaft angezeigt, das solichs vorlengerunge einfuren mocht, an welichem artikel sie mangel hetten, do es in vorneuerunge des antrags sich mit dem ersten antrag nit vorgleicht, das ir g. und gunst uns dasselbige solten anzeigen lassen, darinnen wolten wir uns wol vergleichen. Aber ir g. und die aus der lantschaft sint uf irer bitt gestanden, das man inen solichs schriftlichen wolt verzeichent ubergeben, das wir auch also gewilliget und getan haben ..., und haben ... soliche vorzeichnus, Herman Rieteseln und Baltasarn Schrauttenpach dieselben zu ubergeben, den ahent uberantwort. ... Auf morgen des volgenden dornstags [März 30] ist Peter von Drespach und Heintz von Dresen [!?] ungeverlichen zwuschen achten und neun horen zu uns in die herbrige kommen und gesaget, das er bevelh bett von meiner g. frauen und denen von gemeiner lantschaft, die doch in einer kleinen vorsamblunge aldo beihanden wern, uns auf unser antragen und uberantworte schrift von wegen irer g. und gunsten zuvormelden: Nachdem gemeine lantschaft auf den abeschiet, jungst zu Cassell bescheen, einer meinunge entschlossen, die auch unsern g. herrn durch ein schreiben angezeigt were[1]), derhalben wusten ir g. und gunst an willen und wissen gemeiner lantschaft, die sich ires vorsehens kurzlich zusamenfugen wurden, keine antwort zu gebert, mit vormeldung, das ir f. g. und gunsten sich gegen uns unser gehabten muhe gnediglich und fruntlich bedanken. Darauf wir inen wider gesagt, das wir uns nit vorsehen hetten, das wir von wegen ir f. g. so gar an antwort solten blieben sein, und ob gleich etliche artikel [in] unserm gewerb wern, die not wern, an gemeine lantschaft zu gelangen lassen, so solt man uns doch auf die andern antwort geben haben. Mocht aber das nicht gesein, so beten wir doch uns dis zu vorstendigen, ob e. f. g. bei versamplung der gemeinen lantschaft ein antwort werden solt. Dabei haben wir den zweien geschickten als vor uns angezeigt, das e. f. g. sich worden eigentlichen vorsehen, das diejenigen diser

---

¹) Angespielt wird auf das Schreiben, in dem die hessischen Stände den Ernestinern und Hz. Heinrich den Gehorsam aufsagten, s. o. Nr. 118 S. 324 f.

zwispeldigen und ufrurigen handelunge e. f. g. gescheft als der
curator und vormunder der fursten von Hessen, auch des regiments,
den sie von wegen der fursten von Hessen gelobt und geschworen,
das dieselben ires geleisten gehorsams ane entgelt und unbeschwert
bleiben worden; ane das betten sie wol zu achten, das e. aller
cf. und f. g. des nit unbillich grosse beschwerunge empfingen und
geursacht, auf wege zu trachten, wie das nach zimlicher billicheit
vorkommen mocht werden. Darauf sie fur sich selbst uns antwort
getan, doch aufs schloss gangen, unser g. frauen und den aus der
lantschaft, so vorhanden gewest, dis angezeigt und wider zu uns
in die herbrige kommen, volgende meinunge darauf zu antwort
geben: So und wan die landschaft wider eine vorsamplung betten,
solten unser anbringen, so von wegen e. f. g. beschehen, furgehalten werden, wurden sie dan befunden und fur notturftig achten,
e. f. g. antwort zu gehen, solten sie sich hirinnen der gebur erzeigen. Und diejenigen, die sich e. f. g. und des regiments gehorsam gehalten, solten wider recht nicht beschwert werden. Es
weren aber etliche sonder personen, die sich wider ire f. g. und
gemeiner lantschaft vil freventlicher und beschwerlicher wort, auch
etliche sonderliche mishandelung gebraucht hetten, dieselbigen zu
strafen, hielt ir f. g. dafur, das es e. f. g. gar nichts entkegen sein
wurd. Und haben hirmit ir g. fraue entschuldiget, das sie uns
den abeschiet nicht selbs gegeben und vor angesprochen habe, sei
das die ursach, das ir g. gleich im aufbruch sei nach Cassell zu
irem son zu reisen. Dieweil wirs nicht weiter haben mogen
bringen, haben wirs bei diesem abeschiede mussen bleiben lassen.«

A. Dr., Loc. 8676, Beschwerden der Landgräfin zu Hessen, Kop.

## 125. Die sächsischen Räte Wolf von Weissbach, Christoph von Taubenheim, Günther und Rudolf von Bünau an die Wettiner. [1514 Anfang April.][1]

Sie berichten über die Haltung der Kasseler Bürger, die sich ihnen
bei ihrer Sendung nach Marburg angeschlossen hatten. Räte hatten vor
der Ankunft in Marburg mit den Bürgern vereinbart, dass zunächst sie
allein mit der Landgräfin unterhandeln und ihre Ansicht über den Kasseler
Abschied erkunden sollten. Geleitsfrage. Es gelang indes der Landgräfin,
mit den Kasselern über die Köpfe der sächsischen Räte hinweg zu verhandeln und sie auf die Treysaer Einung zu verpflichten. Eindruck der
Nachricht von der Abreise der sächsischen Fürsten und der Regenten.
Ankunft der Landgräfin in Kassel.

»Nachdem e. f. g. wissen, was unschicklicher handelunge die
von Cassell montag nach Letare [März 27] vorgenomen, under
anderm daselbst begert, man solt inen einen fride machen, auch
ane allen verzug, dan es were inen kein verzuk darinnen leidelichen;

---

[1]) Dieser Bericht ist mit dem vorigen gleichzeitig abgefasst und bildet
zu diesem eine Ergänzung. Er trägt die Überschrift: »Nota der von Cassel
handelunge.« Auch hier fehlt das Datum.

daselbst man inen zugesaget, das e. f. g. nicht hohers in diser sachen suchet, dan gleich und recht, fride und einigkeit den in- wonern des furstentumbs Hessen zu erlangen und zu machen, des- halben e. f. g. vergangens sontags [März 26] gereit an unser g. frauen und den von der lantschaft [geschickt?] haben wolten; darumb solten sie keinen zweifel tragen, e. f. g. suchten mit allem vleiss fride und einigkeit zu machen. Aber sie haben sich, wie e. f. g. wissen, daran nicht wollen genugen lassen, sunder selbs in ein schrift wollen stellen, auch die iren dabei und mitschicken, wie diser fride zu erlangen und zu suchen sei, das man inen auch gewilliget. Darauf der rat doselbs aus inen und auch die gemeine ir sechs geordent, mit uns, e. f. g. reten, zu unser g. frauen und den von der lant- schaft derhalben gein Martburg zu reiten. Aber nichts destar weniger seint ir zwelf uber diejenigen, so hievor gereit hinwek gewest, fur sich selbs mit uns gezogen und geritten. Do wir bei Martburg kommen, haben wir die drei vom adel, als nemlich Hanns von Berlebsch, Herman Rietesell[1]) und Jobst von Baumbachs bruder, die von gemeiner lantschaft wegen sampt den geschickten von Cassell, und die so von Cassell fur sich mit uns geritten, fur uns ge- fordert und inen unser bedenken angezeigt, das wirs vor bequem- lichen achteten, wu es inen auch also gefiele, das wir als die ge- schickten von wegen der fursten von Sachsen uns hetten erstlichen zu unser g. frauen und der lantschaft gefuget und vornomen, worauf ir gemut auf jungst gegeben abeschiet zu Cassell beruhet, und ob sie sich mitler zeit auf andere wege bedacht hetten, mit anzeigung, wes uns fur antwort begegnet, wolten wir inen vormelden und weiter, was die notturft erfordert, mit inen davon zu handeln. Darauf sie ein gesprech genomen und solichs inen wolgefallen lassen und sich darauf erboten, das sie sich des also halten wolten und ane unsern rat nichts handeln. Auf solchs haben wir inen und unsern dienern angesaget, das wir auch nit vor ungut ansehen, das sie sich in den herbrigen unutzer und vorgebener wort enthielden. Kurz un- geferlichen ein stunt zuvor ist uns ein bot im felde zugestossen, der ein gleit an den von Waldeck den Eltern und die gemeine von Cassel halten bracht hat[2]), dafur wirs achten, davon der von Waldeck als auch wir hievor gar keinen wissen gehabt. Aber vom Kirchayn aus, daselbst wir unser nachtlager gehabt, haben wir die geschickten

---

[1]) Es kann sich hier nicht um den Erbmarschall Hermann Riedesel handeln, sondern um ein anderes gleichnamiges Mitglied der Familie, das auf seiten der Regenten stand. In den Stammtafeln der althessischen Ritterschaft finde ich ausser dem Erbmarschall nur dessen Sohn als Träger des Vornamens Hermann in dieser Zeit. Dass er mit dem obigen Hermann Riedesel identisch ist, also gegen den Vater Partei ergriffen hat, ist nicht anzunehmen; denn bei den guten Nachrichten, die wir aus dieser Zeit haben, wäre uns diese merk- würdige Thatsache auch sonst überliefert.
[2]) Im Marburger Archiv (O. W. S. 3) findet sich noch das Concept des Geleitsbriefes. Anna von Hessen, Riedesel und Eitel von Löwenstein, Land- marschall, stellen dem Abgesandten der Herzöge von Sachsen, dem Grafen Philipp dem Älteren zu Waldeck, »mitsampt etlichen geschickten unserer ... g. hern von Sachsen, auch etlichen us der gemein zu Cassel« den Geleitsbrief aus. »Dat. Marpurg, dinstags nach Letare ao. 1514.«

rete unser g. frauen und den von der lantschaft, so zu Martburg
gewest, geschriben, so wir ader imandes, der mit uns queme, gleits
bedorften, das sie uns das zuschicken wolten. Darauf hat man
uns hart fur Martburg zwene edelleut herausgeschickt, die uns
sicherung und gleite zugesaget haben.

Do wir von unser g. frauen und den von der lantschaft aus
der canzlei zu Martburg abegeschieden, in meinunge unser gewerb
in schrift zu stellen, wie hievor gezeichent, darvon clerliche meldung
geschehen ist[1]), sint die geschickten vom adel, so mit uns von
Cassell geritten, auch drei von Cassell zu uns kommen, uns angesaget, das unser g. fraue zu inen geschickt und sie alle, die von
Cassell vorhanden gewest, zu ir erfordert, mit vormeldung, das
sich die von Wolffshagen und ander stet mit iren g. und der gemein lantschaft gereit an vortragen betten, was darinnen zu tun,
wolten sie unsers rats gebrauchen. Und wiewol wir hievor, do
wir bei unser g. frauen und den von der lantschaft in der canzlei
gewest, gereit etliche von Cassell vor der ture haben sehen sitzen,
als wirs achten von den, die fur sich mit geritten, haben wir doch
auf ir ansuchen inen disen rat gegeben, das ir drei ader vier zu
unser g. frauen und den von der lantschaft gehen solten, boren
und vornemen, warumb man noch inen geschickt, und was man
inen furhielt, dasselbige nicht weiter annemen, auch sich in keine
handelunge begeben, dan dasselbige an die mitgeschickten zu gelangen lassen, das sie uns eigentlich zu tun zugesaget. Darbei ist
es aber nicht geblieben; unser g. frau hat in, als wir von dene
vom adel bericht sint, mit geschwinden harten worten angeben in
beiwesen etlicher von der lantschaft, das sie, die von Cassel, ire
g. und gemeine lantschaft in eine grosse uncost bracht betten, in
dem das sie sich betten widerwertig gemacht, darauf sie auch
2000 gulden zu erlegung des schadens von inen zu abetrag gefordert. So sie aber in die einunge zu gemeiner lantschaft und
sunderlich in die vier artikel, die erstlichen am Spiess in die einunge
nit begriffen wern, mit willigen, wolten ir g. und gunst sie, die
von Cassell, in gnaden annemen. In dem ist ein schrift von der
stat Cassell an ire geschickte gein Martburg komen, darinnen ein
zettel gelegen, das e. f. g. lanthofmeister und regenten zu Cassel
abegeritten, beide fursten und dasjenige, so zu Cassell vorhanden
gewest, etlichen vom adel, zweien aus dem rate und zweien gulden-
meistern in vorwaltung und versorgung in namen und von wegen
ganzer und gemeiner lantschaft befolhen bis uf derselbigen zukunft,
und der rat von Cassell denen, so sie zu Martburg gehabt, darbei
geschrieben, das sie soliche zetteln unser g. frauen und der lantschaft, die zu Martburg vorhanden, uberantworten solten. Darauf
sie hinter unserm, auch der mitgeschickten vom adel bewust hinauf-
gegangen, soliche zedeln unser g. frauen und den von der lantschaft ubergeantwort, und nachdem man inen auf vleissiges anhalten kein gesprech ader bedenken auf uns ader die mitgeschickten

---

[1]) Siehe den vorigen Bericht Nr. 124.

vom adel, als sie bericht haben wollen, nachlassen ader gestatten, haben sie an unsern und der geschickten vom adel bewust in die einigunge, wie sie itzt aufgericht, bewilliget. Das haben uns die geschickten vom adel etwas mit beschwertem gemut angezeigt. Der von Cassell ist auch keiner nie mehr zu uns kommen. Darauf uns die vom adel gefraget, wes sie sich numals halten solten, derhalben wir hievor und auch doselbs gelegenheit diser handelung und abeschiet angezeigt, mit vormeldung, wes sie derwegen, obs die nodturft erfordert, an e. f. g. wurden gelangen lassen, e. f. g. wurden sich unsers versehen[s] gnediglich und gutwillig erzeigen. Unser g. fraue sampt etlichen aus der lantschaft sint auf freitag nach Letare [März 31] zu Cassell einkomen.«

A. Dr., Loc. 8676, Beschwerden der Landgräfin zu Hessen, Kop.

### 126. Landgräfin Anna und die hessischen Stände[1]) an die Herzöge Heinrich und Albrecht von Mecklenburg. Kassel 1514 April 1.

Sie bedarf der Waffenhilfe, um die sie die Brüder vorher gebeten, nach der glücklichen Wendung der letzten Tage nicht mehr. Sie schildert die Unzufriedenheit der Stände mit dem Abschied zu Kassel, wie sie denselben abgelehnt, den Ernestinern und Hz. Heinrich die Pflicht aufgekündigt und danach das ganze Land in ihre Hände gebracht haben. Der Aufstand zu Kassel. Abreise der sächsischen Fürsten und der Regenten. Die Anträge der sächsischen Räte in Marburg sind von Anna und den Ständen abgelehnt worden. Aussöhnung der Landgräfin mit Kassel und den übrigen Städten, die Boyneburg angehangen hatten. Zug nach Kassel. Bessere Bestellung der beiden Landgrafen. Anna gedenkt Ldg. Philipp in ihrer Obhut zu behalten.

»Hochgebornen fursten, freuntlichen lieben brudere und g. hern, wie wir hievor[2]) e. l. und f. g. geschrieben und die irrung und mengele, so hie im furstentumb zu Hessen zuschen Ludwigen von Boyneburg und seinen anhengern eins- und uns andersteils entstanden, und sonderlich, wie sich dieselbigen leufte vast geschwintlich und uns widerwertig ereugten, dazu die kegenwehere mit dem ernst zu gepruchen sein wulle, angezeugt haben, mit beigetainer freuntlicher und undertieniger bitt, uns 50 geruster pferde und gewappender ein zeitlang zu lehenen und uns dieselbigen zum furderlichsten gein Rottenberg zuzuschicken, wie nun derselbigen schrift inhalt und meinung ungeverlich weiter gewest ist, daruf fugen wir e. l. und f. g. freuntlich und undertieniglich zu vernemen, das sich dieselbigen leufte nunmals durch schickung des almechtigen geendert und gotlob nach allem userm begere und gefallen zugestanden sein, so das wir e. l. und f. g. mit solcher schickung

---

[1]) Unterzeichnet hat das Schreiben nicht nur Anna, sondern auch »die von stenden gemeiner lantschaft des furstentumbs zu Hessen itzo zu Cassel versamelt.«

[2]) Vgl. o. Nr. 115 S. 320 f.

der gewappender dismals weiter heruszubemuhen fur unnotturftig achten, hirumb e. l. und f. g. desselbigen freuntlichen und undertienigen dank sagen, wullen auch solchs umb e. l. und f. g. in einem gleichen ader meherm freuntlich zu vergleichen und undertieniglich zu vertienen geneigt sein. Dat. Cassell, sambtags noch letare ao. XIV.«

Nachschrift: »Auch freuntlichen lieben brudere und g. hern, damit e. l. und f. g. unsers zustants gelegenheit etlicher maissen wissens haben mogen, so hat es die gestalt, das wir uf freitag nach Oculi nechstverschienen [März 24], alspalde uns der abscheit durch der curfursten und fursten von Sachsen rete gegeben wart, der ganz parteilich vermirkt und uns keins wegs anzunemen was, wie e. l. und f. g. gesanten rete gut wissens tragen und ungezweifelt e. l. und f. g. desselben abscheits und der ganzen handelung zu Cassel ergangen also auch bericht haben, uns zu Cassell erhaben und gein Velschperg gefugt, in meinung, daselbs uns ferner, wes uns in disem handel furthain zu tun ader zu laissen sein wult, eintrechtlich zu entschlissen, wie dan auch gescheen ist. Also haben wir von gemeiner lantschaft irstlich mit zeitlichem vorgehaptem rate den curfursten und fursten von Sachsen, nemlich h. Fridrichen . . . curfurst, h. Johansen und h. Heinrichen geprudern und gevettern unsern gst. und g. hern die pflicht, damit wir inen der curation und vormuntschaft halber verwant sein solten, einmutiglich uf- und abgeschrieben[1]), desselbigen tags auch alsbald das schloss Spangenberg ersteigen und innemen laissen, volgendes sambstags [März 25] furthain gein Ziegenhain gezogen und dasselbig schloss auch alsobalde in eigner personen erobert und ingnomen, furter des sontags letare [März 26] gein Marpurgk gereiset und daselbs auch mit ernst und sunst sovil zuwegen gepracht, das wir dasselbig schloss auch erobert und ingnomen haben[2]), auch kein vleis und arbeit underlassen ader gesparet, bissolang wir alle umbligende schloss und heusere unserm herzfreuntlichen lieben sone, g. hern, uns und gemeiner lantschaft zu gut ingnomen haben. Under disem allem so sein etlich von Cassel, die furmals durch Ludwigen von Boyneburg und sein anhengere hochlich vertrost waren, wie sie in keinen weg beschedigt werden solten, und das sie inen fur allen schaden stehin wulten, durch etliche von der lantschaft an irer narung angetast wurden, das dan ein grosse ufrure zu Cassel in der stait bewegt, also, das sie in der kurze ein man 1400 ader 1500 zur were brachten und von denjenigen, die sie allezeit so

----

[1]) Vgl. o. Nr. 118 S. 324 f.

[2]) Über die Einnahme Marburgs durch Anna und ihre Anhänger findet sich im Marburger Archiv (M. St. S. 8277) folgende Notiz: »Am sontage nach annunciationis Mariae ao. XIV hat mein g. fraue und gemeine lantschaft das schloss Marpurg belegert; darein ist der rentmeister und schultheiss von Wittelsberg [südöstlich von Marburg gelegen] betreten, in meinunge das schlos zu vertedingen. Do hat mein g. fraue inen das wasser genomen und alle orter des schlosses und der stadt allenthalben waren lassen. Do seint rentmeister und schultheiss, in irer flucht begriffen, gefenglich angenomen und eingesatzt wurden und das schloss erobert.«

hochlich vertrostet und vor allen schaden zu stehen zugesagt hatten,
irer verlust erstattung gefurdert, die inen zum schloss innen entronnen, so das dieselbigen zu Cassell nachgevolgt und also mit
iren gweren im harnisch vor das schloss gelaufen und ires angebornen lantsfursten gesonnen, damit ine derselbig nit entfuret
mocht werden (dan wir sie des davor, das wir unsern sone und
g. hern bei inen wissen wulten, durch schrift gnugsam gewarnet
hatten); und haben den hern von Sachsen ferrer gesagt, das sie sie
nit lenger da wissen ader erleiten kunten, dan die handelung bfunde
sich in der tait anders, dan sie sie vertrost betten und sich sovil
mirken und vernemen laissen, das die hern von Sachsen iren abscheit, wie sie mit fugen tun kunten, gnomen und mitsampt allen
regenten zu Cassel hinweggeritten und niemants bei unserm herzfreuntlichen lieben sone und g. herrn gelaissen dan 3 ader 4 vom
adel, 4 von Cassell aus rat und gemein. Aber in irem abziehen
haben sie etliche ire rete gein Marpurg zu uns gefertigt, die dan
gute mitle furgeschlagen.[1]) Und wohe uns dieselbigen mit dem
irsten angezeigt weren, wulten wir sie angnomen und solchen
grossen costen, wie dan gescheen ist, nit ergehen lassen haben.
Dabeneben sein die von Cassel mitsampt den andern steten, die
ine anhengig gwest waren, auch zu uns gein Marpurg komen und
sich des, das sie so betriglich und boslich von Ludwig von Boyneburg und sein anhengern verfuret weren, beclagt und ufs under-
tienigst und vlelichst umb gnade gepeten, die wir inen uf ire vilfeltig und empsiges begeren also zu uns gnomen, die auch alsobalde
ire pflicht getain, also das wir in einer somme, globt sei gott, das
ganz lant, nichts usgescheiden, erobert und innen haben. Auch
haben die von Cassel uns ufs vlelichst gepeten, sie solcher last,
darinnen sie jetzt stehen, zu entheben und unsern herzfreuntlichen
lieben sone und g. hern selbs zu uns in unser verwarung zu nemen.
Demnoch haben wir uns alspalde mit einer trefflichen anzale von
der lantschaft erhaben und gein Cassel gefugt, doselbs bede fursten,
unser freuntliche liebe schwager, sone und g. herren entfangen,
die wir auch alsopalde mit uns gein Marpurg zu furen willens sein,
und sie mit besserer versehung, dan bisher bescheen ist, zu bestellen furhaben, so das wir Anna lantgrefin ..., als wir uns
genzlich versehen, unsern sone selbs bei uns zu behalten und uf-
zuziehen. Solchs ist dasjenige, das wir e. l. und f. g. jetzt in der
ile anzuzeigen wissen.«[2])

A. Schwerin, Hasslaca, Or.[3])

[1]) Vgl. o. Nr. 120 und Nr. 124.

[2]) In einem besonderen Schreiben vom selben Tage (A. Schwerin,
Hassiaca, Or.), das Anna und die Stände an die mecklenburgischen »heubtleute,
itzt mit dem zeuge in Hessen gefertigt«, richteten, baten sie dieselben, ihren
Fürsten den Dank der Landgräfin und der Stände für ihre Bereitwilligkeit
auszudrücken, »mit dem erpieten, wohe ire l. und f. g. gleicherweise widerwertigkeit furstehen, dazu ine unser holf auch von noten sein wurde, das wir
alsdan iren l. und f. g. beistant zu tunde uf ire gesinnen wilferig wulten erfunden werden.«

[3]) Das Concept findet sich noch in Marburg vor (O. W. S. 3).

**127. Adolf Rau, Wilhelm von Dörnberg, Jost von Draxdorff und Eberhard von Heusenstamm an Landgräfin Anna. [Rüsselsheim] 1514 April 5.[1])**

Sie haben die ganze obere Grafschaft Katzenelnbogen eingenommen und die Treysaer Einung beschwören lassen. Nach der Einnahme von Nieder-Katzenelnbogen werden sie nach Marburg kommen.

»Gnedige fraue, wie e. f. g. und gonst uns itzund haben tun schriben[2]), unsere g. hern und fursten in vorwarunge, darzu das ganz lant inhabent, merhers inhalts haben wir underteniglichen entphangen, glesen und sonders frolocken in solicher e. f. g. schrift gehabt, mit danksagunge dem Almechtigen seiner gnaden, fugen daruf e. f. g. wirden und gonst underteniglich wissen, das es uns derglichen ... auch recht naher gangen ist und nach woil gebet, haben die obern grafschaft Katzenelnbogen sampt allen steten, schlossen, dorfern und zenten in unsers g. hern, e. f. g. und gemeiner lantschaft handen on irrunge, auch unsere ufgericht einunge gelobt und geschworen, die on alle weigerunge helfen zu hantbaben und dem regement, so gewesen, nit meher anhengig, gehorsam, noch gewertig zu seine. Ferner seint wir willens uf morgen donerstag [April 6] das ampt Epstein und forter die undern grafschaft auch zum forderlichsten inzunemen und uns alsdan zum forderlichsten wider gein Marpurg fugen. . . . Dat. mitwochens nach Judica ao. XIV.«

A. Mbg., O. St. S. 7862, Or.


**128. Landgräfin Anna und der ständische Ausschuss[3]) an Adolf Rau, Wilhelm von Dörnberg, Jost von Draxdorff und Eberhard von Heusenstamm. Marburg 1514 April 8.**

Melden ihnen ihre Uebersiedlung nach Marburg und bitten sie, nach der Einnahme der niederen Grafschaft Katzenelnbogen die Zahl der Reisigen zu verringern.

Haben ihr Schreiben erhalten[4]) und sich über die Einnahme der oberen Grafschaft Katzenelnbogen gefreut. »Geben euch auch daruf zu erkennen, das wir numals die ganze lantschaft ingenomen und haben bede unsere herren, swager, herzlichen sone und g. herren von Hessen alhie zu Marpurg, also das es allenthalben bis noch (got habe lob) ganz wol ergangen.« Adolf Rau und seine

---

[1]) Hinter der Namensunterschrift steht der Vermerk »itzund zu Russelsheym.«
[2]) Vgl. o. Nr. 122.
[3]) Im Concept ist die ursprüngliche Unterschrift: »Prelaten, ritterschaft, stete und gemeine lantschaft des furstentumbs Hessen« durchstrichen und dafür gesetzt: »Die vom ausschosse der gemeinen lantschaft und des furstentumbs Hessen.«
[4]) Vgl. o. Nr. 128.

Freunde sollen sobald als möglich die Niedergrafschaft Katzenelnbogen einnehmen, »auch, so dasselbige also gescheen, den kosten
und haufen bei euch, sovil mugelich ist«, verringern und »es an
idem ort bis zum nehstkunftigen lanttage zum besten« versehen
und bestellen. »Dat. Marpurg, am sambstage nach Judica ao. XIV.«

A. Mbg., O. St. S. 7862, Cpt.

### 129. Landgräfin Anna an Kaiser Maximilian. Marburg 1514 April 10.

Ausbleiben der kaiserlichen Räte auf dem Landtage zu Kassel. Bericht über den Verlauf desselben. Beschwerden der Landgräfin und der
Stände gegen Boyneburg und seine Anhänger. Parteiische Haltung der
sächsischen Fürsten. Abbruch der Verhandlungen. Stände kündigen den
Wettinern den Vormundschaftseid auf. Aufstand in Kassel. Abdankung
und Flucht der Regenten. Einzug der Landgräfin und der Stände in
Kassel. Landgräfin bittet den Kaiser, sie sowie ihren Sohn und die Stände
zu schützen und sich nicht gegen sie aufbringen zu lassen.

»Wiewol E. Kei. Mt. mir zu gnaden und gut jungst uf mein
demutig bittlich ansuchen zur antwort gnediglich schreiben haben
lassen[1], zwen irer Mt. rete ins furstentumb zu Hessen an die stende
desselben mit werbung und bevelh E. Kei. Mt. zu fertigen und zu
schicken, der zuversiecht, dieselben wurden dermassen mit den
stenden mins lieben· sons ldg. Philipsen halber handeln, das ich
des ein gut gevallen und darus vermarkt, das ich und min sone,
auch alle stende des furstentumbs zu Hessen ein gnedigen keiser
haben werden, des ich dan E. Kei. Mt. ganz untertenigen und
grossen dank weiss, so sein doch dieselben rete ussen blieben und
niemants von E. Mt. wegen uf angezeigtem landtage erschienen.
Demnach haben die stende die grossen gebrechen und mengel, so
ich und sie mins sons und irs hern, auch lande und lude halben
gegen Ludwig von Boneburg und etlichen regenten des furstentumbs zu Hessen, die ime anhangen, gehabt, an min oheimen die
herzogen von Sachsen gelangen lassen, die daruf ein tage gein
Cassel angesatzt und sich im selben verpflicht, wene sie in der

---

[1] Annas erstes Schreiben an Maximilian ist uns nicht erhalten, dagegen
des Kaisers Antwort aus Innsbruck d. 29. Januar 1514 (A. Mbg., O. W. S. 3,
Kop.). Sie lautet: »Hochgeporne liebe muheme und furstin, wir haben deiner
l. schreiben, so du uns jungst getan baist, mit anzeigung, wie dein sone ldg.
Pflips [!] verschiener [zeit] us verwarlosung ein schaden entfangen babe,
vernomen und tragen desselben ein gnedig mitleiden. Doch haben wir in-
sonders gerne gehort, das sich desselben deins sons sachen dermaissen widerumb
zu gesuntheit geschickt und gepessert, und haben demnoch auf solchs deiner
l. schreiben und begern den edlen und unser und des reichs lieben getreuen
Philipsen, graven zu Leiningen, hern zu Westerburg, unsern rate, und schult-
bais zu Franckfurt, unsern diener, desselben deins sons halben zu comissarien
furgnomen und verordent, sie auch mit instruction und credenz, betreffen was
sie von unserntwegen mit den stenden gemeines furstentumbs Hessen bemelter
sachen halber handelen, und das sie sich zum furderlichsten in das furstentumb
Hessen zu ziehen erheben sollen, abgefertigt.«

verhore ungerecht finden, zu strafen. Und uf demselben tage sein
hz. Hanns und hz. Heinrich in eigner person und hz. Friederichs
geheimste und hz. Georgen rete mit einem grossen reisigen gerusten
gezuge zu Cassel erschinen und da inkomen und sich zun regenten gehalten und mich und die stende nit zu minem sone und
iren hern gehen lassen wollen und uns mit beswerung in die
stat gelassen, die vor vier wuchen zum ernst zugeriecht was, als
ob die Turken komen solten. Als wir aber von beden teilen 15
tage vor inen mit vil muhe und arbeit gehandelt und ich und die
stende vil grosser und merklicher clagen gegen denselben Ludwig
und sein anhenger und regenten furbrachten und in fuesstapfen
gnugsam bewiesen, der sie auch nit in abreden gesein oder verantworten konten ader mogten, nemlich das sie mir minen lieben
sone und den stenden iren herrn an seiner libs gesuntheit verwarlost
und ine also lenger wan jare und tage an alle menschlich hilf verwunt betten gehen lassen und mir als der mutter und den stenden
als den untertanen solchs verborgen und verleuket; item das sie
sloss, stete, flecken, lande und lude hinweg geben hetten, item das
sie nie kein rechnung den stenden getan betten, noch tun wolten,
item das sie ein merklich gross gelt entpfangen und niemant wiessen
mogt, wohe sie mit hinkomen weren, auch niemants rede und antwort deshalber geben wolten; item das sie mir E. Mt. vertrege
nie keinen in einichem artikel gehalten betten; item das er Ludwig
von Boneburg alle sachen und mit den fursten von Hessen und
irem gut, desglichen allen untertanen seins gefallens gehandelt,
gesetzt und entsetzt und vil gewaltiger, beswerliger und stolzer
gehalten bett, wan die fursten selbs ie getan hetten; item das sie
grosse schatzung an wiessen und willen miner und aller stende ins
land gesatzt und die zum teil ufgehaben betten, mit vil andern
merklichen unzelbarn clagen aller stende und sonderer person E.
Kei. Mt. dis orts anzuzeigen zu lang und verdriesslich, und wiewol
dieselben clagen alle luter und clar angezeigt und bewiesen, auch
offentlich am tage lagen, so liessen doch die herzoge von Sachsen
und ire rete als hz. Hanns, hz. Heinrich, hz. Friederichs rete sich
im ganzen handel partisch merken, unterstanden im anfang, mittel
und ende demselben von Boneburg alle sein boese handelung offentlich zu verglimpfen und zufall zu tun und etlich graven, prelaten
und sieben stete dahin bewegt, das sie eigen lantschaft und stende
mir, minem sone und den stenden zuwieder sein wolten, die ine
anhengig sein solten, als die heubtstat Cassel und andere und am
letzten nach den furgeschlagen mittelen die sach dahin zu riechten,
und woltens auch also gehabt haben, das derselb Ludwig von
Boneburg mit seinem anhang lenger ime gewalt und im regiment
blieben und bede fursten in seinem gewalt und der grossen geverlicheit blieben solten, da sie so lange zeit in gewesen waren.
Deshalber die sach ganz an enden schieden, und als ich mit den
stenden wieder hinweg was zu miner stete eine, ferner zu beratschlagen, was zu tun were, damit der merklich gross unrate und
ewig verderben der fursten von Hessen, lande und lude an irem

liebe, haben und gutern vorkomen wurd, sein die stende bewegt
worden und minen oheimen herzogen Friederichen, Hansen und
Heinrich die pflicht und eide der vormuntschaft und curation halber
uf- und abegeschrieben und nach Marpurg wollen ziehen. Also
hat sich uflauf und rumor von den burgern und inwonern zu Cassel
erhaben, das noch wenig tagen darnach bede fursten von Sachsen
mit iren reten wieder nach irem lande eilend gezogen, Ludwig von
Boneburg und sein anhenger selbs vom regiment abestanden und
mit etlichen officiren, die mit gelt und rechnungen umbgangen sein,
als camermeister, camerschreiber und anderen hinwekgeflagen und
sich verstreuet, einer diesen weg, der ander ein andern, und die
fursten von Hessen einig zu Cassel gelassen. Da ich aber solchs
erfarn, wiewol ich 10 meil von der hand gewesen, habe ich mich
mit den stenden erhaben und nach Cassel gefugt, und sein die von
Cassel mir und den stenden entgegen gangen und gnade begert,
und bi minem sone niemants dan zwen edelman und vier burger
von Cassel, den[!] min oheimen von Sachsen dabi gelassen betten,
funden. Also das ich und die stende.bede fursten von Hessen und
ir lande diesen tag eintregtiglich innen, und haben alle schlos, ambt
und stete in grossem verderplichen unrate und an keinem ort weder
pfennig oder heller funden. Dieselben fursten und das ir, so vil
des noch verhanden, wollen ich und die stende mit dem allerbesten
vlis, so ummer menschlich und mogelich, mit der hilf gots ver-
warn und getreulich furzustehen verorden. — Das hab E. Kei. Mt.
als min allergnedigsten hern ich unterteniger meinung im besten
unangezeigt nit wollen lassen, und ist also die warheit, mit unterteniger vleissiger bitt, dieselb E. Mt. woll mine lieben sone und
swager, die fursten zu Hessen, mich und die stende des furstentumbs und derselben lande in gnedigem bevelh, schutze und schirm
halten und sich gegen uns nit bewegen, noch ichts gegen uns usgehen lassen, sondern uns zuvorter gnediglich horen und zu rede
und antwort komen lassen, dan E. Kei. Mt. unser aller zu ehern
und recht alzeit ganz mechtig sein. So gedenken wir uns auch
E. Kei. Mt. als der fursten von Hessen, miner und der stende
rechten naturlich oberherrn mit rechtem gehorsam, getreuer lieb
und aller untertenigkeit vor allen andern, wie das recht und billig
ist, zu halten. Hirin gerugen sich E. Kei. Mt. gegen den fursten
zu Hessen als noch zur zeit unmundig fursten, mir einer wittib-
furstin und den stenden alle E. Mt. untertanen gnediglich erzeigen,
das wollen umb dieselb E. Kei. Mt. wir alle mit allem gehorsam
und zusampt allen gebornden pflichten in aller untertenikeit willig
und gern verdienen und bevelhen uns damit E. Kei. Mt. Dat.
Marpurg, am montag nach dem palmtag ao. 1514.«

A. Mbg., O. St. S. 7862, Cpt. von Schrautenbachs Hand.

## 130. Sittich von Berlepsch an Herzog Georg von Sachsen. [Homberg] 1514 April 29.

Ablehnung des Ersuchens Hz. Georgs um eine Pulversendung von
seiten der Landgräfin. Besorgnis derselben vor einem Ueberfall von

sächsischer Seite. Entschuldigungen der Landgräfin. Einsetzung einer neuen Regierung in Hessen auf dem Landtage zu Homberg. Sympathien in Hessen für Hz. Georg. Versorgung des jungen Landgrafen und Wilhelms des Aelteren. Einung zwischen Hessen und Braunschweig.

Landgräfin Anna kann dem Hz. Georg die erbetene Pulversendung nicht überweisen, da sie selbst nur über 16 Tonnen Pulver verfügt, die sie behalten muss, weil sie von seiten des Kurfürsten Friedrich und der Herzöge Johann und Heinrich von Sachsen sich »uberfallens besorgen musse.« Ausserdem hat Wilhelm der Mittlere dem Kaiser 180 Tonnen Salpeter und Pulver geliehen und die Regenten haben durch merkliche Verleihungen das Fürstentum seines Pulvervorrates beinahe beraubt. Gern würde die Landgräfin 1000 Gulden »irs eigen geldes e. f. g. zu gute vorstrecken, weil aber itzt der swebisch bunt zu felde ligt und sunst allenthalben ufrur vorhanden, das Pfaltz, Wirtenberg und Wirtzpurg stark ufgeboten haben, deshalben sie der enden noch andern keins auszurichten wusten, derhalb ir f. g. freuntlich biddet, ir f. g. freuntlich entschuldigt zu haben. ... Dat. sunabends nach Quasimodogeniti ao. XIV.«

Nachschrift: »Es hait mein g. fraue von Hessen albie zu Homberg einen grossen lanttak gehabt; daselbst di lantschaft trefflich bei einander gewest, doch derjengen als ufm tage zu Cassel bim regment gestanden, ist kiner erfordert worden.« Einträchtig hat man »ein andere vorwaltunge und ordnunge gestellet, di sich vast dahin, wi meins g. herrn sel. ... ordenung[1]) anzeigt, erstrek[t].« Landgräfin Anna soll »in allem mitausschreiben und mit irer f. g. bewust gehandelt werden, auch alle verwaltunge helfen verantworten. ... Man hait auch mit flis ordenung gestelt und vil artikel beratslagt und in schrift, wi sie sich halten sulten, gestellet. Man wirdet auch e. f. g. der vormundeschaf halben, als ich glaube, ansuchen.« Hz. Georg soll nicht länger säumen: »dan es geschicht allerlei ansuchen, darumb gut were, das e. f. g. vor und am ersten keme. Es sint praktiken ufm wege gewest, dadurch allerlei unlustes erwachsen mocht. Sie sint aber gotlop zum teil fuglich vorkomen. ... Mein g. fraue und di lantschaf sint e. f. g. ganz gneigt und haben e. f. g. das gemine geschri; e. f. g. bedenken sich nor nit zu lange und ferdern sich selbst; das ist aus schuldiger pflicht min getreuer rait. ... Mein g. frau wirdet bi meinem g. jungen herrn bliben uf irer f. g. selbst vorlegunge. Doch wirdet man disen tak, wi solchs geschen sol, mit iren f. g. handeln.« Der Hofmeister des jungen Landgrafen, Eberhard von Heusenstamm, ist aus der oberen Grafschaft »und ein vorstendiger, wolgeschickter, betagter gsel, der zu allen sachen zimlich geschickt.« Ldg. Philipp hat auch einen gelehrten und wohlgeschickten Präceptor erhalten. Ldg. Wilhelm der Ältere soll mit seiner Gemahlin am Hofe fürstlich gehalten werden, »wiwol ir g. itzt vast unrichtik ist und auch gern vil gewalt haben wult. Es ist auch ... hz. Erich von Brun·

---

[1]) Gemeint ist das Testament Ldg. Wilhelms des Mittleren, vgl. o. Nr. 1.

swigk zwu nacht alhie gewest und ist di einung zwischen s. f. g. und der lantschaf volnzogen.[1]) Sein g. bait der alten s. f. g. swester mit gut und mitlide in di wirffel griffen, es helf so vil es moge. E. f. g. werden sich selbst hirin bedenken und das essen nicht vorslafen. ... Die inventarien des vorraits, so di regenten hinder sich verlassen, dorfen nit vil zeit zu uberlassen. Es wer auch nit gut, das vil lut wissen sulten, wi di sach stunde.«

A. Dr., Loc. 8675, Ldg. Pbll. Vorm. 1509—24, Or. (eigenhändig).

### 131. Sittich von Berlepsch an Herzog Georg von Sachsen. [Homberg 1514 Ende April.][2])

Berichtet über den Verlauf des Homberger Landtages. Die Teilnehmer an demselben. Ausgeschlossen waren die Anhänger der früheren Regenten. Einsetzung eines Ausschusses. Wahl eines neuen Regiments. Bedingte Bevorzugung der Städte bei dem Wahlakt. Einmütige Ernennung der 5 Räte. Landgräfin Anna an der Spitze des neuen Regiments. Pflichten der Räte. Einsetzung eines ständischen Ausschusses, ohne dessen Zustimmung die Räte keine wichtige Angelegenheit entscheiden dürfen. Namen der Mitglieder des Ausschusses. Eid derselben. Aufgaben des Kammerschreibers. Der jährliche Rechenschaftsbericht der Regenten. Form der Regierungsschreiben. Siegelung. Niemand soll ungehört verurteilt werden. Es sollen keine Neuerungen vorgenommen werden. Freier Zugang zum jungen Landgrafen. Dieser soll in der Obhut der Mutter sein. Wilhelm der Aeltere und seine Gemahlin sollen am Hofe des Landgrafen leben. Neuordnung des Hofgerichtes. Jährliche Landtagsversammlung am Spiess. Besoldung der Räte. Die Hofmeister der beiden Landgrafen und die in der Nähe sitzenden Amtleute sollen auch als Hofräte fungieren. Namen der Hofmeister.

»Montags nach dem suntage Quasimodogeniti [April 24] ao. XIV gein den abent ist di durchlaucht hochgeborne furstin und frau, frau Anna geb. herzogin von Meckelnburg, landgrafin zu Hessen, witwe mit ... hern Philipsen, landgrafen zu Hessen ..., irer f. g. sone zu Homberg in Hessen mit nachvolgenden grafen und herrn, nemlich graf zu Solms, Jorg graf zu Kongstein, Johan graf zu Witgenstein und h. Ditherichen, hern zu Plesse, etlichen prelaten, vilen von der ritterschaf und allen steten des furstentums Hessen inkomen. Doch haben ir f. g. und di lantschaf der grafen, prelaten noch von der ritterschaf, so kegen ir f. g. und di lantschaf ufm tage zu Cassel bim entwichenen regiment gestanden, keinen zu ine laissen wullen, haben gehabt 900 und etlich pfert.

---

[1]) Vollzogen wurde der Bündnisvertrag erst am 8. Mai 1514 zu Kassel. Vgl. u. Nr. 132.

[2]) Das Datum fehlt. Nach dem vorigen Briefe (vgl. Nr. 130) und den im Bericht selbst enthaltenen Zeitangaben zu urteilen, wird derselbe Ende April, vielleicht auch erst in den ersten Tagen des Mai abgefasst sein. Obwohl der Brief wie der Bericht von Sittichs Hand herrühren, möchte ich nicht annehmen, dass beide an demselben Tage abgegangen sind. Giebt doch Berlepsch in der Nachschrift einen flüchtigen Überblick über das Ergebnis des Homberger Landtages, ohne dabei auf den Bericht, der damals noch nicht verfasst war, irgendwie zu verweisen.

Volgenden dinstags [April 25] des morgens umb sieben ure
ist ir f. g. sampt dem jungen fursten, irer f. g. sone, auch grafen,
prelaten, ritterschaf und den steten ufs raithaus komen, daselbst
di ursach und notturft dises tags durch Baltzasarn Schrautenbach,
irer f. g. diner, eroffnen laissen. Darnach sint grafen, prelaten,
ritterschaf und stet des furstentums in gesprech gangen, eintrechtlich einen auschus vom adel und den steten under inen verordent,
den befolhen, von disen sachen zu handeln, und den ganzen gewalt
gegeben. Und sint im ausschus gewest 12 vom adel ausem nidern
lande Hessen, 12 ausem obern lande Hessen, auch 3 vom adel aus
den grafschaften Catzenelnbogen, und aus 13 steten von beiden
landen aus ider stat 2 person. Die haben am ersten beratslagt,
weil dem furstentum Hessen verwaltunge not sei, ob gut were,
regenten, stathalter, verweser oder rete den fursten zu voorordenen.
Darauf ist beratslagt und eintrechtlich beslossen, das den fursten
zu Hessen zu verwaltunge irer f. g. landen sulten gesetzt werden
5 geschickte personen aus den furstentumen Hessen, der solt einer
sein hofmeister, der ander marschalk und die andern drei solten
sein rete und kinen andern namen, je der gemeine dan verordente
rete des furstentums Hessen haben; denselben 5 personen sult zugeben werden ein wol geschickte glauphaftige person als vor einen
canzler.
    Des dunerstags [April 27] haben grafen, prelaten, ritterschaf
und di stet sich eintrachtiglich voreinigt und bewilgt, nachdem di
von steten di grost burde trugen und am meisten musten regirt
werden, das sie 5 personen aus gemeiner ritterschaf uf ir gewissen
namhaftik machen solten, di irs bedunkens zu verwaltunge des
furstentums duchtik. Doch protestirt, das sie di stet dis aus gerechtigkeit, obs kunftiglich ferter meher not sein wurde, nit be-
rechtikt [!] sein solten, sunder allein das ine das dismals aus gutem
willen dem handel zu sleuniger entschaft zu gut nachgelassen were.
Darnach solt der ausschus, so vom adel verordent, auch 5 person uf
ir gewissen anzeigen. Wan sich dan der ritterschaf 5 mit der stet 5
personen vergleicht und des eink weren, das es dan dabei bliebe. So
aber eine oder meher dan 5 personen von ine allein gnant worden,
als sult unser g. frau das zu ercleren haben, und welche ir f. g. vor
gut zur vorwaltunge achten wurde, diselbigen sulten unwiderruflich bleiben, und ob eine oder meher abgetan, den solten doch ane
nachteil und unvercleinlich sein. Als haben di von steten semptlich
und mit ganzer eintracht genant Corden von Waldenstein und Philips
Meisenbuge vor zwene aussem nidern furstentum, h. Ditherichen
von Clehn, deutschordenslantcumptur der balei Martpurgk, und
Eyteln von Lebenstein vor zwene aussem obern furstentum, und
Herman Rietesseln zu Eysenbach, erpmarschalk zu Hessen, vor den
funften als mittler zu beiden furstentumen gehorik. Gleicher weise
haben auch di vom ausschus aus der ritterschaf diselbigen 5 auch
genant, und sunderlich also Curde von Waldenstein als hofmeister,
Philips Meisenbuge als marschalk und di andern drei als zugeordente
ret. Solchs hait mein g. frau auch vor gut angesehen und dem

zufall getan. Ferter ist beslossen, das diselbigen 5 verordenten mit biscin und wissen meiner g. frauen den fursten mit verwaltunge irer f. g. landen und leuten sollen getreulich vorsein und ir bestes nach alle irem vermogen werben und des furstentums schaden getreulich vorkomen und warnen und also halten, das keiner vor den andern sich erheben oder ufbrechen solle, etwas hinder der andern wissen oder willen zu handeln oder zu beslissen, auch des furstentums verwanten und sust meniglich gutwillig horen, guten beschiet geben und nehemen und nimands unbilcher weise vors heupt stossen oder von irer einen zum andern weisen, wi von den vorigen regenten geschen ist. Sie sollen auch von nimande, er sei hemisch oder fremde, in dis furstentum oder desselben undertanen odir vorwanten sachen kin geschenk, gaben, noch vorerunge, wi di genant mochten werden, nicht nehemen, in kine weise, auch inen zu gute durch nimant nemen laissen odir zu nehemen gestatten, wi sie das meiner g. frauen an stat gemiver lantschaf an furstliche hant gelobt, auch zu got und den heiligen gesworen haben.[1]) Es sollen auch mein g. fraue noch di zugeordenten rete kein wichtige oder gros sachen, die fursten oder das furstentum belangen, one beisein, wissen oder verwilgunge des vorordenten ausschusses nit handeln noch beslissen, sundern sie alzeit nach gelegenheit der sachen darbi heischen und fordern.

Der ausschus sint dise nachvolgenden 5 aus der ritterschaf des nidern landes zu Hessen: Heinz von Eschwe, Fridrich Dide, Curdt von Boyneburgk, Ernst Dide, Jost von Ratzenbergk. Aus dem obern lande Hessen auch 5 von der ritterschaf, nemlich: Johan von Lebenstein, hofmeister, Wilhelm von Doringbergk, Peter von Tresbach, Jost von Draxdorff, Helwigk von Laubach. Aus der obern grafschaf Catzenelnbogen: Philips von Franckstein, Hans von Walbrun genant Gans. Aus der nidern grafschaf Catzeneln-bogen: Wilhelm von Staffel. Aus den nidern steten, aus ider stat ein person: Cassel, Eschwe, Homberg, Grevenstein. Aus den obern steten, aus ider stat ein person: Marpurgk, Treise, Gissen, Grunenbergk.

Dieselbigen von [!] ausschus haben auch gleichformiger weise gelopt und gesworen, der fursten und des furstentums sachen getreulich und mit fleis helfen zu handeln, und ob si im handel etwas dem fursten und furstentum zu nachteil und schaden befunden, das solten sie der lantschaf lut der ordnunge meins g. hern sel.[2]) offenen.

Es sol auch ein wolgeschickte person, di glaubhaftig ist, zu kamerschreiber vorordent werden. Derselb sal alle des furstentums geltinkomen innehemen und zu Marpurgk und Cassel, in den gewelben einen wolbesorgten casten mit drien guten wolbewarten slossen stehende haben. Und was von gelde gefellet, sal er in beiwesen meiner g. frauen und der verordenten rete darin beslissen, und was sumen darin komen, sal registrirt, mit in den casten be-

---

[1]) Vgl. hiermit o. Nr. 1, S. 7 Artikel 22 des Testamentes vom Jahre 1508.
[2]) Vgl. o. Nr. 1, S. 5. Art. 15.

slossen werden, und sal mein g. frau den einen slussel, di verordenten ret den andern und der camerschreiber den dritten slussel
haben, also das kein teil an das ander daruber komen muge. Und
was der camerschreiber von geltsumen aus den kasten in beiwesen
meiner g. frauen und der verordenten rete entphicht, sal auch in
den casten registrirt werden, desgleichen mags der camerschreiber
in seine register auch stellen, und mit den zolcasten zu entslissen
sal es, wi bei min heren sel. geschen, gehalten werden. Und alle
jar wan der camerschreiber sein rechnung tut, sal mein g. frau
und di vorordenten ret sampt etlichen vom ausschus dabi sein,
und soln mein g. frau und di ret uf iglich stuck, was sie haben
heissen ausgeben, bericht tun, wuhin und warumb es geschen, und
mein g. frau sal di verordenten rete und den camerschreiber sampt
den vom ausschus quitiren. Es sollen auch di vom ausschus, so
zur rechnung geordent, luts meins hern sel. ordnunge[1]) darzu
pflicht tun und, was gebert, bis in ir grabe zu verhelen. Und es
sollen diselbigen, so zur rechnunge geboren, was darinne not sein
wurde sein, zu offenen, an gebirliche ende luts angezeigter ordnunge vormelden, und soln diselben, so zur rechnunge horen, luts
meins herren sel. ordnunge gnant und di amptsrechnung mit zu
horen erfordert werden.

    Mein g. frau sal mit den vorordenten reten ausschreiben in
allen schriften, missiven und verschreibungen, wi di ausgehen, und
sal der titel stehen also oben: Anna von gots gnaden geb. herzogin
von Meckelnburgk, landgrefin zu Hessen, grefin zu Catzenelnbogen,
witwe und wi[r] di unden geschriben verordenten rete des furstentums zu Hessen.

    Mein g. frau sal sigeln mit irer f. g. sigel und di vorordenten
rete mit der lantschaf sigel, und der lantschaf sigel sol sein der
hessisch schilt sunder helm, und sollen desgleichen zwei cleine
secret gemächt werden, in der canzlei zu missiven und gemeinen
brifen zu gebrauchen. Mein g. frau sal und wil auch alle sachen
helfen mitverantworten und di gemeine lantschaf genzlich benehemen,
wi dan ir f. g. das bei irn furstlichen eren zugesagt.

    Mein g. frau hait auch bei irn furstlichen ern und waren
worten zugesagt, di verordenten rete und einen idern aus der lantschaf, wu di weren, so kegen irn f. g. versagt wurden, zu gnediger
vorhore und vorantwortunge komen zu lassen und uber nimandes
unvorhort siner antwurt urteln, noch urteln laissen. Desgleichen
haben ire f. g. auch begert, obs iren f. g. not, sie auch zu vorbore
und vorantwortunge komen zu lassen; das iren f. g. underteniglich
zugesagt.

    Mein g. frau hait auch gmeiner lantschaf gnedige vortrostunge
getan und wi vorgemelt zugesagt, das nimant durch ir f. g. oder
di verordenten rete mit neurunge oder unbilcher beswerde, di vor
nit gewest, bis zu des jungen fursten mundigen jaren nit besweren
noch belestigen wolle noch sollten.

---

[1]) Wie Anm. 2 S. 347.

Es sol auch eim idern aus der lantschaf ir junger furst und herr, so den zu sehen begerten, unvorspert sein und zu ider zeit geburlich zugangs gestat werden.

Mein g. frau sal am hof bi irer f. g. son . . . sein uf irer f. g. selbst vorlegunge mit alle irer f. g. gesinde, doch in meins g. herrn kosten, und sal ir f. g. seinen f. g. kegen den kosten ein geburlich suma geldes an dem verschribenen jargelde lassen innen bleiben.

Der alt furst und siner f. g. gmahel soln auch bi meinem g. jungen beren am hof in s. f. g. kosten sein und beide furstlich, wi sich das zimpt und geburt, gehalten werden.

Das hofgericht belangen ist beslossen, das man das in guter ordnung halten solle und an vier ende, dahe auch furstlich hofgericht gehalten werden, umb abschrift irer ordnung schriben und aus denen ordnunge stellen, damit menniglichen, so des gerichts gebrauchen, entlich ausrichtunge gesche und sleunik verholfen wirde.[1]

Des gemeinen lanttags halben, so jerlich sol gehalten werden, ist beslossen, das derselbige lut der einunge jerlich am Spis gehalten, und was zu underreden den fursten und auch dem furstentum und der lantschaf not si, dasselb sol alda nach notturft beratslagt und gehandelt werden.

Wie di verordenten rete und andere versoldet und gehalten sollen werden: Dem hofmeister Curde von Waldenstein sal sein amptsgabe zu Eschwe folgen und bliben, darzu 200 gulden zu solde, 6 gunstpferde und 1 drospfert halten mit futer, mal, nagel und eisen, vor schaden stehen, knecht und knaben, des jars zwu cliden, slafdrank geben und eins fri behusunge halten. Dem marschalke Philips Mysenbuge 150 gulden zu solde, 5 geruste pferde und 1 drospfert halten mit futer, mal, nagel und eisen, vor schaden stehen, knecht und knaben, des jars zwu cliden und slafdrank geben. Den andern drein reten iglichem 100 gulden zu solde, iglichem 4 geruste pferde und 1 drospfert halten, futer, mal, nagel und eisen geben, vor schaden stehen, knecht und knaben, des jars zwu cliden und slafdrank geben. Der cumptur wird, so der hof zu Marpurgk ligt, sein knecht und pferde uf sein selbst kost halten.

Es sollen di hofmeister, so den fursten und furstinen zugeordent, hofrete mit sein, desgleichen auch di amptlut, so uf den ampten sitzen und dazu duchtik, zu rait und andern sachen mit gebraucht werden, uf das den verordenten reten di muhe deste geringer unde den fursten der kosten so vil weniger werde.

Mein g. jungen herren ldg. Philipsen ist vor hofmeister zugeordent Eberhart von Heusenstim und sal auch, wi obstet, zu rate mitgebraucht werden. Dem alten fursten ldg. Wilhelm ist zu hofmeister geordent Cunradt von Dernbach, sal auch zu geminen sachen mitgebraucht werden. Und umb der beiden hofmeister besoldunge soln mein g. frau und di zugeordenten rete mit ine handeln.«

A. Dr., Loc. 8675, Ldg. Phil. Vorm. betr. 1509—24, Or. (eigenhändig).

---

[1] Vgl. o. Nr. 1, S. 9 f. Art. 34.

**132.  Bündnis der Landgräfin Anna und der hessischen Stände mit Herzog Erich von Braunschweig.  Kassel 1514 Mai 8.**

Beide Teile verpflichten sich auf 5 Jahre, einander mit 350 Reitern und 2000 Fusssoldaten zu Hilfe zu eilen, sobald einer von ihnen mit Krieg überzogen oder überfallen wird.

»Wir Erich von gottes gnaden herzoge zu Braunsweig und Lunenburg und von denselben genaden gotes wir Anna geb. herzogin zu Meckelnburg, lantgrafin zu Hessenn ... und wir grafen, prelaten, adel, riterschaften und stete mitsambt der ganzen und gemeiner lantschaften berurts furstentumbs zu Hessen bekennen samentlich ... mit diesem brieve fur uns und unsere erben«: Auf Grund eines Vertrages, den Ldg. Wilhelm der Mittlere mit Hz. Erich von Braunschweig im Jahre 1506 »auf S. Martins abent [November 10]« auf 33 Jahre abgeschlossen hat und zwar mit Annas, »auch unser andern von der ganzen lantschaften des furstentumbs zu Hessen sonderlichen wissen und willen«[1]), verpflichten sich Anna und die hessischen Stände »von wegen des hochgebornen fursten h. Phillipssen lantgraven zu Hessen, unsers lieben sones und g. herrn in ansehung seiner l. und g. unmundigen jaren« und Hz. Erich von Braunschweig »zu noch merer und freuntlicher nachperschaft ... auf funf jar lang von heut dato« zur Beobachtung folgender Vertragsbestimmungen: 1. Sobald einer von beiden Teilen mit Krieg überzogen oder überfallen wird, soll der andere ihm mit 350 gerüsteten Pferden und 2000 Fusssoldaten sobald als möglich zu Hilfe eilen, jedoch auf »costung und lifrung« des angegriffenen Teils. 2. »Haben wir uns ... vereintlichen miteinander entschlossen, ob sich begebe das ain tail oder der ander under uns verneme, das unser eines furstentumb und landes von iemants, welher der were, mit herescraft uberfallen und uberzogen solt werden, das wir uns abermalen von peiden tailen mit zuesag bewilligt und entschlossen haben, das ein teil dem andern zuegut zu berettung und entschuttung desselben furstentumbs land und leute, welhens [!] die notdurft erfordert, in des befridten lande auch zum furderlichsten aufbieten lassen und getreue hilf und entschuttung an einander zu tun verhelfen. 3. Ob aber ain tail von dem andern under uns etwo seiner notturft nach uber obberurte anzal der 350 gerusten pherden und 2000 fuessknechten ainer merern anzal zu ross und zu fuess zu haben begerte, so sollen und wellen wir uns hirin von baiden tailen in gleichem fall und widergelt auch mit costung, lifrung und schaden, wie vor angezeigt ist, gegen einander halten und beweisen treulichen und on geverde.« 4. Ist nach Ablauf der 5 Vertrags-

---

[1]) Die Urkunde des Vertrages von 1506 findet sich noch im Original im Marburger Archive (Urkunden, Verträge mit Braunschweig und Hannover). Festgesetzt wird darin, wie sich die beiden Fürsten im Falle von Streitigkeiten vergleichen wollen. Können ihre Räte sich nicht einigen, so soll Hz. Georg von Sachsen Schiedsrichter sein. Wird einer von ihnen angegriffen, so soll der andere ihm mit 200 Reisigen zu Hilfe eilen.

jahre der junge Landgraf mündig geworden, so sollen er und Hz. Erich den Vertrag »nach unser haider willen und wolgefallen on meniglichs irrung, insag und widersprechen zu mindern, zu merern, ganz abzutun oder ... lenger zu halten ... macht haben, doch in allwege vorausgegangen vertrag in allen und iglichen seinen punkten, artikeln, wirden und kreften unvergriffen und unschedlich.«[1])
5. Landgräfin Anna und die hessischen Stände versprechen, dass sie Ldg. Philipp »mit allem unserm hochsten vleis und vermogen« an die Freundschaft erinnern wollen, die ihm Hz. Erich während seiner Minderjährigkeit erzeigt hat, »auf das sein l. in kunftig zeit seiner mundigen jar ... unsers lieben oheims und g. herrn hz. Erichen freuntlichen woltat und ander seiner l. und g. herren und freunt erwegens mit gleicher freuntlicher und nachperlicher betrachtung kunftiglich ingedechtig sein und beleihen moge. — Und damit aber solhe einigung, vertrag und entsliessung die berurten 5 jar lang ... also stat, vest und unzubrochen beleib und gehalten werde, so haben wir zu urkunde ... Erich, herzoge zu Braunsweig und Luneburg an aim und wir ... Anna geb. herzogin zu Meckelnburg und lantgrefin zu Hessen wittbe und wir die hernachbeschriben vom adel, ritterschaften und steten gemeiner lantschaften oftgemelts furstentumbs zu Hessen mit namen Dieterich von Cleen, landcomenteur zu Marthpurg, Connrad von Wallennstein, hofmeister, Herman Reitesel, erbmarschalh, Eytel von Lewenstain und Phillipps Meisennpuch marschalh, alle verordente rete, und die burgermeister, rete haider stete Cassel und Marthpurg anstat und von wegen obgedachts unsers lieben sones, fursten und g. herrn am andern tail ... unser sigel an disen brief ... tun hangen. ... Bescheen und geben zu Cassel auf montag nach dem sonntag Jubilate ao. 1514.«

A. Mbg., Samtarchiv, Schublade 53 Nr. 35, Or. — Abdruck: Beurkundete Nachricht von dem Teutsch-Ordens-Haus und Commende Schiffenberg Nr. 49, Giessen 1752.

---

[1]) Angespielt wird auf den Vertrag von 1506. Vgl. die vorige Anmerkung.

# X.

## Differenzen zwischen der Landgräfin-Witwe und den früheren Regenten. Bündnisverhandlungen mit Herzog Georg. Beratungen des landständischen Ausschusses. Appell der Ernestiner an den Kaiser. Die Berkaer Zusammenkunft. Appell der alten Landgräfin an den Kaiser.[1]

### 1514 Mai 27 — November 16 (Nr. 133—168).

Infolge eines Beschlusses des Homberger Landtages forderte Anna die früheren Regenten auf, vor dem landständischen Ausschuss in Marburg über ihre Verwaltung des Fürstentums während der Jahre 1509—14 Rechenschaft abzulegen (Nr. 133). Diesem Befehle kamen Boyneburg und seine Genossen nicht nach; sie schützten vor, dass sie nicht den Ständen, sondern vor allem den Wettinern als Vormündern die Rechnung schuldig seien (Nr. 136 —143, 146, 149). Die Ernestiner stellten sich auf ihre Seite (Nr. 150). Landgräfin Anna und die hessischen Stände erkannten jedoch den sächsischen Anspruch nicht an (Nr. 151); sie erinnerten an das von Boyneburg im Jahre 1509 gegebene Versprechen, alljährlich vor den Ständen Rechnung zu legen, und an die Kündigung der sächsischen Vormundschaft nach dem Kasseler Landtage; einen Rechentag, den die Ernestiner in Mühlhausen abhalten wollten, beschickten sie nicht. Als die Regenten sich weigerten, einen zweiten Rechentag zu besuchen, kündigte ihnen die Landgräfin die Einung von 1509 auf und belegte ihre Güter mit Beschlag (Nr. 152). Herzog Georg begünstigte im ausgesprochenen Gegensatz zu seinen Vettern nach wie vor die junge Landgräfin und zeigte sich nicht geneigt,

---

[1] Vgl. Anna von Hessen S. 146 ff.

die Bemühungen zu unterstützen, die diese anstrengten, um Anna
und die hessischen Stände zur Anerkennung ihrer Vormundschaft
zu zwingen (Nr. 153). Auf den Vorschlag der Landgräfin und
der hessischen Stände war er bereit, ein förmliches Bündnis mit
Hessen zu Schutz und Trutz abzuschliessen (Nr. 134, 135). Da
Anna jede gütliche Vereinbarung in Sachen der Anerkennung der
sächsischen Vormundschaft und der Rechnung der früheren Regenten schroff von der Hand wies (Nr. 157, 158), wandten sich
die Ernestiner und ihr Vetter Herzog Heinrich beschwerdeführend
an Kaiser Maximilian (Nr. 154). Aber Maximilian war wenig geneigt, die Ernestiner in der Geltendmachung ihrer Ansprüche in
Hessen thatkräftig zu unterstützen (Nr. 159).[1]) Wohl beschied er
die junge Landgräfin und die hessischen Stände durch ein Mandat
an den kaiserlichen Hof (Nr. 160), zeigte aber keine Lust, Anna
die Anerkennung der sächsischen Vormundschaft rechtlich an-
zubefehlen, als die Fürstin persönlich in Innsbruck mit etlichen
Mitgliedern der hessischen Landschaft eingetroffen war (Nr. 168).
Ein Versuch der Ernestiner, durch Vermittlung der sächsischen
Stände auf einer Zusammenkunft mit den Hessen in Berka die
Differenzen auszugleichen, scheiterte ebenfalls an der hartnäckigen
Unversöhnlichkeit der jungen Landgräfin: die Fürstin wollte die
sächsische Vormundschaft auf keinen Fall wieder anerkennen
(Nr. 156, 161—164, 166). Je entschiedener Anna den Ernestinern
gegenüber auftrat und je ängstlicher sie von ihnen einen Überfall
besorgte (Nr. 155), um so enger schloss sie sich in dieser Zeit
der Gefahr an die hessischen Stände. Den Ausschuss derselben
scheint sie häufig berufen und zur Beratung wichtiger und auch
minder wichtiger Angelegenheiten herangezogen zu haben (Nr. 144,
145, 147, 148). Auch gegen ihre Schwägerin Anna, die Gemahlin
Wilhelms des Älteren, hatte sie sich zu wehren: die alte Fürstin
hatte Ende Oktober dem Kaiser eine umfangreiche Beschwerdeschrift übergeben, in der sie über die Verletzung des kölnischen
Spruchs von seiten der Landgräfin-Witwe und der hessischen Stände
Klage führte (Nr. 165, 167).

---

[1]) Über die vermutlichen Gründe von Maximilians passiver Haltung s. Anna
von Hessen S. 61.

---

**133. Landgräfin Anna und die Verordneten Räte des Fürsten-
tums Hessen an die früheren Regenten Ludwig von Boyneburg,
Hermann Schenk zu Schweinsberg, Kaspar von Berlepsch, Georg
von Hatzfeld, Heinrich von Bodenhausen und Jost von Baumbach. Marburg 1514 Mai 27.[1]**

Ersuchen die früheren Regenten, von ihrer Verwaltung Rechenschaft
abzulegen. Zusicherung freien Geleits.

»Wir Anna und die verordenten rete fugen uch nachbenanten
Ludwige von Boyneburg, Herman Schencken zu Sweinsperg ritter,
Casparn von Berleubsche ritter, Jorgen von Hatzfelt hern zu
Wildenberg, Heinriche von Bodenhausen und Joste von Baumbach
semptlich und sonderlich zu wissen: Nachdem hievor und nach absterben weilent ... ldg. Wilhelms ... gemeine lantschaft des furstentumbs zu Hessen ein regiment furgenomen und verordent hait,
dazu dan ir gewelet worden, dasselbig regiment ouch angenomen
habt und daruf etlicher jar her der fursten und furstentumbs zu
Hessen sachen und hendel anstat irer l. und g. mit regirung, land
und leute, innemen und usgeben und aller andern verwaltung
administrirt, gehandelt und verwaltet habt und ir aber numals von
solchen euern ampten, bevelh und regiment abgestanden seit, deshalb sich geburt, von euer verwaltung, administration und handlung
rechnung und, wes ir nach erfindung schuldig werdet und seit,
bezalung zu tun, mit uberlieferung alles desjenen, so in zeiten euers
regiments zu euern handen komen und den fursten von Hessen
zustendig ist, so haben wir furgenomen, solche euer rechnung uf
mitwochen nach S. Jacobstag [Juli 26] schirst hie zu Marpurg mitsambt dem usschus von gemeiner lantschaft dazu verordent zu
boren und zu entphaen. Und ist daruf an uch unser gesinnen, ir
wullet uf dinstag S. Jacobstag [Juli 25] schirst gegen ahint hie zu
Marpurg inkomen, geschickt, des folgenden mitwochs dermassen
rechnung, bezalung und lieferung zu tun und das nit verhalten;
des wullen wir uns dem rechten und der pilcheit nach zu uch
semptlich und sonderlich verlaissen. Und ob ir vermeintet, uch
gleits hiezu von noiten sein, so wullen wir uch semptlich und
sonderlich ein frei, strack, sicher gleide zu uf und widerumb von
solcher rechnung bis in euer ides gewarsam hiemit zugeschrieben
haben von unser swager, soen und g. herrn die fursten von Hessen,
uns und alle diejenen, der wir anstat irer l. und g. ungeverlich
mechtig sein sonder geverde. Geben unter unsern Annen lantgrefin, Dietrichs von Cleen lantcomturs und Conrats von Waldenstein hofmeisters furgedruckten pitzschern und sigel, der wir andern
uns hiezu mitgebruchen. Zu Marpurg, uf sonnabent nach vocem
jocunditatis ao. XIV.«[2]

A. Mbg., O. St. S. 7862, Cpt.

---

[1] Randbemerkung: »Wie dem gewesen regiment geschrieben ist, rechenung
ze tuen.«
[2] Randbemerkung: »Diser briefe sollen 6 gemacht werden.«

**134. Instruktion Herzog Georgs von Sachsen an seinen Rat Christoph von Taubenheim. [1514 Anfang Juni.][1])**

Taubenheim soll die Landgräfin-Witwe und die hessischen Stände des Beistandes Hz. Georgs versichern. Auch zu einem förmlichen Bündnisvertrag ist Hz. Georg erbötig. Er bittet um Uebersendung des Vertragsentwurfs. In den Irrungen, die sich zwischen der Landgräfin und den hessischen Ständen auf der einen Seite und den Ernestinern und den früheren Regenten auf der andern Seite erhoben haben, bietet er seine Vermittlung an.

»Kegen der landgrefin fruntliche und kegen der lantschaft gnedige erbietunge zu tun; und darnach anzuzeigen: Nachdem ire l. und die lantschaft durch Sittichen von Berlebschenn haben anzeigen lassen, was unschicklicher handelunge zu Cassel gebraucht und unser rete sich irem befelh nach rechtschaffen gehalten, des fruntliche und undertenige danksagung getan und sich weiter erboten, das sie mit uns uber die erbeinunge ein verstentnus ufrichten und machen wolten, wo wir irer l. und der lantschaft, indem diese ires sons und landesfursten ere, nutz und gedeien und nicht anders suchten, fruntlichen und gnedigen beistant und schutz erzaigen wolten, darkegen wolt mein g. fraue und die lantschaft uns widerumb in allen unsern sachen, da wir recht uf sie erleiden

---

1) Dat. fehlt. Zur Feststellung desselben s. u. S. 356 Anm. 1. Überschrift: »Instruction, was der geschickte unsers g. herrn hz. Georgen von Sachsen uf der landgrefin und der lantschaft ansuchen antwort geben solt.« — Das Ansuchen der Landgräfin und der hessischen Stände war am 25. März 1514 in Felsberg verfasst und dem Amtmann zu Salza Sittich von Berlepsch übergeben worden, der es mit einem Beglaubigungsschreiben (Or., A. Dr., Loc. 7282, Bündnis zwischen Hz. Georg u. der Landschaft zu Hessen 1514—1516) Hz. Georg überreichen sollte. Sittichs Instruktion lautete: »Erstlich seiner f. g. zu sagen meiner g. fraun von Hessen freuntlichs und der lantschaft undertenigs erbieten; und ferner anzuzeigen, das mein g. frau und di lantschaft den tak, so curfursten und fursten zu Sachsen gein Cassel in der irrunge zwischen meiner g. frau von Hessen und der lantschaft an einem und dem regiment andersteils swebende angesatzt, ersucht; dahe seiner f. g. vetter und bruder hz. Hans und hz. Heinrich personlich und seiner f. g. gesanten ret erschinen, ides teils clage und antwort gehort, und obwol swer und groswichtige ursache befunden, so sei doch unschicklicher handelunge gepraucht. Aber seiner f. g. rete haben sich irm gehabten befehel nach [vgl. o. Nr. 110 S. 233 Hz. Georgs Instruktion an seine Räte] rechtschaffen gehalten, welchs sich meiner g. frau fruntlich und di lantschaft underteniglich gegen sein f. g. ... bedanken mit erbietunge, das hochgedacht furstin mein g. frau solchs gein sein f. g. hinwider freuntlich vorgleichen und gemeine lantschaft undertenigklich verdinen wullen, mit dem erpieten, wu sein f. g. mit meiner g. frau und der lantschaft uber di erpeinunge sunderlich verstentnus aufrichten und apnemen wulten, solchs wer ire g. und di lantschaft zu tun freuntlicher und underteniger neigung. Dergestalt wo sein f. g. meiner g. frau und der lantschaft, in dem das si irer f. g. sons und der lantschaft landsfursten ere, nutz und gedeien, auch nit anders suchen, und sein f. g. disem teil freuntlich und gnedigen beistant und schutz erzeigen und tun wult, alsdan wulten mein g. frau und di lantschaft sein f. g. auch hinwiderumb in allen seiner f. g. sachen, da sein f. g. recht uf si liden kont, mit alle irem vermogen leibs und guts hilf und beistant geleisten, auch leib und gut getreulich zusetzen und bi seine f. g. bleiben. Es salt auch sein f. g. vor andern zur vormundeschaft gezogen werden, und wu diser vorslak sein f. g. zu beslissen geliebt, alsdan wuln mein g. frau und di lantschaft statlich zu seinen f. g. diselb handelung gruntlich und entlich zu beslissen schicken. Dat. Velspergk, auf unser frauen tak annunciacionis ao. 1514.« (A. Dr., Loc. 8675, Ldg. Phil. Vorm. betr. 1509—24, Or. von Sittich von Berlepschens Hand mit eigenhändiger Unterschrift der Landgräfin-Witwe.)

konnen, mit alle irem vermogen leibs und guts beistant leisten,
treulichen zusetzen und bei uns bleiben, welichs ansuchen wir von
irer l. nicht anders dan fruntlich und von der lantschaft gunstiglich vermarkt und von unsern geschickten, das sie sich unsers befelhs und inen zu gefallen gehalten, gerne gehort. Und uf solich
ir ansuchen geben wir inen zu vorstehen, das wir ire l. ir kint
auch die lantschaft aus naturlicher liebe, vorwantnus, auch vor-
pflichtunge, damit wir inen zugetan und vorschrieben seint, auch
aus dem besundern vertrauen und befelh, den ldg. Wilhelm der
Mitler, ... zu uns gehabt und gegeben hat, das wir irer l. kinder,
auch die lantschaft mit beistant und schutz unsers hochsten vor-
megens allewege zu beschutzen und zu hanthaben gemeint und
hinfort tuen und in keinen wek verlassen wollen. So nu ire l. und
die lantschaft daruber vor bequeme und gut achten, in einen weitern
verstant [sich] zu begeben, so wissen wirs auch nicht abezuschlahen
und wollen handels derwegen erleiden. Darumb ist unser bitt und
beger, das sie eine nottel, wie solicher handel solt vorzogen werden,
wollen stellen lassen und uns dieselbte uberschicken, die wir ein
kurze zeit unter unsern henden haben wollen und uns derwegen
fruntlich und gnediglich beweisen. Nachdem wir von irer l. und
der lantschaft auch sunsten bericht empfangen, das etzlicher masse
zwuschen unsern vettern und bruder an einem, auch irer l. und
der lantschaft am andern teil durch die handelunge zu Cassel irrung
vorgefallen, die uns bedeucht, nach gelegenheit aller sachen gut-
zustellen sei, uf das das landgraftum zu Hessen und das haus zu
Sachsen, das zusammen gehort, nicht gesundert, sunder bei einander
blieben, wie dan solichs lange zeit loblichen herkommen. Und so
solchs beschege, so wurden ire l., ire kint, auch die lantschaft destar
statlicher beschutzt und gehanthabt. So nun solchs iren l. und
der lantschaft gefallen wollt, so wolten wir uns in diesen handel
gutlicher weis ufs ferderlichste, als das beschehen mocht, schlahen
oder schlaben lassen, nachdem der vorzuk unsers bedenkens nicht
gut, und vorsuchen, soliche gebrechen zu stillen und in ein gut
loblich wesen setzen, das wir auch also fruntlichen und gnediglichen wellen gebeten und begert haben. Desgleichen haben sein
f. g. auch vorstanden, das ir f. g. sambt der landschaft und die
alten regenten auch in einem unwillen kegen einander stehe[n]
solten; wu nu iren f. g. und der landschaft gefellich und leiderlich,
so wulten sich sein f. g. zwuschen iren f. g. sampt der landschaft
und denselbigen alden regenten auch handels underfahen und vleis
vorwenden, dieselbigen gebrechen gutlicher weise beizulegen.«

A. Dr., Loc. 8675, Ldg. Phil. Vorm. betr. (1509—24), Kop.

### 135. Christoph von Taubenheim an Herzog Georg von Sachsen. [1514 Juni 9.][1]

Landgräfin Anna und ihre Räte sind mit dem Vorschlage Hz. Georgs
bezüglich der Aufrichtung des Bündnisentwurfs einverstanden. Ver-

[1] Dat. fehlt; über dem Bericht steht ein Vermerk, aus dem hervorgeht,
dass Taubenheim am Freitag in der Pfingstwoche d. h. am 9. Juni mit der Landgräfin-Witwe und den Verordneten Räten die folgende Unterredung gehabt hat.

pflichtung zu gegenseitigem Schutz. Ablehnung der Vermittlung Hz. Georgs in den Irrungen Hessens mit den Ernestinern und den früheren Regenten. Begütigende Erklärung Taubenheims. Gutachten desselben über die Behandlung der hessischen Angelegenheit.

Taubenheim berichtet Hz. Georg, dass die Landgräfin und die Verordneten Räte seine Vorschläge[1] dankbar aufgenommen haben. »Ir f. g. sampt der landschaft wille und meinunge rugete entlich dorauf, das ir f. g. sampt der landschaft wollen sein f. g. in seiner f. g. erblichen landen mit aller irer macht und vormogen liebes und gutes wider allermenniglich, alleine Bebestliche Heilikeit und Kei. Mt. ausgezogen, hulflich und beistandik sein, und bei seinen f. g. in allen sachen festiglichen bleiben, wu solches seinen f. g. gefellich und annemelich ist und desgleichen wider bei iren f. g. und der landschaft zu tune geneiget und also bei in auch bleiben wolle. Also dan mogen sein f. g. und sei itzlicher teil einen vororden, die solches auf das beste und nottorftigeste in ein schrieft stellen, solches dan itzlicher mak zurucke tragen, ab ichtis dorinne ubergangen, das von noten dorin zu setzen were, das dan solches dorin gebrocht und nach dem besten volzogen wurde. Wu aber seinen f. g. solches nicht also annemelich und gefellich sein weil, mussen sie es geschen lassen und ire f. g. und die lantschaft nottorft forder suchen und sich an einen anderen orte lenen, do ir f. g. und die landschaft hulfe und beistant haben. ... Uf den andern artikel, meins g. herrn vettern und brudern belangende hat ir f. g. und die vorordenten rete zu antwort geben, das ir f. g., auch die landschaft ... meins g. herrn vettern und bruder zu keiner widerwertigkeit kein ursache geben; wie ader von in kegen iren f. g. und der landschaft gehandelt, lassen ir f. g. und die landschaft in seinen wirden und achten es dorvor, das ane not sei, das sich mein g. herr hz. George derhalben mit einicher handelunge belade, wu es aber sein f. g. ie vor nottorf[tig] ansehen, wollen sich ir f. g. und die landschaft forder mit unvorweislicher antwort vornemen lassen.« Auch eine Vermittlung zwischen den früheren Regenten und der Landschaft lehnen sie dankend ab; sie erwarten zuversichtlich, dass die Regenten am angesetzten Tage[2] Rechnung legen werden »und zu ir getaner handelunk gnugliche antwort und underricht geben, auch was sie in berurter rechnunge schuldik bleiben, bezalen und entrichten. Wu das also bescheet, haben ir g. und die landschaft itzund mit in forder nichst zu schaffen.« Taubenheim hat darauf der Landgräfin die Versicherung gegeben, dass sein Herr, »auch aus dem bsondern vortrauen, so mein g. herr ldg. Wilhelm sel. der Mitteler zu seinen f. g. gehabt«, geneigt sei, mit seinem höchsten Vermögen der Landgräfin und der Landschaft von Hessen beizustehen. Wenn Hz. Georg seine Vermittlung anbieten lasse, so sei das nur »aus treuer und guter wolmeinunge

---

[1] Vgl. o. Nr. 134 S. 355 f.
[2] D. h. am 26. Juli, vgl. o. Nr. 133 S. 354.

beschen, auf das die landgrefin zu Hessen sambt dem furstentumb
doselbst und das haus zu Sachsen, so zusammen gehort, und durch
die vorstorben fursten sel. gedechtenis mit grosser muhe und vleis
zusamenbracht, nicht gesundert; und so solche heuser Sachsen
und Hessen mit iren undertanen in guter eintracht stehen, so
moge ... meine g. fraue, ir g. kint und gemeine landschaft deste
statlicher geschutzet und gehandhabet werden, desgleichen wu die
abgesatzten regenten mit irem anhange auch mit iren f. g. und
gemeiner landschaft, wie sich gebort, ire gebrechen gestilt und in
einikeit stunden, solt den fursten zu Hessen und gemeiner landschaft auch nicht obtreglich, sundern bequeme sein.« Doch die
Landgräfin und die Verordneten Räte haben trotzdem die Vermittlung Hz. Georgs abgelehnt. Im übrigen findet Taubenheim,
dass »itzund noch zur zeit der handel mit meins g. herrn vettern
und bruder sampt den alden regenten ganz bitter ist.[1]) Und so
dan bmelte landschaft in deme durch Kei. Mt. ader mit gewalt
schwerlich von irem vornemen zu wenden ist, sundern wie meher
sie in irem bginen angefochten, in weiter widerwertigkeit werden
gefurt, doraus schade und spot, wie biesher mit den von Erffurt[2])
und deme lande zu Gulich[3]) beschen, forder erwachsen mochte.
Hirumb so bdunkt mich, als ich den handel bfunden, das meine
g. herren von Sachsen bmelter landschaft eine weile zugesehen und
lissen die regenten ire rechnunge tun, und was sie mit aller meiner
g. herren von Sachsen wissen und willen getan und gehandelt, do
werden sich meins herrn vorsehens die landschaft unvorweislichen inne-
halden. Es wil auch die landschaft mein g. herrn als ein vormunden zu solcher rechnunge erfordern. Und ab sich seiner f. g.
vettern und bruder durch ire handelunge also gehalden, das bmelte
landschaft ir g. nicht dorbei leiden wollen, das dorumb mein g.
herr von seiner gerechtigkeit treten solt und bmelte lantschaft
auch begeben und von sich dringen, ist zu bedenken. Und ab
solches auch seiner f. g. vettern und bruder nutz brengen wurde,
das meinem g. herrn solch lant auch entkeigen file und allen fursten
von Sachsen widerwertik wern, wurden ire f. g. bfinden. Und
bin in guter zuvorsicht, wu der handel nicht weiter vorbittert wert,
mein g. herr kan durch schickeliche handelunge bmelte seine vettern

---

[1]) Wie kriegerisch damals die Stimmung in Hessen war, ersieht man aus
einem Aufgebot, das die Landgräfin-Witwe und die Verordneten Räte an ein
Mitglied der Ritterschaft (der Name ist nicht genannt) ausgehen liessen. Sie
bitten »mit ernst fruntlich, du wollest dich von stunt an in rustung stellen, geschickt, ob und welicher zeit wir dich weiter erfordern werden, uns ufs aller-
furderlichste zu tag und nacht zuzuziehen und zwene monate lank im felde
zu beharren. ... Dat. freitags nach pfingsten ao. XIV.« (A. Dr., Loc. 8676,
Hessische Sachen, Kop.)

[2]) Taubenheim spielt hier auf das Sachsen ungünstige Verhalten des
Kaisers in dem Streite an, der über die Schutzhoheit über die Stadt Erfurt
zwischen dem Erzbischof von Mainz und den Wettinern ausgebrochen war.
Vgl. Böttiger-Flathe, Gesch. von Sachsen I, 435 f.

[3]) Über den Verlust der Anwartschaft der Wettiner auf Jülich-Berg
s. Anna v. Hessen S. 61 und Böttiger-Flathe, Gesch. von Sachsen I, 434.

und bruder mit der zeit wol wider neben sich in berurte vormundeschaft zeihen, und ir f. g. mogen durch seine f. g. meher
dan durch den Keiser ader in gewalt erlangen.«[1])

A. Dr., Loc. 7282, Bündnis zw. Hz. Georg und der Landschaft zu Hessen 1514—16, Or

### 136. Die früheren Regenten Hermann Schenk zu Schweins-
berg, Kaspar von Berlepsch und Georg von Hatzfeld an Landgräfin Anna und die Verordneten Räte. 1514 Juni 11.

Ihr Rechenschaftsbericht ist noch nicht abgeschlossen. Bitte um
Geleitsbriefe.

»In kurzverschienen tagen seint uns iglichem in sonderheit,
darin e. g. und gonst zur rechnong angzogen haben, schreift zukomen.[2]) Nun seint wir zu Cassel kurz von einander gscheiden
und derzeit die rechnong noch nit gsloessen gwest, der wir dan
auch nit gruntlich weissens haben, also das uns von noeten sein
weil, uns bi andere, den darumb bewuest ist, zu fuegen, unser
notturft nach zu handeln; dweil uns aber allerlei warnong beschicht,
so wuellen e. g. und gonst uns und andern darzu notturftig sein,
ein frei, strack, sicher, beschrieben geleit von wegen unser g. hern
der fursten zu Hessen und vor alle diejenen, der e. g. und gonst
anstait unser g. hern mechtig sein, zu schicken, fri und sicher in
und userhalb dem furstentumb zu Hessen zu wandern. . . . Dat.
sontags Trinitatis ao. XIV.«[3])

A. Mbg., O. St. S. 7862, Or.

### 137. Die Wettiner an den Hofmeister Konrad von Walden-
stein. 1514 Juni 17.

Einladung zum Rechentage in Mühlhausen.

»Nachdem unser liebe andechtigen und getreuen Ditterich
von Clee lantcomtur zu Martburg, Ludwig von Boyneburg, Herman

---

[1]) Die Verhandlungen über die Fassung des Bündnisvertrages zogen sich
noch bis in den September des folgenden Jahres hin. S. die Akten darüber
A. Dr., Loc. 7282 a. a. O. Die Bündnisurkunde vom 29. August 1515 geben
wir unten wieder.

[2]) Vgl. o. Nr. 133 S. 354.

[3]) Noch an demselben Tage am Sonntage Trinitatis antworteten Anna
und die Räte den früheren Regenten (A. Mbg., a. a. O., Cpt. von Feiges Hand):
Sie hätten ihr Schreiben empfangen und »hetten uns wol versehen, nachdem
euch mitsambt euern gewesen mitregenten von uns hieformals ein gleit (ob ir
vermeintet euch des zu solcher rechenung von noten sein) bereide zugeschrieben
ist, zu uf und widerumb von derselbigen rechenung bis in euer ides gewarsam, wie das unser schrift ferner vermeldet [vgl. o. S. 354], das uns dan noch
zur zeit gnugsam sein bedunkt, . . . dweil wir aber solchs aus euer itzigen uns
getanen schrift nit vorsteen, so ir uns dan ferner schriftlich zu erkennen gebet,
an welche orte, zu wem und wie lange zeit ir des angeregten gleits begert,
also das wir des von euch eigentlich berichtet werden, demnach wullen wir
uns gegen euch mit ferner geburlicher antwurt widerumb vernemen lassen.«

Schenck, Caspar von Berlepsch bede ritter, George von Hotzfelt, Heinrich von Bodenhausen, Eitel von Lehenstein und Jobst von Baumbach als lanthofmeister und regenten von gemeiner lantschaft des furstentums Hessen erkorn, von uns . . . als der hochgebornen fursten h. Wilhelms und h. Philipsen lantgraven zu Hessen . . . curatorn und vormunden darzu bestetigt, mit eiden und pflichten zu solchen ampten verstrickt und numals [!] davon komen, als dir und euch unsers versehens unverborgen, wan sie aber irs einnemens und ausgebens uns und userm g. herrn noch nicht volkomliche rechnung getan haben, wir sie beschaiden, auf dinstag nach S. Margrethen-tag [Juli 18] schirst zu abend zu Mulhausen einzukomen, in dein und ander aus der lantschaft des furstentumbs Hessen, die wir auch darzu beschrieben, gegenwertickeit uns rechnung und, was bei in nach getaner rechnung hinderstellig befunden, bezalung und anders zu tun erfordert und bescheiden, demnach wir in . . . unser . . . vormuntschaft . . . von dir und euch begern, das du und ir auf ernanten dinstag zu Mulhausen einkomest, bis zu endung solcher rechnung [zu] beharren, die neben uns und andern zu sehen und horen. . . . Dat. sonnabent nach corporis Cristi ao. XIV.«[1]

A. Mbg., O. St. S. 7862, Or.

**138. Die früheren Regenten Hermann Schenk zu Schweins-berg, Kaspar von Berlepsch, Georg von Hatzfeld an Landgräfin Anna und die Verordneten Räte. 1514 Juni 27.**

Bitten nochmals um Geleitsbriefe.

»Wie e. g. und gonst uns itzunt abermals in einem uffen breif geschreiben[2]) und uf unser angsein [! angesinnen?] des geleits halber

---

[1]) In seiner Antwort (A. Mbg., a. a. O., Cpt.) vom Freitage nach Visi-tationis Mariä [Juli 7] an die Wettiner lehnt der Hofmeister und Landvogt an der Werra Konrad von Waldenstein die Einladung znm Rechentage in Mühl-hausen ab, mit der Begründung, dass er weder von den hessischen Ständen noch von dem Ausschuss den Auftrag erhalten habe, den Mühlhäuser Tag zu besuchen. Er teilt ferner mit, »das aufm nehstgehalten lanttage zu Hoemburg in Hessen durch gemeine lantschaft beratschlagt und eintrechtiglich beschlossen, das den gewesen lanthofmeister und regenten ein rechentak gein Marpurg an-gesatzt sull werden, als das dan auch gescheen ist, nemlich uf S. Jacobs des apostels tag [Juli 25] gein ahent doselbst zu Marpurg inzekomen« (vgl. o. Nr. 133 S. 354). — Auch der Stadt Kassel hatten die Wettiner ein Einladungs-schreiben zu dem Mühlhäuser Rechentage geschickt; infolge dessen wandten sich der Bürgermeister und Rat von Kassel an Anna und die Verordneten Räte und baten um Verhaltungsmassregeln (A. Mbg., a. a. O., Or.; Dat. Kassel am Sonntage nach dem S. Peter- und Paulstage [Juli 2]). Die Landgräfin verbot ihnen, den Tag zu beschicken, weil für die früheren Regenten ein Rechentag in Marburg auf S. Jakobstag infolge des Homberger Landtagsbeschlusses an-beraumt worden sei; es würde »auch nit nutz und gut sein, den gewesen lant-hofmeister und regenten in unsers schwagers, soens und g. herrn sachen ausser dem furstentumb Hessen gein Mulhausen ader anderswohin ires gefallens zu verfolgen.« (A. Mbg., a. a. O., Cpt.; Dat. Marburg, Dienstag nach Visitationis Mariä [Juli 4]).
[2]) S. o. S. 359 Anm. 3.

antwurt geben, unter anderm das sich e. g. und gonst vorsehen, wir soelten des gegeben geleits [zufrieden sein], so e. g. und gonst uns in dem schreiben und furheischen der rechnung halben zugschreiben[1]), das sich dan nit weiters strecket dan gein Marpurgk und wider in iglichs gwarsam; wir betten uns auch woel vorsehen, das wir vor unsere person nie das geigen unsere g. herrn, irer g. lande und luete ghandelt, das uns immer von noeten gwest sein soelt, von iren g. oder den iren in irer g. landen oder gbeiden geleit zu fuedern. Aber nachdem sich die leufte deiser zeit dermaissen halten, bitten wir des unsers notturftigen angseins keine ungnade oder misfallens zu haben. Dan e. g. und gonst haben genediglich und gonstlich zu bedenken, nachdem wir alle dri zu unsern handen mit innemen und usgeben winig und gar nichts entpfangen oder usgeben, das sich zu solicher rechnong oder liberong tragen moege, das wir uns auch derhalber bemessen, diejenen, die im regiment gwest, und andern, so ingnomen und usgeben und aller gelegenheit besser weissen haben dan wir, nit woel in den handel schicken moegen, darumb unser notturft erfuedert zu derselbigen und wiessen uns zu dieser zeit suest 'zu niemant anders zu fuegen, wiessen auch nach zur zeit eigentlicher mael nit anzuzeigen dan Geysa, Fulda, Gelnhuesen, Fridtberg oder Frangkfurtt in der flecken einem; darumb nochmaels underteniglich und fruntlich bitten und begern die andern, als mit namen Luedwig von Boyneburgk, Henrich von Bodenhuesen, Jost von Bombach, uns und andern, der man zu der handelong notturftig ist, mit einem schreiftlichen, stracken, frien und ungeverlichen geleide gnediglich und fruntlich vorsehen, vor alle diejenen, der e. g. und fruntschaft anstait unser g. hern von wegen irer g. mechtig seint zwueschen S. Peterstag ad vincula [August 1]. E. g. und fruntschaft wuellen uns dis unser gliechmässig angsein gnediger und gonstiger meinong nit abschlagen.[2]) ... Dat. dinstags nach nativitatis Johannis Baptiste ao. XIV.«

A. Mbg., O. St. S. 7862, Or.

139. Die früheren Regenten von Hessen Ludwig von Boyneburg, Hermann Schenk zu Schweinsberg, Kaspar von Berlepsch, Georg von Hatzfeld, Heinrich von Bodenhausen und Jost von Baumbach an Landgräfin Anna und die Verordneten Räte des Fürstentums Hessen. 1514 Juli 1.

Schreiben den Marburger Rechentag ab.

Sie haben von der Landgräfin und den Verordneten Räten ein Schreiben empfangen, durch das sie zur Rechnunglegung auf

---

[1]) S. o. Nr. 133 S. 354.
[2]) Anna und die Verordneten Räte stellen am Mittwoch nach Johannes [Juni 28] in Marburg den früheren Regenten »mitsambt allen denjenen, deren sie zu der ... rechnung notdurftig sein« den Geleitsbrief auf Gelnhausen aus. (Cpt. von Feiges Hand, A. Mbg., a. a. O.)

Mittwoch nach S. Jakobstag [Juli 26] nach Marburg beschieden
werden.[1]) »Daruf wir e. f. g. und gunsten zu erkennen geben, das
uns wissen, das wir von gemeiner lantschaft des furstentumbs
Hessen zu regenten erkorn, aber uns sein die durchluchtigsten und
durchluchten hochgebornen fursten und herrn h. Frydderiche . . .
curfurst, h. Johanns, h. George und h. Heynrich alle herzogen zu
Sachssen gebruder und vettern unser gst. und g. herrn von derselben gemein lantschaft des hochgebornen fursten h. Philipsen
lantgrafen zu Hessen unsers g. jongen hern zu vormunden erwelet,
durch die geschickten gemeiner lantschaft ersucht und in under-
tenickeit gebeten, soliche vormontschaft anzenemen, welchs unsers
ermessens ir cf. und f. g. unsern g. hern von Hessen zu freuntschaft und gemeiner lantschaft zu gnaden getan, sich in die vormontschaft begeben und demnach uns als regenten bestetigt und
zu solicher regirunge eide und pflicht von uns und etlichen aus
euch als unsern mitregenten[2]) genomen. Wie wir aber vom regement komen, achten wir dismals an noit anzuzeigen, haben uns
zu Cassel in uffentlicher verbore zum dickermal erboten, geburlich
rechnunge und, ob etwas bei uns hinderstellik befunden, gnugliche
bezalunge ze ton, als wir noch erbutik sein. Wan wir aber von
. . . unsern gst. und g. herren von Sachssen als den curatorn und
vormonden bei den pflichten, so wir iren cf. und f. g. zu der vormontschaft und curation beider unser g. hern von Hessen getan,
auf. dinstag nach S. Margrettentak [Juli 18] schirst lauts hirin verwarten schrift[3]) gegen Mulhausen erfordert, iren cf. und f. g. in
biesein Herman Rieteselss als von e. f. g. wegen und anderer aus
der lantschaft soliche rechnonge, bezalunge und anders ze ton,
halten wir es dafur, e. g., gunsten und menigliche haben bei sich
zu ermessen, das wir iren cf. und f. g. soliche rechnonge zu ton
schuldik, als wir auch erbotik, mochten unserer person halben wol
leiden, als fern es iren cf. und f. g. nit entgegen ader unsern g.
hern von Hessen nit nachteilik, das e. f. g., gunsten und alle einwoner des furstentumbs Hessen dabei weren, e. f. g. und gunst mit
hoem flis und freuntlich bitten, das e. f. g. und gunst uns entschuldigt haben, das wir auf e. f. g. und gunst erfordern nicht erschinen. . . . Dat. Sonnabents nach Petri et Pauli apostulorum
ao. 1514.«

A. Mbg., O. St. S. 7862, Or.


140. Landgräfin Anna und die Verordneten Räte an die
früheren Regenten.  Marburg 1514 Juli 3.

Ersuchen sie noch einmal, auf dem Marburger Rechentage zu erscheinen.

---

[1]) S. o. Nr. 133 S. 354.
[2]) Gemeint sind Cleen und Löwenstein.
[3]) Eine Abschrift der Einladung zum Mühlhäuser Rechentage, die die
Wettiner an Boyneburg gerichtet hatten, ist dem Schreiben der Regenten beigelegt (Dat. Sonnabend nach Corporis Christi [Juni 17]).

Sie haben das Schreiben der Regenten[1]) erhalten und erinnern dieselben an das Versprechen, das sie bei ihrer Erwählung am Spiess den hessischen Ständen gegeben haben, nämlich »euer regirung, bevelhes und verwaltung halben eins iglichen jars, alslange solche euer regirung wehret, fur etlichen us den prelaten, der ritterschaft und den steten des furstentumbs zu Hessen rechenung« zu thun, »welchs die offentliche und unwidersprechliche warheit und doch von euch dermass nie kein mal gehalten oder gescheen ist; des- und andershalben ... beder lantgrafen zu Hessen notdurft erfordert gehabt, solichs euers regiments halben enderung zu machen, als dan auch gescheen, wie ir wisset. Und weil euch ... geburt, von solcher euer bevelhe, ampte und regirung wegen, davon ir dan abgestanden seit, alles innemens und usgebens von den fruchten, nutzungen und inkomen obgenanten fursten zu Hessen inwendig demselbigen furstentumb als an dem ort, do ir ingenomen und widerumb usgegeben habt, bestendige und geburliche rechnung, auch nachvolgends desjenigen, wes ir davon schuldig pleiben wurdet, bezalung und sunsten aller sachen, die ir in zeit euers regiments ... gehandelt habt, notdurftige underrichtung ze tuen, daruf euch auch durch uns ein tag alber gein Marpurg angesatzt ist, ... so sein wir nit schuldig ..., den tag, der solcher rechenung halben auf dinstag nach S. Margarethentag gein Mulhausen vermeintlicher weise ernent und furgenomen ist, doselbst zu besuchen, sunder wir lassens bei dem angesatzten tage, den wir euch deshalben auf Jacobi, wie das hiefor durch gemeine lantschaft des furstentumbs Hessen und derselbigen bestendigen usschosse beratschlagt und eintrechtiglich beschlossen ... ist, alher gein Marpurg usgesetzt haben.« Bleiben die Regenten aus, »so werden wir geursacht mit rate des ... ausschoss von wegen gemeiner lantschaft irer l. und f. g. notdurft nach dargegen statlich zu gedenken und ze handeln. ... Geben zu Marpurg, am sontage nach visitationis Marie ao. 1514.«

A. Mbg., O. St. S. 7862, Cpt. von Feges Hand.

**141. Die früheren Regenten an Landgräfin Anna und die Verordneten Räte. 1514 Juli 14.**

Ihre Verpflichtung zur Rechenlegung gegenüber den Wettinern als Vormündern Ldg. Philipps. Rechtserbieten.

Sie haben vor allem den Wettinern »als gekorn, angenommen und rechtlich bestetigten vormundern und curatoren« über die Verwaltung des Regentenamts Rechnung und Bericht zu thun und zunächst den von diesen angesetzten Mühlhäuser Tag zu besuchen. Sie bitten daher die Landgräfin und die Räte, sie möchten »zu solcher rechnung stattlich schicken oder aber sich mit iren cf. und f. g. anderer zeit und malstadt vorenigen, woe und vor weme wir

---

[1]) S. o. Nr. 139 S. 361 f.

unser rechnung, der wir gar kein abscheuen tragen, tun sollen. ...
Woe aber e. f. g. und ire des also nicht gesettigt sein wollet, so
mogen und wollen wir geburlich recht darumb leiden, des wir uns
hiemit volkomlich erbieten uf Rom. Kai. Mt. ..., die ... curfursten
und fursten zu Sachssen als die gekorn, angenommen und bestetigten
vormunder und curatoren oder pfaltzgraven bei Rein, curfursten,
den bischoff zu Wurtzpurg und herzogen zu Francken, hz. Ulrichen
zu Wirttenberg und Theck, marggraven Casimir zu Brandenburg ...,
die stende der furstentumb Sachssen, Doringen und Meyssen, in
die erbeinung und vorbruderung der huser Sachssen, Doringen,
Hessen und Meyssen mitgehorig, welch derselben e. f. g. und euch
gefellig, der hohen zuvorsicht, als wir auch mit hochstem vleis
bitten, das wir uber solch gnugsam und uberflussig rechtserbieten
und an furgetan erkentnis rechts nicht weiter beschwert oder an
gebruch unser guter, unter dem furstentum zu Hessen gelegen,
bedrangt oder verhindert oder imants zu tun gestattet werden.
Des alles wollen wir uns der pilligkeit und gestalt der sachen nach
also ganz vertrosten.[1] ... Dat. fritags nach Margarethe ao. XIV.«[2]

A. Mbg., O. St. S. 7862, Or.


## 142. Landgräfin Anna an Herzog Georg von Sachsen. Marburg 1514 Juli 19.

Sie ist darüber befremdet, dass die Einladung zum Mühlhäuser
Rechentage auch im Namen Hz. Georgs an sie und die hessischen Stände
gerichtet worden ist. Sie beschickt den Mühlhäuser Tag nicht, sondern
erwartet mit dem Ausschuss die Rechnunglegung der früheren Regenten
in Marburg.

»Wir und unser zuverordente rete haben uf beratschlagung
und beschlusse gemeiner lantschaft des furstentumbs zu Hessen die
gewesen hofmeister und regenten rechnung zu tun uf einen gnanten
tage beschrieben und ervordert.[3] Indes haben unser oheim, bruder

---

[1] Die früheren Regenten richteten am 14. Juli auch an den ständischen
Ausschuss des Fürstentums Hessen ein Schreiben, mit welchem sie den Mitgliedern desselben eine Abschrift des obigen Schreibens an die Landgräfin-
Witwe übersandten mit der Begründung: »Solchs han wir euch, nachdem uns
hirinnen unpilliche und unnotdurftige draue begegenen, nicht wollen unan-
gezeicht lassen, mit hocher bitt, ob solchs anders an euch gelangt, hirus der
warheit gruntlich bericht zu sien, der guten zuversicht, das demnach euer
meinung nit sien werde, wir hiruber mit ferner verhinderung des unsern oder
anders einichs wegs beweldiget werden, welchs wir auch gewilligt sein, widerumb zu vordinen. Dat. fritags nach Margarethe ao. 1514.« (A. Mbg., a. a.
O., Or.)

[2] Anna und die Verordneten Räte antworteten am 18. Juli den früheren
Regenten, dass sie ihr Schreiben gelesen hätten, es aber dennoch bei ihrem
früheren Erbieten lassen wollten; »wullen uns auch daruf versehen, ir werdet
den rechentag, der euch alher gein Marpurg ist angesetzt, besuchen und euch
ferner halten, wie euch geburt und eigent .... Dat. Marpurg, am dinstage
nach Margarethe ao. XIV.« (A. Mbg., a. a. O., Cpt. von Feiges Hand).

[3] S. o. Nr. 133 S. 354.

und swager von Sachssen und e. l. rete einen andern tag, sechs
tag vor unserm furgnomen tag, fur ire und e. l. gein Mulhausen
denselben gewesen regenten zu einem schirem und zu gut usgesatzt,
und uns sambt den verordenten reten und etlichen von allen stenden
darzu beschrieben und ervordert, das wir und gemeine lantschaft
uns der freuntlichen verwentnus unser und unser lieben kinder
und irer untertenigen neigung nach nicht zu gescheen versehen
gehabt, das solchs in e. l. namen[1]) unser und irer vor unverstendigt
bescheen sein solt, und es dafur geacht und gehalten, das es an
e. l. wiessen gescheen sei, und doch nit wenig befrembdes getragen,
das die rete solchs hinter e. l. furnemen usgehen und handeln
lassen solten. Und haben daruf wir und alle stende, so gefordert
gewest, den tag und rechnung zu Mulhausen abegeschrieben[2]), und
wir mit den reten und usschusse gemeiner lantschaft wollen unsers
angesatzten tags hie zu Marpurg von den gewesen regenten rechnung zu tun erwarten. Wohe sie aber ussen blieben, wurden [wir]
irenthalben alsdan unsers lieben sons notturft und wes gut sein
wirt, ferner beratschlagen und handelen. Das wolten wir e. l. nit
verhalten, die wir hiemit dem allmechtigen gott bevelhen, sie in
gesuntheiten, gnaden, sigk und gutem glucke langwirig zu ge-
friesten. Dat. Marpurg, am mittwuchen nach divisionis apostolorum
ao. 1514.«

A. Dr., Loc. 8675, Ldg. Phil. Vorm. betr. 1509—24, Or. mit eigenhändiger Unterschrift.

**143. Die früheren Regenten an die Landgräfin Anna, die
Verordneten Räte und den ständischen Ausschuss des Fürstentums Hessen. 1514 Juli 22.**

Berichten über den ergebnislosen Verlauf des Mühlhäuser Rechentages. Unter Berufung auf ihre Verpflichtungen gegenüber den Wettinern
entschuldigen sie ihr Fernbleiben vom Marburger Rechentage.

Sie haben auf ihr letztes Schreiben[3]) noch keine Antwort
empfangen. »Geben wir dannoch e. g. und euch zu erkennen, das
wir uf das erfuedern der ... fursten zu Sachssenn und der staet-
haelter ... unsern pflichten nach zu Mulnhausen erschienen, willens
und gemuets, in aller derjenen, die darzu gheischen, gegenwurtig-
keit der geschen fuederung nach rechnong und anders zu tun,

---

[1]) Vgl. o. Nr. 137 S. 359 f. das Einladungsschreiben an Waldenstein,
das im Namen der vier sächsischen Fürsten abgefasst ist, wahrscheinlich aber
ohne ausdrückliche Beistimmung Hz. Georgs. Denn dessen Statthalter gaben
in einem Schreiben, das sie am 7. August 1514 (Leipzig, Montag nach Sixtus,
A. W., Reg. A. 204, Kop.) an die Räte der Ernestiner zu Naumburg richteten,
der Ansicht Ausdruck, dass die früheren Regenten den von der Landgräfin-
Witwe und den hessischen Ständen angesetzten Rechtentag zu besuchen hätten.
[2]) Vgl. o. S. 360 Anm. 1.
[3]) Gemeint ist das Schreiben vom Freitag nach Margarethe (s. o. Nr. 141
S. 363 f.). Annas Antwort (s. o. S. 364 Anm. 2) vom 18. Juli war am 22. Juli
noch nicht in die Hände der früheren Regenten gelangt.

weil aber dieselbigen, als us der lantschaft des furstentumbs Hessen darzu erfuedert gwest, ussenblieben, etliche, als wir bereicht werden, abkundigung soellen gtan haben, etliche auch nicht, ist uns zu abscheit gegeben, das ein ander tag zur rechnong und an andere malstait, e. g. und euch gelegen, soel furgnomen werden, bi e. g. und euch, als wir achten, ansuechen bescheen werd, dadurch von allem teil solicher rechentag ersuecht und das ergehen moecht, was sich in deisem fal eigent und gpurt. Unserthalben haben wir keine schue vor e. g., euch und der ganzen lantschaft oder eins teils derselbigen, wan is nuetz oder guet angesehen wirt, rechnong und richt [!] und alles [zu geben?], das sich in deisem fal uns semptlich oder besonderlich zu tun gpurt; weil wir aber hoichgnanten unsern gst. und g. hern, wie e. g. und euch bewuest, ... mit eiden und pflichten vorstrickt und vorbunden und noch nicht von irn g. des zu tun gweist, sein wir der hoffnung, e. g. und ire, auch ein ider mensch von der erbarkeit werd bi sich selbst bedenken, das uns nit gzimen nach gpuren weil, wider unser gtan pflicht also zu handeln, derhalben hoichs vleis und fruntlich e. g. und euch bitten, uns in dem, das wir uf den tag, als uns von e. g. und euch uf Jacobi schirst zum rechentage gein Marpurgk auch angesetzt, nicht erschienen, genediglich und fruntlich entschuldiget haben und den dingen ein anstant geben, wuellen wir, soveil uns moeglich, vleis furwenden, das ein ander rechentag an ander malstait und, als wir hoeffen, e. g. und euch gelegen sein wirdet, das wir zur rechnong derselbigen erstreckung und vorziehong [!] kommen und glaissen, der allenthalben an allen enden, da is noet sein wirt, quitirt und fri gmacht werden, der troestlichen zuvorsicht, e. g. und ire werden alle umbstende der handelong anzusehen sich hirin genediglich und fruntlich geigen uns erzeigen, winig vorziehen, nicht besweren zu laissen, das duech nit anders dan us obangezeigten ursachen gsuecht wirt, und uns uf unser nebst und itzigs schreiben mit genediger und fruntlicher antwurt vorsehen. ... Woel aber ie dise unser bede und furige erbieten nit stathaben noch angesehen werden, dan, und suesten nicht, erbieten wir uns, als wir in unserm nehsten schreiben gtan. ... Geben am sampstag S. Magdalenentag ao. XIV.«

A. Mbg., O. St. S. 7862, Or.

**144. Artikel, über die der landständische Ausschuss beraten soll. [Marburg 1514 Juli 26.][1])**

1. Versäumung des Rechentages durch die früheren Regenten. 2. Finanzielle Verlegenheit der Regierung. 3. „Schmähbrief" der Re-

---

[1]) Überschrift: »Dem usschusse, so er komt, nachvolgend artikel zu beratschlagen furzuhalten.« — Das Datum fehlt; es ist indes ohne Mühe aus dem Inhalt des ersten Artikels zu erschliessen. In diesem Artikel beschwert sich die Landgräfin über das Ausbleiben der Regenten auf dem Rechentage, der für sie auf Mittwoch nach S. Jakob [Juli 26] anberaumt war. Schon am folgenden

genten an die Stadt Homberg. 4. Versorgung Ldg. Wilhelms des Aelteren und seiner Gemahlin. 5. Unkosten des wilhelminischen Handels; Schulden des alten Landgrafen. 6. Heiratsteuer für die Gräfin von Beichlingen. 7. Behandlung der regentisch gesinnten Amtleute. 8. Kosten der Hofhaltung. 9. Weinzoll. 10. Uebergriffe der Nachbaren. 11. Verfahren gegen Philipp Weiss. 12. Schulden des Erzbischofs von Köln. 13. Einfälle der Nachbaren in das Fürstentum. 14. Katzenelnbogischer Erbfolgestreit. 15. Vertrag mit Graf Eberhard von Königstein. 16. Zoll zu Boppard. 17. Bündnisse Hessens mit verschiedenen Fürsten. 18. Vertrag mit den Schenken von Erbach. 19. Streit mit dem Abte von Fulda wegen des Stiftes Hersfeld. 20. Erhebung einer Steuer. 21. Fräulein Elisabeth von Hessen.

»1. Das sie gut wiessen tragen, wie durch sie von wegen gemeiner lantschaft unter anderm beratschlagt und beschlossen, das min g. fraue und die verordente rete die gewesen regenten zur rechnung beschreiben und ein gnanten tage ernennen sollen, das dan gescheen sei. Und ine die brieve[1]), so allenthalben darzwuschen gangen, furzulegen und, diewil sie ussenblieben und nit erschienen, zu beratschlagen hegern, wes ferner zu handeln und zu tun sei. 2. Zu gedenken und dem usschusse anzuzeigen, wie so ganz bloss min g. fraue und die rete in die vergewaltung komen sein, in kasten und kelnern wenig und von barschaft ganz nichts funden, und darzu das die gewesen regenten vil brief und siegel, register und anders, auch die register itzt us dem lande gefurt und keinen beriecht hinter ine, noch niemants von irenwegen das zu tun verlassen, zu dem, das sie vor irem abescheide den mehern teil aller ambt und zolle berechent gnomen, mit gelt ganz erschopft und doch nichts hinter ine verlassen haben. 3. Zu gedenken des schmehebriefs halber, so offentlich zu Cassell verlesen und daruf von gemeiner lantschaft protestirt ist[2]), anregung zu tun und daruf zu beratschlagen, wes ferner deshalber zu tun und furzunemen sei. 4. Zu beratschlagen, wie es mit minem g. herrn dem alten und seiner g. gemahel gehalten und furgnomen sall werden, damit man in friede und einikeit mit inen moge leben; auch ob es gut were ir beder g. cost und haltung den fursten und furstentumb zu gut zu geringern und ein stanthaftig wesen und mass zu orden. 5. Anregung des grossen costens, so uf min g. alten herrn gangen und der schuld halber, so teglichs von des alten herrn und seiner gemahel wegen gevordert werden, zu tun und zu beratschlagen.

Tage lässt sie »aus bevelhe des usschoss gemeiner lantschaft« an die Säumigen ein Schreiben ausgehen, wodurch sie zu einem andern Rechentage citiert werden (s. u. Nr. 146). Da der erste Artikel, der das Ausbleiben der Regenten feststellt, nicht vor dem Rechentag selbst, also nicht vor dem 26. Juli, abgefasst sein kann, am 27. Juli aber bereits der Bescheid des Ausschusses, den wir in Nr. 145 Artikel 1 wiedergeben, erfolgt, so sind die obigen Artikel an einem von beiden Tagen, am 26. oder 27. Juli, abgefasst. Ich möchte mich für den früheren Termin entscheiden, da es wahrscheinlich ist, dass Schrautenbach schon am Tage vor der Ausschussberatung die Artikelreihe entworfen hat.
[1]) Vgl. o. Nr. 133, 140 und 141.
[2]) Gemeint ist der Brief, den die Regenten am 21. Februar 1514 an die Stadt Homberg gerichtet hatten, s. o. Nr. 100 S. 216 f. Vgl. a. das Protokoll des Landtages zu Kassel S. 283 ff.

6. Des von Beichlingen und seiner gemahel halber furhaltung seiner vorderung und heimsteur halber[1]) zu tun und daruf zu ratschlagen. 7. Zu gedenken an die ambtlute, den ir ambt ufgeschrieben sein[2]), davon auch zu ratschlagen, wie es ferner mit denselben gehalten soll werden. 8. Auch zu beratschlagen die hothaltung und was uf das hofgesinde und uf den gemeinen hofe geben, ob dasselbig zu geringern ader zu mehern sei. 9. Zu gedenken des winzols, der seher abgangen ist und verfaren wirt, zu beratschlagen, wie man sich darin schicken soll.[3]) 10. Zu gedenken der graven und anderer halben im anstosse, so dem furstentumb unterstehen, ab[b]ruich zu tun, desglichen mit ufriechtung etlicher neuerung und zoll. 11. Anregung zu tun des grossen schadens halber, so Philips Weyse[4]) uber sein rechtgepot, die nit angnomen sein, minem g. herrn und landen und luden zugefugt hat. 12. Min gst. herre von Collenn tut nit bezalung der merklichen schuld, die er mim g. herrn zu tun [schuldig] ist[5]), und gibt uber manigfaltig ansuchen verzuklich antwort; zu beratschlagen, wie sich ferner darin zu halten und zu schicken sei. 13. Zu gedenken, wie die Fuldische, Hennenbergische und andere ins furstentumb streufen, und suchen zu beratschlagen, wes dargegen zu handeln sei. 14. Zu gedenken der nassauischen sach, die am camergeriecht bangt und seher gross ist und zum fall des rechten stehen will[6]), zu beratschlagen, wes darin zu tun und wie sich darin zu halten sei, damit vleis halber an miner g. frauen und den reten kein seumnus geschee. 15. Zu gedenken an grave Eberten von Konigstein, der ein vertrak mit den gewesen regenten uber ein merkliche some, 1000 gulden, eingangen und brieve und siegel von inen daruber hat, welche aber irs inhalts noch nicht vollenzogen sein[7]); zu beratschlagen, wie sich min g. fraue und die rete darin schicken und zu halten haben sollen. 16. Zu gedenken an min gst. herrn von Trier mit den 18 000 gulden uf dem zoll zu Boppart, so durch die herzogin von Brunswig verledigt[8]); desglichen der lehen entpfenknus. 17. Zu beratschlagen der einung halber mit hz. Georgenn zu Sachssen

---

[1]) Wegen der unebenbürtigen Heirat der Tochter Wilhelms des Älteren Katharina mit dem Grafen Adam von Beichlingen hatten die hessischen Stände sich bisher geweigert, der jungen Landgräfin die Heimsteuer zu bewilligen. Vgl. o. Nr. 56 S. 156, insbesondere Anm. 2.

[2]) Wahrscheinlich handelt es sich um Amtleute, denen ihr Amt aufgeschrieben worden war, weil sie sich nicht zu der Landgräfin und ihren Anhängern, sondern zu den Regenten gehalten hatten.

[3]) Vgl. O. Meinardus, Der katzenelnbogische Erbfolgestreit I, 1, S. 37 ff.

[4]) Über Philipp Weiss vgl. o. S. 280 f. den 12. Artikel der ständischen Beschwerden.

[5]) Vgl. hierzu A. Heldmann, Die hessischen Pfandschaften im kölnischen Westfalen im 15. u. 16. Jhdt., (Marburg 1891) S. 48 ff.

[6]) S. O. Meinardus, Der katzenelnbogische Erbfolgestreit I, 1. S. 20.

[7]) Über den Vertrag zwischen dem Grafen Königstein und den früheren Regenten liess sich nichts ausfindig machen. Schon 1514 vermisste der ständische Ausschuss jeglichen schriftlichen Ausweis darüber; vgl. u. Nr. 145 S. 371 Artikel 15.

[8]) Über den Ursprung und die Ablösung dieser Schuldsumme war im Marburger Archiv nichts aufzufinden.

anzunemen[1]), desgleichen mit andern fursten.[2]) 18. Zu gedenken, anregung zu tun, wie sich gegen die Schencken von Erpach[3]) und andern, den die regenten wiedergeben haben, zu halten sei, damit nit stillswiegend in dieselb handelung gewilligt werde. 19. Zu gedenken an min herrn von Fulde mit dem stieft von Hirsvelt, der sich noch des titels gebraucht und uf seinem furnemen bebarret, dadurch die sach also in irrung hangen bleibt[4]); zu beratschlagen, wes ferner zu handeln und furzunemen sei. 20. Zu gedenken, anregung zu tun der schatzung halber, die die regenten gesatzt und den mehern teil ufgehaben haben, auch eins teils gehabt und noch bi der hant und eins teils ungehaben ist[5]); zu beratschlagen, wie es damit gehalten soll werden. 21. Zu gedenken, anregung zu tun, mins g. freugens, des alten herrn tochter halber[6]), ob gut sei, das min g. alte frau sie zu einer ieden zeit mit ir hinwek und hin und wieder fure.«

A. Mbg., O. W. S. 3, Cpt. von Schrautenbachs Hand.

**145. Beschlüsse und Gutachten des landständischen Ausschusses. [Marburg 1514 Juli 27.][7]**

Zu 1. Ansetzung eines neuen Rechentages für die früheren Regenten. Zu 3. Der „Schmähbrief" der Regenten. Zu 9. Energische Beitreibung des Weinzolls. Zu 10. Abwehr der Uebergriffe der Nachbaren. Zu 11. Vertagung des Weiss'schen Handels. Zu 12. Eintreibung der kölnischen Schuld. Zu 13. Abwehr der Einfälle der Nachbaren. Zu 14. Behandlung des katzenelnbogischen Erbfolgestreites vor dem Kammergericht. Aufkündigung der sächsischen Vormundschaft. Zu 15. Behandlung der Forderung Königsteins. Zu 16. Zoll zu Boppard; Lehenempfängnis von dem Erzbischof von Trier. Zu 17. Annahme des Bündnisses mit Herzog Georg von Sachsen. Zu 18. Rückforderung Schönbergs von den Schenken von Erbach. Zu 19. Hersfeldischer Handel. Zu 20. Rückerstattung der Steuer. Zu 21. Fräulein Elisabeth von Hessen.

[1]) Vgl. o. Nr. 134 S. 355 f.
[2]) Die anderen Fürsten, mit denen Landgräfin Anna in dieser Zeit Bündnisse einging oder eingehen wollte, sind Hz. Erich von Braunschweig (s. o. Nr. 132 S. 350 f.) und Erzbischof Richard von Trier. Mit diesem schloss sie am Samstag nach S. Helena (August 19) 1514 ein Bündnis ab, das vom Erzbischof, von der Landgräfin und den Verordneten Räten unterzeichnet wurde (A. Mbg., Sammtarchiv, Schublade 50 Nr. 11, Or.). Im Falle eines Angriffs wollte man dem Bedrohten mit 100 Reisigen im Harnisch und 200 Fusssoldaten zuziehen.
[3]) Vgl. hierzu die Verhandlungen über den dritten Artikel der Beschwerden der Landgräfin-Witwe auf dem Landtage zu Kassel S. 269.
[4]) Vgl. o. die Verhandl. über den neunten Artikel der Beschwerden der Landgräfin-Witwe auf dem Landtage zu Kassel S. 270 ff. S. auch Rommel III, 237 ff.; Ledderhose, Jurium Hassiae principum in abbatiam Hersfeldensem brevis assertio, Marburg 1787 S. 140—144 den Brief Annas und der Verordneten Räte an die Stände des Stifts Hersfeld vom 11. Jan. 1515 und die Antwort der Stände vom 4. März 1515.
[5]) Vgl. hierzu oben die Verhandl. auf dem Landtage zu Kassel S. 279 ff.
[6]) Es handelt sich um die jüngste Tochter Wilhelms des Älteren Elisabeth von Hessen.
[7]) Datum fehlt. Über die Feststellung des Datums s. o. S. 366 Anm. 1. Das Schriftstück bildet die Antwort auf Nr. 144.

Zu Artikel 1: »Ist beschlossen, das die gewesen regenten zu
einem andern rechentag beschriben sollen werden, nemlich uf dinstag
Laurenci [August 15] gegen den abent zu Marpurg inzukomen und
nachfolgenden fritags [August 18] rechnunge zu tun geschickt zu
sein.«[1])[2]) — — — — Zu Artikel 3: »Den schmehebrief betreffen
ist uf vorbesserunge unser g. frauen sampt den verordenten reten
durch gemein usschus einheldiglich beschlossen, das solich schmehe-
sach umb forderunge willen der sach am frien gericht der west-
felschen stule an bequemlichen orten gerechtfertigt werden sail.«[3])
Zu Artikel 9: »Den gulden winzol belangen, ist uf vorbesserung
beraitschlagt, das solicher winzol an den orten, do unser g. herr
von Hessen solichs zu tun hait, durch die am[t]leute und bevelhaber
eins iden orts sail gehanthabt werden, und wo nebenwege vorgenomen, dieselbigen mit greben, schlegen und zun nach noitdorft
vorsehen und gemacht werden, domit die rechten strossen gebrucht
und unserm g. herrn der zolle werden moge, wie gestern auch
davon geredt.« Zu Artikel 10: »Betreffen die beschwerlich
naurunge, so von etlichen anstossern, grafen und andere[n], des
furstentumbs zu Hessen mit ufrichtunge etlicher zolle und anderm
vorgenomen worde, ist uf vorbesserunge beraitschlagt, das man
solich beschwerlich naurunge unsern g. herrn ader siner f. g. undertain belangen nit liden, sonder staitlich dargegen trachten, domit
solichs, wie von alters herkomen ist, gehalten werde.« Zu Artikel
11: »Philips Weysen belangen den schweren und grossen schaden,
ist uf vorbesserunge beratschlagt, das solicher artikel bis uf den
rechentag, so den regenten angesatz[t], in raue stehen sail und sie
die regenten deshalben beteidingen und ir antwort horen und nach
herfindunge der billicheit handeln.« Zu Artikel 12: »Die schult
unsers herrn von Collenn belangen, ist uf vorbesserunge beraitschlagt, das unser g. fraue und rete sampt dem usschus nach
einmol bitlich solicher drier schulden halben unsern [!] herrn von
Collen schriben sollen. Wo dan nit bezalunge geschen wolt, alsdan
solt man die stede und flecken, so in einer vorschribunge darvor
vorstrickt, inhalt derselbigen manen und angrifen; der ander zweier
schulde halben, das mangelt und verbrift schulde betreffen, sail
man sich zu inbrengunge derselbigen schicken, domit man bezalunge
bekomen moge.« Zu Artikel 13: »Betreffen das streifen im
furstentum, ist uf vorbesserunge beraitschlagt, das man wider
streifen solle, domit man solichs vertragen blibe.« Zu Artikel
14: »Betreffen die Nassauwes [!] sach, [die] am kamergericht hangt,
ist uf vorbesserunge beraitschlagt, das man die advocaten und
procuratores mit zimlicher belonunge willig halten und in der sach
forter procedirn sollen [!], wo aber mitler zeit gutlich wege zu hin-
legunge der sach vorgenomen mochte[n] werden, darinne zu vor-

---

[1]) Siehe unten das Schreiben der Landgräfin an die früheren Regenten
Nr. 146.

[2]) Der Beschluss des Ausschusses auf den zweiten Artikel ist in dem
Schriftstück nicht verzeichnet: Zwischen dem ersten und dritten Artikel ist ein
breiter Zwischenraum gelassen zur nachträglichen Eintragung des Beschlusses.

[3]) Die Beschlüsse auf Artikel 4—8 fehlen wie oben Anm. 2.

folgen. Es sail auch in diser sach bei den gelerten beratschlagt werden, wie unser[n] herrn von Sachsen die formon[t]schaft ab-geschrieben, wer forter diser sach principal sein moge, in be-trachtunge gelegenheit und herkomen der sach.« Zu Artikel 15: »Den vortrag, so die gewesen regenten dem von Konnstein [König-stein] uber ein mirglich some, 1000 gulden, geben haben, ist uf vorbesserunge beratschlagt, dwil man nit solichs vortrags gruntlich wissen noch briflich urkunde habe, das man solich sach bis uf ansuchunge des von Konnsteins in ruhe stellen solt, alsdan copien solichs vertrags zu fordern, sich darin zu erkunden, der billicheit zu halten habe.« Zu Artikel 16: »Betreffen die 18 000 gulden uf dem zolle zu Boparten, von unser g. frauen von Luneburgk erlediget, ist uf vorbesserunge beratschlagt, das man solich jerlich notzunge mit fleis und ernst fordern solle; nota unsern g. hern von Trier zu ersuchen der lehen halber und unserm g. hern indolt zu erlangen, bis zu siner g. mondigen jarn solich entphengnis un-geferlich zu halten.« Zu Artikel 17: »Ist beratschlagt uf vor-besserunge, das man die bontnis mit unserm herrn hz. Jorgenn annemen, desglichen mit andern fursten, die unserm g. hern ge-legen sein, die eigen erblande betreffen.« Zu Artikel 18: »Die Schencken von Erppach mit dem Schomberg belangen, ist uf vor-besserunge beratschlagt, das man Schenck Eberhart darumb be-schriben solle, das gnant schlos unserm g. hern wider zuzustellen, wo er aber solichs nit tet, sich an solich schlos und notzunge zu halten, desglichen, so die regenten zur rechnunge komen, auch darumb zu fordern.« Zu Artikel 19: »Unsern hern von Fulde belangen den stift von Hirsfelt, berauet uf der dagesatzunge, wie gestern angezeigt, das deshalben tage angesatz[t] sieen.« Zu Artikel 20: »Betreffen die schatzunge ader keisergelt, ist uf vor-besserunge beraitschlaget, das den undertain, so solich schatzunge geben haben, solich gelt an iren jerlichen bete und geschos wider-erstattunge eins idern anteils mit der zeit vorglichet und abge-schlagen werden solle, und dasjene, so hinderlegt, einem idern sein gegeben andeil wider gehantreicht und zugestelt werde, und die-jene, so gesetz[t] und nach nicht gegeben haben, sie des gnediglich zu erlassen, in mossen ine zugesagt und unser voreinunge[1]) inhalten ist.« Zu Artikel 21: »Ist uf vorbesserunge geratschlagt, das unser g. fraue die alt vor solich umbforunge fruntlich gebeten solle werden; wo das nit sein, alsdan solich umbforn zuvorkomen, das solich fraulin one wissen ... unser g. frau und der vorordenten reten nirgen gefurt werde.«

A. Mbg., O. W. S. 3, Cpt.

## 146. Landgräfin Anna und die Verordneten Räte an die früheren Regenten. Marburg 1514 Juli 27.

Beschwerde über das Ausbleiben der früheren Regenten auf dem Rechtag. Ansetzung eines neuen Termins. Zusicherung freien Geleits.

---

[1]) Anspielung auf die Treysaer Einung s. Nr. 78 S 192 ff.

»Nachdem wir euch ... einen tag alher gein Marpurg angesatzt, der nemlich gewesen sein solt uf mitwochen nehstvergangen
[Juli 26], alsdan euer rechenung euer ampte, bevelhes und regiments
halben mitsambt dem usschosse, von gemeiner lantschaft darzu
verordent, ze horen und zu entpfaen ..., so haben wir uns genzlich
versehen gehabt, ir sultet denselbigen ... tag dem rechten und
der pilligkeit nach also besuchet und euer rechenung, auch wes
ir nach erfindung schuldig weret worden und gewesen weret, bezalung und liberung getaen haben. Dweil das aber nit gescheen
ist, domit ir euch dan deshalben ie keiner verkurzung oder ver-
schnellung mit pilligkeit wissen mugt zu beclagen, so ernennen wir
euch, von unser wegen, auch aus bevelhe des usschoss gemeiner
lantschaft des furstentumbs Hessen zu uberfluss einen andern tag
mit disem brive, nemlich uf S. Laurentiitag [August 10] schirst
gein ahent widerumb albie zu Marpurg inzekomen und doselbst
den nehstvolgenden freitag [August 11] darnach euer rechnung und
anders ze tuen. ... Wullen euch auch sembtlich und sunderlich
strack, frei und sicher gleit (ab ir vermeintet, euch des hiezu von
noten sein) zu uf und von solicher rechenung bis in euer ides gewarsam hiemit zugeschrieben haben ..., abermals gesinnende, ir
wullet auf gemeltem S. Laurentiitag schirst gegen abend albie zu
Marpurg inkomen, geschickt, des nehstfolgenden freitags darnach
dermassen rechenung, bezalung und liberung ze tun und das weiter
nit verhalten. ... Wan wo solichs von euch nit beschiht, alsdan
werden wir in dem ... unser schwagers, soens und g. herren der
fursten zu Hessen notdurft nach gedenken, das euch dan villeicht
nit zu gutem mocht komen. Darnach habt euch ze richten. Geben
zu Marpurg mit unser Annen lantgrefin ringesecret, Ditreichs von
Cleen lantcomtors angebornen insigil und Conrats von Wallenstein
hofmeisters ringpitschir, der wir andern mitverordenten rete uns
birzu mitgebrauchen, besigilt, am donnerstage nach S. Jacobstag
ao. 1514.«

A. Mbg., O. St. S. 7862, Cpt. von Feiges Hand.

**147. Protokoll über Verhandlungen der Landgräfin mit
den Verordneten Räten und dem landständischen Ausschuss.
[Marburg 1514 Juli 30.][1])**

A) Anträge der Landgräfin: 1. Appellation wegen der Kleinodien beim Reichskammergericht. 2.—4. Früchte, Vieh, Silbergeschirr.
5. Unterhalt der Landgräfin und ihres Gesindes. 6. Vergehen Johanns
von Sant Nabor. 7. Hofordnung. Schmähung von Dienern des Landgrafen.
8. Anträge Waldensteins. 9. Löwensteins Schuld. B) Antwort der
Verordneten Räte und des Ausschusses: Zu 1. Erklären die Verfolgung der Appellation für überflüssig. Zu 2.—4. Es soll nach der
Wittumsverschreibung der Landgräfin verfahren werden. Zu 5. Die Frage
des Unterhalts wird dem Ermessen der Landgräfin anheimgestellt. Zu
6. Verhör Melchior von Schwalbachs notwendig. C) Replik der Land-

---

[1]) Überschrift: »Furtragen meiner g. frauen dominica post Jacobi [1514
Juli 30] durch Balthazarn Schrutenbach bescheen.«

gräfin: Zu 1. Bitte um Aufzeichnung des Abschieds. Zu 2. u. 3. Landgräfin wünscht sich einem unparteiischen Schiedsspruch zu unterwerfen.
Zu 4. Bitte um Zustellung des Silbergeschirrs. Zu 5. Unterhalt der Landgräfin. D) Replik der Verordneten Räte und des Ausschusses:
Zu 1. Bewilligen die Aufzeichnung des Abschiedes. Zu 2. u. 3. Fordern
gründlichen Bericht über das Vieh und die Früchte. Zu 4. Ordnen die
Zustellung des Silbergeschirrs an. Zu 5. Unterhalt der Landgräfin.

A) Anträge der Landgräfin:

1. »Zu gedenken des artikels, den mein g. frau ... den verordenten reten und usschoss des furstentumbs zu Hessen in der
appellationsachen die kleinote, zu Molhusen hindersetzt, betreffen
hait furtragen laissen.¹) 2. Den artikel die rechtfertigung der
frucht betreffen.²) 3. Die schofe betreffen. 4. Die silbergeschirre
betreffen, 22 essilber und 16 becher ungeverlich. 5. Die underhaltung meiner g. frauen und irer f. g. hofgesinde der kost halber
betreffen. 6. Johan von Sant Nabor, der im torne und gefengnis
leigt, betreffen, der mirglicher ursache halber angnomen ist, das
er etlich schwere schmehewort kegen mein g. frau gefurt und vil
geschenk von den armen leuten genomen haben sall. 7. Die hofordnung betreffen und wie meines g. herrn diener edel und unedel
von etlichen geschmehet und betrauet worden. 8. Zu gedenken
des furtragens, das Curt von Waldenstein, der hofmeister von seiner
selbs und der andern mitrete wegen der verwaltung halber getain
hait, dergleichen seiner usstendigen schult, die ime von meinem
g. herrn hochlobl. gedechnis noch unbezalt usstehe. 9. Zu gedenken Lebensteins schult.«

B) Antwort der Verordneten Räte und des Ausschusses²):

Zu Artikel 1: »Die appellation der kleinote halber betreffen,
laissen sich bedunken die rete und usschos, das meiner g. frau an

¹) Es handelt sich um den Fortgang des Kleinodienstreites, der sich auf
dem Mühlhäuser Tage zwischen den Regenten und der Landgräfin-Wjtwe erhoben hatte. Vgl. Anna von Hessen S. 69 ff.; s o. S. 184 Anm. 1. Die Landgräfin hatte gegen den ihr ungünstigen Spruch, den die Wettiner auf dem
Naumburger Tage am 19. Januar 1514 in dem Kleinodienstreite gefällt hatten,
sofort beim Reichskammergericht Berufung einlegen lassen. Am 3. Oktober
1514 lud ein kaiserliches Mandat die Landgräfin und Boyneburg auf den
24. November vor das Kammergericht. Anna, der an dem Fortgang des Prozesses vermutlich wenig lag, seit sie das Regiment in Händen und die Kleinodien und das Silbergeschirr in Besitz hatte, scheint den Termin versäumt zu
haben. Erst am 1. Januar 1516 stellte sie ihrem Anwalt Konrad von Schwabach
eine Vollmacht zur Führung des Prozesses vor dem Kammergericht aus. Von
einem Urteile des Kammergerichts hören wir nichts. Auch die Akten des Reichs-
kammergerichts (jetzt A. Mbg., H. 120, Or.) enthalten kein Urteil.
²) Auch die Artikel 2—4 beziehen sich wie Artikel 1 auf Unbilden, die die
junge Fürstin früher von den Regenten erfahren hatte. Trotz des kaiserlichen
Spruchs zu Gengenbach (s. o. S. 149 f. Nr. 51) scheinen die Beschwerden der Landgräfin nicht abgestellt worden zu sein. Es handelte sich um Feldfrüchte, die die
Regenten bei der Räumung Giessens und Grünbergs der Landgräfin-Witwe vorenthalten hatten (s. o. Nr. 43 S. 140), ferner um die Entziehung des Silbergeschirrs, das Anna zu ihrem Gebrauch in Anspruch nahm (vgl. o. S. 124 Anm. 1).
³) Überschrift: »Antwurt der verordenten rete und usschos uf die vorgetragen artikel meiner g. frauen, durch Balthazarn Schrutenpach bescheen.«

not sei, die appellation zu volnfuren, und wullen nit raten, das
unser g. frau ader unser g. herr in rechtfertigung miteinander erwachsen, sonder stellen das zu irer g. gefallen.« Zu Artikel
2—4: »Die fruchte, schofe und silbergeschirre betreffen, ist durch
die verordente rete und gemeinen usschoss beschlossen, das unserer
g. frau ire widumb sampt der angezeugten frucht und vehe, wie
die derzeit der falle begriffen, pilch gevolget und auch das ernant
silbergeschire pilch nach laut irer f. g. widumbsverschreibung und
anderer vermachung gehantreicht werden sol.« Zu Artikel 5:
»Die underhaltung meiner g. frau betreffen, davon ire f. g. hiebevor
mehermals bei den verordenten reten und intzt ernstlich angeregt,
damit widerwertige nachsage, das ire f. g. meinem g. herrn mit
irem hofgesinde unnotturftigen kosten mach, vermiden pleiben, ist
gemeinlich beratschlagt, das die rete noch der usschoss in dem
kein maiss ader mittel machen wullen, sonder stellen das zu irer
beder f. g. gefallen, der hoffnung, sich des wol vereinigen werden.«
Zu Artikel 6: »Den gefangen Johan von Sant Nabor betreffen,
ist in den puncten, irstlich mein g. frau belangen, durch die verordenten rete und usschos einhelliglich beratschlagt, das man Milcher
von Schwalbach des stucks halber notturftiglich verhoren soll, uf
den andern punct betreffen sein unzimlich handelung ist beratschlagt. . . .«[1]　.

## C) Replik der Landgräfin[2]):

Zu Artikel 1: »Irstlich begert ire f. g., das man iren f. g.
des . . . ratschlags, die rechtfertigung die kleinote betreffen, schriftlichen abscheit geben wulle.« Zu Artikel 2 und 3: »Der fruchte
und schofe halber begert ire f. g., dieselbigen acta furzunemen, zu
besichtigen, darin zu sprechen ader andern unparteischen zu sprechen
bevelhen; wes da erkant wirt, das sei ir f. g. erputig zu halten.«
Zu Artikel 4: »Das silbergeschirre betreffen sei nach in meines
g. herrn verwaltung, bitt ire die iren f. g. zuzustellen, dakegen
erpeut sich ire f. g., solch silbergeschirre zu verborgen, die nach
irer f. g. tode widerumb ans furstentumb ver.;schaffen.« Zu
Artikel 5: »Die underhaltung irer f. g. person und hofgesinde
betreffen, weil durch die verordenten rete und den usschos kein
messigung gmacht wil werden, wullen ire f. g. es bei dem vorigen
erpieten beruhen laissen.«

## D) Replik der Verordneten Räte und des Ausschusses[3]):

Zu Artikel 1: »Des bekentnis halben ist zugelassen wurden,
das man iren f. g. das bekentnis die appellation betreffen geben
soll.« Zu Artikel 2 und 3: »Der fruchte, schofe und widumb

---

[1]) Hier bricht die Aufzeichnung ab; es folgt eine grosse Lücke, die vermutlich für die nachträgliche Einfügung der fehlenden Artikel offen gelassen wurde.
　[2]) Überschrift: »Nachrede meiner g. frauen.«
　[3]) Überschrift: »Antwort der rete und usschoss.«

betreffen, ist geratschlagt, das ire f. g. gruntlich bericht geben sol, wes vorhanden gwesen, irer f. g. entweret und nichts dakegen entfangen, solt iren g. des noch erstat werden; were aber iren g. nach irem abziehen an andern orten etwas an fruchten ader schofen wurden, solt abgezogen und ubermais ires usstants erstait werden.« Zu Artikel 4: »Das silbergeschirre betreffen, ist beschlossen, das mein g. frau und unser g. herr in dem stande ein ding seien; derhalben ist solchs in irer g. des [!] und hochers vertreuens gestelt, dabei die rete und usschosse das lassen, wissen in dem kein mittel zu machen und stellen das zu beden iren g.« Zu Artikel 5: »Es beruhet mit der underhaltung meiner g. frauen, wie ire f. g. sich erpoten hait.«

A. Mbg., O. W. S. 3, Cpt.

## 148. Beschlüsse des landständischen Ausschusses. [Marburg 1514 Juli 31.][1])

1. Hermann Rumpf. 2. Graf zur Lippe. 3. Appellation der Landgräfin wegen der Kleinodien. 4. Dietrich von Schachten. 5. Otto Hund. 6. Gesuch der Schöffen von Marburg betr. Andreas von Asphe. 7. Streit um ein Lehen zwischen Johann von Wildungen und Wilhelm von Hessen. 8. Gesuch Dietrich Huns von Ellershausen. 9. Gesuch Konrad von Dernbachs. 10. Gesuch Johann Schenks von Schweinsberg. 11. Beschwerde der Frankenberger über ihren Amtmann Johann von Hessen. 12. Gesuch Georg Vogts. 13. Kaplan und Kammerdiener Wilhelms des Aelteren. 14. Ansprüche Pfeffersacks. 15. Schreiben Johann von Schönborns. 16. Schuldforderungen Götzmanns und Morsheims. 17. Gesuch Peter von Treisbachs. 18. Gesuch Valentin Krugs. 19. Gesuch Hermann Müllers.

»1. In der sach Hermann Rumpfen betreffen[2]) ist in gemeinem raide des usschuss beslossen, das man im sin amptsverschreibung halten und wider zue sinem ampt zum Franckenberg komen laissen sol, es were dan, das man redlich orsach bett oder finden mogt, das man das zu tun nit schultig were. 2. In der sachen den grafen von der Lippe betreffen ist durch den usschos beratschlagt, das solche sachen zu unserer g. frauen und den verordenten reten in verbesserung gestelt sol werden; was ire f. g. sampt den reten darin vor gut ansicht, dem furstentumb zu Hessen zu gut erschienen mocht, sollen sie nach gelegenheit darin zum besten zu handeln haben. 3. Betreffen die kleinote und die appellation von unser g. frauen bescheen[3]), ist beratschlagt wurden, das mir [!] in der sachen mit unser g. frau nit kregen wullen; dan mir [!] haben der dinge nit zu tun, bitten underteniglich, uns der schriftlichen urkunde gnediglich zu erlassen. 4. In sachen Thiedrich von

---

[1]) Überschrift: »Actum 2a post Jacobi [Juli 31] ao. 1514.«
[2]) Nach der Bestallungsurkunde von 1498 April 2 im Marburger Archiv war Hermann Rump von der Wehen Amtmann in Frankenberg. Über seine Differenzen mit der Landgräfin s. u. Nr. 167 die Schrift der Landgräfin und der Verordneten Räte an den Kaiser vom 12. November 1514 Artikel 4.
[3]) Vgl. o. S. 373 Nr. 147.

Schachten[1]) betreffen ist durch den usschoss uf verbessern beschlossen, wulle er solche einung geloben und schweren, soll er
uf sein undertenigs bitlich ansuchen dazu angenomen werden und
furter im sein amptsgift laut der verschreibung in sein haus gegeben werden. .... 5. In sachen Ott Hundten betreffen, ist durch
den usschos uf verbessern beschlossen: nochdem ... Ott Hundt
sein eitspflicht gemeiner lantschaft ufgeschrieben hab, lass der usschos uf weiter ratschlagen gemeiner lantschaft beruhen, und das
er mitler zeit sein ampt inhalt seiner verschreibung getreulich versehen bis uf weitern bescheit und des unserm herrn verpflichtung
tun, solch ambt zu versehen, wie sich gepurt, ufs treulichst und
vleissigst und anders niemants dan unserm g. herrn und gemeiner
lantschaft gewertig zu sein.    Auch wil mein g. frau und rete furbehalten haben, ob sie mitler zeit meinem g. herrn zu gut das
ampt ablosen wulten, das sie des unbegeben wullen haben.    6. Uf
die supplication der scheffen von Marpurg Enders von Asphe betreffen ist durch den usschos uf verbesserung beratschlagt, das
pilch ergangen hendeln nach mit dem genanten Endersen verfugt
werde, sie der anfurderung des scheffenstuls zu erlassen, unangesehen sein ingebrachten kegenrede seiner supplication, angesehen
dweil er besserung und abtrag der sachen getan hat.   Peter von
Treispach, burgermeister von Eschwege, Giessen, Gronberg, Cassel
und Treissa sin nit obgemelter meinung, sonder geratschlagt, die
sachen und partien seien ans hofgericht geweist, dabei sollen sie
pilch gelassen werden, doch uf verbessern unser g. frauen und der
verordenten rete.[2])   7. In der sachen Johan von Willungen und
h. Wilhelm von Hessen ist uf verbesserung beratschlagt, das h.
Wilhelm pilch widerumb in die guter[3]) ingesatzt werde, moge ine
dan Johan von Willungen anspruchs ader furderung nit zu erlassen,
sol er sich ordentlichs rechten benugen laissen.   8. Uf die supplication Thiettrich Hunes ist uf verbesserung beschlossen, das man
Thietrich Hunen furbescheide, sein rechnung hore, und wohe man
befinde, das sein schult[4]) kuntlich und ufrichtig sei, das man sich
auch von wegen unsers g. herrn mit ime gutlich vertrage und bezalung tu.   9. Uf Curt von Dermbachs supplication ist uf verbesserung beschlossen, nachdem unser g. frau die elter bewilligt

---

[1]) Die Amtsverschreibung Schachtens war mir nicht zugänglich. In einer
Quittung von 1508 Dezember 8 (Marb. Urkundenarchiv, Quittungen) wird er als
Amtmann von Grebenstein erwähnt.
     [2]) Dem Antrage des Hofrichters Treisbach entsprechend ist die Be-
schwerde Andreas von Asphes, Ratsverwandten zu Marburg, beim Hofgericht
geblieben.   S. die Akten des Marburger Sammthofgerichts A. 90, 1514.
     [3]) Wahrscheinlich handelt es sich um ein Burgleben in der Stadt Mel-
sungen, das ehedem Thimme von Wildungen innegehabt und nach dessen Tode
von Wilhelm dem Mittleren am 25. Juli 1506 einem natürlichen Sohne Ldg.
Ludwigs II. von Hessen, Wilhelm von Hessen, Freiherrn zur Landsburg, zu
rechtem Stammlehen verliehen worden war.   Ein Verwandter Thimmes, Johann
von Wildungen, scheint die Belehnung angefochten zu haben, jedoch ohne Erfolg: denn am 21. November 1520 erteilte Ldg. Philipp das Burglehen Wilhelm
von Hessen (A. Mbg., Urkundenarchiv, hessische Aktivlehen, Or.).
     [4]) Über Dietrich Huns Ansprüche liess sich nichts ausfindig machen.

hait, das Curt von Dermbach seiner 1100 gulden von den 6000 gulden zu Wormbs hinderlegt bezalt sol werden, das man ime auch nachmals furderung tu, damit er zu bezalung komen mog und unserm g. herrn nit so grosser schade daruf gehe. 10. Johan Schencken betreffen hait unser g. frau die elter sein supplication und furderung in usschos geschickt, doruf uf verbesserung geratschlagt, das unser g. frau und verordenten rete darin gnediglich sehen und verfugen wullen, damit Johan Schenck seiner schulde entricht und bezalt, auch die burgen erledigt werden, angesehen das ime sein schulde durch die keiserlichen commissarien zutaxirt sein, auch unsern g. herren kosten, der daruf gehen mocht, zuvorkomen.[1]) 11. Uf die supplication der von Franckenberg, Johan von Hessen iren ambtman beruren, ist durch den usschoss uf verbesserung beschlossen, unser g. frau und die rete mit vleis zu bitten, Johan von Hessen seiner manchfeltigen ungeschickten geubten handelung und trauworte halber, die er under den amptsverwanten beschwerlicher weise begangen hait, in craft des abscheits, zu Hoenberg[2]) gegeben, des ambts zum Franckenberg zu erlassen und mit einer andern dienlichen und geschickten persone zu besetzen. 12. Uf die supplication Jorge Vogts zu Fronhusen ist vom usschoss abgerit, nachdem die handelung inen unkundig und unbewust sei, wullen sie solche sein supplication und begerde an unser g. frauen und die rete gelangen laissen und bitten, das sich ire g. und gunst darin erkunden und sich gnediglich und gunstiglich kegen ine erzeigen. 13. Betreffen caplan und camerdiener meines g. alten hern ist beschlossen, das unser g. frau und rete wullen sich kegen dieselbigen gnediglich halten und ire rechenschaft boren. 14. In der sach Pfeffersack betreffen ist uf verbesserung beschlossen, das unser g. frau und die rete Pfeffersacken uf sein gesinnen furbescheiden, sein verschreibung sehen, und wohe darin befunden, das sein verschreibung nit ridlich und gegrunt insage habe, das sie dan der gepurde kegen ine handeln wullen; sunst mit erledigung seins gefengnis, darin wissen sich ire g. und gunst wol zu halten.[3]) 15. Uf die schrift Johan von Schonborn getan betreffen mein herren von Trier und von Nassau ist uf verbessern beschlossen, das Johan von Schonborn solchen angesetzten tag zu Coblentz besuchen und verfolgen sol, sich der sachen zu erkunden und nach der pillichkeit ferrer darin zu halten.[4]) 16. Uf die missiven von Wolffen Gotzman und Johan Morsheim ritter usgangen und durch unser g. frau die elter dem usschos zugeschickt, ist uf verbesserung beschlossen, das die taxacion der kaiserlichen comissarien sal besichtigt werden, und wohe darin befunden, ine

---

[1]) Wie oben bei Konrad von Dernbach scheint es sich um eine Geldsumme zu handeln, die Johann Schenk zu Schweinsberg während der wilhelminischen Händel der alten Landgräfin vorgestreckt hatte.
[2]) Der Abschied, der Ende April 1514 zu Homberg abgefasst wurde, ist uns nicht überliefert. Wir besitzen nur den Bericht Sittichs von Berlepsch s. o. Nr. 131 S. 345 ff.
[3]) Über diesen Handel liess sich nichts ausfindig machen.
[4]) Wie oben Anm. 3.

etwas taxirt, sal ine entricht werden, wohe nit, stelt man solchs
zu unser g. frauen und den reten gefallen, zum besten der pillichkeit nach darin zu handeln.[1]   17. Uf die supplicationen Peter von
Treispachs, so mein g. frau die elter eine und ire [! er?] die andere
dem usschoss uberlibert, ist uf verbesserung beschlossen, das man
h. Petern furbescheiden, sein rechenschaft eigentlich horen und
sich der pillichkeit kegen ine befleissigen soll.[2]   18. Uf die suppli-
cacion h. Veltin Krugen betreffen[3] sin dargeluhen gelt, so er uf
allen gehalten dagen zue Felssberg, zu Dreysse, Homberg und
Cassell in der versehung der canzli habe usgelien vor happier, dinten,
waisch [d. i. wachs] und bergament, welches gemessiget uf 4 gulden,
bitt der usschoss unser g. frau und verordenten rede . . ., h. Veltin
solichs zu entrichten.   19. Uf die supplication Herman Moller betreffen bitt der usschoss, ime kegen sein widerteil ein verhoretag
anzusetzen und die sachen zu verhoren laut seiner supplication.«[4]

A. Mbg., O. W. S. 3, Cpt.

## 149. Die früheren Regenten an Landgräfin Anna und die Verordneten Räte. 1514 August 5.

Können aus Rücksicht auf die Wettiner als Vormünder auch den
neuen Rechentag nicht besuchen.

Sie haben die Aufforderung der Landgräfin und der Räte,
»uf S. Laurencientag gen Marpurg zu rechenung« zu kommen, erhalten, können derselben aber nicht Folge leisten.   Denn sie sind
den Wettinern als den rechtmässigen von der hessischen Landschaft erwählten und vom Kaiser bestätigten Vormündern Gehorsam
schuldig, den sie ihnen »bis daher in allen treffelichen sachen, auch
mit jerlicher rechenung« geleistet haben »inhalt unser eids und
pflicht, die wir daruber getan, darin wir auch noch unaufgesagt
stehen . . ., bie denselbigen pflichten wir auch itz zur rechenung
vor ir cf. und f. g. neben etlichen us der lantschaft zu Hessen . . .
erfurdert sein, daselbest wir auch unser ern halben haben mussen
erschinen, auch gefast gewest, vor cf. und f. g., auch vor den
stenden des furstentumbs Hessen ein aufrichtige erbar rechenung
zu tun und an uns keinen mangel erschinen lassen.   Solten wir
nuen uber unsern gehorsam, auch das uns bie unsern getan pflichten
verboeten ist, vor neimant anders dan iren cf. und f. g. als curatoren

---

[1]) Götzmann und Morsheim waren Gläubiger Ldg. Wilhelms des Älteren
geworden während seines Aufenthaltes in Worms und verlangten zu wiederholten Malen die Bezahlung der Schulden.
[2]) Wie oben S. 377 Anm. 3.
[3]) Valentin Krug scheint der Landgräfin-Witwe und ihren Anhängern
während der Tagungen zu Felsberg, Treysa, Kassel und Homberg als Kanzler
gedient und im Juli seinen Platz Johann Feige eingeräumt zu haben.   Herr Dr.
Gundlach war so freundlich, mich auf ein kurzes undatiertes Schreiben Schranten-
bachs an Valentin Krug hinzuweisen, das an diesen als Kanzler von Hessen
wahrscheinlich im Laufe des März 1514 gerichtet worden ist.
[4]) Vgl. die Akten über diesen Fall A. Mbg., Sammthofgericht S. 388.

und furmunden rechenung zu tun, daruber mit gewald uber unser voriege rechtgebot, das wir hiemit in unser schrieft ernauen, abermals erboten wollen haben, mit gewalt genoittiget werde[n], erfurdert unser notturft, uns des zu beclagen, auch hulf und troest zu suechen, damit [wir] bie recht und vor gewalt geschirmet worden, als wir zu gott hoffen, nit verlassen werden.« Sie haben die Schrift der Landgräfin und der Räte den sächsischen Fürsten als den Vormündern zugeschickt, »ir cf. und f. g. bevels darin [zu] erwarten. Dat. sampstag nach vincula Petri ao. XIV.«[1])

A. Mbg., O. St. S. 7862, Or.

150. Kurfürst Friedrich, Herzog Johann und Herzog Heinrich von Sachsen an Landgräfin Anna von Hessen. 1514 August 8.

Ihr Rechtsanspruch auf die Rechenlegung der Regenten. Sie sind bereit, einen neuen Rechentag anzusetzen. Rechtserbieten.

Da die Herzöge von Sachsen die rechtmässigen Vormünder des Landgrafen Philipp sind, gebührt ihnen, die Rechnung von den Regenten einzufordern. »Derhalb wir an zweifel gestanden, das alle dijenigen, als von uns aus der lantschaft des furstentums Hessen, so erstlich auf den tak gein Schmalkalden[2]) und nachvolgend auf dinstak nach Margrete negstverschinen [Juli 18] gein Mulhausen[3]) erfordert wurden, erschinen sein, dadurch solch rechnung in irm beisein het mugen volzogen werden, und wo alsdan befunden, das di regenten anders, dan wie inen geburt, gehandelt, solten sie darumb ungestraft nit blieben sein. Wir wollen uns auch hirmit abermals erboten haben, di regenten zum furderlichsten zur rechnung zu erfordern, desgleichen etliche von allen stenden gemeiner lantschaft des furstentums Hessen, mugen auch wol leiden, das e. l. darbei schicken, und wollen uns darauf nochmals versehen, das wider di regenten nichts weiters solle furgenumen werden, damit wir nit verursacht, wege zu suchen, daraus vermarkt, das wir nit gern hetten, das wir der vormundschaft und curation an ursach zu entsetzen solt unterstanden. Wir sint auch des erbietens, wo e. l. und ir oder sunst imands im furstentum Hessen uns diser vormundschaft und curation halben anzusprechen oder zu beclagen

---

[1]) In diesen Brief ist vermutlich im Auftrage der Landgräfin der Kanzleivermerk eingetragen: »Uf diese schrift ist ine [den Regenten] kein antwurt gegeben.«

[2]) Vgl. o. S. 326.

[3]) Am Dienstag nach Margaretha hatten die Räte der Wettiner in Mühlhausen nur drei Mitglieder der hessischen Stände angetroffen, die auf den Befehl der sächsischen Fürsten erschienen waren, um die Rechnung der Regenten anzuhören, nämlich Ewald von Baumbach, Hans von Berlepsch den Jüngeren und Friedrich Trott. Der grösste Teil der Geladenen hatte entweder abgeschrieben oder gar nicht geantwortet. Wegen der geringen Beteiligung wurde daher von den sächsischen Räten der Beschluss gefasst, für diesmal von der Rechenlegung Abstand zu nehmen und einen neuen Tag anzuberaumen, der in Hessen selbst abgehalten werden soll. (A. W., Reg. C p. 110 Nr. 9 Bd. 4, glz. Ndschr.)

hetten, so wollen wir deshalb vor Kai. Mt. oder curfursten und
fursten und stenden des reichs in sunderheit der curfursten und
fursten zu Brandenburgk als derjenigen, di mit uns, den fursten
und furstentumb zu Hessen in erbeinung und verbruderung stehen,
oder auch der erzbischof und bischof zu Colnn oder Trier, Wurtz-
burg oder Bamberg oder aber der pfaltzgraven bei Reyn, curfursten, oder hz. Ulrichs von Wirtenbergk erkentnus oder weisung
derhalben zu dulden. Was dan von in allen sembtlich oder sunderlich erkant und gesprochen wirdet, dabei wollen wir es auch bleiben
lassen, der zuversicht, es werde von e. l. und euch billich angenumen. ... Dat. am dinstag S. Ciriaxtak ao. 1514.«

A. Mbg., O. St. S. 7862, Kop.


151. Landgräfin Anna und die Verordneten Räte an Kurfürst Friedrich, Herzog Johann und Herzog Heinrich von Sachsen.
Marburg 1514 August 12.

Erinnern an das von den früheren Regenten gegebene Versprechen,
alljährlich den Ständen Rechenschaft abzulegen, das niemals erfüllt worden
ist, an die Kündigung der sächsischen Vormundschaft durch die hessischen
Stände und die Aufrichtung einer neuen Regierung auf dem Landtage
zu Homberg. Nach dem Beschluss der Stände sollen die Regenten in
Marburg vor dem Ausschuss Rechenschaft ablegen. Hartnäckiger Ungehorsam der Regenten. Gegenmassregeln der hessischen Stände.

Sie haben ihr Schreiben in Sachen der früheren Regenten
[s. o. Nr. 150] erhalten, »und sein sunder zweivel, dieselbigen e. l.
und cf. und f. g. tragen gut wissen, was groesser und merglicher
beschwerung und gebrechen wir und gemeine lantschaft des furstentumbs zu Hessen hieformals uf dem gehalten tage zur Neumburg
Ludwigs von Boyneburg und seins anhangs halben furgetragen
haben und anderm sunderlich die rechenung belangend, welche er
und die mitgewesen regenten solten eins iglichen jars, dieweil sie
an dem regiment weren, fur etlichen von den prelaten, ritterschaft
und steten des furstentumbs Hessen getaen, wie sie sich des ufm
Spisse offentlich bewilligt und ganzer gemeiner lantschaft ze tun
zugesagt, dem sie doch ... nie kein mal, als unwidersprechlicher
warheit ist und am tage ligt, nachkomen, dadurch wir und gemeine
lantschaft haben weiter lassen furtragen, wo des und anders nit
wandel verschafft, das wir alsdan ... Ludwigen und seinen anhank
im regiment gar nit erliden mugen noch wullen, welchs auch sambt
andern unlidelichen beschwerungen und gebrechen ... nachvolgends
uf dem gehalten lanttage zu Cassel fur e. l. und cf. und f. g., auch
derselbigen reten und allermenniglich weiter offentlich und dermas
luter und clar an tag getan, das sie solchs nit verantwurten mugen,
und haben doch daruber dieselbigen furgetragen beschwerde und
mengel nit geendert oder gewandelt wullen werden, deshalben gemeine lantschaft zu Cassel dazumal on ende mussen scheiden.
Darzu sein wir der unzweivelichen zuversicht, e. l. und cf. und f. g.

tragen auch weiter wissen, wie ein ganze versamelung gemeiner
lantschaft aus merglichem verursachen e. l. und cf. und f. g., auch
iren reten us Velsperg der formuntschaft und curation, desgleichen
der pflicht und eide halben, domit gemeine lantschaft verpflicht
wer oder sein moecht, widerumb gein Cassel geschrieben[1]), und
wie e. l. cf. und f. g. und ire rete zu Cassel abgescheiden, auch
ire treffeliche rete zu uns und gemeiner lantschaft alher gein
Marpurg gevertigt mit bevelhe und werbung, das dieselben e. l.
und cf. und f. g. in irem abscheide mit den regenten verfugt, von
dem regiment und der verwaltung beider fursten abzusteen, . . .
demnach e. l. und cf. und f. g. die versorgung der fursten und das
regiment in gemeiner lantschaft hant gestelt, und solchs alles den
von Cassel bis zu gemeiner lantschaft zukunft zu verwaren und in
versehung ze haben bevolhen, daruf gemeine lantschaft etliche aus
ire gein Cassel abfertigen moecht, sich der versorgung der fursten
und des regiments zu underwinden und das bis zu der zeit, das
ein ordenlich regiment gestelt, in versehung ze haben.[2]) Demselbigen nach wir uns mit gemeiner lantschaft gein Cassel gefugt
und die . . . fursten h. Wilhelmen und h. Philipsen . . . einig und
verlassen funden. Die haben wir Anna lantgrafin als die muter
ldg. Philipes mit rat gemeiner lantschaft zusambt den sigel und
secreten des gewesen regiments, so durch e. l. und cf. und f. g.
in abdretung desselbigen regiments zerschlagen und mit einem
ringesecreten verbitschirt sein gewesen, desgleichen etliche schlussel
darbei, alles us e. l. und cf. und f. g. bevelhe uns uberantwurt, in
unser verwarung und gemeine verwaltung bis zu volgendem lanttage, so zu Homberg gehalten ist, entpfangen und angenomen. Nu
ist uf dem . . . lanttage zu Hoemburg durch gemeine versamelung
ein ordenliche vergewaltung der regirung furzesein verordent und
unter anderm eintrechtiglich beschlossen, das Ludewig von Boyneburg und sein anhank furbeschener clage nach durch uns mit versehung notdurftigs gleits beschrieben sult werden, uf einem namhaftigen rechentag fur uns und dem ausschos von gemeiner lantschaft
darzu verordent alhie zu Marpurg zu erscheinen und irer verwaltung
halben rechnung, bezalung und bericht ze tuen und dieselbigen von
inen ze nemen, alles, wie sich das geburen wurde und sie ze tun
schuldig sein, das wir also zum zweiten mal und uberflussiglich
getan; aber sie sein alwege ungehorsamlich ussenplieben und haben
zum letzten ze komen und rechenschaft fur uns und gemeiner lantschaft des orts, do sie ire verwaltung gehabt, ze tun ganz abgeschrieben, unsers bedunkens und, als e. l. und cf. und f. g. zu
ermessen haben, ganz unpillich. Daruf ist durch uns und den usschoss gemeiner lantschaft beratschlagt und beschlossen worden,
ferner wege und handelung furzenemen, dadurch wir sie als undertanen der fursten und des furstentumbs zu Hessen nit allein zu
gehorsam, sundern auch zu geburlicher rechenschaft, bezalung und
allem demjenen, das unsern lieben schwager, soen und g. herren

---

[1]) Vgl. o. Nr. 118 S. 324 f.
[2]) Vgl. o. Nr. 120 S. 325 ff.

von inen von recht und pilgkeit wegen eigent und geburt, brengen, und damit wir ... unserm lieben soen und g. herrn, so sein l. und f. g. zu iren mundigen jaren komen wirt, wie mit derselbigen seiner l. und g. gute und sachen in iren jungen und unmundigen tagen umbgangen sei, berichten, auch uns unsers fleiss halben verantwurten mogen, wie wir das alles seiner l. und f. g. aus muterlicher treue und liebe, auch schuldiger pflicht schuldig und mit dem besten fleiss, sovil uns ummer muglich ist, us merglicher verursachung ze tuen gedenken. Das wolten wir e. l. und cf. und f. g. us freuntlicher und unterteniger meinung hinwider im besten unangezeigt nit lassen. Dat. Marpurg, am sambstage nach Laurentii ao. XIV.«¹)

A. Mbg., O. St. S. 7862, Cpt. von Feiges Hand.

**152. Landgräfin Anna und die Verordneten Räte an Ludwig von Boyneburg.²)  Marburg 1514 August 13.**

Kündigen ihm wegen seines hartnäckigen Ungehorsams in der Frage der Rechenlegung die Einung von 1509.

¹) Nachdem die früheren Regenten auch den zweiten Rechentag versäumt hatten, schritten die Landgräfin und die Verordneten Räte dazu, ihnen ihre Einkünfte aus den Besitzungen in Hessen abzuschneiden, wie man aus den folgenden beiden Schreiben ersieht, die am Sambstage nach Laurentii [August 12] aus Marburg abgingen. Das erste ist an den Kellner zu Butzbach Gobert von Wenings gerichtet und lautet: »Wir bevelhen dir mit diesem brive ganz ernstlich, das du Herman Schencken zu Schweinsperg ritter die 2000 gulden heuptgelts oder die zinse davon, so er alles uf der kelnerei bei dir zu Butzbach hat, hinfurder mehr nit volgen lassest, sundern uns anstat und von wegen unsrer freuntlichen lieben schwagers, soens und g. herren beder fursten zu Hessen damit gewartest bis uf unsern weitern bescheit; wan genanter Herman als ein gewesen mitregent des furstentumbs zu Hessen hat sambt andern seinen mitregenten solchs ires regiments halben, darzu wir sie dan mehr dan einmal uberflussiglich erfordert haben, uns und gemeiner lantschaft im furstentumb Hessen kein rechenung und bezalung bis noch tuen wullen. ... Es werden auch uf nehstkunftigen mitwochen [August 16] etliche unser rete ungeverlich mit 10 oder 12 pferden bei dir zu Butzbach inkomen, das wir dir haben nit verhalten wullen, dich darnach wissen ze richten.« (A. Mbg., a. a. O., Cpt. von Feiges Hand.) Das andere Schreiben ist an den Amtmann und den Rentmeister zu Rauschenberg gerichtet und lautet: »Wir bevelhen euch mit diesem brive ernstlich, des ir den zehenden, so Jorge von Hatzfelt, herr zu Willenberg, zu Erxdorff [Erksdorf westlich von Neustadt], desgleichen ander guter, die er sunsten doherumb hat, in verbot legt und ime davon hinfurter gar nichts volgen lasset, besundern die rente und zinse, so davon fallen, invordert und samelt und domit nimant gewartet dan uns ... bis uf weitern unsern bescheit.« (A. Mbg., a. a. O., Cpt. von Feiges Hand.) — Für Georg von Hatzfeld verwendete sich als dessen Lehensherr der Erzbischof Philipp von Köln bei der Landgräfin in einem Schreiben vom 27. August (Dat. Arnsberg, am Sonntag nach Bartholomäi 1514; A. Mbg., a. a. O., Or.). Er erhielt eine ähnliche Antwort wie die Wettiner am 1. September (Dat. Marburg, am Freitag nach Decollatio Johannis; A. Mbg., a. a. O., Cpt. von Feiges Hand).
²) In das Schreiben ist der Kanzleivermerk eingetragen, dass auch an die anderen Regenten, an Schenk, Berlepsch, Hatzfeld, Bodenhausen, Baumbach in gleicher Weise geschrieben werden soll.

»Wir Anna ... und die verordenten rete des furstentumbs zu Hessen fugen dir Ludwigen von Boyneburg zu vernemen, das uns zweivelt nit, du tragst gut wissen, wilcher mas wir dich als gewesen lanthofmeister und dein mitregenten von unser wegen und aus bevelhe des usschos gemeiner lantschaft des furstentumbs zu Hessen meher dan zu einem mael muntlich, schrieftlich und uberflussiglich ervordert und beschrieben haben, fur uns und dem gemelten usschosse alhie zu Martpurg zu erscheinen und euer ampte und verwaltung halben rechnung, bezalung und bericht ze tun, wie sich geburen wurde und ir ze tun schuldig. Dieweil du aber alwege ungehorsamlich ussenplieben bist und zum letzten ze komen und rechenschaft fur uns und gemeiner lantschaft des orts, dae du deine verwaltung geubt, ze tun ganz abgeschrieben hast, wilchs uns anstat und von wegen der hochgebornen fursten, h. Wilhelms und h. Philipses ... aus muterlicher liebe und treue, auch schuldiger pflicht mit willen zu erleiden nit geburt, ob sich dan weiterung darus begeben und uns darzu einicher verwarung unser eren halben von noeten seien wurde, so wullen wir dir . . ., (damit wir dich zu rechnung, bezalung und allem dem, das dir deiner verwaltung halben von rechts und pillichkeit wegen ze tun geburt, dest statlicher brengen mugen) die gelubde und eide, die wir die rete und du sampt andern hieformals ufm Spisse zesamen getan, hiemit ufgeschrieben und uns in dem unser eren halben gegen dir genugsamlich verwaret haben. . . . Geben zu Martpurg, am sontage nach Laurenci 1514.«

A. Mbg., O. St. S. 7862, nicht ausgefertigte Reinschrift, die von dem Kanzleibeamten Alexander Schweiss unterzeichnet ist.

**153. Protokoll über Verhandlungen zwischen den Statthaltern Herzog Georgs von Sachsen und den Abgesandten der ernestinischen Stände. [Leipzig 1514 August 27.][1])**

Gesandte bitten die Statthalter, sich mit ihnen zur Schlichtung der hessischen Irrungen zu verbinden. Statthalter wollen bis zur Rückkehr

---

[1]) Rückenvermerk: »Sontag nach Bartholomei ao. XIV haben die von der lantschaft unserer gst. und g. herren des curfursten hz. Friderichs und hz. Johannsen von Sachsen ire geschikten bei meins g. herrn des hz. Georgen stadhaltern alhie zu Leypzigk gehapt, und ist volgende meinunge gehandelt wurden.« — Zur Erläuterung der obigen Verhandlungen sei Folgendes bemerkt: Auf einem Landtage zu Altenburg, der Ende August 1514 abgehalten wurde, hatten die Ernestiner ihren Ständen einen weitläufigen Bericht über den Anspruch und Verlauf der Irrungen mit der Landgräfin-Witwe und den hessischen Ständen erstattet (vgl. die sächsischen Landtagsakten im Weimarer Archiv, Reg. Q f. 9 Nr. 4, glz. Ndschr.) und um Rat und Hilfe gebeten. Darauf hatten die Stände folgendes Gutachten gegeben, das dann auch von den Ernestinern befolgt wurde: 1. Es sollen etliche aus allen Ständen der Landschaft die Statthalter Hz. Georgs »von wegen gemeiner lantschaft in der hessischen handelunge« besuchen und laut einer Instruktion Werbung thun. 2. Sollen die Herzöge Friedrich, Johann und Heinrich eine Botschaft an den Kaiser abfertigen und ihn bitten, der Landgräfin-Witwe und ihrem Anhange zu gebieten, dass

Hz. Georgs warten; inzwischen sollen die früheren Regenten den hessi-
schen Ständen Rechnung thun. Gesandte sind damit nicht einverstanden.
Vorschlag eines hessisch-sächsischen Landtages. Statthalter lehnen den
Antrag ab. Sie sind auch nicht geneigt, den Regenten gegenüber den
Ansprüchen der Landgräfin-Witwe Schutz zu verheissen.

Abgesandte[1]) bringen in Erinnerung, wie die Häuser von
Sachsen und Hessen »eine lange zeit in fruntlicher einikeit gestanden«, wie sie der Vormundschaft des jungen Philipp und des
blöden Landgrafen nach dem Tode Wilhelms des Mittleren als vom
Kaiser bestätigte Kuratoren »getreulich vorgestanden und ir eigen
kammergut oftmals dargestreckt, bis solange sich die lantgrefin
sampt den ires anhanges — nicht wusten sie auf wes vortrostunge
— understanden, die herrn von Sachsen an irer vormuntschaft und
vorwaltunge zu betruben, die alden regenten zu entsetzen«; bitten
daher Georgs Statthalter, mit ihnen gemeinschaftlich auf eine gütliche Beilegung der Irrungen hinzuwirken. Statthalter erklären
sich dazu im allgemeinen bereit; weil die Landgräfin und die
Landschaft zu Hessen zu ihrem Herrn »noch ein gutes vortrauen
und willen trugen«, sei kein anderer so wie er als Vermittler geeignet. Doch soll man bis zu seiner Zurückkunft aus Friesland
die Sache ruhen lassen. Inzwischen sollten die alten Regenten
der hessischen Landschaft Rechnung thun, wozu sie doch als Verordnete der Stände verpflichtet sind. Gesandte sind mit diesem
Vorschlage sehr unzufrieden: er würde die Sache in die Länge
ziehen und die Regenten ihren Feinden ohne Gnade in die Hände
liefern, ausserdem wäre den Herren von Sachsen dieser Weg unleidlich; denn sie würden dadurch der Vormundschaft entsetzt.
Die Gesandten bringen einen andern Vorschlag an, nämlich die

---

sie sich nicht unterstehen sollten, die sächsischen Fürsten an der Ausübung
der Vormundschaft in Hessen zu hindern oder die Personen und Güter der
alten Regenten bis zum Verhöre derselben zu behelligen. 3. Da die Fürstentümer Sachsen, Thüringen, Meissen mit dem Fürstentum Hessen immer in guter
Einigkeit und Nachbarschaft gelebt haben, so wäre es angebracht, ein Schreiben
an die hessischen Stände abzufassen mit der Anzeige, dass »der stende der
furstentuem Sachssen, Dhoryngen und Meyssen gemuete und meinunge, sich
mit den stenden des furstentuems Hessen an gelegene malstat zu betagen und
von demjenigen, das unsern gst. u. g. hern im furstentuem Hessen begegnet,
zu underreden, der hoffenunge, zimliche mittel darinne zu suchen und finden,
doedurch weiterunge vormiden. Und alhie musten von allen stenden etliche
voordenet werden, ob sulicher tag zugeschrieben, denselben zu besuchen und
zu handeln laut einer instruction. ... Und wan sulich auschoes geordenet, die
sulten von den reten unserer gst. u. g. herren des zu- ader abeschreibens von
den stenden des furstentuems Hessen gewis gemacht werden und darnach an
seumen sulichen tag besuchen.« (A. W., Reg. C p. 110 Nr. 9 Bd. 4, Cpt.)
    [1]) Aus der Instruktion (A. W., Reg. C p. 110 Nr. 9 Bd. 4, glz. Ndschr.,
Dat. fehlt) erfahren wir die Namen der beiden Abgesandten Wolf von Weissen-
bach und Dr. Hans von der Planitz. Im Auftrage der sächsisch-ernestinischen
Stände hatten sie die Statthalter Hz. Georgs aufzufordern, sie sollten gemeinschaftlich mit den Ernestinern die früheren Regenten in Hessen schützen und
sich nicht von ihnen sondern lassen, »in ansehung, wie bei leben weilant
erzbischofs Herman von Cöln ein vertrag aufgericht, wie es nach absterben
ldg. Wilhelms mit der vormuntschaft gehalten werden solte.« Angespielt wird
damit auf den Nürnberger Vertrag vom 24. März 1501 s. Anna von Hessen S. 19 f.

Stände der beiden sächsischen Linien sollen die Landschaft von Hessen »an gelegene stelle zu sich beschreiben« und gemeinsam mit ihr über die Gebrechen in Verhandlung treten. Statthalter erklären auch diesen Modus für unbequem und umständlich: denn ihnen »wolde nicht gezimen, etwas hinder gemeiner lantschaft zu bewilligen, vil weniger hinder unsern g. herrn einen landtak aus-zuschreiben.« Gesandte bitten um die Erlaubnis, »die negisten ader sie alle aus dem lande zu sich an einen ort zu versameln und sich mit denselbigen diser gebrechen halben zu underreden.« Statt-halter schlagen das rundweg ab. Als aber die Gesandten »harte darauf bestanden«, fordern sie, ihnen vierzehn Tage »ein hinder-gang an unsern g. herrn zu vorgonnen.« Gesandte geben das zu und bitten, ihnen Antwort zuzusenden. Ferner fragen sie an, ob Hz. Georg wie seine Vettern die früheren Regenten »auf die gnedige vortrostunge, so ine ire herren, auch unser g. herr hz. George getan«, in Schutz nehmen werde, wenn die Landgräfin gegen sie thätlich vorgeht. Statthalter geben eine ausweichende Antwort und fordern, dass die Regenten vor allem Rechnung thun. Gesandte forschen danach, ob Hz. Georg etwas dagegen ein-zuwenden hat, wenn seine Vettern mit gewaffneter Hand für die alten Regenten eintreten. Statthalter weichen abermals aus; ihr Herr »were in Frislanden und wir alhie, darumb konden wir von seiner f. g. gemute nicht reden.« Sie bitten die Gesandten, »sie wolden diese unser bedenken der lantschaft vorhalden und zum gemute furen, ab es gut, das man umb Ludwigen von Boyne-burgen willen di lantschaft zu Hessen ubergeben solde, und sie, die vor unser frunde gewest, zu finde machen, und nachdeme die zwei heuser Sachsen und Hessen ein lange zeit in erbverbrudrunge und guter einigkeit gestanden, dieselbigen genzlich vom hause zu Sachsen zu sundern.«[1])

A. Dr., Loc. 8675, Ldg. Phil. Vorm. betr. 1509—24, glz. Ndschr. der Kanzlei Hz. Georgs.

**154. Instruktion des Kurfürsten Friedrich und der Herzöge Johann und Heinrich von Sachsen[2]) an ihre Räte Graf Hoyer von Mansfeld, Hans Renner und Hans von Berlepsch. 1514 September 6.**

Räte haben sich zum Kaiser zu begeben, um darüber Beschwerde zu führen, dass die Landgräfin-Witwe Anna die sächsischen Fürsten im

---

[1]) Im Weimarer Archiv (Reg. C p. 110 Nr. 9 Bd. 4, glz. Ndschr.) findet sich auch ein Bericht der Gesandten der Ernestiner über den Misserfolg ihrer Sendung. Da er sich in allen wesentlichen Punkten mit dem obigen Protokoll deckt, brauchen wir ihn nicht hier wiederzugeben. — Am Dienstag nach exaltationis crucis teilten die Statthalter Hz. Georgs den ernestinischen Ständen mit, ihr Herr habe ihnen geschrieben, dass ihm die Teilnahme seiner Stände an dem geplanten sächsisch-hessischen Landtage »in keinen weg leidlich« sei. (A. W., a. a. O., Or.)
[2]) Hz. Georg hatte seine Beteiligung an der Sendung zum Kaiser ab-gelehnt. Am 20. Mai 1514 berichtet Hz. Johann seinem Bruder Friedrich über

Widerspruch mit den kaiserlichen Verträgen aus der Vormundschaft in
Hessen verdrängt hat, die früheren Regenten zur Rechnung fordert und
ihrer Güter beraubt. Maximilian soll der Landgräfin verbieten, die Wettiner
an der Uebung der Vormundschaft zu hindern. **Geheime Instruktion
Berlepschens:** Die Wettiner haben bei ihrer Abreise vom Landtage zu
Kassel nicht auf die hessische Vormundschaft Verzicht geleistet. Verhalten
des Gesandten für den Fall, dass der Kaiser Kommissare abordnen wollte.

Beschweren sich, dass die Landgräfin-Witwe im Widerspruch
mit den vom Kaiser aufgerichteten Verträgen zu Marburg[1]), Gengenbach[2]) und Köln[3]) die Herzöge von Sachsen an der Vormundschaft
über die Landgrafen Wilhelm und Philipp hindert und sich unterstanden hat, ein Bündnis[4]) aufzurichten, das der Hoheit der hessischen
Fürsten nachteilig ist, dass sie ferner »slos und flecken eingenumen,
... auch etliche ambtleut entsetzt und andere irs gefallens zu
ambtern verordent, auch neue erbpflicht genumen und di alten
regenten auf S. Jacobstak [Juli 25] negstverschinen zu irn rechnungen fur sich und di, so si den ausschus genant, gein Marpurg
erfordert.«[5]) Weder der Landgräfin noch ihren Räten gebürt die
Rechnunglegung, sondern den Herzögen von Sachsen als Obervormündern, wie das der Marburger Vertrag ausdrückt. Nach
diesem Vertrage haben die Herzöge Hermann Riedesel anstatt der
Landgräfin und eine stattliche Anzahl von den hessischen Ständen
zur Rechnung nach Mühlhausen beschieden, aber es ist niemand
als die alten Regenten erschienen, »darumb di rechnung dazumal
nachblieben.« Trotzdem hat die Landgräfin und ihre Räte die
früheren Regenten bedroht und »an irn gutern belaidigt.« Um
den Handel möglichst friedlich zu schlichten, haben die Herzöge
Friedrich und Johann ihre Stände um Rat ersucht[6]) und demzufolge
ihre Beschwerden an den Kaiser gebracht. Unter Hinweis auf die
Erbverbrüderung zwischen den Häusern Sachsen und Hessen und
die Zulassung der Vormundschaft über die Landgrafen durch den
Kaiser sprechen die sächsischen Fürsten die dringende Bitte aus,
Maximilian möchte »der lantgrefin wittib und der lantschaft des

---

den Misserfolg von Verhandlungen zwischen dem Rate Hz. Georgs und den
Räten der Ernestiner über die hessischen Angelegenheiten. Hz. Georg sei entschieden gegen den Vorschlag seiner Vettern den Vormundschaftsstreit an den
Kaiser zu bringen. »Dan di furstentum Sachssen, Duringen, Meyssen und Hessen
wern von vil jarn her in lobl. einungen, verbruderung, freuntlichem willen und
vertregen also herkumen, wo irrung oder zwitracht zwischen inen entstanden,
wern di in gehaim und freuntlich beigelegt und bette keiner frembden suchung
bedurft.« Dat. Gotha, Sonnabend nach Cantate ao. 1514. (A. W., Reg. C p. 110
Nr. 9 Bd. 5, Or.)
[1]) S. o. Nr. 29 S. 114 ff.
[2]) S. o. Nr. 49 S. 148.
[3]) S. o. Nr. 59 S. 158 ff.
[4]) Gemeint ist die Treysaer Einung s. o. Nr. 78 S. 192 ff.
[5]) S. o. Nr. 133 S. 354.
[6]) Die Anträge der sächsischen Räte beim Kaiser wurden durch eine
umfangreiche Bittschrift unterstützt, die die sächsischen Stände aus Altenburg
am 26. August 1514 (Samstag nach Bartholomei) an Maximilian gerichtet hatten.
In allen wesentlichen Punkten stimmt sie mit der Instruktion der sächsischen
Räte überein. (A. W., Reg. C p. 110 Nr. 9 Bd. 4, Kop.)

furstentums Hessen ernstlich mandirn und bevelhen, sich einicher regirung zu enthalten und uns an unser vormundschaft und curation nit zu verhindern, auch di alten regenten wider recht nit zu vorgewaldigen, sundern si bei irn erbieten bleiben zu lassen, inen auch desjenigen, so in entwant, erstatung zu verfugen. ... Dat. am sechsten tag septembris ao. 1514.«

### Geheime Instruktion Berlepschens[1]):

Sollte der Kaiser vorwenden, ihm sei berichtet worden, die sächsischen Herzöge hätten sich der Vormundschaft selbst entäussert, indem sie »der lantschaft di verwarung irer herrn und das regiment zugestelt«, so soll Berlepsch darauf erwidern: es ist niemals die Absicht der Herzöge gewesen, die Vormundschaft vor der Volljährigkeit Ldg. Philipps niederzulegen, sondern »es hat di gestalt: Do uns di lantschaft das vermeint aufschreiben (der pflicht) getan[2]) und wir hz. Johanns und hz. Heinrich noch bei haiden fursten von Hessen in Cassel gewest, haben eins teils der lantschaft etliche von Cassel nahent vor der stadt beraubt und di nam gein Spangenbergk gefurt, dadurch ein merklich aufrur in der staidt erwachsen. Darumb zu verhutung weiter entborung haben wir sambt hz. Jorgen gesanten baide lantgrafen, auch das regiment zu unsern handen genumen und di fursten etlichen von der lantschaft bevolhen, bis ein ander regiment mit unser aller als vormunden und curatorn wissen und verwilligung verordent wurde. ... Was auch den reten in reden weiter begegen wirdet, das diser instruction widerwertig sein mocht, zu ableinung desselben sal Hanns von Berlepsch, als der bei dem handel gewest, sovil er sich zu der sachen dinstlich erinnern mag, den andern zwaien hern unterricht tun, damit es verlegt werde.« Sollte der Kaiser in der Sache Kommissare abordnen wollen, hat Berlepsch einzuwenden, dass »wir der hoffnung, ir Kai. Mt. als der oberst herr wisse in dieser gerechten sach unser und der alten regenten beswerung an weitleuftige verhore abzuwenden.« Sollte der Kaiser indessen auf der Ernennung von Kommissaren bestehen, so haben diė Räte Kai. Mt. zu bitten, »diselben namhaft anzeigen« zu lassen, damit sie ihre Herren davon unterrichten und erfahren könnten, ob die in Aussicht genommenen Kommissare ihnen genehm sind. Sollte der Kaiser um Vorschläge bitten, so sollen die Räte die Bischöfe von Würzburg und Strassburg, den Herzog Ulrich von Württemberg und den Pfalzgrafen Kurfürst Ludwig nennen; doch sollen sie »kein entliche vorwilligung in comissarien tun, sundern auf dem beharren, das in geburen wolte, solchs furderlich an uns gelangen zu lassen.«

A. W., Reg. C p. 110 Nr. 9 Bd. 4, Kop.

---

[1]) Überschrift: »Dise Artikel sein Hansen von Berlebsch allein untergeben, di bei im zu behalten, dem grafen und Renner sovil not daraus unterricht zu tun.«
[2]) S. o. Nr. 118 S. 324.

**155. Landgräfin Anna an ihre Brüder, die Herzöge Heinrich und Albrecht von Mecklenburg. Kassel 1514 September 7.**

Besorgnis vor einem Einfall der Ernestiner. Bitte um bewaffnete Hilfe. Besorgnis vor Hz. Heinrich dem Jüngeren von Braunschweig.

Meldet, dass die Herzöge von Sachsen aufgeboten und »einen merglichen reisigen gezeuk bei einander sullen haben. Dweil wir uns nu vermuten, wo dem also ist, das solichs uber nimant anders dan uns und das furstentumb zu Hessen angericht und furgenommen werde«, so bittet sie ihre Brüder, für sie 200 oder 300 Reisige bereit zu halten, um ihr dieselben auf ihre Bitte »so tag so nacht aufs allerfurderlichst zuzeschicken.« Ferner hat sie gehört, dass der Kurfürst von Sachsen und Friedrich Trott »mancherlei practiken suchen sullen, hz. Heinrichen den Jungern von Braunschweig in hz. Heinrichs seins vaters fussstapfen[1]) uns und dem furstentumb Hessen zu entgegen zu bewegen und dan hz. Heinrichen von Lunenburg[2]) itzgemeltem hz. Heinrich von Braunschweig anhengig ze machen. Nachdem uns nu solichs, wo es geschee, vast zewider und ungelegen were, so ist unser bit, das e. l. zu hz. Heinrichen von Lunenburg aufs furderlichst schicken und das zum besten verhuten wullen. ... Dat. Cassel, am donnerstage nach Egidy ao. XIV.«[3])

A. Schwerin, Hassiaca, Or.

**156. Die Stände des Kurfürstentums Sachsen an das Geschlecht der Riedesel zu Eisenbach.[4]) [Altenburg] 1514 September 9.**

Einladung zu einer Zusammenkunft in Berka.

Kurfürst Friedrich und Hz. Johann von Sachsen »haben uns itzt zu einem lanttage hiehere gein Aldenburg erfordert und under anderm furhalten erzelen lassen, wie die sachen irer cf. und f. g. curation und vormuntschaft unser g. herren von Hessen gelegen,

---

[1]) Anna denkt dabei wahrscheinlich an den Streit, den Hz. Heinrich I. der Ältere von Braunschweig-Wolfenbüttel und sein Bruder Hz. Erich der Ältere von Braunschweig-Kalenberg im Jahre 1498 im Bündnis mit Ldg. Wilhelm dem Jüngeren gegen Ldg. Wilhelm den Mittleren führten (s. Rommel III, 114 ff.). Heinrich der Ältere war am 23. Juni 1514 vor Leerort in Ostfriesland gefallen; sein Sohn Hz. Heinrich II. der Jüngere war ihm in der Regierung gefolgt.

[2]) Gemeint ist Hz. Heinrich der Mittlere von Lüneburg (geb. 1468 gest. 1532).

[3]) Die zusagende Antwort der Brüder findet sich undatiert im Concept im Schweriner Archiv.

[4]) Gerichtet ist das Schreiben an »alle Rieteseln, erbmarschalhen zu Hessen.« Unterzeichnet ist es: »Prelaten, graven, ritterschaft und stete des curfurstentumbs Sachssenn und der furstentum Dhuringen, Meyssen, Voytland und des orts Franckenlands, die itzt uf gehaltem lanttage zu Aldenburg vorsamelt gwest.« — Rückenvermerk: »Dieser brieve ist uberantwort uf S. Gallentage [Oktober 16] ao. 1514 zu Marpurg.«

und das es, wie wir vormerkt, so weit geraicht, das etlich aus euch iren cf. und f. g. unterstanden, ein aufschreiben der pflicht zu der curation und vormundschaft zu tun[1]) und ire cf. und f. g. an der curation und vormundschaft zu vorhindern, welchs wir nit gern vernomen. Nachdem dan kundig und unverborgen, wie allenthalben unser gst. und g. herren von Sachssen und Hessen mit irer cf. und f. g. furstentumen und landen in erbverbruderung und erbeinung stehen und aus vermuge derselben und verwantnus des gebluts zu ainander geboren, auch was gutes und gedeiens ir aller g., auch derselben untertanen aus dem freuntlichen und nachparlichen willen, der sich gotlob zwischen irer aller g. und derselben landen und leuten bishere gehalten, erwachsen, haben wir furgenomen, euch und etlich andre aus den stenden des furstentumbs Hessen an gelegen malstat zu erfordern, dahin wir dan etliche aus uns auch zu schicken bedacht. Und ist unser gutlich und freuntlich bite, ir wollet euch mit den andern stenden des furstentum̄bs Hessen deshalb underreden und voreinigen und uf montag nach S. Simon und Judastag [Oktober 30] schirst zu Bercka an der Werre, dahin wir dan auch schicken wollen, zu erscheinen, mit euch und andern des furstentumbs Hessenn von den sachen zu unterreden und mit gotlicher hilf bequeme wege und mittel zu suchen und furzunemen, dise handlung auf ander ban zu richten, domit wie bis anhere zwischen den fursten und furstentumen Sachssen und Hessen freuntlicher, nachparlicher und guter wille erhalten werde. Wollet auch mittler zeit die sache in ruhe stehen lassen. Des tun wir uns aus verwantnus und freuntlicher und guter nachparschaft genzlich zu euch vorsehen. . . . Dat. under unser etlicher petzschaften am sonnabend nach unser lieben frauen tag nativitatis ao. 1514.«[2])

A. Mbg., M. St. S. 8277, Or.


### 157. Landgräfin Anna an die Verordneten Räte des Fürstentums Hessen. Kassel 1514 September 9.

Weist an sie den sächsischen Rat Dietrich von Werthern.

»Aus inligender schrift[3]) werdet ir versteen, wes uns der hochgelerte . . . Dittrich von Werter, der rechten doctor, itzo ge-

---

[1]) S. o. Nr. 118 S. 324.

[2]) Gleichlautende Einladungsschreiben an die Städte Spangenberg und Eschwege finden sich im Original im Marburger Archiv (M. St. S. 8277).

[3]) Dietrich von Werthern hatte sich am 7. September (»am obint unser lieben frauen«) von Marburg aus mit einem Brief (A. Mbg., O. St. S. 7862, Or.) an die Landgräfin gewandt, in dem er ihr meldete, dass er von den Statthaltern Hz. Georgs »in sachen die alten regenten belangind« an sie entsandt sei. »Dieweil ich dan alhier zu Martburgk nicht eigentlichen bescheit habe mogen bekomen, woe ich eigentlich e. g. finden mocht, auch meine pherd abegereten, ist an e. g. mein undertenige dinstliche bitte, e. f. g. wollen mir furderlich gnediklich zu erkennen geben, woehin ich zu e. g. und e. g. zuvorordenten reten kome[n]

schrieben hat. Begeren demnach mit gnedigem fleis, das ir denselben seins gewerbs, so er von seins hern stathelters wegen der
alten regenten halben an uns zu tun hat, notdurftig verhoeret und
alsdan ... furter alher gein Cassel weiset, uns auch, wie ir euer
gemuet und gutdunken in dem beschlossen habt, in einer neben-
schrift allenthalben anzeigt; so soll er uns hieselbst zu Cassel finden
ader bei dem stathelter[1]) bescheit emphahen, woe er uns in der
nahe von hinnen anzutreffen habe. ... Dat. Cassel, sonnabents
nach nativitatis Marie ao. XIV.«

A. Mbg., O. St. S. 7862, Or.

**158. Die Verordneten Räte des Fürstentums Hessen an die
Landgräfin-Witwe Anna. Marburg 1514 September 11.**

Uebersenden der Landgräfin ihr Gutachten über Wertherns Anträge:
Rechtfertigung der Beschlagnahme von Boyneburgs Gütern. Lehnen das
Ersuchen der Statthalter Hz. Georgs ab. Beilage: Bericht der Verordneten Räte über Wertherns Werbung: Statthalter Hz. Georgs
befürchten, dass die Händel der Landgräfin mit den früheren Regenten
wegen der Rechnung Aufruhr verursachen möchten, und raten ihr, die
Verfolgung der Sache bis zur Rückkehr Hz. Georgs aus Friesland zu
vertagen.

»Auf e. f. g. schreiben[2]) haben wir heut dr. Dietherich von
Werterde gehort; der hat werbong an uns getan, wie e. f. g. in-
ligend zu vernemen finden. ...[3]) Nachdem nu e. f. g. begert haben,
derselben uf sein anbringen unser gemuet und gutbedunken anzuzeigen, so wollen wir e. f. g. unser bedenken in undertenigkeit
nit verhalten. Und dweil e. f. g. wissen, das vormals zu Homberg
auf dem landtage die gewesen regenten zur rechenong zu fordern,
nachvolgend durch den ausschos hie zu Marpurg, sich zu iren
gutern zu tun, beschlossen und bevolen, das zu endern beschwerlich, darzu was sachen furhanden sein, dardurch der anstant, davon
dr. Werterde meldung getan hat, nit wol zuzelassen ist, und wir
daneben auch ermessen, solt die sach zu weiterung kommen, besser
zu sein, das e. f. g. und die rete unser g. herren gelt und gut
betten dan unser widerwertigen, konnen wir uns in diesen sachen
nit wol in solicher eil gruntlich entschliessen; und demnach, dweil
dies ein wichtiger handel ist, der wol tapfers rats bedarf, und
sonderlich noch sachen furhanden sein, wie e. f. g. wissen, halten
wir dafur aus ursachen uns darzu bewegend, dieselben betten uf
dismal die antwort zu geben: Erstlich der angezeigten schrift halben,

sal, und ob e. f. g. bedacht wern, etwas kegin die alten regenten vorzunemen,
e. f. g. wolten gnediklich domit bis zu meiner ankunft vorziehen.« — Die Kredenz, die die Statthalter Hz. Georgs Dietrich Werthern ausstellten, ist in Leipzig,
am Freitag nach Augustini (September 1) 1514 ausgestellt (A. Mbg., a. a. O., Or.).
    [1]) Kraft von Bodenhausen.
    [2]) S. o. S. 389 Nr. 157.
    [3]) S. u. die Beilage.

die sich einer zugeschriben vehd solten vergleichen, das, nachdem aus den ursachen der gewesen regenten onbillichen verhaltens der rechnong durch den ausschos am jungsten hie beschlossen und bevolen worden, sich iren gutern zu nahen, so haben e. f. g. als ein lobl. furstin und wir als from prelaten und ritterleut nit wollen underlassen, sonder in vor solichs zu erkennen geben, derhalb dan solich schrifte gescheen, darauf dan etlich einnemen irer guter gevolgt, das e. f. g. versehens von nimꝏnds unparteisch fur ongepurlich sol oder moge geacht werden, derhalb nimands ursach hab, von derwegen aufrur oder entporung zu erwecken; wo aber solichs geschee, mocht man dargegen auch die notturft gedenken. Nachdem aber e. f. g. sampt den verordenten reten angezeigt, des ausschos bevehl on wissen und verwilligen desselben nit zu endern, zu kurzen ader zu lengern hetten, konnten sie auf das dismals nit entlich antwort geben, sonder wolten das ein zeit lang bedenken und an die, doran es geboren wolt, gelangen lassen, darnach den stathelterm bei eigener botschaft weiter antwort zufertigen. Doch so wolt e. f. g. damit keinen anstant bewilligt haben, so wolt sich auch ie onwidersprechlich gepuren, dasjene, so die gewesen regenten unserm g. herrn zustendig, es sei von registern, so zu zeit unsers g. herrn sel. absterben dagewesen, gelt oder anderm under handen haben, vor allen dingen e. f. g. und den reten zu libern und zu ubergeben und damit auf die rechnong, die sie auch nit minder zu tun schuldig sein, nit zu verzihen. Wo das nu gescheen were, konten e. f. g. und die ret abermals desto bas sich ires gemuts entschliessen und antwort geben. Mitler zeit mocht e. f. g. und die rete den sachen weiter nachgedenken und forschung haben. Doch so stellen wir es zu e. f. g. hohem und der andern gutbedunken und verbessern, was e. f. g. darine gefelt, ime fur antwort zu geben. ... Dat. Marpurg, am montage nach nativitatis Marie ao. XIV.«

Beilage: Bericht der Verordneten Räte über die Werbung Dietrichs von Werthern.

»Am montag nach unser frauen nativitatis [September 11] ao. XIV. ist dr. Dietherich von Werterde, geschikt von den stathalterm zu Leipzig hz. Georgen von Sachsen, hie gewesen und hat an die mitverordenten rete, nemlich h. Ditherich von Clee lantcomturen und Lebstein von Lebstein in beisein des canzlers diese werbung getan. ... 1. Wie ime dieselben stathelter bevolen beten, unser g. frauen ... und den verordenten reten ir undertenig, willig und freuntlich dinst zu sagen, und so es inen an iren leiben und in dieser furstlichen regirung glugselig und wol zustund, das betten sie anstat ires g. herrn hz. Georgen ein besondere freud zu horen. 2. Und furter bevolen, iren g. und inen zu erkennen zu gehen, wie sie in erkundung kommen, das die alten gewesen regenten auf dem angesatzten tag zu irer rechenong alhie zu Martpurg nit erschienen weren, vil weniger dasjene, so sie noch unsern g. herren und dem furstentumb Hessen zustendig under handen betten, gelibert, dadurch ir f. g. und sie geursacht, ernstliche schrift gegen

sie, die sich einer vebde vergleichten, ausgeen zu lassen, wilchs
die gewesen regenten bewegt haben solt, ire herren und freund
deshalb umb hanthabung, hilf und rat anzusuchen, derhalb sie sorg
oder forcht (als er [Werthern] es genant hat) trugen, das solichs
mocht entporung und aufruer geberen, wilchs sie zu verkommen,
womit sie mochten, anstat hz. Jeorgen sich schuldig erkenten und
fur sich selbst sonderlich gneigt weren, und sehen derhalb fur gut
an, das ir f. g. und sie, ob sie in willen stunden, gegen die gewesen regenten etwas furzunemen, damit bis auf irs g. herrn hz.
Georgen zukunft in ruhe oder stil zu steen, nachdem sie dafur
hielten, das unserm g. herrn und dem furstentumb an solcher
rechnong nit sovil gelegen sei, ongezweivelt sein f. g. wuste zu
irer ankunft dan wol mittel und weg zu finden, damit solichs zu
friden gestelt wurde. Mitler zeit wolten sie die stathelter allen
vleis furwenden, hofften auch solichs zu erlangen, das unserm g.
herrn und dem furstentumb Hessen dasjene, so inen zustund und
die alten regenten noch unter handen hetten, solt gelibert werden,
und das man von obgemelten stalteltern dis anbrengen underteniger
guter getreuer meinong verstehen wolt.

    Daruf haben ime die rete die antwort geben, wie sie sein
anpringen vernomen hetten, und des erpietens dank gesagt, und
wolten solich sein gewerb ermessen und darnach ine zu unser g.
frau abfertigen, iren f. g. auch daneben ire gutbedunken und meinong
zu schreiben mit ander hoflicheit, wie sich gepurt.«

    A. Mbg., O. St. S. 7862, Cpt. von Feiges Hand.


**159. Hans von Berlepsch an Kurfürst Friedrich von Sachsen.**
**Innsbruck 1514 September 27.**

        Berichtet über den Ausgang seiner Sendung an den kaiserlichen
Hof. Zweifelhafte Gesinnung des Kaisers in der hessischen Sache. Er-
langung eines Mandates gegen die Landgräfin-Witwe und die hessischen
Stände.

    Ist am Tage der Kreuzaufrichtung [Sept. 14] in Innsbruck
angekommen. Der Kaiser war eben auf die Jagd gegangen. Er
unterrichtet den Meister Hans Renner und den Herrn von Mansfeld von dem Zweck seiner Sendung. Mansfeld erzählt ihm, dass
der hessische Handel schon im kaiserlichen Rate erörtert worden
ist; man hat dort beschlossen, die Herzöge von Sachsen in der
Vormundschaft aufrecht zu erhalten und die Regenten wieder einzusetzen. »Do aber die sach vor Kai. Mt. komen sie, hab bie ir
Mt. solicher ratslack kein stat haben wullen, was orsachen sie em
unbewost.« Sonnabend nach dem heiligen Kreuztage [Sept. 16] ist
der Kaiser nach Innsbruck zurückgekehrt. Am Sonntag hat er die
Werbung Renners, Mansfelds und Berlepschens in Gegenwart des
Kanzlers gehört und sich Bedenkzeit ausgebeten. Am Montag ist
er auf die Jagd mit Berlepsch geritten und hat mit diesem »vil
red der handelung halwen gehapt.« Maximilian hat Berlepsch

gefragt, ob der Kurfürst keine Citation erleiden möchte, worauf der Rat erwidert, dass das nur in dem Fall geschehen würde, wenn man beim Gegenteil erwirkt hätte, dass er die Herzöge von Sachsen nicht mehr an der Vormundschaft hindert. Dann würden die sächsischen Fürsten sich gern vor dem Kaiser und den Ständen des Reichs zu Recht erbieten. Berlepsch hat aber vorläufig beim Kaiser nichts anderes als ein Mandat gegen die Landgräfin-Witwe und die hessischen Stände erlangen können, wodurch sie aufgefordert werden, von der Regierung abzustehen und die Herzöge von Sachsen nicht an der Übung der Vormundschaft zu hindern.[1]) Wenn sie indessen gegen dieses Mandat etwas einzuwenden haben, sollen sie auf einem noch anzusetzenden Tage vor dem Kaiser erscheinen. »Dat. I[n]spruck, den 27. September ao. 1514.«[2])

A. W., Reg. C p. 110 Nr. 9 Bd. 4, Or.

**160. Kaiser Maximilian I. an Landgräfin Anna und die hessischen Stände. Innsbruck 1514 Oktober 4.**

Gebietet ihnen entweder die Wettiner als Vormünder anzuerkennen oder am kaiserlichen Hof zu erscheinen, um sich wegen ihrer Handlungen zu verantworten.

Die Herzöge von Sachsen haben ihm geklagt, dass die Landgräfin und ihre Anhänger die kaiserlicken Verträge zu Marburg, Gengenbach und Köln verletzt und die sächsischen Fürsten an der Vormundschaft verhindert, »ain puntnus, die [!] den fursten von Hessen an iren hochhaiten zu merklichem nachtail raiche, aufzurichten, euch in die regierung also zu dringen« unterstanden haben »und darauf die alten hofmaister und regenten ires regiments, auch etlich amptleut, rentmaister und ander irer ampter und verwaltungen entsetzt, derselben ains tails fenclichen angenomen, zu unbillichen glubden gedrungen und darzu ire heuser und gueter mit gewalt genomen und ander nach euerm gefallen darzu verordent.« Er befiehlt ihnen daher entweder die Herzöge von Sachsen an der Vormundschaft »ungeirrt« zu lassen oder am 6. Dezember am kaiserlichen Hofe zu erscheinen, um ihr Verhalten zu verantworten. Ferner wird ihnen geboten, den alten Regenten die Güter wieder herauszugeben, die sie mit Beschlag belegt haben,

[1]) S. u. Nr. 160.
[2]) Aus einem Schreiben, das die Ernestiner am 20. Oktober an Hans Renner richteten, ersieht man, dass sie mit dem Erfolge der Sendung Berlepschens unzufrieden sind. Sie klagen darüber, dass es ihnen »nit wenig nachteilig ist, dergestalt beswert in der sachen zu tagen, zu vorhore und handlung zu komen und die auf unsern kosten zu furen.« Ferner bemängeln sie es, dass der Name Hz. Georgs sich in dem Mandat findet, obgleich sie doch nichts in seinem Namen gefordert hätten. Sie bitten daher um Ausfertigung eines neuen Mandats, in dem ihr Vetter aus dem Spiele bleiben soll. (A. W., Reg. C p. 110 Nr. 9 Bd. 4, Cpt.)

und die gefangenen Amtleute und Rentmeister freizugeben und die ihrer Ämter entsetzten wieder einzusetzen. »Geben in unser stat Ynnsprugg, am vierten tag des Octobris ao. 1514.«

A. W., Reg. C p. 110 Nr. 9 Bd. 4, Kop.

### 161. Instruktion der sächsischen Abgesandten zum Tage von Berka. [1514 Mitte Oktober.][1]

Sollen an die legitime Herkunft der sächsischen Vormundschaft erinnern und sich über die Aufkündigung derselben von seiten der Hessen beschweren. In Ansehung der Erbverbrüderung erkennen sich die sächsischen Stände schuldig, durch ihre Vermittlung das gute Einvernehmen zwischen Sachsen und Hessen wiederherzustellen. Anträge und im Falle der Ablehnung derselben Rechtserbieten.

Sie sollen die hessischen Stände an die Gesandtschaft erinnern, die sie im Sommer 1509 unter Führung Boyneburgs abgeordnet, um die Wettiner zu ersuchen, die Vormundschaft über Ldg. Philipp zu übernehmen[2]); ferner an die Bestätigung der Vormundschaft durch den Kaiser. Dann berühren sie die Irrungen, die sich in letzter Zeit zwischen der Landgräfin-Witwe und den hessischen Ständen einerseits und den Herzögen von Sachsen und den früheren Regenten andererseits erhoben haben, und wie der Kurfürst Friedrich und sein Bruder ihren Ständen dieselben vorgetragen und um ihren Rat gebeten haben. Die sächsischen Stände beklagen es als einen Fehler, dass die Hessen ihren Herren ohne weiteres die Vormundschaft aufgeschrieben haben, statt sich wie üblich zunächst mit ihren Beschwerden an den Kaiser als obersten Vormund zu wenden und um Abstellung der Gebrechen zu bitten. »Weil es sich aber nu also eingeflochten, erkennen sich unser hern und freunt, di stende, schuldig, weil si mit euch und ir widerumb mit inen in langherbrachter einung, alles zu suchen, das zu erhaltung freuntlichs willens und guter nachparschaft dinstlich, in ansehung was gutes di erbverbruderung und einung baiderseits furstentumen und derselben einwonern gewirkt, und darumb euch hieher zu disem tag beschriben, uns von irn wegen abgefertigt, euch gelegenheit dis handels anzuzeigen, weil dan, wie ir wist, ir zu uns und wir widerumb zu euch gehorn, wie dan solchs von den fursten verbrieft und von den undertanen in der erbhuldung mit aiden befestet.« Sie bitten, dass die Hessen die Verträge achten und die sächsischen Fürsten an der Ausübung der Vormundschaft nicht hindern, ferner dass sie gegen die alten Regenten nichts vornehmen, sondern sich mit den Sachsen eines Rechentages vereinigen.

---

[1]) Dat. fehlt. Ich möchte die Abfassungszeit des Schriftstückes etwa Mitte Oktober ansetzen; doch ist keineswegs ausgeschlossen, dass es schon früher wie z. B. zur Zeit des Einladungsschreibens (s. o. Nr. 156 S. 388), also Anfang September, abgefasst worden ist.
[2]) Vgl. o. S. 37 Nr. 10.

»Wo nu di aus dem furstentum Hessen solchs nit willigen und umbswaif, di der sachen nit dinstlich, suchen wolten, sollen der lantschaft geschickten mit vleis unterstehen, ob si bequeme gutliche wege suchen, ob si der sachen mas finden mugen, und wo di Hessen in gutlichen mitteln nit volgen wolten, si alsdan zu er-innern, ob si in disem falle des austrags vor den marggraven von Brandenburg, als di mit in di erbeinung gehorten, oder des pfaltz-graven curfursten oder der erzbischoven Trier und Colnn oder des bischofs zu Wirtzburg oder hz. Ulrichs von Wirtenberg warten wollen.   Wo si dan dis auch abslaen wurden, inen alsdan anzu-sagen, das di lantschaft dise suchung freuntlicher und guter meinung getan; weil aber dis alles und sunderlich di erbieten anzunemen abgeslagen, des sich di lantschaft nit versehen betten, wolt inen als den geschickten geburn, gelegenheit des handels und was in zu antwurt begegent, irn hern und freunden widerumb zu vermelden.«

A. W., Reg. C p. 110 Nr. 9 Bd. 4, glz. Ndschr. der ernestinischen Kanzlei.


### 162. Beglaubigungsschreiben der hessischen Abgesandten zum Tage von Berka.   Marburg 1514 Oktober 22.

Die Einladungen zum Tage von Berka sind so spät in ihre Hände gekommen, dass der Ausschuss die Stände nicht mehr hat berufen können. Absendung einiger Abgeordneter, um das Anliegen der sächsischen Stände anzuhören.

»Wir Ditherich von Cleen, lantcomtur der balei zu Marpurgk, Petrus von Heger, gemeiner preceptor des hauses S. Anthonii zu Grunberg, auch wir nachbenante Conradt von Waldenstein hof-meister, Herman Rietesel erbmarschalk zu Hessen, Lebstein von Lebstein, Philips Meisenbugk marschalk und Craft von Bodenhausen als lantsessen von der ritterschaft, desgleichen Eberhart von Heusen-stam, Peter von Treispach, Caspar Meisenbugk der elter, Fridrich Dide, Philips Braun von Nordegk, Wilhelm von Dornbergk, Eber-hart von Bischoferad, Adolff Rau von Holtzhausen amptman zu Gernsheim, Egkebrecht von der Malspurgk, Johan von Lebstein genant von Schweinsperg, Eberhart Schengk von Schweinsbergk, Eberhart Schutzsper genant Milchling, Heintz von Eringshausen, Hans von Berlibschen, Johan von Eschewegk, Johan Claur, Herman Herolt, burgermeister, . Herman Baun und Georg Nusbigker als dismals geschigkten von Cassell, burgermeister und rat der stat Marpurg, Heintz Adam, burgermeister zu Treisa, Conradt Tholde, dismals geschickter der stat Alndorff an der Werrhe, Heintz Laupach, geschickter von der stat Homberg, und Herman Muller, geschickter von der stat Spangenberg« entbieten den sächsischen Ständen, »so nebst auf den tag . . . gen Bergka verordent und geschickt werden, unser freuntlich, willig, geflissen dinst. . . . Als wir heut . . . etliche in unsern ampten und dinsten, etliche in andern sachen ongeverlich hie zusammenkommen, haben wir vernommen,

das etlichen personen und steten dieses furstentumbs von euch . . .,
so jungst in Aldenburg versammelt gewesen sint, etlich brif, doch
noch zur zeit in geringer anzal zukommen sein. . . .¹) Wiewol wir
nu nit alle beschrieben sein, so sehen wir soliche schrift dannoch
dafur an, das es ein gemein ausschreiben sei und das uns andern
auch gleiches inhalts geschrieben werden mocht.« Leider sind die
Briefe so spät eingelaufen und der angesetzte Tag so nahe, dass
es nicht möglich ist, »in solcher eil gemeine lantschaft zusamen-
zupringen« und, wie begehrt wird, eine Gesandtschaft von wegen
gemeiner Landschaft abzuordnen, »nachdem not sein wolt, das gemeine lantschaft vor versamelt wurde.« Doch »als diejene, die . . .
gneigt und begirig sein, mit den lobl. lantschaften der furstentumb
Sachssen, Doringen, Meissen . . . gute einigkeit, freuntlichen willen
und nachparschaft zu halten«, senden sie auf den Tag zu Berka
etliche, um das Anliegen der sächsischen Stände anzuhören. »Dat.
Marpurg unter unser etlichen pitzschaften, am sontage [nach]
S. Gallentag ao. XIV.«

A. Mbg., M. St. S. 8277, Cpt.²)


163. Instruktion der hessischen Abgesandten zum Tag von
Berka. [Marburg 1514 Oktober 22.]³)

Sollen darauf hinweisen, dass sie nicht als Vertreter der hessischen
Stände erscheinen, und um schriftliche Mitteilung der sächsischen Anträge
bitten. Sollen sich hüten, etwas von sich aus amtlich zu bewilligen oder
zu verhandeln.

1. Die Gesandten sollen den zu Berka erschienenen Mitgliedern
der kursächsischen Stände »willig, freuntlich und unverdrossen
dinst« des Ausschusses der hessischen .Stände sagen. 2. Wegen
der verspäteten Ankunft der Einladungsschreiben ist der Ausschuss
nicht mehr imstande gewesen, die hessischen Stände rechtzeitig
zu berufen. Damit aber die sächsischen Stände »nit gedenken
mochten, das die schikung aus verachtung oder anderer gestalt

---

¹) Es folgt die wörtliche Wiederholung des Einladungsschreibens der
sächsischen Stände s. o. Nr. 156.
²) Das Original des Schreibens findet sich im Weimarer Archiv (Reg.
C p. 110 Nr. 9 Bd. 4). Es stimmt mit dem Concept in einem bemerkenswerten
Punkte nicht überein: Die Vertreter der Städte, die im Cpt. aufgeführt werden,
haben das Original nicht unterzeichnet. Nur die im Eingang des Entwurfes
aufgeführten Prälaten und Adligen werden namentlich am Schlusse des Schreibens
erwähnt. Dass die Vertreter der Städte das Beglaubigungsschreiben nachträglich nicht gebilligt haben, ist nicht anzunehmen, da sich später in Berka
unter den hessischen Abgesandten, die das Schriftstück überreichen, die Vertreter der Städte Marburg, Kassel und Treysa finden. S. u. das Verhandlungs-
protokoll Nr. 166.
³) Die Instruktion ist vermutlich an demselben Tage wie das Beglaubigungsschreiben (s. o. Nr. 162) abgefasst. Die Überschrift lautet: »Unterrichtung, was
die geschikten vom adel und steten des furstentumbs zu Hessen auf dem tag
zu Bergka handeln sollen.«

unterlassen wurde«, haben die Ausschussmitglieder einige Gesandte mit einem Beglaubigungsschreiben[1]) abgefertigt, um das Anbringen der sächsischen Stände gutwillig zu hören. 3. Nach Anhörung der Anträge der sächsischen Abgeordneten sollen die Gesandten bitten, »nachdem als on zweivel solichs ein lange rede, tapfere und grosse sachen were, das in irem gedechtnus nachzusagen nit were, das man ine das anbringen in ein verzeichnus ·stellen wolt, damit sie das nit zu lang, zu kurz oder ungleich verstunden, solichs denjenen, so sie geschikt betten, furder anzutragen. Weren sie des versehens, gemeine lantschaft wurde sie zu irer gelegenheit on gepurlich antwort nit lassen. 4. Und ob sie alsbald von einer zeit handeln wolten, dorin sollen sie nichts annemen oder bewilligen. 5. Wo auch die gesanten der benanten aus der lantschaft dermassen geschigkt weren, das sie bericht des handels wusten, alsdan mochten sie auch geselliger weis (doch solichs fur kein ampt zu geben) dasjene, so sie zu verantworten not bedeucht, verantworten und gemeiner lantschaft gelimpf und fug zum besten anzeigen.«

A. Mbg., M. St. S. 8277, Cpt. von Felges Hand.


164. **Entwurf einer Rede, die einer der hessischen Abgesandten auf dem Tage zu Berka halten sollte.[2]) [Marburg 1514 Oktober 22.][3])**

Berichtet über den Ursprung und Verlauf des Aufstandes gegen Boyneburg und seine Anhänger: Berufung des Felsberger Landtages. Rede der Landgräfin. Ihre Beschwerden. Beschlüsse der Stände zu Felsberg. Abfertigung einer Gesandtschaft an die Wettiner. Antwort der Wettiner auf dem Naumburger Tage. Landtagsverbot. Der Landtag zu Kassel. Beschwerde über die den Wünschen der Stände abholde Haltung der sächsischen Fürsten. Ablehnung des Kasseler Abschieds und Abzug der Stände. — Aus diesem Hergang ergiebt sich, dass die hessischen Stände bis auf den Tag des Kasseler Abschieds nicht an die Aufkündigung der sächsischen Vormundschaft gedacht haben. Erst als die Wettiner für Boyneburg und seine Anhänger Partei ergriffen und die Beschwerden der Stände nicht berücksichtigten, sahen sie sich gezwungen, zum Wohl ihres Fürsten und des Landes auf eigene Faust die Regierung zu ändern. Deshalb Absage an die Wettiner. Gesandtschaft der sächsischen Fürsten an die Landgräfin nach Marburg. Aufrichtung einer neuen Regierung auf dem Homberger Landtage. Aufforderung an die früheren Regenten, vor dem landständischen Ausschuss ihre Rechnung zu thun. Ungehorsam derselben. Aus welchen Gründen die hessischen Stände den Rechentag zu Mühlhausen nicht beschickt haben. Verpflichtungen der früheren Regenten gegenüber den Ständen.

»Nachdem jungst durch prelaten, die von der ritterschaft und steten, so zu Marpurg uf S. Gallentag [Oktober 16] gewesen sint,

---

[1]) S. o. Nr. 162 S. 395.
[2]) Am Rand hat der Kanzler Feige den Vermerk eingetragen: »Diese Rede ist uf dem tag montags nach Symonis et Jude zu Bergka nit gescheen.« Wegen ihres wichtigen Inhalts geben wir sie dennoch in den Landtagsakten wieder.
[3]) Die Rede wird vermutlich in derselben Zeit wie das Beglaubigungsschreiben (s. o. Nr. 162) und die Instruktion (s. o. Nr. 163) abgefasst worden sein.

etliche auf den tag ghen Bergka zu den geschikten der lantschaften Sachsen, Doringen, Meissen, Vogt- und Franckenlands . . . zu fertigen beschlossen, ob nu dieselben etwas boren wurden, das sich dahin gezoge, als ob gemeine lantschaft in diesem irem furnemen unfuglich gehandelt hetten, sollen· dieselben in einer neben- und gesellen rede das dermassen, wie hernachvolgt, verantworten«:

Die Landgräfin-Witwe[1]) und etliche aus der Ritterschaft des Fürstentums Hessen »ongeverlich aus 30 geschlechten und uf 50 person haben ein gemein ausschreiben ausgeen lassen[2]), ongeverlich der meinong, wie . sich mergliche grosse sachen ereugt betten, daran den fursten und gemeinem furstentumb zu Hessen vil gelegen und hoch von noten were, deshalb zusamenzukomen, davon trefflich zu ratschlahen und zu handeln, mit ermanung irer eid und pflicht und erforderung, sich auf einen bestimpten tag ghein Velsperg zu fugen, daselbst soliche sachen zu horen und davon dasjene, so di notturft erfordert, . . . zu ratschlagen. Daselbst sein nach altem herkommen das mehrteil aus den stenden des furstentumbs zu Hessen und gemeiner lantschaft auf solichen tag bei gemelter unser g. frauen, iren herren und freunden erschinen«, denen die Landgräfin »se[l]bst personlich . . . und mit bewegtem herzen« eine Reihe von Beschwerden vorgetragen hat.[3])

»Gemeiner lantschaft were onverborgen, wie . . . Wilhelm der Mitler . . . ein testament . . . hinter ime verlassen hett, das gemeiner lantschaft am Spis offentlich were verlesen worden; dasselb betten gemeine lantschaft an zweivel aus anderer ingebung und anweisung angefochten und verworfen und ein ander ordenong aufgericht, in willen und meinong, dasselb zu verbessern und ein wesen, das den fursten, auch landen und leuten des furstentumbs zu Hessen tuglich, erlich und nutz sein solt, zu machen, darus dan zwischen iren f. g. und gemeiner lantschaft irrung erflossen weren, wilch testament oder lester wille mit recht nie widerfochten oder abgetan worden. . . . Ir f. g. were auch in hoffnong, das das furgenomen regiment irem son, landen und leuten nit onschedlich sein solt, gemeiner lantschaft zu gevallen und umb fridlebens willen von solchem testament durch ein vertrag, den Kei. Mt. deshalb hat gemacht, abgetreten[4]), wie aber dasselb verbessert, wie bis auf di zeit regirt wer worden, das lege offentlich am tag, und dermassen, das es landen, leuten und ldg. Philips an seiner selbst person zu merglichem nachteil reichet, und were also

---

[1]) Die folgende Darstellung des Aufstandes der hessischen Stände gegen die Regenten und die Wettiner gebe ich möglichst ausführlich wieder, obwohl schon Bekanntes wiederholt oder gar entstellt wird. Sie ist nicht ein sachlicher Bericht, sondern eine interessante Parteischrift, die eben als solche unsere Aufmerksamkeit beansprucht; unterrichtet sie uns doch über die Beweggründe, welche die Landgräfin und ihre Anhänger bei wichtigen Entschliessungen geleitet, und über die Auffassung, die sich über die Ereignisse der letzten Jahre allmählich herausgebildet hatte.

[2]) S. o. S. 172 ff. Nr. 64.

[3]) S. o. S. 174 ff. Nr. 65.

[4]) S. o. den Marburger Vertrag S. 114 ff. Nr. 29.

ir furhaben guter meinong anders, dan sie alle gehofft und gemeint betten, geraten.« Darauf hat die Landgräfin ihre Beschwerdeartikel vorgetragen, wie Ldg. Philipp »im nestverschienen December
[1512] ... einen merglichen schaden an seinem leib durch unfal
entphangen het, das an ir f. g. in geheim gelangt, wer ir f. g. des
von herzen hoch erschroken, betten dem ding on underlas nach-
gedacht und sich in eigener person ghein Cassel gefugt und den
schaden also befunden. Hett ir g. einen boten zu den regenten,
die desmals zu Cassel waren, geschikt, ine solichs zu erkennen
geben und sich beschwert, das sie ir als der mutter solichs nit
lange zu verstehen betten gegeben; aber wie dem allen, so were
ir rat, das man dem ding zum allerfurderlichsten zugegen gedecht,
dan sich der schade teglich mehrte, und gesagt, wie sie gehort,
das. Conradt Thum, wirtenbergischer marschalk, ein bewert gut
recept hett, damit er vilen menschen gehulfen, were derhalb ir
gutbedunken, das man Wirtenberg darumb geschrieben bett. ...
Das betten di regenten desmals abgeschlagen und gesagt, sie
musten solichs an di herzoge zu Sachssen gelangen lassen. Darnach betten sich allerlei wechselwort begeben, und ir g. gesagt:
Das mus got erbarmen, das ir diese sachen erst an di herzogen
zu Sachssen gelangen lassen und fragen wollet, ob ir ime helfen
sollet oder nit, das ir billich langst getan bettet; dan der verzuk
sei an den dingen schedlich, und wo sie nit darzu tun, wurden ir
f. g. als di mutter darzu verursacht, selbst darzu zu tun. Und
gesagt, weil sie dem ratschlag on der herren von Sachssen wissen
nit volgen wolten, were ine dan bevolen hett, meister Jorgen zu
Cassel, der doch in der erznei unerfarn und ein lantfarer sei, uber
ldg. Philipsen zu vertrauen; het einer geantwort, es hab sie nimands
geheissen, sei doch im besten gescheen; hat sie geantwort: so
dorft ir auch der fursten von Sachsen rat in diesem fal nit ansehen, das sie sein weit gesessen, es wirt zu lank. Sie weren aber
... iren f. g. zuwider auf irem unpillichen furnemen verharret, und
het ir einer geredt, der herr wer inen und nit unser g. frau bevolen,
darus dan noch mehr wechselwort erwachsen; also hab ir g. abgescheiden und dem von Wirtemberg der gnuk halben in geheim
mit eigener hant geschrieben, rat und hilf gesucht, der hab auch
in geheim mit eigener hant geantwort, das ime solicher gepreche
leit sei, und er ken ein gewisse arzdei dafur, und so ime imer geholfen solt werden, so wurd ime das helfen und so eher so besser,
und sich erpoten, so es unser g. frau haben [wolt], wolt er von stunt
an komen; dan kont er seinem ohem mit leib und gut helfen, solt
daran nichts gespart werden. Hat ime unser g. frau geschrieben,
ghen Marpurg zu komen, dahin wol sie auch kommen, und furter
solichs den regenten auch in geheim geschrieben, des wissen zu
haben; haben solichs dem von Wirtenberg wendig geschrieben,
dorab ir f. g. grosse beschwerung entphangen, das sie zu dieser
sachen nit betten anders tun wollen.« Darauf hat sich die Landgräfin um Rat und Hilfe an die Stände gewendet, dieselben an
ihre Pflichten erinnert und aufgefordert, den jungen Landgrafen

aus Boyneburgs Händen zu nehmen und der Obhut der Mutter anzuvertrauen.[1])

»Diese obangezeigte beschwerung und gebrechen haben die versammelten von den stenden gemeiner lantschaft mit grosser beschwerung irer gemut vernommen, als billich frommen getreuen undertanen zimpt und gepurt, mit zeitlichem gutem rat beratschlak[t] und beschlossen, Ludowig von Boyneburg zu sich zu fordern, dem soliche artikel furzuhalten, seine antwort darauf zu horen. Wo er sich dan derselben, als sie sich versehen und im wol gunten, bestendiglich zu verantworten wust, het es seinen weg; wo nit, so wolten sie inen vor keinen lanthofmeister mehr wissen oder haben. Sie haben ine auch also beschrieben und gefordert, er ist aber aussenplieben und hat sich auf das mal nit verantwort. Darauf so haben sie beschlossen, etliche aus inen zu den curfursten und fursten zu Sachsen zu fertigen, iren cf. und f. g. als den furmunden soliche mengel und gebrechen anzuzeigen. Nu betten ir f. g. eben zu derselben zeit etliche prelaten von der ritterschaft und steten fur sich selbst zu inen beschrieben und gefordert; dieselben haben die von der lantschaft, auf dem tage zu Velsperg versammelt, mit credenz und instruction ghen der Neumburgk gefertigt und inen soliche beschwerung als den furmunden anzeigen und sonderlich unter andern zu erkennen geben lassen, wo sich Ludowig von Boyneburg dieser artikel nit verantworten, so kont oder wolt ine gemeine lantschaft fur einen lanthofmeister lenger nit leiden.[2]) Und mag sein, ir cf. und f. g. haben sich der gehalten landtag beschwert und solicher versamelung halben etwas beschwerlich vermerken lassen, daruf inen auch mag antwort gefallen sein, das im furstentumb Hessen herkommen sei, in anligenden der fursten und furstentumb zu Hessen landtag zu machen und dasjene, das den fursten, landen und leuten zu nutz und gutem kommen mag, zu ratschlagen und zu handeln, als das auch in zeiten ldg. Ludwigs und ldg. Heinrichs ... oftmals, auch bei ldg. Wilhelm ... ongeverlich zu dreien malen, wiewol es dannocht sein f. g. durch Herman Rietesel erbmarschalk, Thilen Wulffen desmals hofmeister und Heinrichen von Bodenhaussen verbieten lies, gescheen ist. Die geschickten von der lantschaft zu Hessen haben auch auf dem tag zur Neumburg ire instruction schriftlich ubergeben, darus bfunden und daneben angezeigt worden, das gemeiner lantschaft wille, gmut oder fursatz nit sei, etwas gegen ir cf. und f. g. oder den fursten zu Hessen zu handeln oder sie an irer furmuntschaft zu irren, sonder allein gebeten, der mengel enderung zu machen und zu verschaffen, wie das on zweivel dieselb instruction noch heutigs tag[s] nit anders ausweist. Daruf so ist inen in schriften ein abschit[3]) und ein tag ghen Cassel auf donnerstag nach dem sontag

---

[1]) Im Folgenden wird ein Überblick gegeben über die sonstigen Beschwerdeartikel, die Anna den Ständen zu Felsberg vorlegte. Da er nichts Neues oder Charakteristisches enthält, lasse ich ihn weg.

[2]) S. o. S. 182 f. Nr. 69.

[3]) S. o. S. 183 f. Nr. 70.

Invocavit alsbald angesatzt worden[1]), der meinong, das daselbst ir
cf. und f. g. in eigener person oder durch ire treffeliche rete erscheinen, die sachen horen, und wilcher unter den regenten nit
gute antwort het, sich gegen demselben also erzeigen wolten, das ir
misfal in dem gespurt solt werden, und in alweg vleissigs einsehen
zu haben, damit dasjene furgenommen, das unsern g. herren, auch
landen und leuten zu wolfart, ehren und nutz gedeighen mocht.
Diesen abschit haben die geschikten angenomen, wider hinter sich
an dijenen, die sie geschikt hatten, zu bringen.   Und derhalb ist
zuvor ein landtag ghen Treisa ausgesatzt und furgnommen, von
solchen sachen zu handeln und zu ratschlagen.   Den haben di
herzogen zu Sachssen und gewesen regenten abermals mit b[e]-
drauong verboten, onangeseen des berichts des alten herkommens,
deshalb zur Naumburg entphangen.
    Darnach ist der angesatzt tag zu Cassel erschienen, daselbst
sein etliche unser g. herren von Sachssen in eigner person und
der andern geschikten rete einkomen; vor den sein durch gemeine
lantschaft di obangezeigten beschwerungen auf den abschit zur
Neumburg und ander mehr in grosser anzal furgewandt, und das
mehrteil im fuestapfen bewiesen, di andern dermassen an tag bracht
worden, das sie durch Ludowigen von Boyneburg und sein anhank
bestendiglich nit haben mogen verantwort werden, deshalb im beschlus gebeten, Ludowig von Boyneburg und seinen anhang aus
solichem regiment und gewalt zu endern und gemeine lant[schaft]
andere an diser stat welen und setzen zu lassen, nachdem sie diese
vor am Spis het verordent und gesatzt, mit erpietung, das dieselben irer cf. und f. g. solten verpflicht bleiben, in massen die
vorigen gewesen weren, oder aber zum wenigsten ldg. Philipsen
aus seiner verwarung zu nemen und in der lantschaft hand zu
stellen; dan ine gemeine lantschaft bei ime nit wissen wolt, mit
erpietung, den treulich und mit allem vleis zu versehen und zu
verwaren, damit di mutter und iderman seiner undertan ein freien
zugank zu ime haben und alzeit sehen mochten, wie sein sachen
gestalt weren.
    Solicher merglicher, grossen, heftigen beschwerung, bit und
erpieten onangeseen, haben dannoch di herzogen zu Sachsen und
rete, so zu Cassel gewesen sint, diesen sachen kein enderung
machen, auch darin nit anders sehen wollen, sonder sich bewegen
lassen, das sie Ludwige von Boyneburg gemeiner lantschaft umb
di angezogen beschwerung wollen zu recht halten und des auch
einen abschit in schriften gegeben, der aber unser g. frauen und
gemeiner lantschaft gar nit annemlich gewesen.   Damit haben sie
mussen abscheiden und di sach dem almechtigen bevolen.
    Aus dieser handelung bfindet sich abermals — es mogens
auch diese fromen vom adel und von steten hie zugegen teur und
hoch sagen — das gemeiner lantschaft wille, gmut ader meinong
in diesem furnemen nie, sovil sie des ic wissen gehabt haben, ge-

---

[1]) S. o. S. 185 f. Nr. 71.

Hess. Landtagsakten.                                        26

standen ist, unser gst. und g. herren an irer furmuntschaft zu
irren oder zu verhindern, sonder allein diese mengel oder beschwerungen in bessern stant zu bringen, halten auch genzlich
dafur, das kein biderman uf ertreich mit warheit sagen kan, das
solichs bis auf den tag des abschids gemeiner lantschaft meinung
ader fursatz sei gewesen oder das man davon gehandelt oder geratschlagt hab. Als sie aber geseen und bfunden haben, das alle
ir clagen und furbringen onbetracht, ongehort, onangeseen gewesen,
das man hat Ludwig von Boyneburg gemeiner lantschaft zuwider
understanden zu hanthahen, ldg. Philipsen aus Ludwigs von Boyneburg handen nit tun wollen, die landtag wider alt herkomen und
gebrauch verboten hat und di mengel und beschwerung nit abwenden wollen, haben gemeine lantschaft betracht und zu herzen
gefurt, das sie dijene weren, die ldg. Wilhelms sel. . . . testament
angefochten betten, in willen, gemut und fursatz, ein besser ordenong
und verwaltung, dan darin bgriffen, di irem g. herrn dem lantgraven solt zu allem guten, eren und wolfart gedeien sein, [auf-
zurichten], das sie auch den herrn aus der mutter handen genomen
und Ludowig von Boyneburg und seinem anhank bevolen hetten,
und aber in dieser verwaltung di angezeigten, grossen, merglichen
mengel und beschwerung erfunden und das alle ordenong und
satzung anfenglich auf dem Spis furgenomen uberschritten und nit
gehalten worden weren, haben sie gemeinen rat daruber gehalten
und sich allesamt schuldig erkannt, darin zu sehen, damit dem
enderung gemacht wurd, und doran alle ire leib und gut zu streken.
Dan wie menlich, loblich und ritterlich und ehrlich sich alleweg
di frommen ritter und edeln knecht, auch das gemein furstentumb
bei iren lantsfursten und herrn gehalten hetten, das were menniglich
onverborgen, kundig und auffenbar, solten sie dan di sein, di umb
forcht willen leibs und guts dasjene, das sie irer treu und pflicht
halben zu tun schuldig weren, als irem naturlichen herrn aus dem
unrat und beschwerung zu verhelfen, auch sich selbst bei irer
freiheit und altem herkomen zu hanthaben, unterlassen und in dem
irer voraltern und vorfarn fustapfen nit volgen und dem loblich
nachkomen, das were ine schimpflich.

Uns [l. Und] sein also aus solichen und andern mehren ubertreffe-
lichen beschwerungen und mengel gedrungen, gezwungen und ge-
notigt worden, selbst wege zu suchen, damit ir furst und sie dieses
lasts entladen wurden. Solt nu das gescheen, so wolt not sein,
unsern gst. und g. herren von Sachssen, di Ludwig von Boyneburg
understanden zu hanthaben, ir eit und pflicht, damit und sovil sie
iren cf. und f. g. der furmuntschaft halben verwant gewesen sint,
wiewol sie das von herzen ungern und mit grossen beschwerungen
ires gemuts getan, aufzuschreiben, ehe dan sie wider di herzogen
zu Sachssen ichts handelten, als sie dan, wie frommen vom adel
zimpt und gepurte, getan haben.

Nachvolgend hat sichs begeben, das unser gst. u. g. herren
von Sachssen und di rete zu den von der lantschaft ghen Marpurgk
geschikt und haben anzeigen lassen, das di regenten . . . ires re-

giments selbst abgetreten und das in hande irer cf. und f. g. aufgeben und geantwort, darnach ire f. g. di bede fursten von Hessen
und alle verwaltung in hande gemeiner lantschaft gestalt und di
mitsampt etlichen zerschlagen secreten und sigiln verpitschirt und
dabei etlich schlussel den von Cassel, bis zu gemeiner lantschaft
zukunft bevolen zu verwaren; daruf mochten sie etliche us ine
gben Cassel abfertigen, sich der versorgung der fursten und des
regiments mit denen, so daselbst sein, zu underwinden und das
alles bis zu der zeit, das ein ordentlich regiment gestelt wurde,
in versorgung haben.[1])  Als nu ... unser g. frau ... iren einigen
son und gemeine lantschaft bede ire fursten und das furstentumb
dermassen pfleglos anversorgt gewust, haben sie sich ghen Cassel
gefugt, dieselben zwen fursten mitsampt den schlusseln, sigiln und
secreten in ire verwarung angenomen, ein zeit lang versehen.

    Darnach ist auf einem gemeinen landtag zu Homberg durch
di gantze versamelung mit gutem, zeitlichem, tapfern vorrat ein
verwaltung der fursten, irer furstentumb, land und leut einmutiglich beschlossen und furgenommen; darine ... unser g. frau als
di mutter des angeenden regirenden fursten ldg. Philipsen, darzu
h. Ditherich von Cleen lantcomtur der balei zu Marpurg, Conradt
von Waldenstein hofmeister, Herman Rietesel von Eisenbach erbmarschalk, Lebstein von Lebstein und Philipsen Meisenbug marschalk
als rete des furstentumbs zu Hessen verordent worden, den auch
mas, weise und ordenong, wie sie di fursten versorgen, gemeine
land regiren, ire iarrechnung, auch bericht irer handlung tun sollten,
darzu einen ausschus von etlichen trefflichen personen aus der
ritterschaft und steten, mit des rat grosse sachen gehandelt werden
sollen, verordent, und also unsers verhoffens ein loblich, ehrlich,
nutzlich wesen, das sich noch (dem almechtigen lob, ehr und dank
gesagt) allenthalben, sonderlich mit ldg. Philips gesuntheit wol
anlesset; dan man in dem rats gelebt und sovil stetigs vleis bei
ime gehabt hat, das es, ob got wil, seinthalb von wegen des obangezeigten gebrechen gar kein not mehr hat, der almechtige wol
hinfur sein gotlich gnade darzu gnediglich verleihen.

    Aus dieser erzelten geschicht und handlung, wie die eigent-
lich an ir selbst ergangen ist, haben e. g. und gunst wol zu ermessen, das ein gemeine lantschaft gemelten unsern gst. und g.
hern von Sachssen nie, dan sovil sie uber iren willen gedrungen
worden sint, zuwider gehandelt haben, betten auch das, so es in
irem willen gestanden were, vil lieber unterlassen, aber die leuft
und bewegende ursachen sein so heftig und beschwerlich gewesen,
das sie in dem nit haben konnen oder mogen anders handeln.

    Nach dieser handlung und erwelung der verwaltung ... sein
zwischen ... unser g. frauen, gemeiner lantschaft, den verordenten
reten an einem und den gewesen lanthofmeister und andern regenten am andern weiter und mehr irrung erwachsen, nemlich
dergestalt: Auf dem gemeinen lantag zu Hombergk in Hessen ist

---

[1]) S. o. S. 325 ff. Nr. 120.

durch gemeine versamelung der lantschaft nach erwelung angezeigter ordenong eintrechtiglich abgeredt und beschlossen, das . . .
unser g. frau und die verordenten rete dieselben gewesen lanthofmeister und regenten auf einen namhaftigen tag, nachdem sie von
irem regiment abgestanden, das auch furter durch unser gst. und
g. hern von Sachssen und derselben rete in gemeiner lantschaft
hande gestelt war, fur den verordenten ausschos gemeiner lantschaft zu fordern, irer regirung halben rechenong, bezalung, aller
verhandelten sachen und was inen mehr zu tun gepurte, bericht
zu entphaen, seint auch demnach mehr dan zu einem mit zu-
schreibung gnugsamen geleits beschrieben und gefordert, aber alwege aussenplieben, auch nie kein bericht getan und sich beschonet,
als ob sie mit der rechenong unsern gst. und g. hern von Sachssen
allein verwandt weren und gewertig sein musten.  Es mogen auch
auf solche ire beschonung rechentag gbein Molhaussen und ander
ongelegen ort ausserhalb dem furstentumb zu Hessen angesatzt
worden sein, gemeine lantschaft und die verordenten rete tragen
aber des nit gering beschwerung, ires hern sachen und heimlicheit
dergestalt ausserhalb dem furstentumb zu Hessen zu handeln, wie
das menniglich nit fur onbillich mag ermessen, und sonderlich nach
gestalt dieser sachen und nachvolgenden ursachen.

Gemeine lantschaft hat bald nach totlichem abgang ldg.
Wilhelms des Mitlern auf dem gehalten landtag am Spies die be-
nenten gewesen lanthovemeister und regenten zu regirern und
verwaltern des furstentumbs zu Hessen verordent und gesatzt und
dabei eintrechtiglich beschlossen, das sie alle jar ein mal von solicher
irer administration und handlung vor ritterschaft und steten gepurliche rechenong tun solten, daruf sie solich administration also
angenomen und das also zu halten zugesagt mogen haben, sein
auch also ein zeitlang in solicher regirung gewesen, haben aber
davon derselben lantschaft, noch iren verordenten nie kein rechenong
getan, wie das alles obgemelt ist, und mag nit gesagt werden, das
gemeine lantschaft sie mit solicher jarrechnong an di curfursten
und fursten von Sachssen gewiesen haben, also das sie di iren cf.
und f. g. allein und nit gemeiner lantschaft tun sollten, oder sie
solicher rechenong halben ic ledig geschulten haben.  Daraus erscheint clerlich, das sie solich rechenong vor dem verordenten
ausschos gemeiner lantschaft zu tun onpillich gewegert haben.
Zum andern, ob das schon nit were, als es doch unwidersprechlich
warheit ist, so sein sie von irem regiment abgestanden, das furter
in gemeiner lantschaft hant uberantwort ist worden, haben aber
daruber register und, als man sich vermut und on zweivel ist,
merglich gelt mit inen hinwek genomen, irer gehandelten sachen
nie keinen bericht getan, das ie onpillich, beschwerlich und unleidlich ist; dan sie solten billich dasselb im furstentumb gelassen,
bericht getan, denjenen, den das regiment . . . bevolen was, uberantwort haben, damit ires herren wachsenden schaden, den sein
f. g. mangels halben solichs gelts, das sie mit inen haben sollen,
und berichts manichfeltiglich entphangen hat, zu verkommen.

Aus den und andern redlichen ursachen ist der ausschos gemeiner lantschaft, so am jungsten zu Marpurg bei einander gewesen,
bewegt worden, zu ratschlagen, wie man wege furnemen, dadurch
man sie zur rechenong, bezalung, bericht irer gehandelten sachen
und demjenen, das sie zu tun schuldig sein, bringen mocht, damit
dannoch ein gemeine lantschaft und diejene, so furter furzusteen
verordent sint, unserm g. hern ldg. Philipssen, so er zu seinen
mundigen jaren kompt, auch wie mit seinem gut in seinen jungen
tagen umbgangen sei, bericht tun und iren schuldigen vleis anzeigen mogen. Die gewesen lanthovemeister und regenten haben
aber soliche rechenong bisanher gewegert und deshalb weitleuftig
rechtgepot furgeschlagen, die unser g. frauen und den verordenten
reten von wegen ires sons, unsers g. hern und gemeiner lantschaft
nit annemlich sein. Es ist auch on not, deshalb einiche rechtvertigung zu haben, sonder di sach, an sich selbst lauter und clar,
darf keiner orterung oder erkantnus. Dan man kan dis orts nit
bedenken oder ermessen, vor wem die gewesen lanthovemeister
und regenten billicher, bequemer oder bestendiger rechenong tun
solten, konten oder mochten, dan eben vor den, die sie im anfank
zu regenten verordent, denen sie solichs in annemong ires regiments
jerlich zu tun zugesagt, denen unser gst. und g. hern von Sachssen
di fursten und verwaltung des furstentumbs zu Hessen selbst freiwilliglich ubergeben haben, vor den frommen loblichen ritterschaften
und steten, di zu den fursten und furstentumb zu Hessen geboren,
und es mit denselben getreulich und gut meinen, alweg zu iren
voraltern loblicher gedechtnus ire leib und gut williglich, treulich
und onverdrosselich dargestrekt, bei denselben und umb iren willen
ire blut verstorzt haben und, so es not sein wurde, das got lang
verhut, noch gerne mit treuen williglich teten und tun musten.
Gemeine lantschaft hat auch unsers wissens inen nie verboten,
achten auch, es sei ir nit wider, gemelten unsern gst. hern rechnong zu tun; sollten aber gemeine lantschaft irem landsfursten derhalb rede und antwort geben, so ist auch ine not zu wissen, wie
mit seinem gut umbgangen sei, darumb haben sie sich deshalb gar
nicht zu entschuldigen, tet inen auch solicher rechtgepot gar nit not.

Nachdem nu hiraus clerlich erscheinet und, so es durch einen
geschikten des handels bericht mit bedacht mocht angezeigt werden,
noch durch vil mehr trefflicher ursachen und bewegung anzuzeigen
were, das ein gemeine lobliche lantschaft des furstentumbs zu
Hessen in diesen handlungen allenthalben nichts anders furgenomen
oder gesucht haben, den das irem g. landsfursten und dem furstentumb zu Hessen loblich, ehrlich, nutzlich ist und die grosse zwingend
notturft erfordert hat, wie sie dan als from, getreu undertan zu
tun schuldig gewesen sint, so hoffen die geschikten hie zugegen
und ander, e. g. und gunst werden gemeine lantschaft, auch sie
selbs deshalb gnugsamlich verantwort und entschuldigt halten, mit
vleissiger bit, sie bei anderen stenden, angeseen die verwantnus
und nachperschaft der furstentumb und lantschaft zu Sachssen,
Doringen, Hessen, Meissen, allenthalben gunstlich, freuntlich und

zum besten verantworten, bissolang das sich ein gemeine lantschaft
selbst trefflicher, gruntlicher und tapferer, den itzt durch mein on-
schiglicheit in eil onbedechtiglich gescheen, verantworten mag. Das
wirdet on allen zwivel ein gemeine lantschaft mit vermogen leibs
und guts umb ein lobliche lantschaft der angezeigten furstentumb
Sachssen, Meissen und Doringen zu vordinen alzeit willig und bereit sein und sich gegen derselben nichts anders dan aller freuntlicher, guter nachperschaft, wie das lang herkomen ist, befleissigen,
so sein die hie zugegen solichs fur ir person auch mit allem vermogen zu verdinen ganz geflissen und bereit.«

A. Mbg., M. St. S. 8277, Cpt. von Felges Hand.

## 165. Landgräfin Anna geb. Herzogin von Braunschweig an Kaiser Maximilian I. [1514 Oktober 23.][1])

Der kaiserliche Schiedsspruch zu Köln ist von der Landgräfin-
Witwe und den hessischen Ständen in vielen Punkten verletzt worden:
1. u. 2. Uebergehung Ldg. Wilhelms des Aelteren bei der Huldigung.

---

[1]) Rückenvermerk: »Clage, die mein g. fraue die elter lantgrafin zu
Hessen Kei. Mt. zu Ynsprug hat furbrengen lassen.« — Der Beschwerdeschrift,
die kein Datum trägt, war folgender Brief an den Kaiser am 23. Oktober 1514
beigefügt: »Zu volnstreckung e. Kai. Mt. spruch, erclerung und abschide ist mein
undertenigs begeren, e. Kai. Mt. wull ein offen ernstlich penalmandat an alle
stende des furstentumbs Hessen ... ausgeen lassen, das demselben e. Kai. Mt.
erclerung und abscheide in monatsfristen nach verkundung dits mandats volge
und volnstreckung, domit e. Kai. Mt. nit geursacht ander wege gegen inen furzunemen, beschee, in welchs mandat die nachgemelten artikel, die uns e. Kei.
Mt. spruch, erclerung und abscheid klerlichen zugibt und uns in gar keinem
puncten gehalten, verleiht werden: 1. Das unserm lieben herrn und gemahel
im furstentumb gleich ldg. Philipsen pflicht und huldung e. Kai. Mt. spruch gemes beschee. 2. Das unser herr und gemahel und wir mitsambt unser dochter
freulin Elisabeth, die wir bis zu irer vermehelung nirgent besser dan bei uns
achten, im furstentumb, auch zu unsern herren und freunden, wan und wo wir
wullen, mit versehung notdurftigen zerung ziehen mugen, und das gar kein
gewalt an uns noch unser diener gelegt werde. 3. Das unser lieber herr und
gemahel und wir unser beder versprochene walfart ... nach Einsidel mit versehung notdurftigen zerung mugen ausrichten. 4. Das Conrat von Dernbach
unserm herrn und gemahel zu einem hofmeister — dan ime alle seiner l. sachen
und gelegenheit gut wissen — muge zugeordent werden. 5. Das auch seiner
l. sein voriger arzt, der welsch doctor — dan derselbige gelegenheit seiner
krankheit weis — widerumb zugeordent wer, und derselbig seiner usstendigen
schuld, so ime durch e. Kai. Mt. commissarien taxirt und erkant ist, entricht
werde. 6. Das unser herr und gemahel und wir diener uns gefellig, doch e.
Kai. Mt. spruch gemes, mugen ufnemen, auch die uns und nit unser muhmen,
noch den reten mit glubnus verwant, das auch dieselbigen unser diener mit
cleidung, besoldung und anderer notdurft versehen, bezalt und entricht werden.
7. Das unser dochter freulin Elisabeth und unser frauenzimer mit cleidung und
ander notdurft nach laut e. Kai. Mt. spruch versehen werde. 8. Das auch unserm
herrn und gemahel sein usstendig quatembergelt bezalt, auch uns zu ider zeit
gericht werde. 9. Das unsers herrn und gemahels und unser schult nach laut
e. Kai. Mt. erclerung und e. Mt. verordenten commissarien taxation und erkentnus
uber die erlegten 6000 gulden in monatsfrist nach verkundung dits mandats
bezalt und entricht werden. 10. Das unsers herrn und gemahels und unser rete
und diener uf unser erfordern strack, frei, sicher zu uns und von uns ziehen
mugen und gar kein gewalt an sie gelegt werde. ... Bitten e. Kai. Mt. durch

3. Er hat der Taufe einer Enkelin nicht beiwohnen dürfen. 4. Die Jagd ist ihm verboten worden. Die alte Landgräfin hat man nicht ausreisen lassen. 5. Absetzung des Hofmeisters Konrad von Dernbach. Mangel an angemessener ärztlicher Pflege. 6. Dem Landgrafen werden Diener aufgedrängt, die ihm nicht genehm sind. 7. Die Dienerschaft wird nicht besoldet. 8. Verhinderung an der Jagdnutzung. 9. Das Schloss zu Melsungen ist noch nicht hergestellt. 10. Wilhelms Schuldverhältnisse sind noch immer nicht geregelt. 11. Die Versorgung während ihrer Witwenschaft ist noch nicht geregelt. Sie wünscht ihre Tochter Elisabeth bei sich zu haben. 12. Vorenthaltung einer Entschädigungssumme von 800 Gulden. 13. Ihre Tochter wird nicht versorgt. 14. Wie Artikel 8.

In folgenden Artikeln haben die Landgräfin-Witwe Anna und die hessischen Stände ihr den kaiserlichen Schiedsspruch zu Köln[1]) nicht gehalten. »1. So gibt e. Kei. Mt. spruch im ingank[2]), wes sich die damals gegenwirtigen und kunftigen regenten, bis ldg. Philips seins alters halben selbst zum regiment kumpt, in namen der lantschaft dises furstentumbs Hessen ... verpflicht und in namen der lantschaft schweren sollen, wie dan von den abgewichen lanthoifmaister und regenten ... bescheen ist; aber von denen, die itzunt die regirung im furstentumb sich undernemen, ist derhalb meinem hern und gemahel kain verpflicht gescheen; seiner l. und mir begegnet auch vil darwider mit worten, wie hoch man sich beschwart, meinem hern verwant zu sein mit pflichten. Ich sol mir auch nit fursetzen, das ldg. Philips meinem hern die verpflicht tun werde laut e. Kai. Mt. spruch. Wie hoch beswarlich und abpruchlich das ist, hat e. Kai. Mt. zu ermessen. 2. So stat im zwaiten artikel e. Kai. M. spruch[3]) dise wort: „Und sunst allenthalben ganz nichts ausgnomen in beider fursten namen zur iedes gerechtigkait das best und nutzlichest gehandelt und geregirt werden soll." Disem puncten wirt nit gelept, sonder vilfaltig darwider gehandelt. Ich hor und befind auch, das meins hern und gemahels gerechtigkait, er oder nutz in ainigem weg bedacht oder gehandelt werde, ursach, man last es bai den pflichten, gelopten und aiden, so etlich stet und verwanten des furstentumbs Hessen ldg. Philipssenn getan, nit pleiben, sonder man nimpt bai dem itzigen regiment neue pflicht; wie weit sie streckt, wirt meinem hern und mir verhalten, uber fruntliche beger, seiner l. und mir das bericht zu tun, so ist und wiert es doch abgeschlagen; wie gemes und glich das e. Kai. Mt. spruch, bitt ich underteniglich mit kaiserlichen gnaden zu bedenken. 3. Zum dritten puncten e. Kai. Mt. spruch zu Colln ausgangen[4]) stet mit klaren ausgedrugten worten, die gar kainer glos dorfen: „Wolt aber der fursten ainer aus seiner notturft oder lust besonder und zu zaiten im gejaid oder

gots und rechtens willen, uns mit kaiserlichen gnaden und disem mandat zu bedenken zu hanthabung, schutzung und schirmung e. Kai. Mt. spruch, erclerung und abscheid, domit unser herr und gemahel, wir und unser kinder, oder wen der spruch berurt, nit so in erbermlichen, kumerlichen schaden, nachteil und armut komen. ... Dat. am 23. tag octobris ao. XIV.«

[1]) Vgl. o. Nr. 59 S. 158 ff.
[2]) S. o. Nr. 59 S. 159 § 1.
[3]) S. o. a. a. O. S. 160 § 2.
[4]) S. o. a. a. O. S. 160 § 3.

lustheusern sein, soll im nit abgeschlagen, sonder mit der zeit und
gelegenhait zimlich gestat werden." Das wirt bei der itzigen regirung nit gehalten, sonder offentlich darwider gehandelt und der
gestalt: Seiner l. tochter, die von Beuchlingenn, hat ein jungen son
geporn und sein l. gebeten, ir den aus tauf zu heben zu Hoemburg,
und wiewol man sie auf dem kropf lassen sitzen, als ob es gescheen solt und si mit mirglichen unkosten sich nach der lantsart
darzu geschickt und es auf dem treffen gestanden, hat die witwe
von Hessen und ir zuverordenten rete auf vil fruntlicher bit das
nit wollen gescheen lassen, das ich ganz darfur acht, das man
meinem hern der eren vergon oder nit gern sehe, das sein l. sich
in dem oder anderm schicklich vor den leuten halt, ungezwaifelt,
die witwe wolt nit, das mein her in ainicherlai schicklichkait kem,
underteniglich bittend, meinen hern und mich zu der gewalt nit
lassen, die sich dermaissen gegen meinem hern und mir erzaigen.
4. Zum vierten artikel e. Kei. Mt. spruch[1]) volgen dise wort: „Es
soll auch ldg. Wilhelm, seiner gemahel samptlich und sonderlich
kain gewalt oder ichts anders unpillichs zugezogen oder widerfarn,
sonder bai disem vertrag, wie der aufgericht, gelassen, geschutzt,
geschirmt, dawider in kainem weg getan werden." Wiewol nun
dise zwen puncten bei den abgestanden hoefmaistern und regenten
nit genzlich nachkomen, so ist doch bei regerung der witwe und irer
zugeordenten rate disem puncten gar nicht gelept, sonder offentlich darwider gehandelt und also: Jungst verrukt Bartholomey hat
mein her und gemahel, wie sein l. vor oft an allen verhinderungen,
mit seinen dienern hinden fur das schlos Marpurg zu kurzerung
der weil wellen geen, etlich strael oder geschos zu der hirzprunst
beschiessen, hat man wider ... e. Kai. Mt. spruch dem zu veracht
und meinem hern zu vercleinung die tor under augen geweltiglichen
zugeschlagen und nit wollen auslassen und also sein l. mussen im
schlos pleiben, doch zulest ein mal auf das holz gelassen, das sein
l. 3 hirz aus einer buchsen mit aigner hant auf ein tag geschossen.
Ich mocht auch leiden, es wurden die ainspennigen knecht, so bei
seiner l. gewest, gefragt, wie schickerlich oder ungeschicklich sich
sein l. im veld gehalten. So ist mir begegent, das die hochgeporn
furstin, meins lieben bruders hz. Erich von Braunschweigs haus-
frauwe, mein liebe swester[2]), zu mir geschickt und fruntlich gebeten, zu ine zu komen in abwesen irs gemahels, als der noch
in Fryslanndt und zu veld lag[3]), uns als swestern und frunt mit
einander zu besprechen, und als mein her und gemahel mir dahin
zu faren erlaubt, hat man mir mein wagen und pfert, den e. Kei.
Mt. spruch zu halten zugibt, verschlossen und geweltiglichen furgehalten uber vil pitten und anzug, [wie] ich zu der notturft darton
kann. ... 5. So zaigt der funft punct an, wie zu allen maln

---

[1]) S. o. a. a. O. S. 160˙f. § 4.

[2]) Es handelt sich um Katharina, die Tochter Hz. Albrechts des Beherzten
von Sachsen.

[3]) Hz. Erich von Braunschweig nahm 1514 an dem Kriegszuge seines
Bruders Heinrich gegen die Ostfriesen teil. Vgl. O. v. Heinemann, Gesch. von
Braunschweig und Hannover II, 232.

meinem hern und gemahel sein hoifmaister solt zugeordent werden.[1]
Das ist in der erst gescheen, aber nachdem seiner l. hoifmaister
Caspar von Berlipsch ritter, der auch ein regent was, darzu verordent und seins ampts abgetrungen wurden, ist unserm hern
seiner l. alter diener zu hoifmaister zugeordent, nemlich Cunrat
von Dhernnbach, das ich mugen leiden und oft gepeten han, das
Cunrat von Dhernnbach meins hern hoifmaister bleib, bin auch
willens gewest, e. Kai. Mt. den anzuzeigen und bitten, zu bestetigen;
so ist doch derselb on mein wissen und willen abgesatzt und zu
einem amptman gen Epstain verordent und seiner l. ein ander hoifmaister von meiner swegerin und verordenten rete zugegeben,
nemlich Haintz von Eringeshaussenn, on ainig anzaigen, wissen und
willen e. Kai. Mt., das laut e. Kai. Mt. spruchs nit sein soll. Wiewoil ich nun den benanten Eringeshaussenn in gemain sachen from
und redelich acht, so weis er doch meins hern und gemahel gelegenhait nit . . ., darumb mein undertenig bitt, zu verschaffen, das
Cunratt von Dhernnbach wider hoifmaister werd und bleib; wis
gott kainer ursach, dan sein l. kennt Cunrathenn, so kennt Connrat
in; er darf auch zu rechter zeit in seiner l. ungeschicklichkait
reden, wie e. Kai. Mt. zu merken ist, zu zeiten die notturft eraischt.
Allergnedigster her, in disem puncten e. Mt. spruch ist auch mit
ausgetruckten worten verleibt, das mein lieber her und gemahel
mit arzten und andern, so im nait [!] ist, nach allem vermogen versehen soll werden; dem ist bis auf dise zeit nie gelept, sonder
seiner l. arzt ist und wirt sein verdiente belonung, wie durch e.
Kai. Mt. zu Wormbs verordent commissarien taxirt und in zu bezalen versprochen, noch nit bezalt.   Und als mein her und gemahel
bei dem itzigen regiment mit etwas krankhait beladen eins arzt notturftig gewest und ich den welischen arzt, der seiner l. vor woil zu
hilf komen und er auch willig war, seiner l. zu helfen vormittels hilf
gottes, sover er mit gelait versehen wurde, von Meinss [d. i. Mainz]
aus zu seiner l. und mir zu komen, hat man im kain gelait wollen
geben, sonder zuwider e. Kai. Mt. spruch abgeschlagen; und als
derselbig arzt etlich arznei mit seinen dienern geschickt, ist demselbigen zu Marpurg sovil begegent, das er sich in der gehaim
hinweg gemacht.   Aber darzu zu vernemen, das man meins lieben
hern und gemahels aufkomen oder gesunthait gern furdern wolt,
das haben e. Kei. Mt. und menniglich aus menschlicher vernunft zu
ermessen, bitten e. Kai. Mt. underteniglich, sie woll des ein solich
kaiserlich gnedig einsehung tun, damit sein l. in deren handen und
gewalt nit pleib oder gelassen werde, die seiner l. aufkomen oder
gesunthait lieber hindern dan furdern. 6. So volgen zwen puncten
in e. Kai. Mt. spruch[2] meins lieben hern und gemahels, auch mein
stat und wesen mit dienern und anderm durch e. Kai. Mt. geordent.
Dise zwen puncten werden nach sag e. Kei. Mt. spruch in vil weg
nit gehalten, wie ich das zu geburlichen zeiten gnugsamlich beweisen und dartun kann, zudem man understeet, mein hern und

---

[1] S. o. Nr. 59. S. 161 § 5.
[2] S. o. a. a. O. S. 161 § 6 u. 7.

mich zu dringen, andere diener zu haben und nemen, dan die uns
haiden gesellig sein und e. Kai. Mt. spruch gemes.  Bit e. Kai. Mt.
welle des insehung haben, das mein her und ich unser diener selbs
mugen bestellen und nemen, wie uns 'die gefallen, aus und im
furstentumb geborn und anhengig, doch nit weiter, dan e. Kai. Mt.
spruch das in der anzal ausweist.  7. Im achten artikel e. Kai. Mt.
spruch[1]) stet klerlich ausgetruckt, wie meins lieben gemahels auch
mit sampt unsern tochter, derglichen mein frauenzimmer und hoifgesinne mit klaidern, besoldung und aller ander notturft nicht aus-
geschaiden, gehalten soll werden.  Dem ist bis auf die stunde nit
gelept, sonder diener werden nit bezalt und ir etlichen noch gar
nichts worden, meim hern und auch mir das quatembergelt laut
des spruchs nit gefolgt, wie ich des . . . beweisen und dartun kann.
Dan man ist meinem hern itzunt noch 450 gulden schuldig.  8. So
stet im 10. artikel e. Kai. Mt. spruch[2]) aber gar klerlichen aus-
gedrugt, das meinem hern und mir zu dem waitwerk und ander
furstlich lust zu unser ergetzlichen [!] zimlich zu gebrauchen und
gestat darin geholfen werden.  Das geschicht nit und ist dem
zugegen gehandelt. . . . 9. So fint e. Kai. Mt. im 11. artikel ires
spruchs[3]), wie mein witweses Melsing furderlich soll gebauet werden;
da[s] ist von dato dis spruchs bis auf dise zeit nit gescheen. . . .
10. So zaigt e. Kai. Mt. im 12. artikel[4]), wie meins hern und mein
auslendig gemacht schulden bezalt soll werden, auch wie derhalben
rechnung soll gescheen.  Nun unangesehen, das e. Kai. Mt. commissarien derhalben rechnung und underrichtung gehort, auch entlichen und gruntlichen beschaid gegeben mit brieflichem urkunt zu
Wormbs, nachfolgens e. Kei. Mt. commissarien zu Marpurg laut und
vermug ires kaiserlichen spruchs schriftlich und muntlich erclirt [!][5]),
solich schult bezalung zu tun und in besonder muntlich erklerung,
wie der von Morsshaim und ander mer meins hern und mein rat
und diener entlich bezalt werden.  Auch sie in schriften e. Kai. Mt.
irem kamerrichter bevolen, denselbigen von Morsshaim bezalung
zu fordern, so ist doch bis auf disen tag e. Mt. kain gehorsame
nie beweist, auch die brief e. Mt. kamerrichter derhalben geschreben
meim hern und mir mer dan einmal verhalten worden, und wirt
dise, auch andere erklerte bezalung offintlich verhindert durch ein
vermaint jurament, das man kurfursten, fursten und andern redlichen
leuten auflegen wil, wilchs juraments in e. Kai. Mt. spruch, ist [!]
der verordenten commissarien geben brief, abscheit und auch
muntlich gegeben erklerung nit gedacht noch befunden wurt, und
ein ungehortes aigenwilligs furnemen wider al erbar pillichkait,
auch uber das e. Kai. Mt. kamerrichter, der mit sampt denen von
Wormbs von hinderlegtem gelt bezalung tun sollen, als der ver-

---

[1]) S. o. a. a. O. S. 161 § 8.
[2]) S. o. a. a. O. S. 161 § 10.
[3]) S. o. a. a. O. S. 161 § 11.
[4]) S. o. a. a. O. S. 161 § 12.
[5]) Die beiden oben erwähnten kaiserlichen Sprüche zu Worms vom
31. Mai 1513 und zu Marburg vom 10. Juli 1513 sind unten im Nachtrag abgedruckt.

schener zeit zu Mentz war under seinem siegel schreib, es inen, besonder gegen fursten fur unpillich ansehe, dannocht ist und wirt von dem itzigen regiment geschrieben, niemant nicht zu geben, er tu dan solch vermaint jurament. Dardurch mein herre und ich in taiglichen unglauben zu merglichem schaden und nachtail wachsen, vermainen villicht damit zu erlangen, das mein hern und mir niemant mer vertrauen noch glauben soll. Bitten gnediglich zu verfugen, das die bezalung furderlich geschee, ... damit all schulden e. Kei. Mt. spruch, abschait und zu Marpurg muntlicher geschener clerung bezalt werde, mein lieber her gemahel und auch mein brief, siegel und hantschrift halben nit verrer schaden ader verweis entstee. 11. Zaigt e. Mt. spruch an die irrung und mengel meins widdembs und morgengab[1]); dieselbigen mengel und irtumb steen noch ergeen, dan da e. Mt. iren spruch zu Kolnn getan und das der gestalt bin ich gedrungen, mein widdembsverwanten irer pflicht mir verwant zu ledigen. Aber mein mengel sein nit vertragen oder in ainich weis geschickt. Wiewol e. Mt. verordenten curatores etwas gutlichs handeln lassen, so ist doch nichts nit geendet. Bitt e. Mt., sie wolle des kaiserlich insehen hain, damit ich doch moge kriegen, das man mir von rechtswegen schuldig ist, und mein her und gemahel mir zu tun verhaissen und verwilget hait, damit ich arme furstin auch weis mein lebenlang versehen und versichert sei, e. Kai. Mt. als ein betrubts weibsbild darinnen demutiglich anrefen [!] und bitten, ir Kai. Mt. milte, muhe darinne als Rom. Kai. Mt. mitzutailen, e. Kai. Mt. bitten, obs darzu keme, das ich bei meinem hern und gemahel nit pleiben mocht, das ich mich alsdan meins widdembs, morgengab und zupracht guts mein lebenlang brauchen mocht, auch mir mein tochter freulin Elizabeth umb ein billichs bis in irer vermehelung mit wissen und willen e. Kai. Mt. vergunt werde versehen, acht sie auch zu zeit nirgent besser sein dan bei mir, irer muter, bit e. Kai. Mt. als mein rechten hern, mich darin mit kaiserlichen gnaden zu bedenken. 12. So zaigt der 20. artikel e. Kai. Mt. spruch[2]), was mir vor die erziehung meiner tochter sollen 800 gulden werden klaineter [!] gekauft, mir mein lebenlang pleiben und nach meinem tod meiner jungen tochter werden. Dem ist nit gelept, auch meins wissens nit understanden. ... Bitt zu verfuegen, das mir das gelt ader klainoten wurde nach meinem tod, wie ich die vero[r]dnen, darunder ich mich furstlich und recht gegen mein tochtern zu halten gedenke. Bitte e. Mt. durch gott mich darin nit weiter zu beswern. Mag es aber nit sein, so will ichs, sover mir e. Mt. spruch sonst umbetumb [!] gehalten wurde, auch berurtem ires spruchs gehorsamlich pleiben lassen. 13. Der 22. artikel: E. Mt. spruch[3]) zaigt klar an, das mein her und mein unverheirate tochter, freulin Elizabeth bis zu der zeit der vermehelung mit klaidern, klainaten und andern notturft soll vom regiment versehen werden. Das geschicht nit, wie

---

[1]) S. o. Nr. 59 S. 161 f. § 13.
[2]) S. a. a. O. S. 162 § 20.
[3]) S. a. a. O. S. 163 § 22.

es mit dem augenschein offenbarlich beweislich ist. 14. So zaigt
der 23. artikel[1]) abermals an, so mein her und gemahel oder ich
zu zaiten an das waitwerk oder sunst nach unserm lust ausreiten
wurden, wie seiner l. und mir von ldg. Philipssen hoifgesinne oder
anderm [!] zugeordent and notturftiglich versehung gescheen soll.
Gegen den bitt ich underteniglich e. Mt., abermals mein obgenanten
dritten geklagten artikel, was meinem hern und mir begegent,
gnediglich anzusehen, so find e. Mt. klar und genzlich, das e. Mt.
spruch und handelung darwider gehandelt ist, mit flehenlicher
bittung, mein hern und mich bei irm getanen spruch, wie sie sich
das bewilligt, zu schutzen, schirmen und hanthaben und umb das
bisher nit gescheen karung und abtrag zu verschaffen.«

A. Mbg., O. W. S. 1, Personalakten Ldg. Wilhelms des Älteren, Kop.


### 166. Protokoll der Verhandlungen auf dem Tage zu Berka. 1514 Oktober 31.[2])

Aufzählung der Teilnehmer von sächsischer und hessischer Seite.
Sächsische Gesandte sind darüber verwundert, dass die Hessen in geringer Anzahl erschienen sind. Hessische Gesandte rechtfertigen das
mit dem verspäteten Eintreffen der Einladung. Sächsische Gesandte
nehmen diese Entschuldigung an und eröffnen den Hessen ihren Auftrag.
Berichten, wie die Ernestiner auf dem Landtag zu Altenburg sich bei
ihren Ständen über die Aufkündigung der Vormundschaft und die Verfolgung der früheren Regenten von seiten der Landgräfin-Witwe und der
hessischen Stände beschwert haben. Bitten, ihre Herren an der Vormundschaft nicht zu hindern und sich mit ihnen über einen Tag und Ort zu
vereinigen, wo die früheren Regenten ihre Rechnung thun sollten. Hessische Gesandte haben keine Vollmacht dazu und bitten um eine Abschrift der Werbung. Sächsische Gesandte können erst in einem
Monat die Abschrift senden.

»Von wegen der lantschaft der furstentumb Sachssen,
Doringen und Meissen sein daselbst erschienen: Der graf zu
Kirchberg, burggraf zu Creutzeberg, drei epte von Reinhartsborn,
Salfelt und Jorgentall, von der ritterschaft Fabian von Feylitsch,
Bernhart von Wangenheim, Hans Metsch, dr. Reymbot, Eckart
Gans und noch ein Metsch, geschikten von den vier stetten Isenhach,
Gota, Creutzeburg, Waltershaussen. — Von wegen der lantschaft zu Hessen sein da erschienen: ... Philips Meysenbugk
marschalk, Peter von Treispach hofrichter, Johan von Lehenstein
canzler, die geschikten von Marpurgk, Cassel, Escheweg, Treissa;
und fur sich selbst: Reinhart von Boyneburgk amptman, Heym-
brot und Symon von Boyneburg, Ernst und Jerge Diden, Fridrich
Diden zwen son, Werner von Waldenstein, geschikten von Grunberg, Nidde und Schotten. Es waren auch da: Heinrich, Asmus
und Ewaldt von Boymbach, Jerge von Berlebschen, Helwigk von

---

[1]) S. a. a. O. S. 163 § 23.
[2]) Überschrift: »Handlung auf dem tag zu Bercka, dinstage nach S. Symon
und Juden tag ao. 1514.«

Ruckershausen und Ludewig Schwertzel; di haben angezeigt, das inen auch geschrieben wer, und sie willig, fur ir person das zu handeln, das zu gutem reichen mocht.

Anfenglich haben di geschikten der lantschaft Sachssen herkomen des tags erzelt und angezeigt, wie sie von gemeiner lantschaft gefertigt weren, und betten sich versehen, di stend der lantschaft zu Hessen weren in grosser anzal erschinen; aber wie dem, wo sie derhalb abgefertigt, mit inen zu handeln, so wolten sie ine iren bevel eroffen.

Daruf haben di Hessischen durch h. Petern von Treispach hofrichter di credenz[1]) ubergeben und anzeigen lassen, in was gestalt si da weren und das di zeit so kurz gewesen, das man gemeine lantschaft zu Hessen nit bett konnen zusammenhringen oder beschreiben, an zweivel, wo das het mogen gescheen, gemeine lantschaft het auch statliger und mit weiterm bevel geschikt. Nu weren sie nit da von gemeiner lantschaft wegen, sondern von derjenen in der credenz benent. So betten ine auch etlich mer vom adel und steten, in der credenz nit benent, deshalb iren bevel gegeben, von der wegen sie auch da erschinen.

Daruf haben sich die Sechsischen bedacht und gesagt, sie horten die entschuldigung gemeiner lantschaft dieser schikung und wusten die in dem wol entschuldigt zu halten, wolten ine auch nit bergen, das etlichen der Doringsschen geschikten ire brief auch so kurz weren ankomen, das sie den tag kaum hetten konnen erreichen; etliche betten den nit mogen erreichen und aussenplieben, sonst weren sie auch trefflicher und in ander gestalt erschenen, wer aber gemeiner lantschaft schuld nit, sonder derjenen, den solicher handel zu fertigen bevolen worden, trugen darumb keine beschwerung den Hessischen iren bevel zu eroffen.

Soliche werbung hat dr. Reumbot getan (wie ich, der canzler[2]), die angeverlich behalten hab): Wir gemeine lantschaft des curfurstentumbs Sachssen, der furstentumb Doringen, Meissen gemeiner lantschaft des furstentumbs Hessen ir freuntlich, willig dinst und gunstigen willen sagen lassen mit weiter erpietung: Darnach wie die durchleuchtigsten durchleuchtigen hochgebornen fursten und hern, h. Fridrich curfurst und h. Johanns herzogen zu Sachssen ... gemeine lantschaft ... zu sich ghen der Aldenburg betten gefordert und ine daselbst angezeigt, wie weilent nach absterben ldg. Wilhelms des Mitlern ... gemeine lantschaft zu Hessen Ludowige von Boyneburg, Wilhelm von Dornberg und Heinrichen Forstern[3]) von Cassel zu iren cf. und f. g. geschikt und sich mit der curation und furmuntschaft der fursten und des furstentumbs zu Hessen zu beladen bitten lassen betten, wie auch durch di keiserlichen rete zu Marpurgk ein vertrag[4]) gemacht were, das

[1]) S. o. S. 395 f. Nr. 162.
[2]) Johann Feige.
[3]) Nicht Heinrich Förster, sondern Joppe Schrindeisen begleitete Boyneburg und Dörnberg auf jener Reise, s. o. S. 37 Anm. 1.
[4]) S. o. Nr. 29 S. 114 ff.

unser g. frau von Hessen witwe von dem testament und der furmuntschaft absteen solt, welcher mas ir cf. und f. g. nachvolgend
zu curatorn und furmundern confirmirt und bestedigt, wilche administration sie also angenomen, darin ein zeit lang gestanden und
treulich und mit allem vleis gehandelt, wie auch etliche aus der
lantschaft des furstentumbs zu Hessen iren cf. und f. g. ire pflicht,
damit sie ine der furmuntschaft halben verwant weren, aufgeschriben
und sie daran zu verhindern understanden, dabei di verwantnus
des bluts, die erbverbruderung und einung der fursten und furstentumb zu Hessen, was guts daraus enstanden were, wie auch darin
di recht form nit gebraucht worden; dan so sie [Wettiner] in
solicher administration und furmuntschaft etwas ongepurlichs gehandelt, solten sie [Hessen] darumb Kai. Mt. ersucht haben; dise
het on zweivel in di sach gepurlicher weis geseen, darumb were
ine solichs beschwerlich. Das alles betten die herzogen zu Sachssen
inen [den sächsischen Ständen] nach der lang angezeigt, das aber
an dem ort dermassen zu erzelen on not were, dan sie betten des
handels on zweivel vor bericht. Am andern so wurden di gewesen
regenten durch ... unser g. frau und di verordenten rete an iren
gutern angegriffen; di betten an ir stat gehandelt, und was den
zu schaden reichte, das geschee ine von irentwegen; darumb wolt
ine nit wol zimen, sie also beschweren und onbeschirmt zu lassen,
und daruf ires rats begert. Hab gemeine lantschaft die obangezeigte
einung bedacht und fur gut angeseen, die stend der lantschaft zu
Hessen deshalb zu beschreiben auf einen nemlichen tag, etliche
aus inen an ein gelegen malstat zu schiken, daselbst hin wolten
sie auch etlich fertigen, mit den auf wege zu handeln, damit diese
sach auf ander ban mocht bracht werden, als dan nu das zusammenkommen gescheen were. Beten darumb, das di lantschaft ire gst.
und g. hern an der vormuntschaft unverhindert lassen und sich di
geschikten mit inen alsbald eins tags und gelegener malstat wolten
vereinigen, uf den die alten regenten vor den stenden der lantschaft in beiwesen irer gst. und g. hern geschikten rechnong teten,
damit diese sach also zu entschaft bracht werden mocht und der
freuntlich nachbarlich wille zwischen den fursten und iren furstentumben desto bas mocht erhalten werden.

    Daruf haben di Hessischen gesagt, sie hetten gehort, in was
gestalt sie da weren; nu hetten sie keinen bevel, mit inen weiter
zu handeln, aber sie wolten soliche ire werbung denjenen, so sie
geschikt hetten, auch andern, so beschrieben weren, sovil man der
gehaben mocht, antragen, ongezweivelt, sie werden di lantschaft zu
Sachssen on gepurlich antwort nit lassen. Damit es aber nit ungleich
von inen, als das merer teil leien, mocht behalten werden, bitten sie
des anbringens ein verzeichnus. Und als angeregt worden, das
etlich aus der lantschaft zu Hessen [den herzogen von] Sachssen
ire pflicht der furmuntschaft halben aufgeschriben, darzu wolten
sie gesellger weis, an bevel und fur kein antwort zu geben, ein
kleins reden; und were, das soliche ufschreiben an ursach nit gescheen, und betten des dijenen, so das getan, ires bedunkens fug
und glimpf gehabt und wusten wol redlich antwort darzu zu geben.

Daruf haben sich di Sechssischen bedacht und des verzeichnus halben antwort geben, sie sehen es wol fur ein notturft an, aber di instruction wer artikelsweise gestelt und nit geschikt abschrift davon zu geben; so hielt man auch dafur, so di abschrift wurd ubergeben, di [hessische] lantschaft mocht ire antwort auch in ein schrift stellen und di uberschiken, di handlung also in schrift erwachsen und dasjene, so di lantschaft zu Sachssen darin gesucht hetten, nit volgen, sonder unverfenglich sein; aber so man zusamenkome, mocht in reden und widerreden das funden werden, das in schriften nit mocht. Aber di da weren, wolten davon mit andern stenden reden und in vier wochen sich entschliessen, di abschrift schiken oder ursachen anzeigen, worumb es nit gesein mocht· Aufschreiben der pflicht halben hetten sie gehort, das solichs aus ursachen und fugen gescheen solt sein und hielten sie nit dafur, das ir gst. und g. herren dem ursachen gegeben, sonder das sie als from ... curfursten und fursten gehandelt betten; dan so ein furmund seiner furmuntschaft solt entsetzt werden, must aus ursachen, di gelimpf und ehr berurten, gescheen, hofften sie ie nit, das Sachssen dermassen gehandelt betten, und weren ongezweivelt, sie wusten ire handlung mit fugen und ehren, und so es not were, im rechten wol zu verantworten, desgleichen hielten sie auch dafur, es mecht von der lantschaft zu Hessen auch wol verantwort werden; wolten es auch auf dasmal nit disputirn, dan es dinte zu hinlegung dieser sachen nit.

Da hinwider di Hessischen gesagt, sie hetten sich versehen, di verzeichnus solt ine nit gewegert sein worden; denn dis were ein gros sach, schwer zu behalten; sie hielten auch nit, das dieser handel in schriften auszurichten were, oder das es der meinung sein wurd. Bei der gefallen red wolten sie es lassen, sie betten auch Sachssen darin nichts aufgelegt, sonder gesagt, das Hessen darzu verursacht were und des fug betten gehabt, das wurd sich auch also und nit anders erfinden.

Daruf ist der abschit von allen teilen genomen, das di Sechssischen di verzeichnus ire[r] werbung in einem monat ongeverlich Philipssen Meisenbug marschalk zuschiken oder sonst ein schrift druber, was ursachen das nit gescheen mocht.[1]) Und so di lantschaft zu Hessen in dieser sachen jener lantschaft etwas schreiben wolt, das solt man dem apt von Schmalfelt [l. Salfelt] zuschiken, der solt das furter zurecht schaffen. Damit ist man abgescheiden.«

A. Mbg., M. St. S. 8277, Cpt. von Feiges Hand.

---

[1]) Erst am 7. Dezember 1514 schickten die kursächsischen Stände die Abschrift ihrer Werbung mit folgendem Entschuldigungsschreiben ein, was sie an Philipp Meysenbug richteten: »Wiewol am negsten zu Bercka an der Werra zwischen uns und denen, so dazumal aus den stenden des furstentumbs Hessen und euch gegenwertig gewest, ein abschiet unterredt, das wir uns befleissigen solten, euch in vier wochen ein abschrift unser getanen werbung zu ubersenden, dagegen ir und andere euch erboten, so di abschrift euch zugeschickt wurde, woltet ir fleis furwenden, das zu einem andern tag in merer anzal dan am negsten aus dem furstentum Hessen bescheen geschickt und von den sachen nach notturft geret und gehandelt wurde, wern wir zu tun gar

**167. Landgräfin Anna geb. Herzogin von Mecklenburg, die Verordneten Räte und die Abgesandten der hessischen Stände an Kaiser Maximilian I. [Innsbruck 1514 November 12.]¹)**

Geben auf die Beschwerdeartikel der Landgräfin Anna geb. Herzogin von Braunschweig folgende Antwort: 1 u. 2. Haben dem ersten Artikel des kölnischen Spruchs nachgelebt. 3. Wilhelm der Ältere wird nicht an der Ausübung der Jagd gehindert. Sein mangelhafter Geisteszustand. 4. Weshalb sie den Landgrafen und seine Gemahlin an der Jagd bezw. an der Abreise gehindert haben. 5. Ihnen, nicht der alten Landgräfin steht die Ernennung des Hofmeisters Wilhelms des Aelteren zu. Ursachen der Absetzung Dernbachs. Der welsche Arzt. 6. Die alte Landgräfin wollte unter ihr Gesinde Feinde des Fürstentums aufnehmen, was verhütet werden musste. 7. Es ist in Hessen nicht üblich, jungen Dienern Sold zu geben. 8. Vgl. Artikel 3. 9. Warum sie das Schloss zu Melsungen noch nicht hergestellt haben. 10. Die früheren Regenten haben die Schuldregister fortgeschleppt. Die meisten Schulden sind bezahlt. 11. Die alte Landgräfin bedarf noch nicht ihres Witwensitzes. Sie kann vorläufig bei ihrem Gemahl bleiben. Die Stände wollen ihr nicht gestatten, ihre Tochter Elisabeth zu versorgen, weil sie sonst eine neue Missheirat befürchten müssen. 12. Wenn sich Elisabeth standesgemäss verheiratet, soll ihr die Entschädigungssumme ausgezahlt werden. 13. Fräulein Elisabeth wird besser gekleidet und versorgt als die Tochter der Landgräfin-Witwe. 14. Vgl. Artikel 3.

Auf die Beschwerde der Landgräfin Anna geb. Herzogin von Braunschweig geben die Landgräfin-Witwe, die Verordneten Räte und die »geschickten stende gemeiner lantschaft des furstentumbs Hessen, so dieser zeit zu Ynsprug sein«²) folgende »warhaftige antwurt«: Zu Artikel 1: Die zur Zeit in Hessen bestehende

---

genaigt gewest. Wir geben euch aber zu erkennen, das wir die stende gemeiner lantschaft, von der wegen wir bevelh gehabt und gesant gewesen sint, in solcher kurzer Zeit aus ehaften nit in ein gemain versamblung haben bringen mugen, bis itzt in kurzvergangen tagen, das davon geredt und beslossen ist, euch solch instruction dem abschiet nach zu ubersenden, die wir euch dan hirmit zuschicken [fehlt!]. Und hegern und bitten gutlich, ir wollet die gemeine[r] lantschaft des furstentumbs Hessen furhalten und dem abschiet wie angezeigt nachkumen .... Dat. am donnerstag vigilia conceptionis Marie ao. 1514.« (A. Mbg., M. St. S. 8277, Or.) Philipp Meysenbug bestätigte den Sachsen den Empfang der Instruktion, die er den hessischen Ständen vorzulegen versprach. (A. Mbg., a. a. O., Cpt. ohne Datum.)

¹) Die oben wiedergegebene Schrift der Landgräfin-Witwe an den Kaiser trägt kein Datum; derselben ist jedoch ein Brief beigefügt, dem wir Überschrift und Datum [»Dat. zu Ynsprug am sontage nach Martini ao. XIV.«] entnommen haben. Es geht aus dem Brief hervor, dass die beigefügte Schrift eine Antwort auf die Beschwerden bilden soll, die Anna von Braunschweig gegen ihre Schwägerin und die hessischen Stände dem Kaiser Ende Oktober unterbreitet hatte (vgl. o. Nr. 165). Die Landgräfin-Witwe, ihre Räte und die Abgesandten der hessischen Stände ersuchen Maximilian unter Hinweis auf obige Antwortschrift den Klagen der alten Landgräfin nicht Glauben zu schenken und kein Strafmandat zu erlassen.

²) Über den Anlass von Annas Anwesenheit in Innsbruck vgl. Anna von Hessen S. 152 f. Aus dem Bericht Hansens von Berlepsch (s. u. Nr. 168) geht hervor, dass die junge Landgräfin von Hermann Riedesel und Kraft von Bodenhausen begleitet war. Vermutlich begleiteten sie noch andere Mitglieder der hessischen Stände. Auch Johann Feige befand sich in ihrem Gefolge.

Regierung hat den hessischen Ständen gelobt, dass sie Ldg. Wilhelm
dem Alteren getreulich vorstehen wollen. »Demselbigen ist bisanher also und nit anders oder zegegen gelebt. So sein auch die
pflichte und eide von den undertanen des furstentumbs Hessen genomen worden, in allermassen wie auch hieformals ist gescheen
und das der artikel e. Kai. Mt. spruchs[1]) deshalben auswist. Und
wiewoil derselbige e. Kai. Mt. spruch uber den ersten durch ire
Mt. aufgerichten vertrag zwischen mir Annen lantgrafin, den gewesen lanthofmeister und regenten, auch gemeiner lantschaft des
furstentumbs Hessen[2]) (welcher dan unter anderm vermak, das alle
grossen sachen, daran gelegen seie, mit meinem wissen oder aber
an meiner stat Herman Rietesels, erbmarschalks zu Hessen, gehandelt sullen werden, dem nie kein mal nachkomen) on meiner
Annen lantgrafin wissen und verwilligung aufgericht und gescheen,
also das der unserm soen und g. herrn ldg. Philipsen etlicher
massen nachteilig ist, so haben wir doch demselbigen spruch, sovil
der sein l. und f. g. betrifft, nit zuwider gelebt.« Zu Artikel 2:
Die Beschwerde der alten Landgräfin wird von Anna und den
Räten abgelehnt; sie behaupten vielmehr, dass Ldg. Wilhelms »bests,
ere und nutz gehandelt wirt, sovil sich zu seiner l. und f. g. gerechtigkeit geburt. So werden die plichte und eide von wegen
ldg. Philipses nit anders genomen, dan wie hiefor gescheen ist und
das e. Kai. Mt. spruch im ersten artikel ausweist, welchs auch ire
l. und g. von gemeiner lantschaft, den verordenten reten und dem
usschosse des furstentumbs zu Hessen mehr dan zu einem mal
gnugsamen bericht hat entpfangen, darumb on noit gewest wer,
e. Kai. Mt. mit dieser ... unnotdurftigen vermeinten clage zu be-
muben.« Zu Artikel 3: »Desselbigen artikels, das wir den nit
gehalten und offentlich dawider gehandelt sulten haben, sein wir
nit gestendig; wan es erfint sich das widerspiel in unser schwegerin
und g. frauen nehstnachvolgenden eigen artikel selbst.[3]) Des orts
do wirt angezeigt, das ... ldg. Wilhelm uf der hirzbronst sei gewest und uf einem dan 3 birze geschossen hab; und ist seiner l.
und g. uf sein begern nach gelegenheit der zeit solche lust oder
jagwerk ze haben von uns nie kein mal abgeschlagen worden. So
haben auch ldg. Wilhelm, ich Anna lantgrefin und unser soen und
g. herr ldg. Philips als gevattern zu dem von Beichlingen ire
trefflichen botschaften geschickt und seinen jungen son us tauf
heben und ine und sein gemahel furstlich und erlich vereren
lassen, das wir uns versehen, sie beide, der von Beichlingen und
sein gemahel, werden deshalben nit clagen haben. Und als ferner
wirt furgegeben, das man ldg. Wilhelmen der eren vergunen oder
nit gern sehen soll, das sich sein l. und g. in dem oder andern
schickerlich [!] fur den leuten halte, daruf weis man seiner l. und g.
schiklichkeit zu guter mas woil; wir wulten aber und betten von
herzen gern, das dieselbige besser wer, dan sie ist. Und do mir

---

[1]) Vgl. den Spruch zu Köln Nr. 59 S. 159 f. Artikel 1.
[2]) S. o. S. 114 Nr. 29.
[3]) S. o. S. 408 Artikel 4.

Annen ... mit unschulden wirt zugemessen, als das ich nit sull
wullen, das sein l. in einicherlei schicklichkeit kem, daruf sage ich,
das mir in dem ganz ungutlich geschiht, weis auch fur war, das
mein schwager solchs nit dafur acht, helt oder sich zu mir versiht,
und wult vil lieber wissen, sein l. besser geschickt sein dan sie ist,
ire selbst, auch meinem son ldg. Philipsen und irer beder furstentumben, landen und leuten zu gute, als das ire aller notdurft hochlich erfordert.« Zu Artikel 4: Anna leugnet die Wahrheit der
Angaben ihrer Schwägerin und erzählt: »Einer gnant Herman
Romp[1]) hat sich einer vermeinten anspruch und forderung gegen
den fursten zu Hessen und der itzigen regirung anstat irer l. und
g. angemast, sovil das er und ander mehr aus Westpfalen seiner
freuntschaft und ime sunsten anhengig in dapferer anzale, als man
Herman seiner unpillichen vermeinten forderung nach seins gefallens nit hat wullen setigen, zuletzt dermas schwinde geschrieben
haben, das man sich darus zu inen nit anders dan feintschaft hat
wissen zu versehen, dadurch und aus andern bewegnussen man fur
gut und nutzlich angesehen, ldg. Wilhelmen in das weldlin hinderm
schlos zu Marpurg oft, als sein gewonheit ist gewesen, nit geen
oder spaciren ze lassen. Man hat seiner l. und f. g. solchs auch
zu erkennen gegeben, also das sie es wol zufriden und gesetigt
gewesen; und ist demnach die pforte mit guter stetigkeit zugetan
und nit mit gewalt, als gesagt wirt, zugeschlagen worden. So hat
man auch nachvolgends ldg. Wilhelmen uf sein beger nach der
zeit und gelegenheit zimlichen lust mit dem jagwerk gestat und
ime etliche dapfer personen vom adel und sunsten zugeordent, die
sein l. und g. verwarlich uf das jagewerk und zu geburlicher zeit
widerumb davon gein Marpurg bracht haben, also das sein l. und
g. in dem stuck auch furstlich und erlich gehalten ist worden. ...
Das man aber ... unser schwegerin ... ire wagen und pferde ...
verschlossen und gewaldiglich furgehalten sull haben uber vile
bitten und anzuge, so sich ire l. und g. berumpt mugen darzetun,
deshalben hat es die gestalt: Wiewoil man ire l. und f. g. bisanher
furstlich und, wie ire wol geburt, gehalten, sich auch erboten hat,
ire hinfurter alles das ze tun, das ire nach vermugen e. Kai. Mt.
spruch und einer furstin zu Hessen zustee, nichtdesteweniger und
dasselbige unangesehen hat sich ire l. und g. hiefor in das lant zu
Sachssen gefugt, daselbst etliche der fursten unser und gemeiner
lantschaft des furstentumbs zu Hessen widerwertigen bei sich gehabt und mit inen geratschlagt, ire auch in meiner Annen lantgrefin abwesen kurzlich darnach, als ire l. und g. widerumb anheimisch komen was, ires gefallens in andere landeart [!] abermals
auszereisen furgenomen. Das haben diejenen, so zu Marpurg be-
velbe haben gehabt, in zeit meins aussenseins nit zulassen wullen,
sunder ire l. und g. underteniglich gebeten, solch ire hinwegziehen
bis zu meiner Annen lantgrafin widerankunft in ruhe zu stellen;
so seien sie sunder zweivel, alsdan werde man ire l. und g. nach

---

[1]) Vgl. o. die Beschlüsse des ständischen Ausschusses Nr. 148 S. 375
Artikel 1.

vermuge e. Kai. Mt. spruch furstlich abfertgen und ziehen. Aber
sie hat es dobei nit pleiben lassen, sunder ie hinweg wullen, hat
sich auch demnach alsbalde von irem gemahel und kindern von
dem schlosse Marpurg berabe in die stat in eine [!] verfallen hose
haus, das ir l. und g. an sich bracht hat, e. Kai. Mt. spruch zuwider
getan und kurzlich darnach verschafft, das etliche auslendische
reisigen des furstentumbs Hessen mit wagen und pferden bei nacht
fur Marpurg an einen berg sein komen, in meinong, doselbst ire
l. und g. anzenemen und ires gefallens von dannen ze prengen.
Man ist des aber innen worden und mag daruf haben irer l. und
g. (weil e. Kai. Mt. spruch derselbigen irer l. und g. nit zulesst, auch
des fursten und furstentumbs zu Hessen gelegenheit nit ist, zu gestaten, eben dermas, wie es ir gefelt, in landen hin und wider ze
faren) ire wagen und pferde nit lassen volgen. Nu ist ire l. und
g. e. Kai. Mt. spruch zugegen ... ungeverlich nu bis in die 10.
oder 11. wochen in solchem hosen verfallen huse von irem gemahel
und kindern gewesen; und wiewol irer l. und g. bruder der hochgeborn furst Erich, herzog zu Braunschweig und Luneburg, unser
lieber obem und g. herr, ire geschrieben hat, das er solchs ires
furnemens kein gevallens habe, mit beger, das sie sich zu iren
herrn und kindern widerumb auf das schlos tun und sich an userm
erpieten begnugen wull lassen, so hat doch ire l. und g. dasselbige
bisnoch nit tuen wullen, darob wir dan unsersteils mitsampt gemeiner lantschaft nit unpillich, auch nit sunderlich gut gefallens
getragen. Wir die von der itzigen regirung haben ire aber nichtdestweniger (wiewol wir des dannoch nach vermugen e. Kai. Mt.
spruchs nit schuldig sein) die zeitlang her in das hose verfallen
haus vom schlosse berabe mit grossen kosten, schaden und darlegen
umb gutes frids willen einen furstlichen dische gehalten. Aber
es wil gleichwoil das alles von irer l. und g. zu keinem guten willen
oder fridlicher setigung angesehen oder angenomen, sunder in dem
teil allein das furgenomen werden, das e. Kai. Mt. spruch zuwider
und den fursten und furstentumb zu Hessen zu abnemen und verderben tut reichen, das dan e. Kai. Mt., daran uns nit zweivelt,
auch zu keinem gefallen kombt.« Zu Artikel 5: »Dasselbige
vermeinte clagstuck ist von unser schwegerin und g. frauen auch
unnotdurftiglich gesetzt; wan e. Kai. Mt. spruch irer l. und g. in
dem keine bestellung zugibt, sunder allein das regiment hat eine
dapfer persoen us dem furstentumb Hessen, die e. Kai. Mt. darzu
auch gefellig und angenem sei, laut derselbigen e. Kai. Mt. spruchs
zu einem hofmeister furzenemen und zu verorden. Solichem e. Kai.
Mt. spruch gemes haben wir die von der itzigen regirung eine
dapfer redeliche person vom adel us dem furstentumb Hessen,
gnant Heintzen von Eringshusen, eins zimlichs alters, auch guter
erfarung und geschicklickeit ... ldg. Wilhelmen zu hofmeister zugeordent, ine auch deshalben geloben und schweren lassen, als sich
geburt, und wie e. Kai. Mt. ich Anna lantgrefin dan hieformals
solchs mitsambt dem, wie die fursten und furstentumb zu Hessen
mit regirung furstlich und nach aller notdurft widerumb seien

27*

bestelt, geschrieben und zu erkennen hab gegeben.[1]) Und ist Conrat
von Dernbach in zeit der abdretung der gewesen lanthofmeister
und regenten vom regiment ldg. Wilhelmen zugeordent, allein ein
zeit lank, bis man seiner l. und g. einen hofmeister bequemlich und
statlich muge zugeben, zum besten zuzusehen und nit als ein hofmeister. So ist er auch itzo mit einem ampte versehen, zudem
das ldg. Wilhelm mich Annen lantgrafin selbst bericht hat, das
Conrat mit seiner l. dermas vast geschwintlich gehandelt hab, das
es seiner l. in keinem weg sei zu erliden, bittende, denselbigen
Conraten von ime ze tun und sein l. mit ime unbekummert ze
lassen.« Ldg. Wilhelm ist unter der neuen Regierung »nie kein
mal« krank gewesen. »So ist auch durch uns nit verhindert oder
gestanden, ob dem wellischen arzt durch e. Kai. Mt. commissarien
etwas taxirt wer, von den hinderlegten 6000 gulden zu Wormbs
bezalet ze werden, das ime dasselbige nit entricht sei worden.
Darzu ist der ... arzt zu Marpurg gewesen und ime doselbst
keincherlei widerwertigkeit weder mit worten noch werken von
uns den itzig regirenden oder sunsten imant anders begegent, dadurch er ursach hab gehabt, sich, als wirt furgegeben, dadannen
ze fugen. Sunder das ist war, als ldg. Wilhelm verstanden, das
der arzt zu Marpurg gewesen, hat sein l. und g. gebeten, ine mit
solchem arzt unbelestigt ze lassen; wan er hab ime formals ausserhalb lands einen sirup ingegeben, deshalben er sich vermut gehabt,
sterben mussen, und ist daruf der arzt on einch unser wissen und
zutun widerumb von Marpurg nach seiner gelegenheit komen.«
Zu Artikel 6: »Desselbgen unnotdurftigen clagstucks sein wir nit
gestendig. Es wirt sich auch dermas nit erfinden, und ist unser
schwegerin und g. frauen bit e. Kai. Mt. spruch in dem stuck genzlich zewider, achten und wissen auch fur war, das es unsers
schwagers und g. herrn weder gemut noch meinung ist, zudem das
uns nit zu erliden steet, der fursten, unsere und des furstentumbs
zu Hessen widerwertigen, die unser schwegerin und g. fraue zu
dienern aufzenemen gedenkt, als ire l. und g. dan bereide understanden hat, in der fursten und furstentumbs zu Hessen vestenungen
und heusern ze wissen.« Zu Artikel 7: »Darzu sagen wir also,
das wir solchs furtragens dermas gar nit gestendig sein, sunder
es ist die warheit, das ldg. Wilhelm, seiner l. und g. gemahel, derselbigen dochter, auch ire frauenzimmer und hofgesinde, das besoldung verdienen kan, mit cleidern, besoldung, golde, silber, siden-
werk und aller andern notdurft nach vermugen e. Kai. Mt. spruchs
furstlich und eherlich ausgericht sein worden. Woil mag sein, das
irer l. und g. jungen dienern und knaben keine besoldung, als sie
begert, gegeben seien; sie sein aber mit cleidern, essen und trinken
nach brauch und herkomen des furstentumbs Hessen notdurftiglich
vergnugt. Die ubung und der brauch im furstentumb Hessen ist
auch nit, die jungen dienere und knaben sunsten mit ander sunderlicher besoldung zu belonen, sunder wan sie ein zeit lank gedienet

---

[1]) Dieses Schreiben der Landgräfin ist mir nicht bekannt; mit Nr. 129
ist es auf keinen Fall identisch.

haben und harnasch ze furen stark gnug und dugelich werden,
alsdan pflegt man irer einem ein pfert und harnasch ze geben;
derselbigen, die vom adel und guten geschlechten sein und das
also williglich und gern annemen, mag man in- und ausserhalb
dem furstentumb Hessen nach notdurft gnug bekomen. Und wirt
ferner mit nicht gestanden, das unser schwegerin und g. frauen
das quatembergelt laut e. Kai. Mt. spruchs nit gevolgt, wan das
sie des bezalt ist. Mugen wir die itzig regirenden, irer l. und g.
eigen quitanzbrife und sigil, die sie daruber hat gegeben, so es
die notdurft erfordert, anzeigen. Woil ist die warheit, das sich ire
l. und g. ein zeit lank gesperret hat, geburlicher weise deshalben
ze quitiren und also ires gefallens gezenk gesucht und doch zum
letzten quitanz uberantwort, daruf ire l. und g. auch gutlich bezalt
ist worden. Aber wir achten, halten und wissen fur war, das
unsers schwagers und g. herrn ldg. Wilhelms meinung nit ist, das
diese forderung seiner l. und g. halben angezogen soll werden, wan
wir . . . haben seiner l. und g. zu ider zeit, was ine noit ist gewesen, reichen lassen, sein das auch hinfurter ze tuen willig.« Zu
Artikel 8: Ist schon im dritten Artikel beantwortet. Zu Artikel 9: »Daruf geben wir diese antwurt, das wir die itzig regirenden in der verwaltung noch nit lange sein gewesen, deshalben
haben wir so kurz in der ile auch nit darzu tuen mugen, wiewoil
es on das domit nit so gros ile were. Wan es ist noch nit dohin
komen, das irer l. und g. den widem notdurftig sei zu gebrauchen.
Darzu so heldet e. Kai. Mt. spruch unter andern in, das ir l. und
g. zu Cassel, Marpurg, oder wo sunsten der hofhalt sein werde,
sein soll. Wir . . . sein aber nichtdestweniger willig, den widem
nach laut e. Kai. Mt. spruch . . ., alsbalde wir mugen, bouen ze
lassen. Wan so Melsungen wol gebout ist, wissen wir niemant, dem
es besser und nutzer sei dan den fursten zu Hessen und iren
erben.« Zu Artikel 10: »Geben wir e. Kai. Mt. diesen . . . warhaftigen bericht underteniglich zu erkennen, das die gewesen lanthofmeister und regenten, als sie von irem regiment sein abgestanden, den zettel, darin die namen der gleubger angeregter
schulden verzeichent steen, und alle andern register mit sich hinweg genomen, also das wir von inen bisnoch keine geburliche
rechenung oder bericht des und anders halben, als sie zu tun
schuldig sein, bekomen mugen. Wir . . . haben aber nichtdestminder
von dem gewesen camermeister[1]) uf unser fleissige erkundung sovil
verstanden, das er alle schulden, die von zerung und anderm
wissiglich und bekentlich gewest sein, zu Wormbs ausgericht und
bezalt habe. Und seien daruber noch 6000 gulden gein Wormbs
hinderlegt, davon diejenen, die irer schulden nit haben wullen bekant sein, laut e. Kai. Mt. commissarien taxation und ubergeben
verzeichnus bezalt sullen werden. Und als dieselbgen lanthofmeister
und regenten geverde im handel gemerkt, haben sie furgenomen,
das ein ider sein schult mit dem eide fur geverde sull berechtigen.

---

[1]) Adam von Usingen.

Daruf auch der meher teil bezalt. Und ist dasselbige jurament zu
gescheen durch uns nit furgenomen; aber als wir nachvolgends des
handels bericht entpfangen, haben wir das jurament calumnie fallen
ze lassen nit gewust, kunten das auch bei unserm soen und g.
herrn ldg. Philipsen, so sein l. und g. zu mundigen tagen queme.
nit verantwurten und achten und halten es dafur, wer ein ufrichtige
redeliche schult habe und den eit fur geverde ze tuen wegert.
das der nit gern bezalt sein wull. Wir mugen auch liden, das
alle diejenen, so in e. Kai. Mt. verzeichnus zu Wormbs funden.
uf solch zimlich jurament entrichtet werden, und ist uns nie
zugegen oder wider gewest, wiewoil unserm soen und g. herrn
ldg. Philipsen ganz beschwerlich ist, gelt uszegeben und nit ze
wissen wohin. So haben wir auch ldg. Wilhelmen und seiner l.
und g. gemahel nie kein schrift ... undergeschoben oder verhalten,
darzu Johan von Morsheim[1]) ritter seiner vermeinten schultforderung
halben, desgleichen e. Kai. Mt. cammerrichter, wan der derhalben
auch geschrieben hat, uf ir schreiben idesmals dermas zimliche und
geburliche antwurt gegeben, das wir uns genzlich versehen, so e.
Kai. Mt. dieselbigen unser antwurten hor oder der sunsten grunt·
lich bericht, e. Kai. Mt. werde darob ein gut gefallens tragen.« Zu
Artikel 11: »Daruf wullen wir e. Kai. Mt. underteniger meinung
nicht bergen, das uns genzlich bedunkt, so unser schwegerin und
g. fraue den artikel in e. Kai. Mt. spruch deshalben verleiht eigent·
lich angesehen oder sich berichten lassen, so bett sie sich solchs
ires ungeursachten und unpillichen clagens pillich enthalten. Wan
laut des artikels in e. Kai. Mt. spruch davon aufgericht, ist es noch
zur zeit dohin nit kommen, das ir l. und f. g. notdurftig sei, den
widdom zu gebrauchen. Doch wie dem sei, so es zu dem fall
komen wirt, sein wir willig, uns in dem ze halten inhalt der ver·
schreibung, die sie von den fursten zu Hessen ires widdombs und
morgengabe halben inhat[2]), und wie das e. Kai. Mt. spruch des
stucks halben vermag und ausweist. So sich auch ir l. und g.
e. Kai. Mt. spruch gemes helt, ist ire on noit, iren herren und ge·
mahel zu verlassen, sunder unserm halben mag sie bei seiner l.
und g. woil pleiben. Und ist uns und gemeiner lantschaft des
furstentumbs Hessen nit willens, in keinem weg zu erliden, das
irer l. und g. ire dochter freulin Elisabeth irer bit nach vergunt
werde zu verschen. Wan wir sein sunder zweifel, e. Kai. Mt. trage
gut wissen, welchermasse sie ire ander dochter fraue Katherin, als
sie die hieformals ausserhalb lands in irer versehung und verwaltung
gehabt, on wissen und verwilligung irer l. und g. freuntschaft, auch
der stende gemeiner lantschaft des furstentumbs Hessen chelich
hingegeben und vertrout, das doch on wissen und verwilligung der
... stende des furstentumbs Hessen, als die das heiratgut und die
abfertigung zum teil ze steuern und ze hantreichen pflegen, nit

---

[1]) S. o. die Beschlüsse des ständischen Ausschusses Nr. 148 S. 377 Artikel 16.
[2]) Die Wittumsverschreibung der alten Landgräfin über Schloss und
Gericht Melsungen vom 30. Mai 1500 findet sich im Marburger Archiv, Ur·
kunden, Ehesachen, Or.

gescheen sein solt, darumb wir und gemeine lantschaft bemelts furstentumbs nit gemeint sein, irer l. und g. hinfurter meher mit willen zuzelassen, ire dochter freulin Elisabeth ausserhalb demselbigen furstentumb hin und wider ze furen und die ires gefallens dermas auch ehelich zu vermeheln, welchs wir dan bitten e. Kai. Mt. der fursten und furstentumbs zu Hessen gelegenheit und notdurft nach gnediglich versteen wullen, wie wir uns des und grossers zu derselbgen e. Kai. Mt. in aller undertenigkeit genzlich vertrosten.« Zu Artikel 12: »Solch irer l. und g. unpillich furbrengen ist e. Kai. Mt. spruch des stucks halben in der meinung ganz nit gemes. So ist auch irer l. und g. bit solchem spruch gleicherweise in alle wege zegegen. ... Und wo dieselbige irer l. und g. dochter mit wissen und verwillgung der fursten zu Hessen, auch irer freuntschaft und der stende gemeiner lantschaft des furstentumbs Hessen irer veranderung erwartet, so wirt es solicher vererung und eins grossers halben, wie das einer dochter und furstin zu Hessen eigent und geburt, furstlich und erlich nit mangeln, daran e. Kai. Mt. keinen zweifel soll haben.« Zu Artikel 13: »Als auch ... weiter wirt angezogen, als sult unser schwegerin und g. frauen dochter freulin Elisabeth laut e. Kai. Mt. spruchs im 20. artikel mit cleidern, cleinoten und anderm nach der notdurft nit versehen werden, daruf bitten wir e. Kai. Mt. unterteniglich ze wissen, das wir die itzige [!] regirenden die zeit lank unser verwaltung ... freulin Elisabeth mit sidencleidern, silber, golde und anderm nach aller notdurft furstlich und erlich gehalten und haben ir mehr dan unser Annen lantgrafin eigen dochter und g. freulin gegeben.« Zu Artikel 14: Ist schon im dritten Artikel beantwortet. »Darumb wo deshalben einch teil angehalten werden sult, karung und abtrag ze tuen umb deswillen, das er e. Kai. Mt. spruch nit nachkomen wer oder kein volge getan bett, wie ir l. und g. hat gebeten, so sult darinnen unsers bedunkens der pillgkeit nach nimants billicher erkant und angehalten werden dan eben ire l. und g. selber, wie dan das e. Kai. Mt. in ansehung ires keiserlichen spruchs, auch unser schwegerin und g. frauen vermeinten unverursachten und unnotdurftigen clagen, desgleichen unser daruf rechtmessigen gegrunten und warhaftgen antwurt und bericht zu ermessen haben und ze tun wol wissen.«[1])

A. Mbg., O. W. S. 1, Personalakten Ldg. Wilhelms des Älteren, Cpt. von Felges Hand·

168. Hans von Berlepsch der Jüngere an die Ernestiner. Innsbruck 1514 November 16.

Berichtet über eine Unterredung mit dem Kaiser. Maximilian erzählt Berlepsch, dass die Landgräfin-Witwe und die hessischen Stände fest

[1]) Am 12. Februar 1515 citiert Maximilian von Innsbruck aus die Landgräfin-Witwe und die Verordneten Räte an den kaiserlichen Hof, um die Irrungen zu schlichten, die sich zwischen ihnen und der alten Landgräfin über die Ausführung des kölnischen Spruchs erhoben haben. »So wollen wir euch zu baiden tailen deshalben notdurftiglichen boren und vleis ankeren euch gutlichen miteinander zu verainen und zu vertragen.« (A. Mbg., O. W. S. 1, Personalakten der Landgräfin Anna geb. Herzogin von Braunschweig, Or.)

entschlossen sind, die Wettiner nicht mehr in der Vormundschaft zu dulden.
Verdächtigung Boyneburgs und der Ernestiner. Vergleichsvorschlag des
Kaisers, der die Landgräfin begünstigt. Sendung der Landgräfin zu
Berlepsch: er soll sich den hessischen Ständen anschliessen. Berlepschens
Erwiderung.

Der Kaiser hat heute nach ihm geschickt »und allain in irer
Mt. stuben mit mir gangen und iederman baissen ausgehn.« Darauf
hat er gesagt: »Es sei ain gros schwer sach, so sich zwischn e. cf.
u. f. g., den alten regenten an ainem und der landgrefin am andern
tail halten. Dan di landgrefin und di von der landschaft zaigten
an, das ldg. Philips, so er 14 jar erraichet, zu der regirung gelassen
solt werden, und so hab di landschaft aintrechtiglich beschlossen, das
e. cf. u. f. g. zu kainer regirung gelassen solten werden; sie mogen
ir Mt. als den obersten herrn und Kaiser wol leiden, das ain
regiment mit willen und wissen irer Mt. und der landgrefin und
der landschaft gesatzt werde; wo das von irer Mt. in abgeslagen,
bitten sie das recht. Zum andern erbot sich angeregte landgrefin
und landschaft, sie wellen beibringen und beweisen, das Ludwig
von Boyneburg ain dieh sei, sie wellen auch genug bekuntschaften
und beibringn, das ldg. Philips von Fridrich Trotten son mit vor-
satz wider ain bank in ain nagel ains fingers lang gestossen, das
er gebrochen sei. Sie wollen auch darbringen und beweisen, das
bei den vier ader funf tausend gulden ldg. Philipsen umbzubringen
ausgeben sein, und wiewol sie dasselb e. cf. g. allain verdacht
haben, so hab sich dach mein g. herr hz. Jobans dermassen gehalten,
mit dem das er Fridrich Trotten son zu sich genomen, daraus sie
wol vormerken, das sein f. g. umb solche bestellung auch wissen
habe, und e. cf. g. haben Fridrich Trotten zu ainem diner angenomen.« Der Kaiser begehrt Berlepschens Rat und fragt, »ob gut
wer, ain vertrag zu machen in gehaim, das di sachen e. cf. u. f. g.
betreffen nicht so gar unter di leut keme.« Berlepsch erwidert,
dass die ganze Geschichte von der Landgräfin und ihren Anhängern
erdichtet sei.[1] »Ich besorg wo ich nit hie wer gewest, der gegen-
tail het berait allen seinen willen erlangt, aus was ursachen kan
ich nit wissen.« Am selben Tage hat die Landgräfin »von ir selbs
und der landschaft wegen Herman Ritesel und Crafft von Bodenhausen« zu Berlepsch geschickt und ihn auffordern lassen, dass er
sich zu der hessischen Landschaft halte, zu der er doch gehöre.
Dieses Ansinnen weist Berlepsch zurück unter Hinweis auf die
Mission, die ihm von den Fürsten von Sachsen übertragen worden
ist, und in Erinnerung an die Behandlung, die seinem Vetter, dem
früheren Regenten Kaspar von Berlepsch, widerfahren ist. »Dat.
zu Insprugk, am 16. November ao. XIV.«

A. W. Reg. C p. 113 Nr. 14, Kop.

[1] Die Ernestiner liessen Maximilian durch Degenhard Pfeffinger auffordern, die Verdächtigungen der Landgräfin-Witwe, denen sie jegliche Begründung absprachen, zu öffentlichem Verhör zu bringen. Dat. Montag nach
Dreikönigstag 1515 (Januar 8). (A. W., Reg. C p. 113 Nr. 14, Kop.)

# XI.

## Auseinandersetzungen der Landgräfin - Witwe mit Anhängern der früheren Regenten. Verhandlungen über die hessische Vormundschaftsfrage vor dem Kaiser in Augsburg.[1]

### 1515 Januar 11 — Mai 26 (Nr. 169—183).

Wie im verflossenen Jahre (1514) stand im Frühjahr 1515 für die Landgräfin Anna und die hessischen Stände im Vordergrund der politischen Interessen die Behauptung der den Wettinern entrissenen Regentschaft. Dass der Kaiser keine rechte Neigung zeigte, seine Pflicht als Reichsoberhaupt zu erfüllen und als Schiedsrichter in den Vormundschaftsstreit einzugreifen, war bereits im Herbst bei den Verhandlungen in Innsbruck zu bemerken. Noch klarer kam diese Stimmung Maximilians in den Augsburger Verhandlungen zum Ausdruck. Erst wurden die Verhandlungen von Termin zu Termin von den kaiserlichen Räten verschleppt, um schliesslich in Augsburg auf den ausdrücklichen Wunsch des Kaisers ohne Entscheidung abgebrochen und aufs neue vertagt zu werden (171, 174—183). Der für den Juli in Gelnhausen anberaumte Schiedstag vor den kaiserlichen Räten scheint dann gar nicht stattgefunden zu haben. Durch die letzten Erfahrungen belehrt, wird auch Kurfürst Friedrich alle Hoffnung auf eine wirksame Unterstützung durch Maximilian bei der Geltendmachung seiner Ansprüche auf die Vormundschaft in Hessen aufgegeben haben. Hatte die Landgräfin von dieser Seite zunächst nichts zu besorgen, so bereiteten ihr dagegen die Freunde und Standesgenossen der früheren Regenten durch Drohungen und Vorstellungen Verlegenheit. In der Ver-

---

[1] Vgl. Anna von Hessen S. 154 ff.

folgung Boyneburgs und seiner Anhänger erblickten sie eine Verletzung des adligen Standesinteresses, und ihr enges Gemeinschafts-
gefühl trieb sie zu entschiedenen Protesten gegen die vermeintlichen
Übergriffe landesherrlicher Gewalt. Die Landgräfin liess sich durch
die adligen Kundgebungen nicht im mindesten einschüchtern. Sie
hielt zäh an der Forderung der Rechenlegung gegenüber den früheren
Regenten fest und züchtigte Amtleute, die sich wie Heinrich von
Baumbach ihren Wünschen nicht fügen wollten (169, 170, 172, 173).

---

**169. Landgräfin Anna und die Verordneten Räte an Mitglieder
des fränkischen Adels.[1])  Kassel 1515 Januar 11.**

Haben ihr Schreiben in Sachen Ludwig von Boyneburgs erhalten.
Geben ihnen darauf einen kurzen Bericht: Versprechen Boyneburgs bei
seiner Wahl, alljährlich vor den Ständen Rechnung zu legen. Misswirtschaft Boyneburgs in Hessen. Die Stände wollen ihn deshalb zur Verantwortung ziehen. Er bleibt auf dem Treysaer Tage aus. Er kann sich
auf dem Kasseler Tage nicht verantworten. Abdankung Boyneburgs. Aufrichtung eines neuen Regiments auf dem Landtage zu Homberg. Weigerung
der früheren Regenten, ihre Rechnung vor dem ständischen Ausschuss abzulegen. Beschlagnahme ihrer Güter. Boyneburg und seine Genossen
haben die Rechnungsregister und die Kassen aus dem Lande geschleppt.
Berechtigung des Anspruchs der Landgräfin und der Räte auf die Rechnung
der Regenten. Ausflüchte Boyneburgs.

»Euer schreiben, uns itzo Ludowigs von Boyneburgk halben
getan[2]), haben wir nach der lenge mit angehefter bit alles inhalts
vernomen und zweiveln nit, so euch ... Ludowig dieses handels
gruntlich bericht, ir hettet euch solichs schreibens wol wissen zu
enthalten. Wir weren auch wol gneigt, euch davon eigentlich
bericht zu tun, so wil das die eigenschaft des sendbriefs nit leiden.
Darumb mit der kurz hat der handel di gestalt: Hievor nach absterben weilent ... ldg. Wilhelms ... haben gemeine lantschaft des
furstentumbs zu Hessen ein regiment (darin sich derselb Ludowig fur
einen lanthofmeister geschikt) verordnet, derhalb einmutiglich beschlossen und durch Ludowigen selbst ausgeredt worden ist, das dieselben regenten eins itzlichen jars fur etlichen stenden der lantschaft
irer administration halben rechnong tun, wider recht nimands beschweren, den fursten und furstentumb, landen und leuten getreulich
fursteen und wie sie allenthalben handeln solten, das dan gemelter
Ludowig dermass zu halten alsbald offentlich zugesagt, sich auch daruf
solichs regiments mit andern unterzogen und darine etliche jahr her ...

---

[1]) Das Schreiben ist an eine grosse Anzahl Mitglieder der fränkischen
Adelsgeschlechter Hutten, Thüngen, Grumbach, Bibra, Truchsess von Balders-
beim, Rosenberg, Schaumberg, Diemar, Mashach, Münster, Geyer, Biberen
u. a. gerichtet.
[2]) Das Schreiben der fränkischen Ritter fehlt uns.

h. Wilhelmen und h. Philipssen . . ., auch landen und leuten zu merglichem grossen nachteil und abbruch gehandelt, grosse nutzpare schlos und lantschafte hin und ubergeben, ldg. Wilhelms halben grosse unnutze kosten und scheden, di er im anfang wol verhut, auch in der irrung wol mit leichtern kosten ausgericht hett, auf- wachsen lassen, etliche stet des furstentumbs mit herescraft ge- waltiglich, feintlich, grausamlich uberzogen, eingenomen, geplundert und hertiglich gestraft uber und wider di einung, dabevor am Spis ufgericht, gelobt und geschworn, darin lauter begriffen, das nimands den andern on erkentnus des rechten mit der tat beschweren soll, auch onangeseen, das sie ime mit dem sacrament und der geist- licheit entgegen gegangen, uf ire knie gefallen, gnad und barm- hert[z]igkeit gebeten und sich alles das zu tun, das er von ine haben wolt, erpoten haben; item vor den stenden der lantschaft, wie er auf dem Spis zugesagt, nie kein rechnong getan, ein grosse trefflich aptei von dem furstentumb zu ziben williglich zugeseen und ge- stattet; item ein gemeine lantschatzung auf das arm volk on not, auch on rat und wissen der lantschaft gelegt und das, was mehr ist, bei ldg. Philips person den vleis, der ime gepurt het, nit getan, in der sum der abred und ordnong am Spis gemacht in allen sachen zuwider gelebt und mancherlei ongepurlicher hand- lung, die [der] erzelung auch nit onwerdig weren, der wir dismals kurz halben geschweihen, geubt, dadurch wir und di lantschaft zusamenzukomen und von diesen dingen zu ratschlagen bewegt, geursacht und gedrungen, als dan uf einem tag zu Velsperg geschen.[1]) Und von demselben tag ist ime durch di von der lantschaft ge- schrieben und ime angezeigt, das schwere clage[n] uber inen geen, di man ime nit wolle verhalten, darumb, wo er sich der zu verant- worten gedecht, mocht er sich zu inen fugen, wolt man sein antwort auch gutwillig horen, keme er aber nit, ine fur keinen lanthofemeister mehr halten ader wissen. Daruf ist er, wiewol man ime notturftig geleit zugeschrieben hat, aussenplieben und hat sich nit verantwort. Derhalb dan di herzogen zu Sachsen durch di lantschaft ersucht, und soliche beschwerungen uf einem tag hie zu Cassel offentlich in seinem angesicht und gegenwertigkeit der- massen an tag bracht worden sein, das er und seine anhenger di bestendiglich nit haben konnen verantworten, auch das noch heutigs tags nit tun mogen, daraus ir und menniglich wol zu ermessen, ob wir und die lantschaft inen an seinem gewalt seinthalb onverschult zu verhindern furgenomen haben, desgleichen, ob uns Annen . . . als der mutter unsers einigen sons ldg. Philips und gemeiner lant- schaft als den getreuen undertanen aus mutterlicher schuldiger pflicht, lieb und treu gepurt hab, unsern son . . . und das furstentumb in solichen sorgen, onrat und verterben zu wissen und dargegen nichts furzunemen oder vor mit ime darumb zu rechten. Aber wie dem, auf den artikel seiner rechnong zu kommen, so ist di warheit, das gemelter Ludowig und seine anhenger von irem regiment selbst abgestanden und di curfursten und fursten von Sachsen di bede

---

[1]) Vgl. hierzu oben Nr. 65—68 und 114.

fursten zu Hessen, versehung derselben und das regiment in gemeiner lantschaft hande freiwilliglich gestellt, di mitsampt etlichen
schlusseln, .zerschlagen sigeln und secreten uns denen von Cassel
bis auf der lantschaft zukunft zu versorgen und zu verwaren bevolen, auch ire rete von allen teiln zu uns Annen ... und den
stenden der lantschaft, so desmals zu Marpurg bei uns waren, gefertigt und solichs also ansagen lassen.[1]) Daruf sich dan etliche
gen Cassel gefugt und das also in verwarung genomen. Nachvolgend ist ein verwaltung im furstentumb zu Hessen uf einem gemein landtage verordent[2]) und alsbald beschlossen und bevolen
worden, das gemelter Ludowig und seine anhenger durch uns mit
notturftigem geleit zur rechnong beschrieben werden solten, auf
einen namhaftigen tag zu Marburg zu erscheinen, vor dem ausschos gemeiner lantschaft rechenong, bezalung, aller verbandelten
sachen bericht und sonst zu tun, wes inen gepuren werde.[3]) Daruf
sie mehr dan zu einem mal uberflussiglich beschrieben und gefordert worden; sie sein aber aussenplieben und haben zu wehr
genomen, das sie mit den rechnongen den herzogen zu Sachsen
allein gewertig sein musten und wollten, unsers bedunkens, und als
ir und menniglich zu ermessen haben, ganz unpillich. Dadurch der
gemelt ausschos geursacht worden zu beratschlagen, wie man wege
furnemen, damit man sie zu solicher rechnong, bezalung, bericht
und, wes inen zu tun gepurte, bringen mocht, der einmutiglich beschlossen, der gewesen lanthofmeister und regenten guter, bis so lang
sie di rechnong und dasjene, so sie schuldig sein, tun, einzunemen,
damit dannoch wir und ein gemeine lantschaft unserm ... lieben
son und g. hern, so er zu seinen mundigen jaren kompt, wie mit
seinem gut in seinen jungen tagen umbgangen sei, bericht tun, uns
auch unsers vleis halben verantworten mogen, wilchen beschlus
des ausschos on rat desselben zu endern bei uns nit steet. Darzu
wiewol unser ohemen, schwoger, gst. u. g. hern von Sachsen und ire
rete, so uf dem tage zu Cassel gewesen sint, ... di fursten, das
regiment und verwaltung zu gemeiner lantschaft handen freiwilliglich
gestellet, so haben dannoch nichts destoweniger Ludowig ... und
seine anhenger der fursten zu Hessen register, heimlicheit, brief,
sigel und, wie wir gleublich bericht haben, golt, barschaft und anders
mit inen in frembde lande genommen und hinwekgefurt, das ie beschwerlich, onbillich und unleidlich ist. Dan sie hetten das billicher
in dero hant, den sie di fursten und verwaltung ubergeben haben,
gestellet und bei den sigiln, secreten und schlusseln gelassen, damit
irer fursten wachsenden schaden, den er mangels des gelts und
berichts halben mannichfeltiglich entphangen hat, als getreu furstender
und undertan zufurkommen. Deweil sie dan von irem regiment
dermassen gestanden sint und di herzogen zu Sachsen das gemeiner
lantschaft zugestelt haben, konten wir nit gedenken, vor wem sie
billicher, bequemer und bestendiger rechnong tun solten oder mochten,

---

[1]) Vgl. o. Nr. 120 und 124.
[2]) Vgl. o. Nr. 131.
[3]) Vgl. o. Nr. 133.

dan eben vor den, die sie im anfank zu regenten verordent, denen
sie auch solichs in annemong desselben regiments jerlichs zu tun zugesagt, den di herzogen zu Sachsen di fursten und verwaltung des
furstentumbs zu Hessen selbst freiwilliglich zugestelt haben, vor
denen, di zu den fursten und furstentumb zu Hessen gehorig sein,
dabei bleiben, ir leib und gut zu inen setzen mussen, und zuvorderst
vor uns Annen ... als der mutter, di billich vor allen andern von
natur, rechts und billicheit wegen umb ires sons sach und guter
wissen haben sol. Achten auch, es werd kein erbar gemut der
sachen bericht anders, dan das dis unser und gemeiner lantschaft
furnemen recht, billich und not sei gewesen, ermessen, und wiewol
gemelter Ludowig sagen will, er sei solicher rechnong halben den
herzogen von Sachsen verwant, tregt das doch nit auf im. Dan
da in di lantschaft auf dem Spiss anfenglich verordent, hat er zugesagt, vor etlichen den stenden gemeiner lantschaft, so darzu verordent werden solten, jerlich rechnong zu tun. Das ist er schuldig
zu halten. Gemeine lantschaft hat im auch nit verpoten, den
hern von Sachsen rechnong zu tun, si wil aber, das er di hie
seiner zusage und der billicheit nach auch tun soll. Derhalb hat
er sich gar nit zu entschuldigen, sonder sucht darine alleine durch
di furgeschlagene rechtgepot weitleuftige ausflucht. Dan wie
billich unser ... lieber son ... mit seinen gewesen furstendern,
der bevehl sich geendet, ob und vor wem di rechnong tun sollen,
frembde, langwirige rechtvertigung, umb sein eigen gut gepfendt,
das in fremden handen und landen, als wir bericht sein, ist, darus
ime merglicher schade erwechst, anneme, das hat ein ider biderman wol zu bedenken. Aus den und andern ubertreflichen ursachen,
di in sentbriefen zu erzelen zu lang wurde, versehen wir uns zu
euch als frommen, loblichen graven, rittern und ritterleuten genzlich,
ir werdet hiraus di pillicheit und das gemelter Ludowig onbilicher
weis ie nit beschwert wirdet, sonder was im in dem begegent, das
solichs aus seiner ongepurlichen verhandlung und verschuldung di
hohe notturft und pflicht gefordert hat, ermessen und ime zu seinem
ongepurlichen furnemen keine hilf, rat, zulegung oder beistant
tun. ... Wo ir aber darin anders dan mit rechte handeln wurdet,
musten wir auch unsers sons und g. herrn notdurft nach dargegen
zum besten gedenken . :. Dat. Cassel, am donnerstage nach trium
regum ao. XV.«

A. Mbg., O. St. S. 7862, Cpt. von Feiges Hand.

**170. Landgräfin Anna und die Verordneten Räte an den
Amtmann von Wanfried Heinrich von Baumbach. Kassel 1515
Januar 20.**

Laden ihn vor, damit er das Amt Wanfried der Landgräfin zurückstelle.

»Wir Anna ... und die verordenten rete ... fugen dir Heinrich
von Baumbach zu wissen: Nachdem wir dir hievor kurz nach dem

gehalten lanttage zu Homberg des ausschos und gemeiner lantschaft gemut, nemlich denjenen, so in den vergangen handlungen
und notsachen, unser freuntliche liebe schwager, son und g. herren,
auch das gemein furstentumb belangend, inen zuwider gestanden
und gehandelt betten, fur wilchen du einen angezeigt werest, ire
ampte aufzuschreiben und ire hause zu erleuben, zu erkennen geben
haben, mit dem anhang, wo sie sich des beschwert vermeinten
und ursach dargegen zu abwendung derselben furzubringen hetten,
ine alsdan uf ire bit tag zu ernennen und ire beschwerung zu verhoren und daruf dir wie andern dein ampt us ehaften ursachen
und bewegungen aufgeschrieben haben, und aber du bisher nicht
kommen, umb kein tagsatzung gebeten, doch auch des ampts nit
geussert hast, so ist nochmals aus uberflus unser gesinnen, das du
dich uf freitag S. Appolonien [Februar 9] alher gen Cassel zu uns
fugest und desselben gehabten ampts Wanfridt hescheit gebest,
auch unser meinong vernemest. Das wollen wir uns zu dir versehen. Dan wo du nit komest, so gedenken wir doch dasselb
unsers sons und g. herrn ldg. Philips ampt Wanfridt aus bewegenden
ursachen in ander wege zu bestellen. Darnach wisse dich zu
richten. Geben unter unser ... Annen lantgrefin ringsecret und
meinem Conraten von Waldenstein hofmeisters ringpitzschir (der wir
andern mitverordenten rete uns hiran mitgebruchen) zu Cassel, am
sonnabent Fabiani et Sebastiani ao. XV.«

A. Mbg., O. W. S. 3, Cpt. von Felges Hand.


**171. Kaiser Maximilian I. an Landgräfin Anna, die Verord-
neten Räte und die hessischen Stände. Innsbruck 1515 Januar 29.**

Gebietet ihnen, am kaiserlichen Hoflager zu erscheinen und sich auf
die Klage der Wettiner wegen des Bruchs der kaiserlichen Verträge zu
verantworten.

»Wiewol wir in vorschinen zeit durch unser treffenlich commissarien, so wir gen Marpurgk vorordent, ainen vortrage, welcher-
massen der hochgeborn Philips, lantgrave zu Hessen ..., und das
furstentumb Hessen geregirt und vorwalten [!] werden sol, aufrichten und machen lassen[1]), und denselben nachvolgent zu Gengenbach confirmirt und bestet[2]) und dan zuletzt auf userm jungst
gehalten reichstag zu Coln ain spruch und declaracion ldg. Wilhelms
curacion halben getan[3]), welche vortrege, spruch und declaracion
gemain lantschaft des berurten furstentumbs zu Hessen vorwilligt
und angenommen hat, so solt ir doch daruber die ... curfursten
und fursten [von Sachsen] an der vormuntschaft ldg. Philipsen und
der curacion ldg. Wilhelms zu vorbindern und ein puntnus, die [!]

---

[1]) Vgl. o. Nr. 29.
[2]) Vgl. o. Nr. 49 S. 149.
[3]) Vgl. o. Nr. 59.

den fursten von Hessen an iren hocheiten zu merklichem nachteil raicht, aufzurichten[1]), euch in die regirung also zu dringen understeen und darauf die alten hofmeister und regenten irs regiments, auch etlich ambtleut und rentmeister irer ambter und vorwaltung entsetzt, derselben eins teils fenklich angenommen, zu unbillichen gelubden gedrungen, darzu ir heuser und guter mit gewalt genomen und ander nach euerm gefallen darzu voordent haben, das euch nach den euern in craft der bestimpten vortrege, unser kaiserlichen confirmacion, spruch und declaracion und gemainer lantschaft vorwilligung zu tun nit geburt hat, nit unpillich zu misfallen reicht. Dieweil uns nu als Romischen Kaiser und obristen vormunder und curator darein zu sehen geburt und genzlich gemaint ist, demnach so empfelen wir euch von Romischer kaiserlicher macht, bei vormeidung unser schweren ungnad und straf ernstlich gebietent, und wollen, das ir solchs euers furnemens der vormuntschaft, curacion und regirung genzlich abstehen und euch der entschlaet und die ... herzogen von Sachsen ... dobei pleiben und daran genzlichen ungeirret lasset. Wo ir aber des zu tun nit schuldig zu sein und gegrunt rechtmessig ursachen dagegen zu haben vormeint, alsdan uf montag nach dem suntag Letare schirstkunftig [März 19], den wir euch fur den letzten tage peremptorie benennen, ... vor uns an unserm kaiserlichen hof, wo wir dan sein werden, erscheinet, dieselben euer einrede und ursach furzubringen.« Schliesslich gebietet der Kaiser, dass dem Hofmeister und den früheren Regenten ihre Güter wiederzugestellt und die im Gefängnis gehaltenen Amtleute und Rentmeister aus der Haft entlassen werden. »Geben in unser stadt Inspruck, am 29. tag des monats Januarii 1515.«

A. Mbg., O. St. S. 7862, Or.


**172. Protokoll einer Unterredung der Anhänger des früheren Regenten Kaspar von Berlepsch mit den Verordneten Räten Konrad von Waldenstein und Philipp Meysenbug. [Kassel 1515 Februar 8.][2])**

Anhänger Berlepschens berichten, wie dieser seine Freunde nach Friedberg geladen, sich bei ihnen über die Einziehung seiner Güter und die Misshandlung seiner Frau in Homberg beschwert und ihre Hilfe angerufen habe. Drohungen Philipp Echters und Berlichingens. Anhänger Berlepschens bitten, ihren Freund zu seinem Recht und seinen Gütern kommen zu lassen. Verordnete Räte erinnern an das Versprechen der

---

[1]) Vgl. o. Nr. 78 die Treysaer Einung.
[2]) Die »verordenten rete Waldenstein und Meysenbug des furstentumbs Hessen itzo zu Cassel« sandten obiges Protokoll ihren Amtsgenossen in Marburg, Dietrich von Cleen und Eitel von Löwenstein, mit folgendem Begleitschreiben: »Inverslossen schicken wir euch ein anpringen uns von etlichen h. Caspars von Berleubschen freuntschaft furpracht zu, ingleichen wir die unser g. frauen ouch zugesandt. Daruf muss man inen antwort tun. ... Dat. in ile zu Cassel, am donnerstage nach Dorothee [Februar 8] ao. XV.« (A. Mbg., a. a. O., Or.)

früheren Regenten bei ihrer Wahl, vor den Ständen jährlich Rechnung
zu legen, und rechtfertigen ihr Verhalten gegenüber Kaspar von Berlepsch.
Anhänger Berlepschens lehnen das Ersuchen der Räte ab, ihren Antrag zu Protokoll zu geben.

>Ao. 1515 uf montag nach Blasii [Februar 5] sein hie zu
Cassel uf der canzlei erschienen Wolff und Caspar von Breidenbach, Ott der alt, Ott der junge und Herman Hundt, Henne von
Griffte, Jost und Guntram von Berlibschen, Jorg Diede, Johan und
Gothart von Hatzfelt, Helwick von Ruckershusen, Johan und Jorg
von Papenheim, Philips von Urff, Werner von Waldenstein, Milcher
von Bodenhusen, Ciliax von Linsingen, Herman von der Maelss-
porgk, Johan und Philips von Wildungen, Johan von Lebstein Franck
genant, Ludewig Schwertzel, Guntzerode, Curt von Elben, Jorge
von Boyneburgk, P[h]ilips von Falken, Johan von Grune, Cristoffel
von Entzenbergk, Tam von Hattenbach, Tam von Ludder und
Hans Keudel, burgermeister Bune, Merckel und etliche aus den
zunften hie zu Cassell. Und haben die vom adel durch Otten
Hunden reden lassen, wie ir vetter, ohem, schwager und freunt
h. Caspar von Berlibschen etliche aus inen da zugegen und andere
seine freuntschaft zu im gein Fridberg beschrieben het, doselbst
sie und ander bei den 80 personen bei ime erschienen weren, sein
anligen zu horen. Do hat er inen anzeigen lassen, auch durch
sich selbst furbracht, wie er hievor zu einem mitregenten des
furstentumbs erwelet und geordent were worden, daran er als ein
biderman gehandelt; nu wer derselben regirung enderung gemacht
worden; das trug er seins teils, sonderlich der gewalt halben, gar
keine beschwerung, sondern allein das, das er also solt von dem
seinen verjagt, auch des regiments an einicherlei erkentnus entsatzt
sein, mochten villicht ander leut, die des handels kein wissen betten,
dafur halten, das solichs aus verschuldung gescheen were, das er
ie nit verdienet, sonder nich[t]s anders, dan das ein frommen man
zustund, gehandelt oder furgenomen het. Darnach wer er zu einer
rechnung zu tun gefordert, die het er seiner pflicht halben, damit
er den herzogen zu Sachssen als curator und furmunden verwant
were gewesen und noch, nit tun konnen, werc aber der erputig,
sobalt sich die herzogen zu Sachssen mit meiner g. frauen und den
reten eins tags und malstat vertrugen, zu tun. Ob er aber die
gern itzo alhie tet, so kont er das doch nit tun, dan es gehorten
irer achte darzu, das kont er allein nit ausrichten, het sich auch
dabei rechts uf Rom. Kei. Mt. die herzogen zu Sachssen curfursten
und fursten, Pfaltz, Wirtzburg, Brandenburg und Wi[r]ttenberg,
auch uf alle unparteisch stend der lantschaft zu Hessen rechts-
erpoten. Daruber wer ime ein verwarung von den reten zugeschickt, derhalb het er sich aus dem furstentumb gein Frideburg
getan und gedacht, das doselbst besser teidingen were dan zu
Hoemberg, und darnach Homberg, das er von weilant ldg. Wilhelm
lobl. gedechtnus erkauft und in rulichem beses gehabt het, entwent
und ingenomen. Darzu so begegent seiner husfrauen mancherlei
beschwerung, hoen, spot, schmehe und verachtung, das erbermlich

were zu horen, das solichs einer erbarn frauen des adels onverschult begegen solt, und wurden ir die vier element ausgescheiden
luft (die kunt man nit vorbieten) verboten und gewegert, das alles
ime zu grosser beschwerung und verterben re[i]chte. Und man
het ine also im furstentumb erkant, das er sein narung seuerlich
zusamenbracht und lieb het; darumb lege im solichs hart an. Dan
es gestund inen der handel gereit bei den 1600 gulden, darumb
er kommen wer und gebeten ufs hochst, das sie wolten als sein
freund zu herzen nemen den gewalt, der im unverschult uber sein
rechterpieten gescheen were, und so es im heut, mocht es einem
andern morn sein, und ime in disen seinen noten rat, hilf und
bistant tun, und hab sich uf sie, [die] bei den 80 gewesen weren,
auch rechts erpoten. Zum andern so sein Philips Echter[1]) und
Gerth [l. Götz] von Berlichingen doselbst gewesen; die haben anbracht, wie sie h. Casparn als einem ritterman des furstentumbs
zu Hessen ire schwester und wasen mit einer narung gegeben
beten umb des willen, das sie alwege gehort, das man erbar frauen
in dem lant redlich und erlich gehalten het, auch ein freunt zu
dem andern getreulich setzte mit vilen umbstenden, aber irer
schwester und wasen begegen das und das, wie oben davon geschrieben. Nu betten sie mit etlichen irer freuntschaft deshalb
meiner g. frauen und den reten geschrieben, auch personlich angezeigt, aber es were alles unfruch[t]bar gewesen, betten auch ein
weile zugeseen und gehofft, die sach solt sein geendert oder besser
worden. Nu begegent der frauen ie lenger ie mehr beschwerung,
und sie konnen das numer erleiden, des scherzs were gnug gewesen,
si wolten ir leib und gut und alles, das sie vermochten, daran
setzen oder irer schwester, wasen und irem schwager wider zurecht
helfen. Und sei lauter angezeigt, das Frideberg sol wider das
furstentumb zu Hessen aufgeen. Nu haben sie die vom adel, so
do gewesen, solich h. Caspars erpieten als ires freunts gern gehort,
nicht das sie sich wolten in meins g. hern sachen richter machen,
sonder das sie demnach wusten, das ir freunt mocht recht erleiden.
Und sein des rats worden, das sie anhemisch reiten und etlich ire
freunt zu inen fordern und also herkommen, vor iren freunt zu
bitten, nochdem sie dan besorgten, so von der frauen freuntschaft
etwas furnemen [!] wurde, als sich die offentlich betten horen lassen,
auch durch sie als h. Caspars freuntschaft mit zugesagt wurde, das
dan sie vom adel in einander wachsen, als gereit nit viel einikeit
zwischen inen were, und soliche sachen also zuforderst meinem
g. hern, auch ir idem in sunderheit mocht zu nachteil und beschwerung reichen, darus nichts guts keme; das zufurkommen,
bitten sie, das man wolt h. Casparn wider zu dem sein komen und
bei recht lassen; dan sie hetten dafur, so h. Caspar im lant were,
das solt der sachen treglicher und nutzer sein, dan so er darus were,
so kont er ie sovil practicirn nit machen. Darnach haben sie angezeigt, das sie burgermeister und rat von Cassel zu sich gebeten

---

[1]) Berlepschens Gemahlin Anna war eine geborene Echter von Mespelbrunn.

haben, bei inen in iren ratschlag und anbringen zu sein, damit
niemants gedenken dorf, das sie einiche meutorei machen oder ichts
handeln wolten, das unserm g. hern zu nachteil reichen mocht.

Daruf haben di rete, nemlich der hofmeister, marschalk und
stathelter[1]) ein bedenken genomen und inen di antwort gegeben, das
die rete [l. rede] etwas lang, wichtig und tapfer und in irem verstant
nit zu behalten, mit beger, das sie di wolten in ein schrift stellen
und ubergeben, so weren sie erputig, die an mein g. frau und die
andern rete gelangen zu lassen. Und dabi angezeigt, wie inen an
zweivel wissen were, das anfenglich, als die regenten uf dem Spiss
und zu Hoemberg in der stoben geordent, beschlossen, das sie alle
jare ein mal vor den verordenten der lantschaft solten rechnung
tun, das nit gescheen. Derhalb were itzt am jungsten zu Hoemberg durch gemeine lantschaft, der etlich da stunt, die solichs
haben mit helfen tun, beschlossen und bevolen worden, die regenten
zu rechnung zu fordern und zu halten, auch darbi geleit zu geben.
Das were gescheen mehe dan zu einem mael, die weren aber
ussenbliben und betten kein rechnung tun wollen. Daruf hat der
ausschos beratschlagt und bevolen, das man sich zu iren gutern
halten, die innemen und verpieten solt, bissolang das sie rechnong
und dasjene tun, das sie schuldig sein. Aus der orsach sei solichs
gescheen; sonst wisse ir keiner in sunderheit mit h. Casparn zuschiken dan lieb und dinst.

Daruf haben die vom adel wider geantwort und gesagt, das
sie beschwerung haben, das ding in schriften zu ubergeben; dan
es were inen von h. Casparn allein muntlich bevolen. So wusten
sie die rete des behalts wol, das sie solich anbringen, das sich
allein uf ein bit und inem [!] rat erstreckt, wol nachzusagen wusten.
Aber des andern stucks halben sagten diejenen, die mit zu Hoemberg worn gewesen, das inen nit wissentlich were, das bevoln,
h. Casparn das sein zu nemen; die einigung vermocht auch das nit.

Daruf hat der hofmeister wider repetirt, was zu Hoemberg
gehandelt und durch den ausschos gemeiner lantschaft beschlossen
und bevoln ist. Und ufs andern begert, das sie doch wolten das
anbrengen in die federn reden, domit es nicht unglich behalten,
dem nit zuviel oder zu wenig gesche.

Darauf haben sie bedenken genommen bis uf den morgen
[Februar 6]. Des morgens sein sie widerkommen und das gar abgeschlagen und gesagt, sie betten keinen bevel das in schriften
zu ubergeben. Hat man ine gesagt, das sie etliche aus inen gein
Marpurg schicken und solichs den andern ansagen wolten; aber
sie haben das nit wollen tun und furgewant, sie seien hie bei
hofmeister, marschalk, stathelter und canzler gewesen und domit
gnuk getan. Darnach haben sich mancherlei weichselung der
einigung halben und anders begeben, und wie die einigung ver-

---

[1]) D. h. Waldenstein, Meysenbug und Kraft von Bodenhausen.

mocht, welcher recht leiden mocht, das man den bei recht lassen solt, und das die lantschaft die beschwerung nit wort leiden, die alle zu schreiben an noit sein.«[1])

A. Mbg., O. W. S. 3, glz. Ndschr. der hessischen Kanzlei.

.

**173. Protokoll eines Verhörs des Amtmanns zu Wanfried Heinrich von Baumbach. [Kassel] 1515 Feburar 9.**

Die Landgräfin teilt Baumbach mit, dass sie ihm wegen seiner feindlichen Haltung und weil er die Einwohner seines Amtes unbillig be-

---

[1]) Am Montag nach Reminiscere (März 5) 1515 liess die Landgräfin und die Verordneten Räte von Kassel aus an Wolf und Kaspar von Breidenbach, Otto den Älteren, Otto den Jüngeren und Hermann Hund, Henne von Grifte, Jost und Guntram von Berlepsch und andere Edelleute, »die mit inen h. Caspars von Berlepschen ritters halben am jungsten zu Cassel gewesen sein«, ein längeres Schreiben ausgeben, in dem sie eingehend ihr Verhalten gegenüber den früheren Regenten zu rechtfertigen suchten. Wie sie im Eingang des Schreibens hervorheben, sollte es die Antwort sein auf die Anträge der Freundschaft Berlepschens, welche die Landgräfin sehr übel aufnahm. Sie »zweivelt nit, so euch ... Caspar dies handels gruntlich bericht, ir bettet euch solichs antrage[n]s, das ir von sein wegen also getan habt, woil wissen zu enthalten.« Und wie in dem Schreiben an die Freundschaft Boyneburgs (s. o. S. 426 Nr. 169) giebt auch hier die Landgräfin einen knappen Bericht über die Ursache der Händel mit den früheren Regenten, den ich nicht zu wiederholen brauche. Der Schluss des Schreibens weicht von Nr. 169 allerdings ab. Er lautet: »Sulten wir nu uber das alles, wie ir gebeten habt, h. Casparn widerumb zu dem seinen komen oder ime dasselbige volgen lassen (wie woil solchs ... on rat des ausschos bei uns ... nit steet) und mit ime rechtvertigung annemen, so must ie auch unsers bedenkens von noit wegen pillich sein, das uns bevorabe unsers soens und g. herrn register, heimligkeit, brive, sigil, gelt, barschaft und anders, das er und seine anhenger mit sich in frembde lande genomen und hinweg gefurt haben, dadurch dan ldg. Philips ein merglicher schade erwechst, und aus der und andern ... ursachen der ausschos mit uns eben beschlossen, das man irer der gewesen lanthofmeisters und regenten guter ... innemen soll, widerumb zugestalt wurden. Dan wir gleuben genzlich, ldg. Philips sei in dem fall ie als wenig schuldig, umb sein eigen gut bevorabe gepfant, zum rechten mit h. Casparn ze komen, als sich des h. Caspar darnach vermeint nit schuldig ze sein. Wissen darumb den beschlos des ausschos mit uns in dem noch nit zu endern, sundern wo sich h. Caspar bedunken lest, domit ie wider pilligkeit beschwert [zu] werden, als doch unsers ermessens nit geschit, und er uns ansprach zu erlassen nit vermeint, wie er pillich tet, so wullen wir ime deshalben nach laut des heiligen reichs ordenung zu Worms aufgericht des rechten nit fursein; mugen auch darumb recht liden fur den hochgebornen ... fursten h. Joachim marggrafen zu Brandenburg curfursten, h. Christofeln erzbischof zu Bremen, h. Friderichen marggrafen zu Brandenburg, h. Erichen herzogen zu Braunschweig, h. Heinrichen und h. Albrechten gebrudern, herzogen zu Meckelnpurg und h. Buxlaffen [d. i. Bogislav] herzogen zu Pommern, unsern lieben ohmen, herren, freunde[n], brudern, gst. und g. herren. Des wir uns hiemit erpoten wullen haben. Und sein darumb ganzer zuversicht, ire als fromme, lobliche ritterleute werdet hiraus die pilligkeit und das ... h. Caspar unpillicher wise ie nit beschwert wirt, sundern wes ime in dem begegent, das solichs aus seiner selbst ungeburlichen handelung und wegerung des, das er schuldig ze tunde ist, die hohe notdurft und unser pflicht gefordert hat, ermessen und ime zu seinem ungeburlichen furnemen keine hilf, rat, zulegung oder beistand tun, als ir des dan in diser sach euern eiden und pflichten nach schuldig seit.« (A. Mbg., O. St. S. 7862, Cpt. von Feiges Hand.)

schwert habe, Wanfried entziehe. Verantwortung **Baumbachs**; bittet,
ihm das Amt zu lassen. **Landgräfin** hält ihm den Abfall von der
Treysaer Einung vor, verspricht jedoch, ihn für den Verlust des Amtes
zu entschädigen. **Baumbach** lehnt den Vergleich ab. **Landgräfin** will
ihm das Amt auf keinen Fall lassen, da er nicht den Wettinern wie die
anderen Amtleute seine Pflicht gekündigt hat.

»Anno 1515 freitags nach Dorothee ist Heinrich von Baumbach
hie erschienen uf di vertagung.[1]) Dem hat mein g. frau in beisein
des stathalters[2]) und canzlers lassen furhalten, wie er in vergangen
handlungen wider ir f. g., iren son und gemeine lantschaft gestanden
het. Darumb so het di lantschaft bevolen zu Homberg, das man
denjenen, so solichs getan betten, ire ampte abschreiben solte.
Das were gescheen, daruf er nit komen, het auch nit ursach angezeigt, warumb man im sein ampt lenger zu lassen schuldig were.
So het er auch mit den armen leuten zu Wanfridt, der zwen mit
einer clagschrift da zugegen, vil irrung; di beclagten [sich] vil unbillicher beschwerung. Darumb begert ir f. g. von irer und der
rete wegen anstat ldg. Philips, das er solich ampt reumen und
damit ir f. g. und di rete gewerden lassen wolt. — Daruf hat er
geantwortet, er gestund nit, das er wider mein g. herrn gestanden
hab, und einen bericht getan, wie er sich in dem handel gehalten
und wie ime di regenten gein Cassel zum tage uf meine g. herren
[von Sachsen] zu warten oder zu dinen geschrieben und ine seiner
eid und pflicht ermant haben. Das hab er getan und meint damit
nit unrecht getan zu haben, und furter einen bericht der armen
leut beschwerung halben auch angezeigt, wie er ires anbringens
nit gestund, mit bit, ime sein verschreibung, davon er auch meldung
getan, zu halten und dawider nit zu tun. — Hat im mein g. frau
wider lassen sagen, er sei vor mit iren g. und der lantschaft in
der einung gewest. Nachvolgend haben sie in gesehen zu Cassel
uf dem rathaus. Das sei kein hofdinst. Darzu als mein g. frau gen
Cassel komen, hab sie in bei meinem g. herrn in dinst nit funden.
Aber wie dem, damit er sich nit zu beclagen het, beschwert zu
sein, wiewol ir f. g. und rete wol ursach betten, sich anders darin
zu halten, so wolt sie im 1000 gulden bar, di er am ampt het,
lassen herausgeben und von den andern 1000 gulden ein jerliche
nutzung verschaffen sein lebenlang. Sovil het er auch am ampte
und nit mehr. — Das hat er abgeschlagen und gesagt, er hab wider
mein g. herrn nit gestanden, sonder sei in seiner g. dienst gewest.
— Daruf hat ime ir g. lassen anzeigen, wie und in was gestalt
er wider sein f. g. gestanden hab; dan gemeiner lantschaft handlung
sei umb meins g. herrn willen der und der ursach gescheen wider
Ludwig von Boyneburg und seine anhenger und sonst nimands. —
Darnach haben sich vil wechselwort begeben, das Baumbach gesagt hat, wie er dem ausschos zu Marpurg hab etc. — Hat ir f. g.
gefragt, warumb er dan sovil in das lant zu Doringen und Meissen
gen Torgau, Gotha, Weimar, Molhausen geritten? Hat er gesagt,

---

[1]) S. o. Nr. 170 S. 429.
[2]) Kraft von Bodenhausen.

er hab di herren von Sachssen angesucht, ine seiner eit loszusagen;
sie haben aber das nit wollen tun, und sei inen noch mit eiden
und pflichten verwandt. — Daruf mein g. frau [gesagt], wie beschwerlich das sei, das er solt Sachssen mit eiden und pflichten zum
ampt verwandt [sein] und meins g. herrn ampt zu halten, das hat ein
ider zu ermessen. Da er wolt meins g. herrn amptmann sein und
gesehen hat, das mein g. frau und gemeine lantschaft di verwaltung
haben, warumb er dan sein pflicht nit auch ufgeschrieben, wie
ander amptleut getan haben? — Hat er gesagt, er hab in geschrieben und gebeten, nachdem ander amptleut ire eid aufgeschrieben, das sie ine seiner auch wolten ledig sagen, betten sie
im geantwort, sie lissen das in seinem werde beruhen, aber sie
wolten ine nit erleuben. — Daruf hat ime mein g. frau allerlei
gesagt und sonderlich, ob er meint, dass di, so ir amptspflicht ufgeschrieben, unrecht getan betten? — Sagte er, das sagte er nit.
— Sagt sie, sie hetten das billich getan und weren des schuldig
gewesen und liess sich dunken, het er solichs auch getan, es stund
ime nit ubel an. — Zulest hat er gebeten, das ir f. g. ime wolt
raten, so wolt er rats folgen. — Sagt sie, sie hetten ime zu Treisa
geraten, dem het er nit gevolgt. — Damit ist er abgeschiden. Hat
mein g. frau gesagt, dweil er di gnedig handlung nit wolt annemen,
kont sie im nichts zusagen; man wurd sich der gelegenheit nach
auch halten. — Hat er gesagt, so wurd er sich rechts erpieten
und, so ime etwas begegnet, must er dessen ein leider sein.«

A. Mbg., O. W. S. 3, Cpt. von Feiges Hand.

**174. Instruktion der Landgräfin Anna und der Verordneten
Räte für den Hofrichter Peter von Treisbach und den Kanzler
Johann Feige an Kaiser Maximilian. [1515 Anfang März.]**[1])

Treisbach und Feige sollen den Kaiser an den Abschied erinnern,
den er im vorigen Herbst der Landgräfin zu Innsbruck gegeben hatte.
Bevor die Landgräfin denselben vollziehen konnte, hat der Kaiser gegen
sie ein neues Mandat ausgehen lassen. Dasselbe ist so spät in Annas
Hände gekommen, dass es nicht möglich war, im Einvernehmen mit den
hessischen Ständen an Maximilian eine Gesandtschaft abzuordnen. Landgräfin bittet, sie bei der Reichsordnung bleiben zu lassen.

Treisbach und Feige sollen daran erinnern, wie »ungezweivelt
Kei. Mt. noch in hohem gutem gedechtnus sei, wie mein g. frau
. . . hiebevor in eigener person mitsampt etlichen aus den graven,
prelaten, reten, ritterschaften und steten des furstentumbs zu

¹) Dat. fehlt. Das kaiserliche Mandat vom 29. Januar 1515 [s. o. Nr. 171]
beschied die Landgräfin und die Verordneten Räte auf den 19. März an das
kaiserliche Hoflager. Da Feige und Treisbach an diesem Termin in Innsbruck
sein sollten, werden ihre beiden Instruktionen wahrscheinlich in den ersten
Tagen des März abgefasst worden sein. — Rückenvermerk: »Anbringen der
hessischen geschickten Peters von Treispach hofrichter und Johansen Feighen
canslers zu Hessen.«

Hessen in anligenden sachen ires einigen sons ldg. Philipss« den
Kaiser besucht und über den Stand der Angelegenheiten in Hessen
unterrichtet hat.[1])   Bald darauf sind damals auch Gesandte des
Kurfürsten von Sachsen am kaiserlichen Hoflager eingetroffen, um
sich über den Verlust der Vormundschaft in Hessen zu beschweren.
Indessen hat Maximilian im Abschied der Landgräfin und ihren
Begleitern »vergonnet, das sie sich zu irer ankunft in das furstentumb Hessen mit den stenden ... bedenken und beratschlagen
mochten, ob iren f. g. und der lantschaft in solichen sachen gutliche handlung zu erleiden were oder nit, dasselb darnach irer Kei.
Mt. ufs furderlichst ... zu erkennen zu geben. Darauf ir f. g.
sich uf das allereilendst, als das winterzeits zu wagen muglich gewesen, anheimgefugt, hat uf stund den ausschos des furstentumbs,
auch etliche ire herren und freund beschrieben, dero rat gehabt
und bei denselben in rat nit anders finden konnen, dan das iren [!]
f. g. und der lantschaft gutliche handlung on merglichen nachteil
nit leiden mochten, dadurch sie bewegt worden und mitsampt
etlichen iren herren und freunden dannoch in guter anzal, sie und
[die] lantschaft bei der ordenong zu Wormbs aufgericht bleiben zu
lassen, underteniglich zu bitten.   Aber ehe dan soliche irer f. g.
und der fursten schrifte an ir Kei. Mt. haben gelangen mogen,
haben des widerteils geschikten durch ungestum anhalten und vermeinten bericht ... ein mandat wider ir f. g und di lantschaft
ausbracht[2]), darine e. Kei. Mt. gepieten, meine gst. und g. herren
von Sachsen zu solicher furmuntschaft und curation wider komen
zu lassen, doch dabei di clausel der rechtfertigung gnediglich angehangen, wo mein g. frau und di lantschaft das also zu tun nit
schuldig zu sein und gegrunt rechtmessig ursachen dargegen zu
haben vermeinten, alsdan uf mantag nach dem sontag Letare
[März 19] vor ir Kei. Mt. an irem keiserlichen hof peremptorie zu
erscheinen.«   Dieses Mandat ist den Räten der Landgräfin erst am
23. Februar, »das ist der erst freitag in der vasten«, zu Kassel
verkündet worden, »derhalb di zeit so kurz, das nit mugelich gewesen, mit rat der lantschaft zu irer Kei. Mt. zu schicken.   Aber
dannoch, damit ie an iren f. g. und den reten kein ungehorsam
gespurt, haben sie uns bede eilend von inen abgefertigt.« Im Namen
der Landgräfin und der Räte erbieten sie sich, jedermann »gepurlichs rechten zu sein.   Allein bitten ir f. g. ... vleissiglich, ir Kei.
Mt. wolle ansehen die furbit meiner g. frauen hern und freund, der
fursten an ir Kei. Mt. jungst bescheen[3]), sie bei des heilgen reichs
ordenong, durch ir Kei. Mt. und alle stend des reichs zu Wormbs
aufgericht, gnediglich bleiben zu lassen geruhen.«

A. Mbg., O. St. S. 7862, Cpt. von Felges Hand.

---

[1]) Vgl. über Annas erste Reise nach Innsbruck Anna von Hessen S. 152 f.
[2]) S. o. Nr. 171.
[3]) Die oben erwähnte Fürbitte von Annas Freunden beim Kaiser ist mir
unbekannt geblieben. Vgl. auch unten Nr. 175, wo die Namen der Fürsten
aufgezählt sind, die für Anna Fürbitte einlegen sollten. Es sind der Erzbischof
von Mainz, Hz. Erich von Braunschweig und die Herzöge von Mecklenburg.

**175. Protokoll einer Verhandlung vor den kaiserlichen Hof-
räten in Sachen des hessischen Vormundschaftsstreits zwischen
den Wettinern und der Landgräfin-Witwe Anna. Innsbruck 1515
März 20—23.[1])**

> Sächsische Räte beschweren sich über den Ungehorsam der Land-
gräfin gegen das kaiserliche Mandat. Feige und Treisbach entschuldigen
die Landgräfin, die wegen des verspäteten Eintreffens des kaiserlichen
Mandates den Tag nicht mit genügender Vollmacht hat beschicken können.
Rechtserbieten. Sächsische Räte lehnen das Rechtserbieten ab. Abschied: Hofräte vertagen die Verhandlungen bis nach dem Osterfest.

Sächsische Räte: Beschweren sich über den Ungehorsam
der Landgräfin-Witwe und ihrer Anhänger gegen das kaiserliche
Mandat; »dan der widertail ... den alten regenten zu Hessen,
ambtleuten, rentmeistern und andern wider recht mit der tat uber
ir rechtliche[s] erpieten ine das ire genomen.« Kanzler Johann
Feige und Peter von Treisbach: Das Mandat ist erst am
Freitag nach dem Sonntag Estomihi [Februar 23] nach Kassel gelangt. Da es nicht nur die Landgräfin und die Räte betrifft,
sondern auch Prälaten, Ritterschaft und Städte, haben sie wegen
Kürze der Zeit den Tag nicht mit genugsamer Vollmacht beschicken können. Sie sind an Kai. Mt. abgeordnet. »Ire Mt. hab
sie auch gestern [März 19] in aigener person gehort; haben sie
irer Mt. vorbracht: Nachdem ire g. frau von irer Kai. Mt. ein
gnedigen abschid genomen heimzuziehen, sich mit irn hern und
freunden, auch mit den von der landschaft gutlich zu underreden
und darnach irer Mt. zu schreiben, woll ir Mt. den handel gutlich
hinlegen. Darauf hab sich die handlung verzogen, das ire g. irer
Mt. bis doher nicht geschrieben, bissolang das ire hern und freunde,
nemlich der erzbischoff zu Meintz, hz. Erich von Braunswig, die
herzogen von Meckelburg und Bomern ire Mt. in schriften ersucht
und underteniglichen gebeten, das ire Mt. irer [!] g. frauen und
landschaft bei des heiligen reichs ordnung bleiben wolt lassen.«
Wenn indessen dennoch die Gegenpartei verlangt, dass die Landgräfin
und ihre Anhänger Rede stehen, so erbieten sie sich »ordenlichs
rechtens inhalt des reichs ordnung, auch auf die vertrege, so
zwischen den heusern Sachssen und Hessen sein aufgericht.«
Sächsische Räte: Bestreiten, dass die Zeit zur ordentlichen Beschickung des Tages zu kurz bemessen gewesen ist. Das Rechtserbieten lehnen sie ab als zu weitläufig und der Sache nicht gemäss,
zumal da auch die Landgräfin die alten Regenten, trotzdem sie sich
vor den sächsischen Fürsten und dem Kaiser zu Recht erboten haben,
ungestüm verjagt und ganz widerrechtlich ihre Güter eingezogen
hat. Abschied: »Darauf hat man uns von beiden teiln heissen abtreten und uf morgen mitwochs [März 21] ferner zu beschaiden.

---

[1]) Überschrift: »Handlung zu Inspruck vor den hofreten, am dinstag
nach Letare ao. 1515 gescheen.« Von sächsischer Seite waren abgeordnet
Hans von Berlepsch, Ludwig von Boyneburg, Philipp von Feilitzsch. Später
erschien noch Dr. Johann Lupfdich.

Auf freitag darnach [März 23] ist uns von hofreten dieser abschid
gegeben: Nachdem numehr die hailig zeit vor augen, darinnen sich
zu handeln nicht gebure, und Kai. Mt. verruckt sei, sollen wir uns
nach der heiligen zeit, sobald die verschinen sei, widerumb am hof
zu Augspurg erscheinen. So werde ir Mt. in diesen hendeln ferner
handeln. Solcher abschid ist dem widertail auch dermassen gegeben.«[1])

A. W., Reg. C p. 111 Nr. 10, glz. Ndschr. der sächsisch-ernestinischen Kanzlei.

### 176. Vollmacht des landständischen Ausschusses für Landgräfin Anna, Dietrich von Cleen und Hermann Riedesel. Ziegenhain 1515 April 12.

Der ständische Ausschuss erteilt der Landgräfin, Cleen und Riedesel für die Verhandlungen vor dem Kaiser unbeschränkte Vollmacht.

»Wir die verordente rete und der ausschos des furstentumbs
Hessen tun kunt allermenniglich: Nachdem der allerdurchleuchtigst
grossmechtigst furst und herre h. Maximilian Rom. Keiser . . . in
irrungen zwischen den . . . hochgebornen fursten h. Friderichen
curfursten, h. Johansen und h. Heinrichen herzogen zu Sachssen
sambt den gewesen lanthofmeister und regenten zu Hessen an einem
und dan der . . . hochgebornen furstin . . . frauen Anna geb. herzogin
von Meckelnpurgk, lantgrefin zu Hessen . . . unser g. frauen, gemeiner lantschaft des furstentumbs zu Hessen und uns am andern
teile schwebende . . . unser g. furstin und frauen, den reten gemeiner
lantschaft und uns ein mandat[2)] . . . zukommen und verkundet
worden ist [!], so bekennen wir als diejene, die von gemeiner lantschaft zu verwaltung und versehung des furstentumbs zu Hessen
verordent sein, das wir anstat und von wegen berurter lantschaft,
die uns geordent, auch unser selbst . . . unser g. frauen von Hessen
. . ., auch den ernwirdigen und ernvesten h. Dittrichen von Clee
lantcomtur der balei zu Marpurg und Herman Rieteseln erb-
marschalke zu Hessen samptlich und ir idem in sonderheit volkommen macht und gewalt gegeben haben, und tun das in und
mit craft dis brifs, vor irer Kei. Mt. von wegen irer selbst, gemeiner lantschaft und unser selbst zu erscheinen, gemeiner lantschaft
und unser exception einrede, antwort, urteil, alle gerechtickeit,
notdurft und freiheit, die iren f. g. und gemeiner lantschaft von
constitution, rechts ader gewonheit wegen geburen konnen ader

---

[1]) Auch von hessischer Seite besitzen wir eine allerdings sehr flüchtige
Aufzeichnung über die Verhandlungen vor den Hofräten (A. Mbg., O. St. S. 7862,
Cpt.). Nur über die Feststellung des neuen Verhandlungstermines ist das hessische
Protokoll ausführlicher: Hans Renner gab Treisbach und Feige den Bescheid,
»dem Kaiser uf Augspurg zu nachzuvolgen und Quasimodogeniti [April 15] zu
erscheinen. Aber keinen entlichen tag wol man uns darumb nennen, ob wir
eins tags oder zweier zu langsam kemen, das solt ungeverlich steen.« Auf
Anhalten der hessischen Gesandten schoben die Hofräte den Tag bis zum
Sonntag Jubilate [April 29] hinaus.
[2]) Vgl. o. S. 430 Nr. 171.

mugen, nach gestalt einer iden sachen furzuwenden und zu gebrauchen, der widerteil furbringen anzufechten und zu verantworten
vor geverde und sonst einen iden zimlichen und notdurftigen eit
in unser sele zu schweren ader schweren zu lassen und hirgegen
zu gescheen zu fordern, gezeugen furzustellen, auch sonst aller-
hant briflich gerechtikeiten und urkund darzulegen und der gegenteil darlegen zu widersprechen, beschlus und rechtsatz zu tun, bei-
und endeurtel zu bitten, costen und scheden darzulegen und die
mit dem eide zu beteuern ader beteuern zu lassen, auch einen ader
meher afteranwelde an ire stat nachzusetzen, den- und dieselben zu
widerrufen und solchen gewalt wider an sich zu nemen, so oft [von]
inen das zum besten angesehen wirdet, und sonsten gemeinlich alles
und ides von unser und der lantschaft wegen in dem zu tun und
zu handeln, das wir selbst tun ader zu tun verfuigen [!] solten und
moechten, auch sonst alle andere sachen, so uf disem itzigen
reichstage zu Augspurgk furfallen, von wegen des furstentumbs zu
Hessen notdurftiglich zu handeln volkomen macht und gewalt zu
haben; und wes sie ader ire nachgesetzten also von unser und der
lantschaft wegen und derselben namen tun und handeln, das ist
unser undertenig bitt, wolbedachter will, gemuet und meinung,
wir wollen auch das stet und genem, auch sie und ir iden diser
anwaltschaft gein mennichlich entheben und schadlos halten bei verpflichtung aller unserer guter beweglich ader unbeweglich an geverde. Des zu urkunde haben wir hernachbenante Cunradt von
Waldenstein hofmeister, Lebstein von Lebstein und Philips Meysenn-
bugk als verordente rete, Peter von Treispach hofrichter, Johan
von Lebstein der elter, Friderich Diede, Heintz von Eschwege,
Wilhelm von Staffel, Wilhelm von Doringenberg, Ernst Diede,
Helwig von Lauberbach, Jost von Traxtorf und Jost Ratzenberg
und wir vom ausschosse der stete Cassel, Marpurg, Eschwege,
Giessen, Hoemberg, Treyse, Grebennstein und Grunbergk ingesigel
an diesen brif libelsweise gemacht gedruckt. Der geben ist zu
Ziegennhain, am donnerstage nach dem heiligen oisterdage ao. 1515.[1]
Und wir die prelaten des furstentumbs Hessen bekennen biran,
das wir disen gewalt, in allermasse der obgeschrieben steet, auch
mitgegeben haben wullen und geben den also gegenwertiglich mit
craft diser schrift. Zu urkunde haben wir nachbenanten Johann
abt zu Breydennaw, Johann abt zu Hasungen, Johann abt zu Cappel,
dechent und capittel S. Martinskirchen zu Cassel und pater zur
Chartus zum Eppenberge fur uns und andere prelaten des furstentumbs Hessen unsere ingesigele auch hiran tun drucken, welcher
sigelung wir andern prelaten uns birzu mitgebrauchen. Geben und
gescheen wie obgeschrieben steet.«[2]

A. Mbg., M. St. S. 8277, Or. — Abdruck: Beurkundete Nachricht von dem Deutsch-
ordenshaus und Commende Schiffenberg, Nr. 50.

---

[1] Es folgen 21 Siegel.
[2] Es folgen 5 Siegel.

**177. Protokoll der Verhandlungen, die in Sachen des hessi-
schen Vormundschaftsstreits zwischen sächsischen Räten und
der Landgräfin Anna vor dem Kaiser geführt wurden. [Augsburg
1515 April 30 — Mai 26.][1])**

Hinauszögern des Beginns der Verhandlungen auf den Antrag der
hessischen Abgesandten. Nach Ankunft der Landgräfin Anna nehmen
endlich am 9. Mai die Verhandlungen ihren Anfang. Die Hessen bestreiten
den sächsischen Fürsten und dem Kaiser die Befugnis, gegen sie ein
Mandat zu erlassen. Die kaiserlichen Räte fordern die Sachsen auf, zur
Beschleunigung des Handels ihre Replik schriftlich aufzuzeichnen. Einwände der sächsischen Räte. Kurzer Ueberblick über den Fortgang der
Verhandlungen bis zum 16. Mai. Am 17. Mai eröffnet der Kaiser den
sächsischen Räten, er sehe sich wegen der übrigen Reichsgeschäfte, die
seine Zeit in Anspruch nehmen, genötigt, den Vormundschaftsstreit an
das Kammergericht zu verweisen. Ablehnung dieses Vorschlags von seiten
der Sachsen. Am 25. Mai Eröffnung des Abschiedes. Anfechtung desselben von seiten der Landgräfin.

Montag nach Jubilate [April 30] begeben sich die sächsischen
Anwälte Ludwig von Boyneburg, Dr. Kitzscher, Probst zu Altenburg, und Dr. Johann Lupfdich zu den kaiserlichen Hofräten und
fordern nach einer längeren Auseinandersetzung des Verlaufs des
hessischen Regentschaftsstreites die Vollziehung des kaiserlichen
Mandates, dem die Landgräfin und ihre Anhänger immer noch
nicht nachgelebt. Hessische Gesandte Johann Feige und Peter
von Treisbach bitten dagegen, »mit der landgrefin und gemeiner
landschaft 6 tag ungeverlich gedult zu haben mit entschuldigung
ires langen aussenbleibens.« Sächsische Anwälte: Wollen den
Aufschub nicht gestatten, da sie »lang mit grossem unkosten nach-
geraist und dieser tag peremptorie angesatzt.« Hofräte: Bringen
die Sache an den Kaiser »und haben domit die zeit ufgezogen, uf
vil anhalten kein antwurt gegeben, sunder auf sambstag [Mai 5]
die rete wider fordern lassen.« Die Wiederaufnahme des Verfahrens wird von den Hofräten bis zur Ankunft der Landgräfin-
Witwe auf Dienstag nach Kantate [Mai 8] am Abend verzögert.
Auf Mittwoch [Mai 9] 8 Uhr werden die sächsischen Anwälte
endlich »fur die rete gein hof beschieden. Aldo ist die landgrefin
mitsambt dem bischof von Bremen[2]), irem bruder hz. Albrechten
und den verordenten der landschaft[3]) erschinen, und haben ir g.
und ir anhenger nach gescheener entschuldigung irs langen aussenbleibens sich offentlich bezeugt, das sie sich in kein handlung
anders, dan die erbeinung der heuser Sachsen und Hessen, auch
des reichs ordnung vermugen, begeben wollen.« Mittwoch Nach-

---

[1]) Überschrift: »Summarium aller handlungen vor den kaiserlichen reten
zwischen unser den sechsischen anwelden eins und der landgrefin zu Hessen
anders teils zu Augspurg ao. 1515 geubt.«
[2]) Hz. Christoph v. Braunschweig-Wolfenbüttel, Bruder Heinrichs II. des
Jüngeren, Erzbischof von Bremen 1511—1558.
[3]) Cleen und Riedesel; vgl. o. Nr. 176 die Vollmacht des ständischen Ausschusses. Wie aus dem Bericht hervorgeht, waren auch Löwenstein und
Schrautenbach mit der Landgräfin in Augsburg erschienen.

mittag erfolgt eine lange Rede der hessischen Partei, in der die
Behauptung verfochten wird, dass die sächsischen Fürsten zur
Forderung des kaiserlichen Mandates und der Kaiser zur Ausbringung eines solchen nach den Bestimmungen der Erbeinung und
der Reichsordnung nicht befugt gewesen sind. »Als nu solch red
gescheen und von uns ein bedacht bis uf den andern tag gebeten
was, gaben uns die keiserlichen rete zu erkennen, das irer Mt.
ernstlich meinung were, das furobin aus der ursach, das ir Mt.
irer merklichen, dapfern und schweren obligenden sach halb lenger
nicht beleiben und der rete zu denselben hendeln notturftig were,
in schrift gehandelt werden solt, mit beger, wir solten unser notturft zum furderlichsten in schrift stellen.« Darüber beschweren
sich die sächsischen Anwälte »unmas hoch ... mit anzeigung, wie
nachteilig e. f. g. solchs bei allen, die der landgrefin rede gehort,
sein wurd.« Der Kaiser lässt darauf erwidern, er könnte das dem
Interesse der sächsischen Fürsten nicht nachteilig finden, da doch
ihre Antwortschrift öffentlich »vor meniklichem« verlesen werden
sollte.   Die Anwälte geben schliesslich nach und bringen ihren
ersten Vortrag am Donnerstag [Mai 10] Nachmittag vor.[1])   Sonnabend [Mai 12] reicht die Landgräfin-Witwe ihre Entgegnung ein.[2])
Montag nach Vocem jucunditatis [Mai 14] erfolgt die Replik der
Sachsen[3]), Mittwoch [Mai 16] die Antwort der Landgräfin.[4])   An
demselben Tage erfolgen die Schlussreden beider Parteien.[5])   »Als
nu beide teil beschlossen, seien wir am auffarttak [Mai 17] umb
acht hor in thumkirchen, als der Kaiser das hohambt horet, berufen worden.   Dem haben wir gein hof nachgevolgt.   Daselbs
seien von Kai. Mt. wegen h. Erhart von Bolheym und der probst
von Walkirch zu uns verordnet; die haben uns in grossem gehaim von vil gnaden, die der Kaiser zu e. g. trag, anzeig getan,
und das die Kai. Mt. die sach gut main und zuletzt uns die meinung
furgehalten, der Keiser sehe fur nutz und gut an, nachdem ir Mt.
merklicher und grosser obligender sach halb, das heilig reich betreffend, selbs in diesen sachen nit handeln mug, das der gescheen
muntlich und schriftlich furtrag fur das camergericht gelegt wurd
und jede partei in gegenwortigkeit etlicher irer Mt. treffenlichen
reten noch drei schriften einlegen; die solten sich in dem allen
mit hohen vleis ersehen und dan zum furderlichsten ir gutbedunken
dem Kaiser zuschicken, der solt dan zum allerfurderlichsten einen
spruch tun, alles laut eins abschieds, der darumb aufgericht werden
solt.   Solchen furschlag haben wir rund abgeschlagen und inen zu
erkennen geben, das solchs irer Mt. die allerhochst verachtung geberen und das auf im tragen wurd, dieweil der widerteil gar
nichts dargetan hab; dan das der Kaiser nicht macht gehabt, solch
mandat ausgeen zu lassen, das bei allen verstendigen geacht werden

---

[1]) S. unten Nr. 178 A.
[2]) S. unten Nr. 178 B.
[3]) S. unten Nr. 178 C.
[4]) S. unten Nr. 178 D.
[5]) S. unten Nr. 178 S. 456 Anm. 4.

must, das ir Mt. die landgrefin und iren anhang unbillich beschwert,
auch e. g. sie unbillich verclagt betten, ob das dem Kaiser und e. g.
nicht verachtlich, schimpflich und verkerlich were, hetten sie bei
inen selbs wol abzunemen. E. f. g. gemut sei auch noch nie gewesen, sich mit dem widerteil in rechtvertigung zu begeben; dan
so das die meinung gewest, betten e. cf. u. f. g. den austrag wol
wissen zu finden.« Nachmittag hat man die sächsischen Anwälte
wieder beschieden, wo der Probst von Waldkirch allein »mit uns
auf die mainung gehandelt, das mir Ludwigen und den andern
unser abgedrungen hab und guter widerumb genzlich zugestalt
werden und das es e. f. g. halben bei furgeschlagenem austrag beleiben solt. Das haben wir nu auch ganz abgeschlagen und im
angezeigt, das wir uns von e. f. g. wegen in solche rohe und un-
dinstliche mittel nicht versehen ..., dieweil sich an all widersprechen erscheinte und offenbar wer, das die landgrefin und
ir anhang e. f. g. entsetzt, auch andern ir hab und guter mit gewalt wider alle recht genomen und nicht anders dan Kai. Mt.
hoheit angefochten.« Sie bitten um einen gnädigen Abschied.
»Auf freitag nach Exaudi [Mai 25] sein wir, die anwelde, auch
vier von wegen der landgrefin und irs anhangs, als der comptor,
Rittesel, Lebenstein und Schrauttenbach vor dem kaiserlichen hof-
rat erschinen. Alda ist beiden teilen der abschied[1] eroffent
worden.« Beide Parteien bitten um Abschrift desselben; die hessischen Räte bitten, ihnen eine Stunde anzusetzen, wo sie den kaiserlichen Räten die Willensmeinung der Landgräfin und gemeiner
Landschaft überbringen können. »Aufm Pfingstabend fru [Mai 26]
seind beide teil vor den kaiserischen reten erschinen, und
Schrauttenbach angefangen zu reden, das die andern rete
und er des gestern gelesen abschieds irer g. frauen und den verordenten gemeiner landschaft zu Hessen unterict getan, die denselben nit angenomen, noch darein gewilligt haben wolten, und
daruber offentlich protestirt und bezeugt, mit bit, sie bei der erbeinung oder des heiligen reichs ordnung pleiben zu lassen. Wo
aber das nit sein mocht, erputen sie sich Kai. Mt., aller curfursten
und fursten und stend des reichs erkenntnus zu leiden, ob sie
etwas weiters tun sollen oder zu tun schuldig seien. Darauf die
Sechssischen geantwurt, sie liessen des gegenteils furbringen in
seinem werd beruhen, und wie sie gestern urkund des abschieds gebeten, die peten sie noch also. Darauf die Kaiserischen gesagt,
sie wusten den abschied hinter Kai. Mt., aus der gehaiss er also
gestalt und verlesen were, nit zu endern, und welchs teil den
haben wolt, dem solt er werden. Also sein die Hessischen weg-
gangen, und den Sechssischen ist der abschied ir bitt nach worden,
und des tags alsbald wekgeschieden, damit nit anderung ein-
furt wurd.«

A. W., Reg. C p. 111 Nr. 10, glz. Ndschr. der sächsisch-ernestinischen Kanzlei.

---

[1] S. unten Nr. 181.

178. Reden, die in der Sache des hessischen Vormundschaftsstreites von den sächsischen und hessischen Räten vor
den Räten des Kaisers gehalten worden sind. [Augsburg 1515
Mai 10—16.][1]

A) Erste Rede der sächsischen Räte (S. 446): Sind nicht geneigt, die Landgräfin und ihre Begleiter als rechtmässige Vertreter
Ldg. Philipps und der hessischen Stände anzuerkennen. Sie nehmen die
Verwaltung der früheren Regenten gegen die Angriffe der Landgräfin
in Schutz. Schuldlosigkeit und Rechtserbieten der Regenten. Dagegen
werfen die sächsischen Räte der Landgräfin und ihren Anhängern vor,
dass sie die Wettiner wider alles Recht aus der Vormundschaft gedrängt
haben. Beschwerde über die Vergewaltigung einiger Rentmeister und der
Regenten. Bitte, um Ausführung des kaiserlichen Mandates.
    B) Erste Replik der hessischen Räte (S. 447): Auch die
Landgräfin lehnt es ihrerseits ab, sich mit den sächsischen Räten wegen
der Vormundschaftsfrage in Rechtfertigung zu begeben. Unter Hinweis
auf das Testament Wilhelms des Mittleren weist sie den Anspruch der
Wettiner auf die Vormundschaft in Hessen zurück. Die hessischen Stände
haben die Wettiner nicht zu Vormündern erwählt weder nach dem Land-
tage am Spiess noch zu Mühlhausen. Schilderung des Verlaufs des
hessischen Vormundschaftsstreites seit dem Tode Ldg. Wilhelms des
Mittleren. Anfechtung des Testaments von seiten Boyneburgs und seiner
Anhänger am Spiess. Übertragung des Schiedsamtes an die Wettiner.
Verzögerung der Tagsatzung. Uebergriffe Boyneburgs. Er schwingt sich
zum Landhofmeister auf. Der Schiedstag zu Mühlhausen. Parteiische
Haltung der Ernestiner. Einmischung des Kaisers. Bruch des Marburger
Vertrages von seiten der Wettiner und Regenten. Infolgedessen ist die
Landgräfin an denselben niemals gebunden gewesen. Beschwerden der
Landgräfin und der Räte gegen Boyneburg auf den Tagen zu Felsberg,
Naumburg und Kassel. Da die sächsischen Fürsten nicht Abhilfe schaffen
wollten, haben die Stände die Kasseler Tagung verlassen und den Wettinern
die Pflicht aufgeschrieben. Gesandtschaft der sächsischen Fürsten an die
Landgräfin-Witwe und die Stände. Abdankung der Regenten. Aufrichtung
eines neuen Regiments auf dem Homberger Landtage. Die Wettiner
hatten bei Lebzeiten Ldg. Philipps keinen Anspruch auf die Erbhuldigung.
Versäumnis Boyneburgs. Einziehung der Güter der früheren Regenten.
Begründung dieser Massnahme. Versäumnis des Rechtages durch die
Regenten. Bitte der Landgräfin und der Stände, sie bei ihrem Rechtserbieten zu lassen.
    C) Zweite Rede der sächsichen Räte (S. 453): Behaupten,
dass die Wettiner nach wie vor als die rechtmässigen Vormünder des
Landgrafen von Hessen anzusehen seien. Erinnern an die Gesandtschaft, die die hessischen Stände im Sommer 1509 an die Wettiner abgeordnet haben sollen, um sie um die Annahme der Vormundschaft zu bitten.
Machen der Landgräfin einen Vorwurf aus der Aufrichtung der Treysaer
Einung. Die Wettiner haben niemals auf die Vormundschaft Verzicht
geleistet, sondern die Landgräfin hat sich die Regierung angemasst. Misshandlung der früheren Regenten. Verletzung der Erbeinung und der
Reichsordnung durch die Landgräfin. Bitte um Wiederherstellung der
sächsischen Vormundschaft in Hessen.
    D) Zweite Replik der hessischen Räte (S. 454): Verfechten
die Rechtmässigkeit der Regentschaft der Landgräfin. Wie die Stände
die Wettiner zu Vormündern erwählt hatten, durften sie dieselben auch
wieder absetzen. Die Gesandtschaft der hessischen Stände an die
Wettiner im Sommer 1509. Verteidigung der Treysaer Einung. Erzählung
der Ereignisse, die sich nach dem Landtage in Kassel und vor der Auf-

---

[1] Das Datum lässt sich aus dem Protokoll oben Nr. 177 S. 443 ersehen.

richtung des neuen Regiments in Hessen abgespielt haben. Verpflichtung
der Regenten zur Rechenlegung vor den Ständen. Misswirtschaft Boyneburgs als Hofmeister. Verletzung der Erbeinung durch die Wettiner.
Rechtserbieten der Landgräfin und der hessischen Stände.

## A) Erste Rede der sächsischen Räte[1]):

Die Forderung der hessischen Abgeordneten, sie »nicht anhenger, sonder aine gemeine lantschaft« zu nennen, lehnen die
sächsischen Räte mit der Begründung ab, dass Anna von Mecklenburg und ihre Anhänger nicht dazu befugt seien, sich als Vertreter
des jungen Ldg. Philipp und der Landstände aufzuspielen »dieweil si
solchs von unsern gst. und g. hern von Sachsen als den gebornen,
erkornen und bestetigten tutorn und vormundern kain gewalt noch
bevelh haben.« Auf die Behauptung Annas, »das in der narration
des keiserlichen mandats[2]) geirrt sei«, erwidern die sächsischen
Anwälte, die »narration« sei wahr. Auf die Anklagen Annas gegen
die Regenten erwidern die Anwälte, dass der Landhofmeister und
seine Anhänger mit Unrecht angegriffen würden, »das sich die
alten regenten in ir verwaltung und regirung getreulich, fremklich,
wie frumen geburt, gehalten und gegen meniglichen beweist, auch
irem jungen landsfursten weder am leib noch an seiner obrikait
ainichen schaden noch nachteil zugefuegt, desgleichen haben si gemainer [!] lantschaft, wie inen unpillicher weis zugemessen wirdet,
weder vergweltigt noch bedrangt; si verhoffen auch, das sich solchs
mit grund nicht erfinden soll, und erbieten sich nochmals, das si
kain scheihen haben wollen, gedachter furstin und meniklichen
vor Kai. Mt. und ... curfursten und fursten rechtens zu sein nicht
waigern wollen, und ob e. g. und gunst ir erbieten nicht fur
gnugsam ansehen wolten, sein si willig sich nach eurm ansehen
noch weiter und hoher zu erbieten und ir unschuld dermassen
an tag zu bringen, darob meniklich ain benuegen haben soll.« Die
sächsischen Anwälte bestreiten, dass ihre Fürsten, wie Anna behauptet, »das kaiserliche mandat unpillich ausbracht haben« und
dadurch gegen die hessisch-sächsische Erbeinung und die Reichsordnung gefehlt haben. Vielmehr seien die Landgräfin und ihre
Anhänger der schuldige Teil, weil sie die sächsischen Fürsten

---

[1]) Rückenvermerk: »Der erst schriftlich furtrak durch der curfursten und
fursten von Sachsen anwelde vor Kei. Mt. reten zu Augspurg wider mein g.
frau von Hessen und verordenten gemeiner lantschaft desselben furstentumbs
bescheen. Vocem iucunditatis ao. 1515 [Mai 13].« Dieses Datum, das in
der hessischen Kanzlei nachträglich auf das sächsische Schriftstück gesetzt
worden ist, beruht zweifellos auf einem Irrtum. Denn sowohl im Protokoll
(s. o. Nr. 177 S. 443) wie in einem Vermerk, der sich über der Niederschrift
findet, die im Weimarer Archiv (Reg. C p. 111 Nr. 10) ruht, wird der Donnerstag
nach Cantate [Mai 10] als Tag des Vortrags angegeben. — Im übrigen bildet
die erste Rede der sächsischen Anwälte die Entgegnung auf »einen langen und
zu dieser handlung undienstlichen furtrag«, den die hessischen Abgeordneten
»gestern nachmittag« [Mittwoch Mai 9] gehalten hatten. Der Wortlaut desselben ist uns nicht überliefert. Im Protokoll (s. o. Nr. 177 S. 443) ist sein
Inhalt kurz skizziert.
[2]) Vgl. o. Nr. 171.

widerrechtlich aus der vormundschaftlichen Regierung, die sie fünf Jahre anerkannt, gedrängt und »ain neu regiment, das inen nicht geburt hat, gesetzt, etlich vorig amptleut ir empter entsetzt« hätten, »auch den regenten ir heuser, hab und guet mit gwalt eingenomen, ir undertan zu pflichten gedrungen und anders ... frevenlich gehandelt. ... Daraus folgt, das unser gst. und g. hern in anzeigung unser frauen der lantgrefin und irs anhangs unpillichen handlung und erlangung des mandats nichts ungeburlichs, sonder dasjenig, das die recht, die vernunft, die pilligkait und der gemein pruch im heiligen reich zugeben, gehandelt.« Die sächsischen Anwälte beklagen sich ferner darüber, dass die Rentmeister von Marburg und Blankenstein, der eine um 2000, der andere um 400 Gulden »geschatzt« worden seien, dass Kaspar von Berlepschens Schloss und Stadt Homberg »mit aller zugehorung« genomen sei, gleichwie die andern Regenten, Ludwig von Boyneburg an der Spitze, ihrer Güter beraubt seien. »Desgleichen seien vilen vom adel und andern ... ampter und gueter ... auch genomen worden.« Schliesslich stellen die Anwälte den Antrag, der Kaiser möchte die Landgräfin und ihren Anhang zum Gehorsam gegen das kaiserliche Mandat bringen.

A. Mbg., O. St. S. 7862, glz. Ndschr. der sächsich-ernestinischen Kanzlei.

B) Erste Replik der hessischen Räte[1]):

»Gestern nachmittage [Mai 10]« ist »eine lange ungegrundte schrift« von den sächsischen Anwälten »verlesen worden«, worin sie »ein protestation ader bedingung« thun, »das sie sich« mit der Landgräfin und den Landständen »in keine rechtfertigung begeben wullen.« Auch die hessischen Abgeordneten »besteen furnemlich nochmals uf irer forgetanen protestation, das sie durch dis erscheinen, furtragen und handelung Kei. Mt. ordenung und gesetz, und wes ine sunst von freiheiten, behelf und forteiln zustunden, unbegeben, sunder die furbehalten haben und sich gegen den herzogen zu Sachsen nicht weiter dan nach vermuge angezeigter ordenung und gesetz einlassen wollen.« Wenn auch die sächsischen Fürsten dem neuen Regiment in Hessen ihre Anerkennung versagen, so bleiben die Landgräfin und die Stände bei dem Anspruch, dass »numeher und diser zeit nimant pillicher von ... ldg. Philipes wegen erscheint dan sein mutter, der solchs die natur, das gemein recht und darzu, das meher ist, seins vaters sel. ... testament, veterliche ordenung und letster will zugibt und befilt[2]); das aber die herzogen von Sachsen geborne formunder seien, gesteet man nicht; dan die fursten von Sachsen und Hessen sein nicht von einer veterlichen apsteigenden linien, sonder die fursten von Hessen sein von veterlicher linien geborn herzogen von Brabandt aus frauen

[1]) Aufschrift: »Meiner g. frauen von Hessen und gemeiner lantschaft gegenschrift uf der sechsischen anwelde ersten schriftlichen furtrak.«
[2]) Vgl. o. Nr. 1. S. 4.

Sophien, ldg. Ludowigs und S. Elisabethen dochter[1]), die einen
herzog von Brabant[2]) gehabt hat, und also Doringen und Hessen,
bede furstentumb, uf doechter vererbt, so sein [sie d. h. die herzöge
von Brabant] vil meher cognaten ldg. Philipses dan die herzogen
zu Sachsen. So gesteet man auch nicht, das sie durch gemeine
lantschaft erkorn sein, wie bivor durch die herzogen zu Sachsen
zu etlichen malen angezeigt worden ist, das gemeine lantschaft von
dem erstgehalten lanttage am Spis nach ldg. Wilhelms des Mitlern
apsterben zu iren cf. und f. g. etliche personen gefertigt und sie
umb die formuntschaft ldg. Philipses anzunemen bitten haben lassen;
aber gemeine lantschaft ist uf heutigen dag in apreden, das sie
solchs den gesanten nicht befolen haben[3]). So wissen auch mein
g. frau das widerwertig, so es in dem stande were, urkundlich anzuzeigen. .Wie sie aber nachvolgend zu Mulhausen[4]) durch Ludowig
von Boyneburg, seine anhenger und etliche sonder personen wider
forige apschit am Spisse durch gemeine lantschaft beschlossen zur
formuntschaft gezogen worden sein, das wusst man, so es in dem
stande und an dem orte, dae sich solichs geburte, were, wol an
tak zu bringen.« Um die Behauptung der sächsischen Räte zu
entkräften, nach der sich die Landgräfin wider alles Recht in die
Vormundschaft gedrängt haben soll, geben die hessischen Räte in
ihrem Namen eine eingehendere Schilderung von dem Verlauf des
hessischen Vormundschaftsstreites seit dem Tode Wilhelms des
Mittleren. »Weilent . . . ldg. Wilhelm der Mitler . . . hat in zeit
seins lebens ein testament . . . ufgericht[5]), das haben Ludowig von
Boyneburg und sein anhenger di stende der lantschaft durch un-
begrunten bericht, anreissung und practik uf dem Spis, dae sie
versammelt gewesen, anzufechten bewegt und also die fromen leute
dermassen eingefurt, das sie das testament angefochten haben, daraus
dan zwischen . . . meiner g. frauen und iren zugegeben in craft des
testaments . . . und der lantschaft dismals irrung entstanden.[6]) Nue
waren die herzoge zu Sachsen in solchem testament von ldg. Wilhelmen zu hanthabener desselben gesetzt und gebeten[7]), derhalb sie
zu der zeit ire rete uf den lanttag zu schicken beschrieben waren;
dieselben rete understunden sich der irrung und redten die dermassen
abe, das sie von beden teilen uf die herzogen zu Sachssen gutlichen ader rechtlichen austrags bewilligten, mit dem anhange, das
alle sachen steen pleiben sollten, wie die zu der zeit stunden[8]).
Derhalben so worden von beden teilen etlich geschickt die herzogen
zu Sachsen umb beladung der handelung zu bitten[9]), welchs dan

---

[1]) Sophie, Tochter Ldg. Ludwigs IV. von Thüringen und Hessen und
dessen Gemahlin Elisabeth von Ungarn, der Heiligen.
[2]) Hz. Heinrich V. von Brabant.
[3]) Vgl. o. Nr. 10 S. 37.
[4]) Vgl. o. Nr. 16.
[5]) S. o. Nr. 1.
[6]) S. o. Nr. 4, 5, 7.
[7]) S. o. Nr. 1, Artikel 17.
[8]) S. o. Nr. 6.
[9]) S. o. Nr. 10.

diselben herzogen auch also zugeschrieben und sich solcher handelung zu beladen bewilligt. Uf dasmal ist der herzoge formunder zu sein nie gedacht worden, sonder offenlich verlaut, dweil die lantscbaft noch von gnaden des Almechtigen fursten zu Hessen hetten, keinen frembden fursten ins lant zu Hessen zu lassen. Nue verzoch sich die dagsatzung der herzogen zu Sachsen etwo lange, so schickte sich Ludowig von Boyneburg mit seinen gesellen mitler zeit also in die sache, das sie schlos und stete inbrachten und mein g. frau daraus drungen uber die angezeigten aprede der sechsischen rete, das alle sachen in dem stande pleiben sollten, wie die zu der zeit stunden, und liessen ir f. g. sagen und clagen, wem und was sie wolt.[1]) Nachvolgend beschrieb Ludowig von Boyneburg und seine anhenger hinter den andern verlassen und verordenten reten ... wider einen lanttag daselbst an Spis und sagten der lantschaft sovil fur, schickten sich also in die sache, das sie lanthofmeister und andere befelhaber worden[2]); uf dem lanttage hat die lantschaft das gewesen regiment verordent, auch wie sie alle jar vor prelaten, ritterschaft und steten der lantschaft rechnung tun, und wie sie iren fursten getreulich fursteen und derselben er, nutz und wolfart suchen, item das sie in grossen sachen mit rate gemeiner lantschaft handeln sollten, in befel gegeben, das alles Ludowig von Boyneburg und seine anhenger also der gestalt angenomen und haben sich solcher regirung underzogen, daraus erscheint, wie Ludowig von Boyneburg wider seins herrn, der ime sovil gnade, eren und guts erzeigt, letzten willen, zu seinem regiment komen ist, wie er seine regirung angefangen hat. Darnach wart von den herzogen zu Sachsen ein dag zwischen meiner g. frau und Ludowigen von Boyneburg und den gewesen regenten gein Mulhausen angesatzt, und die sache etliche vil dage gehort, darnach auch durch sie mancherlei mittel furgeschlagen[3]), aber nachdem die der pillickeit und dem testament ungemes waren, konnt ir f. g. die nicht annemen, sonder erpot sich, uf den furtrak, zu Mulhausen bescheen, von iren cf. und f. g. entlich erkentnis zu leiden. Mein g. frau gieng auch mit wenik personen zu idem herzog zu Sachsen in sonderheit und ermante sie der zuversicht ires herrn, die er in seinem letsten willen zu ir getragen hett, bot ir recht und hanthabung mitzuteilen. Daruf wart iren g. zu antwert, sie konnten in den sachen nicht recht sprechen, dan die geschickten, so von den gesanten zu Mulhausen weren, hetten sie umb die formuntschaft anzunemen gebeten, die wollten sie auch annemen; dan sie konnten das testament keins wegen geleiden noch gedulden, sunder die formuntschaft stunde inen selbst zu. Also muste ir f. g. zu Mulhausen an ende apscheiden und zoch wider gein Cassel und nachvolgend uf iren widumb gein Giessen; dae wart iren f. g. von Ludowig von Boyneburg und seinem anhange zu Cassel ir son, ein junger furst von funf jaren, mit gewalt

---

[1]) S. o. Nr. 11.
[2]) Vgl. o. Nr. 14.
[3]) Vgl. o. Nr. 16.

wider alle recht apgedrungen und genomen.[1]) Darumb ersucht ir
f. g. Kei. Mt. . . ., der handelt lange zeit darinnen, und sofern das
mein g. frau hat den grossen uncosten, der uber ldg. Philipsen iren
einigen soen gieng, angesehen, auch in hoffnung, das sie ime zum
besten fursteen sollten, die sache hinlegen und vertragen lassen
unter andern dermasse, das Herman Rietesel zu grossen sachen
und den rechnungen gefordert werden, und was er daran vernemen wurde, meiner g. frau furter anzeigen sollt, wie das der
buchstab hat.[2]) Also sein die herrn von Sachsen zu der formuntschaft von etlichen sondern personen zu Mulhausen und nicht durch
eine gemeine lantschaft gezogen. Nue wart solcher vertrak nicht
volnzogen, dadurch ir f. g. geursacht, Kei. Mt. abermals mit schwerem
kosten am Swarzwalde im Elsas zu Straspurg und andern orten
zu ersuchen, durch welche abermals ein vertrak zu Gengenbach
ufgericht, darin der forig confirmirt.[3]) Aber in summa die bede
sein nie volnzogen worden, das auch ir f. g. oftmals am Spis vor
gemeiner lantschaft und sonst geclagt.[4]) Es hat aber nicht geholfen; darumb ir f. g. derselbe vertrak auch nie gebunden hat.
Nichts destminder haben Ludowig von Boyneburg und sein anhank
regirt und den beden landgrafen, auch landen und leuten zu merk-
licbem nachteil, beschwerung und schaden gehandelt.« Es folgt
nun eine gedrängte Übersicht über die Beschwerden Annas und
der Stände gegen Boyneburgs Regiment. »Als nue mein g. frau
. . . und gemeine lantschaft solche ferlikeit ires eigen sons und
gnedigen herrn beschwerung, vergewaltigung und verterben des
furstentumbs zu Hessen vernomen, gesehen und befunden, hat sie
die not zusamen zu komen und aus disen dingen zu handeln und zu
ratschlagen gedrungen[5]); das ist also gescheen, haben davon mit
grosser beschwerde ires gemuts, als sie aus mutterlicher liebe und
treu auch undertenigen pflichten schuldig gewesen, geratschlagt
und unter andern beschlossen, Ludowig von Boyneburg zu sich
zu fordern, dem solche beschwerungen furzuhalten, woe er sich
der entschuldigen moecht, das von ime zu boeren, woe nit ine
alsdan fur einen lanthofmeister nicht lenger zu leiden; auf solch
erfordern ist er aussenplicben und hat sich nicht verantwort. Darumb haben ir f. g. und die lantschaft etliche von stenden derselben
lantschaft in trefflicher anzal diser und ander beschwerde halben
zu den herzogen zu Sachsen auf einen dak gein der Neumburgk
geschickt und inen solchs nach notdurft anzeigen lassen[6]), aufs
allerfreuntlichst und undertenigst bittend, darin dermasse zu sehen,
damit solcher unrat gewendt und apgestalt werden moecht, daruf
die herzoge einen dak zu verhore solcher beschwerde gein Cassel
angesatzt und gemeine lantschaft dahin beschrieben haben. Daselbst

---

[1]) Vgl. o. Nr. 19.
[2]) Vgl. o. Nr. 29.
[3]) Vgl. o. Nr. 51.
[4]) Vgl. o. Nr. 33.
[5]) Vgl. o. Nr. 65—67.
[6]) Vgl. o. Nr. 69 und 70.

sein ldg. Philips person und gemeinen furstentumbs gebrechen, auch Ludowigs von Boyneburg und seiner anhenger ungeburliche handelung offentlich furgetragen und dermasse an tag bracht, das er sich der nicht hat mugen verantworten, noch heutigs tags bestendiglich tun kan; daselbst ist vil und lange gehandelt.[1]) Gemeine lantschaft hat sich hart beclagt, aber meine g. herrn von Sachsen und der andern herzogen rete haben in diese sache nicht sehen wullen, sonder inen langwirig rechtfertigung furgeschlagen mit unfreuntlichen, ungnedigen und dreuworten. Da haben unser g. frau und gemeine lantschaft gesehen, das sie kein freuntschaft, gnade ader gepurlich einsehung haben mugen finden, sonder in sorgen irer aller leibs und guts stehen mussen, und wie hoch nachteilig und beschwerlich were, iren . . . g. herrn und das gemein furstentumb in solcher geferlikeit, unrat und verterben zu wissen und erst mit Ludowigen von Boyneburg langwirig rechtfertigung anzunemen, sein also von angezeigtem dage mit betrubten herzen apgescheiden, und haben der ursach und not halben gemein lantschaft den herzogen zu Sachsen ire pflicht, damit sie inen der formuntschaft halben verwant gewesen, aufgeschrieben[2]) und sein gein Marpurgk gezogen. Darnach haben die herzogen zu Sachsen ire rete in trefflicher anzal zu meiner g. frau . . . und gemeiner lantschaft gein Marpurg gefertigt und ir ansagen lassen, wie die herzogen zu Sachsen mit den regenten geschaft, das sie ires regiments apgetreten weren und wie sie, die herzogen, das furter in gemeiner lantschaft [band] gestelt, secret, sigil und anders zerschlagen, die fursten und das alles den von Cassel bis zu meiner g. frau und gemeiner lantschaft ankunft befolen, mit dem anbange, das sich mein g. frau und gemeine lantschaft daruf gein Cassel fuegen moecht, die fursten und verwaltung in iren handen zu nemen.[3]) Als nue die mutter und gemeine lantschaft iren einigen soen, bede fursten und das furstentumb aller pflege und administration ledig verstanden und funden, haben sie sich gein Cassel gefugt, die fursten mitsambt den schlusseln, sigeln und secreten verpitschirt in ire verwarung genomen. Darnach einen gemeinen landtag gein Hoemberg ausgeschrieben und daselbst ein ander verwaltung, wie uf disen dag noch fur augen ist, furgenomen und ufgericht, da ire f. g. uf ersuchen und bewilligen von gemeiner lantschaft, als ir das von gemeinen rechten und aus dem veterlichen testament geburt und zugestanden hat[4]), mit andern die administration und verwaltung angenomen[5]), die auch ldg. Philipes person bas acht genomen, also das der wider, der almechtig hab lob, ere und dank, zu guter gesuntheit kommen und bracht ist worden. Sie werden auch mit fleis trachten, ldg. Philipses und des furstentumbs sachen in bessern stant, so es von got versehen

---

[1]) Vgl. o. Nr. 114.
[2]) Vgl. o. Nr. 118.
[3]) Vgl. o. Nr. 120.
[4]) Vgl. o. Nr. 1.
[5]) Vgl. o. Nr. 131.

ist, zu bringen.« Daraus folgt, dass weder die Landgräfin noch die Stände sich mit Gewalt in die Regierung gedrängt haben. »So ist das testament mit recht nie aperkant, noch die angeregten vertrege je volstrekt worden; derhalb sie dieselben auch gar nicht gebunden haben.« Die Herzöge von Sachsen hatten nicht das Recht, die Erbhuldigung in Hessen einzufordern[1]), solange das regierende Fürstenhaus nicht ausgestorben war. Die Huldigung der Vormundschaft halben haben die Stände »aus bewegenden, rechtmessigen ursachen aufgeschrieben, und ob das nicht were, het doch dieselbe huldung wider ldg. Philipsen als den rechten naturlichen erpherrn gar kein craft ader wirkung. Aber Ludowig von Boyneburg und seine anhenger haben bei irer regirung und in dem ein grosses nachgelassen, das sie den herzogen zu Sachsen im furstentumb zu Hessen von edeln und unedeln wider die form der alten lehenbrive und forigen brauch erphuldung zum fall haben tun lassen und jener seit von der heuser zu Sachsen, Doringen und Meissen undertanen nicht widerumb anstat ldg. Philipses genomen, demselben nicht zu geringem nachteil, das ime, Ludowigen, seinen pflichten nach auch wol gepurt hat.«

Den fünf ehemaligen Regenten sind ihre Güter eingezogen worden, weil sie der Landgräfin, wie es der kaiserliche Vertrag[2]) ihnen gebietet, oder den Ständen, wie das am Spiess befohlen worden, niemals während ihres an fünf Jahre dauernden Regiments Rechnung gelegt, ferner weil sie »nach ubergebung ires regiments alle meins g. herrn gult und barschaft, auch register und ander briflich urkunde mit inen hinwek genomen und bis uf disen dag ... irer verwaltung keine rechnung ader bericht getan« haben. »Derhalben haben mein g. frau und gemeine lantschaft inen geschrieben und einen dag zu rechnung gesatzt, auch dabei frei, strak, sicher gleit zugeschrieben[3]), sie sein aber aussenplieben und haben inen ursach geschepft, als ob die herzogen zu Sachsen sie uf die zeit gein Mulhausen gefordert hetten. Darnach hat man inen zum andern und dritten mal zu uberflus geschrieben, rechnung gefordert und gleichermasse frei, sicher gleit zugeschrieben; da sein sie abermals aussenplieben. Da nue ir f. g. und die lantschaft kein rechnung, bezalung ader bericht gehandelter sachen von inen bringen mugen, haben sie bedacht, ine ire guter in verpot zu legen und ufzuhalten, bissolange das sie rechnung, bezalung und anders, was sie schuldig sein, tun, ... und verhoffen daran nicht unpillichs gehandelt zu haben. Dan es ist offenbar, das sie rechnung zu tun laut irer zusage oder bewilligung vor gemeiner lantschaft bescheen, auch laut der vertrege durch Kei. Mt. ufgericht, auch von gemeinen rechten wegen schuldig. So sein auch die guter eins, der einem jungen pupillen fursteet, an sich selbst fur des furstenders handelung stillschweigend verpflicht.« Die hessischen Räte bleiben bei ihrer Behauptung, dass die sächsischen Fürsten das Mandat

[1]) S. Anna von Hessen S. 78.
[2]) S. o. Nr. 29 S. 116.
[3]) Vgl. o. Nr. 133.

»unpillich ausbracht« haben, dass »die anrufung Kei. Mt. hocheit
und edeln ampts in disem fall nit stat hat.« Daher »bitten ir f. g.
und die lantschaft in aller undertenikeit, sie bei irem gnugsamen
rechterpiten gnediglich pleiben und ferner ausserhalb rechtens in
keine andere weise ader wege nicht beschweren zu lassen, sondern
dabei gnediglich zu hanthaben und in dem ir allergnedigster herre
zu sein.«

A. Mbg., O. St. S. 7862, Cpt. von Felges Hand.

### C) Zweite Rede der sächsischen Räte[1]):

Die Herzöge von Sachsen sind die rechtmässigen Vormünder
der beiden Landgrafen, einmal kraft der durch den Kaiser aufgerichteten Verträge zu Marburg, Gengenbach und Köln[2]), die auch
von der Gegenpartei angenommen und besiegelt worden sind; zum
andern »ist auch war, das gemeine lantschaf* zu Hessen durch ir
verordenten potschaft, der Wilhelm von Dornberg hie zugegen
ainer gewest ist, und auf ain credenz, so der comenturer zu Mart-
porg sampt andern versigelt, ir gewerb getan und unser gst. und
g. herrn zu der tutel und furmuntschaft underteniklich gebeten
haben[3]), wiewol es diser zeit unfueglich und mit kainem grunt ver-
naint worden ist. Es hat furwar kain ansehen der warhait, das
drei erbar man ain solich werk on bevelh getan haben sollen. Wo
es auch nicht dermassen geschehen, so wer es pillich widersprochen
und die curfursten und fursten nochmals zu der furmuntschaft von
gemainer lantschaft nicht angenomen worden.« Dagegen hat Landgräfin Anna sich widerrechtlich die vormundschaftliche Regierung
angemasst und »ain bintnus, den fursten von Hessen an iren furstlichen oberkait nachteilig« aufgerichtet[4]), »darinnen under anderm
gesetzt . . ., das alle jar ain landtag gehalten, auch kain steier
mer furgenomen, noch ausserhalb gemeiner lantschaft wissen und
willen gemunzt werden soll. Wie hoch beschwerlich das den fursten
von Hessen an ir oberkait sei, ist bei allen verstendigen wol zu
ermessen.« Die Herzöge von Sachsen haben sich keinesfalls der
Vormundschaft begeben und die Regierung in die Hände der Landschaft gelegt. »Aber dagegen ist unsern gst. und g. hern von etlichen und wenigen aus der lantschaft Hessen ain vermaint und
unbestendig ufschreiben der pflicht von der prelaten, ritterschaft
und steten des furstentumbs zu Hessen, auch gemeiner lantschaft
wegen, wiewol gar kain prelat ausserhalb [des] comentires von Marpurg, auch kain graf und wenig stet alda gewesen sein, zukumen.[5])
Dieselben haben sich auch mit der landgrevin zu schloss, steten und
flecken getan, dieselben ein- und zu pflichten genomen und sich
der tutel und regirung wider unser gst. und g. herrn willen und

---

[1]) Aufschrift: »Der Sechsischen anwelde ander product.«
[2]) Vgl. o. Nr. 29, 49, 59.
[3]) Vgl. o. Nr. 10.
[4]) Vgl. o. Nr. 78, die Treysaer Einung.
[5]) Vgl. o. Nr. 118.

abschid underfangen.« Um Blutvergiessen zu vermeiden, haben
die sächsischen Fürsten die Regenten zur Abdankung veranlasst,
»auch alspald die versorgung beder fursten, auch das regiment nicht
in der lantgrefin, besonder in gemeiner lantschaft hant gestelt,
auch den grafen, der ritterschaft, die damalen zu Cassel gewest
sein und sich als die getreuen und gehorsamen gehalten haben,
auch der stat Kassel bevolhen, das si die fursten und das regiment
versehen und etlich darzu verordnen solten, mit der mas bis zu der
zeit, das ain ordenlich regiment gesetzt und weiter Kai. Mt. vertrag . . . nachgegangen, auch iren cf. und f. g. als den vormunden
huldigung, gehorsam und pflicht von neuen regenten geschehen
wer.[1]) Ir cf. und f. g. haben auch sampt dem alten regiment, alle
geverd zu verhueten, des regiments insigeln und secret zerschlahen
lassen; in dem haben sich aber ir cf. und f. g. der tutel, curacion
und regirung nicht verzigen, besonder haben ir f. g. solhs der lantschaft bis zu besetzung ains neuen regiments bevolhen, . . . haben
auch der lantgrefin gar nicht bevolhen . . ., auch der lantschaft
nicht . . ., das si und die lantgrefin die stet in ir aigen pflicht
nemen und das furstentumb in ir selbs namen regiren . . ., auch
iren f. g. laut ufgerichter vertrag, confirmacion, spruch und
declaration als den verordenten vormunden nicht pflicht, huldigung
und gehorsam tun solten; solichs heten auch ir f. g. on Kai. Mt.
vorwissen und sondern gewalt und bevelh zu tun kain macht gehabt.« Die früheren Regenten haben ihre Rechnung nicht vor der
Landschaft, sondern vor den Herzögen von Sachsen abzulegen;
ihrer Güter sind sie von der Gegenpartei ohne Fug und Recht
beraubt worden. Den sächsischen Fürsten verbietet die Anrufung
des Kaisers weder die Reichsordnung noch die hessisch-sächsische
Erbeinung, zumal wenn der Widerpart durch sein gewaltsames
Vorgehen beide Ordnungen verletzt hat, woraus »volgt, das unser g.
frauen nit muglich ist, ainich rechtmessig ursach laut des mandats
furzuwenden.« Aus allen diesen Gründen sollen Anna und ihre
Anhänger vom Kaiser zur Anerkennung der vormundschaftlichen
Regierung der sächsischen Fürsten gezwungen werden.

A. Mbg., O. St. S. 7862, glz. Ndschr. der sächsisch-ernestinischen Kanzlei.

### D) Zweite Replik der hessischen Räte[2]):

Die kaiserlichen Verträge von Marburg und Gengenbach[3])
haben mit der Anerkennung der Vormundschaft der Herzöge von
Sachsen nichts zu schaffen; sie beziehen sich nur auf die Irrungen
zwischen der Landgräfin und den Ständen. »So nu . . . di regenten
ires regiments und verwaltung abgestanden und darnach gemeine
lantschaft ir f. g. widerumb zu solicher verwaltung gebeten und
angenommen und also bei inen selbst beschlossen, ir g. landsfursten

---

[1]) Vgl. o. Nr. 120.
[2]) Überschrift: »Meiner g. frauen und gemeiner lantschaft ander product.«
[3]) Vgl. o. Nr. 29, 51.

bei keinem menschen anders dan meiner g. frauen ... zu wissen
und zu vertrauen, da hat ir f. g. deshalb mit den herzogen von Sachsen
nit zu tun noch zu disputirn.« Der Einwand der sächsischen Anwälte, dass Frauen Fürstentümer nicht regieren könnten, wird mit
dem Hinweis auf ähnliche Fälle in Spanien, Burgund, Jülich,
Henneberg und Hanau abgelehnt. »Es ist auch das gemein recht,
das di mutter ires kinds furmunder sein sol fur allen andern. Darzu
hat es itzt mein g. frau us dem veterlichen willen und testament,
auch gemeiner landschaft bewilligung.« Dass die Stände den
Wettinern den Vormundschaftseid aufschreiben durften, das »erscheint ... us des gegenteils selbst furbringen und bekennen, das
di lantschaft di herzogen zu der furmuntschaft erkoren haben; sie
nu, di erkorn, haben sie inen ire pflicht auch us ursachen widerumb
ufzuschreiben fug und macht gehabt. Der schikung halben zu
den herzogen zu Sachsen vom landtag am Spis, da Wilhelm von
Dornberg mitgewesen ist, sagt derselb Wilhelm, wie er gestern
[Mai 15] gehort ist, das sein wissen nit anders sei, dan das inen
gemeine lantschaft di herzogen zu Sachsen umb beladung der furmuntschaft zu bitten nit bevolen, zihe sich des uf di lantschaft, hab
aber das Ludwig von Boyneburg dermassen anbracht, so hab er es
zu der zeit nit verstanden. Er wolt ime sonst des nit gestanden
haben. So es auch an dem were, wust Wilhelm wol clerlich das
widerspil anzuzeigen. Das aber di lantschaft zu Hessen Ludwig
von Boyneburg und den andern solichs nit bevolen hab, das erfint
sich aus dem abschit am Spis[1]), auch der tagsatzung der herzogen
zu Sachsen und andern ergangen schriften, di man, so es in dem
stand were, wol wust anzuzeigen.« Die Landgräfin verteidigt die
Treysaer Einung[2]): beim Abschluss derselben hat die Fürstin und
die hessischen Stände sich »nit anders dan als einer fromen
furstin und mutter, auch fromen undertanen wol gezimbt gehalten
und meinem g. herrn nichts zu nachteil gehandelt. Sie tragen auch
derselben gar kein scheu, wie sie das, so es in dem stande were,
mit eren und fugen wol wusten anzuzeigen. Verruckter zeit nach
meins herrn sel. apgange ist ein einung am Spiss[3]) gemacht worden.
Die hat Ludowig von Boyneburg in einer andern form ader meinung
gestellt, dan die apgeredt ist gewesen, das ime die lantschaft nicht
gesteet, darin er meinen herrn sel. zu schmeen understanden hat.
Als aber gemeine lantschaft solichs inne worden, haben sie die
apgetan und vernichtet.« Auf dem Tage von Kassel sind nicht
wenige von der Landschaft, wie die Gegenpartei behauptet, auf
Annas Seite gewesen, sondern »ob 400 vom adel und alle stete,
ausgescheiden vier ader funf, die auch von steten nachvolgend alsbalde widerumb zu iren f. g. und der lantschaft kommen sein und
sie darzu wider anzunemen gebeten. Und haben zum selben mal
die herzogen von Sachsen und der andern rete, so zu Cassel gewesen sint, ire trefflich botschaft, auch die stat von Cassel bei 15

---

[1]) Vgl. o. Nr. 6.
[2]) Vgl. o. Nr. 78.
[3]) Vgl. o. Nr. 8.

ader 16 person vom rat und der gemein zu iren f. g. und der lantschaft gein Marpurgk geschickt[1]) und ... ir gesagt ..., das sie
mit der lantschaft dahin muge zihen, da finden sie die zwene fursten,
die mugen sie in ire verwarung nemen, das regiment und alle
sachen bestellen. ... Das ... am Spiss nicht soll beschlossen sein,
die rechnung vor den verordenten gemeiner lantschaft zu tun, ist
von Ludowigen von Boyneburg wunderbar zu hoeren, und so es
in dem stande were, wusst man das durch gemeine lantschaft zu
beweisen; wie ime dan daruber gepurt hat, ander pflicht dem zuwider zu tun, hat meniglich wol zu bedenken. Bei diesem hat
Ludwig gestern selbs unter andern geredt, das er kein gelt,. barschaft oder anders aus dem furstentumb gefurt hab, dan allein
register zur rechnong.[2]) Das ist auch wundersam zu horen, das
er seinem hern ins funfte jar dermassen vorgestanden, das weder
in seckel, kelner noch kasten nach seinem hinscheiden nichts funden
worden ist; uber das, das er eben di amptrechnongen gehort und im
furstentumb zu Hessen, ausgescheiden das ampt Cassel, kurz vor
seinem abscheiden vast alle rechnong genomen, auch in di grafschaft Catzennelnbogen gegriffen und etlich gelt vor der rechnong
zu im bracht, darzu in ubung gestanden, ein gemeine lantschatzung
inzunemen, zudem das er nach meins hern sel. tot ein gute barschaft
funden, auch an einem ort 10 000 gulden schulden eingenomen.[3])
Us dieser seiner bekantnus sich erfindt, wie er hausgehalten hat
und, so er in verwaltung blieben were, hinfurter het hausgehalten.‹
Die Anrufung des Kaisers und die Ausbringung des kaiserlichen
Mandats gegen die Landgräfin und die hessischen Stände durch
die Herzöge von Sachsen widerstreitet den Bestimmungen der Erbeinung und der Reichsordnung. Wäre Kai. Mt. daran erinnert
worden, so hätte er das Mandat nicht ausgehen lassen, da er in
dem Streitfall nicht kompetent ist. Die Landgräfin und die Abgeordneten der Stände sprechen deshalb die Bitte aus, dass »Kai. Mt.
ir f. g. und sie bei irem gnugsamen rechterpieten gnediglich pleiben
und ferner ausserhalb rechtens in kein ander weis oder wege nicht
beschweren lassen, sonder dabei (das ist bei der erbeinung oder
des heilgen reichs ordenong) gnediglich hanthaben und ir allergnedigster her sein und pleiben wol. ... Und ob der widerteil
an diesem volligen gnugsamen rechterpieten uber di erbeinung
und reichsordenong nit gnugig sein wolt, so sein ir f. g. und sie
erputig, vor Kai. Mt. und den stenden des heiligen reichs erkentnus
darumb zu leiden, ob ir f. g. und gemeine lantschaft nit billich
dabei bleiben oder erkennen zu lassen, wes sie ferrer deshalb zu
tun schuldig seien.‹[4])

A. Mbg., O. St. S. 7862, Cpt. von Feiges Hand.

---

[1]) Vgl. o. Nr. 124, 125.
[2]) Vgl. hierzu unten den Vortrag Boyneburgs S. 458.
[3]) D. h. von Herzog Georg von Sachsen.
[4]) Die Schlussreden der beiden Parteien sind nur eine Wiederholung der
in den früheren Reden vorgebrachten Argumente. Wir können daher von
einer Wiedergabe ihres Inhalts absehen.

**179. Vortrag Ludwig von Boyneburgs vor den Räten des Kaisers. Augsburg 1515 Mai 14.[1])**

Berichtet über den Ursprung der Vormundschaft der Wettiner in Hessen und verantwortet sich wegen der Beschwerden, die die Landgräfin und die Stände gegen seine Amtsführung erhoben haben. Er hat alles auf das Geheiss der Wettiner gethan. Berichtet über die Verwendung einer Steuer, die von den Städten bewilligt wurde. Entschuldigt sein Ausbleiben auf dem Felsberger Tage. Seine Verantwortung auf dem Landtage zu Kassel. Entschuldigung wegen seines Ausbleibens auf dem Marburger Rechentage. Bei ihrem Abzuge aus Hessen haben die Regenten weder Barschaft noch Briefe, sondern nur Register mit sich genommen. Rechtserbieten.

Nach dem Tode Wilhelms des Mittleren haben die hessischen Stände am Spiess ein Regiment aufgerichtet und ihn zum Hofmeister erwählt; zugleich haben sie »alle meine gst. und g. herrn von Sachsen zu formunden und curatoren gekorn, statliche botschaft apgefertigt, ire cf. und f. g. zu besuchen und bitten, die curation und formuntschaft anzunemen.« Die Fürsten nahmen die Vormundschaft an, bestätigten das Regiment, das sie in Eid und Pflicht nahmen. Auf Geheiss dieser seiner Herren hat er »mit irer g. zugeschikten heubtleuten die stete Hoemberg und Treise zu gehorsam gedrungen, ... derhalben, ob etwas zu weit und vil gehandelt, ... moecht nicht mir ader den regenten, sunder meinen gst. und g. hern von Sachsen als formundern ufgelegt werden. ... Das ich aber nutzbar schlos und lantschaft solt hingegeben haben, ldg. Wilhelms halben kost und schaden eingefurt, wirt auch im grunde dermasse nicht erfunden werden; dan was in den und andern dergleichen fellen gescheen, ist der curfursten und fursten von Sachsen gescheft gewesen, die es landen und leuten zu gute getan, werden es auch gegen dem jungen fursten und menniglichen zu verantworten wissen. Die getane unkost ist mir alle zeit leit, wider und entgegen gewesen, habe ir kein ursach geben, hett sie auch mit allem fleiss gern verhuit gesehen. Wer sie aber eingefurt, ist vilen leuten aus der lantschaft, auch andern fromen leuten von hohen und nidern stenden unverborgen. Die eptei belangend[2]), das ich in entzihung derselben zugesehen, wirt kein frum man tuen sagen, vil minder beweisen konnen, das ich an rat der formunder und curatoren etwas gehandelt. ... Die steuer berurend bin ich nicht apredig, das durch das regiment und mich die stete des lands zu Hessen gein Cassel vertagt, den dreierlei forhalten bescheen: 1. ufgelegt steuer von Kei. Mt.; 2. die apfertigung und bezalung der hochgebornen furstin frauen Katherin, die dem von Beichlingen verheiret; 3. das aus craft Kei. Mt. spruch nicht ein verachtliche summe von ldg. Wilhelms wegen sel. gedechtnus[3]) solt entricht werden. Darauf aus altem brauch, herkomen und gewonheit des lands zu Hessen rat, hilf und steuer an inen gesunnen,

---

[1]) Aufschrift: »Ludowigs von Boyneburg furbringen.«
[2]) Die Abtei Hersfeld, vgl. o. S. 180 Nr. 66.
[3]) Gemeint ist Ldg. Wilhelm der Ältere, der im Februar 1515 gestorben war.

und wiewol sie erstlich mit dargeben ires obligens beschwert gewesen, haben sie doch zuletzt in des reichs hilf, woe sie von andern
auch gegeben, gewilligt.   Weil dan dieselbige, sovil der gefallen,
welchs geringe ist, in ldg. Philipsen scheinlichen nutz gewendt, so
wurde der regenten und mein nicht unpillich verschonet.«[1])   Dem
Rufe der Stände, mit den andern Regenten sich in Felsberg ein-
zufinden, hat er nicht Folge leisten können, da die Fürsten von
Sachsen ihn »gein der Naumburg erfordert, dahin ein redlich anzal
von allen stenden des lands zu Hessen bescheiden.«[2]) ... Ich habe
aber nicht underlassen, mich durch mein schrift zu entschuldigen.«
Von den Anklagen, die von der Landgräfin und den Ständen
gegen ihn und seine Mitregenten erhoben wurden, hat er sich auf
dem Naumburger Tage und auf dem Landtage zu Kassel gereinigt
»fur den botschaften der heuser Sachsen, Brunswig, Brandenburg,
Meckelnburg und Wirtemberg ... uf alle artikel, die ich itzt ader
zu anderer zeit von meiner frauen von Hessen, der lantsohaft,
sondern personen ... beschuldigt.«   Der Citation nach Marburg[3])
zu folgen, ist ihm von den Herzögen von Sachsen, seinen Herren,
»aus craft forgetaner eide« verboten worden; »und sein durch ir
cf. und f. g. gein Mulhausen zur rechnung bescheiden, dahin etwo
vil von stenden des lands zu Hessen auch beschrieben.«[4])   Da wir
aber als gehorsamen einkommen, haben wir diejenigen, so erfordert,
nicht funden, deshalben die rechnung aber in weitern verzuk ane
unsern willen ader verursachen geschoben.   So wirt sich auch nit
finden, das wir einich brive, sigel, gelt, parschaft ader anders dan
bloesse register, die wir zu unserer rechnung notdurftig, ausserhalb lands gefurt, des wir von ... unsern gst. und g. herren von
Sachsen ... den befel gehabt. ... Dat. montags nach vocem
jocunditatis ao. 1515.«

   Nachschrift: Boyneburg und die Regenten erbieten sich,
»so das recht vor Kei. Mt. der curfurstlichen und furstlichen heuser
... vom gegenteil nit angenomen« würde, dass sie »vor allen
grafen und prelaten, den comptur zu Marpurg ausgeschlossen, vier
ader achten unparteischen aussm adel, auch den steten Cassel,
Marpurg, Wolfhain und Alsfelt rechts werden wollen.«

   A. Mbg., O. St. S. 7862, Kop.


180. Replik der Landgräfin Anna und der hessischen Stände
auf Ludwig von Boyneburgs Vortrag vor den Räten des Kaisers.
[Augsburg 1515 Mai 16.][5])

   Halten an der Behauptung bezüglich des unrechtmässigen Ursprungs
von Boyneburgs Regentschaft und der sächsischen Vormundschaft fest.

---

[1]) Dass die Städte sich weigerten, die zweite und dritte Steuer zu bewilligen,
verschweigt Boyneburg.  Vgl. o. das Protokoll des Kasseler Landtages S. 280.
   [2]) Vgl. o. Nr. 69 und 70.
   [3]) Vgl. o. Nr. 133.
   [4]) Vgl. o. Nr. 137.
   [5]) Nach der zweiten Rede der Landgräfin-Witwe [s. o. S. 454], die am
16. Mai verlesen wurde, enthält das sächsische Kopialbuch [A. W., Reg.

Die Bestrafung Hombergs und Treysas ist mit Unrecht geschehen. Auch die übrigen Beschwerden gegen Boyneburg erhalten die Stände aufrecht: die Veräusserung ansehnlicher Schlösser, die Unkosten des wilhelminischen Handels, die Entfremdung Hersfelds. Erhebung einer unbewilligten Steuer durch Boyneburg. Schädigung der Gesundheit Ldg. Philipps. Verpflichtung der früheren Regenten, vor den Ständen Rechnung zu legen. Boyneburg hat seinem Herrn einen Schaden von 300 000 Gulden zugefügt. Vollmacht der Landgräfin. Sie nimmt das Rechtserbieten Boyneburgs an.

Die Landgräfin und die Landschaft halten die Behauptung aufrecht, dass sich Boyneburg »durch practic und manicherlei handlung« im Widerspruch mit der Abrede am Spiess zum Hofmeister aufgeschwungen hat. Auch haben er und seine Genossen der Landschaft versprechen müssen, dass sie »alle jar vor den verordenten der lantschaft ires einnemens und ausgebens rechenong tun solten; ... und das es war sei, so haben es ob den 500 person von der lantschaft zu Cassel offentlich von ime gesagt, darumb er des wol zu erweisen ist; und wirt sich nit befinden, das di lantschaft von dem tag am Spis zu den herzogen zu Sachsen geschikt und umb di furmuntschaft haben bitten lassen, und das es war sei, so zeigen solichs di abret desselben tags am Spis[1]), wes bei den herzogen zu Sachsen hat sollen gehandelt werden, desgleichen der herzogen zu Sachsen tagsatzung[2]) clerlich an; di bitten mein g. frau und di lantschaft zu verlesen, und was Ludwig daruber gehandelt, des hat er zuvil getan.« Homberg und Treysa haben nach der Handlung am Spiess den beiden Landgrafen gehuldigt, sich aber geweigert »des eids der furmuntschaft ..., derhalb sein sie der furmuntschaft halben gestraft worden, dan sie haben ldg. Philips fur iren naturlichen landsfursten ie und alweg bekent. ... Ueber das sein sie dermassen, als ob sie di aussersten veind gewesen weren, mit frembden leuten verterbt.« Wenn die Herzöge von Sachsen dieses gewaltsame Eingreifen auch geboten haben, so ist Boyneburg damit nicht entschuldigt. Denn er hätte solchem Befehl nicht gehorchen sollen, da er wider die Erbeinung verstiess, in der den Hessen zugesichert wird, dass sie nicht widerrechtlich beschwert werden würden. »Des Schonbergs und anderer hingegebener guter, kan er sich mit den herzogen zu Sachsen nit entschuldigen, und an zweivel, wo er sie der gelegenheit recht bericht, und das das und ander guter, di er hinwek geben, ob 60 000 gulden wert sein, darzu ein grosse manschaft haben, sie hetten ime das on zweivel nit zugeben. Es sei nu gescheen wie es wol, so haben sie nit macht gehabt, das dem pupillen on rechtliche erkentnus hinzugeben, sonderlich on rat gemeiner lantschaft, di das schwerlich bei irem fursten er[w]artet. Des grossen un-

C p. 111 Nr. 10] den Vermerk, dass die Anhänger der Landgräfin »ein lang geschwetz ungeverlich bei sechs oder siben pletter wider die regenten und sonderlich Ludwigen von Boyneburg eingelegt auf den underricht, den Ludwig vorhin [s. o. Nr. 179] auch ausserhalb des handels nach erheischung seiner ern notturft getan hat.« — Rückenvermerk: »Antwort uf Ludowigs von Boyneburg furtrak.«
   [1]) Vgl. o. Nr. 6.
   [2]) Vgl. o. Nr. 15.

costen halben, der uf ldg. Wilhelmen sel. jungst verscheiden gegangen ist, kan er sich mit nimands entschuldigen, nachdem er
dem ursach gegeben hat. Dan het er in in der verwarung, darin
in Kei. Mt. geschaft, gelassen, auch des, das er ldg. Wilhelm dem
eltern hat brief vormalen [lassen] und di, als ob er di gemacht het,
am Spis gelesen und offentlich gesagt, das er wider zu gesuntheit
komen sein solt, dadurch di leut angereizt worden, sich zu im zu
tun, enthalten, het des nit not getan.   Item Adolff Rau und Philips
Meisenbugk marschalk haben den mit 6000 gulden wider wollen
in das land bringen; das hat er nit wollen annemen, sondern vor
seinen bracht ausfuren; daruf dan ein grosse mirglich sum gegangen.   Des ist er durch di bemelten zwen, Meisenbugk und Rau,
darnach durch ein schrift und zulest durch di lantschaft zu Cassel,
das er alles schadens ein ursach sei, offentlich bezeugt worden.«[1])
Die Entfremdung Hersfelds hat Boyneburg durch seine unthätige
Haltung verschuldet.   Vergeblich hat ihn die Landgräfin in zahlreichen Schreiben zum Eingreifen angespornt.   Er hat »nie nichts
sonderlichs gehandelt, sonder uf den tag, da der apt von Fulda
hat wollen von der stat Hersfeldt und den pauren uf dem land
huldigung nemen, ist Ludwig zu Hersfelt in der stat und der
canzler[2]) zun Eichen, da di pauren gehuldigt haben, personlich gewesen und haben beid nichts darzu getan.«   Behufs der Erhebung
der Steuer mag Boyneburg etliche Städte nach Kassel berufen
haben; »es sein aber di andern stete an der Loene nit da gewesen,
und solichs on rat wissen und willen gemeiner lantschaft [ge-
scheen], das im nit gepurt hab, auch uf dem Spis anders beschlossen.
So hat er auch nit gesagt, wie hoch oder nider di schatzung sich
laufen soll, sondern di seins gefallen aufheben wollen, darumb er
den artikel auch nit verantwort hat.   Er hat auch dem von Beichlingen heuptguts nie kein pfennig gegeben, wiewol er das fur ein
ursach der lantschatzung anzeigt.«   Wenn es auch Boyneburg auf
dem Tage zu Kassel abgeleugnet hat, es bleibt doch wahr, dass
dem. jungen Landgrafen unter der Obhut der Regenten ein Schaden
zugestossen ist, den Boyneburg verheimlicht hat, statt für Heilung
desselben zu sorgen.   Landgräfin Anna schreibt dieses Verhalten
dem Hass Boyneburgs gegen sie und ihren verstorbenen Gemahl
zu.   Wenn Boyneburg nur gewollt hätte, würde er nach Felsberg
und auch rechtzeitig nach Naumburg haben kommen können, wie das
etliche aus den Ständen, die beide Tage besuchten, gethan haben.
Wie er es den Ständen versprochen hatte, musste er alljährlich
der Landschaft Rechnung thun.   »Dan gemeine lantschaft hat in
zu hofmeister verordent und sonst nimands; von den hat er das
auch angenomen und inen doch di rechnong unbillicher weis bis
uf diesen tag vorgehalten.«   Mühlhausen ist zur Rechnunglegung
»nit ein gelegener platz, da man des furstentumbs zu Hessen rechnong und heimlicheit pflegt zu handeln. . . . So man die sach recht
besicht, hat er [Boyneburg] durch sein ongeschickt furnemen und

---

[1]) Vgl. o. das Protokoll des Kasseler Landtages S. 261 ff. und 296 ff.
[2]) Der Kanzler Herting Schenk.

handlung meinem g. herrn ldg. Philipsen und der lantschaft ob
300 000 gulden schadens zugefugt.« Landgräfin behauptet, dass sie
von der Gesamtheit der hessischen Stände abgefertigt sei; denn
»sie sei hie mit iren zugeordenten von gemeiner lantschaft, hab
auch das Kei. Mt. . . . gnugsamen gewalt[1]) anzeigen lassen. So
hab sie mit ir di zwen burger us den steten Cassel und Marpurg,
da alle stet des furstentumbs anhangen, di von iren mitburgern
und ganzen gemeinden den bevehl haben, was ir f. g. fur gut ansehe, das gehorsamlich zu vervolgen und mitzutun. . . . Des recht-
gebots halben sagt jr f. g. und gemeine lantschaft, sie woln ime
nach laut des heilgen reichs ordenong gerecht werden. Darzu
sein ir f. g. und gemeine lantschaft in gleichnus urputig, im vor
graven, prelaten, ritterschaft und steten [rechts zu werden], wie er
es angezeigt hat[2]), allein das noch zwo stet, Eschweg und Giessen,
darzugesatzt werden.«

A. Mbg., O. St. S. 7862, Cpt. von Felges Hand.

**181. Kaiserlicher Abschied in Sachen des hessischen Vor-
mundschaftsstreites.  Augsburg 1515 Mai 24.**

Maximilian sieht sich genötigt, die Entscheidung in dem Vormundschaftsstreit zu vertagen und bescheidet beide Parteien auf den 10. Juli
nach Gelnhausen vor seine Räte.

Nachdem der Kaiser einerseits die Landgräfin-Witwe Anna,
ihre Räte und die Abgeordneten des Ausschusses gemeiner Landschaft zu Hessen, anderseits die Räte der Herzöge Friedrich, Johann
und Heinrich von Sachsen und Ludwig von Boyneburg »fur sich
selbst und die andern alten regenten und ambtleut des furstentumbs Hessen in den irrungen, so sich zwischen inen halten, gehort
und aber die sachen merglich und gross sein, wir auch ander
unser obligenden sachen und gescheft halben den diser zeit nit so
statlich obligen mugen, und deshalben unser nodturft ervordert,
mit zeitigem rat darin zu handlen, das wir demnach baiden tailen
disen abschid geben haben, das wir die sachen nodturftiglich er-
wegen und bedenken, uns darauf entsliessen und unser treffenliche
rete auf den zehenden tag des monats Juli schiristkunftig in die
stat Gelnhausen schiken und inen bevelhen wollen, anfenglichen
allen vleiss anzukeren, die parteien gutlichen miteinander zu vereinen und zu vertragen, wo aber das nit sein mocht, alsdan inen
unsern entschaid zu eroffnen.« Dat. Augsburg, am 24. Mai 1515.

A. W., Reg. C p. 111 Nr. 10, Or.

**182. Der sächsische Rat Dr. Johann Lupfdich an Kurfürst
Friedrich von Sachsen.  Augsburg 1515 Mai 25.**

Giebt einen kurzen Bericht über den Verlauf und Ausgang der Verhandlungen zu Augsburg.

---

[1]) Vgl. o. Nr. 176.
[2]) S. o. S. 458.

Erst am Dienstag nach Cantate [Mai 8] ist die Landgräfin-
Witwe in Augsburg angekommen; und erst am Mittwoch [Mai 9]
hat man trotz aller Mahnungen der sächsischen Anwälte die Verhandlungen begonnen. »Auf denselbn (mitwoch) und all nachvolgend
tag ist frow Venus[1]) allweg mit ainem grossn triumph selbs zu-
gegn gewesn, wie si sich ausgestrichn und was ir handlung bim
Keiser und sust gewest si«, wird der Kurfürst von Ludwig von
Boyneburg hören. »Si hat ir selbs ain owig gedaechtnis gemacht.
... In summa hat die landgrafin laut des mandats[2]) nicht gehandlet,
besonder alain, das e. cf. g. handlung mit erlangung des mandats
ungepurlich gewest und das der Keiser weder fug noch macht,
das mandat ausgen zu lassn, gehapt, mit spitzigen, smelichen und
hessign schriftn und wortn furgewent. ... Wie spotlich och wir
zuletzt, bis wir zum end komen, gehalten worden sien, wirdet
Ludwig e. f. g. nit vorhaltn. An dem hellischen und verdampten hof
ist fromkeit, tugend, wacht [?][3]) trauw und globen, wie es e. cf. g.
selbs waist. ... Dat. zu Augspurg, freitags nach Exaudi ao. XV.«

A. W., Reg. C p. 111 Nr. 10, Or. eigenhändig.

## 183. Ludwig von Boyneburg an Kurfürst Friedrich und Herzog Johann von Sachsen. [Augsburg] 1515 Mai 26.

Uebermittelt im Auftrage des Kaisers den Ernestinern Entschuldigungen und Vertröstungen wegen des abermaligen Aufschubs der hessischen Vormundschaftsfrage.

Der Kaiser lässt die Herzöge von Sachsen bitten, dass sie
sich »nicht wollen beswern, das Kai. Mt. iren spruch diser zeit
alhie zu Auspurgk nicht getan; das habe die orsach, das irer Mt.
am meisten angelegen, das ire Mt. nicht gern unlust alhie von der
lantgrafin gesehen habe; aber ire cf. u. f. g. sollen sich daruf lassen,
wiewol die lantgrafin vil und manigfeldige anhaltung zu Isprug[4])
und auch alhie zu Auspurg getan, so habe sei doch beim Keiser
nichts erlank[t]; sei soll auch in der sach wider ire cf. u. f. g. noch
nichts erlange[n]; und der Keiser habe sich entslossen und es
auch in rait fonden, das ire Mt. sich kegen iren cf. u. f. g. genediglich und auch aufrichtik halten werden, und die lantgrafin und ire
anhenger haben nicht ein gut sach. ... Dat. am sonnaben[d] nach
Exaudi ao. XV.«

A. W., Reg. C p. 111 Nr. 10, Or. eigenhändig.

---

[1]) Die Landgräfin Anna.
[2]) Vgl. o. Nr. 171.
[3]) Bei der flüchtigen Handschrift Lupfdichs konnte ich das Wort nicht
entziffern.
[4]) Vgl. hierzu oben S. 424 und Anna von Hessen S. 152.

# XII.

## Bündnisse der Landgräfin und der hessischen Stände mit benachbarten Fürsten. Beschwerden der früheren Regenten. Entsetzung des Amtmanns Heinrich von Baumbach. Letzter Versuch des Kurfürsten von Sachsen, die Vormundschaft der Wettiner in Hessen zur Anerkennung zu bringen.[1]

### 1515 August 29 — 1516 Dezember 6 (Nr. 184—201).

Um einem etwaigen Überfall von seiten des Kurfürsten von Sachsen wirksam begegnen zu können, schloss Anna mit zwei Nachbarfürsten Bündnisse zu Schutz und Trutz ab. Das Bündnis mit Herzog Georg von Sachsen war insbesondere dazu geeignet, die Landgräfin vor einem gewaltsamen Einschreiten der Ernestiner gegen ihr Regiment zu sichern. War doch kaum zu besorgen, dass diese es wagen würden, sich mit ihrem thatkräftigen Vetter in einen offenen Krieg zu begeben, so sehr sie sich auch über seine Parteinahme für die hessische Fürstin entrüsteten. Wie das Bündnis mit dem Albertiner liess Anna auch den Vertrag, den sie im Ausgang des Jahres 1516 mit dem Bischof Johann von Hildesheim schloss, von dem ständischen Ausschuss unterzeichnen (Nr. 184, 185, 201). Da weder der Kaiser noch die Ernestiner den früheren Regenten zur Wiedererlangung ihrer Güter verhelfen konnten, versuchten diese auf anderem Wege ans Ziel zu gelangen: Sie wendeten sich sowohl an den hessischen Adel wie an die Städte mit ihren Beschwerden und suchten durch Bitten und Drohungen ihre Teilnahme zu erwecken (Nr. 187, 188, 190, 195). Ein eifriger Anhänger der Regenten, der Amtmann in Wanfried Heinrich von Baumbach, ging noch weiter, als ihn die Landgräfin seines Amtes

---

[1] Vgl. hierzu Anna von Hessen S. 156—162, S. 172.

entsetzt hatte: er berief einen Landtag nach Frielendorf und trug
dort einer verhältnismässig kleinen Anzahl Standesgenossen seine
Beschwerden vor.   Die Städte waren seiner Einladung nicht gefolgt.   Alle diese Proteste und Aufwiegelungsversuche hatten keinen
Erfolg, insbesondere da die Landgräfin und ihre Räte den Anfeindungen energisch Trotz boten (Nr. 186, 189, 191—194).   So
bereiteten sie auch dem letzten Versuch des Kurfürsten, sich
wieder in den Besitz der hessischen Vormundschaft zu setzen, ein
klägliches Fiasko.   Die Ernestiner bauten wohl auf die Unzufriedenheit, die sich im hessischen Adel gegen das straffe Regiment der
jungen Landgräfin regte, als sie es unternahmen Anfang August
1516 einen Landtag in Hessen auszuschreiben, um mitten im Lande
gegen die angemasste Regentschaft Annas zu demonstrieren.   Sie
hatten sich gründlich verrechnet.   Die energische Fürstin wusste
durch umfassende Gegenmassregeln das Zustandekommen des Landtags am Spiess zu verhindern und etwaige Aufruhrgelüste der
Ritterschaft durch ihr entschiedenes Auftreten im Keime zu er-
sticken (Nr. 196—200).

----

### 184. Bündnis zwischen Herzog Georg von Sachsen und der Landgräfin Anna von Hessen.[1)]   Marburg 1515 August 29.

Verpflichten sich, im Falle eines Angriffs einander mit 200 Reitern
und 400 Fussknechten zu Hilfe zu eilen und keinen Sonderfrieden zu
schliessen.   Dauer des Bündnisses.   Unterzeichnung des Bündnisses durch
Mitglieder der sächsischen und hessischen Stände.

»Wir George von gots gnaden herzog zu Sachssen, Rom. Kei.
Mt. und des heiligen romischen reichs erblicher gubernator in Frieslanden, lantgrafe in Dhoringen und marggrave zu Meissen, fur uns
selbst und unser erben, und wir Anna von denselbigen gnaden
gottes, geporn herzogin zu Meckelnburg, lantgrafin zu Hessen,
grafin zu Catzenelnpogen, witwe, desgleichen wir nachbenanten,
nemlich Ditrich von Cleen, lantcomptor der balei zu Martpurg
teutschordens, Conrat von Waldenstein, hofmeister, Herman Rietesel, erbmarschalg, Lewenstein von Lewenstein und Philips Meysenbugk, marschalk, verordente rete des furstentumbs Hessen von
wegen und anstat des hochgebornen fursten h. Philipses, lantgrafen
zu Hessen, graven zu Catzenelnpogen, zu Dietz, zu Ziegenhain und
zu Nidda, unsers freuntlichen lieben soens und g. herrn, auch unser

----

[1)] Rückenvermerk von Christoph von Taubenheims Hand: »Abschrift
eins nuwen buntnus zwischen hz. Georgen zu Sachssen, der landgrefin und
etlichen von der landschaft von wegen ldg. Phillips und ganzen furstentumbs
zu Hessen ao. 1515 aufgericht und beslossen.«

und gemeiner lantschaft des furstentumbs zu Hessen bekennen
offentlich mit diesem brive, das wir got dem almechtigen zu lobe,
dem heiligen romischen reich zu eren, wirden und zu merer er-
zeigung liebe und freuntschaft, nachdem erpietung und scheinbar-
liche guttat der werk zeugnus sein der liebe, zu merung und
bestendigkeit derselbigen und zu underhaltung des koniglichen landfriden, auch den furstentumben Sachsen, Doringen, Hessen und
Meissen, landen und leuten, geistlichen und werntlichen zu friden,
gemach, nutz und frommen nach zeitigem und wolbedachtem raete,
wir hz. George fur uns und unser erben an einem, auch wir Anna
lantgrafin und wir die verordenten rete in namen und von wegen
wie obsteet am andern teil uns zesamen vereinet und verschrieben
haben, vereinen und verschreiben uns auch wissentlich in craft dis
brives einer freuntlichen getreuen einung, die uf datum dis briefs
angeen und wehren, besteen und gehalten sol werden, wie hirnach
volgt. Anfenglich sollen wir hz. George, desgleichen wir Anna
lantgrafin, auch wir die vorordenten rete und gemeine lantschaft
des furstentumbs Hessen unser iglicher teil den andern mit guten,
steten und waren treuen furdern, haben, halten und meinen; und
ob sich begeben, das ein teil von uns von imant, wer der were,
nimant ausgescheiden, mit herescraft uberzogen wurde, als
nemlich wir hz. George in unsern furstentumben Sachssen, Doringen
und Meissen und h. Philips, lantgrafe zu Hessen, oder wir Anna
lantgrafin, die verordenten rete und ein gemein lantschaft in dem
furstentumb Hessen oder desselbigen anhengigen grafschaften, das
alsdan der ander teil von uns uf gesinnen und erfordern des teils,
so also uberzogen wurde, von stund an ufs ilendst und allerfurderlichst das ummer muglich, mit der macht, landen und leuten und
allem vermugen demselbigen teil zuziehen, denselbigen retten,
schutzen und entsetzen soll, zu gleicher weise, als obs ine selbst
anginge, doch uf desjenen, der uberzogen ist, kosten und uf des
schaden, der die hilf tut, ouch sich widerumb nit hinwek tun oder
wenden, zuvor und ehe derselbige uberzogen teil solichs uberzogs
und beswerung entledigt sei ungeverlich. Ob aber sunsten einicher
teil aus uns mit imant, wer der oder die weren, zu vhede oder
krieg queme, oder das ein teil bekreiget wurde, wider oder uber
das der ander under uns desselbigen fur sich zu recht mechtig
wer, so sol der ander teil von uns schuldig und pflichtig sein, dem
teil, der also bekrieget wurde, uf sein erfordern 200 pferde gerust, gereisigs zeugs und 400 geruster knecht zu fuess, oder ob
er darunter haben wult, aufs allerfurderlichst zum degelichen kriege
zu hilf zu schicken auf seinen eigen kosten und schaden bis in des
teils furstentumb, dem die zuschickung also geschicht, und dan
furtan uf des geforderten schaden und des andern teils, dem zugeschickt wirt, kosten.   Item wan ein teil under uns in des andern
hilf ist, so sol kein teil noch desselbigen heuptleute einiche richtung,
fride, furwort noch sune ufnemen, er hab dan den andern, der in
sein hilf komen ist, damit und darin gezogen und desselbigen versorget.   Desgleichen ob ein teil unter uns oder unsern geschickten

solicher vhede halben etliche leben ufsagten oder ufgesagt betten,
oder auch demjenen, der sich in hilf des andern begeben het,
imand der seinen abgriffen und gefangen wurde, sol abermals kein
richtung, fride, einigkeit oder sune furgenommen oder beschlossen
werden, dem oder denselbigen seien dan ire leben, wie obsteet,
widerumb zugestalt und gelihen, auch alle gefangen zuvor und
eher one entgeltnus entledigt ungeverlich.  Auch sol kein teil von
uns mit dem andern in zeit diser einung zu vhede, kriege oder
ufrur kommen von seiner selbst oder anders imands wegen, weder
als hauptsacher noch helfer noch sunst in keine weise, oder auch
solichs seinen reten, dienern oder undertanen, die idem teil zu
versprechen zusteen und der er mechtig ist, ze tuen gestaten.  Es
sol auch kein teil von uns die nachbestimpte zeit us des andern
oder der seinen offen feinde in seinen landen, schlossen, steten
noch gebieten wissentlich oder geverlich hausen, halten, geleiten
oder inen einicherlei furschub tun, oder von den seinen tun lassen.
Und sol dise einung wehren, so lange bis unser ohem, soen und
g. her ldg. Philips sein achtzehend jaer erreicht hat, und alsdan
mogen wir hz. Jorge und unser soen und g. herre ldg. Philips sich
furtan ferner einung und freuntschaft mit einander vereinigen und
freuntlich vergleichen.  Und in diser einung nemen wir von beden
teiln us die zwei heupter, unsern allerheiligsten vater den babst
und unsern allergenedigsten hern den romischen Keiser; und gereden und versprechen hiruf wir hz. George zu Sachssen fur uns
und unser erben bei unsern furstlichen wirden und worten, desgleichen wir Anna, lantgrafin und wir die verordenten rete des
furstentumbs zu Hessen alle obgenant in namen und von wegen
unsers soens und g. hern. ldg. Philipes, auch unser und gemeiner
lantschaft wie obsteet bei unsern waren und rechten treuen in
dem worte der warheit, soliche einung und buntnus, wie die in
disem brive begriffen ist, die bemelte zeit aus in allen und iden
clauseln, puncten und artikeln zu halten und zu volnziehen und dawider nit ze sein oder ze tun, noch auch imant ze tun zu gestaten
in keine weise noch wege, alles getreulich und ungeverlich.  Und
des alles zu warem urkunde haben wir hz. George zu Sachssen,
auch wir Anna lantgrafin, desgleichen wir die verordenten rete
alle furgenant, ouch wir Martinus abt zur Zelle von prelaten,
Ditterich von Slienitz ritter zu Serhausen, Cristoff von Taubenheym, amptmann zu Freyburgk, von der ritterschaft, burgermeister
und raet zu Leiptzk und Saltza von steten, von unser hz. Jorgen — und
[von] unser Annen lantgrafin und der rete und lantschaft zu Hessen
wegen: h. Johan abt zu Breidenaue von prelaten, Wilhelm von Dhorn-
berg, Heintz von Eschwege von der ritterschaft und burgermeister
und raet zu Cassel und Martpurg von steten unser ingesigil in namen
und von wegen wie obsteet wissentlich gehangen an disen brief,
der geben ist zu Martpurg, mitwoch nach Bartholomei ao. 1515.«[1])

A. Mbg., Samtarchiv, Schublade 43 Nr. 140, Or.

[1]) Hz. Georg beauftragte Mitte September 1515 seinen Rat Dr. Heynitz
Kurfürst Friedrich zu melden: 1. »daz sein son hz. Johans sich mit dem freulein

**185. Kurfürst Friedrich und die Herzöge Johann und Heinrich von Sachsen an die hessischen Stände. 1515 September 7.**

Warnen sie davor, in die neuen Bündnisse zu willigen, die die Landgräfin im Widerspruch mit der Erbverbrüderung aufgerichtet hat.

Beschweren sich darüber, dass die Landgräfin und ihre Anhänger »in arbeit und ubung sein sollen, neue verpuntnus, einung und vertrege mit etlichen fursten aufzurichten, und bei den stenden des furstentumbs Hessen angesucht und gesonnen haben sollen, sich darein zu begeben und di sambt inen mit irer siglung zu befesten[1]), welchs wider alt herkumen, darzu wir doch nit ursach gegeben haben.« Sie ermahnen die Stände, den Bestimmungen der von den Kaisern bestätigten Erbverbrüderung eingedenk zu sein und nachzuleben und nicht in die neuen Bündnisse zu willigen. »Dat. am freitag unser lieben frauen abend irer geburt ao. 1515.«

A. W., Reg. A 206, Cpt.

**186. Bürgermeister und Rat von Kassel an Heinrich von Baumbach. [Kassel 1515 Mitte September.][2])**

Lehnen es ab, den Tag zu Frielendorf zu besuchen.

---

von Hessen, ldg. Wilhelm des Mitlern sel. tochter, verheiret het und were der hantslag gescheen«; 2. übersendet er eine Abschrift des mit der Landgräfin Anna aufgerichteten Bündnisses. Hinzufügen lässt Hz. Georg die folgende bedeutsame Erklärung: »Diser heirat und puntnus were aus keiner andern gestalt gescheen dan zu erhaltung unser aller und iedes gerechtigkeit; sein l. were auch wol geneigt gewest, uns das ehr zu vormelden, so het sein l. selbs nit wissen gehabt, ob es furgengig; dan sein l. son were erst am vergangen dornstag [September 13] widerumb anheim komen. Derhalb were seiner l. bit, ine entschuldigt zu haben, und ob der handel anders an uns gelangete, dem nit glauben zu geben.« Die ernestinischen Räte und der Ausschuss der Landschaft zu Naumburg schlugen folgende Antwort an Hz. Georg vor. Von der Heirat hätten sie gern Kenntnis genommen, von dem Bündnis dagegen »mit beschwerung gehort«; ... dan es ... nach vermug derselben erbeinung und andern ursachen dermass nit geburt, darumb es billich unterlassen blieben were« (A. W., Reg. B 220, glz. Ndschr.). Wie entrüstet die Ernestiner über den Abschluss des Bündnisses zwischen Anna und Hz. Georg waren, ersieht man aus einem Briefe, den Hz. Johann am 21. September an seinen Bruder richtete: Er trage, heisst es da, »solcher verbuntnus nit wenig befrembden, in ansehung, welcher gestalt sich unser vetter hievor zu mermaln erboten, das sein l. in diser sach keins vorteils begere, auch sich von e. l. und uns nit sundern wolle, das dan unsers bedenkens demselben ungemes ist, zudem das seiner l. wissen[d] ist, wie wir sembtlich in der verbruderung und erbeinung als fur einen man stehen« (A. W., a. a. O., Cpt.). Sehr scharf tadelte Fabian von Feilitzsch im Auftrag der Ernestiner das hessisch-sächsische Bündnis, als es Cäsar Pflug, der Rat Hz. Georgs, am Mittwoch nach Lätare [März 5] 1516 zu entschuldigen suchte, und gab der Hoffnung Ausdruck, Hz. Georg solle von dem Bündnis abstehen und »es bei den erblichen vortregen, dorin ir allir cf. u. f. g. mit denselbigen furstentumben und landen ... stehin ...«, bleiben lassen, domit ir cf. und f. g. widerwertigen in irem mutwilligen furnemen wider ir cf. und f. g. nicht gesterkt werden.« (A. Dr., Loc. 7282, Bündnis zw. Hz. Georg und Landgräfin Anna, Protokoll von Cäsar Pflugs Hand.)

[1]) Gemeint ist das Bündnis zwischen der Landgräfin und Hz. Georg Nr. 184.

[2]) Das Datum fehlt. Auch das Schreiben, mit welchem die Landgräfin den Kasselern den obigen Entwurf der Antwort an Heinrich von Baumbach

»Euer schrieben uns itzt getan, wie ir in sachen uch, eur leib, eher und gut betreffen unsers rates bedorfent mit bitt, einen ader zwen unser ratsfrunde uf sonnabent nach Matheytag [Sept. 22] schirst bi uch zu Frylendorff zu haben und uch in euern anliegen, wie ir uns und andern euern herrn und freunden eroffen werdet, retich und furderlich zu sein . . ., haben wir boren lesen; und wiewol wir uch in einem solchen wol gneigt weren, nachdem aber im selben euerm schreiben die sachen nit sonderlich angezeigt, nach die person und gegenteil, die es beruren sall, gemelt werden, und wir dermassen, wie ir wiessen tragt, beherret und mit oberkeiten versehen sein, das uns an derselben rate und wiessen nichts zuzuschreiben ader zu tun geburen will, zusambt dem, das wir mit . . . unser g. frauen und einer ganzen gemeinen lantschaft des furstentumbs zu Hessen in einer sonderlichen erbeinung und puntnus stehen, deshalber wir uch zu diesem male nit willfaren konnen.«

A. Mbg., O. W. S. 3, Cpt. von Schrautenbachs Hand.

## 187. Die früheren Regenten an Rat und Gemeinde von Kassel und die übrigen niederhessischen Städte. 1515 September 15.[1])

Beklagen sich über die Einziehung ihrer Güter. Ihre Verpflichtung, den Wettinern die Rechnung zu legen. Ergebnisloser Verlauf des Mühl-

---

übersendete, ist nicht datiert. Es ist wie der Entwurf in einem Concept von der Hand Schrautenbachs erhalten (A. Mbg., a. a. O.). Dort heisst es u. a.: »Und bedunkt uns nach gelegenheit unsers lieben sons und euer selbst in dem teil geraten sein, das wir uns dan im selbigen auch gevallen lassen, das ire ime daruf laut inverschlossener copi antwort geben hettet.« Die Anfrage der Kasseler, welche das Schreiben der Landgräfin veranlasste, ist vom Montag nach Nativitatis Marie 1515 (September 10) datiert (A. Mbg., a. a. O., Or.). Die Übersendung des obigen Entwurfes wird wahrscheinlich Mitte September erfolgt sein.

[1]) Am Donnerstag nach Lamberti (September 20) sandten Rat und Gemeinde von Kassel den oben wiedergegebenen Brief der früheren Regenten an die Landgräfin Anna mit der Bitte, ihnen »ir gemute und rat darin gnediglich« mitzuteilen, »wes wir uns gegen ine widerumb mit antwort sollen vernemen lassen, uns auch nicht zu ungnaden halten, das wir e. f. g. den heubtbrief [d. h. das Original] nicht zugeschickt; dan wir haben fur, solchen den andern steten des nidern furstentumbs, an die er mit helt, auch anzuzeigen.« (A. Mbg., a. a. O., Or.). — Anna drückte dem Rat von Kassel in einem Schreiben vom Sonnabend nach Mathei (September 22; A. Mbg., a. a. O., Cpt. von Feiges Hand) ihre Unzufriedenheit über die Versendung des Briefes der früheren Regenten an die übrigen niederhessischen Städte aus: »Lassen wir uns bedunken, die . . . regenten haben solichs umb unsern soen, euch oder ein gemein landschaft nicht verdint, das inen ire briefe uf euern costen der stat zu schaden zurecht geschickt werden. Darumb so wollet darmit euch verharren, bis euch unser raet und meinung zugesant, sol euch des stucks unser gemut ouch nit verhalten pleiben; so es uch dan vor gut ansicht, mogt ir den steten eins mit dem andern zuglich ubersenden.« Am Dienstage nach Mathei (September 25; A. Mbg., a. a. O., Cpt. von Feiges Hand) übersandte Anna den Kasselern eine »nottel« [fehlt!], in der die Antwort festgestellt war, welche der Rat den früheren Regenten auf das Schreiben vom 15. September geben sollte. Sie teilte ferner mit, dass auch Marburg und die oberhessischen Städte von den früheren Regenten ein gleichlautendes Schreiben erhalten, dasselbe schleunigst der Landgräfin übersendet und von ihr die Antwort vorgeschrieben erhalten hätten.

häuser Rechentages. Da sie die Landgräfin nicht zu ihrem Recht kommen lassen will, erbieten sie sich aufs neue zu Recht vor den hessischen Ständen und machen diese verantwortlich für die Folgen, die die Ablehnung ihres Ersuchens haben könnte.

»Uns zweifelt nicht, euch sei noch in guter dechtnis, wie nach apsterben ... Wilhelms des Mitlern, lantgrafen zu Hessen, ... etliche lanttege am Spies, zu Hoembergk und anders gehalten, von den stenden gemeiner lantschaft des furstentumbs zu Hessen daselbst under anderm einmutiglich gehandelt und beschlossen anfenglich, das die gnanten stete und auch wir als mitglidemas desselben furstentumbs, das wir allesamt menlich den andern, welcher sich rechts erbede und leiden wolle, nicht gewaltigen solt lassen, sundern getreulich leib und gut bei den zusetzen, dem das also von noten sein wuerde, mit hantgebenden treuen gelobt, zu got und den heiligen geschworn haben[1]), dabei unsern g. herren junk und alt, auch landen und leuten zu gut, ein regiment ufgericht, darzu wir dan mit etlichen mehen personen erwelet, auch nachvolgende bestetigt und das uf begeren gemeiner lantschaft also angenomen, dem auch nach unserm hochsten vermugen und verstentnis getreulich furgestanden. Uns ist auch von den stenden desmals gunstlich hanthabung zugesagt, uns dabei und zu recht getreulich zu hanthaben; was aber uns vom anfange, mittel und bis zum ende unser regirung widerwertigs ... begegent und zugestanden, ist sunder zweifel unverborgen, als es auch, ob got wil, zu bequemen zeiten, von weme und wie, vollenkomen an tak kommen soll. Aber am letzten ist durch eine geringe zal vom adel der lantschaft, auch etlicher nicht in das lant gehoerig, lanttege ausgeschrieben[2]); da hat die hochgeborne furstin und frau Anna ... mitsambt irer g. anhank, auch nachvolgends zu Cassel vor ... h. Hansen und h. Heinrichen gevettern herzogen zu Sachssen ... vilfeltige schwere schwinde clagen, die zum teil uns sambtlich, auch sonderlich leib, sele, ere und gut belangen, vorgetragen[3]), des wir uns dan sobalde im fuesstapfen nach notdurft verantwort haben und woe not weiter zum rechten gnug zu verantworten uberflussig erboten, wie das von vil leuten geistlich, werntlich, edel und unedel gehort. Wir haben uns auch sust schriftlich zu recht erboten, wes imant zu uns zu sprechen vermeint zu haben, aber alles unbetlich; dan es wirt unser dem merern teil das unser genomen mit gewalt und vorenthalten wider recht, nach leib und gut gestanden; so mugen wir auch nicht sicherheit haben, in unsers g. hern lande nicht ufrichtig wandern, sondern leibs und guts in sorgen steen, das dan nie meher gehoert in dem lande von leuten, die des rechten begirig sein und leiden wollen, alles in dem schein, als ob wir unser gehabten ampts rechnung zu tun unpillicher weise wegerung tun sollen, des wir mit nicht gestendig

---

[1]) Vgl. o. Nr. 8.
[2]) Angespielt wird auf die Landtage zu Felsberg und Treysa, vgl. o. Nr. 64 und 68.
[3]) Vgl. o. Nr. 65—67, 114.

sein, auch ungern wegern wolten das und alles, das wir von rechts
wegen schuldig weren, sovil uns das sembtlich und sunderlich betrift. Aber das ist war und lantkundig, das wir den ... curfursten
und fursten von Sachssen unsern gst. und g. herren als obersten
formundern und curatorn, wir und etliche ander mit uns, mit gelerten worten zu got und den heiligen geschworen haben, iren g.
in diser irer g. formuntschaft getreue, holt, gehorsam und gewertig
zu seien, alles das zu tun und handeln, das getreuen amptleuten
und regenten von solchs ampts und befhels wegen geburt, des wir
uns, got hab lob, treulich, ufrichtig und fruntlich, wie fromen leuten
geburt, gehalten haben. Nue sein wir derselben eide und sonderlich, sovil die rechnung berurt, von iren g. noch unentledigt, ire
g. haben uns auch einen rechendak angesetzt gehabt[1]), darzu eine
merkliche zal von den stenden aus dem furstentumb zu Hessen
gefordert, der ist aber wenig erschinen, dadurch die rechnung
verhindert worden, aus was ursachen, ist leichtlich zu bedenken,
da weiter von zu schreiben, ist zu diser zeit on not. Aber wir
hoffen zu got, es soll sich noch mit bestendigem grunde befinden,
was wir und auch andere unsern g. herren, landen und leuten zu
gute ader ungute gehandelt haben. Nachdem wir nue, wie for-
gerurt, uns vilfeltiger rechtsgebot haben vernemen lassen, so vermuten wir uns doch, das solchs an gemeine lantschaft also nicht
gelangt sei, das wir bisnoch rechtlos blieben sein. Dan die bruder-
liebe einung, am Spies ufgericht, ist uns zu cleinem furschein
kommen. Wie disem allen, so erbieten wir uns abermals zu recht
uf die stende gemeiner lantschaft zu Hessen, als nemlich prelaten,
graven, ritterschaft und stete ader eine zimliche zal, die aus denselben verordent werden, doch das der under 12 personen nicht
sei, und ausgescheiden die itzo regiren, auch ausschos gnant werden,
mit irem anhange. Wir wollen vor denselbigen, [die] darzu verordent wurden, recht geben und nemen, und was uns zum rechten
dienet, himit nicht verzihen ader begeben haben, freuntlichs fleiss
bittend, dis unser volkommen rechtmesig erbiten zu herzen fassen
und den handel dahin richten, das [man] uns das recht [giebt], das
man nicht allein cristenleuten, sunder juden, beiden, auch misstetigen
leuten mitzuteilen gemein und schuldig ist. Solt aber dis unser
manigfeltig rechterbieten uns abermals unbetlich apgeschlagen
werden, uns das unser vor und vor genomen, vorenthalten, unsers
leibs und guts in sorgen steen, so habt ir aus menschlicher vernunft zu bedenken, das wir und sonderlich die, den das ire also
genomen und vorenthalten wirt, uns der unrechtlichen geweltigen
handelung gegen unsern g. herren, freunden und gonnern zum
hochsten beclagen muisten, wie wir geweltigt und genotdrangt
wurden wider recht und pillickeit, auch rat und hilf suchen, wie
wir zu dem unsern kommen moechten, des wir, weis got, lieber
vertragen und ungern anders halten wollten, als die gern bei irem
herrn, landen und leuten pleiben wollten, moechts gesein. Woe

---

[1]) Nämlich den Tag zu Mühlhausen am 18. Juli 1514, vgl. o. Nr. 137.

wir aber hiruber zu weiterung also gedrungen und rechtlos gelassen wurden, des wir doch hoffen, [das] ir es dahin nicht sollt
kommen lassen, bitten wir euch alsdan, diser unser schrift und
gleichmessigen erpietens in gedechtnis zu seien, uns bei unserm
g. hern zu seiner g. mundigen tagen zu verantworten, warzu wir
getrungen werden, hiruf euer zuverlesigen antwort uns weiter
darnach zu richten wissen gewarten. Dat. sambstags nach exaltationis S. crucis ao. XV.«

Nachschrift: »Auch gueten freunde, unser ein teils ist hiebevor uf unser erbieten zu antwurt enstanden, unser handelung
sei so lueter am tag, das wir der nit vorantwurt haben, auch nit
zu vorantwurten sei und darumb keiner rechtfertigung von noeten
sei; solichs moecht an den orten, da cleger, richter und executor
ein man weren, staithaben, und nit bei den vorstendigen, als woel
abzunemen ist.«

A. Mbg., O. St. S. 7862, Kop.


**188. Bürgermeister und Rat zu Kassel an Landgräfin Anna.
Kassel 1515 Oktober 10.**

Jost von Baumbach hat es abgelehnt, die Antwort der Stadt Kassel
auf ein Schreiben der früheren Regenten an seine Genossen zu befördern.

»Wir haben itzo am nehsten die antwort an die alten regenten[1]), wie die durch e. f. g. und unser herrn die verordenten
rete in eine notel gestellt und begriffen ist, mit einem eigen boten
Josten von Baumbach gen Tannberge uberschickt, in meinung, er
sollt die furtan zurecht schaffen. Aber wiewol er solche unser
antwort erbrochen und gelesen, so hat er die doch dem boten also
geoffent widergegeben und gesagt, das er die unserm schreiber
wider hier bringen und ime sagen solle, das er die unserm herrn
dem amptman Baltzer Schrautenbachen (des gedichte es were)
widergebe und ime anzeige, das derselbe solche antwert den andern
gewesen regenten auch zuschickte; dan er bett sie gelesen und
were zu arm darzu, den von Cassel ire brive zurecht zu schicken.
Bitten demnach underteniglich, e. f. g. sambt den reten wullen uns
deshalben ire gemute und rat, wes wir uns nue furter damit halten
sollen, gnediglich und gunstiglich zu erkennen geben. Dan uns
wult beschwerlich sein, wie e. f. g. ermessen konnen, ir iglichen
uf unsern kosten suchen zu lassen. Dat. mitwochs nach Dionisy
ao. XV.«[2])

A. Mbg., O. W. S. 3, Or.

---

[1]) Vgl. o. S. 468 Anm. 1.
[2]) Die Landgräfin erteilte den Kasselern den Bescheid, sie sollten es »bei
der getanen zuschikung« bleiben lassen; denn es sei nicht nötig, jedem der
Regenten Briefe zuzusenden und der Stadt Kosten zu verursachen. (A. Mbg.,
a. a. O., Cpt. ohne Datum von Feiges Hand.)

**189. Rat und Gemeinde der Stadt Marburg an Heinrich von Baumbach. [Marburg 1515 Mitte Oktober.][1]**

Lehnen es ab, den Frielendorfer Tag zu besuchen.

»Euer schreiben und bit, uf nebst montag nach Galli [October 22] etliche aus uns zu euern freunden und euch gen Frielndorff zu schiken, alsdan in euern angezeigten beschwerungen geraten zu sein, haben wir alles inhalts verlesen und lassen es bei der antwort, euch hiebevor deshalb gegeben[2]), nachmals beruhen. (Dan wir wissen, das ir di einung des gemeinen furstentumbs zu Hessen, zu Treise ufgericht, ufgeschrieben und darin mit uns und andern stenden nit habt steen wollen, auch sider darein nit wider komen, sein auch landtage nit schuldig zu ersuchen, wir werden dan nach laut derselben einung erfordert.)[3]) Als ir aber in euerm schreiben anzeigt, das ir nichts anders begert, dan das euer person und gut antreffe, zweiveln wir nit, so ir in euerm anligen ... unser g. frauen sampt den verordenten reten ansuchen [!], sie werden sich gegen. euch aller gepur beweisen.«

A. Mbg., O. W. S. 3, Cpt. aus der Kanzlei der Landgräfin-Witwe.

**190. Kaspar von Berlepsch, Erbkämmerer zu Hessen, an den hessischen Adel.[4]) 1515 Oktober 20.**

Seine Berei_twilligkeit, die Rechnung vor den Wettinern zu legen. Beschwert sich über die abweisende Haltung der Landgräfin und die Einziehung seiner Güter. Beruft sich auf die Einung am Spiess.

»Ich bein ungezweivelt, etliche us euch meiner freuntschaft, die ich hievor vorgangne zeit gein Friedberg betagt, haben nach guet geweissens, wes ich inen furgetragen und mein beswernus gehoert, moegen auch deshalb die itzige rete des furstentumbs zu

---

[1]) Das Datum fehlt. Wie oben Nr. 186 ist das Schreiben durch die Anfrage einzelner Städte bei der Landgräfin hervorgerufen, wie sie Heinrich von Baumbach auf sein abermaliges Einladungsschreiben antworten sollten. Von den Anfragen hat sich nur die der Stadt Alsfeld am Gallustag 1515 [Oktober 16] erhalten (A. Mbg., a. a. O., Or.). Die Alsfelder schreiben darin u. a.: »So wir nu unsern g. herren und den vororde[n]ten reten mit plicht underworfen sint, wollten wer nicht gern weder mit schrift ader och sust handeln, das unsern g. herren ader siner g. vorwanten zuwider sin solle. Darume ... ist unser ganz flissige bit, uns underrichtunge zu geben, das wer der billichkeit nicht zuwider an keinem ort handeln mochten.«

[2]) Vgl. o. Nr. 186 das Schreiben der Kasseler an Baumbach.

[3]) Am Rande findet sich der Vermerk: »Das (d. i. der eingeklammerte Passus] sol in der von Cassel schrift [an Baumbach] heraussen pleiben«, vermutlich weil die Kasseler die Treysaer Einung früher entschieden bekämpft hatten und sich daher nicht auf dieselbe berufen durften.

[4]) Die Adresse lautet wörtlich: »Den ernvesten und erbern allen vom adel und andern, so itzunt zu Frielendorff uf einem tag vorsamlet, meinen lieben vettern, ohmen, swagern und gueten frunden.«

Hessen ersuecht und mein rechtlich erbieten angezeigt haben[1]),
daruf inen schreiftlich antwurt wurden, bestendiglich nummer waher
zu machen[2]), und ob is schoen die gestalt het, als duech nit hait
und sich also nummermehe erfinten wirt, soelt ie deshalb mein
veilfaeltiges rechtlich erbieten angenomen und nit abgeschlagen
werden. Nachdem euch nun woel bewuest, wie ich zu der regerung
zu Hessenn sampt andern komen, und das ich den fursten zu
Sachssenn als den geborn, gekorn und bestetigeten furmundern
meins g. jungen fursten und hern, h. Philips lantgrafen zu Hessenn,
eide und pflicht getan, nun werd ich von der durchleuchtige[n],
hoichgebornen furstin und frauen fraue Annen ... und den itzigen
reten des furstentumbs zu Hessenn umb rechnong meiner vorwaltung angestrengt. Den hab ich angezeigt, [das ich], soveil mich
die insampt ader sonderheit belangend[!], kein schuens trag, ein ganz
gemeine lantschaft darbei vorsamlet dazu meinen bereicht hoeren
moege; dweil aber meine gst. und g. hern von Sachssenn als be-
stetigete von Kei. Mt. furmundere ldg. Philips meins g. hern mich
bei meinen eiden und pflichten zur rechnong gefuedert, darzu etliche von stenden zu Hessenn beschreiben, der eins teils ussenplieben seint[3]) und mich meiner eide und pflicht nit ledig gezelet,
sonder bei denselbigen vorboeten, vor niemant anders dan vor iren
cf. und f. g. zu rechen; aber der furstin und den reten ist geschreiben wurden, sich mit iren g. zu voreinigen einer zeit und
malstet, wuelten ich und andere erschienen, rechen und bezalen
und widerumb bezalt nemen.[4]) Is hait aber alles nit wuellen angnomen werden, und wirt nun das mein gewaltiglich onerfuedert
einiches rechten nie rechtlich furgenomen boben mein uberfluessiges,
rechtlich erbieten entwert, darvon vordrungen und nue vorderblicher
schade zugefuegt, in einem jar bei weihen und kinden nit gewesen,
und werden mir meine furstliche breif und sigel wider recht nider-
gelecht, und soil mich vor der furstin und reten zu rechen erbieten,
das mir wie obberuert also nit fueglich. Dan ich hab weder register und anders darzu gehoerig. Ich weil aber zu dem, wes ich
eingenomen und usgeben, wan is dahin kumpt, guet antwurt
geben, wie ich mich des alwegen erbueten. Nachdem ich aber ein
lantsaes und mitgeleitmaes zu Hessenn, der hievor ein einung
mit eiden und geloebden ufm Spies zusampt andern hait helfen
schliessen[5]), wie das man ein iglichen, der rechts erlieten moege,
nit saelt hinziehen laissen, sonder dabei helfen schutzen und schirmen,
solichs mir bisnach nit fruechtbar gewesen, des ire guet gweissens
habt. So mak ich uf deisen heutigen tag umb alles das, so iemant
zu mir zu sprechen vormeint, rechts erlieten, darzu ire alle itzunt
bei einander vorsamlet von ritterlueten und andern, wie ich mich
des vor euch etlichen zu Friedberg erbueten, mechtig sein soelt.

---

[1]) Vgl. o. Nr. 172.
[2]) Vgl. o. S. 435 Anm. 1.
[3]) Gemeint ist der Tag zu Mühlhausen am 18. Juli 1514, vgl. o. Nr. 137.
[4]) Vgl. o. Nr. 150.
[5]) Vgl. o. Nr. 8.

Dweil nun das recht nit allein creistenlueten, sondern heiden, juden
und andern unglaubigen gemeine, ist mein fruntlich bit, ire wuellet
danach betrachten, das von nie keinem regerenden fursten der
gewalt also geubt und begangen, wie itzunt furgnomen; dan alwegen ein iglicher bei breifen und sigeln, bei recht und billicheit
vorblieben, mich rechtloes nit zu laissen und mich bei recht nach
luet der einung, die ire selbst zusampt andern am Spies dabeivor
hait helfen ufriechten, hanthaben und vor gewalt helfen vorteidigen,
wie das dan einer dem andern in gueten truen geloeht und zu tun
bewilliget. Hirin wuellet euch der billicheit gemes erzeigen; das
bein ich, wo is in gliechem dahin gelangt, zu vordienen willig.
Dat. sampstags nach Luce evangeliste ao. XV.«

A. Mbg., O. St. S. 7862, Or.

### 191. Eine Anzahl hessischer Edelleute an Dietrich von Cleen, Hermann Riedesel, Kraft von Bodenhausen und Wilhelm von Dörnberg. Frielendorf 1515 Oktober 22.

Übersenden ihnen Baumbachs Beschwerdeschrift und fordern sie auf,
gemäss der Treysaer Einung für die Abstellung von Baumbachs Beschwerden von seiten der Landgräfin Sorge zu tragen oder einen Landtag
auszuschreiben.

»Es hait Heinrich von Baumbach unser freunt uf hut montag
nach Galli [October 22] bie ime zu Frilndorf zu erscheinen uns
gebeten, seine beschwere schriftlich furgetragen und doruf umb
rait uns freuntlich angesucht, wie ir das us seiner clage hirnebin[1])
zu vormerken habt, auch sich nach ordenunge des furstentums zu
Hessen als ein inwoner und lehinman desselbigen einem iden, der
furderung und sproch zu ime zu haben vermeint, rechts erboten.
Nachdeme nuhe ire vier von gemeiner landschaft ... sunderlich
geordent, were beschwerung habe, solle uch dieselbigen furtragen[2]),
in wilchen beschwerungen ire uch luts der einung am Spis ufgericht und uf dem landtage zu Homberg beschlossen[3]) wol wissent
zu halten, des beschwerten anligens dere oberkeit gmelts furstentums anzeigen und, wo ime doselbs rechts nit vorhulfen mak
werden, alsdan einen landtag usschreiben. Demnach so ist unser
ganz freuntlich bit, ire wollt in ansehunge derselbigen einung uch
in angezeigten beschwerungen der einigung gemes halten, derhalb
derselbige unser freunt Heinrich von Baumbach rechtlois zu stehin
sich nit zu beclagen habe, domit auch unserm g. hern und gmeiner
landschaft nit weiter unrait ader nachrede entstehin moge und ine
unser furbit hirin genissen laissen. Das woln wir umb uch semptlich und bsundern zu vordienen gneigt sein, und wiewol wir uns
des also zu geschehin genzlich vormuten, so bitten wir doch uer

[1]) S. u. Nr. 192.
[2]) Vgl. o. Nr. 78 S. 194 den fünften Artikel der Treysaer Einung.
[3]) Vgl. o. Nr. 8 S. 31 ff.

schriftlich antwurt in vier wochen nach datum dis brifs. Das ge-
gebin ist unter unser etlicher ingesigel, dere wir andern uns mit-
gebruchen uf montag nach Galli ao. 1515. Jorg Wolf zu Iter,
Lips Wolf zu Iter, Caspar von Brytenbach, Gothart von Hotzfelt,
Johan Schwerztel, Gilbert von Rodehusen, Gerhart von Rodehusen,
Helwig von Rockershussen, Jorg von Lotzelwig, Jost von Berlipsch,
Diederich Wynnolt, Curt von Elben, Philips Munch, Tham von
Ludder, Wilhelm Milchlingk; Johann, Jorg, Rudolf Schencke; God-
schalg Nodung, Melcher von Reckenrot; Asmas [l. Asmus], Reinhart,
Ewalt von Baumbach; Johan von Gilse, Joist von Boyneburg, Berlt
von Uthenrot, Walter von Hunoltshusen, Wilhelm von Wern, Curt
von Grifte, Ciriax von Linsingen, Hans von Bodenhusen.«[1])

A. Mbg., O. W. S. 3, Or.


## 192. Beschwerden Heinrich von Baumbachs gegen die Landgräfin Anna und die Verordneten Räte. [Frielendorf 1515 Oktober 22.][2])

    Er dankt den Freunden für ihr Erscheinen und bittet sie, seine Be-
schwerden anzuhören, um ihm dann ihren Rat zu erteilen. Klagen etlicher
Einwohner des Amtes Wanfried über Heinrich von Baumbach. Die
Landgräfin und die Räte ergreifen die Partei der Kläger, bevor sie Baumbach zur Verantwortung gezogen haben. Auch seinem Rechtserbieten
wird nicht stattgegeben. Als ihm seine Schafe geraubt werden, weigert
sich die Landgräfin, ihn auf sein Ersuchen als einen Lehensmann des
Fürstentums gegen seine Feinde zu schützen. Sie verbietet sogar anderen,
Baumbach Hilfe zu leisten. Verletzung der Einung von seiten der Landgräfin. Gründe, aus denen er die Treysaer Einung hat aufkündigen
müssen. Seine Beziehungen zu den früheren Regenten. Weil er auf dem
Kasseler Tage auf seiten Boyneburgs gestanden, hat ihm die Landgräfin
das Amt Wanfried aberkannt. Einnahme desselben durch die Bürger von

---

    [1]) Ludwig von Boyneburg richtete zugleich im Namen seiner Genossen,
der früheren Regenten, ein Schreiben an den zu Frielendorf versammelten
Adel am 21. Oktober 1515 (Sonntag nach Lucas). Er erinnert an die am Spiess
aufgerichtete Einung, nach der man niemanden vergewaltigen lassen wollte.
»Nue werden meine mitfreunde, die alten regenten und ich uber unser gleich
und recht uberflussige erbieten mit gewalt vorjagt und uns das unser freve-
liche genomen, und wirt in den gemein man getragen, als ab wir zu unser
verwaltigunge [!] rechnunge zu ton weigern sollen, das sich doch mit keiner
warheit nimmermeher erfinden sall. Dan wir rufen und bitten tegeliche, die
rechnuge von uns zu nemen, darzu wir auch mit hulf gots geschikt sein, dieselbige zu ton und lieber heut dan morn. ... Dieweil nue dis vornemen
ein niderdruckunge und anfank der beswerde alles adels zu Hessen
ist, so bitte ich euch von miner mitfreunde und meinetwegen, ir wolt den
artikel, der euch und euern kindern zu ewigem schaden auch reichen moige,
[ansehen?], und bedenkt, was ir gelobt und gesworn habt, und darin sehen,
das doch also mit gewalt mit mein mitfreunden und mir nicht also umgangen
werde. Dan ire und alle unparteische sollen unser zu gleich, ere und recht
mechtik sein, und allein bedenkt, was uns heut ist, das es euch und
euern kindern morgen auch begegen mak.« (A. Mbg., a. a. O., Or.)
    [2]) Dat. fehlt. In Nr. 191, der die Beschwerdeschrift als Beilage bei-
gefügt wurde, wird gesagt, dass Baumbach die Beschwerden am 22. Oktober
zu Frielendorf vor seinen Freunden verlesen hat.

Eschwege. Unsichere Stellung des Adels im Fürstentum gegenüber der Willkür des Landesherrn. Baumbach bittet seine Standesgenossen, ihm zu seinem Recht zu verhelfen.

»Ich bedank mich hochlichen gegin euch alle semptlich und bsundern euers gutwilligen erscheinens, und wiewol ich nit mit hofelichen worten solich dangsagunge tun kan, erbiete ich mich doch, dasselbige mit den werken und vil lieber also dan mit leren worten in deregleichen ader einem mehrerm zu vordienen nach vermoge meins leibs und guts. Und domit ich euer gunst und freuntschaft nit vorgeblich und lange ufhalt, so wil ich uch alle semptlich fruntlich und flehelich bitten, die ursachen meines schreibens und meine beschwerung gutwilliglichen zu hoiren, als- dan mir euern getreuen und fruchtbaren rait mitzuteilen, angesehin das ich und alle meine furaltern lange zeit im furstentum zu Hessen gewont, dorin nit anders, dan wie fromen rittermannen gezimt, gehalten. Ich bin auch willens, wo mirs gedien mag und got wil, die zeit meines lebens im furstentum zu Hessen zu beschlissen, auch bie meinen g. herrn und die inwoner des ... furstentums mein leib und gut zu setzen, auch als ein inwoner und lehinman desselbigen recht gebin und nemen und mich in dem teil ab got wil unvorweislich halten. Wiewol ich nuhe mich des gegin die furwalter ubgedachts furstentums zu vile malen erboten, hait mich doch alles nit mogen helfen, wie ich das gnugsam mak anzeigen.

Und domit ich zum handel greif, wil ich euch erstlich kurzen bericht tun, meine ere betreffen, wan doruf mein usschreiben unter anderm meldet und ist nit das geringst, das mich im handel be- wegt, und hait die gestalt: Euch ist wissenlich, dofur ichs acht, und unvorborgen, was gestalt von ... ldg. Wilhelmen zu zeit dem Mitler umb mein gelt und dinst das ampt Wenfrid mir mein leben- lang luts furstlicher sigil und brife zugestalt, das ich auch also lang zeit ingehabt und gebrucht und mich nach meinem einfeldigen und besten verstentnis gegin die undertonen des ampt deremassen erzeigt und gehalten, wie ich das gein got, die welt und meinen landsfursten, von dem ich solch ampt ingehabt, obgerurter mass, ab got wil, vorantwurten wil; und ab ich etwas ungeborlichs in solchem ampt gehandelt, das doch in warheit nimmer bfunden sal werden, so were ich geborlicher strafe zu recht gesessen, hait mich aber alles nit mogen helfen. Es haben meine g. frau und die rete dem rentschreiber zu Esschwege in geginwertigem laufenden jare geschriben, wilcher schrift ich abschrift hiemit anzeige.[1])

---

[1]) Das Schreiben der Landgräfin und der Verordneten Räte an den Rentmeister von Eschwege am 2. März 1515 lautete: »Wir bevelen dir hiemit ernstlich, du wollest dich uf stunt erhebin und gein Wenfridde fugen, daselbs den amptman Henrich von Baumbach sampt dere gmeine vorboten lassen und dem amptman von unserntwegin ernstlich sagen, wie uns hievor zu vilmalen und itzt angelangt sei, das er zuschen der gemein doselbs mit keiserlichen mandaten, so die ankommen, nach seinem gefallen uszubreiten und sunst in mancherlei wege, die alle zu erzelen an noit, vil ufrure, irtumb und unwillens zu stiften sich befleissige, auch uber das er die armen amptsverwanten poben ire vorwirkung ane erkantnis des rechten nach seinem gefallen schwerlich

Dem bevehel nach ist gedachter rentschreiber gein Wenfrid kommen, die menner und mich doselbs zusamen unter dere glocken vorbot und die schrift uffintlich gelesen. Als dieselbigen die meinung gehort, was inen und sonderlich meinen widerwertigen, dere im dorf etlich gewesen, vor sterkung gegebin, hait ein jeder liderlich zu ermessen; die auch lieber sobalde uf mich geschlagen, dan unterlaissen, wiewol ichs dofur geacht, das nit unpillich gwest were, wo solch unwarhaftige bezicht an meine g. frau und die rete gelangt, solt nit ungehort meiner antwurt solchs den gehurn also vorkundigen haben laissen, und wo es mir kunt gtan, es nit betten mogen vorantwurten, als ich doch mit gottis hulf ufrichtig und wol zu tun weis, were noch unvorseumt das und anders zu tun. Als ich aber die schrift uf das mael gehort, hab ich in der eile, sovil mir in sin kommen, antwurt gtan und darnach die rete ganz flehelich gebeten mir anzuzeigen, wer solchs inen von mir gesagt, wolt ich mich ufrichtig verantwurten.[1] Ist mir aber alles ge-

strafe und busse, das im dan alles seiner pflicht nach nit gezimt ader gehort, auch seiner vorschreibung, so er von unserm gemahel und hern seligen doruber hait, ganz wider sei und uns anstat unsers soens und g. hern von ime zu dulden nit leidelich sein wolle. Dorumb sei unser ernst bevehel und meinung, das er sich derselbigen ufrurigen stiftunge zu Wenfridden ... unter der gmeine zu brauen enthalten und die armen amptsvorwanten weiter dan von alter herkommen nit beschwere, bsonder sie bie glich und recht bleiben lasse. Dan wo solchs nit geschee, wurde uns ursach gebin, in ander wege dorgegin zu gedenken, domit man des von im vertragen sein und die armen bie gleich und recht banthaben mochten, dich auch in disem unserm bevehel fleissig und ernstlich halten. ... Dat. Cassel, fritags nach Invocavit ao. XV.‹

[1]) Baumbachs Schreiben an die Landgräfin und die Verordneten Räte unter dem 20. März 1515 lautete: ›E. f. g. und gunst haben mir in einer missiven, der datum helt: zu Cassel, fritag nach Invocavit [März 2] ao. XV, einen tag uf fritag nach Judica [März 30] schirst zu fruer tagzeit uf der canzlei doselbst zu Cassel vor e. f. g. und gunst und denen, so darzu auch beschriben werden, zu erscheinen ernant, das gelt, so ich uf dem ampt Wenfrid habe, zu entpfaen ader, wo ich das zu tun nit schullig und dorgegin rechtmessige und gegrunte ursachen zu haben vormeine, die alsdan uf denselbigen tag entlich furzubrengen, mit weiterm inhalt derselbigen schrift, uf wilche ich dan e. f. g. und gunst geschriben und umb einen schub und vorlengerung des tags untertenig und freuntlich gebetin, des abschlegig antwurt mit angehesten ursachen in einem uffen brife entpfangen. Wiewol ich nuhe uf dem angesetzten tage zu erscheinen willens gwest, unangesehin der grossen ungelegenheit, so seint mir doch mitlerzeit sachen begegent, derhalb ich angezeigter masse zu erscheinen mich hochlich beschwert befinde, und sonderlich us der ursachen: es ist der rentschreiber von Esschwege uf fritag nach Oculi [März 16] lestverlaufen zu Wenfrid gwest, alle inwoner doselbst und mich vor sich vorboten und in geinwertikeit derselbigen mir e. f. g. und gunst schriflichen bevel angezeigt und gelesen‹ [vgl. o. in der vorigen Anmerkung das Schreiben Annas an Baumbach vom 2. März]. ... ›Dorchleuchtige hochgeborne furstin, g. frau, auch vorordenten rete, solch unwarhaftig antragen, e. f. g. und gunst geschehin, des ich ganz nit gestendig und sich auch dermassen nimmer erfinden sol, ist mir armen gesellen fast schwerlich zu leiden, bit dorumb e. f. g. und gunst umb got und des rechten willen, mir gegin diejenen, die das e. f. g. und gunst angezeigt, einen furbescheit zu tun und meine verantwurtung zu boren, wil ich dieselbige ab got wil, wie einem frommen ritterman gebort, ufrichtig und redelich tun, bit auch mit aller untertenikeit und ufs freuntlichst, solichen antregern angehort meiner antwurt keinen glauben zu gebin und mich meiner eren noitdorft nach zu vorantwurtung kommen lassen und mir das nit abschneiden, das mein ere

wegert wurden und dem unwarhaftigen bericht glaube und meinem
erbieten gar kein stat gegebin, wiewol ichs hab dofur gehalten,
solt einem juden ader heiden nit gewegert sein. Es ist auch sunst
vilerlei mir zu unglimpf und geringerung meins lumuts gehandelt;
wan es war ist, das etliche us der gmein zu Wenfrid mich zu vile
malen mit vorschwigener worheit vor meiner g. frau und den reten
vorclagt, ist ire clage gehoirt und meine antwurt nidergedrugt.
Und domit ich dise gmein rede sunderlich anzeige, so haben mich
die von Wenfrid uf ein zeit dermaissen vorclagt.[1]) Doruf ich dan
antwurt nachfolgendermass nach meinem tommen vorstande gtain
hait [l], aber mir zu gute keine frucht gebert.[2]) Dorus abermals

<hr>

belangt; dan ich nit willens bin den angesetzten tag zu besuchen, ich hab dan
zuvor mein ere vorantwurt, die mir lieber dan das gut ist, und us der und
keiner andern ursach wil ich den genanten tak abgeschriben haben. Alsdan,
wan solchs geschehin und mir ein ander tag angesatzt, wil ich mich aller gebore halten, bit dorumb e. f. g. und gunst, mich mit der tat und gwalt nimants
verkorzen ader vorunrechten lassen, auch selbst keinen gwalt an mich legin,
dan ich eine[m] ieden, was stants der ist und zu mir furderung und spruch zu
haben vermeint, rechts pflegen wil, wie einem inwoner, lehin- und ritterman
des furstentums zu Hessen gehort, do ich auch in bliben und mein leib und
gut darzu setzen wil. Bit untertenig und freuntlich umb antwurt . . . Dat. uf
dinstag nach Letare ao. 1515.«

[1]) Das Schreiben der Wanfrieder vom 11. November 1514, das vermutlich
an Konrad von Waldenstein gerichtet worden ist, hatte folgenden Wortlaut:
»E. g. haben wol in frischem gedenken, das wir uch kurz hibvor umb etlich
gebrechen und unser anliegend sachen und beschwerung, so uns durch junghern
Heinrich von Baumbach lange zeit hievor und sonderlich dis jar und nuhe allen
tag je mehr je mehr mit seinen manchfeltigen worten und hendeln ufgelegt
wirt, und schilt uns sonderlich, wir sein im und seinen gst. hern von Sachssen
trulos und meineidig worden, schelk und boswichten und ander vil dergleichen,
wiewol wir keins wissen und auch keins nihe den fursten von Sachssen gelobt
ader geschworn; dan wir ie diejenigen seint, die gern biem furstentum zu
Hessen bliben und als die getruwen tun wollen, sondern etliche unter uns 7
ader 8, die seiner part sein und im teglich antragen, was wir unter uns zu
schaffen haben, und uns also gegin ine missemeren [l], also das er uns und sein
schwoger junghern Walther von Hunoltshusen mit grossen und dapfern worten
drauen, das wir nit sicher vor ine wissen uf der strasse zu wandern. Nu suchen
und rufen wir uch anstat unsers g. hern von Hessen als den vorordenten, auch
als dis orts ein landfogt an, uns zu schutzen und zu schirmen und bie gleich
und pillicheit zu verteidigen und des sonderlich dem schultheissen ader
rentschreiber zu Esschwege bevel tun, wes wir inen derhalb ansuchen wurden,
bis so lange unser g. frau, e. g. und die andern vorordenten zusamenkommen,
uns geraten und behulfen sein. Dan wir unter uns eintrechtlich voreiniget
haben, im dorumb mit dinsten ader keinerlei gewertigen ader tun wollen bis
zu der zeit, bis unser g. furstin widerumb zu lande, als ir g. got helfe, und ire
g. und e. g. insampt den andern vorordenten reten uns des geheiss und bevel
tun. . . . Dat. sonnabents Martini.«

[2]) Am 30. November 1514 erwiderte Baumbach den Verordneten Räten
auf die Übersendung der Beschwerdeschrift der Wanfrieder: »Ich hab euer
schrift mit inligender supplication der von Wenfrid gelesen und die sobald der
ganzen versamlung des dorfs Wenfridde lesen laissen, und doruf gefragt, ab
solich clage mit irer aller wissen und willen geschehin. Sagen irer vile, das
sie darvon kein wissen haben, bsunder wollen mir mit zinsen und dinsten, und
wes sie mir zu tun plichtig, gwertig sein. Es sein aber etliche, die villeicht
dorch Johan von Esschwege mir entgegin wider brife und sigil ldg. Wilhelm
. . . fast gesterkt werden, die also getursten, vil mutwillen tegelich bruchen,
die ich dan dorumb rechtlicher furderung zu verlaissen nit vermeine, und als

liderlich zu vermerken, das ich mich nit unpillich beclage, das ich
rechtlos gelassen werde und alles wider recht und mit der tat
gegin mich armen gesellen gehandelt. Es ist auch uf eine ander
zeit von dene von Wenfridde uber mich eine supplicatio ubergebin[1]),

sie anzeigen, wie ich inen lang zeit und sonderlich dis jar und alle tage
ie mehr ie mehr mit mancherlei worten und bendeln uflege und schelde, wie
sie mir und meinen gst. hern von Sachssen trulos und meineidig worden, in
solchem haben die, so geclagt, mit verschwigen der warheit die unwarheit
geclagt, dan ich wol weis, das die von Wenfrid allein mir gelobt und geschworen und nit meinen gst. und g. hern von Sachssen, dorumb sie auch iren
g. nit trulos werden konnen. Als auch verner angezeigt wirt, das sie diejenen
seint, die zum furstentum zu Hessen gehorn, weis ich wol, in was gestalt sie
zum furstentum gehorn, bin ich nit willens, die dovon zu wenden, sunder ich
gehore auch an mittel zum furstentum Hessen, darbie ich auch zu bleiben vermeine. Und als sie verner beruren, wie 7 oder 8 seien meiner partie und mir
teglich antragen, was sie unter inen zu schaffen haben, wo dieselbigen mit
namen angezeigt, wurden sie an zweifel gute antwurt wissen zu gebin, dan ich
ire nit weis. Wie auch weiter vermeintlich geclagt, das Walther von Hunolts-
busen und ich uns mit dapfern drauworten vernemen lassen, das sie dorumb
nit sicher wandern dorfen, findt sich in warheit nicht. Auch gunstige hern und
freunde, wirt im beschlos der supplication angehangen, wie das sie sich eintrechtiglich voreiniget haben, mir dorumb mit dinsten ader keinerlei gewertigen
ader tun wollen bis zu der zeit, das mein g. frau widerumb zu lande komme.
Wo die von Wenfridden und sonderlich diejenen, so geclagt wollen haben,
ire eide und gelobde bedenken, dorin sie gelobt und geschworn, mir getru,
gehorsam und gewertig zu sein, auch von dem jungst gestorben fursten loblicher gedechtnis an mich gewist, worden sie clerlich bfinden, das solchs inen
zu tun mit selbgwalt und eigenem furnemen . . . nit gebort ader gezimbt;
ab auch solchs dene eiden und gelubden gemes oder entgegin, gebe ich uch
und einem jeden vorstendigen zu ermessen. Bin auch ungezweifelt, ir werdt
in betrachtung der pillicheit in dere von Wenfridde furnemen, die sich mir
widerwertig halten, kein gefallens haben, auch inen dorin keinen biestant ader
zufall tun. Und wiewol die von Wenfridde im anfang irer clage infuren, das
sie solch beschwerung vormals auch geclagt, . . . nachdem ich nuhe solcher
clage kein gewissen habe, weis ich sunderlich nicht antwurt dorzu zu gebin,
weis aber, das ich mich gein den von Wenfridden nit anders dan mir wol
gezimbt gehalten, auch ungern anders halten wolde, wirt aber von inen vil
anders gehalten. Bit dorumb uch anstat meins g. hern, die von Wenfridden
und sonderlich, die mir widerwertig sein, daran zu weisen und halten, mir,
was sie schullig und pflichtig sein, unbedrangt und unbehindert zu tun. . . .
Dat. uf S. Andreastag ao. XIIII.‹
    [1]) Ich gebe im Folgenden auch diese Beschwerdeschrift der Wanfrieder
wieder, da sie besonders bezeichnend ist für die verworrenen Zustände, die in
manchen Teilen Hessens durch den Vormundschaftsstreit hervorgerufen wurden:
›E. f. g. und gunst bitten wir, dis, wie hier nachfolgt, gnedig und gunstig zu
vernemen. 1) Als unser amptman [Baumbach] vom tage [zu Cassel] ist kommen
der ufrure zuschen der landschaft und regiment in Hessen, das er uns hait
furgehalten mit vilen worten, umb kurz willen hir nachgelassen, und uns ent-
dagt: Wir wissen nit, wes wir getruwen sollen, die von Esschwege seind uns
nit gut, sie werden auch uns nit vorteidingen, noch die von der Aue oder die
von Volckershusen. Ich versehe mich, so es uns von noden worde, so musten
uns die von Drifurt [d. i. Treffurt] zu holfe kommen, und er versehe sich, er
musse balde wider reiten, uns geboten bie den eiden, die wir im von wegen
unser g. hern gtan, wen er uns setze, dem sollen wir gehorsam sein, gleich
im selber und dorzu seinem schultheissen und den heinborgen. Er hait auch
furter geret, wan uns von noden wurde, wol er hz. Heinrichen bitten, das er
uns wolle in seinen verteiding nemen, das er mocht das sein und wir das unser
behalten. Haben seinem bevel uns gehalten als arm leut, die gelobt und geschworn, gehorsam der pillicheit zu folgen, unser gewere geschickt und ge-

doruf ich sobald einen furbescheit gebetin, hait mich aber nit mogen helfen und habe zu ufrichtiger antwort nihe mogen kommen.

Auch gunstigen guten freunde, so ist dis jars einer genant Marcus Scheffer mein feint wurden und mir merglichen schaden zugefugt umb sachen willen, dorumb er mich nihe beclagt, ich hab auch im nihe rechts gewegert, auch noch ungern wegern wolt. Als nuhe derselbige zugegriffen und meine schafe gnommen, hab ich solchs meiner g. frau und den reten als furwaltern des furstentums zu Hessen angezeigt, mich als einen inwoner, lehinman und

---

wacht, wie er uns geheissen hait. Darnach hait es sich begebin, das umb Wenfrid zwen ader drie tage etliche ruter geridden und gehalten, das wir nihe nit mehr gesehin haben. In demselbigen ist uns zu verstehin gegebin, auch ein warnunge geschehin, das vil ruter zu Crutzborg [Kreuzburg] solten legen, des haben wir uns zusamen geheischt und mit unser gewere gewacht. Ist unser jungher von uns geritten und gesprochen: Ire von Wenfridde seit lude, wachet und sehit wol zuhe, ich wil auch wachen mit uch. Des hait unser jungher doruf geret: Hett er die heimborgen betreten, er wolt irer einen erstochen und den andern erschossen haben, und gesprochen, furchte er sich nit fur dem haufen; er wolte die heimborgen bie dem halse nemen. Des haben wir, da uns die worte furgehalten sein, allererst vorstanden, und den andern morgen fruhe zu Esschwege gegangen vor dene amptman und rait dorinne geholt, uns des wissen zu halten, recht zu tun und zu lassen, domit wir bie unserm g. hern und der landschaft bleiben mogen.    2) Wan ein armer man kompt und begert hilf und verteiding zum rechten, so wil er [Baumbach] nichts tun und wiset sie an die heimborgen und spricht: Das seind unser herrn, dodurch wir armen lute das unser verlisen uswendig und inwendig dem dorf, das wir von alter here gehabt haben, und uns armen lute umb 200 ader 300 gulden bracht, das wir mit im fur den regenten gehadert haben umb uberlang dinst, den er uns ufgelegt hait, im tun mussen, das wir unserm g. hern sel. und vor amptleuten nihe getan haben.    3) Er vortut unser gmeine und wendt uns abe, das uns von ni keinem amptman noit gwest ist;    4) mit linsgesaet, von alters nihe geschehin ist;    5) den flachs zu brechen in der boen ernt, auch von alters nit geschehin.    6) Wir mussen decken kleiben zu dinst in das gmein, das hait [l. haint] gtan hievor die heppendiener, den hait es an iren heppendinst abgangen.    7) Wir mussen sein salz, oli und pflanzen, das vormals sein meide und knechte gtan haben.    8) Wir verlisen unser geholz und veld, des wir uns vormals gebrucht haben.    9) So werden uns auch unser pferd gnommen, dorumb er kein pfert satelt ader dornach ridde.    10) So unser g. her hait wollen folge ader landsteure haben, haben uns die zent sture gtan, das ist uns auch abgwant.    11) Er hait uns armen leuten ein pfert zu tun geheischen, das uns zu tun nit gebort hait, und da wir das nit gtan haben, musten wir im 8 gulden zu busse gebin.    12) So die schepfin ein urteil sprechen, wil er solchs urteils nit leiden, das uns vormals nit mehr von noden ist gwesen.    13) Unser jungher gehit auch mit werehaftiger hant zur kirchen; er hait auch 10 ader 11, die es mit im halten, die under der gmeine vil zweitracht machen, und sie haben auch etliche geschlagen und die andern im dorf gejagt mit nachrufung: Schlae tot! schlae tot! derhalben solchs vornemens wir nit wissen uns dorzu zu halten.    14) Er spricht auch, er sei unser her und hab uns gekauft und gestehe nimants zuhe, derhalben sollen wir im tun alles, was er wolle.    15) Des junghern knecht hait geret, das wir alle trulos und meineidig an dem junghern sein worden als schelke. G. frau und lieben hern, bitten e. f. g. und gunst, uns armen undertan hirinne der angezeigten beschwerung gnedig und gunstig verhelfen, uf das wir bie vorigem alten herkommen und gerechtikeit gehanthabt mogen werden und uns weiter belestigung zu enthebin. Das sein wir als getruwe und gehorsame undertanen umb e. f. g. und gunst zu vordienen willig. Wir haben solcher vorhandlung mit unserm junghern zu drien malen nach inhalt drier recessen gehandelt, er hait uns aber der keins nihe gehalten.‹

vorwanten desselbigen zu schutzen und schirmen gebeten.[1]) Doruf mir
dan nachfolgend antwurt wurden.[2]) Doch nit allein bie der antwurt
bliben sunder als genanter Marcus Scheffer meine bruder und mich
zu Blanckenbach bie den Tanberge gelegin auch angetast und die
feldnagwer [d. i. Feldnachbarn] dem gerucht nachgefolgt, im einen
gefangen und vier ackerpferde widerumb abgeiagt, hait alsbald
darnach Jost Ratzenberg denselbigen, als ich verstanden, bei leib und
gut verboten, wo ich ader die meinen angegriffen ader beschediget
wurden, nichts dorzu zu tun, wilchs dan mir als einem armen gesellen und verwanten des furstentums zu Hessen beschwerlich.
Aber nit destoweniger so hait in kurz verlaufen tagen mein g.
frau, mein g. her und die rete mir mit andern von Baumbach geschriben und gefurdert, die lehin zu entpfaen. An dem ort wil
man mich fur einen lehinman achten, aber do man mich wie einen
lehinman schutzen und schirmen sal, wil nit gehort werden. Und
wiewol ein einung im furstentum zu Hessen erneut ader ufgericht[3]),
do ichs dan furgehalten us der ursach, das ein jeder im furstentum
mit keiner gewalt solt beleidiget ader voriagt werden, sunder das
die inwoner bie gleich und recht bleiben mogen, die zum rechten
gesessen und nit vor fluchtig wurden, so wirt doch meins ansehins
dieselbige einung vil meher, die inwoner des furstentums zu beleidigen und zu voriagen, dan zu bleiben gebrucht.
     Doch wil ich uwer freuntschaft und gunst eins angezeigt haben,
war ists, das gesagt mag werden, ich solt die einung ufgeschriben
[haben]. Nuhe habe ich dieselbige nit anders, dan wie ir horen solt, abgeschriben, und ist diz volgend ein abschrift desselbigen abschreibens.[4])

----

[1]) Baumbachs Schreiben an die Landgräfin und die Verordneten Räte
vom 11. April 1515 lautet: »Es hait einer genant Marcus Scheffer uf den dinstag
in der nacht nach Ostern [April 10] meine schafe gnommen und dieselbigen
nach dem Eisfelde getriben und nach der name einen vermeinten fedsbrif
meinem scheferknecht gtan und gein Wenfrid in meinem abwesen geschickt,
unangesehin das ich mich jungst zu Cassel uf der canzlei für uch den reten zu
recht erboten habe gegin genanten Marcus. Dweil ich nuhe ein inwoner und
lehinman des furstentums zu Hessen bin, dabei ich auch bleiben wil und, was
mir zu tun gebort, tun und recht erleiden mag, darzu ich mich auch erbiete,
so ist mein untertenig und freuntlich bit, mich fur gwalt zu schutzen und
schirmen, auch mir hilf und biestant tun, domit ich meinem schaden nachkommen moge und mir nit von noten sein dorf, alle stende des furstentums
zu Hessen zu beschreiben und dieselbigen umb hilf und biestant anzusuchen,
inhalt der einigung uf dem Spis gelobt. Dan wo ich von e. f. g. und gunst
vorlassen, erfurdert mein notdorft, weitern rait und hilf an geborlichen enden
zu suchen. . . . Dat. uf mitwoch nach dem heilgen Ostertage ao. XV.«
     [2]) Antwort der Landgräfin und der Verordneten Räte an Heinrich von
Baumbach am 14. April 1515: »Heinrich von Baumbach und guter freunt, wir
haben dein schreiben uns itzo der gnommen schaf halber gtan ... vorlesen und
tragen darob mehr, wi der uns itz durch dich angezeigt, kein wissen; aber
dweil du der einung halben anzihens tuest, sein wir ungezweifelt, du habst
in gdechtnis, wie du uns und gmeiner landschaft solche einung hibvor ufgeschriben und dich nachvolgents gehalten haest, das wollen wir dir also zu ge-
petener antwurt hinwider nit verhalten. Dat. Cassel, am sonnabent nach dem
heilgen Ostertage ao. XV.«
     [3]) Anspielung auf die Treysaer Einung; vgl. o. Nr. 78.
     [4]) Das Schreiben Baumbachs vom 8. März 1514 an Anna und ihre An-
hänger lautet: »Als wir hibvor neben e. f. g. gunst und freuntschaft zu voln-

Do mich dan zu bewegt hait die hoche ermanung der gewesen
regenten zusampt dem, das ich nochvolgents vermerkt, das die
furgnomen handlung meinem bruder[1]) und andern meinen guten
freunden zu entgegin geschehin, das ich doch im anfang derselbigen
handlung dermassen nit vorstanden.    Nuhe hab ich duzumal nichts
gegin dieselbigen vom regiment mit der tat wissen zu handeln,
als ich auch noch tue, wo aber dieselbigen, er sei bruder, vetter
ader sunst frunt, mit recht uberwonnen, wolt ich, sovil mir gebort,
sie auch helfen vorfolgen, aber usserhalb rechtis hab ich mich des
nit wissen zu erinnern.    Es gebin mir auch mein g. frau und die
rete scholt, ich solt zu Cassel uf dem landtage gegin sie gestanden
und gehandelt [haben].   Gunstigen, guten freunde, war ist es, das ich
uf die zeit zu Cassel gwest, ich kan aber mit warheit anzeigen,
und wirt mich nimant anders besagen, das ich uf demselbigen tage
in keinen ratschlegin meiner herrn von Sachssen, der regenten ader
der us der landschaft gewesen ader geraten hab, und nichts anders
gehandelt, dan zu tisch gedient und uf dem raithuse der handlung
allenthalb zugehort.   Ist nuhe dasselbig meiner g. frau und den
reten entgegin gwest, kan ich nit leugnen, ich bin aber der hofnung,
ich hab domit nichts ungeborlichs gehandelt ader vorwirkt.   Und

---

streckunge einer einigung uf gehalten tage zu Treysa gwest, sein wir nach
demselbigen tage von unsern hern und freunden landhofmeister und andern beschriben wurden, hir gein Cassel zu kommen, und so wir dobin komen, bevel
entpfangen, ein zeit bie unsern g. hern und inen alhie zu verharren. Darneben
und bie ist uns und idem in sonderheit von inen eine schrift ubergebin, dorin
wir unser eide und pflicht, [so wir] hievor unsern gst. und g. hern curfursten
und fursten zu Sachssen als furmunden gtan haben, ermant und erinnert
wurden. ... So wir nuhe dermassen unser vorgtanen eide und pflicht schriftlich erinnert worden sein und uns der bevehel obgmelt geschehin, so konnen
wir disen tag zu Velsberg [Anfang März 1514], des wir dannoch beschwernis
haben, nit besuchen, sonder mochten unsern pflichten nach, domit wir landhofmeister und regenten gehorsam zu leisten schullig sein, bei unserm g. hern
und inen also bleiben. Dweil wir aber e. g. und freuntschaft mit gelubden, wie
die zu Treys geschehin, auch vorstrickt sein, und den betrachten, so wir von
denselbigen von e. g. und freuntschaft erfurdert wurden, und dan hie von landhofmeister und regenten unser eide und pflicht unsern gst. und g. hern von
Sachssen vorgtan auch ermant, als dan itz geschehin ist, das wir mochten an
einem ort vorwis und nachsage erlangen und das nit verbuten. Nachdem auch
in der obgerurten einung under andern ein artikel vermag, das dieselbig einen
jeden an vorgtanen seinen eiden und pflichten nit nachteilig sein sol, so werden
wir bewegt und geursacht, e. g. und fruntschaft dieselbigen gelubde, wie wir
die e. g. und gmeiner landschaft zu Treysa gtan haben, ufzusagen und zu
schreiben, wollen auch die hiemit e. g. ufgeschriben haben, undertenigligch,
dinstlich und fruntlich bittend, e. g. und freuntschaft wollen es nit dofur achten
ader verstehin, das dises unser ufschreiben geschehe imant zu liebe ader leide
ader auch us forcht oder hofnung, gnad ader ungnad zu erlangen, sonder allein
unser vorgtanen pflicht und unser notdorft halben.   Wir wollen uns aber nit
desterweniger der einung hievor am Spis zugesagt gein einen jeden verwanten
des furstentums Hessen und dorzu begriffen halten, wie fromen ritterleuten
gebort und zustehit, und haben des e. g. und freunden, den wir undertenig und
fruntlich dinst zu tun bereit sein, nit wollen vorhalten. Dat. Mitwochens nach
Invocavit ao. XIV.‹   Ausser Heinrich von Baumbach unterzeichneten noch
Burkhard von Kramm, Otto Hund und Georg von Pappenheim die Absage an
die Anhänger der Treysaer Einung.

   [1]) D. h. dem Regenten Jost von Baumbach.

ob ich gleich, das doch nit ist, bie dem regiment gstanden, so wers doch meins vorsehins nit unpillich geschehin, dan ich einen bruder doselbs gehabt, der sich ie und ie zu recht erboten und noch tut. Das ich nube demselbigen seinen tag hett helfen leisten, halt ich dafur, so wer ich nimants dorumb was pflichtig, dan solchs zu vile malen bie den fursten von Hessen geschehin ist; und zu jungst, als Curt von Waldenstein einen tag in lebin ldg. Wilhelms des Mitlern zu Marpurg uf dem schlos gehalten, im noch wol wissenlich. Sal das nuhe eine gute gwonheit sein und vor den gmeinen adel, das ein freunt dem andern in grossen wichtigen sachen, dorin einem, er sei wie gerecht er wol, freunde und raits non noten ist, mit rait ader biestant nit helfen sal, wil ich das einem ieden, den es betrift, zu ermessen gebin, wil meiner person halber diser zeit dovon nit vil reden.

Doch so ist us erzelten ursachen erwassen und geflossen, das mein g. frau und die rete mit der tat und ane alle rechtlich er-kentnis, den furstlichen verschribungen entgegin, mir das ampt Wenfrid mit seiner zugehorung dorch die borger von Esschwege mit 400 stark ungeverlich abbehendiget und Johan von Esschwege zugestalt. Sal das auch notz und gut sein, eine vorsamlung an eine enzeln person dermassen zu hetzen, muss ichs auch gedulden, wiewol ich vor disem tage gesehin, das vil hunde im schimpf an eine katzen gehetzt worden sein und darnach in ernst alle katzen zurissen und half kein weren. Man darf auch nit floe in pelz setzen, sie wassen doch wol. Ich bin aber dere guten hofnung, bette man rechte und gegrunte furderung gegin mich gehabt, die gwaltsam handelung were nachgelassen; und ist mir in dem teil lieber, das mein werde mit gwalt gnommen, dan solt ichs mit recht vorwirkt haben. Ich hette mich auch wol vormut, die borger von Esschwege solten in ansehung der schrift und erinnerung, so ich inen dofur gtan[1]), solchs nit begangen. Ich hab auch Johan von

---

[1]) Baumbachs Schreiben an die Bürger von Eschwege vom 17. April 1515 lautet: »Mir ist uf sontag Quasimodogeniti [April 15] eine ufne schrift von meiner g. frau und vorordenten reten mitsampt dem usschoss des furstentums Hessen behendigt, wilcher schrift inhalt an der som anzeigt, das ich uf nehist dinstag nach dem sontag Quasimodogeniti zu Cassel sein sol und doselbs 1000 gulden entpfaen in ablegung meins ampts Wenfrid, wo ich aber alsdan nit erscheine, werden sie geursacht, solch gelt zu hinterlegin und sich gleich-wol Wenfridden zu unterzihen, wilchs doch meinen furstlichen brife und sigil, die ich von meinem hern sel. mit seiner eigen hant verzeichent doruber hab, ganz entgegin und zuwider ist, ich auch gein . . . meine g. frau und die rete zu mehrmalen mich uf gmeine landschaft ader wo es einem inwoner und ritter-man des furstentums Hessen gehort, zu recht erboten hab und noch erbiete, underteniglich und freuntlich gebeten, mich uber mein rechterbietens gwalts zu verlassen, ichs auch umb meinen g. hern ader gmeine landschaft nihe ver-dient habe, und noch ab got wil nimmer verdienen wil, mich also unerkants rechten meins suren verdienten loens zu ensetzen, wilchs mir alles gegin iren g. und reten bis dobere unbetlich. Ich bin auch von gdachten meiner g. frau und reten in einem bevehelsbrife, dem rentschriber zu Esschwege zugeschickt, dorch denselbigen mir und dene mennern zu Wenfridde erufnet, fast hart an-gegriffen, als ab ich meiner pflicht vorgessen, wider recht und gebore gehandelt, das ich nit gtan und ab got wil nimmer tun wil. Doruf hab ich untertenig und gutlich gebetin und begert, mich solchs zu verantwurten furkommen lassen,

Esschwege mein lebenlang kein ursach dorzu gebin, das er dermassen nach dem meinem stehin solt und mit seinem gelt die
furstlichen brife und sigil unmechtig mir zu merglichem schaden
unverscholt machen. Ich hab auch deregleich im furstentum zu
Hessen nit vil gehort, dan ab gleich die fursten ire verschreibung
nit halten, das nit vil geschehin, solten die untertonen die furstlichen verschreibung nit craftlois machen. Und es ist nit allein
umb mein gut ader person gespilt. Dan ab ich schon gar voriagt
und vertilgt, were doch nit meher dan ein armer geselle vortriben.
Es muss aber ein ieder im furstentum des backenschlags warten
und weis keiner, wilcher am nehisten ist. Es kan auch keiner vor
ungnaden der herrn sich vorwaren, unverscholt mogen aber vil
dorin fallen. Wo es auch in vorgezeiten deremassen gehandelt,
were manchem ritterman und vil geschlechten zu verterblichem
schaden gereicht. Das haben unser aller voraltern betracht, und
wilcher sich zu recht erboten, denselbigen mit gwalt und wider
recht nit lassen verjagen ader verterben und nit dorzuhe geholfen,
als itzo von Johan von Esschwege an mir und meinem weibe beweist. Dan wie er sich gein dieselbige erzeigt in den innemen
Wenfrids, wirt zu seiner zeit, wil got, mit warheit an tag kommen,
und ich bin zweifelsfrei, ire als die frommen ritterman des furstentums zu Hessin werden uch aller zimlichen gebore dorzu wol wissen
zu halten. Wan diz furstentum vor allen andern furstentumen das
pris und rum gehabt, das frauen und jungfrauen dorin hochlich
geeret, aber die denselbigen verdrislich entgegin gehandelt, sein
geringe geprist wurden. War ists, das dorch Johan von Esschwege meiner ehelichen gemaheln und etlichen erbern jungfrauen,
als sie ein zeit bie ire gehabt, holz und wasser gewegert, des nit
nach irer notdorft zu bekommen, und hait also dieselbigen wollen
us dem schlos notigen und stirben, als abs grosse mishendelerin
in einem flecken ader schlos belogert weren, und bette sie sunst
nit konnen ustriben. Es hait auch derselbige Johan v. Eschwege
nit allein das ampt Wenfrid ingnommen, sonder mein frucht mit
selbgwalt gnommen, das doch im nit gezimt, auch buss, die ver-
wirkt, dweil ich Wenfrid ingehabt.

    Diz sein ungeverlich die ursachen und beschwerung, dorumb
ich uch alhie zu erscheinen freuntlich gebetin, und ist abermals,
dweil ire dieselbigen gehort, mein ganz flehelich bit, mir euern
getreuen rait mitzuteilen und das in betrachtung haben. Dan kein
edelman im furstentum zu Hessen ist, er sei reich ader arm und

---

darzu ich auch von gmelten reten nit hab mogen gelassen werden. Solchs
clage ich uch clegelich als meinen nagwern und glidmassen des furstentums zu
Hessen, bit uch als meine guten freunde, gonner und mitlandsassen, ir wolt mir
in diser sachen geraten sein und, als vil an uch ist, mich gewalts zu uberhebin
und bie gleich und recht behalten und hanthaben helfen, ader zum wenigsten
helfen verbiten, das mein g. frau, ret und usschus wider und uber mein rechterbieten mich nit beleidigen ader beschweren wollen, und sich auch am rechten
begnugen lassen, als ich getru, das pillich und recht ist. Das wil ich umb
uch als meine guten frunde und gonner hinwiderumb vordienen. Bit umb gutlich antwurt. Dat. dinstags nach Quasimodogeniti ao. XV.«

auch fast wolgefrunt, wo derselbige von seinen freunden und gsellen
mit rait und biestant in solchen beschwerungen verlaissen, der
solchs dorch seine eigen person und macht kunt usfuren, er hab
auch als ein rechte sach, als es immer moglich; wan seine rechtgepot nit angnommen wollen werden, muss er alle desjenen, dorumb
er angefochten wirt, vorlustig sein.   Nube hab ich mich zu vil
malen rechts erboten; ich bin aber bis uf dise zeit rechtlos gelassen, und ist mit iteler gwalt gegin mich armen gehandelt, mir,
meinem weibe und kindern zu verterblichen und unverwintlichem
schaden.   Und wollet uch hirin gutwillig erzeigen, ein jeder nit
anders tun, dan er in gleichem fall gtan wolde nemen.   Das wil ich
in meinem armut nach alle meinem vermogen ungesparts vleiss
gegin uch semptlich und einen ieden bsundern williglich und gern
verdienen.«

A. Mbg., O. W. S. 3, glz. Ndschr.

**193. Landgräfin Anna und die Verordneten Räte an Her-
mann Riedesel, Kraft von Bodenhausen und Wilhelm von Dörnberg.   Marburg 1515 Dezember 5.[1])**

Begründen die Absetzung des Amtmanns Heinrich von Baumbach.
Abfall Baumbachs von der Treysaer Einung. Er entschuldigt sich nicht.
Beschwerden der Einwohner Wanfrieds gegen ihn.

»Heinrich von Baumbach hat sich ... zu uns und gemeiner
lantschaft zu Treysa in einung getan, auch in den auschos und rat
gemeiner lantschaft gelobt und geschworn gehabt, und darnach
soliche einung wider ufgeschrieben und zu Cassel uf dem tage bei
den gewesen regenten gestanden. ... Nachvolgend als durch gemein lantschaft zu Hoemberg diese verwaltung verordent worden,
ist daselbst durch sie beschlossen und bevolen, denjenen, so uf itzt-
gemelten tag zu Cassel wider gemein lantschaft gestanden betten,
ire ampter aufzuschreiben und abzukunden.   Das ist also ime und
ander mehr bescheen, doch mit der mas, ab imands redlich insage
het, das derselb uf ein zeit alsbald ausgedrukt komen und die furwenden mocht, die wolt man horen.   Dabei ist ime auch gnugsam
geleit zugeschrieben worden.   Er ist aber der zeit nit komen, hat
sich auch als unsers sons und g. hern amptman nit erscheint.   Aber
ander amptleut, den gleicherweis geschrieben worden ist, haben
sich vor uns erzeigt, ire pflicht und, wes inen gepurt gehabt, getan, die wir auch bei iren ampten unverendert gelassen haben,
ausgescheiden er ist seins heupts blieben.   Darzu haben die armen
... undertan zu Wanfridt vilveltiglich uber ine geclagt, wie er
sie an einiche rechtliche erkentnus seins gefallens zu zeiten unver-
schulter sache mit buessen und sonst in ander vil wege beschweren
sol.«   Deswegen hat man ihn mit Rat des Ausschusses abgesetzt

[1]) Vergl. o. Nr. 191 u. Nr. 192.

und ihm »des tag angesatzt, tausend gulden, so er ausgelegt sol
haben, und funfzig gulden jerlichs dinstgelts sein lebenlang gegen
seine verwantnus und dinerschaft zu entphaen.« Sie erbieten sich,
ihm dennoch »nach laut des heilgen reichs ... ordenung gnugsamlich« vor Gericht Rede zu stehen, »das er sich rechtens von uns
nit zu beclagen sol haben. ... Dat. Marpurgk, am mitwochen nach
Barbare ao. 1515.«

A. Mbg., O. W. S. 3, Cpt. von Feiges Hand.

**194. Landgräfin Anna und die Verordneten Räte an Bürger-
meister und Rat der Stadt Melsungen. [Marburg 1516 Mitte
Januar.][1])**

Weisen die Melsunger an, Heinrich von Baumbach und seine Freunde
an der Abhaltung einer Versammlung in ihrer Stadt zu hindern.

»Uns langt gleublich an, wie Heinrich von Baumbach etliche
leut gen Melsungen uf nehstkomenden mantag daselbst zu erscheinen sol beschrieben haben. Nu hat er hievor auch vile gen
Frielendorff beschrieben gehabt, es sein aber wenig erschinen.
Dieselben haben unserm ... mitverordenten rate Herman Rieteseln,
auch Crafften von Bodenhausen stathalter, Wilhelmen von Dornbergk und andern von solichem tag geschrieben[2]); das haben dieselben an uns gelangen lassen; den ist von uns antwort entstanden,
wie ir ab inligender abschrift habt zu vernemen.[3]) Nachdem ir nu
zum teil aus solicher abschrift vermerken moget, was und wie er
gehandelt hat und das ime nichts unpillichs begegnet ist, sondern
unsers sons und g. herrn notturft dasselb hochlich erfordert hat,
derhalb seiner l. und f. g. soliche zusamenkomung (als unverursacht
und unbillich) gar nit leidlich, sonderlich nachdem Heinrich von
Baumbach die einung des furstentumbs zu Hessen ufgeschrieben
hat und darine nit begriffen, ime auch gepurlichs rechten nit gewegert worden ist, des wir dan zu ider zeit urputig gewesen und
noch sein, darumb er sich mit warheit keiner unpillichen gewalt
beclagen mag; dweil ir dan unsers ... lieben sons und g. herrn
undertanen und verwanten, auch in der einung der lantschaft des
furstentumbs zu Hessen seit, di gelobt und geschworen habt, so
ermanen wir euch bei denselben pflichten, das ir euch solicher
handlung in der stat Melsungen als unserm son und g. herrn, auch

---

[1]) Datum fehlt. Die Landgräfin verweist auf ihr Schreiben vom 5. Dez.
1515 an Riedesel, Bodenhausen und Dörnberg (s. o. Nr. 193). Da zu vermuten
ist, dass Heinrich von Baumbach erst infolge des ablehnenden Bescheides, der
in demselben enthalten war, den Melsunger Tag ausgeschrieben hat, so dürfen
wir diesen wohl nicht vor Mitte Januar 1516 ansetzen. Erst wenige Tage vor
dem Baumbach'schen Termin ist der Brief an die Stadt Melsungen abgefasst
worden.
[2]) S. o. Nr. 191.
[3]) S. o. Nr. 193.

gemeiner lantschaft und der billicheit zuwider entschlaen und der
darine zu gescheen in keinen weg oder weise gestatten [wollt], angeseen wie ir unserm son und g. herrn, auch der einung verwant
seit. Des wollen wir uns also zu euch versehen. Wo aber solichs
daruber geschee und ir das gescheen liesset, het ir wol abzunemen,
das wir dagegen unsers sons und g. herrn notturft zu handeln auch
geursacht wurden. Darnach wisset euch zum besten zu richten.«

A. Mbg., O. W. S. 3, Cpt. von Feiges Hand.


**195. Die niederhessischen Städte[1]) an Landgräfin Anna und
die Verordneten Räte. [Kassel] 1516 Juli 7.**

Fordern, dass die Landgräfin entweder das Rechtserbieten Kaspar
von Berlepschens annimmt oder einen Landtag ausschreibt.

»H. Casper von Berlepschen ritter hat uns den steten schrift
getan, wie e. f. g. und ir unser herren aus der copien, so wir die
von Cassel e. f. g. und euch am jungsten uberschickt[2]), verstanden
haben. Nachdem er sich nue uf eine gemeine lantschaft zu Hessen
rechts erpeut, mit anzeigung, wes er sich mit rechte nicht erwheren
muge, so finde man doch sein leib und gut bei einander, das er
aus dem furstentumb zu keren ader zu verwenden nicht gemeint,
daran man sich nach erkentnis des rechten erholen moecht, demnach ist unser ganz undertenige bitt, mag es gesein, e. f. g. und
ir unser herren wullen . . . h. Caspern solchem seinem erpiten nach
zum rechten kommen lassen, ader woe e. f. g. und ir dasselbe zu
tun nicht gemeint, alsdan ufs furderlichst einen lanttag ausschreiben,
damit dise und andere sachen und clagen gestillt und zu fride gesetzt werden, in massen uns solchs hievor durch e. f. g. und euch
unsere herren, woe es die notdurft erheischen wurde, zu gescheen
gnediglich zugesagt ist. Nue bedunkt uns solichs hoch von noten
sein, aus ursachen, das schir nimant im furstentumb sicher hin und
wider wabern ader reisen mak. Solichs bitten wir underteniglich
der notdurft und gelegenheit nach mit gnaden und gunst von uns
und keiner andern meinung zu vermerken. . . . Bitten hiruf gnedige
antwort. Geben unter unsern der stete Cassel, Aldendorf an der
Wherre, Hoemberg in Hessen, Grebennstein und Wolfhain insigeln,
der wir andern stete uns hirzu mitgebrauchen, am montage nach
visitationis Marie virginis ao. XVI.«[3])

A. Mbg., Allg. polit. Abteil., Or.

---

[1]) Unterzeichnet ist das Schreiben von den Städten Kassel, Homberg in
Hessen, Allendorf an der Werra, Spangenberg, Grebenstein, Wolfhagen, Schmalkalden, Vach, Geismar, Witzenhausen, Sontra, Lichtenau, Immenhausen, Zieren-
berg, Trendelburg und Gudensberg.
[2]) Diese Abschrift war nicht aufzufinden.
[3]) Wir kennen leider nicht die Antwort der Landgräfin und der Räte
auf das Ersuchen der niederhessischen Städte.

**196. Kurfürst Friedrich und die Herzöge Johann und Heinrich von Sachsen an die hessischen Stände. 1516 August 3.**

Einladung zu einem Landtag am Spiess.

»Euch ist unverborgen, welchergestalt weilend unser voraltern und vorfaren ... desgleichen nachfolgend wir mit den hochgebornen fursten, den lantgraven zu Hessen, unsern lieben ohemen ..., auch unser allerseits land und leute bisanher in fruntlicher verbruderung und einigung gestanden, wie wir dan mit dem hochgebornen fursten, unserm lieben ohemen, dem ietzigen ldg. Philipsen und sein l. widerumb mit uns noch steen. Weil dan sachen und hendel an uns gelangen, daraus zu besorgen, das unserm jungen ohemen ldg. Philipsen, uns und unserer bederseits landen und leuten schaden und nachteil erfolgen, und wir zu abwendung desselben, sovil an uns aus angeborner freuntschaft und verwantnus, ganz geneigt, hegern wir gutlich an euch, ir wollet neben andern stenden des furstentumbs Hessen, den wir dergleichen auch geschriben, uf dinstag nach S. Michaelstag [September 30] schirst zu fruer tagzeit am Spis bei dem torn erscheinen, dieselben sachen und hendel von den unsern, die wir alsdan statlich dahin zu verordnen gedenken, anhoren, daruf ir euch dan unsers versehens geburlich erzeigen werden [!], damit dieselben beschwerungen und nachteil furkomen, und dasjenig, so ... unserm jungen ohemen, uns und unser bederteils landen und leuten zu wolfort, eren und nutz gereichen, furgenomen mogen werden, darzu wir dan zu furdern geneigt; und wollet nit aussenpleiben, als wir uns genzlich zu euch versehen; daran erzeigt ir uns sonders gefallen. Ob aber solichs von euch und andern gewegert und abgeschlagen wurde, so ist doch dis ansuchen von uns genediger und guter meinung bescheen, wollen uns auch, so unserm jungen ohemen ldg. Philipsen, euch und andern seiner l. landen und leuten etwas nachteil oder beschwerlichs hieraus erwachsen solt, hiemit entschuldigt haben. ... Dat. am suntag nach S. Peterstag ketenfeier ao. 1516.«[1]

A. Dr., Loc. 8675, Ldg. Phil. Vorm. 1509--24, Kop.

---

[1] Bei ihrem Versuch, die hessischen Stände gegen die Landgräfin-Witwe aufzuhetzen und dabei die hessische Vormundschaft wieder an sich zu bringen, rechneten die Ernestiner vermutlich auf das gespannte Verhältnis zwischen Anna und einem Teil des hessischen Adels, der für die früheren Regenten Partei ergriffen hatte. Wie gut man über diesen Zwiespalt in dem benachbarten Sachsen unterrichtet war, ersieht man aus einem wohlgemeinten Warnungsbrief, den Christoph von Taubenheim im Vertrauen an Balthasar Schrautenbach am 30. August 1516 richtete. Taubenheim spricht hier die Erwartung aus, dass die Landgräfin »bas mit der lantschaft zu Hessen stehe, dan hir im lande dervan geredt wirt, welchs ich uch guter neigonge auch nicht hab vorhalden mogen, in zuvorsicht, ir werdet mit irn f. g. solchen vleis verwenden, das di lantschaft kegen iren f. g. in guten willen erhalden werde, und das ir f. g. uf bemelte lantschaft, auch di rete und ander, so umb ir f. g. seint, gute achtonge gebe. ... Dat. sonabent nach Austine [Augustinus?] im 16. jor, mein hantschrift.« (A. Mbg., O. W. S. 3, Or.)

**197. Landgraf Philipp an die hessischen Stände. Marburg 1516 August 23.**

Hat das Landtagsausschreiben der Wettiner erhalten. Er erinnert die Stände an die Anmassung der Vormundschaft von seiten der Sachsen und die Misswirtschaft Boyneburgs. Beschwerde über das jüngste Landtagsausschreiben der Wettiner. Er verbietet den Hessen, den Landtag zu besuchen.

»Uns komen etlich gedruckt brief fur, darin unser ohemen h. Friderich curfurst, h. Hanns und h. Heinrich, herzogen zu Sachsen, ein versamlung an den Spis uf negst dinstag nach Michaelis [September 30] zu fordern furhaben.[1]) Nachdem ir nu wisset, wie sich verruckter zeit die . . . herzogen zu Sachsen nach absterben . . . h. Wilhelms, weilend lantgraven zu Hessen, . . . unsers lieben hern und vaters sel. . . . in unser furmundschaft und verwaltung wider desselben unsers hern und vaters sel. testament oder letzten willen, auch das gemeine recht geschickt und durch Ludwigen von Boynneburgk und andere seine anhenger unser furstentumb, land, leut und guter an veterlichen befel zu regirn understanden, auch unser selbst person in irem gewalt gehabt haben; was unrats aber aus solicher desselben Ludwigs und seiner anhenger regirung und handlung entstanden, das ist uf dem tag zu Cassel allenthalben gehort und euch on zweivel noch unvergessen. Dieweil aber nu von den genaden des almechtigen alle unser sachen leibs und guts in guten stand, wesen und besserung komen sein, understeen die . . . herzogen zu Sachsen widerumb in unserm furstentumb zu Hessen bewegung zu machen und versamlung auszuschreiben, das bei iren und unsern eltern . . . vormals nie mer erhort oder gesehen ist und uns, so das furgengig, an unser furstlichen oberkeit und gerechtigkeit hochlich abbruchlich sein wurde. Dan aldieweil ein mennlich person vom geplut von Hessen im furstentumb zu Hessen ist, sollen die herzogen zu Sachsen nichts darin zu tun haben. Darzu wissen wir nichts, das unser person, landen, leuten oder gutern einicherweise angelegen seie, das durch soliche versamlung gewend mocht werden; hegern demnach an euch alle semptlich und einen ieden in sonderheit genediglich und ermanen euch der eid und pflicht, damit ir uns als eurm rechten erbhern und landsfursten verwant seiet, das ir als die getreuen undertan solichs in unsern jungen, auch bei eurn selbst tagen nit einbrechen lasset, das frembde leut in unserm furstentumb versamlung ires gefallens beschreiben und machen mugen, euch bei eurn . . . eiden und pflichten ernstlich gebietend, und wollen, das ir solichen ausgekundten tag keinswegs besuchet oder beschicket, noch durch die oder ander dergleichen schrift bewegen lasset, sunder so euch ichts angelegen were, als wir uns nit versehen, das bei der hochgebornen furstin, frauen Annen geb. herzogin von Meckelnpurgk, lantgrefin zu Hessen, witwen, unser fruntlichen lieben frau muter und unsern verordenten reten suchet und anlangen lasset, die werden zu ieder

---

[1]) Vgl. o. Nr. 196.

zeit mit allem vleis einsehen haben, damit unser und eins ieden
unser undertan sachen zum allerbesten gekert und gewandelt werden.
Das wolten wir euch also genediger meinung nit verhalten, und
ir tut daran unsern ernstlichen befelh. Dat. Marpurg, unter unserm
ingesigl und eigner handschrift sambstags nach Thimothei ao. XVI.«

Nachschrift: »Auch lieben getreuen, ob sich ufrur oder
geschreie begeben und die glocken geschlagen wurden, so befelhen
wir euch bei denselben pflichten, das ir alsdan von stund an uf seit
und dem glockenclang folget, auch euch im selben unser freunt·
lichen lieben frau muter und unser verordenten rete befelhs haltet;
daran tut ir unser ernstliche meinung.«

A. Mbg., O. W. S. 3, Or.

### 198. Landgräfin Anna an Herzog Georg von Sachsen. Weissenstein bei Kassel 1516 September 4.

Beschwert sich über das Landtagsausschreiben der Ernestiner und
Hz. Heinrichs. Gegenmassregeln der Landgräfin. Sie bittet Hz. Georg,
seine Vettern dabei nicht zu unterstützen.

Sie beschwert sich darüber, dass Kurfürst Friedrich und
die Herzöge Johann und Heinrich »ein landtage hie zu Hessen an
Spis bei den turn« ausgeschrieben haben »und daselbsthin ein versamlung aller stende zu Hessen und der anhangenden lande und
gebiete, als der von graven, prelaten, ritterschaft und steten uf
einen genanten tag, der dan sein soll uf dinstage negst nach
S. Michelstag [September 30] zu machen, und von ersten vier gemein schrift, eine an die graven, die ander an die prelaten, die
drit an die riterschaft und die viert an die stete und darnach an
alle und iede person und stet derselben stende in sonderheit ein
cleine getruckte schrift offentlich ausgeen lassen, wie wir e. l. derselben beden hierin abschrift[1]) zuschicken.« Anna hat verboten,
diesen Landtag zu besuchen[2]), und hofft, dass die Unterthanen ihrer
Eide und Pflichten eingedenk sein und gehorchen werden. »Wo
aber iemants daruber sich entporn und solichen tag zu besuchen
oder zu beschicken furnemen und understeen, wurden wir geursacht,
nach unsers lieben sons und unser notturft, wie wir willens sein
und uns furgesatzt haben, dargegen zu suchen und zu gedenken.
Wan wir aber us solichem allem nicht anders vermerken oder abnemen mogen, dan das solichs allein irrung zu machen und unserm
lieben son und landen und leuten zu nachteil und schaden furgenomen wirt und beschicht, und der tanz und die gruntlich

_____

[1]) S. o. Nr. 196. Das gedruckte Landtagsausschreiben der Wettiner ent·
hielt die Einladung zur Versammlung am Spiess in knapperer Form; wir ver·
zichten daher auf die Wiedergabe desselben.
[2]) Vgl. o. Nr. 197.

meinung dis irs vermeintlichen furnemens am meisten umb uns
und e. l. und unsere kinder, si an dem, das kunftiglich allein bei
got steen mag, zu verhindern ist, so biten wir e. l. freuntlich,
si wolle den sachen auch nachgedenken und sich ire vetern
und bruder nicht bewegen lassen, noch in solich oder dergleichen
ir furnemen bewilligen; wan es unsers bedunkens der weg mit
sein mag, e. l. und ir erben auszuschieben und zu vertringen, wie
hiebevor zu vil malen durch si furgenomen und unterstanden worden
ist. ... Dat. Wiesenstein, am donnerstag nach Egidii ao. XVI.«

Nachschrift: »Auch haben alle stete des furstentumbs zu
Hessen, sobald ine die brieve zukomen sein, zu uns geschickt und
sich unterteniglich erpoten, sich unsers lieben sone [!] und unsers
gehorsams und gefallens und anders niemants zu halten.«[1])

A. Dr., Loc. 8675, Ldg. Phil. Vorm. betr. 1509—24, Or. mit eigenhändiger Unterschrift.

### 199. Werbung sächsischer Räte bei den hessischen Ständen. [1516 Ende September.][2])

Beschwerde darüber, dass die Wettiner durch die Landgräfin-Witwe
an der Ausübung der hessischen Vormundschaft verhindert werden. Schaden,
der daraus dem jungen Landgrafen erwächst. Aus diesem Grunde Berufung des Landtages. Die Rechnung der früheren Regenten. Die
Wettiner sind zur Ansetzung eines Rechentages erbötig.

Kurfürst Friedrich und die Herzöge Johann und Heinrich von
Sachsen beschweren sich darüber, dass sie von der Landgräfin-
Witwe und deren Anhängern an der Ausübung ihrer vormundschaftlichen Pflichten gegen den jungen Landgrafen verhindert
werden, was ihrem Mündel »zu merklichem schaden und nachteil
geraichen« werde. Denn die Herzöge von Sachsen können nicht
mehr Hessens Ansprüche auf die Grafschaft Katzenelnbogen gegenüber den Grafen von Nassau beim Kammergericht vertreten. »So
wist ir auch, das etliche cleinoter zu Molhausen gelegen, die nach
absterben ldg. Wilhelms des Mitlern sel. dobin komen und von den
regenten mit recht verkomert worden, derhalben di landgrefin mit
den regenten auf einen kaiserlichen schiede[3]) rechtlichen zu entschaiden an allenthalben unser gst. und g. hern gewachsen [!], darauf

----

[1]) Die Nachschrift steht nur im Concept (A. Mbg., O. W. S. 3), im Original
fehlt sie dagegen. — Hz. Georg antwortete am 12. September Anna, dass er es
abgelehnt habe, sich an dem Ausschreiben der Ernestiner zu beteiligen, da er
diese Massnahme durchaus missbillige. Er hofft, dass es der Landgräfin gelingen würde, Hessen vor Aufruhr zu bewahren. (A. Dr., a. a. O., Cpt.)

[2]) Dat. fehlt. Überschrift: »Instruction, was unser verordente und geschickte rete an die stende des furstentumbs Hessen, so auf dinstag nach
S. Michaelstak schirsten am Spies erschinen werden, werben sollen.« — Die
Räte, die mit der Werbung betraut wurden, sind in dem folgenden Aktenstück
namentlich aufgeführt.

[3]) Vgl. o. Nr. 29.

auch erkentnus ergangen[1]), aber der verhinderung halben, **so unsern gst. und g. hern** an der vormundschaft beschiet, ist verblieben, das die sache ir entschaft nicht hat erraichen mogen.   Aus dem allen sein unser gst. und g. hern verursacht, e. g. und gunsten alher zu beschreiben und euch das, so unserm g. hern ldg. Philipsen, desselben landen und leuten zu nachteil und beschwerung raichen mocht, zu vermelden.   Dan solt ichtes darinnen ldg. Philipsen zu abbruch und verkurzung seins rechten ubersehen, verlast [!] oder gehandelt werden, so wollen sich unser gst. und g. hern gegen gemeiner landschaft hiemit entschuldiget haben.«   Die früheren Regenten haben sich nicht geweigert Rechenschaft abzulegen, sondern sind erbötig, die Rechnung vor den Abgeordneten der hessischen Stände und den Herzögen von Sachsen als den Vormündern, denen sie sich eidlich dazu verpflichtet haben, zu thun. »Sie sein aber von etlichen zu rechnung erfordert, den es nach vermoge Kai. Mt. vertrege, auch irer selbs bewilligung nach nicht geburt, darumb inen unser gst. u. g. hern der end zu rechen nicht haben gestaten noch vergonnen wollen.«   Der Rechentag von Mühlhausen[2]) ist von den hessischen Ständen nicht beschickt worden. Darum ist die Rechenlegung unterblieben.   Die sächsischen Fürsten sind indessen bereit, einen neuen Tag an eine gelegene Malstatt anzusetzen, zu dem die Stände ihre Vertreter senden mögen. Schliesslich ermahnen die Herzöge die Stände, dass sie sich »gegen irn f. g. nicht verfuren lassen, sunder euch, wi euch geburt, halden und erzaigen, und ob under euch selbs im furstentumb irrung und unwillen entstanden, denselben abtun und fallen lassen und euch als di zusamen gehoren eintrechtiglich halden.«

A. W., Reg. C p. 112 Nr. 12, Cpt.

**200. Sächsische Räte an die Ernestiner.   Bericht über den Verlauf ihrer Sendung nach Hessen. [1516 Anfang Oktober.][3])**

Ankunft der Räte in Eisenach. Hier erfahren sie von dem Verbot der Landgräfin an die hessischen Stände, den Tag am Spiess zu besuchen. Die Städte werden gehorchen, ebenso viele vom Adel. Besorgnis der sächsischen Gesandten vor gewaltsamer Ueberrumpelung; daher Voraussendung eines Kundschafters bis Melsungen. Erfahrungen desselben. Auf die Warnung einiger hessischer Edelleute reitet auch er nicht an den Spiess, sondern sendet einen Knecht auf Kundschaft aus. Er trifft kein einziges Mitglied der Landschaft am Spiess, dagegen die Landgräfin an der Spitze eines grossen Reiterhaufens.

Philipp und Sigmund Grafen von Gleichen, Wolf von Weissbach, Philipp von Feilitzsch und Ullrich vom Ennd [?] »alle drei rittere

---

[1]) Vgl. o. S. 184 Anm. 1.
[2]) Vgl. o. Nr. 137.
[3]) Datum fehlt.   Überschrift: »Unterricht der geschickten, so an Spyss zu reiten verordent gewest, warumb sie den landtag nicht [haben] besuchen konnen.«

sambt andern vom adel« sind Sonnabend nach Mauritius [Sept. 27]
in Eisenach eingeritten. Dahin sind auch Ludwig von Boyneburg
und Hans Metzsch, Amtmann zu Hausbreitenbach, gekommen; die
haben berichtet, wie von der Landgräfin-Witwe den Ständen der
Besuch des Landtages bei Verlust ihrer Leben und Güter und
harter Strafe untersagt worden ist, welches Verbot man der Eile
halber an die Stadtthore hat anschlagen lassen, »dieweil kurz
halben der zeit iedem ein sondern [!] brief nit hat zugeschickt
werden mogen, davon die stete geursacht, als sie selbs besorgten,
den landtag nit besuchen wurden[!]. Dan Martburg und Cassel, den
die ander stet anhengig, betten e. f. g. boten selbs abgesagt, das
sie solchen tag nit besuchen wolten. So hielten sie dafur, das die
ambtleute, auch vil vom adel den zu besuchen wendig gemacht
wurden, wiewol an das die stete und die von der ritterschaft wol
gewilligt gewesen, den zu besuchen; ob aber die graven den besuchen wurden oder nit, des konten sie nit aigentlich wissen tragen.
Sie wolten uns auch nit bergen, das inen glaublich bericht zukomen,
das man in den ambten und steten aufgeboten het, das iederman
nach dem glockenstreich, davon eine die ander rege machen solt,
zuziehen [soll]; wieder wen und wie man die leut, so man in die
entporung brengen, gebrauchen wolt, konten sie nit aigentlich
wissen; sie hielten es aber dafur, das man damit untersteen wolt,
den tag wendig zu machen und den leuten den zuzog zu wehren.«
Darauf beschliessen die Räte, sich nicht »ane versicherung der
landschaft« an den Spiess zu begeben, »damit nit e. cf. und f. g.
und uns als e. g. geschickten schimpf und nachteil daraus entsteen
mocht.« Sie ordnen daher Hans von Metzsch am Montag Michaelis
[Sept. 29] an die hessischen Stände ab, um sich zu erkundigen, ob
dieselben sich am Spiess zahlreich eingefunden hätten und geneigt
wären, die sächsischen Räte sicher zu ihnen geleiten zu lassen.
Wie Metzsch nach Melsungen kommt, trifft er etliche Edelleute,
die den Tag am Spiess eben besuchen wollten. »Aber daselbs sie
in glaubhaftig kunde komen, das die landgrefin die ambt Spangenberg, Treyss, Homburg und Zciegenhayn sambt den steten, die
umb den Spies gelegen, errege gemacht und darzu ein grosse zal
reuter, die auch zum teil ausserhalb des furstentumbs Hessen darzu
geworben, bei sich bracht und zwu straifend rot darauf verordent,
die aufn dinstag nach Mauricy [Sept. 23?][1] umb den Spiess hin
und wider streufen solten, zu verhuten, das nimand den tag besuchet; derhalben ir keiner hat verreiten wollen, auch gesagt, das
sie sich vermuten, das nimants von den stenden des furstentumbs
Hessen dahin komen werd. Die edelleut, so zu Melsungen gewest,
haben Hannsen Metzschen gewarnet und vleissig gebeten, das er
nicht verreiten wolt; dan sie hielten es gewisslich dafur, so er
reiten, das er niderligen wurd.« Metzsch schickt einen Knecht

---

[1] Wahrscheinlich soll es für Dienstag nach Mauritius nur Dienstag nach
Michaelis heissen; denn auf diesen Termin, d. 30. September, hatten die Wettiner
den Landtag ausgeschrieben.

mit einem Sendbrief und einer Instruktion[1]) an den Spiess, »ab er
iemands von den stenden des furstentumbs Hessen da fund.« Dieser
trifft am Spiess kein einziges Mitglied der Landschaft an ausser
denen, »die in namen ldg. Phillips durch die furstin und ire rete
dahin erfordert sind gewesen. Da ist die furstin mit iren reten,
hz. Johanns zu Sachssen[2]) und ldg. Phillips am Spies gewest, haben
bei dritthalb hundert pferden in vollem harnasch gehabt, und ldg.
Phillips ist selbs im kurs gewesen und gleich im abbruch dadannen
gein Zciegenhayn gezogen. Curdt von Waldenstein hat den zu-
geschlossen brief an die stend des furstentumbs Hessen haltend
sambt der instruction zu sich genomen«, beides abschreiben lassen
und dem sächsischen Knecht zurückgegeben.

A. W., Reg. C p. 112 Nr. 12, Cpt.


**201. Bündnisvertrag zwischen der Landgräfin Anna von
Hessen und dem Bischof Johann IV. von Hildesheim. [Höxter]
1516 Dezember 6.**

Zur Verhinderung von Fehden, die sich zwischen Hessen und Hildes-
heimern entspinnen könnten, wird von beiden Seiten ein rechtlicher Austrag etwaiger Händel festgesetzt. Gegenseitige Hilfeleistung im Fall eines
Angriffs. Dauer des Bündnisses. Bekräftigung des Bündnisses durch die
Verordneten Räte und den ständischen Ausschuss in Hessen.

»Wir Anna von gots genaden geb. herzogin von Meckelnburgk
lantgrevin zu Hessen ... und die verordenten rete desselben furstentumbs Hessen anstat und von wegen des hochgebornen ... h.
Philipses lantgraven zu Hessen bekennen«, dass wir uns mit Herrn
Johann, Bischof zu Hildesheim, Herzog zu Sachsen, Engern und
Westfalen verbündet haben, und zwar unter folgenden Bedingungen:
»1. Das unser son ... und wir an seiner stat, dergleichen seiner
l. und f. g. undertan ... unsern hern freund und g. hern bischof
Johann und seiner l. und f. g. undertanen mit ganzen treuen meinen,
eren und furdern sollen und wollen. 2. Es soll auch kein teil
noch desselbigen undertanen und verwanten gegen den andern zu
vheden, kriegen oder tatlicher handlung komen umb kein sache,
keinerlei weise, sunder ob ein teil oder die seinen zu dem andern
ichts zu sprechen hette oder gewunne, sol er den andern darumb
fordern und furnemen nach laut des hernachgemelten austrags, darzu sol kein teil seinen undertanen noch verwanten solichs ... furzunemen gestaten noch zulassen, sunder, wo es geschee, mit allem
vermugen darzu tun und des kar, wandlung und widerstatung,

---

[1]) Vermutlich mit der Werbung oben Nr. 199.
[2]) Der Sohn Hz. Georgs und Bräutigam der Tochter der Landgräfin-
Witwe Fräulein Elisabeth.

sovil immer muglich, verschaffen.[1]) 3. Furter solle ein furst des andern undertanen in seinen landen und gebieten getreulich schutzen und schirmen, auch denselben zu und durch seine lande und gebiete uf gewonlichen zol geleit und sicherheit geben und in craft dieser einung und buntnus von uns anstat und von wegen unsers sons und g. hern ldg. Philipses genzlich gegeben sein. 4. Es sol auch keins teils undertan des andern undertanen und verwanten kummern, ufhalten oder hemmen, sonder so einer mit dem andern zu schaffen hett oder gewonne, sol dasselbig nach vermug hernachgemelts ustrags gericht und ausgetragen werden, und nemlich dermassen: Ob ein furst zu dem andern oder wir anstat unsers sons und g. hern sprach betten oder gewonnen, sol er den nach laut des heiligen reichs ordnung furnemen, und ob eins undertan zu dem andern fursten zu sprechen oder forderung hette oder gewonne, so sol der angesprochen furst dem cleger 5 seiner rete setzen, dieselben nidergesetzten rete zu der handlung irer eide ledig ge-sagt werden, und sollen alsdan die angezeigten rete macht haben, die irrung gutlich mit wissen oder rechtlich uf ire eide an wissen zu entscheiden. Wes dan da von denselben in der guete ge-scheiden oder zu recht gesprochen wirdet, dabei solle es pleiben, doch das dieselbig rechtfertigung in einem jar, als die angefangen wirdet, ir entschaft erreiche. Auch solle die sach durch mund-rede vor den ... scheitsrichtern furgetragen werden und der vorbescheid in der stet einer nach willen des beclagten teils be-scheen als mit namen zu Gottingen oder Huxor [d. i. Höxter], zu Huxor oder Gottingen. Wer es aber, das ein furst zu des andern undertanen zu sprechen bette, sol ime derselbig undertan gerecht werden vor seinem des beclagten undertans landsfursten und reten. Ob aber die undertanen gegen einander sprach beten oder ge-winnen, sollen sie sich ordenlichs rechtens gebrauchen, und wo es erbschaft ader lehengut antreffe an den orten, da die gueter ge-legen sein; wer es aber umb personlich spruch, an den orten, da

---

[1]) Wie der Ritter Johann von Pappenheim sich weigerte, dieser Be-stimmung des Vertrages nachzukommen und seine Fehde gegen den Bischof von Hildesheim fortsetzte, darüber s. Anna von Hessen S. 173 f. Am Donners-tag nach Exaudi 1517 (Mai 28) beauftragte die Landgräfin-Witwe Wilhelm von Dörnberg und Kraft von Bodenhausen, Johann von Pappenheim zu sagen, dass er sich, wo er »den anstant nit annemen noch tagsatzung verfolgen wurde, ... alsdan keinerlei hilf, furschub noch underschleifung zu des furstentumbs Hessen undertan noch verwanten versehen solte; wan solichs wolt in keinen weg zuzusehen, noch nach vermug der einung zu verantworten sein.« (A. Mbg., Allgemeine politische Abteilung, Cpt.) — Als Johann von Pappenheim sich an diesen Befehl nicht kehrte, gab die Landgräfin dem Statthalter in Kassel Kraft von Bodenhausen den Auftrag, den hildesheimischen Edelmann Statius von Münchhausen gegen die Angriffe Johanns zu schützen und zu verteidigen. Bodenhausen sollte ausserdem »mit den von Papenheim ernstlich verfugen, wo sie ime [Münchhausen] etwas gnommen betten, das sie ime dasselb on entgelt-nus sonder alles verziehens widerumb zustellen, und habe er etwas zu ime zu sprechen, das er dasselb mit recht gegen ime austrage und laut seins er-pietens sich recht benugen lasse und solcher ungepurlicher handelung sich enthalte. ... Dat. Hombergk, freitags nach Egidii ao. XVII« (Sept. 4; A. Mbg., a. a. O., Or.).

der antworter sesshaftig ist, wie das alles die ordnung des reichs
und die gemeinen recht vermugen, bescheen. Und sol an idem
ort von dem fursten und bevelhabern darin ernstlich gesehen
werden, das einem iden angezeigter massen furderlichs rechtens
gestat und verholfen und darin kein geferlicher verzug geliten
werde.    5. Und ob der stift Hildesheim oder das furstentumb
Hessen von iemants befhedet oder sunst zu vheden verursacht
und den andern teil umb hilf ersuchen wurde, so sol ime derselbig
gefordert teil, so er des zu recht mechtig ist, uf seinen schaden
und des becrigten costen 150 geruster pferde zuschicken, dieselben
so lang bei dem bekrigten pleiben sollen, als er der notturftig ist;
ob auch der etlich gefangen wurden, sol der bekrigt kein rachtung
annemen, die gefangen sein dan zuvoran erledigt.    Wer aber der
gefordert teil in der zeit selbst mit herescraft belegert, alsdan
und in keiner andern gestalt sol er zu schicken nit schuldig sein,
sonder, sobald er solcher herescraft entledigt wirt, schicken und
helfen.    6. Und ob sich auch begebe, das got durch sein gotliche
milt verbuten wolle, das das stift Hildesheim oder das furstentumb
Hessen an landen oder leuten mit herescraft uberzogen wurde,
so solle ein furst dem andern uf sein ansuchen und erfordern uf
des uberzogen teils costen und des andern schaden ein anzal
reisigs zeugs und fusfolks, nemlich 300 geruster pferd und 1500
zu fues unwegerlich und unverzuglich zusenden und damit getreulich hilf und beistant tun, retten und weren helfen.    7. Auch
solle diese einung, buntnus und vertrag steen 6 jar nehist nach
einander folgent und darnach so lang, das ein furst dem andern,
dem si lenger nicht beliebt, mit seinem versigelten brief uf-
schreibet.    8. Es sollen auch von allen teiln in dieser einung und
vertracht ausgescheiden sein zuvoran« Papst und Kaiser »und diejenigen, damit wir Annen landgrefin und die rete anstat unsers
sons und g. hern ldg. Philipses zu Hessenn und sein l. und f. g. in
vorzeiten, eher dieser einunge vertracht und buntnus gemacht, in
einunge stehen, und sollen dieselben vertracht diese und diese
itzige die andern nit krenken, sonder bei volkomener macht pleiben.
9. Und damit soliche verpuntnus, einung und vertracht ... in
allen punkten und artikeln von uns anstat ... unsers sons und
g. hern ufrichtig, standfestig und wol gehalten werde ..., so haben
wir Anna ... unser eigen und wir die verordenten rete anstat
und von wegen ... ldg. Philipses zu Hessen unser gemein ingesigel
an diesen brief und einunge lassen henken.    So haben wir Peter
von Trespach, Johann von Lebennstein der elter im obern, Heintz
von Eschwege und Ernst Diede im nidern furstentumb Hessen
sesshaftig alle vom ausschos ider sein eigen und wir burgermeister
und rete der stete Cassel und Marpurgk unser stet ingesigele,
nachdem soliche einung, buntnus und vertracht auch mit unserm
wissen und willen gemacht und ufgericht ist, die wir auch himit
in craft dis brives ires inhalts stet und vest fur uns und unser
nachkomen zu halten gereden und versprechen, an diesem brief
wissentlich tun henken, den wir ... unserm hern freunde und g.

hern bischof Johan zu Hildesheim zugestelt und gleicher weise von seiner l. und f. g. einen dargegen empfangen haben.[1]) Geben uf sunabent nach Andree ap. ao. 1516.«

A. Mbg., Allgem. politische Abteilung 1513—18, Cpt.[2])

[1]) Das Original der bischöflichen Vertragsurkunde befindet sich im Sammt-archiv zu Marburg, Schublade 63 Nr. 34. Ausser dem Bischofe Johann siegelten 2 Mitglieder des Domkapitels und 4 Mitglieder der Ritterschaft: Hans von Steinberg, Henning Rauschenplat, Barthold Bock und Dietrich Frese. Ur-sprünglich sollte auch, wie auf hessischer Seite Marburg und Kassel, von seiten der hildesheimischen Stände der Rat der Stadt Hildesheim den Vertrag besiegeln. In der »Ainigungs-Nottel« (Datum fehlt; vermutlich Anfang Dezember 1516), die von hessischer Seite aufgestellt worden war, stand an der Spitze die Forderung: »1) Sol mein g. her von Hildensheim sambt seiner f. g. capittel, desglichen 8 aus der ritterschaft, darzu der raet der stat Hildensheim vor sich und von wegen der gemeinen lantschaft des stiefts zu Hildensheim noch bemelte einong mit versigeln und verschreiben. 2) Soll mein g. fraue, die rete, desglichen vier von der ritterschaft die vom auschos, die seien zwen im obern und die andern zwen im nidern furstentomb Hessen, darzu von steten Cassel und Martpurg dise einong sigeln« (A. Mbg., Allg. polit Abt. 1513—18, Cpt.). Wie wir nun aus einem Schreiben, das Henning Rauschenplat an Waldenstein am Mittwoch nach Scholastica 1517 (Februar 11) richtete, erfahren, weigerte sich der Rat von Hildesheim, die Vertragsurkunde zu besiegeln, mit der Be-gründung, dass »bei ine nit wontlich sein solle, dae ir lantfurste vortrechte ufrichte und vorzigele, von ine auch zu vor[si]geln, sundern laissen das alwege bi des fursten bewillinge und vorzigelunge und wissen sich des der gepure vor untertanen des falls wol zu halten und willen sich des auch hirinne gepurlich untertanichlig und willig balten.« (A. Mbg., Allg. polit. Abtg. 1513—18, Or.)
[2]) Die Original-Urkunde des Vertrages, die dem Bischof von Hildesheim von seiten der Landgräfin zugestellt wurde, war im Staatsarchive zu Hannover nicht auffindbar.

# XIII.

## Umsturzversuche der Parteigenossen der früheren Regenten während der Sickingenschen Fehde. Erfolgreicher Widerstand der Landgräfin Anna und Landgraf Philipps gegen den aufsässigen Adel. Rechnungslegung Boyneburgs vor Landgraf Philipp.[1)]

1516 Dezember 9 — 1521 Dezember 16 (Nr. 202—230).

---

Wie in den früheren Jahren regten sich auch 1517 und 1518 die Standesgenossen der geächteten früheren Regenten in Hessen und seinen Nachbarländern in unablässigem Eifer, um die Landgräfin zur Wiederherstellung Boyneburgs und seiner Leidensgefährten zu vermögen. Aber allen Drohungen von seiten der Ritterschaft zum Trotz und ungeachtet der Vorstellungen der Wettiner wich Anna nicht um Haaresbreite von dem einmal eingenommenen Standpunkte ab. Nach wie vor forderte sie als Vorbedingung für die Rückgabe ihrer Güter von den Regenten die Rechnungslegung. In ihren Bestrebungen, die Stände zurückzudrängen, fuhr Anna fort. Sie berief im Widerspruch mit der Treysaer Einung keinen Landtag; selten versammelte sie den ständischen Ausschuss. Durch die frühzeitige Mündigmachung Landgraf Philipps mit kaiserlicher Erlaubnis befreite sie die landesherrliche Regierung mit einem Male von den Fesseln der ständischen Bevormundung; die Verordneten Räte verloren dadurch ihren Charakter als erwählte Vertreter der hessischen Stände und wurden einfache Beamten des regierenden Fürsten; die Thätigkeit des ständischen Ausschusses hörte damit ganz auf (Nr. 202—210).

Das strenge, rücksichtslose Regiment der Landgräfin und ihrer Ratgeber Riedesel, Schrautenbach und Feige steigerte die

---

[1)] Vgl. hierzu Anna von Hessen S. 163—200.

unter dem Adel herrschende Unzufriedenheit von Tag zu Tag, und es bedurfte nur eines Signals, um die Feinde Annas wie im Jahre 1509 zu einem Erhebungsversuch gegen die missliebige Regierung aufzurufen. Dieses Signal ging von Franz von Sickingen aus. Wie weit sein Einfall im September 1518 im geheimen Einverständnis mit den Parteigängern der früheren Regenten angezettelt wurde, lässt sich nicht feststellen. Sicher aber ist, dass ein ansehnlicher Teil des hessischen Adels von Anfang an Sickingens Unternehmungen begünstigte und für seine Zwecke auszubeuten trachtete. Als Franz den Rhein überschritt, da rief Johann Schwertzell von Willingshausen die auf dem Kirchhof zu Gernsheim versammelte Ritterschaft zur Berufung eines Landtages und zum Sturz des verhassten Regiments der Mutter des Landgrafen auf. Gernsheim und Umstadt wurden an Sickingen ohne Gegenwehr preisgegeben, und in Darmstadt schloss der hessische Adel über den Kopf des jungen Landgrafen mit Sickingen einen schimpflichen Vertrag ab, in dem unter anderm die Wiederherstellung der alten Regenten in ihre Güter ausbedungen wurde. Als dann Philipp sich weigerte, den Vertrag sofort zu vollziehen, suchte die Ritterschaft mit Gewalt ihren Willen durchzusetzen. Sie zogen von Stadt zu Stadt und forderten die Bürger zum Besuch eines Landtages auf, wo man die Erfüllung des Sickingenschen Vertrages fordern und das Regiment in Hessen ändern wollte. Da man furchtbare Drohungen gegen die Landgräfin und ihre Diener ausstiess und die Häupter der Bewegung sich der Person des jungen Landgrafen zu bemächtigen trachteten, floh Anna mit ihrem Sohne von Giessen nach Grünberg. Aber hier fühlte sich die Landgräfin in Sicherheit und raffte sich zu entschlossenem Widerstande auf. Da die Städte und ein grosser Teil des Adels treu zum Landesherrn standen, wies sie mit Entschiedenheit die Forderungen der in Homberg versammelten regentisch gesinnten Ritterschaft zurück: weder in die Berufung eines Landtages noch in die Änderung des Regiments willigte sie ein. Allen Anfeindungen zum Trotz behaupteten sich Anna, Schrautenbach und Riedesel am Ruder, während Eitel von Löwenstein, Philipp Meysenbug und Kraft von Bodenhausen als die Häupter der Erhebung aus dem Rat des jungen Fürsten entlassen wurden (Nr. 211—226). Auch nach dem Rücktritt seiner Mutter von der Regierung hielt der Landgraf Philipp an dem von Anna eingeschlagenen Kurse fest. So eifrig sich auch bei ihm die Wettiner für Boyneburg verwandten, so wollte er lange Jahre von einer Begnadigung des früheren Landhofmeisters nichts

wissen. Bei der Rechnungslegung in Kassel warf er Boyneburg
persönlich vor, dass er das Testament Landgraf Wilhelms um-
gestossen und sich durch eine Verschwörung zum Nachteil des
jungen Fürsten ·in das Regiment gedrängt habe. Erst nach viel-
jähriger Busse wurde Boyneburg von Landgraf Philipp begnadigt
(Nr. 227—230).

---

**202. Philipp und Götz von Berlichingen, Philipp der Ältere
und Karl Echter zu Mespelbrunn und Hans Melchior von Rosenberg an die Stadt Kassel.[1]) 1516 Dezember 9.**

Fordern, dass Kaspar von Berlepsch wieder in seine Güter eingesetzt werde.

»Es hat uns der gestrenge h. Casper von Berlebsch ritter,
unser lieber schwager und freunt von wegen seiner, auch unser
swester und wasen, seiner hausfrauen wegen, abermals angesucht
und wes ime boben sein uberflussig rechtlich erpiten begegen, angezeigt, das ime auch unser und unser freuntschaft mit guter anzal
hievor getan rechtlich erpiten nicht erschiesslich gewesen[2]), und
wer ime also das seine gewaltiglich furenthalten und wider alle
pillickeit genomen. Ist nochmals unser ernstlich begeren, ime und
seiner hausfrauen, unser swester und wase, ire habe und guiter
unbeschwert und on entgeltnis mitsambt ufgehabener apnutzung,
kosten und schaden widerumb zu verschaffen und zuzustellen und
bei seinem rechtlichen erbieten, formals zum dickern mal bescheen,
dasselbige von ime anzunemen, bleiben lassen. Woe aber solchs
von euch nicht geschee und von dem gewalt apgestanden, habt ir
zu bedenken, das wir darnach unsern swager und freunt, auch
swestern und wase in dem bedrangen nicht lenger wissen konnen,
und ist abermals unser ernstlich beger . . ., damit anders, so daraus
erwachsen moecht, vermiden pleibe. . . . Dat. dinstags nach conceptionis Marie ao. XVI.«[3])

A. Mbg., O. St. S. 7862, Kop.

---

[1]) Die Adresse des Schreibens der fränkischen Ritter ist weiter gefasst
und soll wohl allen Städten in Hessen gelten: »Den ersamen und weisen burgermeister, rate, zunften und ganzer gemeine der stadt Cassel und allen andern
steten, so dahin gehorig und anhengig, unsern guten gonnern.«
[2]) Vgl. o. Nr. 172.
[3]) Eine Abschrift des obigen Schreibens sandten die Kasseler am Mittwoch nach Lucie (Dezember 17; A. Mbg., a. a. O., Or.) der Landgräfin und den
Verordneten Räten mit der Bitte, »die sache gnediglich zum besten zu bedenken, damit weiterung und schade, der kunftig zu geschehen aus solchen
schriften zu vermuten ist, mit gnaden sovil muglich zu verkomen, uns auch
gnedige underweisung tun, wie wir uns geburlicher weise mit antwort und sust

**203. Herzog Georg von Sachsen an die Landgräfin Anna und die Verordenten Räte. Instruktion Christoph von Taubenheims. [Dresden 1516 Dezember 13.]¹)**

1. Die Rechnungslegung der früheren Regenten vor den Wettinern. 2. Verhältnis der Häuser Hessen und Sachsen zum Kaiser. Ihre Feinde beuten den zwischen der Landgräfin und den Ernestinern bestehenden Zwiespalt am kaiserlichen Hofe aus. Vorschlag Hz. Georgs, zwischen Anna und seinen Vettern die Aussöhnung zu bewerkstelligen.

1. Hz. Georg entschuldigt sich, dass seine Räte der Rechnung der früheren Regenten beigewohnt haben; das ist »unserm ohaimen und dem furstentumb zu Hessen zu keinem nachtail« geschehen, »auch in keiner andern mainung, dan das dieselbigen regenten, nachdem wir umb einkomen und gelegenheit berurts furstentumbs Hessen kein sonderlichs wissen hetten, mit solher irer rechnung an ... ldg. Philipssen, unser lieben muhmen und swiger die lantgrefin und das verordent regiment solden geweist werden, wie inen solichs durch unser allerseits rete furgehalten ist²), darauf

---

allenthalben, wie uns wol ansteht, hirin halten sollen.« — Am Samstag nach Felicis in pincis 1517 richtete Götz von Berlichingen und seine Genossen abermals die Aufforderung an die Landgräfin-Witwe, Kaspar von Berlepsch unverzüglich in seine Güter einzusetzen (A. Mbg., O. W. S. 3, Or.), welches Ersuchen Anna unter Hinweis auf das Rechtsgebot, das sie Berlepsch zur Annahme gestellt habe, entschieden ablehnte (dat. Marburg, am Montag nach Conversionis Pauli 1517, Cpt.).

¹) Hz. Georg übersandte obige Instruktion aus Dresden am Sonnabend Lucie 1516 an Taubenheim mit dem Auftrage, sich aufs schleunigste nach Hessen zu begeben. Taubenheim jedoch entschuldigte sich in einem Schreiben an Hz. Georg vom 17. Dezember (A. Dr., Loc. 8675, Ldg. Phil. Vorm. betr. 1509—24, Or.), dass er wegen Krankheit die Sendung nicht übernehmen könne. Infolgedessen hat wahrscheinlich der sächsische Rat Seiffart von Lüttichau, der nach dem obigen Schreiben Hz. Georgs an Taubenheim »auf sonnabend in den cristheiligen tagen [Dezember 27]« in Marburg eintreffen sollte, die Aufträge des Albertiners, wie sie in der obigen Instruktion wiedergegeben sind, allein ausrichten müssen.

²) Am Dienstag nach Egidius [1516 September 2] erschienen zu Naumburg die früheren Regenten Boyneburg, Berlepsch und Hatzfeld (Baumbach war gestorben, Schenk und Bodenhausen waren durch Krankheit am Besuch des Tages verhindert), um vor den Räten der Wettiner die Rechnung abzulegen. Nach Beendigung der Rechnung erteilten die sächsischen Räte den Regenten nicht Entlastung, da sie dazu keinen Auftrag von ihren Herren erhalten hätten. Die Inventarien und Rechnungsregister wurden beim Rat zu Naumburg hinterlegt. Am Dienstag nach Simonis und Judä [November 4] eröffneten die Räte der Wettiner den Regenten auf einem Tage zu Gotha, dass ihre Herren sie nicht »quittiren« könnten, »dieweil wir nicht gruntlich gewissen mogen, ob ire rechnung bestendig oder unbestendig.« Sie sollen dieselbe noch den hessischen Ständen vorlegen gemäss einer Verabredung, die mit den kaiserlichen Kommissaren zu Marburg [1510 Juli] getroffen worden sei. (A. W., Reg. C p. 113 Nr. 13.) Die Ernestiner hofften, die früheren Regenten auf dem Landtage am Spiess, den sie für Ende September 1516 anberaumt hatten, schliesslich zu quittieren. Als diese Hoffnung fehlschlug (vgl. Anna von Hessen S. 159 ff.), waren die Ernestiner für ihre Person geneigt, die früheren Regenten wegen der Rechnung zu entlasten, Hz. Georg indessen nicht. Er scheint die Regenten sogar ausdrücklich dazu aufgefordert zu haben, der Landgräfin Anna und den hessischen Ständen nicht länger die Rechnungslegung zu weigern. Infolgedessen wandten sich die Regenten in einem ausführlichen Schreiben an den Albertiner

sie von unsern vedtern, bruder und uns bisher nicht quittirt worden.«
2. Bezüglich eines kaiserlichen Mandats, das der Erzbischof von
Mainz gegen Hessen in Sachen des goldenen Weinzolls ausgebracht
hat, bemerkt Hz. Georg, dass er gern bereit ist, der Landgräfin
und ihren Räten in dieser Angelegenheit beiständig zu sein.[1] »Unser
geschikter mag der lantgrefin und dem regiment auch darneben
anzaigen, das uns vor etlichen tagen von Kai. Mt., desgleichen
unsern vedtern und, als wir uns vorsehen, unserm bruder auch
dergleichen mandat zukomen. Und wiewol wir in hoffnung stunden,
das solhe beschwerung gegen unserm ohaimen bei Kai. Mt. wol
abzuwenden sein solde, bedechten wir doch darbei, das in disen
und andern sachen nicht unbequem sei, Kai. Mt. in genedigem und
gutem willen zu erhalten. Dan wir befinden aus diser und vil
andern scheinlichen ursachen, das kurzlich nach einander bei seiner
Mt. vil schwinder und heftiger mandat beiden heusern Sachsen und
Hessen zu entgegen und nachtail ausbracht worden, daraus wir
unsers einfeltigen bedenkens nicht anders ermessen konnten, denn
das villeicht durch unser allerseits abgonner und widerwertigen
gesucht wurde, Kai. Mt. wider uns zu ungnaden zu bewegen und

---

am 22. November 1516 (A. Dr., Loc. 8675, Ldg. Phil. Vorm. betr. 1509—24,
Or.), wo sie unter anderem ausführten: »Nu sein wir solches angebens nicht
wenik beschwert. Wir hoffen aber, es sei e. g. entlich gemuet gar nicht. Dan
ie e. f. g. uns in vorwaltung der vormuntschaft gnediklich angenomen, uns
trostlich zugesagt, bie gleich und recht zu hanthaben, zu schutzen und zu
schirmen. Dan unsers wissens allwege aus e. f. g., e. g. vitter und bruder bevelch und geheis gehandelt und eins ieden jares unser rechnung gefertiget und
e. aller g. horen lassen und der wort gebraucht, das wire, woe es unserm g.
herren ldg. Philips gelegen, gern sehen, auch wol leiden moegen, dass e. aller
g. als vormunder die ganze lantschaft vom obern bis auf den herten
darzu zoigen. Der hait aber keins wollen sein und sunderlich von e. g. die
wort begegent, das ein solches an noit sei, dan e. f. g. als vormunder
geboere die rechnung und niemant anders und dieselbigen mussen iren
oehemen kunftig zu seinen mundigen jaren bericht darvon tun. So in unserm
abscheit mussen zusagen, in den pflichten stehen zu pleiben und e. aller g. und
niemant anders die rechnung darzu. Als wir von der hochgebornen furstine
frauen Anna geb. herzogin von Meckelnburgk … und iren reten zur rechnung
in vorgangen jaren kegen Martpurgk erfordert, haben wir e. aller g. ein solches
undertentiklich vormelt, und woe wir zu der zeit unser pflicht von e. g. ledig
gezelt, uns gnediglich dahin geweist, wolten wir uns gehorsamiklich gehalten
haben, auch von etlichen unsern freunden die vortrostung gehaipt, wan wir
unser eide, die wir e. aller g. getan, ledik weren, solten wir unser sach wol
zu gutem ende komen. Doc haben e. aller g. uns bie unsern eiden und
pflichten schriftlich vorboten, niemant anders dan e. g. als vormunder die rechnung zu tun. Des haben wir uns gehorsamiklich gehalten
und in das dritt jare mit merklicher beschwerde unser ern, leibs und guts zu
einem ewigen vorderben also gesessen und solten nu erst unsern hochsten
finden mit der rechnung, die doch e. aller g. von uns gnediklich haben nehemen
lassen, heim gewiesen. Des haben wir uns in keinen wek vermut.« Sie hoffen
vielmehr, dass die Wettiner »dieweil e. aller g. rete uns eroffent, sie finden
uns erbar und aufrichtik in unser rechnung, uns noch gnediglich quitiren
lassen. … Geben am sampstag nach unser lieben frauen tak opferung in
tempel ao. XVI.« (A. Dr., Loc. 8675, Ldg. Phil. Vormundsch. betr. 1509—24, Or.)

[1] Über die Differenzen, die über die Erhebung des Weinzolls zwischen
Hessen und den Nachbarn schwebten, vgl. O. Meinardus, Der katzenelnbogische
Erbfolgestreit I, 39.

zwischen bemelten beiden heusern Sachsen und Hessen uneinigkait, zutrennung und vordrieslichen widerwillen zu stiften, und sonderlich weil dieselbigen abgonner und widerwertigen villeicht vermerkten, das unser vedtern mit dem furstentumb Hessen in einem widerwillen stunden, hette man sich sovil mehr allerlei widerwertigen zuschube zu vermuten, derhalben wol von noten, unser allerseits sachen in guter achtung zu haben und von allen teilen in nachbarlicher freuntlicher einigkait und gutem willen zu leben. Dan kein zweifel wer, wan beide heuser Sachsen und Hessen treulich zusamensetzen, wurden die sovil weniger angefochten, konnten sich auch irer widerwertigen sovil bas aufhalden. Und weil uns denn solher widerwille und uneinigkait zwischen gemelten unserm vedtern, unser swiger und dem regiment nicht geliebt, wolden wir gern, das derselbig zwispalt freuntlich beigelegt und entschaiden wurde, und wan unser swiger und das verordent regiment vor gut ansehen und inen leidlich, wolten wir gern bei unsern vedtern fleissigen, damit widerumb dieselben vordriess mochten beigelegt und widerumb ein foller guter vorstant zwischen beiden heusern gemacht werden, solt an zweifel diser beschwerde vil dadurch aufgehaben werden.«[1])

A. Dr., Loc. 8676, Hessische Sachen, glz. Ndschr. der Kanzlei Hz. Georgs.


**204. Philipp von Frankenstein an die Landgräfin Anna und die Verordneten Räte. 1517 Februar 13.**

Bittet um Entlassung aus dem ständischen Ausschuss.

Er bittet um seine Entlassung aus dem Ausschuss, in den er auf dem Tage zu Homberg gewählt ist. Damals habe er dieses Amt auf ein Jahr übernommen, »aber doch solichs unangesehen numehe in das viert jare in demselbigen bevelh das best getan, uf e. g. und gunst schriben allwegen mins vermogens erschienen und nochgevolkt, das min verzert und zugebuest one alle belonung, des ich noch also in mangel stee, welchs mir hinfur zu tun ... zu schwer sin will.« Er bittet für seine Dienste um angemessene Entschädigung. Dat. Freitag nach S. Apollonientag ao. 1517.

A. Mbg., O. W. S. 3, Or.

---

[1]) Wie die Landgräfin die Anträge Hz. Georgs im Dezember 1516 aufgenommen hat, darüber erfahren wir nichts. Wahrscheinlich wird sie dieselben schon damals abgelehnt haben, wie sie das einige Monate später gethan hat, als am Freitag nach Pfingsten 1517 [Juni 5] Christoph von Taubenheim der Landgräfin und den hessischen Ständen die Vermittlung seines Herrn in ihren Differenzen mit den Ernestinern und den früheren Regenten anbot. Anna und die Verordneten Räte wiesen das Anerbieten Hz. Georgs entschieden zurück: denn sie »achten es dafur, das one not sei, das sich mein g. herr hz. Jorg derhalb mit einger handlung belade.« (A. W., Reg. C p. 114 Nr. 15, glz. Ndschr. der Kanzlei Hz. Georgs.)

**205. Protokoll einer Verhandlung zwischen der Landgräfin Anna und den Verordneten Räten einerseits und dem früheren Regenten Kaspar von Berlepsch und seiner Freundschaft anderseits. [Marburg] 1517 Mai 11—13.[1]**

Berlepsch verlangt die Rückgabe seiner Güter, alsdann will er sich in Rechtfertigung begeben. Landgräfin und Räte fordern die Rechnungsregister, die die früheren Regenten aus dem Lande geschleppt haben. Berlepsch bleibt bei seiner Forderung. Auch lehnt er es ab, sich auf einen Schiedsspruch der anwesenden Mitglieder der Stände einzulassen. Fürbitte der Stände und der Freundschaft Berlepschens für ihn bei der Landgräfin und den Verordneten Räten. Diese sind bereit, Berlepsch die Güter sogleich zurückzugeben, falls er den rechtlichen Austrag annimmt, den ihm die Landgräfin vorschlägt (s. die Beilage). Berlepsch ist mit der Form des Austrags nicht einverstanden. Seinen Gegenvorschlag lehnt die Landgräfin ab. Berlepsch bricht die Verhandlungen ab.

Der Hofmeister Konrad von Waldenstein hat die Tagsatzung eröffnet. Kaspar von Berlepsch, der »mit seiner vetter freuntschaft« erschienen ist, bittet, dass man ihm »das seine mit erlitten scheden zustelle; alsdan wolt er sich in ein recht, verdingt oder unverdingt, wie ein ider biderman das erkennen wort, gegen seinen landsfursten begeben. Daruf haben mein g. frau und di rete ime wider sagen lassen . . ., sie heten zu verpietung solicher guter fug, ursach und recht gehabt; halten auch dafur, es sei dermassen in gemeinen rechten versehen, und sei meins g. herrn entsetzung nit allein lantkundig, sondern Kei. Mt. und darzu curfursten und fursten und vast durch das ganze reich offenbar und wissend, und dabei angezogen, wie di gewesen regenten rechnong zu tun schuldig seien, wie sie di geweigert und daruber register, barschaft und anders mit ine hinwekgenomen und also meinen g. herrn ldg. Philipsen zuforderst des seinen entwert haben. . . . Wo nu h. Caspar soliche erkentnus nit gefellig were, das er dan mein g. herrn seins entwerten wider einsetzte, so solt man ime das seine auch zustellen, als das eins mit dem andern zuginge und ider teil, were entwert were, das derselb wider restituirt werde. Das wolt man ane erkentnus zugeen lassen, wo das nit, darumb erkennen lassen durch di angezeigten 5, 7 ader 9 von der lantschaft oder vor gleichem zusatz meins g. herrn rete und h. Caspars freunde und ein unparteischen ohman oder aber, das ime h. Caspar selbst ein recht welte und furneme, wie das gleich were. Das wolt man mit ime annemen. Mehr ader gleichers wust man sich nit zu erpieten.

Daruf hat er unter andern wider geantwort, er wisse kein billicher gleicher recht, dan das er bit, ime das seine wider zuzestellen. So das geschee, wolt er meinem g. herrn des rechten sein, wie ein ider biderman das erkennen mocht. . . .

---

[1] Überschrift: »Berlepschen belangend, actum am montag nach Cantate ao. XVII.«

Daruf haben ime mein g. frau und di rete sagen lassen, dweil er dan also uf seiner meinong bestee, ob er dan der von der lantschaft, so zugegen were[n], weisung und erkentnus darumb leiden mocht, wilchs teils erpieten das best were und ob h. Caspar dieser tagsatzung gnug getan hab oder nit. Das hat er auch nit annemen wollen, sondern ein bit seiner hausfrauen halben, di von Homberg hinwekzihen zu lassen, [getan]. Daruf haben mein g. frau und di rete bedenken genomen bis uf morgen.

Des dinstags morgens [Mai 12] haben mein g. frau und di rete antwort beschlossen der frauen halben.

Indem als man von dem handel geredt hat, sein di von der lantschaft komen und haben gebeten, sie ein cleins zu horen, und darnach angezeigt, wie etliche vom adel aus dem lande zu Hessen, di itzo hie bei h. Caspar stunden, zu inen komen weren und sie gebeten hetten, an ir f. g. und di rete zu tragen, auch selbst zu raten und zu helfen, damit h. Caspar wider zu dem seinen komen mocht, so wolten sie mitsampt h. Casparn vor sein leib und gut burge werden, was mein g. herr an ime mit recht erlangen wurde, das er dasselb ausrichten und bezalen solt; das wolten sie also underteniglich angezeigt haben.

Daruf ist ein antwort beschlossen, wie hernachvolgt.[1]) Under- des sein di vire vom regiment zu Fridberg, Eberhart Weise, Jacob von Cronberg und noch zwen komen und haben vor Casparn ein bitt getan, das mein g. frau und di rete anstat meines g. herrn ine als einen lantsessen und lehnman wolt zu dem seinen komen lassen; alsdan solt und wolt er meinem g. herrn zu ordent- lichem und gepurlichem rechten steen.

Daruf haben sich ir f. g. und di rete bedacht und ine die antwort geben: Wiewol mein g. herr h. Casparn keiner unbillichen pfandung gestund, so wol man doch bewilligen, so sich h. Caspar zu entlichen austreglichen rechten begeben wolt von gleichen zu- satz und einen unparteilichen ohman, das man ine wider zu seinen gutern, wie di itzo stunden, komen lassen und di rechtvertigung mit ime annemen wolt, oder das er ime selbst ein gleichmessig recht furneme; das wolt man mit ime annemen.

Daruf haben di vier gebeten, ine zu dem seinen komen zu lassen wie vor, aber mein g. frau und di rete haben das us ur- sachen alsbald furgewandt abgeschlagen, und sofern das sie von h. Caspars wegen gesagt haben, er wol das annemen und begert, deshalben ein notel[2]) zu stellen, wie di rechtvertigung ausgeen solt. Das ist gescheen, aber h. Caspar hat di nit annemen wollen, sonder ein ander[3]) stellen lassen, di an ohman, zeit, pen und anderm mangel- haftig gewesen ist. Di haben mein g. frau und di rete nit an- nemen mogen und gesagt, sie wolten es bei der vorigen lassen,

---

[1]) Vgl. die Beilage.
[2]) Vgl. die Beilage.
[3]) Berlepschens Note fehlt.

auch ursachen angezeigt, worumb sie di nit bewilligen mochten.
Daruf h. Caspar 14 tag zu bedenken genomen und darnach das
recht abgeschrieben gehabt.«[1])

A. Mbg., O. W. S. 3, Cpt. von Feiges Hand.


## Beilage:

Vorschlag der Landgräfin Anna und der Verordneten Räte
für den rechtlichen Austrag mit Kaspar von Berlepsch.

»Kunt und offenbar sei allermenniglich, nachdem sich bis an·
her zwischen der durchleuchtigen hochgebornen furstin und frauen,
frauen Annen geb. herzoginen zu Meckelnburg, lantgrefin zu Hessen,
witwen und den verordenten reten des furstentumbs zu Hessen anstat und von wegen ... h. Philipsen lantgraven zu Hessen, graven
zu Catzennelnbogen, meins g. hern an einem und h. Casparn von
Berlebschen ritter am andern teil irrung und zweitrecht erhalten
haben, also das ir f. g. und die rete ... von h. Casparn als einem
gewesen regenten ldg. Philips und des furstentumbs zu Hessen
neben andern getragener administration und verwaltung und von
allen und iden hab und gutern durch ldg. Wilhelmen in zeit den
Mitlern zu Hessen ... rechnong, bezalung und bericht zu tun, auch
etliche brief, register, barschaft und anders, so di gewesen regenten
in irem abschit von Cassel nach abtretung ires regiments mit ine
genomen, ldg. Philipsen wider zuzestellen, angezogen und gefordert
haben, des sich dan ... h. Caspar us etlichen angezogen ursachen
geweigert, derhalben ir f. g. und die rete ... etliche h. Caspars
hab und guter zu Homberg und an andern orten als vor soliche
seine handlung und verwaltung ires bedunkens underpfant in verpot gelegt und zu handen genomen, haben ir f. g. und di rete ...
h. Casparn her gen Marpurg einen tag ernent, da sie von beden
teilen zu reden und widerreden komen sein.   Und wiewol ir f. g.
sampt den reten vermeint, das sie soliches ires furnemens ursach,
fug und recht gehabt, auch h. Casparn seine guter, zuvor und ehe
er soliche rechnong, bericht und bezalung getan het, wider zuzestellen nit schuldig weren und ime darumb austreglich furderlich
recht gepoten, so haben doch di von der lantschaft, so zu diesem

---

[1]) Auf dem Rücken des Aktenstückes steht noch in sehr flüchtiger
Skizzierung von Feiges Hand: »Actum am mitwochen nach Cantate [Mai 13]:
Die vier des schlos Fridberg sagen, h. Casparn sei ungelegen, sich anders dan
recht gegen seinen fursten zu halten und haben ine uberredt, das er gedulden
wil, das mein herr ein verfassung furneme, ime di zuschigke.   So er di besichtigt hat, wil er sein gemut daruf auch zu erkennen geben uf gleichen zusatz und ein obman.« — Der Brief, durch den Berlepsch die Vergleichsverhandlungen mit der Landgräfin und den Verordneten Räten abbrach, trägt das Datum
Montag nach dem Sonntag Exaudi [Mai 25] (A. Mbg., a. a. O., Or.).   Berlepsch
fordert noch einmal die Rückgabe seiner Güter in Hessen und bittet, dass Anna
im Fall der Weigerung seine Hausfrau mit freiem Geleit aus Homberg abziehen
lässt, welches Geleit die Landgräfin Berlepsch in einem Schreiben vom Dienstag
nach Exaudi [Mai 26] zusicherte (A. Mbg., a. a. O., Cpt. von Feiges Hand).

tag auch beschrieben worden sein, auch h. Caspars freuntschaft
und er selbst ir f. g. und di rete so underteniglich und freuntlich
gepeten, das ire f. g. und sie in ansehung solicher irer bitt sich
bewilligt haben, h. Casparn zu seinen haben und gutern, wie di
itzo sein, komen zu lassen; also das er iren f. g. und inen ... zu
recht steen, und was ir f. g. zu ime zu sprechen haben, nachge-
melter mas, form und gestalt ausgetragen und geortert werden
sol. Und demnach haben sie sich von beden teiln uf gleichen zusatz als zwen ldg. Philips rete, zwen h. Caspars freunde und einen
unparteilichen ohman, nemlich h. Walter von Cronberg, comptur
zu Francfurt, bewilligt, compromittirt und verpflicht. Dieselben
vier zusetz [d. i. beisitzer] sollen bei iren eiden darine uf beder teil furtragen erkennen und handeln, wie hernach gemelt wirdet: Nemlich
sol mein g. frau von Hessen und di rete in namen und anstat ldg.
Philips ire clage oder clagen in dreien wochen nest nach datum dis
anlass tun und di dem comptur zu M[arpurg] schriftlich gezwifacht
under ides sigel zuschicken. Der sol di gegen einander lesen, der eine
bei sich behalten und di andern dem gegenteil von stund an uf
der partei, der di uberschikt wirdet, kosten zusenden, daruf in
gleicher zeit und form h. Caspar seine antwort oder gegenschrift
uberschiken. Und sol ein ider teil nit mehr dan drei schrifte zu
tun macht haben, also das solich inbrengung in 8 wochen den
nehsten genzlich gescheen sol. Und wan solichs also gescheen ist,
so sol genanter comptur in 14 tagen den nehsten den zusetzen, di
ime benennet werden, einen tag gen Marpurgk uf beder teil kosten
benennen und den parteien verkundigen, daselbst die vier zusetze
erscheinen, den handel besichtigen und darine, was recht ist, erkennen. Ob sie aber sich erfaren wolten, das sollen sie zu tun
macht und darzu einen manat haben, sich an einer unverdechtigen
universitet uf beder teil kosten zu erlernen; und was also durch
sie einhelliglich gesprochen wirdet, dabei sol es ane alle appellation,
reduction, supplication und einiche weigerung oder usflucht bleiben.
Die vire sollen aber kein merers aus ine zu machen macht haben.
Ob sie aber zweispeltig wurden, so sollen sie den handel mit sampt
iren rechtspruchen von stund an dem ohman zuschicken. Der sol
sich darin bei einer unverdechtigen universitet uf beder teil kosten,
bei der sich di zusetz nicht erlernt betten, in 6 wochen zu erfaren
macht haben und innerhalb der 6 wochen ein tag gen Marpurg
ansetzen und daselbst das urteil eroffen. Und wilchem teil er also
ein zufall tun ader was er fur sich selbst fur ein bessers erkennen
wirdet, dabei sol es ... bleiben, also das solichs in 34 wochen, wo
nit beiurteil gefallen, ausgee und geendt werde. Und was darin
einichem teil ufgelegt wurde, das sol derselb ... bei seinen eren
und eiden stet vest halten und ausrichten. Und ob er das nit tet,
sol der ander teil ine her gen Marpurgk in ein offen herberk zu
manen haben, darine er sich mit 4 reisigen pferden und knechten
von stund an nach der ersten manung stellen und mit solicher zal
pferden und knechten von pferden zu pferden, von knechten zu
knechten, wie leistens recht und gewonheit ist, leisten, halten,

bleiben und darus nit komen sol, alsolang bis das er dasjene, so
im in solicher erkentnus ufgelegt werden, ausgericht und volstreckt
hat: Nemlich h. Caspar mit seinem selbst leib und einen edelman
aus den reten obgemelt, wilchen h. Caspar alsdan manen wurde,
an alle geverde und verzug, inmassen sie das einander mit hantgebenden treuen gelobt haben: Und sollen h. Caspars guter nichts
destoweniger mitlerzeit dafur wie itzt verpflicht bleiben, er auch
sein leib, hab und guter nit verhindern. Ob h. Caspar mit tot abgeen wurde, ehe diese rechtvertigung ein ent het, sich alsdan an
demselben und sein erben zu erholen wie sich gepurt. Ob sich
auch begebe, das uf solichen obangezeigten rechtsatz nach gestalt
der sachen nit entlich erkannt werden mocht, sonder beiurteil
fallen wurde, betreff. dan dasselb beweisung, so sol der teil, dem
di ufgelegt wirdet, di 4 wochen dem nehsten tun und nit lenger
schub haben, es geschee dan aus notturftigen ursachen nach erkentnus der zusetze und ohmans.   Sonst sol ider teil solicher beiurteil wie gemelt volstreckung tun und darnach uf soliche urteil
ferrer zu entlichem beschlus handeln, und ider nit mehr dan zwen
setze zu tun macht und zu einem iglichen satz nit mehr dan 14 tag
haben, den wie gemelt zu uberschiken haben, also das di sach in
solicher zeit, das ist 8 wochen, entlich beschlossen werde. Wan
das gescheen ist, sollen sich der cometur und di zusetze gleichermas, wie oben davon geschrieben stet, mit benennung des tags
zusammen komen der erfarung und erkenntnus, desgleichen di
parteien halten, und ob artikel vermittelst dem eide ubergeben
werden, desgleichen der antworter daruf antworten must, als sich
gepurt, ader ein teil von dem andern den eit fur geverde fordern
wurde, das sol ein ider macht haben; doch das es in zal der setze
bleibe.   Und sollen di und dergleichen notturftig eide uf dem tag,
wan di zusetze zu Marpurg zusammenkomen, gescheen und deshalb kein verlengerung gesucht noch zugelassen werden.   Also
sol dieser ganzer handel in einem jar und 6 wochen ausgeen und
geendet werden von dato dis brifs an zu rechen.   Ob auch in
diesem anlas, proces oder handel irrung, wie di gestalt weren,
furfallen wurden, di sollen zu erclerung und erkenntnus zusetze
und ohmans steen und wie gemelt dabei pleiben, ane alle geferde
oder verzug.   Und ob der ohman mitlerzeit mit tot abgeen wurd,
soll man sich in 14 tagen den nehsten eins andern obmans vertragen ane geverde. Und wir Anna von gots gnaden und di verordenten rete des furstentums zu Hessen anstat und in namen des
hochgeboren durchleuchtigen fursten und hern, h. Philips lantgraven
zu Hessen, ... an einem und ich Caspar von Berlibschen ritter
am andern teil bekennen an diesem brief samptlich und sonderlich,
das dieser vertrag und compromiss mit unserm guten willen und
wissen abgeredt und ufgericht ist, gereden und versprechen bei
unsern furstlichen waren worten, treuen, eren und eiden alles
dasjene, das hievor von unser idem geschrieben stet, vest und unverbruchlich zu halten und dem ane alle weigerung nachzukomen
ane alle geverde, inmassen ich Caspar ... solichs Conraden von

Waldenstein hofmeister von wegen meiner g. frau und der rete
... an di hant gelobt habe und er von irer f. g. und irer wegen
mir herwiderumb. Des zu urkund haben wir unser sigel an diesen
brief tun henken, der geben ist«.[1])

A. Mbg., O. W. S. 3, Cpt. von Felges Hand.

### 206. Öffentliches Ausschreiben der Landgräfin Anna und der Verordneten Räte betreffend die Händel mit der Familie von Hatzfeld. [1517 Ende Mai.][2])

Haben gehört, dass die von Hatzfeld behaupten, die Landgräfin und
die Räte liessen sie nicht zu Recht kommen. Wie grundlos und unwahr
ihre Anschuldigung ist, soll jedermann dem folgenden Berichte der Landgräfin entnehmen. Beschwerden der Stände über die Verwaltung der
früheren Regenten. Nachdem sie ihr Amt niedergelegt hatten, weigerten
sie sich hartnäckig, vor dem ständischen Ausschuss in Marburg ihre Rechnung zu thun. Deswegen sind ihre Güter beschlagnahmt worden. —
Irrungen zwischen Ldg. Philipp und denen von Hatzfeld wegen des Dorfes
Eifa. Einmischung westfälischer Adliger in den Streit. Die Landgräfin
hat ein Schiedsverfahren in Vorschlag gebracht. Ansetzung eines Schiedstages. Hier haben sich die von Hatzfeld geweigert, in ein Verfahren einzutreten, bevor ihnen nicht ihre Güter zurückgestellt seien. Ablehnung
dieser Forderung von seiten der Landgräfin. Vermittlung der Landstände
zwischen beiden Parteien. Neue Verhandlungen. Als man sich über die
Wahl der Schiedsrichter nicht einigen konnte, haben die von Hatzfeld die
Verhandlungen abgebrochen und den westfälischen Adel gegen die Landgräfin aufgereizt. Bitte der Landgräfin und der Räte.

»Allen und iden des heiligen rei[ch]s curfursten, fursten, graven,
prelaten, hern, rittern, knechten, steten und gemeinden, geistlichen
und weltlichen, den dieser unser bericht furkompt, fugen wir Anna
und verordente rete des furstentumbs zu Hessen zu wissen: Uns
langt gleublich an, wie Jorg von Hatzfelt sampt seinen vettern von
Hotzfelt von uns offentlich ausgeben und in die leut zu bilden understeen sollen, als ob wir ine das ire mit gewalt und wider billicheit
genomen haben solten und sie nit zu recht kommen lassen wolten[3]),

---

[1]) Da Berlepsch den Vorschlag der Landgräfin endgiltig ablehnte, ist es
bei dem Entwurf geblieben und das Datum nicht ausgefüllt worden.

[2]) Aufschrift: »Ausschreiben und warhaftig bericht meiner g. frauen und
furstin und der verordenten rete zu Hessen, wie der von Hotzfelt sachen gestalt und ergangen sein.« — Dat. fehlt. Es lässt sich annäherungsweise aus
dem im Ausschreiben vorkommenden Datum (Dienstag nach dem Sonntag Jubilate) bestimmen.

[3]) In einem Schreiben vom 4. Oktober 1516 (S. Franziskustag) das »Georg
der elter, Johann, Hermann, Jorg, Franciscus, Goddart, Anthonius, geveddern
und gebruedern, alle von Hatzfelt, herren zu Wildenberg« an ihre Freunde
unter dem westfälischen Adel richteten, beschwert sich der frühere Regent
Georg von Hatzfeld über die Beschlagnahme seiner Güter durch die Landgräfin
und alle von Hatzfeldt über die Einnahme des Dorfes Eifa (s. u. S. 511 Anm. 1),
»dardurch wir verursacht, uns des unser notdurft halber an den stenden des
furstentumbs schriftlich beclaget und gebeten, das sie ansehen und bedenken,
was ine, iren kindern, nachkomen und erben aus solhem vornemen, das uns itzt
begegent, in kunftigen zeiten auch begegen mocht, auch das sie mit uns und
wir mit ine noch in einer globten und gesworen einunge sitzen, die sich dahin

daran uns ungutlich geschicht, und derhalb, damit manniglich des
handels wissen entphahe, bitten wir gestalt desselben und di warheit
nachvolgend gutwillig und unverdreslich zu verlesen, zu boren oder
zu vornemen. Uns zweivelt nit, ir habt wissen oder gehort, wie nach
totlichem abgang ... ldg. Wilhelms ... Jorge von Hotzfelt sampt
andern durch die lantschaft des furstentumbs zu Hessen zu einem
vorsteer, regenten und verwalter ... unsers freuntlichen lieben
sons, ... seiner furstentumb, lande, leute und guter erwelet und
verordent worden ist, dermassen, das sie seiner l. und f. g. person
und gutern als billich getreulich fursteen und anders handeln solten,
wie sich dan in solichen sachen gepurt und desmals beschlossen
ist, in wilchem bevel und ampt er sampt seinen mitregenten in
das funf[t] jar gestanden und gewesen ist.   Nu haben die stende
gemeiner lantschaft zu Hessen in solicher irer handlung manicherlei
gebrechen und mengel an ldg. Philips person und gutern, nemlich in
grosser beschwerung der undertan, sonderlich etlicher stet, die sie
gewaltiglich uberzogen, geplundert, geschetzt und verterbt haben,
auch in zerstrauung ldg. Philips gutern, stiften, schlossen und steten,
die sie aus iren handen gegeben und komen lassen haben, und
andern viln sachen, di itzo von kurz wegen zu erzelen underlassen
werden, befunden, dadurch ldg. Philips in merglich beschwerung
erwachsen ist, und wo nit in zeiten darin gesehen worden, in
grossere komen were, und sie derhalben erstlich zur Neumburg
und darnach zu Cassel vor den herzogen zu Sachssen und iren
botschaften zu reden gestalt.   Und nach viler handlung haben gedachte gewesen regenten, di deshalben angesprochen worden sein,
von solicher irer beschwerlichen administration, regiment und verwaltung selbst freiwilliglich abgetreten, sigel und secret zurschlagen,
schlussel und anders ubergeben, wilche gemelte herzogen zu Sachssenn gemeiner lantschaft und uns her gein Marpurgk zugeschikt,
die sie und wir also angenomen und daruf ein andere verwaltung
itzo fur augen verordent haben.   Und nachdem di regenten ires
regiments wie gemelt abgestanden waren und doch register, barschaft und anders ldg. Philipsen unserm son und g. hern zustendig
mit inen wider recht und billicheit genomen hatten, haben gemeine
lantschaft uf dem tage zu Homberg sich bedunken lassen, das die
regenten getragener verwaltung halben von eren, rechts und
billicheit wegen rechnong, bericht und bezalung zu tun schuldig
weren, auch etliche aus inen in trefflicher anzal, nemlich den au-

---

endet, woe iemant, wer der wer, veronrecht oder gewaldiget wolt werden,
sollten die stende auf des ansuchen erst, so es vor dem landfursten herkomen,
underteniglich vur den oder die bitten; wollt dan das nit verfahen, solten sie
alsdan recht vor ine bieden; wolt dan das auch nit stat haben, so sollten alle
stende leip und gut zu dem oder den setzen und den oder die mit unrechter
gewalt nit verdringen lassen, und haben alsbald das gepurliche recht auf sie
geboden, ... aber alles unbettlich [!?].   Es wirt uns das gepurlich recht, das
man doch mordern, verretern und andern mistetigen leuten unweigerlich mit-
teilet, ... abgeslagen. ...   Darumb an euch allesambt und besunder unser freuntlich bitten als an unser lieben vedtern, swager und frunde, ir wollet uns in
diesen unsern anligen fruntlich beholfen und beraden sein.« (A. Mbg., Allgem.
polit. Abteil., Kop.)

schos dieses furstentumbs solich rechnong zu emphaen verordent,
und bevolen, di also von inen zu nemen, und wo sie die nit tun
wurden, alsdan gegen iren gutern ferrer zu handeln, di in gepot
und haft zu legen, bis das sie solich rechnong, bericht und bezalung
getan hetten. Demnach wir sie also zu solicher rechnong zu vil-
maln gefordert, tag angesatzt, auch uf ir begeren etlich tag erstreckt und dabei notturft geleit zugeschrieben. Sie haben aber
die also zu tun geweigert und ursach gesucht, als ab sie den ob-
gedachten curfursten und fursten zu Sachssen mit solicher rechnong
allein verwant und verpflicht weren und di sonst nimants tun
dorften, wilchs aber di gestalt nit hat; besonder sie waren und
sein di nit allein den itzt gemelten herzogen zu Sachssenn, sonder
zum fordersten ldg. Philipsen, des verwaltung und vorsehung sie
getragen und auch gemeiner lantschaft, di sie zu solichem regiment
erwelet und geordent haben, wie ein ieder verstendiger das ermessen kann, von eren, rechts und billicheit wegen zu tun schuldig.
Wir haben auch inen nit verpoten noch geweheret, den herzogen
zu Sachssenn rechnung zu tun, sonder di an diesem ort, da sie zu
verwaltung verordent worden sein, gehandelt und gewandelt haben
und man irer handlung des fursten und furstentumbs sachen und
gelegenheit wissen tregt, zu tun gefordert. Als aber solichs uber
unser vilfeltig, uberflussig ersuchen und begeren nit hat sein wollen,
haben wir mit rat, wissen und bevel des . . . ausschos ferrer uf
ire guter gehandelt und di in gepot und haft legen lassen, wie
sich in solichem fal nach gestalt der sachen gepurt, und in dem
allen einen formlichen proces gehalten, auch nit anders dan mit
rat der lantschaft und ausschoss . . . gehandelt, in ungezweivelter
zuversicht und hoffnong, ein ider verstendiger werd das alles also
vor rechtmessig und billich ansehen und ermessen.

Zum andern so helt sich irrung zwuschen unserm freuntlichen
lieben son und g. hern ldg. Philipsen an einem und allen von
Hotzfelt am andern teil von wegen der oberkeit und gerichts-
zwangs eines dorflins, Iffa[1]) genant, das in kurzen jaren ein wuste-
nung gewesen und itzo bei Jorgen von Hotzfelds regiment und in
unmundigen jaren ldg. Philips zu bauen understanden worden ist,
wilches oberkeit und gerichtszwank gen Battenberg gehorig und
aber di von Hotzfelt inen zuzuziehen understeen.

Nun haben . . . beder sachen halben Jorgen von Hatzfelt in
sonderheit fur sich und dan mit ime di andern seine vettern von
Hotzfelt in gemein an h. Godtharten Ketteler ritter sel., desselben
sone Berndt und Johann edelhern zu Beurn und andere edelleut
in Westphalenn geschrieben und sich beclagt, wi wir sie an iren
gutern wider billicheit beschweren und entsetzen solten und uns
darine vil ufgelegt, des wir billicher von inen entladen blieben
weren. Dadurch di gedachten in Westphalen bewegt, an uns

---

[1]) Gemeint ist Eifa bei Battenberg. Vgl. über den Streit wegen der
Oberhoheit über Eifa G. Landau, Die hessischen Ritterburgen IV, 156 ff.

auch etliche stet im furstentumb zu Hessen zu schreiben[1]) und zu
bitten, die von Hotzfelt zu recht komen zu lassen, wie das dieselben schrifte ferrer ausfurten, des wir dan wol und nie anders
gemeint ader gneigt gewesen, auch noch nit sein, und haben derhalben den steten im furstentumb gestalt des handels zu erkennen
gegeben und sunderlich, das wir di von Hotzfelt semptlich ader
sonderlich wider billicheit nit beschwert noch entsatzt haben, ine
auch nie rechts vorgewesen seien und ungern sein wolten, mit
dem uberflussigen erpieten, ob di von Hotzfelt samptlich ader
sunderlich vermeinten, das wir ichts unformlichs gegen sie furgenomen hetten, so weren wir gewilt, mit inen in ein verdingt
schleunig recht, wiewol wir des nit schuldig weren und unser
ordentliche richter hetten, vor glichen zusatz, als zwen unsers
sons und g. hern ldg. Philips rete, zwen der von Hotzfelt freunde
und einen unparteilichen ohman zu geen, also das soliche rechtvertigung in einer namhaftigen kurzen zeit, als 2 ader 3 manaten
geendet, der auch zil und mass gegeben, damit di also ir ende
ergriffen und daruber nit verzogen werden mocht. Und wes von
denen erkennt wurde, des wolten wir unsers teils gnugig sein.
Ab sie auch einiche entsetzung furwenden, so wolten wir zufordest
umb dieselb erkennen lassen, und wes wir dan gewiesen wurden,
dem auch volg tun, also das sie sich verzuglichs rechten keinerlei
weis zu beclagen haben solten. Dan sie mochten ine selbst mas
und zeit des rechten furnemen, di gleich weren, dieselben wolten
wir nit ausschlagen. Und hielten dafur, ab es schon zwuschen
brudern sein solt, das kein gleichmessiger recht erfunden werden
mocht. In glicher mas, form und gestalt haben wir uns auch in
einer andern schrift an di stet Cassel, Marpurgk und andere in
antwortsweise uf ein schrift von etlichen des adels, in den landen
Gulich und Berge gesessen, ausgangen, uf 5, 7 oder 9 person aus
der lantschaft des furstentumbs zu Hessen entlichs furderlichs
rechten erpoten, wie nechst davon geschrieben.[2])

<hr>

[1]) Im Marburger Archiv habe ich nur ein Schreiben Gothard Kettlers
und einer Reihe westfälischer Edelleute an die Landgräfin Anna in der Sache
Georg von Hatzfelds vom 9. September 1514 (Samstag nach Nativitatis Mariä,
Allgem. polit. Abteil, Or.) gefunden. Aus dem obigen Bericht der Landgräfin
gebt indes hervor, dass die westfälischen Edelleute sowohl an die Landgräfin
wie an hessische Städte eine ganze Reihe Schreiben im Laufe der Jahre gerichtet haben. Wie Anna in dieser Zeit von dem Adel der Nachbarländer im
Interesse der früheren Regenten bestürmt wurde, ersieht man aus einem Brief,
den sie am Samstag nach Lätare [März 28] an Hz. Georg richtete. Da meldet
sie, »das uns in vorschinen zeiten mancherlei schrifte von graven, hern, ritter
und edelleuten aus dem lant zu Francken, Westfalen, Gulich, Berge, von der
Marcke, dem stift Hildesheim Ludwig und den andern seiner mitgesellen halben
gescheen sein.« Die Ritterschaft an der Werra betrachte ihr Vorgehen gegen
Boyneburg und seine Genossen als »ein anfang zu verdrukunge gemeines adels.«
Anna bittet Hz. Georg, für sie und die hessischen Stände bei dem Adel an der
Werra einzutreten. Sollte sie aber trotzdem mit Fehde überzogen werden, so
soll Hz. Georg ihr auf Grund des Bündnisvertrages vom Jahre 1515 (s. o. Nr. 184)
Beistand leisten. (A. W., Reg. C p. 114 Nr. 16, Kop.)
[2]) Ein Schreiben einer Reihe Edelleute aus dem Fürstentum Jülich-Berg
an die Verordneten Räte vom 13. Dezember 1516 (S. Lucientag) findet sich im

Solich unser uberflussig erpieten ist denen von Hotzfelt durch
ire freuntschaft ... zukomen. Daruf haben sie h. Godharten Ketteler
sel. und andern in Westphalen, die irenthalben geschrieben hatten,
under andern wider zugeschrieben, wie wir ine zwene wege ader
rechtgebot furgeschlagen betten, einen uf gleichen zusatz und unparteilichen obman oder inen heimgestalt, einen gleichen weg des
rechten furzunemen. Nachdem sie dan sich dabevor des gepurlichen rechten uf di stende des furstentumbs zu Hessen erboten
betten, so weren sie willig, vor die ader ein zimlich zal aus denselben unparteilich zu komen, im rechten oder gutlich zu horen,
aus was ursachen man ine das ire furzuhalten vermeinte ader aber
ire notturft furzuwenden, wie sich das zu der zeit zum besten oder
gepurlichsten schiken wolt. Aber nachdem sie di von Hotzfelt di
stend des furstentumbs ader ein zal aus denselben nit zusamen-
bringen mochten, wolt sich gezimen, das wir einen tag ansetzten,
di dabei beschrieben und zu der handelung verordenten, auch sie
di von Hotzfelt mit gnugsamen geleit versehen. Gleichern wek
wusten sie nit furzuschlagen, mit beger, das h. Gothart sel. und
ander seine freuntschaft soliche ire meinong, und wes sie die fruntschaft sich im besten bedechten, den angezeigten steten eroffen
wolten, damit sie di von Hotzfelt in der kurz gewar werden, wes
ine widerfaren mochte. Diese der von Hotzfelt meinong und antwort haben h. Gothart ... und dijene, so vor mit ime geschrieben
hatten, denen von Marpurgk und andern steten furter zugeschickt
und sie dabei gebeten, das sie bei uns daruf handeln wolten, damit
di sach zu entlichem austrage komen, und ein tag zur gute und
zum rechten angesatzt werden mochte, ob di gutlicheit nit funden
wurde, das man alsdan wuste, wilcher masse im rechten gehandelt
solt werden, das sich ires besorgens in schriften hin und wider nit
vergleichen lassen wolt. Dieselben schrifte bede haben uns di von
Marpurgk auch also uberschikt und behendigt. Nun haben wir
aus solichen schriften nit anders konnen oder mogen versteen, dan
das di von Hotzfelt und auch ire fruntschaft ... unser rechterpieten
uf 5, 7 ader 9 person aus der lantschaft angenommen und zugeschrieben und daruf denen von Hotzfelt einen gutlichen, und
wo di gutlicheit nit funden wurde, einen rechttag als uf dinstag
nach dem suntag Jubilate [1517 Mai 5] nechstvergangen ernennet
und darzu gnugsam geleit gegeben, auch 18 personen von prelaten,
ritterschaft und steten aus der lantschaft beschrieben und verordent,
daraus die zal nach der von Hotzfelt gefallen zu welen und zu
nemen, wilchen tag die von Hotzfelt auch zugeschrieben haben.
Als nu die ... von Hotzfelt uf berurten dinstag erschienen sein,
haben wir nach inhalt obangeregter h. Gothart Kettelers ritters

Marburger Archiv (Allgem. polit. Abteil., Or.). Sie ermahnen die Räte: »Ir
wolt bedenken, das ine [denen von Hatzfeld] itzt ist, dat uch und anderen des
nechsten auch sin mach, auch das ir selbs ritterluide sit und uwern gesipten
frunden und van adele zu erem rechten, ere billiche geneigt sin seuldet, und
woult si zo geburlichem rechten komen laissen und nit so geweldenklich van
irem hern, dem lande und auch van dem iren verjagen aider verdringen laissen.«

sel. und ander der von Hotzvelt freuntschaft schrift auch fur gut
und not angeseen, das man sich der form und mass, wie die sach
vor den personen aus der lantschaft solt gerechtvertigt und geortert werden, damit darin kein irrung oder verzug fallen mocht,
tet vergleichen, und derhalb inen di personen der lantschaft in
einem zettel verzeichent gegeben, mit beger, daraus 5, 7 oder 9
zu welen, damit man desto statlicher zum handel kommen und auch
dieselben darine gutlich ader, wo die gutlicheit nit volgen mocht,
rechtlich zu handeln betten. Daruf die von Hotzfelt nach etlichen
underreden ungeverlich diese meinong zu antwurt geben, wie inen
beschwerlich were, in soliche furgeschlagen personen oder einich
rechtvertigung zu bewilligen, ine were dan zuvor das ire, des sie
entsatzt sein solten, wider zugestelt; wan das gescheen were, alsdan wolten sie uns gepurlichs rechten pflegen, mit bit, solichs an
uns Annen lantgrefin . . ., di wir bei dieser ersten handlung nit
waren, zu tragen, als dan gescheen ist. Volgendes mitwochens
[Mai 6] zu morgen haben wir ine daruf antwort geben, das soliche
ire bit nit stat habe, dan wir nit gestunden, sie in ichte entsatzt
oder wider billicheit beschwert zu haben, auch umb soliche sachen
recht wol leiden mochten. So het man sich von beiden seiten uf
ein anzal personen aus der lantschaft zu gutlicher ader rechtlicher
handlung und austrag . . . bewilligt, des weren wir unsers teils
noch also urputig und willig, und inen heimgestelt, mas und wege
des rechten, wie die gleich und muglich weren, furzunemen, di
wolten wir mit ine eingeen und denen geleben. Daruf die von
Hotzfelt unter andern wider gesagt, ob sie das recht bewilligt und
zugeschrieben betten, wurde sich aus iren schriften wol finden,
konten aber sich in kein rechtvertigung begeben, sie weren dan
zuvor, als sie es nanten, wider ingesatzt. Dawider wir abermals
gemelt, das wir solichs nit schuldig, auch noch nit erkennt were,
wurd es aber erkennt, wolten wir uns darine aller gepur halten;
solt man aber inen ane erkentnus und zuvor iren willen erfullen,
dasjene, so sie begerten, zustellen, so were irenthalben kein irrung,
und solchs uns anstat unsers freuntlichen lieben sons und g. hern
beschwerlich, das sie aber zu der bewilligten rechtvertigung griffen,
was dan idem teil erkant wurde, das derselb solichs volstreckte
oder entphinge. Und damit sie erinnert wurden, was sie iren
fruntschaften und ire fruntschaft furter den steten Cassel und Marpurgk zugeschrieben hetten, haben wir ine soliche schrifte hin und
wider ergangen verlesen lassen, und daruf abermals . . . unser erpieten
uf ein zal personen aus der lantschaft und gleichen zusatz mit
unparteilichem obman ernenet, aber mit der kurz di von Hotzfelt
soliche rechtvertigung, so sie vor . . . bewilligt, nit annemen wollen.
Darunter sein auch noch vil wechselrede verlaufen, die hirin zu
erzelen nit noit ist und umb kurz willen underlassen sein. Als
wir nu gesehen, das di von Hotzfelt solich gleichmessig recht abgeschlagen, haben wir geschicht und gestalt des handels, wie der
allenthalben ergangen und zum teil oben davon gemelt ist, erzelen
und daruf die von der landschaft sampt allen umbstendern bitten

lassen, solicher handlung und uberflussigen unsers erpietens ingedechtig zu sein. Dabei haben wir auch gemeltem Jorgen von
Hotzfelt anzeigen lassen, wie wir warhaftigen bericht betten, als
wir haben, das die herzogen zu Sachssen verruckter zeit uf einem
tage zu Gotha[1], dahin sie die gewesen regenten beschrieben, inen
den regenten, so da zugegen gewesen sein, sagen lassen haben,
das sie nit wissen mochten, ob ire der regenten rechnong bestendig
ader unbestendig were oder sein wurde, und sie darumb bescheiden,
vor uns und den verordenten der lantschaft rechnong zu tun. Wie
ine nu gezimpt hab und noch gezime, sich uber solichen bescheit
der herzogen zu Sachssen (: ob sie gleich verpflicht weren, nimands
dan inen rechnong zu tun, das nit gleublich ist, auch unbillich und
wider recht were :) solicher rechnong zu weigern, das haben sie
di regenten selbst und menniglich verstendig zu ermessen. Als
nu sich der handel dermassen wider zerteilt hat, haben die mehr-
gedachten personen aus der lantschaft sich zu uns gefugt, mit anzeigung, das sie solichen abscheit nit gern sehen, bittend, inen
darine handlung zu vergonnen, das wir also getan. Daruf die von
der lantschaft mit inen gehandelt und uns nach etlichen underreden
angetragen, wie sich die von Hotzfelt horen lassen betten, 8 tage
lang in bedenken zu nemen, ob sie die rechtvertigung uf gleichen
zusatz und einen unparteilichen obman eingeen wolten, doch das
zuforderst umb di vermeinte entsetzung erkent wurde, und solichs
in 8 tagen zu- ader abzuschreiben. Und daruf mochten di von der
lantschaft ein notel solicher rechtvertigung begreifen, di wolten
sie also ... in bedenken nemen. Di von Hotzfelt betten auch
daneben 2 vom adel fur ohman furgeschlagen, di sie uns benant
haben. Nu sein wir solichs auch also willig gewest, ausgescheiden
der furgeschlagen obmenner halben, in di wir aus redelichen ursachen (wiewol wir sie vor from, redlich leut halten) nit haben
bewilligen mogen, und nemlich denen, das der eine Jorgen von
Hotzfelt sipschaft halben verwant und sie bede in h. Caspars von
Berlipsen ritters, der mit Jorgen von Hotzfelt seiner getragen verwaltung halben ein gleiche sache hat, rat und handlung gewesen
ist [!], auch der eine ine gegen uns in craft des burgfriden zu
Fridbergk verschrieben bette; darumb uns in di zu bewilligen beschwerlich were, derhalben ander, di wir fur unparteilich angeseen,
nemlich marggraf Johim zu Brandenburgk curfursten oder den
bischof zu Augspurgk oder eine der universiteten zu Wehn [d. i.
Wien] in Osterich, Freiburgk in Priskau oder Ingelstat, der fursten
oder universiteten eine vor einen ohman zu kiesen furgeschlagen,
nachdem die sachen gross sein, sonderlich di mit Jorgen von Hotzfeld, derhalben einen ohman ane das bei den gelerten rat zu haben
not sein wolt. Dieselben haben die von Hotzfelt, als wir bericht sein,
alle ausgeschlagen, daruf di underhendeler von der lantschaft di
... von Hotzfelt, als sie uns angezei[g]t, gebeten, 2 andere furzuschlagen, desgleichen wollen sie sich verhoffen, bei uns auch 2
zu benennen zu erlangen; und ob sie dan beide teil derselben mit

---

[1] Vgl. oben S. 501 Anm. 2.

einander nit vergleichen mochten, so wolten sie 2, die irs versehens unparteilich und beiden teilen annemlich sein solten, anzeigen
und ires verhoffens beide teil derselbigen also vereinigen, welchs
di von Hotzfelt abermals nit bewilligen wollen, sagend, sie hetten
inen 8 tag zu bedenken furgenomen; nachdem inen dan in soliche
rechtvertigung zu geen beschwerlich were, damit dan vergeblich
kost und muhe vermiten bleibe, wolten sie solichs desmals ab-
gekunt und darin nichts bewilligt haben, und damit iren abscheit
genomen, wie uns solichs alles die gedachten von der lantschaft
entdeckt haben.  Aus diesem allem ein ider verstendiger lichtlich
zu ermessen hat, das rechts und aller pillicheit kein mangel an uns
nie gewesen ist noch sein sol, und ob unser son, g. her ader wir
denen von Hotzfelt ichts zu tun gewesen weren, als wir gar nit
sein, sonder h. Jorg unserm son und g. hern ist, so haben wir inen
solich gleichmessig furderlich recht und austrag erboten, auch dermassen unter augen gegangen, das sie uns nach irem willen und
gefallen zu erfordern gehapt hetten.  Aber das alles unangeseen,
haben die ... von Hotzfelt etliche vil person vom adel in Westphalen vermocht und angereizt, das sie sich an uns den reten verwart, auch etlichen steten im furstentumb zu Hessen deshalben
geschrieben und gedrauet haben, daruf wir dan abermals gepurlich
gleichmessig antwort gegeben und uns under andern erpoten.  Ob
nu dieser handel an imants, was stands, eren oder wirden der ist,
anders dan hie oben davon geschrieben ist, gelangt were oder
wurde, den wollen wir, wie uns gepurt und ufs allerfleissigist gebeten haben, solichem keinen glauben zu geben, und dis also, di
lauter warheit zu sein, nit zu zweiveln, und ob hiruber von denen
von Hotzfelt oder imands anders ichts in ungutem wider recht und
des heiligen reichs ordenung furgenomen wurde, alsdan obangezeigtes
unsers uberflussigen erpietens und bewilligens ingedechtig zu sein,
solichs aus rechtem mutwillen zu gescheen zu ermessen und unsern
son und g. hern, ldg. Philipsen als einen jungen und unmundigen
fursten, das furstentumb zu Hessen und uns darine zum besten bevolen zu haben.  Das umb ein iden nach gepurnus seiner eren,
wirden und stants zu beschulden und zu verdienen, sein wir willig,
geneigt und begirig.  Dat. Marpurgk, unter unser Annen lantgrefin
ringsecret und der rete gemeiner ingesigel am« ...[1])

A. Mbg., Allgem. polit. Abteil., Cpt. mit Verbesserungen und Eintragungen von
Felges Hand.

[1]) In einem ähnlichen öffentlichen Ausschreiben — Dat. fehlt; es stammt
vermutlich auch aus dem Ende Mai 1517 — rechtfertigten die Landgräfin und
ihre Räte die Behandlung der früheren Regenten Ludwig von Boyneburg, Georg
von Hatzfeld und Kaspar von Berlepsch.  Nachdem die Landgräfin sich über
die Verweigerung der Rechnung von seiten der Regenten beschwert hat, fährt
sie fort: »Der dreier gewesen regenten freuntschafte vom adel in Westphalen
und Francken haben an uns und etlich stet im furstentumb zu Hessenn geschrieben und under andern sie zu recht kommen zu lassen gebeten.  Gegen
den haben wir uns nachfolgender gestalt rechts erpoten: Nemlich gegen h.
Caspers [von Berlepsch] und Jorgen von Hotzfelt freuntschaft uf Kei. Mt., alle
unparteisch curfursten und fursten und in sonderheit uf 5, 7 ader 9 person aus
der lantschaft zu Hessen oder aber uf gleichen zusatz von beden teilen zu

207. Asmus und Ewald von Baumbach, Werner Harstall und Melchior von Bodenhausen an Landgräfin Anna und die Verordneten Räte. 1517 Juli 14.

Verbürgen sich für die Bezahlung etwaiger Forderungen, die die Landgräfin an die Erben des verstorbenen Regenten Jost von Baumbach richten sollte, gegen Rückgabe der Baumbachschen Güter.

»Wir hirnach benanten: Assmus und Ewalt von Baumbach, Wernell [l. Werner] Harstall und Millchar von Bodenhussen bekennen

geben und einen unparteischen obman und uns dabei bewilligt, vor den recht zu geben und zu nemen und demjenen, was von inen erkant wurd, volg zu tun und herwider zu entpfaen, auch den gemelten beden heimgegeben, das sie selbst mittel und wege des rechten furnemen, di gleich und muglich seien, di wolten wir mit inen ... ingeen und verwilligen.« Im Folgenden schildert Anna ähnlich wie in dem im Text wiedergegebenen Ausschreiben die unfruchtbaren Einigungs-versuche mit Georg von Hatzfeld. Dann fährt sie fort: »In gleichnus hat h. Caspar [von Berlepsch] auch einen gutlichen ader rechtlichen tag in aller mas, wie Jorg von Hotzfelt den angenomen, zugeschriben, und als man zum tag komen ist, angezeigter massen rechtes auch nit warten dorfen und gleicherweis entsetzung furgewant, daruf haben wir ime nach etlicher underhandlung ge-poten, das wir ime sein guter widerumb offen und volgen lassen und mit ime vor gleichen zusatz und einen unparteischen obman zu recht komen wolten, also das di rechtvertigung in einer namhaftigen zeit ungeverlich 1½ jar aus-ging und das einer von uns, den reten, ime an di hant geloben solt, was er uf uns erlangen wurde, das ime solichs ausgericht werden, wo aber das nit ge-sche, das er dan also lang mit 4 pferden in ein offen herberg zu Marpurg ziehen und dan halten und leisten solt, bissolang das demjenen, das geurteilt were, usrichtung geschee, also das er solichs in gleichnus und aller gestalt auch uns herwiderumb gelobte, das er uns herwiderumb dasjene, so wir von wegen unsers sons und g. hern h. ldg. Philipsen zu ime zu clagen betten, in aller ge-stalt rechtes pflegen wolt. Das hat er auch nit dorfen annemen und sich ver-nemen lassen, di zeit sei ime zu kurz und auch di verpflichtung zu hart. Dweil er sich dan von uns vergeweltigung beclagt, solt ime billiche ein freude ge-wesen sein, das er demnach het zu recht komen mogen als mit ereffnung seiner guter und solicher verpflichtung und sicherheit, das ime dasjene, so er mit recht in solicher kurzen zeit erlangen mocht, ausgericht werden must, aber er forcht das recht und darf er an zweivel rechts dergestalt nit warten« [über die Verhandlungen der Landgräfin mit Berlepsch vgl. das Nähere oben Nr. 205]. »So haben wir uns auch itzo zum jungsten gegen Jorgen von Hotzfeld freunt-schaft des erpoten, das er ime selbst ein recht wele und neme, wie er uns fordern wolt. Das wolten wir ime versichern und ime also zu recht sein und ine hinwider dergestalt von wegen unsers sons und g. hern rechtvertigen und auch solichs von ime versichert nemen, und was dan erkant werd, das wolten wir geben und nemen; kein schleuniger, austreglicher ader gleicher erpieten wusten wir nit zu erdenken, und ob es gleich zwischen brudern were. Zum dritten: So haben wir uns gegen Ludwigs freuntschaft uf den erzbischof zu Trier, marggraf Joachimen zu Brandenburgk, bede curfursten, den administrator des erzbistumbs zu Bremen, den bischof zu Wirtzburg und herzogen zu Francken, herzog Jorgen zu Sachssen, marggraf Casimirn zu Brandenburgk und herzogen Erichenn von Braunschwigk entlichs rechten erpoten, vor denen ader ir einem recht verdingt ader unverdingt, wie Ludwig solichs gefellig were, zu geben und zu nemen. Uber solich unser uberflussig erpieten haben di gemelten Jorg von Hotzfelt und Ludwig von Boyneburgk etliche irer freuntschaft bewegt und gereizt, sich aus uns den reten einer vede gleich wider uns und des heiligen reichs lant-friden und ordenung recht und alle billicheit zu verwaren und unsern son und g. hern noch ferrer schaden zuzerichten und zuzufugen, was fugs ader gerechtig-keit, bett ein ider verstendiger wol zu ermessen. Dan gesatzt, das wir gleich

und tun kund allermenniklich: Nachdem Jost von Baumbach unser
witter [l. vitter] und bruder und schwoger sel. ein mitregent sambt
andern des furstentums Hessen gewest und aber derselbige Jost
sel. seiner vorwaltung sambt den ander[n] abgetreten, derhalben di
durchluchtige hoichgeborne furstin und fraue, frue Anna geb. herzuhin
zu Meckelburgk, lantgrafin zu Hessen, grafin zu Kaczenelbogen,
witwen und die vorordenten reden als izt vorwalter des durch-
luchtigen hoichgeborn fursten und hern h. Philipsen lantgrawen zu
Hessen, grawen zu Kaczenellbogen unse[r]s g. hern von em und
andern rechenung, bericht und bezalung seiner handelung und vorwaltung gefordert, der er sich also zu tun geweigert, haben darumb
ir f. g. und rete eme dise nachgeschreben guter, nemelich das dorf
Thens [Dens], ein forberk zu Sontra, etelich dinst zu Ullffen und
zu Breytau sambt denselbigen zugehorung zu vorboit geleit. Und
aber mitteler zeit berurter Jost, unser bruder, vitter und swager
in der zeit abegegangen, also habe[n] wir mit der erbarn und dogent-
samen frauen Cirstina, vorgemeltes unsers liben bruders, vitters
und suagers nachgelaissen witwen, hoichgedachter unser g. frauen
und di vorordente rete anstait uns g. hern underteni[g]s, fruntlichs
und demudiklichs flis gebet[en], er sulche guter, wi obeberurt, us
besundern gnaden widerumb zuzustellen und folgen zu laissen, das
dan ir f. g. und di rete also gnediklichen und gunstiklichen vorgunt,
dargeigen wir uns alse borgen vorplicht haben, wan und zu wilcher
zit die oben gemelten gewesen regenten umb ir vorwaltun[g]
rechenung tun werden, wais sich dan in derselben befindet, das
unser bruder, vitter und swager schullig gewest ist und sein kinder
schullig worden, das sollen und wollen wir hoichbenanten userm
g. hern gutelich entrichten und bezalen; wo aber sulches nicht
gesche, also dan di oben genanten guter sambt der abenuzung
mitteler zeit gefallen zu hoichgeborner unser g. frauen und rede
ader unse[r]s g. hern handen an alle wegerun[g] und enig noit recht
stellen und uberantworten, sich daran sins schadens zu erholen.
Gereden und vorsprechen demnach vor uns und unser erben vor
aller und ider obegeschreben punt und ardikel borgen und selb-
schuldigen zu sin, dasselbige so stede und fast unvorbrochelich zu

---

etwas unformlichs gegen sie ader ir einen, das sich, als wir verhoffen, nummer-
mer erfinden sol, furgenommen, so betten sie uns doch nach irem willen desselben zu erfordern und zu rechtvertigen gehabt, aus dem menniglich erbars
gemuts leichtlich zu ermessen hat, das rechts ader billicheit an uns nie kein
mangel gewesen ist ader sein sol. Ob nun dieser handel an imands, was stands,
wirden ader wesens der ist, anders dan hie oben davon geschrieben gelangt
were ader wurde, den wollen wir, wie uns gepurt und ufs allerfleissigst gebeten
haben, solichem keinen glauben zu geben, sonder diesen unsern bericht warhaftig zu sein genzlich gleuben, und ob hiruber von Jorgen von Hotzfelt ader
Ludwigs freuntschaft aus mutwillen wider recht und des heilgen reichs lant-
friden mit der tat ichts furgenommen wurde, alsdan gestalt der sachen und obangezeigtes unsers uberflussigen erpietens ingedechtig zu sein, unsern son und
g. hern ... als einen jungen unmundigen fursten, das furstentumb zu Hessen
und uns darin zum besten bevolen zu haben. ... Dat. Marpurg, unter unser
Annen lantgrefin ringsecret und der ret gemein ingesigel am‹... A. Mbg., O.
W. S. 1, Personalakten der Landgräfin Anna geb. Herzogin von Braunschweig,
Cpt. von Feiges Hand.

hal[t]en, genzelich und an geferde. Des zu orkunde haben wir di
borgen unser ingesigel zu end diser schrift neben einander ge-
druck[t]. Dat. gegeben uf dinstag nach S. Margareten 1517.«

A. Mbg., Urkunden v. Baumbach, Or.

208. **Kaiser Maximilian an die Landgräfin Anna und die
Verordneten Räte.** Instruktion des kaiserlichen Rats Georg von
Schaumburg und des Thürhüters Hans Presinger. Augsburg
1518 Februar 1.

Maximilian fordert die Landgräfin und die Räte auf, die Tochter
Ldg. Wilhelms des Aelteren Elisabeth an den kaiserlichen Hof zu senden.
Er verspricht, Elisabeth nicht ohne Zustimmung der Landgräfin und der
hessischen Stände zu verheiraten.

Maximilian wünscht die Tochter des verstorbenen Ldg. Wilhelms
des Älteren Landgräfin Elisabeth »in unser lieben tochter[1]) der
Kaiserin und kunigin frauenzimmer volgen zu lassen.« Er hat
sich vergeblich zu mehreren Malen mit diesem Ersuchen an die
Mutter derselben, die alte Landgräfin, gewendet, aber immer eine
abschlägige Antwort erhalten mit der Begründung, dass sie sich
»gegen der gemelten von Meckelnburg, auch irem regiment und
gemeiner lantschaft bei vorlirunge ires widems verschrieben und
verpflicht sei, ir tochter on derselben dreier teil wissen und willen
aus dem lant zu Hessen nit zu fueren noch zu vorheiraten.«[2]) Dweil
aber genzlich unser (als obersten vormunders und beschirmers
witwen und weisen) mainung ist, das ... freulin Elisabet bei unser
lieben tochter in furstlichen zuchten und ehren aufzuziehen und
dan in unser l. muhemen von Braunschweig macht nit steht, sich
dawider ichts zu verpflichten, so haben wir aus eigener beweknus
sie von solcher verschreibung, soviel das ir tochter aus dem lant
Hessen zu fueren berurt, von kaiserlicher macht absolvirt und entledigt und derhalben abermals an sie begert, uns ir tochter volgen
zu lassen.« Der Kaiser fordert Anna von Mecklenburg und die
Verordneten Räte auf, dass sie das »uns zu eren und gefallen bewilligen und zugeben«, auch Elisabeths Mutter veranlassen, dem
Kaiser die Tochter anzuvertrauen, aber »nicht desteminder derselben von Braunschweig iren widem und darzu umb unser willen

---

[1]) Gemeint ist wohl Margarethe von Burgund, verwitwete Herzogin von
Savoyen.
[2]) Die Urkunde ist noch vorhanden, in der Anna von Braunschweig sich
gegenüber der Landgräfin Anna, den Verordneten Räten und den hessischen
Ständen verpflichtete, ihre Tochter Elisabeth »on wissen und verwilligung der
hochgebornen furstinnen und frauwen Annen geb. herzogin von Meckelnborg,
lantgrafin zu Hessen, witwen unser lieben wasen, der verordenten rete und gemeiner lantschaft desselbigen furstentumbs zu Hessen nicht usserhalb dem
furstentumb ze bringen, ze furen oder imants gestaten ze tun, noch zu ver-
ehlichen oder zu vermählen in keinerlei weise, wie das alles beredt und ver-
teidingt ist.« Dat. Kassel, am Mittwoch nach Philippi und Jakobi [Mai 2] 1515.
(A. Mbg., Samtarchiv Scbubl. 77 Nr. 69, Or.)

die funf fuder weins und 350 gulden reynisch, so jetzt ir tochter
gegeben werden, so lang bis sie verhairat ist, jerlichen reichen,
zu gleicher weis, als ob sie die nach bei ir hett und das freulin
mit klaidern, kleinaten und anderm nach irem stat ausfertigen.«
Dagegen verspricht der Kaiser, das Fräulein »ehrlichen und gnedig-
licben [zu] halten und ane der von Meckelnpurgk und ires zugeordneten
regiments, auch der lantschaft wissen und willen nit [zu] verheiraten,
sie auch mit irem rat und willen zu einem eherlichen nutzlichen heirat gnediglich [zu] furdern und wan sie ader freulin Elisabeth selbs
das begeren, si widerumb zu iren handen komen [zu] lassen, inmassen
wir des ein sonder vorschreibunge aufgericht haben, die sie inen
auch gegen irer bewilligung uberantworten sollen.« Sobald die
Gesandten die Bewilligung erlangt haben, sollen sie das Fräulein
nach Hagenau geleiten. »Geben zu Auchspurgk, am ersten tage
des monats februarii ao. XVIII.«

A. W., Reg. C p. 151 Nr. 311 Bd. 11, Kop.

### 209. Landgräfin Anna und die Verordneten Räte an Kaiser Maximilian. Marburg 1518 März 29.

Weisen auf die Missheirat der älteren Tochter Wilhelms I. Katharina
mit dem Grafen Beichlingen hin und weigern sich, die Prinzessin Elisabeth
an den kaiserlichen Hof zu senden ohne die Zustimmung Ldg. Philipps
und seiner Freunde.

Würden dem Wunsche des Kaisers gern entsprechen, aber
»ir Kei. Mt. haben aus hohem vorstant gnediglich wol zu ermessen,
das solchs uns als vorwaltern zu verwilgen beschwerlich und nachteilig sein wolt, aus ursachen, das hivor frau Katherin, geb. landgrefin
zu Hessen, grefin und frau zu Beichlingen, an wissen und willen
derjenen, so billich darumb ersucht weren worden . . ., bestalt ist
und nicht nach herkomen, gelegenheit und notturft ldg. Philips und
des furstentumbs zu Hessen, daraus seiner l. und f. g. nit geringer
nachteil und vercleinung entstanden ist, dadurch die untertanen . . .
bewegt sein worden, dasjene, so inen in solchem fal gepürt, zu
wegern, derhalben ldg. Philips solch heiratgut uber des furstentumbs herkomen aus seiner selbs kamern hat bezalen mussen. Und
wart dasmalen auch offentlich ausgeben, es were auf hegern und
mit wissen und willen Kei. Mt. bescheen, das aber ane zweivel nit
gewesen ist, derhalben die untertanen ldg. Philips hiebevor beschlossen und gebeten haben, das obgenant freulein aus dem furstentumb zu Hessen nit furen oder komen zu lassen. Darzu so ist
unser son und g. herr ldg. Philips derjene, der es versehen und
versorgen mus, und erfordert seine gelegenheit und notturft hochlich, dadurch gelegen freundschaft zu suchen und zu machen. . . .
Darumb ir Kei. Mt. wir ane rat, wissen und willen ldg. Philips hern
und freunde und derjenen, so davon wissens haben mussen, dismals
nit entlich antwurt gehen mogen, sonder wir wollen solchs

ufs furderlichst an dieselben seine hern und freunde gelangen lassen und irer Kei. Mt. mit rat derselben entlich antwurt geben.[1]) ... Dat. Martburg, unter unser Annen landgrefin ringesecret und unser der verordenten rete gemeinem insigl, montags nach Palmarum ao. XVIII.«

A. W., Reg. C p. 151 Nr. 31[1] Bd. 11, Kop.

### 210. Georg von Schaumburg und Hans Presinger an Kaiser Maximilian. [1518 Mitte April.][2])

Berichten darüber, warum die Landgräfin und die hessischen Räte die Landgräfin Elisabeth nicht aus Hessen lassen wollen und wie sie sich weigern, den ständischen Ausschuss zu berufen oder über denselben Auskunft zu geben. Trotzdem berufen die Gesandten den Ausschuss auf eigene Faust. Wegführung der Landgräfin Elisabeth aus Melsungen durch Ldg. Philipp.

Am Dienstag nach dem Palmtage [März 30] ist ihnen Antwort[3]) gegeben »durch di rete, der namen hienach verzaichent: Curdt von Wallenstein, hofmaister, Herman Rietesel, lantmarschalh, Eytel von Lehenstein, Wilhelm von Dornberg, Balthasar Schrautenbach, der canzler.« Gesandte bemerken darauf, sie hätten sich »solcher verzuglichen antwurt nit versehen«, und fordern einen endgültigen Bescheid. Denn sie hätten im Weigerungsfall vom Kaiser den Befehl erhalten, »an ein ausschus der lantschaft zu werben, begern wir von wegen Kai. Mt., uns den ausschus zusamenzufordern.« Hessische Räte erwidern, es sei billig, dass die Sache zuvörderst an Sachsen, Brandenburg und Braunschweig gelange; das könnte aber so bald nicht geschehen; denn die Freunde des jungen Landgrafen sässen weit von einander; es sei daher nicht zu bestimmen, wann die Antwort einlaufen würde. »Darzu so stet Kai. Mt. verschreibung auf freulein Elisabet[4]) der mutter wider zu antwurten und nit ins furstentum, haben darauf di alt furstin in verdacht und gesagt, es sei ir angeben. ... Dan man hab hievor auch wol gesagt, es sei Kei. Mt. wille gewest, das man di elter furstin dem

---

[1]) Ldg. Philipp wandte sich am 30. März in einem Schreiben an die Ernestiner und erbat in der Angelegenheit der Landgräfin Elisabeth ihren Rat. »Nachdem wir aber besorgen, das solich furnemen, wo das also volnzogen werden solt, nit allein uns, sonder auch andern heusern unserm haus anhengik zu beschwerung und nachteil reichen mocht, ist unser freundlich bit, e. l. wollen uns in ansehung, wie sie uns verwant sein, zum besten geraten sein, wes uns dorin zu tun sei und wie wir solichs furkommen mogen und uns solichs bei gegenwertigem zuschreiben. ... Dat. Marpurgk, am dinstage nach Palmarum ao. XVIII.« (A. W., a. a. O., Or.) Kurfürst Friedrich versprach dem Landgrafen, durch eine eigene Botschaft auf sein Schreiben zu antworten. Dat. Lochau, Mittwoch nach Quasimodo 1518. Wir erfahren über den Inhalt dieser Antwort nichts mehr. (A. W., a. a. O., Kop.)
[2]) Dat. fehlt.
[3]) Vgl. o. Nr. 209.
[4]) Die kaiserliche Verschreibung über die Landgräfin Elisabeth, die oben Nr. 208 bereits erwähnt wird, fehlt uns.

von Beichlingen hab geben. Es sei nu oder nit, so seis nit gut,
sunder der lantschaft wider.« Gesandte bitten um Auskunft, »wer
di vom ausschus, auch di lantschaft zu beschreiben hab, domit wir
unserm bevelh gnug tun.« Hessische Räte: »Si wissen nit vil
vom ausschus. Es mag ein ausschus geordent sein gewesen, aber
etlich derselben sein gestorben, und sei einer hienaus, der ander
dorthin komen, uns derhalb nichts anzaigen wollen. So sei di zeit
heilig und sei ir g. frau im closter, der zeit bei irn g. nichts handeln
konnen. So liege der lantschaft nit sunders daran; dan der furst
mus das freulein aus verheiraten, der geb das gelt aus.«
        Darauf haben sich die Gesandten von den Räten verabschiedet
und sich alsdann »bei glaubhaftigen fromen erkundigt, di des jungen
fursten, auch lant und leut nutz gern gut sehen, befragt, das keiner
vom ausschus tot sei. Wol ist war, das si nit gebraucht werden.«
Die Gesandten erlassen nun am »freitag in den osterheiligen tagen
[1518 April 2]« ein Ausschreiben an die Mitglieder des ständischen
Ausschusses, durch welches sie ihnen anzeigen, dass sie an den
Ausschuss vom Kaiser mit einer Botschaft abgefertigt sind und
sie auffordern, am Freitag nach dem Sonntag Quasimodogeniti
[1518 April 16] in Fritzlar zu erscheinen. Was den Gesandten auf
dieser Tagsatzung begegnet ist, wollen sie selbst an den Kaiser
bringen.    Auch den Grafen von Beichlingen haben die Gesandten
nach Fritzlar erfordert; er ist gehorsam erschienen und hat berichtet, wie Ldg. Philipp die Tochter der alten Landgräfin gewaltsam aus seinem, des Grafen, Gewahrsam zu Melsungen geholt hat,
und zwar am Mittwoch in der Osterwoche [1518 April 7] in Gemeinschaft mit dem Hz. Albrecht von Mecklenburg.[1])

### 211. Landgräfin Anna an die hessischen Stände. [1518 An-
fang Oktober.][2])

        Die Angabe, nach der die Landgräfin mit ihrem Sohn aus Hessen
geflohen sein soll, ist unwahr. Begründung ber Abreise des Landgrafen
aus Giessen.

        »Wir Anna etc. entpieten euch des ldg. Philipps zu Hessen
. . . undertanen denen von gemeiner ritterschaft, steten und land-

---

[1]) Landgräfin Anna beschwerte sich am 30. März in einem Schreiben an
Maximilian über die Aufführung seiner Gesandten in Hessen. Infolge der Antwort der hessischen Räte hätten sie sich an den Ausschuss und die Landschaft
wenden wollen, »mit beger, ine die zu beschreiben und zu versameln; daruf
wir inen nit endlich antwort haben geben mogen, us ursachen, das ldg. Philipsen
. . . an dieser sach hoch gelegen ist. Dweil wir dan wissen, das Kei. Mt. gemuet oder meinung nit ist, in einichem furstentumb ufrur oder emporung zu erwecken, haben wir nit underlassen wollen, euch diesen handel, wie der steet,
anzuzeigen. . . . Dat. Marpurgk, am dinstage nach Palmarum ao. XVIII.« (A. Wien,
Maximiliana, Or.)
[2]) Dat. fehlt. Da der junge Landgraf bis Ende September in Giessen
weilte, ist anzunehmen, dass das Schreiben (vielleicht in Spangenberg) Anfang
Oktober verfasst worden ist.

schaft, so itzo in seiner l. dinst zum Giessen seind, unsern grus zuvor. Lieben getreuen, uns langt gleublich an, das euch furkomen sein sol, wie das wir . . . unsern son aus dem lant gefurt haben sollen, begern dorumb ganz gnediglich, ir wollet dis vertrauen zu uns nicht setzen; dan wan wir so ubel tun, wolten wir die gros muhe, vleis und arbeit, die wir bisher getan, wol underlassen haben. Und ist das die warheit, das wir aus anligender notturft und zu rettung seiner l. land und leut den herzogen von Sachssen und Brunschwigk under augen gezogen scind und sie bewegt haben, das sie itzo mit macht zuziehen, welchs wir villeicht, wo wir zum Giessen blieben weren, nicht hetten zu weg brengen oder tun konnen. Und ist unser son oder wir aus dem land zu Hessen nie komen, als er auch der gestalt nicht tun sol. Das wir aber bei der nacht aus Giessen gerieten, ist ursach, das wir kein reiter gehabt, auch wo man es gewust, itzo in diese geschwinden leufte villeicht uf uns gehalten bett. Derhalb wollet uns entschuldigt haben und diesen erdichten worten ganz keinen glauben geben; dan wir in kurzem mit unserm son und seiner l. herrn und freunden bei euch sein wollen. . . . Auch wirdet euch gegenwirtiger Eberte von Rodenhusen deshalb weiter mundlich underrichtung tun. Dene wollet von unsernwegen gutwilliglich horen. . . . Geben unter unserm ringesecret und eigen handschriften. . . .«

A. Mbg., M. St. S. 8237, Landtagssachen 1518, Cpt. von Feiges Hand.

### 212. Landgraf Philipp an die hessischen Stände. Marburg 1518 Oktober 9.

Verbietet den Besuch eines Landtages, den eine Anzahl Mitglieder der Stände ohne sein Wissen ausgeschrieben haben.

»Lieben getreuen, uns langt gleublich an, das ein vermeinter lantak wider unser furstliche oberkeit und regalien, so wir von Kai. Mt. . . . und dem heiligen reich haben uf mitwochen noch allerheiligen tag [November 3] bestimpt und gehalten werden soll, welchs uns nicht wenig befrembdet, das one unser als euers lantsfursten wissen und willen in unserm lande lantage, comun ader versamelung gemacht werden sollen, dweil dan uns der Almechtige zu regirung geschaffen, auch durch Kai. Mt. unsers alters gnedige erstattung gescheen, das wir unser lande selbst regiren und derhalb von nimants anders einiche versamelung sonder unsern wissen und bevelch gemacht werden sollen. Dan uns, auch unsern landen und leuten dardurch kein nutz entsteen mag, besonder es wirdet allein zerruttung, emperung und zweitracht gesucht, davon uns und den unsern grosser schade und unkost erwechst. Aus disen . . . und vil andern ursachen . . . gepieten wir euch hie mit diesem brieve bei den eiden und pflichten, die ir uns als euern naturlichem lantsfursten und einichem rechten hern liepplich geschworn hapt, das ir solichen lantak bei verlust euer lehen, auch unser gnade in keinen weg besuchet, besonder uns, wie ir zu tun schultig seiet, gehorsam

leistet. Des wollen wir uns also bei den eiden und pflichten wie
obgemelt zu euch verlaissen, und sein willens, euch nach unser
gelegenheit zu beschreiben und zu entdecken, was ursach die haben
und guter meinung si seint, die euch zu diser sachen anreizen.
Wa aber einer ader mehir im furstentumb Hessen, was stants der
were, ichts mangels hette, der mocht uns das anzeigen, wollen wir
in gnediglich horen und horen laissen, und soll ime daruf gnugsam
und furderlichs rechtens verholfen werden; darzu ein ieder einen
freien ab- und zugank haben soll. Dat. Marpurgk, sonabents noch
Francisci ao. XVIII.«

A. Mbg., O. W. S. 3, Kop.

## 213. Bürgermeister und Rat zu Giessen an Landgraf Philipp. Giessen 1518 Oktober 10.

Sind von den Räten des Landgrafen aufgefordert worden, ungeachtet
des Landtagsverbotes den von der Ritterschaft anberaumten Tag zu besuchen. Bitten um Verhaltungsmassregeln.

Haben von den Räten des Landgrafen vor ihrem Abreiten
aus Giessen gehört, »wie sie [räte] uf e. f. g. volmacht, gwalt und
handschrift ein vertrag mit Francisco von Sigkingen verfast und
den uf ein mirgliche somme gelts gmacht und erteidingt und dar-
beneben eins gemein lanttags uberkomen und zu halten eins worden
sin. Nu versehen sie sich, wie sulcher vertrag nit gehalten[1]), auch

---

[1]) Vgl. hierzu den Bericht Ldg. Philipps an die Wettiner über den
Sickingenschen Handel (A. W., Reg. C p. 283 Nr. 4, glz. Ndschr.: »Dis ist ein
gruntlicher bericht des unrechtlichen handels, so Franciscus von Sickingen unverschult gegen uns gefurt hat«). Philipp beschwert sich hier über das eigenmächtige Vorgehen der Ritterschaft: »Sint der zeit [d. h. seit Ausstellung der
Vollmacht für den Abschluss des Vertrages am 18. September] ist uns ni kein
botschaft oder einicherlei schrift von inen [der in Darmstadt eingeschlossenen
hessischen Ritterschaft] zukumen bis itzt an negstem dinstag nach Mauricy
[September 28], und haben nit erfarn konnen, ob sie auf di volmacht ichts oder
nichts gehandelt, haben uns auch di artikel ni zugeschickt oder beratslagt, ob
es uns gefellig oder annemlich sei oder nit, haben sie di rete etlich von inen
nemlich Lebensteyn von Lebensteyn, Wilhelm von Dornbergk, Ott Hundt und
Burckart von Chram zu uns gein Giessen geschickt und sagen lassen, wie mit
grosser beswerung sie den vertrak betten annemen mussen, und ir bestes furgewant und uns wollen darzu nöten, den vertrak anzunemen. ... Darauf wir
inen mit diser antwurt begegent: Wir scind hie einig mit unser frau mutter
und betten unser rete nit bei uns; eins teils wern noch bei inen, di andern
wern von uns gedrungen. So wern wir ein junger furst und konten di sach
nach unser notturft nit bedenken, sunder wir wolten unser hern und freunt rat
darinnen halten, di uns mit erbverbruderung und einung dermas verwant sein,
das sie uns ze raten schuldig wern, wir sie auch billich umb rat fragen; dan
uns stund auf diser sachen unser ehr und gut. Also wiewol sie sich in diser
antwurt beswerlich gemacht, haben sie doch dieselbig annemen mussen; dan
wir haben inen kein andere geben konnen.« — Von einer Werbung, die Ldg.
Philipp wahrscheinlich Ende September in Sachen des Sickingenschen Vertrages
an seine Räte und die Ritterschaft richtete, ist uns nur ein wichtiges Bruchstück erhalten. Es lautet: »Item den hessischen reten furzuhalten, durch was
ursach wir dieses vertrags beswert sein: nemlich das Franciscus von Sickingen
zweier geringer ursachen halben sich der vebde angemast hab und im darumb

die erteidingte somme gelts nit wol verriecht werden, und wo das
alzo veracht und nit folnzogen, so werde obgenanter Franciscus
sich widerumb bewerben und durch das lant zu Hessen bis an
Cassel ziehen und das furstentum in unverwuntlichen schaden
brengen, begernde, das wir sulchen lanttag auch mit ine ersuchen
wollen, mit andern derglichen vil ingeflochten worten.   Haben wir
antwurt darzu geben, uns si sulcher lanttag von e. f. g. bi pene
ungnediger straf, auch bi den eiden und plichten, so wir e. f. g.
getan haben und zu tun plichtig sin, zu ersuchen verboten[1]), und
woll uns von eren wegen nit wol zemen, sulche e. f. g. gebote zu
verschlagen.   Haben sie uns darzu geantwurt: Ine si sulch tag zu
besuchen desglichen auch verboten, aber sie wollen sulchen tag
nicht destaminner ansuchen.   Wan dem nu obgmelten irem vorgeben alzo, ruere uns sulch grueltlich dait und mutwilliger schade,
so der uber das furstentum, e. f. g., auch uber uns und alle inwoner gelien sult, nit lieb auch nit gut, sundern wurd uns allen
zu verdirplichen unverwuntlichen schaden reichen, ist darumb an
e. f. g. unser undertenig oitmutige bitt, wollen uns obgemelten
e. f. g. schriften nach, so uns am nesten sulchen lanttag zu besuchen
verboten, gnediglich geraten sin, wie wir uns der sachen und
handels, damit wir uns unser eide, so wir e. f. g. getan haben und
ermant werden, halten sollen.   Dan wir uns ie nit gern anders
gegen e. f. g. dan als arme undersassen und die gehorsamen aller
gebore halten wulten, bitten hiruf bi gegenwertigem gnedige antwurt, uns des haben zu halten.   Geben sontags Gereonis ao. 18.«

A. Mbg., O. W. S. 376, Fehde mit Sickingen, Or.

**214. Landgraf Philipp an Kaiser Maximilian.   Instruktion
für Valentin Ratzenberg.   [1518 Mitte Oktober.][2])**

Bittet um ein kaiserliches Mandat, durch das den hessischen Ständen
verboten wird, ohne Zustimmung des Landesherrn Landtage auszuschreiben
und zu besuchen.

ein merglich sum zu geben bewilligt worden sei, und das daneben etlich grosse
artikel ingezogen, als nemlich das wir den alten regenten ire guder mit ufgehabener nutzung volgen lassen und sie uns dargegen nichts tun solten, item
den von Cronbergk Wassenwiblis zustellen und sie solichs von der Pfaltz zu
leben entpfangen solten.   Ferrer so langte uns an, wie etliche von der ritterschaft in willen und furnemen steen solten, landtage zu machen und unser frau
mutter und diener von uns zu dringen und uns ires gefallens regiment und
ordenung zu setzen, als ob wir in ichte regiret betten, das nicht tugelich were.
Solten wir nu soliche sumen gelts ausgeben und mit andern artikeln auch beschwert sein, darzu in diesen sorgen steen, unser frau mutter und diener von
uns zu dringen und ires gevallens regiment machen zu lassen, wer uns je beswerlich und in keinen weg laidlich, musten auch in dem unser hern und freunde
raid geprauchen; wo aber wir in diesen artikeln mogen verschont werden,
wollen wir dannocht tun als der gnedige und sie mit dem gelde nicht lassen,
mit beger, das sie, die rete, in dem ir gutbedunken und gemut auch zu versteen geben wolten, was ire meinong darin were und wie die dinge verkomen
werden mochten.«   (A. Mbg., O. W. S. 376, Fehde mit Sickingen, Kop.)

[1]) Vgl. o. Nr. 212.
[2]) Dat. fehlt.   Es lässt sich annäherungsweise leicht aus dem Zusammenhang erschliessen.

Ldg. Philipp beschwert sich darüber, dass »etliche in unserm furstentumb in willen und ubung steen, versamlung und landtege ane unsern wissen und willen zu machen, in schein, als ob sie dieser beschwerde und schaden zugegen trachten und handeln wolten, welchs im heiligen reich vormals nit geubt oder herkomen ist, auch inen als undertanen nit zusteet, darus uns, unserm fursten- tumb, lantschaft und gepieten mergliche beschwerung, so das also furgenomen werden solt, auch forder krig und ufrur erwachsen mochten. . . . Doch dweil got und Kei. Mt. uns das regiment unser lant, leut und guter gnediglich verlihen haben, so sein wir gemeint, mit rat und hilf unser herrn, frunt und rete den dingen nach unser gelegenheit zum besten obzustein und furzutrachten, und ist derhalb unser gnedig und gutlich bit, bei irer Kei. Mt. vleissig zu handeln und uns ein mandat an unser undertan, praelaten, graven, ritter- schaft und stet zu erlangen, darin ine bei pen der acht und aber- acht, darin ein ider mit der tat, so oft er frevelich wider solich gepot tun wurde, gefallen sein solt, gepoten werde, ane unserm wissen und willen keine versamelung oder landtege zu machen, sondern uns als regirenden fursten, und dem das von got, Kai. Mt., recht und billicheit wegen zusteet, damit gewerden zu lassen und uns im selben als unser undertan gehorsam und gewertig zu sein, damit ferrer ufrur vermiten bleiben moge.« Der Ldg. erklärt sich bereit, »was di mandata kosten, gutlich zu bezalen.«[1])

A. Mbg., O. W. S. 376, Fehde mit Sickingen, Cpt. von Felges Hand.

### 215. Landgraf Philipp an die hessische Ritterschaft. [1518 Mitte Oktober.]

Nimmt Schrautenbach gegenüber der Ritterschaft in Schutz.

»Uns langt gleublich an, wie das ir oder aber ein grosse anzal vom adel und andern unsern reisigen dinern under euch zu- samengetreten, einen compact gemacht und ufgesipt haben sollet, auch [gedroht], unsern rat und diner Baltazarn Srautenbachen, amptman zu Giessen (dorumb das er dieser geswinden und un- rechtlichen handlunge, so Franciscus von Sickingen und andere onverschult und mutwilliglicher weis gegen uns furen, ein ursacher sein solle) ine vor unser l. frauen mutter und unsern augen und angesicht uf stucken zu hauen, welchs uns dan . . . gar hochlich befremdet. Dan wir aus alle seinen ratslegen, dorin wir alzeit mitgewest, nie vermerkt haben, das er ie zu krige oder oneinig- keit, sunder alwege ufs treulichst, als er schuldig gewesen, nach seinem besten verstand in unsern sachen geraten hab.« Daher

---

[1]) Das vom Landgrafen erbetene kaiserliche Mandat ist uns nicht über- liefert. Dass es von Maximilian ausgestellt worden ist, ersieht man aus einer Erwähnung desselben in der Anklageschrift des Landgrafen gegen Johann Schwertzell; vgl. u. Nr. 224.

bittet der Landgraf die Ritter, von ihrem Vornehmen gegen Schrautenbach abzustehen. »Wo ir aber etwas unschicklichs, das er gehandelt haben solt, von ime wustet, das mogt ir uns anzeigen;
wollen wir ine einem iglichen dorumb zu recht ... halten.«

A. Mbg., O. W. S. 376, Fehde mit Sickingen, Cpt. von Felges Hand.

**216. Protokoll der Verhandlungen, die zwischen Landgraf
Philipp und seiner Mutter einerseits und Mitgliedern der hessischen Ritterschaft anderseits unter Vermittlung sächsischer Räte
geführt worden sind. [Spangenberg und Homberg 1518 Oktober
18—20.][1]**

A) Beschwerden und Anträge der hessischen Ritterschaft
(S. 528): 1. Beschwerde über Abschaffung von Futter und Mahl. Weil
die Landgräfin nur Riedesel und Schrautenbach im Rat gebraucht habe,
sei das gegenwärtige Unglück über Hessen gekommen. Notwendigkeit
eines Landtages. 2. Beschwerde über die schimpfliche Flucht des Landgrafen aus Giessen. 3. Beschwerde über Anschuldigungen, die die Landgräfin gegen die Ritterschaft erhoben hat. Auf einem Landtage sollen die
Urheber des Sickingenschen Ueberfalls ermittelt werden. 4. Rechtzeitige
Warnungen haben die Landgräfin und Schrautenbach in den Wind geschlagen. 5. Hochmut Schrautenbachs. Notwendigkeit der Aenderung der
gegenwärtigen Regierung unter Hinzuziehung der Stände.
B) Antwort des Landgrafen (S. 529): Zu Artikel 1: Bewilligung der Zehrung und der Pferdschäden. Landtagsverbot. Recht-

[1]) Vgl. über den Anlass und die Bedeutung dieser Verhandlungen Anna
von Hessen S. 184 ff. Das fehlende Datum lässt sich aus den im Protokoll vorkommenden Angaben leicht erschliessen. Die Namen der sächsischen Räte erfahren wir aus der am Schluss des Protokolls angeführten Abrede; es waren
Christoph von Taubenheim, Hans von Werthern und Hermann Pack. Zur Kenn-
zeichnnng der wichtigen Rolle, die Hz. Georgs Räte in den Verhandlungen
zwischen dem Landgrafen und der aufsässigen Ritterschaft spielen, mag Folgendes angeführt werden: Am Donnerstag nach Michaelis [Sept. 30] 1518 hatte
Ldg. Philipp aus Marburg an Hz. Georg eine Abschrift des Sickingenschen Vertrages gesendet mit der Bitte, ihm seinen Rat zu erteilen und wenn irgend
möglich selbst nach Hessen zu kommen (A. W., Reg. C p. 283 Nr. 4, Kop.). Hz.
Georg entschuldigte sein Fernbleiben mit seiner angegriffenen Gesundheit, sandte
indes drei seiner Räte an den Landgrafen ab, um diesem in den Irrungen mit
Sickingen und der hessischen Ritterschaft behülflich zu sein. Den Räten gab
Hz. Georg folgende geheime Instruktion an den Landgrafen: »In geheim sollen
unser rete an sein l. in beiwesen wenik irer rete dise meinung gelangen lassen:
Das unser getreuer rat und bedenken ist, das sich sein l. gegen der ritterschaft
umb begangne handlung keins ungnedigen willens vermerken lasse, sundern
sich gegen allen gnedig und gutig erzaig. Dan wo sein l. mit irn untertanen
in ungunst stehen wurde, ir handlung nit für gut achten und seiner l. zu wider-
fallen, das mocht seiner l. zu mer schaden dan alles das, so seiner l. itzt entstanden, raichen und bewegen; und im widerfall, wo sein l. mit irn untertanen
in lieb und einikeit leben wurde, das sein l. vermittelst derselben untertan hilf
aus rechter lieb solchen schaden mit der zeit wider zu erobern bette. ... Wo
sich irrung zwischen der lantschaft und der herschaft bielden, sollen sie bei
dem lantgrafen fleissigen, in solchen gebrechen handels zu gestaten und nach
irm vermugen fleis furwenden, zu vertragen, desgleichen ob irrung zwischen
leuten oder regenten wern, solchs zu vertragen auch fleissigen. Wo di lantschaft beswert were, das di lantgrefin im regiment sein sal, das sie dan in
gehaim mit fleis arbeiten bei der lantgrefin, sich selbst davon zu ziben, damit
nit mer unlust daraus entstehe.« (A. W., a. a. O., Kop. Dat. fehlt.)

fertigung der Landgräfin-Witwe und ihrer Ratgeber Riedesel und Schrautenbach. Zu Artikel 2: Beweggründe der Landgräfin zur Abreise aus
Giessen. Zu Artikel 3: Landgräfin beteuert ihre Unschuld bezüglich
der Sickingenschen Fehde. Zu Artikel 4 und 5: Landgräfin weist die
Beschuldigung als unwahr zurück.
        C) Verhandlungen (S. 531): 1. Antrag der Ritterschaft: Es
soll in Hessen von den Wettinern ein Landtag ausgeschrieben werden.
2. Antwort des Landgrafen: Lehnt den Vorschlag der Ritterschaft
ab. 3. Neue Anträge der Ritterschaft unter Vermittlung sächsischer
Räte: Sie fordern von Philipp a) die Ausschreibung eines Landtages, b) die
Aufnahme zweier Ratgeber, c) die Entlassung Schrautenbachs. 4. Antwort des Landgrafen: Er lehnt alle Vorschläge als seiner fürstlichen
Obrigkeit zuwiderlaufend ab. 5. Neue Anträge der Ritterschaft am
20. Oktober: a) Lassen durch die sächsischen Räte ein Verzeichnis von
11 Personen übergeben, aus dem der Landgraf drei zu seiner persönlichen
Wartung auswählen soll. b) Fordern abermals die Entlassung Schrautenbachs. c) Stehen von der Berufung eines Landtages ab, übergeben aber
ein Verzeichnis von 24 Personen, aus denen der Landgraf zehn wählen
soll, um mit ihnen und einigen seiner Räte über die Beschwerden der
Ritterschaft zu beraten. 6. Antwort des Landgrafen: Zu a): Er will
sich nicht durch seine Unterthanen Diener aufdrängen lassen. Zu b):
Schrautenbach hat nicht eigenmächtig gehandelt, sondern nur im Auftrage
der Landgräfin und des Landgrafen. Zu c): Der Landgraf stellt die Berufung eines Tages in Aussicht, will aber zu diesem nicht diejenigen einladen, die ihm die Ritterschaft vorgeschlagen, sondern die ihm selbst geeignet erscheinen. Rechtfertigung der Mutter des Landgrafen. 7. Schluss
der Verhandlungen: Die von den sächsischen Räten abgefasste Abrede
nimmt der Landgraf nicht an, verspricht sie aber in Bedenken zu nehmen.
Abzug der zu Spangenberg versammelten Ritterschaft.
        D) Abrede der Räte Hz. Georgs (S. 533): Aufnahme der drei
von der Ritterschaft vorgeschlagenen Personen in den Rat des Landgrafen.
Ansetzung eines Hoftages zur Untersuchung der Beschwerden des Landgrafen und der Ritterschaft. Zu dem Tage sollen zehn von den Personen
berufen werden, die die Ritterschaft in Vorschlag gebracht hat, je zwei
Mitglieder der Städte Kassel und Marburg und sächsische Räte.

A) Beschwerden und Anträge der hessischen Ritterschaft:

        Am Montage nach Galli [October 18] 1518 hat die Ritter-
schaft »derzeit zu Hombergk versamblet« folgende Beschwerden
vorgetragen: 1. »Das si ein zeit lang in unsers g. hern von Hessen
dinst und noch zu Hombergk versamblet; dene were gestern,
suntags [October 17] umb 10 uher, fueter und mal abgeschafft,
und betten etlich pferde zu libbern, auch zum teil fern heim und
kein zerung. Vormals in solichen fellen [betten] der marschalk
und andere rete abscheit gegeben, der pferde scheden vereinigt
und mit zerung zu hause versehen, des si beschwert. Wo der
marschalk [Philipp Meisenbug] ader ander verordente rete da gewesen, wurden ire notturft mit ine geredt haben. Deshalben si
in solicher kurzen abschaffung nicht handeln noch schliessen mogen,
das unsers g. hern und seiner f. g. landen notturft. Idoch betten
sich dieselbigen, sovil da versamelt, underredt und befunden, unsern
g. hern mit engem rate versehen. Mein g. frau von Hessen hoch
in rat gebraucht Herman Reyteseln und Balthasarn Schrautenbach
iren f. g. anhengig sein, daraus itziger schade und schimpf erwachsen.
So aber diejenen, darzu gehorn, in rat gebraucht weren, mocht

der schade und schimpf wol vorkomen sein. Darumb unserm g. hern, landen und leuten not, versamlung zu machen und [zu] heratschlagen, wie dergleichen kunftiger schade zu verhueten; wo das nicht, sei gewiss, unser g. her und lantschaft dergestalt uberfals und schadens zu gewarten. 2. So hat unser g. frau mit Balthasarn Schrautenbach unsern g. hern bei watsecken und trossen von Giessen hinwekgefuert. Wie trostlich das den veinden und erschrecklich den undertanen mit irem hern also zu geperen, were zu achten. 3. So solt sich unser g. frau haben horen lassen, das ir f. g. des schadens nicht ursach sei; damit wurde di [l. der] ritterschaft, sonderlich den, die in Darmbstat gelegen, der ungelimpf zugemessen. Darumb not, [das] di versamblung gescheen, an tak komen [zu] lassen und ausfundig zu machen, wer des ursach ist, es sein hofmeister, marschalk, verordente rete oder ander darin schuldig befunden, an iren gutern, ader wo daran gebrech, am leibe zu erholn. 4. So were vorlangst von etlichen geredt, das diser schade zufallen mocht, das mans in der zeit verhueten wolt; dem were kein stat gegeben, sonder spitzig antwort gegeben, dergestalt, es solt pfaff Omes[1]) gemelt sein, und also veracht. Sich het auch etlich burgermeister dergleichen warnung horen lassen, daruf vorgefallen, wo er so reden wolt, wurde ein ander an sein stat gesetzt. 5. So etliche verordente rete, auch von der ritterschaft ader steten etwas geredt und geraten, unserm g. hern, landen und leuten not, die weren zu zeiten ungnedig und von Schrautenbach mit spitzen worten abgeweist. Das und anders irem g. hern, landen und leuten schedlich, schimpflich und in seiner f. g. jungen jaren dergestalt zu gedulden unleidlich, gepeten, das mit rat unsers g. hern, etlicher seiner f. g. freunde gemeiner ritterschaft und lantschaft, di zu solichen schweren sachen geboren, anderung zu stellen und machen, das sein f. g. trostlich zukunftigen schimpf und schaden zu verhueten.«

### B) Antwort des Landgrafen:

Auf Artikel 1: Die Pferdeschäden und Zehrung sollen ihnen erstattet werden. Der Landgraf verbietet der Ritterschaft »hinder seinen g. als regirenden fursten, nachdem wir von Kai. Mt. . . . ins regiment gesatzt, landtage oder versamlung zu machen one seiner f. g. verwilligung. . . . So sie die oder ander gebrechen betten oder seiner f. g. und derselben landen und leuten nutz und bestes zu suchen, solten [sie] das pillich seinen f. g. zuerst furtragen. Were ir f. g. gencigt, mit rat etlicher seiner f. g. freunden, auch seiner f. g. selbst reten und undertanen von der landschaft insehens zu tun, seiner f. g. wesenlichen hof und anders [in] gut ordnunge zu stellen und anderung zu machen; was in raten befunden, das sein f. g. und derselben landen und leuten troestlich und nutzlich sei, kunftigen schaden zu verhueten, ganz geneigt und willig, derwegen

---

[1]) Der Schelmenpfaff Amis war der Held einer komischen Dichtung des 13. Jahrhunderts (von dem Stricker), die in den 1480er Jahren auch gedruckt wurde. Diesen sehr interessanten Hinweis verdanke ich Herrn Prof. Schröder.

sein f. g. zum furderlichsten einen tak zu solcher handlung auszuschreiben und wollen sich sein f. g. verlassen, das sich die ritterschaft .und andere pillich doran gesettigt, sich gegen seinen f. g.
gehorsamlich zu halten und keine widerwertigkeit oder eigne versamlung doruber nicht erheben.‹ Bezüglich der Beschwerde, dass
die Landgräfin-Witwe nur Riedesel und Schrautenbach zu Rate
ziehe, wird erwidert: es seien sehr oft Sachen vorgefallen, zu deren
Erledigung man die von der Landschaft Verordneten Räte nicht
heranziehen konnte, da sie in eigenen Angelegenheiten oder im
Auftrage ihres Fürsten verritten waren und 4—6 Wochen aus-
blieben, ›das niemand hat wissen mogen, wo sie gewesen sein,
oder aber zu zeiten in der stat zu wein gesessen und ander sachen
gepflegt und nicht hinbei gewolt. Also hab ir f. g. dannoch mit
andern, welche vorhanden gewesen, die hendel nicht unpillich abgefertigt. Und als irer f. g. son unser g. herr von Kei. Mt. ins
regiment gesetzt, da haben die rete seinen f. g. als irem rechten
naturlichen hern und landsfursten neue eide und glubde getan, und
haben sein f. g. derselben rat vor diesem schaden mehrmals gesucht und gebraucht. Und sei war, unser g. herr irer f. g. [Annas]
rate nochvolgent auch gesucht und gebraucht, des sich ire f. g.
aus mutterlicher liebe nach irer f. g. verstendnus zu tun schuldig
[halte], und moge wie sich zu recht nicht beweist werden, [das]
irer f. g. son durch irer f. g. rat oder ander wege solcher schade und
schimpf zugefugt, mit vermeldung, was [l. wo] das wie recht erweist
werde, zwefach zu erstatten. Was auch ir g. mit Herman Ried-
eseln und Baltazarn gehandelt, in deme wisse sich ir g. wol zu
verantworten, wie einer frommen furstin zusteet, und die zweene
als getreue undertane und rete. Und hat ir f. g. sie nit anders
vermerkt, dan das sie iren landsfursten getreulich und wol gemeint
haben und noch, wo sie auch meinem g. herrn einen heller zu
tausent gulden hetten machen konnen, das sie das gerne getan
hetten. Und dweil ir g. sie also ufrichtig, redlich und erbar erkant,
hat ir g. sie nit wissen zu scheuen, sie in irer g. sons hohe notturft zu gebrauchen und zu erfordern. Und alle die ir g. dermassen
wie sie erkennet, wil ir g. auch darzu ziehen; und wolt ir g., das
sie der also vil erkennen und bekennen mochten, wie die vorbenanten sein, der zuversicht, es solt ir g. son keinen schaden geperen. Ir g. wil sich auch nicht versehen sunder wivor, das irem
sone damit kein schade zugefugt. Es ist auch dieser unfal dorus
nicht wachsen, wie dan iren g. vermeinlich zugemessen werden wil.‹
Zu Artikel 2: ›Das ir f. g. sampt Baltzarn unsern g. hern von
Giessen gefurt, sie die ursach, das ire f. g. daselbst gar geringe
anzal von leuten bei sich gehabt, sunder alle, die zum ernst gebraucht und geschickt gewesen, zu den andern verordent. Und
sei iren f. g. auch manichfaltig warnung zukomen, daraus ire f. g.
unsern g. hern und denjenigen [!], so ir f. g. haben mogen, nach
Spangenberg gezogen, damit deste meher seiner f. g. freunde zu
erlangen, umb hulf und rat zu besuchen. Ir f. g. betten gern meher
leut mit sich genomen, wan sie es hett haben mogen. Das aber
mit watsecken und dergleichen spotlicher weise wie furgewant, ist

nicht, und hetten sich ir f. g. solich der ritterschaft anziehung gar nit vermut, auch kein ursach darzu gegeben. Und ob iemant einiche beschwerung gehabt oder hette, alwege und noch gnedig verbore und alle pillichkeit zu gestatten. Ob aber schon watseck und drosser mitgeweist, kont sich nimant darob verwundern; dan sich die einem fursten nachzureiten und nachzufuren wol gezimen.« Zu Artikel 3: Die Landgräfin-Witwe hat nicht zu dem Sickingen-schen Überfall Ursache gegeben; sie fühlt sich unschuldig und ist gern bereit, sich eingehender zu verantworten. »Und wolt villeicht gern gesehen werden, das ir g. stilschwige und kein verantwertung irer g. unschult tete. Was gemuets aber solichs geschicht, hat ein ieder verstendiger leichtlich zu ermessen. Ir g. wolt aber, das sich ein iglicher, der geschuldigt wurde, als wol zu verantworten wist als ir g.« Zu Artikel 4 und 5: Von der angeblichen Abweisung einiger Ratgeber mit spitzen Reden weiss die Landgräfin nichts; »dan wan imants verstendigs da gewest, der etwas guts zu raten gewust, den hette man allewege gnediglich und gerne gehort.«

### C) Verhandlungen:

1. Antrag der Ritterschaft: »Weiter haben die von der ritterschaft furgewant, so unser g. herre etzlich aus den stenden zum tage beschrieben wurde, betten den besorg, das diejenen gefordert, [die] der sach nit dinstlich, zum teil understochen seien und eigens nutz halben villicht nicht raten mochten, auch die gelegenheit der lande nicht gnugsam bericht oder gewissen, als unserm g. herren, siner f. g. landen und leuten von noten, und gepeten, das curfursten und fursten zu Sachsen einen landtak ins lant zu Hessen auszuschreiben oder aber das sie undereinander zu tun hetten, wie etwan dergestalt bei vorigen fursten solt geubet sein und auch der vertrag, darin unser g. frau von Hessen bewilligt und mit versigelt[1]), vermocht.«

2. Antwort des Landgrafen: Nachdem der Kaiser den jungen Landgrafen in die Regierung eingesetzt hat, werden sich die Herzöge von Sachsen nicht unterstehen, Landtage in Hessen auszuschreiben, und noch viel weniger wird man sie darum ersuchen. Auch beklagt es der Landgraf, dass durch die eigenmächtige Versammlung der Ritterschaft ihm »in jungen jaren neukeit und noch tegliche beschwerung ingefurt, mit underricht, darvon abzusteen und an siner f. g. vorgeschrieben erpieten billich gesettigt zu sein.«

3. Neue Anträge der Ritterschaft unter Vermittlung sächsischer Räte: Diese fordern: a) Dass der Landgraf einen gemeinen Landtag ausschreibe, »von solichen sachen zu handeln, oder aber inen solichs zu tun vergonnte«; b) dass er »mitler zeit zwen erbarn bei sich zoge, als nemlich Eberhart von Heusenstam, Johan von Lehenstein oder Hansen von Boyneburgk, die tak und nacht uf sein f. g. warten teten«; c) dass er Balthasar Schrauten-bach aus dem fürstlichen Rat entlasse.

---

[1]) Gemeint ist zweifellos die Treysaer Einung, vgl. o. Nr. 78.

4. **Antwort des Landgrafen**: Er lehnt diese Forderungen ab, da »solchs seiner f. g. oberkeit und regalien als eins regirenden fursten zuwider reichen mocht und seinen f. g. einen ingank machen, uf derselben undertan angesinnen diesen oder jenen anzunemen. Darumb seinen f. g. beschwerlich were, landtage auszuschreiben, sonder sein f. g. were gneigt, zu irer gelegenheit einen tag anzusetzen und darzu seiner f. g. freunde, rete, auch etliche von den stenden des furstentumbs zu Hessen zu beschreiben und ire gutbedunken, auch eins iden beschwerung gnediglich zu horen und darine nach aller gepur und notdurft zu handeln und handeln zu lassen. Sein f. g. mochten auch Eberharten von Heusenstam wol leiden und weren fur sich selbst gneigt, Hansen von Boyneburgk zu bestellen und bei sich zu haben, nit aus gerechtigkait seiner undertan, sunder fur sich selbst us gutem willen. Baltazar Schrautenbachs halben tragen sein f. g. beschwerung, den us irem rat als unuberwunnen einichs unguten zu lassen; dan er seinen f. g. bisher treulich gedienet und noch seinem hochsten vermugen geraten hab.«

5. **Neue Anträge der Ritterschaft**: Am Mittwoch [Okt. 20] sind die sächsischen Räte wiedergekommen und haben im Namen der Ritterschaft folgende Anträge gestellt: a) Sie übergeben ein Verzeichnis von 11 Personen (»Eberhart von Heuselstam, Adolff Ruen, Johan von Lewenstein der elter, Rudolff von Weiblingen, Ott Hundt der junger, Bernhart Keudell, Johan Swertzell, Johan von Hundelshausen, Jorg von Papenheym, Jost von Berlubschen, Ebelt von Baumbach«). Aus diesen soll der Ldg. drei auswählen, »uf siner f. g. personen zu warten.« b) Sie fordern abermals die Entlassung Schrautenbachs aus dem Rat; es »dorfe keine uberweisunge, sonder es sei uffenbar, das er allein geweltiglich geraten hat.« c) Von der Berufung eines Landtags stehen sie ab. Dafür übergeben sie ein Verzeichnis von 24 Namen (»landcumpter zu Marpurgk, Philips von Franckenstein, Heinrich Masbach, Rudolff von Weiblingen, Eckhart von der Malsborgk, Borckhart von Cram, Helwig von Ruckershausen, Reinhart von Boymelburg der elter, Ebelt von Baumbach, Jorg von Papenheym, Friderich Trott, Adolff Rau der junger, Ludwig Schwertzell, Johan Scbenck Volgkmars soen, Engelbert von Hotzfeltt, Caspar von Breidenbach, Ott Hundt der junger, Crafft von Bodenhausen, Ciliax von Linsingen, Jost von Esschwege, Johan Schwertzell, Helwig von Lauberbach, Werner von Waldenstein«). Aus diesen Rittern soll der Landgraf 10 wählen; »die sollen zu den reten gesetzt werden.« Hinzugenommen werden sollen auch je zwei Vertreter aus den Städten Kassel (»Merckell, Claus Koch«) und Marburg (»Daniel zum Schwan, Heinrich Weuner«). »Diese sollen auch neben den obangezeigten aus der ritterschaft gesetzt und in den sachen gebraucht werden, darzu unser g. herre 4 seiner f. g. rete bei dieselben zu orden und zu setzen. Den sollen unsers g. hern beschwerung und der ritterschaft geprechen furgetragen werden daraus zu handeln.«

6. **Antwort des Landgrafen**: Zu a): Er ist an sich nicht abgeneigt, »diener ufzunemen, die uf seiner f. g. person warten,

aber das ime die durch seine undertan verordent werden sollen, des trage sein f. g. als ein regirender furst nicht ein gering beschwerung; dan sein f. g. sei gneigt, us siner f. g. lantschaft die, so ime gefallen, zu dienern ufzunemen.« Zu b): »Baltazar Schrautenbachs halben tregt mein g. herre beschwerunge, ine us dem rate zu lassen, so er keines unguten uberwunden ist. Dan sein f. g. dafur helt, er hab ime bisher geraten nach seinem hochsten verstentnus und als ein biderman. So ist er auch kein regirer, sonder ein armer diener gewesen, und was er gehandelt, das hat er getan als ein diener und us befelh meiner g. frauen und g. hern, die ime auch solchs also gesteen wullen.« Zu c): »Des kunftigen tags halb sagt mein g. herre, das sein f. g. des beswert sein, die zu nemen, so sein undertan seinen f. g. furslagen. Aber sein f. g. ist des gneigt, selbst ufs furderlichst, das es seiner f. g. gelegenheit erleiden mocht, einen tag vorzunemen, seiner hern und freunde rete, etliche von der ritterschaft und steten, die sein f. g. darzu vor bequem, nutz und gut ansicht, zu beschriben, erstlich beswerung, so ime zugeben sollen, und darnach eins iden geprechen gnediglich zu horen und der obgeschriben rat neben seiner f. g. rete zu gebrauchen.« Was des Landgrafen Mutter anlangt, so habe sie bisher ihren Sohn »zu allen eren und tugenden underweist, woll auch ungerne anderst befunden werden; woll auch hinfurter denselben nach irer f. g. hochstem vermogen zu allem guten, eren und tugenden underweisen, darzu er ane zweifel aus angeporner tugent fur sich selbst gneigt sei. Und wer iren f. g. anders nachsagt, der tuet iren f. g. gewalt.«

7. **Schluss der Verhandlungen:** »Und sein die personen, so angezeigt worden sein, das merer teil der alten regenten partien gewesen. Auf solche vorgeschriben artikel ist weiter unterbandlung gescheen und ein notel gestelt, wie folgende zu vernemen, welch unser g. herre anzunemen beswert, sondern in bedenken genomen, seiner f. g. hern und freunde rat darinne zu gebrauchen und darnach unserm g. herren hz. Jorgen antwort darauf zu tun. Die von der ritterschaft itzo zu Spangenbergk haben vor sich darin bewilligt, mit guter vertrostunge, das die andern von der ritterschaft, der ein merglicher [!] anzal zu Homberg versamelt, das auch bei ine zu erlangen nicht weigern wurden, und wolten des zustund erfarung bei ine haben, so es unser g. herr hette bewilligt gehabt. Dweil aber sein f. g. solichs an seiner f. g. hern und freunde wolle gelangen lassen, so mogen sie nicht darwider und damit iren abschit genomen.«

### D) Abrede der Räte Herzog Georgs:

»Auf furgebrachte artikel und beschwerde des landtages und anders zwischen dem durchleuchtigen hochgebornen fursten und hern h. Philipssen, lantgraven zu Hessen, graven zu Katzenelnbogen, unserm g. hern und etlichen von der ritterschaft vorgefallen, ist heut mitwochen nach Galli [Oktober 20] ao. 1518 durch uns Hans von Wertter, Cristoffern von Taubenhaim und Herman von Pagk,

amptleut zu Freyburgk [und Sangerhausen][1]), unterhandlung gehalten
und schliesslich abgeredt, das hochgedachter furst Eberhart von
Heusenstam, Johan von Lewenstein den eltern, Bernhart Keudelln
aus der zal, so die ritterschaft ubergeben, uf siner f. g. personen
zu warten und zu verwaren angenomen. Und ob die nicht darzu
vermugen weren, ist sein f. g. gneigt, ander an die stat anzunemen,
welche sich auch sollen zum rait und hendeln gebrauchen lassen.
Sein f. g. ernennen auch einen tag uf montag nach purificationis
Marie virg. [1519 Februar 7] gegen den obent, wo sein f. g. hof
halten wirdet, inzukomen.   Daselbst sollen der landcompter zu
Marpurgk und 10 von der ritterschaft aus der zale, so sie auch
verzeichent ubergeben, von heut dato in 14 tagen dem hofmarschalg
Philips Meysenbug in schriften ernant werden.  Desglichen sollen
von Marpurgk Lasphe und Sifert Swoben, von Cassell Merckell
und Claus Koch uf berurte zeit auch bei denselben zu erscheinen,
darzu sein f. g. 4 ir f. g. rete vom adel verorden.   Sein g. ist auch
gneigt, seiner f. g. bundgnossen zur erbeinunge gehorende irer rete
zu solicher handelunge zu bitten.   Daruf sollen die verordenten
und nidergesetzten hochgedachts unsers g. hern beschwerung und
der ritterschaft geprechen und was notdurftig ist nach notturft
verhoren und die pillichkeit darin handeln.   Und was auch iglicher
beswerung wider hochgedachten unsern g. hern vermeint vorzu-
wenden, das mag ider schriftlich in mitler zeit des angesatzten
tages seiner f. g. canzler uberantworten.   Der soll denselben be-
kantnisziddel geben.  Und daruf wir hendler sein f. g. mit undertenigkeit gebeten, in den geprechen, die sein f. g. und etliche von
der ritterschaft haben, bis uf angesetzten tak rau zu verschaffen.
Himit sollen solch itzund obangezeigten furgefallen beschwer und
gebrech der vorsehung der drier person unsers g. hern und des
lanttags. halben genzlich ufgehaben und beigelegt sein, und sein
f. g. wollen sich uf bemelter ritterschaft undertenigs bitten und
erpietung sich gnediglich gegen ine halten und erzeigen.   Des
haben obgedacht unser g. [herr] und die von der ritterschaft von
den hendelern gedechtniszettel angenomen.   Gescheen im tag und
jare wie obsteet.«[2])

     A. Mbg., M. St. S. 8237, glz. Ndschr.

     [1]) Für diese in der Weimarer Niederschrift (Reg. A 219) überlieferten
Worte hat die Marburger Niederschrift durch Umspringen auf den Schluss der
nächsten Namenreihe die sinnlosen Worte »us der Zcale« (s. Zeile 4).
     [2]) Zwei kurze interessante Schreiben sind auf den letzten beiden Seiten
des Berichtes als Anhang angefügt. Es sind zwei Billets, die zwischen der
Landgräfin Anna und dem Rat Hz. Georgs Christoph von Taubenheim aus-
getauscht wurden. Aus dem Inhalt zu schliessen, sind sie am 20. Oktober etwa
abgefasst worden. Taubenheim schreibt der Landgräfin: »Gnedige furstin und
fraue, ich schick e. f. g. hiebei ein begriff, welchergestalt die geschickten rete
bedenkt haben, diese itzige handlung solt abgeret und abschit geben werden
[vgl. o. die Abrede], welchs auf ile nicht haben rein abschreiben konnen lassen.
Und wu es e. f. g. an merglich beschwerung tun kont, segen [!] wir vor gut
an, die 10 itzt auch mit ernant betten und die meisten genomen, so itzund hie
und die grosten schreiber sein, nachdem sie bei solchem zusatz nicht sunders

## 217. Landgraf Philipp an Bürgermeister und Rat von Giessen. Spangenberg 1518 Oktober 20.

Da Sickingen die im Vertrag ausbedungene Summe erhalten, hat er keine Ursache, Hessen abermals zu überfallen. Wiederholung des Landtagsverbotes.

Drückt ihnen sein Befremden aus über die Werbung etlicher seiner Räte und Ritter[1]) und erwidert, dass seine Räte und Diener bereits mit dem im Vertrag ausbedungenen Gelde an Sickingen abgefertigt sind. Sickingen habe also keine Ursache, Hessen wieder zu überfallen. Auch würde in solchem Falle dem Friedbrecher »dermassen als vor nit zugesehen, sondern wir wurden unser hern, frunde und verwanten in der zeit ansprechen und dem mit hilf gots statlicher dan vor zugegen trachten. Dan wir uns vor zu ime keins unguten zu versehen gewust; derhalben uns solicher schade unversichtlich zugestanden ist. Das aber unser rete, diner und ritterschaft landtage zu halten furgenommen haben, stet von rechts wegen in irer macht nit, sondern Rom. Kai. Mt., unser aller-gnedigster her, hat uns das regiment unsers furstentumbs, land und gepiete bevolen, darzu wir auch von got geschaffen und ver-ordent sein. Dem wollen wir mit allem vleis und treuwen vorsein, und so uns lanttage zu halten not sein wurde, wissen wir als euwer naturlicher landsfurst uch darzu wol zu fordern, und begeren der-halben nachmals wie vor gepietend, ir wollet uch der schrifte, so wir uch solichs landtags halben getan haben[2]), gehalten. Des wollen wir uns also zu uch vorsehen.« Schliesslich versichert der Landgraf den Bürgern, es soll »euch, ob got wil, nit anders dan wol ergeen und euch wider recht, sofer unser vermogen reicht, nimands beschweren. Darumb so wollet uch uf keinen andern weg wider uns als euwern naturlichen lantsfursten und hern be-wegen lassen, sondern als getreu undertan und wie ir von alter getan habt, euwer ehr und treu bei uns stediglich halten. . . . Dat. Spangenbergk, mitwochens nach Luce ao. 18.«

A. Mbg., O. W. S. 376, Fehde mit Sickingen, Cpt. von Felges Hand.

---

getun konen.« Annas Antwort lautete: »Lieber her hauptman, wir haben euе-und euer mitgesanten rete uberschikte verzeichnis vernomen und dem hochr gebornen fursten unserm . . . sone ldg. Philipssen furgehalten. Der hat solicher verzeichnus hohe und mergliche beschwerunge us ursachen, wie sein l. uch gestern nach der lenge hat lassen erzelen. Aber sein l. ist willens gewesen und noch, etliche us der ritterschaft zu ime zu zihen, ob den sich nimands mit billichkeit zu beschweren haben sol, und dankt euch daruf euer gehabten vleis, muhe und arbeit gnediglich und gutlich und will dasselb gegen dem hoch-geborn fursten h. Jeorgen herzogen zu Sachssen, unserm lieben ohmen und schwer freuntlich, verdienen und euer personen in allen gnaden erkennen und beschulden.«

[1]) Vgl. o. Nr. 213.
[2]) Vgl. o. Nr. 212.

**218. Hans von Berlepsch der Jüngere an Herzog Johann von Sachsen. 1518 Oktober 20.**

Berichtet über die Irrungen, die zwischen Ldg. Philipp und der hessischen Ritterschaft wegen der Ausführung des Sickingenschen Vertrages ausgebrochen sind.

Hat einen Knecht nach Homberg reiten lassen, um »zu erfarn, waes der ritterschaft vornemen doeselbst weber, das er dan auch also getan und sagt, das der merher tiel der ritterschaft us dem lant zu Hessen doeselbst gewest und haben erstlich von dem vortrage, so mit Franczen von Sickungen aufgericht, das derselbige gehalten solt werden, gerit, auch einen lanttag zu halten voreiniget; moegen auch etlich stehet [l. städte], als neimlich Cassel und ander, zu solichen lanttag mit gewilliget haben. Es wurt aber von ldg. Phelips ader in sienem namen der lanttag bie verliesung der lehen vorboeten.[1] ... Sein g. zeigt auch in denselbigen verbotsbriefen an, weier vehel ader mangel habe, solt es sien g. suchen und anziegen. Ich versehe mich aber, die verdracht mit Franczen von Sickungen (wiewoel sich die lantgrafin etlicher artikel, als neimlich das den alten regenten und andern ir gueter wiederzugeben, hoechlich beschwert) solt gehalten werden. Dan das gelt, so Francze haben sael, ist vorordenet und gereit bie Wilhelmen von Dornbergk weggeschickt. Darzu haet die lantgrafin 11 000 gulden geliegen und ir Spangenberck darvor einegeben lassen, hoet auch begert, das sich die vom adel, auch Cassel und Marpurgk darvor vorschrieben sollen, woe ldg. Phelips versturbe, das ir die vorschriebung, so sie uber Spangenberck het, gehalten werden sollen.[2] Aber solichs zu tun, haben sich die vom adel gewegert und sien auch darbie blieben. Ldg. Philips, die lantgrafin und hz. Jorgen rete sien izt zu Spangenberck, und hoet ldg. Philips niemants sunders von reten dan h. Cunrot von Mansbach und h. Hans Knuetthenn bie sich. Baltasar Schruettenbach ist auch noch doe und giebet fuer, er sie unsindig. ... Dat. mitwoch nach S. Lucastag ao. XVIII.«

A. W., Reg. C p. 288 Nr. 8, Or. eigenhändig.

**219. Landgraf Philipp an Zünfte und Gemeinde von Marburg. Spangenberg 1518 Oktober 28.**

Ermahnt sie, sich nicht durch Verheissungen oder Drohungen vom Gehorsam gegen das Landtagsverbot abbringen zu lassen.

»Lieben getreuen, uns langt gleublich an und werden bericht, wie ir von den zunften und gemein von etlichen unsern under-

---

[1] Vgl. o. Nr. 212.
[2] Der kassierte Original-Versatzbrief, den Ldg. Philipp am 11. Oktober [Montag nach Dionysii] 1518 seiner Mutter über die Borgsumme von 11 109 Gulden in Gold und das Unterpfand Spangenberg ausgestellt hat, befindet sich im Marburger Archiv (Urkunden, eingelöste Schuld- und Pfandverschreibungen).

tanen und andern merglich verplefft und bewegt, in gemeine landtage und andere versamlung zu bewilligen, und gesagt, wir weren
noch jung, wir vergessens wol, ehr wir unser volnkommen alter
erreichten, und so das nicht geschee, das ein straf doruf zu volgen
gedrauet sol werden, auch das etliche der unsern vom rate und
der furnemsten bei euch zu Marpurgk solch gemein versamlung
zu abbruch unser furstlichen obrikeit und regalien furderlich und
unsern widerwertigen, die uns irs gevallens wider ire eid und
pflicht gerne setzen wolten, mehr wan uns geneigt und sich denselbigen zu gefallen und unsern usgangen brieven, gepoten und
verpoten zuwider halten sollen, das uns von denselben nicht wenig
befrembdet und zu merglichem misfallen reichet, welchs aber wir
zu euch unsern getreuen undertanen uns in keins wegs versehen.
Wiwol wir auch noch jung seien, so gedenken wir doch, was man
gegen uns ubet, wollens auch nicht in keine verges stellen, gnediglich begerend, ir wollet euch solcher meinunge von nimants in
keinem wege bewegen, bedrauen oder verpleffen lassen, sonder
euch unser gepot und verpot als euers naturlichen rechten herrn
und landsfursten halten, wie ir von recht und billicheit schuldig
seiet und wir uns genzlich zu euch versehen, und euch anders
nimants irren, kruden oder sleilen [!?] lassen, sonder uns zu einer
iden zeit euer anligen oder wes uch bewegt ader bescheen wissen
lassen. So wollen wir euch gnediglich zu hilf kommen, vor aller
beschwerde und widerwertikeit entheben, schutzen und schirmen
und alle unser vermogen unsers leibs und guts zu euch setzen,
des wir auch mit hilf gots unsern herrn, freunden und getreuen
und gehorsamen undertanen wol zu tun wissen. Das wollen wir
uns zu euch genzlich verlassen, also versehen und in gnaden gnediglich erkennen. Dat. Spangenbergk, am tage Simonis und Jude
ao. XVIII.«

A. Mbg., M. St. S. 8237, Landtagssachen, Cpt. von Feiges Hand.

### 220. Bürgermeister und Rat der Stadt Hersfeld an den Hofmeister Konrad von Waldenstein. Hersfeld 1518 Oktober 30.

Fragen an, ob sie den von den Ständen verabredeten Landtag besuchen oder dem Verbot des Landgrafen Folge leisten sollen.

»Ir habt wol furnomen, wie die stete der lantschaft zu Hessen,
so itzt jungst in der ufrur zu Russelsheim gewest[1]), sich mit der

---

[1]) Aus einem Schreiben Konrad von Waldensteins an Ldg. Philipp vom
20. September 1518 (Montag nach Lamberti) geht hervor, dass die Städte sich
zu Rüsselsheim empörten: »Zum andern gib ich e. f. g. zu erkennen, disen tag
sind di stet ufrurig worden, hinwegzuziehen, die ich mit grosser mue und arbeit
bei einander behalten. Darumb wil nichts geseumbt sein, will anders e. f. g.
die grafschaft on die schlos nit verloren wissen, und vor allem das das gelt
werde und nichts in der sach gescherzt. Es ist nit scherz; man wols dan fur
scherz achten.« (A. Mbg., O. W. S. 376, Fehde mit Sickingen, Or.)

ritterschaft, so auch desmals zu Darmstadt gelegen, eins lanttages
uf den Spiess vereiniget und unser frunde, so da entgegen gewest,
eide und pflicht, die wir hibevor zu Velsbergk gemeiner lantschaft
getan, erinnert und damit bewegt, das sie auch darin gewilliget.
No hot der durchleuchtige hochgeborne furst und herr h. Philips
lantgrafe zu Hessen, grafe zu Katzenelnbogen, unser g. herr uns
in seiner g. schriften solchen lanttak verboten[1]) und wissen uns
darinne nit wol zu halten. Dweil wir uns nuhe zu euch als userm
besondern frunde alles guten vertrosten, so ist unser fruntlich bit,
ir wollet uns hirinne euern getruen rat mitteilen, was uns hirinne
zu tun sin wolle, damit uns derhalb an unsern eren nichts zu nachteil komen moge. Das wollen wir alles vlis zu verdinen willig
sein. Dat. sonnabents nach Symonis und Jude ao. XVIII.«[2])

A. Mbg., M. St. S. 8237, Landtagssachen, Or.

**221. Hans von Berlepsch der Jüngere an die Ernestiner.
1518 November 25.**

Eine Botschaft der hessischen Stände an die Wettiner hat die Landgräfin vereitelt. Verhandlungen des Landgrafen mit einzelnen Gruppen
der Stände. Aufnahme Friedrich Trotts in den Rat des Landgrafen. Entlassung Löwensteins, Meysenbugs und Bodenhausens. Kaiserliches Mandat
an den Landgrafen wegen des Sickingenschen Vertrages.

»Es sin min lanczluet, die Hessen, in willens gewest, e. cf. g.
und ander fursten zu Saczsen durch ein botschaft zu besuchen
laissen und ir vorhaben e. cf. u. f. g. zu vormelden. Non unterstet
sich die lantgrafin mit bochem flis, dasselb zuvorkomen, und hait
die von der ritterschaft, auch die von steten (jedoch nicht alle zu
einem mail, sundern alweg sie in einer wincgen zal) beschreben
und ldg. Felipsen mit enen handeln laissen, das sie kein lantag
machen, auch sie, die lantgrafin, und Schruttenbach bi sin g. liden
wullen, und hait Fryederich Trotten, der dan der gesickten einer
hait sin sullen, dem lantgrafen zu rait und diener angenomen. Und
ist also durch suliche handelung ein zuruettung und irtum unter
der lantschaft worden, das sie selbst nicht wissen, was sie tun
ader anfangen wullen. Es hait auch ldg. Felips Lebensteyn, Lyps
Meysenbuck, den stathelder zu Cassel Craft von Bodenhusen von

[1]) Vgl. o. Nr. 212.
[2]) Konrad von Waldenstein hatte von den Machenschaften der übrigen
Räte, Eitel von Löwensteins, Philipp Meysenbugs, Wilhelm von Dörnbergs u. a.
keine Ahnung. Er hatte vielmehr treu zum Landgrafen und der Landgräfin-
Mutter gehalten. Als ihm Ldg. Philipp seine Unzufriedenheit über den Darm-
städter Vertrag ausdrückte und zu verstehen gab, dass er sich zu ihm »sonderlich des nit versehen« hätte, erwiderte Waldenstein, er lehne alle Verantwortung
für den Inhalt des Vertrages ab, da er von der Vorbereitung desselben nichts
gewusst und erst nach dem Abschluss des Vertrages nach Darmstadt gekommen
sei, eine Behauptung, die durch ein Schreiben bestätigt wird, das die Ritterschaft aus Darmstadt an Waldenstein und Adolf Rau am 24. September (Freitag
nach Matthaei) sendete. Waldenstein legte dasselbe seinem Rechtfertigungs-
brief bei, den er am 28. September (Dienstag nach Mauritii) an Ldg. Philipp
sandte. (A. Mbg., O. W. S. 376, Or. eigenhändig.)

iren dinsten erluebt.« Vom Kaiser soll der Landgraf ein Mandat erlangt haben, das ihn von der Ausführung des Sickingenschen Vertrages entbindet. Franz wird aber demungeachtet nicht locker lassen. »Dat. am tag S. Kateryne ao. XVIII.«[1])

A. W., Reg. C p. 121 Nr. 23 Bd. 2, Or. eigenhändig.

**222. Bericht des Schultheissen von Gernsheim vor Landgraf Philipp und der Landgräfin-Mutter Anna über die Einnahme Gernsheims durch Sickingen. 1518 November 26.[2])**

Berichtet, wie der Amtmann von Gernsheim Johann Riedesel ihn mehrere Male vor dem Einbruch Sickingens auf Kundschaft ausgesandt

---

[1]) Für die Stellung, die die Ernestiner in den Irrungen einnahmen, die zwischen dem Landgrafen und seiner Mutter einerseits und dem hessischen Adel anderseits im Herbst 1518 zum Ausbruch gekommen waren, ist ein Protokoll charakteristisch, das von einer Beratung der Räte der Wettiner zu Naumburg am Sonntag nach Martini (November 14) 1518 handelt. Die ernestinischen Räte sind da der Meinung, man müsse dem jungen Landgrafen raten, 1. den Vertrag mit Franz von Sickingen zu halten. 2. »Das der ldg. mit seiner landschaft in gnedigem willen stehe, mit denselbigen regire und handel als mit denen, die ir leib und gut bei seinen g. darsetzen mussen, und nit mit der lantgrefin und irem anhange, wie bisher gescheen, dadurch seinen g. und den landen mehr unguts entstehen mocht.« Die Räte Hz. Georgs sind dagegen der Ansicht, dass der junge Landgraf an dem Landtagsverbot festhalten müsse. Friedrich Thun und Hans von der Planitz wenden jedoch im Namen der Ernestiner ein: »Sie wusten, wie entkegen es bivor, da unser gst. u. g. herrn in gleicher vormundschaft gestanden, irn cf. u. f. g. gewest, das versamblung zu Hessen furgenomen. Ir cf. u. f. g. betten auch mit vleis bei unserm g. hern hz. Jorgen suchung getan und gebeten, helfen zufurkomen, damit kain versamblung beschee. Es wer aber nit nachbliben, sondern mit vleis gefurdert worden, das versamblung gemacht, dardurch unser gst. u. g. herrn von der vormuntschaft geschohen und in schimpf und hon gesatzt.« Namentlich waren es Hz. Georgs Amtleute, »di solichs mit vleis gefurdert, alles unsern gst. u. g. herrn zu nachtail. Solten nu unser gst. und g. herrn von Sachsen allenthalben sich understehen, di vorsamblung mit ernst der landschaft zu vorhindern, mochten sie furwenden, das solchs bivor auch gewest, und auch bei den alten herrn dergleichen bescheen, wo man sie nu zu disem rat vorbindern wolt, wer moglich, das hiraus irn cf. u. f. g. ain grosser unwil bei der lantschaft entstund.« Sie sind daher dafür, dass Ldg. Philipp einen grossen Teil seiner Stände zu einem Landtage erfordere, zu welchem er die Räte der Wettiner einladen müsse, »domit etwas guts und fruchtbars mocht gehandelt werden und di landschaft in gutem willen erhalten, doch das di landgrefin mit irem anhang, Schrautenbach und andern hirmit nichts zu tun betten und darbei auch nit weren, angeschn das unser g. h. hz. Jorg selbs fur gut geacht, das sich di landgrefin des tuns entschluge und sich irs leibgedings bielde.« Die Räte Hz. Georgs verfochten indes die Ansicht, dass den hessischen Ständen nicht erlaubt werden dürfe, im Widerspruch mit ihrem Landesherrn Landtage abzuhalten (A. W., Reg. A 219). Später scheint Hz. Georg diesen Standpunkt aufgegeben und sich der Meinung seiner Vettern angeschlossen zu haben. Im Weimarer Archiv (Reg. C p. 290 Nr. 9) befindet sich der Entwurf einer Instruktion, die im Namen der vier Herzöge von Sachsen abgefasst worden ist. Hier raten die Wettiner dem Landgrafen Philipp, den Sickingenschen Vertrag zu erfüllen, insbesondere die früheren Regenten wieder in ihre Güter einzusetzen und den hessischen Adel nicht durch den Bruch des Sickingenschen Vertrages gegen sich aufzubringen.

[2]) Vgl. auch den Bericht eines Bürgers zu Umstadt Hans Gyssel an den Landgrafen, der von der verräterischen Übergabe von Umstadt durch den Amtmann Ebert Milchling an Philipp Echter handelt. Dat. fehlt. (A. Mbg., O. W. S. 376, Fehde mit Sickingen, Or.)

und wie er Sickingens Anschlag gegen den Landgrafen erfahren hat. Seine
Meldung an den Oberamtmann. Saumseligkeit desselben. Preisgabe von
Gernsheim durch Philipp Meysenbug ungeachtet der Vorstellungen des
Schultheissen. Flucht der Reisigen aus Gernsheim beim Anzuge Sickingens.
Der Schultheiss erhält vom Amtmann den Befehl, Gernsheim aufzugeben.

»Uf freitage nach Katherine virginis ao. XVIII [November 26]
hat sich der ietzig schulthcis zu Gernsheim vor meiner g. furstin
und frauen, auch meinem g. hern seiner ausflucht halben aus Gernsheim muntlich und personlich nachfolgender mas entschuldigt und
angezeigt: Das verruckter zeit vor der ufrur Franciscus von
Sickingen der amptman zu Gernsheim Johann Rietesel zu ime kumen
were, anzeigent, wie er bericht were, das Hartman von Cronnberg
und Philips Weise ungeverlich mit 150 pferden uber Rhein gezogen weren, besorgend, mocht villeicht meim g. hern zu nachteil
und schaden bescheen sein, und ine gebeten, inen nachzufolgen,
die sachen und ir furnemen weiter zu erfaren. Das het er also
williglich, wie er schuldig, getan und were ine nachgezogen bis
gein Ulm.¹) Uf dem Gaumentzisch²) weren sie ein nacht gelegen
und furter gezogen gewest, het er ine also nachgefolgt bis gein
Ebernberg und furter bis gein Pfaffen-Schwabach³) und daselbst
ein merkliche versamlung vernomen, und were also widerumb gewandt, solichs dem oberamptman und amptman zu Gernsheim angezeigt. Die beten ine widerumb nach Frantzen her gesandt, die
sachen gruntlich zu erforschen. Also wer er widerumb nach Ebernberg und furter gein Landstal geriten, were Frantz mit seinem
folk nach Metz hinweggezogen gewest, und er widerumb zu berurten amptleuten kumen, inen solichs und das der zug desselben
mals uber mein g. hern nit geen solt angezeigt; doch mocht man
der sach acht nemen, so Frantz sein endschaft vor Metz bete,
mocht er furhaben, mein g. hern zu beschedigen. Daruf beten ine
bede amptleut widerumb in Frantzen haufen zu reiten beschiden,
und wiewol er das darumb, das ine die pfalzgrefischen geburen,
als er pfalzgrcvisch gewest, kennen mochten, gewegert, het er
doch das zuletz getan und wer in Frantzen haufen kumen und
vernomen, das di sach vor Metz ir endschaft bete, und gesehen,
das Frantz unter seinen knechten gestanden were sagend, das si
nit unmutig weren, er woste einen andern zug, sich leids zu er-
getzen. Da het er schulthcis mit fugen gefragt, uber wen doch
der zug geen solte, und allenthalben vernomen: uber mein g. hern.
Also were er eilends widerumb geriten, het ine Jost, der amptman
von Alten-Baumberg⁴), mit zweien pfalzgrefischen knechten angesprochen und ime geboten, nachdem er ine hievor fur pfalz-
grefisch erkant, mit ime zu reiten und uf ine zu warten; dan er

¹) Gemeint ist hier Ober- oder Nieder-Olm in Rheinhessen.
²) Gaumentzisch, das mir unbekannt ist, mag vielleicht mit dem heutigen
zwischen Wörrstadt und Kreuznach gelegenen Gau-Böckelheim identisch sein,
das damals mainzische Enclave war.
³) Gemeint ist Pfaffen-Schwabenheim bei Wöllstein in Rheinhessen.
⁴) Alten-Baumburg liegt südöstlich von Münster am Stein in Rheinhessen.

het befelh, das alle pfalzgrefische amptknecht, wo die uf ine stiessen, dismals uf ine warten solten. Hab er ime geantwort, sein pferd were muede. Het der amptman gesagt, wolt ime wol pferd bestellen. In dem weren Hartman von Cronberg, Wolf von Dalberg und Rab, ein knecht von Oppenheim, mit andern knechten eilends geriten kumen, ire pferd abgeriten und andere gerute begert Hab er Hartmans diener gefragt, warumb reit ir so ser, der ime geantwort, si solten die reinfar und profiant bestellen. Da wer er eilends, unangesehen seins muden pferds gein Gernsheim geriten, in meinung, den amptman und zolschriber daselbst zu finden; si weren aber zu Franckfurt in der messe gewest. Also het er einen, Casparn genannt, gebeten, ime ein geruet pferd zu bestellen; das het er nit tun kunnen; da het er einem eins, unangesehen das der amptman solchs zuvor verboten, aus dem wagen genomen und wer daruf gein Darmstat und furter gein Dornberg[1]) geriten, daselbst er den oberamptman und Thunges Wolfen schlafende in einem bet funden, in solichs angezeigt, das Frantz mit grosser macht uber mein g. hern ziehen wolt, het er glaublich von Hartman von Cronbergs diener vernomen, und das er zu Rocksheim oder Mannheim uberfaren wolt, daran het er sein leben zu pfant gesetzt. Aber daruber het der amptman, wiewol er gebeten, solchs meim g. hern eilends zu verkunden, zwo stunt im bet gelegen und geschlafen, bis er der schultheis geessen, wer darnach zu ime kumen in die stuben, anzeigend, das er wolt nach Ruselssheim, da dan reuter und fussfolk gelegen, reiten und solichs den gereisigen anzeigen und irs rats darin pflegen, und hab ine gebeten, wider in Frantzen versamlung zu reiten. Das habe er getan, wiewol er ine hievor angezeigt, das Frantz mocht umb die 8000 knecht stark gewest sein, aber des gereisigen zeugs wost er nit, und si also nochmals uberschlagen und wer eilends wider in Gernsheim kumen. Daselbsthin weren der oberamptman und Philips Meisenbug mit einem grossen reisigen gezeuge geriten. Het der oberamptman gesagt: Schutheis, wie du geret hast, also ist ime; Frantz kumbt mit einem grossen haufen; wie tun wir im nu? Daruf er geantwort, man solt ime 200 geruster pferde zugeben, so wolt er seiner amptsverwanten zu fuss darzu nemen und understeen, das far zu weren und meins g. hern schaden furkumen. Das beten si also bedacht bis uf den andern tag umb ein ore; were ine botschaft oder warnung kumen, beten si sich zu stundan mit dem haufen angetan und weren hinweggeriten, darzu die besten in der stat ire guter gein Oppenheim und anderswohin geflohnet. Als nu das arm landfolk solichen untrost, das die gereisigen bei inen nit heten wollen pleiben, gesehen, weren si auch gewichen, und er, auch burgermeister und rate zusamengetreten. Die heten ine gebeten, dieweil si gar kein trost sehen, bei inen zu pleiben, damit si an meim g. hern erlich gefaren mochten, das er ine also zu tun und leib und leben bei inen zu lassen zu-

---

[1]) Dornberg liegt 2 Stunden nordwestlich von Darmstadt.

gesagt bete. Darnach weren die gereisigen wider in Gernsheim
kumen, het er zu dem marschalk gesagt: Ist das redlich also zu
fliehen? Ich wolt, das ir nie in Gernsheim kumen weret. Het er
geantwort: Ich wolt selbst, das ich nie darein wer kumen. Daruf
habe er, der schultheis, abermals gesagt, man solt ime folk in
flecken zugeben, so wolt er den flecken untersteen zu behalten;
und seie zu Jost Frunden gegangen und inen als einen alten umb
rat gebeten. Der habe ime treulich geraten und bei den gereisigen
sovil gehandelt, das si ungeverlich 20 gereisigen in das schlos
gelegt und darzu zugesagt haben, semptlich bei inen in Gernsheim
zu pleiben. Aber in dem were Frantz uber den driten tag kumen.
Da weren meins g. hern gereisigen aber hinweggeriten, doch in
meinung, widerumb in Gernsheim zu kumen, und weren auch also
naher Gernsheim geriten, das die burger nit anders gemeint, si
wolten einkeren, aber all neben abgewant; und heten gesagt, si
wosten keinen andern trost noch rat zu geben, dan den flecken
zu ubergeben. Also weren die burger mit ime, dem schultheisen,
widerumb in die stat gegangen, in willen und meinung, sich in
die gegenwere zu stellen. Da weren die reuter aus dem schlos,
wiewol er, der schultheis, willens gewest, die pruck darvor abzu-
werfen und sich darin zu erweren, alle aus dem flecken geriten.
Da er soliche schnelle flucht gesehen, hab ine der zorn bewegt
und gesagt: Ir tut als treulos boswichter an meim g. hern. Darzu
haben die gereisigen etwa zehen burger, die besten, mit inen
hinwegzuziehen bewegt. Darnach seie einer des amptmans zu
Gernsheim knecht, genant Genslin, kumen und hab gesagt, er het
befelh, das si den flecken solten ufgeben, und er wolt der riterschaft sagen, wie si der schultheis gescholten hete. Also haben
si sich trostlos gesehen. Nu sagt der schultheis, haben si redlich
gefaren in irem abreiten, geb er meim g. hern zu ermessen, wolle
si damit nit gescholten haben. Und bezeugt sich des alles uf die
gemein zu Gernsheim, Jost Frunden, die riterschaft und knecht
selbst, sonderlich uf Hoenfelsen und ander Herman Rietesels diener;
und sagt ferner, er seie erst, als Frantz widerumb uber Rein gezogen, aus Gernsheim von forcht wegen der ritterschaft und nit
der burger gewichen, forchte sich auch vor den burgern gar nit,
und Bernhart und der wagmeister weren mit meins g. hern
reutern auch abgeriten. Stunde auch nit in abreden, die veint …
heten ime etzlich kue zu peutpfeningen geschankt. So mug im
auch niemant nachreden, das er Frantzen sein lebtag ie gedient
ader einichen wert von ime enpfangen habe. So seie auch das
landfolk ader sonst vor meins g. [herrn] gereisigen abzuge niemant
fluchtig worden, sonder weren alweg getrost gewest. Und Frantz
hab Johann Rieteseln mit seiner husfrauen und irer habe unbe-
schedigt lassen abziehen. Und sagt noch mer, als Frantz in seinem
abzug wider durch Gernsheim gezogen, het er den schultheisen uf
dem schloss sehen steen und zu ime gesagt: Wo sint deine Hessen?
Sint si so stark gewest, warumb haben si sich dan nit mit meinen
knechten dach einmal versucht?«

A. Mbg., O. W. S. 377, Fehde mit Sickingen, glz. Ndschr.

**223. Bündnis zwischen dem Herzog Erich von Braunschweig-Lüneburg, der Landgräfin Anna und dem Landgrafen Philipp von Hessen. 1519 Februar 14.[1])**

Gegenseitige Hülfeleistung im Fall eines feindseligen Ueberzugs. Mitwirkung der Stände bei der Unterzeichnuug des Vertrags.

Unter Hinweis auf den Vertrag, den Ldg. Wilhelm der Mittlere im Jahre 1506 mit Hz. Erich von Braunschweig abgeschlossen hatte[2]), geben sich die Fürsten das Versprechen, »das wir nu hinfur und die zeit unsers lebenlank einander getreulichen und freuntlichen meinen sollen und wollen mit worten und werken, auch unser einer des andern feint nimmermehr zu werden umb keinerlei sach willen, wie die erdacht werden mochten.« Beide Teile verpflichten sich, im Fall eines Kriegs einander mit 350 Reitern und 2000 Fusssoldaten zu Hülfe zu eilen. »Des allem zu warem urkunde, auch damit dieser vertrag, einung und buntnus vestiglichen gehalten werden soll, so haben wir obgnante fursten und furstin unser ider sein recht ingesigel an diesen brief lassen henken, und damit an uns Annen landgravin und Philips lantgraven hiran kein mangel oder gebrechen erfolgen soll, so haben wir zu furter urkunt unser lieben getreuen und undertanen von ritterschaft und steten unserer furstentumb als nemlichen Heinrich von Bodenhausen, Caspar Meysenbugkh den Eltern, Eckebrecht von der Molsburg, Hans von Boyneburgk, Adolff Rau den eltern, Johan von Lebenstein den eltern, Wolffen von Breydenbach, Ebert von Rodenhausen, auch die stet Cassell, Marpurg, Eschwege und Giessen bewegt, ire ingesigel neben uns an diesen brief zu henken, wilchs wir obgemelten von der ritterschaft und steten also uf beger irer g. und zu erhaltung obgeschriebener handlung getan haben. Gescheen und geben nach Christi gepurt [im] funfzehenhundert und neunzehenden jare montags Valentini martiris.«

A. Mbg., Samtarchiv, Schublade 53 Nr. 36, glz. Kop.[3])

**224. Werbung einiger Adliger an Landgraf Philipp zu Gunsten Johann Schwertzells von Willingshausen. Beschwerden des Landgrafen gegen Schwertzell. Grünberg 1519 Februar 24.[4])**

Daniel Lauberbach und eine Reihe Adliger ersuchen den Landgrafen, Johann Schwertzell wieder in seine Güter einzusetzen und ihn zur Verant-

---

[1]) Aufschrift: »Einung und vertrag zwischen h. Ehrichen herzogen zu Brunschwigk und Luneburgk, frauen Annen, geporner herzogin zu Meckelnpurgk, lantgravin zu Hessen und h. Philipsenn lantgraven zu Hessen, ao. 1519 ufgericht.« Es handelt sich im wesentlichen um eine Erneuerung des Vertrages, den die Landgräfin-Witwe am 8. Mai 1514 zu Kassel mit Hz. Erich abgeschlossen hatte. Vgl. o. Nr. 132.

[2]) Vgl. o. S. 350 Anm. 1.

[3]) Die Original-Urkunde findet sich nicht mehr vor.

[4]) Überschrift: »Werbung, so heut donnerstags S. Mathie ap. [Februar 24] ao. XIX an uns Philipssenn von gots gnaden landgraven zu Hessen ... in bei-

wortung kommen zu lassen. Der Landgraf beschwert sich über Schwertzells
Ungehorsam und treuloses Verhalten gegen die Landgräfin-Mutter und
ihn. In der Sickingenschen Fehde hat er, als Franz über den Rhein setzte,
zu Gernsheim eine Versammlung einberufen und einen Landtag angesetzt,
um die Landgräfin und ihre Räte zu stürzen. Anschlag Schwertzells auf
den Landgrafen und seine Diener. Sein Ungehorsam gegen das Landtagsverbot. Rechtserbieten des Landgrafen.

»Erstlich hat der comentur geredt, das sie ein erne als von
wegen Johan Schwertzels anzutragen hetten, bittend, ine die zu
gut zu halten. Und daruf gesagt, das er in gescheften seins ordens
gein Fridbergk geritten komen sei; da hab ime Schwertzel geclagt, wie durch unsere verwanten ime nach leib und guet zu
greifen understanden, ime sein haus ingenomen, etlichs darinne zuschlagen und zubrochen, von seinen undersassen huldigung empfangen
und etliche in sein haus gelegt, die ime daselbst kosten machen
mochten. Derhalben hett er sie alle erbeten, wie man sie da sehe,
sich zu uns zu fuegen und vor ine zu bitten. Derhalben beten sie
underteniglich, das wir ime das seine widerzustellen und ine zu
verantwortung komen lassen, so wolt Schwertzel die vermogen,
vor ine gut zu werden, das solichs pleiben solt in allermas, wie
es itzt stunde. Das were die erne, die sie anzutragen betten.
Darauf haben wir ein bedenken genomen und ine darnach
diese antwort gegeben: Wir betten ir antragen gebort und versehen uns genzlich, woe sie allesampt als unser undersassen und
verwanten die ursachen, wes uns in diesem fall bewegt het, gewist, sie betten sich solichs antragens enthalten. Doch damit ine
dieselben nit ganz verborgen weren, wolten wir ine etlich derselben, soviel sich uf diesmal fuegen wolt, erzelen lassen: 1. Sei
wissentlich und offenbar, das weilend unsere vorfaren und eltern,
die fursten von Hessen, Johan Schwertzeln viel gnad erzeigt haben,
nemlich us gnaden mit dem dorf Willingshausen belehent und begabt, das vor nie kein Swirtzel gehabt, und andere gnad erzeigt,
wie das noch in gutem gedechtnis ist. Daruber und der erzeigten
gnad unangesehen, hat derselbig Johan Schwertzell nach absterben
weilend des hochgebornen fursten, unsers freuntlichen lieben hern
und vaters sel. . . ., wider unser (als seins naturlichen landsfursten
und lehenhern) freuntliche liebe frau mutter in viel weg unpillicher
weise gehandelt und sonderlich irer l. in iren widdumb und geleit
zu Grunbergk, auch in schutz und schirm weilend . . . Kei. Mt.
wider eher und recht unverwart seiner eheren, auch wider brief
und siegel . . . unsers hern und vaters . . . frevenlich gefallen und
darus weilent Johan Storndorffen, der zu recht verheft gewesen
ist, auch uber sein eigen zusagen, das er sich an recht gnugen
lassen wolt, gewaltiglich genomen und hinwekgefurt in . . . unser

sein der hochgebornen furstin und fursten unser freuntlichen lieben frau mutter
und vettern frauen Annen⁴ geb. herzogin von Meckelnborg landgrefin zu Hessen
witwen und h. Albrechts herzogen zu Meckelnporg zu Grunbergk von h. Danieln
Lauberbach, comentur zu Marpurgk, Philipssen Braun, Johan Schencken zu
Sweinsberg, Rudolffen von Druhe und seinem soen Philipssen, Volperten von
Schwalbach und Hartman von Drahe bescheen ist.«

freuntlichen liehen frau mutter abwesen irer l. zu mirglicher verachtung, hoen und schmehe.　2. Er hat mit andern unser zwo stet
Hombergk und Treyssa, die uns alleine und sonst nimands anders
zusteen, unerlangt einichs rechten uberfallen und geplundert und
viel plunders aus Treyssa in sein eigen haus gefurt.　3. Nachvolgent, wiewol wir ine vergangener uberfarung unangeseen belehnt, er uns leiblichen zu gott und den heiligen gesworn, getreu,
holt, gehorsam und gewertig zu sein, unsern schaden zu warnen
und bestes zu werben und ander artikel meher, wie der leheneit
ausweiset, so hat er doch daruber viel und manicherlei wege gesucht, wie er ... unser freuntliche liebe frau mutter als unser
rechte ehafte verwalterin und vorsteherin aus solicher verwaltung
bringen mocht.　4. Er hat mit unsern als seins lehenherren widerwertigen, die gegen uns in offentlicher verwarung und widerwertigkeit stunden, heimliche verstendnus gehabt, auch denselben ie zu
zeiten schriftlich und muntlich zu erkennen geben, uns zu nachteil,
wie ie zu zeiten unser, unser land und leut sach und gelegenheit
gestanden hat.　5. Er hat in der vergangen vhede Franciscus
von Sickingen, dweil Franciscus uber Rhein fur und in unser
hochsten not, uf dem kirchof zu Gernsheim ein versamblung berufen und den da furgehalten, wilcher unser regiment endern
helfen, einen landtag ader gemeine versamblung ersuchen, auch
unser frau mutter bei uns ·nicht wissen wolt, der solt einen finger
ufrecken; damit er wider uns und die unsern groblich und hochlich
conspirirt hat.　6. Dergleichen hat er auch zu Darmstatt und
Russelsheim, als Franciscus abgezogen gewesen ist, gehandelt.
7. Er ist auch mit andern von Darmstatt in der meinunge gein
Marpurgk geritten, unser person daselbst mit gewalt zu inen zu
nemen und mit uns ires gefallens zu leben.　8. Wiewol Schwertzell
unsers wissens und sovil wir in unsern manbuchern berichts finden
vor weilend unsers vettern ldg. Wilhelms des Jungern ... zeiten
von unsern vorfarn und eltern, fursten zu Hessen . . ., unsers
wissens keine lehen gehabt, noch sein nam in unserm furstentumb
bekent gewesen ist und ime soliche ehre und achtung allein us
gnaden, hilf und furschub unser furfarn und eltern, der fursten zu
Hessen, zugestanden ist, so hat er doch in viel wege wider uns
als seinen landsfursten und lehenhern unangesehen aller empfangener
gnaden gehandelt und wege gesucht, wie er unser vertraut rete
und diener totschlagen, verjagen ader zum wenigsten von unser
person verdringen mocht und sich selbst und andere uf unser
person zu warten, auch in unser furstlich regiment, oberkeit und
hochlichkeit zu dringen und des richter zu sein, dem er undertenigkeit und gehorsam geschworn hat, wie das die handlung zu
Marpurgk, Homberg und Spangenbergk ausweisen.　9. Wiewol wir
allen und iden unsern lehenmannen und undertanen bei iren lehens-
und der undertenigkeit eit und pflichten ernstlich und heftiglich
verboten haben, das keiner versamlung ader landtag machen, besuchen ader usschreiben solt, nichtsdesteweniger hat er solichen
landtag helfen furdern, ansetzen, brief gegeben und genomen.

10. Er hat understanden, etliche unser widerwertigen, die mit uns
in offentlicher verwarung und vheden stunden, mit etlichen derzeit
unsern reten uns zu nachteil zu sunen, uf das er und seine gesellen ire practiken desto bas zuwegen bringen und usrichten
mochten. 11. Nach solichem unserm verpot hat Rom. Kei. Mt. . . .
bei der hochsten verpenung, acht und aberacht Kei. Mt. und des
heiligen reichs ernstlich verpoten, das keiner unser lehenman, undertan ader landsassen ane unser als des einigen rechten erben und
landsfursten wissen, willen und verhengnis landtag ader versamelunge machen, furdern, ausschreiben oder besuchen soll. Nichtsdesteweniger unangesehen aller unser und darzu Kei. Mt. des
obersten haupts gepot, auch seiner eit und pflicht hat er nit allein
bei unsern gehorsamen undertanen, sondern auch unsern widerwertigen in teglicher practicken und ubung gestanden, versamlung,
landtage und conspiration den widerwertigen zu guet und uns
seinem rechten hern zu nachteil zu machen, mit was fugen und
eren, hat ein ieder biderman zu bedenken, dadurch er in ungehorsam seins naturlichen landsfursten und lehenhern, auch in acht
und aberacht Rom. Kei. Mt. . . . und des heiligen reichs gefallen ist.
      Wiewol wir nu viel dergleichen und grossere stucke anzeigen
mochten, so wollen wir doch uf diesmal us ursachen die uberigen
in der federn lassen. Und sagen zu antwort uf das obgemelt anbringen und bitten, das wir nicht zweifeln, ein ieder biderman hab
hieraus leichtlich zu bedenken, woe wir nit betten sollen unser
selbst person und der unsern beschwerung erwarten, das wir gedrungen worden sein, solicher conspiration und mishandelunge zu
begegen, und versehen uns, wir haben als der landsfurst und sein
lehenherre des gut fueg und recht, mogen auch recht dorumb erleiden. Und ob Schwirtzell oder iemands anders vermeint, das wir
des nit fuege haben solten, sein wir erputig, ime deshalben geburlichs rechten zu sein. Und damit nimands sagen mag, das wir
sein verantwortunge nit horen wollen, so sein wir gemeint, ime
einen tag zu ernennen und uf diese und andere artikel ime alsdan
furzuhalten, sein antwort zu horen und uns darnach in dem der
gepure zu erzeigen.«[1])

A. Mbg., M. St. S. 1749, Cpt. mit Eintragungen von Feiges Hand.


**225. Landgraf Philipp an seine Mutter Anna geb. Herzogin
von Mecklenburg. Grünberg 1519 April 7.[2])**

      Er erteilt seiner Mutter nach Anhörung des Rechenschaftsberichts
die nachgesuchte Entlastung.

      »Wir Philips von gots gnaden landgrave zu Hessen, grave
zu Catzenellenbogen, zu Dietz, zu Ziegenhain und zu Nidda bekennen

----

[1]) Vgl. u. Nr. 227 das Urteil des Landgrafen in der Sache Schwertzells.
[2]) Am Schluss der Urkunde steht in Worten deutlich die Jahreszahl 1518.
eine Zeitangabe, die dem Inhalt der Urkunde an mehreren Stellen widerspricht.
Wahrscheinlich liegt, wie Schenk zu Schweinsberg (Das letzte Testament Ldg.
Wilhelms S. 72 Anm. 81) annimmt, nur ein Irrtum vor, und es muss statt 1518
einfach 1519 heissen.

an diesem briefe vor uns, unser erben und nachkommen und tun
kunt allermenniglichem: Als die hochgeborne furstin, frau Anna
geb. herzogin von Meckelnburg, landgrefin zu Hessen, grafin zu
Catzenellenbogen, witwe, unser freuntliche liebe frau mutter mitsampt etlichen reten, so irer l. von unser landschaft zugeordent
sein, hievor in dem jar, da man schreib 1514, ongeverlich umb den
suntag Judica zu furmuntschaft, regirung und verwaltung unser
person, lande, leute und guter, uns zu sonderlichen eren und nutz,
nachdem wir in unsern unmundigen jaren gewesen, kommen sein
und dieselben unser person, lande, leut und guter die zeit an bis
auf den suntag Cantate 1518 [Mai 2] erzogen, versehen, regirt und
verwaltet haben, und dan hievor weilend der allerdurchleuchtigst,
grossmechtigst keiser, furst und herre, keiser Maximilian hochlob-
licher gedechtnus us sonderlichen keiserlichen gnaden, redelichen
ursachen und bewegung und irer hochsten Kei. Mt. volkommenheit
unser alter erfullet und sonderliche freiheit, gnad und vorteil, das
wir unangesehen unser jungen jare unser lande, leute und guter
selbst regiren und versehen sollen und mogen, gnediglich verlihen,
begabt und gefreihet hat, wilche gnade und freiheit wir als ein
underteniger, gehorsamer furst des heiligen romischen reichs gutwilliglich und dankbarlich angenommen und darauf . . . unser freuntliche liebe frau mutter sampt iren zugeordenten reten uf obgemelte
zeit, nemlich Cantate, unsers regiments und aller verwaltung genzlich abgetreten und uns mitsampt alle demjenen, wes sie von gelt,
kleinotern, silbergeschir, geschoss, fruchten, hausrat, brief, registern
und anderm under handen gehabt, uberantwort; demnach so haben
ire l. und dieselben ire gewesene zugeordente rete uns in beisein
unser treffenlichen verstendigen rete uf heut dat. aller irer handelung genzliche und gruntliche bericht, auch alle ires innemens
und ausgebens von gelt, fruchten und allen sachen in vier registern,
der drei vor den verordenten unser landschaft in zeit unser unmundigen jare berechent und beslossen sein, ein lautere, clare,
gruntliche und entliche rechenung getan, laut verrechenter register
uns deshalben ubergeben. Und nachdem wir us solicher irer l.
und irer zugeordenten rete bericht und rechenung clerlich erfunden,
das sie unser person furstlich, ehrlich und wol, soviel an ine gewest ist, erzogen und unsern landen, leuten und gutern muterlich,
freuntlich, getreulich und vleissig furgestanden, unser person treulich, ernstlich und wolgemeint administrirt und verwaltet, also das
sie uns in den . . . vier jaren uber dasjene, so sie von unsernwegen
zu unsern notsachen (zu heiratgut unser wasen von Beichlingen,
zu ausfertigung der hochgebornen furstin, unser freuntlichen lieben
swester, frauen Elisabeth, geb. landgrefin zu Hessen, herzogin zu
Sachssen, zu erledigung etlicher unser verpfendten slos, stet und
flecken und ander treffenlicher sum und sachen) ausgericht und
bezalt, ob die 70000 gulden erobert haben, die zu zeiten ires ab-
tretens und annemens unsers regiments in unser camern zu Marpurgk an barem gelt gewesen seint, so sagen wir . . . unser freuntlichen lieben frau mutter und iren zugeordenten reten solichs ires

35*

erzeigten freuntlichen und undertenigen willens, arbeit, vleis und muhe freuntlichen und genedigen dank, mit erpietung, solichs gegen irer l. freuntlich und die andern, so in gnaden bei uns plieben sein, gnediglich zu erkennen, und sagen furter vor uns, unser erben und nachkommen ire l. sampt iren zugeordenten reten samptlich und sonderlich und ire erben solicher irer gehabten administration, bericht, rechnung und bezalung und alles desjenen, das sie von unserwegen under handen gehabt und allenthalben verhandelt haben. in craft obgemelter unser keiserlichen privilegia, gnad und freiheit und dies briefs ganz quid, ledig und loes, sollen noch wollen ire l. und sie, auch ire erben deshalben nummermeher ansprechen noch fordern in ader ausserhalb rechtes, in ganz keine weise, an geverde; gereden und versprechen auch bei unsern furstlichen wirden und waren worten, solichs also stet, vest und unverbruchlich zu halten. an geverde. Des zu urkunt haben wir diesen brief mit eigener hant underschrieben und userm furstlichen anhangendem ingesiegel besigelt.[1]) Gescheen und geben in unser stat Grunbergk, am donerstag nach dem suntag Letare ao. 1518.«

A. Darmstadt, Or.

**226. Landgraf Philipp an die Wettiner. Grünberg 1519 April 14.**

Beschwert sich über die Verweigerung der Rechnungslegung von seiten der früheren Regenten und über ihr Einverständnis mit Sickingen. Dennoch ist er bereit, die Rechnung der Regenten zu hören. Ansetzung eines Termins zu Alsfeld. Zusicherung freien Geleits für die Regenten. Nachschrift: Aussöhnung des Landgrafen mit Georg von Hatzfeld.

---

[1]) Ich möchte hier noch eine andere interessante Urkunde wiedergeben, die Ldg. Philipp wenig später, am 23. Mai 1519, in Grünberg seiner Mutter über ihr Wittum ausstellte. Sie hat auch eine gewisse politische Bedeutung. Ihr Wortlaut ist folgender: »Ich Philips von gotts gnaden lantgrave zu Hessen bekenne mit diser meiner eigen hantschrift vor mich und meine erben und nach-komen und allermenniglich: Nachdem die hochgeborne furstin und fraue Anna geb. herzogin zu Meckelnburg, meine herzliche fraue mutter, nach absterben des hochgebornen fursten meins hern und vater sel. also getrulich bei mir getan hot und nach tun will, wie sich das ir L kegen mir ver-schriben hat und zugesaget, diewil ich irer l. nicht anders ursach gegeben, will sie sich mutterlich und fruntlich halten, so will ich irer l., diewil sie lebt, von irem widum, so mein herr voter sel. ir l. vormacht hat, nit ablosen; darzu sollen sie meine erben und nachkomen nit macht haben, ir l. abzulosen ir leben lang, es wer den sach, das sies begerte von meinen erben und nachkumen, das man ir l. ablosen solt. Wo ich aber ir l. nit ablose, wie ich mich das hiemit vorschribe, so sall ich irem gemaheln oder kinden, wo sie die mit im haben worde, nach irem dode nit mer schuldig sein dan 10000 golden zu geben von dem gelde, so ir l. mit sich us Meckelnburg bracht hot; damit sollen sie des widums nach irer l. dot ganz abtreden. Wie hir oben geschriben stet, hab ich irer l. zugesagt in eigener person und vorschriben, irer l. hirmit in craft dises brifes und wil es stet und fest und unforbrochlich halten und gehalten haben bei meinen forstlichen eren und waren worten, in eines rechten eides stat wil ich mich hirmit vorschriben haben vor mich, meine erben und nach-kumen. Des zu warem urkunt und merer sicherheit habe ich disen brief mit meiner hant geschriben und mein angeborn forstlich ingesigel an disen brief ge-hangen. Der geben ist zu Gronberg, montag nach Kantate ao. 1519.« Eigen-bündig abgefasste Pergament-Urkunde mit Ldg. Philipps Siegel. A. Darmstadt.

»E. l. schreiben uf ansuchen und schriftlich bit h. Herman
Schencken ritters, Georgen von Hotzfelt, Ludwigs von Boyneburgk
und h. Caspars von Berlibschen sel. kinder furmunden haben wir
mit angehefter bit alles inhalts verlesen und mochten wol leiden,
das die . . . alten regenten und ir frunde uns und sich in dem
muhe uberhaben und wider unsers herrn und vaters sel. . . . willen
unserer verwaltung und regiments, darin sie sich selbst gedrungen,
enthalten, das sie auch uns, nachdem sie unser regenten und verwalter gewesen sint, das unser ingenommen und usgegeben und
derzeit alle unser sachen verhandelt haben, wie inen wol gepurt,
gnugsam bericht, rechnung und bezalung getan betten, das sie
aber bisanher, wiewol sie von . . . unserer lieben frau mutter und
iren gewesen zuverordenten reten vilmals darumb gefordert, tag
angesatzt, geleit zugeschrieben worden, sie auch also angenommen
und umb erstreckung gebeten, unbillicher weis verhalten haben;
wir geschwigen dismals, was Ludwig . . . sampt seinem anhange
in zeit seins regiments unbillichs gehandelt hat. Wir wollen auch
e. l. nit bergen, das uns gleublich furkomen ist, wie dieselben gewesen regenten Franciscus angereizt haben sollen, uns dermassen,
wie gescheen ist, zu beschedigen; dan Ludwigs son vor Vach
und Georgen von Hotzfelds son vor Darmstat mitgewesen sein.
Darzu haben sie alle vir solich handlung und furgenomen vertrag
Franciscus von Sickingen angenem gehalten, uns solichs zugeschrieben und dem, sovil er sie berure, volstreckung zu tun begert,
dadurch sie den lantfriden verbrochen und in di pen derselben
gefallen. Wir sein auch bericht, wie e. l. durch Herman von Pock
und Burghart Hunden inen haben ansagen lassen, das e. l. sie von
irer rechnung nit quitiren konten oder wolten, sondern das sie
vor uns und unsern verordenten, die unsers furstentumbs gelegenheit mehr wusten, rechnung tun solten, dem sie billich volge getan.
Derhalben wir wol fug und ursach hetten, sie numals zu solicher
rechnung dergestalt nit komen zu lassen; aber e. l. zu eren und
fruntlichem gevallen wollen wir soliche ire rechnung nachmals von
ine nemen, mogen auch leiden, das e. l. rete dabei sein. Und so
es denselben e. l. gelegen were, wolten wir di vil lieber in eigener
person dabei sehen und wissen. Aber dweil soliche rechnung vor
uns in eigener person gescheen mus und in warheit in diesen
leuften uns us diesem ort lands zu wenden nit fuglich, auch zu
Escheweg das sterben vast gemein ist, konnen wir kein ander malstat dan zu Alsfeldt, oder wo zu der zeit unser hofhaltung sein
wirdet, benennen oder besuchen. Darumb wollen e. l. irer rete
halben in demselben nit beschwerung haben und ernennen derhalben
einen tag als uf den dinstag nach dem sontag Trinitatis [Juni 21]
gegen den abent, daselbst zu Alsfelt ader am ort unser hofhaltung
inzukomen. Wollen auch den regenten und denjenen, so sie mit
sich bringen werden, usgescheiden dijene, so in eigener person in
der nechsten ufrur uf unsern schaden gewesen sint und noch nit
mit uns gericht sein, ein frei, strag, sicher geleit us ir gewarsam
bis wider darin hirmit zugeschrieben haben ane geverde. So dan

soliche rechnung geschicht, wirdet ane zweivel usfundig, wer
Diderichen von Schachten und Gerharten Spiegel die berurten
pension zu bezalen schuldig sei. Und als wir bericht sein, sollen
di regenten soliche brif allein versigelt haben. Doch was wir in
dem schuldig zu sein bfinden oder underrichtet werden, darine
wollen wir uns aller gepur halten. Das wolten wir e. l., der wir
fruntlich zu dinen allezeit willig sein, fruntlicher meinung nit verhalten. Dat. Grunbergk, donerstag nach Judica ao. XIX.«[1])

    N a c h s c h r i f t : »Wiewol auch Georg von Hatzfelt in der
ubergeben supplication mitgemelt, so hat [er] sich doch, ausgescheiden was ine di rechnung belangen wirdet, mit uns vertragen.
wolten wir e. l. freuntlicher meinung auch nit verhalten.«[2])

A. Mbg., O. W. S. 1, Personalakten Annas von Mecklenburg, Cpt. von Feiges Hand

### 227. Urteil Landgraf Philipps in dem Process gegen Johann Schwertzell von Willingshausen. [Grünberg] 1519 Juni 7.[3])

    Er ist mit der Verantwortung Schwertzells unzufrieden, und giebt
ihm die Güter vorläufig nicht zurück. Rechtserbieten des Landgrafen.

---

[1]) Der von Ldg. Philipp angesetzte Rechentag kam nicht zustande, da
die früheren Regenten sich weigerten, vor dem Landgrafen die Rechnung zu
legen. Sie glaubten, dazu nicht verpflichtet zu sein nach dem Rechenschaftsbericht, den sie zu Naumburg im Jahre 1516 vor den Räten der Wettiner
abgelegt hatten. »Dan solten sie Herman Ritesel, Cunradt von Waldenstein
und Schrautenbach als irn widerwertigen rechnung tun, des weren sie hoch
beschwert, wusten wol, das ire sach nimer zu ende lief.« Handlung zu Erfurt
vor den Räten der Wettiner, 1519 Donnerstag nach Laurentii [August 11].
(A. W., Reg. C p. 121 Nr. 23 Bd. 2, glz. Ndschr.) Der Landgraf dagegen bestand
auf seiner Forderung, dass die früheren Regenten die Rechnung nicht so sehr
den Wettinern, als ihm dem Landfürsten schuldig seien. Dieser Ansicht gab er
in einem ausführlichen Schreiben an die Wettiner vom 9. Dezember 1519 (A. Dr.,
Loc. 8675, Ldg. Phil. Vorm. betr. 1509—24) Ausdruck: »Nachdem wir nit
anders geneigt sint, dan mit e. l. freuntschaft und guten willen zu haben, uns
ist auch nit zuwider, das sie [regenten] e. l. rechnung getan. Aber dieweil
offentlich am tage ist, das sie als unser lantsessen und untertane nach absterben weilent unsers hern und vaters sel. ... durch unser lantschaft zu verwalten, lanthofmeister und regenten geordent und in unser bests vorpflicht
sein, auch doruf unser person und guter in verwaltung angenomen und die ein
zeit lang getragen haben, versehen wir uns, inen werde irer verpflichtung,
ampt und verwaltung nach von rechtswegen geburn, uns von dem unsern an
dem ort, da sie verwaltung und handelung gehabt, rechnung und bericht ze
tun, und ob in solcher irer handelung etwas mangelhaftigs funden wurde, uns
darumb die billigkait zu pflegen gepuren, mogen auch wol leiden, das solchs
in e. l. oder irer rete beisein geschee. Darumb wo die regenten uns also in
e. l. oder der irn beiwesen rechnung und bericht zu tun gemeint weren und
wir des verstendiget wurden, wolten wir inen tak ernennen und e. l. anzaigen,
wo aber gemelter Ludwig und sein anhang uf irm furnemen zu verharren
gedechten, mogen wir ein zimlich erbar erkentnus deshalb wol erleiden. ...
Cassel, am freitag nach conceptionis Marie ao. XIX.« Nachschrift: »Wir
wollen auch e. l. nit bergen, das der merer teil aus solichen regenten sich mit
uns vortragen haben und urbutig sein, uns, sovil in irm vermogen sei, rechenschaft und wes sie schuldig sein ze tun.«
    [2]) Vgl. über die Aussöhnung des Landgrafen mit Georg von Hatzfeld
G. Landau, Hessische Ritterburgen IV, 157 f.
    [3]) Ein sehr skizzenhaftes und unvollständiges Protokoll über das Verhör
Schwertzells von Feiges Hand »Actum Grunbergk tercia post Exaudi ao. XIX«
befindet sich bei den Akten.

»Nachdem wir Johann Schwertzeln uf undertenig ansuchen
und furbit etlicher seiner freundschaft[1]) zu verhor und verantwortung etlicher seiner verhandlung uf heut vertaget und wir ime
solich unser gebrechen und beschwerunge, so er unpillicher weise
als unser lehenman und landses wider uns gehandelt, furgehalten,
auch' doruf einen brief von ime ausgangen verlesen lassen und
dagegen sein vermeint verantwortung gehort, die wir nit genugsam und das sich soliche sein verantwortung mit dem verlesen
brief nit vergleichen vermerkt und befunden und er sunst in seinen
reden selbst etwas weiters angezeigt und bekant, dan wir ine
beschuldigt haben, auch in dieser vertagung gegen einem unserm
rat und diner sich in unser gegenwertikeit mit etwas trutzigen,
scharfen reden boren lassen, des er sich unsers bedunkens in dieser
vertagung mit bessern fugen enthalten bett; dweil dan unser furnemen mit bedacht und rat etlicher unser hern und freunt bescheen,
wil uns unser notturft nach gepuren, deshalben bedenken zu haben,
das wir also nemen und uns dornoch uf ferrer ansuchen furstlich,
onverweislich und wie sich wol gepurt halten wollen.   Ob er sich
aber hirin beschwert zu sein vermeint, erpieten wir uns, ime 5
vom adel, 5 von steten unsers furstentumbs und einen von graven
zu setzen und umb solich sein verhandlunge endlich ongewegert,
was recht ist, erkennen zu lassen.  Datum et actum dinstags nach
dem suntage Exaudi ao. XIX.«

A. Mbg., M. St. S. 1749, Or. mit eigenh. Unterschrift.


228.   Die sächsischen Räte Anarck von Wildenfels und
Friedrich Thun an Herzog Johann von Sachsen.   Kassel 1521
Juli 2.

Berichten über die Rechnungslegung der früheren Regenten vor Ldg.
Philipp.  Ungnädige Gesinnung des Landgrafen gegen Boyneburg.  Lange
Dauer der Rechnungslegung.  Unfreundliche Behandlung der Regenten.

In Gemeinschaft mit Dr. Breidenbach, dem Abgesandten
Hz. Georgs und Hz. Heinrichs von Sachsen, haben sich die Räte
des Kurfürsten Friedrich in Kassel zu Ldg. Philipp begeben und
ihn gebeten, »wan seiner f. g. gelegenhait sein wolle, die rechnung
furzunemen, betten wir bevel, darbei ze sein und die mit anzuhoren.
Auf solchs ist uns von seinen f. g. der freuntlichen zusagung
danksagung bescheen und auf ergangene mitwach frue [Juni 26]
zu 7 uhern die rechnung furzunemen angezaigt, wie dan auch bescheen ist.
Fur anfang der rechnung haben sein f. g. in beisein Ludwigen
von Boynneburgs und Jorgen von Hotzfelt sambt andern, so von
wegen der verstorben regenten hie sein, [angezeigt], in welcher
gestalt sein g. die rechnung wolle ergehen lassen, die etwas nit

___

[1]) Vgl. o. Nr. 224.

vast gnedig gegen inen vermerkt worden, darzu Ludwig auch geredt, davon der lantgraf selber mit ungenedigen worten ime zugegen begegent. Wie und welcher mas die protestacion bescheen, wollen wir e. f. g. und derselbigen bruder ... schriftlichen verzaichent mitbringen.[1]) Wir haben aber die regenten entweichen lassen und bei unserm g. hern von Hessen unterrede gehalten und es dahin bracht, das sein f. g. die rechnung furzunemen gewilliget hat, darauf die angefangen, aber nach uf heut dato nicht geendet. Nachdem der funf und ein virtel jars zu rechen gewest seint, wir besorgen, das wir vor sonnabents oder suntags schwerlich von den hendeln alle komen mogen, wiewol wir in warhait keine feier gehabt haben von morgen an bis in ahent. Dan die rechnung wil sein g. durchaus gelesen und gelegt haben, doraus langer verzug komet; so dan seinen g. solchs gefellig, haben wirs auch nicht zu endern oder dawider ze sein unterstehen wollen.

Ferner vermerken wir, das sein g. vil artikel der ausgabe in der rechnung der regenten nit gestendig sein wil, doraus zu besorgen, das von uns dasselbige abzuwenden schwerlich bescheen werde. Doch wollen wir allen treuen und mugelichen fleis dorinnen den armen zu gut nit sparen. Man gibt inen auch wider futer nach mal, mussen also in der herberge ligen und zeren; wir habens aber mit etlichen gewaltigen geredt und gebeten, sie mit futer und mal zu versorgen; es hat aber nit sein wollen, darumb wirs auch haben mussen wenden lassen. ... Dat. zu Cassel, an unser lieben frauentak visitationis ao. XXI.«

A. W., Reg. C 207, Or.

**229. Die sächsischen Räte Anarck von Wildenfels und Friedrich Thun an Herzog Johann von Sachsen. Bericht über die Rechnungslegung der früheren Regenten vor Landgraf Philipp in Kassel. Eisenach 1521 Juli 7.[2])**

Ldg. Philipp verlangt vor allem von Boyneburg die Vorlegung eines Inventars, das Auskunft darüber giebt, was der Landhofmeister beim An-

---

[1]) Vgl. u. Nr. 229.
[2]) Überschrift: »Was zur zeit die alten regenten zu Hessen auf die abrede, so zu Wormbs bescheen, rechnung getan, zu Cassel gehandelt mitwochs nach Johannis Baptiste und folgende tage ao. 1521.« Die sächsischen Räte Wildenfels und Thun übersandten den obigen Bericht Hz. Johann aus Eisenach am Sonntag nach Udalrici [Juli 7] 1521 mit einem kurzen Begleitschreiben. — Auch auf hessischer Seite hat man ein Protokoll über die Rechnungslegung der früheren Regenten vor Ldg. Philipp angefertigt (A. Mbg., O. St. S. 7862, glz. Ndschr.). Doch ist es so unvollständig und skizzenhaft, dass die Arbeit der sächsischen Räte vorzuziehen ist. Aus dem Marburger Protokoll erfahren wir, dass Hermann Riedesel, Christian von Hanstein, Tyle Wolff, Balthasar von Weitolshausen gen. Schrautenbach, Jost von Drachsdorff, Melchior v. d. Tann, Hermann von der Malsburg, Marschall, Jost Ratzenberg, Johann Feige, Dr. »Ottera«, Dr. Melchior als Räte Ldg. Philipps der Rechnungslegung beiwohnten. Von den Regenten waren ausser Ludwig von Boyneburg erschienen: Georg v. Hatzfeld, Georg Schenk zu Schweinsberg, Hans von Berlepsch und der Sohn

tritt des Regiments im Nachlass Ldg. Wilhelms des Mittleren vorgefunden hat, ferner mit welchem Recht Boyneburg sich in die Vormundschaft gedrängt hat. Andere Ansprüche, die der Landgraf ausser der Rechnungslegung an Boyneburg stellt. Antwort Boyneburgs: er beruft sich auf die Wettiner. Vermittlung der sächsischen Räte. Vornahme der Rechnung Modus derselben. Unzufriedenheit des Landgrafen mit der Verwaltung der Regenten. Er bittet sich zur genaueren Einsicht in die Rechnung Bedenkzeit aus. Entschuldigungen Boyneburgs wegen des Verzugs der Rechnungslegung. Er verlangt die Wiederherstellung in seine Güter. Ablehnung dieser Forderung von seiten des Landgrafen. Die Vermittlung der Wettiner, die die sächsischen Räte in der Angelegenheit der früheren Regenten anbieten, weist Ldg. Philipp entschieden zurück.

»Die rete der curfursten und fursten zu Sachssen nemlich h. Anarck, her zu Wildenfels, h. Friderich Thun ritter und Jorg von Breytenbach doctor sint auf dinstag Johannis baptiste [Juni 25] zu Cassel einkomen und sich als geschickten hochgedachter curfursten und fursten auf gemelte abrede, so zu Wormbs bescheen[1]), ldg. Philipssen zu Hessen angegeben. Volgendes tags umb 12 uher hat ... ldg. Philips durch seiner f. g. canzler anzaigen lassen, nachdem keine bestendige rechnung von einem vormunden oder verwalter bescheen mocht, es were dan, das der verwalter zuvoran glauplich inventarium des, so er verwaltet und berechnen wolt, vorlegt, dieweil dan am tage, das Ludwig von Boynneburg das furstentumb Hessen in hochgedachts lantgrafen unmundigen jarn verwaltet, so wolt sich auch gehurn, auf das die rechnung mit gutem grunde verfurt, das er vor allen dingen ein bestendig inventarium alle desjenigen, so nach absterben ldg. Wilhelms sel. des Mitlern verlassen und er sich zu verwalten unterstanden, vorlege. Und nachdem auch Ludwig von Boynneburg sich aus aignem vornemen wider das letzte gescheft hochgedachts ldg. Wilhelms sel. in die vormuntschaft und verwaltung gedrungen und eingelassen, als hat ldg. Philips erstlichen und vor allen dingen obvermelt inventarium vorzulegen und darneben anzaigung zu tun, aus was titel und ankonft Ludwig von Boynneburg in bemelte vormuntschaft und verwaltung komen, begert, mit erinnerung, das er nicht tutor testamentarius legitimus aber dativus were noch von wegen

des verstorbenen Kaspar von Berlepsch, Rudolf von Waiblingen und Adam von Usingen. Waiblingen erschien unaufgefordert im Interesse der früheren Regenten, was aus dem folgenden Passus des Protokolls hervorgeht: »Rudolff von Weiblingen sagt, das er hievor bei der landrechnung als ein camermeister gewesen sei, darumb itzo der rechnung zu gut hergeritten. Wo nu mein g. herr ine dorbei leiden mocht, wolt er dabei sein, wo aber nit, wolt er sich seiner f. g. bescheids halten. Der canzler sagt, mein g. herr heisse nimands davon geben, moge leiden, das idermann dabei sei.«
[1]) Aus einem Brief Hz. Georgs an Kurf. Friedrich von Sachsen vom 11. Juni 1521 (»Geben zu Leiptzk, am dinstag nach Bonifacii ao. XXI«) geht hervor, dass die Wettiner auf dem Reichstage zu Worms mit Ldg. Philipp die Vereinbarung getroffen hatten, die alten Regenten sollten ihrem jungen Herrn am Dienstage nach dem Johannestage im Beisein sächsischer Räte die Rechnung legen. Hz. Georg bittet den Kurfürsten, dafür Sorge zu tragen, dass die Rechnungsregister, die man nach der Rechnungslegung der früheren Regenten vor den Wettinern im Jahre 1516 dem Rat zu Naumburg zur Aufbewahrung übergeben hat, zur Stelle geschafft würden. (A. W., Reg. C 207, Or.)

der geburt sein mocht.   Daneben hat ... ldg. Philips anzaigen lassen, das sein f. g. etzliche vil zuspruch wider Ludwigen von Boynneburg hette, dieselbigen wolten sein f. g. mit der rechnung, ob die gleich beschiech, nicht vergessen ader dorein gezagen. besondern wolten dasselbig seinen f. g. wider denselbigen Ludwigen und diejenen, so ime anhengig sein wolten, auszuuben vorbehalten haben, als nemlich: 1) Was schadens sein f. g. und dem furstentumb Hessen zugewachsen hiraus, das der alt lantgraf seins gefenknus entkomen und Kai. Mt. nachgeraiset, welchs Ludwig van Boynneburgk gefordert und gefleissiget; 2) den uncosten und schaden, so seiner f. g. und derselbigen untertan durch den uberzug der stete Homberg und Treysa bescheen; 3) die abfallung, einnemung und widerumb eroberung des stifts Hirsfelt belangende, wie in dem durch Ludwigen van Boynneburg gehandelt, auch was schadens und costen dem furstentumb Hessen daraus entstanden; 4) den schaden und nachteil, der seinen f. g. zukumbt von wegen des verzugs der rechnung; 5) den uberzug Franciscus von Sickingen und das Ludwigs von Boynneburgs son mit und bei Franciscus gewest.  Desgleichen in gemein ander mehr zuspruch haben sein f. g. inen vorbehalten.

Hirauf hat Ludwig von Boynneburg, der dan neben sich gehabt h. Jorgen von Hatzfelt, Hansen von Berlebschen von wegen seins unmundigen vettern, Rudolffen von Weblingen, unter anderm folgende antwurt geben: Es sei ein inventarium verbanden, das hab er nicht gemacht, besondern diejenen, so zur zeit des absterbens ... ldg. Wilhelms im regiment gewesen und sunderlich seiner f. g. frau mutter und andern.  Doraus wurde erscheinen, was inventirt ader nicht, welchem er nicht wolle zu oder ablegen, solich inventarium wurde sich in rechnung befinden.  Wie er aber zur verwaltung und administracion komen, das wusten die curfursten und fursten zu Sachssen, desgleichen die ganze lantschaft, auch ldg. Philipsen rete selbst wol, verhofft hirumb, das er uf dismal des orts fernern beschit des inventariums und verwaltung halben zu geben nicht schuldig.  Und nachdem zu Wormbs ein abrede zwischen itztgedachten curfursten und fursten allenthalben gestellet, das itzt rechnung bescheen solt, die wer er urbutig ze tun, mit bit, dieselbige anzuhoren.  Uf die andern stuck, so ldg. Philips sein f. g. wider Ludwigen furbehalten, hat er zu entschuldigung auf etzliche artikel antwurt geben: Zu Artikel 1: Das er solchen handel erstlichen nicht gefleissiget nach gefordert, es wer ime auch lait, das es dermas ergangen, aber was er folgende in derselbigen sachen getan, das wer bescheen mit bewost der curfursten und fursten ze Sachssen und derselbigen rete, auch mit bewost der ganzen lantschaft zu Hessen.  Zu Artikel 2: Das solcher uberzug dem lantgrafen zum besten bescheen, dieselbigen stete zu gehorsam ze bringen, damit die andern stete nicht ursach nemen, sich auch widersetzig ze machen; auch wer solchs aus bevel der curfursten und fursten zu Sachssen, die dan ire haubtleute und untertan darzu geschickt und dorbei gehabt, gescheen.  Zu Artikel 3: Das Ludwig

von Boynneburg erstlichen in dem nichts getan, besondern folgende,
do bebstliche und kaiserliche gescheft und bestetigung komen, het
er alsovil getan, als einem fromen geburt, welchs er wost nach-
zebringen, inmassen er solchs hie zuvorn aufm haus[1]) gegen der
lantschaft auch verantwurt. Zu Artikel 5: Franciscus von Sickingen
betreffende, das wer am tage, wie sein sone bei ine komen, auch
das derselbige dazemal wider harnisch nach gerede gehabt, und
wan ime solchs alles aufgelegt, so wost ers mit seinem aide zu
erhalten. Letzlich hat Ludwig von Boynneburg angezaigt, er hab
gehandelt in den sachen als ein fromer getreuer und wie ime wol
gezimbt, und ob ine imants gedecht anzelangen, dem wolt er ane
verruckung leibs und guts fur ... curfursten und fursten zu Sachssen
und Hessen, derselbigen rete und lantschaft sembtlichen und sonderlichen stille stehen; wo auch ldg. Philips in umb etwas anlangen
lassen wolt, derhalben wolt er angezaigter mas fur den curfursten
und fursten zu Sachssen und Hessen zur gut und zum rechten stille
stehen.

Wiewol ldg. Philips von der vorlegung des inventarien und
anzaigung der ankonft Ludwig von Boynneburgs verwaltung in
getaner gegenrede nicht hat abstehen wollen, also das obgedachte
rete der curfursten und fursten zu Sachssen vermerkt, das damit
die sache auf dismal sich hat zutrennen und die rechnung, so auf
die abrede zu Wormbs bescheen solt, gestopft solt werden, als
haben sie durch unterhandelung bei ldg. Philipssen erhalten, das
sein f. g. die rechnung haben gewilliget ergeben ze lassen, doch
vermittelst diser protestacion, das sein f. g. domit von der forderung
des inventarien und begerter anzaigung des titels der verwaltung,
desgleichen von andern vermelten anzogen nicht wollen gestanden
haben.

Hirauf ist die rechnung furgenomen des neunten, zehenden,
eilften, zwelften und zum teil des dreizehenden jars der mindernzal,
und gemeinlichen allewege, so ein post oder item verrechent, so
hat man die quiterung, versigelte brief, zettel und ander urkunde
darneben gelegt und dieselben alle sambt den haubtregistern den
hessischen reten zugestelt und uberantwurt. Was· aber allenthalben summa summarum verrechent, erscheint aus dem auszoge,
so hirneben befunden.[2]) Und bei solche rechnung hat ldg. Philips
geordent Balthasarn Schrautenbach, welcher die rechnung neben
und mit Rudolffen von Weblingen selbst gelegt, seiner f. g. canzler,
Jobsten von Draxtorff, Herman Rietesel, Tilen Wolff, den sindicum
von Mulhausen, dr. Ratzenberg, den camerschreiber und ander
mehr, wiewol die geschickten rete dem lantgrafen heimgestelt, ob

---

[1]) D. h. auf dem Rathaus zu Kassel auf dem Landtage im März 1514.
Vgl. o. Nr. 114 S. 271 ff.

[2]) Dieser Rechnungsauszug ist dem Bericht beigelegt. Er gibt, allerdings
sehr summarisch, über die Einnahmen und Ausgaben im hessischen Staats-
haushalt während der Regentschaft Boyneburgs Auskunft. Für eine Bearbeitung
der hessischen Finanzen im 16. Jahrhundert bietet er die unentbehrliche Grund-
lage. Von einer Wiedergabe des Rechnungsauszugs an dieser Stelle müssen
wir leider abstehen.

sein f. g. vil rete bei solcher rechnung haben wolt, dieweil man
sich seiner f. g. landen gelegenhait doraus zu erkunden hette.

Nach bescheener rechnung hat ldg. Philips in beisein seiner
f. g. anzaigen lassen, sein f. g. befunden ie lenger ie mehr scheden
und nachteiligkait, die seinen f. g. durch Ludwigen von Boynneburgk und seiner verwaltung zuquemen, welcher dan an allen bestendigen titel sich zu der administracion gedrungen und doch
desjenigen, so er verwalt, bisher kein bestendig inventarium vorgelegt, und in sunderhait vermerkt erst seine f. g., wie hoch sich
der schade, so sein f. g. durch die entwerung des alten lantgrafen
und den unfleis der alten regenten geursacht, erstreckt; desgleichen
was nachteils sein f. g. und derselbigen untertan durch den uberzug der stete Homberg und Treysa entstanden, auch wie leichtlich
die alten regenten den handel des stifts Hirsfelt belangent betten
unterkomen konnen. Darzu so wer am tage, das zur zeit des absterbens seiner f. g. hern vaters sel. Steinberg [l. Schönberg],
Bickennbach, Schwalbach, Schwachpurg [!?] seiner f. g. herrn vater
zugestanden, welchs seiner f. g. entwant. Item das die alten regenten gelt verlihen, welchs nicht widerumb einbracht. Desgleichen, das sie schult, zu welcher sein f. g. rechtlichen nicht
gedrungen, bezalt. Item das sie vil unnoturftiger pension von sich
geraicht und mit solcher rechnung sein f. g. lange verzogen;
welchs alles sein f. g. den cf. und f. reten in gemein also tet anzaigen, nicht in gemut und meinung, Ludwigen von Boynneburgk
itzt zur zeit derhalb ze rechtfertigen, allein darumb, das dieselbigen
cf. und f. rete zu bedenken betten, das an diser sach seinen f. g.
vil gelegen. Nachdem sein f. g. den schaden, der seiner f. g. derhalb entstanden, uber 100000 gulden geacht und nachdem . . . sein
f. g. an diser sachen vil gelegen, so erfordert seiner f. g. noturft,
die register und rechnung aigentlichen zu uberschen, welchs sein
f. g. also bis auf S. Michelstak negst [September 29] tun wollen
und alsdan seiner f. g. gemut Ludwigen von Boynneburg ferner zu
erkennen geben und sich alsdan furstlich und unverweislich seiner
noturft nach weiter halten. Seine f. g. haben auch die geschickten
rete gebeten, disen handel allenthalben, wie sie den gefunden und
gehort, iren gst. und g. hern anzuzeigen, auf das es nicht darfur
gehalten, das sein f. g. ane ursach etwas vornemen.

Dorauf hat Ludwig von Boynneburg furgetragen, das er
zu dem verzug der rechnung keine ursach geben, und hat sich des
auf curfursten und fursten zu Sachssen gezogen, mit vermeldung,
das er zur zeit gegen Marpurg zur rechnung beschaiden, aber die
curfursten und fursten zu Sachssen haben dieselbigen inen wollen
getan haben[1]), inmassen er und andere verwanten solche rechnung
zur Naumburg getan[2]) nach vermuge eins abschides. Und nachdem Ludwig von Boynneburg verstanden, das der lantgraf die angegeben artikel itzt derhalb nicht hat furwenden lassen, orterung zu
geworten, besondern die bis zu gelegener zeit vorbeholten, so wer

---

[1]) Vgl. o. Nr. 150.
[2]) Vgl. o. S. 550 Anm. 1.

er auch nicht bedacht, dorauf etwas zu antwurten, anders dan das
er, ob got wil, gehandelt, als einem fromen zustet, und das er zu
aller seiner handelung guten bestendigen bericht und verantwurtung
ze tun wuste, auch zur zeit der beschuldigung tun wolt. Dieweil
dan der lantgraf etzlicher der alten regenten guter innenhet und
eins teils eine zeitlank innengehabt, so haben sie sembtlich gebeten,
ire guter inen widerumb zuzustellen und den andern, so ire guter
widerumb haben, die erstatung empfangner nutzung, mit erbietung,
nachdem sie solche guter, auch ire leibe nicht verwenden wolten
nach konten, das sie meniglich vor ... curfursten und fursten
Sachssen und Hessen sembtlich zur gut und zu recht wolten
stilstehen, wo auch der lantgraf mit etwas gedechte zu beschuldigen,
das sie obangezaigter mas vor curfursten und fursten zu Sachssen
auch die gut und das recht gewarten wolten. Nachdem auch der
lantgraf fur seiner f. g. noturft achtet, die rechnung und register
aigentlichen zu ubersehen, so wusten sie seiner f. g. genomen zeit
nicht zu korzen. Aber dieweil die register und rechnung nicht
gezwifacht und sie, die alten regenten, solche register, rechnung
und quitanz zukunftiger zeit villeicht zu irer unschult bedurfen
wurden, als haben sie obvermelte cf. und f. rete gebeten, sie in
dem zu bedenken und zu versorgen.

Hirauf hat der lantgraf furwenden lassen durch seiner f. g.
rete ursachen, warumb Ludwig von Boynneburg billichen angezogen
wurde des verzugs halben der rechnung. Nachdem aber solcher
artikel itzt nicht hat sollen gerechtfertigt werden, besondern
neben andern, wie erhort, vorbehalten ist wurden bis zu gelegener
zeit, als sint die ursachen von wegen der lenge albie unterlassen
anzuzeigen. Aber auf das erbieten der alten regenten ist geantwurt worden, das solich erbieten nicht mocht stat haben, der
handel mocht es auch nicht leiden nach tragen. Dan der lantgraf
wolt curfursten und fursten zu Sachssen, den er allen freuntlichen,
verwanten und nachbarlichen willen zu laisten willig und berait
were, in disen handel nicht zihen nach gezagen haben, besondern
wolt sich sonst furstlich und unverweislich halten und erzaigen.
Das auch sein f. g. der alten regenten guter betten einnemen
lassen, das wer aus guten ursachen bescheen, und so ine imants
derhalb vermeint anzulangen, dem wol er geburlichs rechtens sein.
Sein f. g. wolten auch keine geferde mit der rechnung und registern,
desgleichen mit den untergeben quitanzen gebrauchen lassen, wiewol
es bequemer gewest, das die regenten solche rechnung vor langst
gezwifacht.

Hirauf haben die cf. und f. rete dise rede und furschlag
getan, das es nicht unbillig, das der lantgraf nach gelegenhait des
handels die genomene frist hab; sie achten es auch nicht vor ungleich, das die register und rechenbucher fleissig verwart und das
sein f. g. dieselbigen nach seiner f. g. noturft ferner besichtigt.
Dieweil aber solche register, bucher, quitanz und alles anders nicht
gezwifacht, so wer es an dem, das die alten regenten, auch die
curfursten und fursten zu Sachssen, als villeicht die gelegenhait

erfordert, dorzu gelassen wurden, dieselbigen zu gebrauchen, und
wo es auch seiner f. g. bequemligkait sein wolt, welchs dan in
seiner f. g. willen gestalt, wan sein f. g. in angezaigter zeit sich
erkundiget und seiner f. g. noturft bedacht.   Nachdem sein f. g.
angegeben, das alsdan seiner f. g. . . . . gemut ferner wolten anzaigen,
als villeicht sein f. g derselbigen gelegenhait wider die alten regenten schriftlich den curfursten und fursten zu Sachssen wolten
zuschicken, den alten regenten ferner zu untergeben und ir verantwurtung dorauf widerumb auch zu empfahen, und wo ir cf. und
f. g. befinden, das sich solche schrift nicht vergleichen wolten,
das alsdan ir cf. und f. g. sich mit seiner f. g. betagten personlich
oder derselbigen rete statlich schickten.   Darzu die alten regenten
auch gefordert und mit seiner f. g. freuntliche und gutliche unterredung betten, ob die gebrechen in gut beigelegt aber sunst in
abrede geleitet werden mochten, und das also derhalb itzt ein
schriftlich abschiet gemacht wurde.   Solcher furschlag ist neben
anderm aus diser ursach von bestimbten cf. und f. reten bedacht
worden, nachdem sie vermerkt, das sich der handel in weitleuftig-
kait wil begeben und die alten regenten in getaner rechnung vil
angegeben, das sie aus bevelh und geheis der curfursten und fursten
zu Sachssen als oberster vormunter getan und gehandelt, dorein
der lantgraf einrede ze tun vermeint, das durch disen furschlag
dise sache bei irn cf. und f. g. bleiben mochte.

Auf negst angezaigte rede geschickter rete hat der lantgraf
gewilliget, das die ubergeben rechnung allenthalben unverruckt
und dermas gemein bleiben, das die curfursten und fursten auch
die alten regenten die zu irer bequemligkait und noturft zu gebrauchen haben solten.   Aber auf den getanen furschlag ist geantwurt worden, das sein f. g. die curfursten und fursten zu Sachssen
mit disen sachen nicht beschwern, besondern ir cf. und f. g. fruntlich
bitten wolten, sich damit nicht zu beladen; dan sein f. g. wolten
sich mit irn cf. und f. g. in dem mit nicht irren; dan wo sein f. g.
irn cf. und f. g. vil freuntlichs willens wusten zu erzaigen, das
wolten ir f. g. mit darstreckung leibs und guts stetiglichen tun.
Es het auch seiner f. g. her vater eine ordenung auf ine ererbt,
wo sein f. g. derselbigen untertan zu beclagen willens, vor wem
dasselbig gescheen, auch wie es seine orterung und austrag haben
solt.   Dem wolten sein f. g. auf den fal auch nachgehen, und
derhalben die geschickten rete gebeten, das sie in diser sachen
sein f. g. ferner nicht anlangen wolten; dan diser handel zoge sein
f. g. ie lenger ie mehr zu herzen, so sein f. g. betrachten, wie
Ludwig von Boynneburg mit seiner f. g. hern vater und ime gehandelt.

Letzlich haben die alten regenten den cf. und f. reten angezaigt, das sie irer guter beraubt, und nachdem sie urbutig weren,
auf des lantgrafen zuspruchen orterung ze nemen fur den curfursten
und fursten zu Sachssen und Hessen sembtlich aber derselbigen
cf. und f. reten aber hochgedachter curfursten und fursten gemeine
lantschaft, als haben sie gebeten, das in ire guter auf solich erbieten

mochten widerumb zugestelt und das [sie] in des lantgrafen landen
und gebieten ane gefor raisen und wandern mochten, und die rete
derhalben ferner angelangt, solich ir erbieten und bit dem lantgrafen anzuzaigen, welchs also ane sonderliche erbreiterung dises
erbietens, damit der lantgraf uber. oben gegebenen beschit nicht
bewegt, also gescheen. Dorauf kein antwurt gefallen.«

A. W., Reg. C 207, glz. Ndschr. der ernestinischen Kanzlei.

**230. Landgraf Philipp an die Wettiner. Kassel 1521 De-
zember 16.**

Ist mit der Rechnungslegung der Regenten sehr unzufrieden. An-
führung der erheblichen Mängel derselben. Er bittet die Wettiner, die
früheren Regenten anzuweisen, ihm ausreichende Rechnung zu thun.

»Wir haben e. l. schreiben und begern auf ansuchen und bitt
unser alten regenten und deren erben an uns bescheen, alles inhalts
vernomen und seint nit weniger gneigt dan gutwillig, e. l. in allen
dingen uns einicher weis zu verfolgen zimlich freuntlichst zu wilfaren, wolten auch wol aus ganzem gmuet, das berurter alten regenten und dero erben, die des zu tun haben wollen, handelung,
rechnung und bericht dermassen gestalt weren, das wir e. l. fuglich
zu willen werden mochten. Das aber solichs nit sei und wir an
irer furgegeben rechnung nit gesettigt sein mogen, das auch nit
schuldig zu sein vermeinen, und solche vermeinte rechnung nit
allein in viel stucken mangelhaftig, nit allein uns beschwerlich,
sonder an ir selbst ungegrunt, unformlich, nichtig sei. So wollen
wir e. l. freuntlicher meinung nit bergen, das wir im anfang irer
rechnung, als derjenen, so sich in unsern kinttagen unser pfleg
und verwaltung, unser land, leute und guter underwunden, begert
haben, iren bevelh und gewalt, wie sie zu solcher handelung komen
seien, wie inen die bevolen, auch iren inventarien, wes sie van unser
wegen an landen, slossen, flecken, dorfern, farenden haben, attalareien, gutern in irem underwinden ingnomen betten, furzulegen,
darauf solche ire furgnomen rechnung gegrundet werden mochte,
wie sich das nach vermoge aller menschlichen geschrieben rechte,
aller erbarkeit und vernunft gepurt, wilchs sie nit haben tun mogen,
sonder ires bevelchs halben einen bericht, den wir wissen anders
gestalt sein, furgewendet und des begerten inventarien halben angezeigt: so es an den ort komen, das in der rechnung deshalben
meldung gescheen wurde, solt man davon guten bericht horen,
und dach daneben sich sovil merken lassen, das sie in annemung
ires regiments keinen inventarien gemacht, sonder sich auf ein
verzeichnus der 7 rete, die vor inen am Spis verordent worden
sint, behelfen wollen. Wiewol wir nu ursach gehabt betten, die
rechnung als ein vergeblich, nichtig werk abzuslagen, haben wir
dannocht e. l. zu eren und freuntlichen willen und domit ie nit
mangels an uns erscheine, die mit der protestation, das wir dadurch van unser forderung und gerechtigkeit des inventarien und

anders nit abgestanden sein, sonder uns di sampt andern unsern
gepurlichen inreden furbehalten haben wolten, angehoret und anhoren lassen. Nu haben sie in solcher irer rechnung kein inventarium
furbracht, sonder sich uf ein plose aufzeichnung, wes hie im hause
zu Cassel an hausrat und anderm funden worden sein soll, so durch
die 7 rete am Spis verordent, ire vorfarn, die sie mit der tat un-
rechtlicher weis ausgedrungen haben, gmacht, behelfen wollen,
wilchs kein inventarium ist, nach auch durch sie gemacht, noch
van allen gutern, wie das erscheint aus dem, das die ufzeichnung
allein im haus zu Cassel und dannocht in keiner offener glaub-
wirdiger form gemacht worden ist, van hausrat, kleidern, silbergeschir, cleinotern aber van andern schlossen, flecken, attalareien,
fruchten, weinen, vorraten, so an andern orten gewesen sein, nit
ein wort das wenigst.   Darzu mangeln uns in solcher rechnung
etliche mirgliche sloss, flecken, gericht und guter, die unser lieber
her und vater sel. . . . verlassen und uf uns ererbt hat, und daruber
haben sie viel tausent gulden, di [sie] unsers bdunkens one redeliche ursach und mehr irer selbst dan unserthalben usgegeben
haben wollen, verrechent, der wir uns anzunemen nit schuldig verhoffen.   Daraus e. l. leichtlich zu ermessen haben, das wir dieser
vermeinten rechnung nit allein nit gesettigt sein, sonder die gar
fur kein rechnung achten konnen oder mogen, freuntlich bitend,
e. l. wollen sie dahin weisen, das sie uns gegrunte, formliche, bestendige rechnung mit furlegung geburlicher rechtmessiger inventarien
tun, das sie auch die entwenten slos, flecken, ampte, gerichte,
dorfer und guter, die sie entpfangen, ingehabt, wider zu unsern
handen stellen, als wir achten, das van rechtswegen billich gescheen soll.   Ob aber die gedachten unser alten regenten und dero
erben bedechten, das sie solchs nit schuldig weren, oder wir uns
unfuglich gegen inen vernemen liessen, domit wir und sie dan us
dem handel komen, des wir auch begeren, so seint wir gneigt,
uns mit inen eines gleichmessigen, erbern, entlichen verdingten,
rechtlichen austrags zu vergleichen, domit sie sich rechts pillicher
weis nit beclagen mogen noch sollen.   E. l. wollen diese antwart
nit anders dan unser hohen notturft nach und fruntlich van uns
vermerken, das wollen wir umb dieselben hinwider gerne gut·
williglich verdinen.[1])   Dat. Cassel, am montag nach Lucie virginis
ao. XXI.‹

A. Mbg., O. St. S. 7862, Cpt. von Feiges Hand.

---

[1]) Auch in den folgenden Jahren dauerte die Ungnade des jungen Landgrafen gegen Boyneburg und seine Genossen fort.   Vergeblich verwendeten
sich die Wettiner für sie.   Ende Februar 1524 ordneten sie eine Gesandtschaft
an Ldg. Philipp ab.   Als die sächsischen Räte nach Kassel kamen, weigerte
sich der Landgraf, sie überhaupt zu empfangen.   Sie mussten unverrichteter
Dinge wieder heimziehen. (A. W., Reg. C p. 127 Nr. 23 Bd. 8.)   Am 25. März
1524 wendete sich Hz. Georg in einem Schreiben an Balthasar von Weitolshausen gen. Schrautenbach, Boyneburgs Hauptgegner, mit der Meldung, dass er
mit seinen Vettern bei Ldg. Philipp aufs neue für die Regenten Fürbitte eingelegt habe, damit ›inen ir guter mochten wider werden.   Dan nach gelegenheit
der sachen und als wir alle schuldig sein, so betten sie gebust genug.‹ (A. Dr.,

Loc. 8675, Ldg. Phil. Vorm. betr. 1509—24, Or.) In einem Brief an den Kurfürsten Friedrich den Weisen vom 13. Dezember 1524 [»am tage Luciae«] schreibt
Boyneburg die Fortdauer der Ungnade des Landgrafen dem Anstiften Schrautenbachs und Feiges zu, die »teigelich in sein g. brauen: dan ire sorge stet alles
daruf, wan ich wider zu mein gutern kem, ich mocht auch mit der zeit
von irem herrn gehort werde und mucht aus mir ein bericht finde, der ine
nicht dinlich sein mocht.« (A. W., Reg. C p. 127 Nr. 23 Bd. 9, Or.) — Im März
1525 ordneten die Wettiner abermals eine stattliche Botschaft an Ldg. Philipp
ab und forderten die Einsetzung der früheren Regenten in ihre Güter. Am
Freitag nach Oculi [März 24] empfing Philipp zwar die sächsischen Räte,
blieb aber bei seinem ablehnenden Bescheid. Wiederum wies er darauf hin,
dass die Regenten auf seine Frage, warum sie seines Vaters Testament um-
gestossen, keine befriedigende Antwort bisher hätten geben können. Vor allem
wolle er wissen, »warumb sie sich also geweltig in seiner f. g. regierung gedrungen.« (A. W., a. a. O., glz. Ndschr.) — Am Donnerstag nach Leonhardi
[November 9] 1525 verwendete sich der Sohn Johann des Beständigen, Johann
Friedrich, bei Ldg. Philipp für Boyneburg. Der Landgraf versprach ihm, dass
er Boyneburg noch einmal vernehmen wolle. Am Donnerstag nach Quasimodo
[April 12] 1526 fand zu Kassel in Sachen Boyneburgs eine Tagsatzung vor
Ldg. Philipp statt. (A. W., Reg. C p. 128 Nr. 23 Bd. 10, glz. Ncschr.) Ausser
dieser Thatsache wissen wir nichts; über den Verlauf der Verhandlungen zu
Kassel ist uns nichts überliefert. Es ist indes sehr wahrscheinlich, dass Boyne-
burg hier vom Landgrafen begnadigt und in seine Güter wieder eingesetzt
wurde. Vgl. hierzu Schenk zu Schweinsberg, Das letzte Testament Ldg.
Wilhelms II. von Hessen S. 40.

# Nachtrag.

---

**51a. Kaiser Maximilian an die Landgräfin-Witwe Anna. Offenburg 1511 April 14.**

Gestattet der Landgräfin, an ihn zu appellieren, falls sie sich durch den Schiedsspruch der Wettiner in den Irrungen mit den Regenten beschwert fühlen sollte.

»Wir Maximilian von gots gnaden erwelter romischer kaiser . . . bekennen offenlich mit disem brieve und tun kunt allermeniglich: Als wir der hochgebornen Anna geb. herzogin zu Meckhelnpurg und weilent ldg. Wilhalmen zu Hessen des Jungern verlassen wittib, unser lieben muemen und furstin der irrung und zwitrecht halben, so sich zwischen irer l. an ainem, hofmaister und regenten des furstentumbs Hessen anderstails halten, ainen abschaid, der am datum als lautent: Gehen zu Gengennbach, am 10. tag des monats Aprilis 1511[1]) gegeben, das wir demnach irer l. aus sundern gnaden zugelassen, gnediglich gewilligt und zugesagt haben und tun das hiemit wissentlich in craft dis briefs also, wo ir l. des entschids und handlung, so die hochgebornen Friderich, des heiligen romischen reichs erzmarschalk, Johanns, Jorig und Hainrich, herzogen zu Sachsen, . . . beruerter irrung halben zwischen irer l. und gedachtem hofmaister und regenten laut obgemelts unsers abschaids tun werden, beschwert sein wurde, das alsdan ir l. sich darauf von solchen beschwerden an uns als romischen kaiser onverhindert . . . beruefen mag und wir nachmalen darauf alles das, so uns als romischen kaiser gepuren wirdet, handeln und prociediern sollen und wollen on geverde. . . . Geben zu Offennpurg, am 14. tag des monats Aprilis 1511.«

A. Darmstadt, Or.

---

**60a. Kaiserlicher Vertrag zwischen Landgraf Wilhelm dem Älteren und seiner Gemahlin einerseits und den Regenten des Fürstentums Hessen anderseits betreffend die Bezahlung der Schulden Landgraf Wilhelms des Älteren. Worms 1513 Mai 31.**

Die vom Kaiser eingesetzten Kommissare haben zu Worms 1. alle Schulden Ldg. Wilhelms des Aelteren in ein Register gesetzt und er-

---

[1]) Vgl. o. Nr. 51.

mässigt. 2. Einige unbeglichene Schulden werden der Entscheidung des Kaisers anheimgestellt. 3. Regenten versprechen bis Michaelis 6000 Gulden nach Worms zu senden, von welcher Summe die Schulden bezahlt werden sollen, die für den Unterhalt des alten Landgrafen ausserhalb Hessens aufgelaufen sind. 4. Nachträgliche Befriedigung ungenannter Gläubiger. 5. Vorläufige Uebersiedelung Ldg. Wilhelms nach Rüsselsheim, so lange bis der Kaiser neue Kommissare verordnet hat. Schliessliche Vollziehung des kölnischen Spruchs in Marburg. 6. und 7. Verwendung der 6000 Gulden. 8. Befriedigung der Ansprüche Knauts und Treisbachs. 9. Der kölnische Spruch bleibt in Kraft. 10. Freies Geleit für Ldg. Wilhelms Räte während ihres Aufenthalts in Hessen.

»Wir des allerdurchleuchtigisten und grossmechtigisten fursten und herren, h. Maximilian ... commissarien und rete, nemlich Wilbelm von gots gnaden bischove zu Strasburg und lantgraf zu Elsass, von denselben gnaden wir Ludwig, phalzgraf bei Rein und herzog in Obern- und Nidern Bayrn, Sigmund, graven [!] zum Hag, Rom. Kai. Mt. camerrichter, Bernnharten [!], graven zu Solms und her zu Mintzenberg, Ludwig von Senshaim, lantcomentur der ballei zu Koblentz, Eytel Wolff vom Stain ritter, Johann von Talhaim, doctor, bropst zu Wetzslar, Dietrich Reysacher doctor, Peter von Aufsess, tumbher zu Wirtzburg und brobst zu Camberg[1]), Franciscus von Sickingen, Philips von Nippennberg, wirtembergischer hofmaister, bekennen und tun kunt offentlichen mit disem brief gen allermeniklich: Nachdem unser allergnedigister her obgenant nach irer Kai. Mt. getanen spruch zu Colen, des 15. tags des monats Septembris 1512 ausgangen[2]), uns als irer Mt. commissarien und reten sambt andern irer Mt. und des heiligen reichs curfursten, fursten, stenden, auch den 8 reten des reichs, zu Colen verordent, sovil der alhie zu Wormbs erschinen, bevolen und mit besonderm ernst begert hat, das wir also zu volstreckung angezaigts kaiserlichen spruchs und entschaids samentlich zwischen den hochgebornen fursten und furstin h. Wilhalm lantgraven zu Hessen und frauen Anna seiner gemahel unsern herren ... ains und den edeln, gestrengen und vesten Ludwigen von Boneburg lanthofmaister, Caspar von Berlipss ritter, Fridrichen Trotten, Rudolffen von Wayblingen camermaister und Herttingk Schennkhen canzlern als verordenten des regiments und furstentumbs zu Hessen anstat des hochgebornen fursten und herren Philipss lantgraven zu Hessen ... am andern tail von wegen aller schuld, so ... ldg. Wilhalm sambt seiner gemahel und irem hofgesind, nemblich zerung und notdurftig versehung, auch erkaufter dergeleichen geliferder und aufgerechender pherd und zuletst von wegen rate und dienstgelts, von zeit das ... ldg. Wilhalm mit seiner gemahel aus dem furstentumb Hessen gezogen, gemacht, schuldig bliben und sich erfinden wurden, zu entlicher bezalung derselben embsiklichen und vleissiklichen handlen sollen, damit solh[s] allenthalben nach zimlichait entricht und also darauf ... ldg. Wilhalm mit seiner gemahel auf irer Kai. Mt. getanen spruch ... in das furstentumb Hessen ziehen und er daselbs mit stat und

---

[1]) Camberg ist Comburg bei Schwäbisch-Hall.
[2]) Vgl. o. Nr. 59.

wesen, wie darin ausgetrukt ist, versehen werden mocht, . . . wir
auch als commissarien sambt des heiligen reichs verordenten stenden
und reten, sovil aus den allen itzo albie erschinen sint, auf . . .
Kai. Mt. . . . bevelh bei . . . baiden parteien sovil muglichs vleiss
angekert, das wir si nach vil gehabter mue und arbait, in ersehung
aller furgelegter register, rechnung, auch in erfarung aller und
ieder glaubiger, so man zu Wormbs, zu Oppenhaim und anderswo
schuldig und sovil der zugegen gewest, von wegen ainer ieden
schulden laut Kai. Mt. bevelhs obbestimbt und nemlich in craft
desselben bevelhs entschaiden und vertragen, auch alle und iede
schulden, nachdem die fur uns bracht worden und wir fur billich
achten haben mugen, gemessigt haben, alles wie hernach volgt
und tun das hiemit in craft dis briefs: 1. Haben wir alle schuld,
die von wegen . . . ldg. Wilhelms fur zerung, dergleichen ab-
gegangne und geantwurte pherd, auch fur rat- und dienstgelt, in
zeit das er aus dem furstentumb Hessen gewest, gemacht worden
sind, mit vleiss in ain register stuksweis gesetzt, geordent und
gemessigt, auch ieder parteien der ains behendigt, also das die
vom regiment . . . von wegen . . . ldg. Wilhelms solbe schulden,
wie die durch uns ieden orts gemessigt ist, bezalt oder dieselben
glaubiger, si sein cristen oder judenperson, mit irem willen vergnugt werden und auch die glaubiger sich derselbigen unser
messigung settigen und gnugen lassen und also dem allenthalben
volg geschehen und kain mangl erscheinen lassen sollen. 2. Wiewol vil personen verschreibungen, so inen rat-, dienst- und lehen-
gelts auch offnung und anderer sachen halben ire leben- oder auf
zeitlenge ubergeben bei handen haben und denselben dannoch des
merern tails inhalts unsers geordneten registers und messigung,
sovil man inen bis auf dise zeit nach vermoge solher irer verschreibung schuldig und fellig worden, bezalung und vergnugung
geschehen solle, und wir dan darauf mit inen gehandelt, ob si auf
geschehe[ne] bezalung und vergnugung nach gelegenhait der sachen
also gesettigt sein und die haubtverschreibung, so auf kunftig zeit
noch weiter lauten, auf gleichmessig mitl ubergeben wolten, so
haben wir doch bederseits in solhem nit volg oder vergleichung
erlangen mugen. Dieweil dan in solhen haubtverschreibungen, die
auf zukunftig bezalung gestelt, von Kai. Mt. zu Colen ausgesprochen,
wie ir Mt. in denselben zu handlen ir vorbehalten[1]), und dan ir Mt.
uns dismals demselben irer Mt. spruch gemess bevelh getan hat,
wie wir darin handlen und dieselbigen unser handlung irer Kai.
Mt. in schriften zu erkennen geben, so wolt ir Kai. Mt. in demselben laut irer Mt. spruchs zu Colen . . . handeln und entschait
zu tun verschaffen. Darumb lassen wir soliche haubtverschreibung,
sovil die zukunftig zalung betreffen mugen, als obgemelt ist, bei
Kai. Mt. weitern entschait und bevelh heruen, wellen auch, sovil
wir der allerhalben bericht sind, seiner Mt. eroffen, und haben uns
deshalben auf unser ansinnen und hegern die vom regiment . . .

---

[1]) Vgl. o. Nr. 59 S. 162 Nr. 17.

fur sich und ire nachkommen im regiment glaublichen und mit
treuen versprochen und zugesagt, allem dem, so der Kai. Mt. oder
ir darzu geordente commissarien in denselben haubtverschreibungen
nach vermogen obgemelts spruchs erkant und gesprochen wurdet,
an alle waigerung volziechung und ausrichtung zu tun. 3. Und
als uns furter der obgenant unser her frunt und g. her von Hessen
etliche schuld angezaigt, die seiner l. und g. gemahel in bestimbter
zeit zu seiner unterhaltung, nemblich umb die 9000 gulden, auf-
bracht, auch darfur verschreibung bei f. g. ubergeben und zu bezalung verphlichtet sein, haben wir dieselben summa alle stuksweis
erschen und nach gehabter bericht aus denselben etliche schulden
erfunden, die sonst in gemaine ausgaben gezogen, also das solich
zum tail in den ausgaben der zerung, pherdscheden, auch rat- und
dienstgelt uber die oben laut unser ubergeben registers geordent
und gemessigt haben, bezalt werden, dergleichen etlich schulden,
der wir uns versehen, das solh nit erfordert werden mochten zu
bezalen, aber sovil wir dannocht der aller haben mugen bedenken
und erfinden, die zu bezalen stehen sollen und damit auch . . . ldg.
Wilhalm oder seiner gemahel irer brief, sigl und glaubens nit nachreden oder derohalb verletzung begegen, so haben wir bei den
vom regiment zu Hessen auf ir glaublich bewilligung und zusagung,
die si uns mit waren treuen anstatt ains rechten furstands getan,
als nemlich Ludwig von Boneburg lanthofmaister und Caspar von
Berlipss ritter von ir und gemains regiments zu Hessen wegen in
unser bischove Wilhalm hant gelobt haben, geordent und gemessigt,
das si vom regiment hiezwischen und S. Michaelstag negstkunftig
in unsers camerrichters . . . und ains ersamen rats hie zu Wormbs
gesambten handen hinderlegen sollen, nemlichen 6000 gulden
remischer landswerung, der gestalt, das von denselben die summa,
so von den 9000 gulden noch unbezalt ausstunden, denjenen, so
man die schuldig worden und wir auch die in ainem sondern register und messigung, wie hoch und wem die geburen, geordent,
auch gemelten camerrichter und dem rate der stat Wormbs ubergeben und bevolen haben, durch dieselben camerrichter und rate
bezalt werden mugen, und dannocht mit dem geding, wo obgemelte
hinderlegte summa nit genugig sein und sich solichs durch Kai. Mt.
oder derselben darzu verordente commissarien erfinden wurden,
das dan die vom regiment solben ausstand auf hegern Kai. Mt.
erstatten, ausrichten und bezalen solen. 4. Wo auch etlich personen wern, den man von obgemelter summa bezalung tun solt,
der gemelter ldg. Wilhalm gegen dem regiment nit genent oder
geoffenbar[t] haben wolt, mit denen sollen die commissarien, von
den hernach geschriben steet, so si hinein gen Hessen kumen,
handeln und inen gescheftbrief uberantwurten, das si darauf bezalung
albie von uns camerrichter und dem rate gehabt und emphahen
mugen; den sollen si auch, was si verschreibung haben, auch
quittung ubergeben und durch uns den camerrichter . . . ldg.
Wilhelmen zu handen alsdan geschikt werden. Blibe dan auch
ichts an obbestimbter summa uberig, solichs alles sol den vom

regiment und sunst nimants an alle verhinderung widerumb volgen
und werden, alles zu gemainer versehung des furstentumbs zu
Hessen.   5. Und wiewol wir nach vermoge gemelts kaiserlichen
spruchs itzo die commissarien, so mit . . . ldg. Wilhalmen in das
furstentumb Hessen ziechen sollen, aus verhinderung, das der etlich,
so durch Kai. Mt. verordent, mit schwachait des leibs beladen und
etlich verritten, das wir die nit gehaben und mitschicken mugen,
so haben wir doch solhs Kai. Mt. eroffent, der zuversicht, ir Mt.
werden andere commissarien aufs furderlichist verordnen.   Aber
damit der uncosten alhie abgeschnitten und das hineinziechen gen
Hessen gefurdert, so haben wir den sachen allenthalben zu guet
itzo alhie anstat und von wegen Kai. Mt. uns zum tail der muhe
beladen und etlich aus uns verordent als kaiserliche commissarien,
auf schiristkunftigen freitag [Juni 3] von binnen auszuziechen und
gen Ruselshaim zu kumen mit seinen reten, so er bei im haben
wurde, die im auch nit abgetrungen werden sollen, so lang durch
die commissarien, so gen Hessen ziechen, alle sachen laut des
spruchs verfertigt und der stat verordent ist, alsdan nach inhalt
desselben zu halten.   Und sollen dieselben commissarien daselbst
mit und bei . . . ldg. Wilhelmen in des regiments versehung in
Ruselshaim bleiben und verharren, bissolang das Kai. Mt. ire andere
commissarien schiken wurdet.   Dieselben sollen alsdan mit gemelten lantgraven furter hinein gen Hessen als gen Marckhburg
. . . ziechen, alles das, so gemelter spruch inhalt und vermage,
was das ist, nichts ausgenumen zu volziechen, zu verschaffen und
darin kain mangel erscheinen zu lassen. 6. Die . . . camerrichter
und rate, dergleichen die commissarien, so hinein gen Hessen
ziechen werden, sollen auch mit den glaubigern, den man von den
9000 gulden zu geben schuldig ist, handlen alles, wie obstet.
7. Und sunderlichen sollen die genanten camerrichter und rate zu
Wurmbs von bestimbten 6000 gulden hinderlegter summa zuvorderst
Rom. Kai. Mt. ausrichten und bezalen, nemlich 900 gulden, so
man irer Kai. Mt. dargelihens gelts schuldig worden ist.   8. Dergleichen sollen dieselben commissarien zwischen dem regiment
ains, Hansen Knautten ritter und Peter von Treyspach anderstails
irer forderung halben, so si zu haben vermainen, alles, das der
vilgenant spruch zu Colen irn halben inhelt, . . . entschaiden, das
si dem spruch gemess fur pillich achten; dem sol auch ieder tails
volg geschehen und nachgegangen werden. 9. Und hiemit wellen
wir auch demselben Kai. spruch, so zu Colen ausgangen, nicht
abgebrochen haben, sonder lassen den in allen puncten und artikeln
bei wirden und kreften bleiben, und auch das dem alles inhalts
von allen tailen nachgevolgt und dem zuwider gar nit gelebt,
sonder volstreckt und volzogen werden sollen alle und iede stuk
in demselbigen spruch begriffen, es betref erbhuldigung, haltung
des furstlichen stats, auch der personen, wie die bestimbt, dergleichen bewidemung der furstin obgenant, sovil ir auch craft gemelts spruchs oder andere irer verschreibung aiget, auch den gefangen und ainem iedem das sein widergegeben werde und kainer

ungnaden zu gewarten und sicherhait zu haben, was auch gegen haltung des furstlichen stats in gemein des furstentumbs einnemen und ausgeben gezogen werden soll, und wie es sonst in allen andern puncten und artikeln derselb spruch vermag und ausweiset. 10. Ob auch etlich rete gemelts ldg. Wilhalm nach geschehner erbhuldigung und bestattung des furstlichen stats aus dem fursten-tumb Hessen ziehen wellen, das sol inen gestatt, und si also im hinein- und herausziehen, welicher das begert, neben Kai. Mt. spruch und vertrag, dannocht von den regenten frei sicherhait und glait geben. Des zu urkunt haben wir Wilhalm, bischof zu Stras-burg, Sigmund, graf zum Hag, Bernhart, graf zu Solms, Eytel Wolff vom Stain und Peter Aufsess obgenant unser ieder sein insigel fur uns und fur obgemelt unser mitcommissarien und verordenten an disen brief tun henken, welher siglung wir die ander obgenant uns auch mitgebrauchen. Der geben ist zu Wormbs auf den letsten tag des monats Mai ao. 1513.«

A. Mbg., Samtarchiv, Schublade 77 Nr. 67, Or.

**6o b. Kaiserlicher Vertrag zwischen Landgraf Wilhelm dem Älteren und seiner Gemahlin einerseits und den Wettinern und Regenten von Hessen anderseits betreffend die Vollziehung des Schiedsspruchs zu Köln. Marburg 1513 Juli 10.**

Die vom Kaiser verordneten Kommissare haben mit Zustimmung der beiden Parteien folgenden Abschied aufgerichtet: 1. Die Regenten haben im Namen der Stände Ldg. Wilhelm gehuldigt. 2. Verschreibung der Wettiner. 3.—26. Vollziehung der einzelnen Artikel des kölnischen Spruchs. 27. Ansprüche Treisbachs, Knauts und Rodenhausens von den Regenten zurückgewiesen.

»Wir des allerdurchleuchtigsten, grossmechtigsten fursten und herrn, h. Maximilian romischen Keisers ... unsers allergnedigsten herren zu nachvolgender sachen verordente commissarien, mit namen Johan Ludewig, grave zu Nassau, und Johan Jacob, freiherre zu Mursperg und Buffert, lantvoigt in Nider-Elsas, tun kunt hiemit gein allermenniglich und bekennen: Nachdem sich irrunge und ge-brechen zwischen dem durchleuchtigen hochgebornen fursten und herren, h. Wilhelmen lantgraven zu Hessen ... und seiner ge-mahel an einem und den durchleuchtigen hochgebornen fursten und herren, h. Friderichen curfursten und h. Johannsen, h. Georgen und h. Hennrichen, gebrudern und vettern, alle herzogen zu Sachssen, unsern gst. und g. herren, sambt lanthofmeister und regenten des furstentumbs Hessen von wegen ldg. Philipsen andern teils gehalten, derhalben die Rom. Kei. Mt. aus keiserlicher macht und volkomen-heit auf dem nehstgehalten reichstage zu Collen in den berurten irrungen und gebrechen einen spruch getan[1]), darauf auch volgende durch etliche irer Kei. Mt. verordente commissarien zu Wormbs

[1]) Vgl. o. Nr. 59.

ein entscheid aufgericht[1]), das Rom. Kei. Mt. demnach uns als irer
Mt. commissarien alher verordent, mit bevelhe, demselbigen keiserlichen spruche und der commissarien entscheide volnziehung zu
verfugen, und ob in dem irrungen einfallen wurden, das wir die
parteien dem spruch gemess daraus entscheiden solten, domit soliche
irrige gebrechen abgetan, aufrure und ander beschwerung verhut
wurden; weil dan ir Kei. Mt. . . . unserm gst. herren hz. Friderichen
curfursten des stats halben ldg. Wilhelms, auch seiner g. gemahel
sampt uns und seinen f. g. ldg. Wilhelm einen hofmeister allein ze
geben bevolen, als haben sein f. g. und wir in dem artikel darin
seinen f. g. mit bevolen sembtlich und in den andern seinen f. g.
allein und uns auch allein sunderlich volgenden abscheit geben,
den sie auch von beiden teilen also angenommen und nachzekommen
gewilligt haben: 1. Des artikels halben die pflicht beruren, die
lanthofmeister und regenten von wegen gemeiner lantschaft idem
der benannten lantgraven zu seiner gerechtigkeit tun sullen, die
haben sie unserm gst. herren hz. Friderichen curfursten von wegen
sein und seiner g. bruder und vettern, herzogen zu Sachssen, als
den curatoren und formundern auf einer gewalt von prelaten,
ritterschaft und steten des furstentumbs Hessen ausgangen[2]), in
unser gegenwertigkeit getan. Desgleichen haben lanthofmeister
und regenten derhalben ein verschreibung aufgericht, wie dan das
der artikel Kei. Mt. spruchs vermak.[3]) 2. Der curation halben
haben curfursten und fursten von Sachssen derhalben auch ein verschreibung aufgericht und von sich geben, wie Kei. Mt. spruch inhelt. 3. Und ist auf den dritten artikel verordent, das ldg. Wilhelm
sambt seiner gemahel und kinder ir f. g. wonung, stand und wesen
mit irem hofgesinde zu Cassel, Marpurg oder wo zu ider zeit
sterbender oder ander leuft halben beider fursten hofe und das
regiment mit rate oder fuglichen sein kan und gehalten wirdet,
wonen mit underhaltung, wie der artikel weist.[4]) 4. Soll inen auch
kein gewalt oder anders unpillichs zugezogen werden, wie dan das
Kei. Mt. spruch vermag.[5]) 5. Hat unser gst. herre hz. Friderich
alsbalde auf Kei. Mt. bevelhe Casparn von Berlebschen ritter ldg.
Wilhelmen zu einem hofmeister verordent, mit bevelhe, denselbigen
ldg. Wilhelmen in guter acht ze haben und sein wol ze warten,
wie dan Kei. Mt. spruch anzeigt und inhelt.[6]) 6. Haben sampt
hz. Friderichen wir . . . ldg. Wilhelmen seinen stat furder verordent[7])
wie volgt, nemlich: Conraten Monnch zu einem furschneider, Rein-
harten Keudel zu schenken, den von Plesse und Casparn Drotte
zu druchsessen, Hannsen von Eschwege und Raben von Boyneburg
fur edelleute, Heinrichen von Boyneburg, Milchling, Baumbach,

---

[1]) Vgl. o. Nr. 232.
[2]) Vgl. S. 160 Anm. 1.
[3]) Die Verschreibung der Regenten ist mir unbekannt, ebenso wie die
unten erwähnte Verschreibung der Wettiner. Vgl. o. S. 159 f.
[4]) Vgl. o. Nr. 59 Artikel 3.
[5]) Vgl. o. Nr. 59 Artikel 4.
[6]) Vgl. o. Nr. 59 Artikel 5.
[7]) Vgl. o. Nr. 59 Artikel 6.

Hotzfelt fur vier knaben, Hennseln fur einen trommeter, Enndresen Marsteller fur einen stallmeister, Kopferhennchin und den Stummen fur zwen stalknecht, einen stalknaben; der barbirer und 2 cammer-knechte, die bisher gewest, sullen bleiben und 4 wagenpferde. 7. Ist der lantgrafin ire stat geordent wie volgt, nemlich: Johan von Lewennstein zu hofmeister, eine hofmeisterin, 6 edele junfrauen, 2 cammermeide, eine cammerfraue, ein caplan, her Peter gnant, Heinrich Gittel zu einem furschneider, Gyse Hundt zu schenken, der junge Falckennperg und Johan von Urf zu truchsessen, Schlaun zu torhuter, einen schneider, Hanns von Collen zu einem koche, 2 knaben und Friderich Budingen zu junfrauenknecht.[1]) 8. Ob der personen, so ldg. Wilhelmen zugeordent, sie weren vom adel oder sunst, ime nit gefellig oder sunst nit doglich, haben sich die regenten dem, wie das der artikel vermag, nachzekommen bewilligt.[2]) 9. Das ldg. Wilhelm und desselbigen gemahel diener mit besoldung und cleidung sullen versehen werden, sein die regenten willig, dem nachzekomen.[3]) 10. Ob ldg. Wilhelm und sein gemahel zu gelegenen zeiten aufs weidewerk begerten, ist das regiment dem, wie der artikel vermag, nachzekomen willig.[4]) 11. Antreffen den bowe zu Melsungen, dem wulln die regenten, wie der spruch vermag, nachkomen.[5]) 12. Belangen die schult, derhalben haben die regenten gewilligt, was an der summa, so gein Wormbs zu erlegen gewilligt, noch aussenstect, auf bestimbte zeit dahin zu verordnen, mit anzeige, das sie liden mugen, das dieselbige schult, wie sie verzeichent ist, durch die verordenten entricht werde laut des abscheits.[6]) 13. Betreffen schloss und stat Spangenberg, auch schloss und stat Melsungen, das der-selben nutzung zu handen des regiments gestalt werden, haben bede teile gewilligt, dem nu furder nachzekomen.[7]) 14. Betreffen ldg. Wilhelm onverheirat dochter wullen die regenten, wie das der artikel vermag, nachkomen.[8]) 15. Betreffen die geistlichen dochter, weil die regenten derhalben bericht haben, das in ides closter, darin dieselben freulin sein, 1000 gulden erplich vermacht sein, die freulin auch jerlich vom regiment mit cleidung und ie zu zeiten mit wein, wiltpert und fischen versehen werden, so soll es auch dabei bleiben.[9]) 16. Antreffen die verschreibung, so etliche schuldener von ldg. Wilhelm und derselben gemahel haben sullen, weil derhalb die lantgrafin nit hat liden wullen, das die itzo alhie angezeigt worden weren, sunder das solichs zu Wormbs denen, bei die das hinderstellig an den 6000 gulden gelegt, bescheen sull, darumb wir es auch dabei gelassen.[10]) 17. Belangen der lantgrafin

---

[1]) Vgl. o. Nr. 59 Artikel 7.
[2]) Vgl. o. Nr. 59 Artikel 8.
[3]) Vgl. o. Nr. 59 Artikel 9.
[4]) Vgl. o. Nr. 59 Artikel 10.
[5]) Vgl. o. Nr. 59 Artikel 11.
[6]) Vgl. o. Nr. 232.
[7]) Vgl. o. Nr. 59 Artikel 13 und 14.
[8]) Vgl. o. Nr. 59 Artikel 15.
[9]) Vgl. o. Nr. 59 Artikel 16.
[10]) Vgl. o. Nr. 59 Artikel 17.

widomb und morgengabe, hat sich die lantgrafin vernemen lassent
das sie die curatores derhalb ersuchen und sich dieser zeit ni‘
weiter derhalb in handelung begeben wull, darumb wir es auch
darpei gelassen.[1]) 18. Das ldg. Wilhelm in seinen gelegen zeiten
in rat gen muge, hat das regiment zuzelassen bewilligt.[2]) 19. Antreffen die vererung, so das regiment der lantgrafin tun sullen,
umb das sie die jungen freulin ire dochter unterhalten und erzogen
habe[3]), ist das regiment willig, was daran noch hinderstellig sei,
solches auf die schirstkomende Franckfurter vastenmesse zu erlegen, und sullen gulden keten darumb kauft und bestalt werden,
aus dem bedenken, das am wenigsten verlust daran sei. 20. Betreffen grafen Adam von Beichlingen und desselben gemahel, hat
sich der von Beichlingen vernemen lassen, die curatores und formunder darumb zu ersuchen, derhalben wir es auch darpei lassen.[4])
21. Belangen die unverheirat dochter, wie die mitlerzeit mit cleidern
und anderm unterhalten werden sol, dem ist das regiment, wie das
der artikel vermag, willig nachzukomen.[5]) 22. Ob ldg. Wilhelm
und sein gemahel aufs weidewerk begern wurden, sein die regenten,
wie das der artikel vermag, nachzelassen willig.[6]) 23. Betreffen
die insetzung des stats, der ist verordent, wie oben vermelt.
24. Ob sich einche irrung oder widerwill zwischen ldg. Philipsen,
ldg. Wilhelmen oder derselben regenten, hofgesinde oder imant
anders begebe, dem ist das regiment nachzekomen willig, wie der
artikel vermag.[7]) So dem nit also beschee, ist das regiment willig,
alsdan dem, wie der artikel[8]) vermag, zu vervolgen. 26. Betreffen
das aller unwill und ungnade ausgeloschen sein soll, dem ist das
regiment zu verfolgen willig.[9]) 27. Und nachdem auch etliche
umb entrichtung pferdscheden, verschrieben gelt und anders angesucht haben, als nemlich Hans Knaut ritter, Peter Treispach,
Claur, Geilbert von Rodenhausen und ander, daruf die regenten
antwurt gehen, Rom. Kei. Mt. hett einen spruch ausgeen lassen,
darin berurt, wie es der schult halben soll gehalten werden[10]), dem
sie sich zu verfolgen willig erboeten, wo aber diejenen, so soliche
oder dergleichen forderung ze haben vermeinten, daran nit gesetigt,
so wolten sie ine an geburenden enden recht derhalb werden, wer
ine das aber auch nit gemeint, so mochten sie bei curfursten und
fursten von Sachssen als den curatoren und formundern ansuchung
tun, die wurden sich ungezweivelt gepurlicher und unverweislicher
antwurt vernemen lassen; weil wir dan solich der regenten erpieten nit fur unpillich ermessen, so haben wir es auch dapei

---

[1]) Vgl. o. Nr. 59 Artikel 18.
[2]) Vgl. o. Nr. 59 Artikel 19.
[3]) Vgl. o. Nr. 59 Artikel 20.
[4]) Vgl. o. Nr. 59 Artikel 21.
[5]) Vgl. o. Nr. 59 Artikel 22.
[6]) Vgl. o. Nr. 59 Artikel 23.
[7]) Vgl. o. Nr. 59 Artikel 25.
[8]) Wie Anm. 7.
[9]) Vgl. o. Nr. 59 Artikel 26.
[10]) Vgl. o. Nr. 232.

bleiben lassen. Weil dan soliche artikel auch stat wie verlaut und verordent von beden parteien gewilligt und den ze geleben angenomen
ist, so bevelen wir obgenanten kaiserlichen commissarien aus craft
unser commission und in namen Rom. Kei. Mt. curfursten und
fursten von Sachsen als den curatorn und formundern, darob und
daran ze sein und ernstlich insehung ze haben und zu verfugen,
auf das solichem allen von idem teile in dem, so ine betrifft, ungewegert gelebt und gnug getan werde, domit derhalben an
Kei. Mt. nit weiter gelangen dorfe, wie dan ir f. g. ungezweivelt
ze tun wissen, in dem geschiht Kei. Mt. ernstliche meinung. Zu
urkunde haben wir obgnanten Kei. Mt. commissarii diesen abscheit
mit eigen handen unterschrieben und wir Johan Ludewig, grave zu
Nassau, unser insigil wissentlich fur h. Johan Jacob freiherren von
Morsperg und uns wissentlich hiran henken lassen. Geben zu
Marpurg an der Loene, am 10. tage des monats Julii ao. 1513.«

A. Mbg., Samtarchiv, Schubl. 77 Nr. 68, Or.

**227 a. Politisches Lied gegen die Landgräfin Anna und ihre
Räte Balthasar Schrautenbach und Hermann Riedesel. [1519][1])**

Ein neu lied von Hessen gemacht,
Darin die landschaft hoch betracht.
Ach gott, ach gott, wir armen leut,
Wir wissen nit, was das bedeut.
Uns bedunkt furwar on allen won,
Das Schrutenbach jetz sei darvon.

Im thon »Ein reisig knecht vermessen.«

Die landgrävin von Hessen
Die ist ein stolzes weib,
Sie ladt uns frembde gäste,
Die kasten werden weit.
Blib sie in irem lande
Und drünk das sauer bier,
Wer ir darzu kein schande,
Der unmut kombt ir schier.

---

[1]) Die Mitteilung des interessanten Liedes danke ich der Freundlichkeit
des Grossherzogl. Archivars Herrn Dr. Dieterich in Darmstadt. Einige Korrek-
turen am Text hat Herr Prof. Schröder vorgenommen, dem ich auch die folgenden Bemerkungen verdanke. Das obige Lied gesellt sich als drittes zu den
bei v. Liliencron, Die historischen Volkslieder der Deutschen Bd. III S. 339 ff. gedruckten Liedern Nr. 341, 342, „Vom hessischen Krieg", von denen das zweite,
von Hans von Schore verfasste, »Ein reisig knecht vermessen« geradezu als
Vorbild für Strophe und Melodie bezeichnet wird. Da dieses nach dem Gefecht
bei Flörsheim gedichtet ist, kann das unsrige auch erst in das Jahr 1519 fallen.
Wie die genannten beiden Lieder hat auch unseres ein kleines Vorwort in
Reimpaaren.

Nr. 227 a: 1519.

Ein schreiber tut sich nennen
Mit namen Schrutenbach,
Man wird in bald erkennen
Mit grossem ungemach.
Hett er nit furgenommen,
Z[c] leben in übermut,
Er hat den adel verdrungen,
Das dunkt in freilich gut.

Zu im hat sich gesellet
Herman ist er genant,.
Die weis im wol gefellet:
Regirn das Hessenland!
Woln wir Hessen nit merken,
Sie lan uns nit zu hauf,
Sie teten uns gern verstricken,
Suchen viel underschlauf.

Man macht dem land vil bader,
Damit man ir vergiss,
Es hat ein ander ader,
Des seit furwar gewis;
Sie haben gest geladen
Flux in einem hu,
Die bringen uns grossen schaden,
Drumb greift in zeiten zu.

Ein teil wirt sich ausdröhen[1]),
So sie uns fürn ins bad,
Ich mag es wol verjehen,
Sie suchen fru und spat
Den zank bei allen leuten,
Das nemend[2]) eben war:
Das tut etwas bedeuten,
Man kumbt uns in das har.

Ach fürst[e], liber herre mein,
Du bist noch viel zu jung,
Man solt in zeit[en] sehen drein,
Es wer einmal genung.
Nit anstösser verdringen,
Das bringt ein bös geschrei,
Es würd ein fart mislingen,
Man denkt auch mancherlei.

Wilt du nun selbst regiren,
So sich auch mit ins spiel,
Las dich jetz nit verführen,
Es würd sonst gar zu viel,

---

[1]) Hs. »auströhen«, „sich ausdrehen" „sich davon machen" „entwischen".
[2]) So die Hs.; es ist die 2. pers. plur. imp.

Las dir den adel raten,
Darzu dein landschaft gut,
So kanstu ausgewarten
Und lebst in hohem mut.

In zeiten saltu betrachten,
Was hoffart bdrangen tut,
Nit tu iden verachten,
Hüt dich vor übermut;
Halt frid und recht im lande,
Las eim iden das sein,
Das rat ich frei ohn schande,
Und ist die lere mein.

Ach adel un[d] stedt[e], lug[e]t zu,
Wie man den hern erzeugt,
Er sal regirn und ist ze fru,
Wie man im ietzo leugt
Von uns und andern leuten[1]),
Das nimbt er eben wahr
Und wird darzu ergrimmen,
Bedenkt in gmainer schar.

Nun müss es gott geklag[e]t sein,
Das man nit finden sall,
Es ist ein plag und schwere pein,
Man hat im land die wahl,
Nun müssen frembden reger[e]n,
Dringen uns all von dan,
Können wir uns ir nit erweren,
Das ist ein ewig schand.

Last uns ein landtag machen
Und sehen mit ins spiel,
Wir wollen des vil verfachen,
Wan man mirs glauben will.
Frid und recht muss wir haben,
Da mög wir bei bestahn,
Und last die falschen knaben
Die drüss und beulen han!

Sollen wir nun auszihen
Und wissen nit warumb,
So müssen wir entfliben,
Behalten nit ein trumb.
Nun tut in zeiten fragen,
Wie wir kommen ins bad,
Last sie die warheit sagen,
Wiewol es ist zu spat.

_____

[1]) Der Reim »leuten : ergrimmen« ist verderbt; vielleicht darf man ändern »schlimmen : ergrimmen«; „man lügt ihm vor von uns und andern, die man ihm als schlimm hinstellt."

Der uns das liedlein neu [ge]sang,
Das was ein hessisch knecht,
Er sang es frei das [es] erclang,
Die sachen meint er recht.
Er hats ganz wol gesungen,
Wolt Gott, er hets getan,
Er das die frembden zungen
Gewalt bekommen han!

A. Darmstadt, Konv. 114, Hand der Kanzlei Georgs II.

Adam, Heinz, Bürgermeister v. Treysa

Ahnaberg, Kloster s. Kassel.
Allendorf a. d. Lumde
Allendorf a. d. Werra

— Bürger: Konrad Tholde
Alsfeld

Altenbaumberg (südöstl. v. Münster
  am Stein)
— Amtmann: Jost
Altenburg (Sachsen)

Altenzelle, Cisterzienserkloster (süd-
  westl. v. Meissen)
— Abt: Martinus
Arnsberg (Westfalen)
Asphe, Andreas v., Ratsverwandter zu
  Marburg
Atzen [Astheim?]
Aue, die v. d., Adelsgeschlecht vom
  Dorfe Aue bei Eschwege
Auerbach, Dorf (bei Bensheim a. d.
  Bergstrasse)
Auerberg, Schloss bei Auerbach
Aufsess, Peter v., Domherr zu Würz-
  burg, kais. Kommissar 563—567.
Augsburg, Stadt

— Bischof: [Christoph v. Stadion]
— Reichstag [1510]        —
        [1515]        440—462.
Aula, Marktflecken (südöstl. v. Ziegen-
  hain)


Baiern
Baimelburg s. Boyneburg.
Bambach s. Baumbach.
Bamberg, Bischof: [Georg III. Schenk
  v. Limburg]

Bappenheim s. Pappenheim.
Basel
Battenberg
Baumbach, Edelknabe Ldg. Wilhelms
  d. Älteren
— Asmus v.                517—519.
— Ewald v.
        517—519.
— Heinrich v., Amtmann zu Wanfried
  s. Wanfried.
— Jost v., Haushofmeister, Regent v.
  Hessen s. Hessen, Regenten.
— — Gemahlin Christina
— Reinhard v. 153—155.
Baumelberg s. Boyneburg.
Baun s. Bune.
Baymbach s. Baumbach.
Beichlingen, Graf Adam v., Kammer-
  richter und kaiserl. Kommissar
  106—118.



— — Gemahlin: Katharina v. Hessen,
  Tochter Ldg. Wilhelms d. Älteren

                        ; Heirats-
gut derselben
Beimelbergk, Beineburgk s. Boyneburg.
Bellersheim gen. Gropp, Kurt v.


Bellnhausen, Engelbrecht v.
Beltzungleben s. Bültzingslöwen.
Bemelburgk s. Boyneburg.
Bender, Hans, Amtsknecht der Land-
  gräfin-Witwe Anna
Beneburgk s. Boyneburg.
Berg, Herzogtum
Berge, Hans vom, d. Ältere
— Hans vom, d. Jüngere
Berka a. d. Werra (westl. v. Eisenach)
        395—398.
— Tag zu 412—415.

---

¹) Ein Stern bei der Ziffer bedeutet, dass der Name nur in den Anmerkungen genannt ist.

Eisenach

Eisenbach, Dorf mit Schloss (südl. v. Lauterbach Oberhessen)
Elben, Kurt v.
Elkershausen, Konrad v.
— Kraft v.
Elkershausen gen. Klüppel, Johann v.
Elsass
Elsfeldt s. Alsfeld.
Eltz, Ulrich v.
Engelender, Johann, Dr., Kanzler von Hessen s. Hessen, Kanzler; Kanzler des Erzbischofs v. Mainz s. Mainz.
Ennd, Ulrich vom, ernestin. Rat
—
Entzenberg, Christoph v.
Eppenberg, Karthause zum

— Pater zur Karthause

Eppstein, Schloss

— Amtmann: Konrad v. Dernbach
—

Erbach s. Schenk von Erbach.
Erfurt
Eringeshaussenn s. Ehringshausen.
Erksdorf (westl. v. Neustadt)
Ernsthofen, Dorf (südöstl. v. Darmstadt)
Eschbach, Balthasar v.
Eschwege, Stadt

— Rentschreiber: N.
Eschwege, Heinrich v.        153—

— Johann v., am Hofe Ldg. Wilhelms d. Älteren
                ; vgl. a. Wanfried.
— Jost v., Amtmann zu Umstadt

— Reinhard v.
— Urban v.

F. s. auch V.
Falken, Philipp v.
Falkenberg, der junge v., Truchsess der Landgräfin Anna geb. Herzogin v. Braunschweig
— Hans v., Rat Ldg. Wilhelms d. Älteren 134—139.
Fauerbach s. Waise v. Faurbach.
Feige, Johann, Kanzler von Hessen s. Hessen, Kanzler.

Feilitzsch, Fabian v., ernestin. Rat

— Philipp v., ernestin. Rat          —

Felsberg
                    173—182. 185—

—204. 210—214.
—224.      234—237.        239—241.

Finck, Andreas
Fischborn, Walther
Förster, Heinrich
Forster, Licentiat
Franken
Frankenau
Frankenberg, Stadt
— Amtmann: Johann v. Hessen       —
Hermann Rump v. d. Wehen

Frankenstein, Hans v.
— Philipp v.

Frankfurt, Stadt

— Deutschordenskomtur: Walther v. Kronenberg
— Schultheiss: N.
Freiberg   Sachsen
Freiburg   Breisgau, Stadt
— Universität
Frese, Dietrich
Friedberg

Friedewald, Stadt
— Vogt: N.
Frielendorf
—476.
Friesland

— Statthalter: Hz. Georg v. Sachsen s. Sachsen.
Fritzlar
Frohnhausen, Dorf (südwestl. v. Marburg)
Frund, Jost
Fueilsborg s. Felsberg.
Fuerbach s. Waise v. Faurbach.
Fürsteneck, Schloss (bei Eiterfeld)
Fulda, Stadt
— Stift
— Abt: Graf Hartmann von Kirchberg
                      270—274.

— Dechant: N.


Gans, Eckart
— Friedrich

Landsburg, Wilhelm v. d., Rat Ldg.
Wilhelms d. Mittleren u. der Land-
gräfin Anna
Landstuhl, Stadt (südwestl. v. Kaisers-
lautern)
Landwehrhagen, Dorf (südwestl. v.
Münden)
Langensalza
Lasphe, Bürger aus Marburg
Laubach s. Lauerbach.
Lauerbach, Christian v.
— Daniel v., Deutschordenskomtur zu
Marburg 513—546.
— Helwig v.
Laupach, Heinz, Bürger der Stadt
Homberg a. d. E.
Laweaste s. Löwenstein.
Lawerbach s. Lauerbach.
Lehenstein s. Löwenstein.
Leerort (Ostfriesland)
Leiningen, Herr zu Westerburg, Graf
Philipp v., kaiserl. Rat
Leipzig 383—385.
Lesch von Mühlheim, Dithard
— Heinrich
Lewenstein s. Löwenstein.
Lichtenau
Lichtenberg, Dorf und Schloss (Kreis
Starkenburg)
— Amtmann: Reinhard v. Boyneburg l.
Liebenau, Stadt (westl. v. Hofgeismar)
Liederbach, Ditmar v.
— Hans v.
— Hermann v.
Lindenfels s. Mosbach v. Lindenfels.
Linsingen, Bernhard v.
— Ciliacus v.
— Dietrich v.
— Johann v., d. Jüngere
— Ludwig v.
Lippe, Simon V. [Sigmund?], Graf zur
Lobenstein s. Löwenstein.
Lochau, Ortschaft (bei Pirna in
Sachsen)
Loeser, Heinrich, Erbmarschall zu
Sachsen, Rat Hz. Heinrichs 106—116.
Löwenstein, die v.
— Eitel v., Landmarschall u. Regent
v. Hessen 1509—1514, Verordneter
Rat 1514—1518 s. Hessen, Regenten.
— Gebhard v.
— Heinrich v.
— Johann v., Hofmeister der Landgräfin
Anna geb. Herzogin v. Braunschweig
— Johann v., der Ältere

Löwenstein, Kaspar v.
— Ludwig v.
Löwenstein gen. Franck, Johann v.
Löwenstein gen. Schweinsberg,
Gobert v.
— Johann v.
Lohra, Dorf (südwestl. v. Marburg)
— Schultheiss: N.
Lothringen, Hz. Anton der Gute
Lotzelwig s. Lützelwig.
Lüder, Dam v.
Lüttichau, Seiffart v., Rat Hz.
Georgs
Lützelwig, Heinrich v.
— Jörg v.
Lupfdich, Johann, Dr., ernestin. Rat
442—444.
Mainz, Stadt
— Erzbischof: [Uriel v. Gemmingen]
— [Albrecht Markgraf v.
Brandenburg]
— Kanzler des Erzbischofs Uriel: Dr.
Johann Engelender
Malsburg, N. v. d.
— Bernhard v. d.
— Eckbrecht v. d.
— Eckhard v. d.
— Engelbrecht v. d.
— Erhard v. d.
— Gerhard v. d.
— Hermann v. d., hessischer Rat u.
Hofmarschall
— Reinhard v. d.
Mannheim
Mansbach, Konrad v., Amtmann
Vach u. Rat der Landgräfin-Witwe
Anna s. Vach.
Mansfeld, Hoyer Graf v., ernestin.
Rat 385—387.
Marburg, Stadt
u. passim.
— Bürgermeister: Philipp Breitruck
182—184. —Johann Conradi
182—184.
— Deutschordenskomtur: Dietrich v.
Cleen s. Hessen, Regenten. — Daniel
Lauerbach
—546.
— Bürger: Daniel zum Schwan
— Wigand Hapell — Lasphe
— Sifert Swob — Heinrich
Weuner
— Hofgericht

N. G. Elwert'sche Verlagsbuchhandlung, Marburg.

In unserem Verlage erschien:

# Hessisches Buchdruckerbuch.

### Enthaltend:

**Nachweis aller bisher bekannt gewordenen Buchdruckereien des jetzigen Reg.-Bez. Kassel und des Kreises Biedenkopf.**

Im Auftrage des Marburger Geschichtsvereins bearbeitet und herausgegeben

von

## Dr. Gustav Könnecke.

Mit Abbildung von 96 Buchdruckerzeichen. gr. 8. 366 S. und 87 Einzelblätter.

**Preis M. 12.—, in Ganzleinen M. 13.50.**

———⟞⟦⟧⟞———

Die

# ältesten Drucke aus Marburg i. H.

### 1527—1566.

Von

## Dr. A. v. Dommer.

gr. 8. XII, 32 u. 182 S. Preis M. 7.—.

Der um die Lutherbibliographie so hoch verdiente Verfasser hat im obigen Werk mit unermüdlicher Sorgfalt und Genauigkeit die Geschichte und Bibliographie der ersten 39 Jahre des hessischen Buchdrucks von Errichtung der ersten hessischen Buchdruckerei in Marburg bei der Gründung der Universität 1527 bis zur Veröffentlichung der hessischen Kirchenordnung von 1566 eingehend behandelt. Der erste Teil giebt auf 32 Seiten Nachrichten von den Druckern, die um so freudiger zu begrüssen sind, als gerade das 16. Jahrhundert nach dieser Seite hin noch so wenig genügend bearbeitet ist.

Wir erhalten durch dieses interessante, mit grosser Sorgfalt gesammelte Werk einen Beweis von der umfangreichen und emsigen Thätigkeit der Marburger Drucker im 16. Jahrhundert. Es enthält nicht nur ein vollständiges Verzeichnis der zu jener Zeit gedruckten Bücher, sondern auch ein solches der Bilder, Titelborduren, Wappen und Druckzeichen. Die Beschreibung der einzelnen Drucke ist mit einer ausserordentlichen, peinlich genauen Sorgfalt gemacht worden. Am Schluss giebt der Verfasser sorgfältige Verzeichnisse der Schriften nach dem Alphabet der Autoren und der Drucker und ihrer Drucke mit Hinweis auf die Nummern in der chronologisch geordneten Beschreibung der Drucke.

Das Werk ist als ein ausserordentlich wichtiger Beitrag zur Litteratur- und Buchdruckergeschichte des 16. Jahrhunderts zu betrachten.

N. G. Elwert'sche Verlagsbuchhandlung in Marburg.

Kurz vor Weihnachten 1900 erschien das gross angelegte Werk:

# Die Bau- und Kunstdenkmäler

## des Regierungsbezirks Cassel.

### Band I. Kreis Gelnhausen.

Im Auftrage des Bezirksverbandes des Regierungsbezirkes Cassel herausgegeben von

### Dr. L. Bickell,

**Bezirksconservator zu Marburg.**

26 Bogen Text und **350** Lichtdrucktafeln in $4^0$-Format.

Preis: M. 36.—.

Der Plan dieses Werkes, das unter den bisher erschienenen Publikationen der Bau- und Kunstdenkmäler anderer Staaten eine hervorragende Stelle einnimmt, geht darauf hinaus, alles, was an Kunst- und Bauwerken im Reg.-Bezirk Kassel vorhanden ist, aufzunehmen und die Geschichte der einzelnen Stücke urkundlich zu ermitteln.

Durch die Grösse und die Art der Reproduktionen und die durchgeführten Grundsätze ist so das gesamte vorhandene Material derartig erschöpfend, getreu und ausreichend wiedergegeben, dass Einzeldarstellungen für die Zukunft überflüssig sind.

So ist ein Werk zu stande gekommen, wie es kaum in gleicher Vollständigkeit für ein ähnliches Gebiet bestehen dürfte.

Der erste Band dieses Monumentalwerkes behandelt den Kreis Gelnhausen, der eine Fülle von kunst- und kulturgeschichtlichen Denkmälern, prächtige Werke der Steinmetzkunst, Schnitzerei und Malerei birgt, die Staunen erregt. Die Kaiserpfalz in Gelnhausen ist weltbekannt. Ein gleich hohes Interesse darf die Marienkirche in Gelnhausen beanspruchen.

Nur durch einen namhaften Zuschuss des Bezirksverbandes des Regierungsbezirks Cassel ist es möglich geworden, das komplete Werk — 350 Lichtdrucktafeln mit 26 Bogen Text in Quartformat — zu dem kaum glaublichen Preis von M. 36.— in den Handel zu bringen, sodass der Preis einer solchen Tafel nur 10 Pfg. beträgt, ohne den Text mit in Anrechnung zu bringen.

Als zweiter Band ist die Darstellung der Bau- und Kunstdenkmäler des Kreises **Fritzlar** in Angriff genommen.

Die Darstellung unserer **Hessischen Volkstrachten** in Wort
und Bild hat sich folgendes Werk zur Aufgabe gemacht:

# Hessisches Trachtenbuch.

Von

## Ferdinand Justi.

(Veröffentlichungen der Historischen Kommission für Hessen
und Waldeck. I. Band.)

Bis jetzt liegen 2 Lieferungen vor, jede mit 8 Tafeln in Farben-
druck und begleitendem Text. Preis jeder Lieferung M. 6.—. In Aussicht genommen sind 4—5 Lieferungen.

Der ersten Lieferung ist eine Mappe beigegeben, die zur Aufnahme
des ganzen Werkes bestimmt ist.

Worauf es bei diesem Werke ankommt, zeigt am besten nach-
stehendes Urteil des Herrn Geh.-Rats Prof. Dr. K. Weinhold, Berlin,
in der Zeitschrift des Vereins für Volkskunde, 1900, Heft 1:
„Auf das Hessische Trachtenbuch, dessen erste Lieferung mit acht
Tafeln und dem Anfang des Textes vorliegt, möchte ich die Aufmerk-
keit aller richten, die für unser Volksleben Sinn haben. Es ist ein
lang vorbereitetes Werk, ausgeführt von einem der ersten deutschen
Orientalisten, der aber als Sohn eines alten hessischen Gelehrtengeschlechts
für das Leben des Hessenvolkes warme Liebe hatte und seit einem
Vierteljahrhundert auf den Wanderungen durch die heimatlichen Berge
und Thäler mit Stift und Pinsel die Gestalten und die Tracht seiner
Landsleute aufnahm. In seinen Mussestunden von der Bücher- und
Kathederarbeit schuf er nach und nach schöne Aquarellbilder nach seinen
Aufnahmen, die eine Freude der Besucher waren und deren Wunsch
erregten, sie allgemein zugänglich zu machen. Nach manchen Bedenken
entschloss sich Prof. Dr. Ferd. Justi, der Bitte der neugebildeten Histori-
schen Kommission für Hessen und Waldeck zu willfahren und seine
Trachtenbilder mit erläuterndem Text der Öffentlichkeit zu übergeben.

Prof. F. Justi hat seine Absicht nicht bloss auf die Kleidungsstücke,
sondern auch auf die darin steckenden Menschen gerichtet. Er will
seine Hessen abbilden, und so hat er bestimmte Personen, deren Namen
und Wohnort auch angegeben werden, gemalt. Das ist das wissen-
schaftlich Richtige und das Wahre, das leider bisher nicht erkannt
worden ist. Nur einzelne Ausnahmen liessen sich nennen; im allgemeinen geben die Trachtenbilder, und nicht bloss die auf den modischen
Postkarten, beliebige Larven, aber nicht Gesichter und Körper der
Menschen bestimmter Volksstämme.

In dem Text der 1. Lieferung hat Prof. Justi eine Einleitung ge-
geben, worin sein Standpunkt in der Volkstrachtenfrage und allgemeinere
Gesichtspunkte entwickelt werden. Auf die Ausführungen und Be-
schreibungen des Einzelnen dürfen wir bei den langen Studien des
Herrn Verfassers über die Geschichte der deutschen Trachten uns freuen.
Von Herzen sei dem Werk gute Fahrt zugerufen."

Es ist bisher trotz der Unterstützung der Historischen Kommission
nur unter grossen finanziellen Opfern von seiten der Verlagshandlung
möglich gewesen, das Werk herausgeben zu können. Gerade von diesem
gilt deshalb die Bitte in den einleitenden Worten, uns in unseren Bestrebungen zu unterstützen.

# Inhaltsübersicht

## von W. Schoof, Die deutsche Dichtung in Hessen.

# Marburg,

## die Perle des Hessenlandes.

## Ein litterarisches Gedenkbuch.

Herausgegeben von

## Wilhelm Schoof.

Mit einem Lichtdruck und 22 Abbildungen.

Preis M. 2.—, eleg. geb. M. 2.75.

Ein Städtebild — aber keines der landläufigen Art, sondern ein bunter, mannigfaltiger Ehrenkranz, geflochten aus den litterarischen Blüten, die dankbare Wanderer und Gäste seit zwei, wenn wir das „Leben der heiligen Elisabeth" mitzählen, sogar seit sechs Jahrhunderten der lieblichen Musenstadt an der Lahn als Gruss zu Füssen gelegt haben.　　　　„Westermanns Illustrierte Deutsche Monatshefte."

Der Herausgeber hat in dem vorliegenden Werkchen alles, was er auf dem weiten Gebiete der Litteratur zum Lobe Marburgs ausfindig machen konnte, zu einem bunten, prächtig duftenden Strausse der Erinnerung an die Stadt der heil. Elisabeth und die Universität Philipps des Grossmütigen zusammengestellt. In der Sammlung, welche bis ins Mittelalter hinauf und in die Gegenwart hinabreicht, finden sich, unter vielen andern, Aussprüche von Luther, Erasmus Alberus, Eobanus Hessus, Jung-Stilling, Fr. Matthison, Clemens Brentano und seiner Schwester Bettina, Jakob Grimm, August Vilmar, Ernst Koch, W. H. Riehl, Franz Dingelstedt, Julius Rodenberg, Karl Altmüller u. s. f., die — so verschieden sie in Dichtung und Prosa, Scherz und Ernst, Wehmut und heiterer Laune sind — doch alle im Lobe der lieblichen Lahnstadt zusammenklingen.　　Dazu hat die altberühmte Verlagshandlung einen prächtigen Bilderschmuck und eine glänzende Druck- und Papierausstattung geliefert. So ist ein innerlich und äusserlich ungemein feines Büchlein entstanden, welches jeden Liebhaber Marburgs, insbesondere die alten und jungen akademischen Bürger dieser Musenstadt höchlich erfreuen und mit einem Blütenhauche der dort verlebten akademischen Jugend anwehen wird.　　　　„Hessische Blätter."

N. G. Elwert'sche Verlagsbuchhandlung in Marburg.

Zu Weihnachten 1900 erschien:

# Musenalmanach Marburger Studenten.

Herausgegeben von

## Ernst Thesing und Wolfgang Lehmus.

Deckelzeichnung und Buchschmuck von

Otto Arndts.

Preis M. 2.—, gebunden M. 2.80.

Dem Beispiel der Göttinger folgend, treten nunmehr auch die Marburger Studenten mit einem Musenalmanach hervor. Wir hoffen, dass er seinem Vorbilde Ehre machen wird.

Die eigenartige Ausstattung macht das Buch zu einem prächtigen Geschenkwerk.

Zwei Proben:

### Verloren.

Die Welt ist so gross
Und der Himmel so weit
Und des Menschen Los
Ist die Einsamkeit.

Und des Menschen Los
Ist am Ende ein Stein
Dran blühet Ros'
Und Vergissnicht mein.

Und die Welt ist so gross
Und der Himmel so weit
Und des Menschen Los
Ist begrabenes Leid.

Adolf Harmsen.

### Ein Fenster.

Ein kleines Fenster — ohne Epheuranken,
Wie sie die Dichter sonst im Liede lieben,
Und dennoch: alle meine Herzgedanken
Sind ganz bei diesem Fenster nur geblieben.
Ein kleines Fenster. — Abends wird es hell,
Und eine Hand zieht die Gardinen vor;
Ich stehe drauss', ein träumender Gesell,
Ein Wächter an des kleinen Hauses Thor. —
Ein kleines Fenster, durch die Nächte grüsst's
Und winkt in meine Träume mir hinein,
Ein kleines Fenster nur und dennoch. schliesst's
Mir eine Welt, mir einen Himmel ein.

Henry du Fais.

N. G. Elwert'sche Verlagsbuchhandlung in Marburg.

# Der Junker
# Werner von Brunshausen.

## Historischer Roman

von

### Moritz von Kalsenberg.
(Moritz von Berg.)

M. 4.—.  Elegant gebunden M. 5.—.

Der „Deutsche Reichs-Anzeiger und Kgl. Preuss. Staats-Anzeiger" schreibt:

„Der Roman erzählt in Memoirenform die Schicksale eines jungen Edelmannes, der als hessischer Jäger an dem nordamerikanischen Befreiungskriege teilnimmt. Die Erzählung wirft interessante und neue Streiflichter auf die einzelnen Begebenheiten desselben. Der Verfasser lässt seinen Helden zugleich das Leben und Treiben an einzelnen deutschen Höfen schildern und sucht hierbei den Vorwurf des sog. Soldatenhandels, der verschiedentlich den deutlichen Fürsten damaliger Zeit von den Geschichtsschreibern gemacht wird, soweit Hessen in Betracht kommt, zu entkräften. Der ganze Roman ist von echt deutschem Vaterlandsgefühl getragen und von Begeisterung erfüllt für die damaligen Heldenthaten der im fernen Weltteil für England kämpfenden hessischen Landeskinder. Die Liebes- und Lebensschicksale des Helden, Junker Werner, ziehen sich durch den historischen Grundstoff wie ein roter Faden hindurch. Sie bringen Abwechselung hinein, erhalten das Interesse wach und führen den Leser schliesslich aus dem wilden amerikanischen Kriegstreiben nach dem friedlichen, schönen Hessenlande zurück."

N. G. Elwert'sche Verlagsbuchhandlung in Marburg.

# Der Soldatenhandel in Hessen.

## Versuch einer Abrechnung.

Von

**Karl Preser.**

❧ Preis M. 1.— ❧

Das „Hessenland" brachte in Nr. 8, 17. April 1900 eine ausführliche Besprechung über dieses Buch, aus welcher wir folgende Sätze anführen:

„Die soeben erschienene Schrift unseres hochverehrten Herrn Mitarbeiters über den „Soldatenhandel in Hessen" wird mit um so grösserer Freude zu begrüssen sein, als sie über den so oft, aber nur selten in wissenschaftlicher Weise erörterten Gegenstand neue Aufklärungen bringt und so dazu beiträgt, unsere Kenntnis einer uns Hessen so nahe berührenden Angelegenheit zu bereichern. — — — —

Aller, Wahrscheinlichkeit nach wird das Buch Presers einen zahlreichen Leserkreis nicht zu entbehren haben. Wünschen wir ihm Beachtung auch ausserhalb der Grenzen des Hessenlandes, wo seine Verbreitung, wie die nicht enden wollenden unverständigen, mangelnde Kenntnis der Wahrheit bezeugenden Angriffe beweisen, höchst nötig ist."

❖❖❖

# Anna von Hessen,

## die Mutter Philipps des Grossmütigen

### (1485—1525).

### Eine Vorkämpferin landesherrlicher Macht.

Von

**Hans Glagau.**

M. 3.60.    Elegant gebunden M. 4.60.

Das „Hessenland" schreibt in einer längeren Besprechung:

„Einen glücklicheren Griff in die hessische Geschichte hat wohl selten jemand gethan als der nicht hessische Biograph der Mutter Philipps . . . . Wenn es der Verfasser zunächst auch nur darauf abgesehen hat, „Anna's Verdienst um die Festigung der Landeshoheit in Hessen" gegenüber den Machtbestrebungen der Landstände zur Anerkennung zu bringen — eine Absicht, deren Ausführung ihm in meisterhafter Weise gelungen ist — so beruht der intimste historische Reiz seiner Schrift doch eigentlich darin, dass sie über das lediglich territoriale Moment hinaus auf die allgemeinen Verhältnisse hinweist, wenn sie das auch gerade nicht oft und scharf genug betont . . . .

. . . . Hoffentlich ist diesem prächtigen Buche, das nach den obigen Ausführungen noch einmal besonders zu empfehlen überflüssig ist, recht bald eine zweite Auflage beschieden."

N. G. Elwert'sche Verlagsbuchhandlung in Marburg.

# Geschichte von Hessen.

### Für Jung und Alt erzählt

#### von

### Friedrich Münscher.

#### Mit dem Bildnis des Verfassers.

#### Preis M. 6.—. Gebunden M. 7.20.

Friedrich Münscher hat bei seinem Tode ein fast ganz druckfertiges Manuskript einer Geschichte von Hessen hinterlassen. In seinem langen arbeitsreichen Leben war wohl schon immer die Geschichte seiner Heimat sein Hauptinteresse in Mussestunden gewesen, und manche seiner Schüler erinnern sich noch, wie der immer anschauliche und lebendige Geschichtsvortrag ihres Lehrers am lebhaftesten wurde, wenn es die Geschichte seines Hessenlandes zu erzählen galt. Dem lebhaften Bedürfnis nach einer wirklich lesbaren Geschichte Hessens kommt diese Arbeit entgegen, und wenige hätten wohl so lebendig, anschaulich und warm die Geschichte unseres Hessenlandes erzählen können, wie dies der alte Münscher konnte, der in seltenem Masse die Gabe einer Darstellung für Jung und Alt besass, wie er sie in diesem für weitere Kreise bestimmten Buche erstrebte.

Zum Beweis, welch günstige Aufnahme das Werk allenthalben gefunden hat, geben wir hier folgendes Urteil aus der Presse wieder.

Hanauer Zeitung 1894 Nr. 297. Münschers Geschichte von Hessen liegt jetzt vollendet vor. Die Erwartungen, wozu die erste Lieferung, unlängst in diesen Blättern besprochen, berechtigte, sind in den folgenden 5 Lieferungen nicht getäuscht, sondern in erfreulicher Weise übertroffen, und wir empfehlen das Werk als ein Muster von populärer Darstellung allen Gebildeten, die sich noch für Vergangenheit interessiren. Seine Vorzüge sind gedrängte Kürze, schlichte und einfache Schreibart, Hervorhebung des Wichtigen in anschaulicher Klarheit und objektiver Treue. Es hält sich, auch in der neuesten Zeit, ebenso frei von übertriebener Lobpreisung wie von gehässigem Tadel, beschönigt nichts und verschweigt keine Thatsache, die in Betracht kommt, um ein richtiges vollständiges Bild zu geben.

### Von demselben Verfasser erschien:

# Geschichten aus dem Hessenland.

#### Preis M. 1.20. Cart. M. 1.50.

Hessissche Blätter. 18. Bd., Nr. 1295. Der hochbetagte ehemalige Direktor des Marburger Gymnasiums bietet hier 22 mit jugendlicher Frische vorgetragene Erzählungen aus der hessischen Lokalgeschichte. — Es ist dem Schreiber dieser Zeilen eine besondere Freude, das auch äusserlich hübsch ausgestattete, mit einem schönen alten hessischen Wappenbild geschmückte Büchlein allerbestens empfehlen zu dürfen.

**Arnold, Wilhelm,** Ansiedelungen und Wanderungen deutscher Stämme. Zumeist nach hessischen Ortsnamen. 2. unveränderte Auflage. gr. 8.    16.—

**Aus dem deutsch-französischen Kriege 1870/71.** Tagebuch eines Dreiundachtzigers. 2. Ausgabe. cart.    —.60

**Bickell, L.,** Die Eisenhütten des Klosters Haina und der dafür thätige Formschneider Philipp Soldan von Frankenberg. Mit 9 Lichtdrucktafeln. 4.    6.—

— Hessische Holzbauten. 1. Heft mit 30 Lichdrucken. In Mappe.    20.—

— — 2/3. Heft mit 50 Lichtdrucken. In Mappe.    33.— Elegante Leinenmappe à M. 3.—

**Böckel, Otto,** Deutsche Volkslieder aus Oberhessen. Gesammelt und mit kulturhistorisch-ethnographischer Einleitung herausgegeben. gr. 8.    4.—

**Bücking, W.,** Vollständige Reihenfolge der seit dem Jahre 1450 der Stadt Marburg vorgestandenen Herren Bürgermeister, Schöffen und Vierer, der Herren Oberbürgermeister und der Herren vom Stadtrat und Bürgerausschuss im Jahre 1856. Nebst einem Verzeichnisse der gegenwärtigen Stadtrats- und Bürgerausschussmitglieder. 4.    3.—

— Die Kirche der heiligen Elisabeth in Marburg. Dritte verbesserte Auflage. Mit 6 Abbildungen.    —.60

— Leben der heiligen Elisabeth, Landgräfin von Thüringen. 2. verbesserte Auflage. Mit 8 Abbildungen.    —.80

— Geschichte und Beschreibung der lutherischen Pfarrkirche „Unserer lieben Frauen St. Marien" in Marburg. Mit einer Abbildung des Inneren der Kirche.    —.75

— Allerlä Erlebtes on Geheertes. Marburger Geschichten und Anekdoten. 2. Auflage.    —.50

**Catalogus** studiosorum scholae Marpurgensis per annos 1527—1628 descriptus. Edidit Julius Caesar. 4.    19.50

**Catalogi** studiosorum Marpurgensium cum brevibus annalibus conjuncti fasciculus XV annos ab 1629 ad usque 1636 complectens. 4.    2.40

**Ditfurth, Maximilian Frhr. von,** Die Hessen in den Feldzügen in der Champagne, am Maine und Rheine während der Jahre 1792, 1793 und 1794. Ein Beitrag zu deutscher sowie ins Besondere zu hessischer Kriegs-Geschichte. Mit Anlagen und 4 Plänen. Aus Verfassers Nachlasse herausgegeben. gr. 8.    6.50

**Dommer, A. v.,** Die aeltesten Drucke aus Marburg in Hessen 1527—1566. gr. 8, 7.—

**Döring, J.,** Meine Dienstzeit. Friedens- und Kriegs-Erinnerungen. 1869—1871. Mit 4 Plänen und einer Abbildung, den Durchgang durch die Sauer darstellend. 8. 1.20, cart. 1.50

**Drach, C. Alhard von,** Aeltere Silberarbeiten in den Königlichen Sammlungen zu Cassel. Mit urkundlichen Nachrichten und einem Anhang: Der Hessen-Casselsche Silberschatz zu Anfang des siebenzehnten Jahrhunderts und seine späteren Schicksale. VIII und 46 Seiten Text nebst 21 Tafeln in Lichtdruck nach den Aufnahmen von Ludwig Bickell. Gr. Folio. In 250 in der Presse nummerirten Exemplaren gedruckt. — Prachtausgabe (Nr. 1—50) auf feinem Papier in reich vergoldeter Leinwandmappe mit Tafeln in Glanzlichtdruck 60.—, Gewöhnliche Ausgabe Nr. 51—100 in eleg. Leinwandmappe 42.—; Nr. 101—250 in Cartonmappe 36.—.

— Der hessische Willkomm. Ein Prachtpokal von 1571 im Schloss zu Dessau. Beitrag zur Kunst- und Sittengeschichte des 16. Jahrhunderts. Mit 1 Lichtdrucktafel und 10 Illustrationen. Folio. 6.—

**Gesangbuch, Marburger,** von 1549. Herausgegeben von Ernst Ranke. 2. Aufl. 8. Cartonniert. 3.—

**Gundlach, Franz,** Hessen und die Mainzer Stiftsfehde 1461—1463. Mit einem Anhange von Aktenstücken und Urkunden. 3.60

**Heldmann, August,** Die hessischen Pfandschaften im cölnischen Westfalen im 15. und 16. Jahrhundert. Ein Beitrag über die Beziehungen Hessens und seiner Geschlechter zu Westfalen in der Vergangenheit. Mit mehreren Stammtafeln und 2 Abbildungen. 3.60

**Henke, E. L. Th.,** Konrad von Marburg, Beichtvater der heiligen Elisabeth und Inquisitor. —.60

— Die Eröffnung der Universität Marburg im Jahre 1653. —.50

**Historien-Büchlein, Hessisches.** 3. vermehrte Auflage. —.90, elegant cartonnirt 1.20

**Kolbe, Wilhelm,** Hessische Volkssitten und Gebräuche im Lichte der heidnischen Vorzeit. 2. sehr vermehrte Aufl. gr. 8. 1.80

**Münscher, Fr.**, Chronik des Gymnasiums zu Marburg von 1833—1883 nebst alphabetischem Verzeichnis sämtlicher Schüler. 1.80

**Pfister, Hermann v.**, Mundartliche und stammheitliche Nachträge zu A. F. C. Vilmar's Idiotikon von Hessen. Mit 1 Karte. gr. 8. 5.—

— Idiotikon von Hessen durch Vilmar und Pfister. Erstes Ergänzungsheft. gr. 8. 1.20

— — Zweites Ergänzungsheft gr. 8. 1.20

— Sagen und Aberglaube aus Hessen und Nassau. Als Beitrag zu vaterländischem Volkstume bearbeitet und herausgegeben. kl. 8. 1.50, cartonnirt 2.—

**Saul, D.**, Ein Beitrag zum hessischen Idiotikon. (Im Druck.)

**Stengel, Edmund**, Private und amtliche Beziehungen der Brüder Grimm zu Hessen. Eine Sammlung von Briefen und Actenstücken als Festschrift zum hundertsten Geburtstag Wilhelm Grimms den 24. Februar 1886 zusammengestellt und erläutert. 1. Band: Briefe der Brüder Grimm an hessische Freunde. 2. Band: Actenstücke über die Thätigkeit der Brüder Grimm im hessischen Staatsdienst. 8. 4.—, gebunden 6.—

**Vilmar, A. F. C.**, Idiotikon von Kurhessen. Neue billige Ausgabe. gr. 8. 2.40

Fortsetzung siehe unter Pfister.

**Universitätsgebäude** zu Marburg. Lichtdruck nach einer Photographie von **L. Bickell.** Imperial-Format.

Ausgabe in Mzttdruck 5.—

„ „ Glanzlichtdruck 6.50

„ „ „ und Passepartout ·12.—

**Wappentafel** der zur althessischen Ritterschaft gehörigen Geschlechter, die sich gegenwärtig bezüglich des Stiftes Kaufungen in voller Rechtsausübung befinden. Zusammengestellt von **Rudolf von Buttlar-Elberberg.** Format: 100 : 75 cm. 2.50

**Wintzer, E.**, Dénis Papin's Erlebnisse in Marburg 1688—1695. Mit Benutzung neuer Quellen bearbeitet. gr. 8. 1.50

**Zedler, Gottfried**, Geschichte der Universitätsbibliothek zu Marburg von 1527—1887. Mit drei Tafeln. gr. 8. 4.50

# N. G. Elwert'sche Universitäts-Buchhandlung,

### Abteilung Antiquariat,

Reitgasse 7 u. 9 **Marburg** Reitgasse 7 u. 9.

# In den Restbeständen

erwarben wir folgende **Hassiaca** und bieten dieselben zu beistehend billigen Preisen an:

**Altmüller, C.**, Gedichte. Cassel 1864. (3.—). 1.—
— — Leinenband mit Goldschnitt. 1.50
— Der Humor. Vortrag. Kassel 1878. (1.—) —.40
— — Leinenband. —.60

**Berlit, A. u. G.**, Vor Paris und an der Loire 1870 u. 1871. Feldpostbriefe. Mitgeteilt von Br. Berlit. Kassel 1872. (1.50). 1.—

**Ditfurth, M. Fr. v.**, Das kurhessische Leibgarde-Regiment. Eine geschichtliche Skizze. Mit einer colorierten Tafel. Cassel. (2.50). 1.—

**Dunker, A.**, Landgraf Wilhelm IV. von Hessen, genannt der Weise, und die Begründung der Bibliothek zu Kassel im Jahre 1580. Kassel 1881. (1.20). —.60

**Ehrenbüchlein, Hessisches.** Kurzer Abriss der Landeskunde und Geschichte. Kassel 1885. (—.80). —.25

**Goddaeus, E. v.**, Aus dem Leben des Kurfürsten Friedrich Wilhelm von Hessen. Cassel 1883. (—.50). —.20

**Hartwig, Th.**, Der Übertritt des Erbprinzen Friedrich von Hessen-Cassel zum Katholizismus. Cassel 1870. (4.50) 1.50

**Hochhuth, C. W. H.**, Statistik der evangelischen Kirche im Regierungs-Bezirk Cassel. Cassel 1872. (17.—). 12.—

**Hoffmeister, J. Chr. C.**, Historisch-genealogisches Handbuch über alle Grafen und Fürsten von Waldeck und Pyrmont seit 1228. Cassel 1883. (2.50) 1.60

**Hoffmeister, Ch.**, Das Leben Philipps des Grossmütigen, Landgrafen von Hessen. Cassel 1846. (5.—). 1.50
— Philipps des Grossmüthigen Nachfolger. Als Beitrag zur Geschichte der Reformation. Cassel 1856. (3.—). 1.—

**Landau, G.**, Beschreibung des Hessengaues. Mit einer lithograph. Karte. 2. Ausgabe. Halle 1866. (4.50). 2.—

**Landau, G.,** Die hessischen Ritterburgen und ihre Besitzer. Mit 15 Ansichten. 4 Bände. Cassel 1833—40. br. 12.—
  Einzelne Bände à  4.—
  Dieses vielbegehrte, z. T. im Handel fehlende Werk (Band 3 und besonders Band 4 waren seit geraumer Zeit kaum aufzutreiben) bieten wir vollständig und einzeln zu obigen Preisen an, überzeugt, vielen einen willkommenen Dienst zu erweisen.

— Historisch-topographische Beschreibung der wüsten Ortschaften im Kurfürstentum Hessen und in der Grossherz. hessischen Provinz Oberhessen. Cassel 1848. Nahezu vergriffen.   6.—

— Beschreibung des Gaues Wettereiba. Mit einer Karte. Kassel. (4.50).   2.—

— Das Salgut. Ein Beitrag zur deutschen Rechts- und Verfassungsgeschichte. Kassel 1862. (4.—).   2.—

— Die Geschichte der Burg Krukenberg bei Helmarshausen. Mit einem Stahlstich. Kassel 1851. (—.75).   —.30

**Münscher, W.,** Geschichte der hessischen reformirten Kirche von der Reformation bis auf die Gegenwart. Cassel 1850. (4.50)   1.50

**Renouard, C.,** Das norddeutsche Bundes-Corps im Feldzug von 1815 mit besonderer Rücksicht auf die kurhessischen Truppen. 2. Aufl. Mit 10 Beilagen und 1 Uebersichtskarte. Hannover 1865. (5.50).   2.—

**Rommel, Chr. v.,** Geschichte von Hessen. 9 Bände. Gotha 1820—53.   br. 18.—
  Bei diesem billigen Preise (derselbe stand zuletzt auf M. 25—28) dieses wichtigen und wertvollen Geschichtswerkes dürften sich noch viele Freunde hessischer Geschichte entschliessen, dasselbe zu erwerben, weshalb baldige Aufgabe gefl. Bestellungen geboten erscheint; denn es ist sehr wahrscheinlich, dass eine Preiserhöhung in absehbarer Zeit eintreten wird.

**Röth, Chr.,** Landgraf Wilhelm und Velten Muhly. Erzählung a. d. 30. jähr. Krieg. Kassel. Cart. (1.50).   —.50

— 7 Jahre schwere Zeit. E. geschichtl. Erzählg. aus d. Tagen d. Fremdherrschaft. Cassel. (1.—).   —.50

**Specht, F. A. K. v.,** D. Königr. Westphalen u. s. Armee im J. 1813, sowie die Auflösg. dess. durch d. K. russ. General Graf A. Czernicheff. M. Portr. u. 1 Karte. Kassel 1848. (6.—).   2.—

**Stamford, C. v.,** D. Regiment Prinz Maximilian v. Hessen-Cassel im Kriege d. Kaisers gegen die Türken 1717—1718 und im Kriege auf Sicilien 1718--20. Mit 1 Plan und 3 Beilagen. Cassel 1880. (5.—).   2.—

Lightning Source UK Ltd.
Milton Keynes UK
UKHW010437231118
332756UK00008B/573/P